Martina Caroni, Nicole Scheiber, Christa Preisig,
Monika Plozza

Migrationsrecht

SjL Stämpflis juristische Lehrbücher

Martina Caroni
Prof. Dr. iur., LL.M., Ordinaria für öffentliches Recht, Völkerrecht und Rechtsvergleichung im öffentlichen Recht an der Universität Luzern

Nicole Scheiber
MLaw

Christa Preisig
Rechtsanwältin, MLaw

Monika Plozza
MLaw

Migrationsrecht

5. Auflage

Stämpfli Verlag

Zitiervorschlag:
Caroni et al., Migrationsrecht 5. Auflage, Bern 2022, S. ....

Bibliografische Information der Deutschen Nationalbibliothek
Die Deutsche Nationalbibliothek verzeichnet diese Publikation in der Deutschen Nationalbibliografie; detaillierte bibliografische Daten sind im Internet über http://dnb.d-nb.de abrufbar.

www.staempfliverlag.com

ISBN 978-3-7272-2797-4

Über unsere Online-Buchahandlung www.staempflishop.com
ist zudem folgende Ausgabe erhältlich:

E-Book ISBN 978-3-7272-3681-5

FSC
www.fsc.org
MIX
Papier | Fördert gute Waldnutzung
FSC® C022176

Vorwort

Migrationsrecht ist facettenreich und komplex und hat in den letzten Jahrzehnten stark an Bedeutung gewonnen. Das nunmehr in fünfter Auflage vorliegende Lehrbuch möchte eine Einführung in dieses weite Rechtsgebiet bieten und seine Grundzüge sowie die dahinterstehenden Leitgedanken aufzeigen. Die zentralen Bereiche des Migrationsrechtes – Ausländerrecht nach AIG und FZA, Flüchtlings- und Asylrecht sowie Bürgerrecht – werden in das völkerrechtliche, europarechtliche und verfassungsrechtliche Umfeld eingebettet und zueinander in Bezug gesetzt. Dabei zwingt die Breite des Rechtsgebietes zur Beschränkung auf das Wesentliche, sowohl in Bezug auf den Inhalt als auch bezüglich der Berücksichtigung von Lehre und Rechtsprechung.

Migrationsrecht steht im Brennpunkt gesellschaftlicher und politischer Diskussionen – lokal, national und global. Trotz seiner primär innerstaatlichen Ausrichtung haben internationale Entwicklungen und Abkommen massgebenden Einfluss auf seine Ausgestaltung und Anwendung. Insbesondere das Ausländer- und Asylrecht sind äusserst dynamisch und es stehen fast immer kleinere oder grössere Revisionen an. Migrationsrechtlichen Publikationen ist daher ein unausweichliches Schicksal gemeinsam: kurz nach ihrem Erscheinen hat sich die Rechtslage zumindest punktuell bereits wieder geändert. Um die Halbwertszeit des vorliegenden Lehrbuches etwas zu verlängern, wurden in absehbarer Zukunft in Kraft tretende Teilrevisionen, insbesondere die Teilrevision der Bestimmungen zur vorläufigen Aufnahme, bereits berücksichtigt.

Die vorliegende fünfte Auflage des Lehrbuches aktualisiert die Vorauflage aus dem Jahr 2018 und entwickelt sie punktuell weiter. Wir danken allen, die in den vergangenen Jahren mit wohlwollend-kritischem Blick das Lehrbuch benutzt und uns Rückmeldungen und Ideenanstösse gegeben sowie Kritikpunkte angebracht haben. Der Dank geht auch das Team, das uns bei der vorliegenden Auflage unterstützt hat: Clara Ehrhard, Gabriela Gjokaj, Sofie Isler, Jasmin Kameric, Eliane Lisibach, Corinne Reber und Andrea Würsch haben uns engagiert, beharrlich und kritisch bei den Recherchen, den Kontroll- und Korrekturarbeiten sowie der Erstellung des Sachregisters unterstützt. Sie haben trotz der phasenweise hektischen (Wochenend-)Arbeit ihre gute Laune nie verloren. Es hat Spass gemacht, mit euch zusammenzuarbeiten. Danken möchten wir schliesslich auch dem Stämpfli Verlag und insbesondere Frau Azmina Khimji für die sehr angenehme und ausgezeichnete Zusammenarbeit.

Luzern, im Sommer 2022

Martina Caroni
Nicole Scheiber
Christa Preisig
Monika Plozza

Übersicht

Inhalt

Abkürzungsverzeichnis

AB	Amtliches Bulletin der Bundesversammlung
ABl.	Amtsblatt der Europäischen Union
Abs.	Absatz
aBüG	Bundesgesetz über Erwerb und Verlust des Schweizer Bürgerrechts vom 29. September 1952 (ausser Kraft)
aBV	Bundesverfassung der Schweizerischen Eidgenossenschaft vom 29. Mai 1874 (ausser Kraft)
AEUV	Vertrag über die Arbeitsweise der Europäischen Union (konsolidierte Fassung 2012), ABl. C 326 vom 26. Oktober 2012, S. 47 ff.
AG	Aargau
AHV	Alters- und Hinterlassenenversicherung
AHVG	Bundesgesetz vom 20. Dezember 1946 über die Alters- und Hinterlassenenversicherung, SR 831.10
AI	Appenzell Innerrhoden
AIG	Bundesgesetz vom 16. Dezember 2005 über die Ausländerinnen und Ausländer und über die Integration, SR 142.20
ANAG	Bundesgesetz vom 26. März 1931 über Aufenthalt und Niederlassung der Ausländer (ausser Kraft)
AR	Appenzell Ausserrhoden
ARK	Asylrekurskommission
Art.	Artikel
AS	Amtliche Sammlung des Bundesrechts
ASG	Bundesgesetz vom 26. September 2014 über Schweizer Personen und Institutionen im Ausland, SR 195.1
AsylG	Asylgesetz vom 26. Juni 1998, SR 142.31
AsylV1	Asylverordnung 1 vom 11. August 1999 über Verfahrensfragen, SR 142.311
AsylV2	Asylverordnung 2 vom 11. August 1999 über Finanzierungsfragen, SR 142.312
AsylV3	Asylverordnung 3 vom 11. August 1999 über die Bearbeitung von Personendaten, SR 142.314
AT	Allgemeiner Teil
AuG	Bundesgesetz vom 16. Dezember 2005 über die Ausländerinnen und Ausländer, SR 142.20
AVIG	Bundesgesetz vom 25. Juni 1982 über die obligatorische Arbeitslosenversicherung und die Insolvenzentschädigung, SR 837.0

AVV	Verordnung über die Arbeitsvermittlung und den Personalverleih vom 16. Januar 1991, SR 823.111
BAG	Bundesamt für Gesundheit
BAZmV	Bundesasylzentrum mit Verfahrensfunktion
BAZoV	Bundesasylzentrum ohne Verfahrensfunktion
BBl	Bundesblatt
BE	Bern
BFM	Bundesamt für Migration
BGE	Entscheidungen des Schweizerischen Bundesgerichts (Amtliche Sammlung)
BGer	Schweizerisches Bundesgericht
BGG	Bundesgesetz vom 17. Juni 2005 über das Bundesgericht, SR 173.110
BGIAA	Bundesgesetz über das Informationssystem für den Ausländer- und Asylbereich vom 20. Juni 2003, SR 142.51
BGSA	Bundesgesetz vom 17. Juni 2005 über Massnahmen zur Bekämpfung der Schwarzarbeit, SR 822.41
BL	Basel-Land
BPRAS	Bundesgesetz vom 19. Dezember 1975 über die politischen Rechte der Auslandschweizer, SR 161.5 (ausser Kraft)
BRK	Übereinkommen vom 13. Dezember 2006 über die Rechte von Menschen mit Behinderungen, SR. 0.109
BS	Basel-Stadt
BSG	Bernische Systematische Gesetzessammlung
Bst.	Buchstabe
BüG	Bundesgesetz vom 20. Juni 2014 über das Schweizer Bürgerrecht, SR 141.0
BüV	Verordnung vom 17. Juni 2016 über das Schweizer Bürgerrecht, SR 141.01
BV	Bundesverfassung der Schweizerischen Eidgenossenschaft vom 18. April 1999, SR 101
BVerwG	Bundesverwaltungsgericht
BVGE	Entscheide des Schweizerischen Bundesverwaltungsgerichtes
bzw.	beziehungsweise
C-VIS	Zentrales Visa-Informationssystem
CAT	Committee against Torture (UN Ausschuss gegen Folter)
CEDAW	Convention on the Elimination of All Forms of Discrimination Against Women (Übereinkommen vom 18. Dezember 1979 zur Beseitigung jeder Form von Diskriminierung der Frau, SR 0.108),
Conv.	Convention

d.h.	das heisst
DAA	Abkommen vom 26. Oktober 2004 zwischen der Schweizerischen Eidgenossenschaft und der Europäischen Gemeinschaft über die Kriterien und Verfahren zur Bestimmung des zuständigen Staates für die Prüfung eines in einem Mitgliedstaat oder in der Schweiz gestellten Asylantrags, SR 0.142.392.68
DBG	Bundesgesetz vom 14. Dezember 1990 über die direkte Bundessteuer, SR 642.11
DEZA	Direktion für Entwicklung und Zusammenarbeit
Diss.	Dissertation
DSG	Bundesgesetz über den Datenschutz vom 19. Juni 1992, SR 235.1
Dublin-DVO	Verordnung (EG) Nr. 1560/2003 der Kommission vom 2. September 2003 mit Durchführungsbestimmungen zur Verordnung (EG) Nr. 343/2003 des Rates zur Festlegung der Kriterien und Verfahren zur Bestimmung des Mitgliedstaats, der für die Prüfung eines von einem Drittstaatsangehörigen in einem Mitgliedstaat gestellten Asylantrags zuständig ist, ABl. L 222 vom 5. September 2003, S. 3 ff.
Dublin-III-VO	Verordnung (EU) Nr. 604/2013 des Europäischen Parlaments und des Rates vom 26. Juni 2013 zur Festlegung der Kriterien und Verfahren zur Bestimmung des Mitgliedstaats, der für die Prüfung eines von einem Drittstaatsangehörigen oder Staatenlosen in einem Mitgliedstaat gestellten Antrags auf internationalen Schutz zuständig ist (Neufassung), ABl. L 180 vom 29. Juni 2013, S. 31 ff.
E.	Erwägung
EASO	Europäisches Unterstützungsbüro für Asylfragen
EAZW	Eidgenössisches Amt für das Zivilstandswesen
ECOWAS	Economic Community of West African States
EDA	Eidgenössisches Departement für auswärtige Angelegenheiten
EES	Entry/Exit System (Einreise-/Ausreisesystem)
EESV	Verordnung vom 10. November 2021 über das Einreise- und Ausreisesystem, SR 142.206
EFTA	Europäische Freihandelsassoziation
EG	Europäische Gemeinschaft
EG-VIS-VO	Verordnung (EG) Nr. 767/2008 des Europäischen Parlaments und des Rates vom 9. Juli 2008 über das Visa-Informationssystem (VIS) und den Datenaustausch zwischen den Mitgliedstaaten über Visa für einen kurzfristigen Aufenthalt (VIS-Verordnung), ABl. L 182 vom 29. Juni 2013, S. 1 ff.
EG-Visakodex	Verordnung (EG) Nr. 810/2009 des Europäischen Parlaments und des Rates vom 13. Juli 2009 über einen Visakodex der Gemeinschaft, ABl. L 243 vom 15. September 2009, S. 1 ff.

EGMR	Europäischer Gerichtshof für Menschenrechte
EGV	Vertrag vom 24. Dezember 2002 zur Gründung der Europäischen Gemeinschaft (konsolidierte Fassung), ABl. Nr. C 325
EJPD	Eidgenössisches Justiz- und Polizeidepartement
EKM	Eidgenössische Kommission für Migrationsfragen
EMARK	Entscheidungen und Mitteilungen der Asylrekurskommission
EMRK	Konvention vom 4. November 1950 zum Schutze der Menschenrechte und Grundfreiheiten, SR 0.101
EntsG	Bundesgesetz vom 8. Oktober 1999 über die flankierenden Massnahmen bei entsandten Arbeitnehmerinnen und Arbeitnehmern und über die Kontrolle der in Normalarbeitsverträgen vorgesehenen Mindestlöhne, SR 823.20
EntsV	Verordnung vom 21. Mai 2003 über die in die Schweiz entsandten Arbeitnehmerinnen und Arbeitnehmer, SR 823.201
et al.	und andere
etc.	et cetera
EU	Europäische Union
EU-VisumVO	Verordnung (EU) 2018/1806 des Europäischen Parlaments und des Rates vom 14. November 2018 zur Aufstellung der Liste der Drittländer, deren Staatsangehörige beim Überschreiten der Aussengrenzen im Besitz eines Visums sein müssen, sowie der Liste der Drittländer, deren Staatsangehörige von dieser Visumpflicht befreit sind, ABl. L 303 vom 28.11.2018, S. 39; zuletzt geändert durch die Verordnung (EU) 2019/592, ABl. L 1031 vom 12.4.2019, S. 1.
EUAA	Asylagentur der Europäischen Union
EuGH	Europäischer Gerichtshof
EUV	Vertrag über die Europäische Union (konsolidierte Fassung 2012), ABl. C 326 vom 26. Oktober 2012, S. 13 ff.
EVO	Verordnung (EG) Nr. 2725/2000 des Rates vom 11. Dezember 2000 über die Einrichtung von „Eurodac“ für den Vergleich von Fingerabdrücken zum Zwecke der effektiven Anwendung des Dubliner Übereinkommens, ABl. L 316 vom 15. Dezember 2000, S. 1 ff.
EWG	Europäische Wirtschaftsgemeinschaft
EWR	Europäischer Wirtschaftsraum
f.	folgende
fedpol	Bundesamt für Polizei
ff.	fortfolgende
FK	Abkommen vom 28. Juli 1951 über die Rechtsstellung der Flüchtlinge, SR 0.142.30

FoK	Übereinkommen vom 10. Dezember 1984 gegen Folter und andere grausame, unmenschliche oder erniedrigende Behandlung oder Strafe, SR 0.105
FR	Freiburg
FZA	Abkommen vom 21. Juni 1999 zwischen der Schweizerischen Eidgenossenschaft einerseits und der Europäischen Gemeinschaft und ihren Mitgliedstaaten andererseits über die Freizügigkeit, SR 0.142.112.681
GATS	General Agreement on Trade in Services
GE	Genf
GEAS	Gemeinsames Europäisches Asylsystem (EU)
GebV-AIG	Verordnung vom 24. Oktober 2007 über die Gebühren zum Ausländer- und Integrationsgesetz, SR 142.209
GFMD	Global Forum on Migration and Development
GL	Glarus
GR	Graubünden
GSG	Bundesgesetz vom 22. Juni 2007 über die von der Schweiz als Gaststaat gewährten Vorrechte, Immunitäten und Erleichterungen sowie finanziellen Beiträge, SR 192.12
HEKS	Hilfswerk der Evangelischen Kirchen Schweiz
HRC	Human Rights Committee (Menschenrechtsausschuss)
Hrsg.	Herausgeber
i.e.S.	im engeren Sinne
i.S.d.	im Sinne der
i.S.v.	im Sinne von
i.V.m.	in Verbindung mit
IDP	Internally Displaced Person
insbes.	insbesondere
IOM	Internationale Organisation für Migration
IV	Invalidenversicherung
IVG	Bundesgesetz vom 19. Juni 1959 über die Invalidenversicherung, SR 831.20
JU	Jura
KESB	Kindes- und Erwachsenenschutzbehörde
KRK	Übereinkommen vom 20. November 1989 über die Rechte des Kindes, SR 0.107
KV	Kantonsverfassung
KV AR	Verfassung des Kantons Appenzell Ausserrhoden vom 30. April 1995, SR 131.224.1

KV BS	Verfassung des Kantons Basel-Stadt vom 23. März 2005, SR 131.222.1
KV FR	Verfassung des Kantons Freiburg vom 16. Mai 2004, SR 131.219
KV GE	Verfassung der Republik und Kanton Genf vom 14. Oktober 2012, SR 131.234
KV GR	Verfassung des Kantons Graubünden vom 18. Mai 2003, SR 131.226
KV JU	Verfassung der Republik und des Kantons Jura vom 20. März 1977, SR 131.235
KV NE	Verfassung von Republik und Kanton Neuenburg vom 24. September 2000, SR 131.233
KV TG	Verfassung des Kantons Thurgau vom 16. März 1987, SR 131.228
KV TI	Verfassung von Republik und Kanton Kantons Tessin vom 24. Dezember 1997, SR 131.229
KV VD	Verfassung des Kantons Waadt vom 14. April 2003, SR 131.231
KVG	Bundesgesetz vom 18. März 1994 über die Krankenversicherung, SR 832.10
KVV	Verordnung vom 27. Juni 1995 über die Krankenversicherung, SR 832.102
LAsi	Loi sur l'asile du 26 juin 1998, SR 142.31
LDP JU	Loi sur les droits politiques du 26 octobre 1978 (Jura), RSJU 161.1
LDP NE	Loi sur les droits politiques du 17 octobre 1984 (Neuchâtel), RSN 141
LEDP GE	Loi sur l'exercice des droits politiques du 15 octobre 1982 (Genève), RSG A5 05
LEDP VD	Loi sur l'exercice des droits politiques du 5 octobre 2021 (Vaud), RSV 160.01
LEtr	Loi fédérale sur les étrangers du 16 décembre 2005, SR 142.20
LGVE	Luzerner Gerichts- und Verwaltungsentscheide
lit.	litera
LTTE	Liberation Tigers of Tamil Eelam
LU	Luzern
MERCOSUR	Mercado Común del Sur (Gemeinsamer Markt Südamerikas)
MNA	Mineurs Non Accompagnés
MStG	Militärstrafgesetz vom 13. Juni 1927, SR 321.0
NDB	Nachrichtendienst des Bundes
NE	Neuenburg
NEE	Nichteintretensentscheid
NKVF	Nationale Kommission zur Verhütung von Folter
Nr.	Nummer

NW	Nidwalden
NW	Nidwalden
NZZ	Neue Zürcher Zeitung
ODM	Office fédéral des migrations
OFK	Orell Füssli Kommentar
OG	Bundesgesetz vom 16. Dezember 1943 über die Organisation der Bundesrechtspflege, AS 60 271
OR	Bundesgesetz betreffend die Ergänzung des Schweizerischen Zivilgesetzbuches (Fünfter Teil: Obligationenrecht) vom 30. März 1911, SR 220
ORBIS	Nationales Visumsystem
para.	Paragraf
PartG	Bundesgesetzes über die eingetragene Partnerschaft gleichgeschlechtlicher Paare vom 18. Juni 2004 (Partnerschaftsgesetz), SR 211.231
PKK	Partiya Karkarén Kurdistan (Arbeiterpartei Kurdistans)
PL	Projet de Loi (Genf)
PRG	Gesetz über die Ausübung der politischen Rechte vom 6. April 2001 (Freiburg), SGF 115.1
PTSD	Posttraumatische Belastungsstörung
publ.	publiziert
Rn.	Randnummer
RDK	Internationales Übereinkommen vom 21. Dezember 1965 zur Beseitigung jeder Form von Rassendiskriminierung, SR 0.104
RDV	Verordnung über die Ausstellung von Reisedokumenten für ausländische Personen vom 14. November 2012, SR 143.5
RIPOL	Recherches informatisées de police (Fahndungssystem des Bundes)
RL	Richtlinie
RRE	Regierungsratsentscheid
Rs.	Rechtssache
RVOG	Regierungs- und Verwaltungsorganisationsgesetz vom 21. März 1997, SR 172.010
Rz.	Randziffer
S.	Seite
SAA	Abkommen vom 26. Oktober 2004 zwischen der Schweizerischen Eidgenossenschaft, der Europäischen Union und der Europäischen Gemeinschaft über die Assoziierung dieses Staates bei der Umsetzung, Anwendung und Entwicklung des Schengen-Besitzstandes, SR 0.362.31

SDÜ	Übereinkommen zur Durchführung des Übereinkommens von Schengen vom 14. Juni 1985 zwischen den Regierungen der Staaten der Benelux-Wirtschaftsunion, der Bundesrepublik Deutschland und der Französischen Republik betreffend den schrittweisen Abbau der Kontrollen an den gemeinsamen Grenzen. ABl. L 239 vom 22. September 2000, S. 19 ff.
SECO	Staatssekretariat für Wirtschaft
SEM	Staatssekretariat für Migration
SG	St. Gallen
SG	Systematische Gesetzessammlung des Kantons Basel-Stadt
SGF	Systematische Gesetzessammlung des Kantons Freiburg
SGK	Verordnung (EG) Nr. 562/2006 des Europäischen Parlaments und des Rates vom 15. März 2006 über einen Gemeinschaftskodex für das Überschreiten der Grenzen durch Personen, ABl. L 105 vom 13. April 2006, S. 1; neu kodifiziert durch die Verordnung (EU) Nr. 2016/399 des Europäischen Parlaments und des Rates vom 9. März 2016 über einen Gemeinschaftskodex für das Überschreiten der Grenzen durch Personen, ABl. L 77 vom 23. März 2016, S. 1 ff. (Schengener Grenzkodex)
SH	Schaffhausen
SIS	Schengener Informationssystem
SIS-II-VO	Verordnung (EG) Nr. 1987/2006 des Europäischen Parlaments und des Rates vom 20. Dezember 2006 über die Einrichtung, den Betrieb und die Nutzung des Schengener Informationssystems der zweiten Generation (SIS II), ABl. L 381/4 vom 28. Dezember 2006, S. 4 ff.
SISone4all	Schengener Informationssystem (aufgerüstet für die neuen EU-Mitgliedsstaaten)
SKOS	Schweizerische Konferenz für Sozialhilfe
Slg.	Sammlung
SO	Solothurn
sog.	sogenannt
SR	Systematische Rechtssammlung des Bundesrechts
SRL	Systematische Rechtssammlung des Kantons Luzern
StGB	Schweizerisches Strafgesetzbuch vom 21. Dezember 1937, SR 311.0
StHG	Bundesgesetz über die Harmonisierung der direkten Steuern der Kantone und Gemeinden vom 14. Dezember 1990, SR 642.14
StÜ	Übereinkommen vom 28. September 1954 über die Rechtsstellung der Staatenlosen, SR 0.142.40
StWG	Gesetz über das Stimm- und Wahlrecht vom 15. März 1995 (Thurgau), RB 161.1

SZ	Schwyz
TG	Thurgau
TI	Tessin
u.a.	unter anderem
ÜBM	Übereinkommen vom 16. Mai 2005 zur Bekämpfung des Menschenhandels, SR 0.311.543
UMA	Unbegleitete minderjährige Asylsuchende
UN	United Nations (Vereinte Nationen)
UNHCR	United Nations High Commissioner for Refugees
UNMIK	United Nations Interim Administration Mission in Kosovo
UNO	United Nations Organisation (Organisation der Vereinten Nationen)
UNO-Pakt I	Internationaler Pakt vom 16. Dezember 1966 über wirtschaftliche, soziale und kulturelle Rechte, SR 0.103.1
UNO-Pakt II	Internationaler Pakt vom 16. Dezember 1966 über bürgerliche und politische Rechte, SR 0.103.2
UNRWA	United Nations Relief and Works Agency for Palestine
UR	Uri
USA	Vereinigte Staaten von Amerika
UVG	Bundesgesetz vom 20. März 1981 über die Unfallversicherung, SR 832.20
v.	versus
v.a.	vor allem
VD	Waadt
VEV	Verordnung über die Einreise und die Visumerteilung vom 15. August 2018, SR 142.204
VFP	Verordnung vom 22. Mai 2002 über den freien Personenverkehr zwischen der Schweiz und der Europäischen Union und deren Mitgliedstaaten, zwischen der Schweiz und dem Vereinigten Königreich sowie unter den Mitgliedstaaten der Europäischen Freihandelsassoziation SR 142.203
VGG	Bundesgesetz vom 17. Juni 2005 über das Bundesverwaltungsgericht, SR 173.32
vgl.	vergleiche
VIntA	Verordnung vom 24. Oktober 2007 über die Integration von Ausländerinnen und Ausländern, SR 142.205
VISV	Verordnung vom 18. Dezember 2013 über das zentrale Visa-Informationssystem und das nationale Visumsystem, SR 142.512
VO	Verordnung
VS	Wallis

VVWAL	Verordnung vom 11. August 1999 über den Vollzug der Weg- und Ausweisung sowie der Landesverweisung von ausländischen Personen, SR 142.281
VwVG	Bundesgesetz vom 20. Dezember 1968 über das Verwaltungsverfahren, SR 172.021
VZAE	Verordnung vom 24. Oktober 2007 über Zulassung, Aufenthalt und Erwerbstätigkeit, SR 142.201
WAK	Internationale Konvention vom 18. Dezember 1990 zum Schutz der Rechte aller Wanderarbeitnehmer und ihrer Familienangehörigen
WHO	World Health Organization (Weltgesundheitsorganisation)
z.B.	zum Beispiel
ZAG	Bundesgesetz vom 20. März 2008 über die Anwendung polizeilichen Zwangs und polizeilicher Massnahmen im Zuständigkeitsbereich des Bundes, SR 364
ZAV	Verordnung vom 12. November 2008 über die Anwendung polizeilichen Zwangs und polizeilicher Massnahmen im Zuständigkeitsbereich des Bundes, SR 364.3
ZBl	Schweizerisches Zentralblatt für Staats- und Verwaltungsrecht
ZeugSG	Bundesgesetzes vom 23. Dezember 2011 über den ausserprozessualen Zeugenschutz (SR 312.2)
ZG	Zug
ZGB	Schweizerisches Zivilgesetzbuch vom 10. Dezember 1907, SR 210
ZH	Zürich
ZH-Lex	Zürcher Gesetzessammlung
Ziff.	Ziffer
zit.	zitiert als
ZP	Zusatzprotokoll
ZSR	Zeitschrift für Schweizerisches Recht
ZStV	Zivilstandsverordnung vom 28. April 2004, SR 211.112.2
ZUG	Bundesgesetz vom 24. Juni 1977 über die Zuständigkeit für die Unterstützung Bedürftiger (Zuständigkeitsgesetz), SR 851.1
ZV-EJPD	Verordnung des EJPD über die dem Zustimmungsverfahren unterliegenden ausländerrechtlichen Bewilligungen und Vorentscheide vom 13. August 2015, SR 142.201.1

§ 1 Was ist Migrationsrecht?

1. Migration

Der Begriff Migration stammt vom lateinischen Wort *migrare*, was wandern, wegziehen bedeutet, respektive von *migratio*, Wanderung. Migration bezeichnet ein dynamisches Verhalten, nicht einen Zustand. Im allgemeinen Sprachgebrauch wird der Begriff heute in der Bedeutung von Wegzug vom bisherigen Wohnsitz und Niederlassung an einem neuen Ort verwendet. Die Sozialwissenschaften verwenden den Begriff Migration meist für auf Dauer angelegte räumliche Veränderungen des Lebensmittelpunktes einer Person oder einer Gruppe von Personen. Die Gründe für Wanderungsbewegungen, insbesondere, ob sie freiwillig oder unfreiwillig erfolgen, sind dabei unerheblich. Nicht als Migration angesehen werden zum Beispiel touristische oder beruflich bedingte Reisen, Familienbesuche und beruflich bedingte Pendelbewegungen. 1

Implizit beinhaltet die obige Definition von Migration das Überschreiten von Grenzen. Denn die räumliche Veränderung des Lebensmittelpunktes setzt insofern die Überschreitung von Grenzen zwischen Gemeinwesen voraus, als erst dann von Migration gesprochen wird, wenn eine politische Grenze mindestens im Sinne einer kommunalen Grenze überschritten wird. Überschreiten Personen keine Staatsgrenzen, sondern lediglich Grenzen untergeordneter Gemeinwesen, wird dies als Binnenmigration bezeichnet. Überschreitet die migrierende Person hingegen eine Staatsgrenze, spricht man von internationaler Migration. Dabei ist die Unterscheidung zwischen internationaler Migration und Binnenmigration insbesondere aus rechtlicher Sicht bedeutsam – aus sozialwissenschaftlicher Sicht kann Binnenmigration in grossen und ethnisch heterogenen Staaten (z.B. Brasilien, Nigeria, China oder Indien) zu wesentlich radikaleren Veränderungen in Bezug auf Sprache, Kultur und Lebensstil führen als eine internationale Migration zwischen z.B. der Deutschschweiz und Deutschland oder Österreich bzw. Grossbritannien und den USA. 2

Die Veränderung des Lebensmittelpunktes führt, wie aus den soeben angeführten Beispielen deutlich erkennbar ist, auch zur Überwindung sozialer und kultureller Grenzen, da sich das soziale Beziehungsgeflecht der migrierenden Person verändert. Migration ist daher nicht bloss eine räumliche Veränderung, sondern bedeutet immer auch soziale Veränderungen, und zwar für alle Beteiligten: für die migrierende Person und für ihre Angehörigen, die im Heimat- oder Herkunftsland zurückbleiben ebenso wie für die Gesellschaft, die von der migrierenden Person zurückgelassen wird und für jene, die sie aufnimmt. 3

4 Die Internationale Organisation für Migration (IOM), die auf Migrationsfragen spezialisierte Organisation der UNO, schätzte die Zahl internationaler Migrantinnen und Migranten im Jahr 2020 auf rund 281 Millionen (zirka 3,6 Prozent der Weltbevölkerung). Davon waren weltweit 89,4 Millionen Vertriebene, darunter rund 55 Millionen intern Vertriebene (*Internally Displaced Persons*, IDPs), und 26,4 Millionen Flüchtlinge sowie 4,1 Millionen asylsuchende Personen. Die Zahl der Personen, die aufgrund von bewaffneten Konflikten oder Verfolgung von ihrem Wohnort vertrieben werden, steigt weiter an und hat wegen der Krise in Afghanistan sowie des bewaffneten Konfliktes in der Ukraine im Jahr 2022 erstmals die Schwelle von 100 Millionen überschritten. Und die Zahl internationaler Migrantinnen und Migranten wird in den nächsten Jahrzehnten wegen kriegerischen Ereignissen, Verfolgung, wirtschaftlichem Druck, veränderten Altersstrukturen und Bevölkerungswachstum wohl weiter zunehmen. Zudem wird auch der Klimawandel die Zahl der Migrantinnen und Migranten beeinflussen. So schätzt etwa der *Groundswell Report* der Weltbank, dass bis 2050 zusätzliche 216 Millionen Personen wegen des Klimawandels migrieren werden.

5 Diese Zahlen verdeutlichen, dass Migration ein bedeutsames zeitgenössisches Phänomen darstellt. Es wäre indes kurzsichtig, Migration (ausschliesslich) als Phänomen des Heute, Hier und Jetzt zu betrachten. Wanderungsbewegungen gab es schon immer und wird es auch künftig immer wieder geben. Migrationsprozesse stellen einen festen Bestandteil der Kulturgeschichte der Menschheit dar. Jede historische Epoche und jeder geographische Raum kennen Wanderungsbewegungen. Diese unterscheiden sich lediglich in Bezug auf ihre Ursachen, ihren Umfang, die gesellschaftlichen und politischen Auswirkungen sowie die ökonomischen Umstände. In diesem Sinne hat der Soziologe FRANCK DÜVELL in *Europäische und internationale Migration* (Münster 2006) treffend ausgeführt:

> «Die Welt ist in Bewegung, politisch, kulturell und physisch. Migration ist nicht nur ein elementarer Ausdruck der Globalisierung, vielmehr durchziehen Migrationen die gesamte Geschichte der Menschheit, von deren Wiege in Ostafrika, über die grosse europäische Emigration bis heute. Allerdings nimmt Migration jeweils historisch spezifische und in jeder Epoche besondere Formen an. Am Beginn des 21. Jahrhunderts befindet sich die Welt inmitten eines epochalen Umbruchs. Und auch Migration macht eine Metamorphose durch (...). Immer mehr Menschen ziehen in immer kleineren Abständen über immer grössere Distanzen und entwickeln dabei immer neue Strategien. Migranten kommen aus nahezu jedem Winkel der Erde und sind in jedem Winkel der Erde zu finden. Nahezu alle Staaten sind in dieses Phänomen involviert. Globale Unternehmen, globale Arbeitsmärkte sowie globale Ausbildungsmärkte bilden den Rahmen für global mobile Akteure, seien dies IT-Experten, Akademiker, Pflegepersonal oder Hausangestellte, seien es Studierende oder Konsumenten. Entfernungen sind relativ geworden, eine Zugfahrt nach Barcelona dauert etwa ebenso lange, wie ein Flug von Delhi nach London.

> Und auch die Grenzen sind durchlässiger geworden. Dort, wo Restriktionen herrschen, bewegen sich die Migranten ausserhalb der formellen Sphären.» (DÜVELL, S. 1)

Freilich wird auch propagiert, dass zeitgenössische Migrationsbewegungen in Bezug auf ihre weltweite Ausdehnung, ihre Qualität und die Zahl der Menschen in Bewegung derart neuartig seien, dass von einem eigenen Zeitalter der Migration gesprochen werden müsse. So führen etwa HEIN DE HAAS/STEPHEN CASTLES/ /MARK J. MILLER in ihrem Werk *The Age of Migration: International Population Movements in the Modern World* (6. Auflage, London 2020) aus: 6

> «Migration has gained increasing political salience over the past decades. (...) While movements of people across borders have shaped states and societies since time immemorial, what is distinctive in recent decades is thus their centrality to (1) domestic and (2) international politics. This does not imply that migration is something new – indeed, human beings have always moved in search of new opportunities or to escape conflict and oppression. However, migration took on a new, more global, character with the beginnings of European expansion from the sixteenth century and, particularly, the Industrial Revolution from the nineteenth century, which set in motion a massive transfer of population from rural to urban areas both within and across borders. (…) While global migration rates have not increased, more migrants move over large distances. Furthermore, communication and travel have become easier as a result of new transport and communication technologies. (…) Immigration poses two major challenges for domestic and international politics. First, the arrival and settlement of migrants and the resulting increase in diversity have challenged dominant concepts of nation states and have sparked intense debate about identity, belonging and integration. The second defining feature of the age of migration is the challenge that migration poses to the sovereignty of states, specifically to their ability to regulate movements of people across their borders in a globalizing world. The central tension is the following: while more effective regulation of migration would benefit from improved cooperation, governments are often unwilling to give up national sovereignty on vital issues around migration and citizenship.» (DE HAAS/CASTLES/MILLER, S. 11 f.)

2. Migrantinnen und Migranten sowie Ausländerinnen und Ausländer

Die Begriffspaare Migrantinnen und Migranten beziehungsweise Ausländerinnen und Ausländer bezeichnen nicht die gleiche Personengruppe und müssen deshalb klar voneinander getrennt werden. 7

– **Migrantinnen und Migranten** sind Personen, die sich im Sinne der oben ausgeführten Definition dauerhaft an einem anderen Ort niedergelassen haben und dabei die Grenze eines Gemeinwesens – gleich welcher Stufe – überschritten haben. Die Dauer ihres Aufenthaltes am neuen Ort, ihr rechtlicher Status sowie die Freiwilligkeit oder Unfreiwilligkeit des Migrationsprozesses und die Gründe hierfür sind irrelevant.

- **Ausländerinnen und Ausländer** sind Personen, die aus der Optik eines bestimmten Staates nicht dessen Staatsangehörigkeit besitzen.

8 Die beiden Begriffspaare sind weder deckungsgleich noch bezeichnet das eine eine Teilmenge des anderen. Ausländerinnen und Ausländer sind nicht notwendigerweise zugleich Migrantinnen oder Migranten. So sind zum Beispiel Ausländerinnen und Ausländer der zweiten oder dritten Generation, die in der Schweiz geboren wurden, keine Migrantinnen und Migranten. Andererseits werden sie zu Migrantinnen und Migranten, wenn sie in ihr Heimatland, dessen Staatsangehörigkeit sie besitzen, zurückkehren. In ihrem Heimatland sind sie Migrantinnen und Migranten, ohne Ausländerinnen oder Ausländer zu sein.

3. Migrationsrecht

9 Der Begriff Migrationsrecht umfasst alle rechtlichen Regelungen nationaler und internationaler Natur, die Migrationssituationen erfassen und auf über internationale Grenzen migrierende Personen oder ausländische Staatsangehörige anwendbar sind. Die Begriffsverwendung ist daher insofern inkonsequent, als der Begriff auch Personen umfasst, die zwar nicht die Staatsangehörigkeit des entsprechenden Staates besitzen, aber nicht Migrantinnen und Migranten sind. Trotzdem ist die Zusammenfassung von Ausländer-, Flüchtlings- und Asyl- sowie Einbürgerungsrecht unter dem Begriff des Migrationsrechts sinnvoll, da diese drei Rechtsgebiete eng miteinander verbunden sind. So haben Änderungen in der Gesetzgebung über Ausländerinnen und Ausländer unweigerlich Auswirkungen auf die Stellung von Asylsuchenden und Flüchtlingen: Zum Beispiel haben Personen mit Asyl in der Schweiz einen Rechtsanspruch auf eine Aufenthaltsbewilligung nach dem Ausländer- und Integrationsgesetz. Zudem gelten Massnahmen, die primär aufgrund asylpolitischer Bedürfnisse eingeführt wurden, wie etwa die Zwangsmassnahmen im Wegweisungsvollzug, für den gesamten Ausländerbereich. Schliesslich bildet die Einbürgerung nach schweizerischer Konzeption gewissermassen den Höhe- und Endpunkt der Integration einer ausländischen Person, die sich bereits viele Jahre in der Schweiz aufhält, was auch die Verbindung zwischen Ausländer-, Integrations- und Bürgerrecht aufzeigt.

§ 2 Ein interdisziplinärer Blick auf die Migration

Literatur: AIGNER PETRA, Migrationssoziologie, Eine Einführung, Wiesbaden 2017; DE HAAS HEIN/CASTLES STEPHEN/MILLER MARK J., The Age of Migration, International Population Movements in the Modern World, 6. Auflage, London 2020; DÜVELL FRANCK, Europäische und internationale Migration, Einführung in historische, soziologische und politische Analysen, Münster 2006; LEE EVERETT S., A Theory of Migration, in: Demography 3 (1966), S. 47–57; HAN PETRUS, Soziologie der Migration, Erklärungsmodelle, Fakten, Politische Konsequenzen, Perspektiven, 4. Auflage, Stuttgart 2016; HAN PETRUS, Theorien zur internationalen Migration, Ausgewählte interdisziplinäre Migrationstheorien und deren zentrale Aussagen, 2. Auflage, Stuttgart 2018; PETERSEN WILLIAM, A General Typology of Migration, in: American Sociological Review 23 (1958), S. 256–266; SINN HANS-WERNER, Auf der Suche nach der Wahrheit, Autobiographie, Freiburg im Breisgau 2018.

1. Einleitung

Die Sozialwissenschaften verstehen unter Migration eine auf Dauer angelegte 10
räumliche Veränderung des Lebensmittelpunktes einer Person oder einer Gruppe von Personen. Wanderungsbewegungen erfolgen aus den unterschiedlichsten Gründen, erstrecken sich über verschiedene geographische Räume, weisen in jeder historischen Epoche eigene charakteristische Eigenschaften auf und haben in Gesellschaft, Politik und Wirtschaft sowohl der Herkunfts- als auch der Zielstaaten vielschichtige Auswirkungen. Die Migration ist daher ein Forschungsobjekt verschiedenster Wissenschaftszweige:

> «In der Geografie beispielsweise beschäftigen sich WissenschaftlerInnen mit der regionalen Verteilung und Ansiedlung von MigrantInnen. Auf historischer Ebene wird die langfristige Migration als Kulturgeschichte der Menschheit analysiert, worin zum Beispiel Analysen zu Nomadenwanderungen oder der Völkerwanderung gemacht werden. Auf politikwissenschaftlicher Ebene werden die politische Partizipation sowie die Möglichkeiten der Partizipation von MigrantInnen analysiert und theoretische Perspektiven zu Staatsbürgerschaftsrechten und politischer Partizipation aufgegriffen (...). JuristInnen konzentrieren sich auf die Themen Aufenthaltsrecht und Staatsbürgerschaftsrecht bzw. auf die Rechtslage zur Problematik Flucht und Asyl. ÖkonomInnen beschäftigen sich mit den wirtschaftlichen Ursachen und Wirkungsweisen von Migrationen sowie den Vor- und Nachteilen von MigrantInnen auf den nationalen Arbeitsmärkten (...). DemografInnen prognostizieren Bevölkerungsentwicklungen (...), PsychologInnen und KulturwissenschaftlerInnen gehen auf die Identitätsentwicklung der MigrantInnen ein (...).» (AIGNER, S. 4)

11 Eine ganzheitliche Sicht auf Wanderungsbewegungen und Migrationsprozesse bedingt somit einer Zusammenarbeit verschiedenster wissenschaftlicher Disziplinen. Dies kann im vorliegenden Werk nicht geleistet werden. Einblicke in die Forschungsresultate und Theorien von rechtswissenschaftlichen Schwesterdisziplinen sind jedoch für die Befassung mit dem Migrations*recht* nicht nur fruchtbar und gewinnbringend, sondern unerlässlich. Sie erlauben es, Migration als facettenreiches Phänomen zu erkennen und fördern das Verständnis für die Materie. Das vorliegende Kapitel möchte daher – ohne jeglichen Anspruch auf Vollständigkeit zu erheben und bewusst selektiv – einen interdisziplinären Blick auf Migration und Wanderungsbewegungen werfen, um so das Bewusstsein und die Sensibilität für den Variantenreichtum und die Komplexität der verschiedenen Migrationsrealitäten zu schärfen.

2. Ein sozialwissenschaftlicher Blick auf die Migration

12 Die Sozialwissenschaften untersuchen, grob umrissen, das soziale Verhalten sowie die Voraussetzungen, Abläufe, Folgen sowie Arten des menschlichen Zusammenlebens in Gesellschaften. Es ist daher nicht überraschend, dass die Forschung etwa über Ursachen, Prozesse und Folgen von Wanderungsbewegungen einen wichtigen Platz in den Sozialwissenschaften einnimmt und sich zahlreiche Theorien, Studien und Untersuchungen mit der Migrationsthematik befassen. Eine konsistente Theorie der Migration existiert bislang nicht und wird angesichts der Komplexität der Motive, Formen und Abläufe menschlicher Wanderungen wohl auch kaum je entwickelt werden können. In der Folge soll auf der Basis zweier Theorien – dem Push- und Pull-Faktoren-Modell von EVERETT S. LEE sowie der Typologisierung von Migration nach WILLIAM PETERSEN – ein Überblick über die vielschichtigen und komplexen Gründe für Wanderungsprozesse sowie der unterschiedlichen Formen von Migration gegeben werden.

13 Wanderungsbewegungen werden durch unterschiedlichste Ursachen und Zwänge ausgelöst:

> «Die Migrationsbewegungen der Menschen werden durch eine Vielzahl zusammenhängender Ursachen und Zwänge kultureller, politischer, wirtschaftlicher, religiöser, demographischer, ökologischer, ethnischer und sozialer Art ausgelöst. Sie sind in der Regel das Ergebnis eines Zusammenspiels von mehreren Ursachen, die sowohl auf der gesellschaftlich strukturellen als auch auf der persönlich individuellen Ebene angesiedelt werden können. Migration kann selten monokausal erklärt werden. Die vielschichtigen Ursachen sind oft so miteinander verwoben und vermengt, dass eine eindeutige Trennung der freiwilligen von der unfreiwilligen Migration kaum möglich ist. Darüber hinaus ist Migration immer ein Prozess, der, be-

> ginnend von der Vorbereitung über den faktischen Verlauf bis hin zu einem vorläufigen Abschluss, in einem langen zeitlichen Kontinuum stattfindet. Der vollzogene Wohnortwechsel ist zwar ein sichtbares Zeichen, aber keineswegs der Endpunkt der Migration. Es kann gesagt werden, dass der wesentlich zeitintensivere und schwierigere Teil der «inneren psychosozialen Migration» erst nach der «äusseren physischen Migration» beginnt.» (HAN, Soziologie der Migration, S. 7)

Diese Pluralität von Ursachen und Prozessen erschwert die Erforschung von Migrationsphänomenen: 14

> «Eine der schwierigsten Aufgaben der Migrationsforschung ist jedoch die theoretische Erfassung und Systematisierung der Gründe von Migrationsentscheidungen und der dadurch ausgelösten Migrationsbewegungen. Mehrere Gründe machen diese Schwierigkeiten aus. Zuerst ist der Migrationsvorgang ein hochkomplexer Vorgang (...), der selten monokausal verursacht wird. Die genaue Identifizierung der einzelnen Determinanten der Migration aus einer Vielzahl von kausalen Bedingungsfaktoren ist kaum möglich. Zweitens lässt die Veränderung der historischen Kontexte, die die jeweiligen epochalen Migrationsschübe einzelner Weltregionen auslösen, kaum allgemeingültige Aussagen zu, die über die singuläre Analyse hinausgehen. Letztlich muss die Tatsache berücksichtigt werden, dass der Migrationsvorgang oft nicht rational begründet werden kann. Dies ist häufig dann der Fall, wenn sich die Migration zu einer sozialen Massenbewegung entwickelt, so dass sich Menschen auch ohne triftige individuelle Gründe von einer allgemeinen Stimmung mitreissen lassen.» (HAN, Soziologie der Migration, S. 18)

Das heute im Vordergrund stehende Modell der Ursachen von Migrationsbewegungen ist das von EVERETT S. LEE im Jahr 1966 vorgestellte Modell der **Push- und Pull-Faktoren**. Dieses Modell beruht auf der Annahme, dass Menschen migrieren, um ihre Lebenssituation zu verbessern. Sie tun dies grundsätzlich aufgrund zweier Arten von Ursachen: Einerseits wegen sogenannter Push-Faktoren, das heisst Gründen, die Migrantinnen und Migranten aus einem Gebiet «wegstossen» (*push*), weil sie ihre Situation am bisherigen Lebensmittelpunkt als unbefriedigend erscheinen lassen. Andererseits wegen Pull-Faktoren, das heisst Faktoren, die Migration als anziehend (*pull*) erscheinen lassen, da sie das Leben in der Fremde als erstrebenswert zeichnen und ein Bild von Sicherheit und Wohlstand vermitteln. LEE führt hierzu aus: 15

> «The factors which enter into the decision to migrate and the process of migration may be summarized under four headings, as follows:
> 1. Factors associated with the area of origin.
> 2. Factors associated with the area of destination.
> 3. Intervening obstacles.
> 4. Personal factors.
> (...) In every area there are countless factors which act to hold people within the area or attract people to it, and there are others which tend to repel them. (...) Some of these factors affect most people in much the same way, while others affect different people in different ways. Thus a good climate is attractive and a bad climate is repulsive to nearly everyone. But a good school system may be counted as a + by a parent with a young child and a – by a houseowner with no children because

of the high real estate taxes engendered, while an unmarried male without taxable property is indifferent to the situation.» (LEE, S. 49 f.)

16 Die Push-Faktoren sind in den allgemeinen und strukturellen Bedingungen der Gesellschaft des Herkunftslandes angesiedelt:

> «Diese Bedingungen sind im wesentlichen politische (z.B. Verfolgung, gesetzlich verankerte Diskriminierung), soziokulturelle (z.B. Vorurteile und Stereotypen gegenüber Angehörigen von Minderheiten und ihre soziale und institutionelle Ausgrenzung), wirtschaftliche (z.B. niedrigerer materieller Lebensstandard, Arbeitslosigkeit, Unterbeschäftigung, fehlende soziale Sicherung), ökologische (z.B. Naturkatastrophen wie Erdbeben, Vulkanausbrüche, Überschwemmungen, Dürren), religiöse (z.B. Verbot freier Religionsausübung und religiöse Verfolgung), ethnische (z.B. Spannungen zwischen ethnischen Gruppen, ethnische Homogenisierungspolitik wie «ethnische Säuberungen»), kriegerische (z.B. Bürgerkriege, zwischenstaatliche Kriege) Bedingungen, die bei näherer Betrachtung letztendlich für die Entstehung des komplizierten Ursachenbündels der Migration (...) verantwortlich sind.» (HAN, Soziologie der Migration, S. 20 f.)

17 Auch die Pull-Faktoren finden ihre Grundlage in den politischen, ökonomischen, sozialen und rechtlichen Bedingungen der Gesellschaft des Ziellandes. Stichworte sind hier zum Beispiel gute Verdienstmöglichkeiten, Sicherheit, Toleranz, gute Ausbildungsmöglichkeiten, ein gut entwickeltes Gesundheitssystem und Rechtssicherheit. Im Unterschied zu den Push-Faktoren, die von Migrantinnen und Migranten in der Regel sehr gut eingeschätzt werden können, ist dies bei den Pull-Faktoren nicht der Fall:

> «There are, however, important differences between the factors associated with the area of origin and those associated with the area of destination. Persons living in an area have an immediate and often long-term acquaintance with the area and are usually able to make considered and unhurried judgments regarding them. This is not necessarily true of the factors associated with the area of destination. Knowledge of the area of destination is seldom exact, and indeed some of the advantages and disadvantages of an area can only be perceived by living there. Thus there is always an element of ignorance or even mystery about the area of destination, and there must always be some uncertainty with regard to the reception of a migrant in a new area.» (LEE, S. 50 f.)

18 Weil die Kenntnis der realen Gegebenheiten im Zielland meist lückenhaft und häufig auch schlichtweg falsch ist, versuchen Staaten immer wieder, potentiell künftige Migrantinnen und Migranten mit Filmen oder abschreckender Werbung über die wirkliche Situation im Zielland aufzuklären.

19 So hat das SEM im Jahr 2017 im Rahmen der Migrationspartnerschaft mit Nigeria die dreizehnteilige TV-Serie «The Missing Steps» finanziert. Die von der IOM in Zusammenarbeit mit einem nigerianischen Filmunternehmen produzierte Serie möchte über die Zusammenhänge und Folgen abgewiesener Asylgesuche und irregulärer Migration in der Schweiz informieren. Sie handelt von einem nigerianischen Studenten, der erfolglos in der Schweiz um Asyl nachsucht und trotz Wegweisung illegal in der Schweiz bleibt. Anlässlich einer Billettkontrolle im Tram wird er beim

Fahren ohne gültiges Ticket erwischt und von den Kontrolleuren der Polizei übergeben. Sein Status als Sans-Papiers fliegt auf und er wird nach Nigeria ausgeschafft. Alle 13 Teile der Serie, die bereits zwei Mal im öffentlichen nigerianischen Fernsehen ausgestrahlt wurden, sind auf YouTube.com verfügbar. Auch Australien und Deutschland haben in der Vergangenheit bereits mit Videos abschreckende Botschaften zu vermitteln versucht.

Ein weiterer Zweig der sozialwissenschaftlichen Migrationsforschung widmet sich der Frage, wie verschiedene Arten von Wanderungen unterschieden, gruppiert und umschrieben werden können. Lange beruhte die sozialwissenschaftliche Migrationsforschung auf der Annahme, dass der Mensch im Grunde genommen sesshaft sei und nur dann migriere, wenn er von einer äusseren Kraft dazu gezwungen werde. Unter Hinweis auf nomadische Völker, deren dauernde Wanderung nicht mit Zwang durch eine äussere Kraft erklärt werden kann, entwickelte WILLIAM PETERSEN einen neuen Ansatz zur Charakterisierung von Migration. Er unterschied neu zwischen konservativer und innovativer Wanderung: 20

> «Some persons migrate as a means of achieving the new. Let us term such migration as *innovating*. Others migrate in response to a change in conditions, in order to retain what they have had; they move geographically in order to remain where they are in all other respects. Let us term such migration *conservative*.» (PETERSEN, S. 258)

Während für konservative Migration charakteristisch ist, dass Menschen wegen veränderter Umstände migrieren, um so den alten Zustand wiederherzustellen, zeichnet innovative Migration aus, dass mit der Wanderung etwas Neues erreicht werden soll. Ausgehend von diesen beiden Charakterisierungen entwickelte PETERSEN eine Typologie verschiedener Arten von Wanderungen. Er unterscheidet zwischen: 21

- **Migration aufgrund ökologischen Druckes** (*primitive migration*):

> «Diese bedeutet (...) Migration, die durch das Unvermögen der Menschen, die Mächte bzw. Gewalt der Natur unter Kontrolle zu bringen, d.h. unter dem Druck der Natur (ecological push), ausgelöst wird. (...) dieser Typus der Migration (...) ist überwiegend konservierend, weil Menschen hier vorrangig auf der Suche nach Plätzen waren, die die Beibehaltung ihrer alten Lebensgewohnheiten erlaubten (z.B. Suche nach Weideland für die Viehzucht). Die Völker- und Seewanderung, die Wanderung der Sammler und Nomaden zählen auch zu diesem Typus der Migration. Diese konservierende Migration trat in früheren Zeiten auch durch die Überbevölkerung ein für die der begrenzte Ertrag des Bodens nicht ausreichte. Dagegen stellt z.B. die Landflucht (...) der Menschen in die Städte in der modernen Zeit durchwegs eine innovative Migration dar, weil die Migranten hier bewusst städtische Lebensräume suchen, um ihren Lebensstil grundlegend zu verändern.» (HAN, Soziologie der Migration, S. 22 f.)

- **Veranlasste und erzwungene Migration** (*forced and impelled migration*):

> «Die Ursache primitiver Migration ist ökologischer Druck. Dagegen ist der Auslöser der Zwangsmigration der Staat bzw. die ihm funktional äquivalenten sozialen

Institutionen. Dabei wird die Zwangsmigration als veranlasste Migration (impelled) bezeichnet, wenn die Migranten eine gewisse Entscheidungsmacht über ihre eigene Migration behalten konnten, während sie als erzwungene (forced) Migration bezeichnet wird, wenn die Migranten bezüglich ihrer Migration keine Entscheidungsmacht hatten. Als historisches Beispiel werden die durch antisemitische Gesetze und Aktivitäten veranlasste Emigration der Juden aus Nazideutschland in den Jahren 1933 bis 1938 sowie ihre erzwungene Deportation in die Konzentrationslager in den Jahren 1938 bis 1945 angeführt.» (HAN, Soziologie der Migration, S. 23)

– **Freie Migration** (*free migration*):

«Im Gegensatz zu den bisher beschriebenen Typen steht im Mittelpunkt der freien Migration die persönliche Entscheidung als zentrale Grundlage zur Migration. Die transatlantische Pioniermigration aus Europa nach Nordamerika im 18. und 19. Jahrhundert wird als historisches Beispiel für diesen Typus genannt.» (HAN, Soziologie der Migration, S. 24)

– **Massenmigration** (*mass migration*):

«Diese Migrationsform beginnt in kleinem Umfang und entwickelt sich zu einer sozialen Bewegung. Die Masse wird vom Migrationsfieber angesteckt. Wenn die Migration zum sozialen Muster wird, dann spielt die Frage nach der individuellen Motivation kaum eine Rolle, weil hier die Migration Anderer zum Grund der Migration wird. Dann genügt ein kleiner Anlass, jemanden zur Migration zu bewegen. Unmittelbare Folgen der so induzierten Massenmigration sind die Entvölkerung der Herkunftsregion und die Besiedlung (...) und Urbanisierung neuer Gebiete. (...) Die transatlantische Massenmigration von Europa nach Nordamerika im 19. Jahrhundert (...) ist ein Beispiel dafür.» (HAN, Soziologie der Migration, S. 24)

3. Migration aus Sicht von Gesellschaft und Politik

22 Seit Jahren nimmt der Bereich Migration/Ausländerinnen und Ausländer/Flüchtlinge/Asyl in den jährlichen Sorgenbarometern der Credit Suisse Spitzenpositionen ein. Im Sorgenbarometer 2021 (siehe www.credit-suisse.com/sorgenbarometer > Download-Center, besucht am 15. August 2022) lag die Ausländerfrage mit 20 Prozent der Nennungen auf dem sechsten Rang, während der Fragenkomplex Flüchtlinge/Asyl mit 19 Prozent auf dem siebenten Platz rangierte.

23 Die gesellschaftliche und politische Zerstrittenheit in Bezug auf die Migrationsrealität umreisst FRANCK DÜVELL wie folgt:

«Aus der Perspektive des Nationalstaates – dem Trias Staat, Territorium, Volk – wird Migration, Inbegriff des Flüchtigen, als Bedrohung für den Nationalstaat, Inbegriff des Festen (...), aufgefasst. Da Migration die Aussengrenzen politischer Einheiten penetriert, die Zusammensetzung der Bevölkerung verändert und die Funktionen der Institutionen berührt, wird sie häufig als eine negative Kraft, zumindest aber als ein soziales Problem aufgefasst. Migration ist eine der grossen und drängenden gesellschaftlichen Herausforderungen unserer Zeit.

Von den einen wird sie in einem Atemzug mit den grossen Bedrohungen und Gefahren der Moderne genannt. So wird Migration mitunter als Krise betrachtet (...) und wird (...) häufig mit einer Bedrohung von Sicherheit und Ordnung in der westlichen Welt gleichgesetzt (...).

Diese Bedrohung wird regelmässig mit Hilfe von naturalistischen Metaphern beschrieben, die Migration als Naturgewalt, irrational und schicksalhaft erscheinen lässt. Typischerweise ist von «Wellen», «Flut» oder «Druck» die Rede. Solche Aussagen sind politisch motiviert, sie generieren moralische Panik und Alarmismus, die dann wiederum politische Prozesse antreiben. Jener Diskurs, der Migration als ein Problem, als Abweichung von der Norm, als deviantes und deshalb erklärungsbedürftiges Phänomen ansieht, ist allerdings der dominante, der Mehrheitsdiskurs.

Andere Stimmen dagegen halten Migration für normales menschliches Verhalten, sehen in den derzeit herrschenden weltweiten Migrationsbeschränkungen sogar eine der wesentlichen Ursachen für wirtschaftliche Stagnation, während andere sogar soweit gehen, zu errechnen, dass die Freigabe der Migration zu einem ungeheuren Wachstumsschub zum Wohle aller führen würde. Dieses Lager (...) befindet sich in der Minderheit (...). Die Pole der Kontroverse lauten also in etwa «Gefahren der Migration – Chancen der Migration». (...) Es sollte aber deutlich geworden sein, dass Migration hochgradig politisch und ideologisch aufgeladen ist und mitunter ein heisses Eisen darstellt.» (DÜVELL, S. 2 f.)

In einem Beitrag in der Neuen Zürcher Zeitung stellte HERFRIED MÜNKLER 24
diese Kontroverse zwischen Gefahren und Chancen der Migration in einen grösseren Zusammenhang:

«Die Geschichte menschlicher Wanderungsbewegungen

Über die längste Zeit ihrer Geschichte ist die Menschheit migriert. Wenn das Ursprungsgebiet des Menschen irgendwo in Ostafrika zu suchen ist, so waren es weitreichende Migrationsbewegungen, die zur Besiedlung des gesamten Globus geführt haben. Diese Besiedlung hat sich über Jahrtausende hingezogen, und auf ihren Wanderungen haben die Migranten ihr Aussehen, ihren Charakter und ihre Lebensweise verändert: Immer wieder aufs Neue hat sich der Mensch, «das nicht festgestellte Tier», wie Nietzsche ihn genannt hat, den jeweiligen klimatischen und ökologischen Gegebenheiten angepasst, in die er eingewandert war und in denen er sich nun behaupten musste. Das Menschengeschlecht ist durch Migration zu dem geworden, was es heute ist.

Der Traum vom Gleichgewicht

In der jüngeren Geschichte ist verschiedentlich die Vorstellung aufgekommen, nunmehr sei die Zeit der Migration zu Ende und das Leben der Menschen sei stationär geworden. Deswegen, so wurde geschlussfolgert, sei es an der Zeit, eine neue, als endgültig angesehene politische und gesellschaftliche Ordnung zu entwerfen, die auf einer Reihe von Gleichgewichtsannahmen begründet wurde. Im 18. Jahrhundert war das verstärkt der Fall: Fast alle normativen Ordnungsvorstellungen der

Aufklärer beruhten auf der Annahme eines Gleichgewichts, und dabei sahen sie dessen Infragestellung durch nachhaltige Migrationsbewegungen nicht vor. Die aktuelle Debatte über Flüchtlinge und Asylbewerber zeigt, in welchem Masse wir auch heute im Bann solcher Gleichgewichtsvorstellungen stehen und wie schwer es uns fällt, dynamische Veränderung durch Migration zu denken.

Aber schon einige Jahrzehnte nach dem Höhepunkt des homöostatischen Systemdenkens entstanden die Migrationsströme des 19. Jahrhunderts, als mehr als fünfzig Millionen Europäer den alten Kontinent verliessen und nach Amerika auswanderten. Perioden der Stagnation und solche dynamischer Migration haben einander also immer wieder abgewechselt. So wurde nach dem Ersten Weltkrieg in Europa die Migration mit politischen Mitteln eingedämmt, etwa durch die Einführung des Reisepasses, mit dem der Staat die Kontrolle über seine Grenzen erlangte. Im Zweiten Weltkrieg und noch danach wurden gewaltige Bevölkerungsverschiebungen und Flüchtlingsströme in Gang gesetzt, mit denen die Zusammensetzung der Bevölkerung den jeweiligen Herrschaftsvorstellungen angepasst werden sollte. Daran anschliessend gab es in Europa über vier Jahrzehnte relativ wenig Migration. Das war eine Folge der Systemgrenze, die sich als Eiserner Vorhang mitten durch Europa zog. Dementsprechend traf die Fluchtbewegung der 1990er Jahre aus dem Balkan Westeuropa wie ein Schock.

Schockierend sind die neuen Flüchtlingsströme nicht zuletzt darum, weil sie die Vorstellung von der Steuerbarkeit der Migration zerstört haben. Wo Kriege oder Naturkatastrophen solche Ströme auslösen, erweist sich die Idee ihrer Lenkbarkeit und Kontrolle schnell als Illusion. Aber so schnell will und kann man die Vorstellung der Steuerung nicht aufgeben: Man will nicht, weil fast alle Zukunftsvorstellungen der wohlhabenden Gesellschaften daran hängen – und man kann nicht, weil die Funktionsmechanismen der Gesellschaften eher inflexibel sind und auf einen grösseren Ansturm von Migranten nur schwer umgestellt werden können.

Je komplexer und normativ anspruchsvoller eine Gesellschaft ist, desto verwundbarer ist sie durch migrantische Veränderungen. Mit statistischen Extrapolationen bis weit ins nächste Jahrzehnt erwartungssicher gemacht, nimmt sie den Zustrom von Migranten als Gefahr und nicht als Chance wahr. Die von den Flüchtlingen hervorgerufene Angst ist bis in die Mitte unserer Gesellschaften vorgedrungen, die so gut wie nicht stressresistent ist. Man kann es auch einfacher formulieren: Es sind satte, zumeist überalterte Gesellschaften, die sich einer als bedrohlich empfundenen Herausforderung stellen müssen, aber nicht stellen wollen.

Sesshafte und Nomaden

Um das nachvollziehen zu können, lohnt sich ein nochmaliger Blick in die Geschichte menschlicher Wanderungsbewegungen. Über Jahrzehntausende waren unsere Vorfahren Jäger und Sammler, was heisst, dass sie, wenn sie nicht im Regenwald, sondern in Steppen- und Präriegebieten lebten, den jahreszeitlichen Wanderungen der grossen Herden folgten und dort in Konkurrenz mit Raubtieren ihre Nahrung suchten. Das änderte sich erst mit der neolithischen Revolution vor 10 000 bis 12 000 Jahren, also der Erfindung von Ackerbau und Viehzucht, in deren Folge grössere Menschengruppen sesshaft wurden.

Mit der Entstehung bäuerlicher Wirtschaftsweisen entstand ein neues Verhältnis zum Nomadismus: Aus einer zuvor selbst praktizierten Lebensform wurde er zu einer Bedrohung. Er wurde als räuberisch und zerstörend wahrgenommen, und dementsprechend waren die Bauern bestrebt, die wandernden Herden und Horden von ihren Feldern und Bewässerungssystemen fernzuhalten. Sie verteidigten ihr Territorium, aber um das zu können, bedurften sie der herrschaftlichen Organisation. So entstanden die Frühformen von Staatlichkeit, und in den Bauernkulturen entwickelte sich eine notorische Aversion gegen alles Fremde.

Orte der Zivilisierung

Freilich, je effektiver die Bauern produzierten und je besser sie gegen die räuberischen Nomaden geschützt wurden, desto grösser wurden die Städte, die inmitten der Dörfer entstanden, und diese Städte wurden – durch Zustrom von Fremden – zu Stätten der Veränderung und Innovation. Zugleich erwiesen sie sich als Orte der «Zivilisierung» des Fremden: Aus nomadischen Räubern wurden Kaufleute und Händler, die einen kontinuierlichen Beitrag zum Anwachsen von Wohlstand und Reichtum leisteten. Ist das bäuerliche Land auf Dauer und Beharrung ausgerichtet, so ist die Stadt ein Zentrum der Bewegung und Veränderung, sie wird zum Impulsgeber einer langsamen und schrittweisen «Modernisierung» des bäuerlichen Wirtschaftens. Vom Hochmittelalter bis zum Beginn der Industrialisierung glich die Stadt-Land-Beziehung einem homöostatischen System, das nur durch Kriege und Naturkatastrophen aus dem Gleichgewicht geriet. Veränderung und Beharrung hielten einander die Waage. Zumindest den Romantisierungen, die dieses System überlagerten, unterliegen wir bis heute.

Was in dieser Wahrnehmung freilich in den Hintergrund gedrängt worden ist, ist die innovative Rolle des Fremden, das wie ein Generator des Neuen gegen Ermüdungsprozesse und lähmende Selbstzufriedenheit wirkt. Es sind vor allem die Fremden, die sozioökonomische Erstarrung verhindern – sei es, weil sie Neues mit sich bringen, sei es, weil sie hungrig sind und fleissiger arbeiten als die meisten, die sich seit langem im Bestehenden eingerichtet haben. Viele kommen, weil sie sich ein besseres Leben erhoffen, aber um dieses zu erreichen, müssen sie mehr und besser arbeiten als die Alteingesessenen. Für die am unteren Rand der Gesellschaft Stehenden sind diese Fremden eine Bedrohung, für die Gesellschaft als Ganzes sind sie dagegen eine Revitalisierung. Der aggressive Widerstand gegen die Fremden kommt deswegen zumeist aus dem unteren Segment der Gesellschaft, vor allem aber kommt er von denen, die kurzfristig denken, weil sie selbst von der Hand in den Mund leben. Dagegen sind die, die langfristiger denken und um die Bedeutung des Innovativen wissen, sehr viel offener gegenüber dem Fremden.

Ängste sind nicht nützlich

Lassen sich diese Beobachtungen für den Umgang mit den gegenwärtigen Herausforderungen durch die Flüchtlinge aus dem Vorderen Orient und dem subsaharischen Afrika fruchtbar machen? In Grenzen jedenfalls kann man das annehmen, etwa beim Blick auf staatliche Sozialleistungen, die in modernen Gesellschaften eine ähnliche Funktion haben wie Grund und Boden in der alten bäuerlichen Gesellschaft. Solche Leistungen sind einerseits die Voraussetzung dafür, dass die Neuankömmlinge, die auf lange Zeit bleiben werden, die Kraft und Initiative entwickeln, die sie zu einer Bereicherung und Erneuerung unserer Gesellschaft machen und in ihnen das Empfinden nähren, dass sie der aufnehmenden Gesellschaft etwas zurückgeben sollten.

Aber diese Leistungen dürfen wiederum nicht so beschaffen sein, dass man sich darin auf Dauer einrichten kann, dass sie, wenn auch auf niedrigem Niveau, «satt machen» und dazu führen, dass die positiven Effekte der Neuankömmlinge durch deren unverzügliche Verwandlung in Angehörige des unteren Gesellschaftssegments verspielt werden. Umgekehrt dürfen die Fremden der Aufnahmegesellschaft nicht dauerhaft in grosser Distanz gegenüberstehen, sondern müssen deren Rahmenordnung als die ihre annehmen.

Es wäre klug, wenn wir in der Flüchtlingsdebatte mehr auf die Effekte von Massnahmen achten würden, um die positiven Seiten zu vermehren und die negativen zu begrenzen, als diffusen Ängsten zu folgen, die das Problem nur vergrössern. Vorerst jedenfalls müssen unsere Gesellschaften sich auf eine anhaltende Migration einstellen und Strategien entwickeln, um daraus das Beste zu machen. Ein Blick in die Geschichte kann dabei helfen.» (NZZ vom 5. September 2015, S. 47)

4. Ein ökonomischer Blick auf die Migration

25 Wanderungsbewegungen haben vielschichtige Auswirkungen auf die ökonomischen Umstände sowohl in den Herkunfts- als auch in den Zielstaaten. Seit langer Zeit untersuchen die Wirtschaftswissenschaften Ursachen und Folgen von Migrationsbewegungen. Sie befassen sich dabei zum Beispiel mit den wirtschaftlichen Ursachen von Wanderungsbewegungen, den ökonomischen Faktoren von Migrationsentscheidungen oder den Auswirkungen von Migration auf das Humankapital (*brain drain*), den Arbeitsmarkt und das Bruttoinlandsprodukt. Auf eine Darstellung dieser Theorien muss vorliegend verzichtet werden. Vielmehr soll – anknüpfend an die oben aufgeworfene Frage nach den Chancen und Problemen von Migration – lediglich kurz die Frage aufgegriffen werden, ob die Auswirkungen von Wanderungsbewegungen Chance oder Problem für den Sozialstaat sind. Die diesbezüglichen Schlagworte sind bekannt: Migrantinnen und Migranten nehmen den Einheimischen die Arbeitsstellen weg, senken das Lohnniveau, erhöhen die Arbeitslosigkeit, höhlen den Sozialstaat aus und verursachen immense Mehrkosten für Grenzschutz und Sicherheit.

26 Ökonominnen und Ökonomen sind sich uneinig, ob Einwanderung den Sozialstaat belaste oder entlaste. HANS-WERNER SINN vertritt in Bezug auf die EU die Ansicht, dass ein mit hohen progressiven Steuern finanzierter grosszügiger Sozialstaat mehrheitlich gering qualifizierte beziehungsweise gering verdienende Migrantinnen und Migranten anziehe. Diese gehörten daher zu den Nettobezügern von Sozialleistungen und die Kosten für den Sozialstaat würden deutlich ansteigen:

«Die EU definiert im Hinblick auf die Migration im Wesentlichen drei Ziele. Sie will innerhalb ihrer Grenzen die freie Wohnsitzwahl für alle EU-Bürger erlauben, also die Freizügigkeit gewährleisten. Sie will, dass die EU-Länder Sozialstaaten sind, also Versicherungsschutz anbieten. Und sie will EU-Migranten rasch in das Sozialsystem des Gastlandes integrieren, wie es durch das sogenannte Inklusionsprinzip im Lissabon-Vertrag festgelegt ist. Diese drei Ziele bilden ein unlösbares Trilemma. Wenn man den Prozess der EU-Binnenmigration bei vollgültigem Inklusionsrecht weiterhin so laufen lässt, wie er derzeit angelegt ist, werden sich die Armen mehr und mehr in den besser ausgestatteten Sozialstaaten sammeln und diese finanziell erodieren. Um das zu verhindern, kann man entweder die Freizügigkeit begrenzen oder das Inklusionsprinzip aufgeben. Keinesfalls lassen sich alle drei Ziele gemeinsam realisieren.

(...)

Aus diesem Grund habe ich den Vorschlag gemacht, bestimmte Leistungen des Sozialstaates vom EU-Heimatland erbringen zu lassen, ähnlich wie das bei den Schweizer Gemeinden lange Zeit Usus war. Konkret würde ich die Leistungen des Sozialstaates in erarbeitete und ererbte Ansprüche unterteilen. Erarbeitete Ansprüche sind solche, die man selbst gewissermassen durch Steuern oder Beiträge bezahlt hat, also Ansprüche aus der Renten-, der Unfall-, der Arbeitslosen- und der Krankenversicherung. Ererbte Ansprüche hingegen sind solche, die nicht erarbeitet wurden und die mit der Grundsicherung zu tun haben, die jeder geniessen darf, wenn er nicht oder noch nicht arbeiten kann. Dazu würde zum Beispiel die Sozialhilfe (im Sinne einer Hilfe für den Lebensunterhalt), das Kindergeld oder auch die Hartz-IV-Hilfe und Ähnliches gehören, soweit man sie sich noch nicht im Gastland hat erarbeiten können. Die erarbeiteten Ansprüche sollten vom Gastland gewährt werden und die ererbten Ansprüche vom EU-Heimatland. Selbstredend gilt diese Regel nicht für politisch Verfolgte, die aus Drittländern kommen, die sich definitionsgemäss ihrer nicht annehmen würden. Sie müssen im Gastland versorgt werden.» (SINN, S. 281 ff.)

Die Gegenposition wird etwa von IAN GOLDIN, dem früheren Vizepräsidenten der Weltbank, vertreten. In einem Interview erläuterte er, weshalb Migration langfristig betrachtet positive Auswirkungen auch für den Sozialstaat habe: 27

«Erstens fördert Einwanderung Innovation: Nicht nur seien Menschen, die die Strapazen einer Auswanderung auf sich nehmen, tendenziell risikofreudig. Viel wichtiger: «Aus fremden Kulturen kommend, bringen sie neue Perspektiven ein. Für die Entstehung von unternehmerischem Drive und Innovation spielt Diversität eine entscheidende Rolle.» (...)

Zweitens, sagt Goldin, erhöhen die zusätzlichen Arbeitskräfte unter dem Strich die Wirtschaftsleistung: Schlecht qualifizierte Immigranten übernehmen nicht nur Jobs, welche die heimische Bevölkerung nicht mehr machen will, sie bieten auch günstige Leistungen an, wie zum Beispiel Kinderpflege, die es der höher qualifizierten heimischen Bevölkerung erlauben, einer produktiven Tätigkeit nachzugehen – insbesondere hoch qualifizierte Frauen mit Kindern. «In den USA ist der Anteil von Frauen, die arbeiten deutlich höher in Regionen mit vielen niedrigqualifizierten Zuwanderern» sagt Goldin. Und dann gibt es auch noch die hochqualifizierten Einwanderer, deren volkswirtschaftlicher Nutzen unbestritten ist.

Drittens, so Goldin, hat Einwanderung längerfristig einen positiven Effekt auf Löhne. Entgegen der verbreiteten Ansicht könnten selbst im Niedriglohnbereich keine signifikanten Lohnreduktionen nachgewiesen werden. Zumindest keine bleibenden. Goldin gesteht zwar ein, dass zusätzliche Arbeiter in einzelnen Branchen zu tieferen Löhnen führen können, das Ausmass sei aber überschaubar. Und mittelfristig erhöhe sich durch die zusätzlichen Arbeiter die Wettbewerbsfähigkeit eines Landes, was sich wiederum positiv auf das Lohnniveau auswirke.» (MICHAEL WANNER, Einwanderung als Chance, Was Migranten der Wirtschaft bringen, in: Aargauer Zeitung vom 5. September 2015).

§ 3 Migrationspolitik

Literatur: GNESA EDUARD, Veränderungen in der europäischen und schweizerischen Migrations- und Flüchtlingspolitik seit 2015, unter Berücksichtigung der Auswirkungen der Covid-19-Pandemie, in: Achermann Alberto et al. (Hrsg.), in: Jahrbuch für Migrationsrecht 2019/2020, Bern 2020, S. 3 ff.; GOLDIN IAN/CAMERON GEOFFREY/BALARAJAN MEERA, Exceptional People, How Migration Shaped Our World and Will Define Our Future, Princeton/Oxford 2011; GROSS THOMAS, Einwanderungsrecht und -politik im Vergleich, in: Achermann Alberto et al. (Hrsg.), in: Jahrbuch für Migrationsrecht 2016/2017, Bern 2017, S. 3 ff.; DE HAAS HEIN/CASTLES STEPHEN/MILLER MARK J., The Age of Migration: International Population Movements in the Modern World, 6. Auflage, London 2020; HÄSLER ALFRED A., Das Boot ist voll – Die Schweiz und die Flüchtlinge 1933-1945, Zürich 2008; HOLENSTEIN ANDRÉ/KURY PATRICK/SCHULZ KRISTINA, Schweizer Migrationsgeschichte – Von den Anfängen bis zur Gegenwart, Baden 2018; HERTIG RANDALL MAJA/THÜRER DANIEL, Einleitung: Gerechtigkeit im Ausländerrecht?, in: Uebersax Peter et al. (Hrsg.), Ausländerrecht, 3. Auflage, Basel 2022, S. 3 ff.; VUILLEUMIER MARC, Ausländer, in: Historisches Lexikon der Schweiz (www.hls-dhs-dss.ch > Artikel A-Z > Ausländer, besucht am 15 August 2022).

Als Migrationspolitik wird jener Politikbereich bezeichnet, der die Wanderungsbewegungen von Menschen zu steuern versucht. Migrationspolitik legt fest, welchen Personen unter welchen Voraussetzungen ein Recht auf Einreise in ein Land eingeräumt wird sowie wie lange und unter welchen Bedingungen sich die betreffenden Personen im Land aufhalten dürfen. Migrationspolitik unterscheidet dabei zwei Aspekte: 28

- Die Regelung der Zugangsberechtigung: Die **Zuwanderungspolitik** definiert, wer unter welchen Bedingungen einreisen und wie lange der Aufenthalt dauern darf.
- Die Gestaltung der Lebensbedingungen und Lebensumstände im Aufnahmeland: Die **Integrationspolitik** beantwortet die Frage, ob Migrantinnen und Migranten in die Aufnahmegesellschaft integriert, von ihr assimiliert oder von ihr getrennt werden sollen.

Diese beiden Aspekte von Migrationspolitik – die Zuwanderungspolitik und die Integrationspolitik – können nicht voneinander getrennt werden. Wie diese beiden Politikbereiche zusammenspielen, hängt jedoch stark vom jeweiligen Migrationsregime ab. 29

1. Staatliche Förderung von Wanderungsbewegungen

30 Seit Jahrhunderten fördern Staaten Wanderungsbewegungen. Diese staatlichen Massnahmen betreffen sowohl die Förderung der Auswanderung aus dem eigenen Land als auch die Förderung der Einwanderung in das eigene Land. So zwang zum Beispiel der im Westfälischen Frieden von 1648 verankerte Grundsatz «*cuius regio, eius religio*» viele Personen, ihre Heimat aus Glaubensgründen zu verlassen, wenn sie sich weigerten, den Glauben des Landesfürsten anzunehmen. Dieser Umstand bewog zahlreiche Landesherren, die Ansiedlung von Glaubensflüchtlingen durch Vergünstigungen zu fördern, weil sie sich Impulse für ihre Wirtschaft erhofften.

31 Insbesondere die Migrationsgeschichte des 19. und des frühen 20. Jahrhunderts zeigt jedoch deutlich, auf welche Weise sich Regierungen aktiv an der Entstehung und Steuerung von Aus- und Einwanderungsströmen beteiligten. Traditionelle Einwanderungsländer wie die USA, Kanada und Australien ersuchten bis weit in die zweite Hälfte des 19. Jahrhunderts hinein europäische Regierungen um die Entsendung von Siedlern und erliessen Gesetze, um deren Ansiedlung zu fördern. Im Gegenzug sahen es europäische Regierungen ihrerseits nicht ungern, wenn sich die über frühe Industrialisierungs- und Urbanisierungsschübe erzeugte soziale Frage durch Auswanderung lösen liess. Nicht wenige Länder förderten deshalb die Auswanderung aktiv, allen voran Grossbritannien, das wohl am konsequentesten dem bereits zu Beginn des 19. Jahrhunderts von FRANCIS BACON formulierten Grundsatz folgte, Menschen, die im eigenen Land überflüssig seien, dorthin zu bringen, wo sie etwas nützten.

32 Auch die nach dem Zweiten Weltkrieg einsetzende Arbeitsmigration lässt sich als spezielles, zwischen Abwanderungs- und Zuwanderungsregionen wirkendes Zusammenspiel sehen. Ehemalige Kolonialmächte bevorzugten ihre ehemaligen Kolonien, um die von der Wirtschaft geforderten billigen Arbeitskräfte zu rekrutieren. In England war es der 1948 verabschiedete *British Nationality Act*, der zunächst die Zuwanderung aus der Karibik und später aus Indien und Pakistan erlaubte. In den Niederlanden waren die ehemaligen kolonialen Beziehungen verantwortlich dafür, dass sich anfänglich Menschen aus Südostasien sowie aus Surinam und den Antillen einfanden. In Frankreich führten ehemalige koloniale Abhängigkeiten zur Zuwanderung aus nordafrikanischen Ländern. Jene Staaten, die keine koloniale Vergangenheit hatten, behalfen sich mit Gastarbeiterinnen und Gastarbeitern. Die USA holten – nachdem der Zustrom aus Europa versiegt war – ihre Arbeitskräfte ab 1949 aus Mexiko, Deutschland vor allem aus der Türkei und die Schweiz aus Italien, Spanien und Portugal. In all diesen Wanderungsprogrammen finden sich ökonomisches und politisches Kalkül.

Noch stärker als in der Förderung von Ein- und Auswanderung zeigen sich die Möglichkeiten staatlicher Steuerung in deren Beschränkung. Solange Abwanderung und Zuwanderung erwünscht sind, werden grosszügige Kriterien gewöhnlich hoch gehalten und es bedarf eines scharfen Blickes, um hinter solchem *laissez-faire* eine Strategie zu erkennen. Die meisten europäischen Länder haben bis zum Ersten Weltkrieg Freizügigkeit walten lassen. Diese äusserte sich etwa darin, dass weder für die Auswanderung noch für die Zuwanderung konkrete Massnahmen ins Auge gefasst wurden; folglich fehlte das Instrument, das heute mit Migrationspolitik umschrieben wird. 33

2. Die Migrationspolitik traditioneller Einwanderungsländer

Klassische Einwanderungsländer sind vor allem die USA, Kanada, Australien und Neuseeland. In diesen Ländern ist Immigration ein bestimmender Teil der Geschichte und die Mehrheit der Bevölkerung besteht aus ehemaligen Immigrantinnen und Immigranten, die seit dem 16. Jahrhundert (Amerika) beziehungsweise 18. Jahrhundert (Australien und Neuseeland) aus Afrika, Europa, später auch aus Asien einwanderten. Dieser historische Hintergrund schlägt sich heute noch in der Migrationspolitik dieser Länder nieder. 34

Mit den USA, Kanada, Australien und Neuseeland wichen jedoch gerade jene Länder als erste von der *laissez-faire*-Haltung ab, die ihre Existenz der Zuwanderung verdankten. Die erste bekannte Zuwanderungsbeschränkung war der von der US-Regierung 1882 eingeführte, 1892 erneuerte und bis 1943 geltende *Chinese Exclusion Act*. Die chinesische Zuwanderung war ab den 30er-Jahren des 19. Jahrhunderts aktiv gefördert worden, bedurfte es doch neuer Arbeitskräfte, nachdem die Unterdrückung des Sklavenhandels eine frühere Zuwanderungsquelle hatte versiegen lassen. Da sich die Einwanderung aus China in der Folge verselbständigte, sah sich die amerikanische Regierung genötigt, der Einreise chinesischer Arbeitskräfte Einhalt zu gebieten. Mit dem *Barred Zone Act* aus dem Jahr 1917 wurde der Zuwanderungsstopp sodann auf alle asiatischen Länder – mit Ausnahme der Philippinen – ausgedehnt. Aufgrund des manifesten Nationalismus während des Ersten Weltkrieges und der sich abzeichnenden wirtschaftlichen Schwäche implementierte die amerikanische Regierung 1924 mit dem neu verabschiedeten *Immigration Act* erstmals ein Quotensystem. Mit diesem wurde die Zuwanderung insbesondere aus europäischen Staaten weiterhin gefördert, die aus anderen Ländern hingegen eingeschränkt. 35

Kanada schlug vorerst einen anderen Weg ein, um die Zuwanderung einzudämmen. Anstelle eines Verbotes wurde 1885 für jede chinesische Arbeitskraft eine Zuwanderungssteuer von 50 kanadischen Dollar eingeführt. 1900 wurde 36 dieser Betrag auf 100, 1904 auf 500 kanadische Dollar angehoben. Da in der Folge die Zuwanderung aus China zwar zurückging, jedoch nicht versiegte, verfügte die Regierung 1923 einen definitiven Zuwanderungsstopp für chinesische Staatsangehörige. Weitere Beschränkungen folgten auch für andere Nationalitäten. Sowohl die USA als auch Kanada führten zudem in den ersten Jahrzehnten des 20. Jahrhunderts zusätzliche soziale, moralische und die Bildung betreffende Standards ein. Kriminellen wurde das Betreten von amerikanischem Boden ebenso untersagt wie Personen mit radikalen politischen Ansichten, Armen, Analphabeten sowie psychisch und körperlich Kranken.

37 Es waren somit die traditionellen Einwanderungsländer, die als erste Zuwanderungsregime im eigentlichen Sinn des Wortes entwickelten. Diese gründeten auf zwei Maximen:

- **Prinzip der selektiven Zuwanderung**: Nach diesem Prinzip sollten gebildete und kapitalkräftige Personen aufgenommen, Ungebildete und Mittellose hingegen abgewehrt werden.
- **Prinzip liberaler Integrationsbedingungen**: Nach diesem Prinzip sollten die Einbürgerungsschranken tief angesetzt werden, sodass Niedergelassene bereits nach kurzer Aufenthaltsdauer die vollen Bürgerrechte erwerben und im Gastland geborene Kinder automatisch die Staatsbürgerschaft erhalten.

38 Eine aufgrund dieser Grundsätze gestaltete Migrationspolitik wehrt den unerwünschten «Fremden» bereits an der Grenze ab. Wer hingegen nicht im Netz der Auslese hängen bleibt und die Niederlassungsrechte zugesprochen erhält, gilt aus staatlicher Sicht bereits als weitgehend integriert und soll ohne grössere Verzögerung die Staatsbürgerschaft erwerben können.

3. Die Migrationspolitik neuerer Einwanderungsländer

39 Die Migrationspolitik von Ländern wie Deutschland, Österreich oder der Schweiz, die sich lange Zeit nicht als Einwanderungsländer verstanden – es aber heute in aller Regel sind –, unterscheidet sich deutlich von der Migrationspolitik traditioneller Einwanderungsländer. Der wichtigste Unterschied bestand darin, dass diese Staaten lange keine selektiven Zuwanderungskriterien vorgesehen und erst in jüngerer Zeit begonnen haben, solche in ihrer Migrationspolitik zu verankern. Grund hierfür ist, dass in der Vergangenheit keine Notwendigkeit für selektive Zuwanderungskriterien bestand, weil bis zum Ersten Weltkrieg in Europa mehr die Aus- als die Einwanderung zur Diskussion

stand, Europa während der Weltkriege vor allem durch die Flüchtlingsproblematik in Atem gehalten wurde und nach den Weltkriegen die Volkswirtschaften zunächst billiger Arbeitskräfte bedurften, um die Konjunktur anzukurbeln. Erst Mitte der 1960er- und zu Beginn der 1970er-Jahre wurden Restriktionsforderungen laut. Der Zuwanderungsdruck nahm in dieser Zeit zu, was allerdings die Regierungen zunächst nicht dazu veranlasste, selektive Zuwanderungsordnungen zu diskutieren. Vielmehr begann man, sich in Abwehr zu üben, wodurch sich der Zustrom in den Asylbereich verlagerte, der – zusammen mit dem illegalen Zutritt – die einzig verbleibende Möglichkeit darstellt, in EU/EFTA-Staaten Fuss zu fassen.

Im Vergleich zu den traditionellen Einwanderungsländern verfolgten neue Einwanderungsländer deshalb bis weit in die zweite Hälfte des 20. Jahrhunderts bezüglich der Zuwanderung eine politische Linie, in der Selektionsstandards weitgehend fehlten und die Zuwanderung daher weniger Restriktionen unterworfen war als in den Staaten, die mit solchen Standards arbeiteten. Hingegen wurden in der gleichen Zeit nicht wenige europäische Staaten in Bezug auf den Zugang zum Bürgerrecht restriktiver und hoben – wohl weniger aufgrund aktiver Zuwanderung als vielmehr aufgrund nationaler Ängste und aufkommender Fremdenfeindlichkeit – die Einbürgerungsschranken in den vergangenen Jahrzehnten an. Zu diesen Ländern gehörten insbesondere die *ius sanguinis*-Länder Österreich, Deutschland und die Schweiz, die eine bis in die Vorkriegszeit hinein praktizierte liberale Einbürgerungspolitik in eine konservative umwandelten. Obwohl die Einbürgerungsstandards keineswegs in allen europäischen Ländern gleich sind, zeigt sich deutlich, dass zumindest in mitteleuropäischen Ländern Ausländerpolitik lange Zeit weniger über Zuwanderungsrestriktionen als vielmehr über das Anheben von Einbürgerungsschranken betrieben wurde. 40

Der Vergleich zwischen den klassischen Einwanderungsländern und den mitteleuropäischen Staaten ergibt deshalb für das 20. Jahrhundert das folgende Muster: Die traditionellen Einwanderungsländer verfolgten eine restriktive Zuwanderungspolitik und eine liberale Einbürgerungspolitik, die europäischen Länder hingegen zogen es zunächst vor, die Zuwanderung liberaler zu gestalten, dafür aber den Zugang zu den Bürgerrechten restriktiv zu handhaben. Allerdings haben die meisten Staaten, die sich lange Zeit nicht als Einwanderungsstaaten angesehen haben und diese Fiktion zuweilen bis heute hochhalten, ihre Zuwanderungspolitik in den vergangenen Jahren neu gestaltet und dem System der klassischen Einwanderungsstaaten angenähert: 41

- Erstens, indem eingestanden wurde, dass **Einwanderung** – oder zumindest Zuwanderung – **notwendig** ist.
- Zweitens, indem spezifische **Selektionskriterien** formuliert wurden, gestützt auf die vor allem (hoch)qualifizierte Migrantinnen und Migranten

zugelassen werden. Unqualifizierte Zuwanderungswillige hingegen sollen bereits an der Grenze aufgehalten werden.

- Drittens, weil parallel zur Einführung des Selektionsmodus in verschiedenen Staaten die **Einbürgerungsbestimmungen gelockert** worden sind beziehungsweise werden sollen. Der Einbürgerungsprozess soll künftig weniger als früher der Selektion dienen; diese soll vielmehr an die Grenzen verlagert werden.

42 Die Nachteile der Annäherung der Migrationspolitiken der neuen Einwanderungsländer an jene der traditionellen Einwanderungsländer werden bereits heute deutlich. Sie finden sich vor allem im Bereich der Abwehr von unerwünschten Personen. Der Asylbereich dürfte weiterhin vor allem für diejenigen Personenkreise attraktiv bleiben, die die neuen Zuwanderungsanforderungen nicht erfüllen. Die illegale Zuwanderung dürfte ebenfalls zunehmen. Dass sich die europäischen Regierungen dieser Entwicklungstendenz bewusst sind, zeigt sich im Ansatz, die Asylgesetzgebung europaweit zu harmonisieren (hinten Rz. 365 ff.), den Wegweisungsvollzug wirksamer zu gestalten und insbesondere die nationalen Grenzen respektive die Aussengrenzen der Europäischen Union effizienter gegen unerwünschte Zuwanderung zu schützen (hinten Rz. 315 ff.).

4. Die Entwicklung der schweizerischen Migrationspolitik

43 Die Schweiz, die bis vor rund hundert Jahren ein klassisches Auswanderungsland war, ist heute – realistisch betrachtet – ein Einwanderungsland. Die Wende vom Auswanderungs- zum Einwanderungsland begann mit dem wirtschaftlichen Aufschwung Ende des 19. Jahrhunderts.

4.1. Migration in der Zeit vor dem Ersten Weltkrieg

44 Einwanderungsschübe wie etwa der Zuzug von Glaubensflüchtlingen aus Frankreich, Italien und England um 1550 und von Hugenotten nach der Aufhebung des Edikts von Nantes im Jahr 1685 waren die Ausnahme. Die schweizerische Migration war geprägt von der Erwerbssuche von Schweizern im Ausland – als Architekten, Handwerker oder Reisläufer in fremden Kriegsdiensten. Bis zur zweiten Hälfte des 19. Jahrhunderts war die Schweiz ein bäuerlich geprägtes Land ohne Rohstoffe. Hungersnöte infolge Landwirtschaftskrisen und Konjunktureinbrüche in der Textilindustrie wiederholten sich. Tausende emigrierten aus wirtschaftlicher Not. Allein zwischen 1870 und 1890 zwang die

Agrarkrise über 120'000 Personen zur Auswanderung. Neben dieser wirtschaftlich begründeten Auswanderung erfolgte Emigration jedoch auch aus beruflichen (Tessiner Steinhauer, Maurer und Architekten in Italien oder die Engadiner Zuckerbäcker weltweit), politischen (Vertreibung von Aristokraten) oder religiösen Gründen (Wiedertäufer).

Die kantonalen Behörden haben je nach Ort und Zeit höchst unterschiedliche Haltungen gegenüber der Auswanderung eingenommen. Das Spektrum reichte vom Verbot der Auswanderung über deren stillschweigende Toleranz beziehungsweise deren staatlichen Unterstützung bis hin zur Abschiebung der Armen, die in einigen Kantonen im grossen Stil betrieben wurde und zuweilen, wie in anderen europäischen Ländern, Deportationen gleichkam. Die Häufung von Mängeln und Missbräuchen in der Auswanderungspolitik und bei den Auswanderungsagenturen führte 1874 zur Schaffung eines Verfassungsartikels, der den Bund ermächtigte, notfalls einzugreifen. Art. 34 Abs. 2 aBV bestimmte: «Der Geschäftsbetrieb von Auswanderungsagenturen (...) unterliegt der Aufsicht und Gesetzgebung des Bundes». 1880 trat ein Bundesgesetz in Kraft, das dem Bund die Überwachung der Auswanderungsagenturen übertrug. 45

Erst der wirtschaftliche Aufschwung in der zweiten Hälfte des 19. Jahrhunderts brachte die Wende und die Einwanderung von Ausländerinnen und Ausländern wurde zu einem Thema. Ihre Zahl, die 1850 noch 70'000 betragen hatte, stieg bis 1914 auf mehr als 600'000 Personen an. Dabei stammten die Einwanderer vor allem aus den Nachbarländern der Schweiz. 46

Noch bis weit ins 19. Jahrhundert hinein herrschte die Vorstellung vor, dass Ausländerinnen und Ausländern die Einwanderung und die Niederlassung grundsätzlich nicht verweigert werden dürfe und sollte, sofern sie persönlich unbescholten waren und keine Gefährdung für den Staat darstellten. Auch das schweizerische Recht vor dem Ersten Weltkrieg beruhte faktisch auf diesem Standpunkt. Wohl wurde zwischen Aufenthalt und Niederlassung unterschieden, aber auch letztere wurde Fremden anstandslos gewährt, sofern sie nicht strafrechtlich verurteilt worden waren, nicht der Öffentlichkeit zur Last zu fallen drohten und nicht als politisch gefährlich erschienen. Ob eine rechtliche Verpflichtung zur Gewährung der Niederlassung bestand, wurde kaum je geprüft. Begünstigt wurde die Zuwanderung durch ein dichtes Netz von Niederlassungsverträgen, die der Bund praktisch mit allen für die Schweiz bedeutsamen Staaten abgeschlossen hatte und die den Angehörigen der betreffenden Staaten Freizügigkeit und weitgehende Inländergleichbehandlung brachten. So gehörten im Jahr 1910 zirka 98 Prozent der in der Schweiz niedergelassenen Ausländerinnen und Ausländer Staaten an, mit denen die Schweiz einen Niederlassungsvertrag geschlossen hatte. Aber auch die übrigen Ausländerinnen und Ausländer hatten im Grossen und Ganzen keine schlechtere Rechtsstellung, denn die Kantone erliessen keine sie benachteiligenden Gesetze. 47

4.2. Die Vollmachtenbeschlüsse während des Ersten Weltkrieges

48 Die Freizügigkeit, die das Ausländerwesen im 19. Jahrhundert beherrscht hatte, fand mit dem Ersten Weltkrieg ein abruptes Ende. Schon im Vorfeld des Krieges waren in der Schweiz angesichts des grossen Zustroms von Ausländerinnen und Ausländern ein Unbehagen und zum ersten Mal auch der Ausdruck der Überfremdung aufgekommen. Mit den Vollmachtenbeschlüssen von 1914 wurden Einreise und Aufenthalt in der Schweiz fortan streng kontrolliert und aus wirtschaftlichen und politischen Gründen stark eingeschränkt. Die politischen und gesellschaftlichen Kräfte warnten vor der geistig-kulturellen, wirtschaftlichen und politischen Bedrohung der Schweiz durch Fremde und Fremdes und thematisierten die sogenannte Ausländerfrage und die Überfremdung der Schweiz.

49 Der Ausbruch des Ersten Weltkrieges führte auch zum Zusammenbruch des bis anhin geltenden Prinzips der internationalen Freizügigkeit. Statt der Freizügigkeit setzte sich die Rechtsauffassung durch, dass es jedem Staat überlassen bleibe, Einreise, Aufenthalt, Niederlassung und Ausreise von Ausländerinnen und Ausländern nach freiem Ermessen zu regeln. Entsprechend führte denn auch der Bundesrat, gestützt auf die ihm durch die Vollmachtenbeschlüsse von 1914 eingeräumten Sonderbefugnisse, ein System von administrativen Kontrollen ein, das schrittweise zu einer Abschliessung der Schweiz in der Ausländerpolitik führte.

4.3. Das ANAG von 1931

50 Grundzüge eines den Bedürfnissen der Zeit entsprechenden Ausländerrechtes hatte der Bundesrat bereits 1921 in einer Verordnung festgelegt. 1931 erging schliesslich das Bundesgesetz über den Aufenthalt und die Niederlassung der Ausländer (ANAG). Dem Geist der Zeit entsprechend fand der Begriff der Überfremdung auch Eingang in die Amtssprache des ANAG: So wies bis Ende 2007 Art. 16 Abs. 1 ANAG die Behörden an, bei der Bewilligungserteilung «die geistigen und wirtschaftlichen Interessen sowie den Grad der Überfremdung des Landes zu berücksichtigen». In den 30er-Jahren des 20. Jahrhunderts konsolidierte sich der Überfremdungsdiskurs weiter und spielte insbesondere in der Flüchtlingspolitik vor und während des Zweiten Weltkrieges eine zentrale und auch unrühmliche Rolle.

4.4. Die Zeit nach dem Zweiten Weltkrieg

Aber auch nach dem Zweiten Weltkrieg blieb die schweizerische Migrationspolitik im Gedankengut der Überfremdung verhaftet. Industrie- und Dienstleistungssektor waren auf ausländische Arbeitskräfte angewiesen, um expandieren zu können und die Behörden bemühten sich, den Bedürfnissen der Wirtschaft durch die Schaffung flexibler ausländerrechtlicher Regelungen entgegenzukommen. Ausländische Arbeitskräfte wurden als «Konjunkturpuffer» betrachtet, als eine Grösse, die bei verlangsamtem Wirtschaftswachstum rasch nach unten korrigiert werden konnte: Der Aufenthalt in der Schweiz war zeitlich begrenzt und konnte bei abflauender Wirtschaft durch die Nichterneuerung von Bewilligungen und die Kontingentierung neuer Bewilligungen geregelt werden. Zudem wurde versucht, ausländische Arbeitskräfte mit Aufenthaltsbewilligungen daran zu hindern, sich dauerhaft in der Schweiz niederzulassen. So wurde etwa der Familiennachzug erst nach mehreren Jahren Aufenthalt und nur unter bestimmten Bedingungen erlaubt. Eine Annäherung zwischen schweizerischen und ausländischen Staatsangehörigen, geschweige denn eine Integration der Ausländerinnen und Ausländer in die schweizerische Gesellschaft, wurde aus primär wirtschaftlichen Interessen mit zahlreichen Hindernissen erschwert. 51

4.5. Vom ANAG übers AuG zum AIG

Ab Mitte der 1960er-Jahre verstärkte sich der Überfremdungsdiskurs erneut und zwischen 1965 und 1995 wurden sieben Überfremdungsinitiativen eingereicht, von denen sechs in der Volksabstimmung abgelehnt und eine zurückgezogen wurde. Verworfen wurde 1981 aber auch die «Mitenand-Initiative für eine neue Ausländerpolitik». Ebenso scheiterte das als indirekter Gegenvorschlag zur «Mitenand-Initiative» gedachte neue Ausländergesetz in der Volksabstimmung vom 6. Juni 1982. Angesichts auseinanderdriftender gesellschaftlicher Positionen zur Ausländerpolitik beschränkte sich die Politik weiterhin auf punktuelle Revisionen des ANAG sowie der entsprechenden Verordnungen. Erst vor dem Hintergrund einschneidender Änderungen in der Rekrutierungspolitik des Bundesrates (duales Zulassungssystem statt Drei-Kreise-Modell) sowie des Abschlusses des Freizügigkeitsabkommens mit der EU/EFTA Ende der 1990er-Jahre wurden die Arbeiten an einer Totalrevision des ANAG an die Hand genommen. Auf den 1. Januar 2008 ist das Bundesgesetz über die Ausländerinnen und Ausländer (AuG) in Kraft getreten. Dieses wurde, nach zahlreichen Teilrevisionen, auf den 1. Januar 2019 in Bundesgesetz über die Ausländerinnen und Ausländer und über die Integration (AIG) umbenannt. Eingehend hierzu hinten Rz. 388 ff. 52

4.6. Die Entwicklung der schweizerischen Asylpolitik

53 Eine mit dem Ausländerrecht in gewissen Punkten vergleichbare Entwicklung hat die schweizerische Asylpolitik durchgemacht.

a) Die Zeit bis 1925

54 Der Bundesvertrag von 1815 ordnete die Asylgewährung den kantonalen Kompetenzen zu. Die liberalen Stände gewährten im Gefolge der Unterdrückung der liberalen Bewegungen nach dem Wiener Kongress und nach den Revolutionen von 1830 Flüchtlingen aus Frankreich, dem Piemont, Deutschland und Polen Asyl. Die Grossmächte reagierten unwirsch und forderten eine Beschränkung der Asylgewährung und die Auslieferung agitatorischer Flüchtlinge. Daraufhin beschloss die Tagsatzung das erste und zweite Fremdenkonklusium von 1823 beziehungsweise 1836 und führte restriktive Massnahmen (inklusive Ausweisungen) ein. Ab 1833 – erstmals in einer Revision des Auslieferungsvertrages mit Frankreich von 1828 – wurde jedoch in verschiedenen bilateralen Auslieferungsverträgen die Nichtauslieferung von Flüchtlingen, die wegen politischen Delikten geflohen waren, vereinbart.

55 Die Bundesverfassung von 1848 beliess den Kantonen die Kompetenz der Asylgewährung. Der Zustrom von italienischen und deutschen Flüchtlingen 1848 bis 1849 wurde mit humanitärer Hilfe, aber auch mit Internierungen und Druck zur Ausreise beantwortet. Aufnahme fanden nach dem Freiheitskampf von 1864 bis 1865 polnische Flüchtlinge ebenso wie 1871 die französische Bourbakiarmee. Nach 1874 wies der Bundesrat, oft unter Druck aus dem Ausland, wiederholt Flüchtlinge wegen revolutionärer oder anarchistischer Umtriebe aus.

b) Die Zeit zwischen 1925 und dem Ende des Zweiten Weltkrieges

56 1925 machte der neue Art. 69ter BV die Asylpolitik zur Bundessache. Zwischen 1933 und 1945 suchten Tausende bedrohter Jüdinnen und Juden und andere politische Flüchtlinge Schutz in der Schweiz. In einem Kreisschreiben vom 13. August 1942 ordnete die Eidgenössische Polizeiabteilung an, dass «Flüchtlinge nur aus Rassegründen, beispielsweise Juden, nicht als politische Flüchtlinge gelten». Zwischen 1940 und 1945 wurden mindestens 24'000 oft vom Tod bedrohte Menschen an der Schweizer Grenze zurückgewiesen beziehungsweise abgeschoben. Unter dem Druck der öffentlichen Meinung wurde die

Aufnahmepraxis gegen Ende des Zweiten Weltkrieges etwas grosszügiger. Insgesamt fanden während des Krieges rund 300'000 Ausländerinnen und Ausländer wenigstens vorübergehend Schutz in der Schweiz.

c) Die Asylpolitik zwischen 1950 und 1970

In den 1950er-Jahren suchte die offizielle Schweiz die restriktive Haltung während der Kriegszeit zu bewältigen, ratifizierte 1955 die Flüchtlingskonvention von 1951 und gab den während Jahrhunderten befolgten Grundsatz auf, dass die Asylgewährung temporär sei. Grosszügigkeit prägte die Asylpraxis und ab Mitte der 1950er-Jahre kam es zu mehreren Aufnahmeaktionen (1956 Ungarn, 1963 Tibet, 1968 bis 1969 Tschechoslowakei) meist beruflich gut qualifizierter und daher als Arbeitskräfte willkommener Flüchtlinge aus Osteuropa. Daneben erhielten in den 1960er und 1970er-Jahren jährlich bis zu 1'000 Personen (vor allem aus Osteuropa und Lateinamerika) individuell Asyl. 57

In der öffentlichen Meinung sowie in der Politik wurde in dieser Zeit zwischen Ausländer- und Asylpolitik unterschieden. Während die Ausländerpolitik bereits vom Überfremdungsdiskurs geprägt war, überwog in der Asylpolitik noch eine grosszügige Haltung, die unter anderem auch vom Wunsch geprägt war, die Fehler des Zweiten Weltkrieges wiedergutzumachen. Zudem waren die Flüchtlinge dieser Zeit wirtschaftlich willkommen. 58

d) Die Zeit zwischen 1970 und 1980: Trendwende und Asylgesetz

Die Abkehr von der liberalen Asylpraxis zeichnete sich deutlich nach dem Militärputsch Pinochets in Chile 1973 ab: Die grosszügige Haltung, die noch die Aufnahme der Flüchtlinge aus Osteuropa geprägt hatte, war nicht mehr vorhanden. Nach einer Vorselektion wurden zunächst gerade mal 250 Personen aus Chile aufgenommen. Erst nach und nach wurde die Haltung etwas grosszügiger – insbesondere auch, weil sich verschiedene Kreise selbständig um die Aufnahme von chilenischen Flüchtlingen bemüht hatten (beispielsweise die Freiplatzaktion). Die rechtlichen Versuche, diese nichtstaatliche Asylgewährung in den Griff zu bekommen, führten letztlich zum Erlass des ersten schweizerischen Asylgesetzes im Jahr 1979. Dieses stellte indes die bisherige Praxis nicht in Frage, sondern verankerte sie lediglich auf gesetzlicher Ebene. 59

e) Die Zeit zwischen 1980 und 1990: Von der Flüchtlingspolitik zum Asylproblem

60 Ab Beginn der 1980er-Jahre begannen die Asylgesuche massiv zu steigen und betrafen – abgesehen von den polnischen Flüchtlingen 1982 – meist Menschen aus der südlichen Hemisphäre. Ihr Profil entsprach nicht mehr dem des antikommunistisch eingestellten Mittel- oder Osteuropäers mit viel Berufserfahrung oder Hochschuldiplom. Die Aufnahme der «neuen Flüchtlinge» wurde in weiten Kreisen der Gesellschaft allmählich als soziales und politisches Problem wahrgenommen und begann in den Vordergrund zu rücken, während die Ausländerpolitik in den Hintergrund trat. Die öffentliche Meinung konstatierte eine internationale Konstellation mit einem scheinbar unerschöpflichen Migrationspotential aus dem Süden. Die Asylanerkennungsquote fiel von über 80 Prozent in den 1970er-Jahren auf 5 bis 15 Prozent Mitte der 1990er-Jahre. Gründe hierfür sind Verschärfungen der Praxis und die starke Zunahme nicht asylberechtigter Flüchtlinge aus Kriegs- und Spannungsgebieten (Gewaltflüchtlinge). In diese Zeit fällt auch die zunehmende Institutionalisierung und Bürokratisierung des Asylwesens: 1986 wurde ein Delegierter für Flüchtlingsfragen ernannt und 1989 wurde das Bundesamt für Flüchtlinge geschaffen.

f) Die Entwicklung seit 1990

61 Seit 1990 wird das Asylrecht durch den Wettbewerb der Staaten – insbesondere in Europa – geprägt, möglichst unattraktiv für Asylsuchende zu sein. Im Zeichen dieser Bemühungen wurden auch in der Schweiz eine ganze Reihe von Massnahmen ergriffen, so zum Beispiel:

- **Ausschluss einzelner Gruppen von Asylsuchenden aus dem (materiellen) Asylverfahren**, zum Beispiel Personen aus sicheren Herkunftsländern, Personen ohne Ausweispapiere, Personen, die bereits in einem anderen Land erfolglos um Asyl nachgesucht haben.
- **Abschaffung des Botschaftsverfahrens**: Seit der auf Ende September 2012 erfolgten Abschaffung des Botschaftsverfahrens und somit der Möglichkeit, Asylgesuche bei den schweizerischen Vertretungen im Ausland einzureichen, können Asylgesuche nur noch an der Schweizer Grenze oder auf dem Territorium der Schweiz gestellt werden.
- **Einstellung von Sozialhilfeleistungen sowie Reduktion der Nothilfeleistungen**: Zunächst erhielten lediglich Asylsuchende, auf deren Asylgesuch nicht eingetreten worden war, keine Sozialhilfe mehr, sondern nur noch Nothilfe. Dies wurde in der Folge auch auf Personen mit einem rechtskräftigen Wegweisungsentscheid, denen eine Ausreisefrist gesetzt

worden ist, ausgedehnt. Der Ausschluss von der Sozialhilfe gilt selbst dann, wenn die Betroffenen ausserordentliche Rechtsmittel eingereicht haben, bei Mehrfachgesuchen sowie bei der Aussetzung der Wegweisung. Die Nothilfeleistungen an diese Personen sind nach Möglichkeit in Form von Sachleistungen auszurichten und der Ansatz liegt unter jenem von Sozialhilfeleistungen an Asylsuchende und Schutzbedürftige ohne Aufenthaltsbewilligung.

Anfangs März 2022 hat der Bundesrat angesichts der massiven Fluchtbewegung aufgrund des bewaffneten Konfliktes in der Ukraine erstmals den Schutzstatus S (hierzu hinten Rz. 1263 ff.) aktiviert. Die Aktivierung der vorübergehenden Schutzgewährung hat nicht nur verdeutlicht, dass es zu einer ungleichen Behandlung von Personengruppen, die sich in einer vergleichbaren Situation befinden, kommt, sondern hat auch auf gewisse Ungereimtheiten und Probleme aufmerksam gemacht, die von der Asylpolitik angegangen und gelöst werden müssten. 62

5. Die Ausbildung einer schweizerischen Migrationspolitik

Der kurze historische Abriss verdeutlicht, dass die Hauptsorge der schweizerischen Ausländerpolitik während Jahrzehnten die Begrenzung sowohl der Zulassung ausländischer Arbeitskräfte als auch des ständig wachsenden Anteils der ausländischen Bevölkerung war. Ausländerpolitik war – ebenso wie die Asylpolitik ab zirka 1970 – reine, ausschliessliche Zulassungs- und Begrenzungspolitik. Diese Sichtweise verschloss die Augen vor dem zweiten Aspekt der Migrationspolitik: der Integrationspolitik. Dies war freilich zunächst völlig konsequent, verstand der Gesetzgeber die Einwanderung ausländischer Staatsangehöriger in die Schweiz jahrzehntelang als lediglich vorübergehend und zeitlich beschränkt: Nach seinem Willen sollten ausländische Arbeitskräfte die Schweiz spätestens nach einigen Jahren wieder verlassen, um jungen und frischen Arbeitskräften Platz zu machen. Eindrückliches Zeugnis dieses sogenannten Rotationsprinzips ist der Begriff der Gastarbeiter. Zwar wurde bereits relativ früh erkannt, dass ein bedeutender Teil der ausländischen Arbeitskräfte auch längerfristig in der Schweiz bleiben würde, doch waren die Gesellschaft und somit auch das Recht zu jener Zeit nicht bereit, der Realität in die Augen zu sehen, die nötigen Konsequenzen zu ziehen und die Ausländerpolitik auch um integrationspolitische Aspekte zu erweitern. Das berühmte Zitat von MAX FRISCH, «Wir riefen Arbeitskräfte und es kamen Menschen», bringt dieses Dilemma treffend auf den Punkt. In mitteleuropäischen Ländern wurde und wird Ausländerpolitik weniger über Zuwanderungsrestriktionen als vielmehr über das Anheben von Einbürgerungsschranken betrieben. Dies ist besonders am 63

Beispiel der Schweiz ersichtlich. Zeitgleich mit dem Beginn der Gastarbeiterpolitik wurde im Jahr 1952 auch die Bürgerrechtsgesetzgebung verschärft.

64 So kam es, dass erst in jüngerer Zeit Integrationspolitik als Aspekt der Migrationspolitik auch auf dem politischen Parkett aufgegriffen wurde. 1999 trat der Integrationsartikel im ANAG in Kraft und gestützt darauf wurde eine erste Integrationsverordnung erlassen.

65 Deutliches Zeugnis für dieses neue politische Denken war auch die auf den 1. Mai 2003 erfolgte Umbenennung des Bundesamtes für Ausländerfragen in Bundesamt für Zuwanderung, Integration und Auswanderung. Dieses wurde auf den 1. Januar 2005 mit dem Bundesamt für Flüchtlinge im neuen Bundesamt für Migration zusammengeführt und ist seit dem 1. Januar 2015 nunmehr das Staatssekretariat für Migration (SEM).

66 Mit dem Inkrafttreten des teilrevidierten Bundesgesetzes über Ausländerinnen und Ausländer und über die Integration (AIG) am 1. Januar 2019 wurde der Integrationspolitik auch auf gesetzlicher Ebene das nötige Gewicht verliehen.

6. Last but not least: Zur rechtlichen Erfassung von Wanderungsbewegungen

67 Wie gesehen, gibt es nicht nur eine, sondern viele ganz unterschiedliche Migrationsrealitäten. Angesichts dieser Variabilität wäre es illusorisch zu denken, dass das Recht diese Pluralität der Situationen in umfassender Weise abzubilden vermag, zumal der Gesetzgeber in der politischen und gesellschaftlichen Debatte über Migration gefangen ist (vorne Rz. 22).

68 Die schweizerische Migrationspolitik und das schweizerische Migrationsrecht unterscheidet zwei verschiedene Arten der Einreise von Ausländerinnen und Ausländern in die Schweiz. Diese beiden «Schienen» sind für unterschiedliche Situationen gedacht und gehorchen je eigenen Prinzipien und Grundsätzen.

- Die **Arbeitsmigration** wird durch das AIG respektive das FZA geregelt. Sie folgt den Grundgedanken der Freizügigkeit innerhalb Europas sowie der selektiven und kontingentierten Zuwanderung aus Drittstaaten (hierzu hinten Rz. 388).
- Demgegenüber regelt das AsylG die **Fluchtmigration**. Wer auf dem «Asylweg» in die Schweiz kommt, von dem geht der Gesetzgeber aus, dass er oder sie aus dem Herkunftsland wegen Verfolgung aus rassischen, religiösen, nationalen oder politischen Gründen oder wegen der Zugehörigkeit zu einer bestimmten sozialen Gruppe geflüchtet ist und in der Schweiz Schutz vor dieser Verfolgung sucht. Flüchtlinge sind Personen, die in ihrem Heimat- oder Herkunftsland aus ganz bestimmten Gründen ernsthaften

Nachteilen ausgesetzt sind oder begründete Furcht haben, solchen Nachteilen ausgesetzt zu werden (hinten Rz. 1037). Sie erhalten Schutz in der Schweiz, eine zahlenmässige Beschränkung ist gesetzlich nicht vorgesehen und völkerrechtlich unzulässig.

Tertium non datur – die Gesetzgeber der meisten Staaten beharren bis heute 69 auf dieser binären Sicht und der strikten Einordnung migrationsrechtlicher Sachverhalte entweder zur Arbeits- oder zur Fluchtmigration. Diese strikte Typisierung ist zwar historisch gewachsen und aus gesetzgeberischer Sicht nachvollziehbar, würde doch eine realitätsnahe Abbildung der facettenreichen Wanderungsbewegungen die Rechtsetzung unheimlich verkomplizieren. Die Typisierung führt aber auch dazu, dass das Migrationsrecht die vielfältige Migrationsrealität nicht in befriedigender Weise abbilden und zu regeln vermag. Neuere Migrationsphänomene – wie zum Beispiel Gewalt- und Klimaflüchtlinge – stellen das Recht und somit die Rechtswissenschaft immer wieder vor schwierige Zuordnungs- und Regelungsfragen.

Gewaltflüchtlinge sind Personen, die ihr Heimat- oder Herkunftsland wegen den Folgen von 70 Kriegen, Bürgerkriegen, Unruhen, Unterdrückungen oder verbreiterter schwerer Menschenrechtsverletzungen verlassen haben, aber nicht individuell verfolgt sind. Nach heutiger Praxis sind sie nicht Flüchtlinge im Sinne der Genfer Flüchtlingskonvention oder des Asylgesetzes. Sie werden mangels eines effektiven Schutzstatus als Ausländerinnen oder Ausländer vorläufig aufgenommen, sofern nicht – wie im März 2022 für Personen geschehen, die wegen des russischen Angriffs die Ukraine verlassen haben – der Bundesrat die vorübergehende Schutzgewährung nach Art. 66 ff. AsylG (den sog. (Schutz)Status S, hinten Rz. 1263 ff.) aktiviert.

Als **Klima- oder Umweltflüchtlinge** werden Personen bezeichnet, die ihr Heimat- oder Her- 71 kunftsland wegen den Folgen von klimawandelbedingten Umweltveränderungen oder Naturkatastrophen verlassen haben. Sie gelten ebenfalls nicht als Flüchtlinge im Sinne der Genfer Flüchtlingskonvention oder des Asylgesetzes, da ihre Verfolgung nicht durch Menschenhand erfolgt beziehungsweise keine flüchtlingsrechtlich relevante Verfolgung besteht. Bislang haben sich erst neuseeländische Gerichte mit Asylgesuchen von Klimaflüchtlingen aus Tuvalu und Kiribati befasst und dabei jeweils ausgeführt: «The difficulty in this case is that, having regard to the information provided by the appellants in support of their claim and on appeal, there is no basis for finding that any harm they do face as a result of the adverse impacts of climate change has any nexus whatsoever to any one of the five Convention grounds» (*AJ (Tuvalu)* [2017] NZIPT 801120-123, Ziff. 35). Als Reaktion auf diese rechtliche unbefriedigende Situation hatte die neuseeländische Regierung im Januar 2018 die Schaffung einer neuen Visumskategorie – dem *Climate Change Refugee Visa* – ins Auge gefasst, diese Idee aber nach wenigen Monaten wieder fallen gelassen. Siehe zu den Bemühungen auf internationaler Ebene um eine Lösung für Klimaflüchtlinge hinten Rz. 231.

§ 4 Völkerrechtliche Rahmenbedingungen des Migrationsrechtes

Literatur: ACHERMANN ALBERTO, Migration und Völkerrecht, in: Achermann Alberto et al. (Hrsg.), Jahrbuch für Migrationsrecht 2004/2005, Bern 2005, S. 89 ff.; ACHERMANN ALBERTO/CARONI MARTINA, Der Einfluss des Völkerrechts auf das schweizerische Migrationsrecht, in: Uebersax Peter et al. (Hrsg.), Handbuch für die Anwaltspraxis, Ausländerrecht, 3. Auflage, Basel 2022, S. 333 ff.; CARONI MARTINA, Privat- und Familienleben zwischen Menschenrecht und Migration, Eine Untersuchung zu Bedeutung, Rechtsprechung und Möglichkeiten von Art. 8 EMRK im Ausländerrecht, Berlin 1999; CARONI MARTINA/MOTZ STEPHANIE, Aktuelle Rechtsprechung zum Refoulementverbot für vulnerable Personen, in: ASYL 4/2021, S. 5 ff.; CHETAIL VINCENT, International Migration Law, Oxford 2019; DE WECK FANNY, Non-Refoulement under the European Convention on Human Rights and the UN Convention Against Torture, Leiden/Boston 2017; FARGAHI BABAK, Das Konzept des eigenen Landes gemäss Art. 12 Abs. 4 UNO-Pakt II im Lichte der Strassburger sowie der Schweizer Wegweisungspraxis gegenüber Ausländern der zweiten Generation, Zürich/St.Gallen 2016; GNESA EDUARD, Veränderungen in der europäischen und schweizerischen Migrations- und Flüchtlingspolitik seit 2015, unter Berücksichtigung der Auswirkungen der Covid-19-Pandemie, in: Achermann Alberto et al. (Hrsg.), Jahrbuch für Migrationsrecht 2019/2020, Bern 2020, S. 3 ff.; HRUSCHKA CONSTANTIN/MOTZ STEPHANIE, Das Recht auf eine wirksame Beschwerde – die Auswirkungen der neueren Rechtsprechung zu Art. 13 EMRK auf nationale Asylverfahren, in: ASYL 1/14, S. 3 ff.; KÄLIN WALTER, Die Bedeutung der Menschenrechte für das Migrationsrecht, in: Achermann Alberto et al. (Hrsg.), Jahrbuch für Migrationsrecht 2004/2005, Bern 2005, S. 75 ff.; KÄLIN WALTER/CARONI MARTINA/HEIM LUKAS, Art. 33, para. 1, in: Zimmermann Andreas (Hrsg.), The 1951 Convention Relating to the Status of Refugees and its 1967 Protocol, A Commentary, Oxford 2011, S. 1327 ff.; KÄLIN WALTER/KÜNZLI JÖRG, Universeller Menschenrechtsschutz, 4. Auflage., Basel 2019; KILDE GISELA, Asylverfahren, in: Hotz Sandra (Hrsg.), Handbuch Kinder im Verfahren, Stellung und Mitwirkung von Kindern in Straf-, Zivil-, Gesundheits-, Schul- und Asylverfahren, Zürich 2020, S. 328 ff.; KRAEGE CAROLINE/MAURER TIFFANY, Sonderregelungen für Personen, die Vorrechte und Immunitäten geniessen, in: Uebersax Peter et al. (Hrsg.), Handbuch für die Anwaltspraxis, Ausländerrecht, 3. Auflage, Basel 2022, S. 299 ff.; NGUYEN MINH SON/AMARELLE CESLA (Hrsg.), Code annoté de droit des migrations, Volume I: Droits humains, Bern 2014; PANIZZON MARION, Art. 100 AuG, in: Martina Caroni/Gächter Thomas/Thurnherr Daniela (Hrsg.), Bundesgesetz über die Ausländerinnen und Ausländer (AuG), Bern 2010; PANIZZON MARION, Partenariats migratoires suisses et accords de cooperation migratoire: gestion ou gouvernance des migrations internationales?, in: Jusletter 24. Juni 2013; SCHABAS WILLIAM A., U.N. International Covenant on Civil and Political Rights, Nowak's CCPR Commentary, 3. Auflage, Kehl 2019, VON RÜTTE BARBARA, The Human Right To Citizenship – Situating the Right to Citizenship within International and Regional Human Rights Law, Leiden 2022; ZIMMERMANN NESA, La notion de vulnérabilité dans la jurisprudence de la Cour européenne des droits de l'homme Contours et utilité d'un concept en vogue, Zürich 2022.

1. Die Bedeutung des Völkerrechtes für das Migrationsrecht

Obwohl der Fokus der rechtlichen Betrachtung von Migration auf der grenzüber- 72
schreitenden Migration liegt und somit die Wanderung von Personen über internationale Grenzen im Vordergrund steht, ist Migrationsrecht primär inner-

staatliches, nationales Recht. Die Souveränität der Staaten, die diesen die Macht einräumt, über ihr Territorium zu bestimmen, beinhaltet traditionellerweise auch die Kompetenz, Regelungen über die Einreise, den Aufenthalt und die Ausreise von Fremden zu erlassen. Die Staaten bestimmen daher grundsätzlich selber, wer sich wann, wozu und wie lange auf ihrem Gebiet aufhalten kann. Völkerrechtlich gesehen gehört das Migrationsrecht zum sogenannten *domaine réservé*, das heisst zu jenem Bereich, den die Staaten frei und unabhängig von völkerrechtlichen Verpflichtungen regeln können. Der *domaine réservé* wird durch den Umfang der völkerrechtlichen Regeln, die einen bestimmten Staat verpflichten, bestimmt. Daher kann der *domaine réservé* nicht abschliessend umrissen werden, da er dem ständigen Wandel und der fortschreitenden Entwicklung des Völkerrechts unterliegt. Trotz der steten Weiterentwicklung des Völkerrechts, insbesondere auf dem Gebiet der Menschenrechte, besteht bis heute weder eine umfassende internationale Regelung der Migration noch ein internationales Migrationsregime oder ein allgemeiner völkerrechtlicher Anspruch auf Einreise, Aufenthalt und Verbleib in einem bestimmten Staat (zu den Entwicklungen in der internationalen Migrationspolitik siehe hinten Rz. 231).

73 Völkerrechtliche Bestimmungen üben einen grossen, stetig zunehmenden Einfluss auf das Migrationsrecht aus und schränken die Freiheit der Staaten bei der Rechtsetzung und Rechtsanwendung im Migrationsbereich ein. Das Völkerrecht kann dabei in unterschiedlicher Weise auf das innerstaatliche Migrationsrecht einwirken:

- Durch die **völkerrechtliche Statuierung verbindlicher migrationsrechtlicher Regelungen für bestimmte Personengruppen**, zum Beispiel durch die Einräumung von Rechtsansprüchen auf Erteilung einer Bewilligung oder auf Familiennachzug. Derartige Regelungen finden sich insbesondere in bilateralen Niederlassungsverträgen, Freizügigkeitsabkommen und universellen wirtschaftsvölkerrechtlichen Verträgen.
- Durch völkerrechtliche Bestimmungen, die die **Ausgestaltung, Auslegung und Anwendung des nationalen Migrationsrechtes** beeinflussen. Im Vordergrund stehen hier menschenrechtliche Verpflichtungen.
- Durch völkerrechtlich verankerte **Bestrebungen zur Zusammenarbeit** zwischen den Staaten im Bereich des Migrationsrechtes. Aspekte und Elemente entsprechender Bestrebungen finden sich zum Beispiel in Rückübernahmeabkommen, Migrationspartnerschaften sowie im Dublin- und Schengensystem.

Der zunehmende Einfluss des Völkerrechtes auf die Ausgestaltung der nationalen Migrationspolitik sowie die Auslegung und Anwendung migrationsrechtlicher Bestimmungen wird in der Schweiz seit geraumer Zeit mit Volksinitiativen einzuschränken versucht. Mit der Annahme der Volksinitiative «Für die Ausschaffung krimineller Ausländer (Ausschaffungsinitiative)» (angenommen am 28. November 2010, BBl 2011 2771 f.) sowie der Volksinitiative

«Gegen Masseneinwanderung» (angenommen am 9. Februar 2014, BBl 2014 4117 f.) wurden erstmals spezifische verfassungsrechtliche Zielvorgaben beziehungsweise inhaltliche Vorgaben für die Ausgestaltung der Migrationspolitik und des Migrationsrechtes in die Verfassung aufgenommen. Diese zielen gleichzeitig auch darauf ab, den Einfluss völkerrechtlicher Bestimmungen auf das schweizerische Migrationsrecht einzuschränken.

Auch weitere eidgenössische Volksinitiativen befassten beziehungsweise befassen sich mit der Migrationspolitik. So wurde am 30. November 2014 die Volksinitiative «Stopp der Überbevölkerung – zur Sicherung der natürlichen Lebensgrundlagen» (Ecopop-Initiative, BBl 2015 1813), am 28. Februar 2016 die Volksinitiative «Zur Durchsetzung der Ausschaffung krimineller Ausländer» (Durchsetzungsinitiative, BBl 2016 3715) und am 27. September 2020 die Volksinitiative «Für eine massvolle Zuwanderung» (Begrenzungsinitiative), die die Kündigung des Freizügigkeitsabkommens mit der EU forderte, verworfen. Ferner wurde die Volksinitiative «Raus aus der Sackgasse! Verzicht auf die Wiedereinführung von Zuwanderungskontingenten» (RASA-Initiative, BBl 2018 215) am 13. Dezember 2017 nach dem Beschluss zur Umsetzung der Masseneinwanderungsinitiative zurückgezogen.

Auch auf kantonaler Ebene regt sich teilweise Widerstand gegen den völkerrechtlichen Einfluss auf die Migrationspolitik. So haben die Stimmberechtigten des Kantons Tessin am 25. September 2016 die Volksinitiative «Prima i nostri!» (Zuerst die Unsrigen!) angenommen. Die Initiative verankert einen Inländervorrang in der Kantonsverfassung. Art. 14 Abs. 1 lit. b KV TI bestimmt, dass sich der Kanton dafür einsetzt, dass «auf dem Arbeitsmarkt bei gleichen beruflichen Qualifikationen die Personen, die in seinem Gebiet leben, gegenüber jenen bevorzugt werden, die aus dem Ausland kommen (Umsetzung des Grundsatzes des Vorranges für Schweizerinnen und Schweizer)» (deutsche Übersetzung nach BBl 2017 5853). Die Bundesversammlung erteilte den neuen Bestimmungen der KV TI die Gewährleistung (BBl 2018 33), selbst wenn «der Spielraum des Kantons zur bundesrechtskonformen Umsetzung der neuen Verfassungsbestimmungen sehr beschränkt» ist, wie der Bundesrat in seiner Botschaft betont hat (BBl 2017 5856). Am 20. Februar 2018 hat der Grosse Rat des Kantons Tessin beschlossen, die Initiative durch einen Inländervorrang für kantonale Betriebe sowie private Firmen, die vom Kanton Aufträge oder finanzielle Zuschüsse erhalten, umzusetzen. Im Sog der Tessiner Initiative wurden auch in den Kantonen Wallis («Le Valais d'abord»), Neuenburg («Les nôtres avant les autres») und Genf («Genève d'abord!», PL 11981; «Pour une politique de préférence nationale selon le principe «les nôtres avant les autres», PL 11982) vergleichbare Initiativen lanciert, jedoch in allen drei Kantonen noch während der Unterschriftensammlung zurückgezogen.

2. Verbindliche völkerrechtliche Einräumung von Rechtsansprüchen an bestimmte Personengruppen

Die Freiheit des schweizerischen Gesetzgebers im Bereich des Migrationsrechtes wird zunächst durch eine Reihe völkerrechtlicher Verträge eingeschränkt, die für bestimmte Personengruppen ausländerrechtliche Rechtsansprüche statuieren, die innerstaatlich direkt anwendbar sind. 74

2.1. Bilaterale Niederlassungsverträge und Niederlassungsvereinbarungen

75 Die Schweiz hat vor dem Ersten Weltkrieg mit zahlreichen Staaten bilaterale Niederlassungsverträge abgeschlossen, die noch heute in Kraft sind. Diese beinhalten als Ausfluss des damals herrschenden Gedankens der Freizügigkeit (vorne Rz. 44) weitgehende Gleichbehandlungs- oder Meistbegünstigungsklauseln, die Fremden regelmässig Gleichbehandlung mit den Staatsangehörigen in Bezug auf Einreise, Aufenthalt, Ausübung einer Erwerbstätigkeit etc. einräumen.

76 So führt etwa der Freundschafts-, Handels- und Niederlassungsvertrag zwischen der Schweizerischen Eidgenossenschaft und dem Königreich der Niederlande vom 19. August 1875 (SR 0.142.116.361) in Art. 1 aus:

> Die Untertanen und Bürger der beiden hohen vertragenden Teile sollen gegenseitig den Angehörigen des eigenen Landes vollständig gleichgestellt sein in allem, was betrifft den Aufenthalt und die Niederlassung, die Ausübung von Handel, von Gewerben und Berufen, die Bezahlung von Steuern, die Ausübung der Kulte, das Recht, bewegliches und unbewegliches Vermögen jeder Art durch Kauf, Verkauf, Schenkung, Tausch, durch Testament und in der Erbfolge ohne Testament zu erwerben und darüber zu verfügen.
>
> Mit Bezug auf ihre persönliche Stellung sollen sie in allen Beziehungen den Untertanen der meistbegünstigten fremden Nation vollständig gleichgestellt sein.

77 Aus den vor dem Ersten Weltkrieg abgeschlossenen Niederlassungsverträgen könnten grundsätzlich noch heute Ansprüche auf Einreise, Aufenthalt und Verbleib abgeleitet werden. In Lehre und Praxis ist indes weitgehend unbestritten, dass aus diesen Verträgen kein Recht auf Einreise, Aufenthalt oder Aufnahme einer Erwerbstätigkeit mehr geltend gemacht werden kann. Vielmehr können sich nach herrschender Auffassung heute nur noch jene Ausländerinnen und Ausländer auf die in solchen Niederlassungsverträgen verbürgte Gleichbehandlung berufen, die bereits über eine Niederlassungsbewilligung verfügen. In ständiger Praxis führt das Bundesgericht aus:

> «Seit dem Ersten Weltkrieg werden diese Vertragsbestimmungen grundsätzlich, und meist ohne dass dies in zusätzlichen Abkommen festgelegt wurde, in stillschweigendem gegenseitigen Einverständnis restriktiv ausgelegt. Sie werden nur noch auf diejenigen Staatsangehörigen der Vertragspartner angewandt, die eine Niederlassungsbewilligung besitzen, was hier der Fall ist. Für alle anderen ausländischen Staatsangehörigen gelten die alten Staatsverträge nur unter dem Vorbehalt entgegenstehenden Landesrechts (…). Trotz eingeschränkter Tragweite könnten die Beschwerdeführer, die bereits über eine Niederlassungsbewilligung für den Kanton St. Gallen verfügen, demnach einen Anspruch auf Kantonswechsel aus diesem Abkommen ableiten.» (BGE 132 II 65, E. 2.3 S. 68 f.)

Zur Weitergeltung der auf der Grundlage der Freizügigkeit vereinbarten bilateralen Niederlassungsverträge nach der Abkehr von der Freizügigkeit und der Schaffung nationaler Migrationsregelungen führte das Bundesgericht aus: 78

> «Die Vertragsstaaten hatten die Absicht, der neuen Lage durch eine Änderung der Verträge Rechnung zu tragen. Eine Vertragsänderung erschien indessen bald einmal nicht mehr unbedingt erforderlich. Die Vertragspartner nahmen nämlich stillschweigend zur Kenntnis, dass die in den meisten Ländern neugeschaffenen landesrechtlichen Fremdenpolizeiordnungen Einreise, Aufenthalt und Erwerbstätigkeit der polizeilichen Bewilligungspflicht unterstellten. Seither standen die Niederlassungsverträge unter diesem stillschweigenden Vorbehalt des nationalen Rechts bezüglich der Festsetzung der Zulassungsbedingungen. Das bedeutet, dass sich nur noch diejenigen Ausländer uneingeschränkt auf die Niederlassungsverträge berufen können, die gemäss der landesrechtlichen Fremdenpolizeigesetzgebung endgültig zugelassen (niedergelassen) sind.» (BGE 119 IV 65, E. 1b S. 68 f.)

Nach dem Ersten Weltkrieg wurden die liberalen Formulierungen aufgegeben und umfassende Landesrechtsvorbehalte in die Niederlassungsverträge aufgenommen. Einreise, Aufenthalt und Erwerbstätigkeit von Ausländerinnen und Ausländern standen nunmehr unter dem Vorbehalt der innerstaatlichen Ausländergesetzgebung. So bestimmt etwa das am 10. Juni 1929 abgeschlossene Niederlassungs- und Handelsabkommen zwischen der Schweiz und Albanien (SR 0.142.111.231) in Art. 2: 79

> Die Angehörigen der beiden Staaten, die von den Behörden und nach der Landesgesetzgebung zum Aufenthalt oder zur Niederlassung auf dem Gebiete des andern Staates zugelassen sind, geniessen in jeder Hinsicht, namentlich mit Bezug auf ihre Rechtsstellung, auf den ihnen zukommenden behördlichen Schutz, auf den freien und ungehinderten Zutritt zu den Gerichten, auf die Ausübung von Handel und Gewerbe, auf den Erwerb und Besitz beweglicher und unbeweglicher Güter sowie auf die Abgaben und übrigen fiskalischen Lasten, denen sie unterworfen sein sollten, die gleiche Behandlung wie die meistbegünstigten Ausländer.

Aus den Niederlassungsverträgen lässt sich somit kein Anspruch auf Erteilung einer Niederlassungsbewilligung ableiten (BGE 120 Ib 360, E. 2b; BGer, 2A.395/2005, 22. November 2005, E. 2.3). Ein Rechtanspruch auf Erteilung einer Niederlassungsbewilligung nach einer bestimmten Aufenthaltsdauer kann sich indes aus Niederlassungsvereinbarungen und allenfalls Gegenrechtserwägungen ergeben. Die zwischen der Schweiz und anderen europäischen Staaten insbesondere nach dem Zweiten Weltkrieg abgeschlossenen Niederlassungsvereinbarungen sind heute meist von untergeordneter Bedeutung, da fast alle diese Staaten nunmehr der EU oder der EFTA angehören und daher in den Anwendungsbereich der entsprechenden Personenfreizügigkeitsabkommen fallen. 80

Relevant sind die Niederlassungsvereinbarungen mit gewissen EU/EFTA-Staaten für die Erteilung der Niederlassungsbewilligung, da das FZA hierzu keine Regelungen enthält (hinten Rz. 961 ff.). Zum einen, weil die Niederlassungsvereinbarungen mit Belgien, Deutschland, Dänemark, Frankreich, Griechenland, Italien, Liechtenstein, die Niederlande, Österreich, Portugal 81 und Spanien einen Rechtsanspruch auf Erteilung der Niederlassungsbewilligung nach einem fünfjährigen Aufenthalt in der Schweiz einräumen. Zum anderen aber auch, weil die Niederlassungsvereinbarungen einen Rechtsanspruch auf eine bedingungslose Niederlassungsbewilligung einräumen und daher weder die Erfüllung der Integrationskriterien noch Sprachanforderungen gegenüber den Staatsangehörigen dieser Staaten geltend gemacht werden können (ALBERTO ACHERMANN/JÖRG KÜNZLI, Welcome to Switzerland, Sprachenrecht im Zuwanderungsstaat, Bern 2011, S. 159 f.).

82 Eine besondere Situation besteht in Bezug auf das Vereinigte Königreich, das auf den 1. Januar 2021 aus der EU ausgetreten ist (siehe zum Brexit hinten Rz. 961 ff.). Gestützt auf eine – nicht publizierte – Gegenrechtserwägung, die ihrerseits auf dem Niederlassungsvertrag von 1856 zwischen der Schweiz und dem Vereinigten Königreich (SR 0.142.113.671) beruht, können britische Staatsangehörige nach Art. 14 des Abkommens zwischen der Schweiz und dem Vereinigten Königreich über die Rechte der Bürgerinnen und Bürger infolge des Austritts des Vereinigten Königreichs aus der Europäischen Union und des Wegfalls des Freizügigkeitsabkommens (Abkommen über die erworbenen Rechte, SR 0.142.113.672) eine Erteilung der Niederlassungsbewilligung bereits nach fünfjährigem Aufenthalt in der Schweiz beantragen, sofern die übrigen Voraussetzungen von Art. 34 Abs. 2 AIG erfüllt sind.

2.2. Rekrutierungsabkommen mit Italien

83 In der Zeit des Wirtschaftsaufschwungs nach dem Zweiten Weltkrieg ermöglichten bilaterale Rekrutierungsabkommen die Anwerbung von ausländischen Arbeitnehmenden. Während frühe Rekrutierungsabkommen wie zum Beispiel das Abkommen vom 2. März 1961 zwischen der Schweiz und Spanien über die Anwerbung spanischer Arbeitskräfte und deren Beschäftigung in der Schweiz (SR 0.142.113.328) noch keine ausländerrechtlichen Rechtsansprüche einräumten, enthält das Abkommen zwischen der Schweiz und Italien über die Auswanderung italienischer Arbeitskräfte nach der Schweiz vom 10. August 1964 (sogenanntes Italienerabkommen, SR 0.142.114.548) neben Ansprüchen auf Verlängerung der Aufenthaltsbewilligung sowie der Erteilung der Niederlassungsbewilligung auch einen Rechtsanspruch auf Familiennachzug. Mit dem Inkrafttreten der bilateralen Freizügigkeitsabkommen mit der EU und der EFTA haben Rekrutierungsabkommen freilich stark an Bedeutung verloren.

2.3. Bilaterale Freizügigkeitsabkommen mit der EU und ihren Mitgliedstaaten beziehungsweise mit den Mitgliedstaaten der EFTA

Das im Rahmen der ersten Serie bilateraler Verträge zwischen der Schweiz und der EU abgeschlossene Abkommen über die Freizügigkeit im Personenverkehr (Freizügigkeitsabkommen, FZA, SR 0.142.112.681) stellt die rechtlichen Regeln für in die Schweiz einwandernde Staatsangehörige von EU-Mitgliedstaaten auf eine vollständig neue Grundlage. Das FZA gewährt den Staatsangehörigen der Vertragsstaaten das Recht, in das Gebiet eines anderen Vertragsstaates einzureisen, dort einer unselbständigen oder selbständigen Erwerbstätigkeit nachzugehen, einen weiten Kreis von Familienangehörigen nachzuziehen, Dienstleistungen zu erbringen sowie sich auch ohne Ausübung einer Erwerbstätigkeit dort aufzuhalten (siehe hierzu hinten Rz. 933). 84

Zeitgleich mit dem FZA ist auch der sogenannte Anhang K zum EFTA-Übereinkommen (SR 0.632.31) in Kraft getreten. Dieser regelt den freien Personenverkehr zwischen der Schweiz und den anderen drei EFTA-Staaten (Island, Norwegen, Liechtenstein). 85

2.4. GATS-Abkommen

Die nationale Regelungsfreiheit im Bereich des Migrationsrechtes wird ferner punktuell durch universelle Wirtschaftsverträge wie zum Beispiel das als Anhang 1B zum Abkommen zur Errichtung der Welthandelsorganisation enthaltene Allgemeine Abkommen über den Handel mit Dienstleistungen (GATS-Abkommen, SR 0.632.20) eingeschränkt. Das GATS-Abkommen regelt den grenzüberschreitenden Handel mit Dienstleistungen und sieht im sogenannten *Mode 4*, das heisst der Erbringung einer Dienstleistung durch eine ausländische natürliche Person, verschiedene Rechtsansprüche auf die Erteilung einer ausländerrechtlichen Bewilligung vor. So haben etwa unentbehrliche Führungskräfte und hoch qualifizierte Spezialistinnen und Spezialisten aus ausländischen Dienstleistungsunternehmen mit Niederlassung in der Schweiz im Rahmen des Kadertransfers einen Rechtsanspruch auf Bewilligung eines Aufenthaltes von drei Jahren (maximal um ein Jahr verlängerbar). Einen Rechtsanspruch auf Bewilligung eines dreimonatigen Aufenthaltes haben ferner auch Führungskräfte, die zur Gründung einer Niederlassung beziehungsweise Personen, die zum Abschluss von Dienstleistungsverträgen in die Schweiz einreisen sowie Dienstleistungserbringer von Firmen ohne Niederlassung in der Schweiz im Rahmen eines Dienstleistungsvertrages. 86

87 Der Personenverkehr und damit verbunden das Ausländerrecht fallen in den Geltungsbereich des GATS-Abkommens, sofern die Grenzüberschreitung natürlicher Personen die Erbringung von Dienstleistungen zum Zweck hat. Nicht unter die Regeln des GATS-Abkommens fallen dagegen Personen, die Zugang zum Arbeitsmarkt eines Landes suchen (Stellensuchende) und Massnahmen, die sich auf die Staatsbürgerschaft oder auf den Aufenthalt und die Beschäftigung auf der Basis eines dauerhaften Aufenthalts beziehungsweise des dauernden Verbleibs im Mitgliedstaat beziehen. Die Niederlassungsbewilligung wird daher nicht durch das GATS-Abkommen erfasst.

2.5. Migrationsrechtliche Ansprüche von Personen, die Vorrechte und Immunitäten geniessen

88 Für gewisse Kategorien von Personen bestimmt das Völkerrecht, dass diese Vorrechte und Immunitäten geniessen. Dies gilt etwa gestützt auf das Wiener Übereinkommen über die diplomatischen Beziehungen (SR 0.191.01) beziehungsweise das Wiener Übereinkommen über die konsularischen Beziehungen (SR 0.191.02) für Angehörige ausländischer Vertretungen. Das gleiche gilt auch für Angehörige von internationalen Organisationen, mit denen ein Sitzabkommen besteht (siehe zum Beispiel Art. IV des Abkommens vom 11. Juni/1. Juli 1946 über die Vorrechte und Immunitäten der Organisation der Vereinten Nationen zwischen dem Schweizerischen Bundesrat und dem Generalsekretär der Vereinten Nationen, SR 0.192.120.1). Zu diesen Vorrechten und Immunitäten gehört – so Art. 3 Abs. 1 lit. I des Bundesgesetzes über die von der Schweiz als Gaststaat gewährten Vorrechte, Immunitäten und Erleichterungen sowie finanzielle Beiträge vom 22. Juni 2007 (Gaststaatgesetz, GSG, SR 192.12) – «die Befreiung von den schweizerischen Einreise- und Aufenthaltsbestimmungen». Somit unterstehen Personen, die gestützt auf das Völkerrecht Vorrechte und Immunitäten geniessen, nicht den ausländerrechtlichen Regelungen. Die Voraussetzungen für ihre Einreise und ihren Aufenthalt regelt vielmehr der Bundesrat in den Art. 16 bis 22 der Verordnung zum Bundesgesetz über die von der Schweiz als Gaststaat gewährten Vorrechte, Immunitäten und Erleichterungen sowie finanziellen Beiträge vom 7. Dezember 2007 (Gaststaatverordnung, V-GSG; SR 192.121).

3. Menschenrechtliche Garantien

89 Zwar enthält kein einziges menschenrechtliches Übereinkommen ein explizites Recht auf Einreise, Aufenthalt und Verbleib in einem bestimmten Staat. Dennoch wirken auch diese Übereinkommen auf das nationale Migrationsrecht ein,

da sie dessen Ausgestaltung, Auslegung und Anwendung beeinflussen, indem einzelne menschenrechtliche Garantien die Freiheit der Staaten im Bereich Migrationsrecht in bestimmten Situationen erheblich einschränken. Die Strassburger Praxis zur EMRK hat das Zusammenspiel zwischen internationalem Menschenrechtsschutz und nationalem Migrationsrecht folgendermassen auf den Punkt gebracht:

> «The right of a foreigner to enter or remain in the territory of a High Contracting Party is not guaranteed, as such, by the Convention. However, in adhering to the Convention, the Contracting Parties agreed to restrict the free exercise of their powers under general international law, including the aforementioned power, to the extent and within the limits of the obligations which they assumed under this treaty.» (Europäische Kommission für Menschenrechte, *Abdulaziz et al. gegen das Vereinigte Königreich*, Kommissionsbericht vom 12. Mai 1983, Ziff. 94)

Menschenrechtliche Garantien haben sowohl bei der Ausgestaltung des schweizerischen Migrationsrechtes sowie – insbesondere – bei der Ermessensausübung im Rahmen der Rechtsanwendung grösste Bedeutung, da den Menschenrechten hier die Rolle völkerrechtlicher Leitlinien für die Ausfüllung des staatlichen Ermessensspielraumes zukommt. Dies wird im AIG explizit zum Beispiel in Art. 3 Abs. 2 sowie in Art. 83 Abs. 3 anerkannt, indem beide Bestimmungen auf den völkerrechtlichen Rahmen Bezug nehmen. Zudem gewähren einzelne Verbürgungen unter gewissen Bedingungen einen Rechtsanspruch auf Erteilung oder Verlängerung einer Bewilligung; im Vordergrund steht hier Art. 8 EMRK. 90

In der Folge wird die Praxis der internationalen Menschenrechtsorgane im Bereich Migrationsrecht summarisch nachgezeichnet. Für weiterführende Hinweise und Fälle siehe die jährliche Übersicht über die Praxis internationaler Menschenrechtsorgane im Bereich Migrationsrecht von MARTINA CARONI ET AL., in: Achermann et al. (Hrsg.), Jahrbuch für Migrationsrecht. 91

3.1. Das Recht auf Achtung des Privat- und Familienlebens

Art. 8 EMRK garantiert unter anderem das Recht auf Achtung des Privat- und Familienlebens: 92

> 1. Jede Person hat das Recht auf Achtung ihres Privat- und Familienlebens, ihrer Wohnung und ihrer Korrespondenz.
>
> 2. Eine Behörde darf in die Ausübung dieses Rechts nur eingreifen, soweit der Eingriff gesetzlich vorgesehen und in einer demokratischen Gesellschaft notwendig ist

für die nationale oder öffentliche Sicherheit, für das wirtschaftliche Wohl des Landes, zur Aufrechterhaltung der Ordnung, zur Verhütung von Straftaten, zum Schutz der Gesundheit und der Moral oder zum Schutz der Rechte und Freiheiten anderer.

93 Nach Art. 8 EMRK sind migrationsrechtliche Massnahmen wie z.B. Weg- und Ausweisungen, Ausschaffungen, die Nichterteilung einer Einreisebewilligung und Einreisesperren zwar als solche nicht konventionswidrig, doch können solche Massnahmen dann Art. 8 EMRK betreffen, wenn sie dazu führen, dass Familienangehörige getrennt oder am Zusammenleben gehindert (Recht auf Achtung des Familienlebens) bzw. Personen aus ihrem vertrauten Umfeld herausgerissen (Recht auf Achtung des Privatlebens) werden. Eingriffe in das geschützte Privat- und Familienleben durch migrationsrechtliche Massnahmen können indes nach Art. 8 Abs. 2 EMRK gerechtfertigt werden, sofern sie gesetzlich vorgesehen sind, einen zulässigen – d.h. in Art. 8 Abs. 2 EMRK vorgesehenen – Zweck verfolgen und in einer demokratischen Gesellschaft notwendig und somit verhältnismässig sind. Das Recht auf Achtung des Privat- und Familienlebens nach Art. 8 EMRK (sowie Art. 17 UNO-Pakt II und Art. 10 KRK) kann im Migrationskontext somit insbesondere in zwei Situationen relevant werden:

- Bei der Frage der erstmaligen Erteilung einer ausländerrechtlichen Bewilligung sowie
- bei der Frage, ob der Widerruf beziehungsweise die Nichtverlängerung einer ausländerrechtlichen Bewilligung zulässig ist.

94 Zur Bedeutung des Rechtes auf Achtung des Privatlebens für den Schutz und die Unterstützung von unbegleiteten Minderjährigen siehe hinten Rz. 171) den Fall *Darboe und Camara gegen Italien* (EGMR, Nr. 5797/17, Urteil vom 21. Juli 2022).

a) Der Begriff des Privat- und Familienlebens nach Art. 8 EMRK

95 Durch das Recht auf Achtung des Familienlebens wird nicht *de jure* bestehendes, sondern tatsächlich gelebtes, ***de facto* bestehendes Familienleben** geschützt. Familiäre oder familienähnliche Beziehungen fallen daher nur dann in den Schutzbereich des Rechtes auf Achtung des Familienlebens, wenn eine genügend nahe, echte und tatsächliche Beziehung zwischen den Familienangehörigen besteht. Dabei geht der Europäische Gerichtshof für Menschenrechte von einem weiten Familienbegriff aus: Erfasst werden nicht nur die

- Beziehungen zwischen minderjährigen Kindern und Eltern sowie unter Ehegatten, die sogenannte **Kernfamilie**;

- Familienleben schliesst — sofern eine genügend nahe, echte und tatsächlich gelebte Beziehung besteht — vielmehr auch das **erweiterte Familienleben** ein, das heisst die familiären Beziehungen zwischen weiteren nahen Verwandten (zum Beispiel Grosseltern – Enkelkinder, Nichten/Neffen – Onkel/Tanten, erwachsene Kinder – Eltern). Ob familiäre Beziehungen des erweiterten Familienlebens von Art. 8 Abs. 1 EMRK geschützt werden, hängt von den besonderen Umständen des Einzelfalles ab. In konstanter Rechtsprechung führt der Gerichtshof aus, dass verschiedene Tatsachen auf das Bestehen von Familienleben hindeuten können. Im Vordergrund steht sicherlich das Zusammenleben in einem gemeinsamen Haushalt. Weitere mögliche Gesichtspunkte sind aber auch eine finanzielle Abhängigkeit, speziell enge und tatsächlich gelebte Bande, regelmässige Kontakte oder die Übernahme der Verantwortung für eine minderjährige Person.
- Schliesslich schliesst geschütztes Familienleben, da *de facto* bestehende familiäre Bindungen geschützt werden, auch **nichteheliche** heterosexuelle (*X., Y. und Z. gegen das Vereinigte Königreich*, Nr. 21830/92, Urteil vom 24. April 1997) und **homosexuelle Partnerschaften** (*Schalk und Kopf gegen Österreich*, Nr. 30141/04, Urteil vom 24. Juni 2010) ein.

Das Recht auf Achtung des Privatlebens erfasst eine Vielzahl verschiedenster 96
Lebenssachverhalte. Diese umfassen neben der freien Verfügung über den eigenen Körper, den Schutz der Ehre, der Würde sowie des Namens, den Schutz vor Nachforschungs-, Überwachungs- und Untersuchungsmassnahmen etc. auch den Schutz zwischenmenschlicher Beziehungen. Ausländerrechtliche Massnahmen können, ungeachtet der Auswirkungen auf allfällig bestehende familiäre Bindungen, zu einer starken Beeinträchtigung der **gesellschaftlichen und sozialen Beziehungen** führen, wenn Personen aus einem Land ausreisen müssen, in dem sie lange Jahre gelebt haben. Daher anerkennt der EGMR, dass ausländerrechtliche Massnahmen auch nur das Recht auf Achtung des Privatlebens betreffen können.

> «In the instant case, the Court notes that the first two applicants arrived in Latvia in 1969 and 1968 respectively, that is, at the age of 20 in the case of Svetlana and 22 in the case of Arkady. Since then, they have lived continuously in Latvia. Their daughter, the third applicant, was born in Latvia in 1978 and has always lived there. Accordingly, it is not disputed that during their time in Latvia the applicants have developed the personal, social and economic ties that make up the private life of every human being. Therefore, the Court cannot but find that the measure imposed on the applicants constituted an interference with their «private life" within the meaning of Article 8 § 1 of the Convention.» (EGMR, *Sisojeva et al. Gegen Lettland*, Nr. 60654/00, Urteil vom 16. Juni 2005, Ziff. 102)

b) Schutz vor Wegweisung, Ausweisung und Ausschaffung

97 Werden Ausländerinnen oder Ausländer aus einem Land, in dem sie bislang rechtmässig gewohnt haben, weg- beziehungsweise ausgewiesen oder ausgeschafft, so steht diese Massnahme in aller Regel im Zusammenhang mit einer strafrechtlichen Verurteilung. Unter dem Aspekt des Rechtes auf Achtung des Privat- oder Familienlebens stellt sich dann vornehmlich die Frage nach der Verhältnismässigkeit der Entfernungsmassnahme. Für die Gewichtung der sich gegenüberstehenden privaten und öffentlichen Interessen hat der Gerichtshof in den Urteilen *Boultif* (EGMR, *Boultif gegen die Schweiz*, Nr. 54273/00, Urteil vom 2. August 2001), *Üner* (EGMR, *Üner gegen die Niederlande*, Nr. 46410/99, Urteil der Grossen Kammer vom 18. Oktober 2006) und *Maslov* (EGMR, *Maslov gegen Österreich*, Nr. 1638/03, Urteil der Grossen Kammer vom 23. Juni 2008) eine Reihe von Grundsätzen und Faktoren identifiziert, die zu berücksichtigen sind. In *Savran gegen Dänemark* (EGMR, *Savran gegen Dänemark*, Nr. 57467/15, Urteil der Grossen Kammer vom 7. Dezember 2021) hat die Grosse Kammer des Gerichtshofes diese im Rahmen der Verhältnismässigkeitsprüfung zu berücksichtigenden Aspekte bestätigt und präzisiert. Bei aufenthaltsbeendenden Massnahmen gegen «*settled migrants*» («*immigrés établis*») sind je nachdem unter dem Aspekt des Privat- oder Familienlebens die Natur und Schwere der begangenen Straftat(en), die Dauer des Aufenthaltes im ausweisenden Staat, die Zeit, die seit der Straftat vergangen ist, sowie das Verhalten der betroffenen Personen in dieser Zeit, die Dauer eines allfällig verfügten Einreiseverbotes, die Staatsangehörigkeit der betroffenen Personen, die familiäre Situation im Aufenthaltsstaat sowie die Schwierigkeit eines Familienlebens im Zielstaat, das übergeordnete Kindesinteresse und insbesondere die Schwierigkeiten, denen Kinder im Falle einer Ausreise im Zielstaat begegnen würden sowie die Intensität der gesellschaftlichen, kulturellen und familiären Beziehungen sowohl im Aufenthalts-, als auch im Zielstaat zu berücksichtigen. Zudem sind gegebenenfalls auch weitere im Einzelfall relevante Gesichtspunkte, z. B. medizinische Aspekte, zu berücksichtigen. Das Gewicht, das den jeweiligen Kriterien im Rahmen der Güterabwägung beizumessen ist, hängt dabei von den besonderen Umständen des konkreten Einzelfalls ab. Wenn der Zweck einer aufenthaltsbeendenden Massnahme die Verhütung von Straftaten im Sinne von Art. 8 Abs. 2 EMRK ist, dann sollen diese Kriterien den nationalen Behörden helfen zu beurteilen, ob die Betroffenen voraussichtlich weiter straffällig sein werden. Bezugnehmend auf das Urteil *Maslov* hat die Grosse Kammer zudem bestätigt, dass aufenthaltsbeendende Massnahmen gegen Migrantinnen und Migranten, die bereits im betreffenden Land geboren wurden oder seit frühester Kindheit dort leben, nur bei Vorliegen äusserst schwerwiegender Gründe («*very serious reasons*») gerechtfertigt sind.

Der Gerichtshof hat in der Vergangenheit wiederholt die Schweiz betreffende Urteile gefällt, in denen die Verhältnismässigkeit der Wegweisung unter dem Aspekt des Schutzes des Familienlebens im Zentrum stand. Während er zum Beispiel in den Fällen *Salija gegen die Schweiz* (EGMR, Nr. 55470/10, Urteil vom 10. Januar 2017), *K.A. gegen die Schweiz* (EGMR, Nr. 62130/15, Urteil vom 7. Juli 2020), *Veljkovic-Jukic gegen die Schweiz* (EGMR, Nr. 59534/14, Urteil vom 21. Juli 2020), *M.M. gegen die Schweiz* (EGMR, 59006/18, Urteil vom 8. Dezember 2020), *Z. gegen die Schweiz* (EGMR, Nr. 6325/15, Urteil vom 22. Dezember 2020), *E.V. gegen die Schweiz* (EGMR, Nr. 77220/16, Urteil vom 18. Mai 2021) die Wegweisung beziehungsweise die Nichtverlängerung der Aufenthaltsbewilligung als konventionskonform erachtet hat, verletzten die angeordneten Entfernungsmassnahmen in *Udeh gegen die Schweiz* (EGMR, Nr. 12020/09, Urteil vom 16. April 2013) und *M.P.E.V. et al. Gegen die Schweiz* (EGMR, Nr. 3910/13, Urteil vom 8. Juli 2014) das in Art. 8 EMRK verankerte Recht auf Achtung des Familienlebens. Im Rahmen der Güterabwägung mass der Gerichtshof insbesondere dem Kindeswohl und der Tatsache, dass beide von der Massnahme betroffenen Väter regelmässigen und engen Kontakt mit ihren in der Schweiz lebenden Kindern hatten und dieser Kontakt im Falle einer Wegweisung zerstört würde, grosse Bedeutung zu. Im Fall *M.P.E.V. et al. Gegen die Schweiz* kam hinzu, dass der Beschwerdeführer lediglich wegen verhältnismässig leichter Delikte verurteilt worden war. Ein weiterer Fall, *I.M. gegen die Schweiz* (EGMR, Nr. 23887/16, Urteil vom 9. April 2019), betraf die Wegweisung des Beschwerdeführers wegen der Scheidung von seiner Schweizer Ehefrau, einer strafrechtlichen Verurteilung sowie seiner Sozialhilfeabhängigkeit. Der gesundheitlich stark angeschlagene Beschwerdeführer war völlig von seinen in der Schweiz lebenden erwachsenen Kindern abhängig. Da das Bundesgericht lediglich eine oberflächliche und ungenügende Verhältnismässigkeitsprüfung vorgenommen hatte, kam der Gerichtshof zum Schluss, dass die Schweizer Behörden die prozeduralen Verpflichtungen aus Art. 8 EMRK nicht erfüllt hatten und somit diese Bestimmung verletzt würde, sollte die Wegweisung des Beschwerdeführers vollzogen werden. 98

Im Fall *Üner* hat sich der Gerichtshof auch mit der Frage beschäftigt, inwiefern die Ausweisung eines Ausländers aus einem Land einen Eingriff in das Recht auf Achtung des Privatlebens darstellen kann. Er kam dabei zum Schluss, dass jede Ausweisung einen solchen Eingriff darstellt und deshalb in jedem Einzelfall eine Güterabwägung vorzunehmen ist, auch dann, wenn das Recht auf Familienleben nicht betroffen ist. 99

> «59. The Court considered itself called upon to establish «guiding principles" in the Boultif case because it had «only a limited number of decided cases where the main obstacle to expulsion was that it would entail difficulties for the spouses to stay together and, in particular, for one of them and/or the children to live in the other's country of origin" (...). It is to be noted, however, that the first three guiding principles do not, as such, relate to family life. This leads the Court to consider whether the «Boultif criteria" are sufficiently comprehensive to render them suitable for application in all cases concerning the expulsion and/or exclusion of settled migrants following a criminal conviction. It observes in this context that not all such migrants, no matter how long they have been residing in the country from which they are to be expelled, necessarily enjoy «family life" there within the meaning of Article 8. However, as Article 8 also protects the right to establish and develop relationships with other human beings and the outside world (...) and can sometimes embrace aspects of an individual's social identity (...), it must be accepted that the totality of social ties between settled migrants and the community in which they are

living constitute part of the concept of «private life" within the meaning of Article 8. Regardless of the existence or otherwise of a «family life", therefore, the Court considers that the expulsion of a settled migrant constitutes interference with his or her right to respect for private life. It will depend on the circumstances of the particular case whether it is appropriate for the Court to focus on the «family life" rather than the «private life" aspect.

60. In the light of the foregoing, the Court concludes that all the above factors (...) should be taken into account in all cases concerning settled migrants who are to be expelled and/or excluded following a criminal conviction.» (EGMR, *Üner gegen die Niederlande*, Nr. 46410/99, Urteil der Grossen Kammer vom 18. Oktober 2006; bestätigt in EGMR, *Savran gegen Dänemark*, Nr. 57467/15, Urteil der Grossen Kammer vom 7. Dezember 2021)

100 So hat etwa der Gerichtshof die Ausweisung des Beschwerdeführers in *K.M. gegen die Schweiz* (EGMR, Nr. 6009/10, Urteil vom 2. Juni 2015) lediglich unter dem Aspekt des Rechtes auf Achtung des Privatlebens geprüft. K.M. war zwar zusammen mit seiner Ehefrau und der gemeinsamen Tochter in die Schweiz eingereist, doch wurde die Ehe während der Verbüssung einer Freiheitsstrafe durch den Beschwerdeführer geschieden und die Tochter erreichte die Volljährigkeit. Der Gerichtshof erachtete die Ausweisung letztlich als verhältnismässig.

c) Familiennachzug beziehungsweise erstmalige Erteilung einer Bewilligung

101 Migrationsrechtliche Beeinträchtigungen des Familienlebens werden vom Gerichtshof in aller Regel unter dem Aspekt eines Eingriffes geprüft. Da das Recht auf Achtung des Familienlebens jedoch nicht nur durch Eingriffe tangiert werden kann, sondern auch durch ein Unterlassen des Staates, Massnahmen zum Schutz dieser Rechtsposition zu ergreifen, prüft der Gerichtshof gelegentlich Beschwerden auch unter dem Aspekt des möglichen Bestehens einer positiven Verpflichtung. Es handelt sich dabei meist um Fälle, in denen es um die erstmalige Erteilung einer ausländerrechtlichen Bewilligung an Personen geht, die entweder noch nie in den betreffenden Staat eingereist waren oder sich dort bislang illegal aufgehalten haben. Im Urteil *M.A.* (EGMR, *M.A. gegen Dänemark*, Nr. 6697/18, Urteil der Grossen Kammer vom 9. Juli 2021) hat der Gerichtshof die Grundsätze zur Beurteilung des Vorliegens positiver Verpflichtungen zusammengefasst und systematisiert. Demnach ist er zurückhaltend bei der Feststellung, dass eine positive Verpflichtung des Mitgliedstaates besteht, wenn einer oder mehrere der folgenden Umstände vorliegen:

102 Die Familiengründung erfolgte im Bewusstsein des prekären Aufenthaltsstatus; die Person, die einen Antrag auf Familienzusammenführung gestellt hat, verfügt nur über begrenzte Bindungen zum Aufenthaltsland; es bestehen keine unüberwindbaren Hindernisse für ein gemeinsames Familienleben im Her-

kunftsland; die Person, die einen Antrag auf Familienzusammenführung gestellt hat, verfügt nicht über ein ausreichendes und dauerhaftes Einkommen, um für den grundlegenden Lebensunterhalt ihrer nachzuziehenden Familienangehörigen zu sorgen.

Demgegenüber ist der Gerichtshof in der Regel bereit, eine positive Verpflich- 103
tung zur Gewährung einer Bewilligung zu bejahen, wenn mehrere der folgenden Umstände erfüllt sind: Die Person, die um Familienzusammenführung nachsucht, hat einen festen Aufenthaltsstatus im Aufenthaltsland erreicht oder verfügt über starke Bindungen zum Aufenthaltsland; das Familienleben war bereits begründet worden, als die antragstellende Person eine Aufenthaltsbewilligung im Aufenthaltsland erhalten hat; sowohl die Person, die um Familienzusammenführung nachsucht als auch das nachzuziehende Familienmitglied halten sich bereits im Aufnahmeland auf; sind Kinder involviert, muss deren Interessen ein erhebliches Gewicht beigemessen werden und darf nicht nur kurz und summarisch geprüft werden; es bestehen unüberwindbare oder zumindest grosse Hindernisse für ein Zusammenleben der Familie im Herkunftsland der Person, die um Familienzusammenführung ersucht.

Der Fall *Polidario gegen die Schweiz* (EGMR, Nr. 33169/10, Urteil vom 30. Juli 2013) betraf die 104
Weigerung der Schweizer Behörden, der philippinischen Mutter eines in der Schweiz lebenden Kindes eine Aufenthaltsbewilligung zu erteilen. Die Mutter hatte von 1995 bis 2002 in der Schweiz gelebt. 2001 wurde ihr Sohn hier geboren, doch verschlechterte sich die Beziehung zwischen den Eltern rapide. Im Jahr 2002 wurden Mutter und Sohn weggewiesen und reisten in die Philippinen aus, während zwischen den Eltern Streitigkeiten über das Sorge- und Besuchsrecht entbrannten. Im Jahr 2004 erklärte sich die Mutter einverstanden, dass der Vater das Kind für Ferien in die Schweiz mitnehme, doch behielt der Vater das Kind bei sich in der Schweiz. Alle Versuche der Mutter, ihren Sohn zurückzuholen, scheiterten. Daraufhin stellte sie 2006 erfolglos ein Gesuch um Erteilung einer Aufenthaltsbewilligung. 2010 übertrug die Genfer Vormundschaftsbehörde die Obhut über das Kind dem Vater und räumte der Mutter provisorisch ein Besuchsrecht ein, das jedoch zwingend in der Schweiz wahrzunehmen war. Im gleichen Jahr wurde der Beschwerdeführerin ein Visum zur Wahrnehmung eines Gerichtstermines in der Schweiz gewährt. Um ihr Besuchsrecht wahrnehmen zu können, entschied sich die Beschwerdeführerin in der Folge, illegal in der Schweiz zu bleiben. Im Herbst 2012 wurde ihr schliesslich eine Aufenthaltsbewilligung erteilt. Der Gerichtshof kam zum Schluss, dass die Schweizer Behörden die ihnen obliegenden positiven Verpflichtungen zur Erhaltung der familiären Beziehungen zwischen Mutter und Kind nicht wahrgenommen und daher Art. 8 EMRK verletzt hätten.

Auch in der Weigerung der Schweizer Behörden, dem Sohn des Beschwerdeführers in *El Ghatet* 105
gegen die Schweiz (EGMR, Nr. 56971/10, Urteil vom 8. November 2016) eine Aufenthaltsbewilligung zu erteilen, erkannte der Gerichtshof eine Konventionsverletzung. Der Vater war 1997 aus Ägypten in die Schweiz eingereist und erwarb 2004 die Schweizerische Staatsangehörigkeit. 2003 reiste der damals 13-jährige Sohn des Beschwerdeführers aus einer früheren Beziehung im Rahmen des Familiennachzuges in die Schweiz ein, kehrte jedoch 2005 wegen schulischer Probleme sowie Spannungen mit seiner Stiefmutter nach Ägypten zurück. Nach der Trennung von seiner Ehefrau ersuchte der Vater 2006 erfolglos erneut um eine Nachzugsbewilligung für seinen Sohn. Der Gerichthof führte in seinem Urteil zwar aus, es sei unklar, ob das private Interesse des Be-

schwerdeführers oder die öffentlichen Interessen überwiegen würden. Da aber sowohl das Bundesgericht als auch die weiteren nationalen Gerichte das Kindeswohl nur kurz und eher summarisch geprüft und somit das Kindeswohl nicht in genügender Weise und, wie von der Konvention sowie weiterer völkerrechtlicher Verträge verlangt, ins Zentrum der Interessenabwägung gestellt hätten, sei das Recht auf Achtung des Familienlebens verletzt worden.

106 Demgegenüber hatten die Schweizer Behörden nach Ansicht des Gerichtshofes im gleichentags entschiedenen Fall *Berisha gegen die Schweiz* (EGMR, Nr. 948/12, Urteil vom 30. Juli 2013) nicht konventionswidrig gehandelt, als sie sich weigerten, drei illegal bei ihren Eltern in der Schweiz wohnenden Kindern eine Aufenthaltsbewilligung zu erteilen.

d) Die schweizerische Praxis zu Art. 8 EMRK

107 Das Recht auf Achtung des Familienlebens hat bis heute einen grossen Einfluss auf Rechtsprechung und Rechtsentwicklung im Ausländerrecht. Das Bundesgericht hat erstmals im Entscheid *Reneja-Dittli* die Konventionskonformität der Versagung einer fremdenpolizeilichen Bewilligung geprüft. Der Fall betraf die Nichterneuerung der Aufenthaltsbewilligung des ausländischen Ehegatten einer Schweizer Bürgerin. Dem Entscheid in der Sache (BGE 110 Ib 201) war ein Prozessentscheid (BGE 109 Ib 183) vorangegangen, in dem das Bundesgericht sich in grundsätzlicher Weise über die Zulässigkeit der Beschwerde gegen die Versagung fremdenpolizeilicher Bewilligungen geäussert hatte. In seinem Beschluss führte es aus, angesichts des in Art. 8 EMRK garantierten Rechtes auf Achtung des Familienlebens und entgegen seiner früheren Rechtsprechung könne nicht mehr gesagt werden, dass

> «das durch die Menschenrechtskonvention geschützte Familienglied, welches von seiner übrigen Familie getrennt würde, wenn seine Aufenthaltsbewilligung nicht erneuert würde, (…) über keinen bundesrechtlichen Anspruch auf Anwesenheit in der Schweiz» (BGE 109 Ib 183, E. 2b S. 187)

108 verfüge. In gewissen Situationen bestehe daher ein direkt aus Art. 8 EMRK abgeleiteter Anspruch auf Bewilligung der Einreise und des Aufenthalts. Dieser Entscheid war von grosser praktischer Bedeutung, denn der damals geltende Art. 100 Abs. 1 lit. b Ziff. 3 Bundesgesetz über die Organisation der Bundesrechtspflege (Bundesrechtspflegegesetz, OG, SR 173.110) schloss die Verwaltungsgerichtsbeschwerde gegen die Erteilung oder Verweigerung von Bewilligungen, auf die das Bundesrecht keinen Anspruch einräumte, aus. Konsequenterweise betont Art. 83 lit. c Ziff. 2 Bundesgetz über das Bundesgericht (Bundesgerichtsgesetz, BGG, SR 173.110) heute, dass die Beschwerde in öffentlich-rechtlichen Angelegenheiten ausgeschlossen ist, sofern es um Bewilligungen geht, «auf die weder das Bundesrecht noch das Völkerrecht einen Anspruch einräumt».

aa) Familiennachzug und Verbleiberecht

Art. 8 EMRK ist in der Schweiz insbesondere dort von Bedeutung, wo die daraus fliessenden Ansprüche über das Recht auf Familiennachzug nach dem AIG und dem AsylG hinausgehen beziehungsweise wo keine entsprechende gesetzliche Regelung des Familiennachzuges besteht. Dies betrifft zum einen vor allem den Nachzug erwachsener Kinder in der Schweiz lebender Eltern, sofern ein Abhängigkeitsverhältnis besteht, sowie den Nachzug von Geschwistern und Grosseltern beziehungsweise weiteren Familienangehörigen. Zum anderen ist Art. 8 EMRK auch in den Fällen des umgekehrten Familiennachzuges relevant, das heisst der Frage der Erteilung und Verlängerung von Aufenthaltsbewilligungen an die Eltern in der Schweiz lebender Minderjähriger. 109

Nach ständiger bundesgerichtlicher Rechtsprechung besteht ein Anspruch auf Erteilung beziehungsweise Verlängerung einer fremdenpolizeilichen Bewilligung gestützt auf das Recht auf Achtung des Familienlebens nach Art. 8 EMRK jedoch nur dann, wenn die betreffenden Personen eine 110

- intakte und tatsächlich gelebte familiäre Beziehung
- zu nahen Verwandten
- mit gefestigtem Anwesenheitsrecht in der Schweiz haben, und eine
- umfassende Güterabwägung ergibt, dass die privaten Interessen schwerer als die öffentlichen Interessen wiegen:

> «Art. 8 EMRK verschafft praxisgemäss keinen Anspruch auf Einreise und Aufenthalt oder auf einen Aufenthaltstitel. Er hindert Konventionsstaaten nicht daran, die Anwesenheit auf ihrem Staatsgebiet zu regeln und den Aufenthalt ausländischer Personen unter Beachtung überwiegender Interessen des Familien- und Privatlebens gegebenenfalls auch wieder zu beenden. Dennoch kann das in Art. 8 Ziff. 1 EMRK verankerte Recht auf Achtung des Privat- und Familienlebens berührt sein, wenn einer ausländischen Person mit in der Schweiz aufenthaltsberechtigten Familienangehörigen das Zusammenleben verunmöglicht wird (...). Art. 8 EMRK ist berührt, wenn eine staatliche Entfernungs- oder Fernhaltemassnahme eine nahe, echte und tatsächlich gelebte familiäre Beziehung einer in der Schweiz gefestigt anwesenheitsberechtigten Person beeinträchtigt, ohne dass es dieser ohne Weiteres möglich bzw. zumutbar wäre, ihr Familienleben andernorts zu pflegen (...). Der sich hier aufhaltende Familienangehörige muss nach der bundesgerichtlichen Rechtsprechung über ein gefestigtes Anwesenheitsrecht verfügen, was praxisgemäss der Fall ist, wenn er das Schweizer Bürgerrecht besitzt, ihm die Niederlassungsbewilligung gewährt wurde oder er über eine Aufenthaltsbewilligung verfügt, die ihrerseits auf einem gefestigten Rechtsanspruch beruht (...). Zum geschützten Familienkreis gehört in erster Linie die Kernfamilie, d.h. die Gemeinschaft der Ehegatten mit ihren minderjährigen Kindern (...). In den Schutzbereich von Art. 8 EMRK fallen aber auch andere familiäre Verhältnisse, sofern eine genügend nahe, echte und tatsächlich gelebte Beziehung besteht. Hinweise für solche Beziehungen sind das

> Zusammenleben in einem gemeinsamen Haushalt, eine finanzielle Abhängigkeit, speziell enge familiäre Bande, regelmässige Kontakte oder die Übernahme von Verantwortung für eine andere Person. Bei hinreichender Intensität sind auch Beziehungen zwischen nahen Verwandten wie Geschwistern oder Tanten und Nichten wesentlich (...), doch muss in diesem Fall zwischen der über ein gefestigtes Anwesenheitsrecht verfügenden Person und dem um die Bewilligung nachsuchenden Ausländer ein über die üblichen familiären Beziehungen bzw. emotionale Bindungen hinausgehendes, besonderes Abhängigkeitsverhältnis bestehen (...). Der EGMR hat eine solche Beziehung angenommen etwa im Falle von Geschwistern, deren Eltern gestorben bzw. landesabwesend waren und die bei Onkel und Tante lebten (...).» (BGE 144 II 1, E. 6.1 S. 12 f.)

111 Ein solches gefestigtes Anwesenheitsrecht entspringt nach ständiger bundesgerichtlicher Rechtsprechung einzig der schweizerischen Staatsangehörigkeit, der Niederlassungsbewilligung sowie der Aufenthaltsbewilligung, wenn ein Rechtsanspruch auf deren Verlängerung besteht.

112 Die restriktive Praxis des Bundesgerichtes, einen gefestigten Aufenthalt von Familienangehörigen für die Berufung auf Art. 8 EMRK zu fordern, ist mit der Rechtsprechung des Europäischen Gerichtshofes für Menschenrechte nicht vereinbar. Für diesen setzt die Berufung auf Art. 8 EMRK das Bestehen von Familienleben voraus; die Art des Aufenthaltsrechts wird erst im Rahmen der Güterabwägung als eines unter vielen weiteren Elementen berücksichtigt. Dennoch lehnt es das Bundesgericht bis heute ab, auf seine Rechtsprechung zurückzukommen (siehe statt vieler BGE 144 II 1, E. 6.1 S. 12). Eine Aufgabe dieser klar konventionswidrigen Praxis würde es ermöglichen, dass sich zum Beispiel auch vorläufig aufgenommene Personen, die sich faktisch wohl längerfristig in der Schweiz aufhalten werden, auf Art. 8 EMRK berufen könnten. Selbst das Bundesgericht verschliesst sich dieser Sichtweise nicht völlig, hat es doch wiederholt ausgeführt, ein **faktisches Anwesenheitsrecht** könnte «den Familiennachzug (…) rechtfertigen beziehungsweise die Schweiz verpflichten (…), dem Betroffenen ein Anwesenheitsrecht einzuräumen, welches ihm erlaubt, die für den Nachzug erforderlichen gesetzlichen Voraussetzungen zu erfüllen» (BGE 130 II 281, E. 3.2.2 S. 287 f.). In BVGE 2017 VII/4 hat das Bundesverwaltungsgericht schliesslich ausdrücklich bejaht, dass sich vorläufig aufgenommene Flüchtlinge auf das Recht auf Achtung des Familienlebens von Art. 8 EMRK berufen können, da sie über ein faktisches Anwesenheitsrecht verfügen. Damit ist freilich noch keineswegs über die Erteilung eines Aufenthaltsrechts entschieden, da darüber erst im Rahmen einer umfassenden Güterabwägung geurteilt werden kann. Eingehend hierzu MARC SPESCHA, OFK-Migrationsrecht, BV/EMRK/UNO-KRK Rz. 14 f.

113 Liegt eine intakte und tatsächlich gelebte familiäre Beziehung zu nahen Verwandten mit einem gefestigten Aufenthaltsrecht in der Schweiz vor, so ist in einem weiteren Schritt im Rahmen einer umfassenden Güterabwägung zu prüfen, ob die privaten Interessen schwerer wiegen als die öffentlichen Interessen:

> «Der Anspruch gilt auch dann nicht absolut: Liegt eine aufenthaltsbeendende oder -verweigernde Massnahme im Schutz- und Anwendungsbereich von Art. 8 EMRK, erweist sich diese als zulässig, falls sie gesetzlich vorgesehen ist, einem legitimen Zweck im Sinne von Art. 8 Ziff. 2 EMRK entspricht und zu dessen Realisierung in einer demokratischen Gesellschaft «notwendig» erscheint. Sowohl bei positiven wie bei negativen staatlichen Massnahmen muss im Anwendungsbereich von Art. 8 EMRK jeweils ein angemessener Ausgleich zwischen den widerstreitenden Inte-

ressen des Einzelnen und jenen der Gemeinschaft beachtet werden. Nach Art. 8 Ziff. 2 EMRK ist ein Eingriff in das durch Ziff. 1 geschützte Rechtsgut statthaft, soweit er einen Akt bildet, der sich in einer demokratischen Gesellschaft für die nationale Sicherheit, die öffentliche Ruhe und Ordnung, für das wirtschaftliche Wohl des Landes und zur Verhinderung von strafbaren Handlungen, zum Schutz der Gesellschaft und Moral sowie der Rechte und Freiheiten anderer als nötig erweist. Die Konvention verlangt, dass die individuellen Interessen an der Erteilung beziehungsweise am Erhalt des Anwesenheitsrechts und der öffentlichen Interessen an dessen Verweigerung gegeneinander abgewogen werden (…). Das öffentliche Interesse überwiegt, wenn die Massnahme durch ein «herausragendes soziales Bedürfnis» gerechtfertigt und in Bezug auf das rechtmässig verfolgte Ziel verhältnismässig erscheint beziehungsweise einer «fairen» Interessenabwägung entspricht (…).» (BGE 139 I 330, E. 2.2 S. 336)

bb) Verbleiberecht gestützt auf das Recht auf Achtung des Privatlebens

Werden Ausländerinnen und Ausländer aus einem Land, in dem sie bislang rechtmässig gelebt haben, weg- oder ausgewiesen, so hat dies Auswirkungen auf die sozialen, gesellschaftlichen und beruflichen Beziehungen der betroffenen Personen. Die Nichtverlängerung beziehungsweise der Widerruf einer ausländerrechtlichen Bewilligung kann daher einen Eingriff in das Recht auf Achtung des Privatlebens darstellen. Die bundesgerichtliche Praxis anerkennt dies in zwei Situationen: Für gleichgeschlechtliche Beziehungen, da diese sich nach dem Bundesgericht – und entgegen der Rechtsprechung des Gerichtshofes – nicht auf das Recht auf Achtung des Familienlebens berufen können, sowie bei einem langjährigen Aufenthalt in der Schweiz. 114

Während es das Bundesgericht 1992 noch kategorisch ablehnte, aus dem Recht auf Achtung des Privatlebens ein Anwesenheitsrecht für **gleichgeschlechtliche Beziehungen** abzuleiten (EuGRZ 1993, 562), änderte es in BGE 126 II 425 seine Haltung. Es entschied, dass das Recht auf Privatleben nach Art. 8 EMRK (und Art. 13 Abs. 1 BV) gleichgeschlechtlichen Paaren unter den gleichen Voraussetzungen einen Anspruch auf eine Aufenthaltsbewilligung gebe wie das Recht auf Familienleben gemischtgeschlechtlicher Paare. Wenn also eine nahe, echte und tatsächlich gelebte Beziehung besteht und der eine Partner beziehungsweise die eine Partnerin über ein gefestigtes Aufenthaltsrecht in der Schweiz verfügt, kann sich das Paar auf Art. 8 EMRK berufen. Für die Beurteilung der Intensität der Beziehung muss im Einzelfall auf Grund der Dauer der Beziehung beziehungsweise des gemeinsamen Haushaltes entschieden werden. Eine gewichtige Rolle dürfte dabei der Eheschluss oder eine bestehende eingetragene Partnerschaft spielen. Auch dieser Anspruch kann jedoch nach Art. 8 Abs. 2 EMRK durch ein überwiegendes öffentliches Interesse ein- 115 geschränkt werden. Im erwähnten BGE ging das Bundesgericht denn auch davon aus, dass «die Sicherung der öffentlichen Ruhe und Ordnung sowie des wirtschaftlichen Wohls des Landes» das private Interesse des Paares überwiege und wies die Beschwerde letztlich ab.

116 Dem Recht auf Achtung des Privatlebens kommt zudem dann grosse Bedeutung zu, wenn von einer ausländerrechtlichen Massnahme **private Beziehungen beruflicher oder gesellschaftlicher Art** beeinträchtigt werden. Lange Zeit ging das Bundesgericht dabei davon aus, dass der Schutzbereich des Privatlebens durch eine ausländerrechtliche Massnahme nur dann tangiert sei, sofern besonders intensive, über eine normale Integration hinausgehende private Bindungen gesellschaftlicher oder beruflicher Natur beziehungsweise vertiefte soziale Beziehungen zum ausserfamiliären oder ausserhäuslichen Bereich betroffen waren. Ein langjähriger Aufenthalt in der Schweiz genügte für sich alleine noch nicht:

> «Unabhängig vom Vorliegen einer familiären Beziehung kann eine ausländerrechtliche Fernhaltemassnahme Art. 8 EMRK (Recht auf Privatleben) verletzen, namentlich bei Ausländern der zweiten Generation (...), im Übrigen aber nur unter besonderen Umständen: Eine lange Anwesenheit und die damit verbundene normale Integration genügen hierzu nicht; erforderlich sind besonders intensive, über eine normale Integration hinausgehende private Beziehungen beruflicher oder gesellschaftlicher Natur.» (BGE 144 II 1, E. 6.1 S. 13)

117 In BGE 144 I 266 hat das Bundesgericht 2018 seine Rechtsprechung geändert. Der Gesichtspunkt der guten Integration, der bislang im Rahmen der Eröffnung des Schutzbereiches des Rechtes auf Achtung des Privatlebens geprüft wurde, ist neu im Rahmen der Eingriffsrechtfertigung beziehungsweise der Güterabwägung zu berücksichtigen. Dies führt dazu, dass bei einem rechtmässigen Aufenthalt von mehr als zehn Jahren in der Schweiz grundsätzlich von derart engen sozialen und gesellschaftlichen Bindungen zur Schweiz ausgegangen werden muss, dass nur besondere Gründe den Entzug bzw. die Nichtverlängerung des Aufenthaltsrechtes zu rechtfertigen vermögen. Die Durchsetzung einer restriktiven Einwanderungspolitik genügt für sich alleine in diesen Fällen nicht mehr:

> «3.8. Es zeigt sich somit, dass die Praxis des EGMR die Aspekte der guten Integration, die das Bundesgericht bisher bei der Prüfung vorgenommen hat, ob überhaupt der Schutzbereich tangiert ist, eher im Rahmen der Eingriffsrechtfertigung prüft. Eine strikte Trennung zwischen der Frage, ob ein Eingriff in den Schutzbereich von Art. 8 EMRK vorliegt und der Frage, ob der Eingriff gerechtfertigt sei, ist daher nicht sinnvoll, da teilweise die gleichen Kriterien herangezogen werden. Die Frage, ob eine Wegweisungsmassnahme im Einzelfall in den Schutzbereich des Privatlebens fällt, ist mit der konkreten Interessenabwägung derart verwoben, dass eine Abgrenzung künstlich erscheint. Entscheidend ist indessen nicht die technische Vorgehensweise, sondern die Beantwortung der Frage, ob Art. 8 EMRK im Ergebnis verletzt ist. Der konkrete Anspruch auf Schutz des Privatlebens ist somit gestützt auf eine Gesamtabwägung zu beurteilen.

3.9. Im Interesse der Rechtssicherheit und der Rechtsgleichheit scheint es aber dennoch sinnvoll, diese Gesamtbeurteilung zu strukturieren und dafür gewisse Leitlinien aufzustellen. Dabei kommt der bisherigen Aufenthaltsdauer eine erhebliche Bedeutung zu. Je länger jemand in einem bestimmten Land lebt, desto enger werden im allgemeinen die Beziehungen sein, die er dort geknüpft hat, und desto gewichtiger wird dieses Element in der Interessenabwägung. Auch in der bisherigen Rechtsprechung des Bundesgerichts ist die Aufenthaltsdauer ein (gewichtiges) Element nebst anderen zur Beurteilung, ob Art. 8 EMRK verletzt ist (...). In die gleiche Richtung geht die Empfehlung 2000/15 des Ministerkomitees des Europarats über den sicheren Aufenthalt von langjährigen Einwanderern vom 13. September 2000; diese empfiehlt den Mitgliedstaaten des Europarats, diejenigen Personen, die (ausser ausschliesslich zu Studienzwecken) rechtmässig ihren gewöhnlichen Aufenthalt seit mehr als fünf bis zehn Jahren auf ihrem Territorium haben, als langjährige Einwanderer zu betrachten, die ihr Aufenthaltsrecht nur unter bestimmten Voraussetzungen verlieren. Die Empfehlungen des Europarats sind zwar nicht völkerrechtlich verbindlich (...). Sie können aber als Ausdruck eines vorherrschenden europäischen Rechtsverständnisses betrachtet und als solcher bei der Konkretisierung von Grundrechten berücksichtigt werden (...). In diesem Sinn ist davon auszugehen, dass ab einer gewissen Anwesenheitsdauer das Aufenthaltsrecht nicht mehr ohne Weiteres entzogen werden kann; das Ermessen, das den Migrationsbehörden ausserhalb von Anspruchsbewilligungen grundsätzlich zusteht, wird in diesem Sinne eingeschränkt. (...)

Zwar besteht weder auf die Erteilung der Niederlassungsbewilligung noch auf die ordentliche Einbürgerung ein Rechtsanspruch. (...) Dennoch bietet sich an, diesen zeitlichen Limiten auch im Rahmen des Rechts auf Privatleben Rechnung zu tragen. Nach einer rechtmässigen Aufenthaltsdauer von rund zehn Jahren kann regelmässig davon ausgegangen werden, dass die sozialen Beziehungen in diesem Land so eng geworden sind, dass es für eine Aufenthaltsbeendigung besonderer Gründe bedarf; im Einzelfall kann es sich freilich anders verhalten und die Integration zu wünschen übrig lassen. Es kann aber auch sein, dass schon zu einem früheren Zeitpunkt der Anspruch auf Achtung des Privatlebens betroffen ist. Liegt nach einer längeren bewilligten Aufenthaltsdauer, die zwar zehn Jahre noch nicht erreicht hat, eine besonders ausgeprägte Integration vor (nebst engen sozialen Beziehungen namentlich auch in sprachlicher, beruflicher und wirtschaftlicher Hinsicht), kann es den Anspruch auf Achtung des Privatlebens verletzen, wenn eine Bewilligung nicht erneuert wird. Nicht zuletzt liegt es in solchen Konstellationen in der Regel im Interesse der Gesamtwirtschaft (vgl. Art. 3 Abs. 1 AuG), dass der Aufenthalt weiterhin möglich ist. Das grundsätzlich legitime Interesse an einer Steuerung der Zuwanderung bzw. an der Erhaltung eines ausgewogenen Verhältnisses zwischen schweizerischer und ausländischer Wohnbevölkerung kann unter diesen Umständen für sich allein nicht genügen, um eine Verlängerung der Aufenthaltsbewilligung zu verweigern.» (BGE 144 I 266, E. 3.8 f., S. 277 ff.; eigene Hervorhebung)

Dieser aus dem Recht auf Achtung des Privatlebens fliessende Aufenthaltsanspruch greift indes nur in Fällen der Verlängerung der Aufenthaltsbewilligung. 118
Wenn eine Aufenthaltsbewilligung nach Art. 61 AIG wegen eines Auslandsaufenthaltes von mehr als sechs Monaten erloschen ist, geht es nach der bundesgerichtlichen Rechtsprechung bei einem neuen Bewilligungsgesuch um

eine Neuerteilung und der Anspruch auf Schutz des Privatlebens kann nicht geltend gemacht werden (BGer, 2C_528/2021, 23. Juni 2022, E. 4.6 ff.)

cc) *Kombinierter Schutzbereich bei Angehörigen der zweiten Generation*

119 Bereits lange vor der Annahme und Umsetzung der Ausschaffungsinitiative (hierzu hinten Rz. 232) hat das Bundesgericht zur besonderen Situation von Angehörigen der zweiten Generation ausgeführt:

> «Ein Ausländer, der wie der Beschwerdeführer – als sogenannter Ausländer der zweiten oder allenfalls sogar einer weiteren Generation – in der Schweiz geboren, hier aufgewachsen und sein ganzes bisheriges Leben hier verbracht hat, wird regelmässig dieses Land als seine "Heimat" empfinden. Hier hat er seine familiären, sozialen und kulturellen Beziehungen und seine Wurzeln. Anders als ein Ausländer, der als Erwachsener in die Schweiz kommt, muss er sich bei einer Ausweisung in einer für ihn fremden Umgebung zurechtfinden. Unter den Gesichtspunkten der Dauer der Anwesenheit sowie der persönlichen und familiären Nachteile einer Ausweisung kann das wesentlich werden. Grundsätzlich ist es daher angezeigt, bei Ausländern, die in der Schweiz aufgewachsen sind, nur zurückhaltend von der Ausweisung Gebrauch zu machen (...). Nach dem schweizerischen Gesetzesrecht ist aber eine Ausweisung bei dieser Ausgangslage nicht überhaupt ausgeschlossen. Sie ist immerhin um so weniger zulässig, je geringfügiger der Ausweisungsgrund, namentlich die allfällige Straffälligkeit, des Ausländers ist. Bei schweren Straftaten, insbesondere bei Gewalt-, Sexual- und schweren Betäubungsmitteldelikten, und erst recht bei Rückfall bzw. wiederholter Delinquenz besteht indessen ein wesentliches öffentliches Interesse an einer Ausweisung. Entscheidend sind aber immer die gesamten Umstände des Einzelfalles.» (BGE 122 II 433, E. 2c S. 436 f.)

120 Wegen der besonderen Situation, in der sich Angehörige der sogenannten zweiten Generation, das heisst Ausländerinnen und Ausländer, die in der Schweiz geboren wurden beziehungsweise seit früher Kindheit hier leben, befinden, greift das Bundesgericht in diesen Fällen auf einen kombinierten Schutzbereich des Privat- und Familienlebens zurück:

> «2.3 Der Beschwerdeführer ist in der Schweiz geboren und aufgewachsen. Als Ausländer der zweiten Generation kann er sich auf den kombinierten Schutzbereich (Privat- und Familienleben) von Art. 8 EMRK und Art. 13 BV berufen.» (BGer, 2C_445/2014, Urteil vom 2. Dezember 2014)

121 Die besondere Situation von Angehörigen der zweiten Generation ist der Grund für die in Art. 66*a* Abs. 2 StGB enthaltene Härtefallregelung bei der Landesverweisung (hierzu hinten Rz. 433).

e) Der Schutz des Privat- und Familienlebens in weiteren menschenrechtlichen Übereinkommen

Bestimmungen zum Schutz des Privat- und Familienlebens bzw. der Privatsphäre finden sich nicht nur in der EMRK, sondern auch in zahlreichen weiteren menschenrechtlichen Übereinkommen. So bestimmt etwa Art. 17 UNO-Pakt II: 122

> 1. Niemand darf willkürlichen oder rechtswidrigen Eingriffen in sein Privatleben, seine Familie, seine Wohnung und seinen Schriftverkehr oder rechtswidrigen Beeinträchtigungen seiner Ehre und seines Rufes ausgesetzt werden.
>
> 2. Jedermann hat Anspruch auf rechtlichen Schutz gegen solche Eingriffe oder Beeinträchtigungen.

Im Unterschied zu Art. 8 EMRK, der explizit die Schranken statuiert, beschränkt sich Art. 17 UNO-Pakt II darauf, festzustellen, dass willkürliche oder rechtswidrige Eingriffe in die geschützten Rechtspositionen unzulässig sind. Willkür im Sinne von Art. 17 liegt nach der Praxis des UNO-Menschenrechtsausschusses vor, wenn der Eingriff oder die Beschränkung, obwohl gesetzlich vorgesehen, mit den Zielen des Paktes nicht vereinbar oder als Ganzes gesehen unverhältnismässig ist. In zahlreichen Fällen hat der Menschenrechtsausschuss geprüft, ob die Trennung von Familienangehörigen durch ausländerrechtliche Massnahmen willkürlich im Sinne von Art. 17 UNO-Pakt II ist. So hatte er etwa in *Madafferi gegen Australien* die Paktkonformität der Ausweisung eines italienischen Staatsangehörigen aus Australien, wo dieser seit rund 15 Jahren lebte, mit einer Australierin verheiratet war und vier Kinder hatte, zu beurteilen: 123

> «9.8 In the present case, the Committee considers that a decision by the State party to deport the father of a family with four minor children and to compel the family to choose whether they should accompany him or stay in the State party is to be considered «interference" with the family, at least in circumstances where, as here, substantial changes to long-settled family life would follow in either case. The issue thus arises whether or not such interference would be arbitrary and thus contrary to article 17 of the Covenant. The Committee observes that in cases of imminent deportation the material point in time for assessing this issue must be that of its consideration of the case. It further observes that in cases where one part of a family must leave the territory of the State party while the other part would be entitled to remain, the relevant criteria for assessing whether or not the specific interference with family life can be objectively justified must be considered, on the one hand, in light of the significance of the State party's reasons for the removal of the person concerned and, on the other, the degree of hardship the family and its members would encounter as a consequence of such removal. In the present case, the Committee notes that the State party justifies the removal of Mr. Madafferi by his illegal presence in Australia, his alleged dishonesty in his relations with the Department of Immigration and Multicultural Affairs, and his «bad character" stemming from criminal acts committed in Italy twenty years ago. The Committee also notes that Mr. Madafferi's outstanding sentences in Italy have been extinguished and that

there is no outstanding warrant for his arrest. At the same time, it notes the considerable hardship that would be imposed on a family that has been in existence for 14 years. If Mrs. Madafferi and the children were to decide to emigrate to Italy in order to avoid separation of the family, they would not only have to live in a country they do not know and whose language the children (two of whom are already 13 and 11 years old) do not speak, but would also have to take care, in an environment alien to them, of a husband and father whose mental health has been seriously troubled, in part by acts that can be ascribed to the State party. In these very specific circumstances, the Committee considers that the reasons advanced by the State party for the decision of the Minister overruling the Administrative Appeals Tribunal, to remove Mr. Madafferi from Australia are not pressing enough to justify, in the present case, interference to this extent with the family and infringement of the right of the children to such measures of protection as are required by their status as minors. Thus, the Committee considers that the removal by the State party of Mr. Madafferi would, if implemented, constitute arbitrary interference with the family, contrary to article 17, paragraph 1 (…).» (HRC, *Madafferi gegen Australien*, Mitteilung Nr. 1011/2001, Entscheid vom 26. Juli 2004)

124 Auch in weiteren Fällen kam der Menschenrechtsausschuss zum Schluss, dass die migrationsrechtlich bedingte Trennung von Familienangehörigen nicht paktkonform war. So etwa in *D.T. gegen Kanada* (Mitteilung Nr. 2081/2011, Entscheid vom 15. Juli 2016), *Deepan Budlakoti gegen Kanada* (Mitteilung Nr. 2264/2013, Entscheid vom 6. April 2018), *Noureddine Maalem und Guldez Maalem gegen Usbekistan* (Mitteilung Nr. 2371/2014, Entscheid vom 17. Juli 2018) und *Thileepan Gnaneswaran gegen Australien* (Mitteilung Nr. 3212/2018, Entscheid vom 27. Oktober 2021). Hingegen erachtete der Menschenrechtausschuss die Ausweisung des Beschwerdeführers in *W.M.G. gegen Kanada* (Mitteilung Nr. 2060/2011, Entscheid vom 11. März 2016) nicht für willkürlich.

125 Zum Schutz der familiären Beziehungen nach der Kinderrechtskonvention siehe hinten Rz. 158 ff.

3.2. Das Recht auf Leben

126 Im Migrationskontext kommt dem in Art. 2 EMRK sowie Art. 6 UNO-Pakt II garantierten Recht auf Leben in zwei unterschiedlichen Situationen eine grosse Bedeutung zu: Einerseits steht das Recht auf Leben einer Aus- oder Rückschaffung entgegen, wenn stichhaltige Gründe für die Annahme bestehen, dass die betroffenen Personen im Falle einer Abschiebung tatsächlich Gefahr laufen, getötet zu werden. Andererseits ist das Recht auf Leben auch für die Frage relevant, ob die zuständigen Behörden z.B. bei Rettungsaktionen für Personen in Seenot ihren menschrechtlichen Verpflichtungen nachgekommen sind.

a) Drohende Tötung beziehungsweise Verlust des Lebens im Falle einer Abschiebung

Migrationsrechtliche Entfernungsmassnahmen fallen dann in den Schutzbereich des in Art. 2 EMRK sowie Art. 6 UNO-Pakt II garantierten Rechtes auf Leben, wenn stichhaltige Gründe für die Annahme bestehen, dass die betreffende Person tatsächlich Gefahr läuft, im Falle einer Weg- oder Ausweisung beziehungsweise einer Ausschaffung im Zielland getötet zu werden. 127

Die Frage, ob eine Entfernungsmassnahme mit dem Recht auf Leben vereinbar ist, stellt sich zunächst dann, wenn eine Person an ein Land ausgeliefert werden soll, in dem ihr die Todesstrafe droht. Der Europäische Gerichtshof für Menschenrechte und der UNO-Menschenrechtsausschuss prüften derartige Fälle zunächst unter dem Verbot der Folter beziehungsweise unmenschlicher und erniedrigender Behandlung und Bestrafung. Beide Gremien argumentierten, dass eine Auslieferung bei drohender Todesstrafe gegen das Folterverbot verstossen könne; dies insbesondere dann, wenn: 128

- Das gerichtliche Verfahren, das mit einer Verurteilung zum Tode enden könnte, nicht menschenrechtskonform ausgestaltet ist (vor allem dann, wenn die verfahrensrechtlichen Anforderungen aus Menschenrechtsverträgen nicht eingehalten werden).
- Die Behandlung der zum Tode verurteilten Person nicht mit den menschenrechtlichen Garantien vereinbar ist. So hat etwa der Europäische Gerichtshof für Menschenrechte im Fall *Soering gegen das Vereinigte Königreich* (Urteil vom 7. Juli 1989, Serie A, Nr. 161) ausgeführt, dass das Todeszellensyndrom in den USA eine unmenschliche Behandlung im Sinne von Art. 3 EMRK darstelle und deshalb eine Person nicht ohne weitere Garantien an die USA ausgeliefert werden dürfe.
- Die Art der Hinrichtung nicht menschenrechtskonform ist. So hat zum Beispiel der Menschenrechtsausschuss im Fall *Ng gegen Kanada* (Mitteilung Nr. 469/1991, Entscheid vom 5. November 1993) entschieden, dass eine drohende Hinrichtung in der Gaskammer nicht menschenrechtskonform sei.

Seit seinem Entscheid in *Judge gegen Kanada* (Mitteilung Nr. 829/1998, Entscheid vom 5. August 2002) prüft der Menschenrechtsausschuss die Paktkonformität von Auslieferungen bei drohender Todesstrafe indes nicht mehr unter dem Aspekt des Folterverbotes, sondern vielmehr unter dem Gesichtspunkt des Rechtes auf Leben. Ausgehend von der aus Art. 6 UNO-Pakt II fliessenden Schutzpflicht dürfen demnach Staaten, die die Todesstrafe abgeschafft haben, 129 keine Personen ausliefern, wenn diesen im Zielland die Todesstrafe droht beziehungsweise dürfen sie die Betroffenen nur dann ausliefern, wenn vorgängig Garantien eingeholt wurden, dass nicht die Todesstrafe verhängt werden wird.

130 Zumindest teilweise ist auch der Europäische Gerichtshof für Menschenrechte auf diese Linie des Menschenrechtsausschusses eingeschwenkt und prüft nunmehr die Konventionskonformität der Auslieferung von Personen bei drohender Todesstrafe unter einem kombinierten Schutzbereich von Art. 2 und 3 EMRK.

> «42. Moreover, the Court has not in earlier cases excluded the possibility that a Contracting State's responsibility might be engaged under Article 2 of the Convention or Article 1 of Protocol No. 6 where an alien is deported to a country where he or she is seriously at risk of being executed, as a result of the imposition of the death penalty or otherwise (…).
>
> Moreover, to impose a death sentence on a person after an unfair trial would generate, in circumstances where there exists a real possibility that the sentence will be enforced, a significant degree of human anguish and fear, bringing the treatment within the scope of Article 3 of the Convention (…).
>
> In this connection it should also be noted that the Court has acknowledged that an issue might exceptionally be raised under Article 6 of the Convention by an extradition decision in circumstances where the fugitive has suffered or risks suffering a flagrant denial of a fair trial in the requesting country (…).
>
> It follows that an issue may arise under Articles 2 and 3 of the Convention if a Contracting State deports an alien who has suffered or risks suffering a flagrant denial of a fair trial in the receiving State, the outcome of which was or is likely to be the death penalty.» (EGMR, *Bader et al. gegen Schweden*, Nr. 13284/04, Urteil vom 8. November 2005)

131 Der Gerichtshof beurteilt zudem auch Fälle in denen die Lebensgefahr nicht von staatlichen, sondern von privaten Akteuren ausgeht unter Art. 2 EMRK. Er betont dabei, dass es wegen der Bedeutung des Rechts auf Leben keine Rolle spiele, ob die Gefahr von Personen ausgeht, deren Handlungen dem Staat zuzurechnen sind. Entscheidend sei vielmehr, dass die Gefahr tatsächlich bestehe und die Behörden des Zielstaates nicht in der Lage seien, die betreffende Person wirksam zu schützen.

> «The Court recalls that Contracting States have the right to control the entry, residence and expulsion of aliens. The right to asylum is not protected in either the Convention or its Protocols. However, expulsion by a Contracting State of an alien may give rise to an issue under Article 2 of the Convention, and hence engage the responsibility of that State under the Convention, where substantial grounds have been shown for believing that the person in question, if expelled, would face a real risk of being killed (…).
>
> The Court recalls also that, owing to the importance of the right to life, the Convention may apply where the danger emanates from persons or groups of persons

who are not public officials. However, it must be shown that the risk is real and that the authorities of the receiving State are not able to obviate the risk by providing appropriate protection (…). The risk is to be assessed as at the date the Court considers the case (…).» (EGMR, *Headley et al. gegen das Vereinigte Königreich*, Nr. 39642/03, Entscheid vom 1. März 2005)

b) Menschenrechtliche Verpflichtungen bei Rettungsaktionen auf Hoher See

In jüngster Zeit hatten sich sowohl der UNO-Menschenrechtsausschuss als auch der EGMR mit Fällen zu befassen, in denen die Beschwerdeführenden eine Verletzung des Rechtes auf Leben durch verzögerte Rettungsaktionen geltend gemacht hatten. Beide Menschenrechtsorgane kamen in ihren Entscheiden zum Schluss, dass die betroffenen italienischen beziehungsweise griechischen Behörden durch das verspätete und zum Teil unsachgemässe Einleiten von Rettungsmassnahmen zugunsten der schiffbrüchigen Personen das Recht auf Leben verletzt hätten. 132

Die Mitteilung *A.S. et al. gegen Italien* (Mitteilung Nr. 3042/2017, Entscheid vom 4. November 2020) betraf den Untergang eines Flüchtlingsbootes vor der libyschen Küste am 10. Oktober 2013. Wenige Stunden nachdem das Boot mit mehr als 400 Menschen an Bord den Hafen von Zuwarah verlassen hatte, wurde es – in internationalen Gewässern – von einem Schiff mit einer Berber-Flagge angeschossen. Das Flüchtlingsboot schlug Leck, Wasser drang in das Boot ein und es begann zu sinken. Daraufhin informierte eine der Personen an Bord die italienische Seenotrettungsleitstelle und gab die Koordinaten des Unglücksortes an. Die italienische Seenotrettungsleitstelle sicherte Hilfe zu, verwies indes bei einem weiteren Anruf darauf, dass sich das Boot in der maltesischen Such- und Rettungszone befinde und daher die Behörden Maltas zuständig seien. Aufgrund dieses Hin und Her erreichte erst Stunden später das italienische Militärschiff ITS Libra die Unglücksstelle. Mehr als 200 Personen ertranken beim Unglück. Der Menschenrechtsausschuss kam in seinem Entscheid zwar zum Schluss, dass die Hauptverantwortung für die Rettungsaktion bei Malta gelegen habe, da das Schiff im Such- und Rettungsgebiet Maltas gesunken sei und Malta zudem schriftlich die Verantwortung für die Such- und Rettungsaktion übernommen hatte. Die italienischen Behörden hätten jedoch nicht nachweisen können, dass sie ihren Sorgfaltspflichten nach Art. 6 UNO-Pakt II nachgekommen seien und daher hätten sie das Recht auf Leben verletzt. Eine gegen Malta gerichtete Mitteilung (*A.S. gegen Malta*, Mitteilung Nr. 3043/2017, Entscheid vom 13. März 2020) war bereits früher vom Menschenrechtsausschuss wegen Nichterschöpfung des innerstaatlichen Instanzenzuges für unzulässig erklärt worden. 133

Anfang Juli 2022 hat der EGMR sein Urteil in *Safi et al. gegen Griechenland* (EGMR, Nr. 5418/15, Urteil vom 7. Juli 2022) gefällt. Der Fall betraf ein mit 27 Migrantinnen und Migranten besetztes Fischerboot, das am 20. Januar 2014 vor der Küste der griechischen Insel Farmakonisi kenterte und sank. Als sich das Boot bei widrigen Wetterbedingungen bereits in den Territorialgewässern Griechenlands befand, fielen die Motoren aus und das Boot begann abzudriften. Kurze Zeit später erreichte ein Schnellboot der griechischen Küstenwache das Fischerboot. Nach Angaben der Beschwerdeführenden habe das Schnellboot das Flüchtlingsboot ins Schlepptau genommen und versucht, es aus den griechischen Territorialgewässern zu schleppen. Da das Seil viel zu kurz gewesen und das Schnellboot viel zu schnell gefahren sei, sei Wasser 134 eingedrungen. Daraufhin hätten die griechischen Grenzwächter das Tau gelöst, worauf das Flüchtlingsboot gekentert sei. Elf Personen, die in der Kabine des Flüchtlingsbootes gesessen hätten – alles Frauen und Kinder –, seien ertrunken. Die griechischen Behörden hatten demgegenüber vorgebracht, dass sie das Schnellboot der Küstenwache angewiesen hätten, das Boot in den Hafen von Farmakonisi zu schleppen und in Sicherheit zu bringen. Das Fischerboot sei gekentert, weil an Bord Panik ausgebrochen sei. In Bezug auf die materiellen Aspekte von Art. 2 EMRK betonte der Gerichtshof in seinem Urteil, es gehe primär darum festzustellen, ob die griechischen Behörden den Schutz des Lebens der Beschwerdeführer und ihrer Angehörigen gewährleistet und das Leben der Betroffenen ins Zentrum ihrer Überlegungen und Handlungen gestellt hätten. Denn Art. 2 Abs. 2 EMRK verpflichte die Vertragsstaaten nicht nur, zum Tod führende Handlungen zu unterlassen, sondern auch die notwendigen Massnahmen zu ergreifen, um das Leben aller ihrer Gerichtsbarkeit unterstehenden Personen zu schützen. In Anwendung der durch die Rechtsprechung entwickelten Grundsätze kam der Gerichtshof zum Schluss, dass die griechischen Behörden viel zu spät und verzögert gehandelt hätten und sich daher ernsthafte Fragen zur Art und Weise, wie die Operation organisiert und durchgeführt worden sei, stellen müssten. Daher hätten die griechischen Behören nicht alles getan, was vernünftigerweise von ihnen hätte erwartet werden können, um den Beschwerdeführenden und ihren Angehörigen den durch Art. 2 EMRK gewährten Schutz zu bieten.

3.3. Das menschenrechtliche Refoulementverbot

135 Während Art. 3 Abs. 1 des Übereinkommens gegen Folter und andere grausame, unmenschliche oder erniedrigende Behandlung oder Strafe (Konvention gegen Folter, FoK, SR 0.105) explizit ausführt, dass Vertragsstaaten «eine Person nicht in einen anderen Staat ausweisen, abschieben oder an diesen ausliefern [dürfen], wenn stichhaltige Gründe für die Annahme bestehen, dass sie dort Gefahr liefe, gefoltert zu werden», schützen Art. 3 EMRK sowie Art. 7 UNO-Pakt II in allgemeiner Weise vor Folter sowie unmenschlicher und erniedrigender Behandlung oder Bestrafung. In konstanter Praxis leiten jedoch sowohl der Gerichtshof als auch der Menschenrechtsausschuss aus dem Folterverbot ab, dass eine Ausschaffung, Rückführung oder Auslieferung verboten ist, wenn der betroffenen Person im Zielstaat Folter oder eine unmenschliche beziehungsweise erniedrigende Behandlung oder Bestrafung droht. Das menschenrechtliche Refoulementverbot stellt zwingendes Völkerrecht dar, gilt absolut, ist notstandsfest (Art. 15 Abs. 2 EMRK, Art. 4 Abs. 2 UNO-Pakt II, Art. 2 Abs. 2 FoK) und ist mit Art. 25 Abs. 3 BV auch verfassungsrechtlich verankert.

a) Die Praxis des Europäischen Gerichtshofes für Menschenrechte zu Art. 3 EMRK

Art. 3 EMRK steht einer Ausschaffung, Auslieferung oder Rückschaffung dann entgegen, wenn die betroffenen Personen glaubhaft machen können, dass **stichhaltige Gründe für die Annahme eines tatsächlichen Risikos einer konventionswidrigen Behandlung im Zielstaat** vorliegen. Das Augenmerk der Einschätzung liegt dabei auf den vorhersehbaren Folgen der Rückkehr in den Zielstaat. Dabei berücksichtigt der Gerichtshof sowohl die allgemeinen Gegebenheiten im betreffenden Land als auch die persönlichen Umstände der betroffenen Personen. Für die Einschätzung der Situation in einem Land stützt sich der Gerichtshof regelmässig auf Berichte internationaler Organisationen (UNHCR, Europäischer Ausschuss zur Verhütung der Folter etc.), nichtstaatlicher Organisationen wie zum Beispiel Human Rights Watch oder Amnesty International sowie staatlicher Stellen (zum Beispiel US State Department) ab. 136

In *X. gegen die Schweiz* (EGMR, Nr. 16744/14, Urteil vom 26. Januar 2017) musste sich der Gerichtshof insbesondere mit der Risikobeurteilung durch die Schweizer Behörden befassen. Der Beschwerdeführer hatte als ehemaliges Mitglied der Befreiungstiger von Tamil Eelam (LTTE) in den 1990er-Jahren aktiv am bewaffneten Widerstand gegen die Regierung Sri Lankas teilgenommen. Nachdem er 2003 drei Monate lang durch die Regierung festgehalten und misshandelt worden war, flüchtete er über Italien in die Schweiz und stellte hier erfolglos ein Asylgesuch. Im August 2013 wurde der Beschwerdeführer zusammen mit seiner Familie nach Sri Lanka ausgeschafft und bei der Einreise verhaftet. Nachdem Vertreter der Schweizer Botschaft sowie des UNHCR im Dezember 2013 den Beschwerdeführer im Gefängnis besuchen konnten und deutlich wurde, dass er Angst hatte, zu sprechen, wurden die Ehefrau und die zwei Kinder in die Schweiz zurückgebracht. Nach der Haftentlassung im April 2015 konnte der Beschwerdeführer mit einem humanitären Visum in die Schweiz zurückkehren. Ein erneutes Asylgesuch wurde im Juni 2015 gutgeheissen. Vor dem Gerichtshof machte der Beschwerdeführer geltend, dass Mängel und Fehler bei der Beurteilung seines ersten Asylgesuches zu dessen Ablehnung, der Ausschaffung nach Sri Lanka und der darauffolgenden Misshandlung durch die Behörden Sri Lankas geführt hätten. In seinem Urteil erinnerte der Gerichtshof zunächst an die aus Art. 3 EMRK fliessenden Grundsätze für die Risikobeurteilung durch die Konventionsstaaten und die damit verbundene Beweislastverteilung. Die Einschätzung des Bestehens eines tatsächlichen Risikos müsse rigoros erfolgen. Es obliege in erster Linie den Beschwerdeführenden, Belege für das Bestehen eines tatsächlichen Risikos vorzubringen. Aufgrund der besonderen Situation, in der sich Asylsuchende befinden, sei es häufig nötig, bei der Beurteilung der Glaubhaftigkeit der Aussagen im Zweifel für die Asylsuchenden zu entscheiden. Die Risikobeurteilung müsse zudem mit Bezug auf die Umstände erfolgen, die dem Konventionsstaat im Zeitpunkt der Ausschaffung bekannt waren oder hätten bekannt sein sollen. In Anwendung dieser Grundsätze kam der Gerichtshof zum Schluss, den Schweizer Behörden hätte das Risiko einer konventionswidrigen Behandlung des Beschwerdeführers und seiner Familie im Falle einer Rückkehr nach Sri Lanka bewusst sein müssen. Daher hätten die Schweizer Behörden ihre Verpflichtungen nach Art. 3 EMRK verletzt. 137

138 Auch in einer Reihe weiterer Schweizer Fälle ist der Gerichtshof zum Schluss gekommen, dass die bevorstehende oder bereits vollzogene Rückschaffung Art. 3 EMRK verletzt würde bzw. verletzt habe: *A.A. gegen die Schweiz* (EGMR, Nr. 32218/17, Urteil vom 5. November 2019), Rückkehr nach Afghanistan, Konversion zum Christentum; *B. und C. gegen die Schweiz* (EGMR, Nr. 889/10 und 43987/16, Urteil vom 17. November 2020), Rückkehr nach Gambia, Homosexualität; *M.A.M. gegen die Schweiz* (EGMR, Nr. 29836/20, Urteil vom 26. April 2022), Rückkehr nach Pakistan, Konversion zum Christentum. Hingegen wurde Art. 3 EMRK u.a. in *M.R. gegen die Schweiz* (EGMR, Nr. 6040/17, Urteil vom 16. Juni 2020), Rückkehr in den Iran, exilpolitischen Aktivitäten in der Schweiz nicht verletzt.

139 Für verschiedene Konstellationen hat der Gerichtshof besondere Grundsätze zur Beurteilung des situationstypischen Risikos entwickelt:

- In Fällen, in denen Beschwerdeführende vorbringen, sie seien **als Mitglieder einer Gruppe systematisch Misshandlungen ausgesetzt**, genügt es für die Risikobejahung, wenn diese nachweisen, dass stichhaltige Gründe für das Bestehen der fraglichen Behandlung dieser Gruppe vorliegen und sie der betreffenden Gruppe angehören.
- Für **Situationen allgemeiner Gewalt** gilt, dass der Verweis auf eine ganz allgemein schwierige oder gefährliche Situation im Zielland nicht als stichhaltiger Grund für das Bestehen eines tatsächlichen Risikos gilt; vielmehr müssen die Beschwerdeführer glaubhaft machen, dass für sie im Falle einer Rückkehr eine individuelle Gefährdung besteht. In solchen Situationen ist jedoch auch die Frage einer internen Umsiedlung beziehungsweise einer innerstaatlichen Fluchtalternative relevant.

In *M.O. gegen die Schweiz* (EGMR, Nr. 41282/16, Urteil vom 20. Juni 2017) war der Gerichtshof aufgerufen, die Konventionskonformität der Wegweisung des Beschwerdeführers nach Eritrea zu beurteilen. Der Beschwerdeführer, ein eritreischer Staatsangehöriger, war Ende Juni 2014 in die Schweiz gekommen und hatte um Asyl nachgesucht. Er machte geltend, dass er zwar den obligatorischen Militärdienst angetreten habe, jedoch umgehend versucht habe, zu desertieren. Er sei gefasst und daraufhin inhaftiert worden. Nachdem es ihm gelungen sei, aus der Haft zu entweichen, habe er Eritrea verlassen und sei über Äthiopien und den Sudan in die Schweiz geflüchtet. Das Asylgesuch wurde nach drei mündlichen Anhörungen durch das SEM wegen widersprüchlicher und somit nicht glaubhafter Aussagen abgewiesen und die Wegweisung verfügt. Das Bundesverwaltungsgericht stützte diesen Entscheid (BVerwG, E-2304/2016, 9. Mai 2016). In seiner Beschwerde an den Gerichtshof brachte der Beschwerdeführer vor, dass er im Falle einer Rückschaffung nach Eritrea bei der Einreise am Flughafen von Asmara verhaftet würde, da er Eritrea illegal verlassen habe und zudem im militärdienstpflichtigen Alter sei. Der Gerichtshof betonte in seinem Urteil zunächst, dass die Menschenrechtslage in Eritrea zu tiefer Besorgnis Anlass gebe und Personen mit verschiedensten Profilen gefährdet seien, in ihren Menschenrechten verletzt zu werden. Eine ganz allgemein schwierige oder gefährliche Situation genüge jedoch ausser in den extremsten Fällen nicht als stichhaltiger Grund für das Bestehen eines tatsächlichen Risikos. Da keiner der internationalen Berichte über Eritrea ausführe, dass jede beliebige Person im Falle einer Rückkehr nach Eritrea tatsächlich dem Risiko einer konventionswidrigen Behandlung ausgesetzt wäre, müsse der Beschwerdeführer glaubhaft machen, dass für ihn im Falle einer Rückkehr eine individuelle Gefährdung bestehe. Das Bestehen einer solchen individuellen

Gefährdung vermochte der Beschwerdeführer indes auch in den Augen des Gerichtshofes nicht glaubhaft zu machen. Daher würde der Vollzug der Wegweisung Art. 3 EMRK nicht verletzen.

- Geht die Gefahr einer konventionswidrigen Behandlung von **Privaten** aus (zum Beispiel Drogenmafia, siehe etwa EGMR, *H.L.R. gegen Frankreich*, Reports 1997-III) oder besteht gar **kein Verfolger**, muss nachgewiesen werden, dass das Risiko tatsächlich besteht und die staatlichen Behörden im Zielland nicht in der Lage sind, dieses durch geeignete Massnahmen zu verhindern.

Der Gerichtshof hatte fast 20 Jahre lang ausgeführt, dass die Rückschaffung von physisch oder psychisch schwer kranken Ausländerinnen und Ausländern lediglich bei Vorliegen aussergewöhnlicher Umstände sowie aus humanitären Gründen konventionswidrig sein könne. Solche aussergewöhnlichen Umstände hat er in *D. gegen das Vereinigte Königreich* (Reports 1997-III) bejaht. Ausschlaggebend war in diesem Fall, dass der Beschwerdeführer todkrank war, in seinem Heimatland keine medizinische Behandlung erhalten konnte und er auch über keine Familie verfügte, die ihn hätten pflegen, beherbergen oder versorgen können. Erst in *Paposhvili gegen Belgien* (EGMR, Nr. 41738/19, Urteil der Grossen Kammer vom 13. Dezember 2016) lockerte der Gerichtshof seine Praxis. Der Fall betraf einen georgischen Staatsangehörigen, der seit 1998 in Belgien lebte und dort erfolglos um Asyl beziehungsweise die Erteilung einer Anwesenheitsbewilligung nachgesucht hatte. Er litt unter Tuberkulose, Hepatitis C sowie chronischer lymphatischer Leukämie. Im Anschluss an wiederholte Verurteilungen wegen strafrechtlicher Delikte zu Freiheitsstrafen sollte er nach Georgien ausgeschafft werden. Der Beschwerdeführer machte geltend, dass sich im Fall eines Vollzuges der Ausweisung aus Belgien sein Gesundheitszustand rapide verschlechtern würde, da die von ihm benötigten Medikamente in Georgien nicht verfügbar seien. Die Kammer des Gerichtshofes hatte in ihrem Entscheid noch an der bisherigen Praxis festgehalten und war zum Schluss gekommen, dass der Gesundheitszustand des Beschwerdeführers gegenwärtig stabil sei und zudem der Zugang zu den vom Beschwerdeführer benötigten Medikamenten in Georgien zwar eingeschränkt, aber durchaus vorhanden sei. Unter diesen Umständen erachtete er eine Rückschaffung des Beschwerdeführers nach Georgien als konventionskonform. Die Grosse Kammer des Gerichtshofes betonte in ihrem Urteil zunächst, dass die EMRK grundsätzlich keinen durch Art. 3 EMRK geschützten Anspruch auf Verbleib in einem Konventionsstaat kenne, um dadurch weiterhin in den Genuss medizinischer, sozialer oder anderer Formen der Unterstützung durch den ausschaffenden Konventionsstaat zu kommen. Die Tatsache, dass im Falle einer Rückkehr die Lebensumstände wesentlich schlechter seien und die Lebenserwartung massgeblich sinken würde, führe für sich alleine genommen noch nicht zu einer Verletzung von Art. 3 EMRK. Lediglich bei Vorliegen aussergewöhnlicher Umstände sowie aus humanitären Gründen konnte bisher die Rückschaffung von physisch oder psychisch schwer kranken Ausländerinnen und Ausländern konventionswidrig sein. Medizinische Fortschritte sowie gesellschaftliche und wirtschaftliche Unterschiede zwischen den Staaten ziehen es nach sich, dass die in verschiedenen Staaten zur Verfügung stehenden Therapiemöglichkeiten beträchtlich auseinanderklafften. Das Folterverbot auferlege den Konventionsstaaten nicht die Verpflichtung, bestehende Unterschiede durch kostenlose und unbeschränkte medizinische Versorgung für alle Ausländerinnen und Ausländer ohne Aufenthaltsrecht auszugleichen. Die bisherige Praxis schliesse jedoch jene Personen vom Schutzbereich von Art. 3 EMRK in Ausschaffungsfällen aus, die zwar schwer krank seien, aber nicht unmittelbar vor dem Tod stünden. Da die Konvention so ausgelegt und angewendet werden müsse, dass ihre Rechte praktisch und wirksam seien, müsse die bisherige Praxis präzisiert werden. Die Wendung «nur in aussergewöhnlichen Fällen» müsse nach der Grossen Kammer auch jene Fälle schwerkranker, auszuschaffender Personen erfassen, die geltend machten, es bestünden stichhaltige Gründe für die Annahme, dass sie – obwohl nicht unmittelbar vom Tod bedroht – aufgrund des Fehlens angemessener Behandlung oder des fehlenden Zuganges zu solcher Behandlung Gefahr laufen, eine schwere, rapide und unwiderrufliche Verschlechterung ihres Gesundheitszustandes zu erleiden und sie dadurch intensivem Leiden oder einer bedeutenden Verkürzung der Lebenserwartung ausgesetzt wären. In *Savran gegen Dänemark* (EGMR, Nr. 57467/15, Urteil der Grossen Kammer vom 7. Dezember 2021) hat die Grosse Kammer des Gerichtshofes die in *Paposhvili* entwickelten Grundsätze auch für die Abschiebung psychisch kranker Personen bestätigt. Der Fall betraf einen türkischen Staatsangehörigen, der als Sechsjähriger im Rahmen des Familiennachzuges nach Dänemark gekommen und wegen schwerer Straffälligkeit trotz seiner paranoiden Schizophrenie in die Türkei ausgeschafft worden war. Der Beschwerdeführer hatte vorgebracht, dass er in der Türkei nicht die nötige und angepasste intensive medizinische Behandlung erhalten könne und er zudem dort weder über ein familiäres noch ein soziales Netzwerk verfüge. Ein solches Netzwerk sei für ihn aber von zentraler Bedeutung, um einen Rückfall zu verhindern. Im konkreten Fall kam die Grosse Kammer zum Schluss, dass die Anwendungsschwelle von Art. 3 EMRK vorliegend nicht überschritten worden sei und daher die Abschiebung des Beschwerdeführers in die Türkei Art. 3 EMRK nicht verletzt habe.

Auch der Kinderrechtsausschuss sowie der Behindertenrechtsausschuss haben sich bereits mit der Frage der Zulässigkeit einer Rückführung von Personen, die auf medizinische Behandlung angewiesen sind, befasst. In *Z.S. und A.S. gegen die Schweiz* (Mitteilung Nr. 74/2019, Entscheid vom 10. Februar 2022) hatte der Kinderrechtsausschuss zu beurteilen, ob die Abschiebung eines sechsjährigen Kindes zusammen mit seiner Familie nach Tschetschenien – nach Abweisung des Asylgesuches der Familie – mit den Bestimmungen der Kinderrechtskonvention vereinbar war. Das betroffene Kind war seit Geburt praktisch gehörlos und sollte in Kürze in der Schweiz ein Cochlea-Implantat erhalten. Kurz vor der entsprechenden Operation wurde die Familie ausgeschafft, ohne dass die Schweizer Behörden genügend abgeklärt hätten, ob das dringend benötigte Cochlea-Implantat auch in Tschetschenien binnen nützlicher Frist implantiert werden könnte. Somit hatte die Schweiz Art. 24 KRK in Verbindung mit Art. 3 und Art. 6 Abs. 2 KRK verletzt. Der Fall *Z.H. gegen Schweden* (Mitteilung Nr. 58/2019, Entscheid vom 6. September 2021) des Behindertenrechtsausschusses betraf die Abschiebung eines an paranoider Schizophrenie leidenden afghanischen Staatsangehörigen. Der Beschwerdeführer hatte erfolglos in Schweden um Asyl nachgesucht. In seiner Mitteilung an den Behindertenrechtsausschuss machte er eine Verletzung von Art. 10 und Art. 15 des Übereinkommens über die Rechte von Menschen mit Behinderungen (Behindertenrechtskonvention, BRK, SR 0.109) im Falle einer Rückführung nach Afghanistan geltend, da dies zu einem tatsächlichen Risiko eines Suizids sowie anderer schwerer Gefahren für sein Leben und seine Gesundheit führen würde. Der Behindertenrechtsausschuss führte in seinem Entscheid aus, er müsse prüfen, ob stichhaltige Gründe für die Annahme eines tatsächlichen Risikos irreparabler Schäden im Falle einer Rückkehr nach Afghanistan vorliegen. Da die schwedischen Behörden selbst daran gezweifelt hatten, ob der Beschwerdeführer in Afghanistan tatsächlich Zugang zur von ihm benötigten medizinischen Behandlung hätte, gleichwohl aber die Abschiebung verfügt hatte, kam der Behindertenrechtsausschuss zum Schluss, dass die schwedischen Behörden Art. 15 BRK verletzt hatten.

Das in Art. 3 EMRK verankerte Refoulementverbot ist auch in weiteren Situationen relevant: 140

- Bei **Abweisungen** (Push-backs) **an der Grenze**, wenn Personen an der Grenze von den Grenzbeamten zurückgewiesen werden, ohne dass ihre Gesuche um internationalen Schutz entgegengenommen werden (z.B. EGMR, *A.B. et al. gegen Polen*, Nr. 42907/17, Urteil vom 30. Juni 2022).
- Bei drohenden **Kettenabschiebungen**, wenn Personen nicht direkt in einen Verfolgerstaat, sondern in einen Drittstaat zurückgeführt werden, ihnen aber dort die Gefahr der Weiterschiebung in den Verfolgerstaat droht (z.B. EGMR, *Sharifi et al. gegen Italien und Griechenland*, Nr. 16643/09, Urteil vom 21. Oktober 2014).

Das Urteil Sharifi et al. gegen Italien und Griechenland betraf vier Beschwerdeführer afghanischer Staatsangehörigkeit, die in den Jahren 2007 und 2008 aus Afghanistan nach Griechenland gelangt waren und sich im Hafen von Patras auf Schiffen mit Zielhafen Italien versteckt hatten. Bei ihrer Ankunft in den Häfen von Bari, Ancona und Venedig waren sie von der italienischen Polizei abgefangen und umgehend per Schiff nach Griechenland zurückgeschafft worden. Die Beschwerdeführer rügten, dass sie weder in Italien noch in Griechenland die Möglichkeit gehabt hätten, um Asyl nachzusuchen; zudem hätten sie in Italien weder Rechtsvertreter noch Übersetzer kontaktieren können und kein Dokument betreffend ihrer Rückschiebung erhalten. Ferner seien sie von der italienischen Grenzpolizei umgehend auf die Schiffe zurückgebracht worden, mit denen sie aus Griechenland gekommen waren, und auf der Rückfahrt nach Griechenland die ganze Zeit in Kabinen oder Toiletten eingesperrt gewesen. In Bezug auf Griechenland machten die Beschwerdeführer die Hindernisse beim Zugang zum Asylverfahren geltend. Bezugnehmend auf seine Ausführungen in den Urteilen M.S.S. gegen Belgien und Griechenland (EGMR, Nr. 30696/09, Urteil der Grossen Kammer vom 21. Januar 2011) sowie Hirsi Jamaa et al. gegen Italien (EGMR, Nr. 27765/09, Urteil der Grossen Kammer vom 23. Februar 2012) erinnerte der Gerichtshof zunächst daran, dass selbst im Dublin-System einem Konventionsstaat, der Personen in einen anderen Staat zurückschiebt, die Verpflichtung obliegt, sicherzustellen, dass das andere Land genügend Garantien gegen eine Rückführung in das Herkunfts- oder Heimatland ohne vorgängige Beurteilung des Risikos abgibt. Angesichts der Tatsache, dass den Beschwerdeführern in Italien gar keine Rechtsmittel offenstanden und die Probleme des griechischen Asylsystems bekannt waren, kam der Gerichtshof zum Schluss, Italien habe mit der Abweisung Art. 3 EMRK verletzt.

- Bei **Dublin-Überstellungen** (EGMR, *Tarakhel gegen die Schweiz*, Nr. 29217/12, Urteil der Grossen Kammer vom 4. November 2014).

Die Beschwerdeführer in *Tarakhel gegen die Schweiz*, ein afghanisches Ehepaar mit sechs zwischen 1999 und 2012 geborenen Kindern, waren im Sommer 2011 an der kalabrischen Küste angekommen, dem EURODAC Identifikationsprozess unterzogen und dann zunächst einem Empfangszentrum in Stignano sowie nach rund zehn Tagen einem Aufnahmezentrum in Bari zugewiesen worden. Zwei Tage später verliess die Familie das Aufnahmezentrum Bari und reiste nach Österreich, wo sie Ende Juli 2011 erneut daktylographisch erfasst wurden und ein Asylgesuch stellten. Nachdem sich die italienischen Behörden bereit erklärt hatten, die Beschwerdeführer zurückzunehmen, reisten sie weiter in die Schweiz, wo sie Anfang

November 2011 ein weiteres Asylgesuch stellten. Nachdem die italienischen Behörden erneut der Übernahme zugestimmt hatten, wies das BFM (heute SEM) das Asylgesuch ab und ordnete die Überstellung nach Italien an. In seinem Urteil erinnerte der Gerichtshof daran, dass die EMRK die Vertragsstaaten nicht daran hindere, Hoheitsrechte zu Kooperationszwecken auf internationale Organisationen zu übertragen. Handlungen, die unter Befolgung entsprechender völkerrechtlicher Verpflichtungen erfolgten, seien gerechtfertigt, sofern die betreffende internationale Organisation einen der EMRK mindestens gleichwertigen Grundrechtsschutz böten. Für Tätigkeiten indes, die nicht von bindenden völkerrechtlichen Verpflichtungen erfasst würden, sei der Staat umfassend konventionsrechtlich verantwortlich. Dies gelte insbesondere dort, wo den Staaten ein Ermessen zukomme. Da nach Art. 3 Abs. 2 der Dublin-II-Verordnung (heute Art. 17 Dublin-III-Verordnung, hinten Rz. 1134) jeder Dublin-Staat ein Selbsteintrittsrecht besitzt, hätten die schweizerischen Behörden von der Überstellung des Beschwerdeführers nach Italien absehen können, sofern sie angenommen hätten, dass Italien seine Konventionsverpflichtungen nicht erfüllen würde. Da die von der Schweiz ergriffene Massnahme nicht einer bindenden völkerrechtlichen Verpflichtung entsprach, kam die Vermutung eines gleichwertigen Grundrechtsschutzes nicht zur Anwendung.

– Bei **Abschiebungen in sichere Drittstaaten** (EGMR, *Ilias und Ahmed gegen Ungarn*, Nr. 47287/15, Urteil der Grossen Kammer vom 21. November 2019).

141 Relevanter Zeitpunkt für die Beurteilung der Umstände im Zielland ist, sofern die Rückschaffung noch nicht erfolgt ist, der Zeitpunkt der Urteilsfällung durch den Gerichtshof. In jenen Fällen, in denen die Beschwerdeführenden bereits abgeschoben worden sind, sind jene Informationen und Fakten massgeblich, die dem betroffenen Konventionsstaat im Zeitpunkt der Rückschaffung bekannt waren oder hätten bekannt sein sollen.

b) Die Praxis des UNO-Menschenrechtsausschusses zu Art. 7 UNO-Pakt II

142 Der UNO-Menschenrechtsausschuss hat in seiner Allgemeinen Bemerkung Nr. 31 (HRC, General Comment No. 31, U.N. Doc. CCPR/C/21/Rev.1/Add.13 (2004), 26. Mai 2004, Ziff. 12) ausgeführt, dass den Vertragsstaaten die Verpflichtung obliegt, keine Personen auszuweisen, auszuliefern oder sonst wie von ihrem Territorium zu entfernen, wenn stichhaltige Gründe für die Annahme vorliegen, dass ein Risiko nicht mehr wiedergutzumachender Schäden besteht.

143 Da die Schweiz das Individualbeschwerdeverfahren an den UNO-Menschenrechtsausschuss nicht akzeptiert hat, wird vorliegend auf eine eingehende Darstellung der Praxis verzichtet. Für weiterführende Hinweise und Fälle hierzu siehe die jährliche Übersicht über die Praxis internationaler Menschenrechtsorgane im Bereich Migrationsrecht von MARTINA CARONI ET AL., in: Achermann et al. (Hrsg.), Jahrbuch für Migrationsrecht.

c) Die Praxis des UNO-Ausschusses gegen Folter zu Art. 3 FoK

Der UNO-Ausschuss gegen Folter hat in seiner Allgemeinen Bemerkung Nr. 4 (2017) seine ständige Praxis zu Art. 3 FoK im Zusammenhang mit Individualbeschwerden zusammengefasst. Im Rahmen der Risikobeurteilung sei zu prüfen, ob die betroffene Person im Falle einer Rückkehr persönlich der Gefahr von Folter ausgesetzt wäre. Nach Art. 3 Abs. 2 FoK bedeutet dies, dass «bei der Feststellung, ob solche Gründe vorliegen, (...) die zuständigen Behörden alle massgeblichen Erwägungen einschliesslich des Umstands, dass in dem betreffenden Staat eine ständige Praxis grober, offenkundiger oder massenhafter Verletzungen der Menschenrechte herrscht», berücksichtigen müssen. Das Vorliegen einer ständigen Praxis grober, offenkundiger oder massenhafter Verletzungen der Menschenrechte genüge für sich allein jedoch nicht, um ein Folterrisiko zu begründen. Vielmehr müssten weitere Gründe angeführt werden, um nachzuweisen, dass die betroffene Person individuell gefährdet sei. Andererseits bedeute das Fehlen einer Praxis grober Menschenrechtsverletzungen freilich nicht, dass für eine bestimmte Person kein Folterrisiko bestehe. 144

In jüngerer Zeit hat der UNO-Ausschuss gegen Folter zahlreiche gegen die Schweiz gerichtete Mitteilungen beurteilt: So hat der UNO-Ausschuss gegen Folter etwa in *A.N. gegen die Schweiz* (Mitteilung Nr. 742/2016, Entscheid vom 3. August 2018) entschieden, dass die Dublin-Rücküberstellung eines Folteropfers mit posttraumatischer Belastungsstörung (PTSD) im konkreten Fall konventionswidrig wäre, da die Schweizer Behörden weder geprüft hätten, ob in Italien geeignete Behandlungsmöglichkeiten bestehen und diese für den Beschwerdeführer auch tatsächlich zugänglich wären. Zudem hätte die Schweiz von den italienischen Behörden eine Zusicherung einholen müssen, dass der Betroffene unmittelbar in ein solches Behandlungsprogramm aufgenommen würde. In *M.G. gegen die Schweiz* (Mitteilung Nr. 811/2017, Entscheid vom 7. Dezember 2018) hat der UNO-Ausschuss gegen Folter eine Verletzung der aus Art. 3 FoK fliessenden prozeduralen Verpflichtung bejaht, da das Bundesverwaltungsgericht wegen Nichtbezahlung des Kostenvorschusses nicht auf die Beschwerde eingetreten war. Der Ausschuss unterstrich in seinem Entscheid, dass das in Art. 3 FoK enthaltene Recht auf eine wirksame Beschwerde das Recht auf eine wirksame, unabhängige und unparteiische Beurteilung des Wegweisungsentscheides gewährleistet, sofern plausibel vorgebracht werde, dass sich Art. 3 FoK-Fragen stellten. Da im vorliegenden Fall kein wirksames, unabhängiges und unparteiisches Rechtsmittel bestanden habe, habe die Schweiz ihre prozeduralen Verpflichtungen aus Art. 3 FoK verletzt. In *Harun gegen die Schweiz* (Mitteilung Nr. 758/2016, Entscheid vom 6. Dezember 2018) kam der Ausschuss zum Schluss, dass die Dublin-Überstellung des Beschwerdeführers konventionswidrig wäre, da die Schweizer Behörden seine individuellen Erfahrungen als Folteropfer sowie die voraussehbaren Auswirkungen seiner Überstellung nach Italien nicht genügend berücksichtigt hätten. In *Flor Agustina Calfunao Paillalef gegen die Schweiz* (Mitteilung Nr. 882/2018, Entscheid vom 5. Dezember 2019) hatte der Ausschuss über die Paktkonformität der Abschiebung nach Chile einer Aktivistin für die Sache der Mapuche zu befinden. Der Ausschuss gegen Folter betonte in seinem Entscheid zunächst, dass derzeit keine ständige Praxis grober, offenkundiger und massiver Verletzungen der Menschenrechte in Chile existieren würde. Indes müssten die Besonderheiten des 145 vorliegenden Falles sowie die Vorbringen der Beschwerdeführerin berücksichtigt werden, wonach es ein weit verbreitetes Muster systematischer Verletzungen der Grundrechte, von Misshandlungen und politischer Verfolgung des Mapuche-Volkes als Vergeltung für ihre Ansprüche gibt. Aufgrund der gesamten Umstände wie zum Beispiel der ethnischen Herkunft der Beschwerdeführerin, der Verfolgung von Mapuche-Führern in Araukanien sowie die Verfolgungs- und Folterhandlungen, denen mehrere Mitglieder der Familie der Beschwerdeführerin ausgesetzt waren kam der Ausschuss gegen Folter zum Schluss, es bestünden stichhaltige Gründe für die Annahme, dass die Beschwerdeführerin im Falle einer Abschiebung nach Chile nicht wiedergutzumachende Verletzungen erleiden würde. Der Vollzug der Wegweisung würde somit gegen Art. 3 FoK verstossen. Weiter ist der Ausschuss auch in zwei Fällen von Rückschiebungen in den Iran und nach China von Beschwerdeführenden, die zum Christentum konvertiert sind zum Schluss gekommen, dass die Schweizer Behörden das Risiko einer konventionswidrigen Behandlung nicht genügend gewürdigt hätten (*Hosseiny, Masroory und Hosseiny gegen die Schweiz*, Mitteilung Nr. 812/2017, Entscheid vom 21. Juli 2021) bzw. die prozeduralen Verpflichtungen aus Art. 3 FoK verletzt hätten, da die Beschwerdeführerin wegen Nichtbezahlung des Kostenvorschusses keinen Zugang zu einem Rechtsmittel hatte (*D.Z. gegen die Schweiz*, Mitteilung Nr. 790/2016, Entscheid vom 27. Juli 2021). Schliesslich hat der Ausschuss in *X. gegen die Schweiz* (Mitteilung Nr. 900/2018, Entscheid vom 22. Juli 2021) ausgeführt, dass die Rückschiebung des Beschwerdeführers nach Eritrea konventionswidrig wäre. Angesichts der Vorbringen des Beschwerdeführers, der jüngsten Berichte über die weit verbreitete Einziehung junger Menschen in Eritrea, der Möglichkeit, dass Wehrdienstverweigerer und Personen, die das Land illegal verlassen haben bei ihrer Rückkehr gefoltert werden und des Mangels an zuverlässigen Informationen über das Risiko in solchen Fällen, wäre der Beschwerdeführer nach Ansicht des Ausschusses im Falle seiner Rückkehr nach Eritrea einem vorhersehbaren, realen und persönlichen Risiko ausgesetzt, gefoltert zu werden.

d) Die Praxis weiterer UNO-Menschenrechtsausschüsse

146 In jüngster Zeit leiten auch der UNO-Behindertenrechtsausschusss sowie der UNO-Ausschuss für die Rechte der Frauen aus dem Folterverbot ab, dass eine Ausschaffung, Rückführung oder Abschiebung verboten ist, wenn der betroffenen Person im Zielstaat Folter oder eine unmenschliche beziehungsweise erniedrigende Behandlung oder Bestrafung droht.

147 Der UNO-Ausschuss gegen die Diskriminierung der Frau führt jeweils aus, dass das Übereinkommen zur Beseitigung jeder Form von Diskriminierung der Frau (CEDAW, SR 0.108) als Instrument zur Verhinderung von Diskriminierungen von Frauen zwar das Refoulementverbot nicht explizit verankere. Nach Art. 2 lit. d CEDAW seien die Vertragsstaaten jedoch verpflichtet, Handlungen und Praktiken zu unterlassen, die Frauen diskriminieren und dafür zu sorgen, dass alle staatlichen Behörden und öffentlichen Einrichtungen im Einklang mit dieser Verpflichtung handelten. Diese Verpflichtung umfasse die Pflicht der Staaten, Frauen vor einem tatsächlichen, persönlichen und vorhersehbaren Risiko einer schweren Diskriminierung, inklusive geschlechtsspezifischer Ge-

walt, zu schützen. Dabei sei es unerheblich, ob sich diese innerhalb oder ausserhalb des Territoriums des entsprechenden Staates manifestieren würde. Daher seien die Vertragsstaaten verpflichtet sicherzustellen, dass keine Frau in ein Land ausgewiesen oder zurückgeschafft werde, in dem ihr Leben, ihre Integrität, ihre Freiheit oder ihre Sicherheit gefährdet werde oder wo sie eine schwere Form von Diskriminierung, inklusive schwerer Formen geschlechtsspezifischer Verfolgung oder geschlechtsspezifischer Gewalt erleiden könnte. Was in diesem Zusammenhang als schwere Form der Diskriminierung gegen Frauen anzusehen sei, hänge von den Umständen des Einzelfalles ab.

In *A. gegen Dänemark* (Mitteilung Nr. 53/2013, Entscheid vom 19. Dezember 2015) hat der Frau- 148
enrechtsausschuss entschieden, dass die Rückschaffung der Beschwerdeführerin nach Pakistan die Frauenrechtskonvention verletzen würde. Die Beschwerdeführerin hatte geltend gemacht, dass ihr im Fall einer Rückkehr nach Pakistan geschlechtsspezifische Gewalt drohen würde. Der christlichen Minderheit in Pakistan angehörend, hatte die Beschwerdeführerin ohne Einverständnis und gegen den Willen ihrer Familie ihren in Dänemark lebenden Ehemann pakistanischer Staatsangehörigkeit geheiratet. Da ein erstes Familiennachzugsgesuch scheiterte, kehrte sie nach einem Besuchsaufenthalt in Dänemark nach Pakistan zurück und begann in einem Schönheitssalon zu arbeiten. Kurze Zeit nachdem der Schönheitssalon von einer unbekannten Täterschaft überfallen worden war, wurde die Beschwerdeführerin in ihrer Wohnung angegriffen und erlitt schwere Brandverletzungen. Während des sieben- bis achtmonatigen Spitalaufenthaltes gebar sie ihr erstes Kind. Nach einem weiteren Angriff auf ein Taxi, in dem sie zusammen mit ihrem Kind sass, reiste die Beschwerdeführerin mit einem Besuchsvisum wieder nach Dänemark, ersuchte erneut erfolglos um eine Bewilligung zum Verbleib bei ihrem Ehemann und reichte danach ein letztlich ebenfalls erfolgloses Asylgesuch ein. Der Frauenrechtsausschuss kam in seinem Entscheid zum Schluss, die Beschwerdeführerin habe sämtliche relevanten Informationen zu ihrer Gefährdung in Pakistan beigebracht und einziger Grund für die Ablehnung des Asylgesuches durch die dänischen Behörden sei gewesen, dass die Beschwerdeführerin ihre Vermutung, die Angriffe seien von ihrer eigenen Familie oder der Familie ihres Ehemannes in Auftrag gegeben worden, nicht hätte belegen können. Nach Einschätzung des Ausschusses sei die Beschwerdeführerin Opfer geschlechtsspezifischer Gewalt in Pakistan geworden. Angesichts des Fortbestehens patriarchalischer Strukturen sowie tief verwurzelter Stereotype über die Rolle und Pflichten von Frauen in der pakistanischen Gesellschaft wäre eine Rückschaffung der Beschwerdeführerin konventionswidrig und Dänemark würde gegen Art. 2 lit. c und d der Frauenrechtskonvention verstossen. In *Rahma Abdi-Osman gegen die Schweiz* (Mitteilung Nr. 122/2017, Entscheid vom 6. Juli 2020) hatte der Frauenrechtsausschuss über die Rücküberstellung der Beschwerdeführerin nach Italien im Rahmen der Dublin-Regelungen zu befinden. Die Beschwerdeführerin, eine somalische Staatsangehörige, war als 20-Jährige von der Al-Shabab-Miliz entführt und zwangsverheiratet worden. Sie war gefangen gehalten, misshandelt und vergewaltigt worden. Ihr als Folge der Vergewaltigungen geborenes Kind war der Beschwerdeführerin weggenommen worden und sie hat keine Nachricht von ihm. Nach ihrer Flucht nach Italien wurde ihr in Italien subsidiärer Schutz gewährt und sie ging eine traditionelle Ehe mit einem im Kanton St.Gallen lebenden italienischen Staatsangehörigen somalischer Herkunft ein. 2015 reiste sie in die Schweiz und ersuchte gleichentags hier um Asyl. Gestützt auf das Dublin-Übereinkommen trat das SEM auf das Asylgesuch nicht ein und überstellte die Beschwerdeführerin nach Italien. Konkret wurde sie mit 30 CHF in der Tasche an die Grenze bei Chiasso gefahren. Nachdem sie 12 Tage in Como in den Pärken verbracht hat, kehrte sie in die Schweiz zurück und reiste zu ihrem Ehemann im Kanton St.Gallen. Gleichentags reichte sie auch ein neues Asylgesuch ein. Auch auf dieses Gesuch wurde

nicht eingetreten und die Rücküberstellung der Beschwerdeführerin nach Italien verfügt. In ihrer Mitteilung macht die Beschwerdeführerin insbesondere geltend, dass die Schweizer Behörden nicht berücksichtigt hätten, dass sie angesichts der Migrationskrise in Italien und des Fehlens von Strukturen, die ihren Schutz gewährleisten könnten, einem realen, persönlichen und vorhersehbaren Risiko ausgesetzt sei, Opfer schwerer Formen der Diskriminierung von Frauen, insbesondere geschlechtsspezifischer Gewalt, zu werden und der Prostitution ausgesetzt zu sein. In seinem Entscheid erinnert der Frauenrechtsausschuss zunächst daran, dass es im Allgemeinen Sache der Gerichte der Vertragsstaaten sei, die Tatsachen und Beweise beziehungsweise die Anwendung des nationalen Rechts in einem bestimmten Fall zu bewerten, sofern nicht nachgewiesen werde, dass die Bewertung voreingenommen war oder auf Geschlechterstereotypen beruhte, die eine Diskriminierung von Frauen darstellen, eindeutig willkürlich war oder einer Rechtsverweigerung gleichkam. Da im vorliegenden Fall aus den Akten nicht hervorgehe, dass sich die schweizerischen Behörden bei der Prüfung der Vorbringen der Beschwerdeführerin bezüglich ihrer Befürchtungen hinsichtlich der Risiken, denen sie bei ihrer Rückkehr nach Italien ausgesetzt sein würde, von solchen Aspekten haben leiten lasse, kam der Frauenrechtsausschuss zum Schluss, dass keine Verletzung der Frauenrechtskonvention vorlag.

149 Das UNO-Übereinkommen über die Rechte von Menschen mit Behinderungen statuiert das Verbot von Folter und unmenschlicher sowie erniedrigender Behandlung und Bestrafung in Art. 15 BRK. Gestützt auf diese Bestimmung hat der UNO-Behindertenrechtsausschuss in jüngster Zeit ausgeführt, dass die Rückschiebung einer Person in ein Land, in dem ihr eine Verletzung der BRK-Rechte droht, Art. 15 BRK verletzen könne.

150 Der Fall *N.L. gegen Schweden* (Mitteilung Nr. 60/2019, Entscheid vom 28. August 2020) betraf die Rückführung einer psychisch schwer kranken irakischen Staatsangehörigen. Die Beschwerdeführerin hatte erfolglos in Schweden um Asyl nachgesucht. In ihrer Mitteilung an den Behindertenrechtsausschuss machte sie eine Verletzung von Art. 10 (Recht auf Leben) sowie Art. 15 BRK im Falle einer Rückführung in den Irak geltend, da dies zu einem tatsächlichen Risiko eines Suizids sowie anderer schwerer Gefahren für ihr Leben und ihre Gesundheit führen würde. Der Behindertenrechtausschuss führte in seinem Entscheid, bezugnehmend auf die Praxis des Menschenrechtsausschusses sowie des Gerichtshofes aus, er müsse prüfen, ob stichhaltige Gründe für die Annahme eines tatsächlichen Risikos irreparabler Schäden im Falle einer Rückkehr in den Irak vorliegen. Da die schwedischen Behörden in keinem Zeitpunkt geprüft hatten, ob die Beschwerdeführerin im Irak tatsächlichen Zugang zur von ihr benötigten spezialisierten medizinischer Behandlung hätte, kam der Behindertenrechtsausschuss zu Schluss, dass die schwedischen Behörden Art. 15 BRK verletzt hatten. In *M.Y. gegen Schweden* (Mitteilung Nr. 49/2018, Entscheid vom 21. April 2021) musste der Behindertenrechtsausschuss den Fall eines afghanischen Staatsangehörigen beurteilen, dem an seiner rechten Hand drei Finger fehlten. Diese körperliche Behinderung, der Umstand, dass er der Ethnie der Hazara angehörte und er ein uneheliches Kind gewesen war, führten zu Ausbeutung, körperlicher Misshandlung und Missbrauch sowie Vergewaltigung in Afghanistan. Der Behindertenrechtsausschuss bestätigte in seinem Entscheid, dass die BRK unter gewissen Umständen eine Rückschiebung verbiete, wenn im Zielland Verletzungen der BRK-Rechte drohten.

151 Zur Praxis des UNO-Kinderrechtsausschusses siehe hinten Rz. 156 ff.

3.4. Das flüchtlingsrechtliche Refoulementverbot

Flüchtlinge sind Menschen, die in ihrem Herkunftsstaat verfolgt werden oder Verfolgung befürchten müssen. Da Flüchtlinge nicht mehr unter dem Schutz ihres Heimatstaates stehen, sind sie in besonderem Masse von der Solidarität der internationalen Gemeinschaft abhängig. Bereits im Jahre 1951 wurden deshalb im Abkommen über die Rechtsstellung der Flüchtlinge (Flüchtlingskonvention, FK, SR 0.142.30) Schutzbestimmungen für Flüchtlinge auf internationaler Ebene festgehalten. Die Flüchtlingskonvention gewährt zwar kein Recht auf Asyl, bestimmt jedoch, welche Rechte Flüchtlingen zustehen, falls sie in einem Staat aufgenommen werden. Zudem definiert sie, wer Flüchtling im Sinne der Flüchtlingskonvention ist (siehe hierzu hinten Rz. 1038). 152

Von grösster Bedeutung für den Schutz von Flüchtlingen ist dabei die Regelung von Art. 33 FK, wonach kein Flüchtling in den Herkunftsstaat zurückgeschickt (*refouler*) werden darf: 153

> 1. Kein vertragsschliessender Staat darf einen Flüchtling in irgendeiner Form in das Gebiet eines Landes ausweisen oder zurückstellen, wo sein Leben oder seine Freiheit wegen seiner Rasse, Religion, Staatszugehörigkeit, seiner Zugehörigkeit zu einer bestimmten sozialen Gruppe oder seiner politischen Anschauungen gefährdet wäre.
>
> 2. Auf diese Vorschrift kann sich ein Flüchtling nicht berufen, wenn erhebliche Gründe dafür vorliegen, dass er als eine Gefahr für die Sicherheit des Aufenthaltsstaates angesehen werden muss oder wenn er eine Bedrohung für die Gemeinschaft dieses Landes bedeutet, weil er wegen eines besonders schweren Verbrechens oder Vergehens rechtskräftig verurteilt worden ist.

Flüchtlinge dürfen somit nicht in einen Staat ausgeschafft oder ausgeliefert werden, in dem sie verfolgt werden. Träger dieses nunmehr auch in Art. 25 Abs. 2 BV verankerten flüchtlingsrechtlichen Refoulementverbotes sind Flüchtlinge und Asylsuchende bis zum Entscheid über ihren Status. Das flüchtlingsrechtliche Refoulementverbot gilt – im Gegensatz zum menschenrechtlichen Refoulementverbot – nicht absolut. 154

Unklar ist, ob auch das flüchtlingsrechtliche Refoulmentverbot zwingenden Charakter aufweist (hierzu Kälin/Caroni/Heim, Art. 33, para. 1, Rz. 32 f.). Nach schweizerischem Verständnis gehört das flüchtlingsrechtliche Refoulementverbot zum zwingenden Völkerrecht. So erklärte etwa die Bundesversammlung 1996 die Volksinitiative «für eine vernünftige Asylpoltik» wegen Verletzung zwingender Bestimmungen des Völkerrechtes für ungültig (BBl 1996 I 1355). Zudem hatten die Initiantinnen und Initianten der Durchsetzungsinitiative im später von der Bundesversammlung für ungültig erklärten Art. 197 Ziff. 9 Abs. 1 Ziff. IV BV festgehalten: «Als zwingendes Völkerrecht gelten ausschliesslich das Verbot der Folter, des Völkermordes, des Angriffskrieges, der Sklaverei sowie das Verbot der Rückschiebung in einen Staat, in dem Tod und Folter drohen». 155

3.5. Rechte des Kindes

156 Das am 20. November 1989 von der UNO-Generalversammlung verabschiedete Übereinkommen über die Rechte des Kindes gewährt Kindern zunächst diejenigen bürgerlichen, politischen, sozialen, wirtschaftlichen und kulturellen Rechte, die ihnen bereits aufgrund der allgemeinen Menschenrechtsinstrumente zustehen. Es trägt daneben aber auch dem besonderen Schutzbedürfnis von Kindern Rechnung.

157 Seit April 2014 ist das Fakultativprotokoll zum Übereinkommen über die Rechte des Kindes betreffend Mitteilungsverfahren (SR 0.107.3) in Kraft. Es schafft ein Mitteilungsverfahren an den UN-Kinderrechtsausschuss. Für die Schweiz ist das Fakultativprotokoll und somit das dadurch begründete Beschwerdeverfahren am 24. Juli 2017 in Kraft getreten.

a) Das übergeordnete Kindesinteresse und dessen Bestimmung

158 Grundprinzip und Leitmotiv der KRK ist das in Art. 3 Abs. 1 KRK statuierte Prinzip der vorrangigen Berücksichtigung des Kindeswohles:

> Bei allen Massnahmen, die Kinder betreffen, gleichviel ob sie von öffentlichen oder privaten Einrichtungen der sozialen Fürsorge, Gerichten, Verwaltungsbehörden oder Gesetzgebungsorganen getroffen werden, ist das Wohl des Kindes ein Gesichtspunkt, der vorrangig zu berücksichtigen ist.

159 Anlässlich des zweiten Berichtszyklus der Schweiz zur Kinderrechtskonvention kritisierte der UNO-Kinderrechtsausschuss, dass der in der deutschen Übersetzung von Art. 3 Abs. 1 KRK verwendete Begriff des Kindeswohles nicht mit jenem des übergeordneten Kindesinteresses deckungsgleich ist:

> «26. Der Ausschuss stellt fest, dass das Wohl des Kindes ein Grundprinzip in der Rechtsordnung des Vertragsstaates ist. Er ist jedoch der Ansicht, dass der Begriff «Wohl des Kindes» und die in der Konvention verwendete Terminologie *«best interest»* nicht übereinstimmen und sich somit hinsichtlich ihrer Bedeutung und Umsetzung unterscheiden. Deshalb ist der Ausschuss besorgt darüber, dass das Prinzip des «best interest» des Kindes nicht explizit in allen betroffenen Bundes- und Kantonsgesetzen verankert wurde und in den Verwaltungs- und Gerichtsverfahren sowie in Politik und Programmen, welche die Kinder betreffen, nicht systematisch angewendet wird.
>
> 27. Im Geiste der allgemeinen Bemerkung Nr. 14 (2013) zum Recht des Kindes, dass sein *«best interest»* vorrangig beachtet wird, empfiehlt der Ausschuss dem Vertragsstaat sicherzustellen, dass dieses Recht entsprechend verankert und in allen Gesetzgebungs-, Verwaltungs- und Gerichtsverfahren und -entscheiden sowie in

Politik, Programmen und Projekten, die auf Kinder ausgerichtet sind oder Auswirkungen auf Kinder haben, konsequent angewendet wird. Der Vertragsstaat wird deshalb ermutigt, Verfahren und Kriterien zu definieren, an welchen sich die zuständigen Behörden bei der Bestimmung des *«best interest»* des Kindes in allen Bereichen orientieren können, um ihm das gewünschte Gewicht beimessen und um es vorrangig berücksichtigen zu können. Diese Verfahren und Kriterien sollten bei Gerichten, Verwaltungsbehörden und Gesetzgebungsorganen, bei öffentlichen und privaten Sozialeinrichtungen sowie bei der breiten Öffentlichkeit bekannt gemacht werden.» (Concluding Observations Switzerland, CRC/C/CH/CO/2-4, 4. Februar 2015, deutsche Übersetzung durch das Bundesamt für Sozialversicherugen, www.humanrights.ch > Informationsplattform > Rechtsprechung und Empfehlungen > UNO-Gremien > UNO-Kinderrechtsausschuss > Zweiter Berichtszyklus 2009–2015 > Abschliessende Bemerkungen und Empfehlungen, besucht am 15. August 2022)

Diese Kritik wiederholte der Kindesrechtsausschuss im Rahmen des dritten Berichtszyklus: 160

«19. The Committee remains concerned that the concept of «the good of the child" in the Constitution does not correspond to the principle of the best interests of the child enshrined in the Convention, and has contributed to the insufficient implementation of the principle of the best interests of the child in decisions affecting children. Recalling its previous recommendations, the Committee recommends that the State party:

(a) Ensure that the principle of the best interests of the child is consistently applied in programmes and administrative and judicial proceedings, including in relation to parental custody, placement in alternative care, and migration and asylum procedures;

(b) Develop procedures and criteria to provide guidance to all relevant persons in authority for determining the best interests of the child in every area and for giving it due weight as a primary consideration, drawing on the elements provided in the Committee's general comment No. 14 (2013) on the right of the child to have his or her best interests taken as a primary consideration (paras. 52–79);

(c) Ensure that the legal meaning of the term «best interests of the child" is well understood and applied by all professionals working and for children, including by disseminating the above-mentioned procedures and criteria and harmonizing the translation of the term across all national languages.» (Concluding Observations Switzerland, CRC/C/CH/CO/5-6, 22. Oktober 2021)

Statt Kindeswohl sollte daher besser der Begriff der übergeordneten Kindesinteressen verwendet werden. 161

Kinder haben gestützt auf Art. 3 Abs. 1 KRK das Recht auf Ermittlung und vorrangige Berücksichtigung ihrer Interessen. Dem übergeordneten Kindesinteresse kommt dabei aber nach der Rechtsprechung des Bundesverwaltungsgerichtes kein absoluter Vorrang zu (BVGE 2014/20, E. 8.3.6). So hat etwa das 162

Bundesverwaltungsgericht im Rahmen der Prüfung der Zulässigkeit und Zumutbarkeit eines Wegweisungsvollzuges eines georgischen Jugendlichen ausgeführt:

> «Selon la jurisprudence (...), cet intérêt supérieur peut entrer en contradiction avec l'exécution du renvoi, et rendre celle-ci illicite, respectivement inexigible. Les critères à examiner sont l'âge de l'enfant, son degré de maturité, ses liens de dépendance, la nature de ses relations avec les personnes qui le soutiennent (proximité, intensité, importance pour son épanouissement), l'engagement, la capacité de soutien et les ressources de celles-ci, l'état et les perspectives de son développement et de sa formation scolaire, respectivement pré-professionnelle, le degré de réussite de son intégration, ainsi que les chances et les difficultés d'une réinstallation dans le pays d'origine.
>
> Dans l'examen des chances et des risques inhérents à un retour, la durée du séjour en Suisse est un facteur de grande importance, car l'enfant ne doit pas être déraciné, sans motif valable, de son environnement familier. Une forte intégration en Suisse, découlant en particulier d'un long séjour et d'une scolarisation dans ce pays d'accueil, peut avoir comme conséquence, en cas de renvoi, un déracinement qui serait de nature, selon les circonstances, à rendre son exécution inexigible (...).
>
> En outre, une fois scolarisé depuis plusieurs années en Suisse, l'enfant voit son degré d'intégration augmenté; lorsqu'il atteint l'adolescence, période essentielle du développement personnel, un retour forcé dans le pays d'origine peut représenter pour lui une mesure d'une dureté excessive (...).
>
> En conclusion, s'il reste un élément d'appréciation parmi d'autres, le principe de l'intérêt supérieur de l'enfant n'en doit pas moins se voir accorder, dans l'appréciation du caractère exécutable du renvoi, un poids particulier (...).» (BVerwG, E-6485/2014, 8. Dezember 2017, E. 7.2)

163 Rechtliche Bestimmungen sind so auszulegen, dass sie den übergeordneten Kindesinteressen am effektivsten dienen und bei Kinder betreffenden behördlichen Verfahren sind im Rahmen der Entscheidfindung die möglichen positiven und negativen Auswirkungen eines Entscheides auf das Kind zu untersuchen. Die Bestimmung der übergeordneten Kindesinteressen hat dem konkreten Einzelfall gerecht zu werden und muss individuell erfolgen. Ergänzt wird dieses Vorgehen zur Bestimmung des übergeordneten Kindesinteresses – der sog. *best interest determination* – durch das in Art. 12 KRK verankerte und direkt anwendbare (BGE 147 I 149, E. 3.2. S. 151; BGE 124 III 90, E. 3b S. 92) Recht von Kindern, in allen Angelegenheiten und Verfahren, die sie berühren, angehört zu werden. Dies bedeutet nach der bundesgerichtlichen Praxis indes nicht, dass eine persönliche Anhörung von Kindern in jedem Fall zu erfolgen habe, da die Interessen des Kindes insbesondere auch über die Aussagen der Eltern in das Verfahren eingebracht werden könnten, sofern die Interessenlage der Kinder sich mit jener der Eltern decke:

> «Nach Art. 12 Abs. 1 KRK sichern die Vertragsstaaten dem Kind, das fähig ist, sich eine eigene Meinung zu bilden, das Recht zu, diese Meinung in allen das Kind berührenden Angelegenheiten frei zu äussern, und berücksichtigen die Meinung des Kindes angemessen und entsprechend seinem Alter und seiner Reife. Nach Art. 12 Abs. 2 KRK wird dem Kind zu diesem Zweck insbesondere Gelegenheit gegeben, in allen das Kind berührenden Gerichts- oder Verwaltungsverfahren entweder unmittelbar oder durch einen Vertreter oder eine geeignete Stelle im Einklang mit den innerstaatlichen Verfahrensvorschriften gehört zu werden. Art. 12 KRK stellt einen direkt anwendbaren Rechtssatz dar, dessen Verletzung beim Bundesgericht angefochten werden kann (...) Wie sich aus dem Wortlaut von Art. 12 Abs. 2 KRK ergibt, ist allerdings eine persönliche Anhörung nicht in jedem Fall unerlässlich; wenn die Kinder durch ihre Eltern vertreten werden und beider Interessen gleichläufig sind, kann die Ansicht der Kinder auch ohne persönliche Anhörung durch ihre Eltern eingebracht werden, sofern der rechtserhebliche Sachverhalt auch ohne diese Anhörung rechtsgenüglich festgestellt werden kann (...).» (BGE 147 I 149, E. 3.2 S. 151 f.)

Nach dem Bundesgericht ist eine Anhörung von Kindern grundsätzlich ab dem vollendeten sechsten Altersjahr möglich, wobei nicht von vornherein ausgeschlossen werden könne, «dass sich je nach den konkreten Umständen auch die Anhörung eines etwas jüngeren Kindes aufdrängen könnte, etwa wenn von mehreren Geschwistern das jüngste kurz vor dem genannten Schwellenalter steht» (BGer, 2C_81/2021, 29. Juli 2021, E. 4.1). Ferner würde es nach dem Bundesgericht keinen Sinn machen, ein Kind anzuhören, das «geistig behindert oder in seiner Entwicklung in einer Weise retardiert ist, dass seinen Ausführungen kein Aussagewert beigemessen werden könnte. Hingegen würde es nicht angehen, auf die Anhörung mit dem (nicht weiter belegten) Vorwand zu verzichten, man wolle dem Kind die Belastung ersparen» (BGE 131 III 553, E. 1.3.1. S. 558). Inwiefern sich diese Praxis des Bundesgerichtes, die auch vom Bundesverwaltungsgericht (BVerwG, E_1246/2022, 5. Mai 2022, E. 6.4.1) übernommen wurde, mit der Praxis des Kinderrechtsausschusses vereinbar ist, muss an dieser Stelle offen bleiben. Für den Kinderrechtsausschusses gilt das Recht von Kindern, in allen sie betreffenden Angelegenheiten angehört zu werden, auch für sehr junge Kinder sowie in Nachzugskonstellationen (CRC, *Y.B. und N.S. gegen* Belgien, Mitteilung Nr. 12/2017, Entscheid vom 28. September 2018). Behördliche Entscheide, die das übergeordnete Kindesinteresse nicht oder nicht genügend berücksichtigen, dieses nicht genügend ermitteln oder nicht genügend priorisieren, sind mit der KRK nicht vereinbar. So hat etwa das Bundesverwaltungsgericht festgestellt: 164

> «Nach geltender Rechtsprechung sind indes bei der Auslegung von Art. 83 Abs. 4 AuG im Lichte von Art. 3 Abs. 1 KRK unter dem Aspekt des Wohls des Kindes namentlich folgende Kriterien im Rahmen einer gesamtheitlichen Beurteilung von Bedeutung: Alter, Reife, Abhängigkeiten, Art (Nähe, Intensität, Tragfähigkeit) seiner Beziehungen, Eigenschaften seiner Bezugspersonen (insb. Unterstützungsbereitschaft und -fähigkeit), Stand und Prognose bezüglich Entwicklung/Ausbildung sowie der Grad der erfolgten Integration bei einem längeren Aufenthalt in der

Schweiz (...). Wohl werden von der Vorinstanz einige wenige Kriterien aus dem von der Rechtsprechung vorgegebenen Katalog gewürdigt, so das Alter sowie die zu kurze Aufenthaltsdauer in der Schweiz und erst vor einem Jahr erfolgte Überführung in geregelte Strukturen, um damit auf eine mangelnde hiesige Verwurzelung zu schliessen. Damit wird sie den Anforderungen der Rechtsprechung zur umfassenden Würdigung sämtlicher für das Kindeswohl relevanter Kriterien indes in keiner Weise gerecht. Ausgeblendet werden insbesondere Kriterien wie Abhängigkeiten, Art der Beziehungen, Eigenschaften der Bezugspersonen (Unterstützungsbereitschaft und -fähigkeit) sowie Stand und Prognose bezüglich Entwicklung und Ausbildung – alles Gesichtspunkte, die in der vorliegenden Fallkonstellation allenfalls zugunsten einer Unzumutbarkeit des Wegweisungsvollzugs sprechen könnten.» (BVGE 2015/30 E. 7.2)

165 Wie dieser Urteilsauszug zeigt, tut sich die Schweiz im Bereich des Migrationsrechtes mit der Bestimmung und Berücksichtigung des übergeordneten Kindesinteresses noch schwer. So hat etwa auch der Europäische Gerichtshof für Menschenrechte gerügt:

«46. The Court has further held that there is a broad consensus, including in international law, in support of the idea that in all decisions concerning children, their best interests must be paramount (...). For that purpose, in cases regarding family reunification the Court pays particular attention to the circumstances of the minor children concerned, especially their age, their situation in their country of origin and the extent to which they are dependent on their parents (...). While the best interests of the child cannot be a «trump card" which requires the admission of all children who would be better off living in a Contracting State (...), the domestic courts must place the best interests of the child at the heart of their considerations and attach crucial weight to it (...).

47. The Court reiterates that the task to assess the best interests of the child in each individual case is primarily one for the domestic authorities, which often have the benefit of direct contact with the persons concerned (...). In line with the principle of subsidiarity, it is not the Court's task to take the place of the competent authorities in determining the best interests of the child, but to ascertain whether the domestic courts secured the guarantees set forth in Article 8 of the Convention, particularly taking into account the child's best interests, which must be sufficiently reflected in the reasoning of the domestic courts (...). Domestic courts must put forward specific reasons in light of the circumstances of the case, not least to enable the Court to carry out the European supervision entrusted to it (...). Where the reasoning of domestic decisions is insufficient, with any real balancing of the interests in issue being absent, this would be contrary to the requirements of Article 8 of the Convention (...).

53. The Court notes (...) that the Federal Supreme Court in its judgment of 5 July 2010 (...) and other domestic courts examined the best interests of the second applicant, who was a child at the time the request for family reunion was lodged, in a brief manner and put forward a rather summary reasoning in that regard. It considers that the Federal Supreme Court did not place the second applicant's best interests sufficiently at the center of its balancing exercise and its rea-

soning, contrary to the requirements under the Convention (…) and other international treaties, in particular the United Nations Convention on the Rights of the Child (…).» (EGMR, *El Ghatet gegen die Schweiz*, Nr. 56971/10, Urteil vom 8. November 2016)

Das Bundesgericht berücksichtigt in migrationsbezogenen Sachverhalten die übergeordneten Kindesinteressen in aller Regel im Rahmen der Güterabwägung nach Art. 8 Abs. 2 EMRK. In einem Fall betreffend die Trennung einer Familie wegen der Inhaftierung der Eltern im Hinblick auf eine Dublin-Überstellung hat es ausgeführt: 166

«4.2 Werden Kinder und Jugendliche unter 15 Jahren, die nach innerstaatlichem Recht nicht in ausländerrechtliche Dublin-Haft genommen werden können (...), im Zusammenhang der Inhaftierung ihrer Eltern in ein Heim eingewiesen, führt die Behörde selbst deren Status als unbegleitete Minderjährige herbei und verunmöglicht eine Zusammenführung mit nahen Familienangehörigen, wozu sie unter Art. 8 EMRK geradezu verpflichtet wäre (...). Ein solcher Eingriff in die konventionsrechtliche Garantie von Art. 8 Ziff. 1 EMRK ist nur zulässig, wenn er auf einer gesetzlichen Grundlage beruht und im überwiegenden öffentlichen Interesse erfolgt (...). In dieser Interessenabwägung kommt dem vorrangig zu berücksichtigenden Kindeswohl eine herausragende Bedeutung zu (...). Ein Eingriff in das Familienleben der Beschwerdeführenden erweist sich unter Berücksichtigung des Wohls ihrer Kinder nur als verhältnismässig im Sinne von Art. 8 Ziff. 2 EMRK, wenn die Inhaftierung als ultima ratio und nach einer gründlichen Prüfung weniger einschneidender Massnahme – im Kanton Zug etwa die Platzierung der Familie in kantonseigenen Liegenschaften oder Unterkünften, die vom Kanton gemietet worden sind, in einem Durchgangsheim oder allenfalls sogar in einem Jugendheim für unbegleitete Minderjährige – sowie unter akribischer Berücksichtigung des Beschleunigungsgebotes angeordnet wird (...).

4.3 Aus den angefochtenen Verfügungen geht nicht hervor, wo die Beschwerdeführenden und ihre Kinder zwischen ihrer Einreise in die Schweiz am 30. Mai 2016 und ihrer Inhaftierung am 5. Oktober 2016 untergebracht waren. Die separate Inhaftierung der Familienmitglieder lässt sich jedoch, entgegen den angefochtenen Verfügungen, nicht mit Art. 8 EMRK vereinbaren. Anlässlich der Überprüfung der angeordneten ausländerrechtlichen Dublin-Haft hat sich die Vorinstanz nicht mit dem im vorinstanzlichen Verfahren geltend gemachten Argument, sie hätten die auf den 4. Oktober 2016 angesetzte Ausreise nur wegen der fehlenden Identitätspapiere der Kinder nicht angetreten, auseinandergesetzt, sondern sich darauf beschränkt festzuhalten, die Beschwerdeführenden hätten ihre Inhaftierung durch ihr renitentes Verhalten verursacht. Unter dem Gesichtspunkt, ob ein milderes Mittel als die Inhaftierung zur Verfügung gestanden hätte, machte die Vorinstanz geltend, ein solches – wie etwa der gescheiterte unbegleitete Flug – sei nicht ersichtlich; eine Evaluation anderer Möglichkeiten als die Inhaftierung der Eltern, den Entzug deren Obhutsrechts und die Fremdplatzierung der Kinder in einem Kinderheim (wie etwa die Unterbringung in kantonseigenen Liegenschaften oder Unterkünften, die vom Kanton gemietet worden sind, in einem Durchgangsheim oder allenfalls sogar in einem Jugendheim für unbegleitete Minderjährige) fand nicht statt. Die separate Inhaftierung des Beschwerdeführers bzw. der Beschwerdeführerin mit ihrem vier Monate alten Baby im Flughafengefängnis in Zürich unter Trennung von ihren älteren drei Kindern wurde somit nicht als ultima ratio und nach einer gründlichen Prüfung weniger einschneidender Massnahme angeordnet, weshalb sich der Eingriff in ihr konventionsrechtlich geschütztes Privat- und Familienleben als unverhältnismässig (...) erweist. Die Vorinstanz hat mit Bezug auf die Beschwerdeführenden Art. 8 EMRK verletzt. Die Beschwerde erweist sich als begründet und ist gutzuheissen.» (BGE 143 I 437, E. 4.2 f. S. 446 ff.)

167 Zu den Massnahmen und Regelungen zur Berücksichtigung des übergeordneten Kindesinteresses von unbegleiteten minderjährigen Asylsuchenden hinten Rz. 1206 ff. sowie GISELA KILDE, Asylverfahren, in: Sandra Hotz (Hrsg.), Handbuch Kinder im Verfahren, Stellung und Mitwirkung von Kindern in Straf-, Zivil-, Gesundheits-, Schul- und Asylverfahren, Zürich 2020, S. 328 ff.

b) Die migrationsrechtlich relevanten Bestimmungen der Kinderrechtskonvention

168 Im Unterschied zu den meisten anderen Menschenrechtsübereinkommen, nimmt die Kinderrechtskonvention in Art. 10 Abs. 1 sowie Art. 22 KRK direkt Bezug auf die Rechtsstellung von Kindern im Migrationskontext. Im Folgenden wird auf diese sowie weitere im Migrationskontext relevante Bestimmungen eingegangen und dabei auch auf die seit Einführung des Mitteilungsverfahrens vom UNO-Kinderrechtsausschuss entwickelte Praxis eingegangen.

aa) Altersbestimmung

169 Sowohl für die Wahrnehmung der Rechte der Kinderrechtskonvention als auch für die Inanspruchnahme der im nationalen Recht der Staaten statuierten Schutzmechanismen und besonderen Verfahrensbestimmungen für minderjährige Personen (siehe hinten Rz. 1214) ist die Bestimmung des Alters von fundamentaler Bedeutung. Der Kinderrechtsausschuss betont daher in ständiger Praxis, es sei zwingend nötig, dass im Verfahren der Altersbestimmung die Verfahrensgarantien eingehalten würden und eine Beschwerdemöglichkeit bestehe. Zudem müssten die betroffenen Personen während des Verfahrens der Altersbestimmung als Kinder behandelt werden und das übergeordnete Kindesinteresse während des Verfahrens vorrangig berücksichtigt werden.

170 Die Altersbestimmung müsse aufgrund einer umfassenden Einschätzung der physischen und psychischen Entwicklung von Kindern durch spezialisierte Ärztinnen und Ärzte oder andere Spezialistinnen und Spezialisten vorgenommen werden. Altersbestimmungen hätten zudem rasch und in einer kinderfreundlichen, gendersensiblen und kulturell angemessen Art zu erfolgen. Die be-

troffenen Kinder sowie allenfalls sie begleitende Erwachsene seien in einer Sprache, die die Kinder verstehen, anzuhören. Dokumente seien, sofern kein Beweis für das Gegenteil vorliege, als echt anzusehen und Äusserungen der betroffenen Kinder seien zu berücksichtigen. Im Zweifel sollte für die betroffenen Individuen entschieden werden. Schliesslich sollten die Staaten davon absehen, z.B. auf Knochen- oder Zahnanalysen beruhende medizinische Methoden zu verwenden, die ungenau oder traumatisch sein könnten, einen grossen Fehlerbereich aufweisen würden und zu unnötigen Rechtsverfahren führen könnten. Siehe aus der Praxis des Kinderrechtsausschusses statt vieler *R.Y.S. gegen Spanien*, Mitteilung Nr. 76/2019, Entscheid vom 4. Februar 2021.

In *Darboe und Camara gegen Italien* (EGMR, Nr. 5797/17, Urteil vom 21. Juli 2022) hat sich der Gerichtshof erstmals mit der Bedeutung der Anerkennung des Status als minderjährige Person und dem Verfahren der Altersbestimmung für die im Völkerrecht und nationalen Recht verankerten Schutz- und Unterstützungsmechanismen für unbegleitete minderjährige Migrantinnen und Migranten befasst. Die italienischen Behörden hatten den 17-jährigen Beschwerdeführer nach seiner Ankunft in Sizilien zwar zunächst in einem Empfangszentrum für unbegleitete Minderjährige untergebracht. Nach knapp drei Monaten wurde er dann aber in ein Empfangszentrum für Erwachsene umquartiert. Eine gestützt auf eine Röntgenuntersuchung des Handgelenks und der Handknochen erfolgte medizinische Altersbestimmung ergab, dass der Beschwerdeführer 18 Jahre alt sei. Der Beschwerdeführer wurde erst nach einer entsprechenden vom Gerichtshof den italienischen Behörden angezeigten vorläufigen Massnahme wieder in ein Empfangszentrum für Minderjährige transferiert. Gestützt auf das Recht auf Achtung des Privatlebens von Art. 8 EMRK kam der Gerichtshof in seinem Urteil zum Schluss, dass die italienischen Behörden die für den Schutz und Unterstützung unbegleiteter Minderjähriger zentrale Vermutung der Minderjährigkeit nicht befolgt und somit nicht mit der gebotenen Sorgfalt gehandelt hätten. Folglich sei Art. 8 EMRK verletzt worden. 171

bb) Bestimmung des übergeordneten Kindesinteresse und rechtliches Gehör

In einer Vielzahl von Fällen hat der Kinderrechtsausschuss festgestellt, dass die nationalen Behörden das übergeordnete Kindesinteresse im Einzelfall nur ungenügend berücksichtigt hatten und bereits deshalb eine Verletzung der KRK bejaht. 172

In der Praxis des Kindesrechtsausschusses erweisen sich relativ häufig Mitteilungen betreffend das Refoulementverbot bereits wegen der ungenügenden Berücksichtigung des übergeordneten Kindesinteresses im Einzelfall als konventionswidrig. So ist der Kinderrechtsausschuss etwa in einer gegen die Schweiz eingereichten Mitteilung betreffend die Überstellung einer Familie mit zwei kleinen Kindern nach Italien im Rahmen des Dublin-Systems zum Schluss gekommen, dass die Überstellung konventionswidrig wäre, da das überwiegende Kindesinteresse nicht genügend berücksichtigt worden war (*V.A. gegen die Schweiz*, Mitteilung Nr. 56/2018, Entscheid vom 28. September 2020). Der Kinderrechtausschuss kam zum Schluss, dass die Schweizer Behörden 173 die beiden 2009 und 2014 geborenen Kinder nicht angehört hätten und daher ihre Berichte, Sicht und Aussagen nicht in das Asylverfahren eingeflossen seien. Somit hätten die Schweizer Behörden nicht die nötige Sorgfalt bei der Bestimmung des übergeordneten Kindesinteresse an den Tag gelegt und daher Art. 3 und 12 KRK verletzt. Folglich sei die Schweiz verpflichtet, den Antrag der Beschwerdeführerin, im vorliegenden Fall Art. 17 der Dublin-III-Verordnung anzuwenden, neu zu beurteilen und sicherzustellen, dass das Kindeswohl berücksichtigt sowie die beiden Kinder angehört werden. Bei der Abwägung des Kindeswohls sollte der Vertragsstaat die sozialen Bindungen, die die beiden Kinder seit ihrer Ankunft im Tessin geknüpft haben, und die mögliche Traumatisierung, die sie aufgrund der mehrfachen Veränderungen in ihrer Umgebung, in Aserbaidschan und in der Schweiz, erfahren haben, berücksichtigen. Die Schweiz sei zudem auch verpflichtet, alle notwendigen Schritte zu unternehmen, um ähnliche Verletzungen in Zukunft zu verhindern. In diesem Zusammenhang empfahl der Kinderrechtsausschuss der Schweiz sicherzustellen, dass Kinder im Rahmen von Asylverfahren systematisch angehört werden und dass die für die Rückführung von Kindern geltenden nationalen Prozesse im Einklang mit der Kinderrechtskonvention stehen. Nicht genügend berücksichtigt hatten die Behörden das überwiegende Kindesinteresse auch bei der Ausweisung nach China bei möglichen Schwierigkeiten bei der Registrierung der Kinder im Hukou-System (*W.M.C. gegen Dänemark*, Mitteilung Nr. 31/2017, Entscheid vom 28. September 2020), nach Somalia bei drohender Genitalverstümmelung (*R.H.M. gegen Dänemark*, Mitteilung Nr. 83/2019, Entscheid vom 4. Februar 2021) sowie nach Russland bei drohender Diskriminierung wegen der sexuellen Orientierung der Mutter (*A.B. gegen Finnland*, Mitteilung Nr. 51/2018, Entscheid vom 4. Februar 2021). Schliesslich hat der Kinderrechtsausschuss ebenfalls in *Z.S. und A.S. gegen die Schweiz* (Mitteilung Nr. 74/2019, Entscheid vom 10. Februar 2022; Rückkehr nach Tschetschenien nach Abweisung des Asylgesuches, keine Anhörung des älteren Kindes und fehlende Abklärung der Verfügbarkeit der dringenden medizinischer Behandlung für das jüngere Kind), in *A.M. gegen die Schweiz* (Mitteilung Nr. 95/2019, Entscheid vom 22. September 2021; Abschiebung einer Mutter und ihres elf Jahre alten Sohnes nach Bulgarien) sowie in *S.S.F. gegen Dänemark* (Mitteilung Nr. 96/2019, Entscheid vom 27. Mai 2022; Abschiebung nach Somalia, wo der Tochter Genitalverstümmelung droht) zum Schluss gekommen, dass die nationalen Behörden das übergeordnete Kindesinteresse nicht genügend berücksichtigt und daher die Kinderrechtskonvention verletzt hätten.

174 Kinder haben zudem gestützt auf Art. 12 KRK das direkt anwendbare Recht, in allen Angelegenheiten und Verfahren, die sie berühren, angehört zu werden. Ein Verzicht auf das rechtliche Gehör führt zu einer ungenügenden Bestimmung des übergeordneten Kindesinteresses und somit zu einer Verletzung der KRK.

175 In *Y.B. und N.S. gegen Belgien* (Mitteilung Nr. 12/2017, Entscheid vom 28. September 2018) betraf die Weigerung der belgischen Behörden, einem 2011 geborenen marokkanischen Kind, das von einem belgischen Ehepaar nach den Regelungen der islamischen Kafala in Pflegschaft genommen worden war, ein Einreisevisum zu erteilen. Die belgischen Behörden hatten das Kind – das zu Beginn des Verfahrens in Belgien ein Jahr und am Ende fünf Jahre alt war – zu keinem Zeitpunkt im Verfahren angehört. Sie hatten dies damit begründet, dass das Kind noch zu klein gewesen sei, um angehört zu werden und sich zudem eine Anhörung von Kindern bei der Anwendung von Nachzugsbestimmungen nicht rechtfertigen lasse. Der Kinderrechtsausschuss wies diese Argumente zurück und betonte, der Umstand, dass ein Kind noch sehr jung sei oder sich in einer verletzlichen Situation befinde, es weder seines Gehörsanspruches beraube noch die Bedeutung, die seinen Meinungen bei der Beurteilung des Kindeswohles zukomme, reduziere. Vielmehr müsse auch in solchen Situationen das Kind einbezogen werden. Da im vorliegenden Fall das

Kind während des Beschwerdeverfahrens in Belgien bereits fünf Jahre alt war, wäre es nach Ansicht des Ausschusses sehr wohl in der Lage gewesen, sich eine Meinung zu bilden und diese auch zu äussern. Der Kinderrechtsausschuss folgerte daraus, dass die belgischen Behörden das übergeordnete Kindesinteresse nicht genügend beachtet und somit sowohl Art. 3 als auch Art. 12 KRK verletzt hatten.

cc) Familienzusammenführung

Neben der Verpflichtung, das Kindeswohl vorrangig zu berücksichtigen, stellt der Schutz der Beziehungen zwischen Kindern und Eltern ein zentraler Aspekt des Übereinkommens über die Rechte des Kindes dar. Nach Art. 9 Abs. 1 KRK dürfen Kinder nur aufgrund einer gerichtlich nachprüfbaren Entscheidung gegen den Willen der Eltern von diesen getrennt werden. Davon ausgehend verpflichtet Art. 10 Abs. 1 KRK die Vertragsstaaten, Aus- und Einreiseanträge zum Zwecke der Familienzusammenführung «wohlwollend, human und beschleunigt» zu bearbeiten. Da Kinder das Recht haben, regelmässige persönliche Beziehungen und Kontakte zu beiden Elternteilen zu pflegen, obliegt den Vertragsstaaten folglich nach Art. 10 Abs. 2 KRK die Verpflichtung, hierfür die Ein- und Ausreise in jedes Land zu gestatten. Umstritten ist, ob Art. 10 Abs. 2 KRK einen gerichtlich durchsetzbaren Anspruch einräumt. Der Bundesrat hat in seiner Botschaft zum Beitritt der Schweiz zur Kinderrechtskonvention hierzu ausgeführt, dass Art. 10 Abs. 1 KRK «zweifellos (...) weder dem Kind noch den Eltern einen gerichtlich durchsetzbaren Anspruch auf Familienzusammenführung» (BBl 1994 V 1 ff., S. 33) gewähre. Gleichzeitig räumte er aber auch ein, dass «die geltende schweizerische Rechtsordnung mit ihrem grundsätzlichen Ausschluss des Familiennachzuges für bestimmte Kategorien von Ausländerinnen und Ausländern den Anforderungen von Art. 10 Abs. 1 des Übereinkommens» (BBl 1994 V 1 ff., S. 36) nicht in allen Teilen voll entspreche. Aus diesem Grund hat die Schweiz bei der Ratifikation der Kinderrechtskonvention einen Vorbehalt zu Art. 10 Abs. 1 KRK angebracht. Das Bundesgericht ist der Haltung des Bundesrates gefolgt und hat die Ableitung eines gerichtlich durchsetzbaren Anspruches auf Erteilung einer fremdenpolizeilichen Bewilligung aus Art. 10 KRK abgelehnt (BGE 124 II 361, E. 3b S. 367; BGE 135 II 153, E. 2.2.2 S. 157). 176

dd) Refoulementverbot

Aus dem in Art. 37 lit. A KRK verankerten Verbot der Folter sowie der unmenschlichen und erniedrigenden Behandlung oder Bestrafung leitet auch der Kinderrechtsausschuss ein Rückschiebungsverbot ab. Demnach darf kein Kind 177 in einen Staat zurückgeschickt werden, sofern stichhaltige Gründe für die Annahme vorliegen, dass ein tatsächliches Risiko eines nicht wiedergutzumachenden Schadens besteht. Die Beurteilung eines solchen Risikos hat dabei kindergerecht und geschlechtsspezifisch zu erfolgen, das überwiegende Kindesinteresse muss vorrangige Erwägung im entsprechenden Entscheid darstellen und es muss sichergestellt sein, dass das Kind im Zielland eine angemessene Betreuung erhält und seine Rechte gewährleistet werden. Das übergeordnete Kindesinteresse muss dabei ausdrücklicher und integraler Bestandteil jedes Verwaltungs- und Gerichtsentscheides betreffend die Ausreise eines Kindes sein.

178 In *D.D. gegen Spanien* (Mitteilung Nr. 4/2015, Entscheid vom 1. Februar 2019) hatte der Kinderrechtsausschuss die Konventionskonformität einer sogenannten *hot expulsion* an der spanisch-marokkanischen Grenze bei Melilla zu beurteilen. Als *hot expulsion* wird die unmittelbare Rückschiebung von Migrantinnen und Migranten nach Marokko bezeichnet, die beim Überklettern des Grenzzaunes zu den spanischen Exklaven Melilla und Ceuta durch die spanische Guardia Civil angehalten werden. In diesen Fällen wird weder eine Risikobeurteilung vorgenommen noch besteht Zugang zu einem Asylverfahren. Der Beschwerdeführer, ein 15-jähriger unbegleiteter malischer Staatsangehöriger, hatte Anfang Dezember 2014 versucht, den dreifachen Grenzzaun zwischen Marokko und der spanischen Exklave Melilla zu überwinden. Nachdem er mehrere Stunden auf dem Zaun ausgeharrt hatte, kletterte er über eine von der spanischen Guardia Civil bereitgestellten Leiter hinunter. Kaum am Boden angekommen, wurde er von der Guardia Civil festgenommen, mit Handschellen gefesselt und nach Marokko zurückgeschickt. Weder fand eine Identifikation statt, noch wurde er zu seinen persönlichen Umständen als unbegleiteter Minderjähriger sowie zur Abschiebung nach Marokko angehört. Auch wurde weder eine Rechtsvertretung organisiert noch eine Übersetzung oder eine medizinische Abklärung angeboten. Der Ausschuss kam zum Schluss, dass die unmittelbare Rückschiebung des Beschwerdeführers nach Marokko Art. 3, 20 und 37 lit. A KRK verletzt habe. Demgegenüber erachtete der Kindesrechtsausschuss etwa die Wegweisung eines an kongenitaler Hypothyreose leidenden Kindes aus der Schweiz nach Sri Lanka als mit dem Rückschiebungsverbot vereinbar, da die vom betroffenen Kind benötigte und für seine Entwicklung wesentliche medizinische Behandlung in Sri Lanka verfügbar und zugänglich war (*D.R. gegen die Schweiz*, Mitteilung Nr. 86/2019, Entscheid vom 31. Mai 2021).

ee) Anspruch auf angemessenen Schutz und humanitäre Hilfe im Asylverfahren

179 Für das Asylrecht sind ferner die Art. 20 und 22 KRK von grosser Bedeutung. Art. 20 KRK statuiert den besonderen Schutz von Kindern, die vorübergehend oder dauernd aus ihrer Familie herausgelöst sind. Zusätzlich verpflichtet Art. 22 Abs. 1 KRK die Vertragsstaaten, Kindern im Asylverfahren angemessenen Schutz und humanitäre Hilfe zukommen zu lassen. Gestützt auf diese Bestimmungen hat die damalige Asylrekurskommission bereits 1998 entschieden, dass urteilsfähigen, unbegleiteten und nicht vertretenen Kindern vor der ersten Anhörung zu den Asylgründen eine rechtskundige Person zuzuordnen ist, sofern weder ein Vormund oder Beistand ernannt worden ist oder vormundschaftliche Massnahmen ergriffen wurden. Das besondere Schutzbedürfnis von

unbegleiteten minderjährigen Asylsuchenden ist heute im schweizerischen Asylverfahren anerkannt. Nach Art. 17 Abs. 2bis AsylG sind Asylgesuche von unbegleiteten Minderjährigen prioritär zu behandeln. Zudem wird ihnen gestützt auf Art. 17 Abs. 3 AsylG unverzüglich eine Vertrauensperson zur Seite gestellt, die im Asylverfahren ihre Interessen wahrnimmt. Schliesslich führt Art. 22 Abs. 2 KRK die allgemeine Schutz- und Fürsorgeverpflichtung der Vertragsstaaten weiter aus und verpflichtet sie, bei der Informationsbeschaffung im Hinblick auf die Familienzusammenführung mitzuwirken. Nach ständiger Praxis des Bundesverwaltungsgerichtes werden hiervon indes nur minderjährige Asylsuchende und minderjährige Flüchtlinge erfasst, nicht aber ganz generell minderjährige unbegleitete ausländische Kinder (BVGer, E-819/2016, Urteil vom 5. Oktober 2017).

In *D.D. gegen Spanien* (Mitteilung Nr. 4/2015, Entscheid vom 1. Februar 2019) hat der Kinderrechtsausschuss gestützt auf Art. 20 KRK festgehalten, dass den Vertragsstaaten die positive Verpflichtung obliege, unbegleitete Kinder als solche zu identifizieren. Zudem verlange das Recht auf Schutz und Beistand sowie das vorrangige Kindesinteresse, dass vorgängig zu jeder Entfernungsmassnahme eine erste Beurteilung vorgenommen wird und insbesondere die Feststellung des Status als unbegleitete Minderjährige erfolgt, das betroffene Kind registriert sowie befragt und die besondere Situation des betroffenen Kindes sowie seine Verletzlichkeit geprüft und festgestellt wird. 180

3.6. Das Recht auf Freiheit und Sicherheit sowie Haftbedingungen

181 Nach Art. 5 EMRK und Art. 9 UNO-Pakt II haben alle Personen Anspruch auf persönliche Freiheit und Sicherheit. Dies umfasst das Recht, sich frei zu bewegen und schützt vor ungerechtfertigten Festnahmen und Freiheitsentzügen. In diesem Sinne kommt dem Recht auf persönliche Freiheit und Sicherheit im migrationsrechtlichen Kontext, etwa im Zusammenhang mit den ausländerrechtlichen Zwangsmassnahmen (siehe hinten Rz. 801 ff.) und dem Flughafenverfahren (siehe hinten Rz. 1201 ff.), zentrale Bedeutung zu. Für Kinder verankert Art. 37 lit. b KRK das Recht auf Freiheit und Sicherheit.

182 Das Recht auf Freiheit und Sicherheit nach Art. 5 EMRK gelangt immer dann zur Anwendung, wenn ein Freiheitsentzug vorliegt. Dagegen fallen blosse Freiheitsbeschränkungen nicht in den Anwendungsbereich von Art. 5 EMRK.

183 Die Abgrenzung zwischen Freiheitsentzug und Freiheitsbeschränkung ist von grosser praktischer und rechtlicher Bedeutung. Zwar gewährleistet Art. 2 4. ZP EMRK auch die Bewegungsfreiheit und schützt damit vor ungerechtfertigten Freiheitsbeschränkungen, allerdings wurde dieses Protokoll von der Schweiz nicht unterzeichnet, womit die EMRK auf blosse Freiheitsbeschränkungen nicht zur Anwendung gelangt. Die Unterscheidung zwischen einer Freiheitsbeschränkung und einem Freiheitsentzug basiert auf verschiedenen Aspekten wie der Art und Weise, der Dauer sowie der Wirkung der Einschränkung im konkreten Einzelfall und ist damit lediglich gradueller

Natur (EGMR, *Khlaifia et al. Gegen Italien*, Nr. 16483/12, Urteil der Grossen Kammer vom 15. Dezember 2016). Aus diesem Grund können sich in der Praxis erhebliche Abgrenzungsschwierigkeiten zwischen Freiheitsentzug und Freiheitsbeschränkung ergeben, weshalb sich der EGMR immer wieder mit dieser Frage zu beschäftigen und über die Anwendbarkeit von Art. 5 EMRK zu entscheiden hat. So waren etwa im Fall *Ilias und Ahmed gegen Ungarn* (EGMR, Nr. 47287/15, Urteil der Grossen Kammer vom 21. November 2019) die beiden Beschwerdeführer über Serbien nach Ungarn eingereist, wo sie ein Asylgesuch stellten. In der Folge wurde ihnen die Weiterreise von den ungarischen Behörden verweigert und sie mussten während dem Asylverfahren 23 Tage lang in der eingezäunten und von Sicherheitspersonal bewachten Transitzone Röszke an der ungarisch-serbischen Grenze verbleiben, ohne dass ihnen Zugang zu rechtlicher Beratung oder medizinischer Versorgung gewährt worden wäre. Nach rechtskräftiger Ablehnung ihres Asylgesuches durch die ungarischen Behörden wurden die Beschwerdeführer nach Serbien abgeschoben. Vor dem Gerichtshof machten die Beschwerdeführer geltend, dass ihr Aufenthalt in Röszke als Freiheitsentzug im Sinne von Art. 5 EMRK einzustufen sei. Ungarn brachte demgegenüber vor, dass nicht von einem Freiheitsentzug ausgegangen werden könne, da die Beschwerdeführer nicht gegen ihren Willen in der Transitzone festgehalten worden seien, sondern diese jederzeit Richtung Serbien hätten verlassen können. Damit würde es sich lediglich um eine Freiheitsbeschränkung handeln, womit Art. 5 EMRK nicht zur Anwendung gelange. Während die Kammer noch von einem *de facto* Freiheitsentzug ausgegangen war (EGMR, *Ilias und Ahmed gegen Ungarn*, Nr. 47287/15, Urteil vom 14. März 2017), kam die Grosse Kammer zum Schluss, dass der Aufenthalt in der Transitzone Röszke nicht einen Freiheitsentzug, sondern lediglich eine Freiheitsbeschränkung darstelle. Die Grosse Kammer erwog, dass die Beschwerdeführer Serbien freiwillig verlassen hätten, um in Ungarn einen Asylantrag zu stellen. Dementsprechend seien sie auf eigene Initiative nach Ungarn eingereist, womit die zuständigen ungarischen Behörden berechtigt gewesen seien, die notwendigen Schritte zur Prüfung der Erteilung einer Einreisebewilligung zu unternehmen. Die Transitzone stelle somit eine Wartezone dar und sei mit dem Recht der Staaten zur Kontrolle der Einreise von Ausländerinnen und Ausländer vereinbar, sofern der Aufenthalt in dieser Zone auf die notwendige Dauer beschränkt werde und den Betroffenen genügend prozedurale Garantien zustehen würden. Dies sei vorliegend der Fall gewesen. An dieser Schlussfolgerung ändere auch der Umstand nichts, dass die Zone räumlich eng, umzäunt und vollständig kontrolliert gewesen sei. Die Beschwerdeführer hätten Zeit im Freien verbringen, mit anderen Asylsuchenden kommunizieren und mit Erlaubnis der Behörden auch Besucher empfangen können. Damit sei ihre Freiheit zwar in bedeutendem Mass eingeschränkt gewesen, jedoch sei die Einschränkung weder übermässig noch zweckwidrig. Anzufügen bleibe zudem, dass die Möglichkeit einer Rückkehr nach Serbien für die Beschwerdeführer nicht nur – wie dies noch von der Kammer angenommen worden war – theoretisch, sondern auch tatsächlich bestanden habe. Serbien sei nicht nur zur Rückübernahme verpflichtet gewesen, sondern sei auch Mitgliedstaat der Genfer Flüchtlingskonvention. Damit hätte bei einer Rückkehr keine direkte oder unmittelbare Gefahr für das Leben oder die Freiheit der Beschwerdeführer bestanden.

184 Die Bedeutung der konkreten Umstände für die Beurteilung, ob lediglich eine Freiheitsbeschränkung oder ein Freiheitsentzug vorliegt, wird in weiteren Fällen betreffend den Aufenthalt in der Transitzone Röszke deutlich: In *R.R. et al. gegen Ungarn* (EGMR, Nr. 36037/17, Urteil vom 2. März 2021) qualifizierte der Gerichtshof den rund viermonatigen Aufenthalt einer fünfköpfigen iranisch-afghanischen Familie in der Transitzone Röske als *de facto* Freiheitsentzug wie auch in *M.B.K. et al gegen Ungarn* (EGMR, Nr. 73860/17, Urteil vom 24. Februar 2022) den rund siebenmonatigen Aufenthalt einer sechsköpfigen Familie in Röszke. Schliesslich erachtete der Gerichtshof auch den fast fünfmonatigen Aufenthalt einer irakischen Familie in der Transitzone

Tompa an der ungarisch-serbischen Grenze als konventionswidrigen *de facto* Freiheitsentzug (EGMR, *H.M. et al. gegen Ungarn*, Nr. 38967/17, Urteil vom 2. Juni 2022).

Der Gerichtshof erachtete ferner auch einen Aufenthalt in der Transitzone des russischen Flughafens Sheremetyevo als Freiheitsentzug, da die vier Beschwerdeführer dort während ihres Asylverfahrens für mehrere Wochen beziehungsweise Monate auf ein eng begrenztes Gebiet beschränkt waren, das sie weder Richtung Russland noch Richtung eines anderen sicheren Drittstaates hätten verlassen können konnten (EGMR, *Z.A. und andere gegen Russland*, Nr. 61411/15 et al., Urteil der Grossen Kammer vom 21. November 2019). 185

Liegt ein Freiheitsentzug vor, bedeutet dies nicht zwangsläufig eine Konventionsverletzung. Einschränkungen des Rechtes auf Freiheit und Sicherheit können nach Art. 5 Abs. 2 EMRK gerechtfertigt sein, wenn sie sich auf eine gesetzliche Grundlage im nationalen Recht stützten, in einem rechtlich korrekten Verfahren angeordnet wurden und sich auf einen zulässigen Haftgrund stützen. Zudem darf keine staatliche Willkür vorliegen, das heisst, der Freiheitsentzug muss von den zuständigen Behörden in gutem Glauben angeordnet worden sein, es muss eine enge Verbindung zum bezweckten Haftgrund bestehen, die Örtlichkeiten und Bedingungen der Festhaltung oder Inhaftierung müssen angemessen sein und die Dauer des Freiheitsentzuges darf die vernünftigerweise für den verfolgten Zweck benötigte Zeitspanne nicht überschreiten. Die Frage, ob ein Freiheitsentzug als willkürlich einzustufen ist, kann damit nicht allgemein beantwortet werden, sondern hängt von den konkreten Umständen des Einzelfalles ab. 186

Von den in Art. 5 Abs. 1 vorgesehenen Haftgründen ist im migrationsrechtlichen Kontext insbesondere jener nach Art. 5 Abs. 1 lit. f EMRK von Bedeutung (Freiheitsentzug zur Verhinderung der unerlaubten Einreise oder während eines hängigen Ausweisungsverfahrens). Daneben kann in bestimmten Fällen auch Art. 5 Abs. 1 lit. b EMRK zur Anwendung gelangen (Freiheitsentzug zur Erzwingung der Erfüllung einer gesetzlichen Verpflichtung). 187

a) Freiheitsentzug zur Verhinderung der unerlaubten Einreise oder während eines hängigen Ausweisungsverfahrens (Art. 5 Abs. 1 lit. f EMRK)

Nach Art. 5 Abs. 1 lit. f EMRK können Festnahmen und Freiheitsentzüge zulässig sein, wenn sie der Verhinderung der unerlaubten Einreise dienen oder bei Personen angeordnet werden, gegen die ein Ausweisungs- oder Auslieferungsverfahren im Gange ist. 188

Im Gegensatz zu den anderen Haftgründen nach Art. 5 Abs. 1 EMRK stellt die *Notwendigkeit des Freiheitsentzuges* bei Festnahmen oder Inhaftierungen zur 189

Verhinderung der unerlaubten Einreise oder während eines hängigen Ausweisungsverfahrens (lit. f) grundsätzlich keine Voraussetzung dar. Allerdings müssen die Staaten das hängige Ausweisungsverfahren mit der gebotenen Sorgfalt vorantreiben und die Ausweisung muss in realistischer Zeit vollziehbar sein, andernfalls die Rechtmässigkeit des Freiheitsentzuges entfällt (EGMR, *Saadi gegen das Vereinigte Königreich*, Nr. 13229/03, Urteil der Grossen Kammer vom 29. Januar 2008). Die Standardformulierung des Gerichtshofes diesbezüglich lautet:

> «53. The Court reiterates that Article 5 § 1 (f) does not demand that the detention of a person against whom action is being taken with a view to deportation be reasonably considered necessary, for example to prevent his committing an offence or fleeing (…). Any deprivation of liberty under the second limb of Article 5 § 1 (f) will be justified only for as long as deportation or extradition proceedings are in progress. If such proceedings are not prosecuted with due diligence, the detention will cease to be permissible under Article 5 § 1 (f) (…). The Court also reiterates that deprivation of liberty under Article 5 § 1 (f) of the Convention must conform to the substantive and procedural rules of national law. Compliance with national law is not, however, sufficient: Article 5 § 1 requires in addition that any deprivation of liberty should be in keeping with the purpose of protecting the individual from arbitrariness. The notion of «arbitrariness" in Article 5 § 1 extends beyond a lack of conformity with national law, so that deprivation of liberty may be lawful in terms of domestic law but still arbitrary, and therefore contrary to the Convention. To avoid being branded as arbitrary, detention under Article 5 § 1 (f) must be carried out in good faith; it must be closely connected to the grounds of detention relied on by the Government, the place and conditions of detention must be appropriate, and the length of the detention must not exceed that reasonably required for the purpose pursued (…).
>
> 54. In addition, in asking whether «action is being taken with a view to deportation", the Court has found that removal must be a realistic prospect (…).» (EGMR, S.Z. gegen Griechenland, Nr. 66702/13, Urteil vom 21. Juni 2018).

190 Was unter *gebotener Sorgfalt* zu verstehen ist, lässt sich nicht in allgemeiner Weise bestimmen, sondern hängt von den konkreten Umständen des Einzelfalles ab. Entscheidend ist die Frage, ob die zuständigen Behörden die notwendigen Verfahrensschritte in angemessener Zeit durchführen oder begründete Erklärungen für Verzögerungen vorbringen können. Je länger der Freiheitsentzug dauert und je weniger die Rückschaffung absehbar ist, desto weniger kann von gebotener Sorgfalt ausgegangen werden. Als nicht erfüllt sah der Gerichtshof diese Voraussetzungen etwa im Fall *M. gegen Bulgarien*, in welchem das Asylgesuch des Beschwerdeführers im Dezember 2005 abgelehnt und er aufgrund der Wegweisung nach Afghanistan in Haft genommen worden war, die zuständigen Behörden jedoch erst im Februar 2007 und damit rund 19 Monate später erste Bemühungen unternahmen, ein Reisedokument von der afghanischen Vertretung zu beschaffen und nach einer unbeantwortet gebliebenen Anfrage erst im September 2008 erneut darum ersuchten (EGMR, *M. und andere gegen*

Bulgarien, Nr. 41416/08, Urteil vom 26. Juli 2011). Dagegen hat der Gerichtshof festgehalten, dass die Einreichung eines Asylgesuches während der Inhaftierung für sich alleine genommen nicht zu deren Konventionswidrigkeit führt. Der Freiheitsentzug bleibt auch in diesen Fällen rechtmässig, sofern die zuständigen Behörden das Ausweisungsverfahren auch weiterhin mit der gebotenen Sorgfalt verfolgen und die Inhaftierung nicht unangemessen verlängert wird. Gleiches gilt für den Fall, dass der Gerichtshof einer Beschwerde die aufschiebende Wirkung erteilt (Rule 39, EGMR, *Ahmed gegen das Vereinigte Königreich*, Nr. 59727/13, Urteil vom 2. März 2017).

Bestehen keine realistischen Aussichten (mehr) auf den Vollzug der Ausweisung, etwa weil die betroffene Person ein Anwesenheitsrecht erhalten hat oder die Rückschaffung nicht durchführbar ist, muss der Freiheitsentzug unverzüglich beendet werden (EGMR, *Mikolenko gegen Estland*, Nr. 10664/05, Urteil vom 8. Oktober 2009). 191

Freiheitsentzüge zur Verhinderung der unerlaubten Einreise oder während eines hängigen Ausweisungsverfahrens gestützt auf Art. 5 Abs. 1 lit. f EMRK müssen – wie bereits erwähnt – grundsätzlich nicht zwingend notwendig sein. Die Notwendigkeit der Haft wird vom Gerichtshof nicht geprüft, sondern der Freiheitsentzug als zulässig eingestuft, solange das Ausweisungsverfahren im Gang ist und von den zuständigen Behörden mit der notwendigen Sorgfalt vorangetrieben wird. Eine Ausnahme hiervon wird allerdings gemacht, wenn verletzliche Personen betroffen sind. In diesen Fällen müssen Festnahmen und Inhaftierungen erhöhten Anforderungen genügen: 192

> «94. In determining whether detention was closely connected to its purpose, the Court has repeatedly stated that there is no «necessity" requirement under Article 5 § 1 (f). However, in the case of vulnerable individuals it has accepted that the authorities should at the very least have regard to «less severe measures" (…). In respect of minors, the Court has gone one step further and found that detention should be a «measure of last resort" (…).» (EGMR, V.M. gegen das Vereinigte Königreich, Nr. 49734/12, Urteil vom 1. September 2016)

Der Grundsatz, dass ein Freiheitsentzug bei minderjährigen Personen nur als *ultima ratio* zulässig ist, gilt dabei sowohl für unbegleitete Minderjährige (EGMR, *H.A. et al. gegen Griechenland*, Nr. 19951/16, Urteil vom 28. Februar 2019; *Sh.D. et al. gegen Griechenland*, Nr. 14165/16, Urteil vom 13. Juni 2019) als auch für Minderjährige, die in Begleitung von einem oder beiden Elternteilen sind (EGMR, *Nikoghosyan et al. gegen Polen*, Nr. 14743/17, Urteil vom 3. März 2022). 193

In jüngster Zeit hat sich auch der Kinderrechtsausschuss erstmals mit der migrationsrechtlichen Inhaftierung von Kindern befasst. Art. 37 lit. b KRK garantiert, «dass keinem Kind die Freiheit rechtswidrig oder willkürlich entzogen wird. Festnahme, Freiheitsentziehung oder Freiheitsstrafe darf bei einem Kind 194 im Einklang mit dem Gesetz nur als letztes Mittel und für die kürzeste angemessene Zeit angewendet werden». Aus Anlass von zwei belgischen Fällen (*E.B. gegen Belgien,* Mitteilung Nr. 55/2018, Entscheid vom 3. Februar 2022; *K.K. und R.H. gegen Belgien*, Mitteilung 73/2019, Entscheid vom 4. Februar 2022) hat der Kinderrechtsausschuss ausgeführt, dass der Freiheitsentzug von Kindern aus Gründen, die mit ihrem eigenen Migrationsstatus oder dem ihrer Eltern zusammenhängen, im Allgemeinen unverhältnismässig und daher willkürlich sei. Bezugnehmend auf die beiden konkreten Fälle wies er die Vorbringen der belgischen Behörden zurück, wonach die Anordnung der Inhaftierung und die Haftdauer von vier Wochen auf die zahlreichen Anträge der Eltern auf Freilassung zurückzuführen seien, die die zuständigen Behörden gezwungen hätten, die Entscheide der Rechtsmittelbehörden abzuwarten. Der Kinderrechtsausschuss führte weiter aus, dass die Ausübung des Rechtes auf gerichtliche Überprüfung nicht die Inhaftierung von Kindern zu rechtfertigen vermöge, selbst dann nicht, wenn die Umstände der ausländerrechtlichen Administrativhaft genügend seien und die Eltern mehreren Aufforderungen zur freiwilligen Ausreise nicht nachgekommen waren. Da die Behörden weder im Zeitpunkt der Inhaftierung der Familien noch bei der Verlängerung der Haft Alternativen zur Inhaftierung von Kindern in Betracht gezogen hätten, haben sie das vorrangige Kindesinteresse nicht genügend berücksichtigt und somit die KRK verletzt.

b) Freiheitsentzug zur Erzwingung der Erfüllung einer gesetzlichen Verpflichtung (Art. 5 Abs. 1 lit. b EMRK)

195 Nach Art. 5 Abs. 1 lit. b EMRK können Freiheitsentzüge zulässig sein, wenn sie dazu dienen, die Erfüllung einer gesetzlichen Pflicht zu erzwingen. Festnahmen und Inhaftierungen gestützt auf Art. 5 Abs. 1 lit. b EMRK dürfen einzig auf die Erfüllung einer bestehenden, von der betroffenen Person jedoch nicht selbständig erfüllten gesetzlichen Pflicht zielen und müssen verhältnismässig – und damit im Gegensatz zu Art. 5 Abs. 1 lit. f EMRK auch notwendig – sein. Demgegenüber dürfen sie keinen punitiven Charakter aufweisen. Erfüllt die betroffene Person ihre Pflicht nachträglich, entfällt der Haftgrund und die Haft muss unverzüglich beendet werden (EGMR, *O.M. gegen Ungarn*, Nr. 9912/15, Urteil vom 5. Juli 2016).

196 Freiheitsentzügen zur Erzwingung der Erfüllung gesetzlicher Verpflichtungen kommt im Migrationsrecht lediglich untergeordnete Bedeutung zu. Darunter subsumiert werden kann etwa die im schweizerischen Ausländerrecht vorgesehene Durchsetzungshaft, mit der ausreisepflichtige Personen in jenen Fällen zu einer Verhaltensänderung bewegt werden sollen, in denen die Rückschaffung ohne ihre Kooperation nicht möglich ist (zur Durchsetzungshaft siehe hinten

Rz. 834 ff.). Allerdings muss auch im Zusammenhang mit der Durchsetzungshaft die Durchführung des Ausweisungsverfahrens im Vordergrund stehen. In diesem Sinne stützt das Bundesgericht die Durchsetzungshaft konventionsrechtlich nicht nur auf Art. 5 Abs. 1 lit. b EMRK, sondern auch auf Art. 5 Abs. 1 lit. f EMRK, wobei das Hauptgewicht auf zweiteren gelegt wird (BGE 135 II 105, E. 2.2.1 S. 107).

c) Recht auf Information und richterliche Haftprüfung

Neben den Voraussetzungen eines rechtmässigen Freiheitsentzuges gewährleistet Art. 5 EMRK den Betroffenen zudem spezifische Rechte. 197

Nach Art. 5 Abs. 2 EMRK hat jede Person, deren Freiheit entzogen wurde, das Recht, innerhalb kurzer Frist in einfacher, nicht technischer und für sie verständlichen Sprache über die Gründe ihrer Festnahme informiert zu werden (so auch Art. 9 Abs. 2 UNO-Pakt II). Es handelt sich dabei um einen minimalen Schutz gegen willkürliche Freiheitsentzüge. Die Frage, ob die Information genügend umfassend und binnen angemessener Frist erfolgte, lässt sich dabei nicht allgemein beantworten, sondern muss unter Berücksichtigung der konkreten Umstände des Einzelfalles beurteilt werden. 198

Art. 5 Abs. 4 EMRK gewährleistet jeder festgenommenen oder inhaftierten Person das Recht auf richterliche Haftprüfung und Haftentlassung im Falle eines unrechtmässigen Freiheitsentzuges (so auch Art. 9 Abs. 4 UNO-Pakt II). Es handelt sich dabei um eine *lex specialis* zu Art. 13 und Art. 6 EMRK, gestützt auf welche die zuständigen Behörden verpflichtet sind, die Rechtmässigkeit eines Freiheitsentzuges auf Antrag der betroffenen Person zu überprüfen. Da Haftprüfungsanträge genügende Kenntnisse über den Grund des Freiheitsentzuges voraussetzen, ist Art. 5 Abs. 4 EMRK untrennbar mit dem Recht auf Information nach Art. 5 Abs. 2 EMRK verbunden. Die ungenügende oder fehlende Information über die Gründe des Freiheitsentzuges stellt damit nicht nur eine Verletzung des Rechtes auf Information nach Art. 5 Abs. 2 EMRK dar, sondern gleichzeitig eine Verletzung des Anspruchs auf richterliche Haftprüfung nach Art. 5 Abs. 4 EMRK (EGMR, *Khlaifia et al. gegen Italien*, Nr. 16483/12, Urteil der Grossen Kammer vom 15. Dezember 2016). 199

Zudem haben die Betroffenen nach Art. 5 Abs. 5 EMRK Recht auf Schadenersatz bei unrechtmässigem Freiheitsentzug. 200

d) Haftbedingungen und Aufnahmebedingungen

201 Während Art. 10 Abs. 1 UNO-Pakt II ein Verbot menschenunwürdiger Haftbedingungen statuiert, fehlt eine entsprechende explizite Gewährleistung menschenwürdiger Haftbedingungen in der EMRK. Eine solche wird in der Praxis des Gerichtshofes vielmehr aus Art. 3 EMRK abgeleitet. Das Verbot der Folter sowie unmenschlicher und erniedrigender Behandlung schützt Ausländerinnen und Ausländer auch vor entsprechenden Verletzungen im Aufenthaltsland, z.B. im Kontext der Inhaftierung oder der Unterbringung. In ständiger Rechtsprechung hält der Gerichtshof fest, die Konventionsstaaten hätten zwar das Recht, Migrantinnen und Migranten bei Vorliegen eines im konkreten Einzelfall zulässigen Haftgrundes zu inhaftieren. Sie müssten dieses Recht aber in Übereinstimmung mit den aus der EMRK fliessenden Verpflichtungen wahrnehmen, d.h. die Haftbedingungen menschenwürdig ausgestalten.

202 So hat der Gerichtshof etwa in *Khlaifia et al. gegen Italien* (EGMR, Nr. 16483/12, Urteil der Grossen Kammer vom 15. Dezember 2016) ausgeführt, die Art und Weise des Freiheitsentzuges dürfe die Betroffenen nicht über das mit einer Inhaftierung verbundene Mass belasten. Bei der Beurteilung von Haftbedingungen müsse zudem der kumulative Effekt der Haftbedingungen ebenso berücksichtigt werden wie die konkreten Vorbringen der Beschwerdeführenden. Ferner sei auch die Dauer der Inhaftierung zu berücksichtigen. Extremer Platzmangel wiege schwer bei der Beurteilung, ob Haftbedingungen erniedrigend seien. Das absolute Minimum betrage hier vier Quadratmeter pro Person bei Mehrpersonenzellen. Weitere zu berücksichtigende Elemente stellten die Möglichkeit von Bewegung an der frischen Luft (mindestens eine Stunde täglich), das Vorhandensein von natürlichem Licht und Frischluft bzw. von Ventilation sowie die Einhaltung elementarer Hygienevorschriften dar. Von dieser Verpflichtung könne wegen des absoluten Charakters von Art. 3 EMRK auch ein hoher Zustrom von Migrantinnen und Migranten die Konventionsstaaten nicht entbinden. Obwohl ein grosser Migrationsdruck keine Verletzung von Art. 3 EMRK zu rechtfertigen vermöge, wäre es allerdings künstlich, den Sachverhalt eines Falles ohne Berücksichtigung des Gesamtzusammenhanges zu prüfen.

203 Bei einer allfälligen Inhaftierung von Minderjährigen, egal ob begleitet oder unbegleitet, sind die Verletzlichkeit von Kindern sowie ihre besonderen Bedürfnisse als minderjährige Migrantinnen und Migranten zu berücksichtigen.

204 In *Mubilanzila Mayeka und Kaniki Mitunga gegen Belgien* (Beschwerde Nr. 13178/03, Urteil vom 12.10.2006) hat der Gerichtshof die aus Art. 3 EMRK folgenden Grundsätze für die Inhaftierung von Minderjährigen entwickelt. Entscheidender Faktor bei der Inhaftierung Minderjähriger ist die Verletzlichkeit von Kindern. Diesem Aspekt kommt gegenüber Erwägungen zum Status als illegale Migranten Vorrang zu. Kinder haben zudem sowohl aufgrund ihres Alters und ihrer fehlenden Unabhängigkeit als auch wegen ihres Status als Asylsuchende besondere Bedürfnisse. Daher müssen die Empfangs- bzw. Aufnahmebedingungen für asylsuchende Minderjährige ihrem Alter angemessen sein und sicherstellen, dass sie nicht zu Stress und Angstzuständen mit besonders traumatischen Folgen führen. Siehe aus der Strassburger Praxis ferner z.B. auch *Khan gegen Frankreich* (Beschwerde Nr. 12267/16, Urteil vom 28. Februar 2019) sowie *Moustahi gegen Frankreich* (Beschwerde Nr. 9347/14, Urteil vom 25. Juni 2020).

Die Vulnerabilität einzelner Personen ist auch der Ausgangspunkt für die Beurteilung der Konventionskonformität der Aufnahmebedingungen und Lebensumstände von Migrantinnen und Migranten. Gestützt auf Art. 3 EMRK prüft der Gerichtshof, in Analogie zu den Haftbedingungen, die konkreten Lebensumstände von Migrantinnen und Migranten und berücksichtigt dabei u.a. die Dauer des Aufenthaltes, das Alter der betroffenen Migrantinnen und Migranten, ihre Gesundheit etc. Eine längere Unterbringung von (unbegleiteten) minderjährigen Migrantinnen und Migranten in einem Empfangszentrum für Erwachsene stellt nach der jüngsten Rechtsprechung des Gerichtshofes eine Verletzung von Art. 3 EMRK dar. Dies hat der Gerichtshof jüngst im Fall *Darboe und Camara gegen Italien* (EGMR, Nr. 5797/17, Urteil vom 21. Juli 2022) erneut bestätigt. 205

3.7. Verfahrensrechtliche Garantien

Die in Art. 6 EMRK verankerten verfahrensrechtlichen Garantien gelten nach ständiger Praxis des Europäischen Gerichtshofes für Menschenrechte nicht für Verfahren betreffend die Einreise, den Aufenthalt, die Ausweisung oder die Staatsbürgerschaft. Diese Lücke wird zum Teil durch Art. 1 des 7. Zusatzprotokolles zur EMRK (7. ZP EMRK; SR 0.101.07) geschlossen. Art. 1 Abs. 1 7. ZP EMRK bestimmt, dass sich rechtmässig im Hoheitsgebiet eines Vertragsstaates aufhaltende Ausländerinnen und Ausländer nur unter Beachtung bestimmter verfahrensrechtlicher Vorschriften weggewiesen werden dürfen. Namentlich muss eine rechtmässig ergangene Entscheidung vorliegen und es muss den Betroffenen möglich sein, gegen die Wegweisung sprechende Gründe vorzubringen, ihren Fall prüfen und sich zu diesem Zweck vertreten zu lassen. Sofern eine Ausweisung im Interesse der öffentlichen Ordnung erforderlich ist oder aus Gründen der nationalen Sicherheit erfolgt, kann die betroffene Person nach Art. 1 Abs. 2 7. ZP EMRK ausgewiesen werden, bevor sie ihre Rechte nach Abs. 1 ausüben konnte. 206

Verfahrensrechtliche Gewährleistungen sind insbesondere im Asyl- und Ausweisungsverfahren von grösster Bedeutung. Hier fliesst nach der Praxis des Ausschusses gegen Folter aus Art. 3 FoK ein Anspruch auf eine wirksame, unabhängige und unparteiische Überprüfung der Vorbringen, dass Folter droht. 207

> «13.6 The Committee observes that the right to an effective remedy for a breach of the Convention underpins the entire Convention, for otherwise the protections afforded by the Convention would be rendered largely illusory. In some cases, the Convention itself sets out a remedy for particular breaches of the Convention, while in other cases the Committee has interpreted a substantive provision to contain within it a remedy for its breach. In the Committee's view, in order to reinforce the protection of the norm in question and understanding the Convention consistently,

the prohibition on refoulement contained in article 3 should be interpreted the same way to encompass a remedy for its breach, even though it may not contain on its face such a right to remedy for a breach thereof.

13.7 The Committee observes that in the case of an allegation of torture or cruel, inhuman or degrading treatment having occurred, the right to remedy requires, after the event, an effective, independent and impartial investigation of such allegations. The nature of refoulement is such, however, that an allegation of breach of that article relates to a future expulsion or removal; accordingly, the right to an effective remedy contained in article 3 requires, in this context, an opportunity for effective, independent and impartial review of the decision to expel or remove, once that decision is made, when there is a plausible allegation that article 3 issues arise. The Committee's previous jurisprudence has been consistent with this view of the requirements of article 3, having found an inability to contest an expulsion decision before an independent authority, in that case the courts, to be relevant to a finding of a violation of article 3.» (CAT, *Agiza gegen Schweden*, Mitteilung Nr. 233/2003, Entscheid vom 20. Mai 2005)

208 Schliesslich hat nach Art. 13 EMRK «jede Person, die in ihren in dieser Konvention anerkannten Rechten oder Freiheiten verletzt worden ist, (…) das Recht, bei einer innerstaatlichen Instanz eine wirksame Beschwerde zu erheben (…)». Die Beschwerde muss dabei sowohl rechtlich als auch tatsächlich wirksam sein. Voraussetzung für die Anrufung von Art. 13 EMRK ist das Vorliegen eines sogenannten *arguable claim*, das heisst einer vertretbaren Rüge der Verletzung einer der materiellen Garantien der EMRK. In Fällen, in denen geltend gemacht wird, dass bei einer Rückschiebung eine konventionswidrige Behandlung drohe, muss dieses Vorbringen zwingend von einer innerstaatlichen Instanz eingehend geprüft werden. Zudem muss der Beschwerde aufschiebende Wirkung zukommen.

3.8. Verbot willkürlicher Ausweisungen aus dem eigenen Land

209 Art. 12 Abs. 4 UNO-Pakt II enthält eine interessante und potenziell bedeutsame Bestimmung. Darin wird das Verbot statuiert, Personen willkürlich das Recht zu entziehen, in ihr eigenes Land einzureisen. Damit wird implizit und in Übereinstimmung mit der Entstehungsgeschichte dieser Bestimmung auch ein Verbot willkürlicher Ausweisungen aus dem eigenen Land gewährleistet. Im Gegensatz zur entsprechenden Bestimmung der EMRK (Art. 3 Abs. 1 4. ZP) knüpft der Pakt für das Verbot der Ausweisung nicht an die Staatsangehörigkeit an, sondern an das eigene Land. Der Schutz vor willkürlichen Ausweisungen erfasst somit nicht nur Staatsangehörige, sondern darüber hinaus auch Ausländerinnen und Ausländer, die eine sehr starke Bindung zu ihrem Aufenthaltsstaat entwickelt haben und die kaum über Beziehungen zu dem

Staat, dessen Staatsangehörigkeit sie besitzen, verfügen. Diese Regelung ist vor allem für Angehörige der zweiten Generation, für seit langer Zeit niedergelassene Ausländerinnen und Ausländer, Flüchtlinge und staatenlose Personen von Bedeutung. In *Jama Warsame gegen Kanada* war der Beschwerdeführer, ein somalischer Staatsangehöriger, in Saudi-Arabien geboren worden und 1988 als Vierjähriger im Rahmen des Familiennachzuges nach Kanada gekommen. 2004 wurde er wegen Raubes zu einer neunmonatigen Freiheitsstrafe verurteilt und 2006 zu einer zweijährigen Freiheitsstrafe wegen Betäubungsmitteldelikten. Aufgrund dieser Verurteilungen beschlossen die kanadischen Behörden die Wegweisung des Beschwerdeführers und seine Abschiebung nach Somalia, obwohl er dort nie gelebt hatte und niemals in Somalia gewesen war. Zur Frage des eigenen Landes führte der Menschenrechtsausschuss aus:

> «8.4 With regard to the author's claim under article 12, paragraph 4, of the Covenant, the Committee must first consider whether Canada is indeed the author's 'own country' for purposes of this provision and then decide whether his deprivation of the right to enter that country would be arbitrary. On the first issue, the Committee recalls its General Comment No. 27 on freedom of movement where it has considered that the scope of 'his own country' is broader than the concept 'country of his nationality'. It is not limited to nationality in a formal sense, that is, nationality acquired at birth or by conferral; it embraces, at the very least, an individual who, because of his or her special ties to or claims in relation to a given country, cannot be considered to be a mere alien. In this regard, it finds that there are factors other than nationality which may establish close and enduring connections between a person and a country, connections which may be stronger than those of nationality. The words 'his own country' invite consideration of such matters as long standing residence, close personal and family ties and intentions to remain, as well as to the absence of such ties elsewhere.
>
> 8.5 In the present case, the author arrived in Canada when he was four years old, his nuclear family lives in Canada, he has no ties to Somalia and has never lived there and has difficulties speaking the language. The Committee observes that it is not disputed that the author has lived almost all his conscious life in Canada, that he received his entire education in Canada and that before coming to Canada he lived in Saudi Arabia and not in Somalia. It also notes the author's claim that he does not have any proof of Somali citizenship. In the particular circumstances of the case, the Committee considers that the author has established that Canada was his own country within the meaning of article 12, paragraph 4, of the Covenant, in the light of the strong ties connecting him to Canada, the presence of his family in Canada, the language he speaks, the duration of his stay in the country and the lack of any other ties than at best formal nationality with Somalia.
>
> 8.6 As to the alleged arbitrariness of the author's deportation, the Committee recalls its General Comment No. 27 on freedom of movement where it has stated that even interference provided for by law should be in accordance with the provisions, aims and objectives of the Covenant and should be, in any event, reasonable in the particular circumstances. The Committee considers that there are few, if any, circum-

stances in which deprivation of the right to enter one's own country could be reasonable. A State party must not, by stripping a person of nationality or by expelling an individual to a third country, arbitrarily prevent this person from returning to his or her own country. In the present case, a deportation of the author to Somalia would render his return to Canada de facto impossible due to Canadian immigration regulations. The Committee therefore considers that the author's deportation to Somalia impeding his return to his own country would be disproportionate to the legitimate aim of preventing the commission of further crimes and therefore arbitrary. The Committee concludes that, the author's deportation, if implemented would constitute a violation of article 12, paragraph 4, of the Covenant.» (HRC, *Jama Warsame gegen Kanada*, Mitteilung Nr. 1959/2010, Entscheid vom 21. Juli 2011; siehe ebenso HRC, *Nystrom gegen Australien*, Mitteilung Nr. 1557/2007, Entscheid vom 18. Juli 2011)

210 Das Bundesgericht anerkennt zwar, dass der persönliche Schutzbereich von Art. 12 Abs. 4 UNO-Pakt II auch Ausländerinnen und Ausländer erfasst, die eine sehr starke Bindung zu ihrem Aufenthaltsstaat entwickelt haben die gleichzeitig über keinerlei Berührungspunkte zu ihrem Kulturkreis verfügen und die insbesondere auch über keine sprachliche Verbindung zu ihrem Heimatstaat verfügen (siehe zum Beispiel BGer, 2C_826/2017, 30. Januar 2019, E. 8.2.3).

211 Sofern Entfernungsmassnahmen gegen geschützte Ausländerinnen und Ausländer verfügt werden, erachtet das Bundesgericht diese indes als nicht willkürlich und somit paktkonform, sofern sie über eine gesetzliche Grundlage verfügen und die Massnahmen den gesetzlichen Voraussetzungen entsprechen (BGE 122 II 433, E. 3c/bb S. 444; eingehend zur Bedeutung von Art. 12 Abs. 4 UNO-Pakt II Babak Fargahi, Das Konzept des eigenen Landes gemäss Art. 12 Abs. 4 UNO-Pakt II im Lichte der Strassburger sowie der Schweizer Wegweisungspraxis gegenüber Ausländern der zweiten Generation, Zürich/St.Gallen 2016).

3.9. Die Internationale Konvention zum Schutze aller Wanderarbeitnehmer und ihrer Familienangehörigen

212 Am 18. Dezember 1990 verabschiedete die UNO-Generalversammlung die Internationale Konvention zum Schutz aller Wanderarbeitnehmer und ihrer Familienangehörigen (WAK). Ihre Ausarbeitung erfolgte vor dem Hintergrund, dass die ausdrückliche Anerkennung und Gewährleistung grundlegender Rechte und Freiheiten von Wanderarbeitnehmenden und ihren Familienangehörigen in der heutigen Zeit, in der ausländische Arbeitnehmerinnen und Arbeitnehmer aufgrund wirtschaftlicher, sozialer und rechtlicher Gegebenheiten zunehmend unter Druck geraten, eine absolute Notwendigkeit darstellen. Zwar gelten die in den übrigen Menschenrechtsverträgen verbürgten Rechte und

Freiheiten auch für Wanderarbeitnehmer, doch vermögen sie deren spezifische Probleme nicht befriedigend und umfassend zu lösen. Da die Wanderarbeitnehmerkonvention vor allem auch für sich illegal in einem Staat befindliche Arbeitnehmende sehr weitgehende Rechte vorsieht, sind insbesondere Staaten mit vielen Wanderarbeitnehmern nicht bereit, die Konvention zu ratifizieren. Gegenwärtig zählt die WAK lediglich 53 Vertrags- sowie 14 Unterzeichnerstaaten (Stand 5. Oktober 2018). Die Schweiz hat die Konvention bislang nicht unterzeichnet und wird dies voraussichtlich auch in näherer Zukunft nicht tun. In seiner Antwort auf eine entsprechende Interpellation hat der Bundesrat ausgeführt:

> «(…) der Bundesrat [ist] der Auffassung, dass die Unterzeichnung des internationalen Übereinkommens zum Schutz der Rechte aller Wanderarbeitnehmer und ihrer Familienangehörigen für die Schweiz problematisch wäre. Dies aus mehreren Gründen:
>
> Erstens sieht das Übereinkommen unabhängig davon, ob die Wanderarbeitnehmer regulär oder irregulär anwesend sind, vor, dass diesen das Recht auf die gleichen Arbeitsbedingungen zugestanden wird wie jene, die für die eigenen Staatsangehörigen des Vertragsstaates gelten. Dies würde bedeuten, dass die Schweiz irregulär anwesenden Wanderarbeitern ein temporäres Aufenthaltsrecht gewähren müsste, damit diese ihre Rechte gegenüber dem Arbeitgeber gerichtlich durchsetzen können. (…)
>
> Der Bundesrat weist zweitens darauf hin, dass viele der wichtigen Rechte in jenem Teil der Konvention, der sich auf Personen mit geregeltem Aufenthalt bezieht, in von der Schweiz ratifizierten internationalen Verträgen bereits bestehen. (…) Die Bestimmungen über die allgemeinen Menschenrechte sind zudem auch auf irregulär anwesende Personen anwendbar. (…)
>
> Der Bundesrat ist somit der Auffassung, dass die Voraussetzungen für die Unterzeichnung und Ratifikation dieses Übereinkommens nicht gegeben sind, und beabsichtigt kurz- oder mittelfristig nicht, ein entsprechendes Verfahren einzuleiten.» (Antwort des Bundesrates vom 10. September 2008 zur Interpellation 08.3415 betreffend Übereinkommen zum Schutz der Rechte aller Wanderarbeitnehmer und ihrer Familienangehörigen)

4. Internationale Zusammenarbeit im Migrationsbereich

Da Migrationsfragen zum *domaine réservé* gehören, existiert bis heute weder eine umfassende internationale Regelung der Migration noch ein internationales Migrationsregime. In den vergangenen Jahrzehnten haben die Staaten jedoch begonnen, sowohl auf bilateraler als auch auf multilateraler Ebene zusam- 213 menzuarbeiten, um zum Beispiel den Vollzug migrationsrechtlicher Entscheide zu beschleunigen und zu erleichtern oder die Verwaltungsbehörden zu entlasten.

4.1. Rückübernahmeabkommen

214 Rückübernahmeabkommen sind eine Reaktion auf die steigende Anzahl von abgelehnten Asylgesuchen in den 1990er-Jahren. Die Kompetenz des Bundesrates, solche Abkommen abzuschliessen, ist in Art. 100 Abs. 2 lit. b AIG verankert, wonach der Bundesrat befugt ist, Verträge über «die Rücknahme und den Transit von Personen mit unbefugtem Aufenthalt in der Schweiz» zu schliessen. Ziel von Rückübernahmeabkommen ist es, klare Regelungen, Fristen und Verfahren für die Rückübernahme von Personen, die sich ohne Bewilligung in der Schweiz aufhalten, durch ihr Heimatland oder ein Transitland zu schaffen. Die Abkommen werden daher einerseits

– mit Ländern geschlossen, die von in die Schweiz eingereisten Personen durchquert werden (sogenannte Transitländer) und andererseits
– mit den Herkunftsstaaten der betreffenden Personen.

215 In Verträgen der ersten Art verpflichten sich die Staaten, Drittstaatsangehörige zurückzunehmen, wenn diese durch ihr Land in die Schweiz gereist sind (vergleiche zum Beispiel das Abkommen zwischen der Schweizerischen Eidgenossenschaft und den Benelux-Staaten über die Rückübernahme von Personen mit unbefugtem Aufenthalt vom 12. Dezember 2003, SR 0.142.111.729):

> Art. 3 Rückübernahme von Drittstaatsangehörigen
>
> 1. Jede Vertragspartei nimmt auf Gesuch der anderen Vertragspartei und ohne Formalitäten Drittstaatsangehörige in sein Hoheitsgebiet zurück, die die Bedingungen für die Einreise in das Hoheitsgebiet oder den Aufenthalt im Hoheitsgebiet der ersuchenden Vertragspartei nicht oder nicht mehr erfüllen, wenn nachgewiesen oder glaubhaft gemacht werden kann, dass diese Drittstaatsangehörigen durch das Hoheitsgebiet der ersuchten Vertragspartei gereist sind oder sich in diesem aufgehalten haben.

216 Die Rückübernahmeabkommen mit Staaten, die dem Dublin-Raum angehören, also die meisten Länder mit Transitcharakter, haben in der Praxis zumindest im Asylbereich an Bedeutung verloren, da hier das Dublin-Übereinkommen regelt, welcher Staat für ein bestimmtes Asylverfahren zuständig ist und die asylsuchende Person folglich aufzunehmen hat (hierzu hinten Rz. 1226 ff.).

217 Bei den Rückübernahmeverträgen mit Herkunftsländern geht es darum, die betreffenden Länder zu verpflichten, ihre eigenen Staatsangehörigen zurückzunehmen – wozu sie völkergewohnheitsrechtlich ohnehin verpflichtet wären.

Die Verträge enthalten regelmässig Normen über die Art und Weise der Bestimmung der Nationalität einer rückzuführenden Person sowie die technischen Grundlagen der Rückführung (siehe zum Beispiel das Abkommen zwischen der Schweizerischen Eidgenossenschaft und der Republik der Philippinen über die Rückübernahme von Personen mit unbefugtem Aufenthalt vom 9. Juli 2002, SR 0.142.116.459). Ziel solcher Verträge ist eine möglichst einfache und schnelle Rückführung von Personen mit unbefugtem Aufenthalt. Da die Rückübernahmebereitschaft insbesondere der Herkunftsländer – trotz völkerrechtlicher Pflicht zur Rückübernahme eigener Staatsangehöriger – zuweilen reduziert ist, verankert Art. 100 Abs. 3 AIG die Möglichkeit, dass der Bundesrat «im Rahmen seiner Zuständigkeiten Leistungen und Vorteile gewähren oder vorenthalten» kann. Diese Bestimmung geht auf die (andauernde) Debatte um die Konditionalität zwischen Rückübernahmebereitschaft und Entwicklungshilfe zurück. Da sich der Abschluss von Rückübernahmeabkommen aufgrund der unterschiedlichen Interessenlage der beteiligten Staaten verzögern kann, können vorübergehend zwischen der Schweiz und den betreffenden Staaten Vereinbarungen nach Art. 100 Abs. 5 AIG geschlossen werden. Bei diesen handelt es sich um zeitlich befristete technische Vereinbarungen, die bis zum Abschluss eines Rückübernahmeabkommens gelten.

Gegenwärtig sind 53 Rückübernahmeabkommen mit Transit- und Herkunftsstaaten in Kraft sowie fünf Migrationsabkommen, die Rückübernahmeregelungen enthalten. Zusätzlich bestehen mit drei Staaten sonstige Vereinbarungen sowie drei sonstige Vereinbarungen im Rückkehrbereich (sogenannte *Standing Operations Procedures*). Siehe eingehend zur Thematik von Rückübernahmeabkommen MARION PANIZZON, Art. 100 AuG. 218

4.2. Das Schengen-Assoziierungsabkommen

Mit dem Schengener Übereinkommen wird der freie Personenverkehr innerhalb der EU insofern vertieft, als die verdachtsunabhängigen Personenkontrollen an den Grenzen zwischen den Schengenstaaten aufgehoben werden. Diese Massnahme wird durch eine vertiefte Zusammenarbeit im Bereich der Polizei und der Justiz kompensiert. Als flankierende Massnahmen wurden zudem die Kontrollen an den Schengen-Aussengrenzen verstärkt, die grenzüberschreitende Polizei- und Fahndungszusammenarbeit verbessert sowie der Informationsaustausch über gesuchte Personen vereinfacht. Diese Regeln wurden seit 1985 ausserhalb der EU-Verträge entwickelt und umgesetzt. Mit dem Vertrag von Amsterdam wurden sie in das EU-Recht integriert. Eingehend hierzu hinten Rz. 298 ff. 219

Zum Schengener Raum gehören alle alten EU-Staaten, wobei Irland an gewissen Teilen nicht partizipiert, sowie Polen, Tschechien, Ungarn, die Slowakei, Slowenien, Litauen, Lettland und Estland von den neuen EU-Staaten. Künftig werden auch Bulgarien, Kroatien, Rumänien und Zypern zum Schengenraum gehören, 220 wobei die Bestimmungen über die Aussengrenzen für Bulgarien, Rumänien und Zypern bereits in Kraft sind. Schliesslich nehmen auch die vier EFTA-Staaten Island, Liechtenstein, Norwegen und die Schweiz an Schengen teil.

221 Mit dem Schengen-Assoziierungsabkommen (SAA, SR 0.362.31), das am 12. Dezember 2008 in Kraft getreten ist, übernimmt die Schweiz nach Art. 1 Abs. 1 SAA i.V.m. Anhang A und B SAA den Schengen-Acquis inklusive allfälliger Weiterentwicklungen. Falls die Schweiz eine Weiterentwicklung nicht übernehmen will, muss sie das gesamte Abkommen beenden (Art. 7 SAA). Die Substanz des Abkommens zwischen der Schweiz und den Schengenstaaten findet sich hauptsächlich im Übereinkommen zur Durchführung des Übereinkommens von Schengen vom 14. Juni 1985 zwischen den Regierungen der Staaten der Benelux-Wirtschaftsunion, der Bundesrepublik Deutschland und der Französischen Republik betreffend den schrittweisen Abbau der Kontrollen an den gemeinsamen Grenzen (Schengener Durchführungsübereinkommen, SDÜ, ABl. 239 vom 22. September 2000, S. 19 ff.; in der SR nicht publiziert).

222 Für Schengen zentral ist Art. 2 SDÜ, der festhält, dass die Binnengrenzen ohne verdachtsunabhängige Personenkontrollen überschritten werden dürfen. Da die Schweiz nicht Mitglied der EU-Zollunion ist, bleiben Warenkontrollen an den Grenzen weiterhin bestehen. Die Schweiz ersetzt die abgeschafften Personenkontrollen an den Grenzen durch vermehrte mobile Kontrollen hinter der Grenze, die sogenannte Schleierfahndung. Von Bedeutung sind zudem die Schengen-Visa nach Art. 10 ff. SDÜ (siehe hierzu hinten Rz. 441). Diese Visa ermöglichen den Aufenthalt von bis zu drei Monaten im gesamten Schengenraum und sind damit vor allem für den Schweizer Tourismus von Bedeutung. Die Art. 12 ff. SDÜ stellen Minimalanforderungen an die Vergabe solcher Visa durch die Schengenstaaten auf. Im Gegenzug sind alle Schengenstaaten verpflichtet, Schengen-Visa, die durch andere Staaten ausgestellt wurden, zu akzeptieren.

223 Der Beitritt zum Schengenraum bringt auch eine Vertiefung der polizeilichen Zusammenarbeit mit sich. Im Vordergrund stehen dabei die polizeiliche Amtshilfe (Art. 39 SDÜ), die grenzüberschreitende Observation (Art. 40 SDÜ) sowie die grenzüberschreitende Nacheile (Art. 41 SDÜ). Verbessert wird auch die Rechtshilfe in Strafsachen nach Art. 48 ff. SDÜ. Schliesslich wird die Schweiz an das Schengener Informationssystem (SIS, respektive SISone4all) angeschlossen (Art. 93 ff. SDÜ). Das SIS ist eine Datenbank, in der Personen zur Fahndung ausgeschrieben werden können und auch Personen mit Landesverweisen registriert sind.

4.3. Das Dublin-Assoziierungsabkommen

Durch das Dublin-Assoziierungsabkommen, das zeitgleich mit dem Schengen-Assoziierungsabkommen am 12. Dezember 2008 in Kraft getreten ist, übernimmt die Schweiz die Dublin-Verordnung und die Eurodac-Verordnung der EU. Das Dubliner Übereinkommen regelt die Zuständigkeiten innerhalb des EU-Raumes in Bezug auf Asylverfahren. In der Dublin-Verordnung wird mit Hilfe eines Kriterienkataloges festgeschrieben, welches Land für ein bestimmtes Asylverfahren zuständig ist (siehe hinten Rz. 1226). Dieses Vorgehen gibt einerseits Asylsuchenden die Garantie, dass ihr Gesuch um Asyl im Dublin-Raum von einem Staat behandelt wird und so *refugees in orbit*-Situationen vermieden werden. Stellt eine Person irgendwo im Dubliner Raum einen Asylantrag, so muss sie der zuständige Staat aufnehmen und ein Asylverfahren durchführen. Andererseits werden die Verwaltungen der Dublinstaaten entlastet, da nur ein Staat ein Asylverfahren durchführen muss. Alle 27 EU-Mitgliedstaaten sowie die vier EFTA-Staaten Island, Norwegen, Liechtenstein und die Schweiz nehmen heute an Dublin teil. 224

Zur Verhinderung von Mehrfachgesuchen wurde die Eurodac-Datenbank eingerichtet. Darin werden die Fingerabdrücke aller Personen gespeichert, die in einem EU-Staat um Asyl nachgesucht haben. Die Staaten können damit jederzeit nachprüfen, ob eine bestimmte Person im EU-Raum bereits ein Asylgesuch gestellt hat. 225

4.4. Migrationspartnerschaften

Schliesslich stellen auch Migrationspartnerschaften ein Instrument der gleichberechtigten Zusammenarbeit zwischen Herkunfts-, Transit- und Aufnahmestaaten dar. Migrationspartnerschaften suchen im Sinne einer *win-win*-Situation einen Interessenausgleich unter allen beteiligten Staaten und Akteuren zu erreichen, um so die positiven Wirkungen von Migration zu fördern und die negativen Auswirkungen einzudämmen. Sie berücksichtigen die unterschiedlichen Interessen der beteiligten Länder gleichberechtigt und schaffen durch den gegenseitigen Austausch Verständnis für die Position der anderen (eingehend zu Migrationspartnerschaften MARION PANIZZON, Art. 100 AuG sowie DIES., Partenariats migratoires suisses et accords de coopération migratoire). 226

Art. 100 AuG erwähnt Migrationspartnerschaften explizit als Instrument zur Stärkung der Zusammenarbeit im Migrationsbereich und der Bekämpfung der negativen Folgen illegaler Migration. Migrationspartnerschaften sind langfristig ausgerichtet und sollen so lange bestehen, wie sie allen beteiligten Staaten 227

Vorteile bringen. Sie werden entweder durch einen Staatsvertrag oder durch ein *Memorandum of Understanding* abgeschlossen.

228 Migrationspartnerschaften sind flexibel gestaltbar und werden mit jedem Partnerland je nach Interessen unterschiedlich ausgestaltet. Sie bestehen in aller Regel aus verschiedenen Projekten und Programmen, zum Beispiel Projekten zur Förderung der freiwilligen Rückkehr und Wiedereingliederung, zur Stärkung staatlicher Strukturen im Herkunftsland, zur Prävention irregulärer Migration, zur legalen Migration und zum Themenbereich Migration und Entwicklung (zum Beispiel Steigerung der Wirtschaftlichkeit von Rücküberweisungen der Migrantinnen und Migranten ins Herkunftsland).

229 Die gemeinsam vom Eidgenössischen Departement für auswärtige Angelegenheiten (EDA) und der Direktion für Entwicklung und Zusammenarbeit (DEZA) getragene «Migrationspartnerschaft Schweiz-Westbalkan» setzt sich zum Beispiel aus einem offiziellen und strukturierten migrationspolitischen Dialogprozess zwischen der Schweiz und den betroffenen Staaten (Kosovo, Bosnien und Herzegowina sowie Serbien), einem Rückkehrhilfeprogramm für gefährdete Personen sowie Minderheitenangehörige und Strukturhilfe (zum Beispiel Projekte betreffend das Migrationsmanagement, die soziale und wirtschaftliche Entwicklung oder die Reintegration) zusammen. Über den Westbalkan hinaus unterhält die Schweiz Migrationspartnerschaften mit Tunesien, Nigeria und Sri Lanka.

230 Siehe zur Migrationspartnerschaft mit Nigeria den Bericht der Eidgenössischen Migrationskommission EKM, Die Migrationspartnerschaft Schweiz – Nigeria, Bern 2021.

5. Auf dem Weg zu einer internationalen Migrationspolitik?

231 Da die Regelung von Einreise, Aufenthalt und Ausreise von Ausländerinnen und Ausländern zum *domaine réservé* souveräner Staaten gehört, erstaunt es kaum, dass migrationspolitische Entscheide und Weichenstellungen auch heute noch weitestgehend von innenpolitischen Überlegungen geleitet werden. Die mit Migration zusammenhängenden Fragen und Probleme können jedoch nicht einzelstaatlich gelöst werden und somit wachsen die Bereitschaft und das Interesse der Staaten, auf internationaler Ebene gemeinsam nach kohärenten, multilateralen Lösungen für migrationspolitische Fragen und Probleme zu suchen. Ziel dieser Vorgehensweise ist es, die Interessen aller Staaten – Herkunfts-, Transit- und Aufnahmestaaten von Migrantinnen und Migranten – gleichberechtigt zu berücksichtigen und so eine globale zwischenstaatliche Koordination im Migrationsbereich zu erreichen. Es handelt sich dabei freilich erst um

erste, gewissermassen zaghafte Schritte im Rahmen von globalen Konsultativprozessen. Während regionale Konsultativprozesse im Migrationsbereich bereits seit den 1990er-Jahren verbreitet sind, sind die ersten globalen Konsultativprozesse zur Migration erst nach der Jahrtausendwende entstanden:

- **Weltkommission für internationale Migration** (*Global Commission on International Migration*): Im Sommer 2002 identifizierte der damalige UNO-Generalsekretär Kofi Annan in seinem Bericht «*Strengthening of the United Nations: An Agenda for Further Change*» Migration als einen jener Bereiche, die von der internationalen Staatengemeinschaft prioritär behandelt werden sollte. Nach Vorarbeiten unter anderem der Schweiz und Schwedens schuf der Generalsekretär daher im Dezember 2003 eine Arbeitsgruppe – die Weltkommission für internationale Migration – und beauftragte sie, die Frage der internationalen Migration auf die globale Agenda zu setzen, Lücken in den aktuellen Ansätzen in Bezug auf Migration zu analysieren, Verknüpfungen mit anderen Themen zu untersuchen und entsprechende Empfehlungen zu unterbreiten. Im Oktober 2005 publizierte die Kommission ihren Schlussbericht. Sie betonte darin, dass die internationale Gemeinschaft es bisher nicht geschafft habe, die Chancen von Migration zu nutzen und sich den damit verbundenen Herausforderungen zu stellen. Um diese unbefriedigende Situation zu verbessern, seien neue Ansätze nötig. Die Kommission formulierte in der Folge sechs Handlungsprinzipien, welche die Migrationspolitik auf lokaler, nationaler und globaler Ebene leiten sollten.
- **Berner Initiative** *(Berne Initiative)*: Im Juni 2001 initiierte das damalige Bundesamt für Flüchtlinge (heute Staatssekretariat für Migration) die Berner Initiative. Die Berner Initiative sollte einen von Regierungen getragenen Prozess der Konsultation und des Dialogs ermöglichen und eine Plattform darstellen, auf der sowohl Herkunfts-, Transit- und Zielstaaten ihre Interessen kundtun und austauschen sowie gemeinsam an Verbesserungen der Rahmenbedingungen für die internationale Migration arbeiten können. Diese zwischenstaatlichen Kontakte sollten eine bessere Steuerung und Regulierung von Migration sowohl auf regionaler als auch auf globaler Ebene ermöglichen. Im Rahmen von zwei Konferenzen in den Jahren 2003 und 2004 wurde die Internationale Agenda für Migrationsmanagement (*International Agenda for Migration Management*) verabschiedet. Diese beruht auf gemeinsamen, von Staaten getragenen Einsichten, erfasst wirksame Praktiken im Umgang mit Migration und soll so ein Referenzsystem für das Migrationsmanagement zur Verfügung stellen. Die Agenda orientiert sich zwar an Rechtsnormen und Prinzipien, die im Migrationsbereich Geltung beanspruchen, stellt aber keine verbindlichen Regelungen auf.

- **Globales Forum für Migration und Entwicklung** (*Global Forum on Migration and Development*, GFMD): Das Globale Forum für Migration und Entwicklung ist 2006 auf Initiative des damaligen UNO-Generalsekretärs Kofi Annan entstanden und möchte den informellen Erfahrungsaustausch und die Zusammenarbeit zwischen den Herkunfts-, Transit- und Zielländern unter Einbezug der Zivilgesellschaft und der internationalen Organisationen fördern. Als informelle Dialogplattform möchte das GFMD mit den jährlichen Treffen den Austausch und die Zusammenarbeit zwischen allen Akteuren im Migrations- und Entwicklungsbereich ermöglichen.

- **Nansen-Initiative**: Die Nansen-Initiative war ein Konsultationsprozess, der 2012 von der Schweiz und Norwegen begründet wurde und ein Schutzprogramm für Personen anstrebte, die wegen Naturkatastrophen sowie den Auswirkungen des Klimawandels aus ihren Heimatländern vertrieben werden. Wer wegen Naturkatastrophen flüchtet (sogenannte Klimaflüchtlinge oder Umweltvertriebene), erfüllt die Flüchtlingseigenschaft der Flüchtlingskonvention nicht und fällt somit auch nicht in den persönlichen Schutzbereich der Flüchtlingskonvention. Nach einem breit angelegten Konsultationsprozess verabschiedeten 109 Staaten im Oktober 2015 die Schutzagenda für Menschen auf der Flucht vor Naturkatastrophen (*Agenda for the Protection of Cross-Border Displaced Persons in the Context of Disaster and Climate Change*). Ziel der Schutzagenda ist es, mit einer besseren Vorbereitung auf Naturkatastrophen Vertreibungen möglichst zu verhindern und Opfer von Naturkatastrophen besser zu schützen. Sie befasst sich daher mit den Aspekten der Katastrophenvorsorge, der Anpassung an den Klimawandel sowie der humanitären Hilfe.

- **Plattform zu Flucht vor Naturkatastrophen** (*Platform on Disaster Displacement*): Die Plattform zu Flucht vor Naturkatastrophen ist der Nachfolgemechanismus der Nansen-Initiative und hat die Aufgabe, die Schutzagenda für Menschen auf der Flucht vor Naturkatastrophen umzusetzen.

- **New Yorker Erklärung für Flüchtlinge und Migranten** (*New York Declaration for Refugees and Migrants*): Am 19. September 2016 verabschiedete die UNO-Generalversammlung die New Yorker Erklärung für Flüchtlinge und Migranten. In der New Yorker Erklärung sprach sich die internationale Staatengemeinschaft für ein neues, positives Migrationsverständnis aus:

  > «Als wir vor einem Jahr die Agenda 2030 für nachhaltige Entwicklung verabschiedeten, anerkannten wir ausdrücklich den positiven Beitrag, den Migranten zu inklusivem Wachstum und nachhaltiger Entwicklung leisten. Dieser Beitrag verändert die Welt zum Besseren. Aus sicherer, geordneter und regulärer Migration erwachsen erhebliche Vorteile und Chancen, die oft unterschätzt werden. Auf der

anderen Seite stellen große Vertreibungs- und irreguläre Migrationsbewegungen oft komplexe Herausforderungen dar.» (New Yorker Erklärung für Flüchtlinge und Migranten, UN Doc. A/RES/71/1, Ziff. 4)

Die Erklärung enthält ein Paket von Verpflichtungen zum Schutz von Flüchtlingen sowie Migrantinnen und Migranten und verpflichtet die UNO-Mitgliedstaaten, auf die Verabschiedung zweier Rahmenabkommen – einem Globalen Pakt für Migration und einem Globalen Pakt für Flüchtlinge – hinzuwirken.

– **Globaler Pakt für eine sichere, geordnete und reguläre Migration** (*Global Compact for Safe, Orderly and Regular Migration*): Im Juli 2018 haben sich die UNO-Mitgliedsstaaten auf den Text des Globalen Paktes für eine sichere, geordnete und reguläre Migration geeinigt. Der Pakt wurde am 18. Dezember 2018 an einer Staatenkonferenz in Marrakesch offiziell angenommen und die UNO-Generalversammlung hat dem Pakt am 19. Dezember 2018 ebenfalls mit sehr grosser Mehrheit zugestimmt. Er stellt ein rechtlich unverbindliches Instrument dar und umfasst 23 Ziele, die dazu beitragen sollen, Migration sicherer, geordneter und regulärer zu gestalten:

«Ziele für eine sichere, geordnete und reguläre Migration

1. Erhebung und Nutzung korrekter und aufgeschlüsselter Daten als Grundlage für eine Politikgestaltung, die auf nachweisbaren Fakten beruht.
2. Minimierung nachteiliger Triebkräfte und struktureller Faktoren, die Menschen dazu bewegen, ihre Herkunftsländer zu verlassen.
3. Bereitstellung korrekter und zeitnaher Informationen in allen Phasen der Migration.
4. Sicherstellung dessen, dass alle Migranten über den Nachweis einer rechtlichen Identität und ausreichende Dokumente verfügen.
5. Verbesserung der Verfügbarkeit und Flexibilität der Wege für eine reguläre Migration.
6. Förderung einer fairen und ethisch vertretbaren Rekrutierung von Arbeitskräften und Gewährleistung der Bedingungen für eine menschenwürdige Arbeit.
7. Bewältigung und Minderung prekärer Situationen im Rahmen von Migration.
8. Rettung von Menschenleben und Festlegung koordinierter internationaler Massnahmen betreffend vermisste Migranten.
9. Verstärkung der grenzübergreifenden Bekämpfung der Schleusung von Migranten.
10. Prävention, Bekämpfung und Beseitigung von Menschenhandel im Kontext der internationalen Migration.
11. Integriertes, sicheres und koordiniertes Grenzmanagement.
12. Stärkung der Rechtssicherheit und Planbarkeit bei Migrationsverfahren zur Gewährleistung einer angemessenen Prüfung, Bewertung und Weiterverweisung.
13. Freiheitsentziehung bei Migranten nur als letztes Mittel und Bemühung um Alternativen.
14. Verbesserung des konsularischen Schutzes und der konsularischen Hilfe und Zusammenarbeit im gesamten Migrationszyklus.
15. Gewährleistung des Zugangs von Migranten zu Grundleistungen.

16. Befähigung von Migranten und Gesellschaften zur Verwirklichung der vollständigen Inklusion und des sozialen Zusammenhalts.
17. Beseitigung aller Formen der Diskriminierung und Förderung eines auf nachweisbaren Fakten beruhenden öffentlichen Diskurses zur Gestaltung der Wahrnehmung von Migration.
18. Investition in Aus- und Weiterbildung und Erleichterung der gegenseitigen Anerkennung von Fertigkeiten, Qualifikationen und Kompetenzen.
19. Herstellung von Bedingungen, unter denen Migranten und Diasporas in vollem Umfang zur nachhaltigen Entwicklung in allen Ländern beitragen können.
20. Schaffung von Möglichkeiten für schnellere, sicherere und kostengünstigere Rücküberweisungen und Förderung der finanziellen Inklusion von Migranten.
21. Zusammenarbeit bei der Ermöglichung einer sicheren und würdevollen Rückkehr und Wiederaufnahme sowie einer nachhaltigen Reintegration.
22. Schaffung von Mechanismen zur Übertragbarkeit von Sozialversicherungs- und erworbenen Leistungsansprüchen.
23. Stärkung internationaler Zusammenarbeit und globaler Partnerschaften für eine sichere, geordnete und reguläre Migration.» (UN Doc. A/RES/73/195)

Diese 23 Ziele werden im Dokument durch Handlungsanweisungen, politische Massnahmen und *best practices* erläutert. Der Pakt beruht auf den Grundsatz der geteilten Verantwortung zwischen sowie der Zusammenarbeit von Herkunfts-, Transit- und Zielstaaten, betont, dass es internationaler Zusammenarbeit bedarf, um den Herausforderungen der Migration gerecht zu werden und fordert einen Gesamtregierungsansatz (*whole-of-government approach*) für die Umsetzung des Paktes. Die Schweiz war bei der Ausarbeitung des Paktes an vorderster Front beteiligt, fehlte indes aus innenpolitischen Gründen bei der Verabschiedung des Dokumentes in Marrakesch und enthielt sich der Stimme bei der Abstimmung in der Generalversammlung. Im Februar 2021 hat der Bundesrat der Bundesversammlung die Botschaft zum UNO-Migrationspakt unterbreitet (BBl 2021 359). Die aussenpolitischen Kommissionen von National- und Ständerat beantragen ihren jeweiligen Räten, die Behandlung des Geschäftes zu sistieren und bislang haben weder National- noch Ständerat das Geschäft behandelt.

– **Globaler Pakt für Flüchtlinge** (*Global Compact on Refugees*): Anhang I zur New Yorker Erklärung für Flüchtlinge und Migranten enthält einen umfassenden Rahmenplan für Flüchtlingshilfemassnahmen (*Comprehensive Refugee Response Framework*). Dieser ruft das UNHCR dazu auf, im Hinblick auf die Entwicklung einer umfassenden Antwort auf grosse Flüchtlingsbewegungen in Zusammenarbeit mit der internationalen Staatengemeinschaft einen globalen Pakt für Flüchtlinge auszuarbeiten.

«18. Wir bitten das Amt des Hohen Flüchtlingskommissars der Vereinten Nationen, in den kommenden zwei Jahren mit den Staaten zusammenzuarbeiten und alle massgeblichen Interessenträger zu konsultieren, mit dem Ziel, die praktische Anwendung des umfassenden Rahmenplans für Flüchtlingshilfemassnahmen im Detail zu

> evaluieren und Möglichkeiten zu seiner Verbesserung und Weiterentwicklung zu ermitteln. In diesen Prozess sollen die praktischen Erfahrungen mit der Umsetzung des Rahmenplans in einer Reihe konkreter Situationen einfliessen. Ziel ist es, den Druck auf die betroffenen Aufnahmeländer zu mindern, die Eigenständigkeit der Flüchtlinge zu erhöhen, den Zugang zu Drittlandlösungen zu erweitern und in den Herkunftsländern Bedingungen für eine Rückkehr in Sicherheit und Würde zu fördern.
>
> 19. Wir werden darauf hinarbeiten, im Jahr 2018 einen globalen Pakt für Flüchtlinge zu beschliessen, der auf dem umfassenden Rahmenplan für Flüchtlingshilfemassnahmen und den Ergebnissen des oben beschriebenen Prozesses basiert. Wir bitten den Hohen Flüchtlingskommissar der Vereinten Nationen, in seinen Jahresbericht an die Generalversammlung im Jahr 2018 einen Entwurf dieses globalen Paktes für Flüchtlinge aufzunehmen, damit ihn die Versammlung auf ihrer dreiundsiebzigsten Tagung in Verbindung mit ihrer jährlichen Resolution über das Amt des Hohen Flüchtlingskommissars der Vereinten Nationen behandeln kann.» (New Yorker Erklärung für Flüchtlinge und Migranten, UN Doc. A/RES/71/1, Anhang I)

Der rechtlich nicht bindende Globale Pakt für Flüchtlinge ist von der UNO-Generalversammlung am 17. Dezember 2018 angenommen worden; die Schweiz hat dem Pakt zugestimmt. Er beruht auf den Prinzipien der internationalen Zusammenarbeit und Verantwortungsteilung und soll «Grundlage für eine berechenbare und ausgewogene Lasten- und Verantwortungsteilung zwischen allen Mitgliedstaaten der Vereinten Nationen und gegebenenfalls anderen relevanten Interessenträgern sein» (UN Doc A/73/12 (Part II)). Der Globale Pakt für Flüchtlinge zielt darauf ab (1) den Druck auf die Aufnahmeländer zu mindern, (2) die Eigenständigkeit von Flüchtlingen zu erhöhen indem sie von ihrer Abhängigkeit von humanitärer Hilfe befreit werden und sie eigenständig für sich und ihre Familien sorgen können, (3) den Zugang zu Drittstaatenlösungen wie z.B. Resettlementprogramme zu erweitern und (4) in den Herkunftsländern Bedingungen für eine Rückkehr in Sicherheit und Würde zu fördern. Der Globale Pakt für Flüchtlinge besteht aus dem umfassenden Rahmenplan für Flüchtlingshilfemassnahmen der New Yorker Erklärung für Flüchtlinge und Migranten sowie einem Aktionsprogramm. Dieses enthält eine Reihe von konkreten Vorschlägen für Massnahmen zur Unterstützung von Aufnahmeländern, so zum Beispiel die Schaffung eines Globalen Flüchtlingsforums, in dem die Staaten alle vier Jahre diskutieren, wie Aufnahmeländer unterstützt werden können sowie die Schaffung von Plattformen für unterschiedliche Flüchtlingssituationen und die Stärkung diverser Programme wie z.B. Resettlementprogramme.

§ 5 Verfassungsrechtliche Grundlagen

Literatur: ACHERMANN ALBERTO, Art. 121, in: Waldmann/Belser/Epiney (Hrsg.), Basler Kommentar – Bundesverfassung, Basel 2015; ACHERMANN ALBERTO, Migrationsverfassung, in: Diggelmann/Hertig Randall/Schindler, Verfassungsrecht der Schweiz, Band III, Zürich 2020; AUER ANDREAS/MALINVERNI GIORGIO/HOTTELIER MICHEL, Droit Constitutionnel Suisse, 3. Auflage, Bern 2013; CARONI MARTINA, Herausforderung Demokratie, ZSR 132 (2013) II, S. 5 ff.; DIEFFENBACHER ALFRED, Art. 121, in: Caroni/Gächter/Thurnherr (Hrsg.), Bundesgesetz über die Ausländerinnen und Ausländer (AuG), Bern 2010; GLASER ANDREAS (Hrsg.), Politische Rechte für Ausländerinnen und Ausländer? Zürich 2017; HÄFELIN ULRICH/HALLER WALTER/KELLER HELEN/THURNHERR DANIELA, Schweizerisches Bundesstaatsrecht, 10. Auflage, Zürich/Basel/Genf 2020; HAFNER FELIX/BUSER DENISE, Art. 38, in: Ehrenzeller et al. (Hrsg.), Die Schweizerische Bundesverfassung – Kommentar, 3. Auflage, Zürich/St.Gallen 2014; HORLACHER MAY-BRITT, Die politischen Rechte der Auslandschweizerinnen und Auslandschweizer, Zürich 2017; KIENER REGINA/KÄLIN WALTER/WYTTENBACH JUDITH, Grundrechte, 3. Auflage, Bern 2018; NGUYEN MINH SON/AMARELLE CESLA (Hrsg.), Code annoté de droit des migrations, Volume I: Droits humains, Bern 2014; THURNHERR DANIELA, Art. 121, in: Ehrenzeller et al. (Hrsg.), Die Schweizerische Bundesverfassung – Kommentar, 3. Auflage, Zürich/St.Gallen 2014; TSCHANNEN PIERRE, Staatsrecht der Schweizerischen Eidgenossenschaft, 5. Auflage, Bern 2021; UEBERSAX PETER, Art. 121a, in: Waldmann/Belser/Epiney (Hrsg.), Basler Kommentar – Bundesverfassung; UEBERSAX PETER, Zur Umsetzung der Ausschaffungsinitiative, in ASYL 4/11, S. 9 ff.; UEBERSAX PETER, Die verfassungsrechtliche Zuwanderungssteuerung – Zur Auslegung von Art. 121*a* BV, in: Jusletter 14. April 2014.

1. Verfassungsrechtliche Grundlagen des Migrationsrechtes und Kompetenzverteilung zwischen Bund und Kantonen

1.1. Ausländer- und Asylrecht

Nach Art. 121 Abs. 1 BV hat der Bund eine umfassende Rechtsetzungskompetenz im Ausländer- und Asylrecht: 232

> Die Gesetzgebung über die Ein- und Ausreise, den Aufenthalt und die Niederlassung von Ausländerinnen und Ausländern sowie über die Gewährung von Asyl ist Sache des Bundes.

Für die Ausgestaltung der Ausländer- und Asylpolitik bestanden lange Zeit, abgesehen von den in Art. 5 BV verankerten Grundsätzen rechtsstaatlichen Handelns sowie den Grundrechten, keine weitergehenden verfassungsrechtlichen Zielvorgaben. Mit der Annahme der Volksinitiative «Für die Ausschaffung krimineller Ausländer (Ausschaffungsinitiative)» (angenommen am 28. November 2010, BBl 2011 2771 f.) sowie der Volksinitiative «Gegen Masseneinwanderung» (angenommen am 9. Februar 2014, BBl 2014 4117) enthält die BV erst- 233 mals spezifische verfassungsrechtliche Zielsetzungen beziehungsweise inhaltliche Vorgaben für die Ausgestaltung der Migrationspolitik und des Migrationsrechtes.

234 Die durch die Ausschaffungsinitiative in die Verfassung eingefügten Art. 121 Abs. 3 bis 6 BV bestimmen, dass Ausländerinnen und Ausländer, die wegen bestimmter Delikte rechtskräftig verurteilt worden sind beziehungsweise missbräuchlich Leistungen der Sozialversicherungen oder der Sozialhilfe bezogen haben, unabhängig von ihrem Aufenthaltsstatus ihr Aufenthaltsrecht verlieren. Die Umsetzung der Ausschaffungsinitiative war politisch höchst umstritten, da sie schwerwiegende beziehungsweise unlösbare rechtsstaatliche, verfassungs- und völkerrechtliche Probleme aufwirft (hierzu PETER UEBERSAX, Zur Umsetzung der Ausschaffungsinitiative, in ASYL 4/2011, S. 9 ff. sowie DANIELA THURNHERR, Art. 121, in: St. Galler Kommentar, Rz. 37 ff.). Aus diesem Grund suchten die Initiantinnen und Initianten der Ausschaffungsinitiative mit der Volksinitiative «Zur Durchsetzung der Ausschaffung krimineller Ausländer (Durchsetzungsinitiative)» politischen Druck auf das Parlament aufzubauen. Nach der Ablehnung der Durchsetzungsinitiative am 28. Februar 2016 (BBl 2016 3715) trat auf den 1. Oktober 2016 die Umsetzung der Ausschaffungsinitiative in Kraft. Zentraler Aspekt dieser Umsetzung ist die Einführung der obligatorischen Landesverweisung mit Härtefallklausel (Art. 66*a* StGB).

235 Art. 121*a* BV, der mit der Annahme der Masseneinwanderungsinitiative in die Verfassung eingefügt wurde, verankert den Grundsatz der eigenständigen Steuerung der Zuwanderung durch die Schweiz durch Kontingente und zielt politisch insbesondere auf das Freizügigkeitsabkommen ab (hierzu ASTRID EPINEY, Zur rechtlichen Tragweite der Art. 121*a*, Art. 197 Ziff. 9 BV, in: Jusletter 2. Juni 2014 sowie PETER UEBERSAX, Die verfassungsrechtliche Zuwanderungssteuerung – Zur Auslegung von Art. 121*a* BV, in: Jusletter 14. April 2014). Mit der Änderung des AuG vom 16. Dezember 2016 (Steuerung der Zuwanderung und Vollzugsverbesserungen bei den Freizügigkeitsabkommen, AS 2018 733) wurde die Masseneinwanderungsinitiative umgesetzt. Am 1. Juli 2018 ist die zentrale Massnahme – die Stellenmeldepflicht für jene Berufsarten, in denen die Arbeitslosenquote einen bestimmten Schwellenwert erreicht oder überschreitet – in Kraft getreten. Nachdem die Masseneinwanderungsinitiative ohne Beeinträchtigung des Freizügigkeitsabkommens umgesetzt werden konnte, wurde schliesslich die Volksinitiative «Raus aus der Sackgasse» (RASA), die Art. 121*a* BV wieder aus der Bundesverfassung streichen wollte, am 13. Dezember 2017 zurückgezogen (BBl 2018 215).

236 Am 30. November 2014 wurde ferner die Volksinitiative «Stopp der Überbevölkerung – zur Sicherung der natürlichen Lebensgrundlagen» (Ecopop-Initiative) von Volk und Ständen verworfen (BBl 2015 1813). Die Ecopop-Initiative hatte beabsichtigt, die Zuwanderung in die Schweiz auf jährlich höchstens 0,2 Prozent der ständigen Wohnbevölkerung zu beschränken. An der Urne ebenfalls verworfen wurde am 27. September 2020 die Volksinitiative «Für eine massvolle Zuwanderung» (Begrenzungsinitiative), die die Kündigung des Freizügigkeitsabkommens mit der EU forderte (BBl 2020 8773).

237 Gestützt auf seine Kompetenzen nach Art. 121 Abs. 1 BV hat der Bund das Bundesgesetz über die Ausländerinnen und Ausländer und über die Integration (AIG, SR 142.20) sowie das Asylgesetz (AsylG, SR 142.31) erlassen und die bilateralen Verträge mit den Mitgliedsstaaten der Europäischen Union ausgearbeitet und ratifiziert. Für kantonale Regelungen im Bereich des Asyl- und Ausländerrechtes besteht kein Raum mehr (BGE 129 I 392, E. 3.3. S. 400).

Den Kantonen kommt jedoch im Bereich des Ausländerrechtes eine weitgehende Vollzugskompetenz zu. Während die alte Bundesverfassung dies in Art. 69ter aBV noch ausdrücklich anerkannte, wurde die explizite Zuordnung der Vollzugskompetenz nicht in die neue Bundesverfassung übernommen. Diese ergibt sich jedoch bereits aufgrund der allgemeinen Kompetenzausscheidung in der BV (vergleiche Art. 46 Abs. 1 BV) sowie insbesondere aus den weitgehenden Zuständigkeitszuweisungen im AIG (vergleiche hierzu auch die Botschaft des Bundesrates zur neuen Bundesverfassung, BBl 1997 I 1, S. 337). Daher kommt auch der subsidiären Vollzugskompetenz des Bundes von Art. 98 Abs. 1 AIG nur geringe Bedeutung zu (vergleiche für eine Übersicht der Vollzugskompetenzen des Bundes ALBRECHT DIEFFENBACHER, Art. 121 AuG, in: AuG-Kommentar). Im Unterschied zum Ausländerbereich verfügt der Bund im Asylbereich neben der Rechtsetzungskompetenz auch über weitreichende Vollzugskompetenzen, bestimmt doch Art. 6a Abs. 1 AsylG, dass das SEM über «Gewährung oder Verweigerung des Asyls sowie über die Wegweisung aus der Schweiz» entscheidet. Diese Bestimmung, die in der aBV ihre verfassungsrechtliche Verankerung in Art. 69ter Abs. 2 lit. d hatte, beschränkt die Rolle der Kantone beim Vollzug des Asylrechtes stark.

1.2. Bürgerrecht

Im Gegensatz zum Asyl- und Ausländerrecht, wo der Bund über eine umfassende Kompetenz verfügt, ist der Umfang der Rechtsetzungskompetenz des Bundes im Bereich des Bürgerrechtes nach Art. 38 BV je nach Konstellation des Bürgerrechtserwerbs unterschiedlich: 238

> [1] Der Bund regelt Erwerb und Verlust der Bürgerrechte durch Abstammung, Heirat und Adoption. Er regelt zudem den Verlust des Schweizer Bürgerrechts aus anderen Gründen sowie die Wiedereinbürgerung.
>
> [2] Er erlässt Mindestvorschriften über die Einbürgerung von Ausländerinnen und Ausländern durch die Kantone und erteilt die Einbürgerungsbewilligung.
>
> [3] Er erleichtert die Einbürgerung von:
> a. Personen der dritten Ausländergeneration;
> b. staatenlosen Kindern.

Die Kompetenz des Bundes ist umfassend bezüglich 239

- des Erwerbs des Bürgerrechtes durch Abstammung, Heirat und Adoption,
- der Wiedereinbürgerung,
- der Erleichterung der Einbürgerung von Angehörigen der dritten Generation und staatenloser Kinder sowie
- des Verlusts des Schweizer Bürgerrechtes.

240 Demgegenüber kommt dem Bund im Bereich der ordentlichen Einbürgerung lediglich eine Grundsatzgesetzgebungskompetenz zu, die eine minimale Einheitlichkeit der kantonalen Praxis sicherstellen soll. Die Voraussetzungen der ordentlichen Einbürgerung werden im Rahmen der vom Bund erlassenen Grundsätze von den Kantonen vorgegeben.

241 Die Grundsatzgesetzgebungskompetenz des Bundes im Bereich der ordentlichen Einbürgerung wurde lange Zeit restriktiv als blosse Kompetenz zum Erlass von Mindestvorschriften interpretiert. Aufgrund der konzeptionellen Ähnlichkeit von Mindestvorschriften und Grundsätzen (Botschaft BV, BBl 1997 I 1, S. 228; AUER/MALINVERNI/HOTTELIER, Rz. 1062) ist heute praktisch unbestritten, dass Art. 38 Abs. 2 BV den Bund ermächtigt, Grundsätze für die ordentliche Einbürgerung zu erlassen (hierzu auch BBl 2002 1911, S. 1927 und BBl 2011 2825, S. 2870). Im Rahmen der in der Abstimmung vom 26. September 2004 gescheiterten Teilrevision des BüG (Bundesbeschluss über die ordentliche Einbürgerung sowie über die erleichterte Einbürgerung junger Ausländerinnen und Ausländer der zweiten Generation) hätte daher auch der Wortlaut von Art. 38 Abs. 2 BV angepasst und das Wort «Mindestvorschriften» durch «Grundsätze» ersetzt werden sollen.

242 Der Bund hat gestützt auf Art. 38 BV das Bundesgesetz vom 20. Juni 2014 über das Schweizer Bürgerrecht (Bürgerrechtsgesetz, BüG, SR 141.0) erlassen (hierzu hinten Rz. 1572 ff.).

2. Die verfassungsrechtliche Stellung von Ausländerinnen und Ausländern

243 Die schweizerischen Gesetze mit den darin enthaltenen Rechten und Pflichten der Individuen gelten grundsätzlich für alle in der Schweiz lebenden Personen. Daher haben Ausländerinnen und Ausländer in der Schweiz im Prinzip die gleichen Rechte und Pflichten wie Schweizerinnen und Schweizer. Auf verfassungsrechtlicher Ebene bestehen jedoch gewisse Ausnahmen.

2.1. Ausländerinnen und Ausländer als Grundrechtsträger

244 Grundrechte sind von der Verfassung gewährleistete, grundlegende Rechte der Einzelnen gegenüber dem Staat. Träger der Grundrechte sind dabei grundsätzlich alle Menschen, unabhängig von ihrer Staatsangehörigkeit (sowie auch unabhängig allfälliger Reziprozitätsüberlegungen). Somit sind auch Ausländerinnen und Ausländer Träger der Grundrechte und werden durch diese geschützt.

245 Dieser Grundsatz muss jedoch in verschiedener Hinsicht relativiert werden:

- Einerseits stehen gewisse Grundrechte – die **Bürgerrechte** – ausschliesslich schweizerischen Staatsangehörigen zu, Ausländerinnen und Ausländer können sich nicht auf diese Rechte berufen. Es handelt sich dabei um die

Niederlassungsfreiheit (Art. 24 BV), den Schutz vor Ausweisung und Auslieferung (Art. 25 Abs. 1 BV), das Verbot der Ungleichbehandlung aufgrund der Bürgerrechte (Art. 37 Abs. 2 BV) sowie die politischen Rechte auf Bundesebene (Art. 39 Abs. 1 BV i.V.m. Art. 136 Abs. 1 BV, eingehend hierzu hinten Rz. 246 ff.). Solche Einschränkungen bezüglich der Grundrechtsträgerschaft sind den meisten Verfassungen bekannt. So unterscheidet zum Beispiel das deutsche Grundgesetz zwischen «Jedermannsgrundrechten», die allen Menschen zustehen, und «Deutschen-Grundrechten», die nur Deutschen zustehen (dazu gehören die Versammlungs- und Vereinigungsfreiheit, die Freizügigkeit, die Berufsfreiheit im engeren Sinne, der Schutz vor Ausbürgerung und Auslieferung, das Widerstandsrecht sowie die staatsbürgerlichen Rechte und Pflichten).

- Andererseits **schützen einzelne Grundrechte ausschliesslich Ausländerinnen sowie Ausländer**. Es handelt sich dabei um das flüchtlingsrechtliche (Art. 25 Abs. 2 BV) und das menschenrechtliche Refoulementverbot (Art. 25 Abs. 3 BV), die im Zuge der Nachführung der Bundesverfassung in die BV aufgenommen wurden, aber beide freilich bereits aufgrund der völkerrechtlichen Verpflichtungen der Schweiz bestehen (siehe vorne Rz. 135 ff. und Rz. 152 ff.).
- Einzelne Grundrechte sind zwar nicht speziell Ausländerinnen und Ausländern vorbehalten, verfügen aber über **Schutzbereiche, die in Bezug auf gewisse Sachverhalte vor allem ausländische Staatsangehörige schützen**. Dies gilt etwa für die Rechtsgleichheit und das Diskriminierungsverbot (Art. 8 BV), das Recht auf persönliche Freiheit (Art. 10 Abs. 2 BV, zum Beispiel bei der ausländerrechtlichen Administrativhaft) sowie das Recht auf Achtung des Privat- und Familienlebens (Art. 13 Abs. 1 BV, zum Beispiel im Rahmen des Familiennachzuges sowie bei Entfernungsmassnahmen).
- Auf die **Wirtschaftsfreiheit** von Art. 27 BV können sich Ausländerinnen und Ausländer nur berufen, «soweit sie fremdenpolizeilich uneingeschränkt auf dem schweizerischen Arbeitsmarkt zugelassen sind» (BGE 125 I 182, E. 5a S. 198), das heisst sofern sie über eine Niederlassungsbewilligung verfügen beziehungsweise einen gesetzlichen oder völkerrechtlichen Rechtsanspruch auf Erteilung und Verlängerung der Aufenthaltsbewilligung haben (BGE 131 I 223, E. 1.1 S. 226).
- Gewisse Grundrechte können in Bezug auf Ausländerinnen und Ausländer **stärker eingeschränkt** werden. So bestimmt zum Beispiel Art. 16 EMRK in Bezug auf die für die politische Tätigkeit relevanten Rechte der Meinungsfreiheit, der Versammlungs- und Vereinigungsfreiheit sowie des Diskriminierungsverbotes, diese seien «nicht so auszulegen, als untersagten

sie den Hohen Vertragsparteien, die politische Tätigkeit ausländischer Personen zu beschränken».

2.2. Die Ausübung politischer Rechte durch Ausländerinnen und Ausländer

246 Demokratie wird heute umgangssprachlich als Inbegriff für eine gute politische Ordnung verstanden. Aber sowohl im allgemeinen Sprachgebrauch als auch in der Politikwissenschaft entzieht sich der Terminus Demokratie einer allgemeingültigen und präzisen Definition. Etymologisch leitet sich der Begriff Demokratie aus den griechischen Worten «*demos*» und «*kratein*» ab und bedeutet daher im eigentlichen Wortsinn Herrschaft oder Machtausübung durch das Volk. Begrifflich bezeichnet Demokratie also eine Herrschaftsform, die auf dem Gedanken der Selbstgesetzgebung des Volkes und der Volkssouveränität beruht. Abgesehen von diesem demokratietheoretischen Minimalkonsens – der in der Forderung nach allgemeinen, gleichen, direkten, geheimen und freien Wahlen seinen Niederschlag findet – trennen jedoch Welten die verschiedenen Demokratiedefinitionen.

247 In gleicher Weise wie der Begriff der Demokratie entzieht sich auch der Begriff des Volkes einer klaren, eindeutigen und allgemeingültigen Definition. Vielmehr nimmt er in Zeit, Raum und Kontext unterschiedliche Inhalte und Bedeutungen an. Auch die Frage nach der Zugehörigkeit zum Volk, von dem alle staatliche Macht ausgeht, ist seit alters her eine Streitfrage und stellt weiterhin eine ständige Herausforderung für die heutigen demokratischen Systeme dar.

248 Die staats- und demokratietheoretischen Debatten sowie die Entwicklung der Stimmfähigkeit seit 1848 zeigen eindrücklich, dass das Volk ein dynamisches und sich ständig veränderndes Gebilde ist. Frühere Einschränkungen der Zugehörigkeit zum Volk wirken aus heutiger Sicht diskriminierend sowie willkürlich und erweisen sich im Rückblick als vorurteilsbehaftet, paternalistisch und stereotype Gesellschaftsansichten perpetuierend. Der Einschluss neuer Gruppen ins Volk und somit die Ausdehnung des Stimm- und Wahlrechtes erfolgte dabei in aller Regel nur nach erbitterten gesellschaftlichen Kämpfen.

249 Die Frage, ob Ausländerinnen und Ausländer Zugang zu den politischen Rechten erhalten sollen, wird seit Jahren kontrovers und emotionsgeladen debattiert (eingehend hierzu und zum Folgenden MARTINA CARONI, Herausforderung Demokratie, ZSR 132 (2013) II, S. 34 ff.). Entgegen weit verbreiteten Vorstellungen ist das Thema Ausländerstimmrecht aber alles andere als neu und es gibt zahlreiche Beispiele aus der Vergangenheit für die Beteiligung von Ausländerinnen und Ausländern an der demokratischen Entscheidfindung. So räumte zum Beispiel bereits die französische Verfassung von 1793 Ausländern

unter bestimmten Voraussetzungen das Stimmrecht ein. Das Ausländerstimmrecht war auch in den Vereinigten Staaten weit verbreitet: Mindestens 22 Gliedstaaten gewährten im 19. Jahrhundert ausländischen Staatsangehörigen das Recht, an der politischen Entscheidfindung mitzuwirken. Und selbst in der Schweiz ist Ausländern das Stimmrecht bereits früh eingeräumt worden: Der Kanton Neuenburg führte dieses schon 1849 auf kommunaler Ebene ein.

Die Einführung des Ausländerstimmrechtes im Kanton Neuenburg im Jahr 1849 geht freilich auf einen Irrtum zurück. Die kantonalen Behörden hatten damals zu Unrecht angenommen, dass die mit Frankreich und Sardinien abgeschlossenen Niederlassungsverträge zur Einräumung politischer Rechte an die betreffenden Staatsangehörigen verpflichteten und erstreckten das Stimmrecht gleich auf alle Ausländer, da der Staatsrat befand, «il eût être difficile qu'il en fût autrement, à mesure que tous sont appelés à contribuer, du plus ou moins, aux dépenses publiques locales» (Zitiert nach PHILIPPE BOIS, Une particularité du droit public neuchâtelois – Le droit de vote des étrangers en matière communale, in: Musée neuchâtelois 1973 I 21 ff., S. 23). 250

a) Politische Rechte auf eidgenössischer Ebene

Auf eidgenössischer Ebene sind Ausländerinnen und Ausländer weder stimm- noch wahlberechtigt, denn Art. 136 Abs. 1 BV beschränkt die Stimm- und Wahlberechtigung auf Schweizer Staatsangehörige: 251

> Die politischen Rechte in Bundessachen stehen allen Schweizerinnen und Schweizern zu, die das 18. Altersjahr zurückgelegt haben und die nicht wegen Geisteskrankheit oder Geistesschwäche entmündigt sind. Alle haben die gleichen politischen Rechte und Pflichten.

An die Stimmberechtigung in eidgenössischen Angelegenheiten und somit an die schweizerische Staatsangehörigkeit ist sowohl das aktive (Art. 136 Abs. 2 BV) und passive Wahlrecht bei Nationalratswahlen (Art. 143 BV) als auch das Recht, Initiativen und Referenden zu unterzeichnen (Art. 136 Abs. 2 BV), gekoppelt. Davon nicht erfasst werden hingegen Ständeratswahlen, da diese als kantonale Wahlen in die Kompetenz der Kantone fallen (Art. 150 Abs. 3 BV). 252

Das Thema Ausländerstimmrecht wurde im Rahmen der Arbeiten an der neuen Bundesverfassung zwar aufgegriffen, doch verzichtete der Bundesrat auf die Aufnahme einer entsprechenden Bestimmung, da die Einführung des Ausländerstimmrechtes den Rahmen der Nachführung gesprengt hätte (Botschaft BV, BBl 1997 I 1, S. 224). Er gab zudem auch zu bedenken, dass es nicht opportun erscheine, das Ausländerstimmrecht auf Bundesebene vorzuschlagen, da «die politische Integration der Ausländerinnen und Ausländer (...) nicht auf eidgenössischer Ebene ihren Anfang nehmen [sollte], sondern in ihrem unmittelbaren Umfeld, das heisst in ihren Wohngemeinden» (Botschaft BV, BBl 1997 I 1, S. 359). 253

Die 2. Frauensession vom 29. und 30. Oktober 2021 hat der Bundesversammlung die gegenwärtig noch hängige Petition «*Einführung politischer Rechte für Einwohner:innen der Schweiz ohne Schweizer Staatsbürgerschaft*» (21.2040) überwiesen; diese fordert, dass Personen ohne Schwei- 254 zer Staatsbürgerschaft, die seit fünf Jahren in der Schweiz leben, auf Bundesebene das aktive und passive Wahlrecht sowie das Stimmrecht erhalten sollen.

b) Politische Rechte auf kantonaler und kommunaler Ebene

255 Während auf Bundesebene die Frage des Ausländerstimmrechtes gegenwärtig kaum diskutiert wird, ist das Thema der politischen Mitwirkung von Ausländerinnen und Ausländern in den Kantonen sehr präsent. Bereits die Bundesverfassung von 1848 beliess den Kantonen einen beträchtlichen Spielraum in Bezug auf das Stimmrecht in kantonalen und kommunalen Angelegenheiten. Diese Ausprägung der kantonalen Organisationsautonomie ist heute in Art. 39 Abs. 1 BV verankert. Im Rahmen der von der Bundesverfassung vorgegebenen Leitplanken fällt die Bestimmung des Kreises der Stimmberechtigten für die Ausübung der politischen Rechte auf kantonaler und kommunaler Ebene in die Kompetenz der Kantone. Es ist daher den Kantonen unbenommen, diesen Kreis weiter zu fassen als auf Bundesebene und zum Beispiel auch Ausländerinnen und Ausländern das Stimmrecht einzuräumen.

256 Heute besteht in mehreren Kantonen für Ausländerinnen und Ausländer die Möglichkeit einer politischen Mitbestimmung. Dabei unterscheiden sich die gewählten Lösungen sowohl in Bezug auf die Voraussetzungen und Ausgestaltung (zum Beispiel bestimmte Aufenthaltsdauer in der Schweiz beziehungsweise Wohnsitzdauer im Kanton, Art der ausländerrechtlichen Bewilligung, Erteilung des Stimmrechtes automatisch oder auf Gesuch hin etc.) als auch auf ihren sachlichen Geltungsbereich und die Staatsebene:

– **Ausländerstimmrecht auf kommunaler und kantonaler Ebene**: In den Kantonen Jura und Neuenburg sind Ausländerinnen und Ausländer sowohl auf kommunaler als auch auf kantonaler Ebene stimmberechtigt. Nach diversen Ausweitungen im Laufe der Jahre – das Ausländerstimmrecht existiert seit der Kantonsgründung – sind im **Kanton Jura** Ausländerinnen und Ausländer in kantonalen Angelegenheiten stimmberechtigt, wenn sie seit zehn Jahren in der Schweiz und seit einem Jahr im Kanton wohnen (Art. 73 KV JU sowie Art. 3 Abs. 1 LDP JU). Vom sachlichen Geltungsbereich des Ausländerstimmrechtes sind jedoch gewisse Verfassungsabstimmungen ausgeschlossen. In kommunalen Angelegenheiten sind Ausländerinnen und Ausländer stimmberechtigt, die zusätzlich zu den für die kantonale Ebene geltenden Voraussetzungen seit dreissig Tagen in der betreffenden Gemeinde leben (Art. 3 Abs. 3 LDP JU). Seit 1984 können zudem stimmberechtigte Ausländerinnen und Ausländer in kommunale Kommissionen, seit 1999 in Gemeindeparlamente sowie seit 2014 – mit Ausnahme des Amtes der Gemeindepräsidentin beziehungsweise des Gemeindepräsidenten – in Gemeinderäte gewählt werden (Art. 6 Abs. 4 und 5 LDP JU). Im

Kanton Neuenburg sind auf kommunaler Ebene jene niedergelassenen Ausländerinnen und Ausländer stimmberechtigt, die seit mindestens einem Jahr im Kanton wohnen (Art. 3 lit. c LDP NE). Das erst im Zuge der Totalrevision der Kantonsverfassung im Jahr 2000 eingeführte Ausländerstimmrecht in kantonalen Angelegenheiten erfasst niedergelassene Ausländerinnen und Ausländer, die seit mindestens fünf Jahren im Kanton wohnhaft sind (Art. 37 Abs. 1 lit. c KV NE, Art. 2 lit. c LDP NE). Es bestehen keine Einschränkungen des sachlichen Geltungsbereiches, doch sind stimmberechtigte Ausländerinnen und Ausländer auf kantonaler Ebene nicht wählbar.

- **Ausländerstimmrecht auf kommunaler Ebene**: In den Kantonen Waadt, Freiburg und Genf werden Ausländerinnen und Ausländern nach einer bestimmten Wohnsitzdauer auf kommunaler Ebene politische Rechte eingeräumt. Seit 2003 sind im **Kanton Waadt** in kommunalen Angelegenheiten Ausländerinnen und Ausländer stimmberechtigt, die seit mindestens zehn Jahren mit Bewilligung in der Schweiz leben und seit mindestens drei Jahren im Kanton Waadt wohnhaft sind (Art. 142 Abs. 1 lit. b KV VD; Art. 3 Abs. 2 lit. b LEDP VD). Das kommunale waadtländische Ausländerstimmrecht weist einen umfassenden sachlichen Geltungsbereich auf und Ausländerinnen und Ausländern steht auf kommunaler Ebene zudem auch das passive Wahlrecht zu. Die im Jahr 2004 totalrevidierte Verfassung des **Kantons Freiburg** räumt niedergelassenen Ausländerinnen und Ausländern in kommunalen Angelegenheiten das Stimmrecht ein, sofern die Betreffenden seit mindestens fünf Jahren im Kanton ihren Wohnsitz haben (Art. 48 Abs. 1 lit. b KV FR, Art. 2a Abs. 1 lit. b PRG FR). Das kommunale Ausländerstimmrecht erfasst auch das passive Wahlrecht (Art. 48 Abs. 3 PRG FR). Das Ausländerstimmrecht im **Kanton Genf** wurde 2005 – schweizweit bislang einmalig – durch die Annahme der Initiative «*J'y vis, j'y vote*» eingeführt. In kommunalen Angelegenheiten stimmberechtigt sind Ausländerinnen und Ausländer, die seit mindestens acht Jahren ihren rechtmässigen Wohnsitz in der Schweiz haben (Art. 48 Abs. 3 KV GE, Art. 3 LEDP GE). Stimmberechtigten Ausländerinnen und Ausländern kommt dabei lediglich das aktive Stimmrecht zu.
- **Fakultatives Ausländerstimmrecht auf kommunaler Ebene**: In den drei Kantonen Appenzell Ausserrhoden, Graubünden und Basel-Stadt besteht ein fakultatives kommunales Stimmrecht für Ausländerinnen und Ausländer. Während im Kanton Appenzell Ausserrhoden die Voraussetzungen für die Erteilung des Ausländerstimmrechtes bereits in der Kantonsverfassung verankert sind, überlassen die Kantone Graubünden und Basel-Stadt diese Frage den Gemeinden zur autonomen Regelung. Bereits 1995 räumte der **Kanton Appenzell Ausserrhoden** im Rahmen der Totalrevision der Kantonsverfassung seinen Gemeinden die Möglichkeit ein, ausländischen

Staatsangehörigen, die seit zehn Jahren in der Schweiz und seit fünf Jahren im Kanton wohnen, das aktive und passive Stimmrecht zu erteilen (Art. 105 Abs. 2 KV AR). Dabei gilt die Besonderheit, dass das Stimmrecht Ausländerinnen und Ausländern nicht automatisch bei Erfüllung der Voraussetzungen, sondern nur auf Gesuch hin erteilt wird. Bislang haben die Gemeinden Wald, Speicher, Trogen und Rehetobel von ihrer Kompetenz Gebrauch gemacht und das kommunale Ausländerstimmrecht eingeführt. Ebenfalls im Rahmen der Totalrevision der Kantonsverfassung wurde im Jahr 2003 im **Kanton Graubünden** das fakultative kommunale Ausländerstimmrecht eingeführt (Art. 9 Abs. 4 KV GR). Entscheidet sich eine Gemeinde zur Einführung des Ausländerstimmrechtes, so ist sie – innerhalb der rechtsstaatlichen Schranken – frei, den Umfang des Ausländerstimmrechtes sowie dessen Voraussetzungen festzulegen. Bislang haben 24 meist kleinere Bündner Gemeinden das Ausländerstimmrecht eingeführt. 2006 wurde schliesslich auch im **Kanton Basel-Stadt** im Rahmen der Totalrevision der Kantonsverfassung die Möglichkeit eines fakultativen kommunalen Ausländerstimmrechtes geschaffen, indem die Einwohnergemeinden Riehen und Bettingen die Kompetenz erhielten, das «Stimm- und Wahlrecht in Gemeindeangelegenheiten auf weitere Einwohner und Einwohnerinnen» auszudehnen (§ 40 Abs. 2 KV BS). Riehen und Bettingen haben von dieser Möglichkeit bislang noch keinen Gebrauch gemacht.

- **Beratende Mitwirkung**: In verschiedener Hinsicht nimmt der **Kanton Thurgau** eine Sonderstellung ein: Zum einen, weil er zwischen 1870 und 1904 ein kommunales Ausländerstimmrecht in finanziellen Angelegenheiten kannte. Zum anderen, weil er eine fakultative Möglichkeit zur beratenden Mitwirkung durch niedergelassene Ausländerinnen und Ausländer auf kommunaler Ebene kennt (§ 19 KV TG, § 2 Abs. 1 StWG TG). Ein gutes Dutzend Gemeinden hat bis heute von dieser Möglichkeit Gebrauch gemacht.

- **Politische Mitwirkung durch besondere Partizipationsinstrumente**: Der Einbezug von Ausländerinnen und Ausländern in den politischen Prozess kann auch in Form besonderer Partizipationsinstrumente erfolgen. So kennt etwa die Stadt Bern seit 2016 die Partizipationsmotion. Diese räumt Ausländerinnen und Ausländern, die seit mindestens drei Monaten in der Gemeinde wohnhaft sind, die Möglichkeit ein, dem Stadtrat einen Vorstoss zu unterbreiten. Am 4. März 2021 ist die erste Partizipationsmotion zur Frage der sprachlichen Anforderungen bei der Anstellung von Personal für die städtischen Verkehrsbetriebe BernMobil vom Stadtrat angenommen worden. Zwei weitere Partizipationsmotionen sind gegenwärtig in der Stadt Bern hängig. Ähnliche Instrumente bestehen zum Bespiel auch in den Städten Burgdorf (Ausländerantrag), Winterthur (Ausländervorstoss) und

St.Gallen (Vorstoss der Migrantinnen und Migranten). In anderen Gemeinden können Ausländerinnen und Ausländer am allgemeinen Antragsrecht der Wohnbevölkerung teilnehmen, zum Beispiel in Riehen (Volksanregung) und Zollikofen (Volksmotion und Volkspostulat). Weiter steht in der Stadt Luzern das Bevölkerungsantragsrecht auch niedergelassenen Ausländerinnen und Ausländern offen. Schliesslich verfügt die Stadt Zürich über einen Ausländerinnen- und Ausländerbeirat, der dem Stadtrat die Anliegen und Bedürfnisse der ausländischen Bevölkerung übermittelt. Siehe zur politischen Mitwirkung von Ausländerinnen und Ausländern durch besondere Partizipationsrechte CORSIN BISAZ, Jugend- und Ausländermotionen, AJP 2016, S. 1356 ff.

– **Keine politischen Rechte für Ausländerinnen und Ausländer**: In der Mehrzahl der Kantone wurde die Frage der Einräumung politischer Rechte jedoch bislang noch nicht thematisiert beziehungsweise abschlägig entschieden. In einzelnen Kantonen ist die Frage des Einbezugs von Ausländerinnen und Ausländern in den Kreis der Stimmberechtigten im Rahmen der Totalrevision der Kantonsverfassung aufgeworfen und diskutiert worden. So hatte zum Beispiel der Entwurf des Regierungsrates für die neue Luzerner Verfassung mit § 15 Abs. 2 als Variante noch vorgesehen, dass die Gemeinden das «Stimmrecht ausserdem Ausländerinnen und Ausländern erteilen [können], die seit zehn Jahren in der Schweiz und davon seit fünf Jahren im Kanton wohnen». Diese Variante wurde indes – wie auch entsprechende Vorschläge in den Kantonen St.Gallen, Zürich und Schwyz – im Rahmen der parlamentarischen Beratung gestrichen. In mehreren Kantonen wurde bzw. wird die Einführung eines (fakultativen) kommunalen Ausländerstimmrechtes durch parlamentarische Vorstösse gefordert. Entsprechende Vorstösse sind gegenwärtig in den Kantonen Zürich, Luzern und Tessin hängig, während sie in den Kantonen St.Gallen, Bern und Genf gescheitert sind. Im Kanton Basel-Stadt ist gegenwärtig die vom Grossen Rat am 3. Juni 2020 überwiesene Motion 19.5500 betreffend «*Stimmrecht für Einwohner/innen ohne Schweizer Bürgerrecht*» hängig und der Regierungsrat ist aufgerufen, eine Vorlage betreffend ein kantonales Ausländerstimmrecht auszuarbeiten. In mehreren Kantonen ist die Einführung des Ausländerstimmrechtes schliesslich auch durch Volksinitiativen angeregt worden. Die einzige bislang erfolgreiche Initiative war die bereits erwähnte Genfer Initiative «*J'y vis, j'y vote*», die 2005 zur Einführung des kommunalen Ausländerstimmrechtes im Kanton Genf führte. Im Frühjahr 2022 ist im Kanton Genf nunmehr die Volksinitiative «*Une vie ici, une voix ici... renforçons notre démocratie*» gestartet worden, die die Einführung des Ausländerstimmrechtes auch auf kantonaler Ebene anregt. Alle anderen vergleichbaren kantonalen Volksinitiativen – etwa in den

Kantonen Solothurn, Glarus, Bern, Basel-Stadt, Luzern und Zürich – sowie weitere einschlägige politische Vorstösse sind bislang gescheitert.

c) Exkurs: Die Wahrnehmung politischer Rechte im Heimatstaat

257 Wahlen und Abstimmungen sind Ausdruck hoheitlichen Handelns, denn der Einzelne nimmt nicht nur ein Individualrecht, sondern auch als Teil des Staatsorganes Volk seine Rechte wahr. Aufgrund der territorialen Souveränität verfügt jedoch jeder Staat über die ausschliessliche Zuständigkeit zur Ausübung staatlicher Funktionen in seinem Hoheitsgebiet. Deshalb ist es ausländischen Staaten untersagt, innerhalb des Herrschaftsbereiches eines anderen Staates hoheitlich im Rahmen der Rechtsdurchsetzung tätig zu werden, es sei denn, der ausländische Staat könne sich auf eine völkerrechtliche Ermächtigungsnorm stützen. Bis 1989 galt daher die Praxis, dass von der Schweiz aus kein Stimm- und Wahlrecht in einem ausländischen Staat wahrgenommen werden durfte, da dies fremdes hoheitliches Handeln auf schweizerischem Territorium dargestellt hätte. 1989 wurde diese Praxis aufgegeben. Seither können Ausländerinnen und Ausländer in der Schweiz an Wahlen und Abstimmungen in ihren Heimatstaaten teilnehmen (falls die Heimatstaaten ihren im Ausland lebenden Staatsangehörigen diese Möglichkeit einräumen) und die Wahl- und Abstimmungszettel auf postalischem Weg entweder direkt an die zuständige Behörde im Ausland oder an die diplomatische oder konsularische Mission senden. Seit 1994 können zudem in der Schweiz wohnhafte Ausländerinnen und Ausländer ihre Stimme direkt in den Botschaften und Konsulaten ihres Heimatlandes abgeben.

258 Zum Stimmrecht von Auslandschweizerinnen und Auslandschweizern in der Schweiz führt Art. 40 Abs. 2 BV aus, dass der Bund «Vorschriften über die Rechte und Pflichten der Auslandschweizerinnen und Auslandschweizer [erlässt], namentlich in Bezug auf die Ausübung der politischen Rechte (…)». In Abweichung vom Wohnsitzprinzip, wonach die politischen Rechte nur am Wohnort ausgeübt werden können, wurde 1966 Art. 45bis in die aBV aufgenommen und die Grundlage für die Einführung des Stimmrechtes in eidgenössischen Angelegenheiten für Auslandschweizerinnen und Auslandschweizer geschaffen. Damit sollte, so der Bundesrat in seiner Botschaft zum Bundesgesetz über die politischen Rechte der Auslandschweizer vom 19. Dezember 1975 (nicht mehr in Kraft), eine stärkere Verbundenheit mit der Schweiz sowie die Vermeidung des Gefühls bei Auslandschweizerinnen und Auslandschweizern, Bürger zweiter Klasse zu sein, erreicht werden. Hinzu kam, dass Auslandschweizerinnen und Auslandschweizer durch den Gegenstand zahlreicher Abstimmungen betroffen sind. Seither können auch Schweizerinnen und Schweizer mit Wohnsitz im Aus-

land an Wahlen und Abstimmungen auf Bundesebene teilnehmen und Referenden sowie Initiativen unterzeichnen. Dabei wird das Stimmrecht nach Art. 18 des Bundesgesetzes über Schweizer Personen und Institutionen im Ausland (Auslandschweizergesetz, ASG, SR 195.1) in der letzten Wohngemeinde in der Schweiz oder, wenn keine solche besteht, in der Heimatgemeinde, ausgeübt (siehe zum Ganzen MAY-BRITT HORLACHER, Die politischen Rechte der Auslandschweizerinnen und Auslandschweizer, Zürich 2017).

Die Frage der Stimmberechtigung von Auslandschweizerinnen und Auslandschweizern in kantonalen und kommunalen Angelegenheiten fällt in die Kompetenz der Kantone (Art. 40 Abs. 2 BV, Art. 15 Abs. 2 ASG). Die zahlreichen Totalrevisionen kantonaler Verfassungen der vergangenen 25 Jahre haben zu einer starken Zunahme der Zahl von Kantonen geführt, die das Stimmrecht auch Auslandschweizerinnen und Auslandschweizern einräumen. Während die meisten Kantone das kommunale und kantonale Stimmrecht für Schweizer Staatsangehörige mit Wohnsitz im Ausland analog zur Regelung des ASG regeln und dieses somit sowohl Kantonsbürgerinnen und Kantonsbürgern als auch ehemals im Kanton wohnhaften Schweizerinnen und Schweizern gewähren, beschränkt der Kanton Tessin dieses auf im Ausland wohnhafte Kantonsbürgerinnen und Kantonsbürger. Im Kanton Graubünden sind in kantonalen Angelegenheiten im Ausland wohnhafte Schweizer Staatsangehörige stimmberechtigt, sofern sie entweder das kantonale Bürgerrecht besitzen oder vormals im Kanton Wohnsitz hatten; in kommunalen Angelegenheiten können die Gemeinden frei entscheiden, ob sie ihnen die politischen Rechte gewähren. Schliesslich räumen einzelne Kantone Auslandschweizerinnen und Auslandschweizern gar keine politischen Rechte ein. In den meisten Kantonen, die Schweizer Staatsangehörigen mit Wohnsitz im Ausland das Stimmrecht gewähren, stand das Argument im Vordergrund, dass die Heimatverbundenheit mit dem Kanton meist genau so hoch oder tief sei wie mit dem Bund und daher eine unterschiedliche Handhabung des Stimmrechtes auf eidgenössischer und kantonaler Ebene nicht gerechtfertigt wäre. 259

§ 6 Migrationsrecht in der Europäischen Union

Literatur: JAAG TOBIAS/HÄNNI JULIA, Europarecht – Die europäischen Institutionen aus schweizerischer Sicht, 5. Auflage, Zürich 2022; KELLERHALS ANDREAS/BAUMGARTNER TOBIAS/TRÜTEN DIRK, Europarecht in a nutshell, 3. Auflage, Zürich 2016; MEISSNER VITTORIA, Asyl-, Einwanderungs- und Visapolitik, in: WEIDENFELD WERNER/WESSELS WOLFGANG (Hrsg.) Jahrbuch der Europäischen Integration 2021, Baden-Baden 2021; OESCH MATTHIAS, Europarecht, Band I: Grundlagen, Institutionen, Verhältnis Schweiz-EU, 2. Auflage, Bern 2019; OESCH MATTHIAS, Schweiz – Europäische Union, Grundlagen, Bilaterale Abkommen, Autonomer Nachvollzug, Zürich 2020; OESCH MATTHIAS, Die bilateralen Abkommen Schweiz-EU und die Übernahme von EU-Recht, in: AJP 5/2017, S. 638 ff.; PEERS STEVE/GUILD ELSPETH/TOMKIN JONATHAN, EU Immigration and Asylum Law (Text and Commentary), 2. Auflage, Leiden 2012; PROGIN-THEUERKAUF SARAH/HRUSCHKA CONSTANTIN, Entwicklungen im europäischen Asylrecht, in: Epiney Astrid/Zlatescu Petru Emanuel (Hrsg.), Schweizerisches Jahrbuch für Europarecht 2020/2021, Zürich, Bern, 2021, S. 107 ff.; PROGIN-THEUERKAUF SARAH/PHAN TOBIAS, Droit européen de l'asile, Bern 2020; STREINZ RUDOLF, Europarecht, 11. Auflage, Heidelberg 2019; THYM DANIEL/HAILBRONNER KAY, EU Immigration and Asylum Law – Article-by-Article Commentary, 3. Auflage, München 2022; WOLLENSCHLÄGER FERDINAND (Hrsg.), Europäischer Freizügigkeitsraum – Unionsbürgerschaft und Migrationsrecht, Band 10 der Enzyklopädie Europarecht, 1. Auflage, Baden-Baden, 2021.

1. Einleitung

Die migrationsrechtlichen Regelungen und Entwicklungen auf Ebene der EU sind für die Schweiz in mannigfacher Weise von Bedeutung: Die Schweiz hat sich der europäischen Grenzkontrollregelung angeschlossen, nimmt am Dublin-System teil, nähert sich mit dem Freizügigkeitsabkommen dem innerhalb der EU geltenden freien Personenverkehr an und versucht, im Rahmen des Familiennachzuges die eigenen Staatsangehörigen nicht schlechter zu behandeln als Staatsangehörige der EU-Mitgliedstaaten. Wegen der Bedeutung des EU-Migrationsrechtes für das Schweizer Migrationsrecht wird im vorliegenden Kapitel ein Überblick über die verschiedenen Pfeiler des europäischen Migrationsrechtes gegeben. Zunächst werden indes einige wenige für das Verständnis der Wurzeln und der Weiterentwicklung des europäischen Migrationsrechtes notwendige institutionelle Grundlagen erläutert. 260

2. Die institutionellen Rahmenbedingungen des europäischen Migrationsrechtes

261 Am Anfang des Prozesses der europäischen Integration standen drei eigenständige internationale Organisationen: Die 1951 gegründete Europäische Gemeinschaft für Kohle und Stahl (Montanunion) sowie die durch die Römer Verträge im Jahr 1957 gegründeten Europäische Wirtschaftsgemeinschaft (EWG) und Europäische Atomgemeinschaft (Euratom). 1965 wurden die bis dahin selbständigen Organe der drei Gemeinschaften zusammengelegt. Mit der Einheitlichen Europäischen Akte (EEA, ABl. L 169 vom 29. Juni 1987) erfolgte 1986 eine weitere Vertiefung der Zusammenarbeit und Institutionalisierung und mit dem Vertrag von Maastricht (Vertrag über die Europäische Union, ABl. C 191 vom 29. Juli 1992) wurde 1992 die Europäische Union gegründet, die als Dach über den drei Gemeinschaften steht. Der Vertrag von Maastricht führte auch zur Umbenennung der Europäischen Wirtschaftsgemeinschaft in Europäische Gemeinschaft (EG) und zur Schaffung der Gemeinsamen Aussen- und Sicherheitspolitik sowie der Zusammenarbeit in den Bereichen Justiz und Inneres. Der im Jahr 1997 verabschiedete Vertrag von Amsterdam (Vertrag von Amsterdam zur Änderung des Vertrags über die Europäische Union, der Verträge zur Gründung der Europäischen Gemeinschaften sowie einiger damit zusammenhängender Rechtsakte, ABl. C 340 vom 10. November 1997) überführte die bisher intergouvernementale Zusammenarbeit in Bezug auf Migration und Asyl in die supranationale Struktur der Gemeinschaft und ermöglichte es dieser, einfacher verbindliche Massnahmen zu vereinbaren. Der Vertrag von Lissabon (Vertrag von Lissabon zur Änderung des Vertrags über die Europäische Union und des Vertrags zur Gründung der Europäischen Gemeinschaft, ABl. C 306 vom 17. Dezember 2007) aus dem Jahre 2007 führte schliesslich zur Auflösung der EG und deren Überführung in die Europäische Union. Da auch die Montanunion 2002 nach 50-jährigem Bestehen aufgelöst wurde, existiert von den drei Gründungsgemeinschaften heute nur noch die Euratom. Die EU stützt sich auf den Unionsvertrag (EUV, ABl. C 326 vom 26. November 2012), den Vertrag über die Arbeitsweise der Europäischen Union (AEUV, ABl. C 326 vom 26. November 2012) und den Euratom-Vertrag (EAGV, ABl. C 84 vom 30. März 2010).

262 Die EU ist das einzige Beispiel einer supranationalen Organisation. Sie verfügt über weitgehende hoheitliche Befugnisse gegenüber den Mitgliedstaaten und deren Staatsangehörigen. Sowohl die EU als auch die Euratom haben Rechtspersönlichkeit und können mit Staaten und anderen Völkerrechtssubjekten Verträge abschliessen und internationalen Organisationen als Mitglieder beitreten.

Die Kompetenzverteilung zwischen der EU und ihren Mitgliedstaaten erfolgt nach dem in Art. 4 f. EUV verankerten – und mit der Kompetenzverteilung der Bundesverfassung vergleichbaren – Prinzip der begrenzten Einzelermächtigung der Union: «(...) die Union [wird] nur innerhalb der Grenzen der Zuständigkeiten tätig, die die Mitgliedstaaten ihr in den Verträgen zur Verwirklichung der darin niedergelegten Ziele übertragen haben. Alle der Union nicht in den Verträgen übertragenen Zuständigkeiten verbleiben bei den Mitgliedstaaten». 263

Das Unionsrecht bildet eine eigenständige Rechtsordnung und beansprucht unmittelbare Geltung und Wirkung in den Mitgliedstaaten, ohne dass es der Umsetzung in das innerstaatliche Recht bedürfte (EuGH, Urteil vom 15. Juli 1964, *Flaminio Costa gegen E.N.E.L.*, C-6/64, ECLI:EU:C:1964:66). Es geniesst sogenannten Anwendungsvorrang gegenüber dem nationalen Recht der Mitgliedstaaten. Das bedeutet, dass nationales Recht im Kollisionsfall mit dem Unionsrecht zurückzutreten hat. Bei der Ausübung der Kompetenzen hat die EU indes die Grundsätze der Subsidiarität und der Verhältnismässigkeit zu beachten (Art. 5 EUV). So soll sie nicht mehr Kompetenzen in Anspruch nehmen, als für die Erreichung der Zielsetzungen erforderlich sind. 264

Die Verträge zur Gründung der EG und EU sowie die Beitritts- und Änderungsverträge machen zusammen mit den vom Gerichtshof entwickelten allgemeinen Rechtsgrundsätzen das *primäre* Unionsrecht aus. Das *sekundäre* Unionsrecht besteht aus den von den Unionsorganen im Einklang mit der in den Verträgen vorgesehenen Kompetenzverteilung erlassenen Verordnungen, Richtlinien und weiteren Regelungen. 265

Die EU hat die folgenden Organe: 266

- Das **Europäische Parlament**, das aus maximal 751 in direkter Volkswahl in den Mitgliedstaaten gewählten Abgeordneten besteht (Art. 14 Abs. 2 EUV), wobei seit dem Austritt des Vereinigten Königreichs aus der EU 46 Sitze in Reserve gestellt wurden für den Fall künftiger EU-Erweiterungen. Somit sind derzeit 705 Sitze besetzt. Das Europäische Parlament beteiligt sich grundsätzlich als Mitgesetzgeber zusammen mit dem Ministerrat (siehe unten) am Rechtsetzungsverfahren.
- Der **Europäische Rat**, der sich aus den Staats- und Regierungschefs der Mitgliedstaaten zusammensetzt und das strategische Führungsorgan der EU darstellt.
- Der **Rat**, der sich aus je einer Vertreterin oder einem Vertreter der Regierung der Mitgliedstaaten (auf Ministerniveau) zusammensetzt und der Verbindung der Mitgliedstaaten mit der Union dient. Der Rat hat die Kompetenz zur Festlegung und Koordination der Politik und nimmt im Rahmen der Rechtsetzung eine wichtige Rolle ein.

- Die **Europäische Kommission**, die das supranationale Organ der EU darstellt und der Vertretung der Gesamtinteressen der EU dient. Die Kommission ist aus einer Zahl von Mitgliedern zusammengesetzt, die der Zahl der Mitgliedstaaten entspricht. Hauptaufgabe der Europäischen Kommission ist das Ausarbeiten der Entwürfe von Rechtsakten sowie die Überwachung der Anwendung der Verträge.
- Der **Gerichtshof der Europäischen Union** (EuGH) besteht aus dem **Gerichtshof** und dem **Gericht**. Der Gerichtshof besteht aus 27 Richterinnen und Richtern (eine Person pro Mitgliedstaat) sowie elf Generalanwältinnen und Generalanwälten, die dem Gericht umfassende begründete Anträge vorlegen. Der Gerichtshof ist insbesondere für die Auslegung des EU-Rechts im sogenannten Vorabentscheidungsverfahren zuständig. Das Gericht setzt sich seit 2019 aus zwei Richterinnen und Richtern pro Mitgliedstaat und somit derzeit 54 Richterinnen und Richtern zusammen und ist insbesondere für Nichtigkeitsklagen natürlicher und juristischer Personen zuständig.

3. Europäisches Migrationsrecht und Politikbereiche

267 Die migrationsrechtlichen Regelungen der EU umfassen drei unterschiedliche Regimes, die aus entstehungsgeschichtlichen Gründen zwei verschiedenen Politikbereichen der EU angehören:

- Den **freien Personenverkehr**, der als eine der vier Grundfreiheiten des Binnenmarktes die innereuropäische Bewegung von Unionsbürgerinnen und -bürgern regelt.
- Die dem Politikbereich des Raums der Freiheit, der Sicherheit und des Rechtes zugeordneten Regelungen über die **Einwanderung von Drittstaatsangehörigen in die EU**.
- Das **Flüchtlings- und Asylrecht**, das ebenfalls dem Raum der Freiheit, der Sicherheit und des Rechtes angehört.

268 Ergänzt werden diese migrationsrechtlichen Regimes durch das ebenfalls dem Raum der Freiheit, der Sicherheit und des Rechtes angehörende **Grenzkontrollregime** (Schengen).

269 Während der freie Personenverkehr von Anfang an einen wesentlichen Pfeiler der europäischen Zusammenarbeit in der EWG darstellte, sind die anderen beiden Migrationsregimes erst später mit der Ausweitung der Kompetenzen der

EU dazugekommen. In der Folge sollen die verschiedenen Regimes jeweils im Lichte des Politikbereiches, dem sie angehören, kurz dargestellt werden.

4. Binnenmarkt und Migration: Der freie Personenverkehr

Der freie Personenverkehr geht – wie auch die anderen Grundfreiheiten des Binnenmarktes (Warenverkehrsfreiheit, Dienstleistungsfreiheit, Kapital- und Zahlungsverkehrsfreiheit) – auf den Vertrag zur Gründung der EWG zurück. Dieser erklärte, Ziel der EWG sei die Errichtung eines Gemeinsamen Marktes, in dem Handelshindernisse beseitigt würden und Bedingungen herrschten, die denjenigen eines internen Marktes entsprächen. Dies sollte durch die Vereinfachung des freien Verkehrs der Produktionsfaktoren Waren, Arbeitnehmerinnen und Arbeitnehmer, Dienstleistungen und Kapital erreicht werden. 270

4.1. Die Elemente des freien Personenverkehrs

Der freie Personenverkehr setzt sich aus zwei Elementen zusammen: der Freizügigkeit der Arbeitnehmenden sowie der Niederlassungsfreiheit von Selbständigerwerbenden. Beide betreffen «die Freiheit, sich in einem anderen Mitgliedstaat aufzuhalten oder niederzulassen, d.h. Wohnsitz zu nehmen, eine selbständige oder unselbständige berufliche Tätigkeit auszuüben oder eine Unternehmung zu gründen und zu betreiben» (JAAG/HÄNNI, Rz. 3124). 271

Zu beachten ist, dass die Regelungen über den freien Personenverkehr und die damit verbundenen Rechte nur dann anwendbar sind, wenn Staatsangehörige eines Mitgliedstaates in einen anderen Mitgliedstaat ziehen und dort als Arbeitnehmende oder Selbständigerwerbende tätig sind beziehungsweise sein wollen. Daher können sich Staatsangehörige eines Mitgliedstaates grundsätzlich nicht auf diese Bestimmungen berufen, um gegen ihren eigenen Staat vorzugehen, es sei denn, sie haben von ihren Rechten im Rahmen des freien Personenverkehrs Gebrauch gemacht und kehren nun in ihren Heimatstaat zurück. 272

a) Die Freizügigkeit der Arbeitnehmenden

Die Freizügigkeit der Arbeitnehmenden umfasst nach Art. 45 Abs. 2 AEUV die Abschaffung jeder auf der Staatsangehörigkeit beruhenden unterschiedlichen Behandlung der Arbeitnehmerinnen und Arbeitnehmer der Mitgliedstaa- 273 ten in Bezug auf Beschäftigung, Entlöhnung und sonstige Arbeitsbedingungen. Sie gibt das Recht,

- sich um tatsächlich angebotene Stellen zu bewerben,
- sich zu diesem Zweck im Hoheitsgebiet der Mitgliedstaaten frei zu bewegen,
- sich in einem Mitgliedstaat aufzuhalten, um dort nach den für die Arbeitnehmenden des betreffenden Staates geltenden Bestimmungen eine Beschäftigung auszuüben und
- nach deren Beendigung unter sekundärrechtlich festgelegten Bedingungen zu verbleiben (Art. 45 Abs. 3 AEUV).

Die EU ist durch die Verträge verpflichtet, alle erforderlichen Massnahmen zu treffen, um die Freizügigkeit der Arbeitnehmenden herzustellen, ihre soziale Sicherheit zu garantieren und jegliche Beschränkung der Freizügigkeit, für die nicht ein besonderer Rechtfertigungsgrund vorliegt, zu unterbinden (vgl. Art. 3 Abs. 2 EUV, Art. 26 AEUV, Art. 45-48 AEUV). Entsprechende Massnahmen sind u.a. in der Verordnung (EU) Nr. 492/2011 des Europäischen Parlaments und des Rates vom 5. April 2011 über die Freizügigkeit der Arbeitnehmer innerhalb der Union (ABl. L 141 vom 27. Mai 2011, S. 1 ff.) sowie in der Verordnung (EG) Nr. 883/2004 des Europäischen Parlaments und des Rates vom 29. April 2004 zur Koordinierung der Systeme der sozialen Sicherheit (ABl. L 166 vom 30. April 2004, S. 1 ff.) zu finden.

Freizügigkeitsregelungen sind dabei weder ein neues noch ein europäisches Phänomen. Bereits früher galt in Bezug auf die Bewegung von Menschen in internationalen Räumen der Grundsatz der Freizügigkeit (vorne Rz. 47). Zudem finden sich Freizügigkeitsregelungen heute nicht nur in Europa, sondern auch in anderen Regionen der Welt. So verleihen etwa das westafrikanische ECOWAS-Protokoll über den freien Personenverkehr aus dem Jahr 1979 (*ECOWAS Protocol Relating to Free Movement of Persons, Residence and Establishment*) beziehungsweise das MERCOSUR-Niederlassungsabkommen aus dem Jahr 2002 (*Mercosur Residence Agreement*) Staatsangehörigen der Mitgliedstaaten das Recht auf Aufenthalt und Erwerbstätigkeit im gesamten ECOWAS- beziehungsweise MERCOSUR-Gebiet. Entsprechende Regelungen für Staatangehörige existieren zudem auch unter den Mitgliedstaaten des Golfkooperationsrates. Im Unterschied zu diesen Freizügigkeitsregelungen, die als Nebeneffekt der wirtschaftlichen Zusammenarbeit zwischen den betreffenden Staaten hervorgegangen sind, stellte der freie Personenverkehr innerhalb der EU von Anfang an einen wesentlichen Pfeiler der EU dar und bildet das Kernstück der europäischen Vereinigung.

274 Der Begriff der Arbeitnehmenden ist, als Teil des EU-Rechts, vom EuGH geklärt worden: Ausgehend von den mit dem freien Personenverkehr verfolgten rechtlichen, sozialen und wirtschaftlichen Zielen – die Errichtung eines Gemeinsamen Marktes und die damit verbundene Einschränkung der Möglichkeit der Mitgliedstaaten, ihre eigenen Staatsangehörigen bevorzugt zu behandeln – hat er den Begriff der Arbeitnehmerin und des Arbeitnehmers weit ausgelegt (EuGH, Urteil vom 3. Juli 1986, *Deborah Lawrie-Blum gegen Land Baden-*

Württemberg, C-66/85, ECLI:EU:C:1986:284). Massgeblich für die Qualifikation von Personen als Arbeitnehmende sind nach dem EuGH drei Kriterien, die kumulativ erfüllt sein müssen. Die betreffenden Personen müssen

- während einer bestimmten Zeit
- Leistungen für eine andere Person nach deren Weisungen erbringen und
- als Gegenleistung hierfür eine Vergütung erhalten.

Als Arbeitnehmer gelten daher auch teilzeitlich tätige Musiklehrer (EuGH, Urteil vom 3. Juni 1986, *R. H. Kempf gegen Staatssecretaris van de Justitie*, C-139/85, ECLI:EU:C:1986:223) sowie angehende Lehrkräfte, deren Lohn unter dem Minimallohn in einem Mitgliedstaat liegt (EuGH, Urteil vom 3. Juli 1986, *Deborah Lawrie-Blum gegen Land Baden-Württemberg*, C-66/85, ECLI:EU:C:1986:284). Dies gilt ferner auch für Personen, die gegen Kost und Logis Sanitärarbeiten für eine religiöse Sekte erbringen (EuGH, Urteil vom 5. Oktober 1988, *Udo Steymann gegen Staatssecretaris van de Justitie*, C-196/87, ECLI:EU:C:1988:475). Der Gerichtshof argumentierte in diesem Fall, dass der Arbeitgeber eine andere Person für diese Arbeit einstellen und dieser Person einen Lohn bezahlen müsste, wenn die Mitglieder der Sekte (oder andere Arbeitnehmende) diese Tätigkeit nicht ausüben würden. Daher würden diese Personen eine tatsächliche und echte wirtschaftliche Tätigkeit ausüben. Nach der jüngeren Rechtsprechung des EuGHs gelten auch Praktikantinnen und Praktikanten, die zwar keine Vergütung erhalten, jedoch in einem Unternehmen praktisch mitarbeiten, um Kenntnisse zu erwerben oder zu vertiefen oder eine Berufsausbildung zu absolvieren, als Arbeitnehmende (EuGH, Urteil vom 9. Juli 2015, *Ender Balkaya gegen Kiesel Abbruch- und Recycling Technik GmbH*, C-229/14, ECLI:EU:C:2015:455, Rn. 49 ff.).

Nicht als Arbeitnehmende und somit nicht in den persönlichen Anwendungsbereich der Garantien und Rechte von Art. 45 AEUV fallen jedoch Personen, die im Rahmen eines Drogenrehabilitationsprogrammes oder eines sozio-beruflichen Wiedereingliederungsprogrammes tätig sind (EuGH, Urteil vom 31. Mai 1989, *I. Bettray gegen Staatssecretaris van de Justitie*, C-344/87, ECLI:EU:C:1989:226). Erforderlich ist laut EuGH, dass quantitativ wie qualitativ eine echte und tatsächliche wirtschaftliche Tätigkeit ausgeübt wird, wobei Tätigkeiten ausser Betracht fallen, die einen so geringen Umfang haben, dass sie sich als völlig untergeordnet und unwesentlich darstellen (EuGH, Urteil vom 1. Oktober 2015, *O gegen Bio Philippe Auguste SARL*, C-432/14, ECLI:EU:C:2015:643, Rn. 22).

Der EuGH hat weiter ausgeführt, dass nicht nur die Staatsangehörigen der Mitgliedstaaten, die sich bereits in einem Arbeitsverhältnis befinden, vom persönlichen Geltungsbereich von Art. 45 AEUV erfasst werden, sondern auch jene, die noch nicht oder nicht mehr angestellt sind (EuGH, Urteil vom 26. Februar 1991, *The Queen gegen Immigration Appeal Tribunal, ex parte Gustaff Desiderius Antonissen*, C-292/89, ECLI:EU:C:1991:80). Daraus folgt das Recht, sich zum Zwecke der Arbeitssuche auf dem Territorium eines anderen Mitgliedstaates aufzuhalten. Dies gilt nach dem Gerichtshof zumindest für sechs Monate, gegebenenfalls – sofern die betroffene Person nachweisen kann, dass sie aktiv auf Stellensuche ist und intakte Chancen auf eine Anstellung hat – auch länger (EuGH, Urteil vom 4. Juni 2009, *Athanasios Vatsouras und Josif Koupatantze gegen Arbeitsgemeinschaft (ARGE) Nürnberg 900*, C 22/08 und 275

C-23/08, ECLI:EU:C:2009:344; siehe auch Art. 14 Abs. 4 lit. b RL 2004/38 [Unionsbürgerrichtlinie, vgl. hinten Rz. 289 ff.])

276 Auch aus dem Erwerbsleben dauerhaft ausgeschiedene Personen profitieren von den Nebenwirkungen der Arbeitnehmerfreizügigkeit (Art. 45 Abs. 3 lit. d AEUV). Sie besitzen ein Recht auf Daueraufenthalt, wenn sie das gesetzlich vorgesehene Rentenalter erreicht haben oder ihr Beschäftigungsverhältnis im Rahmen einer Vorruhestandsregelung beenden, im Aufnahmemitgliedstaat mindestens zwölf Monate beschäftigt waren und sich dort seit mindestens drei Jahren ununterbrochen aufgehalten haben. Wer seine Tätigkeit infolge dauernder Arbeitsunfähigkeit aufgibt, muss zuvor mindestens zwei Jahre ohne Unterbrechung gearbeitet haben (siehe auch Art. 17 RL 2004/38 [Unionsbürgerrichtlinie, vgl. hinten Rz. 289 f.]).

277 Der Freizügigkeit der Arbeitnehmerinnen und Arbeitnehmer kommt unmittelbare Drittwirkung zu und sie gilt somit auch zwischen Privaten (EuGH, Urteil vom 6. Juni 2000, *Roman Agonese gegen Cassa di Risparmio di Bolzano,* C-281/98, ECLI:EU:C:2000:296). Arbeitgebende dürfen somit weder bei der Einstellung von Personal noch bei der Ausgestaltung des Arbeitsverhältnisses Massnahmen ergreifen oder Regelungen treffen, die die Staatsangehörigen anderer Mitgliedstaaten ohne sachlichen Grund unmittelbar oder mittelbar diskriminieren.

278 Mit dem Brexit wurde die Freizügigkeit der Arbeitnehmenden zwischen dem Vereinigten Königreich und der EU per 31. Dezember 2020 beendet. Die Rechte der Unionsbürgerinnen und -bürger, die bereits im Vereinigten Königreich leben und arbeiten, sowie der britischen Bürgerinnen und Bürger, die in der EU leben und arbeiten, fallen unter das Austrittsabkommen (Abkommen über den Austritt des Vereinigten Königreichs Grossbritannien und Nordirland aus der Europäischen Union und der Europäischen Atomgemeinschaft, 2019/C 384 I/01, ABl. CI 384 vom 12. November 2019, S. 1 ff.), das ihnen weiter das Recht auf Verbleib oder Arbeit gewährt, für ihre Nichtdiskriminierung sorgt und ihre Sozialversicherungsansprüche schützt. Alle grenzübergreifenden Fragen, die sich ab dem 1. Januar 2021 ergeben, fallen unter das am 30. Dezember 2020 unterzeichnete und am 1. Mai 2021 endgültig in Kraft getretene Abkommen über Handel und Zusammenarbeit zwischen der EU und dem Vereinigten Königreich (Abkommen über Handel und Zusammenarbeit zwischen der Europäischen Union und der Europäischen Atomgemeinschaft einerseits und dem Vereinigten Königreich Grossbritannien und Nordirland andererseits, ABl. L 149 vom 30. April 2021, S. 10 ff.).

b) Die Niederlassungsfreiheit und die Dienstleistungsfreiheit

279 Die **Niederlassungsfreiheit** gibt natürlichen (und juristischen) Personen das Recht, in einem anderen Mitgliedstaat auf *unbeschränkte Zeit* eine selbständige Erwerbstätigkeit aufzunehmen und auszuüben sowie Unternehmen zu gründen und zu leiten (Art. 49 und 54 AEUV).

Es wird zwischen primärer und sekundärer Niederlassung unterschieden. Von primärer Niederlassung wird gesprochen, wenn Berechtigte ihre Ansässigkeit von einem in den anderen Mitgliedstaat verlagern, bei der sekundären Niederlassung wird in einem anderen Mitgliedstaat eine Agentur, Zweigniederlassung oder Tochtergesellschaft (Art. 49 Abs. 1 AEUV) gegründet. 280

Der Begriff der Niederlassung beinhaltet die Ausübung einer auf Dauer angelegten Erwerbstätigkeit an einem festen Standort. Sie ist abzugrenzen von einer bloss vorübergehenden Dienstleistung in einem anderen Mitgliedstaat über die Grenze hinweg, wobei der wirtschaftliche Mittelpunkt im Herkunftsstaat verbleibt. Diese Leistungserbringung ist durch die Dienstleistungsfreiheit geschützt. Bei der Unterscheidung sind nach Rechtsprechung des EuGH die Dauer der Leistung, ihre Häufigkeit und ihre Kontinuität ausschlaggebend (EuGH, Urteil vom 30. November 1995, *Reinhard Gebhard gegen Consiglio dell'Ordine degli Avvocati e Procuratori di Milano*, C-55/94, ECLI:EU:C:1995:411). 281

Die **Dienstleistungsfreiheit**, eine der vier Grundfreiheiten des Binnenmarkts, findet ihre Grundlage in Art. 56 bis 62 AEUV. Sie bezieht sich auf alle Leistungen – insbesondere gewerbliche, kaufmännische, handwerkliche oder freiberufliche –, die in der Regel gegen Entgelt erbracht werden, sofern sie nicht Vorschriften über den freien Waren- und Kapitalverkehr und über die Freizügigkeit von Personen unterliegen (Art. 57 AEUV). Die Dienstleistungsfreiheit gilt somit subsidiär zu den anderen Grundfreiheiten. 282

Die Dienstleistungsfreiheit umfasst das Recht der dienstleistungserbringenden Person, seine Tätigkeit *vorübergehend* in einem anderen Mitgliedstaat auszuüben (aktive Dienstleistungsfreiheit), aber auch das Recht der dienstleistungsempfangenden Person, in einem anderen Mitgliedstaat eine Dienstleistung in Anspruch zu nehmen (passive Dienstleistungsfreiheit). Zudem fallen auch Dienstleistungen darunter, bei welcher die Dienstleistung selbst über die die Grenze hinweg erfolgt, wie etwa Radio- oder Fernsehsendungen oder Internetgeschäfte. 283

Das grenzüberschreitende Anbieten von Dienstleistungen wird bis heute durch voneinander abweichende einzelstaatliche Rechtsvorschriften erheblich erschwert. Ein gewisser Fortschritt konnte mit der Richtlinie 2006/123/EG des Europäischen Parlaments und des Rates vom 12. Dezember 2006 über Dienstleistungen im Binnenmarkt (ABl. L 376, vom 27. Dezember 2006, S. 36 ff.) erzielt werden. Ziel der Richtlinie ist die Beseitigung von Hindernissen für den Handel mit Dienstleistungen in der EU durch die Vereinfachung von Verwaltungsverfahren für Dienstleistungserbringende, die Stärkung der Rechte von Verbraucherinnen und Verbrauchern sowie Unternehmen, die Dienstleistungen beziehen, sowie die Förderung der Kooperation zwischen EU-Ländern. 284

Die Umsetzung der Niederlassungs- und der Dienstleistungsfreiheit setzt nicht nur die Abschaffung jeglicher Diskriminierung aus Gründen der Staatsangehörigkeit voraus, sondern auch die Annahme von Massnahmen zur Erleichterung der Ausübung dieser Freiheiten, etwa die Harmonisierung der nationalen Vorschriften über den Zugang zu diesen Tätigkeiten oder deren gegenseitige Anerkennung. Art. 53 AEUV sieht vor, dass durch die gegenseitige Anerkennung der Diplome, Prüfungszeugnisse und sonstigen Befähigungsnachweise, die in 285 den einzelnen Mitgliedstaaten für den Zugang zu reglementierten Berufen erforderlich sind, die Niederlassungsfreiheit und die Erbringung von Dienstleistungen erleichtert werden.

286 Seit Mitte der 1970er-Jahre wurde der Prozess der Harmonisierung der gegenseitigen Anerkennung von Diplomen durch eine Reihe von berufsgruppenspezifischer Anerkennungsrichtlinien vorangetrieben. In jüngerer Zeit wurde ein berufsübergreifender Ansatz verfolgt, und zwar mit der Richtlinie 2005/36/EG des Europäischen Parlaments und des Rates vom 7. September 2005 über die Anerkennung von Berufsqualifikationen (ABl. L 255 vom 30. September 2005, S. 22 ff.). Soweit auf EU-Ebene Mindestanforderungen an die Ausbildung in einer Berufsgruppe erlassen wurden, gilt der Grundsatz der automatischen Anerkennung. Im Übrigen sind die Mitgliedstaaten verpflichtet zu prüfen, inwieweit die durch EU-Ausländerinnen und Ausländer in einem anderen Mitgliedstaat erworbenen Diplome denjenigen entsprechen, die nach innerstaatlichen Vorschriften erforderlich sind (EuGH, Urteil vom 7. Mai 1991, *Irène Vlassopoulou gegen Ministerium für Justiz, Bundes- und Europaangelegenheiten Baden-Württemberg*, C-340/89, ECLI:EU:C:1990:426).

4.2. Von der Freizügigkeit für Arbeitnehmende zur allgemeinen Freizügigkeit für Unionsbürgerinnen und Unionsbürger

287 Das Freizügigkeitsrecht wurde mit Blick auf Arbeitnehmende entwickelt. Arbeitnehmerinnen und Arbeitnehmer stellen jedoch nicht nur den Produktionsfaktor Arbeit zur Verfügung, sondern sind auch Menschen mit Familien. Da nach der Gründung des Gemeinsamen Marktes nur sehr wenige Arbeitnehmerinnen und Arbeitnehmer bereit waren, ohne ihre Familien in einen anderen Mitgliedstaat zu ziehen, wurde im Jahr 1968 die Verordnung 1612/68 (später ersetzt durch Verordnung (EU) Nr. 492/2011 des Europäischen Parlaments und des Rates vom 5. April 2011 über die Freizügigkeit der Arbeitnehmer innerhalb der Union, Abl. L 141/1 vom 27. Mai 2011) erlassen. Diese ermöglichte Arbeitnehmenden erstmals den Familiennachzug. Den nichterwerbstätigen Familienmitgliedern wurde nicht nur die Einreise und der Aufenthalt in einem anderen Mitgliedstaat erlaubt, sondern es wurde ihnen auch der Zugang sowohl zum Arbeitsmarkt als auch zum Bildungswesen des anderen Mitgliedstaates gewährt. Obwohl sich dadurch der Anwendungsbereich des Freizügigkeitsrechtes erweiterte, blieben die Rechte der Familienangehörigen mit den Rechten der Arbeitnehmenden gekoppelt. Damit die Familienangehörigen in den Mitgliedstaat einreisen und Wohnsitz nehmen konnten, mussten die Arbeitnehmenden zunächst von ihrem Freizügigkeitsrecht Gebrauch machen.

288 Die Verbindung zwischen Erwerbstätigkeit und freiem Personenverkehr wurde 1990 weiter gelockert. Neu konnten sich auch Studierende, Rentnerinnen und Rentner sowie vermögende Personen auf das Recht, sich in einem anderen Mit-

gliedstaat aufzuhalten und zu wohnen, berufen, sofern sie über ausreichende finanzielle Mittel sowie eine Krankenversicherung verfügten. Die zunehmende Ausweitung des persönlichen Geltungsbereiches des Freizügigkeitsrechtes auf weitere Personengruppen gipfelte schliesslich im Vertrag von Maastricht, der die Unionsbürgerschaft und das damit verbundene Recht der Unionsbürgerinnen und Unionsbürger schuf, sich innerhalb der EU frei zu bewegen und aufzuhalten (Art. 21 AEUV). Mit der Unionsbürgerschaft wurde das Freizügigkeitsrecht auch primärrechtlich von den wirtschaftlichen Grundfreiheiten entkoppelt und zu einem allgemeinen Einreise- und Aufenthaltsrecht erweitert. Die Unionsbürgerschaft ergänzt die nationale Staatsbürgerschaft, ohne sie zu ersetzen (Art. 9 EUV). Die Unionsbürgerrechte wirken gegenüber dem Aufenthalts- und Herkunftsstaat und gelten gegenüber den spezifischen Freizügigkeitsregelungen der Grundfreiheiten subsidiär.

Mit der Richtlinie 2004/38/EG des Europäischen Parlamentes und Rates vom 29. April 2004 über das Recht der Unionsbürger und ihrer Familienangehörigen, sich im Hoheitsgebiet der Mitgliedstaaten frei zu bewegen und aufzuhalten (ABl. L 158 vom 30. April 2004, S. 7 ff.) wurden schliesslich die Regelungen über die Freizügigkeit für nur teilweise oder gar nicht erwerbstätige Personen kodifiziert. Die Freizügigkeitsrichtlinie (auch Unionsbürgerrichtlinie genannt) verankert die Voraussetzungen und Einschränkungen des Freizügigkeitsrechtes aller Unionsbürgerinnen und Unionsbürger. 289

Unionsbürgerinnen und Unionsbürger und ihre Familienangehörigen haben das Recht, sich bis zu drei Monate auf dem Staatsgebiet eines anderen Mitgliedstaates aufzuhalten. Längere Aufenthalte setzen entweder eine Erwerbstätigkeit oder das Verfügen über eine hinreichende Krankenversicherung und genügende finanzielle Mittel voraus. Unionsbürgerinnen und Unionsbürger, die sich rechtmässig und ununterbrochen fünf Jahre in einem anderen Mitgliedstaat aufgehalten haben, haben das Recht, sich dort auf Dauer niederzulassen. Dieses Recht erlischt lediglich bei einer ununterbrochenen Abwesenheit von mehr als zwei Jahren. Einschränkungen des Rechtes auf Einreise und Aufenthalt sind nur aus Gründen der öffentlichen Ordnung, Sicherheit und Gesundheit möglich, wobei ausschliesslich das persönliche Verhalten der Betroffenen ausschlaggebend ist und strafrechtliche Verurteilungen allein diese Massnahmen nicht ohne Weiteres zu begründen vermögen. Die Richtlinie bestimmt zudem, dass bei Wegweisungen aus Gründen der öffentlichen Ordnung oder Sicherheit die Dauer des Aufenthaltes der Betroffenen im Mitgliedstaat, ihr Alter, ihr Gesundheitszustand, ihre familiäre und wirtschaftliche Lage, ihre soziale und kulturelle Integration im Mitgliedstaat sowie das Ausmass ihrer Bindungen zum Heimatstaat zu berücksichtigen sind. Die Ausweisung von Unionsbürgerinnen und Unionsbürgern, die sich seit mehr als zehn Jahren im betreffenden Mitgliedstaat aufhalten sowie von Minderjährigen ist nur zulässig, wenn sie aus zwingenden Gründen der öffentlichen Sicherheit oder zum Wohle von Kindern notwendig ist. 290

Was die **Familienzusammenführung** betrifft, wird im EU-Recht zwischen drei Situation von Familienzusammenführung unterschieden, die je eigenen rechtlichen Regelungen unterstehen: 291

(1) Sind die nachzuziehenden Familienangehörigen Staatsangehörige eines Mitgliedstaates der EU, so sind sie als Unionsbürgerinnen und Unionsbürger selbst freizügigkeitsberechtigt (Art. 21 AEUV).

(2) Sind die nachzuziehenden Familienangehörigen Drittstaatsangehörige, aber Familienangehörige von Unionsbürgerinnen oder Unionsbürgern, richten sich ihre abgeleiteten Freizügigkeitsrechte im Wesentlichen nach der Unionsbürgerrichtlinie 2004/38/EG. Berechtigt sind dann nach Art. 2 Abs. 2 Ehegattinnen und Ehegatten sowie eingetragene Lebenspartnerinnen und -partner, Verwandte in absteigender Linie (Nachkommen und Stief- und Adoptivkinder, die jünger als 21 Jahre sind oder Unterhalt beziehen) sowie in aufsteigender Linie (aber nur, wenn ihnen von der Unionsbürgerin bzw. dem Unionsbürger oder dessen (Ehe-)partnerin bzw. deren (Ehe-)partner Unterhalt gewährt wird, das heisst ein tatsächliches Abhängigkeitsverhältnis besteht). Familienangehörige kommen nach Art. 3 Abs. 1 in der Regel aber nur dann in den Genuss der abgeleiteten Rechte aus der Unionsbürgerrichtlinie, wenn die Unionsbürgerinnen und Unionsbürger, von denen sie ihren Status ableiten, vom Freizügigkeitsrecht Gebrauch gemacht hat. Für alle weiteren Familienangehörigen, die nicht unter die Aufzählung von Art. 2 Ziff. 2 fallen, soll der Nachzug erleichtert werden, sofern der primär aufenthaltsberechtigte Unionsbürger im Herkunftsland Unterhalt gewährt oder im Herkunftsland in häuslicher Gemeinschaft gelebt hat, oder wenn schwerwiegende gesundheitliche Gründe die persönliche Pflege des Familienangehörigen durch die Unionsbürgerin bzw. den Unionsbürger zwingend erforderlich machen. Dies gilt auch für die Lebenspartnerinnen und Lebenspartner, mit denen die nachziehenden Unionsbürgerinnen und Unionsbürger eine ordnungsgemäss bescheinigte dauerhafte Beziehung eingegangen sind (Art. 3 Ziff. 2).

(3) Sind die nachzuziehenden Familienangehörigen schliesslich weder selbst Unionsbürgerinnen oder Unionsbürger noch Angehörige von Unionsbürgerinnen oder Unionsbürgern, richten sich ihre Einreise- und Aufenthaltsrechte nach der Familienzusammenführungsrichtlinie 2003/86/EG (vgl. hinten Rz. 335 ff.).

292 Sobald vom Recht auf Freizügigkeit Gebrauch gemacht wurde, besteht für Unionsbürgerinnen und -bürger ein weitgehender **Anspruch auf Gleichbehandlung** in allen EU-Staaten, etwa in den Bereichen Sozialversicherungen, Steuern und Bildung (Art. 18 AEUV).

293 Nach dem EuGH können sich auch Unionsbürgerinnen und -bürger auf die Rechte nach Art. 20 AEUV stützen, die ihre Freizügigkeitsrechte noch nicht benutzt haben, zumindest soweit Kernbereiche der Unionsbürgerschaft betroffen sind (u.a. EuGH, Urteil vom 19. Oktober 2004, *Kunqian Catherine Zhu und Man Lavette Chen gegen Secretary of State for the Home Department*, C-200-02, ECLI:EU:C:2004:639). Dabei handelt es sich jedoch um Ausnahmesituationen (u.a. EuGH, Urteil vom 5. Mai 2011, *Shirley McCarthy gegen Secretary of State for the Home Department*, C-434/09, ECLI:EU:C:2011:277).

294 In Ausnahmefällen kann die Freizügigkeit der Arbeitnehmenden eingeschränkt werden, dies nach Art. 45 Abs. 3 AEUV insbesondere aus Gründen der öffentlichen Ordnung, Sicherheit und Gesundheit. Entsprechende Einschränkungen sind nach dem EuGH aber freilich nur zulässig, wenn eine tatsächliche und hinreichend schwerwiegende Gefährdung der Grundinteressen eines Mitgliedstaates berührt sind.

5. Raum der Freiheit, der Sicherheit und des Rechtes

Im Unterschied zum freien Personenverkehr, der von Anfang an einen wesentlichen Pfeiler der europäischen Zusammenarbeit in der EWG darstellte, sind die im Raum der Freiheit, der Sicherheit und des Rechts zusammengefassten Bereiche erst im Laufe der Zeit im Zuge der Ausweitung der Kompetenzen der EU dazugekommen. 295

Im Bereich des Raumes der Freiheit, der Sicherheit und des Rechtes besteht eine geteilte Kompetenz zwischen EU und Mitgliedstaaten. Das bedeutet, dass die Mitgliedstaaten gesetzgeberisch tätig sein können, solange und soweit die Union nicht von ihren Kompetenzen Gebrauch gemacht hat. Aber selbst dann steht den Mitgliedstaaten eine Restkompetenz zu: Sie können aus Gründen des öffentlichen Interesses (vgl. Art. 36 AEUV) strengere Regelungen beibehalten oder neu erlassen. 296

Der Raum der Freiheit, der Sicherheit und des Rechtes soll nach Art. 3 Abs. 2 EUV den Unionsbürgerinnen und -bürgern «einen Raum der Freiheit, der Sicherheit und des Rechts ohne Binnengrenzen [bieten], in dem – in Verbindung mit geeigneten Massnahmen in Bezug auf die Kontrollen an den Aussengrenzen, das Asyl, die Einwanderung sowie die Verhütung und Bekämpfung der Kriminalität – der freie Personenverkehr gewährleistet ist». Die für die Erreichung dieses Zieles geltenden Grundsätze finden sich in Art. 67 AEUV: 297

> (1) Die Union bildet einen Raum der Freiheit, der Sicherheit und des Rechts, in dem die Grundrechte und die verschiedenen Rechtsordnungen und -traditionen der Mitgliedstaaten geachtet werden.
>
> (2) Sie stellt sicher, dass Personen an den Binnengrenzen nicht kontrolliert werden, und entwickelt eine gemeinsame Politik in den Bereichen Asyl, Einwanderung und Kontrollen an den Aussengrenzen, die sich auf die Solidarität der Mitgliedstaaten gründet und gegenüber Drittstaatsangehörigen angemessen ist. Für die Zwecke dieses Titels werden Staatenlose den Drittstaatsangehörigen gleichgestellt.
>
> (3) Die Union wirkt darauf hin, durch Massnahmen zur Verhütung und Bekämpfung von Kriminalität sowie von Rassismus und Fremdenfeindlichkeit, zur Koordinierung und Zusammenarbeit von Polizeibehörden und Organen der Strafrechtspflege und den anderen zuständigen Behörden sowie durch die gegenseitige Anerkennung strafrechtlicher Entscheidungen und erforderlichenfalls durch die Angleichung der strafrechtlichen Rechtsvorschriften ein hohes Mass an Sicherheit zu gewährleisten.
>
> (4) Die Union erleichtert den Zugang zum Recht, insbesondere durch den Grundsatz der gegenseitigen Anerkennung gerichtlicher und aussergerichtlicher Entscheidungen in Zivilsachen.

5.1. Grenzkontrollen (Schengen)

298 Die EEA von 1987 setzte unter anderem auch wichtige Impulse für die weitere Integration des Gemeinsamen Marktes. Ziel der EWG war die Errichtung eines Binnenmarktes sein, das heisst eines Raumes ohne Binnengrenzen, innerhalb dessen der freie Verkehr von Waren, Personen, Dienstleistungen und Kapital gewährleistet sein sollte. Um sicherzustellen, dass sich alle Produktionsfaktoren innerhalb des Binnenmarktes genauso frei würden bewegen können, sollten eine Rechtsangleichung stattfinden und nichttarifäre Handelshemmnisse, inklusive aller Hemmnisse des freien Verkehrs, abgeschafft werden.

299 Bereits 1985 – und somit vor der EEA – hatten fünf der sechs Gründungsmitglieder der EWG (Frankreich, Deutschland, Belgien, Luxemburg und die Niederlande; Italien beteiligte sich nicht) in der luxemburgischen Ortschaft Schengen das Übereinkommen vom 14. Juni 1985 betreffend den schrittweisen Abbau der Kontrollen an den gemeinsamen Grenzen (1. Schengener Abkommen, Schengen I) abgeschlossen. Das 1. Schengener Abkommen ist ein völkerrechtlicher Vertrag ohne jegliche institutionellen Bindungen zu den Europäischen Gemeinschaften und enthält lediglich allgemeine Überlegungen für die Liberalisierung und die Abschaffung der Grenzkontrollen zwischen den beteiligten Staaten, um dadurch den freien Verkehr von Produktionsfaktoren voranzutreiben. Das Übereinkommen blieb jedoch weitestgehend toter Buchstabe, da einzig die Grenzkontrollen zwischen den Benelux-Staaten Belgien, den Niederlanden und Luxemburg abgeschafft wurden.

300 Am 19. Juni 1990 verabschiedeten die gleichen Staaten das Übereinkommen zur Durchführung des Übereinkommens vom 14. Juni 1985 zwischen den Regierungen der Staaten der Benelux-Wirtschaftsunion, der Bundesrepublik Deutschland und der Französischen Republik betreffend den schrittweisen Abbau der Kontrollen an den gemeinsamen Grenzen (Schengener Durchführungsübereinkommen, SDÜ). Das Abkommen sieht die vollständige Abschaffung der systematischen Grenzkontrollen im Personenverkehr, eine einheitliche Visumspolitik sowie eine begrenzte polizeiliche und justizielle Zusammenarbeit vor. Da nicht alle Mitgliedstaaten der Gemeinschaft mit dem Vorgehen einverstanden waren, blieb das SDÜ zunächst ausserhalb des EWG-Rechtes.

301 Mit dem Vertrag von Amsterdam 1999 erhielt die EU schliesslich die Kompetenz, bindende Vorschriften in den Bereichen Visums-, Asyl- und Einwanderungspolitik zu erlassen. Dies ermöglichte die Eingliederung des Schengen-Besitzstandes in das EU-Recht durch ein dem Vertrag von Amsterdam angehängtes Protokoll. Heute bestimmt Art. 77 AEUV diesbezüglich:

> (1) Die Union entwickelt eine Politik, mit der
>
> a) sichergestellt werden soll, dass Personen unabhängig von ihrer Staatsangehörigkeit beim Überschreiten der Binnengrenzen nicht kontrolliert werden;
> b) die Personenkontrolle und die wirksame Überwachung des Grenzübertritts an den Außengrenzen sichergestellt werden soll;
> c) schrittweise ein integriertes Grenzschutzsystem an den Aussengrenzen eingeführt werden soll.

Die EU soll somit sicherstellen, dass an den Binnengrenzen keine systematischen Personenkontrollen mehr durchgeführt werden, dafür im Gegenzug der Grenzübertritt an den Aussengrenzen wirksam überwacht und ein integriertes Grenzschutzsystem eingeführt wird. Zudem soll die Reisefreiheit von Drittstaatsangehörigen, die sich rechtmässig im Schengenraum aufhalten, garantiert sowie eine gemeinsame Visumspolitik für kurzfristige Aufenthalte entwickelt werden. 302

Die Schengener Gesetzgebung ist grundsätzlich für alle EU-Mitgliedstaaten bindend. Ausnahmen gelten für Irland, das nach Protokoll Nr. 21 vom Geltungsbereich der entsprechenden Bestimmungen ausgenommen ist (dies galt vor dem Brexit auch für das Vereinigte Königreich), sowie für Dänemark, das nach Protokoll Nr. 22 einen Sonderstatus geniesst und von Fall zu Fall entscheiden kann, ob es neues Schengenrecht übernehmen möchte (*Opt-in*). Zudem sind Bulgarien, Rumänien, Zypern und Kroatien noch nicht Teil des Schengenraumes. Dies, weil entweder die nationalen rechtlichen Regelungen zur Eingliederung des Schengen-Besitzstandes noch nicht bestehen oder im EU-Ministerrat noch keine Einstimmigkeit für den Beitritt erreicht werden konnte. 303

Schengen gilt also noch nicht für alle Mitgliedstaaten, gleichzeitig können sich aber Staaten ausserhalb der EU an Schengen assoziieren. So haben Norwegen, Island, Liechtenstein und die Schweiz sich mit bilateralen Assoziierungsabkommen dem Schengenraum angeschlossen. Für die Schweiz trat das Abkommen 2008 in Kraft (Abkommen zwischen der Schweizerischen Eidgenossenschaft, der Europäischen Union und der Europäischen Gemeinschaft über die Assoziierung dieses Staates bei der Umsetzung, Anwendung und Entwicklung des Schengen-Besitzstands [SAA], SR 0.362.31). 304

Mit der Unterzeichnung des Assoziierungsabkommens stimmen die assoziierten Staaten zu, den gesamten Schengener Regelungskomplex (*acquis*) im Zeitpunkt der Assoziation in ihr nationales Recht aufzunehmen. Wenn Bestimmungen verändert oder durch neue Regelungen ersetzt werden, sind die Staaten verpflichtet, ihr nationales Recht ebenfalls anzupassen. Auch das Assoziierungsabkommen zwischen der Schweiz und der EU sieht eine sogenannte *dynamische* Rechtsübernahme vor; dies im Unterschied zu anderen bilateralen Abkommen zwischen der Schweiz und der EU, die die Schweiz dazu verpflichten, die Regelungen der EU in dem Umfang zu übernehmen, wie er bis zum Zeitpunkt der Unterzeichnung des Abkommens bestand (sog. *statische* Übernahme). Bei der dynamischen Rechtsübernahme verpflichtet sich die Schweiz dahingegen dazu, die künftige Weiterentwicklung des Schengen-Besitzstandes innert einer Frist von maximal zwei Jahren zu übernehmen (Art. 2 und Art. 7 SAA). Als Ausgleich müssen Sachverständige der Schweiz bereits vor dem Erlass neuer Rechtsakte zu Rate gezogen werden. Sofern die Schweiz der Übernahme eines Rechtsaktes nicht fristgerecht zustimmt und sich der Gemischte 305

Ausschuss (der aus Vertreterinnen und Vertretern der Schweiz und der EU zusammengesetzt ist und die korrekte Durchführung des Abkommens sicherstellt) innert 90 Tagen nicht auf eine einvernehmliche Lösung einigen kann, gilt das Abkommen als beendet.

306 Das Übernahmeverfahren und die Konsequenzen einer Nichtübernahme sind für das Dublin-Assoziierungsabkommen (vgl. hinten Rz. 367 ff.) im Wesentlichen dieselben (Art. 1 Abs. 3 und Art. 4 DAA). Aufgrund der Verknüpfung des Schengen- und des Dublin-Assoziierungsabkommens hat die Kündigung des einen automatisch jene des anderen zur Folge (Art. 17 Abs. 2 i.V.m. Art. 15 Abs. 4 SAA; Art. 16 Abs. 2 i.V.m. Art. 14 Abs. 2 DAA).

307 Seit der Unterzeichnung der Abkommen 2004 hat die EU der Schweiz mehr als 350 Weiterentwicklungen des Schengen- bzw. Dublin-Besitzstandes notifiziert.

308 Ein Grossteil der Weiterentwicklungen ist technischer Natur oder von beschränkter Tragweite und kann direkt vom Bundesrat genehmigt beziehungsweise zur Kenntnis genommen werden. Nur die Übernahme von rund 15% der Rechtsentwicklungen hatte das Parlament zu genehmigen. Diese Rechtsentwicklungen unterstehen zusätzlich dem fakultativen Referendum (nach Art. 141 BV).

309 Bis heute wurde in drei Fällen das fakultative Referendum ergriffen: 2009 wurde über die schengenrelevante Einführung der biometrischen Pässe und Reisedokumente und die Übernahme der Verordnung (EG) Nr. 2252/2004 abgestimmt, wobei die Vorlage knapp mit 50.1 % der abgegebenen Stimmen angenommen wurde. 2019 wurde das Referendum gegen die Übernahme der Richtlinie (EU) 2017/853 zur Änderung der Waffenrichtlinie 91/477/EWG in das Schengen-Assoziierungsabkommen ergriffen. 63.7 % der Stimmberechtigten votierten für die Übernahme und die Umsetzungsgesetzgebung. Schliesslich hatte das Stimmvolk am 15. Mai 2022 über die Übernahme der Verordnung (EU) 2019/1896 über die neue europäische Grenz- und Küstenwache zu befinden (vgl. hinten Rz. 315 ff.). Die Vorlage wurde mit 71.5% Ja-Stimmen angenommen.

310 Ob eine Nichtübernahme von Weiterentwicklungen automatisch zur Beendigung der Assoziierungsabkommen führt oder ob weitere Möglichkeiten zur Sicherung des ordnungsgemässen Funktionierens des Abkommens bestehen, welche auch von der EU akzeptiert würden, bleibt bis anhin ungeklärt, zumal die Schweiz bislang alle Weiterentwicklungen übernommen hat.

a) Abschaffung der Personenkontrollen an den Binnengrenzen und Reisefreiheit

311 Die Vorläufer der Verordnung (EU) 2016/399 des Europäischen Parlaments und des Rates vom 9. März 2016 über einen Gemeinschaftskodex für das Überschreiten der Grenzen durch Personen (SGK, Schengener Grenzkodex, ABl. L 77 vom 23. März 2016, S. 1 ff.) haben die systematischen Personenkontrollen an den Binnengrenzen abgeschafft und gewährleisten somit allen Menschen, unabhängig von ihrer Staatsangehörigkeit, die Reisefreiheit innerhalb der Schengenstaaten. Nur im Falle einer ernsthaften Bedrohung der öffentlichen Ordnung oder der inneren Sicherheit erlaubt Art. 25 der Verordnung die vorübergehende Wiedereinführung von Grenzkontrollen an den Binnengrenzen. Die Kriterien sind in den Art. 26 bis 35 der Verordnung festgelegt.

Aufgrund der Gefahr des internationalen Terrorismus und der Covid-19-Pandemie führten verschiedene europäische Staaten, darunter auch die Schweiz, in den vergangenen Jahren vorübergehend Kontrollen im Sinne von Art. 25 SGK an ihren Binnengrenzen ein. Um den Grundsatz der Freizügigkeit zu gewährleisten und dennoch auf Bedrohungen reagieren zu können, hat die EU-Kommission am 14. Dezember 2021 eine Reform des SGK vorgeschlagen. So soll ein neuer Schengen-Schutzmechanismus eine gemeinsame Reaktion an den Binnengrenzen in Bedrohungssituationen, die die meisten Mitgliedstaaten betreffen, gewährleisten. Binnengrenzkontrollen dürften demnach für einen Zeitraum von zwei Jahren und sechs Monaten eingeführt werden. Sollte ein Mitgliedstaat die Kontrollen über diesen Zeitraum hinaus verlängern wollen, müsste er diese Absicht der Kommission mitteilen und den Zeitpunkt angeben, zu dem er die Kontrollen voraussichtlich aufheben wird. Die Kommission würde dann eine Empfehlung abgeben, der der Mitgliedstaat Rechnung zu tragen hätte. Des Weiteren soll mit der Revision die Möglichkeit eingeführt werden, rasch verbindliche Mindestvorschriften für vorübergehende Reisebeschränkungen an den Aussengrenzen im Falle einer Bedrohung der öffentlichen Gesundheit zu erlassen. Der Vorschlag enthält zudem Massnahmen zur Bekämpfung der Instrumentalisierung von Migrantinnen und Migranten für politische Zwecke (wie z.B. im Winter 2021/2022 an der belarussisch-polnischen Grenze geschehen), darunter die Begrenzung der Zahl der Grenzübergangsstellen an den Aussengrenzen, die Begrenzung ihrer Öffnungszeiten oder aber die Intensivierung der Grenzüberwachung sowie ein neues Verfahren, um gegen irreguläre Migrationsbewegungen innerhalb der EU vorzugehen. Drittstaatsangehörige, die im Grenzgebiet aufgegriffen werden und sich illegal im Hoheitsgebiet aufhalten, sollen im Rahmen der grenzüberschreitenden operativen polizeilichen Zusammenarbeit in den Mitgliedstaat überstellt werden können, aus dem sie eingereist sind. Die Beratungen zu den neuen Vorschlägen begannen im Januar 2022. 312

b) Die Kontrolle der Aussengrenzen

aa) Informationssysteme zur Grenzsicherung

Neben den Regelungen über die Abschaffung der Grenzkontrollen an den Binnengrenzen enthält der Schengener Grenzkodex auch Bestimmungen zur Verstärkung der Kontrollen der Einreisen und der Überwachung an den Aussengrenzen. Erleichtert wird diese Aufgabe durch das Schengener Informationssystem (SIS), in dem Personen ausgeschrieben werden, nach denen entweder polizeilich gefahndet wird oder die mit einer Einreisesperre belegt sind. Das SIS bildet das Kernstück der im Rahmen von Schengen standardisierten grenzüberschreitenden polizeilichen Zusammenarbeit und gilt als wichtiges Instrument im Kampf gegen grenzüberschreitende organisierte Kriminalität. 313

Derzeit befinden sich weitere IT-Grosssysteme für den Informationsaustausch zur Kriminalitätsbekämpfung und Grenzsicherung in Umsetzung, namentlich das Europäische Reiseinformations- und Genehmigungssystem (ETIAS) sowie das Einreise- und Ausreisesystem (EES). Im Rahmen des ETIAS müssen visumbefreite Drittstaatsangehörige künftig vor Antritt ihrer Reise online eine gebührenpflichtige Reisegenehmigung beantragen. Die EU schliesst sich damit den bisherigen ähnlichen elektronischen Reisegenehmigungssystemen in den Vereinigten Staaten (ESTA), Kanada (eTA), Australien (ETA), Indien und anderen Staaten an. ETIAS soll im Mai 2023 eingeführt werden. Im EES werden Ein- und Ausreise von Drittstaatsangehörigen elektronisch erfasst und 314 so die Aufenthaltsdauer automatisch berechnet. Damit wird die manuelle Abstempelung von Reisedokumenten ersetzt. Das EES ist am 1. Mai 2022 in Betrieb genommen worden.

Schliesslich verabschiedete die EU im Mai 2019 zwei Verordnungen zur Interoperabilität (IOP), um die verschiedenen Schengener Informationssysteme miteinander zu vernetzen und damit den Datenaustausch zwischen Grenzkontroll-, Migrations- und Strafverfolgungsbehörden zu erleichtern. Im Europäischen Suchportal (ESP) sollen die Identitätsdaten aus den verschiedenen EU-Informationssystemen (EES, ETIAS, SIS, VIS, Eurodac) sowie aus Europol- und Interpol Datenbanken simultan abgefragt werden können. Die Daten sollen zudem gemeinsam gespeichert und miteinander abgeglichen werden.

bb) Europäische Agentur für die Grenz- und Küstenwache FRONTEX

315 Für die Kontrolle der Aussengrenzen zuständig ist die Europäische Agentur für die Grenz- und Küstenwache FRONTEX (Akronym für *frontières extérieures*) mit Sitz in Warschau zusammen mit den nationalen Grenz- und Küstenwachen. FRONTEX wurde im Jahr 2004 geschaffen. Ihre rechtliche Grundlage findet sich im Schengen-*Acquis* und stützt sich auf Art. 77 Abs. 2 lit. d AEUV.

316 Hatten die Mitgliedstaaten unter der ersten Fassung der FRONTEX-Verordnung von 2003 noch die alleinige Kontrolle über ihre Grenzen, während FRONTEX sich darauf beschränkte, die Arbeit der nationalen Behörden zu koordinieren, wurden mit Inkrafttreten der Verordnung von 2016 alle Grenz- und Küstenwachen der Mitgliedstaaten Teil von FRONTEX. Diese Ausstattung von FRONTEX mit weitreichenderer Exekutivgewalt erfolgte hauptsächlich wegen der seit 2012 stetig steigenden Anzahl Asylsuchender, die in das Schengengebiet einreisen. Die Grenzverwaltung wird seither in gemeinsamer Verantwortung von FRONTEX und den entsprechenden nationalen Behörden wahrgenommen, wobei die Agentur hierarchisch über den nationalen Behörden steht. Jegliche nationale Strategie muss mit der von der Agentur herausgegebenen FRONTEX-Strategie in Einklang stehen.

317 Zu den Hauptaufgaben von FRONTEX gehören neben Risikoanalysen, Lagebeobachtungen und Schwachstellenbeurteilungen an den Aussengrenzen auch konkrete Einsätze in denjenigen Gebieten, in denen zusätzliche Unterstützung benötigt wird. Hierzu werden Grenzschutz- und Küstenwachebeamtinnen und -beamte, Schiffe, Flugzeuge und Ausrüstung bereitgestellt. In Notsituationen müssen Mitgliedstaaten auf Ersuchen der Agentur bis zu 1'500 Beamtinnen und Beamte innert fünf Tagen für Soforteinsätze bereitstellen. Neben der Grenzkontrolle ist FRONTEX auch zur Teilnahme an Such- und Rettungsaktionen verpflichtet. Namentlich muss sie technische und operative Hilfe auf See zur Unterstützung von Rettungseinsätzen leisten.

Bei allen Aktivitäten ist FRONTEX an die in der Charta der Grundrechte der EU und in anderen einschlägigen internationalen Verträgen gewährleisteten Menschenrechte gebunden. Durch die Verordnung von 2016 wurden auch die Position einer Beauftragten beziehungsweise eines Beauftragten für Menschenrechte innerhalb von FRONTEX sowie eine Beschwerdemöglichkeit für Personen, die von den Aktionen von FRONTEX direkt betroffen sind, geschaffen. 318

Nachdem die Aufgaben und Mittel der Agentur bereits mit der Verordnung von 2016 ausgeweitet worden waren, erfuhr FRONTEX durch die Verordnung (EU) 2019/1896 des Europäischen Parlaments und des Rates vom 13. November 2019 über die Europäische Grenz- und Küstenwache (ABl. L 295 vom 14. November 2019, S. 1 ff.), welche die Verordnung von 2016 ersetzt, eine weitere Stärkung: Neu wird FRONTEX eine ständige Reserve von rund 10'000 Grenzschutzbeamten zur Verfügung gestellt. Diese kann mit Zustimmung des Einsatz-Mitgliedstaates Grenzkontroll- oder Rückkehraufgaben durchführen. Zudem wurde der Haushalt der Organisation seit 2015 beinahe vervierfacht. Bis 2027 ist eine weitere Verzehnfachung des Budgets geplant. Schliesslich wurden die Kompetenzen der Agentur im Bereich der Rückführung und der Zusammenarbeit mit Drittstaaten ausgeweitet. So unterstützt FRONTEX die Mitgliedstaaten bei der Koordinierung und Finanzierung von Rückführungsaktionen, kann diese aber auch aus eigener Initiative in die Wege leiten. Zu diesem Zweck kann Frontex Flugzeuge chartern und Plätze auf Linienflügen buchen. Mit vorheriger Zustimmung der betroffenen Länder kann die Agentur schliesslich Aussenstellen in Mitgliedstaaten wie auch in Nicht-EU-Ländern einrichten, gemeinsame Aktionen einleiten und Personal ausserhalb der EU, über Nachbarländer der EU hinaus, abordnen, um Unterstützung bei der Grenzverwaltung zu leisten. 319

Die Schweiz beteiligt sich seit 2011 personell und finanziell an FRONTEX. Im Zuge der Stärkung von FRONTEX stockte auch die Schweiz ihren Beitrag auf CHF 61 Mio. pro Jahr auf. Gegen den entsprechenden Bundesbeschluss wurde das Referendum ergriffen, wobei sich insbesondere migrantische Gruppierungen im Abstimmungskampf gegen die Budgeterhöhung engagierten. Am 15. Mai 2022 wurde die revidierte FRONTEX-Verordnung jedoch an der Urne angenommen. 320

Im Frühjahr 2022 manifestierte sich die bereits seit längerem bestehende Kritik an FRONTEX, an sogenannten «*Push-Backs*» an EU-Aussengrenzen beteiligt zu sein. «*Push-Backs*» bezeichnen staatliche Massnahmen, bei denen asylsuchende Menschen – meist unmittelbar nach Grenzübertritt – zurückgeschoben werden, ohne die Möglichkeit einen Asylantrag zu stellen oder deren Rechtmässigkeit gerichtlich überprüfen zu lassen. Ein internationales Medien- und NGO-Team sammelte Beweise für mindestens 22 Fälle solcher Pushbacks in der Ägäis im Zeitraum von März 2020 bis September 2021 von denen 957 Menschen betroffen waren. FRONTEX-Direktor Fabrice Leggeri musste aufgrund der neuen Beweise für die Involvierung in Pushbacks im April 2022 seinen Rücktritt bekannt geben. Im Mai 2022 vertagte das Europäische Parlament die Entlastung von FRONTEX mit der Begründung, dass die im vorangegangenen Entlastungsbericht festgelegten Bedingungen nicht erfüllt und die bereits im Januar 2021 eingeleitete Ermittlung des Europäischen Amts für Betrugsbekämpfung OLAF zu Grundrechtsverletzungen noch nicht abge- 321 schlossen seien. Ende Juli 2022 gelangten Teile des geheimen Untersuchungsberichts von OLAF an die Öffentlichkeit. Sie bestätigen die Vorwürfe gegen die Agentur. So habe FRONTEX griechische Push-Backs nicht nur vertuscht, sondern teils gar finanziert und dabei stets vermieden, die Vorfälle zu dokumentieren. In einem Fall sei zudem sogar ein FRONTEX-Flugzeug aus der Ägäis abgezogen worden, «um nicht Zeuge zu werden».

cc) Gemeinsame Visumspolitik

322 Drittstaatsangehörige, die sich rechtmässig im Schengenraum aufhalten, können sich innerhalb des Schengenraumes frei bewegen. Daher sind die Schengenstaaten an eine gemeinsame Visumspolitik gebunden, die die Bedingungen für die Einreise und den Aufenthalt im Hoheitsgebiet eines Schengenstaates für bis zu 90 Tage in einem Zeitraum von 180 Tagen regelt.

323 Drittstaatsangehörige, die im Hoheitsgebiet eines Schengenstaates einen Aufenthalt von bis zu 90 Tagen je Zeitraum von 180 Tagen beabsichtigen, müssen im Besitz eines gültigen Reisedokuments und gegebenenfalls eines gültigen Visums sein, den Zweck und die Umstände des beabsichtigten Aufenthalts belegen und nachweisen, dass sie über ausreichende Mittel zur Bestreitung des Lebensunterhalts verfügen, dürfen nicht im SIS zur Einreiseverweigerung ausgeschrieben sein und keine Gefahr für die öffentliche Ordnung, die innere Sicherheit, die öffentliche Gesundheit der EU oder die internationalen Beziehungen eines EU-Landes darstellen (hinten Rz. 406 ff.).

324 Die Bedingungen für die Visaerteilung werden im Visakodex festgehalten (Verordnung (EG) Nr. 810/2009 des Europäischen Parlaments und des Rates vom 13. Juli 2009 über einen Visakodex der Gemeinschaft, ABl. L 243 vom 15. September 2009, S. 1 ff.).

325 Eine Aufstellung der Drittländer, deren Staatsangehörige beim Überschreiten der Aussengrenzen im Besitz eines Visums sein müssen, sowie der Liste der Drittländer, deren Staatsangehörige von dieser Visumpflicht befreit sind, findet sich in der Verordnung (EU) 2018/1806 des Europäischen Parlaments und des Rates vom 14. November 2018, ABl. L 303 vom 28. November 2018, S. 3 ff.

326 Visa für längere Aufenthalte sind weiterhin national geregelt (hinten Rz. 417). Die für die Visaerteilung nötigen Personendaten werden im Visa-Informationssystem (VIS) erfasst.

c) Die Rückführungsrichtlinie

327 Ende 2008 wurde im Rahmen der Weiterentwicklung des Schengen-Besitzstandes die Richtlinie 2008/115 des Europäischen Parlaments und des Rates vom 16. Dezember 2008 über gemeinsame Normen und Verfahren in den Mitgliedstaaten zur Rückführung illegal aufhältiger Drittstaatsangehöriger (ABl. L 348 vom 24. Dezember 2008, S. 98 ff.) erlassen. Die Rückführungsrichtlinie zielt auf eine Mindestharmonisierung der Verfahren der Wegweisung und des Wegweisungsvollzuges in den Mitgliedstaaten. Sie ist einzig auf illegal

im Hoheitsgebiet eines Schengenstaates anwesende Drittstaatsangehörige anwendbar (Art. 2) und verpflichtet die Mitgliedstaaten, alle sich illegal in ihrem Hoheitsgebiet aufhaltenden Drittstaatsangehörigen zurückzuführen (Art. 6). Die Rückführungsrichtlinie ist vom Moment der Feststellung der irregulären Anwesenheit von Drittstaatsangehörigen – sei es, weil diese ohne gültiges Visum eingereist sind oder weil sie nach Ablauf ihres Visums, ihres Aufenthaltstitels oder der Ablehnung ihres Gesuches um internationalen Schutz im Schengenraum verlieben sind – bis zum Vollzug der Wegweisungsentscheidung anwendbar. Illegal anwesende Drittstaatangehörige erhalten eine Rückkehrentscheidung, die ihnen eine angemessene Frist für die freiwillige Ausreise einräumt. Bis zum Ablauf dieser Frist dürfen die Betroffenen nicht inhaftiert werden. Zudem dürfen sie, sofern sie während der Ausreisefrist ausreisen, nicht mit einem Einreiseverbot belegt werden; sie können daher im Anschluss an ihre freiwillige Ausreise die Erteilung eines Einreisevisums in den Schengenraum beantragen.

Die Haftbestimmungen der Rückführungsrichtlinie gelten nur für Drittstaats- 328
angehörige, die sich ohne Rechtsanspruch im Hoheitsgebiet eines Mitgliedstaates aufhalten. Eine Inhaftierung im Hinblick auf den Vollzug der Wegweisungsverfügung ist nur erlaubt, sofern Fluchtgefahr besteht oder die betreffenden Drittstaatsangehörigen die Vorbereitungen der Rückkehr behindern beziehungsweise das Abschiebungsverfahren umgehen. Die Inhaftierung darf zudem nur angeordnet werden, wenn innerhalb der Höchstdauer der Haft (18 Monate) eine reale Aussicht auf Vollzug der Wegweisungsverfügung besteht. Diese fehlt, wenn das Heimat- oder Herkunftsland der betreffenden Person diese nicht als Staatsangehörige oder Staatsangehöriger des Landes anerkennt und sich weigert, sie zurückzunehmen. In einem solchen Fall muss die Haft aufgehoben werden. Schliesslich muss während des gesamten Verfahrens das Prinzip der Verhältnismässigkeit beachtet werden.

Können illegal anwesende Drittstaatsangehörige wegen Vorliegen eines Här- 329
tefalls, aus humanitären oder anderen Gründen nicht zurückgeführt werden, so können die Mitgliedstaaten ihnen einen vorübergehenden Aufenthaltstitel ausstellen.

5.2. Einwanderung von Drittstaatsangehörigen

Eine gemeinsame Politik über die Einwanderung von Drittstaatsangehörigen 330
gehörte lange Zeit nicht zu den Kompetenzen der EU. Diese Regelungen galten vielmehr als nationale Kompetenz, die auch bei den Mitgliedstaaten verbleiben sollte. Aufgrund der Bildung des Binnenmarktes und der damit verbundenen Abschaffung der Binnengrenzen einigten sich die Mitgliedstaaten dann jedoch

darauf, dass die EU auch im Bereich der Einwanderungspolitik Rechtsetzungskompetenzen erhalten sollte. Im Vertrag von Maastricht erhielt die EU die Kompetenz zur Koordination der Gesetzgebung betreffend die Einwanderung von Drittstaatsangehörigen, im Vertrag von Amsterdam schliesslich wurden die Gesetzgebungskompetenzen der Mitgliedstaaten in den Bereichen Migration und Asyl nach Brüssel verlagert.

331 Ziel der gemeinsamen Einwanderungspolitik der EU ist nach Art. 79 AEUV die wirksame Steuerung der Migrationsströme, eine angemessene Behandlung von Drittstaatsangehörigen, die sich rechtmässig in einem Mitgliedstaat aufhalten, sowie die Verhütung und Bekämpfung illegaler Einwanderung und von Menschenhandel. Um diese Ziele zu erreichen, hat die EU die Gesetzgebungskompetenz betreffend die Einreise- und Aufenthaltsvoraussetzungen sowie die Erteilung von Visa und Aufenthaltstiteln für einen langfristigen Aufenthalt erhalten.

332 Anzufügen bleibt, dass diese Regelungen grundsätzlich für Irland und Dänemark nicht gelten.

a) Regelungen für bestimmte Kategorien von Drittstaatsangehörigen

333 2001 hatte die Europäische Kommission vorgeschlagen, die Einreise- und Aufenthaltsvoraussetzungen für erwerbstätige Drittstaatsangehörige in genereller Weise zu regeln. Die entsprechenden Entwürfe stiessen jedoch auf heftigen Widerstand und wurden von der Kommission wieder zurückgezogen. In der Folge wurde eine Reihe von Richtlinien erlassen, die die Einreise, den Aufenthalt und die Beschäftigung einzelner Gruppen von Drittstaatsangehörigen regeln. Diese richten sich insbesondere an hochqualifizierte Arbeitnehmende, Studierende, Auszubildende, Freiwillige und Forschende:

- **«Blue Card»-Richtlinie**: Richtlinie 2009/50 des Rates vom 25. Mai 2009 über die Bedingungen für die Einreise und den Aufenthalt von Drittstaatsangehörigen zur Ausübung einer hochqualifizierten Beschäftigung (ABl. L 155 vom 18. Juni 2009, S. 17 ff.) soll die Attraktivität des europäischen Arbeitsmarktes für hochqualifizierte Arbeitskräfte aus Drittstaaten erhöhen. Durch eine Vorzugsbehandlung in Bezug auf Einreise-, Aufenthalts- und Arbeitsbedingungen, soziale Sicherheit und Familiennachzug sollen hochqualifizierte Arbeitskräfte dazu ermutigt werden, in die EU einzureisen und zu bleiben. Erfolgreiche Antragstellende erhalten eine Blaue Karte mit einer Standard-Gültigkeitsdauer von ein bis vier Jahren, je nach betreffendem Mitgliedstaat, oder je nach Dauer des Arbeitsvertrags. Die Mitgliedstaaten können die Anzahl der zuzulassenden hochqualifizierten Arbeitnehmenden bestimmen.

Weil die aktuelle Richtlinie Schwachpunkte enthält und nicht in der gesamten EU einheitlich angewendet wird, wird sie mit Wirkung vom 19. November 2023 aufgehoben und durch die Richtlinie (EU) 2021/188 (ABl. L 382 vom 28. Oktober 2021, S. 1 ff.) ersetzt werden. Mit der neuen Richtlinie soll der Geltungsbereich ausgeweitet werden. Neu werden auch Personen abgedeckt, denen internationaler Schutz gewährt wurde, und die in Drittstaaten lebenden Familienangehörigen von Unionsbürgerinnen und -bürgern. Mit der vorgeschlagenen Fassung sollen zudem die parallellaufenden Programme in anderen Ländern, bei denen es um dieselbe Gruppe geht, wie bei der Blauen Karte, ersetzt werden. Schliesslich enthält die neue Regelung flexiblere Zulassungsbedingungen und einfachere Verfahren, um dem in der EU herrschenden Fachkräftemangel entgegenzuwirken.

– **Studierende, Forschende, Freiwillige**: Die Richtlinie (EU) 2016/801 des Europäischen Parlaments und des Rates vom 11. Mai 2016 über die Bedingungen für die Einreise und den Aufenthalt von Drittstaatsangehörigen zu Forschungs- oder Studienzwecken, zur Absolvierung eines Praktikums, zur Teilnahme an einem Freiwilligendienst, Schüleraustauschprogrammen oder Bildungsvorhaben und zur Ausübung einer Au-pair-Tätigkeit (sogenannte REST-Richtlinie, ABl. L 132 vom 21. Mai 2016, S. 21 ff.) enthält Vorschriften über die Einreise- und Aufenthaltsbedingungen für Forschende, Studierende, Auszubildende und Freiwillige des Europäischen Freiwilligendienstes (EFD). Die Mitgliedstaaten können zudem eigenmächtig beschliessen, die Bestimmungen der Richtlinie auf Drittstaatsangehörige anzuwenden, die zur Teilnahme an einem Schüleraustausch, einem Bildungsvorhaben oder einem Freiwilligendienst ausserhalb des EFD oder zur Ausübung einer Au-pair-Tätigkeit in die EU einreisen und sich dort aufhalten wollen. Ziel der REST-Richtlinie und ihrer Vorgängerdokumente ist die Steigerung der Attraktivität von Europa als Bildungs- und Berufsbildungsdestination sowie die Deckung des Bedarfs an hoch qualifizierten Personen in der Union. Die Richtlinie gewährt Studierenden das Recht, ausserhalb ihrer Studienzeiten zu arbeiten, wobei die Arbeitszeit von den Mitgliedstaaten beschränkt werden kann, jedoch nicht auf weniger als 15 Stunden pro Woche. Zudem haben Studierende und Forschende das Recht, nach Abschluss ihrer Forschungstätigkeit oder ihres Studiums für einen Zeitraum von mindestens 9 Monaten im jeweiligen EU-Land zu bleiben, um dort Arbeit zu suchen oder ein Unternehmen zu gründen. Schliesslich dürfen Forschende unter bestimmten Voraussetzungen ihre Familie nachziehen.

Das Inkrafttreten des Vertrages von Lissabon vereinfachte unter anderem auch 334
das Rechtsetzungsverfahren im Bereich der legalen Migration. Während vorher für die Verabschiedung von Richtlinien über die Einwanderung von Drittstaatsangehörigen im Ministerrat Einstimmigkeit erforderlich war, genügt seither eine qualifizierte Mehrheit. Dies eröffnete die Möglichkeit, auch die Einwanderung von weniger qualifizierten Arbeitskräften zu vereinheitlichen:

- **Kombinierte Aufenthalts- und Arbeitserlaubnis**: Die Richtlinie 2011/98/EU des Europäischen Parlaments und des Rates vom 13. Dezember 2011 über ein einheitliches Verfahren zur Beantragung einer kombinierten Erlaubnis für Drittstaatsangehörige, sich im Hoheitsgebiet eines Mitgliedstaats aufzuhalten und zu arbeiten, sowie über ein gemeinsames Bündel von Rechten für Drittstaatsarbeitnehmer, die sich rechtmässig in einem Mitgliedstaat aufhalten (ABl. L 343 vom 23. Dezember 2011, S. 1 ff.) führte ein einheitliches Antragsverfahren und eine kombinierte Aufenthalts- und Arbeitserlaubnis für Arbeitnehmende aus Drittstaaten ein, die sich rechtmässig im Hoheitsgebiet eines Mitgliedstaats aufhalten und arbeiten, und zwar unabhängig vom ursprünglichen Grund ihrer Zulassung.
- **Unternehmensinterner Transfer**: Richtlinie 2014/66/EU des Europäischen Parlaments und des Rates vom 15. Mai 2014 über die Bedingungen für die Einreise und den Aufenthalt von Drittstaatsangehörigen im Rahmen eines unternehmensinternen Transfers (sogenannte ICT-Richtlinie, ABl. L 157 vom 27. Mai 2014, S. 1 ff.) regelt die vorübergehende Einwanderung von Managerinnen und Managern, Spezialistinnen und Spezialisten und Auszubildenden, die innerhalb desselben internationalen Unternehmens vorübergehend in einen Mitgliedstaat transferiert werden. Nach der Richtlinie kommen unternehmensintern transferierte Arbeitnehmende in den Genuss eines beschleunigten Einreiseverfahrens, vorteilhaftere Bedingungen für den Familiennachzug sowie erleichterter Mobilität innerhalb der EU.
- **Saisonarbeitnehmende**: Richtlinie 2014/36/EU des Europäischen Parlaments und des Rates vom 26. Februar 2014 über die Bedingungen für die Einreise und den Aufenthalt von Drittstaatsangehörigen zwecks Beschäftigung als Saisonarbeitnehmer (ABl. L 94 vom 28. März 2014, S. 375 ff.) regelt die vorübergehende Einwanderung ungelernter Arbeitskräfte, die in einem Saisonbetrieb arbeiten wollen. Sie können maximal neun Monate pro Jahr in einem Mitgliedstaat arbeiten und müssen dann wieder ausreisen. Eine dauerhafte Aufenthaltsbewilligung kann nicht erteilt werden. Die einzige längerfristige Perspektive, die sich Saisonarbeitskräften eröffnet, ist die Möglichkeit auf ein vereinfachtes Verfahren beim nächsten Antrag um eine saisonale Aufenthaltserlaubnis, sofern sie sich an die Regelungen betreffend Ein- und Ausreise in den Mitgliedstaat halten.

b) Familiennachzug für Drittstaatsangehörige

335 Die Schlussfolgerungen des Europäischen Rates von Tampere von 1999, bei dem über die Schaffung eines Raums der Freiheit, der Sicherheit und des Rechts beraten wurde, betonten unter anderem, dass Familienzusammenführungen nicht nur der Achtung des Rechtes auf Familienleben dienen, sondern

auch zur soziokulturellen Stabilität beitragen und somit die Integration von Drittstaatsangehörigen erleichtern. Gestützt auf diese Feststellung wurde die Richtlinie 2003/86/EG des Rates vom 22. September 2003 betreffend das Recht auf Familienzusammenführung (ABl. L 251 vom 3. Oktober 2003, S. 12 ff.) angenommen. Diese legt die Voraussetzungen für die Ausübung des Familiennachzuges durch Drittstaatsangehörige fest (zum Familiennachzug durch Unionsbürgerinnen und Unionsbürger siehe vorne Rz. 287 ff.) und ist auf alle Drittstaatsangehörige anwendbar, die sich rechtmässig im Hoheitsgebiet eines Mitgliedstaates aufhalten, das heisst im Besitz eines von einem EU-Land ausgestellten Aufenthaltstitels mit mindestens einjähriger Gültigkeit sind und Aussicht auf ein langfristiges Aufenthaltsrecht haben. Nachzugsberechtigt sind die Ehepartnerinnen und -partner beziehungsweise die eingetragenen Lebenspartnerinnen und -partner sowie minderjährige Kinder (sowohl gemeinsame als auch Stiefkinder). Der Zeitpunkt der Gründung des Familienlebens ist grundsätzlich irrelevant, einzig bei Flüchtlingen haben die Mitgliedstaaten das Recht, den Nachzug auf bereits im Moment der Flucht bestehendes Familienleben zu beschränken.

Für die Ausübung des Rechtes auf Familienzusammenführung können die Mitgliedstaaten nach Art. 7 der Richtlinie verlangen, dass die Zusammenführenden über (1) eine in der entsprechenden Region für vergleichbar grosse Familien als üblich angesehene Wohnung verfügen, (2) alle Familienangehörigen krankenversichert sind und die nachziehende Person (3) über feste und regelmässige Einkünfte verfügt, um für sich selbst und ihre Familie zu sorgen. Die Mitgliedstaaten können zudem von Drittstaatsangehörigen verlangen, dass sie Integrationsmassnahmen zustimmen. Diese Bestimmung wurde eingeführt, um nationale Regelungen, wonach die nachzuziehenden Familienangehörigen vor der Einreise einen Sprachtest bestehen müssen, in Kraft zu belassen. Einzig bei Familienzusammenführungen anerkannter Flüchtlinge dürfen Integrationsmassnahmen erst nach der Einreise verlangt werden. 336

Die Einreise im Rahmen der Familienzusammenführung stellt seit dem Inkrafttreten der Richtlinie der zahlenmässig wichtigste Grund für die Zuwanderung von Drittstaatsangehörigen dar. 337

c) Rechtsstellung langfristig aufenthaltsberechtigter Drittstaatsangehöriger

Die Schlussfolgerungen des Europäischen Rates von Tampere betonten auch die Absicht der EU, die Integration von Drittstaatsangehörigen, die sich langfristig rechtmässig in der EU aufhalten, zu erleichtern. Mit der Richtlinie 2003/109/EG des Rates vom 25. November 2003 betreffend die Rechtsstellung der langfristig aufenthaltsberechtigten Drittstaatsangehörigen (ABl. L 16 vom 23. Januar 2004, S. 44 ff.) wurde dieses Vorhaben umgesetzt. 338

339 Drittstaatsangehörige, die sich fünf Jahre lang ununterbrochen und rechtmässig im Hoheitsgebiet eines Mitgliedstaats aufgehalten haben sowie über feste und regelmässige Einkünfte und über eine Krankenversicherung verfügen, können einen langfristigen Aufenthaltstitel beantragen. Dieser räumt ihnen in Bereichen wie Erwerbstätigkeit, Bildung, Diplomanerkennung, soziale Sicherheit und Sozialhilfe oder Steuern Inländergleichbehandlung ein. Zudem können Drittstaatsangehörige, die über einen langfristigen Aufenthaltstitel verfügen, nur dann ausgewiesen werden, wenn sie eine gegenwärtige hinreichend schwere Gefahr für die öffentliche Ordnung oder Sicherheit darstellen und beim Entscheid die Dauer ihres Aufenthaltes in einem Mitgliedstaat, ihr Alter, die Folgen für sie selber und ihre Familienangehörigen sowie die Bindungen zum Aufenthaltsstaat oder die fehlenden Bindungen zum Herkunftsstaat berücksichtigt werden. Eine Ausweisung einzig aus wirtschaftlichen Überlegungen ist nicht zulässig.

340 Der sektorale Ansatz zur Regelung der Arbeits- und Ausbildungsmigration wird immer wieder kritisiert und stösst an seine Grenzen mit Blick sowohl auf Praktikabilität als auch auf Gerechtigkeitsvorstellungen. Die Kommission selbst qualifizierte das bestehende System in ihrem 2019 veröffentlichen «Fitness Check» zur EU-Rechtssetzung im Bereich legaler Migration als «insgesamt fragmentiert».

341 Im April 2022 schlug die EU-Kommission ein Massnahmenpaket vor, darunter die Neufassungen der Richtlinie 2011/98/EU über eine kombinierte Erlaubnis sowie der Richtlinie 2003/109/EG über langfristig aufenthaltsberechtigte Drittstaatsangehörige. Ziel des vorgeschlagenen Massnahmenpakets ist es, das Anwerben qualifizierter Fachkräfte aus Drittstaaten zu fördern, um den demografischen und migrationspolitischen Herausforderungen der EU entgegenzuwirken.

5.3. Asyl

a) Die Ursprünge des EU-Asylrechts: Terrorismusbekämpfung und internationale Sicherheit

342 Als Reaktion auf die Anschläge während den Olympischen Spielen in München im Jahr 1972 wurde 1975 die sogenannte TREVI-Gruppe – das Akronym steht für *terrorisme, radicalisme, extrémisme et violence internationale* – ins Leben gerufen, um Unzulänglichkeiten in der Terrorismusbekämpfung entgegenzutreten. Die unter diesem Namen abgehaltenen Treffen der Innenminister der EG-Mitgliedstaaten fanden im Sinne der intergouvernementalen Zusammenarbeit ausserhalb des institutionellen Rahmens der Gemeinschaftsverträge statt. Die TREVI-Gruppe bestand ursprünglich aus vier Arbeitsgruppen in den Bereichen Terrorismus, allgemeine polizeiliche Angelegenheiten, organisierte Kriminalität und Drogen. Im Jahr 1986 wurde nachträglich die *Ad-hoc*-Gruppe

zum Thema Migration gegründet, die sich nach der Abschaffung der Binnengrenzen dem Thema der internationalen Sicherheit widmete. Untergruppen der *Ad-hoc*-Gruppe Migration beschäftigten sich etwa mit den Aussengrenzen, Visa, Informationsaustausch, gefälschten Dokumenten und Asylfragen.

Die Zusammenarbeit innerhalb der *Ad-hoc*-Gruppe Migration führte schliesslich zur Annahme des Dubliner Übereinkommens vom 15. Juni 1990 über die Bestimmung des zuständigen Staates für die Prüfung eines in einem Mitgliedstaat der Europäischen Gemeinschaften gestellten Asylantrags. Dabei handelt es sich um einen ausserhalb des Gemeinschaftsrechts stehenden völkerrechtlichen Vertrag. 343

Mit dem Vertrag von Amsterdam wurde die Rechtsetzungskompetenz für den Asylbereich auf die EG übertragen, wodurch der zuvor intergouvernementale und daher nicht für alle EG-Staaten verbindliche völkerrechtliche Vertrag Teil des EG-Besitzstandes wurde. Die EG-Mitgliedstaaten hatten in der Folge ihre Gesetzgebung in den Bereichen Asyl, Visa, Migration, justizielle Zusammenarbeit, internationale Betrugsbekämpfung, zollbehördliche und polizeiliche Zusammenarbeit mit dem neuen EG-Recht in Übereinstimmung zu bringen. Daran nicht beteiligt sind grundsätzlich Irland und Dänemark. 344

b) Das Gemeinsame Europäische Asylsystem (GEAS)

Seit dem Vertrag von Amsterdam arbeitet die EU an einem Gemeinsamen Europäischen Asylsystem (GEAS). Die primärrechtliche Grundlage dafür findet sich in Art. 78 Abs. 1 AEUV: 345

> Die Union entwickelt eine gemeinsame Politik im Bereich Asyl, subsidiärer Schutz und vorübergehender Schutz, mit der jedem Drittstaatsangehörigen, der internationalen Schutz benötigt, ein angemessener Status angeboten und die Einhaltung des Grundsatzes der Nicht-Zurückweisung gewährleistet werden soll. Diese Politik muss mit dem Genfer Abkommen vom 28. Juli 1951 und dem Protokoll vom 31. Januar 1967 über die Rechtsstellung der Flüchtlinge sowie den anderen einschlägigen Verträgen im Einklang stehen.

Die heute noch zentralen Rechtsakte des GEAS wurden auf der Sondertagung des Europäischen Rates im Jahr 1999 in Tampere vereinbart und anschliessend in den Jahren 2000 bis 2005 verabschiedet. In der ersten Phase wurden Mindeststandards in Richtlinien vorgesehen, darunter die Verankerung der Regelungen der Genfer Flüchtlingskonvention, der Charta der Grundrechte der EU und des Refoulementverbotes. Die verschiedenen Rechtsakte – Qualifikationsrichtlinie, Asylverfahrensrichtlinie, Aufnahmerichtlinie und Richtlinie zum vorübergehenden Schutz – sollten eine EU-weite Harmonisierung der Schutz- und Aufnahmenormen erreichen und dadurch sicherstellen, dass Schutzsuchenden in der ge- 346 samten EU unter gleichen Bedingungen internationaler Schutz gewährt wird. Lediglich die Zuständigkeitsregeln wurden auf der Grundlage von Verordnungen erlassen (vgl. Dublin- und Eurodac-Verordnungen). Zwischen 2011 und 2015 erfolgte eine erste Revision der Rechtsakte, wobei bereits innert der Umsetzungsfrist klar wurde, dass aufgrund der starken Erhöhung der Anzahl schutzsuchender Personen und der mangelhaften Harmonisierung der Schutzsysteme eine weitere Revision notwendig werden würde (vgl. hierzu hinten Rz. 374 ff. und Rz. 383 ff.).

347 Das seit dem Jahr 2011 tätige Europäische Unterstützungsbüro für Asylfragen (EASO) hatte den Auftrag, den Umsetzungsprozess praktisch zu begleiten. Im Januar 2022 wurde EASO in die neue Asylagentur der Europäischen Union (EUAA) überführt, die Asyl- und Aufnahmebehörden der Mitgliedstaaten bei der Prüfung und Bearbeitung von Asylanträgen unterstützt.

c) Die Qualifikationsrichtlinie

348 Die Richtlinie 2011/95 des Europäischen Parlaments und des Rates vom 13. Dezember 2011 über Normen für die Anerkennung von Drittstaatsangehörigen oder Staatenlosen als Personen mit Anspruch auf internationalen Schutz, für einen einheitlichen Status für Flüchtlinge oder für Personen mit Anrecht auf subsidiären Schutz und für den Inhalt des zu gewährenden Schutzes (ABl. L 337 vom 20. Dezember 2011, S. 9 ff.) legt Bestimmungen für die Anerkennung als Flüchtling und für den Flüchtlingsstatus fest. Sie geht auf die Richtlinie 2004/83/EG zurück, die bereits 2004 Mindeststandards für den Status von Flüchtlingen und Personen mit Anrecht auf subsidiären Schutz festlegte und definierte, wer als Flüchtling gemäss Genfer Flüchtlingskonvention anerkannt werden konnte respektive wem subsidiärer Schutz zustand. Die heute geltende Fassung soll für eine weitere Vereinheitlichung und Rechtsangleichung innerhalb der EU sorgen und zu Standards für die Rechte von anerkannten Flüchtlingen und Personen mit Anspruch auf subsidiären Schutz führen.

349 **Subsidiärer Schutz** ist ein europarechtlicher Status und soll Personen gewährt werden, die die Voraussetzungen für die Anerkennung als Flüchtling nicht erfüllen, die aber stichhaltige Gründe für die Annahme vorbringen können, dass sie bei einer Rückkehr in ihr Herkunftsland oder, bei Staatenlosen, in das Land ihres vorherigen gewöhnlichen Aufenthalts, tatsächlich Gefahr laufen, einen ernsthaften Schaden zu erleiden und die den Schutz dieses Landes nicht in Anspruch nehmen können oder wegen dieser Gefahr nicht in Anspruch nehmen wollen. Der subsidiäre Schutz soll mit anderen Worten Personen gewährt werden, die nicht als Flüchtlinge anerkannt werden, deren Abschiebung aber zu einer Verletzung von Art. 3 EMRK führen würde.

350 Die Bestimmungen für subsidiär schutzberechtigte Personen führen nach wie vor nicht zu einem einheitlichen Status, da bestimmte Rechte – wie die Dauer von Aufenthaltstiteln oder das Recht auf Sozialhilfeleistungen – nach Art. 29 der Qualifikationsrichtlinie durch die Mitgliedstaaten be-

schränkt werden können oder gar nicht im EU-Recht geregelt sind, wie die Familienzusammenführung (vgl. EuGH, Urteil vom 7. November 2018, *K und B gegen Staatssecretaris van Veiligheid en Justitie,* C-380/17, ECLI:EU:C:2018:877, wonach die Richtlinie 2003/86/EG [Rz. 353 ff.] keine Anwendung auf Personen mit subsidiärem Schutzstatus findet). Immerhin sind die Mitgliedstaaten nach Art. 23 der Qualifikationsrichtlinie dazu angehalten, dafür Sorge zu tragen, dass der Familienverband aufrechterhalten werden kann. Davon nicht umfasst ist jedoch die Familienzusammenführung aus dem Ausland.

Der subsidiäre Schutz darf nicht mit dem vorübergehenden Schutz für Vertriebene verwechselt werden (hierzu hinten Rz. 361 ff.). 351

Art. 21 der Qualifikationsrichtlinie statuiert den **Grundsatz der Nichtzurückweisung**. Demnach ist die Zurückweisung eines Flüchtlings beziehungsweise einer Person mit Anrecht auf subsidiären Schutz nur gestattet, wenn die betreffende Person eine Gefahr für die Sicherheit des Mitgliedstaates, in dem sie sich aufhält, oder für die Allgemeinheit darstellt und die Rückschiebung nicht aufgrund von völkerrechtlichen Verpflichtungen untersagt ist. 352

Kapitel VII der Qualifikationsrichtlinie führt zudem aus, welche Rechte Flüchtlinge und Personen mit subsidiärem Schutzstatus betreffend Aufenthalt, Zugang zur Beschäftigung, Bildung, medizinische Versorgung und Zugang zu Verfahren für die Anerkennung von Befähigungsnachweisen zustehen. 353

d) Die Aufnahmerichtlinie

Die Richtlinie 2013/33 des Europäischen Parlaments und des Rates vom 26. Juni 2013 zur Festlegung von Normen für die Aufnahme von Personen, die internationalen Schutz beantragen (ABl. L 180 vom 29. Juni 2013, S. 96 ff.) ist eine Neufassung der ursprünglichen Richtline 2003/9/EG aus dem Jahr 2003. Mit der Revision sollten die Standards für den Umgang mit Asylsuchenden verbessert und die nationalen Aufnahmepraktiken in den EU-Mitgliedstaaten vereinheitlicht werden. Damit sollte der sekundären Migrationsbewegung Einhalt geboten werden, das heisst dem Phänomen, dass Asylsuchende in einem Mitgliedstaat um Asyl ersuchen und dann in einen anderen Mitgliedstaat ziehen, da die Aufnahmebedingungen dort vorteilhafter erscheinen. 354

Die Richtlinie ist auf Personen anwendbar, die einen Antrag auf internationalen Schutz stellen, das heisst auf Asylsuchende, die noch keinen definitiven Entscheid betreffend ihren Antrag auf internationalen Schutz erhalten haben. Sie enthält Vorgaben zu den materiellen Leistungen im Rahmen der Aufnahme, zur Inhaftierung sowie zur Aufnahme von unbegleiteten minderjährigen Asylsuchenden (UMA) und schutzbedürftigen Personen. Die Richtlinie statuiert zudem Vorschriften über den Zugang von Asylsuchenden zu Bildung und zum Arbeitsmarkt. 355

356 Da die Lebenshaltungskosten und das nationale Bruttoinlandsprodukt in den EU-Mitgliedstaaten unterschiedlich hoch sind, schafft die Richtlinie keine konkreten Standards in Bezug auf die **materiellen Leistungen** im Rahmen der Aufnahme. Nach Art. 17 der Aufnahmerichtlinie müssen «die im Rahmen der Aufnahme gewährten materiellen Leistungen einem angemessenen Lebensstandard entsprechen, der den Lebensunterhalt sowie den Schutz der physischen und psychischen Gesundheit von Antragstellern gewährleistet».

357 In Bezug auf eine mögliche **Inhaftierung** von Schutzsuchenden sieht die Aufnahmerichtlinie in Art. 8 vor, dass die Mitgliedstaaten eine Person nicht allein aufgrund der Antragsstellung auf internationalen Schutz inhaftieren dürfen. Eine Inhaftierung ist vielmehr nur zulässig, wenn sich weniger einschneidende Massnahmen als unwirksam erweisen und ein Haftgrund nach Art. 8 Abs. 3 Aufnahmerichtlinie gegeben ist. So kann Haft etwa bei Fluchtgefahr während eines Dublin-Verfahrens oder zur Identitätsfeststellung angeordnet werden. Die Haft muss «in angemessenen Zeitabständen» von einer Justizbehörde überprüft werden und Minderjährige dürfen nach Art. 11 der Aufnahmerichtlinie nur «im äussersten Falle» und unbegleitete Minderjährige nur in Ausnahmefällen in Haft genommen werden.

e) Die Asylverfahrensrichtlinie

358 Die Richtlinie 2013/32 des Europäischen Parlaments und des Rates vom 26. Juni 2013 zu gemeinsamen Verfahren für die Zuerkennung und Aberkennung des internationalen Schutzes (ABl. L 180 vom 29. Juni 2013, S. 60 ff.) schafft einheitliche Verfahren für die Zu- und Aberkennung des internationalen Schutzes gemäss der Qualifikationsrichtlinie. Die Anerkennung als Flüchtling oder die Gewährung von subsidiärem Schutz ist demnach nur im Rahmen des durch die Asylverfahrensrichtlinie festgelegten Verfahrens möglich.

359 Ein Antrag auf internationalen Schutz ist unzulässig, wenn eine der in Art. 33 der Asylverfahrensrichtlinie abschliessend aufgezählten Voraussetzungen erfüllt ist. Dies kann – abgesehen von der Konstellation, in dem ein anderer Mitgliedstaat nach der Dublin-III-Verordnung für die Prüfung des Antrags zuständig ist – der Fall sein, wenn ein anderer Mitgliedstaat bereits internationalen Schutz gewährt hat oder wenn ein Staat, der nicht EU-Mitgliedstaat ist, als Erstasylstaat als **sicherer Herkunftsstaat** gilt. Erster Asylstaat im Sinne von Art. 35 der Asylverfahrensrichtlinie ist entweder ein Staat, in dem die Antragsstellenden als Flüchtlinge anerkannt wurden und dessen Schutz sie weiterhin in Anspruch nehmen können oder ein Staat, in dem ihnen anderweitig ausreichender Schutz, einschliesslich die Garantie der Nichtrückschiebung, gewährt wird.

Die Kommission hatte 2015 die Verabschiedung einer einheitlichen Liste sicherer Herkunftsländer vorgeschlagen, den Vorschlag aber im Jahr 2019 wieder zurückgezogen. Somit definiert nach wie vor jeder Mitgliedstaat in einer eigenen Liste, welche Drittstaaten er als sichere Herkunftsländer betrachtet. Ein Staat kann dabei nur dann als **sicherer Drittstaat** gelten – und damit als sicherer Herkunftsstaat bezeichnet werden –, wenn er die Voraussetzungen von Art. 38 Asylverfahrensrichtlinie erfüllt. Dazu gehören unter anderem die Gewährleistung des Refoulementverbotes nach der Genfer Flüchtlingskonvention, die Einhaltung des Verbots der Abschiebung, wenn diese einen Verstoss gegen das im Völkerrecht festgelegte Verbot der Folter und grausamer, unmenschlicher oder erniedrigender Behandlung darstellt und die Möglichkeit, einen Antrag auf Zuerkennung der Flüchtlingseigenschaft zu stellen. 360

f) Die Richtlinie zum vorübergehenden Schutz

Als Reaktion auf den damaligen «Massenzustrom» von Schutzsuchenden aus dem Gebiet des ehemaligen Jugoslawiens wurde im Jahr 2001 die Richtlinie 2001/55/EG des Rates vom 20. Juli 2001 über Mindestnormen für die Gewährung vorübergehenden Schutzes im Falle eines Massenzustroms von Vertriebenen und Massnahmen zur Förderung einer ausgewogenen Verteilung der Belastungen, die mit der Aufnahme dieser Personen und den Folgen dieser Aufnahme verbunden sind, auf die Mitgliedstaaten (ABl. L 212/12 vom 7. August 2001, S. 12 ff.) erlassen. Sie bietet den Rahmen für die Steuerung eines unerwarteten Massenzustroms von Vertriebenen und einer unmittelbaren, kollektiven Schutzgewährung (d.h. ohne vorherige Prüfung von Einzelanträgen) und beinhaltet besondere, von der Aufnahmerichtlinie abweichende Regelungen für die Situation eines Massenzustroms. Ziel der Richtlinie ist die gleichmässige Verteilung der mit der Aufnahme geflüchteter Menschen einhergehenden Belastungen unter den Mitgliedstaaten. 361

Neben den Bestimmungen zum Verfahren der Schutzgewährung enthält die Richtlinie Anforderungen an die soziale Absicherung der Vertriebenen. So ist ihnen für die Dauer des vorübergehenden Schutzes die Ausübung einer (un-)selbstständigen Erwerbstätigkeit, die Teilnahme an Bildungsangeboten sowie der Zugang zu Sozialversicherungen (für erwerbstätige Vertriebene), zu notwendigen Sozialleistungen sowie zu medizinischer Notversorgung zu gestatten. Des Weiteren müssen die Mitgliedstaaten eine angemessene Unterbringung gewährleisten oder Mittel für eine Unterkunft bereitstellen. Schliesslich hält Art. 15 der Richtlinie das Recht auf Familienzusammenführung fest, womit sich der Status wesentlich von demjenigen des subsidiären Schutzes abhebt (vorne Rz. 348 ff.). 362

363 Der vorübergehende Schutz gilt zunächst für ein Jahr. Dieser Zeitraum kann automatisch um sechs Monate, höchstens jedoch um ein Jahr verlängert werden. Daraufhin kann die Kommission dem Rat vorschlagen, den vorübergehenden Schutz um ein weiteres Jahr zu verlängern. Sie kann zudem vorschlagen, den vorübergehenden Schutz zu beenden, wenn die Lage im Herkunftsland eine sichere und dauerhafte Rückkehr erlaubt.

364 In der Praxis kam die Richtlinie trotz verschiedener grösserer Flüchtlingszuströme in die EU seit ihrem Erlass bis Anfang 2022 nie zur Anwendung. Nach Beginn des russischen Angriffskriegs gegen die Ukraine im Februar 2022 und der Vertreibung von Millionen Menschen aus den vom bewaffneten Konflikt betroffenen Gebieten, schlug die Kommission am 2. März 2022 die erstmalige Aktivierung der Richtlinie zum vorübergehenden Schutz vor. Mit Durchführungsbeschluss (EU) 2022/382 vom 4. März 2022 beschloss der Rat die Feststellung des Bestehens eines Massenzustroms von Vertriebenen aus der Ukraine im Sinne von Art. 5 der Richtlinie 2001/55/EG und daher die Einführung des vorübergehenden Schutzes (ABl. L 71 vom 4. März 2022, S. 1 ff.). Ukrainische Staatsangehörige und Drittstaatsangehörige oder Staatenlose, die in der Ukraine internationalen Schutz geniessen, sowie ihre Familienangehörigen erhalten demnach vorübergehenden Schutz, sofern sie sich vor dem oder am 24. Februar 2022 in der Ukraine aufgehalten haben (zur Situation in der Schweiz vgl. hinten Rz. 1263 ff.).

g) Die Verordnungen

365 Weitere grundlegende Rechtsinstrumente des EU-Asylrechtes sind die Dublin-III-Verordnung, die Eurodac-Verordnung sowie die FRONTEX-Verordnung. Die ersten beiden Verordnungen sind miteinander verknüpft, da die Eurodac-Verordnung erlassen wurde, um die Anwendung der Dublin-III-Verordnung zu vereinfachen. Assoziierte Nicht-EU-Staaten müssen wegen dieser Verknüpfung auch die Eurodac-Verordnung annehmen und anwenden. Die dritte Verordnung, die FRONTEX-Verordnung, findet ihre rechtliche Grundlage im Schengen-Besitzstand der EU, weshalb sie vorne Rz. 315 ff. behandelt wird, sie ist aber auch für die Asylpolitik und deren Umsetzung relevant.

366 Obwohl Dänemark und Irland grundsätzlich nicht durch das EU-Asylrecht und die Regelungen zur Arbeitsmigration durch Drittstaatsangehörige gebunden sind, haben sie beide im Wege von Assoziierungsabkommen die Dublin-III- und die Eurodac-Verordnung angenommen. Das haben auch die Nicht-EU-Staaten Liechtenstein, Island, Norwegen und die Schweiz getan (Abkommen zwischen der Schweizerischen Eidgenossenschaft und der Europäischen Gemeinschaft über die Kriterien und Verfahren zur Bestimmung des zuständigen Staates für die Prüfung eines in einem Mitgliedstaat oder in der Schweiz gestellten Asylantrags, SR 0.142.392.68). Dänemark und Irland waren bei der Ausarbeitung der FRONTEX-Verordnung nicht beteiligt. Beide Länder nehmen jedoch an FRONTEX-Aktivitäten teil, Irland allerdings nur auf *ad-hoc-*

Basis. Mit dem Austritt des Vereinigten Königreichs aus der EU am 31. Dezember 2020 endete auch die Assoziierung an die Dublin- und Eurodac-Verordnungen.

aa) Die Dublin-III-Verordnung

Die Verordnung 604/2013 des Europäischen Parlaments und des Rates vom 26. Juni 2013 zur Festlegung der Kriterien und Verfahren zur Bestimmung des Mitgliedstaats, der für die Prüfung eines von einem Drittstaatsangehörigen oder Staatenlosen in einem Mitgliedstaat gestellten Antrags auf internationalen Schutz zuständig ist (ABl. L 180 vom 29. Juni 2013, S. 31 ff.) enthält die Regeln zur Bestimmung des Mitgliedstaates, der für die Durchführung eines Asylverfahrens zuständig ist. Durch die Festlegung dieser Regeln sollte einerseits der Situation begegnet werden, dass Asylsuchende von einem Staat in einen anderen geschickt wurden, weil jeder Staat den anderen als für die Prüfung des Asylantrags zuständig erachtete (*refugees-in-orbit*). Dies verletzte sowohl das Recht von Asylsuchenden, Asyl zu beantragen als auch ihr Recht, dass ihr Antrag bearbeitet wird. Andererseits soll Asylsuchenden nicht das Recht eingeräumt werden, den Ort ihres Antrags auf internationalen Schutz selbst wählen zu können *(asylum shopping)*, da dies zu einer Häufung von Asylanträgen in denjenigen Mitgliedstaaten führen würde, die die vorteilhaftesten Aufnahmebedingungen aufweisen. 367

Die Dublin-III-Verordnung gründet daher auf dem Prinzip, dass ein Antrag auf internationalen Schutz ausschliesslich vom **zuständigen Mitgliedstaat** geprüft wird (Art. 3) und dass die Kriterien zur Bestimmung des zuständigen Mitgliedstaats in der in der Verordnung genannten Rangfolge Anwendung finden (Art. 7): 368

- Handelt es sich bei der antragstellenden Person um unbegleitete Minderjährige (UMAs), ist nach Art. 8 der Dublin-III-Verordnung jener Mitgliedstaat zuständig, in dem sich Familienangehörige oder Geschwister der betreffenden UMAs rechtmässig aufhalten. Falls keine Familienangehörigen in einem Dublin-Staat leben, ist jener Mitgliedstaat zuständig, in dem die UMAs ihren Antrag auf internationalen Schutz gestellt haben.
- Hat die antragstellende Person Familienangehörige, die als Begünstigte internationalen Schutzes in einem Mitgliedstaat aufenthaltsberechtigt sind, so ist nach Art. 9 der Dublin-III-Verordnung dieser Mitgliedstaat für die Prüfung des Antrags zuständig.
- Hat die antragstellende Person in einem Mitgliedstaat Familienangehörige, über deren Antrag auf internationalen Schutz noch nicht entschieden wurde, ist dieser Mitgliedstaat nach Art. 10 Dublin-III-Verordnung für die Prüfung des Antrags zuständig, sofern die familiäre Beziehung bereits im Herkunftsland bestanden hat (Art. 2 lit. g Dublin-III-Verordnung).
- Würde die Anwendung der Dublin-III-Verordnung dazu führen, dass Familienmitglieder (sofern die Familie bereits im Herkunftsland bestanden hat) und Geschwister getrennt wür-

den, weil unterschiedliche Staaten für die Prüfung der Anträge der einzelnen Familienmitglieder zuständig sind, ist nach Art. 11 der Dublin-III-Verordnung derjenige Mitgliedstaat für die Prüfung der Anträge aller Familienangehörigen zuständig, der für den grössten Teil von ihnen zuständig ist und andernfalls derjenige Mitgliedstaat, der für die Prüfung des Antrages der ältesten Person zuständig ist.

- Verfügt die antragstellende Person über einen gültigen Aufenthaltstitel oder ein gültiges Visum eines Mitgliedstaats (oder ein Visum, das seit weniger als sechs Monaten abgelaufen ist und aufgrund dessen sie oder er in den Mitgliedstaat einreisen konnte, oder einen Aufenthaltstitel, der weniger als zwei Jahre zuvor abgelaufen ist), ist nach Art. 12 Dublin-III-Verordnung jener Mitgliedstaat für die Prüfung des Antrags zuständig, der den Aufenthaltstitel oder das Visum ausgestellt hat.
- Ist die antragstellende Person aus einem Drittstaat illegal in einen Mitgliedstaat eingereist, ist nach Art. 13 Dublin-III-Verordnung jener Mitgliedstaat für die Prüfung ihres Antrages zuständig, über den sie eingereist ist.

369 Wenn sich der zuständige Mitgliedstaat aufgrund dieser Kriterien nicht bestimmen lässt, ist nach Art. 3 Abs. 3 Dublin-III-Verordnung jener Mitgliedstaat zuständig, in dem der Antrag auf internationalen Schutz gestellt wurde.

370 Gestützt auf die **Souveränitätsklausel** von Art. 17 Abs. 1 oder zur Wahrung der Einheit der Familie gestützt auf die **humanitäre Klausel** in Art. 17 Abs. 2 der Dublin-III-Verordnung kann jeder Mitgliedstaat, in dem ein Antrag gestellt wurde, beschliessen, den Antrag selbst zu prüfen, auch wenn nach den oben ausgeführten Kriterien ein anderer Dublin-Staat zuständig wäre.

371 Der Mitgliedstaat, der sich gestützt auf die Dublin-Kriterien als unzuständig erachtet, kann den zuständigen Mitgliedstaat sobald wie möglich, auf jeden Fall aber innerhalb von drei Monaten nach Antragstellung respektive innerhalb von zwei Monaten, falls der Antragsteller bereits im Eurodac-System erfasst wurde (siehe hinten Rz. 1127), ersuchen, die antragstellende Person aufzunehmen. Wird dieses **Gesuch um Aufnahme** der Antragstellerin oder des Antragstellers nicht innerhalb dieser zwei beziehungsweise drei Monate gestellt, ist der Mitgliedstaat, in dem der Antrag gestellt wurde, für dessen Prüfung zuständig. Ein Mitgliedstaat, dem ein Gesuch um Aufnahme einer Antragstellerin oder eines Antragstellers unterbreitet wird, muss innerhalb von zwei Monaten antworten. Unterlässt er dies, wird fingiert, dass dem Aufnahmegesuch stattgegeben wird (Art. 22 Abs. 7 Dublin-III-Verordnung). Von dem Moment an, in dem ein Mitgliedstaat (explizit oder implizit) die Zuständigkeit angenommen hat, hat der ersuchende Mitgliedstaat grundsätzlich sechs Monate Zeit, um den Antragsteller zu überstellen. Erfolgt die Überstellung nicht innerhalb dieser Zeit, ist der zuständige Mitgliedstaat nach Art. 29 Abs. 2 Dublin-III-Verordnung nicht mehr zur Aufnahme verpflichtet und die Zuständigkeit geht auf den ersuchenden Mitgliedstaat über. Bestreitet der angeforderte Mitgliedstaat seine Zuständigkeit und beharrt der ersuchende Mitgliedstaat darauf, dass der andere Mitgliedstaat seine Zuständigkeit wahrnimmt, gelangt zur Klärung der Zuständigkeit das sogenannte Remonstrationsverfahren zur Anwendung.

bb) Die Eurodac-Verordnung

Die Eurodac-Verordnung (Verordnung 603/2013 des Europäischen Parlaments und des Rates vom 26. Juni 2013 über die Einrichtung von Eurodac für den Abgleich von Fingerabdruckdaten zum Zwecke der effektiven Anwendung der Verordnung 604/2013 zur Festlegung der Kriterien und Verfahren zur Bestimmung des Mitgliedstaats, der für die Prüfung eines von einem Drittstaatsangehörigen oder Staatenlosen in einem Mitgliedstaat gestellten Antrags auf internationalen Schutz zuständig ist und über der Gefahrenabwehr und Strafverfolgung dienende Anträge der Gefahrenabwehr- und Strafverfolgungsbehörden der Mitgliedstaaten und Europols auf den Abgleich mit Eurodac-Daten sowie zur Änderung der Verordnung 1077/2011 zur Errichtung einer Europäischen Agentur für das Betriebsmanagement von IT-Großsystemen im Raum der Freiheit, der Sicherheit und des Rechts, ABl. L 180 vom 29. Juni 2013, S. 1 ff.) sieht vor, dass ein Mitgliedstaat jeder Person, die internationalen Schutz beantragt und mindestens 14 Jahre alt ist, umgehend den Abdruck aller Finger abnimmt (Art. 9). Dasselbe gilt für Drittstaatsangehörige oder Staatenlose, die die Grenzen des Mitgliedstaats illegal überschritten haben (Art. 14) oder sich illegal im Mitgliedstaat aufhalten (Art. 17). Die erhobenen Daten müssen dann an das Zentralsystem in Strassburg übermittelt werden, damit in der Folge die Dublin-III-Verordnung angewendet werden kann. Durch den Abgleich der so erhobenen Daten soll verhindert werden, dass Personen in mehreren Dublin-Staaten Asyl beantragen. 372

Gleichzeitig enthält die Eurodac-Verordnung die gesetzlichen Grundlagen für den Zugang der nationalen Polizei der Mitgliedstaaten und Europol zu den Eurodac-Daten, was den Strafverfolgungsbehörden helfen soll, schwere Straftaten und Terrorakte vorzubeugen, aufzudecken und zu untersuchen. Auch alle assoziierten Staaten sowie Dänemark kooperieren in diesem Bereich, womit ihnen im Gegenzug der Zugang zur Datenbank ebenfalls offensteht. Irland beteiligt nicht an der Verordnung und ist weder durch die Verordnung gebunden noch zu ihrer Anwendung verpflichtet. 373

h) Die Entwicklungen nach 2015

Im Mai 2015 und vor dem Hintergrund der damals sehr hohen Zahlen von Asylgesuchen publizierte die Kommission ihre *Europäische Migrationsagenda*. Das Dokument schlug nicht nur eine erneute Reform des GEAS vor (vorne Rz. 345 ff.), sondern zeigte aus der Sicht der Kommission auch Alternativen auf, wie mit dem Druck auf das Asylsystem der EU umgegangen werden könnte. 374

aa) *Hotspots*

375 Zunächst regte die Kommission an, in jenen Mitgliedstaaten, die wegen der grossen Zahl von Asylsuchenden überfordert seien und die Identifizierung, Registrierung und Fingerabdruckabnahme der einreisenden Asylsuchenden nicht durchführen konnten, *Hotspots* einzurichten. In den *Hotspots* – gegenwärtig gibt es solche in Griechenland und Italien – unterstützen verschiedene EU-Agenturen wie zum Beispiel die Asylagentur der EU (EUAA), FRONTEX und Europol die überforderten nationalen Behörden. In den *Hotspots* soll sichergestellt werden, dass von den neu angekommenen Personen die Fingerabdrücke abgenommen (Eurodac), sie registriert und dem richtigen Verfahren zugewiesen werden.

376 Die *Hotspots* stehen immer wieder in der Kritik wegen der teils unmenschlichen Aufnahmebedingungen in den temporären Unterkünften sowie der langen Verfahrensdauer. Insbesondere der *Hotspot* «Moria» auf Lesbos hat in den letzten Jahren für Schlagzeilen gesorgt. In dem für 2'800 Personen konzipierten Lager lebten zeitweilig bis zu 20'000 Menschen. Nachdem Anfang September 2020 erste Corona-Fälle im Lager bekannt wurden, brach unter den Bewohnerinnen und Bewohnern Panik aus. Die Unruhen gipfelten in einen Grossbrand am 8. September 2020, der das Lager fast vollständig zerstörte. Während ein Teil der obdachlos gewordenen Menschen auf das griechische Festland evakuiert wurde, wurden etwa 10'000 Personen in ein provisorisches Zeltlager an der Küste in der Nähe des bereits bestehenden Flüchtlingslagers Kara Tepe gebracht.

bb) *Stärkung der Zusammenarbeit mit Herkunfts- und Transitländern*

377 Ein weiterer Ansatz der Migrationsagenda der Kommission, der seither wiederholt aufgegriffen wurde, ist die Stärkung der Zusammenarbeit mit den Herkunfts- und Transitländern von Asylsuchenden. So wurden Vereinbarungen mit Drittstaaten wie der Türkei oder Libyen abgeschlossen, mit dem Ziel, Asylsuchende von den Aussengrenzen der EU fernzuhalten, damit keine Zuständigkeit der EU-Mitgliedstaaten begründet wird, der sie zur Bearbeitung der Anträge auf internationalen Schutz verpflichten würde.

378 Um die Fluchtbewegung über die **Türkei** vor allem nach Griechenland zu verringern, verständigten sich die EU und die Türkei im März 2016 auf ein abgestimmtes Vorgehen. In der EU-Türkei-Erklärung erklärte sich die Türkei zur Rücknahme der irregulär auf den griechischen Inseln ankommenden Migrantinnen und Migranten bereit. Für jede Syrierin bzw. jeden Syrer, die bzw. der auf diesem Weg in die Türkei zurückgeführt wird, erklärten die EU-Mitgliedsstaaten sich bereit, eine schutzberechtigte Syrerin beziehungsweise einen schutzberechtigten Syrer aus der Türkei aufzunehmen (sogenannter 1:1-Mechanismus). Im Gegenzug sprach sich die EU für eine weitere Visaliberalisierung für türkische Staatsangehörige sowie die Zahlung von EUR 6 Mrd. für die Versorgung von Flüchtlingen in der Türkei bis Ende 2018 aus. Im Februar 2020 drohte die Türkei damit, die Erklärung auszusetzen, was zur Folge hatte, dass in Griechenland das Asylrecht ausgesetzt wurde und zahlreiche Migranten an seinen Grenzen an der Weiterreise gehindert wurden; darüber hinaus wurde über Zurückweisungen im ägäischen Meer berichtet. Im März 2020 setzte

die Türkei die Rückübernahme von Rückkehrenden von den griechischen Inseln wegen der Pandemie aus. Die EU versucht seither, die Türkei auf höchster politischer Ebene zur Wiederaufnahme der Rückübernahme zu bewegen.

Auch mit **Libyen** verstärkte die EU in den vergangenen Jahren die Zusammenarbeit zur Verringerung der irregulären Einreisen via die zentrale Mittelmeerroute (vgl. Erklärung von Malta, abgegeben von den Mitgliedern des Europäischen Rates, über die externen Aspekte der Migration: Vorgehen in Bezug auf die zentrale Mittelmeerroute, 3. Februar 2017). Die Massnahmen der EU in Libyen konzentrieren sich dabei auf die Ausbildung und Ausstattung der libyschen Küstenwache, die Verbesserung des libyschen Grenz- und Migrationsmanagements, die finanzielle Unterstützung von Partnerorganisationen (wie dem UNHCR) bei der Verbesserung der Lebensbedingungen von Migrantinnen und Migranten in libyschen Aufnahmezentren und Haftanstalten sowie die Förderung der unterstützten freiwilligen Rückkehr von Migrantinnen und Migranten in ihre Herkunftsländer. Die Schulungen der libyschen Küstenwache wurden zunächst im Rahmen der EU-Operation «Sophia», einer Operation zur Bekämpfung der Schleusung im Mittelmeerraum, durchgeführt. Die Operation Sophia wurde im März 2020 durch die Operation «IRINI» ersetzt, mit welcher das Waffenembargo der UNO gegen Libyen überwacht werden soll. Auch im Rahmen von IRINI wird der Kapazitätsaufbau der libyschen Küstenwache und Marine fortgeführt. Im August 2017 erklärte die libysche Regierung ein Gebiet vor der Küste, das weit über die libyschen Hoheitsgewässer hinaus in internationales Gebiet reicht, zu einer so genannten «Search-and-Rescue-Zone» (SAR-Zone) und forderte Hilfs- und Rettungsorganisationen auf, diese Zone nicht mehr anzusteuern. Internationale und Nichtregierungsorganisationen kritisieren dieses Vorgehen scharf und prangern die europäischen Staaten für die Zusammenarbeit mit Libyen an. Ein im Juli 2021 veröffentlichter Bericht von Amnesty International beschreibt wie Migrantinnen und Migrantenbei bei ihrem Versuch, das Mittelmeer zu überqueren, durch die libysche Küstenwache in halsbrecherischen Manövern abgefangen und unter Zwang in libysche Auffang- und Haftanstalten zurückgebracht werden, wo sie schweren Menschenrechtsverletzungen und unmenschlichen Lebensbedingungen ausgesetzt sind. Die Rückführungen nach Libyen geschehen oft unter den wachsamen Augen von FRONTEX-Beamten, die die Aktivitäten auf dem Mittelmeer im Rahmen ihrer Grenzschutzaktivitäten beobachten. Das UNHCR schätzt libysche Häfen angesichts der Inhaftierungspraxis unter menschenrechtswidrigen Bedingungen nicht als «sichere Orte» im Sinne des internationalen Seerechts ein. 379

cc) Umverteilung aus Italien und Griechenland

Zur Bewältigung der steigenden Asylgesuchszahlen und dem wachsenden Druck auf die Länder mit Aussengrenzen verabschiedete der Rat der EU zwei Beschlüsse zur Umsiedlung (*Relocation*) von Personen aus Italien und Griechenland in andere Mitgliedstaaten. Der erste Beschluss 2015/1523 vom 14. September 2015 (ABl. L 239 vom 15. September 2015, S. 146 ff.), der die Umsiedlung von 40'000 Personen vorsah, führte keine konkreten Kontingente ein, sondern setzte auf die freiwillige Aufnahme von Asylsuchenden. Bereits am 22. September 2015 wurde der zweite Beschluss 2015/1601 (ABl. L 248 vom 24. September 2015, S. 80 ff.) verabschiedet, der 120'000 Personen betraf und einen verbindlichen Verteilungsschlüssel für alle am GEAS beteiligten Mitgliedstaaten vorsah. Dieser zweite Beschluss wurde am 29. September 380

2016 durch den Beschluss 2016/1754 (ABl. L 268, 1. Oktober 2016, S. 82 ff.) geändert, um im Anschluss an die EU-Türkei-Erklärung (vorne Rz. 377 ff.) Neuansiedlungen aus der Türkei in einem Umfang von 54'000 Personen auf die jeweiligen nationalen Umsiedlungskontingente anzurechnen.

381 Die Umsetzung dieser Beschlüsse durch die Mitgliedstaaten erfolgte allerdings schleppend und unvollständig, so dass die Kontingente bei weitem nicht ausgeschöpft wurden. Im Ergebnis wurden lediglich 35'000 Personen umgesiedelt.

382 Eine Klage von Ungarn und der Slowakei gegen beide Beschlüsse wies der EuGH im September 2017 ab, weil es sich um zeitlich begrenzte Massnahmen in einer Notlage im Sinne von Art. 78 Abs. 3 AEUV gehandelt habe, die deshalb auch von Gesetzgebungsakten wie der Dublin III-Verordnung abweichen dürften (EuGH, Urteil vom 6. September 2017, *Slowakische Republik und Ungarn gegen Rat der Europäischen Union*, C-643/15, C-647/15, ECLI:EU:C:2017:631). Polen, Ungarn und dann auch Tschechien weigerten sich jedoch weiterhin, Flüchtlinge aus Italien und Griechenland aufzunehmen. Aus diesem Grund erhob die Kommission im Dezember 2017 drei Vertragsverletzungsklagen beim EuGH. Die drei Staaten hatten sich auf ihr Recht nach Art. 72 AEUV berufen, die öffentliche Sicherheit und Ordnung aufrechtzuerhalten. Dieses habe Vorrang vor EU-Beschlüssen. Der EuGH befand im März 2020 jedoch, dass die Mitgliedstaaten zwar die Aufnahme von konkreten Personen verweigern können, wenn sie «objektive und eindeutige» Beweise für deren Gefährlichkeit haben. Sie könnten die Aufnahme von Flüchtlingen aber nicht generell aufgrund blosser Befürchtungen und aus Gründen der Generalprävention ablehnen. Somit hätten die drei Staaten gegen die Beschlüsse des Rates verstossen (EuGH, Urteil vom 2. April 2020, *Europäische Kommission gegen Republik Polen u. a.*, C-715/17, C-718/17 und C-719/17, ECLI:EU:C:2020:257). Dem Urteil kommt vor allem politische Bedeutung zu. Polen, Ungarn und Tschechien wurde klar gemacht, dass sie ihre Pflichten als EU-Mitgliedstaaten verletzt hatten. Eine Pflicht, nun doch noch Flüchtlinge aus dem Umverteilungsprogramm aufzunehmen, ergibt sich aus dem EuGH-Urteil indes nicht.

i) Weiterentwicklung des EU-Asylrechtes

383 Die hohe Zahl von Asylgesuchen hat das europäische Asylsystem in den vergangenen Jahren auf eine harte Probe gestellt. Aus diesem Grund möchte die EU die rechtlichen Grundlagen des Gemeinsamen Europäischen Asylsystems einer umfassenden Überarbeitung unterziehen. Kurz nach dem Brand im *Hotspot* «Moria» präsentierte die EU-Kommission am 23. September 2020 das *Neue Asyl- und Migrationspaket*, mit dem die politische Blockade in der Asylpolitik überwunden, mehr Solidarität zwischen den Mitgliedstaaten erreicht und eine bessere Verknüpfung zwischen Migration, Asyl, Integration und Grenzmanagement erzielt werden soll. Das Paket führt verschiedene Neuerungen ein, darunter fünf Legislativprojekte. Weiterhin aktuell sind die bereits 2016 kommunizierten Vorschläge für eine Qualifikationsverordnung, eine Neufassung der Aufnahmerichtlinie und der Rückführungsrichtlinie sowie eine Resettlement-Rahmenverordnung (zum Resettlement siehe hinten Rz. 1218 ff.).

Neu sollen ein beschleunigtes Screening sowie ein «*Pre-Entry*-Verfahren» (Identitätskontrolle, Gesundheits- und Sicherheitsüberprüfung und Fingerabdruckentnahme) an den Aussengrenzen eingeführt werden, um illegalen Grenzübertritten vorzubeugen (Vorschlag für eine Verordnung zur Einführung eines Screenings von Drittstaatsangehörigen an den Aussengrenzen, COM(2020) 612 sowie Vorschlag für eine Verordnung zur Einführung eines gemeinsamen Verfahrens zur Gewährung internationalen Schutzes in der Union und zur Aufhebung der Richtlinie 2013/32/EU [Asylverfahrensrichtlinie], COM(2020) 611). Die Neuerung sieht beschleunigte Verfahren an den Grenzen für Anträge mit geringen Erfolgschancen, ein Eilverfahren bei Personen aus «sicheren» Herkunftsstaaten sowie ein direktes EU-Rückkehrsystem vor. Letzteres soll u.a. durch eine bessere Zusammenarbeit mit Drittländern effizienter gestaltet werden. Eine zentrale Rolle wird dabei FRONTEX spielen, die sich zum «operativen Arm der EU-Rückkehrpolitik» weiterentwickeln soll (Mitteilung der Kommission, Ein neues Migrations- und Asylpaket, COM(2020) 609 final). 384

Als zweiter Kernpunkt des Pakets soll eine neue Verordnung über Asyl- und Migrationsmanagement die Dublin-III-Verordnung ersetzen (Vorschlag für eine Verordnung über Asyl- und Migrationsmanagement, COM(2020) 610). Neben der Ausdehnung des Familienbegriffs auf Geschwister sowie ausserhalb des Heimatlandes gegründete Familien und der Schaffung eines neuen Zuständigkeitskriteriums, das an in einem Mitgliedstaat erworbene Diplome und Qualifizierungen anknüpft, soll als wesentliche Neuerung ein Solidaritätsmechanismus eingeführt werden. Dieser würde im Zusammenhang mit Ausschiffungen nach Such- und Rettungsaktionen sowie im Falle erhöhten Migrationsdrucks auf einen Mitgliedstaat aktiviert werden (ein ähnlicher Solidaritätsmechanismus wird auch im neuen Vorschlag für eine Verordnung zur Bewältigung von Krisensituationen und Fällen höherer Gewalt im Bereich Migration und Asyl [COM(2020) 613] vorgesehen). Der Schwerpunkt des Solidaritätsmechanismus liegt auf der Umsiedlung und Rückkehrförderung. So können sich die Mitgliedstaaten über ein System der flexiblen Beiträge beteiligen: durch die Übernahme von Schutzsuchenden, durch die Unterstützung mit Material, Personal und Expertise oder durch sogenannte «Rückkehrpatenschaften», in deren Rahmen ein Mitgliedstaat einen anderen Mitgliedstaat unterstützt, indem er abgestimmte Massnahmen für die Rückkehr bzw. Rückführung von illegal aufhältigen Drittstaatsangehörigen ergreift. Misslingt eine Rückkehr im Zeitraum von acht Monaten nach der Rückkehrentscheidung, ist die Person in das eigene Staatsgebiet aufzunehmen. Die «Rückkehrpatenschaften» wurden nicht zuletzt wegen der heiklen Terminologie kritisiert. 385

Schliesslich soll die Eurodac-Datenbank erweitert und mit anderen Datenbanken interoperabel gemacht werden (Vorschlag für eine Verordnung über die Einrichtung von «Eurodac», COM (2020) 614; vorne Rz. 314). Diese Vorschläge wurden unter anderem vom Europäischen Datenschutzbeauftragten wegen des unklaren Verfahrens, der fehlenden Rechtsschutzmöglichkeiten sowie der Verletzung datenschutzrechtlicher Grundsätze durch die vorgesehene Datenverarbeitung und die ausgeweiteten Zugriffsmöglichkeiten kritisiert. 386

Die Meinungen zu den Vorschlägen sind geteilt. Einige sehen im Paket eine umsetzbare und pragmatische Lösung, das europäische Asylsystem zu reformieren, zumal das Beharren auf Maximalforderungen in der Vergangenheit meist zu Blockaden geführt hat. Andere kritisieren die vorgeschlagene Reform lautstark. Sie befürchten, dass die im neuen Paket vorgeschlagenen Änderungen zu einer Verschiebung des Fokus von Schutzgewährung auf Rückführungen sowie zu einer Verminderung der Garantien für Vertriebene, die internati- 387 onalen Schutz benötigen, führen werden. Es bleibt abzuwarten, ob sich die Mitgliedstaaten auf die Neuerungen einigen können und wie diese in der Praxis umgesetzt werden.

§ 7 Ausländerrecht nach AIG

Literatur: AMARELLE CESLA/CHRISTEN NATHALIE/NGUYEN MINH SON, Migrations et regroupement familial, Bern 2012; AMARELLE CESLA/NGUYEN MINH SON (Hrsg.), Code annoté de droit des migrations, Volume II: Loi sur les étrangers (LEtr), Bern 2017; AMARELLE CESLA/NGUYEN MINH SON, Les renvois et leur exécution, Perspectives internationale, européenne et suisse, Bern 2011; BOILLET VÉRONIQUE/ARNAIZ PABLO/NGUYEN MINH SON, Actualité du droit des étrangers, Les apatrides – Staatenlose, numéro spécial et bilingue, Bern 2016; BOLZLI PETER/RUDIN LISA/GRETLER SVEN, Migrationsrecht, Zürch/Basel/Genf 2022; BÜCHLER ALEXANDRA, Die Konsequenzen des rechtswidrigen Aufenthalts von Drittstaatsangehörigen in der Schweiz, in: Achermann Alberto et al. (Hrsg.), Jahrbuch für Migrationsrecht 2015/2016, Bern 2016, S. 81 ff.; CAMPISI LAURA, Die rechtliche Erfassung der Integration im schweizerischen Migrationsrecht, Zwischen rechtlichen Vorgaben und innenpolitischen Realitäten, Zürich/St.Gallen 2014; CARONI MARTINA, Der Familiennachzug in der Schweiz – Gratwanderung zwischen Menschenrechten, Gleichberechtigung und restriktiver Zulassungspolitik, in: Achermann Alberto et al. (Hrsg.), Jahrbuch für Migrationsrecht 2012/2013, S. 3 ff.; CARONI MARTINA, Die Zulassung zum Aufenthalt zu Aus- und Weiterbildungszwecken, in Jürg-Beat Ackermann/Felix Bommer (Hrsg.), Liber Amicorum für Dr. Martin Vonplon, Zürich 2009, S. 85 ff.; CARONI MARTINA/GÄCHTER THOMAS/THURNHERR DANIELA (Hrsg.), Bundesgesetz über die Ausländerinnen und Ausländer (AuG), Stämpflis Handkommentar, Bern 2010; CARONI MARTINA/PLOZZA MONIKA, Migrationsrechtliche Aspekte von Eheschluss, Trennung und Scheidung, in: Fankhauser Roland (Hrsg.), Kommentar zum Familienrecht, Scheidung, Band II: Anhänge, 4. Auflage, Bern 2022; CATAK KANBER IREM, Die ausländerrechtliche Administrativhaft, Bern 2017; GATTIKER MARIO, Die Reform der vorläufigen Aufnahme, in: ASYL SO/2018, S. 28 ff.; HÄNNI JULIA, Das Visum, Rechtsnatur und Rechtsformen, in: Achermann Alberto et al. (Hrsg), Jahrbuch für Migrationsrecht 2016/2017, S. 117 ff.; HUGI YAR THOMAS, Von Trennungen, Härtefällen und Delikten, Ausländerrechtliches rund um die Ehe- und Familiengemeinschaft, in: Achermann Alberto et al. (Hrsg.), Jahrbuch für Migrationsrecht 2012/2013, S. 31 ff.; KIENER REGINA/KUHN MATHIAS, Rechtsschutz im Ausländerrecht, in: Achermann Alberto et al. (Hrsg.), Jahrbuch für Migrationsrecht 2005/2006, Bern 2006, S. 91 ff.; KIENER REGINA/RÜTSCHE BERNHARD/KUHN MATHIAS, Öffentliches Verfahrensrecht, 3. Auflage, Zürich/St. Gallen 2021; NGUYEN MINH SON, L'admission des sportifs professionnels selon la LEtr, in: Mahon Pascal et al. (Hrsg.), L'activité e l'espace, Droit du sport et aménagement du territoire, Mélanges en l'honneur de Piermarco Zen-Ruffinen, Basel 2011, S. 151 ff.; NGUYEN MINH SON, Droit public des étrangers, Présence, activité économique et statut politique, Bern 2003; SPESCHA MARC ET AL. (Hrsg.), Migrationsrecht Kommentar, 5. Auflage, Zürich 2019; SPESCHA MARC/BOLZLI PETER/DE WECK FANNY/PRIULI VALERIO, Handbuch zum Migrationsrecht, 4. Auflage, Zürich 2020; UEBERSAX PETER/ACHERMANN ALBERTO, Bund und Kantone im Ausländerrecht, in : Achermann Alberto et al. (Hrsg.), Jahrbuch für Migrationsrecht 2017/2018, S. 3 ff.; UEBERSAX PETER/PETRY ROSWITHA/HRUSCHKA CONSTANTIN/FREI NULA/ERRASS CHRISTOPH, Migrationsrecht in a Nutshell, Zürich/St.Gallen 2021; UEBERSAX PETER/RUDIN BEAT/HUGI YAR THOMAS/VETTERLI LUZIA (Hrsg.), Ausländerrecht, Eine umfassende Darstellung der Rechtsstellung von Ausländerinnen und Ausländern in der Schweiz, Von A(syl) bis Z(ivilrecht), Basel 2022; WIERUSZEWSKI MAREK, Humanitäre Visa, Eine Auslegeordnung, Die Schweizer Praxis unter Berücksichtigung der Rechtsprechung des EuGH und BVGer, eine Studie im Auftrag des Schweizerischen Roten Kreuzes, Bern 2018.

Materialien: Administrativhaft im Asylbereich, Bericht der Geschäftsprüfungskommission des Nationalrates vom 26. Juni 2018 (www.parlament.ch > Organe > Kommissionen > Aufsichtskommissionen > GPK > Berichte > 2018 (besucht am 15. August 2022); Botschaft über die Genehmigung und die Umsetzung des Notenaustauschs zwischen der Schweiz und der EG betreffend die Übernahme der EG-Rückführungsrichtlinie (Richtlinie 2008/115/EG) (Weiterentwicklung des Besitzstands) und (…) vom 18. November 2009, BBl 2009 8881; Botschaft zu einem Bundesgesetz über die Anwendung von polizeilichem Zwang und polizeilichen Massnahmen im Zuständigkeitsbereich des Bundes (Zwangsanwendungsgesetz, ZAG) vom 18. Januar 2006, BBl 2006 2489; Botschaft zum Bundesgesetz über die Ausländerinnen und Ausländer vom 8. März 2002, BBl 2002 3709; Botschaft zur Änderung des Ausländergesetzes (Integration) vom 8. März 2013, BBl 2013 2397; Zusatzbotschaft zur Änderung des Ausländergesetzes (Integration) vom 4. März 2016, BBl 2015 2821; Botschaft zur Genehmigung der bilateralen Abkommen zwischen der Schweiz und der Europäischen Union, einschliesslich der Erlasse zur Umsetzung der Abkommen («Bilaterale II») vom 1. Oktober 2004, BBl 2004 5965; Botschaft zur Genehmigung und Umsetzung des Notenaustauschs zwischen der Schweiz und der Europäischen Union betreffend die Übernahme des Schengener Grenzkodex (Weiterentwicklung des Schengen-Besitzstands) und zu den Änderungen im Ausländer- und Asylrecht zur vollständigen Umsetzung des bereits übernommenen Schengen- und Dublin-Besitzstands (Ergänzungen) vom 24. Oktober 2007, BBl 2007 7937; Botschaft zur Totalrevision des Bundesgesetzes über das Schweizer Bürgerrecht (Bürgerrechtsgesetz, BüG) vom 4. März 2011, BBl 2011 2825; Botschaft zum Bundesgesetz über polizeiliche Massnahmen zur Bekämpfung von Terrorismus vom 22. Mai 2019, BBl 2019 4751; Botschaft zur Revision des Ausländergesetzes (AuG) (Verfahrensnormen und Informationssysteme) vom 2. März 2018, BBl 2018 1685; Bundesgesetz über die Ausländerinnen und Ausländer und über die Integration (Ausländer- und Integrationsgesetz, AIG) (Einschränkungen für Reisen ins Ausland und Anpassungen des Status der vorläufigen Aufnahme), Änderung vom 17. Dezember 2021, BBl 2021 2999; Bundesgesetz über die Ausländerinnen und Ausländer und über die Integration (Ausländer- und Integrationsgesetz, AIG) (Verfahrensregelungen und Informationssysteme), Änderung vom 14. Dezember 2018, BBl 2018 7879; Botschaft zur Änderung des Ausländer- und Integrationsgesetzes (Covid-19-Test bei der Ausschaffung) vom 11. August 2021 BBl 2021 1901; SEM, Änderung der Verordnung über Zulassung, Aufenthalt und Erwerbstätigkeit, Erläuternder Bericht vom 2. August 2018, Inkraftsetzung der Änderung des Ausländergesetzes vom 16. Dezember 2016 (13.030; Integration), Bern 2018, www.sem.admin.ch > Das SEM > Laufende Rechtsetzungsprojekte > Abgeschlossene Rechtsetzungsprojekte > Ausländer- und Integrationsgesetz (AIG) (besucht am 15. August 2022); SEM, Totalrevision der Verordnung über die Integration von Ausländerinnen und Ausländer, Erläuternder Bericht vom 2. August 2018, Inkraftsetzung der Änderung des Ausländergesetzes vom 16. Dezember 2016 (13.030; Integration), Bern 2018, www.sem.admin.ch > Das SEM > Laufende Rechtsetzungsprojekte > Abgeschlossene Rechtsetzungsprojekte > Ausländer- und Integrationsgesetz (AIG) (besucht am 15. August 2022); SEM, Weisung Humanitäres Visum gemäss Art. 4 Abs. 2 VEV, Bern-Wabern 2021, www.sem.admin.ch > Publikationen & Service > Weisungen und Kreisschreiben > I. Ausländerbereich > 2 Einreise in die Schweiz (besucht am 15. August 2022); SEM, Weisungen und Erläuterungen I. Ausländerbereich (Weisungen AIG), Ohne Kapitel 4 Aufenthalt mit Erwerbstätigkeit, Bern 2021, www.sem.admin.ch > Publikationen & Service > Weisungen und Kreisschreiben > I. Ausländerbereich (besucht am 15. August 2022) ; SEM, Weisungen und Erläuterungen Ausländerbereich (Weisungen AIG), Kapitel 4 Aufenthalt mit Erwerbstätigkeit, www.sem.admin.ch > Publikationen & Service > Weisungen und Kreisschreiben > I. Ausländerbereich (besucht am 15. August 2022); Anhang des Durchführungsbeschlusses der Kommission zur Änderung des Beschlusses K(2010) 1620 endgültig hinsichtlich der Ersetzung des Handbuchs für die Bearbeitung von Visumanträgen und die Änderung von bereits erteilten Visa (Visakodex-Handbuch I), Brüssel 2020, www.sem.admin.ch > Publikationen & Service > Weisungen und Kreisschreiben > VII. Visa > Aufenthalt bis 90 Tage (Schengenregelung) (besucht am 15. August 2022).

1. Einleitung: Vom ANAG über das AuG zum AIG

388 Das schweizerische Ausländerrecht ist seit Jahrzehnten immer wieder grossen Veränderungen ausgesetzt. Zu den bedeutendsten Zäsuren gehört einerseits das Inkrafttreten des Abkommens über die Freizügigkeit im Personenverkehr (FZA) auf den 1. Juni 2002, mit welchem die Einreise, der Aufenthalt und die Erwerbstätigkeit für Staatsangehörige von EU/EFTA-Staaten im Gegensatz zu Drittstaatsangehörigen erleichtert wurde (siehe hinten Rz. 933 ff.) und andererseits

auch die Ablösung des Bundesgesetzes über Aufenthalt und Niederlassung der Ausländer (ANAG) durch das Bundesgesetz über die Ausländerinnen und Ausländer (AuG, heute AIG) am 1. Januar 2008. Aber auch der Brexit (hierzu hinten Rz. 961 ff.), die Covid-19-Pandemie sowie die erstmalige Aktivierung des Schutzstatus S für aus der Ukraine vertriebene Personen (hinten Rz. 1263 ff.) stellen Ereignisse dar, die bleibende Spuren in den rechtlichen Regelungen hinterlassen (werden).

Das AuG brachte gegenüber seinem Vorgängergesetz erhebliche Neuerungen. Das ANAG war 389
1931 bewusst als elastisches Rahmengesetz erlassen worden, das vor allem durch eingehende Regelungen auf Verordnungsstufe konkretisiert werden sollte. Dieser Umstand führte über die Jahre dazu, dass zentrale Fragen des Ausländerrechtes nicht mehr auf Gesetzes-, sondern lediglich auf Verordnungsstufe geregelt waren. Im Gegensatz zum ANAG ist das AuG beziehungsweise heute das AIG als umfassendes Gesetz ausgestaltet, das die meisten wichtigen Fragen selbst regelt und die schweizerische Ausländerpolitik auf eine formell-gesetzliche Grundlage stellt. Zwar kann weiterhin nicht auf ergänzende Verordnungen verzichtet werden, doch handelte es sich bei diesen weitgehend lediglich um Ausführungen der gesetzlichen Regelungen und nicht mehr, wie unter dem Regime des ANAG, um die Regelung wichtiger Aspekte. Gleichzeitig fand mit der Ablösung des ANAG durch das AuG eine erhebliche Akzentverschiebung statt. So wurden neben einem kohärenteren Ein- und Ausreiseregime neu auch die Grundsätze des Aufenthaltes klarer geregelt.

Eines der Ziele der Totalrevision des ANAG war die Verbesserung der Rechts- 390
stellung und Integration von rechtmässig und dauerhaft in der Schweiz lebender Ausländerinnen und Ausländer. In Bezug auf die Förderung der Integration zeigte sich jedoch nach dem Inkrafttreten des AuG zusätzlicher Handlungsbedarf. Aus diesem Grund wurde eine erneute Gesetzesrevision in Angriff genommen, um Integrationsdefizite gezielter angehen zu können und das gesellschaftliche Zusammenleben auf der Grundlage der Werte der Bundesverfassung zu stärken. Nach langwierigem politischen Prozess – der insbesondere auf den in der Abstimmung über die Volksinitiative «Gegen Masseneinwanderung» vom 9. Februar 2014 angenommenen Art. 121*a* BV und der dadurch notwendigen Anpassungen des Ausländergesetzes zurückzuführen ist – wurden die Änderungen am 16. Dezember 2016 von der Bundesversammlung verabschiedet. Die auf den 1. Februar 2019 in Kraft getretene Teilrevision führte schliesslich auch zur Änderung des Gesetzestitels: um die gesellschaftliche Bedeutung der Integration hervorzuheben wurde das AuG in Bundesgesetz über die Ausländerinnen und Ausländer und über die Integration (Ausländer- und Integrationsgesetz, AIG) umbenannt.

2. Rechtsquellen

Im Gegensatz zum ANAG wurde das AuG – und diesem folgend das AIG – 391
nicht mehr als blosses Rahmengesetz konzipiert und zahlreiche der bisher in Verordnungen zum ANAG enthaltenen Regelungsbereiche in den Gesetzestext

integriert. Dennoch kann auch das AIG nicht vollständig auf Verordnungen verzichten. Hinzu kommt, dass durch verschiedene völkerrechtliche Abkommen, allen voran das Schengenrecht, eine Verzahnung nationaler und internationaler Rechtsquellen erfolgt ist, zu deren innerstaatlichen Umsetzung ebenfalls Verordnungen erlassen werden mussten.

392 Aufgrund der Vielzahl der auf den Ausländerrechtsbereich anwendbaren Rechtsquellen ist es nicht möglich, diese umfassend darzustellen. Aus diesem Grund werden im Folgenden nur die wichtigsten Verordnungen und die schengenrechtlichen Grundverträge (unter Verzicht auf die Erwähnung ihrer Weiterentwicklungen) nach den verschiedenen Situationen geordnet aufgeführt:

- Einreise
  - Abkommen vom 26. Oktober 2004 zwischen der Schweizerischen Eidgenossenschaft, der Europäischen Union und der Europäischen Gemeinschaft über die Assoziierung dieses Staates bei der Umsetzung, Anwendung und Entwicklung des Schengen-Besitzstands (**SAA,** SR 0.362.31)
  - Übereinkommen zur Durchführung des Übereinkommens von Schengen vom 14. Juni 1985 zwischen den Regierungen der Staaten der Benelux-Wirtschaftsunion, der Bundesrepublik Deutschland und der Französischen Republik betreffend den schrittweisen Abbau der Kontrollen an den gemeinsamen Grenzen, ABl. L 239 vom 22. September 2000, S. 19 ff. (**Schengener Durchführungsübereinkommen, SDÜ**)
  - Verordnung (EG) Nr. 562/2006 des Europäischen Parlaments und des Rates vom 15. März 2006 über einen Gemeinschaftskodex für das Überschreiten der Grenzen durch Personen (Schengener Grenzkodex), ABl. L 105 vom 13. April 2006 S. 1; neu kodifiziert durch die Verordnung (EU) Nr. 2016/399 des Europäischen Parlaments und des Rates vom 9. März 2016 über einen Gemeinschaftskodex für das Überschreiten der Grenzen durch Personen, ABl. L 77 vom 23. März 2016, S. 1 ff. (**Schengener Grenzkodex, SGK**)
  - Verordnung (EU) 2018/1806 des Europäischen Parlaments und des Rates vom 14. November 2018 zur Aufstellung der Liste der Drittländer, deren Staatsangehörige beim Überschreiten der Aussengrenzen im Besitz eines Visums sein müssen, sowie der Liste der Drittländer, deren Staatsangehörige von dieser Visumpflicht befreit sind, ABl. L 303 vom 28. November 2018, S. 39. (**EU-VisumVO**)
  - Verordnung (EG) Nr. 810/2009 des Europäischen Parlaments und des Rates vom 13. Juli 2009 über einen Visakodex der Gemeinschaft, ABl. L 243 vom 15. September 2009, S. 1 ff., zuletzt geändert durch Verordnung (EU) 2019/1155, ABl. L 188 vom 12. Juli 2019, S. 25 (**EG-Visakodex**)
  - Verordnung (EG) Nr. 767/2008 des Europäischen Parlaments und des Rates vom 9. Juli 2008 über das Visa-Informationssystem (VIS) und den Datenaustausch zwischen den Mitgliedstaaten über Visa für einen kurzfristigen Aufenthalt (VIS-Verordnung), ABl. L 182 vom 29. Juni 2013, S. 1 ff, zuletzt geändert durch Verordnung (EU) 2021/1134, ABl. L 248 vom 13. Juli 2021, S. 11 (**EG-VIS-VO**)

  - Verordnung vom 15. August 2018 über die Einreise und die Visumerteilung (**VEV**, SR 142.204)
  - Verordnung vom 10. November 2021 über das Einreise- und Ausreisesystem (**EESV**, SR 142.206)
- Zulassung und Aufenthalt
  - Verordnung vom 24. Oktober 2007 über Zulassung, Aufenthalt und Erwerbstätigkeit (**VZAE**, SR 142.201)
  - Verordnung vom 15. August 2018 über die Integration von Ausländerinnen und Ausländern (**VIntA**, SR 142.205)
  - Verordnung des EJPD vom 13. August 2015 über die dem Zustimmungsverfahren unterliegenden ausländerrechtlichen Bewilligungen und Vorentscheide (Verordnung des EJPD über das ausländerrechtliche Zustimmungsverfahren, **ZV-EJPD**, SR 142.201.1)
  - Übereinkommen über die Rechtsstellung der Staatenlosen (Staatenlosenübereinkommen, **StÜ**, SR 0.142.40)
- Beendigung des Aufenthaltes
  - Richtlinie 2008/115/EG des Europäischen Parlaments und des Rates vom 16. Dezember 2008 über gemeinsame Normen und Verfahren in den Mitgliedstaaten zur Rückführung illegal aufhältiger Drittstaatsangehöriger, ABl. L 348 vom 24. Dezember 2008, S. 98 ff. (**Rückführungsrichtlinie**; Übernahme einer Schengenweiterentwicklung durch die Schweiz)
  - Verordnung vom 11. August 1999 über den Vollzug der Weg- und Ausweisung sowie der Landesverweisung von ausländischen Personen (**VVWAL**, SR 142.281)
  - Bundesgesetz vom 20. März 2008 über die Anwendung polizeilichen Zwangs und polizeilicher Massnahmen im Zuständigkeitsbereich des Bundes (Zwangsanwendungsgesetz, **ZAG**, SR 364)
  - Verordnung vom 12. November 2008 über die Anwendung polizeilichen Zwangs und polizeilicher Massnahmen im Zuständigkeitsbereich des Bundes (Zwangsanwendungsverordnung, **ZAV**, SR 364.3)
- Informationssysteme
  - Bundesgesetz vom 20. Juni 2003 über das Informationssystem für den Ausländer- und den Asylbereich (**BGIAA,** SR 142.51)
  - Verordnung vom 12. April 2006 über das Zentrale Migrationsinformationssystem (**ZEMIS-Verordnung**, SR 142.513)
  - Verordnung vom 18. Dezember 2013 über das zentrale Visa-Informationssystem und das nationale Visasystem (Visa-Informationssystem-Verordnung, **VISV**, SR 142.512)
  - Verordnung vom 26. Oktober 2016 über das automatisierte Polizeifahndungssystem (**RIPOL-Verordnung**, SR361.0)
  - Verordnung vom 10. November 2021 über das Einreise- und Ausreisesystem (**EESV**, SR 142.206)

- Varia
  - Verordnung vom 14. November 2012 über die Ausstellung von Reisedokumenten für ausländische Personen (**RDV**, SR 143.5)
  - Verordnung vom 24. Oktober 2007 über die Gebühren zum Ausländer- und Integrationsgesetz (Gebührenverordnung AIG, **GebV-AIG**, SR 142.209)
  - Organisationsverordnung vom 17. November 1999 für das Eidgenössische Justiz- und Polizeidepartement (**OV-EJPD**, SR 172.213.1)

3. Geltungsbereich des AIG

393 Nach Art. 121 BV liegt die Gesetzgebung über die Ein- und Ausreise sowie den Aufenthalt und die Niederlassung von Ausländerinnen und Ausländern in der Kompetenz des Bundes. Die entsprechenden Regelungen finden sich primär im AIG, das – so ausdrücklich in Art. 1 – die Ein- und Ausreise, den Aufenthalt, den Familiennachzug sowie die Förderung der Integration von Ausländerinnen und Ausländern in der Schweiz regelt. Ausgehend von dieser grundsätzlichen Umschreibung des Gegenstandes statuiert Art. 2 AIG eine Reihe von Vorrangregeln:

- **Bestimmungen in anderen Bundesgesetzen** haben Vorrang vor den Regelungen des AIG (Art. 2 Abs. 1 AIG). In der Praxis betrifft dies insbesondere das AsylG. Für die Asylgewährung und die Rechtstellung von Flüchtlingen in der Schweiz sowie den vorübergehenden Schutz von Schutzbedürftigen sind die Regelungen des AsylG massgebend und gehen den Bestimmungen des AIG vor (Art. 14 Abs. 1 AsylG, siehe hinten Rz. 1078).

  Nach Art. 14 AsylG gilt der Grundsatz der Ausschliesslichkeit des Asylverfahrens. Hat eine Person ein Asylgesuch in der Schweiz eingereicht, kann sie bis zur Ausreise nach rechtskräftigem Abschluss des Asylverfahrens oder bis zur Anordnung einer Ersatzmassnahme bei nicht durchführbarem Vollzug kein Verfahren um Erteilung einer ausländerrechtlichen Bewilligung einleiten. Eine Ausnahme von diesem Grundsatz besteht nur, wenn ein Anspruch auf die ausländerrechtliche Bewilligung besteht (Art. 14 Abs. 1 *in fine* AsylG) oder die zuständigen kantonalen Behörden ausnahmsweise bereit sind, aufgrund des Vorliegens eines schwerwiegenden persönlichen Härtefalls eine Bewilligung zu erteilen (Art. 14 Abs. 2 AsylG, siehe hinten Rz. 542 ff.). Hängige ausländerrechtliche Bewilligungsverfahren werden mit der Einreichung eines Asylgesuchs gegenstandslos (Art. 14 Abs. 5 AsylG). Erteilte ausländerrechtliche Bewilligungen bleiben dagegen bestehen und können nach den ausländerrechtlichen Bestimmungen verlängert werden (Art. 14 Abs. 6 AsylG).

- **Von der Schweiz abgeschlossene völkerrechtliche Verträge** geniessen ebenfalls Vorrang vor den Regelungen des AIG (Art. 2 Abs. 1 AIG).

  Dabei handelt es sich z.B. um völkerrechtliche Verträge, die bestimmten Personengruppen verbindliche Rechtsansprüche auf Bewilligung der Einreise und des Aufenthaltes einräumen (vorne Rz. 74 ff) oder um beispielsweise um Niederlassungsvereinbarungen, die Angehörigen bestimmter Staaten einen Rechtsanspruch auf Erteilung der Niederlassungsbewilligung nach fünf- oder zehnjährigem Aufenthalt einräumen (vorne Rz. 75 ff.).

- Für **Staatsangehörige von EU/EFTA-Staaten**, ihre Familienangehörigen sowie die in die Schweiz entsandten Arbeitnehmenden von Arbeitgebenden mit Wohnsitz oder Sitz in einem EU- oder EFTA-Staat sind primär die Bestimmungen der jeweiligen **Freizügigkeitsabkommen** massgebend. Das AIG gilt für sie nur dann, wenn die Freizügigkeitsabkommen keine entsprechenden Regelungen beinhalten beziehungsweise die Regelungen des AIG günstiger sind (Art. 2 Abs. 2 und 3 AIG). Im FZA nicht geregelt sind etwa die Erteilung der Niederlassungsbewilligung, die Integrationsförderung, die Entfernungs- und Fernhaltemassnahmen, die Zwangsmassnahmen sowie die Strafbestimmungen und administrative Sanktionen. Im Vergleich zum FZA sind die Regelungen des AIG günstiger in Bezug auf das Verbleiberecht nach Auflösung der Familiengemeinschaft sowie die Widerrufsgründe nach Art. 62 Abs. 1 lit. d und e AIG.
- Schliesslich gelten die im AIG enthaltenen Bestimmungen über das Visumverfahren sowie die Ein- und Ausreise nur, sofern die **Schengen-Assoziierungsabkommen** keine davon abweichenden Regelungen enthalten (Art. 2 Abs. 4 AIG). Es handelt sich hierbei um einen Anwendungsfall von Art. 2 Abs. 1 AIG. Da sich die Schengenregelungen einzig auf Aufenthalte von maximal 90 Tagen innerhalb eines Zeitraums von 180 Tagen beziehen, gelangen für sämtliche längeren Aufenthalte die Regelungen des AIG betreffend Visum sowie Ein- und Ausreise zur Anwendung.

4. Grundsatz des Vollzugsföderalismus

Die ausschliessliche Gesetzgebungskompetenz über die Ein- und Ausreise, den 394
Aufenthalt und die Niederlassung von Ausländerinnen und Ausländern liegt beim Bund (Art. 121 BV). Ausländerrecht ist damit Bundesrecht, für dessen Umsetzung nach Art. 46 Abs. 1 BV traditionell der Grundsatz des Vollzugsföderalismus gilt, wonach der Bund für die Gesetzgebung zuständig ist, die Kantone dagegen für die Rechtsdurchsetzung, sofern die Vollzugskompetenz nicht mittels Verfassungs- oder Gesetzesrecht ausdrücklich auf den Bund übertragen worden ist. Im Ausländerrecht findet sich allerdings eine Umkehr dieser traditionellen Kompetenzverteilung, indem das SEM nach Art. 98 Abs. 1 AIG für alle Aufgaben zuständig ist, «die nicht ausdrücklich anderen Bundesbehörden oder den kantonalen Behörden vorbehalten sind» (so auch Art. 88 Abs. 2 VZAE). Trotz dieser Kompetenzumkehr folgt das AIG aber – zumindest über weite Teile – dem traditionellen Grundsatz des Vollzugsföderalismus, indem die Umsetzung der bundesrechtlichen Bestimmungen den Kantonen übertragen

wird. So sind die Kantone insbesondere zuständig für die Erteilung, die Verlängerung und den Widerruf von ausländerrechtlichen Bewilligungen, die Bundesbehörden erteilen dagegen grundsätzlich keine Bewilligungen (Art. 40 Abs. 1 AIG, zu den ausländerrechtlichen Bewilligungen siehe hinten Rz. 586 ff.). Vorbehalten bleiben nach Art. 40 Abs. 1 AIG die Zuständigkeiten des Bundes im Rahmen von Begrenzungsmassnahmen (Art. 20 AIG, siehe hinten Rz. 491 ff.), für Abweichungen von den Zulassungsvoraussetzungen (Art. 30 AIG, siehe hinten Rz. 540 ff.), beim Zustimmungsverfahren (Art. 99 AIG, siehe hinten Rz. 690 ff.) sowie für gewisse arbeitsmarktliche Vorentscheide (Art. 40 Abs. 3 AIG). Im Rahmen der Beurteilung der Bewilligungsvoraussetzungen haben die kantonalen Behörden zwar die völker-, verfassungs- und bundesrechtlichen Rahmenbedingungen zu beachten. Sofern jedoch gestützt auf diese kein Rechtsanspruch auf eine ausländerrechtliche Bewilligung besteht, kommt ihnen trotz der Festlegung der Zulassungsvoraussetzungen im Bundesrecht ein nicht unerheblicher Ermessensspielraum zu. Zudem sind die eine Bewilligung verweigernden Entscheide der letzten kantonalen Behörden grundsätzlich endgültig. Die Beschwerde an das Bundesverwaltungsgericht ist ausgeschlossen (Art. 33 lit. i VGG), da es sich um einen Entscheid einer kantonalen Behörde handelt (siehe hinten Rz. 696 ff.) und eine Beschwerde an das Bundesgericht ist nur möglich, sofern die betroffenen Ausländerinnen und Ausländer gestützt auf Bundes- oder Völkerrecht einen Rechtsanspruch auf eine Bewilligung geltend machen können (Art. 83 lit. c Ziff. 2 BGG).

395 Bei der Erteilung von Einreisevisa findet sich demgegenüber eine parallele Zuständigkeit von Bund und Kantonen (zum Visumsverfahren siehe hinten Rz. 439 ff.). Gleiches gilt auch für die Grenzkontrolle. Die Kantone sind zuständig für die Personenkontrollen auf dem eigenen Hoheitsgebiet (Art. 9 Abs. 1 AIG), wohingegen die Personenkontrollen im Grenzbereich in die Zuständigkeit des Bundes fallen (Art. 9 Abs. 2 AIG i.V.m. Art. 121 und 133 BV). Eine geteilte Zuständigkeit von Bund und Kantonen findet sich zudem auch in Bezug auf die Anordnung von Entfernungsmassnahmen. Diese fällt – abhängig vom zugrundeliegenden Sachverhalt – in die Zuständigkeit des Bundes oder der Kantone (siehe hinten Rz. 722 ff.). Dagegen obliegt der Vollzug von Entfernungsmassnahmen den kantonalen Behörden, unabhängig davon, ob die Massnahme vom Bund oder einem Kanton ausgesprochen wurde (Art. 69 ff. AIG). Der Bund leistet den kantonalen Vollzugsbehörden in diesem Zusammenhang lediglich Vollzugsunterstützung (Art. 71 AIG). Die Anordnung von reinen Entfernungsmassnahmen ist demgegenüber immer Sache des Bundes, Einreiseverbote werden nie durch die kantonalen Behörden ausgesprochen (Art. 67 AIG).

5. Verfahrensgrundsätze

396 Ausländerrechtliche Verfahren – zum Beispiel auf Erlass einer Bewilligung – stellen aus verwaltungsrechtlicher Sicht Verfahren auf Erlass einer mitwirkungsbedürftigen Verfügung dar. Für die Frage, wem die Abklärung des Sachverhaltes obliegt, gilt im ausländerrechtlichen Verfahren – wie grundsätzlich in jedem Verwaltungsverfahren – der Untersuchungsgrundsatz. Gleichzeitig entbindet die Anwendung des Untersuchungsgrundsatzes die Parteien, gerade bei mitwirkungsbedürftigen Verfügungen, nicht davon, zur Feststellung des Sachverhaltes beizutragen.

5.1. Untersuchungsgrundsatz und Mitwirkungspflicht

397 Im öffentlich-rechtlichen Verwaltungsverfahren gilt grundsätzlich der Untersuchungsgrundsatz (Art. 12 VwVG). Die Verantwortung für die Sachverhaltsermittlung und Beweisführung obliegt den zuständigen Behörden. Der Untersuchungsgrundsatz wird allerdings relativiert durch die Mitwirkungspflicht der Parteien (Art. 13 VwVG). Danach sind die Parteien verpflichtet, an der Feststellung des Sachverhaltes mitzuwirken und Beweismittel beizubringen, wenn sie ein Verwaltungsverfahren durch ihr Begehren eingeleitet haben, wenn sie in einem Verwaltungsverfahren selbständig Begehren stellen oder ihnen nach einem anderen Bundesgesetz eine Auskunfts- oder Offenbarungspflicht obliegt (Art. 13 Abs. 1 VwVG). Diese Pflicht gilt insbesondere dann, wenn die Verwaltungsbehörden keine oder lediglich geringe Kenntnisse einer Tatsache haben oder sie diese ohne die Mitwirkung der Parteien nicht oder nur mit unverhältnismässig hohem Aufwand abklären könnten (BGE 128 II 139, E. 2b S. 365). Dies betrifft namentlich persönliche Umstände wie den gesundheitlichen Zustand, die familiäre Situation oder auch die persönlichen Verhältnisse im Heimat- oder Herkunftsland der betroffenen Ausländerinnen und Ausländer (BGE 124 II 361, E. 2b S. 365). Kommen die Parteien ihren Mitwirkungspflichten nicht nach, drohen ihnen Rechtsnachteile (Art. 13 Abs. 2 VwVG).

398 Art. 90 AIG präzisiert die Mitwirkungspflicht für das Ausländerrecht. Danach sind Ausländerinnen und Ausländer und an ausländerrechtlichen Verfahren beteiligte Dritte verpflichtet, an der Feststellung des massgebenden Sachverhaltes mitzuwirken. Sie müssen insbesondere:

- zutreffende und vollständige Angaben über die für die Regelung des Aufenthaltes wesentlichen Tatsachen machen (lit. a);
- die erforderlichen Beweismittel unverzüglich einreichen oder sich darum bemühen, diese innerhalb angemessener Frist zu beschaffen (lit. b);

– Ausweispapiere beschaffen oder an deren Beschaffung durch die Behörden mitwirken (lit. c).

399 Die Mitwirkungspflicht gilt allerdings nur soweit die Mitwirkung den Parteien zumutbar ist. Stellt die Beschaffung eines Beweismittels oder von Ausweispapieren für die betroffene Partei einen unverhältnismässig grossen Aufwand dar oder kann sie ihr aufgrund persönlicher Umstände nicht zugemutet werden, ist sie von der Mitwirkungspflicht befreit (Art. 13 Abs. 2 VwVG *e contrario*).

400 Verletzungen der Mitwirkungspflicht zeitigen unterschiedliche Folgen, je nachdem welcher der in Art. 90 AIG erwähnten Aspekte verletzt wird: Bei nicht zutreffenden und unvollständigen Angaben zu den für die Regelung des Aufenthaltes wesentlichen Tatsachen (lit. a) kann die erteilte Bewilligung widerrufen werden (Art. 62 Abs. 1 lit. a bzw. Art. 63 Abs. 1 lit. a AIG). Werden die erforderlichen Beweismittel nicht eingereicht (lit. b), so hat die betroffene Person sowohl im Bewilligungs- als auch im Widerrufsverfahren die Folgen der Beweislosigkeit zu tragen. Die fehlende Mitwirkung bei der Beschaffung von Ausweispapieren (lit. c) schliesslich kann zur Anordnung von Ausschaffungshaft nach Art. 77 AIG oder von Durchsetzungshaft nach Art. 78 AIG führen sowie eine Bestrafung nach Art. 120 Abs. 1 lit. e AIG nach sich ziehen.

401 Aufgrund der Covid-19-Pandemie haben zahlreiche Staaten vorübergehend einen negativen Covid-19-(PCR)-Test als Einreisevoraussetzung statuiert. In einem während der Pandemie gefällten Urteil hatte sich das Bundesgericht mit der Frage zu befassen, ob der Covid-19-Test ebenfalls zu jenen Dokumenten gehört, bei deren Beschaffung gestützt auf Art. 90 lit. c AIG eine Pflicht zur Mitwirkung besteht. Der Fall betraf einen tunesischen Staatsangehörigen, der wegen der Begehung von Straftaten zu einer 20-jährigen Landesverweisung verurteilt worden war. Er hatte sich geweigert, den für die Ausschaffung nach Tunesien nötigen Covid-19-PCR-Test vorzunehmen und wurde daher von der Ausschaffungs- in Durchsetzungshaft versetzt, um der Ausreisepflicht Nachachtung zu verschaffen. Hiergegen erhob der Beschwerdeführer Beschwerde und machte geltend, dass wegen seiner Weigerung, einen Covid-19-Test vorzunehmen, sowohl die Ausschaffung als auch die freiwillige Ausreise objektiv unmöglich seien und somit die Durchsetzungshaft nicht zulässig sei. Zur Frage, ob eine Mitwirkungspflicht in Bezug auf die Vornahme von Covid-19-PCR-Tests besteht, führte das Bundesgericht aus:

> «3.2. Aufgrund der Landesverweisung ist der Beschwerdeführer verpflichtet, «insbesondere» Ausweispapiere zu beschaffen oder bei deren Beschaffung durch die Behörden mitzuwirken (...). In der Regel sind für die Ausschaffung bloss Ausweispapiere bzw. ein Laissez-passer erforderlich. Die entsprechende Bestimmung lässt sich – aufgrund ihrer Formulierung «insbesondere» und gestützt auf Sinn und Zweck – ohne Verletzung von Bundesrecht so verstehen, dass die Mitwirkungspflicht alle Vorkehrungen umfasst, die der Heimatstaat für die Einreise voraussetzt. Hierfür spricht auch, dass die Haft nur beendet wird, wenn eine selbständige und pflichtgemässe Ausreise nicht möglich ist, obwohl die betroffene Person den «behördlich vorgegebenen Mitwirkungspflichten» nachkommt (Art. 78 Abs. 6 lit. a AIG). Der Gesetzgeber spricht in diesem Zusammenhang nicht von gesetzlichen Mitwirkungspflichten, sondern von solchen, welche – wie hier der Covid-19-PCR-Test – die Behörde vorgibt.

> 3.3. Der Beschwerdeführer muss – soweit dies von ihm abhängt – dazu beitragen, die Einreisebedingungen des Heimatstaats zu erfüllen und im vorliegenden Fall mittels eines PCR-Tests dafür zu sorgen, dass er seiner Ausreisepflicht nachkommen kann. (...)» (BGer, 2C_35/2021, 10. Februar 2021)

Da die Ausschaffung des Beschwerdeführers ausschliesslich an seinem Verhalten – der Weigerung, einen Covid-19-Test vornehmen zu lassen – scheiterte, kam das Bundesgericht zum Schluss, dass sich der Beschwerdeführer möglicherweise «im Rahmen der Durchsetzungshaft noch eines anderen besinnen und den PCR-Test doch noch zulassen wird» (a.a.O., Ziff. 3.3.). Die Durchsetzungshaft sei somit zulässig. Gleichzeitig hielt das Bundesgericht jedoch fest, dass der Covid-19-Test nicht zwangsweise und gegen den Willen der Betroffenen vorgenommen werden dürfe (a.a.O., E. 3.5.1), worauf im Rahmen einer dringlichen Teilrevision des AIG in Art. 72 AIG eine entsprechende gesetzliche Grundlage geschaffen wurde. Ursprünglich bis Ende 2022 befristet, soll die Geltung von Art. 72 AIG im Herbst – ebenfalls im dringlichen Verfahren – bis 30. Juni 2024 verlängert werden (BBl 2022 1359). 402

5.2. Verhältnismässigkeit

Wie bei allen staatlichen Massnahmen gilt auch im Ausländerrecht der verfassungsmässige Grundsatz der Verhältnismässigkeit. Ausländerrechtliche Entscheide sind damit nur dann rechtmässig, wenn sie die Voraussetzungen der Eignung, der Erforderlichkeit sowie der Zumutbarkeit erfüllen. Art. 96 Abs. 1 AIG konkretisiert den Verhältnismässigkeitsgrundsatz in Bezug auf das Ausländerrecht dahingehend, dass die zuständigen Behörden bei der Ermessensausübung die öffentlichen Interessen und die persönlichen Verhältnisse der betroffenen Ausländerinnen und Ausländer sowie deren Grad der Integration zu berücksichtigen haben. Ist eine Massnahme begründet, aber den Umständen des Einzelfalles nicht angemessen, können die Betroffenen unter Androhung dieser drohenden Massnahme verwarnt werden (Art. 96 Abs. 2 AIG). 403

6. Einreise

Die Regelungen über die Einreise gehören zum *domaine réservé*, das heisst zu jenen Bereichen, die die Staaten unabhängig regeln können. Es steht ihnen somit grundsätzlich frei, festzulegen, unter welchen Voraussetzungen Ausländerinnen und Ausländer in ihr Staatsgebiet einreisen dürfen. Vorbehalten bleiben allerdings völkerrechtliche Verpflichtungen (hierzu vorne Rz. 60 ff. und Rz. 152 ff.). In Bezug auf die Einreise- und Visumsfragen kommt dabei dem Schengenrecht grösste Bedeutung zu. Durch die Assoziierung der Schweiz mit dem Schengenraum richten sich Ein- und Ausreise sowie das Visumverfahren in der Praxis zu einem grossen Teil nach Schengenrecht (Art. 2 Abs. 4 AIG), da dieses die Einreise zu Kurzaufenthalten von bis zu 90 Tagen innerhalb von 180 Tagen regelt. Für längere Aufenthalte gelten dagegen die Einreisebestimmungen des AIG. 404

405 In Bezug auf die anwendbaren Rechtsgrundlagen kommt damit der Aufenthaltsdauer zentrale Bedeutung zu. Deren Berechnung wird rückwirkend vorgenommen. Zur Bestimmung, ob ein Kurzaufenthalt von bis zu 90 Tagen innerhalb eines Zeitraums von 180 Tagen oder aber ein längerer Aufenthalt vorliegt, werden die 180 Tage, die dem beantragten Aufenthalt vorangehen, berücksichtigt (Art. 6 Abs. 1 SGK). Da diese Berechnung gerade in Fällen, in denen sich Ausländerinnen und Ausländer mehrfach für kurze Zeit im Schengenraum aufgehalten haben, erhebliche Schwierigkeiten aufwerfen kann, hat die Europäische Kommission das Entry/Exit System (EES) zur Verwaltung der Schengen-Aussengrenzen entwickelt. Mit dem EES werden die Ein- und Ausreisen von Drittstaatsangehörigen elektronisch erfasst und die Aufenthaltsdauer automatisch berechnet. Da es sich um eine Schengen-Weiterentwicklung handelt, hat die Schweiz das EES übernommen (siehe dazu Rz. 314). Das System wurde auf den 1. Mai 2022 in Betrieb genommen werden.

6.1. Einreisevoraussetzungen

406 Ausländerrecht war früher zu einem bedeutenden Teil Polizeirecht, was auch durch die lange gebräuchliche Bezeichnung als Fremdenpolizeirecht deutlich wurde. Heute weist das Ausländerrecht jedoch, wie Art. 3 AIG verdeutlicht, Berührungspunkte mit einer Vielzahl von staatlichen Interessen auf – wirtschaftlichen, kulturellen, wissenschaftlichen, gesellschaftlichen, sozialen, humanitären, menschenrechtlichen etc. Polizeirechtliche Interessen, wie etwa der Schutz der öffentlichen Sicherheit und Ordnung, finden sich aber auch heute noch im Ausländerrecht. So stellen die Einreisevoraussetzungen, die Drittstaatsangehörige, das heisst ausländische Personen, die nicht die Staatsangehörigkeit eines EU- oder EFTA-Staates besitzen (zum Recht auf Einreise von EU/EFTA-Staatsangehörigen siehe hinten Rz. 1010), erfüllen müssen, ein wichtiges Instrument zur Verhinderung der Einreise von unerwünschten Ausländerinnen und Ausländern in die Schweiz dar. Diese Einreisevoraussetzungen sind für Kurzaufenthalte von bis zu 90 Tagen in Art. 6 SGK und für längere Aufenthalte in Art. 5 AIG geregelt. Da die beiden Bestimmungen inhaltlich weitgehend deckungsgleich sind, werden sie in der Folge gemeinsam behandelt.

407 Für die Einreise in die Schweiz müssen Ausländerinnen und Ausländer nach Art. 6 SGK beziehungsweise Art. 5 AIG die folgenden Voraussetzungen erfüllen:

- Sie müssen im Besitz eines gültigen Reisedokuments beziehungsweise eines anerkannten Ausweispapiers sein (**Reisedokumentenpflicht**).
- Sie müssen, sofern erforderlich, über ein gültiges Visum verfügen (**Visumspflicht**).

- Sie müssen **ausreichende finanzielle Mittel** für ihren Aufenthalt in der Schweiz besitzen.
- Sie dürfen **keine Gefahr** für die öffentliche Sicherheit und Ordnung, die öffentliche Gesundheit oder die internationalen Beziehungen der Schweiz darstellen.
- Sie dürfen nicht zur **Einreiseverweigerung** ausgeschrieben beziehungsweise nicht von einer **Fernhaltemassnahme oder einer strafrechtlichen Landesverweisung** betroffen sein.
- Sie müssen Gewähr für ihre gesicherte **Wiederausreise** bieten.

Für gewisse Aufenthalte, wie etwa Aufenthalte mit Erwerbstätigkeit, müssen 408
Drittstaatsangehörige zudem über eine Kurzaufenthalts- oder Aufenthaltsbewilligung verfügen. In diesen Fällen haben sie folglich nicht nur die Einreisevoraussetzungen, sondern auch die für den Erhalt der entsprechenden Bewilligung erforderlichen Voraussetzungen zu erfüllen (zur Bewilligungspflicht und den Bewilligungsvoraussetzungen siehe hinten Rz. 477 ff. und Rz. 485 ff.).

a) Reisedokumentenpflicht

aa) Grundsatz: Gültige und anerkannte Reisedokumente

Ausländerinnen und Ausländer müssen für die Einreise in die Schweiz über 409
gültige und von der Schweiz anerkannte Reisedokumente verfügen (Art. 6 Abs. 1 lit. a SGK beziehungsweise Art. 5 Abs. 1 lit. a AIG und Art. 6 VEV).

Da die Erteilung einer Einreisebewilligung für einen Kurzaufenthalt gestützt 410
auf Schengenrecht den Betroffenen die Berechtigung verleiht, sich im gesamten Schengenraum zu bewegen, müssen die dafür verwendeten Reisedokumente grundsätzlich von allen Schengenstaaten anerkannt werden. Zudem fordern Art. 12 EG-Visakodex und Art. 6 Abs. 1 SGK, dass die Reisedokumente innerhalb der letzten zehn Jahre ausgestellt wurden, mindestens zwei leere Seiten aufweisen und mindestens drei Monate über die geplante Ausreise aus dem Schengenraum hinaus gültig sind. Trotz dieser Regelungen konnte aber bislang innerhalb des Schengenraums noch keine Harmonisierung in Bezug auf die Anerkennung von Reisedokumenten erreicht werden. Damit entscheidet weiterhin jeder Staat frei darüber, ob er die von einem anderen Staat ausgestellten Reisedokumente anerkennt oder nicht.

Eine Übersicht, welche Reisedokumente von welchen Schengenstaaten anerkannt werden, findet 411
sich unter: www.consilium.europa.eu > Dokumente und Veröffentlichungen > PRADO > Anerkannte Reisedokumente (besucht am 15. August 2022).

412 Wird ein Reisedokument nicht von allen Schengenstaaten anerkannt, darf kein einheitliches Visum für den gesamten Schengenraum erteilt werden (zum Schengen-Visum siehe hinten Rz. 443 ff.). Ein Schengenstaat kann allerdings gestützt auf Art. 25 Abs. 3 EG-Visakodex Personen, die ein Reisedokument besitzen, das nicht von allen Schengenstaaten anerkannt wird, ein Visum mit räumlich beschränkter Gültigkeit ausstellen, das grundsätzlich nur für das Hoheitsgebiet des ausstellenden Staates und die das Reisedokument anerkennenden Mitgliedstaaten gültig ist (zum Visum mit räumlich beschränkter Gültigkeit siehe hinten Rz. 446 f.).

413 Die Entscheidung darüber, welche Reisedokumente von der Schweiz anerkannt werden, fällt nach Art. 5 Abs. 4 AIG in die Kompetenz des Bundesrates. Nach Art. 6 VEV wird ein Reisdokument anerkannt, wenn

- das Reisedokument noch **mindestens drei Monate nach der Ausreise gültig** ist. Diese Frist berechnet sich bei einem kurzfristigen Aufenthalt ab der geplanten Ausreise aus dem Schengenraum, bei einem Flughafentransit ab dem Datum des Transits oder des letzten genehmigten Transits und bei einem längerfristigen Aufenthalt ab dem Datum, an dem die Einreisegenehmigung erteilt wurde. Das Reisedokument muss zudem noch mindestens **zwei leere Seiten** aufweisen und **innerhalb der letzten zehn Jahre ausgestellt** worden sein (Art. 6 Abs. 2 VEV);
- die **Identität und Staatsangehörigkeit** der Inhaberin beziehungsweise des Inhabers sowie die Zugehörigkeit zum ausstellenden Staat oder der ausstellenden Gebietskörperschaft aus dem Dokument hervorgeht (Art. 6 Abs. 4 lit. a VEV);
- das Dokument von einem von der Schweiz anerkannten Staat, von einer von der Schweiz anerkannten Gebietskörperschaft oder einer internationalen Organisation ausgestellt wurde (Art. 6 Abs. 4 lit. b VEV). So anerkennt die Schweiz zum Beispiel auch die Pässe von Palästina und Taiwan;
- der ausstellende Staat oder die ausstellende Gebietskörperschaft die **Rückkehr der eigenen Staatsangehörigen jederzeit gewährleistet** (Abs. 4 lit. c) und
- das Dokument über die internationalen Standards entsprechenden **Sicherheitsmerkmale** verfügt (Abs. 4 lit. d).

bb) Ausnahmen

414 Ausnahmen von der Reisedokumentenpflicht sind aufgrund völkerrechtlicher Vereinbarungen sowie gesetzlicher Ermächtigungen möglich:

- Gestützt auf bilaterale oder multilaterale Vereinbarungen können für die Einreise in die Schweiz auch **abgelaufene**, das heisst nicht mehr gültige **Reisedokumente** anerkannt werden (vgl. hierzu die nach Staaten geordnete Liste der Reisedokumente unter www.sem.admin.ch > Publikationen & Service > Weisungen und Kreisschreiben > VII. Visa > Ausweis- und Visumvorschriften nach Staatsangehörigkeit (Anhang CH-1, Liste 1), letztmals besucht am 15. August 2022).
- Gestützt auf bilaterale oder multilaterale Vereinbarungen können für die Einreise in die Schweiz auch **andere Dokumente als Reisepässe**, zum Beispiel Identitätskarten oder Seemannsbücher, anerkannt werden (vgl. hierzu die nach Staaten geordnete Liste der Reisedokumente unter www.sem.admin.ch > Publikationen & Service > Weisungen und Kreisschreiben > VII. Visa > Ausweis- und Visumvorschriften nach Staatsangehörigkeit (Anhang CH-1, Liste 1), letztmals besucht am 15. August 2022).
- Nach Art. 6 Abs. 3 VEV kann bei einer Einreise für einen kurzfristigen Aufenthalt oder bei einem Flughafentransit in begründeten Notfällen auf die **Voraussetzung der mindestens dreimonatigen Gültigkeit** des Reisepapieres über die geplante Ausreise aus dem Schengenraum oder dem Datum des Transits bzw. des geplanten Transits hinaus **verzichtet werden**. Gleiches gilt auch für längerfristige Aufenthalte, wobei in diesen Fällen auch auf die Voraussetzung der zwei leeren Seiten sowie der Ausstellung innerhalb der letzten zehn Jahre verzichtet werden kann.
- Nach Art. 6 Abs. 5 VEV kann das SEM ferner auch ohne entsprechende völkerrechtliche Verpflichtung **Reisedokumente anerkennen, welche die in Art. 6 Abs. 4 VEV** geforderten Voraussetzungen **nicht erfüllen**. Dies ist namentlich der Fall für Reisedokumente, die an Personen herausgegebenen werden, die die Staatsangehörigkeit des ausstellenden Staates nicht besitzen, jedoch über einen legalen Aufenthalt im ausstellenden Staat verfügen. So akzeptiert das SEM etwa in Verbindung mit einem gültigen Aufenthaltstitel die durch Schengenmitgliedstaaten ausgegebenen Fremdenpässe (vgl. für die aktuelle Liste der von der Schweiz und den anderen Schengenstaaten anerkannten Reisedokumente: www.consilium.europa.eu > Dokumente und Veröffentlichungen > PRADO > Anerkannte Reisedokumente (besucht am 15. August 2022).
- Schliesslich kann das SEM nach Art. 7 VEV aus **humanitären Gründen oder aufgrund nationaler Interessen** beziehungsweise aufgrund **internationaler Verpflichtungen** Ausnahmen von der Reisedokumentenpflicht bewilligen (Art. 6 Abs. 5 lit. c SGK und Art. 25 Abs. 1 lit. a EG-Visakodex). Humanitäre Gründe sind etwa eine plötzliche schwere Erkrankung oder der Tod einer nahestehenden Person sowie auch eine dringend nötige medizinische Behandlung. Nationale Interessen, die Ausnahmen

von der Reisedokumentenpflicht zu begründen vermögen, können etwa vorliegen bei Teilnahmen an offiziellen Gesprächen oder Vertragsverhandlungen und -abschlüssen, die im gesamtwirtschaftlichen Interesse der Schweiz liegen. Internationale Verpflichtungen bestehen etwa im Fall von Personen, die gestützt auf internationale Verträge Privilegien und Immunitäten geniessen oder auch bei Personen, die von einer diplomatischen oder konsularischen Vertretung in offizieller Eigenschaft in die Schweiz eingeladen wurden.

b) Visumspflicht

415 Ob Ausländerinnen und Ausländer der Visumspflicht unterliegen oder davon befreit sind, bestimmt sich gestützt auf ihre Staatsangehörigkeit. Die einschlägigen Bestimmungen für Schengen-Visa finden sich in der EU-VisumVO und der VEV, für nationale Visa ausschliesslich in der VEV.

aa) Visumspflicht und Visumsbefreiung für Kurzaufenthalte nach Schengenrecht

416 Die Visumspflicht beziehungsweise Visumsbefreiung für Kurzaufenthalte von bis zu 90 Tagen innerhalb eines Zeitraums von 180 Tagen bestimmt sich nach Schengenrecht. Art. 6 Abs. 1 lit b SGK und Art. 8 Abs. 1 und 3 VEV verweisen hierfür auf die EU-VisumVO. Diese enthält zwei Listen: eine Liste jener Staaten, deren Staatsangehörige beim Überschreiten der Schengen-Aussengrenze im Besitz eines Visums sein müssen (Art. 1 Abs. 1 i.V.m. Anhang I EU-VisumVO) sowie eine Liste jener Länder, deren Staatsangehörige von der Visumspflicht befreit sind (Art. 1 Abs. 2 i.V.m. Anhang II EU-VisumVO). Von diesen Regelungen bestehen jedoch gewisse Ausnahmen:

– Von der Visumspflicht befreit sind Drittstaatsangehörige, die über ein anerkanntes und gültiges Reisedokument sowie ein **gültiges Visum für den längerfristigen Aufenthalt** (zum nationalen Visum siehe hinten Rz. 471 ff.) oder einen **gültigen Aufenthaltstitel in einem Schengenstaat** verfügen. Sie benötigen für die Einreise in die anderen Schengenstaaten kein zusätzliches Visum, selbst wenn ihr Heimatland auf der Liste der Drittländer aufgeführt ist, deren Staatsangehörige der Visumspflicht unterstehen (Art. 6 Abs. 1 lit. b und 39 Abs. 1 lit. a SGK, Art. 8 Abs. 2 lit. a VEV). Dabei handelt es sich nicht um eine eigentliche Visumsbefreiung, da die betroffenen Drittstaatsangehörigen bereits über ein dem Schengen-Visum gleichgestelltes Visum oder einen gleichgestellten Aufenthaltstitel verfügen und berechtigt sind, sich während 90 Tagen innerhalb eines Zeitraums von 180 Tagen im Schengenraum zu bewegen und aufzuhalten.

- Die Mitgliedstaaten können gestützt auf Art. 6 EU-VisumVO weitere **Personengruppen von der Visumspflicht befreien**. Dies betrifft zum Beispiel Inhaberinnen und Inhaber von Diplomaten- oder Dienstpässen, ziviles Flug- und Begleitpersonal von Hilfs- oder Rettungsflügen oder Helferinnen und Helfer in Katastrophen- oder Unglücksfällen. Die Schweiz hat von dieser Möglichkeit Gebrauch gemacht und in Art. 8 Abs. 2 VEV eine Befreiung von der Visumspflicht vorgesehen für Personen mit einem gültigen Diplomaten-, Dienst-, Spezial- oder offiziellen Pass aus bestimmten Ländern (lit. b), Pilotinnen und Piloten und anderes ziviles Flugbesatzungspersonal (lit. c), Inhaberinnen und Inhaber von Laissez-passer der Vereinten Nationen (lit. d), Schülerinnen und Schüler aus visumspflichtigen Staaten mit Wohnsitz in einem EU/EFTA-Staat (lit. e), Inhaberinnen und Inhaber eines gültigen Reiseausweises für Flüchtlinge oder Staatenlose (lit. f und g) sowie für Angehörige von Streitkräften der Nordatlantikvertrags-Organisation (NATO) oder der Partnerschaft für den Frieden (lit. h).
- Gestützt auf Art. 6 Abs. 3 EU-VisumVO können die Mitgliedstaaten bestimmte **grundsätzlich visumsbefreite Personengruppen der Visumspflicht unterstellen**. Für die Schweiz gilt die Visumspflicht in Abweichung von der Grundregel für gewisse Drittstaatsangehörige, die während ihrem Aufenthalt in der Schweiz einer Erwerbstätigkeit nachgehen (Art. 8 Abs. 4 VEV).
- Grundsätzlich visumsbefreite Personengruppen können vorübergehend aufgrund von Durchführungsentscheiden der Kommission wieder der Visumspflicht unterstellt werden (Art. 8 Abs. 3 Satz 3 VEV). Die entsprechende Liste findet sich in Anhang 5 der VEV. Gegenwärtig sind Staatsangehörige Vanuatus vorübergehend wieder der Visumspflicht unterstellt, da die Zahl der von Vanuatu im Rahmen des «Citizenship-by-Investment»-programmes seit 2015 ausgestellten Pässe deutlich angestiegen ist.

bb) Visumspflicht und Visumsbefreiung für längerfristig Aufenthalte

Da die Visumspolitik für Aufenthalte von mehr als 90 Tagen in der Kompetenz jedes einzelnen Staates liegt, ist für die Frage der Visumspflicht beziehungsweise der Visumsbefreiung für längere Aufenthalte schweizerisches Recht anwendbar. Nach Art. 9 Abs. 1 VEV sind Staatsangehörige aus Drittstaaten für die Einreise in die Schweiz im Hinblick auf einen Aufenthalt von mehr als 90 Tagen grundsätzlich visumspflichtig. Ausnahmen von dieser Visumspflicht bestehen jedoch aufgrund entsprechender völkerrechtlicher Vereinbarungen 417 für Staatsangehörige von Australien, Brunei Darussalam, Japan, Malaysia, Neuseeland und Singapur. Zudem verzichtet die Schweiz auf die Visumspflicht für Staatsangehörige der fünf europäischen nicht EU/EFTA-Staaten Andorra, Monaco, San Marino, Vatikanstadt und Vereinigtes Königreich (Art. 9 Abs. 2 VEV).

418 Zudem unterliegen längerfristige Aufenthalte immer der Bewilligungspflicht (Art. 9 Abs. 1 VZAE *e contrario*). Neben den Voraussetzungen für die Erteilung eines Visums müssen damit auch die Bewilligungsvoraussetzungen erfüllt sein (Art. 4 Abs. 1 lit. b VEV).

cc) Visumsbefreiung beziehungsweise Visumspflicht für den Flughafentransit

419 Visumspflichtige Ausländerinnen und Ausländer benötigen für den Flughafentransit nach Art. 10 Abs. 1 VEV grundsätzlich kein Visum, sofern sie

- ein gültiges und anerkanntes **Reisedokument** besitzen (Abs. 1 i.V.m. Art. 5 lit. a);
- über die für die Einreise in den Zielstaat erforderlichen **Reisedokumente und Visa** verfügen (Abs. 1 i.V.m. Art. 5 lit. c);
- ein **Flugticket** für die Reise bis zum Bestimmungsort besitzen und vor ihrer Einreise den **Weiterflug** gebucht haben (Abs. 1 i.V.m. Art. 5 lit. d);
- nicht im Schengener Informationssystem oder in den nationalen Datenbanken der Schweiz zur **Einreiseverweigerung** ausgeschrieben sind (Abs. 1 i.V.m. Art. 5 lit. e) und
- keine **Gefahr für die öffentliche Sicherheit und Ordnung**, die innere Sicherheit, die öffentliche Gesundheit oder die internationalen Beziehungen der Schweiz darstellen (Abs. 1 i.V.m. Art. 5 lit. f).

420 In Abweichung von diesem Grundsatz besteht nach Art. 3 Abs. 1 i.V.m. Anhang IV EG-Visakodex sowie Art. 10 Abs. 2 lit. a VEV allerdings eine Visumspflicht für den Flughafentransit für Staatsangehörige der folgenden Staaten: Afghanistan, Äthiopien, Bangladesch, Demokratische Republik Kongo, Eritrea, Ghana, Iran, Irak, Nigeria, Pakistan, Somalia und Sri Lanka. Gestützt auf die in Art. 3 Abs. 2 EG-Visakodex und Art. 10 Abs. 2 lit. b VEV eingeräumte Kompetenz, den Flughafentransit auch für Staatsangehörige jener Länder, aus denen im Rahmen des Flughafentransits eine grosse Zahl illegaler Einreisen in die Schweiz erfolgen, als visumspflichtig zu erklären, hat das EJPD gegenwärtig auch Staatsangehörige von Kuba, Syrien und der Türkei der Visumspflicht unterstellt. Allerdings gilt die Visumspflicht für die genannten Per-

sonengruppen nicht absolut, sondern nur dann, wenn keine der in Art. 10 Abs. 4 VEV vorgesehenen Ausnahmen zur Anwendung kommt.

c) Ausreichende finanzielle Mittel und Reisekrankenversicherung

Nach Art. 6 Abs. 1 lit. c SGK beziehungsweise Art. 5 Abs. 1 lit. b AIG müssen Ausländerinnen und Ausländer den Nachweis erbringen, dass sie über die für ihren Aufenthalt in der Schweiz, einschliesslich der Rückreise, notwendigen finanziellen Mittel verfügen. Die entsprechende Berechnung der für den Aufenthalt notwendigen finanziellen Mittel erfolgt dabei «nach der Dauer und dem Zweck des Aufenthalts und unter Zugrundelegung der Ausgaben für Unterkunft und Verpflegung in dem/den betreffenden Mitgliedstaat(en) nach Massgabe eines mittleren Preisniveaus für preisgünstige Unterkünfte» (Art. 6 Abs. 4 SGK). Art. 3 Abs. 2 VEV präzisiert hierzu, dass die finanziellen Mittel im Sinne von Art. 6 SGK als ausreichend angesehen werden, wenn gewährleistet ist, dass die Person während ihres Aufenthaltes im Schengenraum keine Sozialhilfeleistungen beziehen wird. Von der Erfüllung dieser Voraussetzung wird ausgegangen, wenn sie über den täglichen Regelbedarf an Eigenmitteln für einen Aufenthalt in der Schweiz sowie die Reisekosten verfügt. Der Regelbedarf für die Schweiz wird in den entsprechenden Weisungen (vergleiche Anhang 18 des Visakodex-Handbuchs) mit CHF 100 pro Tag beziehungsweise CHF 30 pro Tag für Studierende mit gültigem Studierendenausweis beziffert. 421

Der Nachweis der ausreichenden finanziellen Mittel kann nach Art. 3 Abs. 3 VEV auf verschiedene Weisen erbracht werden; mit Bargeld oder Bankguthaben, mit einer Verpflichtungserklärung oder mit einer anderen Sicherheit wie etwa einer Garantie einer Schweizer Bank (Art. 18 VEV). In der Praxis sind insbesondere Verpflichtungserklärungen Dritter von grösster Bedeutung. Diese werden von den zuständigen Bewilligungsbehörden häufig zusätzlich zum Nachweis der genügenden eigenen finanziellen Mittel verlangt. Verpflichtungserklärungen können nach Art. 14 Abs. 3 VEV von 422

- **Schweizer** Staatsangehörigen (lit. a);
- Ausländerinnen und Ausländern mit **Aufenthalts- oder Niederlassungsbewilligung** (lit. b) oder
- von im Handelsregister eingetragenen **juristischen Personen** (lit. c) geleistet werden.

Voraussetzung ist, dass die betreffende Person zahlungsfähig ist und über Wohnsitz beziehungsweise Sitz in der Schweiz verfügt (Art. 14 Abs. 1 VEV). Bei verheirateten Personen sowie eingetragenen Partnerschaften ist zudem die 423 schriftliche Zustimmung der Partnerin oder des Partners erforderlich (Art. 14 Abs. 1 VEV). Verpflichtungserklärungen umfassen die durch den Aufenthalt in der Schweiz entstehenden, ungedeckten Lebensunterhaltskosten für Unterbringung und Nahrung, die Kosten für Unfall und Krankheit sowie die Rückreisekosten (Art. 15 Abs. 1 VEV). Die Verpflichtungserklärungen sind unwiderruflich und gelten ab dem Datum der Einreise in den Schengenraum für die Dauer von einem Jahr (Art. 15 Abs. 2 und 3 VEV). Der maximale Haftungsumfang beträgt CHF 30'000 für Einzelpersonen sowie für gemeinsam reisende Gruppen und Familien von bis zu zehn Personen (Art. 15 Abs. 5 VEV). Das Bundesverwaltungsgericht hat sich im April 2014 erstmals mit der Berechnungsweise für die Bonität der Garanten auseinandergesetzt und entschieden, dass die liquiden Mittel der Garanten nicht den maximalen Betrag von Verpflichtungserklärungen abdecken müssen, sondern vielmehr den Betrag, über den die gesuchstellende Person verfügen müsste, würde sie den Aufenthalt ohne Verpflichtungserklärung beantragen:

> «5.5 (…) Nun verschafft die Verpflichtungserklärung dem Gemeinwesen gegenüber dem Erklärenden (nachfolgend: Garant) bis zu einem Maximalbetrag von Fr. 30'000.- einen durchsetzbaren Rechtstitel auf Übernahme bzw. Ersatz ungedeckter Kosten des Aufenthalts einer ausländischen Person. Als solche dient sie einer einfachen Absicherung gegen planwidrig entstandene Kosten. Im vorliegenden Fall wurde die Verpflichtungserklärung von den Gastgebern abgegeben. Für die Beurteilung ihrer Zahlungsfähigkeit nach Art. 8 VEV kann es nicht darauf ankommen, ob sie in ihrer Eigenschaft als Gastgeber wirtschaftlich in der Lage wären, die Kosten der Reise zu übernehmen und ihrem Gast während dreier Monate freie Unterkunft und Verpflegung zu bieten. Massgebend ist vielmehr, ob das Gemeinwesen aufgrund der Verpflichtungserklärung reelle Aussicht auf Schadloshaltung hat, sollten die Garanten ihren Gastgeberpflichten nicht nachkommen und dem Gemeinwesen daraus Kosten erwachsen. Die Zahlungsfähigkeit kann sich dabei nicht am Maximalbetrag der Garantiesumme von Fr. 30'000.- messen (…). Massgebend muss derjenige Betrag sein, über den ein Gesuchsteller verfügen müsste, wollte er die Reise und den Aufenthalt ohne Inanspruchnahme der Gastgeber aus eigenen Mitteln bestreiten. Denn die Verpflichtungserklärung will das Gemeinwesen vor Schaden schützen, der ihm aus dem Aufenthalt einer nicht ausreichend bemittelten ausländischen Person erwachsen könnte. Es besteht jedoch kein ersichtlicher Grund, dem Gemeinwesen durch entsprechend strenge Anforderungen an die Bonität des schweizerischen Garanten eine bessere Rechtsstellung zu vermitteln, als es hätte, wenn diese ausländische Person im Besitz ausreichender finanzieller Mittel wäre.
>
> 5.6 Es wurde bereits dargelegt, dass die Berechnung dessen, was als ausreichende Mittel zur Bestreitung des Lebensunterhalts anzusehen ist, unter Berücksichtigung des Aufenthaltszwecks und der Aufenthaltsdauer auf der Grundlage der Ausgaben für Unterkunft und Verpflegung im betreffenden Schengenstaat nach Massgabe eines mittleren Preisniveaus für preisgünstige Unterkünfte erfolgt und mit der Zahl der Aufenthaltstage multipliziert wird. (…). Im Falle der Schweiz sind es Fr. 100.- pro Aufenthaltstag, bei einem 90-tägigen Aufenthalt somit Fr. 9'000.- (…). Hinzu kommen die Kosten der An- und Rückreise sowie eine Reisekrankenversicherung,

> die den gesetzlichen Anforderungen genügt. (...). Die Bejahung der Zahlungsfähigkeit eines Garanten setzt neben einem guten finanziellen Leumund die Existenz liquider Mittel in der genannten Höhe voraus.» (BVGer, C-5260/2011, 4. April 2014)

Mit der Verpflichtungserklärung müssen damit der Regelbedarf von CHF 100 pro Tag beziehungsweise CHF 30 pro Tag für Studierende sowie die Reisekosten und die Reisekrankenversicherung abgedeckt werden. Eine darüberhinausgehende Deckung ist dagegen nicht erforderlich. 424

Bei der Beantragung eines Visums muss von den betreffenden Personen neben dem Vorhandensein ausreichender finanzieller Mittel zudem nachgewiesen werden, dass sie über eine angemessene und gültige Reisekrankenversicherung verfügen, die die Kosten für einen allfälligen Rücktransport, ärztliche Nothilfe und die Notaufnahme im Krankenhaus für den Fall einer Erkrankung oder des Todes während dem Aufenthalt abdeckt (Art. 15 Abs. 1 EG-Visakodex; siehe auch Art. 17 Abs. 1 VEV). Die Versicherung muss für das gesamte Hoheitsgebiet der Mitgliedstaaten und für die gesamte Dauer des Aufenthalts gelten, wobei die Mindestdeckung mindestens EUR 30'000 betragen muss. Bei Visa mit räumlich beschränkter Gültigkeit muss es zumindest für die betreffenden Mitgliedstaaten gültig sein (Art. 15 Abs. 3 EG-Visakodex). 425

Von der Reisekrankenversicherungspflicht befreit sind Ausländerinnen und Ausländer, die bereits eine berufliche Reisekrankenversicherung haben sowie Inhaberinnen und Inhaber von Diplomatenpässen (Art. 15 Abs. 6 und 7 EG-Visakodex; Art. 17 Abs. 2 VEV). Eine weitere Ausnahme ist vorgesehen für Ausländerinnen und Ausländer, denen an der Grenze ein Visum erteilt wird, wobei das SEM in Ausnahmefällen wiederum die Pflicht zum Abschluss einer Reisekrankenversicherung vorsehen kann (Art. 17 Abs. 3 VEV). 426

d) Gesicherte Wiederausreise

Art. 5 Abs. 2 AIG verlangt, dass Personen, die in die Schweiz einreisen wollen, Gewähr für eine gesicherte Wiederausreise bieten. Diese Einreisevoraussetzung wird zwar im Schengener Grenzkodex nicht explizit erwähnt, ergibt sich jedoch implizit aus Art. 6 Abs. 1 lit. c SGK sowie Art. 14 Abs. 1 lit. b und Art. 21 Abs. 1 EG-Visakodex. Dies hat das Bundesverwaltungsgericht bereits in einem Leitentscheid von 2009 festgehalten: 427

> «5.2 Die Einreisevoraussetzungen gemäss Schengener Grenzkodex entsprechen im Wesentlichen Art. 5 Abs. 1 Bst. a-d AuG. Das in Art. 5 Abs. 1 Bst. c Schengener Grenzkodex genannte Erfordernis, Zweck und Umstände des geplanten Aufenthalts zu belegen, wird in Art. 5 Abs. 1 AuG nicht explizit erwähnt. Demgegenüber verlangt Art. 5 Abs. 2 AuG, dass im Falle eines nur vorübergehenden Aufenthalts für

die gesicherte Wiederausreise Gewähr zu bieten ist. Dies stellt jedoch kein zusätzliches im nationalen Recht verankertes Erfordernis dar und steht daher nicht im Widerspruch zum Schengener Grenzkodex. Die Angabe des vorübergehenden Aufenthaltszwecks stellt nämlich zugleich eine Absichtserklärung dar, nach Erfüllung dieses Zwecks wieder ausreisen zu wollen. Erfolgen widersprüchliche oder unglaubwürdige Angaben zum Aufenthaltszweck, so kann daraus der Schluss gezogen werden, dass der jeweilige Gesuchsteller nicht willens ist, nach Ablauf des geplanten Aufenthalts den Schengenraum fristgerecht zu verlassen. In diesem Sinne äussert sich auch die Gemeinsame Konsularische Instruktion an die diplomatischen Missionen und die konsularischen Vertretungen, die von Berufskonsularbeamten geleitet werden (…), die eine analoge Auslegung vornimmt. Die GKI [neu: EG-Visakodex] verlangt hinsichtlich des Entscheids über den Visumsantrag die Einschätzung des Migrationsrisikos; es muss geprüft werden, «ob der Antragsteller die Absicht hat, in das Hoheitsgebiet der Mitgliedstaaten mit Hilfe eines zu Touristik-, Studien-, Geschäfts- beziehungsweise zu Familienbesuchszwecken ausgestellten Visums einzuwandern und sich dort niederzulassen» (…). Die laut Art. 5 Abs. 2 Schengener Grenzkodex zur Glaubhaftmachung des Aufenthaltszwecks in Frage kommenden Belege werden beispielhaft in Anhang I Schengener Grenzkodex aufgelistet.

5.3 Aufgrund der vorstehenden Erwägungen ist somit festzuhalten, dass die nach Art. 5 Abs. 1 Bst. c Schengener Grenzkodex erforderliche Überprüfung des Aufenthaltszwecks dieselbe Fragestellung aufwirft wie die Überprüfung des in Art. 5 Abs. 2 AuG genannten Merkmals der gesicherten Wiederausreise. Es kann daher an die bisherige Praxis und Rechtsprechung bezüglich des letztgenannten Merkmals angeknüpft werden (…)» (BVGE 2009/27, E. 5.2 f.).

428 Das Kriterium der gesicherten Wiederausreise dient dazu, eine Umgehung der Zulassungsbedingungen zu verhindern. Personen, bei denen Anzeichen dafür bestehen, dass sie einen längerfristigen Aufenthalt in der Schweiz beabsichtigen, soll die Einreise zu einem kurzfristigen Aufenthalt verweigert werden. Zur Beurteilung der Gewähr für die fristgerechte und anstandslose Wiederausreise sind sämtliche Umstände des konkreten Einzelfalles zu berücksichtigen. Darunter fallen einerseits die allgemeinen politischen, sozialen und wirtschaftlichen Umstände im Herkunftsland und andererseits die persönliche, familiäre und berufliche Situation der Gesuchstellenden im Herkunftsland sowie die Beziehungen zur Schweiz. Faktoren, welche die Prognose einer gesicherten Wiederausreise begünstigen können, sind etwa besondere familiäre oder berufliche Verpflichtungen oder eine gute finanzielle Absicherung im Herkunftsland. Demgegenüber erhöhen instabile politische oder wirtschaftliche Verhältnisse im Herkunftsland oder fehlende persönliche Verpflichtungen das Risiko einer nicht gesicherten Wiederausreise.

429 Die starke Gewichtung des öffentlichen Interesses an der Verhinderung rechtswidriger Aufenthalte von Drittstaatsangehörigen hat im Zusammenhang mit der Voraussetzung der gesicherten Wiederausreise zu einer restriktiven Praxis geführt. So geht das Bundesverwaltungsgericht in ständiger Rechtsprechung davon aus, dass ein Visum nur erteilt werden darf, wenn keine begründeten

Zweifel an der Absicht der Gesuchstellerinnen und Gesuchsteller bestehen, den Schengenraum vor Ablauf des Visums pflichtgemäss zu verlassen (BVGE 2014/1).

Beispiel: Die aus Pakistan stammende Gesuchstellerin beantragte zusammen mit ihren beiden Söhnen auf der Schweizer Auslandvertretung in Islamabad ein Schengen-Visum für einen 15-tägigen Besuchsaufenthalt in der Schweiz. Die Auslandvertretung wies die Anträge mit der Begründung ab, dass die Wiederausreise nicht hinreichend gesichert sei. Eine dagegen erhobene Einsprache wies das SEM ab. Das Bundesverwaltungsgericht stellte fest, dass Pakistan zwar bedingt durch seine günstige geographische Lage, sein Ressourcenreichtum, seine niedrigen Lohnkosten sowie seine wachsende junge Bevölkerung und Mittelschicht über ein hohes Potential für wirtschaftliches Wachstum verfüge. Dieses werde indessen aufgrund jahrzehntelanger Vernachlässigung der sozialen und wirtschaftlichen Infrastruktur und wegen den periodisch wiederkehrenden politischen Instabilitäten nicht ausgeschöpft. Das Wirtschaftswachstum sei hinter anderen rasch anwachsenden Volkswirtschaften in Asien zurückgeblieben. Zudem sei auch die Sicherheitslage – trotz Verbesserungen in den letzten Jahren – nach wie vor angespannt. Es würden politische und soziale Spannungen bestehen, derentwegen zwischen religiösen Extremisten und dem Staat jederzeit unvermittelt Unruhen ausbrechen könnten. Auch bestehe im ganzen Land jederzeit eine erhöhte Gefahr für terroristische Anschläge durch radikale Gruppierungen, die sich zwar primär gegen staatliche Sicherheitskräfte richten, jedoch auch immer wieder Opfer unter der Zivilbevölkerung fordern würden. Aus diesen Umständen sei nicht zu beanstanden, dass die Vorinstanz das Risiko einer nicht fristgerechten Wiederausreise von Personen aus Pakistan grundsätzlich als hoch einschätze. Allerdings müssten – so das Bundesverwaltungsgericht weiter – auch die persönlichen Verhältnisse der Gesuchstellenden mitberücksichtigt werden. Hinsichtlich der beiden Söhne der Gesuchstellerin stellte das Gericht fest, dass diese jung, ledig und kinderlos seien und keine familiären, gesellschaftlichen oder beruflichen Verpflichtungen in Pakistan hätten. Die Gesuchstellerin ihrerseits sei pensioniert und alleinstehend. Über ihre persönlichen und familiären Verhältnisse in Pakistan sei, abgesehen von ihren erwachsenen Söhnen, nichts Näheres bekannt. Belege dafür, dass sie in ihrem Heimatstaat ihre Eltern pflege, könne den Akten nicht entnommen werden. Somit sei nicht davon auszugehen, die Eingeladenen hätten familiäre oder gesellschaftliche Abhängigkeiten, die besondere Gewähr für eine Rückkehr ins Heimatland bieten könnten. Nach dem Gesagten sei die Schlussfolgerung der Vorinstanz, wonach die Wiederausreise der gesuchstellenden Personen angesichts der allgemeinen Lage in Pakistan sowie deren individuellen Situation nicht als gesichert angesehen werden könne, nicht zu beanstanden. Folglich wies das Bundesverwaltungsgericht die Beschwerde ab (BVGer, F-4355/2017, 13. Juni 2018). 430

Beispiel: Das Gesuch einer eritreischen Staatsangehörigen um Erteilung eines Visums für einen Besuchsaufenthalt bei ihrem Sohn in der Schweiz wurde von der Schweizer Vertretung in Khartum mit der Begründung abgelehnt, dass die fristgerechte Wiederausreise nicht hinreichend gesichert sei. Die gegen diesen Entscheid erhobene Einsprache lehnte das SEM ab. Dagegen erhob der Gastgeber Beschwerde beim Bundesverwaltungsgericht. Dieses stellte in Bezug auf die allgemeine Situation in Eritrea fest, dass es sich um einen Zentralstaat handeln würde, in dem alle wesentlichen Entscheidungen durch den Präsidenten getroffen würden; eine Gewaltenteilung existiere nicht. Die Justiz sei als Teil des Justizministeriums von diesem abhängig, wobei es Sondergerichte gäbe. Die Ausübung von Grundrechten sei nicht oder nur eingeschränkt möglich. Zahlreiche Regimekritiker seien ohne rechtsstaatliches Verfahren verhaftet worden und ohne jeden Kontakt zur Aussenwelt an geheimen Orten inhaftiert. Die innenpolitische, wirtschaftliche und soziale Lage in Eritrea werde seit Jahren in erster Linie durch den ungelösten Grenzkonflikt mit Äthiopien bestimmt, der zu einer weitgehenden Militarisierung und ein Zurückdrängen der Privatwirtschaft durch staatliche Unternehmen geführt habe. Dies habe dazu geführt, dass Eritrea heute zu den ärmsten Ländern der Welt gehöre. Nach der 431

Schweizer Asylstatistik stellten Personen aus Eritrea nach wie vor die grösste Gruppe von Asylsuchenden dar, obwohl sich deren Zahl gegenüber den Vorjahren stark verringert habe. Allerdings könne nicht einzig auf diese allgemeine Lage im Herkunftsland abgestellt und daraus auf eine nicht hinreichend gesicherte Wiederausreise geschlossen werden, sondern es müssten auch die individuellen Umstände des Falles miteinbezogen werden. In Bezug auf die Gesuchstellerin kam das Gericht zum Schluss, dass es sich um eine mittlerweile 64-jährige verwitwete Hausfrau und Mutter handle, welche in einer gut ausgestatteten Wohnung mit eigenem Garten, Bad und Küche lebe. In Eritrea verfüge sie über vier weitere Söhne und eine Tochter, die je eigene Kinder hätten, um die sich die Gesuchstellerin tagtäglich kümmere. Diese Gegebenheiten würden für eine intakte soziale Struktur und persönliche Verpflichtungen im Heimatstaat sprechen, aufgrund derer die Gefahr für eine Emigration im Vergleich zu ungebundenen Landsleuten relativiert werden müsse. Zudem lebe die Gesuchstellerin in Eritrea in vergleichsweise guten finanziellen Verhältnissen. Aus diesen Gründen hiess das Bundesverwaltungsgericht die Beschwerde gut und wies die Sache zur neuerlichen Abklärung und Beurteilung an die Vorinstanz zurück (BVGer, F-7164/2016, 7. Februar 2018).

432 **Weitere Beispiele**: In seiner weiteren Praxis hat das Bundesverwaltungsgericht das Risiko einer nicht fristgerechten und anstandslosen Ausreise etwa trotz Vermögen und Grundbesitz in Sri Lanka, da dieses auch bei einer Ausreise bestehen bleibt (BVGer, F-5669/2021, 12. Mai 2022) bzw. dem Zurücklassen von drei minderjährigen Kindern durch eine alleinerziehende Mutter, da die Betreuung der Kinder in der Dominikanischen Republik sichergestellt und ein späterer Nachzug möglich ist (BVGer, F-3809(2019, 19. Februar 2021) bejaht. Demgegenüber hat es entschieden, dass das Vorhandensein einer guten und gut entlöhnten Anstellung, Wohneigentum und Vermögen sowie die Aussicht auf eine gute Pension als Staatsangestellter und das Fehlen von Asylgründen das Risiko einer nicht fristgerechten und anstandslosen Ausreise für einen iranischen Staatsangehörigen minimieren (BVGer, F-7073/2018, 11. Mai 2020) ebenso wie der Umstand, dass ein bangladeschischer Staatsangehöriger bereits mehrmals ins Ausland gereist und immer wieder zurückgekehrt ist und zudem die Initiative für den Aufenthalt in der Schweiz vom Gastgeber in der Schweiz ausgegangen ist (BVGer, F-4892/2019, 21. Februar 2020).

e) Keine Ausschreibung zur Einreiseverweigerung, keine Fernhaltemassnahme oder Landesverweisung

433 Fernhaltemassnahmen verbieten der betroffenen Person die Einreise in die Schweiz (zu den Fernhaltemassnahmen siehe hinten Rz. 722 ff.). Drittstaatsangehörige, gegen die eine Fernhaltemassnahme ausgesprochen wurde, werden im Schweizerischen Fahndungssystem RIPOL und in der Regel auch im Schengener-Informationssystem (SIS) ausgeschrieben. Eine Ausschreibung im SIS wird etwa dann vorgenommen, wenn die Person eine Gefahr für die öffentliche Sicherheit und Ordnung oder die nationale Sicherheit darstellt. Eine Person wird daneben auch ausgeschrieben, wenn sie aufgrund einer Verletzung von nationalen Einreise- und Aufenthaltsnormen an der Grenze zurück- oder aus der Schweiz weggewiesen und mit einem Einreiseverbot belegt wurde (Art. 96 Abs. 2 und 3 SDÜ, Art. 24 Abs. 2 und 3 SIS-II-VO).

Den ausländerrechtlichen Fernhaltemassnahmen gleichgestellt ist die strafrechtliche Landesverweisung nach Art. 121 Abs. 3 BV i.V.m. Art. 66*a* f. StGB beziehungsweise Art. 49*a* f. MStG. Diese geht auf die Annahme der Volksinitiative für die Ausschaffung krimineller Ausländer (Ausschaffungsinitiative) am 28. November 2010 zurück und wird im Sinne einer Nebenstrafe gegenüber Ausländerinnen und Ausländern ausgesprochen, die wegen bestimmter Straftaten verurteilt werden (Art. 66*a* f. StGB beziehungsweise Art. 49*a* f. MStG). Mit der Landesverweisung verlieren die Betroffenen ihr Aufenthaltsrecht und sämtliche Rechtsansprüche auf Aufenthalt in der Schweiz und sind verpflichtet, die Schweiz zu verlassen. Gleichzeitig werden sie mit einem Einreiseverbot von fünf bis 15 Jahren belegt (Art. 121 Abs. 5 BV). Aufgrund des Umstandes, dass strafrechtliche Landesverweisungen ein Einreiseverbot beinhalten und damit dieselben Auswirkungen für die Betroffenen haben wie Fernhaltemassnahmen, werden sie ebenfalls im RIPOL und im SIS als Einreiseverweigerung eingetragen. 434

Ausländerinnen und Ausländer, die im SIS zur Einreiseverweigerung ausgeschrieben sind, erhalten für einen Kurzaufenthalt von bis zu 90 Tagen grundsätzlich kein Schengen-Visum (Art. 6 Abs. 1 lit. d SGK, zum Schengen-Visum siehe hinten Rz. 443 ff.). Allerdings sind unter bestimmten Voraussetzungen Ausnahmen von diesem Grundsatz möglich (siehe hierzu ausführlich Rz. 446 f.). 435

f) Keine Gefährdung der öffentlichen Sicherheit und Ordnung oder der internationalen Beziehungen

Schliesslich dürfen die Gesuchstellenden weder die öffentliche Ordnung und Sicherheit noch die internationalen Beziehungen gefährden (Art. 6 Abs. 1 lit. e SGK, Art. 5 Abs. 1 lit. c AIG). Diese unbestimmten Rechtsbegriffe werden in der Praxis weit ausgelegt. Für die Annahme einer Gefährdung der öffentlichen Sicherheit und Ordnung genügen bereits konkrete Anzeichen, dass die betreffende Person gegen die Rechtsordnung verstossen wird. Eine strafrechtliche Anklage oder rechtskräftige Verurteilung ist nicht notwendig. 436

Nach ständiger Rechtsprechung des Bundesverwaltungsgerichts ist insbesondere auch dann von einer Gefahr für die öffentliche Sicherheit und Ordnung auszugehen, wenn Hinweise dafür bestehen, dass Drittstaatsangehörige nicht bereit sind, das Hoheitsgebiet der Schengenstaaten vor Ablauf der Gültigkeitsdauer des Visums wieder zu verlassen (BVGer, F-3223/2015, 27. November 2017, E. 4.4). In diesem Sinne wird die nicht gesicherte Wiederausreise gleichzeitig als Gefahr für die öffentliche Sicherheit und Ordnung eingestuft und stellt damit ein zweifaches Einreisehindernis dar. 437

Nach Art. 6 Abs. 1 lit. e SGK dürfen Ausländerinnen und Ausländer zudem keine Gefahr für die öffentliche Gesundheit darstellen. Als solche gilt nach 438

Art. 2 Ziff. 21 SGK eine «Krankheit mit epidemischem Potenzial im Sinne der Internationalen Gesundheitsvorschriften der Internationalen Gesundheitsorganisation (WHO) und sonstige übertragbare, durch Infektionserreger oder Parasiten verursachte Krankheiten, sofern gegen diese Krankheiten Maßnahmen zum Schutz der Staatsangehörigen der Mitgliedstaaten getroffen werden».

6.2. Prüfung der Einreisevoraussetzungen und Visumsverfahren

439 Die Einreisevoraussetzungen müssen im Moment des Grenzübertritts erfüllt sein. Während für visumsbefreite Personen das Vorliegen der Einreisevoraussetzungen erstmals und einzig beim Grenzübertritt geprüft wird, dient bei visumspflichtigen Personen das Visums- und – sofern der Aufenthalt der Bewilligungspflicht unterliegt – das Bewilligungsverfahren der vorgängigen Kontrolle der Einreisevoraussetzungen (zur Bewilligungspflicht und dem Bewilligungsverfahren siehe hinten Rz. 477 ff. und Rz. 485 ff.). Im Rahmen des Visumsverfahrens wird vor Reiseantritt der betreffenden Personen geprüft, ob sie die Einreisevoraussetzungen erfüllen. Die Visumspflicht steht daher im Zeichen der Vermeidung und Bekämpfung illegaler und unerwünschter Migration.

440 Eine Visumserteilung bedeutet indessen lediglich, dass die Einreisevoraussetzungen im Zeitpunkt der Visumsausstellung erfüllt waren. Das Visum stellt weder eine Bewilligung zum Grenzübertritt noch eine Aufenthaltsbewilligung dar (Art. 30 EG-Visakodex). Aus dem Visum kann somit kein Rechtsanspruch auf Einreise abgeleitet werden. Wird nach der Visumserteilung und insbesondere beim Grenzübertritt festgestellt, dass die Einreisevoraussetzungen nicht beziehungsweise nicht mehr erfüllt sind, kann das Visum durch die zuständige Behörde annulliert oder aufgehoben werden (Art. 34 EG-Visakodex, zur Aufhebung und Annullierung eines Visums siehe hinten Rz. 469 f.).

a) Visumsarten

441 Aufgrund der Aufenthaltsdauer sowie des räumlichen Geltungsbereiches können verschieden Arten von Visa unterschieden werden (Art. 2 VEV):

- Einheitliches oder räumlich beschränktes Visum für einen kurzfristigen Aufenthalt (Schengen-Visum, Typ C) (lit. d)
- Visum für einen längerfristigen Aufenthalt (nationales Visum, Typ D) (lit. f)

Hinzu kommt das einheitliche oder räumlich beschränkte Visum für den Flughafentransit (Schengen-Visum, Typ A) (lit. e) und das nationale Visum aus humanitären Gründen (Art. 4 Abs. 2 VEV). 442

aa) Visum für einen kurzfristigen Aufenthalt (Schengen-Visum)

Kurzaufenthalte von höchstens 90 Tagen innerhalb eines Zeitraums von 180 Tagen unterstehen Schengenrecht. Die für diese Kurzaufenthalte erteilten einheitlichen Visa, die sogenannten **einheitlichen Schengen-Visa**, gelten für die Einreise und den Aufenthalt im gesamten Schengenraum, das heisst sie sind für die Hoheitsgebiete aller Schengenstaaten gültig (Art. 19 Abs. 1 SDÜ, Art. 2 lit. d Ziff. 1 VEV). Schengen-Visa können für eine, zwei oder mehrere Einreisen erteilt werden (Art. 24 Abs. 1 EG-Visakodex). Sie berechtigen zu einem Aufenthalt von höchstens 90 Tagen (Art. 6 SGK, Art. 2 lit. d Ziff. 1 i.V.m. lit. a VEV). Enthält das Visum eine kürzere Gültigkeitsdauer, gilt diese. 443

Wurde ein Schengen-Visum für einen kürzeren Aufenthalt ausgestellt, kann es unter den restriktiven Voraussetzungen von Art. 33 EG-Visakodex verlängert werden. Eine Verlängerung ist möglich, wenn es der Visumsinhaberin oder dem Visumsinhaber aufgrund höherer Gewalt oder aus humanitären oder schwerwiegenden persönlichen Gründen nicht möglich ist oder nicht zugemutet werden kann, vor Ablauf der Gültigkeitsdauer aus dem Schengenraum auszureisen. Dies ist etwa in Fällen gegeben, in denen der von der Visumsinhaberin oder dem Visumsinhaber gebuchte Flug aufgrund schlechter Wetterverhältnisse durch die Fluggesellschaft abgesagt wird oder nahestehende und sich im Schengenstaat aufhaltende Verwandte plötzlich und in schwerwiegender Weise erkranken. Die Verlängerung muss jedoch die maximale Gültigkeitsdauer für Schengen-Visa wahren und darf nicht dazu führen, dass ein Aufenthalt von mehr als 90 Tagen gewährt wird. Wird ein längerer Aufenthalt beantragt, richtet sich die Visumserteilung nicht nach den Voraussetzungen von Schengen-Visa, sondern nach jenen nationaler Visa. 444

Da während der ersten Welle der Covid-19 Pandemie der Flugverkehr eingestellt wurde, war es vielen Ausländerinnen und Ausländern nicht mehr möglich, die Schweiz beziehungsweise den Schengen-Raum vor Ablauf der Gültigkeitsdauer ihres Visums zu verlassen. In diesen Fällen hatte das SEM die kantonalen Migrationsbehörden angewiesen, die Visa bis zur Normalisierung des Flugverkehrs zu verlängern. 445

Sind die Einreisevoraussetzungen nach Art. 6 SGK nicht erfüllt, darf kein Schengen-Visum ausgestellt werden (Art. 14 Abs. 1 SGK, Art. 32 EG-Visakodex). Die Schengenstaaten können in diesen Fällen allerdings ein **Schengen-Visum mit räumlich beschränkter Gültigkeit** ausstellen, wenn 446 dies aus humanitären Gründen, aus Gründen des nationalen Interesses oder aufgrund internationaler Verpflichtungen angezeigt ist (Art. 25 Abs. 1 lit. a EG-Visakodex, Art. 6 Abs. 5 lit. c SGK, Art. 3 Abs. 4 und 5 VEV). Das Visum mit räumlich beschränkter Gültigkeit gilt grundsätzlich nur für das Hoheitsgebiet eines oder mehrerer Schengenstaaten (Art. 25 Abs. 2 EG-Visakodex; Art. 6 Abs. 5 lit. c SGK; Art. 2 lit. d Ziff. 2 VEV). Es kann für das Hoheitsgebiet von weiteren Schengenstaaten gültig sein, sofern diese ihre Zustimmung hierzu geben (Art. 25 Abs. 2 EG-Visakodex).

447 Als *humanitäre Gründe*, welche die Ausstellung eines Visums mit räumlich beschränkter Gültigkeit rechtfertigen, gelten etwa schwere Erkrankungen oder der Tod von nahen Familienangehörigen oder anderen nahestehenden Personen, die sich im Schengenraum aufhalten oder auch die Notwendigkeit einer dringenden medizinischen Behandlung. Gründe des *nationalen Interesses* liegen vor, wenn ein wichtiges aussenpolitisches Interesse der Schweiz an der Einreise einer Person besteht. Ein solches kann etwa vorliegen bei ausländischen Regierungsmitgliedern oder anderen bekannten Persönlichkeiten aus Politik, Wissenschaft, Wirtschaft oder Kultur. Die Visumserteilung aufgrund *internationaler Verpflichtungen* kommt schliesslich für Personen in Betracht, die in offizieller Eigenschaft von einer internationalen Organisation, mit der die Schweiz eine Sitzvereinbarung abgeschlossen hat oder von einer ausländischen Vertretung in der Schweiz eingeladen werden.

bb) Visum für einen längerfristigen Aufenthalt (nationales Visum)

448 Aufenthalte, deren geplante Dauer 90 Tage übersteigen, unterstehen schweizerischem Recht (AIG und VEV) und bedürfen – sofern sie visumspflichtig sind – eines nationalen Visums (Art. 18 Abs. 1 SDÜ; Art. 4 Abs. 1 lit. a i.V.m. Art. 9 VEV).

449 Nationale Visa gelten nicht nur für das Hoheitsgebiet der Schweiz, sondern berechtigen die Inhaberinnen und Inhaber gleichzeitig zum Aufenthalt im gesamten Schengenraum während 90 Tagen innerhalb von 180 Tagen, sofern sie die Voraussetzungen der Einreise in den Schengenraum erfüllen und in den betreffenden Zielstaaten nicht in der nationalen Datenbank zur Einreiseverweigerung ausgeschrieben sind (Art. 19 SDÜ). Nationale Visa sind in Bezug auf die territoriale Gültigkeit dementsprechend den Schengen-Visa sowie den von den Schengenstaaten erteilten Aufenthaltstiteln gleichgestellt.

cc) Nationales Visum aus humanitären Gründen

450 Wer für einen längerfristigen Aufenthalt in die Schweiz einreist, muss nach Art. 4 Abs. 1 VEV nicht nur, sofern nötig, über ein entsprechendes Visum verfügen, sondern auch die ausländerrechtlichen Zulassungsvoraussetzungen erfüllen. In Abweichung von dieser Bestimmung sieht Art. 4 Abs. 2 VEV vor, dass «in begründeten Fällen aus humanitären Gründen die Einreise in die Schweiz bewilligt werden» kann, selbst wenn die Einreisevoraussetzungen nicht erfüllt sind. Dies ist insbesondere der Fall, «wenn die betreffende Person im Herkunftsstaat unmittelbar, ernsthaft und konkret an Leib und Leben gefährdet ist».

451 Das nationale Visum aus humanitären Gründen wurde 2018 eingeführt, um für Personen, die direkt an Leib und Leben gefährdet sind, eine legale Einreisemöglichkeit zu schaffen.

452 Bis 2012 konnten Asylgesuche auch an den Schweizer Botschaften eingereicht werden (sogenanntes Botschaftsverfahren). Nach der Abschaffung dieser Möglichkeit, sollte das humanitäre Visum schutzbedürftigen Ausländerinnen und Ausländern als Ersatz für das abgeschaffte Botschaftsverfahren die Möglichkeit geben, für einen Kurzaufenthalt in die Schweiz einzureisen, um ein Asylgesuch zu stellen. Ausgestaltet war dieses humanitäre Visum als Schengen-Visum mit räumlich beschränkter Gültigkeit. Im März 2017 entschied der EuGH in *X und X gegen Belgien* (EuGH, Urteil vom 7. März 2017, *X und X gegen Belgien*, C-638/16 PPU, März ECLI:EU:C:2017:173, Rn. 51) jedoch, dass für Visa, die einzig der Einreise zum Zwecke der Stellung eines Antrages auf internationalen Schutz dienen, nicht der Visakodex, sondern nationales Recht anwendbar ist. Die Rechtsprechung des EuGH ist für die Schweiz zwar nicht verbindlich, die Schweiz ist aber angehalten, eine möglichst einheitliche Anwendung der gemeinsamen Normen zu gewährleisten und sollte aus diesem Grund nicht ohne zwingenden Grund von der Rechtsprechung des EuGH abweichen. In diesem Sinne hatte das Urteil auch Auswirkungen für die schweizerische Gesetzgebung und Praxis zur Erteilung humanitärer Visa an Schutzsuchende. Im Juni 2017 hat das Bundesverwaltungsgericht festgestellt, dass sich die Erteilung von humanitären Visa an Asylsuchende nicht mehr nach Schengenrecht richten könne, sondern in der nationalen Kompetenz liege:

> «Au vu de la jurisprudence précitée de la CJUE, il apparaît que la pratique développée par le législateur suisse pour délivrer des visas humanitaires ne peut plus s'appuyer sur la notion retenue à l'art. 2 al. 4 OEV, en ce sens qu'elle renvoie à la notion de visa à validité territoriale limitée telle que définie à l'art. 25 par. 1 du Code des visas.» (BVGer, F-7298/2016, 19. Juni 2017, E. 4.3)

453 Im Anschluss an diese Feststellung kam das Bundesverwaltungsgericht zum Schluss, dass durch die Auslegung des EuGH eine Lücke entstanden sei, die

der Schweizer Gesetzgeber zu füllen habe. Bis dies geschehe, müsse allerdings die bisherige Praxis der Erteilung humanitärer Visa an Asylsuchende weitergeführt werden, wobei aber nicht mehr Schengen-Visa mit räumlich beschränkter Gültigkeit, sondern nationale Visa ausgestellt werden müssten.

454 In einem weiteren Urteil vom Juli 2017 präzisierte das Gericht diese Rechtsprechung dahingehend, dass diese nationalen Visa aus humanitären Gründen auf das Hoheitsgebiet der Schweiz begrenzt werden müssten. Damit schuf das Gericht eine neue Visumsart, die sich vom bestehenden nationalen Visum durch seine territoriale Begrenzung unterscheidet (BVGer, F-3748/2016, 10. Juli 2017, E. 4).

455 Mit der am 15. September 2018 in Kraft getretenen Neufassung von Art. 4 Abs. 2 VEV wurde die Rechtsprechung des Bundesverwaltungsgerichts aufgegriffen und die Lücke geschlossen, indem neu eine explizite Rechtsgrundlage für die Erteilung humanitärer Visa geschaffen wurde. Die hohen Hürden für die Gewährung eines nationalen Visums aus humanitären Gründen sind trotz der neuen Verankerung die gleichen geblieben wie unter der bisherigen Praxis:

> «3.4 In Art. 4 Abs. 2 VEV wird nun ausdrücklich festgehalten, dass ein humanitäres Visum erteilt werden kann, wenn die betreffende Person im Herkunftsstaat unmittelbar, ernsthaft und konkret an Leib und Leben gefährdet ist. Demnach kann ausnahmsweise ein nationales Visum aus humanitären Gründen erteilt werden, wenn bei einer Person aufgrund des konkreten Einzelfalls offensichtlich davon ausgegangen werden muss, dass sie sich im Heimat- oder Herkunftsstaat in einer besonderen Notsituation befindet, die ein behördliches Eingreifen zwingend erforderlich macht und es rechtfertigt, ihr – im Gegensatz zu anderen Personen in derselben Lage – ein Einreisevisum zu erteilen. Dies kann etwa bei akuten kriegerischen Ereignissen oder aufgrund einer konkreten individuellen Gefährdung, die sie mehr als alle anderen Personen betrifft, gegeben sein. Befindet sich die betroffene Person bereits in einem Drittstaat oder ist sie nach einem Aufenthalt in einem solchen freiwillig in ihr Heimat- oder Herkunftsland zurückgekehrt und hat sie die Möglichkeit, sich erneut in den Drittstaat zu begeben, ist in der Regel davon auszugehen, dass keine Gefährdung mehr besteht (...).
>
> 3.3 Das Visumsgesuch ist unter Berücksichtigung der aktuellen Gefährdung, der persönlichen Umstände der betroffenen Person und der Lage im Heimat- oder Herkunftsland sorgfältig zu prüfen. Dabei können auch weitere Kriterien wie das Bestehen von Bindungen zur Schweiz und die hier bestehenden Integrationsaussichten oder die Unmöglichkeit, in einem anderen Land um Schutz nachzusuchen, berücksichtigt werden.» (BVGer, F-6882/2018, 27. März 2019)

456 Um ein humanitäres Visum zu erhalten, müssen betroffene Ausländerinnen und Ausländer somit darlegen, dass sie sich aufgrund der allgemeinen Lage in ihrem Herkunftsland oder aufgrund ihrer individuellen Situation in einer besonderen Notlage befinden. Eine abstrakte Gefährdung ist nicht ausreichend.

457 Das Bundesverwaltungsgericht hat die Ausstellung eines humanitären Visums etwa für einen durch eine Streubombe schwer verletzten syrischen Staatsangehörigen, der in der Türkei keinen Zugang zu angemessener medizinischer Versorgung sowie für seine Ehefrau und Kinder bejaht

(BVGer, F-137/2021, 22. September 2021) sowie auch für eine syrische Aktivistin und Ehefrau eines exponierten syrischen Aktivisten, deren Risikoprofil im Libanon sich deutlich von jenem anderer syrischer Flüchtlinge im Libanon unterscheidet (BVGer, F-79/2022, 28. März 2022). Demgegenüber hat es etwa im Fall einer alleinstehenden jungen afghanischen Frau, deren Eltern in der Schweiz sind, das Vorliegen einer besonderen Notsituation abgelehnt; die Beschwerdeführerin befinde sich zwar in einer schwierigen Situation, die aber mit jener vergleichbar ist, in der sich zahlreiche junge Frauen in Afghanistan befinden (BVGer, F-3248/2020, 10. Januar 2022).

Eine Ausnahme vom Nachweis der individuellen Gefährdung wurde 2013 für syrische Staatsan- 458
gehörige gemacht. Aufgrund der prekären Situation in Syrien wurde ihnen ab September 2013 die Möglichkeit gewährt, gestützt auf die allgemeine Gefährdungslage ein humanitäres Visum zu beantragen, sofern sie sich in Syrien aufhielten und über Familienangehörige in der Schweiz mit Aufenthaltsbewilligung verfügten (SEM, Weisung Erleichterte Erteilung von Besucher-Visa für syrische Familienangehörige, vom 4. September 2013, Syrien I). 4'674 Personen reisten auf diesem Weg in die Schweiz ein. Im November 2013 wurde die Weisung aufgehoben, wodurch syrische Staatsangehörige wieder verpflichtet waren, die persönliche und ernsthafte Gefährdungslage nachzuweisen. Allerdings entschied der Bundesrat am 6. März 2015, 1'000 humanitäre Visa für syrische Staatsangehörige zu gewähren (Syrien II). Die Visa konnten durch Syrerinnen und Syrer mit vorläufiger Aufnahme in der Schweiz beantragt werden, um ihre Ehegatten und Ehegattinnen sowie ihre minderjährigen Kinder in die Schweiz nachzuziehen, sofern sie durch die Flucht von diesen getrennt worden waren. Den Betroffenen sollte damit ein sicherer und legaler Weg geschaffen werden, um zu ihren Familienangehörigen in die Schweiz zu reisen und hier ein Asylgesuch zu stellen.

Die hohen Hürden für ein nationales Visum aus humanitären Gründen sind an 459
den tiefen Zahlen entsprechender Visa erkennbar: während 2018 noch 222 nationale Visa aus humanitären Gründen vergeben wurden, waren es 2019 172, 2020 66 und 2021 94 entsprechende Visa. Nach dem Visa Monitoring des SEM (www.sem.admin.ch > Publikationen & Service > Statistiken > Visa Monitoring, besucht am 15. August 2022) ist die deutliche Abnahme auf die tiefere Zahl von nationalen Visa aus humanitären Gründen an syrische und kosovarische Gesuchstellende zurückzuführen.

Auch der EGMR musste sich mit der Frage humanitärer Visa auseinandersetzen. In *M.N. et al.* 460
gegen Belgien (EGMR, Nr. 3599/18, Entscheid der Grossen Kammer vom 5. März 2020) hatte die Grosse Kammer des Gerichtshofes zu entscheiden, ob die Weigerung der belgischen Behörden, den Beschwerdeführenden ein humanitäres Visum zu erteilen, diese einer konventionswidrigen Behandlung aussetzen würde. Die Beschwerdeführenden, eine vierköpfige syrische Familie aus Aleppo, hatte bei der belgischen Botschaft in Beirut einen Antrag auf Erteilung humanitärer Visa gestellt. Die Familie wollte damit legal nach Belgien reisen, um dort Asylgesuche einzureichen. Die belgischen Behörden verweigerten die Visumserteilung. Mit dem Entscheid über die Zulässigkeit der Beschwerde hatte die Grosse Kammer des Gerichtshofes letztlich zu entscheiden, ob die Einreichung eines Visumsantrages bei einem Konsulat oder einer Botschaft bereits die Hoheitsgewalt des betreffenden Staates begründet – oder, anders formuliert, ob das Rückschiebungsverbot bereits mit der Stellung eines Visums bei einer Botschaft oder einem Konsulat zum Tragen kommt. Die blosse Tatsache, dass Personen in einem Konventionsstaat, zu dem sie keine weiteren Verbindungen haben, ein Verfahren einleiten, reicht nach der Grosse Kammer nicht aus, um die Gerichtsbarkeit des Staates über diese Personen zu begründen. Die Feststellung des Gegenteils würde darauf hinauslaufen, eine nahezu universelle Anwendung der EMRK auf der

Grundlage einseitiger Entscheidungen von Personen, unabhängig davon, wo in der Welt sie sich befindet, zu verankern. Damit würde eine unbegrenzte Verpflichtung der Konventionsstaaten geschaffen, Personen, die ausserhalb der Jurisdiktion von Konventionsstaaten Gefahr laufen, einer gegen die Konvention verstossenden Misshandlung ausgesetzt zu sein, die Einreise zu gestatten. Daher kam die Grosse Kammer zum Schluss, dass die Beschwerdeführenden sich nicht unter der Jurisdiktion Belgiens befanden und die Beschwerde daher unzulässig sei.

b) Visumsverfahren

461 Das Verfahren für die Ausstellung von Visa für einen Kurzaufenthalt bis zu maximal 90 Tagen innerhalb eines Zeitraums von 180 Tagen richtet sich nach Schengenrecht (Schengen-Visa und Visa mit räumlich beschränkter Gültigkeit), während Visa für längere Aufenthalte schweizerischem Recht unterstehen (nationale Visa).

aa) Visum für einen kurzfristigen Aufenthalt (Schengen-Visum)

462 Verfahren und Zuständigkeiten für Schengen-Visa, einschliesslich der Visa mit räumlich beschränkter Gültigkeit, richten sich nach Schengenrecht. Die Regelungen finden sich primär im EG-Visakodex. Subsidiär kommt auch die VEV zur Anwendung (Art. 12 Abs. 2 VEV).

463 Zuständig für die Prüfung von Visumsanträgen und die Erteilung von Visa sind grundsätzlich die Konsulate der Schengenstaaten, in deren Bezirk der Wohnort der Antragstellerinnen und Antragsteller liegt (Art. 4 Abs. 1 i.V.m. Art. 6 Abs. 1 EG-Visakodex, Art. 36 VEV). Der zuständige Schengenstaat bestimmt sich dabei nach Art. 5 Abs. 1 EG-Visakodex und Art. 12 Abs. 2 SDÜ. In Anwendung dieser Bestimmung hat jener Schengenstaat das Visumsgesuch zu prüfen, der einziges oder zumindest Hauptziel der Reise ist oder, falls sich nach Dauer und Zweck der Reise kein Hauptziel erkennen lässt, über den die Einreise in den Schengenraum erfolgt. In Ausnahmefällen kann das Gesuch bei der Vertretung am Aufenthaltsort (Art. 4 Abs. 1 i.V.m. Art. 6 Abs. 2 EG-Visakodex) oder an der Aussengrenze beziehungsweise am Flughafen eingereicht werden (Art. 4 Abs. 2 i.V.m. Art. 35 EG-Visakodex).

464 Die Schweizer Auslandvertretungen sind damit zuständig, wenn sich Gesuchstellerinnen und Gesuchsteller während ihrer Reise nur oder zumindest hauptsächlich in der Schweiz aufhalten werden oder – bei Fehlen eines solchen Hauptreiseziels – sie über einen Schweizer Flughafen in den Schengenraum einreisen. Die Anträge müssen bei der für den Wohnort zuständigen Vertretung eingereicht werden. Die Ausländerinnen und Ausländer müssen hierfür grundsätzlich persönlich erscheinen (Art. 10 Abs. 1 EG-Visakodex). Nach der Ein-

reichung erfasst die Auslandvertretung die Visumsgesuche in der nationalen Datenbank (ORBIS) und leitet die Informationen an das zentrale Visainformationssystem (C-VIS) weiter (Art. 9 VIS-VO i.V.m. Art. 5 VISV). Danach werden – vorausgesetzt die Zuständigkeit und die Zulässigkeit des Antrags ist zu bejahen (Art. 18 ff. EG-Visakodex) – die Einreisevoraussetzungen geprüft (Art. 21 EG-Visakodex i.V.m. Art. 6 SGK). Ist der ersuchte Aufenthalt bewilligungsfrei (zur Bewilligungspflicht hinten Rz. 477 ff.), liegt die Zuständigkeit zur Prüfung der Einreisevoraussetzungen beim SEM. Handelt es sich dagegen um einen bewilligungspflichtigen Aufenthalt, fällt die Zuständigkeit in die Kompetenz der für die Erteilung der Bewilligung zuständigen kantonalen Migrationsbehörde (Art. 39 VEV). Eine Ausnahme von dieser Zuständigkeitsregel besteht nur für die Anwendungsfälle von Art. 38 VEV, in denen das EDA über die Erteilung eines Visums zu entscheiden hat. Darunter fallen Gesuche von Personen, die aufgrund ihrer politischen Stellung die internationalen Beziehungen der Schweiz tangieren oder auch Personen, denen aufgrund eines Diplomaten-, Dienst- oder Sonderpasses Vorrechte, Immunität und Erleichterungen zukommen.

Erteilt die zur Prüfung der Einreisevoraussetzungen zuständige Behörde die 465 Ermächtigung zur Visumserteilung, stellt die Auslandvertretung das Schengen-Visum in deren Namen aus (Art. 24 EG-Visakodex, Art. 6 Abs. 1 AIG). Sind die Einreisevoraussetzungen dagegen nicht erfüllt, wird der Antrag abgelehnt und das Schengen-Visum verweigert (Art. 32 Abs. 1 EG-Visakodex). Ausnahmsweise kann die Schweizerische Auslandvertretung mit Zustimmung der zentralen Behörde (SEM oder EDA) ein Visum mit beschränkter Gültigkeit ausstellen, wenn hierfür humanitäre Gründe, Gründe des nationalen Interesses oder internationale Verpflichtungen der Schweiz bestehen (Art. 25 Abs. 1 EG-Visakodex, siehe auch vorne Rz. 468).

Im Rahmen der Prüfung der Einreisevoraussetzungen ist die zuständige Be- 466 hörde gehalten, ein Konsultationsverfahren durchzuführen, sofern ein solches gestützt auf Art. 22 EG-Visakodex von einem anderen Staat für eine Personengruppe gefordert wird. Das Konsultationsrecht gibt jedem Schengenstaat die Möglichkeit, gegen die Erteilung eines Visums an bestimmte Personen zu intervenieren, wenn Gründe des nationalen Interesses einer Visumserteilung entgegenstehen. Erhebt ein Staat Einwände gegen die Visumserteilung, darf kein Schengen-Visum ausgestellt werden, auch wenn alle Einreisevoraussetzungen erfüllt wären. Mit dem Konsultationsverfahren kann damit die Einreise in den Schengenraum im Einzelfall verhindert werden. Ist die Visumserteilung jedoch aufgrund humanitärer Gründe, Gründen des nationalen Interesses oder aufgrund internationaler Verpflichtungen erforderlich, kann ein Visum mit beschränkter räumlicher Gültigkeit ausgestellt werden (siehe hierzu vorne Rz. 446 f.).

467 Die Schweiz hat von ihrem Recht nach Art. 22 EG-Visakodex Gebrauch gemacht und Staatsbürgerinnen und Staatsbürgern bestimmter Drittstaaten sowie Angehörige bestimmter Personengruppen der Konsultationspflicht unterworfen. Allerdings wird die Information über die Listen der einzelnen Schengenstaaten von der Europäischen Union als vertraulich eingestuft. Die Schengenstaaten sind damit nicht verpflichtet, ihre eigene Liste zu veröffentlichen. Auch die Schweiz hat aus aussenpolitischen Gründen bislang auf die Publikation ihrer Liste verzichtet (Antwort des Bundesrates auf die Anfrage Balthasar Glättli, Konsultationsverfahren vor der Erteilung eines Schengen-Visums (12.1102), 28. September 2012).

468 In Bezug auf das Visumsverfahren ergeben sich zudem einige Besonderheiten, wenn die Gesuchstellerinnen und Gesuchsteller zur Einreiseverweigerung im SIS ausgeschrieben oder mit einer nationalen Fernhaltemassnahme belegt worden sind. Ausländerinnen und Ausländer, die im SIS zur Einreiseverweigerung ausgeschrieben sind, erhalten für einen Kurzaufenthalt von bis zu 90 Tagen grundsätzlich kein einheitliches Schengen-Visum (Art. 6 Abs. 1 lit. d SGK). Wurde die Ausschreibung von der Schweiz vorgenommen, gilt das Visumsgesuch allerdings als Antrag auf Aufhebung oder Suspendierung der ausgesprochenen Fernhaltemassnahme. Wird dieser gutgeheissen und die nationale Fernhaltemassnahme aufgehoben, muss gleichzeitig die Ausschreibung im SIS gelöscht werden. In der Folge kann den betroffenen Ausländerinnen und Ausländern ein Schengen-Visum ausgestellt werden. Wird die Fernhaltemassnahme dagegen nicht aufgehoben, sondern lediglich suspendiert, bleibt die Ausschreibung im SIS bestehen. In diesen Fällen kann den Betroffenen kein einheitliches Visum, sondern nur – sofern die restlichen Einreisevoraussetzungen erfüllt sind – ein Visum mit räumlich beschränkter Gültigkeit ausgestellt werden, wenn hierfür humanitäre Gründe, Gründe des nationalen Interesses oder internationale Verpflichtungen der Schweiz bestehen (Art. 25 Abs. 1 EG-Visakodex, siehe hierzu vorne Rz. 446). Das Visum gilt in diesen Fällen einzig für das Staatsgebiet der Schweiz. Gleiches gilt für Personen, die von einem anderen Schengenstaat im SIS zur Einreiseverweigerung ausgeschrieben wurden, da die Schweiz nicht befugt ist, eine solche Ausschreibung im SIS zu löschen. Eine Sonderregelung besteht allerdings für jene Fälle, in denen der Kurzaufenthalt bewilligungspflichtig ist (zur Bewilligungspflicht siehe hinten Rz. 477 ff.). Da ausländerrechtliche Bewilligungen zum Aufenthalt im gesamten Schengenraum berechtigen, muss der ausschreibende Schengenstaat vor der Erteilung der Bewilligung und des Visums konsultiert und dessen Interessen berücksichtigt werden. Die Bewilligung und damit zusammenhängend das Visum dürfen in diesen Fällen nur äusserst zurückhaltend ausgestellt werden, wenn wichtige, insbesondere humanitäre Gründe oder internationale Verpflichtungen dies erfordern (Art. 25 Abs. 1 SDÜ). Werden die Bewilligung und das Visum trotz der Ausschreibung durch einen anderen Schengenstaat ausgestellt, ist der ausschreibende Staat darüber zu informieren. Dieser ist verpflichtet, die Ausschreibung zu löschen. Allerdings steht es ihm frei, die Betroffenen national

auszuschreiben (Art. 25 SDÜ), womit diesen die Einreise in das Hoheitsgebiet des betreffenden Schengenstaates untersagt ist.

Die Ablehnung eines Visumsgesuchs wird mit einem einheitlichen Standardformular im Namen der für die Prüfung der Einreisevoraussetzungen zuständigen Behörde verfügt und von der schweizerischen Auslandvertretung eröffnet (Art. 32 Abs. 2 EG-Visakodex, Art. 6 Abs. 2 AIG i.V.m. Art. 67 Abs. 1 VEV). Gegen diese Verfügung steht den Betroffenen der nationale Rechtsmittelweg offen (Art. 32 Abs. 3 EG-Visakodex): 469

- Durch das SEM oder das EDA verweigerte Visa können innerhalb von 30 Tagen mit schriftlicher Einsprache an die verfügende Behörde angefochten werden (Art. 6 Abs. 2bis AIG). Der Einspracheentscheid unterliegt nach Art. 31 VGG der Beschwerde an das Bundesverwaltungsgericht. Dieses entscheidet endgültig, ein Weiterzug an das Bundesgericht ist ausgeschlossen (Art. 83 lit. c Ziff. 1 BGG). Eine subsidiäre Verfassungsbeschwerde ist nach Art. 113 BGG ebenfalls nicht möglich, da diese nur gegen letztinstanzliche kantonale Entscheide vorgebracht werden kann.
- Wird das Visumsgesuch demgegenüber von einer kantonalen Migrationsbehörde gestützt auf die Verweigerung der Erteilung einer Kurzaufenthalts- oder Aufenthaltsbewilligung abgelehnt, kommt der Ablehnung des Visumsantrags keine eigenständige Bedeutung zu. In diesem Fall kann eine Beschwerde in öffentlich-rechtlichen Angelegenheiten beim Bundesgericht eingereicht werden (Art. 83 lit. c Ziff. 2 BGG, siehe hinten Rz. 697 ff.)

Stellen die Schweizer Auslandvertretung oder die Grenzkontrollorgane nach der Ausstellung eines Schengen-Visums fest, dass die Voraussetzungen der Visumserteilung zum Zeitpunkt der Ausstellung nicht erfüllt waren, können sie das Visum annullieren (Art. 34 Abs. 1 EG-Visakodex). Stellen sie fest, dass die Voraussetzungen zwar bei der Erteilung des Visums gegeben waren, mittlerweile jedoch nicht mehr erfüllt sind, können sie das Visum aufheben (Art. 34 Abs. 2 EG-Visakodex). Handelt es sich dabei um ein Schengen-Visum, das vom Konsulat eines anderen Schengenstaates ausgestellt wurde, muss die Schweizerische Auslandvertretung die zuständigen Behörden des Ausstellerstaates über die Annullierung beziehungsweise Aufhebung unterrichten (Art. 34 Abs. 1 und 2 EG-Visakodex). Die Annullierung oder Aufhebung wird mit einem Standardformular verfügt (Art. 34 Abs. 6 EG-Visakodex; Art. 67 Abs. 1 VEV). Es handelt sich dabei um eine Verfügung, welche demselben Rechtsmittelverfahren unterliegt wie die Verweigerung der Visumserteilung. Der Rechtsweg bestimmt sich nach dem innerstaatlichen Recht des Mitgliedsstaats, der über die Annullierung oder Aufhebung des Visums befunden hat (Art. 34 Abs. 7 EG-Visakodex). 470

bb) *Visum für einen längerfristigen Aufenthalt (nationales Visum)*

471 Die Zuständigkeiten und das Verfahren für die Ausstellung von nationalen Visa richten sich nach Schweizer Recht (AIG und VEV).

472 Zuständig für die Entgegennahme eines Antrages für ein nationales Visum ist grundsätzlich die Schweizerische Auslandvertretung, in deren Konsularbezirk der Wohnort der Antragsstellerinnen und Antragssteller liegt (Art. 22 Abs. 1 VEV). In ausreichend begründeten Fällen kann der Visumsantrag ausnahmsweise auch bei einer anderen als der für den Wohnsitz zuständigen Auslandvertretung eingereicht werden. Voraussetzung hierfür ist, dass sich die antragsstellende Person häufig und innert kurzer Fristen an andere Orte begeben muss, wie dies etwa bei Angestellten internationaler Unternehmen, Kunstschaffenden, Sportlerinnen und Sportlern oder auch anderen Berufsleuten der Fall sein kann (Art. 22 Abs. 2 VEV). Nach der Einreichung des Visumsantrags werden die Daten der Gesuchstellerinnen und Gesuchsteller im nationalen Visumssystem (ORBIS) erfasst (Art. 5 Abs. 1 VISV).

473 Da Aufenthalte von mehr als 90 Tagen nach Art. 9 VZAE *e contrario* immer bewilligungspflichtig sind (zur Bewilligungspflicht siehe hinten Rz. 477 ff.), fällt die Behandlung der Visumsanträge grundsätzlich in den Kompetenzbereich der für die Ausstellung der Kurzaufenthalts- oder Aufenthaltsbewilligung zuständigen kantonalen Migrationsbehörden (Art. 39 Abs. 1 VEV). Ausnahmen von dieser kantonalen Zuständigkeit bestehen allerdings in den Bereichen, in denen ausdrücklich das EDA zuständig ist (Art. 38 VEV).

474 Sind die Bewilligungs- und Einreisevoraussetzungen erfüllt, stellt die zuständige Behörde eine Ermächtigung zur Einreiseerlaubnis zuhanden der Auslandvertretung aus. Gestützt auf diese erteilt die Auslandvertretung das nationale Visum. Sind die Voraussetzungen der Bewilligung und der Einreise dagegen nicht erfüllt, wird das Visum im Auftrag der zuständigen kantonalen Migrationsbehörde verweigert. Diesfalls hat die Ablehnung des Visumsantrags keine eigenständige Bedeutung und kann nicht selbständig angefochten werden. Anfechtbar ist einzig die Ablehnung des Bewilligungsgesuches, wobei sich das Rechtmittelverfahren nach dem kantonalen Verwaltungsverfahrensrecht richtet (Art. 68 Abs. 1 VEV). Die Entscheide der letzten kantonalen Instanz können mit Beschwerde in öffentlich-rechtlichen Angelegenheiten beim Bundesgericht angefochten werden, sofern das Bundesrecht oder das Völkerrecht einen Anspruch auf die Bewilligung einräumen (Art. 83 lit. c Ziff. 2 BGG). Besteht kein Anspruch auf die Bewilligungserteilung, steht einzig die subsidiäre Verfassungsbeschwerde zur Verfügung, wenn die entsprechenden Voraussetzungen – insbesondere die Verletzung eines verfassungsmässigen Rechtes nach Art. 115 lit. b BGG – erfüllt sind (Art. 113 ff. BGG).

Einige Besonderheiten für das Visumsverfahren ergeben sich, wenn die Gesuchstellerinnen und Gesuchsteller zur Einreiseverweigerung im SIS ausgeschrieben oder mit einer nationalen Fernhaltemassnahme belegt sind. Falls eine nationale Fernhaltemassnahme gegen die gesuchstellende Person ausgesprochen wurde, gilt das Visumsgesuch als Gesuch um Aufhebung oder Suspendierung dieser Massnahme. Wird diesem Aufhebungs- beziehungsweise Suspendierungsgesuch entsprochen, kann in der Folge ein nationales Visum ausgestellt werden, sofern die restlichen Einreisevoraussetzungen erfüllt sind. In diesen Fällen ist die Schweiz gehalten, die Löschung der Ausschreibung im SIS zu beantragen. Besteht dagegen eine SIS-Ausschreibung durch einen anderen Schengenstaat, liegt derselbe Sonderfall vor, der bereits im Zusammenhang mit der Erteilung eines Schengen-Visums für einen bewilligungspflichtigen Kurzaufenthalt ausgeführt wurde (vorne Rz. 462 ff.). Grund hierfür ist, dass Inhaberinnen und Inhaber eines nationalen Visums nicht nur zum Aufenthalt in der Schweiz, sondern im gesamten Schengenraum berechtigt sind und aufgrund der Aufenthaltsdauer von über 90 Tagen innerhalb von 180 Tagen zudem immer über eine ausländerrechtliche Bewilligung verfügen müssen, die ihrerseits ebenfalls das Recht auf Aufenthalt im gesamten Schengeraum verleiht. Bevor die ersuchte Bewilligung und das nationale Visum ausgestellt werden dürfen, muss der ausschreibende Schengen-Staat konsultiert und dessen Interessen berücksichtigt werden. Das nationale Visum darf nur erteilt werden, wenn hierfür stichhaltige Gründe oder internationale Verpflichtungen bestehen (Art. 25 Abs. 1 SDÜ, siehe vorne Rz. 471 ff.). Wird trotz der Ausschreibung im SIS eine Bewilligung erteilt, muss der ausschreibende Schengenstaat informiert werden und er muss die Ausschreibung zurückziehen. Allerdings steht es ihm frei, die betreffenden Personen in die nationale Ausschreibungsliste aufzunehmen (Art. 25 Abs. 1 SDÜ). 475

476

Schema Visumsverfahren

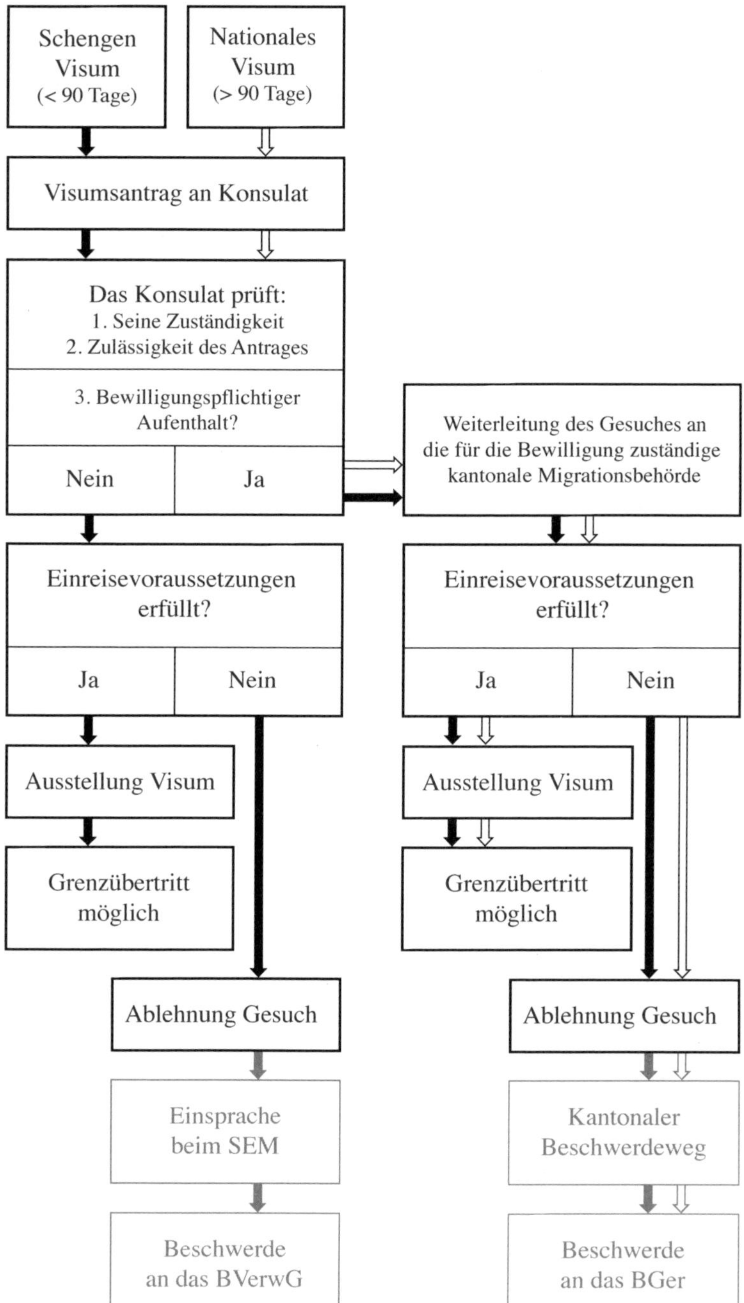

7. Aufenthalt

7.1. Bewilligungspflicht des Aufenthaltes

Art. 1*a* ANAG bestimmte, dass «der Ausländer (...) zur Anwesenheit auf Schweizer Boden berechtigt [ist], wenn er eine Aufenthalts- oder Niederlassungsbewilligung (...) besitzt oder wenn er nach diesem Gesetz keiner solchen bedarf». Obwohl diese Bestimmung nicht ins AIG übernommen wurde, gilt der Grundsatz der Bewilligungspflicht des Aufenthaltes von ausländischen Staatsangehörigen in der Schweiz auch unter dem geltenden Recht. Ausländerinnen und Ausländern ist der Aufenthalt in der Schweiz grundsätzlich nur gestattet, wenn sie über eine Anwesenheitsbewilligung verfügen. Nur in den ausdrücklich von der Bewilligungspflicht ausgenommenen Fällen ist der Aufenthalt bewilligungsfrei. 477

Ob für einen bestimmten Aufenthalt eine Bewilligung erforderlich ist, entscheidet sich nach Zweck und Dauer des Aufenthaltes. 478

a) Bewilligungsfreier Aufenthalt

Der Aufenthalt von Ausländerinnen und Ausländern in der Schweiz ist nach Art. 10 Abs. 1 AIG in Verbindung mit Art. 9 VZAE bewilligungsfrei, wenn sie sich innerhalb eines Zeitraums von sechs Monaten **maximal drei Monate** in der Schweiz aufhalten **und keiner Erwerbstätigkeit** nachgehen. Ausländerinnen und Ausländer müssen sich diesfalls auch nicht bei den zuständigen Behörden am Wohnort anmelden (Art. 9 Abs. 1 VZAE). Enthält das ausgestellte Visum, sofern ein solches notwendig ist, eine kürzere Aufenthaltsdauer, so gilt diese (Art. 10 Abs. 1 AIG). Für längere Aufenthalte in der Schweiz, selbst wenn damit keine Erwerbstätigkeit verbunden ist, muss hingegen um die Erteilung einer Bewilligung ersucht werden (Art. 10 Abs. 2 AIG, Art. 9 Abs. 1 VZAE *e contrario*). 479

Die Einreisevoraussetzungen nach Art. 6 SGK beziehungsweise Art. 5 AIG müssen auch während einem bewilligungsfreien Aufenthalt erfüllt sein (Art. 9 Abs. 2 VZAE). Der bewilligungsfreie Aufenthalt befreit die betroffenen Personen demzufolge nicht von einer allenfalls bestehenden Visumspflicht (zur Visumspflicht siehe vorne Rz. 415 ff.). 480

b) Bewilligungspflichtiger Aufenthalt

481 Ausländerinnen und Ausländer, die in der Schweiz eine **Erwerbstätigkeit** ausüben möchten (Art. 11 Abs. 1 AIG) **oder** sich **länger als drei Monate** in der Schweiz aufhalten (Art. 10 Abs. 1 AIG), benötigen eine ausländerrechtliche Bewilligung. Aufenthalte mit Erwerbstätigkeit sind damit unabhängig von der Aufenthaltsdauer bewilligungspflichtig, sofern nicht eine Ausnahme nach Art. 13 sowie Art. 14 VZAE (Privatpersonal und gewisse grenzüberschreitende Erwerbstätigkeit von maximal acht Tagen) vorliegt.

482 Der **Begriff der Erwerbstätigkeit** wird nach Art. 11 Abs. 2 AIG weit gefasst. Als Erwerbstätigkeit gilt jede üblicherweise gegen Entgelt ausgeübte unselbständige oder selbständige Tätigkeit, selbst wenn sie unentgeltlich oder gegen ein geringes Entgelt erfolgt. Das Vorliegen einer Erwerbstätigkeit bestimmt sich damit nicht über die tatsächliche Lohnzahlung, sondern über die Frage, ob für die Ausübung der Tätigkeit in der Regel Lohn ausbezahlt wird.

483 Konkretisierungen des Begriffes der Erwerbstätigkeit finden sich in der VZAE. Nach Art. 1*a* Abs. 1 VZAE ist jede für eine Arbeitgeberin oder einen Arbeitgeber ausgerichtete Tätigkeit als unselbständige Erwerbstätigkeit zu qualifizieren. Der Ort der Lohnauszahlung (im In- oder Ausland) sowie die Regelmässigkeit beziehungsweise Dauer der Tätigkeit sind dabei unerheblich. Auch Beschäftigungen, die nur stunden- oder tageweise beziehungsweise vorübergehend ausgeübt werden, sind als Erwerbstätigkeit zu qualifizieren. So zählt beispielsweise auch die Tätigkeit von Lernenden, Praktikantinnen und Praktikanten, Kunstschaffenden, Sportlerinnen und Sportlern oder Au-pair-Angestellten als unselbständige Tätigkeit (Art. 1*a* Abs. 2 VZAE). Des Weiteren zählen auch unbezahlte Hilfeleistungen im Familienkreis, wie etwa die Unterstützung bei Renovierungsarbeiten oder Kinderbetreuung und Mithilfe im Haushalt, zu den unselbständigen Erwerbstätigkeiten. Familiäre Hilfeleistungen gelten einzig dann nicht als bewilligungspflichtige Erwerbstätigkeit, wenn «der besondere Charakter der Hilfeleistung gerade durch die verwandtschaftliche und emotionale Nähe zwischen den Beteiligten gewährleistet ist, die ausführende Person daher nicht durch einen Dritten ersetzt werden könnte, ohne dass der besondere Charakter der Hilfeleistung verloren ginge» (BVGer, F-4156/2016, 8. Dezember 2017, E. 5.2). Als bewilligungspflichtig hat das Bundesverwaltungsgericht etwa die unentgeltliche Kinderbetreuung und Mithilfe im Haushalt durch die Schwester des Familienvaters angesehen, da das Kind ohne die Betreuung durch seine Tante in einer Kindertagesstätte hätte untergebracht werden müssen, womit nicht von einer normalen verwandtschaftlichen Gefälligkeit ausgegangen werden könne (BVGer, C-7344/2014, 24. August 2015, E. 5.2.4). Ebenso wäre der Aufenthalt eines Feriengastes während des orthodoxen Weihnachtsfestes bewilligungspflichtig gewesen, da die betreffende Person während ihres Aufenthaltes im Haushalt ausgeholfen, die Tochter der Gastfamilie zum Training gefahren und diese nach dem Training auch massiert habe (BVGer, F-1049/2018, 5. Februar 2020) sowie auch der Aufenthalt einer Aushilfe für einen Stand an einem Weihnachtsmarkt (BVGer, F-384/2019, 19. Februar 2020).

484 Als selbständige Erwerbstätigkeit ist dagegen jede Tätigkeit anzusehen, die im Rahmen einer eigenen und frei gewählten, nach aussen in Erscheinung tretenden Organisation ausgeübt wird, unter eigener Weisungsgewalt steht und das unternehmerische Risiko selbst trägt (Art. 2 Abs. 1 VZAE). Darunter fällt neben der Betreibung eines Handels-, Fabrikations-, Dienstleistungs- oder eines anderen Geschäftsbetriebes auch die Ausübung eines freien Berufes, worunter insbesondere

Ärztinnen und Ärzte, Anwältinnen und Anwälte oder auch Treuhänderinnen und Treuhänder fallen (Art. 2 Abs. 2 VZAE). Dagegen wird bei der Teilnahme an geschäftlichen Besprechungen oder der passiven Teilnahme an wissenschaftlichen, kulturellen oder anderen Kongressen und Veranstaltungen nicht von einer Erwerbstätigkeit ausgegangen.

7.2. Zulassungsvoraussetzungen

Die Zulassungsvoraussetzungen beantworten die Frage, welche Voraussetzungen Ausländerinnen und Ausländer erfüllen müssen, um die für ihren bewilligungspflichtigen Aufenthalt in der Schweiz notwendige Bewilligung zu erhalten. Angesichts der unterschiedlichsten Interessen, die auf die Zulassungspolitik einwirken, kam es bei der Formulierung der Zulassungsvoraussetzungen zu zahlreichen Interessen- und Zielkonflikten: 485

> «Es ist unumgänglich, die unterschiedlichen Interessen in einem politischen Aushandlungsprozess immer wieder neu abzuwägen. Bei der Zulassung von ausländischen Arbeitskräften stehen beispielsweise gesamtwirtschaftliche Interessen im Vordergrund, nicht humanitäre Aspekte. Umgekehrt sind bei der gebotenen Zulassung aus wichtigen humanitären Gründen die allgemeinen wirtschaftlichen Interessen der Schweiz oder die längerfristigen beruflichen Integrationschancen der betroffenen Personen nicht ausschlaggebend.
>
> Es darf nicht ausser Acht gelassen werden, dass die Zulassung von Ausländerinnen und Ausländern – unter Vorbehalt der völkerrechtlichen Verpflichtungen – ein autonomer Entscheid jedes souveränen Staates ist und deshalb in der Regel kein Anspruch auf die Einreise und die Gewährung des Aufenthalts besteht.» (Botschaft AuG, S. 3724 f.)

Diese Überlegungen haben in Art. 3 AIG ihren Niederschlag gefunden. Danach erfolgt die Zulassung von erwerbstätigen Ausländerinnen und Ausländern primär im Interesse der Gesamtwirtschaft. Ausschlaggebende Kriterien hierfür sind die Chancen für eine nachhaltige Integration in den schweizerischen Arbeitsmarkt und in das soziale und gesellschaftliche Umfeld (Art. 3 Abs. 1 AIG). Daneben können Ausländerinnen und Ausländer aber auch zugelassen werden, wenn völkerrechtliche Verpflichtungen, humanitäre Gründe oder die Vereinigung der Familie dies erfordern (Art. 3 Abs. 2 AIG). 486

a) Zulassung zu einem Aufenthalt mit Erwerbstätigkeit

Die Schweiz verfolgt bei der Zulassung zu einem Aufenthalt mit Erwerbstätigkeit ein duales Zulassungssystem. Dieses basiert auf dem Konzept der gegenseitigen Öffnung der Arbeitsmärkte zwischen der Schweiz und den EU/EFTA-Staaten und der Beschränkung der Zulassung von Arbeitskräften aus Drittstaaten auf hochqualifizierte Personen. Während also Angehörige aller Berufe in 487 der Schweiz arbeiten dürfen, sofern sie aus einem EU- oder EFTA-Land stammen, kann dies aus allen übrigen Staaten nur ein kleiner Kreis qualifizierter Personen. Nach Art. 23 AIG können Drittstaatsangehörige nur dann eine Bewilligung zur Ausübung einer Erwerbstätigkeit erhalten, wenn es sich bei ihnen um Führungskräfte, Spezialistinnen und Spezialisten oder andere qualifizierte Arbeitskräfte handelt, die zudem bestimmte persönliche Eigenschaften erfüllen. So müssen nach Art. 23 Abs. 2 AIG die berufliche Qualifikation, die berufliche und soziale Anpassungsfähigkeit, die Sprachkenntnisse sowie das Alter auf eine nachhaltige Integration in den Schweizer Arbeitsmarkt und das gesellschaftliche Umfeld hindeuten. Nach dieser ermessensleitenden Gesetzesbestimmung soll bei der Erteilung einer Aufenthaltsbewilligung demzufolge jenen Ausländerinnen und Ausländern der Vorzug gegeben werden, deren Integration in den Arbeitsmarkt und das gesellschaftliche Umfeld langfristig erwartet werden kann.

aa) Überblick: Die Voraussetzungen der Zulassung zur Ausübung einer unselbständigen Erwerbstätigkeit

488 Die Zulassung zur Ausübung einer unselbständigen Erwerbstätigkeit (zum Begriff der unselbständigen Erwerbstätigkeit siehe vorne Rz. 483) ist nach Art. 18 AIG möglich, wenn folgende Voraussetzungen kumulativ erfüllt sind:

- Die Zulassung entspricht dem **gesamtwirtschaftlichen Interesse** (Art. 18 lit. a AIG, hinten Rz. 490).
- Es liegt ein **Gesuch des künftigen Arbeitgebers** vor (Art. 18 lit. b AIG).
- Das Kontingent für die erstmalige Erteilung von Kurzaufenthalts- beziehungsweise Aufenthaltsbewilligungen zur Ausübung einer Erwerbstätigkeit ist noch nicht erschöpft (**Kontingentierung**, Art. 18 lit. c i.V.m. Art. 20 AIG, siehe hinten Rz. 491 ff.).
- Es stehen keine geeigneten Arbeitnehmerinnen und Arbeitnehmer aus der Schweiz beziehungsweise aus dem EU/EFTA-Raum zur Verfügung (**Prinzip des Vorranges**, Art. 18 lit. c i.V.m. Art. 21 AIG, siehe hinten Rz. 496 ff.).
- Die **Stellenmeldepflicht** wurde eingehalten, sofern die geplante Erwerbstätigkeit dieser unterliegt (Art. 18 lit. c i.V.m. Art. 21*a* AIG, siehe hinten Rz. 501 ff.).
- Die orts-, berufs- und branchenüblichen **Lohn- und Arbeitsbedingungen** werden eingehalten (Art. 18 lit. c i.V.m. Art. 22 Abs. 1 lit. a AIG, siehe hinten Rz. 505 ff.).

- Die **persönlichen Voraussetzungen** sind erfüllt (Art. 18 lit. c i.V.m. Art. 23 AIG, siehe hinten Rz. 510 ff.).
- Es steht eine **bedarfsgerechte Wohnung** zur Verfügung (Art. 18 lit. c i.V.m. Art. 24, siehe hinten Rz. 518 f.).

bb) Überblick: Die Voraussetzungen der Zulassung zur Ausübung einer selbständigen Erwerbstätigkeit

Nach Art. 19 AIG ist eine Zulassung zur Ausübung einer selbständigen Erwerbstätigkeit (zum Begriff der selbständigen Erwerbstätigkeit vorne Rz. 484) möglich, wenn kumulativ folgende Voraussetzungen erfüllt sind: 489

- Die Zulassung entspricht dem **gesamtwirtschaftlichen Interesse** (Art. 19 lit. a AIG, siehe hinten Rz. 490).
- Die für die Ausübung einer selbständigen Erwerbstätigkeit notwendigen **finanziellen und betrieblichen Voraussetzungen** sind erfüllt (Art. 19 lit. b AIG).
- Eine ausreichende, eigenständige **Existenzgrundlage** ist vorhanden (Art. 19 lit. c AIG).
- Das Kontingent für die erstmalige Erteilung von Kurzaufenthalts- beziehungsweise Aufenthaltsbewilligungen zur Ausübung einer Erwerbstätigkeit ist noch nicht erschöpft (**Kontingentierung**, Art. 19 lit. d i.V.m. Art. 20 AIG, siehe hinten Rz. 491 ff.).
- Die **persönlichen Voraussetzungen** sind erfüllt (Art. 19 lit. d i.V.m. Art. 23 AIG, siehe hinten Rz. 510 ff.).
- Es steht eine **bedarfsgerechte Wohnung** zur Verfügung (Art. 19 lit. d i.V.m. Art. 24, siehe hinten Rz. 518 ff).

cc) Gesamtwirtschaftliches Interesse

Die Zulassung von Ausländerinnen und Ausländern zu einem Aufenthalt mit Erwerbstätigkeit soll nur erfolgen, wenn dies dem gesamtwirtschaftlichen Interesse dient (Art. 18 lit. a sowie Art. 19 lit. a AIG). Ziel ist eine ausgeglichene Beschäftigungslage, eine Verbesserung der Struktur des Arbeitsmarktes sowie eine nachhaltige Wirtschaftsentwicklung. Das Erfordernis des gesamtwirtschaftlichen Interesses «dient der qualitativen Steuerung der Migration im Hinblick auf eine den Interessen der Schweiz untergeordnete Migrationspolitik» (statt vieler BVGer, C-857/2013, 19. Mai 2014, E. 8.3). Da beim Zulassungs- 490 entscheid die *gesamtwirtschaftlichen* Interessen zu berücksichtigen sind, kann nicht auf Partikularinteressen einzelner Branchen oder den Wunsch nach Strukturerhaltung – insbesondere von Tieflohnbranchen – Rücksicht genommen werden. Daher sind bei der Prüfung des Vorliegens der Zulassungsvoraussetzungen insbesondere das Vorrangprinzip sowie die persönlichen Voraussetzungen restriktiv anzuwenden:

> «Strittig ist vorliegend, ob die Voraussetzungen von Art. 21 AuG und Art. 23 AuG erfüllt sind. Deren Vorliegen kann nicht leichthin angenommen werden, soll die Absicht des Gesetzgebers verwirklicht werden, die Zuwanderung aus dem Nicht-EU/EFTA-Raum restriktiv zu gestalten, konsequent einem längerfristigen gesamtwirtschaftlichen Interesse unterzuordnen und vermehrt an den übergeordneten integrations-, gesellschafts- und staatspolitischen Zielen zu orientieren. Damit einher geht das Bestreben, weder eine Strukturerhaltung durch wenig qualifizierte Arbeitskräfte mit tiefen Löhnen zu fördern, noch Partikularinteressen innerhalb der Wirtschaft zu schützen.» (BVGE 2011/1, E. 6.1 S. 6 f.)

dd) Kontingentierung

491 Nach Art. 20 AIG kann der Bundesrat Höchstzahlen für die erstmalige Erteilung von Kurzaufenthalts- und Aufenthaltsbewilligungen zur Ausübung einer Erwerbstätigkeit festlegen. Diese Kompetenz hat der Bundesrat wahrgenommen und in Art. 19 ff. VZAE sowie in den Anhängen 1 und 2 zur VZAE entsprechende Höchstzahlen für die erstmalige Erteilung von Kurzaufenthalts- beziehungsweise Aufenthaltsbewilligungen festgelegt. Drittstaatsangehörige können somit nur dann zu einer unselbständigen oder selbständigen Erwerbstätigkeit zugelassen werden, wenn das entsprechende Kontingent für das betreffende Jahr noch nicht ausgeschöpft ist. Unterliegt die Erteilung einer Kurzaufenthalts- oder Aufenthaltsbewilligung der Kontingentierung, muss der Entscheid der zuständigen kantonalen Behörde dem SEM zur Zustimmung unterbreitet werden (Art. 99 AIG i.V.m. Art. 85 Abs. 1 VZAE und Art. 1 ZV-EJPD).

492 Die erstmalige Erteilung von Kurzaufenthalts- und Aufenthaltsbewilligungen an Staatsangehörige des Vereinigten Königreichs, die nicht vom Geltungsbereich des Abkommens vom 25. Februar 2019 zwischen der Schweizerischen Eidgenossenschaft und dem Vereinigten Königreich von Grossbritannien und Nordirland über die Rechte der Bürgerinnen und Bürger infolge des Austritts des Vereinigten Königreichs aus der Europäischen Union und des Wegfalls des Freizügigkeitsabkommens (Abkommen über die erworbenen Rechte, SR 0.142.113.672) erfasst werden, unterliegt seit dem 1. Januar 2021 ebenfalls der Kontingentierung (Art. 19*b* und 20*b* VZAE). Im Hinblick auf den möglichen Abschluss eines präferenziellen Abkommens zwischen der Schweiz und dem Vereinigten Königreich über die zukünftigen Migrationsbeziehungen, bestehen zunächst bis Ende 2022 separate Kontingente für Staatsangehörige des Vereinigten Königreichs, bis eine allfällige andere Lösung gefunden wird. Die Kontingente für die erstmalige Erteilung von Bewilligungen an Staatsangehörige des Vereinigten Königreiches betrugen 2022 1400 Kurzaufenthaltsbewilligungen und 2100 Aufenthaltsbewilligungen (siehe Anhänge 1 und 2 VZAE).

Ausgenommen von den Höchstzahlen für Kurzaufenthaltsbewilligungen sind: 493

- Ausländerinnen und Ausländer, die innerhalb von zwölf Monaten insgesamt während höchstens vier Monaten in der Schweiz erwerbstätig sind, sofern Dauer und Zweck des Aufenthaltes von vornherein feststehen und grundsätzlich nicht mehr als ein Viertel des Personals im betreffenden Betrieb kurzfristig beschäftigt ist (Art. 19 Abs. 4 lit. a, Art. 19*a* Abs. 2 und Art. 19*b* Abs. 2 VZAE). Zwischen zwei Bewilligungen von höchstens vier Monaten müssen sich die betroffenen Ausländerinnen und Ausländer während mindestens zwei Monaten im Ausland aufhalten (Art. 56 Abs. 2 VZAE).
- Ausländerinnen und Ausländer, die sich innerhalb von zwölf Monaten insgesamt während höchstens acht Monaten in der Schweiz aufhalten und als Kunstschaffende auf den Gebieten der Musik oder Literatur, der darstellenden oder bildenden Kunst oder als Zirkus- beziehungsweise Variétéartistinnen und -artisten tätig sind (Art. 19 Abs. 4 lit. b, Art. 19*b* Abs. 2 lit. b VZAE).
- Zudem werden Ausländerinnen und Ausländer nicht an die Höchstzahlen angerechnet, wenn sie auf die bewilligte Erwerbstätigkeit in der Schweiz verzichten oder innerhalb von 90 Tagen nach der Aufnahme der Erwerbstätigkeit wieder aus der Schweiz ausreisen (Art. 21 VZAE).

Im Jahr 2022 konnten insgesamt 4'000 erstmalige Kurzaufenthaltsbewilligungen sowie 4'500 erstmalige Aufenthaltsbewilligungen an Drittstaatsangehörige erteilt werden (Anhänge 1 und 2 VZAE). Diese Kontingente werden auf die Kantone und den Bund aufgeteilt. Den Kantonen standen für das Jahr 2022 gesamthaft 1'250 Aufenthalts- und 2'000 Kurzaufenthaltsbewilligungen zu, die je nach wirtschaftlichen Bedürfnissen unter den Kantonen aufgeteilt werden (Anhänge 1 und 2 VZAE). Das Bundeskontingent für 2022 umfasste 3'250 Aufenthalts- und 2'000 Kurzaufenthaltsbewilligungen und diente dem Ausgleich der wirtschaftlichen und arbeitsmarktlichen Bedürfnisse zwischen den Kantonen (Art. 19 Abs. 2 und Art. 20 Abs. 2 VZAE). Das Bundeskontingent kann auf Gesuch der Kantone zwischen diesen aufgeteilt werden, wobei die Bedürfnisse der Kantone und das gesamtwirtschaftliche Interesse zu berücksichtigen sind (Art. 19 Abs. 3 und Art. 20 Abs. 3 VZAE). In Frage kommen in diesem Zusammenhang insbesondere unvorhersehbare Bedürfnisse der Kantone, die durch die ihnen zugeteilten Kontingente nicht abgedeckt werden können, wie dies etwa bei Grossprojekten von gesamtschweizerischer Bedeutung oder der Ansiedelung von bedeutenden Unternehmen der Fall sein kann (Weisungen AIG, Ziff. 4.2.1). 494

Die Verfügbarkeit eines Kontingentes ist indes nur bei der erstmaligen Einreise zu prüfen und ist bei einem allfälligen Stellenwechsel (bei der Aufenthaltsbewilligung) sowie bei einer Bewilligungsverlängerung nicht mehr zu berück- 495 sichtigen. Allerdings gilt die Kontingentierung bei einem Wechsel von einer Kurzaufenthalts- zu einer erstmalig erteilten Aufenthaltsbewilligung erneut.

ee) *Vorrang inländischer Arbeitskräfte sowie von Arbeitskräften aus dem EU/EFTA-Raum*

496 Nach Art. 21 AIG kann die Zulassung von Ausländerinnen und Ausländern zur Ausübung einer unselbständigen Erwerbstätigkeit nur dann bewilligt werden, wenn sich keine geeigneten inländischen Arbeitskräfte sowie keine geeigneten Arbeitnehmenden aus EU/EFTA-Ländern für die betreffende Stelle finden lassen. Als inländische Arbeitskräfte gelten nach Art. 21 Abs. 2 AIG Schweizer Staatsangehörige, Personen mit einer Niederlassungsbewilligung, Personen mit einer Aufenthaltsbewilligung, die zur Ausübung einer Erwerbstätigkeit berechtigt, vorläufig aufgenommene Personen sowie Personen, denen vorübergehender Schutz gewährt wurde und die eine Bewilligung zur Aufnahme einer Erwerbstätigkeit besitzen.

497 Am 11. März 2022 hat der Bundesrat angesichts der grossen Anzahl von Personen, die aufgrund des bewaffneten Konfliktes in der Ukraine vertrieben worden sind, erstmals die Aktivierung des vorübergehenden Schutzes beschlossen (zum vorübergehenden Schutz siehe hinten Rz. 1263 ff.). Personen denen vorübergehender Schutz gewährt worden ist und eine Bewilligung zur Aufnahme einer Erwerbstätigkeit besitzen, gehören zu den inländischen Arbeitskräften. Nach Art. 75 Abs. 1 AsylG dürfen Schutzbedürftige keine Erwerbstätigkeit ausüben, doch kann der Bundesrat günstigere Bedingungen für eine Erwerbstätigkeit erlassen (Art. 75 Abs. 2 AsylG). Anlässlich der Aktivierung des Schutzstatus S für aus der Ukraine vertrieben Personen hat der Bundesrat beschlossen, die dreimonatige Wartefrist für die Aufnahme einer Erwerbstätigkeit aufzuheben. Daher können aus der Ukraine vertriebene Personen ab dem Moment der Gewährung des Schutzstatus S bei den kantonalen Behörden um die Erteilung einer Arbeitsbewilligung ersuchen.

498 Mit dem Vorrangprinzip sollen eine prioritäre Ausschöpfung des inländischen Arbeitsmarktes sowie eine Privilegierung von Arbeitnehmerinnen und Arbeitnehmern aus EU/EFTA-Staaten erreicht werden. Gleichzeitig soll dadurch die Einreise neuer Arbeitskräfte aus Drittstaaten auf das für den Schweizer Arbeitsmarkt Notwendige beschränkt werden. In diesem Sinne müssen Arbeitnehmerinnen und Arbeitnehmer bei der Gesuchseinreichung nachweisen, dass sie trotz umfassender Suchbemühungen keine geeigneten Arbeitskräfte aus dem Inland oder aus dem EU/EFTA-Raum finden konnten. In einer Beschwerde betreffend die Zulassung eines chinesischen Staatsangehörigen als Spezialitätenkoch für ein chinesisches Restaurant hat das Bundesverwaltungsgericht die Verpflichtung der Arbeitgeberin dahingehend präzisiert, dass der betreffende Ausländer als Drittstaatsangehöriger

> «(…) keine Rekrutierungspriorität [geniesse], weshalb seine Zulassung erst möglich wäre, wenn für die Vakanz bei der Beschwerdeführerin weder einheimische Erwerbstätige noch solche aus dem EU/EFTA-Raum rekrutiert werden könnten

> (…). Das Prinzip des Vorranges nach Art. 21 AuG ist in jedem Fall und unabhängig von der Wirtschafts- und Arbeitsmarktlage zu beachten. Hierbei muss die Arbeitgeberin belegen, dass sie trotz umfassender Suchbemühungen keine geeigneten Arbeitskräfte aus dem Inland oder einem EU/EFTA-Staat finden konnte. Sie hat den Nachweis zu erbringen, die Stelle vergeblich über die branchenüblichen Rekrutierungskanäle – zum Beispiel durch Inserate in der Fach- und Tagespresse oder mittels elektronischer Medien – ausgeschrieben zu haben. Wichtige Instrumente stellen auch die öffentliche und private Arbeitsvermittlung dar. Verlangt werden inhaltlich zweckmässige und echte Bemühungen über einen angemessenen Zeitraum hinweg, die Stelle mit einer Person aus den Vorrang geniessenden Gebieten zu besetzen. Eine Kontaktnahme mit Drittstaatsangehörigen sollte in der Regel erst erfolgen, nachdem solche Suchbemühungen tatsächlich erfolglos geblieben sind. Es reicht insbesondere nicht aus, wenn Suchbemühungen als blosse Erforderniserbringung erfolgen. Zudem dürfen Personen mit Vorrang nicht aufgrund fachlich nicht relevanter Kriterien ausgeschlossen werden.» (BVGer, C-4873/2011, 13. August 2013, E. 5.3)

Das Vorrangprinzip ist indes nur bei der erstmaligen Einreise zu prüfen und ist 499
bei einem allfälligen Stellenwechsel sowie bei einer Bewilligungsverlängerung nicht einschlägig. Allerdings muss der Vorrang bei einem Wechsel von einer Kurzaufenthalts- zu einer Aufenthaltsbewilligung erneut geprüft werden.

Eine Ausnahme vom Vorrangprinzip gilt nach Art. 21 Abs. 3 AIG für **Dritt-** 500
staatsangehörige mit Schweizer Hochschulabschluss. Diese können ohne Prüfung des Vorranges zugelassen werden, wenn ihre Erwerbstätigkeit von hohem wissenschaftlichem oder wirtschaftlichem Interesse ist. Gegebenenfalls werden die betreffenden Ausländerinnen und Ausländer für eine Dauer von sechs Monaten nach Abschluss der Aus- oder Weiterbildung in der Schweiz zugelassen, um eine entsprechende Erwerbstätigkeit zu finden. Ein hohes wirtschaftliches Interesse an einer Erwerbstätigkeit liegt vor, wenn ein ausgewiesener arbeitsmarktlicher Bedarf an einer der Ausbildung entsprechenden Tätigkeit besteht, die von den ausländischen Absolventinnen und Absolventen abgeschlossene Fachrichtung hoch spezialisiert und auf die betreffende Stelle zugeschnitten ist und die Einstellung neue Stellen schafft beziehungsweise neue Aufträge generiert (statt vieler BVGer, C-857/2013, 19. Mai 2014, E. 7.1). Zum Begriff des hohen wissenschaftlichen Interesses hat das Bundesverwaltungsgericht ausgeführt:

> «7.2 Der Begriff des hohen wissenschaftlichen Interesses ist mit Blick auf die in Art. 20 BV verankerte Wissenschaftsfreiheit auszulegen (…). Die Definition des Begriffs der Wissenschaft hat in der Rechtsanwendung einzelfallbezogen zu erfolgen, wobei jeweils von der Praxis der «Scientific Community» auszugehen ist (...). Die Wissenschaftsfreiheit umfasst sowohl die Forschungsfreiheit als auch die Lehrfreiheit und die Lernfreiheit (…). Angesichts der nicht auf bestimmte Wissenschaftszweige beschränkten Absicht des Gesetzgebers, die Position der Schweiz im internationalen Wettbewerb um die «besten Köpfe» zu stärken (…), ist der Wissenschaftsbegriff im vorliegenden Kontext weit auszulegen. Namentlich sind Hoch-

schul- und Fachhochschulabsolventen sowohl natur- als auch sozial- und geisteswissenschaftlicher Orientierung erleichtert zuzulassen, falls sie die Voraussetzungen von Art. 21 Abs. 3 AuG erfüllen.

7.3 Die Musik ist klarerweise nicht «nur» eine Kunst, sondern auch eine Wissenschaft, die entsprechend – wie der vorliegende Fall zeigt – an Hochschulen gelehrt und gelernt wird. Definiert wird die Musikwissenschaft als die Wissenschaft von der Entstehung und Entwicklung, dem Aufbau und den Formen der Musik (...). Grundsätzlich kann folglich auch die Erwerbstätigkeit von hochqualifizierten Musikern mit entsprechenden Abschlüssen schweizerischer Hochschulen oder Fachhochschulen von hohem wissenschaftlichem Interesse sein (...).» (BVGer, C-857/2013, 19. Mai 2014, E. 7.2 f.)

ff) Stellenmeldepflicht

501 Die am 1. Juli 2018 in Kraft getretene Stellenmeldepflicht gilt für diejenigen Berufsgruppen, Tätigkeitsbereiche oder Wirtschaftsregionen, in denen die Arbeitslosenquote fünf Prozent erreicht oder überschreitet (Art. 21*a* Abs. 3 AIG i.V.m. Art. 53*a* Abs. 1 AVV). Die der Meldepflicht unterliegenden Berufsarten werden durch das Staatssekretariat für Wirtschaft (SECO) jährlich festgelegt (die Liste ist unter folgendem Link einsehbar: www.arbeit.swiss > Arbeitgeber > Stellenmeldepflicht > Stellenmeldepflicht ab 2022, besucht am 15. August 2022).

502 Unterstehen zu besetzende Stellen der Meldepflicht, müssen die Arbeitgeberinnen und Arbeitgeber diese den zuständigen öffentlichen Arbeitsvermittlungen melden (Art. 53*b* Abs. 1 AVV). Die Arbeitsvermittlungen stellen ihnen in der Folge passende Dossiers von gemeldeten stellensuchenden Personen zu oder teilen ihnen mit, dass keine geeigneten Personen gemeldet sind (Art. 53*c* Abs. 1 AVV). Wurden Dossiers zugestellt, sind die Arbeitgeberinnen und Arbeitgeber verpflichtet, die betreffenden Personen zu einem Bewerbungsgespräch oder einer Eignungsabklärung einzuladen und die Arbeitsvermittlung über das Resultat dieser Gespräche und Abklärungen zu informieren (Art. 21*a* Abs. 4 AIG; Art. 53*c* Abs. 2 AVV). Nur wenn keine geeignete Person gefunden wurde, darf die Stelle durch nicht gemeldete Drittstaatsangehörige besetzt werden.

503 Die Stellenmeldepflicht wurde mit dem Ziel eingeführt, das inländische Arbeitsmarktpotential besser auszuschöpfen und die Arbeitslosigkeit in der Schweiz zu reduzieren. Gleichzeitig dient sie auch der Beschränkung der Zuwanderung von Ausländerinnen und Ausländern in die Schweiz. Um die Einhaltung der Stellenmeldepflicht zu überprüfen, müssen die Arbeitgeberinnen und Arbeitgeber dem Gesuch um Erteilung einer Arbeitsbewilligung an erstmals einreisende Drittstaatsangehörige einen Nachweis beilegen, dass die

Stelle gemeldet wurde. Eine Verletzung der Stellenmeldepflicht führt zur Ablehnung des Gesuches und kann nach Art. 117*a* AIG allenfalls strafrechtliche Konsequenzen für die Arbeitgeberinnen und Arbeitgeber nach sich ziehen.

Ausnahmen von der Stellenmeldepflicht gelten nur für bestimmte, in Art. 21*a* Abs. 5 AIG sowie Art. 53*d* Abs. 1 AVV vorgesehene Fälle. Darunter fallen insbesondere Arbeitsstellen, die von Vornherein durch eine bei der öffentlichen Arbeitsvermittlung gemeldeten Person besetzt werden oder auch Beschäftigungen, die höchstens 14 Kalendertage dauern. 504

gg) Berücksichtigung der orts-, berufs- und branchenüblichen Lohn- und Arbeitsbedingungen

Eine Zulassung zur Ausübung einer unselbständigen Erwerbstätigkeit ist nach Art. 22 AIG nur möglich, wenn die orts-, berufs- und branchenüblichen Lohn- und Arbeitsbedingungen eingehalten werden (Art. 22 Abs. 1 lit. a AIG) Ziel dieser Bestimmung ist sowohl der Schutz der ausländischen Arbeitnehmerinnen und Arbeitnehmer vor finanzieller Ausbeutung als auch der Schutz der inländischen Arbeitnehmerinnen und Arbeitnehmer vor Lohn- und Sozialdumping. Zu den Lohn- und Arbeitsbedingungen gehören auch die Sozialleistungen. Ausländerinnen und Ausländer müssen insbesondere über eine Kranken- und Unfallversicherung verfügen, die sie vor den wirtschaftlichen Folgen eines Unfalls oder einer Krankheit schützt. 505

Die orts-, berufs- und branchenüblichen Lohn- und Arbeitsbedingungen bestimmen sich nach Art. 22 Abs. 1 VZAE nach den gesetzlichen Bestimmungen, Gesamt- und Normalarbeitsverträgen sowie den Lohn- und Arbeitsbedingungen für dieselbe Arbeit im gleichen Betrieb und in derselben Branche. Zu berücksichtigen sind zudem die aktuellen Ergebnisse von statistischen Lohnerhebungen. 506

Für den Vergleich der Lohn- und Arbeitsbedingungen stehen verschiedene Publikationen und Datenbanken zur Verfügung, zum Beispiel das Lohnbuch Schweiz 2022 des Amtes für Wirtschaft und Arbeit des Kantons Zürich. Zudem bieten sowohl das Staatssekretariat für Wirtschaft (SECO) als auch der Schweizerische Gewerkschaftsbund Lohnrechner: www.entsendung.admin.ch > Lohn und Arbeit > Mindestlohn berechnen oder www.lohn-sgb.ch (beide zuletzt besucht am 15. August 2022). 507

Damit die Behörden überprüfen können, ob die Lohn- und Arbeitsbedingungen eingehalten werden, muss dem Gesuch an die kantonalen Arbeitsmarktbehörden ein schriftlicher Arbeitsvertrag oder eine Auftragsbestätigung beigelegt werden, aus dem die zur Überprüfung notwendigen Bedingungen hervorgehen (Art. 22 Abs. 2 VZAE). 508

509 Für im Rahmen von grenzüberschreitenden Dienstleistungen von ausländischen Arbeitgebenden oder von betrieblichen Transfers in die Schweiz entsandte Arbeitnehmerinnen und Arbeitnehmer gelten gestützt auf Art. 22 Abs. 1 lit. b sowie Abs. 2 AIG zusätzliche Sonderregeln. Sie müssen zusätzlich zum orts-, berufs- und branchenüblichen Lohn auch für die mit der Entsendung verbundenen Auslagen für Reise, Verpflegung und Unterkunft orts-, berufs- und branchenüblich entschädigt werden. Zudem gelten diese Entschädigungen nicht als Lohnbestandteil.

hh) Persönliche Voraussetzungen

510 Nach dem von der Schweiz verfolgten dualen Zulassungssystem ist die Zulassung von Arbeitskräften aus Drittstaaten gestützt auf Art. 23 Abs. 1 AIG auf qualifizierte – aber nicht *hoch*qualifizierte – Personen beschränkt, die zudem über jene beruflichen, sprachlichen und sozialen Kompetenzen verfügen, die eine nachhaltige Integration in den schweizerischen Arbeitsmarkt und in das gesellschaftliche Umfeld erwarten lassen (Art. 23 Abs. 2 AIG).

511 Die von Art. 23 Abs. 2 AIG für eine Zulassung vorausgesetzte berufliche Qualifikation bestimmt sich nach dem jeweiligen Berufsfeld beziehungsweise der jeweiligen Spezialisierung. Sie kann sich einerseits aus der Ausbildungsstufe ergeben, indem etwa ein Universitätsabschluss, ein Fachhochschulabschluss oder der Erwerb von ausserordentlichen Spezialkenntnissen verlangt wird. Andererseits kann sich die Qualifikation auch aus der zukünftigen Funktion der Ausländerinnen und Ausländer ergeben, wie etwa der Übernahme der Leitung eines arbeitsmarktlich bedeutenden Betriebes.

512 Zum Begriff der anderen qualifizierten Arbeitskräfte hat das Bundesverwaltungsgericht ausgeführt:

> «Als andere qualifizierte Arbeitskräfte im Sinne von Art. 23 Abs. 1 AuG können ausländische Personen zugelassen werden, wenn die von ihnen angebotene Leistung einer Nachfrage entspricht, der nicht durch inländische Arbeitskräfte nachgekommen werden kann (…). Bei diesen Personen stehen somit Funktion oder Spezialausbildung nicht im Vordergrund. Ihre Zulassung erfordert auch keine hohe Qualifizierung (…). Allerdings soll es für Stellen, die keine Ausbildung erfordern, grundsätzlich keine Zulassung zum Arbeitsmarkt geben. Vermieden werden soll damit eine Anstellung für gewisse Hilfstätigkeiten – beispielsweise in der Landwirtschaft, im Bau-, Gast- oder Reinigungsgewerbe – bei denen die Betroffen im Falle späterer Arbeitslosigkeit schlechtere Chancen für die berufliche Wiedereingliederung hätten.» (BVGer, C-388/2010 und C-391/2010, 21. Februar 2012, E. 9.2)

513 Das SEM hat für eine Reihe von Branchen spezifische Weisungen zu den für die Zulassung nötigen beruflichen Qualifikationen erlassen, so zum Beispiel für Köchinnen und Köche von Spezialitätenrestaurants, Künstlerinnen und

Künstler, Lehrerinnen und Lehrer für Privatschulen sowie Berufssportlerinnen und Berufssportler (Weisungen AIG, Ziff. 4.7).

In Anwendung der Weisungen für Berufssportlerinnen und Berufssportler hat das Bundesverwaltungsgericht etwa in Bezug auf einen 19-jährigen serbischen Nachwuchsprofifussballer des FC Basels das Vorliegen der für eine Zulassung nötigen beruflichen Qualifikation verneint: 514

> «6.1 Strittig ist vorliegend einzig, ob A. die persönlichen Voraussetzungen gemäss Art. 23 AuG für die Zulassung zu einem Aufenthalt mit Erwerbstätigkeit erfüllt oder nicht. (...) Für die Berufssportler, deren Zulassung jeweils in Abweichung beziehungsweise Konkretisierung von Art. 23 Abs. 1 und 2 AuG erfolgt, wird in Bezug auf deren spezifische persönliche Voraussetzungen praxisgemäss auf die Sportlerweisungen (Ziff. 4.7.11.2.2 der Weisungen AuG) abgestellt. Demnach werden Berufssportlerinnen und Berufssportler grundsätzlich nur zugelassen, wenn sie eine mehrjährige solide Wettkampferfahrung auf internationalem Niveau (mindestens dreijährige Erfahrung in einer der obersten Ligen) vorweisen können. Nach Gesprächen zwischen dem BFM und der Swiss Football League im Dezember 2006 und März 2007 sind diese Zulassungskriterien für junge Fussballspieler im Alter zwischen 18 und 21 Jahren insofern konkretisiert worden, als dass diese in den letzten drei Jahren aktiv Fussball gespielt und mindestens während eines Jahres an professionellen nationalen Meisterschaften auf höchstem Niveau (erste Mannschaft) mit regelmässigen Einsätzen teilgenommen haben müssen. Damit wurde dem Umstand Rechnung getragen, dass junge Talente die gemäss Sportlerweisungen minimale Berufs- resp. Wettkampferfahrung von drei Jahren in den obersten Ligen oftmals nicht vorweisen können (...).
>
> 6.2 Der Sinn und Zweck der Sportlerweisungen besteht darin, Art. 23 AuG für den Bereich des Sports zu konkretisieren. Die Richtlinien streben einerseits ein gewisses Gleichgewicht zwischen den Sportarten an, andererseits sind sie im Kontext der übrigen Sektoren des Arbeitsmarkts zu erblicken und zu werten. Wie in anderen Bereichen sollen auch im Sport mit den Ausnahmen von den üblichen Rekrutierungsprioritäten primär hoch qualifizierte Personen beziehungsweise eigentliche Spezialisten erfasst werden. In den meisten Berufsbranchen wird dieses Ziel in der Regel über den Nachweis einer abgeschlossenen Fachausbildung und einer gewissen Berufserfahrung erreicht. Da im Bereich des Spitzensports ein eigentlicher Fähigkeitsausweis nicht erhältlich ist, rechtfertigt es sich, für die Beurteilung der besonderen Befähigung eines Sportlers einzig auf dessen ausgewiesene Berufs- beziehungsweise Wettkampferfahrung auf einem gewissen Leistungsniveau abzustellen.» (BVGer, C-4813/2013, 27. Juni 2014, E. 6.1 f.)

Demgegenüber stellt die Teilnahme von Berufssportlerinnen und Berufssportlern an internationalen Wettkämpfen wie z.B. die Tour de Suisse, das Tennisturnier in Gstaad oder das Reitturnier CHI Classics in Basel keine Erwerbstätigkeit dar (Weisungen AIG, Ziff. 4.7.11.1). 515

Sonderregelungen gelten auch für die Zulassung von religiösen Betreuungs- und Lehrpersonen. Zusätzlich zu den Voraussetzungen von Art. 18-24 AIG müssen sie auch die weiteren in Art. 26*a* AIG und Art. 22*b* VZAE und enthaltenen Kriterien erfüllen, d.h. sie müssen mit dem gesellschaftlichen und rechtlichen Wertesystem der Schweiz vertraut sein, fähig sein, diese Kenntnisse den betreuten Ausländerinnen und Ausländern zu vermitteln und sich in der am Arbeitsort gesprochenen Sprache verständigen können (hierzu auch Weisungen AIG, Ziff. 4.7.16). 516

517 Allerdings können in Abweichung von den Grundsätzen zur beruflichen und persönlichen Qualifikation nach Art. 23 Abs. 3 AIG bestimmte Personengruppen auch dann zugelassen werden, wenn sie die persönlichen Voraussetzungen nicht erfüllen. Es handelt sich dabei um Investorinnen und Investoren sowie Unternehmerinnen und Unternehmer, die Arbeitsplätze in der Schweiz erhalten oder neue Arbeitsplätze schaffen (lit. a), um anerkannte Personen aus dem Wissenschafts-, Kultur- oder Sportbereich (lit. b), um Personen, die besondere berufliche Kenntnisse oder Fähigkeiten besitzen, für die in der Schweiz ein Bedarf besteht (lit. c), um Kaderpersonen von international tätigen Unternehmen (lit. d) sowie um Personen, deren Tätigkeit in der Schweiz für wirtschaftlich bedeutende Geschäftsbeziehungen auf internationaler Ebene unerlässlich ist (lit. e).

ii) Vorhandensein einer bedarfsgerechten Wohnung

518 Art. 24 AIG sieht schliesslich vor, dass Ausländerinnen und Ausländer nur dann zur Ausübung einer Erwerbstätigkeit zugelassen werden können, wenn sie über eine bedarfsgerechte Wohnung verfügen. Diese Bestimmung lehnt sich an die bereits unter dem ANAG bestehende Voraussetzung an, dass der Nachzug von Familienangehörigen von Ausländerinnen und Ausländern mit Aufenthaltsbewilligung nur dann bewilligt werden kann, wenn unter anderem eine angemessene Wohnung zur Verfügung steht. Als angemessen gilt eine Wohnung, wenn sie den Anforderungen entspricht, die für Schweizerinnen und Schweizer in der gleichen Gegend gelten.

519 Die Voraussetzung einer bedarfsgerechten Wohnung möchte die ausländischen Arbeitskräfte vor unwürdigen Lebensbedingungen schützen. Eine Wohnung muss daher den bau-, feuer- und gesundheitspolizeilichen Vorschriften entsprechen. Im Rahmen der Beurteilung der Bedarfsgerechtigkeit haben die kantonalen Migrationsbehörden zu berücksichtigen, dass der Gesetzgeber den Zusatz, wonach die Wohnung den Anforderungen zu entsprechen habe, die in derselben Gegend für Schweizerinnen und Schweizer gelten, fallen gelassen hat. Der Umstand, dass diese in der Regel grosszügiger wohnen, darf daher nicht als Grund beigezogen werden, um eine Wohnung als nicht bedarfsgerecht einzustufen. Nach einer noch unter der Geltung des ANAG entwickelten Praxis stellt die Mehrheit der Kantone für die Beurteilung der Angemessenheit der Wohnung auf die folgende Faustregel ab: Eine Wohnung ist bedarfsgerecht, wenn die Zahl der darin wohnenden Personen die Anzahl Zimmer um höchstens eins übersteigt (so etwa Verwaltungsgericht St.Gallen, B 2016/184, 15. August 2017, E. 4.1).

jj) Zulassung von Grenzgängerinnen und Grenzgängern

Im Ausland wohnhafte Personen können nach Art. 25 AIG als Grenzgängerinnen und Grenzgänger zugelassen werden und somit in der Schweiz einer unselbständigen oder selbständigen Erwerbstätigkeit nachgehen, sofern sie in einem Nachbarstaat der Schweiz über ein dauerhaftes Aufenthaltsrecht verfügen, ihren Wohnsitz seit mindestens sechs Monaten in der benachbarten ausländischen Grenzzone haben und innerhalb der schweizerischen Grenzzone erwerbstätig sind. 520

Die praktische Bedeutung von Art. 25 AIG ist klein, da das FZA für Staatsangehörige eines EU/EFTA-Staates eine sehr weit gefasst Regelung für Grenzgängerinnen und Grenzgänger enthält (hinten Rz. 1008 f.). Praktisch bedeutsam ist die Grenzgängerregelung des AIG nur noch für in der ausländischen Grenzzone wohnhafte Drittstaatsangehörige, die in der schweizerischen Grenzzone erwerbstätig sind. 521

Für die Zulassung von Grenzgängerinnen und Grenzgängern gelten zwar die Vorrangregelungen (Art. 20 AIG) sowie orts-, berufs- und branchenüblichen Lohn- und Arbeitsbedingungen (Art. 22 AIG), jedoch weder die Kontingentierung, die persönlichen Voraussetzungen noch die Notwendigkeit einer bedarfsgerechten Wohnung (Art. 25 Abs. 2 AIG). 522

kk) Zulassung für grenzüberschreitende Dienstleistungen

Nach der Legaldefinition von Art. 3 VZAE gilt als grenzüberschreitende Dienstleistung «die Ausübung einer zeitlich befristeten Dienstleistung in der Schweiz im Rahmen eines Vertragsverhältnisses durch eine Person oder ein Unternehmen mit Wohnsitz oder Sitz im Ausland». Grenzüberschreitende Dienstleistungen können von selbständig erwerbstätigen Ausländerinnen und Ausländern sowie von durch ein Unternehmen mit Sitz im Ausland entsandte Arbeitnehmerinnen und Arbeitnehmer erbracht werden. 523

Selbständig erwerbstätige ausländische Dienstleistende sowie von ausländischen Unternehmen in die Schweiz entsandte Arbeitnehmerinnen und Arbeitnehmer können zur Erbringung einer vorübergehenden grenzüberschreitenden Dienstleistung zugelassen werden, sofern ihre Tätigkeit einem gesamtwirtschaftlichen Interesse entspricht (Art. 26 Abs. 1 AIG), die Begrenzungsmassnahmen von Art. 20 AIG i.V.m. Art. 19*a* und 20*a* VZAE sowie die orts-, berufs- und branchenüblichen Lohn- und Arbeitsbedingungen eingehalten (Art. 22 Abs. 1 lit. a AIG) und zudem auch die orts-, berufs- und branchenüblichen Auslagen für Reise, Verpflegung und Unterkunft entschädigt werden (Art. 22 Abs. 1 lit. b und Abs. 2 AIG). Da zudem auch die persönlichen Voraussetzungen von Art. 23 AIG einzuhalten sind, können nur qualifizierte Ausländerinnen und Ausländer zugelassen werden. 524

525 Um entsandte Arbeitnehmende vor missbräuchlicher Unterschreitung der in der Schweiz geltenden Lohn- und Arbeitsbedingungen zu schützen, existieren sogenannte **flankierende Massnahmen**. Diese sollen die Kontrolle der minimalen beziehungsweise üblichen Lohn- und Arbeitsbedingungen am schweizerischen Arbeitsort ermöglichen. Das Bundesgesetz über die flankierenden Massnahmen bei entsandten Arbeitnehmerinnen und Arbeitnehmern und über die Kontrolle der in Normalarbeitsverträgen vorgesehenen Mindestlöhne (Entsendegesetz, EntsG, SR 823.20) verpflichtet ausländische Arbeitgebende mit Sitz im Ausland zur Einhaltung der minimalen schweizerischen Lohn- und Arbeitsbedingungen. Um Kontrollen zu ermöglichen, sind ausländische Arbeitgebende verpflichtet, vor Beginn des Einsatzes ihrer entsandten Arbeitnehmenden der zuständigen kantonalen Behörde Meldung zu erstatten. Zu melden sind insbesondere die Identität und der Lohn der in die Schweiz entsandten Personen, die in der Schweiz ausgeübte Tätigkeit sowie der Ort, an dem die Arbeit ausgeführt wird (Art. 6 Abs. 1 EntsG). Die Meldung muss grundsätzlich mindestens acht Tage vor Beginn des Arbeitseinsatzes erfolgen (Art. 6 Abs. 3 EntsG). Meldepflichtig sind nach der EntsV grundsätzlich alle über acht Arbeitstage pro Kalenderjahr dauernden Arbeitseinsätze (Art. 6 Abs. 1 EntsV). Ab dem ersten Arbeitstag meldepflichtig sind alle Arbeitseinsätze in den folgenden Branchen: Bauhaupt- und Baunebengewerbe, Gastgewerbe, Reinigungsgewerbe in Betrieben und Haushalten, Überwachungs- und Sicherheitsdienst, Reisendengewerbe, Erotikgewerbe sowie Garten- und Landschaftsbau (Art. 6 Abs. 2 EntsV). Siehe zu den flankierenden Massnahmen auch hinten Rz. 996 ff.

526 Die Erbringung von grenzüberschreitenden Erwerbstätigkeiten von bis zu acht Tagen innerhalb eines Kalenderjahres ist nach Art. 14 Abs. 1 VZAE grundsätzlich bewilligungsfrei. Eine Bewilligungspflicht ab dem ersten Tag gilt indes in den folgenden Branchen: Bauhaupt- und Baunebengewerbe, Gastgewerbe und Reinigungsgewerbe in Betrieben und Haushalten, Überwachungs- und Sicherheitsdienst, Reisendengewerbe, Erotikgewerbe sowie Garten- und Landschaftsbau (Art. 14 Abs. 3 VZAE).

527 Das FZA enthält lediglich eine beschränkte Dienstleistungsfreiheit, da nicht alle Dienstleistungsbereiche liberalisiert wurden und zudem die Dienstleistungserbringung in zeitlicher Hinsicht beschränkt ist (hinten Rz. 991 f.). Dienstleistungen durch Dienstleistungserbringer aus EU/EFTA-Staaten, die die Dauer von 90 Arbeitstagen übersteigen, fallen nicht unter das FZA, sondern werden vom Geltungsbereich von Art. 26 AIG erfasst.

b) Zulassung zu einem Aufenthalt ohne Erwerbstätigkeit

528 Die für die Regelung der Zulassung zu einem Aufenthalt mit Erwerbstätigkeit im Vordergrund stehenden gesamtwirtschaftlichen Interessen entfallen bei der Zulassung zu einem Aufenthalt ohne Erwerbstätigkeit. Eine solche Zulassung ist nach Art. 27, 28 und 29 AIG in drei verschiedenen Situationen möglich: zum Zweck einer Aus- oder Weiterbildung, für Rentnerinnen und Rentner sowie zwecks medizinischer Behandlung.

aa) Zulassung zum Aufenthalt für Aus- und Weiterbildungszwecke

Nach Art. 27 AIG in Verbindung mit Art. 23 VZAE können Ausländerinnen und Ausländer für eine Aus- oder Weiterbildung zugelassen werden, sofern folgende Voraussetzungen kumulativ erfüllt sind: 529

- Vorliegen einer **Bestätigung der Schulleitung**, dass die angestrebte Aus- oder Weiterbildung aufgenommen werden kann (Art. 27 Abs. 1 lit. a AIG): Dabei unterliegen die Schulen nach Art. 24 VZAE gewissen Anforderungen. Sie müssen Gewähr für eine fachgerechte Aus- oder Weiterbildung sowie die Einhaltung des Unterrichtsprogrammes bieten (Art. 24 Abs. 1 VZAE). Zudem müssen das Unterrichtsprogramm einschliesslich eines persönlichen Stundenplanes sowie die Dauer der Aus- oder Weiterbildung festgelegt sein (Art. 24 Abs. 2 VZAE). Die Schulleitung muss bestätigen können, dass die Ausländerin oder der Ausländer die sprachlichen und bildungsmässigen Voraussetzungen für die angestrebte Aus- oder Weiterbildung erfüllt (Art. 24 Abs. 3 VZAE), wobei die sprachlichen Voraussetzungen mittels Interview auf der schweizerischen Auslandvertretung im Rahmen der Gesuchstellung zuhanden der zuständigen kantonalen Migrationsbehörde überprüft werden. Bestehen begründete Zweifel am Erfüllen dieser Voraussetzungen, kann die zuständige Behörde zusätzlich einen Sprachtest verlangen (Art. 24 Abs. 4 VZAE).
- Vorhandensein einer **bedarfsgerechten Unterkunft** (Art. 27 Abs. 1 lit. b AIG): Wann eine Unterkunft als bedarfsgerecht qualifiziert wird, ist weder auf Gesetzes- noch Verordnungsstufe geregelt. Grundsätzlich gilt, dass die Unterkunft die bau-, feuer- sowie gesundheitspolizeilichen Anforderungen erfüllen muss und nicht überbelegt sein darf (siehe vorne Rz. 518 f.).
- Vorhandensein der **notwendigen finanziellen Mittel** für den Aufenthalt (Art. 27 Abs. 1 lit. c AIG): Mit dieser Voraussetzung soll verhindert werden, dass die Ausländerinnen und Ausländer während ihres Aufenthaltes in der Schweiz Sozialhilfe in Anspruch nehmen müssen. Der Nachweis über das Vorhandensein der notwendigen finanziellen Mittel kann nach Art. 23 Abs. 1 VZAE insbesondere durch eine Verpflichtungserklärung von Schweizer Staatsangehörigen beziehungsweise Aufenthalts- oder Niederlassungsberechtigten mit Wohnsitz in der Schweiz (siehe vorne Rz. 422), die Bestätigung einer in der Schweiz zugelassenen Bank über die ausreichenden Vermögenswerte der gesuchstellenden Person oder die verbindliche Zusicherung von Stipendien oder Ausbildungsdarlehen erbracht werden.
- Erfüllung der **persönlichen und bildungsmässigen Voraussetzungen** für die vorgesehene Aus- oder Weiterbildung (Art. 27 Abs. 1 lit. d AIG): Damit eine Zulassung möglich ist, müssen die Gesuchstellenden die persönlichen und bildungsmässigen Voraussetzungen für die vorgesehene Aus- oder Wie-

terbildung erfüllen. Diese Zulassungsvoraussetzung soll den Behörden die Möglichkeit geben, zu prüfen, ob das Gesuch tatsächlich zum Zweck einer Aus- oder Weiterbildung eingereicht wurde oder vielmehr der Erhalt eines Visums für die Schweiz beziehungsweise den Schengenraum im Vordergrund stand. In diesem Sinn führt Art. 23 Abs. 2 VZAE aus, dass die persönlichen Voraussetzungen namentlich dann erfüllt sind, wenn weder frühere Aufenthalte und Gesuchsverfahren noch andere Umstände darauf hinweisen, dass die Aus- oder Weiterbildung lediglich die Umgehung der Bestimmungen über die Zulassung und den Aufenthalt bezweckt. Es handelt sich dabei um eine weniger strenge Voraussetzung als jene der gesicherten Wiederausreise (BVGer, C-7924/2010, 7. März 2012, E. 6.3.2, zur Einreisevoraussetzung der gesicherten Wiederausreise siehe vorne Rz. 427 ff.).

- **Sicherstellung der Betreuung** (Art. 27 Abs. 2 AIG): Bei minderjährigen Ausländerinnen und Ausländern muss zudem sichergestellt sein, dass sie angemessen betreut werden.

530 Die Zuständigkeit zur Erteilung von Bewilligungen zu Aufenthalten für Aus- und Weiterbildungszwecke liegt bei den kantonalen Migrationsbehörden. Ersuchen Staatsangehörige von Staaten, mit denen ein erhöhtes Risiko einer Gefährdung der inneren oder äusseren Sicherheit der Schweiz oder einer Umgehung der Aufenthaltsbestimmungen verbunden ist, muss vor Erteilung der Bewilligung die Zustimmung des SEM eingeholt werden (Art. 2 lit. a ZV-EJPD). Zurzeit sind die Bewilligungsgesuche folgender Staatsangehöriger dem SEM zur Zustimmung zu unterbreiten: Afghanistan, Algerien, Bangladesch, Burundi, Demokratische Republik Kongo, Guinea, Haiti, Irak, Iran, Kamerun, Libyen, Marokko, Myanmar, Nepal, Nordkorea, Pakistan, Republik Kongo, Ruanda, Sri Lanka, Sudan, Südsudan, Syrien und Tunesien (Weisungen AIG, Anhang zu Ziffer 1.3.2.1, Buchstabe b: Zustimmungspflichtige Studierende).

531 Aufenthalte in der Schweiz für eine Aus- oder Weiterbildung können grundsätzlich für höchstens acht Jahre bewilligt werden. In Ausnahmefällen kann – unter Vorbehalt der Zustimmung des SEM – über diese Dauer hinausgegangen werden, sofern es sich um eine zielgerichtete Aus- oder Weiterbildung handelt und der Aufenthalt nicht zur Umgehung der strengeren Zulassungsvoraussetzungen genutzt wird (Art. 24 Abs. 3 VZAE; Art. 4 lit. b Ziff. 1 ZV-EJPD). Als nicht zielgerichtet gelten Aus- oder Weiterbildungen bei unbegründeten überlangen Studienzeiten, unbegründeten Schul- oder Studienrichtungswechseln oder auch ungenügenden Leistungen.

532 Während vieler Jahre erhielten Personen über 30 Jahre grundsätzlich keine Bewilligung zu Aus- oder Weiterbildungszwecken. In BGE 147 I 89 hat das Bundesgericht diese Praxis als Diskriminierung aufgrund des Alters qualifiziert, die sich weder durch eine restriktive Migrationspolitik, noch das Ziel, dass aus-

ländische Studierende nach Ende ihrer Ausbildung die Schweiz wieder verlassen oder durch das Interesse, der Ankunft junger Studierender zu privilegieren, rechtfertigen lasse.

Ausländerinnen und Ausländer, die für Aus- und Weiterbildungszwecke in der Schweiz zugelassen werden, können unter gewissen Voraussetzungen zur (Neben-)Erwerbstätigkeit zugelassen werden. Nach VZAE ist dies möglich für Tätigkeiten, die neben einer Aus- oder Weiterbildung ausgeübt werden (Nebenerwerb), obligatorische Praktika im Rahmen der Aus- oder Weiterbildung sowie für die Erwerbstätigkeit während der Weiterbildung an einer Hoch- oder Fachhochschule: 533

- **Nebenerwerb neben einer Aus- oder Weiterbildung**: Nach Art. 38 VZAE kann die zuständige Behörde einer ausländischen Person bewilligen, neben ihrer Aus- oder Weiterbildung an einer Schweizerischen Hochschule oder Fachhochschule eine Nebenerwerbstätigkeit auszuüben, sofern die Ausbildung schon mindestens sechs Monate andauert, die Nebenerwerbstätigkeit im Rahmen der Ausbildung verantwortbar ist und die wöchentliche Arbeitszeit ausserhalb der Ferien 15 Stunden nicht überschreitet. Für die Bewilligungserteilung müssen zudem ein Gesuch des künftigen Arbeitgebers vorliegen sowie die Einhaltung der orts-, berufs- und branchenüblichen Lohn- und Arbeitsbedingungen gewährleistet sein.
- **Obligatorische Praktika im Rahmen einer Aus- oder Weiterbildung** (Art. 39 VZAE): Drittstaatsangehörigen, die eine Vollzeitausbildung in der Schweiz absolvieren, kann eine Erwerbstätigkeit im Rahmen eines obligatorischen Praktikums bewilligt werden, sofern die Erwerbstätigkeit nicht die Hälfte der gesamten Ausbildungsdauer übersteigt, ein Gesuch des künftigen Arbeitgebers vorliegt, die Einhaltung der orts-, berufs- und branchenüblichen Lohn- und Arbeitsbedingungen gewährleistet ist und eine bedarfsgerechte Wohnung vorhanden ist.
- **Erwerbstätigkeit während der Weiterbildung an einer Hoch- oder Fachhochschule** (Art. 40 VZAE): Die zuständige Behörde kann auch eine Erwerbstätigkeit während der Weiterbildung an einer schweizerischen Hoch- oder Fachhochschule bewilligen, sofern es sich um eine Erwerbstätigkeit im wissenschaftlichen Spezialbereich der betreffenden Ausländerinnen und Ausländer handelt. Hierfür muss ein Gesuch des zukünftigen Arbeitgebers vorliegen, die orts-, berufs- und branchenüblichen Lohn- und Arbeitsbedingungen müssen eingehalten werden und die Weiterbildung darf durch die Erwerbstätigkeit nicht behindert werden.

534 Ist die Aus- oder Weiterbildung abgeschlossen, gilt der Aufenthaltszweck als erfüllt und die Aufenthaltsbewilligung wird nicht verlängert. Der weitere Aufenthalt nach Abschluss oder allenfalls Abbruch der Aus- oder Weiterbildung richtet sich gestützt auf Art. 27 Abs. 3 AIG nach den allgemeinen Zulassungsvoraussetzungen. Die betroffenen Ausländerinnen und Ausländer unterstehen damit den allgemeinen Voraussetzungen für einen Aufenthalt mit Erwerbstätigkeit (siehe vorne Rz. 481 ff.). Allerdings sieht Art. 21 Abs. 3 AIG eine Erleichterung in Bezug auf die Zulassungsvoraussetzungen für Ausländerinnen und Ausländer mit schweizerischem Hochschulabschluss vor, sofern ihre Erwerbstätigkeit von hohem wissenschaftlichem oder wirtschaftlichem Nutzen ist. Ist diese Voraussetzung erfüllt, werden die betreffenden Personen zu einem Aufenthalt in der Schweiz von sechs Monaten zugelassen, um eine qualifizierte Arbeitsstelle zu suchen, ohne dass hierfür das Vorrangsprinzip anwendbar wäre (siehe vorne Rz. 496 ff.). Allerdings müssen die restlichen Zulassungsvoraussetzungen – insbesondere das Vorhandensein genügender finanzieller Mittel und einer bedarfsgerechten Wohnung – erfüllt sein. Finden sie in dieser Zeit eine Arbeitsstelle, die den Anforderungen an die Wissenschaftlichkeit und Wirtschaftlichkeit nicht genügt, um als qualifizierte Stelle eingestuft zu werden, können sie dennoch zugelassen werden, wenn die Zulassungsvoraussetzungen – einschliesslich der Vorrangsregelung von Art. 21 Abs. 1 AIG – erfüllt sind.

535 Die Zulassung zum Arbeitsmarkt von Ausländerinnen und Ausländern mit Schweizer Hochschulabschluss soll künftig weiter erleichtert werden. Dazu ist eine Erweiterung des Ausnahmekatalogs von Art. 30 Abs. 1 AIG geplant. Nach Art. 30 Abs. 1 lit. m VE-AIG sollen Drittstaatsangehörige Ausländerinnen und Ausländer mit Schweizer Masterabschluss oder mit einem in der Schweiz abgeschlossenen Doktorat neben der Ausnahme vom Inländervorrang zusätzlich von den jährlichen Höchstzahlen für Aufenthaltsbewilligungen ausgenommen werden, wenn ihre Erwerbstätigkeit von hohem wissenschaftlichem oder wirtschaftlichem Interesse ist. Die Referendumsfrist ist am 2. Februar 2022 unbenutzt abgelaufen, das Inkrafttreten der entsprechenden Bestimmungen ist noch nicht bekannt.

bb) Zulassung von Rentnerinnen und Rentnern

536 Gestützt auf Art. 28 AIG können Ausländerinnen und Ausländer, die nicht mehr erwerbstätig sind, unter folgenden Voraussetzungen zu einem Aufenthalt in der Schweiz zugelassen werden:

- **Vollendung des 55. Altersjahres** (Art. 28 lit. a AIG): Gestützt auf die in Art. 28 lit. a AIG verankerte Kompetenz des Bundesrates, ein Mindestalter für die Zulassung zum Aufenthalt von Rentnerinnen und Rentnern zu bestimmen, hat der Bundesrat dieses in Art. 25 Abs. 1 VZAE auf 55 Jahre festgelegt.

– **Vorliegen besonderer persönlicher Beziehungen zur Schweiz** (Art. 28 lit. b AIG): Nach Art. 25 Abs. 2 VZAE liegen solche besonderen persönlichen Beziehungen zur Schweiz vor, wenn die betroffenen Ausländerinnen und Ausländer längere frühere Aufenthalte in der Schweiz nachweisen können und über enge Beziehungen zu nahen Verwandten in der Schweiz verfügen oder ihre Vorfahren Schweizer Staatsangehörige waren. Dagegen reichen Grundeigentum oder Immobilienbesitz sowie auch wirtschaftliche Beziehungen in der Schweiz nicht aus, um genügend besondere persönliche Beziehungen zu begründen.

In ständiger Praxis legt das Bundesverwaltungsgericht dabei die Voraussetzung der persönlichen Beziehungen zur Schweiz dahingehend aus, dass enge Beziehungen zu nahen Verwandten *in* der Schweiz nicht genügen, um eine solche persönliche Beziehung *zur* Schweiz zu begründen:

> «4.6 Der Anwendungsbereich von Art. 28 AIG umfasst ausschliesslich Rentnerinnen und Rentner, d.h. nicht mehr erwerbstätige Personen, die besondere persönliche Beziehungen zur Schweiz besitzen. Würde Rentnern schon deshalb eine Aufenthaltsbewilligung erteilt, weil sie eine enge Beziehung zu nahen Verwandten in der Schweiz pflegen, würde dies zu einem vereinfachten Familiennachzug in aufsteigender Linie führen. Das hat der Gesetzgeber nicht gewollt. Verlangt wird daher zusätzlich und in Übereinstimmung mit dem Wortlaut von Art. 28 Bst. b AIG, dass besondere persönliche Beziehungen zur Schweiz bestehen müssen, die unabhängig von den familiären Banden sind. Diese insofern selbständigen Beziehungen können soziokultureller oder persönlicher Art sein, wie beispielsweise Verbindungen zum örtlichen Gemeinwesen, Teilnahme an kulturellen Veranstaltungen oder direkte Kontakte mit der einheimischen Bevölkerung. Diese Anforderung will die Gefahr der Abhängigkeit oder der sozialen Isolierung verhindern und eine Integration sicherstellen (...).» (mit weiteren Hinweisen BVGer, F-6645/2019, 30. August 2021, E. 4.6)

Die restriktive Auslegung der Voraussetzung der besonderen persönlichen Beziehungen zur Schweiz durch das Bundesverwaltungsgericht ist nicht unproblematisch. Dadurch entsteht eine erhebliche Schlechterstellung von Schweizer Staatsangehörigen und in der Schweiz niedergelassenen Drittstaatsangehörigen gegenüber Staatsangehörigen der EU/EFTA-Staaten in Bezug auf den Nachzug der Eltern in die Schweiz, da letztere ihre Eltern gestützt auf das FZA in die Schweiz nachziehen können, ohne dass diese eine besondere Nähe zur Schweiz vorweisen müssen (Inländerdiskriminierung, siehe hinten Rz. 625 ff.).

– **Vorhandensein der notwendigen finanziellen Mittel für den Aufenthalt** (Art. 28 lit. c AIG): Nach Art. 25 Abs. 4 VZAE ist diese Voraussetzung erfüllt, wenn die verfügbaren finanziellen Mittel den Betrag übersteigen, der Schweizerinnen und Schweizer und allenfalls deren Familienangehörigen zum Bezug von Ergänzungsleistungen nach dem Bundesgesetz über Ergänzungsleistungen zur Alters-, Hinterlassenen- und Invalidenversicherung berechtigt. Damit wird gewährleistet, dass die Betroffenen mit grosser Wahrscheinlichkeit keine Fürsorgeleistungen beziehen werden. Zu berücksichtigen ist zudem, dass die betreffenden Rentnerinnen und Rentner abgesehen von der Verwaltung ihres eigenen Vermögens weder im In-

noch im Ausland eine Erwerbstätigkeit ausüben dürfen (Art. 25 Abs. 3 VZAE).

537 Die Zuständigkeit zur Prüfung der Zulassungsvoraussetzungen liegt bei den kantonalen Behörden, wobei die Bewilligung erst nach Vorliegen der Zustimmung durch das SEM erteilt werden darf (Art. 2 lit. c ZV-EJPD).

cc) *Aufenthalt zum Zweck einer medizinischen Behandlung*

538 Schliesslich können Ausländerinnen und Ausländer gestützt auf Art. 29 AIG zugelassen werden, wenn sie sich in der Schweiz einer medizinischen Behandlung unterziehen. Dabei gelten neben medizinischen Eingriffen oder Heilbehandlungen auch Kuraufenthalte im Rahmen einer Genesung, einer Rehabilitationstherapie infolge einer Krankheit oder eines medizinischen Eingriffes sowie Kuraufenthalte zu nicht ausschliesslich medizinischen Zwecken als medizinische Behandlung. Die Bewilligungserteilung setzt voraus, dass die Finanzierung der medizinischen Behandlung und des Lebensunterhaltes während der Behandlung sowie die Wiederausreise nach Behandlungsabschluss gesichert sind.

539 Ist bei Einreichung des Gesuches absehbar, dass der Aufenthalt in der Schweiz ein Jahr oder länger dauern wird, so hat der Kanton vorgängig zur Bewilligungserteilung die Zustimmung des SEM einzuholen (Art. 2 lit. b ZV-EJPD).

c) Abweichungen von den Zulassungsvoraussetzungen

540 Sowohl von den Voraussetzungen für die Zulassung zu einem Aufenthalt mit Erwerbstätigkeit als auch von jenen für einen Aufenthalt ohne Erwerbstätigkeit kann in einer Reihe von Situationen abgewichen werden. Art. 30 AIG enthält eine Liste von Konstellationen, in denen eine solche Abweichung möglich ist. Bei Abweichungen im Rahmen der Zulassung zu einer Erwerbstätigkeit wird meist auf die Kontingentierung sowie das Vorrangprinzip verzichtet, zuweilen auch auf die persönlichen Voraussetzungen. Bei den Abweichungen von den Zulassungsvoraussetzungen für einen Aufenthalt ohne Erwerbstätigkeit handelt es sich um Situationen, in denen die Migrationsbehörden eine Bewilligung erteilen können, obwohl keine der in Art. 27 bis 29 AIG geregelten Konstellationen erfüllt ist.

541 Neben den Konstellationen, in denen der Gesetzgeber eine Zulassung auch bei Fehlen gewisser Zulassungsvoraussetzungen ins Auge fasst, existieren freilich auch Situationen, in denen erhöhte Anforderungen gestellt werden, so etwa bei der Zulassung von religiösen Betreuungs- und Lehrpersonen nach Art. 26*a* AIG (hierzu vorne Rz. 510 ff.).

aa) Schwerwiegende persönliche Härtefälle

Nach Art. 30 Abs. 1 lit. b AIG kann bei Vorliegen eines schwerwiegenden persönlichen Härtefalls von den Zulassungsvoraussetzungen abgewichen und den betroffenen Ausländerinnen und Ausländer eine Aufenthaltsbewilligung (sogenannte humanitäre Bewilligung oder allgemeine Härtefallbewilligung) erteilt werden. Für die Erteilung der Aufenthaltsbewilligung gestützt auf einen schwerwiegenden persönlichen Härtefall sind die kantonalen Migrationsbehörden zuständig. Allerdings muss vor Erteilung die Zustimmung des SEM eingeholt werden (Art. 99 AIG i.V.m. Art. 85 Abs. 1 VZAE und Art. 5 lit. d ZV-EJPD). Durch die Unterwerfung der Härtefallbewilligungen unter das Zustimmungsverfahren wird zwar eine gewisse Harmonisierung erreicht, allerdings kann das SEM einzig zu positiven Einschätzungen der Kantone Stellung beziehen, die Kantone können dagegen vom SEM nicht verpflichtet werden, eine Härtefallbewilligung auszustellen. Dies hat dazu geführt, dass auch weiterhin erhebliche Unterschiede zwischen den Kantonen in Bezug auf die Erteilung von Härtefallbewilligungen bestehen. 542

Im Jahr 2021 wurden insgesamt 1'708 Aufenthaltsbewilligungen gestützt auf Art. 30 Abs. 1 lit. b AIG erteilt, wobei 1'582 davon auf den Kanton Genf entfallen. In 15 Fällen hat das SEM seine Zustimmung zum Antrag der Kantone um Erteilung einer Aufenthaltsbewilligung verweigert (www.sem.admin.ch > Publikationen & Service > Statistiken > Ausländerstatistik > Härtefälle > Härtefallbewilligungen an Personen ohne Anwesenheitsregelung (Art. 30 Abs. 1 lit. b AIG), besucht am 15. August 2022). 543

Zur Beurteilung, ob ein schwerwiegender persönlicher Härtefall vorliegt, sind nach Art. 31 Abs. 1 VZAE insbesondere zu berücksichtigen: 544

- **Die Integration der betroffenen Ausländerinnen und Ausländer** (Art. 31 Abs. 1 lit. a VZAE): Dem bisherigen Verhalten der betroffenen Ausländerinnen und Ausländer in der Schweiz – sowohl in beruflicher als auch sozialer Hinsicht – kommt eine entscheidende Bedeutung zu. Der Grad der Integration zeigt sich anhand der Integrationskriterien nach Art. 58*a* Abs. 1 AIG, d.h. der Beachtung der öffentlichen Sicherheit und Ordnung, der Respektierung der Werte der Bundesverfassung, der Sprachkompetenz sowie der Teilnahme am Wirtschaftsleben oder am Erwerb von Bildung (zu den Integrationskriterien siehe hinten Rz. 902).
- **Die Familienverhältnisse** (Art. 31 Abs. 1 lit. c VZAE): Die Familienverhältnisse der betroffenen Ausländerinnen und Ausländer müssen berücksichtigt und der Situation aller Familienmitglieder Rechnung getragen werden. Da die Entwurzelung von Kindern eine aussergewöhnliche Härte darstellen kann, kommt dem übergeordneten Kindesinteresse in diesem Zusammenhang zentrale Bedeutung zu. In die Beurteilung der Situation der Kinder sind insbesondere der Zeitpunkt der Einschulung der Kinder, die

Dauer ihres Schulbesuchs in der Schweiz sowie ihre soziale und schulische Integration einzubeziehen. Hierzu können Schreiben von Lehrpersonen, Schulberichte und -zeugnisse oder auch Schreiben von Freizeitvereinen eingeholt werden. Von einer hohen Integration wird bei Kindern grundsätzlich ausgegangen, wenn diese ihre Jugendjahre in der Schweiz verbracht haben.

> «Bei Härtefallgesuchen von Familien darf sodann die Situation der einzelnen Mitglieder nicht isoliert betrachtet werden. Das Schicksal der Familie stellt eine Einheit dar, und es wäre schwierig, das Vorliegen eines Härtefalles beispielsweise einzig für die Eltern oder nur für die Kinder anzunehmen (...). Besonderes Augenmerk ist dabei den Kindern zu widmen. Gemäss Art. 3 Abs. 1 des Übereinkommens vom 20. November 1989 über die Rechte des Kindes (...) ist das Kindeswohl bei allen Massnahmen, die Minderjährige betreffen, ein Aspekt von vorrangiger Bedeutung (...). Ungeachtet der umstrittenen Frage der unmittelbaren Anwendbarkeit dieser Bestimmung ist das Kindeswohl zumindest im Rahmen einer völkerrechtskonformen Auslegung des Landesrechts zu berücksichtigen. Dem wird in der Praxis insofern Rechnung getragen, als der fortgeschrittenen sozialen und schulischen Integration von Kindern in der Schweiz regelmässig besonderes Gewicht beigemessen wird (...).» (BVGer, F-4110/2015, 1. Februar 2018, E. 5.4)

– **Die finanziellen Verhältnisse** (Art. 31 Abs. 1 lit. d VZAE): Zu berücksichtigen sind in diesem Zusammenhang das Vermögen, die Erwerbstätigkeit sowie die Sozialhilfeabhängigkeit der Gesuchstellerinnen und Gesuchsteller. Bei der Prüfung der finanziellen Verhältnisse ist insbesondere auch zu berücksichtigen, ob die gesuchstellende Person aufgrund ihres Alters, ihres Gesundheitszustandes oder des asylrechtlichen Arbeitsverbotes (Art. 43 AsylG, siehe hinten Rz. 1452 ff.) nicht in der Lage war, am Wirtschaftsleben teilzunehmen (Art. 31 Abs. 5 VZAE).

– **Die Anwesenheitsdauer in der Schweiz** (Art. 31 Abs. 1 lit. e VZAE): Die Anwesenheitsdauer stellt ein wichtiges Kriterium im Rahmen der Beurteilung des Vorliegens eines schwerwiegenden persönlichen Härtefalles dar. Eine lange Anwesenheit in der Schweiz kann ein Indiz für das Vorliegen eines schwerwiegenden persönlichen Härtefalls darstellen, indem eine Rückkehr ins Herkunftsland aufgrund der Kappung der in der Schweiz vorhandenen Bindungen nicht mehr zugemutet werden kann. Die Anwesenheitsdauer bildet für sich allein genommen allerdings noch keine besondere Härte. Was unter einer langen Anwesenheitsdauer zu verstehen ist, wird weder auf Gesetzes- noch auf Verordnungsstufe konkretisiert. Gestützt auf Art. 84*a* Abs. 1 AIG sowie Art. 14 Abs. 2 lit. a AsylG kann davon ausgegangen werden, dass ein Aufenthalt von mindestens fünf Jahren gefordert wird. Nach einem mehr als zehnjährigen Aufenthalt wird in der Praxis zudem angenommen, dass die Beziehungen zur Schweiz so eng sind, dass es eine Härte darstellen würde, wenn diese nicht mehr fortgeführt werden könnten (siehe hierzu auch den aus dem Recht auf Achtung des Privatlebens fliessenden Anspruch auf Schutz der durch einen langen Aufenthalt gebildeten privaten Beziehungen, vorne Rz. 92 ff.). Allerdings werden rechtswidrige Aufenthalte hierbei nicht beziehungsweise kaum miteingerechnet:

> «En second lieu, il est à noter que la durée d'un séjour illégal (...) ou d'un séjour précaire (...) ne doivent normalement pas être pris en considération ou alors seulement dans une mesure très restreinte.» (BVGer, C-2712/2012, 9. Juli 2014, E. 6.3)

- **Gesundheitszustand** (Art. 31 Abs. 1 lit. f VZAE): Ein schlechter Gesundheitszustand kann ebenfalls für das Vorliegen eines Härtefalls sprechen, insbesondere wenn die notwendige medizinische Behandlung und Versorgung im Heimat- oder Herkunftsstaat der Betroffenen nicht oder nicht genügend gewährleistet wäre. Allerdings reicht ein schlechter Gesundheitszustand für sich allein genommen grundsätzlich nicht aus, um einen Härtefall zu begründen.

Ein prekärer Gesundheitszustand kann allerdings im Zusammenhang mit dem Vollzug von Weg- oder Ausweisungen relevant sein, wenn sich dieser aufgrund des schlechten Gesundheitszustands als unzumutbar erweist. Ist dies der Fall, sind die betroffenen Ausländerinnen und Ausländer vorläufig in der Schweiz aufzunehmen (F-Ausweis, siehe hinten Rz. 853 ff.).

- **Möglichkeit der Wiedereingliederung im Herkunftsland** (Art. 31 Abs. 1 lit. g VZAE): Zu beurteilen ist in diesem Zusammenhang die Situation, die die betroffenen Ausländerinnen und Ausländer im Fall einer Rückreise im Heimat- oder Herkunftsstaat antreffen würden. Hierbei sind insbesondere das Alter der Person bei der Einreise in die Schweiz, die Vertrautheit mit den kulturellen Gepflogenheiten und der Landessprache, das familiäre und soziale Netzwerk, die Möglichkeit zur Ausübung einer Erwerbstätigkeit oder zum Besuch einer Schule oder Ausbildung, die Wohnverhältnisse, die allgemeine politische Lage oder auch frauen- oder andere spezifische Nachteile zu berücksichtigen.

Um das Vorliegen eines Härtefalls zu bejahen, müssen nicht zwingend sämtliche Kriterien erfüllt sein. Ein Härtefall kann auch vorliegen, wenn einzelne Kriterien besonders ausgeprägt gegeben sind. Allerdings geht das Bundesverwaltungsgericht in ständiger Rechtsprechung von einer restriktiven Anwendung der Kriterien aus. Die Standardformulierungen zur Anwendung der Härtefallklausel lauten: 545

> «Schon aufgrund der Stellung des Art. 30 Abs. 1 Bst. b AuG im Gesetz (unter dem Abschnitt «Abweichungen von den Zulassungsvoraussetzungen»), seiner Formulierung und den vom Bundesgericht in der Rechtsprechung zum entsprechenden Art. 13 Bst. f der Verordnung vom 6. Oktober 1986 über die Begrenzung der Zahl der Ausländer (BVO, AS 1986 1791) genannten und jetzt in Art. 31 Abs. 1 VZAE aufgeführten Kriterien, die allerdings weder einen abschliessenden Katalog darstellen noch kumulativ erfüllt sein müssen, ergibt sich, dass dieser Bestimmung Ausnahmecharakter zukommt und dass die Voraussetzungen zur Anerkennung eines Härtefalls restriktiv zu handhaben sind. Die betroffene Person muss sich in einer

persönlichen Notlage befinden. Das bedeutet, dass ihre Lebens- und Existenzberechtigung, gemessen am durchschnittlichen Schicksal von ausländischen Personen, in gesteigertem Mass in Frage gestellt sein müssen bzw. die Verweigerung einer Abweichung von den Zulassungsvoraussetzungen für sie mit schweren Nachteilen verbunden wäre.» (BVGer, F-3332/2015, 13. Februar 2018, E. 4.3, Hervorhebung hinzugefügt).

«Bei der Beurteilung eines Härtefalles müssen sämtliche Umstände des jeweiligen Einzelfalles berücksichtigt werden. Die Anerkennung als Härtefall setzt nicht zwingend voraus, dass die Anwesenheit in der Schweiz das einzige Mittel zur Verhinderung einer persönlichen Notlage darstellt. Auf der anderen Seite reichen eine lang dauernde Anwesenheit und eine fortgeschrittene soziale und berufliche Integration sowie klagloses Verhalten für sich alleine nicht aus, um einen schwerwiegenden persönlichen Härtefall zu begründen. Vielmehr wird vorausgesetzt, dass die ausländische Person so enge Beziehungen zur Schweiz unterhält, dass von ihr nicht verlangt werden kann, in einem anderen Land, insbesondere in ihrem Heimatstaat zu leben. Berufliche, freundschaftliche und nachbarschaftliche Beziehungen, welche die betroffene Person während ihres Aufenthaltes in der Schweiz knüpfen konnte, genügen normalerweise nicht für eine Abweichung von den Zulassungsvoraussetzungen (...).» (BVGer, F-5567/2020, 14. Januar 2022, E. 4.3)

546 Personen, die sich auf einen schwerwiegenden persönlichen Härtefall berufen, müssen ihre Identität offenlegen (Art. 31 Abs. 2 VZAE). Als offengelegt gilt die Identität, wenn ein offizielles Dokument vorgelegt wird – etwa ausländische Reisepässe, Identitätsausweise, Geburtsscheine, Familienbücher oder Fahrausweise –, aus dem die Identität der gesuchstellenden Person ersichtlich ist. Daneben kann die Identität auch unter Bezugnahme auf ein früheres ausländer- oder asylrechtliches Verfahren offengelegt werden, wenn während diesem nachvollziehbare und widerspruchsfreie Angaben gemacht und insbesondere keine Alias-Identitäten verwendet wurden.

547 **Beispiel:** X., ein 1968 geborener Staatsangehöriger Kosovos, reiste 2006 unrechtmässig in die Schweiz ein und nahm im Kanton Genf eine Arbeitstätigkeit auf. 2007 erlitt er einen Arbeitsunfall, der seine physische sowie psychische Gesundheit in schwerwiegender Weise beeinträchtigt und zur vollständigen Arbeitsunfähigkeit geführt hat. In der Folge ersuchte X. die Genfer Behörden – unter Berufung auf seinen schlechten Gesundheitszustand – um Erteilung einer Aufenthaltsbewilligung. 2010 erteilte ihm die zuständige kantonale Behörde – unter Vorbehalt der Zustimmung des SEM (damals noch Bundesamt für Migration) – eine Aufenthaltsbewilligung gestützt auf einen schwerwiegenden persönlichen Härtefall nach Art. 30 Abs. 1 lit. b AuG. Die Zustimmung wurde vom SEM jedoch mit der Begründung verweigert, dass die notwendige medizinische sowie psychiatrische Behandlung des Gesuchstellers auch im Kosovo möglich sei. Zusammen mit der fehlenden Integration lasse diese Tatsache eine Rückkehr in den Kosovo als zumutbar und möglich erscheinen. In diesem Sinne sei kein schwerwiegender persönlicher Härtefall gegeben und der Gesuchsteller sei aus der Schweiz wegzuweisen. X. machte vor Bundesverwaltungsgericht geltend, die Behandlung seiner physischen und psychischen Leiden sei im Kosovo nicht möglich. Da er keine staatliche Unterstützung erhalten würde und aufgrund seiner Behinderung auch keiner Erwerbstätigkeit nachgehen könne, habe er keine Möglichkeit zur Reintegration im Kosovo und könne kein menschenwürdiges Leben führen. Das Bundesverwaltungsgericht stellte fest, dass der Arbeitsunfall in der Schweiz und

die damit zusammenhängende Behinderung von X. für sich genommen keinen Härtefall zu begründen vermögen, da die Erwerbstätigkeit zum Zeitpunkt des Unfalles unrechtmässig war. Zudem sei auch die Erfüllung des Kriteriums einer langen Aufenthaltsdauer fraglich, da der unrechtmässige Aufenthalt des Beschwerdeführers nur in beschränktem Masse berücksichtigt werden könne. Der Gesuchsteller habe im Kosovo aber keine Möglichkeit – weder durch Arbeit noch durch staatliche Unterstützung – die für seine psychische und physische Erkrankung notwendige Behandlung zu finanzieren. Damit würde eine Rückreise in den Kosovo zu einer starken Verschlechterung seines Gesundheitszustandes, insbesondere in psychischer Hinsicht, führen. Durch seine Behinderung, seine fehlenden Sozialkontakte im Kosovo sowie des Fehlens eines Willens der kosovarischen Regierung, Menschen mit Behinderungen in die Gesellschaft zu integrieren, habe der Gesuchsteller keine Möglichkeit der Reintegration in seinem Heimatland. Aufgrund dieser Tatsachen sei daher von einem schwerwiegenden persönlichen Härtefall auszugehen und dem Gesuchsteller eine Aufenthaltsbewilligung zu erteilen. (BVGer, C-2712/2012, 9. Juli 2014)

Beispiel: Der 1970 auf dem Gebiet des heutigen Belarus geborene Beschwerdeführer ungeklärter 548
Staatsangehörigkeit lebte vor seiner Einreise in die Schweiz im Jahr 2012 rund 20 Jahre in Estland. Am 17. August 2011 stellte er ein Gesuch um Erteilung einer Kurzaufenthaltsbewilligung. Obwohl dem Gesuch der estnische Ausländerausweis beigelegt war, nahm die kantonale Migrationsbehörde an, dass der Beschwerdeführer estnischer Staatsangehöriger sei und sich auf das Freizügigkeitsabkommen (FZA) berufen könne. Aus diesem Grund erteilte sie ihm eine Kurzaufenthaltsbewilligung für EU/EFTA-Staatsangehörige, die letztmals bis im Dezember 2014 verlängert wurde. Im November 2014 ersuchte der Beschwerdeführer um Umwandlung seiner bisherigen Bewilligung in eine Aufenthaltsbewilligung. In diesem Kontext fiel der kantonalen Migrationsbehörde auf, dass der Beschwerdeführer möglicherweise nicht Staatsangehöriger Estlands ist, was dieser auf Anfrage hin bestätigte. Nach Überprüfung des estnischen Ausländerpasses erklärte sich die kantonale Migrationsbehörde im Februar 2015 aufgrund der besonderen Umstände des Falles aber bereit, ihm unter Vorbehalt der Zustimmung durch das SEM, eine Aufenthaltsbewilligung gestützt auf Art. 30 Abs. 1 lit. b AIG zu erteilen und leitete das Gesuch an das SEM weiter. Dieses verweigerte seine Zustimmung mit der Begründung, dass sich der Beschwerdeführer erst seit relativ kurzer Zeit in der Schweiz aufhalte, keine familiären Bindungen zur Schweiz habe und es keine Hinweise darauf gebe, dass er sich in Estland – wo seine Frau und Kinder immer noch lebten – nicht wieder integrieren könnte. Gegen diesen negativen Entscheid gelangte der Beschwerdeführer mit Beschwerde an das Bundesverwaltungsgericht. Das Gericht stellte in seinem Urteil fest, dass sich der Beschwerdeführer seit rund sechseinhalb Jahren in der Schweiz aufhalten würde. Aus dieser Aufenthaltsdauer könne aber noch kein schwerwiegender persönlicher Härtefall abgeleitet werden. Zudem bestünden erhebliche Zweifel an der Gutgläubigkeit des Beschwerdeführers in Bezug auf die Rechtmässigkeit seines Aufenthaltes. Daneben könnten auch aus dem Umstand, dass der Beschwerdeführer als Mitarbeiter geschätzt werde, für seinen Lebensunterhalt ohne Inanspruchnahme der öffentlichen Sozialhilfe aufkomme und sein finanzieller und strafrechtlicher Leumund einwandfrei sei, keine besonderen Integrationsleistungen abgeleitet werden, die ihn im Vergleich zu anderen ausländischen Personen mit vergleichbarem Aufenthalt hervorheben würden. Dies gelte umso mehr, als der Beschwerdeführer zwar behaupte, die Schweiz sei zu seiner zweiten Heimat geworden, er jedoch keine substantiierten Angaben zu Kontakten ausserhalb der beruflichen Sphäre machen und auch keine familiären Bande zur Schweiz vorweisen könne. Da auch keine gesundheitlichen Beeinträchtigungen ersichtlich seien, liege kein schwerwiegender persönlicher Härtefall vor. Gestützt auf diese Begründung wies das Bundesverwaltungsgericht die Beschwerde ab. (BVGer, F-7543/2015, 27. November 2017)

549 Ausländerinnen und Ausländern, die in Anwendung der Härtefallregelung von Art. 30 Abs. 1 lit. b AIG eine Aufenthaltsbewilligung erhalten haben, kann die Ausübung einer Erwerbstätigkeit bewilligt werden. Voraussetzung für die Bewilligung einer unselbständigen Erwerbstätigkeit sind das Vorliegen eines Gesuches des künftigen Arbeitgebers, die Einhaltung der orts-, berufs- und branchenüblichen Lohn- und Arbeitsbedingungen sowie das Vorhandensein einer bedarfsgerechten Wohnung (Art. 31 Abs. 3 VZAE). Verzichtet wird in diesen Fällen insbesondere auf die Anwendung des Vorrangprinzips sowie die Kontingentierung. Eine selbständige Erwerbstätigkeit kann ihnen bewilligt werden, wenn sie neben einer bedarfsgerechten Wohnung auch über die nötigen finanziellen und betrieblichen Voraussetzungen verfügen (Art. 31 Abs. 4 VZAE).

550 Auf drei Anwendungskonstellationen der Härtefallklausel wird in den Art. 29 bis 30*a* VZAE näher eingegangen. Es handelt sich dabei allerdings nicht um eine abschliessende Liste jener Situationen, in denen die Erteilung einer Aufenthaltsbewilligung aufgrund eines schwerwiegenden persönlichen Härtefalles möglich ist.

- **Ausländische Kinder von Schweizerinnen und Schweizern** (Art. 29 VZAE): Sofern sich ausländische Kinder von Schweizer Staatsangehörigen nicht auf die Nachzugsbestimmungen berufen können (zum Familiennachzug siehe hinten Rz. 605 ff.), ist eine Zulassung gestützt auf einen schwerwiegenden persönlichen Härtefall möglich, wenn die Möglichkeit der Wiedereinbürgerung oder der erleichterten Einbürgerung nach Art. 27 Abs. 2 sowie Art. 51 Abs. 1 und 2 BüG (hierzu hinten Rz. 1614 ff.) besteht. Grund hierfür ist, dass sowohl für die erleichterte Einbürgerung als auch die Wiedereinbürgerung ein Aufenthalt in der Schweiz vorausgesetzt wird.
- **Ehemalige Schweizer Staatsangehörige** (Art. 30 VZAE): Ausländerinnen und Ausländer, die aus dem Schweizer Bürgerrecht entlassen worden sind (Art. 37 BüG), können gestützt auf Art. 30 Abs. 1 lit. b AIG eine Aufenthaltsbewilligung erhalten. Voraussetzung ist eine enge Verbundenheit mit der Schweiz. Die Bestimmung findet allerdings keine Anwendung, wenn das Schweizer Bürgerrecht für nichtig erklärt oder entzogen worden ist (Art. 30 Abs. 3 VZAE i.V.m. Art. 36 und 42 BüG, zur Nichtigerklärung und zum Entzug des Schweizer Bürgerrechtes siehe hinten Rz. 1651 ff und Rz. 1656 ff.). Für letztere Personen gelten die allgemeinen Zulassungsvoraussetzungen.
- **Berufliche Grundbildung für Sans-Papiers-Jugendliche** (Art. 30*a* VZAE): Während Sans-Papiers-Kinder und -Jugendliche gestützt auf den Anspruch auf Grundschulunterricht nach Art. 19 BV auch ohne Aufenthaltstitel die Schule besuchen können, setzt der Abschluss eines Lehrvertrages einen rechtmässigen Aufenthalt voraus (siehe hinten Rz. 1553 ff.). Aus diesem Grund sieht Art. 30*a* VZAE vor, dass ausländischen Jugendlichen

mit rechtswidrigem Aufenthalt unter bestimmten Bedingungen eine Aufenthaltsbewilligung erteilt werden kann, um eine Berufslehre absolvieren zu können. Voraussetzung für die Erteilung einer Aufenthaltsbewilligung ist der ununterbrochene Besuch der obligatorischen Schule in der Schweiz während mindestens fünf Jahren und die Gesuchseinreichung innerhalb von zwölf Monaten nach Schulabschluss. Damit eine Härtefallbewilligung gewährt wird, müssen die Jugendlichen die Integrationskriterien nach Art. 58*a* AIG erfüllen (siehe hierzu hinten Rz. 902) und ihre Identität offenlegen. Zudem muss ein Gesuch der zukünftigen Arbeitgeberin oder des zukünftigen Arbeitgebers vorliegen und die orts-, berufs- und branchenüblichen Lohn- und Arbeitsbedingungen eingehalten werden. Gestützt auf Art. 30*a* Abs. 3 VZAE kann auch den Eltern sowie den Geschwistern der betroffenen Jugendlichen eine Aufenthaltsbewilligung erteilt werden, sofern sie die Voraussetzungen nach Art. 31 VZAE erfüllen. Die Verlängerung der im Hinblick auf die berufliche Grundbildung gestützt auf Art. 30a VZAE erhaltene Aufenthaltsbewilligung kann nach Abschluss der Ausbildung verlängert, sofern die Voraussetzungen des schwerwiegenden persönlichen Härtefalls von Art. 31 VZAE erfüllt sind (Art. 30*a* Abs. 2 VZAE).

Neben dem soeben dargestellten **allgemeinen Härtefall** kennen das Asyl- und Ausländerrecht noch weitere Härtefälle: Art. 84*a* Abs. 1 AIG den **Härtefall für vorläufig aufgenommene Personen,** Art. 50 Abs. 1 lit. b AIG **den nachehelichen Härtefall** und Art. 14 Abs. 2 AsylG einen **asylrechtlichen Härtefall**. 551

Nach Art. 84*a* Abs. 1 AIG (vormals Art. 84 Abs. 5 AIG) werden Gesuche **vorläufig aufgenommener Personen um Erteilung einer ausländerrechtlichen Bewilligung** unter Berücksichtigung der Integration, der familiären Verhältnisse und der Zumutbarkeit der Rückkehr in den Heimatstaat vertieft geprüft, sofern sich die betreffenden Ausländerinnen und Ausländer seit mehr als fünf Jahren in der Schweiz aufhalten. Die Beurteilung, ob ein Härtefall vorliegt, erfolgt gestützt auf die in Art. 31 VZAE aufgeführten Kriterien. Es besteht indes kein Anspruch auf Erteilung einer Aufenthaltsbewilligung. Allerdings ist das Ermessen der zuständigen Behörde in diesen Fällen in zweifacher Weise eingeschränkt; zum einen wird bei einem Aufenthalt von fünf Jahren von Gesetzes wegen von einer langen Aufenthaltsdauer ausgegangen. Zum anderen sind die Gründe, die zur Anordnung der vorläufigen Aufnahme geführt haben, im Rahmen der Beurteilung der Möglichkeit der Wiedereingliederung im Heimat- oder Herkunftsstaat zu berücksichtigen. Im Jahr 2021 wurden gestützt auf Art. 84 Abs. 5 AIG insgesamt 4'376 Aufenthaltsbewilligungen erteilt, in 6 Fällen hat das SEM seine Zustimmung zum Antrag der zuständigen Kantone verweigert (www.sem.admin.ch > Publikationen & Service > Statistiken > Ausländerstatistik > Härtefälle > Härtefallbewilligungen an vorläufig Aufgenommene (Art. 84 Abs. 5 AIG), besucht am 15. August 2022). 552

Der **nacheheliche Härtefall** wird in Art. 50 Abs. 1 lit. b AIG geregelt (siehe hinten Rz. 641 ff.). Sofern wichtige persönliche Gründe einen weiteren Aufenthalt in der Schweiz auch nach der Auflösung der ehelichen Gemeinschaft erforderlich machen, bestehen die gestützt auf Art. 42 und 43 AIG erworbenen Rechtsansprüche auf Erteilung und Verlängerung der Aufenthaltsbewilligung weiter. 553

554 Der sogenannte **asylrechtliche Härtefall** wird schliesslich in Art. 14 Abs. 2 AsylG geregelt. Danach kann der zuständige Kanton mit Zustimmung des SEM Ausländerinnen und Ausländern, die sich entweder noch im Asylverfahren befinden – und die aufgrund der Ausschliesslichkeit des Asylverfahrens grundsätzlich kein Gesuch um Erteilung einer ausländerrechtlichen Bewilligung stellen können (Art. 14 Abs. 1 AsylG, siehe hinten Rz. 1078) – oder deren Asylgesuch bereits rechtkräftig abgewiesen wurde, eine Aufenthaltsbewilligung erteilen. Voraussetzung ist, dass sich die betroffenen Personen seit Einreichung des Asylgesuches mindestens fünf Jahre in der Schweiz aufgehalten haben, ihr Aufenthaltsort den Behörden immer bekannt war, keine Widerrufsgründe nach Art. 62 Abs. 1 AIG vorliegen und aufgrund der fortschreitenden Integration ein schwerwiegender persönlicher Härtefall vorliegt. Es besteht grundsätzlich kein Anspruch auf die Erteilung einer asylrechtlichen Härtefallbewilligung, die Erteilung liegt im Ermessen der zuständigen kantonalen Behörden. Allerdings hat das Bundesgericht diesen Grundsatz dahingehend eingeschränkt, als es in BGE 138 I 246 festgestellt hat, dass Art. 8 EMRK in aussergewöhnlichen Situationen einen Anspruch auf Bereinigung der Anwesenheit begründen könne, die – neben der Anordnung einer vorläufigen Aufnahme (siehe hierzu hinten Rz. 853 ff.) – über den asylrechtlichen Härtefall erreicht werden könne. Im betreffenden Fall ging es um das Gesuch um Erteilung einer Aufenthaltsbewilligung eines seit 15 Jahren in der Schweiz lebenden bangladeschischen Staatsangehörigen, dessen Asylgesuch rechtskräftig abgelehnt worden war. Da die kantonalen Behörden davon ausgingen, dass der Vollzug der Wegweisung möglich wäre, wenn der Beschwerdeführer kooperieren würde, war weder eine vorläufige Aufnahme ausgesprochen, noch ein asylrechtlicher Härtefall anerkannt worden. Aus diesem Grund war es dem Beschwerdeführer über 13 Jahre lang nicht möglich, eine Erwerbstätigkeit auszuüben, weshalb er auf Nothilfe angewiesen war. Das Bundesgericht führte hierzu aus:

> «(…) bei dieser Ausgangslage [ist] gesamthaft davon auszugehen, dass der Vollzug der Wegweisung des Beschwerdeführers nach wie vor möglich erscheint und ihm durch das Recht, hier erwerbstätig sein zu können, deshalb im überwiegenden öffentlichen Interesse kein Anlass gegeben werden soll, diesen zu vereiteln. Gleichzeitig ist aber zu unterstreichen, dass das Amt für Migration des Kantons Basel-Landschaft und das Bundesamt für Migration sich mit Nachdruck hierum bemühen müssen; ist der Vollzug innert weniger Monate nicht möglich und bleiben ihre Bemühungen bei den bangladeschischen Behörden ein weiteres Mal ohne Erfolg, ist eine vorläufige Aufnahme des Beschwerdeführers (Unmöglichkeit des Wegweisungsvollzugs) oder bei Vorliegen der entsprechenden Voraussetzungen die Erteilung einer asylrechtlichen Härtefallbewilligung zu prüfen beziehungsweise ihm gestützt auf Art. 8 EMRK in Abweichung von Art. 43 Abs. 2 AsylG die Möglichkeit einzuräumen, sich seinen Lebensunterhalt hier verdienen zu können, bis ein allfälliger Vollzug der Wegweisung wieder möglich erscheint. Scheitern die Behörden bei ihren Vollzugsbemühungen ein weiteres Mal und kann die Situation des Beschwerdeführers nicht härtefallrechtlich oder im Rahmen einer vorläufigen Aufnahme bereinigt werden, was nicht in den Zuständigkeitsbereich des Bundesgerichts fiele (…), überwiegt sein privates Interesse, sich von der Nothilfe lösen und einer Beschäftigung nachgehen zu können, das öffentliche, ihm mit der Erwerbsmöglichkeit keinen Anreiz zu bieten, illegal im Land zu verbleiben. Es ist zwar grundsätzlich richtig, dass – wie die Vorinstanz ausführt – dem Beschwerdeführer kein Vorteil daraus erwachsen soll, dass er sich während 13 Jahren unrechtmässig in der Schweiz aufgehalten hat, umgekehrt muss die umstrittene Massnahme (Arbeitsverbot) beziehungsweise die damit verbundene Konsequenz (Nothilfeabhängigkeit) im Einzelfall dennoch den konventionsrechtlichen Vorgaben genügen und

sich im Rahmen der Interessenabwägung von Art. 8 Ziff. 2 EMRK als verhältnismässig beziehungsweise notwendig erweisen. Dies ist beim Beschwerdeführer nach 13 Jahren Anwesenheit in der Schweiz nicht mehr der Fall, wenn der Vollzug seiner Wegweisung realistischerweise nicht als (unmittelbar) absehbar bezeichnet werden kann.» (BGE 138 I 246, E. 3.3.4 S. 255)

Im Jahr 2021 wurden insgesamt 159 Aufenthaltsbewilligungen nach Art. 14 Abs. 2 AsylG erteilt. 555
In 24 Fällen hat das SEM die Zustimmung zum Antrag des zuständigen Kantons verweigert (www.sem.admin.ch > Publikationen & Service > Statistiken > Ausländerstatistik > Härtefälle > Härtefallbewilligungen an Personen aus dem Asylbereich (Art. 14 Abs. 2 AsylG), besucht am 15. August 2022).

bb) Bewilligungserteilung zur Wahrung wichtiger öffentlicher Interessen

In Abweichung von den Zulassungsvoraussetzungen ist es den kantonalen 556
Migrationsbehörden mit Zustimmung des SEM (Art. 5 lit. e ZV-EJPD) ferner möglich, Ausländerinnen und Ausländern eine Aufenthaltsbewilligung zu erteilen, um wichtigen öffentlichen Interessen Rechnung zu tragen (Art. 30 Abs. 1 lit. b AIG). Nach Art. 32 Abs. 1 VZAE gelten als solch wichtige öffentliche Interessen insbesondere bedeutende kulturelle Anliegen, staatspolitische Gründe, erhebliche kantonale fiskalische Interessen sowie die Notwendigkeit der Anwesenheit der ausländischen Person im Rahmen eines Strafverfahrens.

Ausländerinnen und Ausländer, die **aus kulturellen oder staatspolitischen** 557
Gründen eine Aufenthaltsbewilligung erhalten, können unter den Voraussetzungen von Art. 31 Abs. 3 oder 4 VAZE zu einer Erwerbstätigkeit zugelassen werden (Art. 32 Abs. 2 VZAE). Die Ausübung einer unselbständigen Erwerbstätigkeit setzt das Vorliegen eines Gesuches der künftigen Arbeitgeberin oder des künftigen Arbeitgebers, die Einhaltung der orts-, berufs- und branchenüblichen Lohn- und Arbeitsbedingungen sowie das Vorliegen einer bedarfsgerechten Wohnung voraus. Eine selbständige Erwerbstätigkeit kann bewilligt werden, wenn die notwendigen finanziellen und betrieblichen Voraussetzungen erfüllt sind und eine bedarfsgerechte Wohnung zur Verfügung steht. Auf die Einhaltung des Vorrangprinzips oder der Kontingente wird dagegen verzichtet. Ausländerinnen und Ausländer, die die Aufenthaltsbewilligung **aus fiskalischen Gründen** erhalten haben (sogenannte «*goldene Visa*»), sind dagegen von der Zulassung zu einer Erwerbstätigkeit ausgeschlossen. Ihnen ist es nur gestattet, ihr eigenes Vermögen zu verwalten (Art. 32 Abs. 2 VZAE *e contrario*).

Beispiel: Der russische Multimillionär Michail Chodorkowski stellte 2014 ein Gesuch um eine Auf- 558
enthaltsbewilligung in der Schweiz, um mit seiner Frau und Kindern in Rapperswil-Jona zusammenzuleben. Der Kanton St. Gallen erteilte ihm – unter Vorbehalt der Zustimmung des SEM (damals noch Bundesamt für Migration) – eine Aufenthaltsbewilligung gestützt auf wichtige öffentliche Interessen, namentlich erhebliche kantonale fiskalische Interessen (Art. 30 Abs. 1 lit. b AuG). Im März

2014 stimmte das SEM der Erteilung der Aufenthaltsbewilligung zu (siehe etwa Antwort des Bundesrates auf die Frage von Nationalrätin Susanne Leutenegger Oberholzer, 14.5225 vom 10. Juni 2014 betreffend «Ein Jahr NSA-Enthüllungen. Edward Snowden ohne sichere Bleibe»).

559 «Goldene Visa», das heisst Aufenthaltsbewilligungen aufgrund erheblicher kantonaler fiskalischer Interessen, sind 2008-2021 in insgesamt 734 Fällen erteilt worden, davon 203 an russische Staatsangehörige, 53 Personen aus China und 37 an Staatsangehörige der Türkei. Von den insgesamt 734 erteilten Aufenthaltsbewilligungen aus fiskalischen Gründen haben die Kantone Tessin (214), Genf (156), Zug (55), Waadt (48) sowie der Kanton Wallis (38) am meisten Bewilligungen erteilt. Siehe hierzu die Antwort des Bundesrates vom 18. Mai 2022 auf die Interpellation 22.3197 «Aufenthaltsbewilligungen in Abweichung von den Zulassungsvoraussetzungen bei wichtigen öffentlichen Interessen von russischen Oligarchen». Gegenwärtig leben 362 Personen mit «goldenen Visa» in der Schweiz, davon 172 russische Staatsangehörige. Davon befinden sich drei Personen auf den Sanktionslisten der EU und der Schweiz. Nach Auskunft des SEM ist ein Widerruf ihrer Aufenthaltsbewilligungen mangels entsprechender gesetzlicher Grundlage nicht möglich. Nicht geprüft worden ist bislang, ob allenfalls eine Ausweisung gestützt auf Art. 68 AIG oder ein Widerruf wegen Gefährdung der äusseren Sicherheit möglich wäre.

560 Im Zusammenhang mit der in Art. 30 Abs. 1 lit. b AIG verankerten Möglichkeit, Ausländerinnen und Ausländern aus fiskalischen Gründen eine Aufenthaltsbewilligung zu erteilen, ist auf die damit in gewisser Weise zusammenhängende Möglichkeit der Aufwand- beziehungsweise Pauschalbesteuerung hinzuweisen. Nach Art. 14 des Bundesgesetzes über die direkte Bundessteuer vom 14. Dezember 1990 (DBG, SR 642.11) sowie Art. 6 des Bundesgesetzes über die Harmonisierung der direkten Steuern der Kantone und Gemeinden vom 14. Dezember 1990 (StHG, SR 642.14) haben ausländische Staatsangehörige ohne Erwerbstätigkeit in der Schweiz auf Bundesebene sowie in 21 Kantonen die Möglichkeit, nicht nach dem Einkommen, sondern nach dem Aufwand, das heisst den im In- und Ausland entstandenen Lebenshaltungskosten, besteuert zu werden. Die Aufwandbesteuerung ist in Politik und Gesellschaft immer wieder mal heftig umstritten, da sie als Anwendungsfall einer Inländerdiskriminierung gilt. In vier Kantonen wurden kantonale Volksinitiativen zur Abschaffung der Pauschalbesteuerung angenommen (AR, BL, SH und ZH), in Basel-Stadt wurde sie durch den Grossen Rat abgeschafft. In weiteren sechs Kantonen wurde die Abschaffung der Pauschalbesteuerung zwar abgelehnt, die kantonalen Regelungen diesbezüglich jedoch verschärft (AI, BE, LU, NW, SG und TG). Auch auf Bundesebene stand die Abschaffung der Pauschalbesteuerung zur Diskussion. Die eidgenössische Volksinitiative «Schluss mit den Steuerprivilegien für Millionäre (Abschaffung der Pauschalbesteuerung)» wurde jedoch am 30. November 2014 durch Volk und Stände abgelehnt (BBl 2015 1813).

561 Eine Kurzaufenthalts- oder Aufenthaltsbewilligung kann zur Wahrung wichtiger öffentlicher Interessen nach Art. 32 Abs. 1 lit. d VZAE schliesslich auch dann erteilt werden, wenn die Anwesenheit von Ausländerinnen und Ausländern **im Rahmen eines Strafverfahrens notwendig** ist. Dies können zum Beispiel Migrantinnen und Migranten sein, die von Schleusern über die Grenze gebracht worden sind und deren Anwesenheit vor Ort im Rahmen eines Strafverfahrens gegen die Schleuser wichtig ist. Im Unterschied zur Kurzaufenthaltsbewilligung für Opfer sowie Zeuginnen und Zeugen von Menschenhandel nach Art. 30 Abs. 1 lit. e AIG (hierzu hinten Rz. 564 ff.), gründet der Aufenthalt der betreffenden Ausländerinnen und Ausländer im Rahmen von Art. 32 Abs. 1 lit. d VZAE nicht in einer (völkerrechtlichen) Schutzpflicht bzw. der

Opfereigenschaft, sondern im öffentlichen Interesse an der Strafverfolgung. Daher besteht auch keine Möglichkeit der Einräumung einer Erholungs- und Bedenkfrist nach Art. 35 VZAE.

cc) Bewilligung der Erwerbstätigkeit von Familienangehörigen von Kurzaufenthaltern

Nach Art. 30 Abs. 1 lit. a AIG kann für die im Rahmen des Familiennachzuges eingereisten Ausländerinnen und Ausländer von den Vorschriften über die Zulassung zu einem Aufenthalt mit Erwerbstätigkeit abgewichen werden, sofern sie nicht bereits einen gesetzlichen Anspruch auf Ausübung einer Erwerbstätigkeit haben. Konkret betrifft dies Familienangehörige von Personen mit einer Kurzaufenthaltsbewilligung (Art. 45 AIG), da Angehörige von Personen mit Schweizer Staatsangehörigkeit, Niederlassungs- oder Aufenthaltsbewilligung bereits gestützt auf Art. 46 AIG zur Ausübung einer Erwerbstätigkeit berechtigt sind. 562

Die Ausübung einer unselbständigen Erwerbstätigkeit kann Familienangehörigen von Kurzaufenthalterinnen und Kurzaufenthaltern nach Art. 26 Abs. 1 VZAE bewilligt werden, wenn ein Gesuch des künftigen Arbeitgebers vorliegt, die orts-, berufs- und branchenüblichen Lohn- und Arbeitsbedingungen eingehalten werden und die persönlichen Voraussetzungen nach Art. 23 AIG erfüllt sind (siehe vorne Rz. 510 ff.). Die Einhaltung des Vorrangsprinzips und der Kontingentierung sind demgegenüber nicht vorausgesetzt. Die Bewilligung zur Erwerbstätigkeit für die Familienangehörigen wird auf die Gültigkeitsdauer der Kurzaufenthaltsbewilligung der Person beschränkt, die die Angehörigen nachgezogen hat (Art. 26 Abs. 2 VZAE). 563

dd) Opfer sowie Zeuginnen und Zeugen von Menschenhandel

Die Schweiz ist durch die Ratifikation einschlägiger völkerrechtlicher Verträge – im Vordergrund steht das in Art. 4 EMRK verankerte Verbot der Sklaverei und Leibeigenschaft sowie die Verpflichtungen aus dem Übereinkommen zur Bekämpfung des Menschenhandels (ÜBM, SR 0.311.543) verpflichtet, Opfer sowie Zeuginnen und Zeugen von Menschenhandel zu schützen und gleichzeitig die Täterschaft zur Rechenschaft zu ziehen. Um dies zu erreichen, muss den Opfern sowie den Zeuginnen und Zeugen von Menschenhandel ein Anwesenheitsrecht eingeräumt werden können. Art. 14 Abs. 1 ÜBM führt aus: 564

> Jede Vertragspartei erteilt dem Opfer einen verlängerbaren Aufenthaltstitel, wenn mindestens einer der beiden folgenden Fälle vorliegt:
>
> a) Die zuständige Behörde ist der Auffassung, dass der Aufenthalt des Opfers aufgrund seiner persönlichen Situation erforderlich ist.

> b) Die zuständige Behörde ist der Auffassung, dass der Aufenthalt des Opfers für seine Zusammenarbeit mit den zuständigen Behörden bei den Ermittlungen oder beim Strafverfahren erforderlich ist.

565 Ausnahmen von den Zulassungsvoraussetzungen können daher nach Art. 30 Abs. 1 lit. e AIG auch für Opfer sowie Zeuginnen und Zeugen von Menschenhandel gemacht werden, da deren Anwesenheit für die strafrechtliche Ahndung der Täterinnen und Täter zentral ist. Die Ausführungsbestimmungen sehen die Einräumung einer mindestens dreissigtägigen Erholungs- und Bedenkzeit für die Opfer sowie die Zeuginnen und Zeugen von Menschenhandel vor. In dieser Zeit können sich die betroffenen Ausländerinnen und Ausländer ohne Furcht vor ausländerrechtlichen Vollzugsmassnahmen erholen und überlegen, ob sie mit den Strafverfolgungsbehörden zusammenarbeiten wollen (Art. 35 Abs. 1 VZAE). Entschliessen sie sich zur Zusammenarbeit mit den Strafverfolgungsbehörden, wird ihnen für die voraussichtliche Dauer des Verfahrens eine Kurzaufenthaltsbewilligung erteilt, um die Strafverfolgung sicherzustellen (Art. 36 Abs. 2 VZAE). Nach bundesgerichtlicher Rechtsprechung sind die kantonalen Migrationsbehörden des Kantons, in dem die Tat begangen wurde (Art. 36 Abs. 2 VZAE) verpflichtet, eine Kurzaufenthaltsbewilligung zu erteilen, wenn die Strafverfolgungsbehörden dies fordern:

> «Nach Art. 14 Abs. 1 ÜBM erteilen die Vertragsparteien einem Menschenhandelsopfer einen verlängerbaren Aufenthaltstitel, wenn die zuständige Behörde der Auffassung ist, dass der Aufenthalt des Opfers aufgrund seiner persönlichen Situation (lit. a) oder für die Zusammenarbeit mit den zuständigen Behörden bei den Ermittlungen oder beim Strafverfahren (lit. b) erforderlich ist. Während die Tatbestandsvariante von Art. 14 Abs. 1 lit. a ÜBM dem Opfer einen gewissen Schutz verschaffen soll, dient der Anwendungsfall von Art. 14 Abs. 1 lit. b ÜBM der Sicherstellung der Verfügbarkeit des Opfers für die Strafuntersuchung. Die beiden Anliegen gehen Hand in Hand, setzt die Kooperationswilligkeit mit den Strafverfolgungsbehörden doch das Vertrauen des Opfers in die Behörden voraus. Ein Vertrauen des Opfers in die Behörden ist aber nur denkbar, wenn letztere die Schutzbedürfnisse des Opfers angemessen berücksichtigen (...).
>
> Unter Berücksichtigung dieses Normzwecks und des klaren Wortlauts ist der Gehalt von Art. 14 Abs. 1 lit. b ÜBM eindeutig: Ist die für die Abwicklung des Strafverfahrens zuständige Behörde der Auffassung, dass ein weiterer Aufenthalt des Opfers in der Schweiz für die Zwecke des Strafverfahrens erforderlich ist, müssen die Migrationsbehörden eine Kurzaufenthaltsbewilligung erteilen. Ein Ermessensspielraum der zuständigen nationalen Migrationsbehörden besteht insofern nicht (...).» (BGE 145 I 308, E. 3.4.2 S. 314, bestätigt in BGer, 2C_483/2021, 14. Dezember 2021)

566 Die Erteilung der Kurzaufenthaltsbewilligung an Opfer sowie Zeuginnen und Zeugen von Menschenhandel ist dem SEM zur Zustimmung zu unterbreiten (Art. 5 lit. g ZV-EJPD).

Ist die Anwesenheit der betroffenen Ausländerinnen und Ausländer im Rahmen des Ermittlungs- und Gerichtsverfahrens nicht mehr notwendig, haben sie die Schweiz zu verlassen, sofern kein schwerwiegender persönlicher Härtefall nach Art. 30 Abs. 1 lit. b AIG vorliegt (Art. 36 Abs. 6 VZAE) oder sie in ein ausserprozessuales Zeugenschutzprogramm aufgenommen werden (Art. 36*a* VZAE, siehe hinten Rz. 571 f.). Zum schwerwiegenden persönlichen Härtefall von Opfern und Zeuginnen beziehungsweise Zeugen von Menschenhandel hat das Bundesverwaltungsgericht ausgeführt: 567

> «Dans le contexte de la traite d'êtres humains, un cas d'une extrême gravité peut être avéré lorsqu'un retour dans le pays d'origine ne peut raisonnablement être exigé par risque d'une nouvelle victimisation, faute de perspectives d'intégration sociale ou en raison de l'impossibilité de traiter de manière adéquate un problème de santé. S'il ressort de la pondération des éléments constitutifs d'un cas individuel d'une extrême gravité qu'un retour ne peut être raisonnablement exigé, la demande de séjour pour motifs humanitaires peut être approuvée, même si le degré d'intégration en Suisse est jugé insuffisant (...).» (BVGE 2021 VI/6, E. 6.1.3)

Zudem kann das Vorliegen einer besonderen Gefährdung durch die Täterschaft oder von schwerwiegenden Folgen des Menschenhandels auch zur Unzulässigkeit oder Unzumutbarkeit des Vollzugs der Wegweisung führen, womit die betreffenden Ausländerinnen und Ausländer vorläufig aufzunehmen sind (siehe hinten Rz. 853 ff.). 568

Die Kurzaufenthaltsbewilligung kann zudem auch widerrufen oder nicht verlängert werden, wenn die Betroffenen die Zusammenarbeit mit den Behörden beenden, den Kontakt mit den tatverdächtigen Personen freiwillig wieder aufnehmen, aufgrund neuer Erkenntnisse gar nicht Opfer oder Zeuginnen und Zeugen von Menschenhandel sind oder in schwerwiegender Weise gegen die öffentliche Sicherheit und Ordnung verstossen (Art. 36 Abs. 3 i.V.m. Art. 35 Abs. 3 VZAE). 569

Für die Dauer des Aufenthaltes kann den Opfern sowie Zeuginnen und Zeugen von Menschenhandel die Ausübung einer Erwerbstätigkeit bewilligt werden, sofern sie über eine bedarfsgerechte Wohnung verfügen, ein Gesuch des künftigen Arbeitgebers vorliegt und die orts-, berufs- und branchenüblichen Lohn- und Arbeitsbedingungen eingehalten werden (Art. 36 Abs. 4 VZAE). 570

ee) Aufenthalt von Personen in ausserprozessualen Zeugenschutzprogrammen

Mit dem Inkrafttreten des Bundesgesetzes über den ausserprozessualen Zeugenschutz vom 23. Dezember 2011 (ZeugSG, SR 312.2) wurde der Wortlaut von Art. 30 Abs. 1 lit. e AIG dahingehend ergänzt, dass von den Zulassungsvoraussetzungen auch abgewichen werden kann, um den Aufenthalt von Personen zu regeln, die an einem nationalen oder internationalen Zeugenschutz- 571 programm beziehungsweise einem Zeugenschutzprogramm eines internationalen Strafgerichtshofes teilnehmen. Voraussetzung für die Erteilung einer Aufenthaltsbewilligung ist entweder, dass ein rechtskräftiger Entscheid über die Durchführung eines Zeugenschutzprogrammes nach ZeugSG oder eine Vereinbarung über die Übernahme einer Person aus dem Ausland vorliegt (Art. 36*a* Abs. 1 VZAE). Zuständig für die Bewilligungserteilung sind die Migrationsbehörden des Kantons, in denen die betreffenden Ausländerinnen und Ausländer zu ihrem Schutz untergebracht werden (Art. 36*a* Abs. 2 VZAE), wobei vor Erteilung der Bewilligung Rücksprache mit der Zeugenschutzstelle zu nehmen und die Zustimmung des SEM einzuholen ist (Art. 36*a* Abs. 2 VZAE, Art. 99 AIG i.V.m. Art. 85 VZAE und Art. 5 lit. h ZV-EJPD).

572 Ausländischen Staatsangehörigen in Zeugenschutzprogrammen kann die Ausübung einer Erwerbstätigkeit unter den Voraussetzungen von Art. 31 Abs. 3 beziehungsweise Abs. 4 VZAE bewilligt werden (Art. 36*a* Abs. 3 VZAE).

ff) Weitere Konstellationen, in denen von den Zulassungsvoraussetzungen abgewichen werden kann

573 Art. 30 Abs. 1 AIG führt eine Reihe weiterer Konstellationen auf, in denen von den Zulassungsvoraussetzungen abgewichen werden kann:

- Regelung des Aufenthaltes von **Pflegekindern** (Art. 30 Abs. 1 lit. c AIG, Art. 33 VZAE). Diese Bestimmung findet nur Anwendung auf Pflegekinder, für die keine Adoption in der Schweiz vorgesehen ist. Ist dagegen eine Adoption vorgesehen, haben Pflegekinder Anspruch auf die Erteilung einer Aufenthaltsbewilligung nach Art. 48 AIG (siehe hinten Rz. 657).
- Aufenthalte zum Schutz von Personen, die **im Zusammenhang mit ihrer Erwerbstätigkeit besonders gefährdet sind, ausgebeutet zu werden** (Art. 30 Abs. 1 lit. d AIG). Diese Bestimmung diente ursprünglich als Grundlage für das sogenannte Cabaret-Tänzerinnen-Statut, das indes Ende 2015 ersatzlos gestrichen wurde.
- Aufenthalte im Rahmen von **Hilfs- und Entwicklungsprojekten** (Art. 30 Abs. 1 lit. f AIG, Art. 37 VZAE).
- Regelung des Aufenthaltes zur Erleichterung des internationalen wirtschaftlichen, wissenschaftlichen und kulturellen Austausches und der beruflichen Aus- und Weiterbildung (Art. 30 Abs. 1 lit. g AIG, Art. 38 bis 45 VZAE).
- Aufenthalt zwecks Vereinfachung des **Transfers des höheren Kaders** und unentbehrlichen **Spezialistinnen und Spezialisten** in international tätigen Unternehmen (Art. 30 Abs. 1 lit. h AIG, Art. 46 VZAE).

- Ermöglichung des Weiterbildungsaufenthaltes von **Au-Pair-Angestellten** (Art. 30 Abs. 1 lit. j AIG, Art. 48 VZAE).
- Erleichterung der Wiederzulassung von Ausländerinnen und Ausländern, die **früher im Besitz einer Aufenthalts- oder Niederlassungsbewilligung** waren (Art. 30 Abs. 1 lit. k AIG, Art. 49 bis 51 VZAE).
- Regelung der Erwerbstätigkeit von **Asylsuchenden und Schutzbedürftigen** (Art. 30 Abs. 1 lit. l AIG, Art. 52 bis 53*a* VZAE).

Neben diesen Erleichterungen für bestimmte Personenkategorien enthält das AIG in Art. 26*a* eine Verschärfung der Zulassungsvoraussetzungen für **religiöse Betreuungs- und Lehrpersonen** sowie **Lehrkräfte**, die Zugewanderte in **heimatlicher Sprache und Kultur** unterrichten. Neben den allgemeinen Zulassungsvoraussetzungen zu einem Aufenthalt mit Erwerbstätigkeit müssen diese Personen zusätzliche Erfordernisse in Bezug auf ihre Integration erfüllen. Einerseits müssen sie über Kenntnisse des gesellschaftlichen und rechtlichen Wertesystems der Schweiz verfügen und fähig sein, dieses auch den von ihnen unterrichteten Ausländerinnen und Ausländern zu vermitteln (Art. 26*a* Abs. 1 lit. a AIG). Andererseits müssen sie sich in der am künftigen Arbeitsort gesprochenen Landessprache verständigen können (Art. 26a Abs. 1 lit. b AIG). Als Grund für diese strengeren Zulassungsvoraussetzungen hat der Bundesrat vorgebracht: 574

> «Betreuungs- und Lehrpersonen haben eine Schlüsselfunktion in der ausländischen Gemeinschaft, geniessen in ihrer Funktion Anerkennung und Respekt und werden vielfach im Bedarfsfall auch beim Dialog mit den lokalen Behörden beigezogen. Ihnen kommt eine wichtige Rolle bei der Integration von Ausländerinnen und Ausländern zu, weshalb es wichtig ist, dass sie die gesellschaftlichen Verhältnisse und Lebensbedingungen in der Schweiz kennen und die schweizerische Rechtsordnung anerkennen. Von vornherein ausgeschlossen werden damit Personen, die extremistische Ansichten vertreten und versuchen, diese Ansichten durchzusetzen.» (BBl 2013 2397, S. 2414)

Vom Erfordernis des Sprachnachweises können Betreuungs- und Lehrpersonen allerdings ausgenommen werden, wenn sie nur während weniger Wochen oder Monaten in der Schweiz arbeiten – etwa als Imam während des Fastenmonats Ramadan. In diesen Fällen wäre es mit dem Grundsatz der Verhältnismässigkeit nicht vereinbar, die gleichen Sprachkenntnisse zu fordern. Dabei liegt es im Ermessen der zuständigen Bewilligungsbehörden, ob den Betroffenen eine Kurzaufenthaltsbewilligung erteilt wird (Art. 26*a* Abs. 2 AIG). 575

d) Staatenlose Personen

576 Staatenlose sind nach Art. 1 Abs. 1 des auch von der Schweiz ratifizierten Übereinkommens über die Rechtsstellung der Staatenlosen (SR 0.142.40) Personen, die kein Staat aufgrund seiner Gesetzgebung als Staatsangehörige betrachtet:

> «Staatenlosigkeit bedeutet nach dieser Begriffsumschreibung das Fehlen der rechtlichen Zugehörigkeit zu einem Staat (sog. «*de iure*»-Staatenlose). Das Abkommen bezieht sich dagegen nicht auf Personen, die zwar formell noch eine Staatsangehörigkeit besitzen, deren Heimatstaat ihnen aber keinen Schutz mehr gewährt (sog. «*de facto*»-Staatenlose; (...)).» (BVGE 2014/5, E. 4.1)

577 Staatenlosigkeit liegt somit vor, wenn die rechtliche Zugehörigkeit zu einem Staat fehlt. Staatenlosigkeit stellt ein weltweites Phänomen dar. Allerdings liegen über die Anzahl staatenloser Personen keine verlässlichen Zahlen vor. Das UNHCR schätzt, dass im Jahr 2021 rund 4.3 Millionen Menschen staatenlos waren (www.unhcr.org > Data > Refugee Population Statistics Database, besucht am 15. August 2022). Auch in der Schweiz leben staatenlose Personen. Nach offiziellen Angaben hielten sich am 31. Mai 2022 2178 Personen mit unbekannter Herkunft in der Schweiz auf, 751 davon waren als Staatenlose anerkannt (Statistik des SEM, 2-10: Total Bestand ausländische Wohnbevölkerung nach Ausländergruppe, CH-Nati, auffindbar unter www.sem.admin.ch > Publikationen & Service > Statistiken > Ausländerstatistik > Archiv ab 2008 > Mai > Ausländerstatistik Mai 2022, besucht am 15. August 2022).

578 Die Gründe, die zur Staatenlosigkeit führen, sind vielfältig. Staatenlosigkeit kann etwa aufgrund von Lücken in der nationalen Bürgerrechtsgesetzgebung entstehen. So können Kinder staatenlos sein, wenn die Staatsangehörigkeit nach nationalem Recht nur vom Vater, nicht aber von der Mutter weitergegeben werden kann, der Vater aber unbekannt oder verstorben ist. Die Staatenlosigkeit von Kindern kann auch darin begründet sein, dass sie in einem Staat geboren werden, der dem Abstammungsprinzip (*ius sanguinis*) folgt, dessen Eltern aber aus einem Drittstaat kommen, in welchem das Geburtsortprinzip gilt (*ius soli*) und das Kind damit weder die Staatsbürgerschaft des Geburtslandes noch jene seiner Eltern erhält. Neben Gesetzeslücken kann die Staatenlosigkeit auch durch Verlust oder Entzug der Staatsangehörigkeit aufgrund familienrechtlicher Gründe entstehen, wenn etwa Frauen bei einer Heirat ihre eigene Staatsangehörigkeit verlieren und gleichzeitig diejenige des Ehemannes nicht annehmen können beziehungsweise dieser selbst staatenlos ist. Auch lange Auslandaufenthalte können zum Verlust der Staatsbürgerschaft führen. Der Verlust oder Entzug der Staatsangehörigkeit kann des Weiteren auch in diskriminierenden Gründen liegen, wenn eine Person etwa aufgrund ihrer ethnischen oder religiösen Zugehörigkeit zu einer Gruppe ausgebürgert oder ihr der Erwerb der Staatsbürgerschaft verweigert wird. Beispiele hierfür sind etwa die Rohingya in Myanmar oder die Kurden in Syrien. Staatenlosigkeit kann daneben auch aufgrund von Staatennachfolgen, irregulärer Migration oder Menschenhandel entstehen.

579 Die Staatenlosigkeit bringt vielschichtige Probleme mit sich. Die Betroffenen sind häufig mit Schwierigkeiten in Bezug auf grundlegende Rechte betreffend Aufenthalt, politischer Teilnahme, Mobilität, Bildung, Arbeit oder auch medi-

zinischer Versorgung konfrontiert. Aus diesem Grund versucht die internationale Gemeinschaft seit längerem, Staatenlosigkeit zu bekämpfen und die Situation der Staatenlosen zu verbessern. Das Staatenlosenübereinkommen enthält Minimalgarantien, die – unter Vorbehalt der Ausschlussregelungen nach Art. 1 Abs. 2 StÜ – grundsätzlich gegenüber allen staatenlosen Personen zu gewährleisten sind. Allerdings schränkt das Bundesgericht den Anwendungsbereich des Übereinkommens über diese Ausschlussregelungen hinaus ein, indem es nur jene Personen als staatenlos anerkennt, bei denen die Staatenlosigkeit unverschuldet eingetreten ist und die keine Möglichkeit haben, eine Staatsangehörigkeit zu erwerben beziehungsweise wiederzuerwerben (BGE 147 II 421, E. 5.3 S. 424). Das Bundesverwaltungsgericht hat die – in der Lehre umstrittene – Einschränkung des Bundesgerichtes wie folgt zusammengefasst:

> «Im Lichte dieser Grundsätze ist nach konstanter Rechtsprechung des Bundesgerichts Art. 1 des Staatenlosen-Übereinkommens so zu interpretieren, dass als Staatenlose Personen gelten, die ohne eigenes Zutun ihrer Staatsangehörigkeit beraubt wurden und keine Möglichkeit haben, diese wiederzuerlangen (…). Demgegenüber ist dieses Übereinkommen nicht auf Personen anwendbar, die sich willentlich, mit dem einzigen Ziel, den Status des Staatenlosen zu erlangen, ihrer Staatsangehörigkeit entledigen, oder sich ohne stichhaltige Gründe weigern, trotz einer entsprechenden Möglichkeit eine verlorene Staatsangehörigkeit wiederzuerlangen oder eine Staatsangehörigkeit zu erwerben. Es obliegt damit einem Betroffenen, der Anspruch auf eine Staatsangehörigkeit erhebt, alle geeigneten Schritte zu unternehmen, um diese Staatsangehörigkeit und die diesbezüglichen Identitätspapiere zu erlangen (…).» (BGer, 2C_330/2020, 6. August 2021, E. 5.3)

Staatenlose Personen verfügen über besondere Rechte. Gestützt auf Art. 31 Abs. 1 AIG verfügen sie über einen Rechtsanspruch auf eine Aufenthaltsbewilligung im Kanton, in dem sie sich rechtmässig aufhalten. Staatenlose Personen, die einen der Tatbestände von Art. 83 Abs. 7 AIG erfüllen (hinten Rz. 872 f.), d.h. die zu einer längerfristigen Freiheitsstrafe verurteilt oder eine strafrechtliche Massnahme angeordnet wurden, erheblich oder wiederholt gegen die öffentliche Sicherheit und Ordnung verstossen oder diese beziehungsweise die äussere Sicherheit gefährdet haben oder den Vollzug der Wegweisung durch ihr eigenes Verhalten verursacht haben, werden lediglich vorläufig aufgenommen (zur vorläufigen Aufnahme siehe hinten Rz. 853 ff.). Sie können in der gesamten Schweiz einer Erwerbstätigkeit nachgehen (Art. 31 Abs. 3 Satz 1 AIG); dies gilt auch für staatenlose Personen, die mit einer rechtskräftigen Landesverweisung sind. Grund hierfür ist, dass sie als staatenlose Personen weder ausgeschafft noch des Landes verwiesen werden können. 580

Die Anerkennung der Staatenlosigkeit ist rein deklaratorischer Natur. Ausländerinnen und Ausländer werden nicht durch die Anerkennung zu staatenlosen Personen, sondern sie werden als staatenlos anerkannt, weil sie die Voraussetzungen der Staatenlosigkeit erfüllen (BGE 115 V 4, E. 2b S. 9). Dennoch ist das Verfah- 581 ren zur Anerkennung zentral, da erst durch die Anerkennung die formelle Grundlage zur Anwendung der speziell für Staatenlose bestehenden Bestimmungen geschaffen wird. Wie das Anerkennungsverfahren auszugestalten ist, wird im Staatenlosenübereinkommen allerdings nicht geregelt. Demensprechend richtet es sich nationalem Recht. Im schweizerischen Recht besteht einzig in Bezug auf die Zuständigkeit des SEM eine spezialgesetzliche Grundlage (Art. 14 Abs. 3 der Organisationsverordnung für das Eidgenössische Justiz- und Polizeidepartement vom 17. November 1999, OV-EJPD, SR 172.213.1), demgegenüber gelten in Bezug auf den Verfahrenslauf sowie die konkreten Anerkennungskriterien die allgemeinen Verfahrensregelungen für Verwaltungsverfahren nach VwVG.

582 Gesuche um Anerkennung der Staatenlosigkeit müssen schriftlich beim SEM eingereicht werden, wobei sie an keine Fristen gebunden sind, sondern jederzeit gestellt werden können. In der Folge prüft das SEM in einem rein schriftlichen Verfahren, ob die betroffenen Personen die formellen und materiellen Voraussetzungen der Staatenlosigkeit erfüllen (SEM, Handbuch Asyl und Rückkehr, F4). Da die Anerkennung der Staatenlosigkeit rein deklaratorisch ist, stellt der Entscheid des SEM eine Feststellungsverfügung im Sinne von Art. 25 VwVG dar. Ein Anspruch auf Erlass einer solchen besteht nur, wenn die Gesuchstellerinnen und Gesuchsteller über ein rechtliches oder tatsächliches sowie aktuelles Interesse an der Feststellung des Bestehens oder Nichtbestehens des Rechtsverhältnisses verfügen. Die Praxis ging daher lange davon aus, ein schutzwürdiges Interesse an der Feststellung der Staatenlosigkeit bestehe nur dann, wenn durch die Anerkennung der Staatenlosigkeit eine vorteilhaftere Rechtsposition erreicht werden konnte. Bestand daher mit dem Status als staatenlose Person eine bessere Rechtsstellung als mit dem bestehenden ausländerrechtlichen Status, musste das Anerkennungsgesuch behandelt werden.

583 Während mehrerer Jahre bestand in Bezug auf die Erteilung der Niederlassungsbewilligung eine Unterscheidung zwischen Flüchtlingen mit Asyl und Staatenlosen. Während letztere bis Ende 2017 nach fünfjährigem rechtmässigem Aufenthalt in der Schweiz einen Anspruch auf Erteilung der Niederlassungsbewilligung besassen, galt dies seit einer auf den 1. Februar 2014 in Kraft getretenen Teilrevision des Asylgesetzes für Flüchtlinge mit Asyl nicht mehr. Die Erteilung der Niederlassungsbewilligung sowohl an Flüchtlinge mit Asyl als auch an anerkannte Staatenlose erfolgt heute gestützt auf Art. 34 AIG (siehe Art. 60 Abs. 2 AsylG für Flüchtlinge mit Asyl).

584 In BVGE 2021 VII/8 ist das Bundesverwaltungsgericht von dieser Praxis abgerückt und hat anerkannt, dass grundsätzlich jeder Person ohne ersichtliche Staatsangehörigkeit ein schutzwürdiges Interesse an einer Entscheidung über ein Gesuch um Anerkennung der Staatenlosigkeit zuzuerkennen ist.

585 Beim Beschwerdeführer handelte es sich um eine aus Syrien geflüchtete Person kurdischer Herkunft. In der Schweiz wurde der Betreffende als Flüchtling anerkannt. Da er keine offensichtliche Staatsangehörigkeit besitzt, stellte er beim SEM ein Gesuch um Anerkennung der Staatenlosigkeit. Das SEM lehnte das Gesuch mit der Begründung ab, dass der Antragssteller sich in Syrien hätte einbürgern lassen können und ihm als bereits anerkannter Flüchtling nach der Anerkennung

der Staatenlosigkeit keine vorteilhaftere Rechtsposition zukommen würde. Das Bundesverwaltungsgericht führt aus, dass die Frage der Staatenlosigkeit mit der sozialen Identität zusammenhängt und nahm damit Bezug auf die einschlägige Rechtsprechung des EGMR (*Hoti gegen Kroatien*, Nr. 63311/14, Urteil vom 26. April 2018). Wird einer Person ohne offensichtliche Staatsangehörigkeit der Zugang zum Verfahren um Anerkennung der Staatenlosigkeit verwehrt, verletzt dies das durch Art. 8 EMRK geschützte Recht auf Achtung des Privatlebens. Das Bundesverwaltungsgericht hielt fest, dass nicht auf den Aufenthaltsstatus einer Person abgestellt werden könne, um ein schutzwürdiges Interesse zu begründen. Die Tatsache, dass dem Beschwerdeführer im Falle der Anerkennung der Staatenlosigkeit keine bessere Rechtsposition im Vergleich zur Rechtsstellung als anerkannter Flüchtling zukommen würde, stehe der Bejahung eines schutzwürdigen Interesses nicht entgegen. Des Weiteren führte das Bundesverwaltungsgericht im konkreten Fall aus, dass der Umstand, ein anerkannter Flüchtling zu sein ein triftiger Grund sei, um sich nicht den syrischen Behörden zu nähern und ein Einbürgerungsverfahren zu durchlaufen. Deshalb könne dem Beschwerdeführer auch nicht vorgeworfen werden, sich missbräuchlich verhalten zu haben indem er sich angesichts seiner persönlichen Umstände nicht um die syrische Staatsangehörigkeit bemüht habe. (BVGE 2021 VII/8)

7.3. Regelung des Aufenthaltes: Bewilligungsarten

Das schweizerische Ausländerrecht kennt vier verschiedene Arten ausländerrechtlicher Bewilligungen: die Kurzaufenthaltsbewilligung, die Aufenthaltsbewilligung, die Niederlassungsbewilligung sowie die Grenzgängerbewilligung. Die vier Bewilligungsarten unterscheiden sich in Bezug auf ihren Zweck, ihre Wirkung und ihre Gültigkeitsdauer und unterstellen daher den Aufenthalt der betreffenden Ausländerinnen und Ausländer unterschiedlichen Bedingungen und Regelungen. 586

Nach Art. 41 Abs. 1 AIG erhalten Ausländerinnen und Ausländer, die der Bewilligungspflicht unterstehen mit der Bewilligung einen **Ausländerausweis**. Eine Ausnahme besteht nach Art. 71 Abs. 1 VZAE einzig für bewilligungspflichtige Ausländerinnen und Ausländer, die innerhalb eines Zeitraums von zwölf Monaten während höchstens vier Monaten eine Erwerbstätigkeit ausüben. Die Ausländerausweise werden von den Kantonen ausgefertigt und enthalten Angaben zum ausländerrechtlichen Status sowie zu Inhalt und Umfang der Bewilligung. Ausländerinnen und Ausländer aus Drittstaaten mit Kurzaufenthalts-, Aufenthalts- und Niederlassungsbewilligung erhalten einen biometrischen Ausweis im Kreditkartenformat (Art. 71*d* VZAE), alle anderen Ausländerinnen und Ausländer erhalten einen nicht biometrischen Ausweis entweder im Kreditkartenformat ohne Datenchip oder als gedrucktes Dokument in Papierform (Art. 71*b* VZAE). Die Buchstabenbezeichnungen der verschiedenen Ausländerausweise finden sich in Art. 71 Abs. 1 VZAE sowie Art. 71*a* Abs. 1 VZAE. 587

a) Kurzaufenthaltsbewilligung (Ausweis L)

Kurzaufenthaltsbewilligungen sind befristet und werden nach Art. 32 Abs. 1 AIG für Aufenthalte bis zu maximal einem Jahr erteilt. Eine Verlängerung ist möglich, doch höchstens bis zu einer Gesamtdauer von zwei Jahren (Art. 32 588

Abs. 3 AIG). Kurzaufenthaltsbewilligungen können zudem nur nach einem angemessenen Unterbruch des Aufenthaltes in der Schweiz erneut erteilt werden (Art. 32 Abs. 4 AIG). Eine Aneinanderreihung von Kurzaufenthaltsbewilligungen ist nur unter Einhaltung der Grundsätze von Art. 57 VZAE zulässig.

589 Kurzaufenthaltsbewilligungen sind immer zweckgebunden. Sie werden für einen bestimmten Aufenthaltszweck, wie zum Beispiel die Ausübung einer bestimmten Erwerbstätigkeit, eine Aus- oder Weiterbildung, eine medizinische Behandlung oder die Vorbereitung der Eheschliessung, erteilt und können mit weiteren Bedingungen, etwa dem Abschluss einer Integrationsvereinbarung, verknüpft werden (Art. 32 Abs. 2 AIG). Eine Änderung des Aufenthaltszweckes ist nicht möglich, die betroffenen Ausländerinnen und Ausländer müssen diesfalls bei den zuständigen kantonalen Behörden eine neue Bewilligung beantragen (Art. 54 VZAE). Der Entscheid über das Bewilligungsgesuch ist grundsätzlich im Ausland abzuwarten, sofern die Zulassungsvoraussetzungen nicht offensichtlich erfüllt sind (Art. 17 AIG). Wird eine mit der Kurzaufenthaltsbewilligung verbundene Bedingung nicht eingehalten, kann die Bewilligung von der zuständigen kantonalen Behörde widerrufen werden (Art. 62 Abs. 1 lit. d AIG).

590 Die Erteilung von Kurzaufenthaltsbewilligungen zur Ausübung einer Erwerbstätigkeit an Ausländerinnen und Ausländer, die sich nicht auf das FZA berufen können, unterliegt den Begrenzungsmassnahmen von Art. 20 AIG i.V.m. Art. 19 VZAE. Nach Art. 19 Abs. 4 VZAE sind davon jedoch jene Ausländerinnen und Ausländer ausgenommen, die innerhalb von zwölf Monaten längstens insgesamt vier Monate in der Schweiz erwerbstätig sind, sofern die Dauer und der Zweck des Aufenthaltes von vornherein feststehen und die Zahl der auf der Basis einer Kurzaufenthaltsbewilligung beschäftigten Ausländerinnen und Ausländer grundsätzlich nicht mehr als ein Viertel des Personalbestandes eines Betriebes ausmacht (Art. 19 Abs. 4 lit. a VZAE). Ausgenommen sind ebenfalls Aufenthalte von Künstlerinnen und Künstlern, die längstens acht Monate innerhalb von zwölf Monaten in der Schweiz tätig sind (Art. 19 Abs. 4 lit. b VZAE). Die Verlängerung einer kontingentierten Kurzaufenthaltsbewilligung zur Ausübung einer Erwerbstätigkeit wird nicht ans Kontingent angerechnet. Ausländerinnen und Ausländer mit einer zur Erwerbstätigkeit berechtigenden Kurzaufenthaltsbewilligung können die bewilligte Tätigkeit zwar in der ganzen Schweiz ausüben (Art. 38 Abs. 1 AIG). Ein Stellenwechsel wird jedoch nur bei Vorliegen wichtiger Gründe bewilligt (Art. 32 Abs. 3 AIG i.V.m. Art. 38 Abs. 1 Satz 2 AIG). Art. 55 VZAE präzisiert hierzu, dass ein Stellenwechsel nur «innerhalb der gleichen Branche und des gleichen Berufes bewilligt werden [kann], wenn eine weitere Tätigkeit beim bisherigen Arbeitgeber nicht möglich oder nicht zumutbar ist und der Stellenwechsel nicht auf Grund des Verhaltens der Arbeitnehmerin oder des Arbeitnehmers erfolgt».

Während Wohnortswechsel innerhalb eines Kantons problemlos möglich sind (Art. 36 AIG), muss bei der Wohnortverlegung in einen anderen Kanton bereits vorgängig beim neuen Kanton eine neue Kurzaufenthaltsbewilligung beantragt werden (Art. 37 Abs. 1 AIG); es besteht kein Anspruch auf einen Kantonswechsel.

Die erneute Erteilung einer Kurzaufenthaltsbewilligung ist grundsätzlich erst nach einem einjährigen Unterbruch möglich, Ausnahmen sind nur in begründeten Einzelfällen möglich (Art. 32 Abs. 4 AIG i.V.m. Art. 56 Abs. 1 VZAE). 591

b) Aufenthaltsbewilligung (Ausweis B)

Aufenthaltsbewilligungen werden nach Art. 33 AIG und Art. 58 VZAE für Aufenthalte von einer Dauer von mehr als einem Jahr erteilt. Sie sind immer befristet. Dies gilt auch dann, wenn sich ein unbefristeter Aufenthalt der betroffenen Ausländerinnen und Ausländer abzeichnet, wie dies etwa bei einem Verbleib bei der schweizerischen Ehegattin oder dem schweizerischen Ehegatten beziehungsweise der eingetragenen Partnerin oder dem eingetragenen Partner der Fall sein kann. 592

Aufenthaltsbewilligungen werden zunächst auf ein Jahr befristet (Art. 58 Abs. 1 VZAE), sind aber verlängerbar, sofern keine Widerrufsgründe nach Art. 62 Abs. 1 AIG vorliegen (Art. 33 Abs. 3 AIG). Drittstaatsangehörige haben grundsätzlich keinen Anspruch auf Verlängerung der Aufenthaltsbewilligung, die Verlängerung liegt im Ermessen der zuständigen Migrationsbehörde, die ihren Entscheid pflichtgemäss, insbesondere unter Berücksichtigung des Verhältnismässigkeitsprinzips vorzunehmen hat. Zudem fordert Art. 33 Abs. 4 AIG, dass im Rahmen der Verlängerung sowie auch der Festsetzung deren Dauer die Integration der betreffenden Person berücksichtigt werden muss. Ein Anspruch auf die Erteilung und Verlängerung einer Aufenthaltsbewilligung besteht allerdings für gewisse Familienangehörige von Schweizer Staatsangehörigen oder Niedergelassenen, die von diesen in die Schweiz nachgezogen werden, sofern die Voraussetzungen nach Art. 42 Abs. 1 beziehungsweise Art. 43 Abs. 1 AIG erfüllt sind (siehe hinten Rz. 610 ff. und Rz. 645 ff.). 593

Aufenthaltsbewilligungen werden für einen bestimmten Aufenthaltszweck erteilt wie zum Beispiel zur Ausübung einer Erwerbstätigkeit, zum Verbleib bei der Familie oder zum Aufenthalt zwecks medizinischer Behandlung. Zudem können sie mit Bedingungen, etwa dem Abschluss einer Integrationsvereinbarung (siehe hinten Rz. 903 ff.), verbunden werden (Art. 33 Abs. 5 AIG). Ändert sich der Aufenthaltszweck, muss eine neue Aufenthaltsbewilligung beantragt werden (Art. 54 VZAE). Der Entscheid über die neue Bewilligung ist im Ausland abzuwarten, sofern die Voraussetzungen der Zulassung nicht offensichtlich erfüllt 594 sind (Art. 17 AIG). Wird eine mit der Aufenthaltsbewilligung verbundene Bedingung nicht eingehalten, kann die zuständige kantonale Migrationsbehörde die Bewilligung gestützt auf Art. 62 Abs. 1 lit. d AIG widerrufen (siehe hinten Rz. 710).

595 Die Aufenthaltsbewilligung berechtigt die Inhaberin beziehungsweise den Inhaber zur freien Wahl des Wohnsitzes innerhalb des Kantons, der die Bewilligung erteilt hat (Art. 36 AIG). Zudem verfügen sie über einen Rechtsanspruch auf Kantonswechsel, das heisst auf die Erteilung einer Aufenthaltsbewilligung durch den neuen Wohnsitzkanton, sofern sie nicht arbeitslos sind und keine Widerrufsgründe nach Art. 62 Abs. 1 AIG vorliegen (Art. 37 Abs. 2 AIG). Der Kantonswechsel muss jedoch vorgängig bei der zuständigen Behörde des neuen Kantons beantragt werden.

596 Die Erteilung von Aufenthaltsbewilligungen zur Ausübung einer Erwerbstätigkeit an Ausländerinnen und Ausländer, die sich nicht auf das FZA berufen können, unterliegt den Begrenzungsmassnahmen von Art. 20 AIG i.V.m. Art. 20 VZAE. Ausländerinnen und Ausländern mit einer zur Ausübung einer Erwerbstätigkeit berechtigenden Aufenthaltsbewilligung können diese Erwerbstätigkeit in der ganzen Schweiz ausüben. Ein Stellenwechsel ist schweizweit ohne weitere Bewilligung möglich (Art. 38 Abs. 2 AIG). Damit werden bei bereits zu einem Aufenthalt mit Erwerbstätigkeit zugelassenen Ausländerinnen und Ausländer die arbeitsmarktlichen Voraussetzungen vor Antritt einer neuen Stelle nicht mehr geprüft. Der Stellenwechsel wird zudem nicht an das Kontingent angerechnet. Bewilligungspflichtig ist einzig der Wechsel von der unselbständigen in die selbständige Erwerbstätigkeit (Art. 38 Abs. 3 AIG), wobei die selbständige Erwerbstätigkeit bewilligt wird, wenn sie dem gesamtwirtschaftlichen Interesse dient und die notwendigen finanziellen und betrieblichen Voraussetzungen erfüllt sind (Art. 19 lit. a und b AIG).

c) Niederlassungsbewilligung (Ausweis C)

597 Die Niederlassungsbewilligung ist auf eine dauerhafte Anwesenheit von Ausländerinnen und Ausländern in der Schweiz angelegt. Sie verleiht den Inhaberinnen und Inhabern eine weitgehend mit Schweizer Staatsangehörigen vergleichbare Rechtsstellung. Niederlassungsbewilligungen gelten unbefristet und sind bedingungsfeindlich (Art. 34 Abs. 1 AIG).

598 Niederlassungsbewilligungen können an Ausländerinnen und Ausländer erteilt werden,

– die sich **mindestens zehn Jahre** mit einer Kurzaufenthalts- oder Aufenthaltsbewilligung in der Schweiz aufgehalten haben und während den letzten fünf Jahren ununterbrochen im Besitz einer Aufenthaltsbewilligung waren (Art. 34 Abs. 2 lit. a AIG). Der Aufenthalt während eines Asylverfahrens oder einer vorläufigen Aufnahme sowie auch nur vorübergehende Aufenthalte werden nicht an den ununterbrochenen Aufenthalt angerechnet. Aufenthalte zur Aus- oder Weiterbildung können nur dann angerechnet werden, wenn die betroffenen Ausländerinnen und Ausländer nach deren Beendigung während zwei Jahren ununterbrochen über eine Aufenthaltsbewilligung verfügt haben (Art. 34 Abs. 5 AIG);

- die **integriert** sind (Art. 34 Abs. 2 lit. c AIG). Damit Ausländerinnen und Ausländer als integriert gelten, müssen die Integrationskriterien von Art. 58*a* AIG erfüllt sein (Art. 60 Abs. 1 VZAE) (siehe zu den Integrationskriterien hinten Rz. 902). Zudem müssen die betreffenden Ausländerinnen und Ausländer nachweisen, dass sie die am Wohnort gesprochene Landessprache beherrschen, wobei Art. 60 Abs. 2 VZAE mindestens eine mündliche Sprachkompetenz auf dem Referenzniveau A2 und eine schriftliche Sprachkompetenz auf dem Referenzniveau A1 des Referenzrahmens verlangt und sofern
- **keine Widerrufsgründe** nach Art. 62 oder Art. 63 Abs. 2 AIG gegen die betreffenden Ausländerinnen und Ausländern vorliegen.

Neben der regulär möglichen Erteilung der Niederlassungsbewilligung nach einem Aufenthalt von mindestens zehn Jahren regelt das AIG verschiedene weitere Situationen, in denen die Niederlassungsbewilligung bereits nach einem Aufenthalt von weniger als zehn Jahren erteilt werden kann bzw. ein Rechtsanspruch auf Erteilung der Niederlassung nach einer bestimmten Frist besteht: 599

- **Vorzeitige Erteilung der Niederlassungsbewilligung aufgrund erfolgreicher Integration** (Art. 34 Abs. 4 AIG, Art. 62 AIG): Ausländerinnen und Ausländern, die sich erfolgreich in die schweizerische Gesellschaft integriert haben, kann die Niederlassungsbewilligung vorzeitig erteilt werden. Eine erfolgreiche Integration liegt vor, wenn die Kriterien nach Art. 58*a* Abs. 1 AIG erfüllt sind (siehe zu den Integrationskriterien hinten Rz. 902), wobei in Bezug auf die Kenntnisse der am Wohnort gesprochenen Landessprache erhöhte Anforderungen gestellt werden, indem mündlich mindestens das Referenzniveau B1, schriftlich A1 des Referenzrahmens erreicht werden muss (Art. 62 Abs. 1bis VZAE). Neben der erfolgreichen Integration setzt die vorzeitige Erteilung der Niederlassungsbewilligung zudem voraus, dass sich die ausländischen Personen während der letzten fünf Jahre ununterbrochen mit Aufenthaltsbewilligung in der Schweiz aufgehalten haben und keine Widerrufsgründe nach Art. 62 oder 63 Abs. 2 AIG vorliegen. Bei der Prüfung des Gesuchs um vorzeitige Erteilung der Niederlassungsbewilligung wird der Integrationsgrad aller Familienangehörigen berücksichtigt, die älter als zwölf Jahre sind (Art. 62

Abs. 2 VZAE). Die vorzeitige Erteilung der Niederlassungsbewilligung untersteht der Zustimmung des SEM (Art. 3 lit. d ZV-EJPD).

Gerichtsentscheide zur vorzeitigen Erteilung der Niederlassungsbewilligung sind selten. Eines dieser seltenen Urteile, das zudem noch eine besondere Situation betraf, hat das Verwaltungsgericht des Kantons Bern gefällt (VGE 100.2019.299, 14. Dezember 2020). Die spärliche Gerichtspraxis zur vorzeitigen Erteilung der Niederlassungsbewilligung betrifft Ausländerinnen und Ausländer, die als Erwachsene in die Schweiz eingereist und nach relativ kurzem Aufenthalt um vorzeitige Erteilung der Niederlassungsbewilligung ersuchen. Vorliegend ging es hingegen um die Frage der vorzeitigen Erteilung einer Niederlassungsbewilligung an zwei bereits in der Schweiz geborene und hier aufgewachsene Ausländerinnen. Die beiden Beschwerdeführerinnen wurden 2001 bzw. 2005 in der Schweiz geboren und bei Geburt in die vorläufige Aufnahme ihrer Eltern einbezogen. Die Familie erhielt 2011 eine Aufenthaltsbewilligung und die beiden Beschwerdeführerinnen stellten im Jahr 2016 ein Gesuch um vorzeitige Erteilung der Niederlassungsbewilligung. Der Migrationsdienst des Amtes für Migration und Personenstand des Kantons Bern (heute Amt für Bevölkerungsdienste) und die Polizei- und Militärdirektion des Kantons Bern (POM; heute Sicherheitsdirektion des Kantons Bern) wiesen das Gesuch mit der Begründung ab, dass die beiden Beschwerdeführerinnen in Bezug auf die Teilnahme am Wirtschaftsleben und den Erwerb von Bildung einen überdurchschnittlichen Willen hätten vermissen lassen. Ihre schulischen Leistungen seien lediglich durchschnittlich gewesen und die ältere Beschwerdeführerin habe zudem den Lehrabschluss nur äusserst knapp bestanden. Das Verwaltungsgericht kam in seinem Urteil zum Schluss, dass die Bewilligungsbehörde mit diesen überhöhten Anforderungen an die erfolgreiche Integration das ihr zustehende Ermessen nicht pflichtgemäss wahrgenommen und somit eine Rechtsverletzung begangen habe. Interessant und für Gesuche um die vorzeitige Erteilung der Niederlassungsbewilligung von in der Schweiz geborenen und aufgewachsenen Ausländerinnen und Ausländern bedeutsam sind die Ausführungen des Verwaltungsgerichtes zu Sinn und Zweck von Art. 34 Abs. 4 AIG. Wie das Verwaltungsgericht in seinem Urteil ausführt (E. 4.4.6), hatte der Gesetzgeber bei der Schaffung der Möglichkeit der vorzeitigen Erteilung der Niederlassungsbewilligung die Situation von Ausländerinnen und Ausländern vor Augen, die als Erwachsene einreisen und bereits nach relativ kurzem Aufenthalt in der Schweiz um Erteilung der Niederlassungsbewilligung ersuchen. Für sie sollte, so der Bundesrat in seiner Botschaft, mit der «Möglichkeit der frühzeitigen Erteilung der Niederlassungsbewilligung (...) [ein] Anreiz für persönliche Integrationsanstrengungen» geschaffen werden (BBl 2002 3750). Die vorzeitige Erteilung der Niederlassungsbewilligung setzte daher nach dem bisherigen Wortlaut von Art. 34 Abs. 4 AIG eine erfolgreiche und somit im Vergleich zu anderen Ausländerinnen und Ausländern, die sich ebenfalls erst seit relativ kurzer Zeit in der Schweiz aufhalten, höhere Integrationsleistung voraus. Dabei sollten, so der Bundesrat in seiner Botschaft weiter, neben der beruflichen und sozialen Integration insbesondere die Sprachkenntnisse ausschlaggebend sein (BBl 2002 3750). Aus der bisherigen Praxis und Rechtsprechung lässt sich hingegen nicht ableiten, dass der Wille zur Teilnahme am Wirtschaftsleben und dem Erwerb von Bildung überdurchschnittlich sein müsse. Sinn und Zweck der Möglichkeit der vorzeitigen Erteilung der Niederlassungsbewilligung ist somit, dass jene erst relativ kurz in der Schweiz lebenden Ausländerinnen und Ausländer für eine im Vergleich zu anderen, sich in der gleichen Situation befindenden Personen erhöhte Integrationsleistung belohnt werden können. Die Situation von Ausländerinnen und Ausländern, die bereits in der Schweiz geboren wurden oder als Kleinkinder in die Schweiz gekommen sind, unterscheidet sich grundlegend von jener von Ausländerinnen und Ausländern, die als Erwachsene eingereist sind und erst seit relativ kurzer Zeit in der

Schweiz leben. Erstere haben die obligatorischen Schulen in der Schweiz besucht und ihre prägenden Kinder- und Jugendjahre in der Schweiz verbracht. Sie sind durch ihr Aufwachsen in der Schweiz und ihren Schulbesuch hier in der Mehrheit der Fälle bestens in Staat, Wirtschaft und Gesellschaft integriert und übertreffen bei Weitem die Sprachvoraussetzungen. Kurz, sie erfüllen, sofern nicht Hinweise auf Integrationsdefizite vorliegen, die für die vorzeitige Erteilung der Niederlassungsbewilligung verlangte, erfolgreiche Integration (nach der alten Regelung) bzw. Integration im Sinne von Art. 58a AIG (revidierte Regelung) problemlos. Zutreffend führt daher auch das Verwaltungsgericht aus: «Wer die obligatorische Schulzeit erfolgreich durchlaufen hat und eine Berufslehre absolviert oder abgeschlossen hat, erfüllt ohne gegenteilige Anhaltspunkte die geforderten wirtschaftlich-beruflichen Integrationskriterien» (E. 4.4.6). Gesuche um vorzeitige Erteilung der Niederlassungsbewilligung von in der Schweiz geborenen oder seit frühester Kindheit hier lebenden Ausländerinnen und Ausländern müssen denn auch entsprechend beurteilt werden. Von ihnen kann nicht eine erhöhte Integrationsleistung verlangt werden. Vielmehr ist ihre Integration in Staat, Wirtschaft und Gesellschaft im Sinne von Art. 58*a* AIG zu vermuten und eine Abweisung des Gesuches nur bei Vorliegen von klaren Integrationsdefiziten sachlich gerechtfertigt. Dass bei in der Schweiz geborenen und aufgewachsenen ausländischen Jugendlichen von einer solchen Integrationsvermutung auszugehen ist, unterstreicht der am 1. Januar 2019 in Kraft getretene revidierte Art. 34 Abs. 4 AIG. Dieser bezeichnet den Spracherwerb als Schlüsselfunktion für die Integration und rückt die Sprachkenntnisse in den Vordergrund. Wer in der Schweiz aufgewachsen ist und hier die obligatorischen Schulen besucht (hat), dessen Sprachniveau übersteigt das von Art. 62 Abs. 1bis VZAE für die vorzeitige Erteilung der Niederlassungsbewilligung vorausgesetzte Sprachniveau von B1 mündlich und A2 schriftlich bei Weitem. Konsequenterweise führt denn auch Art. 77*d* Abs. 1 lit. b VZAE aus, dass der Nachweis von Sprachkompetenzen erbracht ist, wenn die betreffenden Ausländerinnen und Ausländer während mindestens drei Jahren die obligatorische Schule in der betreffenden Landessprache besucht haben.

- **Vorliegen wichtiger Gründe für die Erteilung der Niederlassungsbewilligung nach einem kürzeren Aufenthalt** (Art. 34 Abs. 3 AIG): Als wichtige Gründe, die die Erteilung der Niederlassungsbewilligung nach einem kürzeren Aufenthalt rechtfertigen können, gilt insbesondere der Umstand, dass Ausländerinnen und Ausländer früher während mindestens zehn Jahren bereits über eine Niederlassungsbewilligung verfügt haben und ihr Auslandaufenthalt nicht länger als sechs Jahre gedauert hat (Art. 61 Abs. 1 VZAE). In diesen Fällen kann die Niederlassungsbewilligung erteilt werden, wenn die Betroffenen nachweisen, dass sie die Anforderungen an die Kenntnisse der am Wohnort gesprochenen Landessprache – mündlich A2, schriftlich A1 – erfüllen (Art. 61 Abs. 2 VZAE). Die Erteilung der Niederlassungsbewilligung aus wichtigen Gründen untersteht der Zustimmung des SEM (Art. 3 lit. d ZV-EJPD).

- **Familienangehörige von Schweizer Staatsangehörigen und Niedergelassenen, die in die Schweiz nachgezogen werden** (Art. 42 Abs. 3 und 4 sowie Art. 43 Abs. 5 und 6 AIG): Die Ehegattinnen und Ehegatten haben nach einem ordnungsgemässen und ununterbrochenen Aufenthalt von fünf Jahren Anspruch auf Erteilung der Niederlassungsbewilligung, wenn sie die Integrationskriterien nach Art. 58*a* AIG erfüllen (Art. 42 Abs. 3 und Art. 43 Abs. 5 AIG, siehe hinten Rz. 618 und Rz. 650). Für eingetragene Partnerinnen und Partner gilt diese Regelung analog (Art. 52 AIG). Kinder unter zwölf Jahren haben Anspruch auf die sofortige Erteilung der Niederlassungsbewilligung, ohne dass hierfür ein Mindestaufenthalt in der Schweiz vorausgesetzt wird (Art. 42 Abs. 4 und Art. 43 Abs. 6 AIG, siehe hinten Rz. 619 ff. und Rz. 651). Eine sofortige Erteilung der Niederlassungsbewilligung ist nach ständiger Praxis zudem für ordentliche und ausserordentliche Professorinnen und Professoren, die an einer Universität oder Hochschule in der Schweiz unterrichten, vorgesehen. Für sie und ihre Familienangehörigen kann die Niederlassungsbewilligung – unter Vorbehalt der Zustimmung des SEM (Art. 99 AIG i.V.m. Art. 85 VZAE und Art. 3 lit. e ZV-EJPD) – sofort erteilt werden.

– **Sonderregelungen aus Staatsverträgen:** Für Staatsangehöriger einzelner Staaten bestehen gestützt auf von der Schweiz abgeschlossene Staatsverträge, Gegenrechtserklärungen oder Erklärungen des Bundesrates Sonderregelungen in Bezug auf die Erteilung der Niederlassungsbewilligung. Dies gilt etwa für Staatsangehörige Andorras, Monacos, der USA, Kanadas und dem Vereinigten Königreich (hierzu vorne Rz. 75 ff.), die die Niederlassungsbewilligung bereits nach einem ununterbrochenen Aufenthalt von fünf Jahren beantragen. Ein Rechtsanspruch auf Erteilung der Niederlassungsbewilligung nach einem Aufenthalt von fünf Jahren besteht für Staatsangehörige Belgiens, Deutschlands, Dänemarks, Frankreichs, Griechenlands, Italiens, Liechtensteins, der Niederlande, Österreichs, Portugals und Spaniens (hierzu vorne Rz. 81).

600 Ausländerinnen und Ausländer mit Niederlassungsbewilligung haben Anspruch auf freie Wahl des Wohnsitzes innerhalb des Kantons, der die Bewilligung erteilt hat (Art. 36 AIG). Zudem besitzen die betreffenden Personen einen Rechtsanspruch auf Kantonswechsel, sofern keine Widerrufsgründe nach Art. 63 AIG vorliegen (Art. 37 Abs. 3 AIG). Sie können ferner in der gesamten Schweiz eine selbständige oder unselbständige Erwerbstätigkeit ausüben (Art. 38 Abs. 4 AIG), wobei der Stellenwechsel keiner Bewilligungspflicht unterliegt.

601 Im Falle einer Rückstufung nach Art. 63 Abs. 2 AIG (hinten Rz. 714 ff.), kann die Niederlassungsbewilligung frühestens nach fünf Jahren erneut erteilt werden (Art. 34 Abs. 6 AIG), sofern die betreffenden Ausländerinnen und Ausländer die Integrationskriterien nach Art. 58*a* AIG erfüllen und keine Widerrufsgründe nach Art. 62 oder Art. 63 Abs. 2 AIG vorliegen (Art. 61*a* VZAE).

d) Grenzgängerbewilligung (Ausweis G)

Die Grenzgängerbewilligung gilt für die Ausübung einer Erwerbstätigkeit in der Grenzzone (Art. 35 Abs. 1 AIG). Sie wird Personen aus Drittstaaten erteilt, die ein dauerhaftes Aufenthaltsrecht in einem Nachbarstaat der Schweiz besitzen und mindestens einmal wöchentlich an ihren Wohnort im Ausland zurückkehren (Art. 35 Abs. 2 AIG). 602

Die Grenzgängerbewilligung kann mit Bedingungen verknüpft werden (Art. 35 Abs. 2 AIG) und ist befristet, aber verlängerbar (Art. 35 Abs. 3 AIG). Nach einer ununterbrochenen Erwerbstätigkeit von fünf Jahren besteht ein Rechtsanspruch auf Verlängerung der Grenzgängerbewilligung, sofern keine Widerrufsgründe nach Art. 62 AIG vorliegen (Art. 35 Abs. 4 AIG). 603

Grenzgängerinnen und Grenzgänger können ihre Erwerbstätigkeit vorübergehend ausserhalb der Grenzzone ausüben. Beabsichtigen sie, den Schwerpunkt ihrer Tätigkeit in die Grenzzone eines anderen Kantons zu verlegen, müssen sie im Voraus eine Bewilligung im neuen Kanton beantragen. (Art. 39 Abs. 1 AIG). Der Stellenwechsel kann ihnen unter Einhaltung des Vorrangprinzips sowie der Einhaltung der orts-, berufs- und branchenüblichen Lohn- und Arbeitsbedingungen bewilligt werden (Art. 39 Abs. 2 i.V.m. Art. 21 und 22 AIG, zum Vorrang und den Lohn- und Arbeitsbedingungen siehe vorne Rz. 496 ff. und Rz. 505 ff.). Nach einer ununterbrochenen Erwerbstätigkeit von fünf Jahren haben Grenzgängerinnen und Grenzgänger Anspruch auf die Bewilligung des Kantons- und Stellenwechsels (Art. 39 Abs. 1 und 2 AIG). 604

7.4. Familiennachzug

Die Regelungen über den Familiennachzug haben das Ziel, ein Zusammenleben von Familienangehörigen in der Schweiz zu ermöglichen. Die Bedeutung dieser Bestimmungen wird deutlich, wenn man sich vor Augen führt, dass der Familiennachzug im langjährigen Durchschnitt mit 28 bis 33 Prozent der jährlichen Einreisen einen der wichtigsten Zulassungsgründe zum Aufenthalt in der Schweiz darstellt. Aufgrund dieser grossen Bedeutung des Familiennachzugs für die Einwanderungszahlen erstaunt es kaum, dass die Familiennachzugsbestimmungen seit langem im politischen Fadenkreuz sind. Denn die dem schweizerischen Ausländerrecht eigene restriktive Zulassungspolitik kollidiert beim Familiennachzug frontal mit dem Ziel, Familien und familiäre Beziehungen zu schützen und daher die Einreise von Familienangehörigen zu ermöglichen und zu fördern. Treffend wurde das Dilemma in der parlamentarischen Debatte zum AuG auf den Punkt gebracht: «Wenn man die Zahl der Ausländer begrenzen will, ohne auf Arbeitskräfte zu verzichten, ist (...) [der Familien- 605 nachzug] selbstverständlich der Hebel, an dem man ansetzen kann» (AB NR 2004, S. 743, Votum Bühlmann). Dieser Spagat zwischen restriktiver Einwanderungspolitik und grosszügigerer Zulassung im Rahmen des Familiennachzugs – der sich im Übrigen auch in Art. 3 AIG widerspiegelt – durchzieht die Nachzugsbestimmungen von Art. 42 bis Art. 52 AIG wie ein roter Faden. Zu berücksichtigen ist zudem, dass dem in Art. 8 EMRK verankerten Recht auf Achtung des Privat- und Familienlebens (vorne Rz. 95 f.) gerade im Kontext des Familiennachzuges grösste Bedeutung zukommt.

606 Das schweizerische Ausländerrecht kennt keine einheitliche Regelung des Nachzuges von im Ausland lebenden Personen zu Familienangehörigen in der Schweiz. Entscheidend für das Bestehen einer Nachzugsmöglichkeit, den Kreis der Familienangehörigen, die nachgezogen werden können, die Voraussetzungen eines Nachzuges sowie die Entscheidkompetenz der Behörden ist vielmehr die Bewilligungsart, über die die nachziehenden Familienangehörigen verfügen.

607 Die Nachzugsbestimmungen des 7. Kapitels des AIG (Art. 42–51 AIG) sind nach Art. 52 AIG sinngemäss auf gleichgeschlechtliche Paare in eingetragener Partnerschaft anwendbar. Eine gleiche Bestimmung findet sich in Art. 88a AIG für die vorläufige Aufnahme beziehungsweise in Art. 1*a* lit. e AsylV 1 für den Familiennachzug Asylbereich (hierzu hinten Rz. 1458, 1468, 1478 f., 1506 ff.). Die Bestimmungen zum Familiennachzug des FZA sind ebenfalls sinngemäss auf gleichgeschlechtliche Paare in eingetragener Partnerschaft anwendbar.

608 Die Vorlage «Ehe für alle», die am 26. September 2021 mit einem Ja-Stimmenanteil von 64,1 Prozent angenommen wurde und am 1. Juli 2022 in Kraft getreten ist, hat – mit Ausnahme der erleichterten Einbürgerung für die ausländischen gleichgeschlechtlichen Partner (siehe hinten Rz. 1617) – für die Familiennachzugsbestimmungen von Ausländer- und Asylrecht keine Auswirkungen, da die Nachzugsregelungen unverändert auf den zivilrechtlich ausgeweiteten Ehebegriff Anwendung finden.

a) Gesetzliche Rechtsansprüche auf Familiennachzug

609 Das schweizerische Ausländerrecht anerkennt für drei Konstellationen das Bestehen eines Rechtsanspruches auf Bewilligung des Familiennachzuges. Ein Rechtsanspruch auf Familiennachzug gestützt auf das AIG existiert für:

- Ehegattinnen und Ehegatten beziehungsweise eingetragene Partnerinnen und Partner, minderjährige Kinder sowie gewisse weitere Familienangehörige von **Schweizer Staatsangehörigen**.
- Ehegattinnen und Ehegatten beziehungsweise eingetragene Partnerinnen und Partner sowie minderjährige Kinder von Ausländerinnen und Ausländern mit **Niederlassungsbewilligung** in der Schweiz.
- ausländische **Pflegekinder zur Adoption** in der Schweiz.

aa) Nachzug von Familienangehörigen von Schweizer Staatsangehörigen

610 Nach Art. 42 AIG haben bestimmte Familienangehörige von Schweizer Staatsangehörigen einen Rechtsanspruch auf Erteilung und Verlängerung einer Aufenthaltsbewilligung. Es muss dabei zwischen der Kernfamilie und dem erweiterten Familienkreis unterschieden werden. Zur Kernfamilie gehören Ehegattinnen und Ehegatten, eingetragene Partnerinnen und Partner sowie minderjährige Kinder. Weitere Familienangehörige werden dem erweiterten Familienkreis beziehungsweise dem erweiterten Familienleben zugerechnet.

-- Ehegattinnen und Ehegatten sowie eingetragene Partnerinnen und Partner

611 Ehegattinnen und Ehegatten von Schweizer Staatsangehörigen haben einen **Rechtsanspruch** auf die Erteilung und Verlängerung einer Aufenthaltsbewilligung, wenn sie mit diesen **zusammenwohnen** (Art. 42 Abs. 1 AIG), **kein Rechtsmissbrauch** vorliegt (Art. 51 Abs. 1 lit. a AIG) und **keine Widerrufsgründe** nach Art. 63 AIG vorliegen (Art. 51 Abs. 1 lit. b AIG). Die Regelung gilt sinngemäss für die in eingetragener Partnerschaft lebenden gleichgeschlechtlichen Paare (Art. 52 AIG).

612 Der Rechtsanspruch auf Erteilung und Verlängerung der Aufenthaltsbewilligung ist grundsätzlich an das Zusammenleben der Eheleute beziehungsweise der in eingetragener Partnerschaft lebenden Paare gekoppelt. Ausnahmen sind möglich, sofern nach Art. 49 AIG und Art. 76 VZAE trotz fortbestehender Familiengemeinschaft beziehungsweise weiterbestehendem Willen zur Ehe oder zur eingetragenen Partnerschaft **wichtige Gründe für getrennte Wohnorte** bestehen. Als wichtige Gründe führt Art. 76 VZAE berufliche Verpflichtungen oder eine vorübergehende Trennung wegen erheblicher familiärer Probleme auf. In seiner Rechtsprechung hat das Bundesgericht hierzu etwa ausgeführt:

> «Les motifs susceptibles de constituer une raison majeure visent des situations exceptionnelles, fondées avant tout sur des raisons d'ordre professionnel ou familiales (...). La décision librement consentie des époux de «vivre ensemble séparément» («living apart together») en tant que telle et sans résulter d'autres motifs ne constitue pas une raison majeure au sens de l'art. 49 LEtr.» (BGer, 2C_40/2012, 15. Oktober 2012, E. 4)

> «Wichtige Gründe müssen somit objektivierbar sein und ein gewisses Gewicht aufweisen. Aus den aufgeführten Beispielen geht zudem hervor, dass von einem wichtigen Grund umso eher gesprochen werden kann, je weniger die Ehegatten auf die Situation des Getrenntlebens Einfluss nehmen können, ohne einen grossen Nachteil in Kauf nehmen zu müssen.» (BGer, 2C_340/2013, 28. Juni 2013, E. 2.2)

> «Die wichtigen Gründe im Sinne von Art. 49 AIG müssen objektivierbar sein und ein gewisses Gewicht aufweisen. Entsprechende Nachweise für das Fortbestehen der Ehe bzw. Partnerschaft sind durch die Ehegatten bzw. Partner beizubringen, da es dabei um Umstände aus ihrem Lebensbereich geht, die sie besser kennen als die Behörden. Insofern trifft die Ehegatten bzw. die Partner bei der Abklärung des Sachverhalts im Rahmen von Art. 49 AIG eine besondere Mitwirkungspflicht.» (BGer, 2C_974/2020, 12. März 2021, E. 4.2)

613 Ein Zusammenwohnen ist zudem auch dann nicht erforderlich, wenn die nachzuziehenden Ausländerinnen und Ausländer im Besitz einer dauerhaften Aufenthaltsbewilligung eines Staates sind, mit dem ein Freizügigkeitsabkommen abgeschlossen wurde (Art. 42 Abs. 2 lit. a AIG).

614 Der Verzicht auf die Voraussetzung des Zusammenlebens in Art. 42 Abs. 2 AIG gründet in der *ratio legis* der Gleichbehandlung von Schweizer Staatsangehörigen mit Angehörigen aus EU/EFTA-Staaten, die sich auf das FZA stützen können. Der EuGH hatte bereits 1985 im Urteil *Diatta* (EuGH, Urteil vom 13. Februar 1985, *Diatta gegen Land Berlin,* C-267/83, ECLI:EU:C:1985:67) entschieden, dass das Zusammenleben nicht Voraussetzung für die Einräumung eines Aufenthaltsrechtes an nachgezogene Familienangehörige sein kann. Das Bundesgericht hat sich in BGE 130 II 113 mit diesem Urteil auseinandergesetzt und gestützt darauf für das FZA ausgeführt, dass das Zusammenleben nicht konstitutiv für ein Aufenthaltsrecht sei. Der Verzicht auf das Erfordernis des Zusammenlebens gilt aber nur, sofern die Berufung auf das formelle Bestehen einer Ehe oder Partnerschaft beziehungsweise einer Familiengemeinschaft nicht rechtsmissbräuchlich ist.

615 Ehegattinnen und Ehegatten beziehungsweise eingetragene Partnerinnen und Partner von Schweizer Staatsangehörigen haben **keinen Nachweis von Sprachkompetenzen** beziehungsweise der Anmeldung zu einem Sprachförderungsangebot zu erbringen:

> «Dies ist gerechtfertigt, da die schweizerische Ehegattin oder der schweizerische Ehegatte ihren ausländischen Partner bzw. seine ausländische Partnerin regelmässig direkt beim erforderlichen Erwerb von Sprachkompetenzen unterstützen wird. Zudem würde dies zu einer Schlechterstellung gegenüber Angehörigen der EU- und EFTA-Staaten führen, bei denen solche zusätzlichen Bedingungen nicht möglich sind.» (BBl 2013 2397, S. 2419)

616 Der Anspruch auf Nachzug der ausländischen Ehegattinnen und Ehegatten sowie der eingetragenen Partnerinnen und Partner muss innerhalb der **Nachzugsfrist** von fünf Jahren seit der Entstehung des Familienverhältnisses beziehungsweise der Einreise der nachzugsberechtigten und bislang im Ausland lebenden schweizerischen Staatsangehörigen geltend gemacht werden (Art. 47 Abs. 1 i.V.m. Abs. 3 lit. a AIG). Ein **nachträglicher Familiennachzug** kann nach Art. 47 Abs. 4 AIG bewilligt werden, wenn wichtige familiäre Gründe geltend gemacht werden. Nach Art. 75 VZAE liegen solche wichtigen Gründe vor, wenn «das Kindswohl nur durch einen Nachzug in die Schweiz gewährt werden kann». Dabei ist aber freilich «entgegen dem Wortlaut der Verordnungs-

bestimmung (...) nicht ausschliesslich auf das Kindeswohl abzustellen. Es bedarf vielmehr einer Gesamtbetrachtung unter Berücksichtigung aller relevanten Elemente im Einzelfall» (BGer, 2C_917/2019, 25. März 2020, E. 5.1.1). Das Bundesgericht verfolgt in Bezug auf den nachträglichen Familiennachzug bewusst eine restriktive Praxis:

> «D'une façon générale, il ne doit être fait usage de l'art. 47 al. 4 LEtr qu'avec retenue. Les raisons familiales majeures pour le regroupement familial hors délai doivent toutefois être interprétées d'une manière conforme au droit fondamental au respect de la vie familiale (art. 13 Cst. et 8 CEDH; ...). Selon la jurisprudence, le désir de voir tous les membres de la famille réunis en Suisse est à la base de toute demande de regroupement familial, y compris celles déposées dans les délais, et représente même une des conditions du regroupement (...). La seule possibilité de voir la famille réunie ne constitue dès lors pas une raison familiale majeure. Ainsi, lorsque la demande de regroupement est effectuée hors délai et que la famille a vécu séparée volontairement, d'autres raisons sont nécessaires (...).
>
> L'art. 75 OASA ne traite que des raisons familiales majeures pour le regroupement familial des enfants et ne dit rien quant à ces raisons pour le conjoint; la jurisprudence, pas plus que la doctrine, n'en a arrêté les contours de façon déterminante (...).
>
> Les travaux parlementaires montrent qu'avec l'adoption de l'art. 47 al. 4 LEtr le législateur a voulu encourager l'intégration avec un regroupement des membres de la famille aussi rapide que possible, sans réduire les raisons de ce regroupement aux événements qui n'étaient pas prévisibles. Selon sa pratique, le Tribunal fédéral estime qu'une famille qui a volontairement vécu séparée pendant des années exprime de la sorte un intérêt réduit à vivre ensemble en un lieu donné; ainsi, dans une telle constellation, c'est-à-dire lorsque les rapports familiaux ont été vécus, pendant des années, par le biais de visites à l'étranger et des moyens modernes de communication, la ratio legis de l'art. 47 al. 4 LEtr que représente l'intérêt légitime (sous-jacent) à une politique d'immigration restrictive l'emporte régulièrement sur l'intérêt privé de l'étranger à vivre en Suisse. Il en va ainsi tant que des raisons objectives et compréhensibles, que celui-ci doit indiquer et justifier, ne suggèrent le contraire (...).» (BGE 146 I 185, E. 7.1.1. S. 192 f.)

Gestützt auf Art. 46 AIG können die nachgezogenen Ehegattinnen und Ehegatten bzw. eingetragene Partnerinnen und Partner in der ganzen Schweiz eine selbständige oder unselbständige Erwerbstätigkeit ausüben. 617

Nach einem ordnungsgemässen und ununterbrochenen Aufenthalt von fünf Jahren verfügen nachgezogene Ehegattinnen und Ehegatten sowie eingetragene Partnerinnen und Partner zudem über einen Rechtsanspruch auf die Erteilung einer **Niederlassungsbewilligung**, sofern sie die Integrationskriterien von Art. 58a AIG erfüllen (Art. 42 Abs. 3 AIG; zu den Integrationskriterien hinten Rz. 902) und über Sprachkompetenzen der am Wohnort gesprochenen Sprache auf dem Referenzniveau A2 mündlich und A1 schriftlich verfügen (Art. 73*b* VZAE). 618

-- Ledige Kinder unter 18 Jahren

619 Ledige ausländische Kinder unter 18 Jahren von Schweizer Staatsangehörigen haben einen **Rechtsanspruch** auf Erteilung und Verlängerung der Aufenthaltsbewilligung, wenn sie mit ihren Schweizer Eltern beziehungsweise ihrem Schweizer Elternteil **zusammenwohnen** (Art. 42 Abs. 1 AIG), **kein Rechtsmissbrauch** vorliegt (Art. 51 Abs. 1 lit. a AIG) und **keine Widerrufsgründe** nach Art. 63 AIG vorliegen (Art. 51 Abs. 1 lit. b AIG). Massgebend für die Altersbestimmung ist der Zeitpunkt der Einreichung des Nachzugsgesuches (BGE 136 II 497, E. 3.2 S. 499 f.). Der Rechtsanspruch besteht zudem auch dann, wenn minderjährige Kinder bloss durch einen Elternteil nachgezogen werden (BGE 136 II 78).

620 Der Rechtsanspruch auf Erteilung und Verlängerung der Aufenthaltsbewilligung ist grundsätzlich an das Zusammenleben mit den Eltern beziehungsweise dem Elternteil gekoppelt, sofern nach Art. 49 AIG und Art. 76 VZAE trotz fortbestehender Familiengemeinschaft **wichtige Gründe für getrennte Wohnorte** bestehen. Ein Zusammenwohnen ist zudem auch dann nicht erforderlich, wenn die nachzuziehenden ausländischen Kinder im Besitze einer dauerhaften Aufenthaltsbewilligung eines Staates sind, mit dem ein Freizügigkeitsabkommen abgeschlossen wurde (Art. 42 Abs. 2 AIG).

621 Der Anspruch auf Nachzug der ausländischen minderjährigen Kinder muss innerhalb der **Nachzugsfrist** von fünf Jahren seit der Entstehung des Familienverhältnisses beziehungsweise der Einreise der nachzugsberechtigten und bislang im Ausland lebenden Schweizer Staatsangehörigen geltend gemacht werden (Art. 47 Abs. 1 Satz 1 i.V.m. Abs. 3 lit. a AIG). Kinder über zwölf Jahren müssen binnen zwölf Monaten nachgezogen werden (Art. 47 Abs. 1 Satz 2 AIG). Nur bei Vorliegen wichtiger familiärer Gründe kann ein **nachträglicher Familiennachzug** bewilligt werden (Art. 47 Abs. 4 AIG). Dies ist insbesondere der Fall, wenn das Kindeswohl nur durch einen Nachzug in die Schweiz gewahrt werden kann (Art. 75 VZAE). Eingehend zum nachträglichen Familiennachzug vorne Rz. 616.

622 Bei der Frage, ob der Nachzugsanspruch auch **Stiefkinder** erfasst, unterscheidet sich die Rechtslage je nach Aufenthaltsort des nachzuziehenden Kindes. Stiefkinder Schweizer Staatsangehöriger verfügen gestützt auf Art. 42 Abs. 2 AIG über einen Rechtsanspruch auf Nachzug, sofern sie ein dauerndes Aufenthaltsrecht in einem FZA-Staat haben (vom Bundesgericht bislang offen gelassen, BGer, 2C_688/2017, 29. Oktober 2018); verfügen sie über kein solches Aufenthaltsrecht, können sie nach bundesgerichtlicher Praxis (BGE 137 I 284, E. 1.2. S. 286 f.) nicht über Art. 42 Abs. 1 AIG nachgezogen werden, sondern nur über die Nachzugsregelungen, die für ihren in der Schweiz lebenden Elternteil gelten oder über Art. 8 EMRK. Diese Sicht verkennt den Umstand, dass ein durch Art. 8 EMRK geschütztes Familienleben nicht nur zwischen dem Kind und seinem Elternteil besteht, sondern häufig auch zwischen dem schweizerischen Stiefelternteil und dem Stiefkind. In verfassungs- und völkerrechtskonformer Auslegung von Art. 42 Abs. 1 AIG sowie

mit Blick auf die entsprechende Regelung von Art. 42 Abs. 2 AIG sollte auch ausländischen Stiefkindern mit Wohnsitz ausserhalb der EU/EFTA ein Rechtsanspruch auf Erteilung und Verlängerung einer Aufenthaltsbewilligung eingeräumt werden.

Nachgezogene Kinder von Schweizer Staatsangehörigen können nach Art. 46 AIG in der ganzen Schweiz eine selbständige oder unselbständige Erwerbstätigkeit ausüben. 623

Nachgezogene Kinder unter 12 Jahren haben einen Rechtsanspruch auf sofortige Erteilung der **Niederlassungsbewilligung** (Art. 42 Abs. 4 AIG). Vermutungsweise aufgrund eines gesetzgeberischen Versehens enthält das AIG keine spezifische Regelung zur Erteilung der Niederlassungsbewilligung an Kinder, die im Alter zwischen 12 und 18 Jahren nachgezogen werden. Dies führt dazu, dass während Ehegattinnen und Ehegatten sowie eingetragene Partnerinnen und Partner von Schweizer Staatsangehörigen über einen Rechtsanspruch auf Erteilung der Niederlassungsbewilligung nach einem ordnungsgemässen und ununterbrochenen Aufenthalt von fünf Jahren verfügen (Art. 42 Abs. 3 AIG), die Erteilung der Niederlassungsbewilligung an im Alter zwischen 12 und 18 Jahre nachgezogene Kinder von Schweizer Staatsangehörigen sich nach Art. 34 AIG bestimmt und sie über keinen Rechtsanspruch verfügen. 624

-- Weitere Familienangehörige und die Problematik der Inländerdiskriminierung

Weitere ausländische Familienangehörige von Schweizerinnen und Schweizern haben nach Art. 42 Abs. 2 AIG einen Rechtanspruch auf Erteilung und Verlängerung der Aufenthaltsbewilligung, sofern sie im Besitz einer dauerhaften Aufenthaltsbewilligung eines Staates sind, mit dem die Schweiz ein Freizügigkeitsabkommen abgeschlossen hat. Der Anspruch erfasst: 625

- die Verwandten in absteigender Linie, die unter 21 Jahre alt sind oder denen Unterhalt gewährt wird (Art. 42 Abs. 2 lit. a AIG) sowie
- die eigenen Verwandten sowie die Verwandten der Ehepartnerin oder des Ehepartners beziehungsweise der eingetragenen Partnerin oder des eingetragenen Partners in aufsteigender Linie, denen Unterhalt gewährt wird (Art. 42 Abs. 2 lit. b AIG).

Für diese Nachzugskonstellation gelten weder Fristen (Art. 47 Abs. 2 AIG) noch das Erfordernis des Zusammenwohnens. 626

Dieses erweiterte Nachzugsrecht für Familienangehörige von Schweizer Staatsangehörigen, die über eine dauerhafte Aufenthaltsbewilligung in einem EU/EFTA-Staat verfügen, geht auf das Bestreben des Gesetzgebers zurück, Schweizerinnen und Schweizer gegenüber Staatsangehörigen aus EU/EFTA- 627

Staaten, die sich für den Familiennachzug auf das Freizügigkeitsabkommen berufen können (hinten Rz. 1013 ff.), nicht zu benachteiligen.

628 Anlass für diese Regelung war ein Urteil des Bundesgerichtes aus dem Jahr 2003. In diesem hatte das Bundesgericht erstmals zu beurteilen, ob auf den Teilnachzug der ausländischen minderjährigen Tochter eines Schweizer Staatsangehörigen die günstigeren Bestimmungen des FZA angewendet werden könnten. Unter Hinweis auf die Voraussetzungen der Geltendmachung der gemeinschaftsrechtlichen Freizügigkeit sowie aufgrund des Fehlens eines grenzüberschreitenden Sachverhaltes im vorliegenden Fall – der Schweizer Vater hatte nicht von seiner Freizügigkeit unter dem FZA Gebrauch gemacht – verneinte das Bundesgericht die Anwendbarkeit des FZA:

> «Das Freizügigkeitsabkommen findet – wie das Gemeinschaftsrecht – nur bei grenzüberschreitenden Sachverhalten Anwendung. Aus Drittstaaten stammende Familienangehörige von Schweizern können sich bei dieser Ausgangslage im Inland grundsätzlich nicht auf das Freizügigkeitsabkommen berufen, liegt doch diesfalls ein allein dem nationalen Ausländerrecht (unter Vorbehalt sonstiger staatsvertraglicher Bestimmungen) unterstellter inlandsbezogener Sachverhalt vor.» (BGE 129 II 249, E. 4.3 S. 261)

629 In der Folge führte das Bundesgericht zwar aus, dass die Nachzugsregelung des FZA tatsächlich deutlich grosszügiger ausgestaltet sei als jene von Art. 17 Abs. 2 ANAG, bei der Rüge der Verletzung des Rechtsgleichheitsgebotes von Art. 8 Abs. 1 BV beziehungsweise des Diskriminierungsverbotes von Art. 8 Abs. 2 BV jedoch das Anwendungsgebot von Art. 190 BV zu berücksichtigen sei; danach seien Bundesgesetze für das Bundesgericht massgebend. Da sich der Gesetzgeber bewusst dagegen entschieden habe, Schweizer Staatsangehörigen im Rahmen des Familiennachzuges die gleichen Rechte wie Staatsangehörigen aus EU/EFTA-Staaten zu gewähren, sei das Bundesgericht aufgrund von Art. 190 BV «an diesen klar zum Ausdruck gebrachten Willen des Gesetzgebers gebunden».

630 Nachdem das Bundesgericht das Vorliegen einer Inländerdiskriminierung beim Familiennachzug festgestellt und den Ball dem Gesetzgeber zugespielt hatte, wurden im Lauf der parlamentarischen Beratungen zum neuen AuG die Nachzugsbestimmungen für Familienangehörige von Schweizerinnen und Schweizern angepasst. Erklärtes Ziel des Gesetzgebers war die Gleichbehandlung von Schweizer Staatsangehörigen und EU/EFTA-Bürgern im Rahmen des Familiennachzugs. In Nachbildung der damaligen Rechtslage nach dem FZA wurde daher in Art. 42 Abs. 2 AuG der Kreis der nachziehbaren Verwandten gegenüber Art. 42 Abs. 1 AuG erweitert, unter dem Vorbehalt, dass diese über eine dauerhafte Aufenthaltsbewilligung in einem EU/EFTA-Staat verfügen.

631 In der Folge übernahm das Bundesgericht indes die Rechtsprechung des EuGH (EuGH, Urteil vom 25. Juli 2008, *Metock et al. gegen Minister for Justice,*

Equality and Law Reform, C-127/08, ECLI:EU:C:2008:449) für die Auslegung des Freizügigkeitsabkommens (BGE 136 II 5, hierzu hinten Rz. 1013 ff.) und setzte für den Nachzug von Familienangehörigen von EU/EFTA-Staatsangehörigen nicht mehr voraus, dass sich die betreffenden Verwandten bereits rechtmässig mit einem nicht nur vorübergehenden Aufenthaltstitel in einem anderen Vertragsstaat aufhalten. Diese Rechtsprechungsänderung führte erneut zu einer diskriminierenden Schlechterstellung von Schweizer Staatsangehörigen. Nur wenige Monate später hatte sich das Bundesgericht bereits damit auseinanderzusetzen. In aller Deutlichkeit führte es aus, es erscheine «zweifelhaft, inwiefern heute ein sachlicher Grund bestehen soll, Schweizer Bürger bezüglich des Nachzugs ihrer ausländischen Familienangehörigen schlechter zu behandeln als EU- beziehungsweise EFTA-Angehörige» (BGE 136 II 120, E. 3.4.1 S. 129). Weiter legte es dar, dass es zwar sachliche Gründe geben möge, die

> «es rechtfertigen können, eine strengere landesrechtliche Regelung aufrechtzuerhalten und auf schweizerische Staatsangehörige weiterhin anzuwenden, auch wenn eine entsprechende Regelung aufgrund der sektoriellen Abkommen Bürgern der EU beziehungsweise der EFTA nicht entgegengehalten werden kann; solche sind indessen im vorliegenden Zusammenhang nicht ersichtlich, zumal die Verweigerung des Familiennachzugs einen nicht zu unterschätzenden Eingriff in das durch die Bundesverfassung und die EMRK garantierte Recht auf Achtung des Familienlebens (…) bedeutet. (…) Ob ein [schutzwürdiger Zweck] für eine Schlechterstellung von Schweizer Bürgern beim Familiennachzug besteht, erscheint fraglich, nachdem der Gesetzgeber mit der Einführung von Art. 42 AuG erklärtermassen selber die gestützt auf das ANAG bestehende umgekehrte Diskriminierung von Schweizer Bürgern gegenüber Personen beseitigen wollte, die sich auf die günstigeren Bestimmungen des Freizügigkeitsabkommens und der Rechtsprechung drauf berufen konnten.» (BGE 136 II 120, E. 3.4.1 S. 129 f.)

Aufgrund des in Art. 190 BV verankerten Anwendungsgebotes von Bundesgesetzen waren dem Bundesgericht jedoch die Hände gebunden und es musste sich darauf beschränken, den Gesetzgeber einzuladen, die durch die *Metock*-Übernahme entstandene Inländerdiskriminierung zu beseitigen. Nur sofern sich der Gesetzgeber «dem Problem in absehbarer Zeit nicht annehmen sollte, könnte das Bundesgericht im Rahmen von Art. 190 BV allenfalls gestützt auf Art. 14 EMRK und den Vorrang des Völkerrechtes gehalten sein, über den vorliegenden Appellentscheid hinaus eine Konventionswidrigkeit im Einzelfall allenfalls selber zu korrigieren» (BGE 136 II 120, E. 3.5.3 S. 131). 632

Kurze Zeit später gab das BFM in einem Rundschreiben bekannt, dass «derzeit die Notwendigkeit der Anpassung von Artikel 42 Abs. 2 des Bundesgesetzes über die Ausländerinnen und Ausländer geprüft» werde (Rundschreiben des BFM vom 27. Januar 2010 betreffend Übernahme des Urteils *Metock* durch das Bundesgericht). In der Folge wurde zwar eine parlamentarische Initiative eingereicht, welche die Beseitigung der durch die *Metock*-Übernahme für das FZA 633 geschaffenen Inländerdiskriminierung anregte (Parlamentarische Initiative 10.427 Andy Tschümperlin betreffend Beseitigung und Verhinderung von Inländerdiskriminierung), doch entschied ihr keine Folge zu geben, da der Familiennachzug aus Drittstaaten einer der wenigen verbleibenden Bereiche sei, in denen die Schweiz ihre Migrationspolitik noch selbst bestimmen könne. Dieser Handlungsspielraum der schweizerischen Behörden solle gewahrt bleiben.

634 Gegenwärtig ist eine weitere parlamentarische Initiative hängig, die die Beseitigung der Inländerdiskriminierung beabsichtigt (Parlamentarische Initiative 19.464 Angelo Barrile betreffend Beseitigung und Verhinderung der Inländerinnen- und Inländerdiskriminierung beim Familiennachzug). Der Nationalrat hat entschieden, der Initiative Folge zu geben und die vorbereitende Kommission des Ständerates beantragt dies auch dem Ständerat.

635 Weniger als ein Jahr später musste sich das Bundesgericht erneut mit dieser Frage befassen. Der vom Bundesgericht zu beurteilende Fall betraf den Nachzug der Mutter einer erwachsenen Schweizer Bürgerin. Da die Mutter in Bosnien-Herzegowina lebte, hatten die kantonalen Behörden die Bewilligung des Nachzuges verweigert. Vor Bundesgericht machten die Beschwerdeführerinnen geltend, dass eine durch Art. 8 und 14 EMRK verbotene Inländerdiskriminierung vorliege und das Bundesgericht aufgrund der gesetzgeberischen Untätigkeit dieser in eigener Kompetenz ein Ende bereiten solle. In seinem Urteil führte das Bundesgericht aus, der EGMR habe bislang noch kein Urteil zur Konventionskompatibilität einer Schlechterstellung der eigenen Staatsangehörigen gefällt. Wenn daher der Gesetzgeber der Überzeugung sei, dass die Schweiz eine restriktive Migrationspolitik verfolgen solle, so sei dies durch den von der EMRK eingeräumten Beurteilungsspielraum gedeckt und das Bundesgericht könne nicht an die Stelle des Gesetzgebers treten; erst sofern «à l'avenir une discrimination au sens de l'art. 14 CEDH était constatée et plusieurs solutions raisonnables également conformes au droit constitutionnel et conventionnel pur l'écarter étaient imaginables, cela pourrait alors au mieux conduire à fixer un délai au législateur» (BGer, 2C_354/2011, 13. Juli 2012, E. 2.7). Es bejaht somit die Rechtmässigkeit der Inländerdiskriminierung und bestätigte diesen Entscheid in späteren Urteilen mehrmals.

-- Erlöschen der Rechtsansprüche

636 Die Rechtsansprüche auf Familiennachzug können nach Art. 51 Abs. 1 AIG zunächst erlöschen, wenn sie **rechtsmissbräuchlich** geltend gemacht werden (lit. a). Lehre und Praxis unterscheiden beim Nachzug von Ehegattinnen und Ehegatten sowie eingetragenen Partnerinnen und Partnern grundsätzlich zwei Situationen des Rechtsmissbrauchs: Zum einen die sogenannte Schein- oder Ausländerrechtsehe beziehungsweise -partnerschaft und zum anderen die rechtsmissbräuchliche Berufung auf eine nur noch formell bestehende Ehe be-

ziehungsweise Partnerschaft. Der erste Fall liegt nach ständiger bundesgerichtlicher Praxis vor, wenn eine Ehe oder Partnerschaft einzig und allein eingegangen wurde, um die ausländerrechtlichen Bestimmungen zu umgehen und von Anfang an nicht beabsichtigt wurde, eine echte Lebensgemeinschaft zu führen. Das Vorliegen einer Scheinehe oder -partnerschaft entzieht sich in der Regel dem direkten Beweis und muss daher zumeist durch Indizien erstellt werden. Diese können äussere Gegebenheiten, aber auch innere, psychische Vorgänge betreffen:

> «Entsprechende Indizien lassen sich unter anderem darin erblicken, dass der ausländischen Person die Wegweisung droht, weil sie ohne Heirat keine Aufenthaltsbewilligung erhielte bzw. eine Bewilligung ohne Ehe nicht oder kaum erhältlich gemacht werden könnte. Für das Vorliegen einer Ausländerrechtsehe können sodann die Umstände des Kennenlernens und die kurze Dauer der Bekanntschaft sprechen; dasselbe gilt bei Vorliegen eines grossen Altersunterschiedes oder wenn die Eheleute gar nie eine Wohngemeinschaft aufgenommen haben. Als weitere Hinweise für eine Umgehungsehe zu betrachten sind geringe Kenntnisse über den jeweiligen Ehepartner, die Vereinbarung einer Bezahlung für die Heirat sowie allgemein widersprüchliche Angabe» (BGer, 2C_186/2019, 16. September 2019, E. 4.2)

Das Bundesgericht schliesst indes nicht aus, dass eine ursprünglich nur zum Zweck der Umgehung der ausländerrechtlichen Vorschriften geschlossene Ehe sich in eine tatsächlich gelebte Ehe wandeln kann: 637

> «Die Wandlung einer ursprünglich rechtsmissbräuchlich geschlossenen Scheinehe in eine tatsächlich geführte Ehe (sog. «amor superveniens») ist zwar nicht grundsätzlich ausgeschlossen, doch kann sie jedenfalls nicht leichthin angenommen werden (...). Da eine solche Wandlung auf seelische Vorgänge zurückzuführen ist, kann darauf nur mit Hilfe von Indizien geschlossen werden (...). Die Behauptungslast liegt dabei – wie bei jedem Wiedererwägungsgesuch infolge nachträglicher Änderung des Sachverhalts – bei der rechtsuchenden Partei. Ihr obliegt es, in überzeugender Weise darzutun, dass die Qualität der Beziehung eine entscheidende Wendung genommen hat und nunmehr eine echte Ehegemeinschaft vorliegt. Rechtsprechungsgemäss sind in der Konstellation des «amor superveniens» erhöhte Anforderungen an den Nachweis des wirklichen Ehewillens zu stellen.» (BGer, 2C_645/2013, 7. April 2014, E. 2.2)

Rechtsmissbrauch kann auch bei der Berufung auf eine nur noch formell bestehende Ehe oder eingetragene Partnerschaft gegeben sein. Dies ist nach der Praxis dann der Fall, wenn für die Erwirkung beziehungsweise Verlängerung eines Aufenthaltsrechtes an einer nur noch formell bestehenden Ehe oder Partnerschaft festgehalten wird, obwohl keine Aussicht auf Aufnahme oder Wiederaufnahme der ehelichen oder partnerschaftlichen Gemeinschaft besteht (BGE 136 II 113). 638

Die in Art. 42 AIG gewährten Rechtsansprüche können zudem nach Art. 51 Abs. 1 lit. b AIG auch erlöschen, wenn **Widerrufsgründe** nach Art. 63 AIG vorliegen (hinten Rz. 707 ff.) 639

-- Auflösung der Familiengemeinschaft

640 Der Rechtsanspruch auf Erteilung und Verlängerung der Aufenthaltsbewilligung besteht grundsätzlich nur während der Ehe oder eingetragenen Partnerschaft beziehungsweise des Bestehens der Familiengemeinschaft und erlischt nach deren Beendigung. Diese Regelung ist insofern problematisch, weil sie zum einen die berechtigten Ausländerinnen und Ausländer selbst etwa in Fällen häuslicher Gewalt zum Verbleib bei den Schweizer Partnerinnen und Partnern zwingt, da ihnen im Trennungsfall der Verlust des Aufenthaltsrechtes droht.

> «Der Gesetzgeber wollte mit Art. 50 AuG in erster Linie Ehegatten nach Auflösung der Ehe schützen, um sie nicht vor das Dilemma zu stellen, entweder in einer unzumutbaren ehelichen Gemeinschaft zu verbleiben oder allein in ein gesellschaftliches Umfeld zurückzukehren, wo sie wegen ihrer Trennung oder Scheidung möglicherweise geächtet werden.» (BGE 140 II 289, E. 3.4.3 S. 294).

641 Die Regelung ist aber auch deshalb problematisch, weil selbst der Tod der Schweizer Partnerinnen und Partner zum Verlust des Aufenthaltsrechtes führen kann, ist doch die Ehe beziehungsweise die eingetragene Partnerschaft mit dem Tod rechtlich beendet. Daher ist es begrüssenswert, dass Art. 50 AIG nunmehr ausführt, der Anspruch auf Verlängerung könne fortbestehen, sofern:

- Die Ehe oder eingetragene Partnerschaft mindestens drei Jahre bestanden hat und die Integrationskriterien nach Art. 58*a* AIG erfüllt sind (Art. 50 Abs. 1 lit. a AIG). Die Voraussetzungen der dreijährigen Dauer der Ehe oder eingetragenen Partnerschaft sowie der erfolgreichen Integration müssen für das Fortbestehen des Anspruches kumulativ erfüllt werden. Die Dreijahresfrist berechnet sich erst ab dem Moment der Eheschliessung beziehungsweise der Eintragung der Partnerschaft und erfasst nur die effektiv in der Schweiz verbrachte Zeit (BGE 140 II 289). Bei der Berechnung der Dreijahresfrist kann zudem die Dauer mehrerer kürzerer Ehegemeinschaften nicht zusammengerechnet werden (BGE 140 II 289; BGer, 2C_773/2013, 25. März 2014). Die Integration bestimmt sich nach den in Art. 58*a* Abs. 1 AIG aufgeführten Kriterien der Beachtung der öffentlichen Sicherheit und Ordnung, der Respektierung der Werte der Bundesverfassung, der Kompetenzen der am Wohnort gesprochenen Landessprache sowie der Teilnahme am Wirtschaftsleben oder am Erwerb von Bildung (siehe hierzu hinten Rz. 902). In Bezug auf die Sprachkenntnisse konkretisiert Art. 77 Abs. 4 VZAE, dass die Gesuchstellerinnen und Gesuchsteller nachweisen müssen, dass sie über mündliche Sprachkompetenzen mindestens auf dem Referenzniveau A1 des Referenzrahmens verfügen.
- **Wichtige persönliche Gründe, die einen weiteren Aufenthalt in der Schweiz erforderlich machen** (Art. 50 Abs. 1 lit. b i.V.m. Abs. 2 AIG). Der Anspruch auf Erteilung und Verlängerung kann trotz Auflösung der Familiengemeinschaft auch dann fortbestehen, wenn wichtige persönliche

Gründe vorliegen, die einen weiteren Aufenthalt in der Schweiz erforderlich machen. Diese Konstellation ist vor allem für jene Fälle geschaffen worden, in denen die Voraussetzungen von Art. 50 Abs. 1 lit. a AIG nicht erfüllt sind, «sei es, dass der Aufenthalt während der Ehe von kürzerer Dauer war oder dass die Integration nicht vorangeschritten ist oder dass es sogar an beidem mangelt» (BGE 137 II 1, E. 4.1 S. 7). Art. 50 Abs. 1 lit. b AIG regelt somit den sogenannten **nachehelichen Härtefall**, zielt die Bestimmung doch darauf ab, Härtefälle bei der Verlängerung der Aufenthaltsbewilligung nach der Auflösung der ehelichen Gemeinschaft zu vermeiden (zu Härtefällen allgemein vorne Rz. 542 ff.). Wichtige persönliche Gründe liegen nach Art. 50 Abs. 2 AIG namentlich dann vor, wenn die ausländischen Partnerinnen oder Partner Opfer ehelicher beziehungsweise häuslicher Gewalt geworden sind, die Ehe nicht aus freien Stücken geschlossen wurde, die soziale Wiedereingliederung im Heimat- oder Herkunftsland stark gefährdet erscheint, medizinische Gründe sowie die Beziehung zu Kindern in der Schweiz. Bei Tod des Ehegatten gilt nach dem Bundesgericht die widerlegbare Vermutung, dass ein Härtefall vorliegt (BGE 138 II 393).

Von **ehelicher beziehungsweise häuslicher Gewalt** wird gesprochen, wenn Personen innerhalb einer bestehenden oder aufgelösten familiären, ehelichen oder eheähnlichen Beziehung psychische, physische oder sexuelle Gewalt ausüben oder androhen. Hauptmerkmal häuslicher Gewalt ist dabei die Verletzung der körperlichen oder seelischen Integrität einer Person, die unter Ausnützung eines Machtverhältnisses durch die strukturell stärkere Person zugefügt wird. In diesem Sinne definiert denn auch Art. 3 lit. b des Übereinkommen des Europarats zur Verhütung und Bekämpfung von Gewalt gegen Frauen und häuslicher Gewalt (Istanbul-Konvention, SR 0.311.35) häusliche Gewalt als Handlung «körperlicher, sexueller, psychischer oder wirtschaftlicher Gewalt, die innerhalb der Familie oder des Haushalts oder zwischen früheren oder derzeitigen Eheleuten oder Partnerinnen beziehungsweise Partnern vorkommt, unabhängig davon, ob der Täter beziehungsweise die Täterin denselben Wohnsitz wie das Opfer hat oder hatte. « Indes vermag nicht jede so verstandene Handlung ehelicher oder häuslicher Gewalt einen nachehelichen Härtefall zu begründen. Aus ausländerrechtlicher Sicht stellt eheliche und häusliche Gewalt vielmehr eine «systematische Misshandlung mit dem Ziel, Macht und Kontrolle auszuüben» dar (BGE 138 II 229, E. 3.2.2 S. 233 f.) – nicht aber eine einmalige Ohrfeige oder eine verbale Beschimpfung im Verlauf eines eskalierenden Streites (BGE 136 II 1, E. 5 S. 233 f.). Eheliche oder häusliche Gewalt im Sinne von Art. 50 Abs. 2 AIG muss eine gewisse Intensität aufweisen, damit sie einen Rechtsanspruch auf ein eigenständiges Anwesenheitsrecht zu begründen vermag. Opfer ehelicher bzw. häuslicher Gewalt können freilich sowohl Frauen als auch Männer sowie Kinder werden. Eheliche Gewalt kann zudem nicht nur von der Ehegattin beziehungsweise dem Ehegatten oder dem Elternteil ausgehen, sondern auch von anderen Personen, wie z.B. den Schwiegereltern, sofern mit diesen in enger Gemeinschaft zusammengelebt wird (BGer, 2C_922/2019, 26. Februar 2020, E. 3.1). Schliesslich darf bei der Beurteilung des Vorliegens ehelicher beziehungsweise häuslicher Gewalt nicht auf die kulturelle Zugehörigkeit der betroffenen Person abgestellt und somit die Gewalt kulturrelativistisch bagatellisiert werden. Insbesondere Migrantinnen stellen nach Art. 1 der Istanbul-Konvention eine besonders schutzwürdige Gruppe dar (BGer, 2C_915/2019, 13. März 2020, E. 5.2).

Nach Art. 77 Abs. 5 VZAE können die zuständigen Behörden Nachweise für das Vorliegen ehelicher Gewalt verlangen. Als solche Nachweise gelten namentlich Arztzeugnisse, Polizeirapporte, Strafanzeigen, Massnahmen im Sinne von Art. 28*b* ZGB oder entsprechende strafrechtliche Verurteilungen (Art. 77 Abs. 6 VZAE). Mitberücksichtigt werden nach Art. 77 Abs. 6bis VZAE zudem Hinweise und Auskünfte von spezialisierten Fachstellen. Vergleichbares muss gelten, wenn es sich bei der Gewalt nicht um eheliche beziehungsweise häusliche Gewalt handelt, sondern um Gewalt gegen die eigenen Kinder. Auch in diesen Situationen muss den Kindern und dem betroffenen Elternteil der weitere Aufenthalt in der Schweiz erlaubt sein, wenn sie sich – im Interesse des Kindeswohls – definitiv vom gewalttätigen Elternteil trennen.

Ein nachehelicher Härtefall ist nach Art. 50 Abs. 2 AIG ferner bei Auflösung der ehelichen Gemeinschaft wegen Vorliegens einer **Zwangsehe** gegeben. Ausländerinnen und Ausländer, die die Ehe nicht aus freiem Willen eingegangen sind, sollen nicht durch den drohenden Verlust ihres abgeleiteten Aufenthaltsrechtes faktisch gezwungen werden, in der ehelichen Gemeinschaft zu verbleiben. Die Anforderungen an den Nachweis beziehungsweise die Glaubhaftmachung einer Zwangsehe dürfen dabei nicht überhöht werden, da andernfalls die vom Gesetzgeber intendierte Schutzwirkung hinfällig würde. So sind z.B. die kantonalen Migrationsbehörden in Willkür verfallen, als sie eine rechtkräftige gerichtliche Feststellung einer Zwangsehe nicht als genügenden Beweis für das Vorliegen eines nachehelichen Härtefalles angesehen haben (BGer, 2C_671/2017, 29. Mai 2018, E 2.3.2).

Im Zentrum der Beurteilung, ob bei einer Rückkehr in das Heimat- oder Herkunftsland die **soziale Wiedereingliederung stark gefährdet** erscheint, steht die Zumutbarkeit der Rückkehr. Diese ist anhand der gesellschaftlichen, wirtschaftlichen sowie familiären Situation der betroffenen Person bei einer Rückkehr zu beurteilen (BGer, 2C_822/2018, 23. August 2019, E. 3.3.1). Erscheint die Rückkehr unter Berücksichtigung aller Aspekte des Einzelfalles als unzumutbar, besteht der Rechtsanspruch auf Verlängerung der Aufenthaltsbewilligung trotz Scheiterns der ehelichen Gemeinschaft fort (BGE 137 II 345, E. 3.2.3 S. 345 f.). Bei der Beurteilung der Zumutbarkeit sind auch die Gründe, die zum definitiven Scheitern der ehelichen Gemeinschaft geführt haben sowie die Auswirkungen auf die Situation der betroffenen Ausländerin bzw. des betroffenen Ausländers im Herkunftsland, zu berücksichtigen (BGE 140 II 129, E. 3.5 S. 132 f.). Ob ein Leben in der Schweiz einfacher wäre und von der betroffenen Ausländerin bzw. dem betroffenen Ausländer vorgezogen würde, ist ebenso unerheblich wie das Argument, dass die Wirtschafts- und Sicherheitslage in der Schweiz besser ist als im Heimat- oder Herkunftsland: «Die Rückkehr in Lebensverhältnisse, welche im Herkunftsland allgemein üblich sind, stellt praxisgemäss keinen wichtigen persönlichen Grund dar, der im Rahmen eines nachehelichen Härtefalls einen weiteren Aufenthalt in der Schweiz gebieten würde» (BGer, 2C_672/2015, 14. März 2016, E. 2.2).

642 Zudem darf der Anspruch nicht rechtsmissbräuchlich geltend gemacht worden sein und es dürfen keine Widerrufsgründe nach Art. 62 oder 63 Abs. 2 vorliegen (Art. 51 Abs. 2 AIG, siehe hinten Rz. 707 ff.)

643 Hat die eheliche Gemeinschaft mehr als drei Jahre gedauert und sind die Integrationsvoraussetzungen erfüllt (Art. 50 Abs. 1 lit. a AIG) bzw. wird der nacheheliche Härtefall bejaht (Art. 50 Abs. 1 lit. b AIG), gilt der in Art. 42 AIG verankerte Rechtsanspruch auf Erteilung und Verlängerung der Aufenthaltsbe-

willigung trotz der Beendigung der ehelichen Beziehung weiter. Die betroffenen Ausländerinnen und Ausländer erhalten eine – nunmehr selbständige – Aufenthaltsbewilligung. Diese wird nicht an das Kontingent für Aufenthaltsbewilligungen angerechnet (Art. 20 Abs. 1 AIG e contrario), unterliegt indes der Zustimmungspflicht des SEM (Art. 4 lit. d ZV-EJPD). Die Frist zur Erteilung der Niederlassungsbewilligung richtet sich trotz des Fortbestehens des Anspruches auf Verlängerung der Aufenthaltsbewilligung nach den normalen Fristen von Art. 34 AIG (Art. 50 Abs. 3 AIG).

Hat hingegen die eheliche Gemeinschaft weniger als drei Jahre in der Schweiz bestanden bzw. sind die Integrationskriterien nicht erfüllt und machen keine wichtigen persönlichen Gründe einen weiteren Aufenthalt in der Schweiz erforderlich, liegt die Verlängerung der Aufenthaltsbewilligung – beziehungsweise wegen des geänderten Aufenthaltszweckes (Art. 54 VZAE) die Erteilung einer neuen Aufenthaltsbewilligung – im Ermessen der zuständigen Behörden. Diese wird nicht an das Kontingent angerechnet (Art. 20 Abs. 1 AIG e contrario), unterliegt indes nicht der Zustimmungspflicht des SEM (Art. 4 lit. d ZV-EJPD). 644

bb) Nachzug von Familienangehörigen von Personen mit Niederlassungsbewilligung

Nach Art. 43 AIG verfügen Ehegattinnen und Ehegatten, eingetragene Partnerinnen und Partner sowie minderjährige Kinder von Ausländerinnen und Ausländern mit Niederlassungsbewilligung über einen Rechtsanspruch auf Erteilung und Verlängerung einer Aufenthaltsbewilligung. 645

-- Ehegattinnen und Ehegatten sowie eingetragene Partnerinnen und Partner

Ehegattinnen und Ehegatten sowie eingetragene Partnerinnen und Partner von ausländischen Staatsangehörigen mit Niederlassungsbewilligung haben nach Art. 43 Abs. 1 AIG einen Rechtsanspruch auf Erteilung und Verlängerung der Aufenthaltsbewilligung, sofern die folgenden Voraussetzungen erfüllt sind: 646

- **Zusammenwohnen** (lit. a): Der Nachzug von Ehegattinnen und Ehegatten sowie eingetragenen Partnerinnen und Partner durch niedergelassene Ausländerinnen und Ausländer setzt voraus, dass sie nach der Einreise zusammenwohnen. Vom Erfordernis des Zusammenwohnens kann nach Art. 49 AIG allerdings abgesehen werden, wenn wichtige Gründe für getrennte Wohnorte bestehen und die Familiengemeinschaft weiterbesteht (siehe vorne Rz. 611 ff.).
- Vorhandensein einer bedarfsgerechten Wohnung (lit. b, siehe vorne Rz. 518 ff.).

- **Keine Sozialhilfeabhängigkeit** (lit. c) der nachzuziehenden Familienangehörigen.
- **Kenntnisse der am Wohnort gesprochenen Landessprache** (lit. d): Im Rahmen der Erteilung der Aufenthaltsbewilligung kann auf den Nachweis der genügenden Sprachkenntnisse verzichtet werden, sofern eine Anmeldung zu einem Sprachförderungsprogramm vorliegt, das mindestens zur Erreichung des Referenzniveaus A1 des Referenzrahmens führt (Art. 43 Abs. 2 AIG i.V.m. Art. 73*a* Abs. 1 VZAE). Im Rahmen der Verlängerung müssen die Gesuchstellerinnen und Gesuchsteller dagegen nachweisen, dass sie mündlich das Niveau A1 erreicht haben (Art. 73*a* Abs. 2 VZAE). Allerdings kann nach Art. 49*a* AIG vom Erfordernis des Sprachnachweises abgewichen werden, wenn wichtige Gründe vorliegen wie etwa «eine Behinderung, eine Krankheit oder eine andere Einschränkung, die zu einer wesentlichen Beeinträchtigung der Fähigkeit zum Spracherwerb führt».
- Kein Bezug von **bundesrechtlichen Ergänzungsleistungen** durch das nachziehende Familienmitglied (lit. e): Die nachziehenden Ausländerinnen und Ausländer, die sich mit Niederlassungsbewilligung in der Schweiz aufhalten, dürfen keine jährlichen Ergänzungsleistungen nach Bundesrecht beziehen oder wegen des Familiennachzugs künftig beziehen. Der Bezug kantonaler Ergänzungsleistungen ist für den Nachzugsanspruch nicht relevant, ebensowenig der Erhalt von Prämienverbilligungen für die Krankenkassenprämien.

647 Sofern ein besonderer Integrationsbedarf besteht, können die Erteilung und Verlängerung der Aufenthaltsbewilligung zudem mit dem Abschluss einer **Integrationsvereinbarung** verbunden werden (Art. 43 Abs. 4 AIG, zu Integrationsvereinbarungen siehe hinten Rz. 903 ff.). In den Fällen, in denen die zuständigen Behörden eine Integrationsvereinbarung verlangen, wird die Aufenthaltsbewilligung erst nach Abschluss der Vereinbarung erteilt oder verlängert (Art. 58*b* Abs. 3 AIG).

648 Der Anspruch auf Nachzug der ausländischen Partnerinnen und Partner muss innerhalb der **Nachzugsfrist** von fünf Jahren nach der Entstehung des Familienverhältnisses beziehungsweise der Erteilung der Niederlassungsbewilligung an die nachziehenden Ausländerinnen und Ausländer geltend gemacht werden (Art. 47 Abs. 1 i.V.m. Abs. 3 lit. b AIG). Ein **nachträglicher Familiennachzug** kann nach Art. 47 Abs. 4 AIG bewilligt werden, wenn wichtige familiäre Gründe geltend gemacht werden (hierzu vorne Rz. 616).

649 Gestützt auf Art. 46 AIG können die Ehegattinnen und Ehegatten sowie die eingetragenen Partnerinnen und Partner von Niedergelassenen in der ganzen Schweiz eine selbständige oder unselbständige Erwerbstätigkeit ausüben.

Nach einem ordnungsgemässen und ununterbrochenen Aufenthalt von fünf Jahren haben nachgezogene Ehegattinnen und Ehegatten sowie nachgezogene eingetragene Partnerinnen und Partner einen Rechtsanspruch auf Erteilung der **Niederlassungsbewilligung**, sofern sie die Integrationskriterien von Art. 58*a* AIG erfüllen (Art. 43 Abs. 5 AIG) und über Sprachkompetenzen der am Wohnort gesprochenen Sprache auf dem Referenzniveau A2 mündlich und A1 schriftlich verfügen (Art. 73*b* VZAE). 650

-- Ledige Kinder unter 18 Jahren

Ledige Kinder unter 18 Jahren von ausländischen Staatsangehörigen mit Niederlassungsbewilligung haben nach Art. 43 Abs. 1 AIG einen **Rechtsanspruch** auf Erteilung und Verlängerung der Aufenthaltsbewilligung, wenn sie mit ihren Eltern in einer bedarfsgerechten Wohnung zusammenwohnen (lit. a und b, siehe vorne Rz. 518 f.), nicht auf Sozialhilfe angewiesen sind (lit. c) und ihre sie nachziehenden Eltern keine jährlichen Ergänzungsleistungen nach Bundesrecht beziehen oder wegen des Familiennachzuges beziehen könnten (lit. e). Dagegen werden keine Anforderungen an die Kenntnisse der am Wohnort gesprochenen Landessprache gestellt (Art. 43 Abs. 3 AIG), da davon ausgegangen wird, dass sie die Sprache im Rahmen der schulischen und beruflichen Aus- und Weiterbildung erlernen (BBl 2013 2397, S. 2419). Massgebend für die Altersbestimmung ist der Zeitpunkt der Einreichung des Nachzugsgesuches (BGE 136 II 497, E. 3.2 S. 499 f.). Der Rechtsanspruch besteht auch dann, wenn minderjährige Kinder bloss durch einen Elternteil nachgezogen werden (BGE 136 II 78). 651

Zudem kann auch vom Erfordernis des Zusammenwohnens mit den Eltern abgesehen werden, wenn **wichtige Gründe für getrennte Wohnorte** vorliegen und die Familiengemeinschaft weiterhin besteht (Art. 49 AIG). Zeichnet sich ein ungünstiger Integrationsverlauf ab, können die zuständigen Behörden auch mit Minderjährigen **Integrationsvereinbarungen** abschliessen, wobei in der Regel die sorgeberechtigten Eltern beziehungsweise der sorgeberechtigte Elternteil in die Pflicht zu nehmen sind (Art. 43 Abs. 4 AIG, BBl 2013 2397, S. 2419, zu den Integrationsvereinbarungen siehe hinten Rz. 903 ff.). 652

Der Anspruch auf Nachzug der Kinder muss innerhalb der **Nachzugsfrist** von fünf Jahren nach der Entstehung des Familienverhältnisses beziehungsweise der Erteilung der Aufenthalts- oder Niederlassungsbewilligung an die nachziehenden Eltern geltend gemacht werden (Art. 47 Abs. 1 i.V.m. Abs. 3 lit. b AIG). Kinder über zwölf Jahre müssen innerhalb von zwölf Monaten nachgezogen werden (Art. 47 Abs. 1 AIG). Nur bei Vorliegen wichtiger familiärer Gründe kann ein **nachträglicher Familiennachzug** bewilligt werden (Art. 47 Abs. 4 AIG). Dies ist insbesondere der Fall, wenn das Kindeswohl nur durch einen Nachzug in die Schweiz gewahrt werden kann (Art. 75 VZAE). 653

Nachgezogene Kinder von niedergelassenen Ausländerinnen und Ausländern können nach Art. 46 AIG in der ganzen Schweiz eine selbständige oder unselbständige Erwerbstätigkeit ausüben.

654 Nachgezogene Kinder unter zwölf Jahren haben einen Rechtsanspruch auf sofortige Erteilung der **Niederlassungsbewilligung** (Art. 43 Abs. 6 AIG). Vermutungsweise aufgrund eines gesetzgeberischen Versehens enthält das AIG keine spezifische Regelung zur Erteilung der Niederlassungsbewilligung an Kinder, die im Alter zwischen 12 und 18 Jahren nachgezogen werden. Dies führt dazu, dass während Ehegattinnen und Ehegatten sowie eingetragene Partnerinnen und Partner von niedergelassenen Ausländerinnen und Ausländern über einen Rechtsanspruch auf Erteilung der Niederlassungsbewilligung nach einem ordnungsgemässen und ununterbrochenen Aufenthalt von fünf Jahren verfügen (Art. 42 Abs. 3 AIG), die Erteilung der Niederlassungsbewilligung an im Alter zwischen 12 und 18 Jahre nachgezogene Kinder von Niedergelassenen sich nach Art. 34 AIG bestimmt und sie über keinen Rechtsanspruch verfügen.

-- Erlöschen der Rechtsansprüche

655 Die gestützt auf Art. 43 AIG bestehenden Rechtsansprüche auf Familiennachzug erlöschen nach Art. 51 Abs. 2 AIG bei rechtsmissbräuchlicher Geltendmachung (lit. a, hierzu vorne Rz. 642) beziehungsweise bei Vorliegen von Widerrufsgründen nach Art. 62 oder 63 Abs. 2 AIG (lit. b, zu den Widerrufsgründen siehe hinten Rz. 707 ff.).

-- Auflösung der Familiengemeinschaft

656 Der Anspruch der Ehegattinnen und Ehegatten, eingetragenen Partnerinnen und Partnern und der ledigen minderjährigen Kinder von in der Schweiz Niedergelassenen auf Erteilung und Verlängerung der Aufenthaltsbewilligung besteht grundsätzlich nur während der Ehe oder Partnerschaft beziehungsweise des Bestehens der Familiengemeinschaft und erlischt nach deren Beendigung. In gewissen Fällen kann der Anspruch aber fortbestehen (Art. 50 f. AIG, siehe vorne Rz. 641 ff.). Wird das Fortbestehen des Anspruches auf Verlängerung der Aufenthaltsbewilligung bejaht, so richtet sich die Frist zur Erteilung der Niederlassungsbewilligung nach den normalen Fristen von Art. 34 AIG (Art. 50 Abs. 3 AIG).

cc) Nachzug von Pflegekindern im Hinblick auf die Adoption

Ausländische Pflegekinder haben nach Art. 48 Abs. 1 AIG einen Rechtsanspruch auf Erteilung und Verlängerung der Aufenthaltsbewilligung, wenn ihre Adoption in der Schweiz vorgesehen, die Pflegeeltern die zivilrechtlichen Voraussetzungen für die Aufnahme von Pflegekindern zur Adoption erfüllen und ihre Einreise in die Schweiz rechtmässig erfolgt ist. Kommt die Adoption nicht zustande, so haben ausländische Pflegekinder einen Anspruch auf Verlängerung der Aufenthaltsbewilligung sowie nach fünfjährigem Aufenthalt in der Schweiz einen Anspruch auf Erteilung der Niederlassungsbewilligung (Art. 48 Abs. 2 AIG). Kommt die Adoption zustande, erwirbt das Kind das Schweizer Bürgerrecht, sofern mindestens ein Adoptivelternteil Schweizer Staatsbürger ist (Art. 7 BüG, siehe hinten Rz. 1585). 657

Die Rechtsansprüche erlöschen nach Art. 51 Abs. 2 AIG bei rechtsmissbräuchlicher Geltendmachung (siehe vorne Rz. 642) sowie bei Vorliegen eines Widerrufsgrundes nach Art. 62 oder 63 Abs. 2 AIG (siehe hinten Rz. 707). 658

Art. 48 AIG ist nur anwendbar auf Pflegekinder, deren Adoption in der Schweiz vorgesehen ist. Ist dagegen keine Adoption vorgesehen, haben die betroffenen Pflegekinder keinen Anspruch auf die Erteilung einer Aufenthaltsbewilligung. Sie können jedoch gestützt auf Art. 30 Abs. 1 lit. c AIG zu einem Aufenthalt zugelassen werden (siehe vorne Rz. 573). 659

b) Familiennachzug als Ermessensentscheid

Die Bewilligung des Familiennachzuges stellt in drei weiteren Konstellationen einen Ermessensentscheid dar, das heisst der Nachzug kann zwar bei Vorliegen der Voraussetzungen bewilligt werden, doch besteht kein Rechtsanspruch auf dessen Bewilligung: 660

- Ehegattinnen und Ehegatten, eingetragene Partnerinnen und Partner sowie minderjährige Kinder von Ausländerinnen und Ausländern mit **Aufenthaltsbewilligung** in der Schweiz.
- Ehegattinnen und Ehegatten, eingetragene Partnerinnen und Partner sowie minderjährige Kinder von Ausländerinnen und Ausländern mit **Kurzaufenthaltsbewilligung** in der Schweiz.
- Ehegattinnen und Ehegatten, eingetragene Partnerinnen und Partner sowie minderjährige Kinder von **vorläufig aufgenommenen** Ausländerinnen und Ausländern und **vorläufig aufgenommenen** Flüchtlingen.

aa) *Nachzug von Familienangehörigen von Personen mit Aufenthaltsbewilligung*

661 Nach Art. 44 AIG kann den Ehegattinnen und Ehegatten, eingetragenen Partnerinnen und Partnern sowie ledigen Kindern unter 18 Jahren von ausländischen Personen, die über eine Aufenthaltsbewilligung verfügen, der Nachzug bewilligt und eine Aufenthaltsbewilligung erteilt werden, sofern die folgenden Voraussetzungen erfüllt sind:

- **Zusammenwohnen** (lit. a): Die Familienmitglieder müssen grundsätzlich zusammenwohnen (Art. 44 Abs. 1 lit. a AIG); nach Art. 49 AIG kann vom Erfordernis des Zusammenwohnens jedoch abgesehen werden, wenn wichtige Gründe für getrennte Wohnorte bestehen (siehe vorne Rz. 612) und die Familiengemeinschaft weiterhin besteht.
- **Bedarfsgerechte Wohnung** (lit. b): Damit der Familiennachzug bewilligt werden kann, muss nach Art. 44 Abs. 1 lit. b AIG eine bedarfsgerechte Wohnung vorhanden sein (siehe vorne Rz. 518 f.).
- **Keine Sozialhilfeabhängigkeit** (lit. c) durch die nachzuziehenden Familienmitglieder.
- **Sprachkenntnisse** (lit. d): Die nachzuziehenden Ausländerinnen und Ausländer müssen sich in der am Wohnort gesprochenen Landessprache verständigen können. Handelt es sich um ledige, minderjährige Kinder, findet die Voraussetzung der Sprachkenntnisse keine Anwendung (Art. 44 Abs. 3 AIG). Bei den Ehegattinnen und Ehegatten sowie eingetragenen Partnerinnen und Partnern gilt das Erfordernis der Kenntnisse der am Wohnort gesprochenen Landessprache mit der Anmeldung zu einem Sprachförderungskurs, das mindestens zur Erreichung des Referenzniveaus A1 des Referenzrahmens führt, als erfüllt (Art. 44 Abs. 2 AIG i.V.m. Art. 73*a* Abs. 1 VZAE). Im Rahmen der Verlängerung der Aufenthaltsbewilligung müssen sie dagegen nachweisen, dass sie mündlich das Niveau A1 erreicht haben (Art. 73*a* Abs. 2 VZAE). Allerdings kann nach Art. 49*a* AIG vom Erfordernis des Sprachnachweises abgewichen werden, wenn wichtige Gründe wie etwa «eine Behinderung, eine Krankheit oder eine andere Einschränkung, die zu einer wesentlichen Beeinträchtigung der Fähigkeit zum Spracherwerb führt», vorliegen.

Unter Einschränkungen, die die Fähigkeit zum Spracherwerb wesentlich beeinträchtigen, sind etwa Analphabetismus, Lese- und Rechtschreibschwächen, Illettrismus oder auch Legasthenie zu verstehen. Diese Beeinträchtigungen führen zu einer erheblichen Benachteiligung der betroffenen Ausländerinnen und Ausländer:

«Ausländerinnen und Ausländer, die nicht oder kaum lese- oder schreibkundig sind, stehen einer mehrfachen Herausforderung gegenüber: Sie müssen erstens die Fremdsprache lernen, zweitens Lesen und Schreiben überhaupt lernen sowie drittens das Lesen und Schreiben in der Fremdsprache lernen, die sie sich gerade erst aneignen. Mit der vorliegenden Bestimmung kann der besonderen Situation von Ausländerinnen und Ausländern, die sich Sprachkompetenzen nur unter erschwerten Bedingungen aneignen können, angemessen Rechnung getragen werden.» (BBl 2013 2397, S. 2420).

- **Kein Bezug von jährlichen bundesrechtlichen Ergänzungsleistungen** (lit. e): Die nachziehenden Ausländerinnen und Ausländer mit Aufenthaltsbewilligung dürfen keine jährlichen Ergänzungsleistungen beziehen oder aufgrund des Familiennachzugs beziehen müssen.

Besteht ein besonderer Integrationsbedarf im Sinne von Art. 58*a* AIG, können 662
die Erteilung und Verlängerung der Aufenthaltsbewilligung mit dem Abschluss von **Integrationsvereinbarungen** verbunden werden (Art. 44 Abs. 4 AIG).

Massgebend für die Altersbestimmung bei Kindern ist der Zeitpunkt der Ein- 663
reichung des Nachzugsgesuches (BGE 136 II 497, E. 3.2 S. 499 f.).

Die Gesuche um Familiennachzug müssen innerhalb der **Nachzugsfrist** von 664
fünf Jahren nach der Entstehung des Familienverhältnisses beziehungsweise der Erteilung der Aufenthaltsbewilligung an die nachziehenden Ausländerinnen und Ausländer eingereicht werden (Art. 73 Abs. 1 und 2 VZAE). Kinder über zwölf Jahre müssen innerhalb von zwölf Monaten nachgezogen werden (Art. 73 Abs. 1 VZAE). Ein **nachträglicher Familiennachzug** kann nur bei Vorliegen wichtiger familiärer Gründe bewilligt werden (Art. 73 Abs. 3 VZAE); solche liegen etwa vor, wenn das Kindeswohl nur durch einen Nachzug in die Schweiz gewahrt werden kann (Art. 75 VZAE).

Nach ihrer Einreise sind Ehegattinnen und Ehegatten, eingetragene Partnerin- 665
nen und Partner sowie Kinder von Personen mit Aufenthaltsbewilligung berechtigt, in der ganzen Schweiz eine selbständige oder unselbständige Erwerbstätigkeit ausüben (Art. 46 AIG).

Die Aufenthaltsbewilligung der im Rahmen des Familiennachzuges eingereis- 666
ten Ehegattinnen und Ehegatten beziehungsweise Partnerinnen und Partnern von Ausländerinnen und Ausländern mit Aufenthaltsbewilligung wird verlängert, sofern sie nachweisen, dass sie über mündliche Sprachkompetenzen der am Wohnort gesprochenen Landessprache mindestens auf dem Referenzniveau A1 des Referenzrahmens verfügen (Art. 73*a* Abs. 2 VZAE).

667 Im Unterschied zum Nachzug nach Art. 42 und Art. 43 AIG besteht für den Nachzug zu Ausländerinnen und Ausländern mit Aufenthaltsbewilligung kein Rechtsanspruch auf Verlängerung der Aufenthaltsbewilligung in bestimmten Situationen. Die Problematik der Dilemmasituation – die Situation, in der sich die ausländische Ehegattin bzw. der ausländische Ehegatte zwischen dem unzumutbaren Verbleib in der ehelichen Beziehung und dem Verlust ihrer bzw. seiner Aufenthaltsbewilligung entscheiden muss – stellt sich jedoch auch in diesem Kontext. Deshalb statuiert Art. 77 VZAE eine Art. 50 AIG entsprechende Regelung (siehe hierzu vorne Rz. 641 ff.) für die Verlängerung der nach Art. 44 AIG erteilten Aufenthaltsbewilligungen, freilich als Ermessensbestimmung. Die kantonale Behörde, die die Aufenthaltsbewilligung trotz Auflösung der Familiengemeinschaft zu verlängern bereit ist, muss dem SEM das Dossier gestützt auf Art. 4 lit. d ZV-EJPD zur Zustimmung unterbreiten, sofern die betreffenden Ausländerinnen und Ausländer nicht aus einem EU- oder EFTA-Staat stammen.

bb) Nachzug von Familienangehörigen von Personen mit Kurzaufenthaltsbewilligung

668 Ehegattinnen und Ehegatten, eingetragenen Partnerinnen und Partnern sowie ledigen Kindern unter 18 Jahren von Ausländerinnen und Ausländern, die sich mit einer Kurzaufenthaltsbewilligung in der Schweiz aufhalten, kann nach Art. 45 AIG der Familiennachzug bewilligt und eine Kurzaufenthaltsbewilligung erteilt werden, sofern sie mit der nachziehenden Personen in einer bedarfsgerechten Wohnung zusammenwohnen, nicht auf Sozialhilfe angewiesen sind und die nachziehende Person keine jährlichen Ergänzungsleistungen nach Bundesrecht bezieht oder wegen des Familiennachzugs beziehen könnte. Eine Erleichterung beziehungsweise Ausnahme von den Anforderungen – etwa des Zusammenwohnens – ist für die von Kurzaufenthalterinnen und Kurzaufenthaltern nachgezogenen Personen nicht vorgesehen. Dagegen werden keine Anforderungen an die Sprachkenntnisse der Betroffenen gestellt.

669 Den nachgezogenen Familienangehörigen kann gestützt auf Art. 30 Abs. 1 lit. a AIG in Verbindung mit Art. 26 VZAE eine unselbständige Erwerbstätigkeit bewilligt werden, wenn ein Gesuch des künftigen Arbeitgebers vorliegt, die orts-, berufs- und branchenüblichen Lohn- und Arbeitsbedingungen eingehalten werden und die persönlichen Voraussetzungen nach Art. 23 AIG erfüllt sind (siehe vorne Rz. 487 ff.).

cc) Nachzug von Familienangehörigen von vorläufig aufgenommenen Personen

Nach Art. 85*c* AIG kann vorläufig aufgenommenen Personen frühestens nach einer **dreijährigen Wartefrist** nach der Anordnung der vorläufigen Aufnahme der Nachzug der Ehegattinnen und Ehegatten, der eingetragenen Partnerinnen und Partner sowie der ledigen Kinder unter 18 Jahren bewilligt werden. Voraussetzungen für einen positiven Nachzugsentscheid durch die kantonalen Migrationsbehörden (Art. 74 Abs. 1 VZAE) und den Einbezug der Familienangehörigen in die vorläufige Aufnahme sind nach Art. 58*a* Abs. 1 AIG: 670

- Das **Zusammenleben** der Familie in einer **bedarfsgerechten Wohnung** (lit. a und b), wobei keine Ausnahme vom Erfordernis des Zusammenlebens möglich ist;
- Das Fehlen von **Sozialhilfeabhängigkeit** (lit. c);
- Genügende **Kenntnisse der am Wohnort gesprochenen Landessprache** (lit. d): Ehegattinnen und Ehegatten sowie eingetragene Partnerinnen und Partner müssen nachweisen, dass sie in der am Wohnort gesprochenen Landessprache über mündliche Sprachkompetenzen mindestens auf dem Referenzniveau A1 des Referenzrahmens verfügen oder zu einem entsprechenden Sprachförderungsangebot, das mindestens zur Erreichung des geforderten Niveaus führt, angemeldet sind (Art. 74*a* VZAE). Bei ledigen Kindern unter 18 Jahren wird auf diese Voraussetzung verzichtet (Art. 58a Abs. 2 AIG). Zudem kann auf das Erfordernis der genügenden Sprachkenntnisse auch verzichtet werden, wenn wichtige Gründe wie eine Behinderung, eine Krankheit oder eine andere Einschränkung, die zu einer wesentlichen Beeinträchtigung der Fähigkeit zum Spracherwerb führen, vorliegen (Art. 85c Abs. 2 AIG).
- Kein Bezug von **bundesrechtlichen Ergänzungsleistungen** durch die nachziehende Person oder der Bezug entsprechender Leistungen aufgrund des Familiennachzugs nötig (lit. e).

Die Bedingungen für den Familiennachzug von vorläufig aufgenommenen Personen wurden mit Entscheid der Bundesversammlung vom 17. Dezember 2021 beschlossen (BBl 2021 2999). Das Datum der Inkraftsetzung sowie auch die Verordnungsanpassungen war bis zur Fertigstellung des vorliegenden Manuskriptes allerdings noch nicht festgelegt. 671

Die Gesuche um Familiennachzug müssen innerhalb der **Nachzugsfrist** von fünf Jahren nach der Erfüllung der zeitlichen Voraussetzungen für den Nachzug eingereicht werden (Art. 74 Abs. 3 VZAE). Gesuche für Kinder über zwölf Jahre müssen innerhalb von zwölf Monaten nach diesem Zeitpunkt beziehungsweise – wenn diese Frist bereits abgelaufen ist – nach Entstehung des Familienverhältnisses gestellt werden (Art. 74 Abs. 3 VZAE). Nur bei Vorlie- 672 gen wichtiger familiärer Gründe kann ein **späterer Nachzug** bewilligt werden (Art. 74 Abs. 4 VZAE).

673 Massgebend für die Altersbestimmung bei Kindern ist der Zeitpunkt der Einreichung des Nachzugsgesuches (BGE 136 II 497, E. 3.2 S. 499 f.).

674 Vorläufig Aufgenommene sowie die im Rahmen des Familiennachzuges in die vorläufige Aufnahme einbezogenen Familienangehörigen können gestützt auf Art. 85*a* Abs. 1 AIG erwerbstätig sein. Für vorläufig aufgenommene Flüchtlinge gilt Art. 61 AsylG.

675 Beim Bewilligungsentscheid über den Familiennachzug zu vorläufig aufgenommenen Flüchtlingen ist ihrer besonderen Situation als Personen mit Flüchtlingsstatus Rechnung zu tragen (Art. 74 Abs. 5 VZAE).

676 Fraglich ist, ob die dreijährige Wartefrist beim Familiennachzug zu vorläufig aufgenommenen Ausländerinnen und Ausländern beziehungsweise zu vorläufig aufgenommenen Flüchtlingen mit Art. 8 EMRK vereinbar ist. In *M.A. gegen Dänemark* (EGMR, Nr. 6697/18, Urteil der Grossen Kammer vom 9. Juli 2021) ist die Grosse Kammer des Gerichtshofes zum Schluss gekommen, dass die dänische Regelung, wonach der Familiennachzug für Personen mit temporärem Schutzstatus erst nach Ablauf einer dreijährigen Wartefrist bewilligt werden könne, im konkreten Einzelfall konventionswidrig war und Dänemark seine aus Art. 8 EMRK folgenden positiven Verpflichtungen verletzt hatte. Drei Jahre seien eine lange Zeit der Trennung von Familien, wenn das im Ausland verbliebene Familienmitglied in einem Land lebe, in dem willkürliche gewaltsame Übergriffe und Misshandlungen von Zivilpersonen an der Tagesordnung stünden und unüberwindbare Hindernisse für eine Wiedervereinigung in diesem Land bestünden. Konkret ging es um einen syrischen Staatsangehörigen, der in Dänemark temporären Schutzstatus erhalten hatte, während seine Ehefrau noch in Syrien zurückgeblieben war.

c) Völkerrechtliche Rechtsansprüche auf Familiennachzug

677 Wie das Bundesgericht erstmals in seinem Entscheid *Reneja-Dittli* (BGE 109 Ib 183) festgestellt hat, vermag das in Art. 8 EMRK verankerte Recht auf Achtung des Familienlebens unter gewissen Voraussetzungen Ausländerinnen und Ausländern einen Anspruch auf Erteilung einer ausländerrechtlichen Bewilligung einzuräumen, falls eine Bewilligungsversagung die Aufrechterhaltung einer familiären Beziehung verhindern oder stark beeinträchtigen würde (hierzu auch vorne Rz. 107 ff.). Damit im Rahmen ausländerrechtlicher Massnahmen die Geltendmachung von Art. 8 EMRK zulässig ist, müssen nach bundesgerichtlicher Rechtsprechung allerdings kumulativ drei Voraussetzungen erfüllt sein. Es muss:

- eine tatsächlich gelebte und intakte Beziehung
- zu nahen Verwandten bestehen, die über ein
- gefestigtes Anwesenheitsrecht in der Schweiz verfügen.

Falls die um eine ausländerrechtliche Bewilligung ersuchenden Personen eine intakte und tatsächlich gelebte familiäre Beziehung zu nahen Verwandten mit Anwesenheitsrecht in der Schweiz haben und eine umfassende Güterabwägung ergibt, dass die öffentlichen Interessen nicht die privaten überwiegen, besteht nach bundesgerichtlicher Praxis aufgrund von Art. 8 EMRK ein Anspruch auf Erteilung beziehungsweise Verlängerung einer fremdenpolizeilichen Bewilligung, das heisst das freie Ermessen der Migrationsbehörden wird insoweit eingeschränkt. Dieser Rechtsanspruch ist insbesondere in jenen Situationen von grösster Bedeutung, in denen aufgrund der ausländerrechtlichen Bestimmungen überhaupt kein oder kein selbständiger Anspruch auf Erteilung oder Verlängerung einer Bewilligung besteht. Dies ist zum Beispiel der Fall beim 678

- Nachzug erwachsener Kinder durch in der Schweiz (mit gefestigtem Aufenthaltsrecht) lebende Eltern,
- Nachzug der Eltern erwachsener, in der Schweiz lebender Kinder,
- Nachzug weiterer Familienangehöriger, die durch den Familienbegriff von Art. 8 EMRK erfasst werden, zum Beispiel Geschwister, Eltern, Grosseltern etc.

Im Unterschied zu den durch das AIG geregelten Nachzugssituationen, in denen für die Altersbestimmung der Zeitpunkt der Einreichung des Nachzugsgesuches ausschlaggebend ist (BGE 136 II 497, E. 3.2 S. 499 f.), ist bei Nachzugsgesuchen, die sich auf Art. 8 EMRK stützen das Alter des Kindes im Zeitpunkt, in dem über den Anspruch beziehungsweise das Gesuch entschieden wird, massgebend. 679

Diese Praxis kann bei Erreichen der Volljährigkeit während des Verfahrens dazu führen, dass eine Berufung auf Art. 8 EMRK scheitert, sofern in casu kein besonderes Abhängigkeitsverhältnis vorliegt. In BVGE 2018 VII/4 hat das Bundesverwaltungsgericht eine Praxisänderung vorgenommen und auch für auf Art. 8 EMRK gestützte Nachzugsgesuche als massgebenden Zeitpunkt für die Altersbestimmung den Zeitpunkt der Gesuchseinreichung definiert. Das Bundesgericht war mit dieser Praxisänderung jedoch nicht einverstanden und hat in BGE 145 I 227 entschieden, dass weiterhin das Alter des Kindes im Zeitpunkt, in dem über den Aufenthaltsanspruch nach Art. 8 EMRK entschieden wird, massgebend ist. Nur in Ausnahmesituationen sei eine andere Beurteilung denkbar. 680

In der schweizerischen Ausländergesetzgebung bislang nicht geregelt ist der sogenannte **umgekehrte Familiennachzug**, das heisst Konstellationen, in denen sich die Frage stellt, ob das gefestigte Anwesenheitsrecht eines Kindes einem Elternteil ein Aufenthaltsrecht zu verschaffen vermag. Solche Situationen ergeben sich zum Beispiel dann, wenn eine Ehe durch Scheidung oder Tod eines Ehegatten beendet wird, die gemeinsamen Kinder die schweizerische Staatsangehörigkeit haben oder über eine Niederlassungsbewilligung verfügen und aufgrund der Beendigung der Ehe die Aufenthaltsbewilligung des sorgeberechtigten beziehungsweise überlebenden Elternteils nicht verlängert wird. 681

Jahrelang hat die Praxis die Kritik der Lehre ignoriert, dass selbst dann, wenn die Kinder noch klein seien und sich daher nach dem Bundesgericht noch einem Leben im Ausland anpassen könnten, das Kindeswohl vorgehen sollte. Erst 2009 hat das Bundesgericht endlich die Frage des umgekehrten Familiennachzuges beantwortet und die Verlängerung der Aufenthaltsbewilligung für die sorgeberechtigte, ausländische Mutter einer minderjährigen Schweizer Staatsbürgerin gestützt auf Art. 8 EMRK und Art. 10 Abs. 1 KRK bejaht (BGE 135 I 153). In einem späteren Urteil hat es ausgeführt:

> «Das Bundesgericht ist ursprünglich davon ausgegangen, dass es einem schweizerischen Kind, namentlich einem solchen im Kleinkindalter, regelmässig zumutbar ist, das Lebensschicksal des Sorge- beziehungsweise Obhutsberechtigten zu teilen und diesem hierfür gegebenenfalls ins Ausland zu folgen (...). In neueren Entscheiden hat es diese Rechtsprechung mit Blick auf die Vorgaben des Übereinkommens vom 20. November 1989 über die Rechte des Kindes (...) sowie die verfassungsrechtlichen Gebote staatsbürgerrechtlicher Natur bei Schweizer Kindern relativiert (...). Allein die Zumutbarkeit der Ausreise und das öffentliche Interesse, eine restriktive Einwanderungspolitik betreiben zu können, genügen danach nicht mehr dafür, dem sorgeberechtigten Ausländer eines Schweizer Kindes die Anwesenheit mit diesem zu verweigern; es bedarf hierfür jeweils besonderer – namentlich ordnungs- und sicherheitspolizeilicher – Gründe, welche die mit der Ausreise für das Schweizer Kind verbundenen weitreichenden Folgen zusätzlich rechtfertigen (...). Liegt gegen den ausländischen, sorgeberechtigten Elternteil eines Schweizer Kindes nichts vor, was ihn als «unerwünschten» Ausländer erscheinen lässt oder auf ein missbräuchliches Vorgehen hinweist, ist davon auszugehen, dass dem hier lebenden Schweizer Kind nicht zugemutet werden soll, dem sorgeberechtigten ausländischen Elternteil in dessen Heimat folgen zu müssen. Der Umstand, dass der ausländische Elternteil, der sich um eine Aufenthaltsbewilligung bemüht, straffällig geworden ist, darf bei der Interessenabwägung mitberücksichtigt werden, doch überwiegt nur eine Beeinträchtigung der öffentlichen Ordnung und Sicherheit von einer gewissen Schwere das Interesse des Schweizer Kindes, mit dem sorgeberechtigten Elternteil hier aufwachsen zu können.» (BGE 137 I 247, E. 4.2 S. 250 f.)

682 Einen auf Art. 8 EMRK gestützten umgekehrten Familiennachzug lässt das Bundesgericht hingegen bislang nicht zu, wenn die Kinder nicht Schweizer Bürger sind, sondern lediglich niederlassungs- oder aufenthaltsberechtigt. Grund hierfür ist, dass bei niederlassungs- oder aufenthaltsberechtigten Kindern keine spezifischen bürgerrechtlichen Überlegungen zum Tragen kommen.

7.5. Zuständigkeiten, Verfahren und Rechtsschutz bei Gesuchen um Erteilung einer ausländerrechtlichen Bewilligung

a) Zuständige Behörden und Verfahren

aa) Grundsatz der Zuständigkeit der kantonalen Migrationsbehörden

Die Erteilung, Verlängerung und Verweigerung von ausländerrechtlichen Bewilligungen fällt grundsätzlich in den Zuständigkeitsbereich der Kantone (Art. 40 Abs. 1 AIG, siehe zum Vollzugsföderalismus vorne Rz. 394 f.). Dies gilt für Kurzaufenthalts-, Aufenthalts- sowie auch Niederlassungsbewilligungen. Vorbehalten bleibt allerdings die Zuständigkeit des Bundes im Rahmen der Begrenzungsmassnahmen, der Abweichungen von den Zulassungsvoraussetzungen, des Zustimmungsverfahrens sowie der Anerkennung von Staatenlosen. 683

Die kantonale Zuständigkeit bestimmt sich nach Art. 10 und Art. 11 AIG. Danach muss das Gesuch für einen bewilligungspflichtigen Aufenthalt ohne Erwerbstätigkeit vor der Einreise in die Schweiz bei der am vorgesehenen Wohnort zuständigen Behörde eingereicht werden (Art. 10 Abs. 2 AIG). Für das Bewilligungsgesuch für einen Aufenthalt mit Erwerbstätigkeit sind demgegenüber die kantonalen Behörden am vorgesehenen Arbeitsort zuständig (Art. 11 Abs. 1 AIG). Es steht den Kantonen frei zu bestimmen, welche Behörde für die Erteilung und Verlängerung ausländerrechtlicher Bewilligungen zuständig ist (Art. 88 VZAE). In aller Regel handelt es sich dabei um die kantonalen Migrationsbehörden. 684

Drittstaatsangehörige haben grundsätzlich keinen Anspruch auf die Erteilung einer Bewilligung. Der Entscheid über die Zulassung liegt – sofern die Gesuchstellerinnen und Gesuchsteller über keinen völker-, verfassungs- oder gesetzesrechtlichen Bewilligungsanspruch verfügen – im Ermessen der zuständigen kantonalen Migrationsbehörde. Kommt diese zum Schluss, das Bewilligungsgesuch sei abzulehnen, erlässt sie die ablehnende Verfügung in eigener Zuständigkeit. Der Bund kann die kantonale Behörde nicht zur Erteilung oder Verlängerung der Bewilligung verpflichten. Beabsichtigt die zuständige Migrationsbehörde dagegen, die ausländerrechtliche Bewilligung zu erteilen, hat sie das Gesuch in bestimmten Fällen vorgängig dem SEM zur Zustimmung zu unterbreiten. Die Bewilligung wird zwar auch in diesen Fällen von den kantonalen Migrationsbehörden ausgestellt, allerdings steht die Erteilung unter dem Vorbehalt der Zustimmung. Die Erteilung einer zustimmungsbedürftigen Bewilligung ohne die vorgängige Zustimmung durch das SEM ist ungültig. Bewilligungen, die nicht der Zustimmungspflicht unterliegen, können von den zuständigen kantonalen Behörden dagegen direkt ausgestellt werden. Nach der Ein- 685 reise in die Schweiz haben sich die Ausländerinnen und Ausländer mit bewilligungspflichtigem Aufenthalt bei der zuständigen Behörde am schweizerischen Wohnort anzumelden (Art. 12 AIG i.V.m. Art. 10 Abs. 1 VZAE, zur Bewilligungspflicht siehe vorne Rz. 477 ff.). Dies gilt auch dann, wenn sie über ein Visum verfügen. Das Anmeldeverfahren richtet sich nach Art. 9 ff. VZAE, wobei die Kantone festlegen, welche Behörde für die Anmeldungen zuständig ist (Art. 17 VZAE). In aller Regel wurde diese Aufgabe den kommunalen Einwohnerdiensten am jeweiligen Wohnort übertragen.

686 Ausländerinnen und Ausländer, die für einen bewilligungsfreien vorübergehenden Aufenthalt eingereist sind und nachträglich einen bewilligungspflichtigen Aufenthalt beabsichtigen, haben ihr Gesuch um Erteilung der entsprechenden ausländerrechtlichen Bewilligung bei der zuständigen kantonalen Migrationsbehörde einzureichen. Gestützt auf Art. 17 Abs. 1 AIG sind sie in der Folge grundsätzlich verpflichtet, den Entscheid im Ausland abzuwarten. Die Migrationsbehörden können ihnen jedoch den Aufenthalt in der Schweiz während des Bewilligungsverfahrens gestatten, wenn die Zulassungsvoraussetzungen offensichtlich erfüllt sind (Art. 17 Abs. 2 AIG).

687 Dies ist nach Art. 6 Abs. 1 VZAE insbesondere dann der Fall, wenn aus den eingereichten Unterlagen klar wird, dass die Ausländerinnen und Ausländer einen gesetzlichen oder völkerrechtlichen Anspruch auf die Erteilung einer Kurzaufenthalts- oder Aufenthaltsbewilligung haben, keine Widerrufsgründe im Sinne von Art. 62 AIG vorliegen und sie ihre Mitwirkungspflicht erfüllt haben. Aus Vorkehren wie der Einleitung von ehe- und familienrechtlichen Verfahren, der Einschulung von Kindern, dem Liegenschaftserwerb, der Wohnungsmiete oder dem Abschluss eines Arbeitsvertrages können dagegen für sich allein genommen noch keine Ansprüche im Bewilligungsverfahren und damit auch kein Recht auf Anwesenheit während des Verfahrens abgeleitet werden (Art. 6 Abs. 2 VZAE).

bb) Arbeitsmarktlicher Vorentscheid durch die kantonale Arbeitsmarktbehörde

688 Gesuche von Drittstaatsangehörigen um Zulassung zu einem Aufenthalt mit Erwerbstätigkeit können von der kantonalen Migrationsbehörde nur bewilligt werden, wenn ein positiver arbeitsmarktlicher Vorentscheid von der kantonalen Arbeitsmarktbehörde vorliegt. Dementsprechend müssen Gesuche um Zulassung zur Erwerbstätigkeit, um Stellenwechsel sowie um Wechsel von einer unselbständigen zu einer selbständigen Erwerbstätigkeit von Personen mit Aufenthaltsbewilligung der für den arbeitsmarktlichen Vorentscheid zuständigen kantonalen Behörde vorgelegt werden (Art. 40 Abs. 2 AIG, Art. 83 Abs. 1 VZAE). Ein arbeitsmarktlicher Vorentscheid ist ferner notwendig für den Entscheid über die

Verlängerung oder Erneuerung einer Kurzaufenthaltsbewilligung sowie für den Entscheid über einen Stellenwechsel von Personen mit Kurzaufenthaltsbewilligung und Asylsuchenden (Art. 83 Abs. 2 VZAE). Wird die Bewilligung im Rahmen der Bundeskontingente erteilt (siehe hierzu vorne Rz. 491 ff.), liegt die Zuständigkeit für den arbeitsmarktlichen Vorentscheid beim SEM (Art. 40 Abs. 3 AIG).

Das Verfahren richtet sich nach kantonalem Recht. Je nach kantonaler Rege- 689
lung sind die Gesuche direkt bei der zuständigen Arbeitsmarktbehörde oder aber beim kantonalen Migrationsamt einzureichen, welches die Gesuche der zuständigen Arbeitsmarktbehörde weiterleitet. Die Arbeitsmarktbehörde prüft, ob die Voraussetzungen für die Zulassung zu einem Aufenthalt mit Erwerbstätigkeit gegeben sind (zu den Zulassungsvoraussetzungen siehe vorne Rz. 487) und erlässt einen entsprechenden Vorentscheid (Art. 83 VZAE). Dieser ist für die Migrationsbehörden verbindlich. Ist der Vorentscheid negativ, darf die kantonale Migrationsbehörde keine Bewilligung zum Aufenthalt mit Erwerbstätigkeit ausstellen. Ist der Vorentscheid dagegen positiv, hat die kantonale Migrationsbehörde die Bewilligung – unter Vorbehalt der allenfalls notwendigen Zustimmung durch das SEM (zum Zustimmungsverfahren siehe nachfolgend Rz. 690 ff.) – zu erteilen, sofern keine anderen als wirtschaftliche oder arbeitsmarktliche Gründe der Bewilligungserteilung entgegenstehen.

cc) Zustimmung durch das SEM

Art. 99 Abs. 1 AIG sieht vor, dass kantonale Entscheide über Kurzaufenthalts-, 690
Aufenthalts- und Niederlassungsbewilligungen sowie kantonale arbeitsmarktliche Vorentscheide in gewissen Fällen dem SEM zur Zustimmung zu unterbreiten sind, sofern der Kanton beabsichtigt, eine Bewilligung zu erteilen. Die Bewilligung darf in diesen Fällen nur ausgestellt werden, wenn die Zustimmung des SEM vorliegt, andernfalls ist die erteilte Bewilligung ungültig (Art. 86 Abs. 5 VZAE). Beabsichtigt die kantonale Behörde dagegen, die Erteilung oder Verlängerung der Bewilligung zu verweigern, erlässt sie in eigener Zuständigkeit eine entsprechende beschwerdefähige Verfügung, ohne dass hierfür eine Zustimmung des SEM erforderlich wäre.

Die zustimmungsbedürftigen Entscheide werden in der Verordnung des EJPD 691
vom 13. August 2015 über die dem Zustimmungsverfahren unterliegenden ausländerrechtlichen Bewilligungen und Vorentscheide (ZV-EJPD, SR 142.201.1) aufgeführt (Art. 85 Abs. 2 VZAE). Zustimmungspflichtig sind etwa:

- Arbeitsmarktliche Vorentscheide betreffend die **erstmalige Erteilung einer Kurzaufenthalts- oder Aufenthaltsbewilligung mit Erwerbstätigkeit** für Drittstaatsangehörige nach Art. 19 Abs. 1 und 20 Abs. 1 VZAE (Art. 1 lit. a ZV-EJPD)

- die Erteilung und Erneuerung von Kurzaufenthaltsbewilligungen mit Erwerbstätigkeit für eine Dauer von längstens vier Monaten nach Art. 19 Abs. 4 lit. a VZAE (Art. 1 lit. b ZV-EJPD).
- Die Zulassung von Personen aus bestimmten Drittstaaten zu einem **Aufenthalt für Aus- und Weiterbildungszwecke** (Art. 2 lit. a ZV-EJPD, siehe vorne Rz. 529 ff.). Nach herrschender Regelung sind die Gesuche von Staatsangehörigen aus Afghanistan, Algerien, Bangladesch, Burundi, der Demokratischen Republik Kongo, Guinea, Haiti, Irak, Iran, Kamerun, Libyen, Marokko, Myanmar, Nepal, Nordkorea, Pakistan, der Republik Kongo, Ruanda, Sri Lanka, Sudan, Südsudan, Syrien und Tunesien zustimmungspflichtig (Weisungen AIG, Anhang zu Ziffer 1.3.2.1, Buchstabe b: Zustimmungspflichtige Studierende).
- Die Zulassung zu einem Aufenthalt zum Zweck einer **medizinischen Behandlung**, sofern bei der Gesuchseinreichung absehbar ist, dass der Aufenthalt in der Schweiz mindestens ein Jahr dauern wird (Art. 2 lit. lit. b ZV-EJPD, siehe vorne Rz. 538 f.).
- Die Zulassung von **Rentnerinnen und Rentnern** (Art. 2 lit. c ZV-EJPD, siehe vorne Rz. 536 f.).
- Die Bewilligungserteilung an **Pflegekinder zur Adoption** (Art. 2 lit. lit. d ZV-EJPD, siehe vorne Rz. 657 ff.)
- Die **vorzeitige Erteilung der Niederlassungsbewilligung** (Art. 3 lit. lit. d ZV-EJPD, siehe vorne Rz. 599).
- Die sofortige Erteilung der **Niederlassungsbewilligung für ordentliche und ausserordentliche Professorinnen und Professoren**, die an einer Universität oder Hochschule in der Schweiz unterrichten (Art. 3 lit. e ZV-EJPD, siehe vorne Rz. 599).
- Die Verlängerung der **Aufenthaltsbewilligung nach Auflösung der Ehegemeinschaft** oder **nach dem Tod** der Ehegattin oder des Ehegatten beziehungsweise der eingetragenen Partnerin oder des eingetragenen Partners (Art. 4 lit. d ZV-EJPD).
- Die Bewilligungserteilung im Rahmen des **Familiennachzugs**, wenn die Nachzugsfristen nach Art. 47 AIG bereits abgelaufen sind (Art. 6 lit. a ZV-EJPD).

692 Ausserhalb der Zustimmungspflicht haben die Kantone zudem die Möglichkeit, auch nicht zustimmungspflichtige Entscheide dem SEM zur Zustimmung zu unterbreiten, um die Einhaltung der bundesrechtlichen Voraussetzungen überprüfen zu lassen (Art. 85 Abs. 3 VZAE). Daneben kann das SEM im Rahmen seiner Aufsichtsfunktion auch verlangen, dass weitere Fälle zur Zustim-

mung unterbreitet werden, wenn sich dies zur Sicherstellung eines einheitlichen Gesetzesvollzugs als notwendig erweist (Weisungen AIG, 1.3.2.3.).

Beabsichtigt der Kanton in einem zustimmungsbedürftigen Fall eine Bewilligung zu erteilen, leitet er die Unterlagen einschliesslich einer Begründung an das SEM weiter und teilt den Gesuchstellerinnen und Gesuchstellern schriftlich mit, dass ihr Gesuch unter Vorbehalt der Zustimmung durch das SEM gutgeheissen wird. Das SEM verfügt nach Art. 86 VZAE über umfassende Befugnis zur Überprüfung der kantonalen Entscheide und kann die Zustimmung zeitlich begrenzen oder mit Bedingungen und Auflagen verbinden (Art. 99 Abs. 2 AIG i.V.m. Art. 86 Abs. 1 VZAE). Es verweigert die Zustimmung, wenn die Zulassungsvoraussetzungen nicht erfüllt oder Widerrufsgründe gegeben sind. Zudem verweigert es eine Bewilligungsverlängerung, wenn die gesuchstellende Person ihren Lebensmittelpunkt nicht in der Schweiz hat oder sich nicht mehr an den im Gesuchsverfahren angegebenen Zweck ihres Aufenthaltes hält, ohne dass ihr eine Zweckänderung bewilligt wurde (Art. 86 Abs. 2 VZAE). 693

Mittels einer Befristung, Bedingung oder Auflage kann eine ausländerrechtliche Bewilligung modelliert werden. Eine Befristung passt die zeitliche Rechtswirksamkeit einer Verfügung an, indem konkrete Kalenderdaten angegeben werden. Mittels Bedingungen können Verfügungen von künftigen, ungewissen Ereignissen abhängig gemacht werden. Wird eine ausländerrechtliche Bewilligung mit einer Auflage verknüpft, kann die betroffene Person zusätzlich zu einem Tun, Dulden oder Unterlassen verpflichtet werden (siehe PIERRE TSCHANNEN/MARKUS MÜLLER/MARKUS KERN, Allgemeines Verwaltungsrecht, 5. Auflage, Bern 2022, Rz. 727 ff.) 694

Erteilt das SEM seine Zustimmung, kann die kantonale Migrationsbehörde die Bewilligung ausstellen. Verweigert das SEM dagegen seine Zustimmung, erlässt es eine beschwerdefähige Verfügung, die den Gesuchstellerinnen und Gesuchstellern direkt zugestellt wird (Art. 112 AIG). 695

b) Rechtsschutz

In Bezug auf den Rechtsschutz muss unterschieden werden zwischen ausländerrechtlichen Verfügungen der kantonalen Behörden und ausländerrechtlichen Verfügungen der Bundesbehörden, da sich der Rechtsweg nach dem Anfechtungsobjekt richtet. 696

aa) Entscheid kantonaler Behörden

Die Rechtsmittel und das Rechtsmittelverfahren gegen Entscheide kantonaler Behörden richtet sich nach den kantonalen Verwaltungsverfahrens- und Verwaltungsrechtspflegegesetzen. 697

698 Je nach Kanton können die Entscheide der kantonalen Migrationsbehörden – und der kantonalen Arbeitsmarktbehörden, sofern diese nach kantonalem Recht selbständig anfechtbar sind – mit Einsprache an die entscheidende Behörde oder mit Beschwerde beziehungsweise Rekurs an die übergeordnete Verwaltungsbehörde angefochten werden. Es handelt sich dabei um das verwaltungsinterne Rechtsmittelverfahren, da das Rechtsmittel durch eine Verwaltungsbehörde und nicht durch ein Gericht behandelt wird. Im verwaltungsinternen Verfahren können grundsätzlich alle Verfahrensmängel gerügt und auch neue Vorbringen und Begehren eingebracht werden.

699 Die Entscheide der verwaltungsinternen Rechtsmittelinstanz können mit Beschwerde an das kantonale Verwaltungsgericht angefochten werden. Dabei handelt es sich um eine richterliche und damit verwaltungsunabhängige Rechtsmittelinstanz, deren Kognition grundsätzlich auf die ungenügende und unrichtige Feststellung des Sachverhaltes und Rechtsverletzungen beschränkt ist. Die Unangemessenheit des Entscheides kann dagegen nicht gerügt werden.

700 Entscheide der kantonalen Verwaltungsgerichte stellen letztinstanzliche kantonale Entscheide dar. Diese können mit Beschwerde in öffentlich-rechtlichen Angelegenheiten an das Bundesgericht angefochten werden, sofern ein Rechtsanspruch auf die Erteilung oder Verlängerung der Bewilligung besteht. Kann dagegen kein solcher Bewilligungsanspruch geltend gemacht werden, ist die Beschwerde in öffentlich-rechtlichen Angelegenheiten an das Bundesgericht ausgeschlossen (Art. 82 BGG i.V.m. Art. 83 lit. c Ziff. 2 BGG). In diesen Fällen steht lediglich die subsidiäre Verfassungsbeschwerde nach Art. 113 ff. BGG zur Verfügung, sofern deren Voraussetzungen erfüllt sind.

bb) Entscheide des SEM

701 Ausländerrechtliche Entscheide des SEM – insbesondere betreffend die Verweigerung der Zustimmung und die Anerkennung der Staatenlosigkeit – können mit Beschwerde an das Bundesverwaltungsgericht angefochten werden (Art. 31 ff. VGG). Vor Bundesverwaltungsgericht können die unrichtige oder unvollständige Feststellung des rechtserheblichen Sachverhaltes, Rechtsverletzungen sowie auch die Unangemessenheit eines Entscheids gerügt werden (Art. 49 VwVG).

702 Die Entscheide des Bundesverwaltungsgerichtes können mit Beschwerde in öffentlich-rechtlichen Angelegenheiten am Bundesgericht angefochten werden, wenn ein Rechtsanspruch auf die Bewilligung besteht (Art. 83 lit. c Ziff. 2 BGG). Besteht dagegen kein Bewilligungsanspruch, sind die Entscheide des Bundesverwaltungsgerichtes endgültig, die subsidiäre Verfassungsbeschwerde ist aufgrund der unzulässigen Vorinstanz ausgeschlossen (Art. 113 BGG).

8. Beendigung des Aufenthaltes

Unter dem Titel der Beendigung des Aufenthaltes werden verschiedene Fragekomplexe zusammengefasst, die unterschiedliche Aspekte der Beendigung des Aufenthaltes von Ausländerinnen und Ausländern in der Schweiz betreffen: Das Erlöschen und der Widerruf ausländerrechtlicher Bewilligungen, die Entfernungs- und Fernhaltemassnahmen, der Vollzug der Entfernungsmassnahmen einschliesslich den Zwangsmassnahmen und die vorläufige Aufnahme. 703

8.1. Erlöschen, Widerruf und Nichtverlängerung von Bewilligungen

Ausländerrechtliche Bewilligungen können entweder ohne direktes behördliches Zutun erlöschen oder aufgrund eines behördlichen Widerrufes untergehen. 704

a) Erlöschen von Bewilligungen

Ausländerrechtliche Bewilligungen erlöschen mit dem Vorliegen eines in Art. 61 AIG aufgeführten Erlöschensgrundes. Das Erlöschen erfolgt von Gesetzes wegen und ohne behördliches Zutun. Eine allfällige behördliche Verfügung, die das Erlöschen einer Bewilligung festhält, hat lediglich deklaratorische Wirkung und stellt eine Feststellungsverfügung dar. 705

Nach Art. 61 AIG erlischt eine ausländerrechtliche Bewilligung mit: 706

- der **Abmeldung ins Ausland** (Abs. 1 lit. a): Eine ausländerrechtliche Bewilligung erlischt – mit sofortiger Wirkung – mit der Abmeldung ins Ausland und der damit verbundenen definitiven Aufgabe des Aufenthaltes in der Schweiz (Art. 15 AIG). Aufgrund dieser weitreichenden Konsequenzen kann nur dann von einer Abmeldung ins Ausland ausgegangen werden, wenn die definitive Aufgabe des Aufenthaltes in der Schweiz klar, unmissverständlich sowie vorbehaltlos gegenüber den zuständigen Behörden erklärt wird.
- der **Erteilung einer Bewilligung in einem anderen Kanton** (Abs. 1 lit. b): Da eine ausländische Person nach Art. 66 VZAE nur in einem Kanton eine ausländerrechtliche Bewilligung besitzen kann, erlischt eine bestehende Bewilligung mit der Erteilung einer Bewilligung in einem anderen Kanton. Ein Kantonswechsel hat allerdings keinen Einfluss auf den Bestand der Bewilligungen von EU/EFTA-Staatsangehörigen. Da ihre Be-

willigung für die ganze Schweiz gilt (siehe hinten Rz. 975), wird ihnen lediglich ein neuer Ausländerausweis ausgestellt.

- dem **Ablauf der Gültigkeitsdauer der Kurzaufenthalts- oder Aufenthaltsbewilligung** (Abs. 1 lit. c): Kurzaufenthalts- und Aufenthaltsbewilligungen erlöschen mit Ablauf ihrer Gültigkeitsdauer, sofern die Bewilligung von der zuständigen kantonalen Behörde nicht verlängert wird. Das entsprechende Verlängerungsgesuch muss vor Ablauf der Gültigkeitsdauer der Bewilligung eingereicht werden (Art. 59 Abs. 1 VZAE). Sofern die zuständige Behörde keine abweichende Verfügung erlässt, sind die Gesuchstellerinnen und Gesuchsteller bis zum Abschluss des Bewilligungsverfahrens berechtigt, sich in der Schweiz aufzuhalten (Art. 59 Abs. 2 VZAE).

Wird das Verlängerungsgesuch erst nach Ablauf der Gültigkeitsdauer der Bewilligung eingereicht, führt dies allerdings nicht zwingend zum Erlöschen der betreffenden Bewilligung. So hat das Bundesgericht festgestellt, dass aufgrund der Prinzipien der Verhältnismässigkeit und der Vermeidung des überspitzten Formalismus die Wiedererteilung einer Bewilligung bei fahrlässig verspäteter Gesuchseinreichung geboten sein könne, womit der Ablauf der Gültigkeitsdauer nicht als absoluter Erlöschensgrund einzustufen sei (BGer, 2C_1050/2012, 6. Dezember 2013, E. 2.3).

Im Gegensatz zu Kurzaufenthalts- und Aufenthaltsbewilligungen sind Niederlassungsbewilligungen unbefristet, was ein Erlöschen mit Ablauf der Gültigkeitsdauer ausschliesst (Art. 34 Abs. 1 AIG, siehe hierzu auch vorne Rz. 586 ff.). Bei der Niederlassungsbewilligung ist lediglich der Ausweis befristet, was in Art. 41 Abs. 3 AIG sowie Art. 63 VZAE zum Ausdruck kommt.

- der **Ausweisung** nach Art. 68 AIG (Abs. 1 lit. d): Wird eine ausländische Person zwecks Wahrung der inneren oder äusseren Sicherheit der Schweiz ausgewiesen (zur Ausweisung siehe hinten Rz. 777 ff.), erlischt ihre Kurzaufenthalts-, Aufenthalts- oder Niederlassungsbewilligung.

- der **rechtskräftigen Landesverweisung** nach Art. 66*a* StGB oder Art. 49*a* MStG (Abs. 1 lit. e): Ausländerinnen und Ausländer, die aufgrund einer in Art. 66*a* StGB beziehungsweise Art. 49*a* MStG aufgeführten strafbaren Handlung verurteilt werden, sind vom zuständigen Strafgericht, unabhängig von der Höhe der ausgesprochenen Strafe, des Landes zu verweisen (obligatorische Landesverweisung). Die Landesverweisung gilt für fünf bis 15, im Wiederholungsfall 20 Jahre oder bis auf Lebzeiten (Art. 66*b* StGB; Art. 49*b* MStG). Mit Eintritt der Rechtskraft einer obligatorischen Landesverweisung erlischt die bestehende ausländerrechtliche Bewilligung, unabhängig davon, ob es sich um eine Kurzaufenthalts-, Aufenthalts- oder um eine Niederlassungsbewilligung handelt. Nur in Ausnahmefällen kann von einer Landesverweisung abgesehen werden, wenn diese für die betroffene Person einen schweren persönlichen Härtefall darstellen würde und kein überwiegendes öffentliches Interesse an der Landesverweisung vorliegt (Art. 66*a* Abs. 2 StGB; Art. 49*a* Abs. 2 MStG) oder wenn die Tat in entschuldbarer Notwehr oder in entschuldbarem Notstand begangen wurde (Art. 66*a* Abs. 3 StGB; Art. 49*a* Abs. 3 MStG).

Die strafrechtliche Landesverweisung nach Art. 66*a* StGB und Art. 49*a* MStG basiert auf Art. 121 Abs. 3 BV, der durch die Annahme der Volksinitiative für die Ausschaffung krimineller Ausländer (Ausschaffungsinitiative) am 28. November 2010 in die Verfassung aufgenommen wurde (BBl 2011 2771). Ziel der Initiative war es, straffällige Ausländerinnen und Ausländer unabhängig von ihrem Status aus der Schweiz zu verweisen und sie mit einem Einreiseverbot zu belegen. Aus diesem Grund wurde im Parlament heftig über die Einführung einer Härtefallbestimmung diskutiert und darauf hingewiesen, dass diese restriktiv auszulegen sei (AB 2014 S. 1236 ff.). Allerdings hat das Bundesgericht bereits vor Inkrafttreten von Art. 66*a* StGB und Art. 49*a* MStG dahingehend Stellung zu dieser Frage bezogen, als es im insbesondere im politischen Diskurs teilweise heftig kritisierten Urteil 139 I 16 feststellte, dass bei einem echten Normkonflikt zwischen Bundes- und Völkerrecht den völkerrechtlichen Verpflichtungen der Schweiz Vorrang zu geben sei:

> «Das Bundesgericht ist auch bei Berücksichtigung von Art. 121 Abs. 3 BV hieran gebunden. Es hat die sich aus der Rechtsprechung des Europäischen Gerichtshofs für Menschenrechte ergebenden Vorgaben weiterhin umzusetzen (vgl. Art. 190 BV). Es kann in der durch diese gebotene Interessenabwägung der vom Verfassungsgeber zum Ausdruck gebrachten Wertung insoweit Rechnung tragen, als dies zu keinem Widerspruch zu übergeordnetem Recht bzw. zu Konflikten mit dem Beurteilungsspielraum führt, den der EGMR den einzelnen Konventionsstaaten bei der Umsetzung ihrer Migrations- und Ausländerpolitik zugesteht. In diesem Rahmen kann die erforderliche Interessenabwägung jedoch nicht schematisierend auf einzelne im Verfassungsrecht mehr oder weniger klar umschriebene Anlasstaten reduziert werden, ohne dass der Strafhöhe und den weiteren zur Rechtfertigung des mit der Aufenthaltsbeendigung verbundenen Eingriffs in das Privat- und Familienleben erforderlichen Aspekten Rechnung getragen wird (…).» (BGE 139 I 16, E. 5.3 S. 31).

– dem **Vollzug einer Landesverweisung** nach Art. 66*a*^bis StGB oder Art. 49*a*^bis MStG (Abs. 1 lit. f): Werden Ausländerinnen und Ausländer zu einer nicht obligatorischen Landesverweisung im Sinne von Art. 66*a*^bis StGB oder Art. 49*a*^bis MStG verurteilt, erlischt die ausländerrechtliche Bewilligung mit dem Vollzug der Landesverweisung.

– der **tatsächlichen Aufgabe des Aufenthaltes in der Schweiz ohne Abmeldung** (Abs. 2): Die Aufrechterhaltung einer ausländerrechtlichen Bewilligung setzt eine minimale physische Präsenz auf dem schweizerischen Staatsgebiet voraus (BGE 145 II 322, E. 2.2. S. 325). Eine Kurzaufenthaltsbewilligung erlischt auch dann, wenn sich Ausländerinnen und Ausländer, ohne sich abzumelden, während drei Monaten im Ausland aufhalten, während Aufenthalts- und Niederlassungsbewilligungen nach einer Auslandsabwesenheit von sechs Monaten erlöschen. Für die Berechnung der tatsächlichen Landesabwesenheit sind weder deren objektive Gründe noch die subjektiven Motive oder Absichten der betreffenden Ausländerinnen und Ausländer von Bedeutung (BGer, 2C_691/2017, 18. Januar 2018, E. 3.1). Die Bewilligung erlischt auch im Falle eines unfreiwilligen Auslandaufenthaltes wie etwa bei einem länger dauernden Krankenhausaufenthalt oder einer Inhaftierung im Ausland. Wird der Auslandaufenthalt durch kurze Besuche in der Schweiz unterbrochen, ist nach höchstrichterlicher Rechtsprechung ausschlaggebend, wo sich der Lebensmittelpunkt der betreffenden Ausländerinnen oder Ausländer während der Abwesenheit befindet, wobei etwa die Kündigung der Arbeitsstelle oder der Wohnung in der Schweiz, die Auszahlung der Pensionskassengelder oder auch der Antritt einer neuen Arbeitsstelle im Ausland auf die Verlegung des Lebensmittelpunktes ins Ausland schliessen lassen (bereits BGE 120 Ib 369, E. 2c f. S. 372 f.; BGer, 2C_691/2017, 18. Januar 2018, E. 3.1). Wurde der Lebensmittelpunkt ins Ausland verlegt, vermögen auch vorübergehende Besuchs-, Tourismus- oder Geschäftsaufenthalte in der Schweiz das Erlöschen der Bewilligung nicht zu verhindern (Art. 79 Abs. 1 VZAE).

> «Zu beurteilen ist hier zunächst die Frage, ob die Niederlassungsbewilligung des Beschwerdeführers durch seine Auslandaufenthalte in Serbien im Sinne von Art. 61 Abs. 2 AuG erloschen ist (…). Damit steht (…) fest, dass sich der Beschwerdeführer in der fraglichen Zeit nie länger als sechs Monate ununterbrochen in Serbien aufgehalten hat. Andererseits ist der Vorinstanz zuzustimmen, wenn sie ausführt, dass der Beschwerdeführer in den Jahren 2005 bis 2007 mehrheitlich in Serbien gelebt hat. Bezogen auf die fast zehnmonatige Periode zwischen dem 31. März 2007 und dem 21. Januar 2008 hat der Beschwerdeführer lediglich drei Kurzbesuche von insgesamt ca. vier Wochen in der Schweiz vorzuweisen; diese Kurzbesuche vermögen aber praxisgemäss die sechsmonatige Frist nicht zu unterbrechen. Über die gesamte dreijährige Periode von 2005 bis 2007 betrachtet, hat sich der Beschwerdeführer offensichtlich nicht mehrheitlich, d.h. innerhalb eines Jahres mindestens sechs Monate, in der Schweiz aufgehalten, weshalb hier die widerlegbare Vermutung besteht, dass der Lebensmittelpunkt des Beschwerdeführers in der Schweiz aufgegeben worden ist (…). Die Vorinstanz hat sodann aufgrund diverser Indizien zu Recht angenommen, dass der Beschwerdeführer seinen Lebensmittelpunkt seit Anfang Januar 2005 nach Serbien verlegt hat: So hat er dort im Mai 2005 seine im Jahr 2003 von ihm geschiedene Ehefrau wieder geheiratet und ist seine Tochter am 7. August 2005 zur Welt gekommen. Zudem sind ihm am 3. September 2006 sein Sohn und am 30. April 2007 sein Vater nach Serbien nachgefolgt. Seine Ehefrau, seine beiden Kinder und sein Vater wohnen denn auch noch heute in Serbien. Unter diesen Umständen kann dem Beschwerdeführer nicht gefolgt werden, wenn er ausführt, angesichts seines seit dem 17. Altersjahr andauernden Aufenthalts in der Schweiz und seines Gesundheitszustandes habe er seinen Lebensmittelpunkt in der Schweiz beibehalten.» (BGer, 2C_327/2013, 23. Oktober 2013, E. 2.2)

Verlegen niedergelassene Ausländerinnen und Ausländer zwar ihren Wohnsitz ins Ausland, behalten aber ihre Wohnung in der Schweiz und üben hier weiterhin eine unselbständige Erwerbstätigkeit aus (BGE 145 II

322) bzw. Verbringen einen grossen Teil ihrer Zeit mit ihrer Familie in der Schweiz (BGer, 2C_602/2020, 19. November 2020), sind diese Aufenthalte nicht als bloss vorübergehend zu qualifizieren und die Niederlassungsbewilligung erlischt nicht wegen eines sechsmonatigen Auslandsaufenthaltes.

Eine Ausnahme macht das Bundesgericht auch für niederlassungsberechtigte Kinder und Jugendliche, die im Ausland eine Ausbildung absolvieren und die Ferien bei ihrer Familie in der Schweiz verbringen, wenn:

> «sie jeweils vor Ablauf der Frist von sechs Monaten in die Schweiz zurückkehren und ihre ganzen Schulferien hier bei den Eltern verbringen (…). Die Ausbildung darf aber nicht unsachgemäss lange dauern, andernfalls sich der Lebensmittelpunkt der Kinder in die Heimat verlagert, womit die Niederlassungsbewilligung in der Schweiz erlischt. Die Niederlassungsbewilligung soll der ausländischen Person ermöglichen, dauerhaft in der Schweiz zu leben und sich in die hiesige Gesellschaft einzugliedern. Mit Blick hierauf rechtfertigt es sich, hinsichtlich der Dauer des Studiums bzw. des Schulbesuchs im Ausland gewisse Grenzen zu setzen, wobei jedoch die Umstände des Einzelfalles jeweils angemessen mitzuberücksichtigen sind (...).» (BGer, 2C_691/2017, 18. Januar 2018, E. 3.2)

Niederlassungsbewilligungen können allerdings auf Gesuch hin während vier Jahren aufrechterhalten werden (Art. 61 Abs. 2 AIG). Das entsprechende Gesuch muss vor Ablauf der sechsmonatigen Erlöschensfrist eingereicht werden (Art. 79 Abs. 2 VZAE). Das Gesuch wird grundsätzlich bewilligt, wenn der Auslandaufenthalt vorübergehender Natur ist und die betroffenen Ausländerinnen und Ausländer die Absicht haben, innerhalb der Frist von vier Jahren wieder in die Schweiz zurückzukehren und hier zu bleiben. Die Aufrechterhaltung von Kurzaufenthalts- sowie Aufenthaltsbewilligungen während längeren Auslandsabwesenheiten ist dagegen nicht möglich (Art. 61 Abs. 2 AIG *e contrario*).

Art. 61*a* AIG regelt das Erlöschen der gestützt auf das FZA erteilten Kurzaufenthalts- beziehungsweise Aufenthaltsbewilligung EU/EFTA. Die Bestimmung regelt das Erlöschen der Bewilligung bei unfreiwilliger Arbeitslosigkeit von Staatsangehörigen von EU/EFTA-Staaten. Eingehend hierzu hinten Rz. 976 ff.

b) Widerruf und Nichtverlängerung von Bewilligungen

Unter Widerruf wird der Entzug einer Bewilligung vor Ablauf der Gültigkeitsdauer verstanden. Der Widerruf von Bewilligungen und anderen ausländerrechtlichen Verfügungen richtet sich nach Art. 62 und 63 AIG. Ersterer regelt den Widerruf von Kurzaufenthalts- und Aufenthaltsbewilligungen sowie ande- 707 ren Verfügungen, letzterer den – nur unter vergleichsweise erhöhten Anforderungen mögliche – Widerruf von Niederlassungsbewilligungen. Diese unterschiedliche Behandlung der Niederlassungsbewilligung ist gerechtfertigt, da das Anwesenheitsrecht gestützt auf eine Niederlassungsbewilligung wesentlich gefestigter ist als jenes, das sich auf eine Kurzaufenthalts- und Aufenthaltsbewilligungen stützt.

708 Ist ein gesetzlicher Widerrufsgrund erfüllt, fällt die entsprechende Bewilligung – im Gegensatz zum Erlöschen von Bewilligungen – nicht bereits von Gesetzes wegen dahin. Es liegt vielmehr im Ermessen der zuständigen kantonalen Behörde, die Zulässigkeit und Verhältnismässigkeit des Widerrufes zu beurteilen und gegebenenfalls eine Widerrufsverfügung zu erlassen. Bei dieser Beurteilung hat sie die konkreten Umstände des Einzelfalles, insbesondere die Schwere des Verschuldens der Ausländerinnen und Ausländer, die Dauer ihrer Anwesenheit in der Schweiz, ihr bisheriges Verhalten, die Natur der Bindungen zur Heimat und zur Schweiz, der Grad der Integration sowie die Nachteile, die ihnen und ihrer Familie drohen, zu berücksichtigen, wobei dem überwiegenden Kindesinteresse vorrangige Bedeutung beizumessen ist (BGE 135 II 377, E. 4.3 S. 381). Ist der Widerruf begründet, aber im Einzelfall nicht angemessen, kann er den betroffenen Ausländerinnen und Ausländern auch bloss angedroht werden (Art. 96 Abs. 2 AIG).

> «Damit ergibt sich zusammengefasst, dass die Beschwerdeführerin aufgrund ihrer Weigerung, den vom Migrationsamt mit Verfügung vom 18. Dezember 2017 einverlangten Sprachnachweis beizubringen, den Widerrufsgrund von Art. 62 Abs. 1 lit. d AuG gesetzt hat. Die gegen sie angeordnete aufenthaltsbeendende Massnahme erweist sich jedoch aus heutiger Sicht als unverhältnismässig; in einem Fall wie dem vorliegenden kann eine Aufenthaltsbeendigung nur in Betracht gezogen werden, wenn die betreffende Person vorgängig formell verwarnt und auf die Folgen ihrer Verweigerungshaltung hingewiesen worden ist. Die Beschwerde in öffentlich-rechtlichen Angelegenheiten ist deshalb im Sinne der Erwägungen gutzuheissen und das Migrationsamt anzuweisen, die Aufenthaltsbewilligung der Beschwerdeführerin zu verlängern; gleichzeitig ist die Beschwerdeführerin ausländerrechtlich zu verwarnen.» (BGer, 2C_1030/2020, 8 Dezember 2021, E. 6).

709 Der Widerruf des Anwesenheitsrechtes führt, mit Ausnahme des Sonderfalls der Rückstufung (hinten Rz. 714 ff.), zur Wegweisung aus der Schweiz.

aa) Widerruf von Kurzaufenthalts- und Aufenthaltsbewilligungen sowie anderen Verfügungen

710 Nach Art. 62 Abs. 1 AIG können Kurzaufenthalts- und Aufenthaltsbewilligungen sowie andere ausländerrechtliche Verfügungen (beispielsweise ein Visum oder die Zusicherung einer Bewilligung) widerrufen werden, wenn:

– Ausländerinnen und Ausländer oder deren Vertretung im Bewilligungsverfahren **falsche Angaben gemacht** oder **wesentliche Tatsachen verschwiegen haben** (lit. a): Dieser Widerrufsgrund folgt aus der Mitwirkungspflicht von Art. 90 lit. a AIG, wonach Ausländerinnen und Ausländer verpflichtet sind, zutreffende und vollständige Angaben über die für die Regelung ihres Aufenthaltes wesentlichen Tatsachen zu machen.

Das Bundesgericht hat den Widerrufgrund nach Art. 62 Abs. 1 lit. a AIG in Fortführung der unter dem ANAG entwickelten Praxis dahingehend konkretisiert, dass:

> «die falsche Angabe oder das Verschweigen wesentlicher Tatsachen in der Absicht erfolgt sein [muss], gestützt darauf den Aufenthalt oder die Niederlassung bewilligt zu erhalten. Der Ausländer ist verpflichtet, den Behörden wahrheitsgetreu über alles Auskunft zu geben, was für den Bewilligungsentscheid massgebend sein kann (...). Wesentlich sind dabei nicht nur Umstände, nach denen die Fremdenpolizei ausdrücklich fragt, sondern auch solche, von denen der Gesuchsteller wissen muss, dass sie für den Bewilligungsentscheid massgeblich sein können (...). Als wesentlicher Umstand gilt gemäss ständiger Rechtsprechung insbesondere das Vorhandensein von vor- bzw. ausserehelichen Kindern bei Gesuchen zum Verbleib beim in der Schweiz ansässigen Ehepartner bzw. bei der Ehepartnerin (...), ebenso auch die Absicht der Nichtfortsetzung einer bisherigen bzw. der Begründung einer neuen Ehe (...). Das Fehlen konkreter Fragen entbindet den Antragsteller nicht von vornherein, über wesentliche Tatsachen von sich aus zu informieren: Wie das Bundesgericht festgehalten hat, liegt ein «Verschweigen» im Sinne von Art. 62 Abs. 1 lit. a AuG jedenfalls dann vor, wenn der Ausländer aufgrund seiner Gesuchsbegründung bzw. anderer von ihm zu vertretender Umstände bei den Behörden einen falschen Anschein über eine wesentliche Tatsache erweckt bzw. aufrechterhält und insofern eine Täuschungshandlung begeht.» (BGer, 2C_287/2012, 2. November 2012, E. 3.1)

Das Bundesgericht hat ferner betont, dass zwischen den falschen Angaben oder den verschwiegenen Tatsachen einerseits und der Erteilung der ausländerrechtlichen Bewilligung andererseits nicht notwendigerweise Kausalität gegeben sein muss. Ein Widerruf ist damit auch dann zulässig, wenn nicht mit Sicherheit feststeht, dass die Bewilligung bei wahrheitsgemässer und vollständiger Information verweigert worden wäre (BGE 142 II 265, E. 3.1 S. 265 f.). Allerdings ist ein Widerruf ausgeschlossen, wenn die Behörde die Bewilligung erteilt hat, obwohl sie von der Mitwirkungspflichtverletzung Kenntnis hatte.

– Ausländerinnen und Ausländer zu einer **längerfristigen Freiheitsstrafe verurteilt** oder gegen sie eine **strafrechtliche Massnahme** nach Art. 59-61 StGB (stationäre therapeutische Massnahme) oder Art. 64 StGB (Verwahrung) angeordnet wurde (lit. b): Das Bundesgericht hat den vom Gesetzgeber nicht näher ausgeführten Begriff der längerfristigen Freiheitsstrafe dahingehend konkretisiert, dass ein Widerrufsgrund nach Art. 62 lit. b AIG vorliegt, wenn eine Freiheitsstrafe von mehr als einem Jahr ausgesprochen wurde (BGE 135 II 377, E. 4.2 f. S. 379 ff.). Damit der Widerrufsgrund erfüllt ist, muss die mindestens einjährige Freiheitsstrafe indes auf eine einzige Verurteilung zurückgehen. Eine Kumulation kürzerer Strafen vermag dem Erfordernis der längerfristigen Freiheitsstrafe nicht zu genügen. Irrelevant ist dagegen, ob die Strafe bedingt, teilbedingt oder unbedingt ausgesprochen wurde (BGE 139 I 16, E. 2.1 S. 18). Zudem kann nicht nur eine Verurteilung durch ein schweizerisches Strafgericht, sondern auch eine Verurteilung im Ausland zu einem Widerruf führen.

- Ein Sonderfall besteht für Ehegattinnen und Ehegatten von Schweizer Staatsangehörigen, bei welchen die höchstrichterliche Rechtsprechung grundsätzlich eine Freiheitsstrafe von mindestens zwei Jahren fordert. Allerdings handelt «es sich bei der "Zweijahresregel" keinesfalls um eine feste Grenze (…), die nicht über- oder unterschritten werden dürfte. Vielmehr erweist sich weiterhin die Abwägung der widerstreitenden öffentlichen und privaten Interessen im Einzelfall als entscheidend» (BGE 135 II 377, E. 4.4 S. 383).
- Der Widerrufsgrund der längerfristigen Freiheitsstrafe wurde durch das Inkrafttreten der strafrechtlichen Landesverweisung nach Art. 66*a* StGB und Art. 49*a* MStG dahingehend eingeschränkt, dass die zuständige Migrationsbehörde eine Bewilligung nicht allein gestützt auf eine strafrechtliche Verurteilung widerrufen kann, wenn das Strafgericht von einer strafrechtlichen Landesverweisung abgesehen hat (Art. 62 Abs. 2 AIG). Mit dieser Einschränkung sollen Überschneidungen zwischen strafrechtlicher Landesverweisung und ausländerrechtlichen Entfernungsmassnahmen vermieden werden. Der Widerruf der Bewilligung ist in solchen Fällen – auch bei Überschreiten der geforderten Dauer der Freiheitsstrafen – nur zulässig, wenn neue, dem Strafgericht nicht bekannte oder erst nach Erlass des Strafurteiles eingetretene Umstände vorliegen, die einen Bewilligungswiderruf im konkreten Fall als verhältnismässig erscheinen lassen. Zudem bleibt der Widerruf in jenen Fällen möglich, in denen die strafrechtliche Landesverweisung nicht zur Anwendung gelangt, weil die Straftat vor dem 1. Oktober 2016 und damit vor Inkrafttreten der entsprechenden Strafbestimmungen begangen wurde oder Minderjährige betroffen sind, gegen die nach Jugendstrafrecht keine Landesverweisung ausgesprochen werden kann.
- Wurde vom zuständigen Strafgericht eine Landesverweisung ausgesprochen, erlischt die allenfalls bestehende ausländerrechtliche Bewilligung mit Eintritt der Rechtskraft der obligatorischen Landesverweisung (Art. 61 Abs. 1 lit. e AIG, siehe vorne Rz. 706). Bei der nicht obligatorischen Landesverweisung erlöschen Bewilligungen dagegen erst mit deren Vollzug (Art. 61 Abs. 1 lit. f AIG, siehe vorne Rz. 706). In diesen Fällen steht es der zuständigen Migrationsbehörde zu, die Bewilligung bereits vor dem Vollzugszeitpunkt zu widerrufen, sofern sich der Widerruf als verhältnismässig erweist. Der Widerrufsgrund der Landesverweisung wurde zwar für Kurzaufenthalts- und Aufenthaltsbewilligungen im Gegensatz zu

Niederlassungsbewilligungen nicht explizit aufgenommen, gilt aber aufgrund des Prinzips *a maiore ad minus* für diese analog (Art. 63 Abs. 1 lit. e AIG).

- Ausländerinnen und Ausländer erheblich oder wiederholt gegen die öffentliche Sicherheit und Ordnung der Schweiz oder im Ausland verstossen beziehungsweise diese gefährdet haben oder die innere oder äussere Sicherheit der Schweiz gefährden (lit. c): Einen Verstoss gegen die öffentliche Sicherheit und Ordnung begeht insbesondere, wer gesetzliche Bestimmungen und behördliche Verfügungen missachtet oder mutwillig öffentlich- oder privatrechtliche Verpflichtungen nicht erfüllt. Darunter fallen auch Zuwiderhandlungen gegen ausländerrechtliche Bestimmungen. Ein Widerrufsgrund kann auch dann vorliegen, wenn die einzelnen Verstösse für sich allein genommen noch nicht genügen würden, deren wiederholte Begehung aber darauf schliessen lässt, dass die betreffenden Ausländerinnen und Ausländer nicht bereit sind, sich an die geltende Ordnung zu halten. Eine Verletzung der öffentlichen Sicherheit und Ordnung liegt ferner vor, wenn die ausländische Person ein Verbrechen gegen den Frieden oder die Menschlichkeit, ein Kriegsverbrechen oder terroristische Taten öffentlich billigt oder dafür wirbt (Art. 77*a* Abs. 1 VZAE). Von einer Gefährdung der öffentlichen Sicherheit und Ordnung ist auszugehen, wenn konkrete Anhaltspunkte bestehen, dass der Aufenthalt der betreffenden Person in der Schweiz mit erheblicher Wahrscheinlichkeit einen Verstoss gegen die öffentliche Sicherheit und Ordnung mit sich bringt (Art. 77*a* Abs. 2 VZAE). Der Sachverhalt der Bedrohung der inneren oder äusseren Sicherheit der Schweiz richtet sich demgegenüber nach Art. 77*b* VZAE.
- In jedem Fall muss der Widerruf verhältnismässig sein (Art. 96 AIG). In Bezug auf Ausländerinnen und Ausländer, die sich schon lange in der Schweiz aufhalten, hat das Bundesgericht festgehalten, deren Anwesenheitsberechtigung

> «(…) soll aus Gründen der Verhältnismässigkeit nur mit Zurückhaltung widerrufen oder nicht mehr verlängert werden. Bei wiederholter bzw. schwerer Straffälligkeit ist dies jedoch selbst dann möglich, wenn er hier geboren ist und sein ganzes bisheriges Leben im Land verbracht hat (…). Bei schweren Straftaten und bei Rückfall bzw. wiederholter Delinquenz besteht regelmässig ein wesentliches öffentliches Interesse, die Anwesenheit eines Ausländers zu beenden, der dermassen die öffentliche Sicherheit und Ordnung beeinträchtigt (…). Dabei fliesst in die Interessenabwägung mit ein, dass namentlich Drogenhandel und Gewaltdelikte nach dem Willen des Verfassungsgebers zum Verlust des Aufenthaltsrechts führen sollen (…).» (BGer, 2C-898/2014, 6. März 2015, E. 3.2)

Beispiel: Der aus dem Kosovo stammende Beschwerdeführer reiste 1989 zusammen mit seiner Familie in die Schweiz ein und wurde vorläufig aufgenommen. Im Jahr 2002 erhielt die Familie die Aufenthaltsbewilligung aus humanitären Gründen. Im Februar 2014 wurde er wegen mehrfacher sexueller Handlungen mit einem Kind, mehrfacher sexueller Nötigung, mehrfacher Drohung sowie Verletzung der Erziehungspflichten – alle Taten begangen zum Nachteil seiner Tochter – zu einer bedingten Freiheitsstrafe von zwölf Monaten und einer Busse von CHF 2'000 verurteilt. In der Folge verweigerte das Migrationsamt des Kantons Thurgau wegen Verstössen gegen die öffentliche Sicherheit und Ordnung die Verlängerung der Aufenthaltsbewilligung des Beschwerdeführers und seiner Ehefrau und wies sie aus der Schweiz weg. Die gegen diesen Entscheid ergriffenen kantonalen Rechtsmittel blieben ohne Erfolg. Mit Beschwerde in öffentlich-rechtlichen Angelegenheiten machte der Beschwerdeführer geltend, dass ein Anspruch auf die Verlängerung der Aufenthaltsbewilligung gegeben und die Nichtverlängerung unverhältnismässig sei. Das Bundesgericht stellte fest, dass sich der Beschwerdeführer seit 28 Jahren in der Schweiz aufhalten würde. Sowohl er als auch seine Frau seien erwerbstätig und nicht auf Fürsorgeleistungen durch die Wohngemeinde angewiesen gewesen, womit eine überdurchschnittliche Integration vorliege. Zudem seien alle drei Kinder in der Schweiz sozialisiert und in den Arbeitsmarkt integriert. Aus diesen Gründen würde gestützt auf das Recht auf Achtung des Privatlebens (Art. 8 EMRK und Art. 13 BV) grundsätzlich ein Anspruch auf die Verlängerung der Aufenthaltsbewilligung bestehen. Allerdings habe der Beschwerdeführer durch sein strafbares Verhalten erheblich gegen das Gesetz verstossen, womit ein Widerrufsgrund nach Art. 62 Abs. 1 lit. c AuG gegeben sei. Im Rahmen der Verhältnismässigkeitsprüfung liege damit ein erhebliches öffentliches Interesse an der Wegweisung des Beschwerdeführers vor. Allerdings müsse dies durch den Umstand relativiert werden, dass das Strafgericht eine Rückfallgefahr verneint und eine verhältnismässig geringe Strafe ausgesprochen habe. Zudem habe sich der Beschwerdeführer seit dem letzten Übergriff im Jahr 2010 nichts mehr zu Schulden kommen lassen. Demgegenüber habe der Beschwerdeführer ein gewichtiges Interesse am Verbleib in der Schweiz. Er sei im Alter von 23 Jahren in die Schweiz gekommen und habe mehr als die Hälfte seines Lebens hier verbracht. Seit 26 Jahren sei er bei seiner Wohngemeinde angestellt und beruflich hervorragend integriert. Es sei auch davon auszugehen, dass das familiäre und freundschaftliche Beziehungsnetz grösstenteils in der Schweiz angesiedelt sei. Zudem dürfte sich die Wiedereingliederung im Kosovo aufgrund seines Alters und der langen Abwesenheit als schwierig erweisen. Gesamthaft gesehen überwiege damit das private Interesse am Verbleib in der Schweiz, weshalb die Nichtverlängerung der Aufenthaltsbewilligung als unverhältnismässig einzustufen sei. Allerdings – so das Bundesgericht abschliessend – komme eine weitere Bewilligungsverlängerung zukünftig nicht mehr in Frage, sollte der Beschwerdeführer erneut delinquieren (BGer, 2C-74/2017, 1. Juni 2017).

- Ausländerinnen und Ausländer **eine mit der Bewilligung verbundene Bedingung nicht eingehalten haben** (lit. d): Ein Widerrufsgrund liegt insbesondere vor, wenn der Aufenthaltszweck, für den die Bewilligung ausgestellt wurde (Art. 32 Abs. 2 und Art. 33 Abs. 2 AIG), erfüllt ist oder wegfällt. Dies ist etwa der Fall, wenn Ausländerinnen und Ausländer, die zu einem Aufenthalt mit Erwerbstätigkeit zugelassen wurden, über längere Zeit arbeitslos sind oder wenn die medizinische Behandlung, für die eine ausländische Person zugelassen wurde, abgeschlossen ist. Irrelevant ist in diesem Zusammenhang, ob der Aufenthaltszweck verschuldet oder unverschuldet weggefallen ist (BVGer, C-2485/2011, 11. April 2013, E. 8.4).
- **Ausländerinnen und Ausländer oder Personen, für die sie zu sorgen haben, auf Sozialhilfe angewiesen sind** (lit. e): Der Widerrufsgrund von

Art. 62 Abs. 1 lit. e AIG bezweckt die Verhinderung künftiger Belastungen des öffentlichen Gemeinwesens. Er kann lediglich dann zur Anwendung kommen, wenn im betreffenden Einzelfall auch in Zukunft eine konkrete Gefahr der Sozialhilfeabhängigkeit besteht. Eine solche ist gegeben, wenn Ausländerinnen und Ausländer hohe finanzielle Unterstützungsleistungen erhalten haben und auch zukünftig nicht damit gerechnet werden kann, dass sie für ihren Lebensunterhalt aufkommen können (BGer, 2C_949/2017, 23. März 2018, E. 4.1). Allerdings muss insbesondere das Verschulden bei der Beurteilung der Verhältnismässigkeit berücksichtigt werden. Ein Widerruf aufgrund von Sozialhilfebezug erscheint nur bei Ausländerinnen und Ausländern gerechtfertigt, denen der Sozialhilfebezug vorgeworfen werden kann, weil sie keiner Erwerbstätigkeit nachgehen, obwohl ihnen eine solche zumutbar wäre (BGer, 2C-1228/2012, 20. Juni 2013, E. 5.4):

> «Unter den Verfahrensbeteiligten ist zu Recht unbestritten, dass im Lichte des Umfangs der erhaltenen Unterstützungsleistungen und der vorliegenden Umstände die Sozialhilfeabhängigkeit als dauerhaft und erheblich einzustufen ist, weshalb der Widerrufsgrund von Art. 62 Abs. 1 lit. e AuG erfüllt ist (...). Liegt ein Widerrufsgrund vor, ist zu prüfen, ob die damit verbundene aufenthaltsbeendende Massnahme verhältnismässig ist (...). Nach der bundesgerichtlichen Rechtsprechung sind für die Beurteilung, ob dies der Fall ist, namentlich die Schwere des Verschuldens an der Sozialhilfeabhängigkeit, der Grad der Integration und die Dauer der bisherigen Anwesenheit sowie die der betroffenen Person und ihrer Familie drohenden Nachteile zu berücksichtigen. Zu beachten ist auch die Qualität der sozialen, kulturellen und familiären Beziehungen sowohl im Gast- als auch im Heimatland (...). Die Gründe, warum eine Person sozialhilfeabhängig wurde, müssen jeweils in diese Beurteilung miteinbezogen werden. Ob und inwieweit die betroffene Person ein Verschulden an der Sozialhilfebedürftigkeit trifft, bildet daher nicht eine Frage der Erfüllung des Widerrufsgrunds, sondern eine der Verhältnismässigkeitsprüfung.» (BGer, 2C_709/2020, 17. Januar 2020, E. 4)

Zu berücksichtigen ist in diesem Zusammenhang ferner, dass nach schweizerischem Ausländerrecht Ergänzungsleistungen der AHV/IV und Krankenkassenverbilligungen nicht zur Sozialhilfe gehören und daher nicht Anlass für den Widerruf einer Bewilligung sein dürfen (siehe BGE 135 II 265, E. 3.7 S. 272).

– Ausländerinnen und Ausländer **in rechtsmissbräuchlicher Weise** versucht haben, das **Schweizer Bürgerrecht zu erschleichen oder** ihnen **das Bürgerrecht** gestützt auf Art. 36 BüG **rechtskräftig entzogen worden ist** (lit. f): Der Widerrufsgrund der Nichtigerklärung beziehungsweise des Entzuges einer Einbürgerung wurde im Rahmen der Revision des Bürgerrechtsgesetzes in das Ausländer- und Integrationsgesetz übernommen (siehe hinten Rz. 1651 ff. und Rz. 1656 ff.), nachdem das Bundesgericht im Urteil 135 II 1 festgehalten hatte, dass Ausländerinnen und Ausländer nach der Nichtigerklärung ihrer Einbürgerung ausländerrechtlich grundsätzlich in die gleiche Rechtsstellung wie vor der Einbürgerung versetzt werden. Damit verfügen sie nach der Nichtigerklärung der Einbürgerung oder dem Entzug des Schweizer Bürgerrechtes wieder über jene ausländerrechtliche Bewilligung, die sie vor der Einbürgerung hatten, sofern in der Zwischenzeit keine Erlöschens- oder Widerrufsgründe eingetreten sind (BGE 135 II 1, E. 3.7 S. 8; BBl 2011 2825, S. 2840 f., hinten Rz. 1663). Allerdings steht es den zuständigen Behörden zu, gestützt auf die Gründe, die zur Nichtigerklärung beziehungsweise zum Entzug der Schweizer Staatsbürgerschaft geführt haben, den Widerruf der Bewilligung zu prüfen. Als verhältnismässig gilt der Widerruf insbesondere dann, wenn die Täuschungshandlung nicht nur in Bezug auf die Einbürgerung, sondern auch schon in Bezug auf die Erteilung der Bewilligung bestand.

– Ausländerinnen und Ausländer eine **Integrationsvereinbarung ohne entschuldbaren Grund nicht einhalten** (lit. g): Mittels Integrationsvereinbarungen werden die individuellen Integrationsziele für Ausländerinnen und Ausländern festgelegt (Art. 58*b* Abs. 1 AIG, siehe zu den Integrationsvereinbarungen hinten Rz. 903 ff.). Halten sie sich in der Folge nicht an diese Vereinbarungen, kann die erteilte Bewilligung widerrufen werden, sofern sich der Widerruf im Einzelfall als verhältnismässig erweist. Es handelt sich hierbei um einen Anwendungsfall von Art. 62 Abs. 1 lit. d AIG, nach den eine Bewilligung widerrufen werden kann, wenn eine mit dieser verbundenen Bedingung nicht eingehalten wird.

bb) Nichtverlängerung der Kurzaufenthalts- und Aufenthaltsbewilligung

711 Verfügt die betroffene Person über eine Kurzaufenthalts- oder Aufenthaltsbewilligung und hat sie keinen Rechtsanspruch auf deren Verlängerung, steht es der zuständigen Behörde offen, auf den Widerruf zu verzichten und die Bewilligung nach Ablauf der Gültigkeitsdauer nicht mehr zu verlängern. Diesfalls können die in Art. 62 aufgeführten Widerrufsgründe analog als Gründe für die Nichtverlängerung der Bewilligung herangezogen werden. Die Nichtverlängerung wird insbesondere bei Bewilligungen mit kurzer Gültigkeit dem Widerruf vorgezogen.

cc) Widerruf der Niederlassungsbewilligung

712 Besondere, im Vergleich zum Widerruf von Kurzaufenthalts- und Aufenthaltsbewilligungen höhere Hürden, gelten für den Widerruf von Niederlassungsbewilligungen. Diese können nach Art. 63 AIG nur widerrufen werden, wenn:

- Ausländerinnen und Ausländer oder deren Vertreter im Bewilligungsverfahren **falsche Angaben** gemacht oder **wesentliche Tatsachen verschwiegen** haben (Abs. 1 lit. a i.V.m. Art. 62 Abs. 1 lit. a AIG): Mit dem Verweis auf Art. 62 Abs. 1 lit. a AIG wird deutlich, dass die vorne gemachten Ausführungen im Zusammenhang mit dem Widerruf von Kurzaufenthalts- und Aufenthaltsbewilligungen grundsätzlich auch für den Widerruf von Niederlassungsbewilligung gelten (siehe vorne Rz. 710). Allerdings haben die zuständigen Behörden im Zusammenhang mit dem Widerruf der Niederlassungsbewilligung eine strengere Verhältnismässigkeitsprüfung vorzunehmen.
- Ausländerinnen und Ausländer zu einer **längerfristigen Freiheitsstrafe** verurteilt oder gegen die **strafrechtlichen Massnahmen** nach Art. 59 bis 61 StGB (stationäre therapeutische Massnahme) oder Art. 64 StGB (Verwahrung) angeordnet wurden (Abs. 1 lit. a i.V.m. Art. 62 Abs. 1 lit. b AIG): Die Ausführungen, die im Zusammenhang mit dem Widerruf von Kurzaufenthalts- und Aufenthaltsbewilligungen sowie anderen Verfügungen gemacht wurden, gelten auch für die Niederlassungsbewilligung (siehe hierzu vorne Rz. 710 und Rz. 712 f.). Allerdings müssen im Rahmen der Verhältnismässigkeitsprüfung die im Vergleich zur Kurzaufenthalts- und Aufenthaltsbewilligung in aller Regel längere Aufenthaltsdauer und der höhere Integrationsgrad berücksichtigt werden. Bei Ausländerinnen und Ausländern, die in der Schweiz geboren sind und ihr ganzes Leben in der Schweiz verbracht haben, ist die Niederlassungsbewilligung damit nur mit besonderer Zurückhaltung zu widerrufen (BGer, 2C-267/2013, 6. Mai 2013, E. 2.1).
- Wie beim Widerruf von Kurzaufenthalts- und Aufenthaltsbewilligungen ist der Widerruf einer Niederlassungsbewilligung nicht zulässig, wenn er allein auf eine strafrechtliche Verurteilung gestützt wird, im Rahmen der das Strafgericht von einer strafrechtlichen Landesverweisung abgesehen hat (Art. 63 Abs. 3 AIG, siehe vorne Rz. 710 und Rz. 712 f.).
- Ausländerinnen und Ausländer in **schwerwiegender** Weise gegen die **öffentliche Sicherheit und Ordnung** verstossen haben beziehungsweise diese oder die **innere oder äussere Sicherheit** gefährden (Abs. 1 lit. b): Im Unterschied zum Widerruf von Kurzaufenthalts- und Aufenthaltsbewilligungen (Art. 62 Abs. 1 lit. c AIG), kann der Widerruf einer Niederlassungsbewilligung wegen Missachtung oder Gefährdung der öffentlichen Sicherheit und Ordnung sowie der inneren und äusseren Sicherheit nur erfolgen, wenn ein schwerwiegender Verstoss oder eine schwerwiegende Gefährdung vorliegen.

Zur Abgrenzung zwischen einem erheblichen oder wiederholten Verstoss gegen die öffentliche Sicherheit und Ordnung nach Art. 62 lit. c AIG und einem schwerwiegenden Verstoss im Sinne von Art. 63 Abs. 1 lit. b AIG hat sich das Bundesgericht wie folgt geäussert:

> «Zur Abgrenzung zwischen Art. 62 lit. c und Art. 63 Abs. 1 lit. b AuG erscheint es sachgerecht, in erster Linie auf den Stellenwert des beeinträchtigen Rechtsguts abzustellen: Wenn die ausländische Person durch ihre Handlungen besonders hochwertige Rechtsgüter wie namentlich die körperliche, psychische und sexuelle Integrität eines Menschen verletzt oder gefährdet hat, werden die qualifizierten Voraussetzungen von Art. 63 Abs. 1 lit. b AuG zumeist erfüllt sein. Indes können auch vergleichsweise weniger gravierende Pflichtverletzungen als «schwerwiegend» i.S.v. Art. 63 Abs. 1 lit. b AuG bezeichnet werden: In seiner Botschaft zum Ausländergesetz führt der Bundesrat aus, dass ein Widerruf der Niederlassungsbewilligung auch dann möglich sein soll, wenn sich eine ausländische Person von strafrechtlichen Massnahmen nicht beeindrucken lässt und damit zeigt, dass sie «auch zukünftig weder gewillt noch fähig ist, sich an die Rechtsordnung zu halten» (...). Ob der Ausländer willens und in der Lage ist, sich in die hier geltende Ordnung einzufügen, kann nur anhand einer Gesamtbetrachtung seines Verhaltens beurteilt werden. Hieraus folgerte das Bundesgericht in früheren Entscheiden, dass auch eine Summierung von Verstössen, die für sich genommen für einen Widerruf nicht ausreichen würden, einen Bewilligungsentzug rechtfertigen könne; sogar das Bestehen von privatrechtlichen Schulden könne gegebenenfalls einen schwerwiegenden Verstoss gegen die öffentliche Sicherheit und Ordnung darstellen, wenn die Verschuldung mutwillig erfolgt ist (...). Dies muss umso mehr bei einer wiederholten Begehung von gewichtigen Vermögensdelikten gelten.» (BGE 137 II 297, E. 3.3 S. 303 f.)

Beispiel: Der Beschwerdeführer, ein Staatsangehöriger Gambias, reiste 1999 in die Schweiz ein und stellte unter einer falschen Identität erfolglos ein Asylgesuch. Trotz der gegen ihn verfügten Wegweisung reiste er nicht aus. Im Jahr 2000 heiratete er eine Schweizerin und erhielt eine Aufenthaltsbewilligung zum Verbleib bei seiner Frau, mit der er in der Folge zwei gemeinsame Kinder bekam. Zwischen 2000 und 2009 wurden gegen den Beschwerdeführer elf Strafbefehle oder gerichtliche Verurteilungen – meist wegen Widerhandlungen gegen das Betäubungsmittelgesetz – ausgesprochen. Zusammengenommen führten diese zu einer Freiheitsstrafe von 29 Monaten und 15 Tagen sowie einer Geldstrafe, wobei die höchste Strafe sechs Monate Freiheitsentzug betrug. Als Folge seines Verhaltens erhielt der Beschwerdeführer fünf Verwarnungen, mit denen ihm die Ausländerbehörde den Widerruf seiner Bewilligung androhte und diesen in der Folge auch verfügte. Dagegen wehrte sich der Beschwerdeführer bis vor Bundesgericht und machte geltend, der Widerrufsgrund nach Art. 63 Abs. 1 lit. b AuG (schwerwiegender Verstoss gegen die öffentliche Sicherheit und Ordnung) sei nicht erfüllt. Das Bundesgericht stellte fest, dass das Verschulden des Beschwerdeführers in Bezug auf die einzelnen Straftaten eher als leicht einzustufen sei. Aus der wiederholten Deliktsbegehung werde aber deutlich, dass er den Unrechtsgehalt seiner Taten nicht einsehe oder nicht einsehen wolle und ihn eine Strafverfolgung und Verurteilung nicht beeindrucke. Damit sei kein Wille zur Einhaltung der Rechtsordnung vorhanden und ein schwerwiegender Verstoss zu bejahen. Der Widerruf stelle zwar einen schweren Eingriff in das Recht auf Familienleben des Beschwerdeführers dar, könne die öffentlichen Interessen aber nicht überwiegen. Daher kam das Bundesgericht zum Schluss, dass der Widerruf der Niederlassungsbewilligung rechtmässig war (BGer 2C_934/2011, 25. Juli 2012).

– Ausländerinnen und Ausländer oder Personen, für die sie zu sorgen haben, **dauerhaft und in erheblichem Mass** auf **Sozialhilfe** angewiesen sind (Abs. 1 lit. c): Im Unterschied zu Kurzaufenthalts- und Aufenthaltsbewilligungen kann eine Niederlassungsbewilligung nur widerrufen werden, wenn die Fürsorgeabhängigkeit dauerhaft und erheblich ist. Zu berücksichtigen ist in diesem Zusammenhang, dass weder Ergänzungsleistungen noch Krankenkassenprämienverbilligungen nach schweizerischem Ausländerrecht Teil der Sozialhilfe sind. Aus diesem Grund vermögen diese den Widerruf einer Niederlassungsbewilligung nicht zu begründen (siehe BGE 135 II 265, E. 3.7 S. 272).

Eine Fürsorgeabhängigkeit erfüllt in der Regel die Kriterien der Erheblichkeit und Dauerhaftigkeit, wenn die Leistungen CHF 80'000 übersteigen und während einem Zeitraum von mehr als zwei Jahren bezogen wurden. In Bezug auf die Dauerhaftigkeit muss neben der tatsächlichen Zeitspanne des Sozialhilfebezuges die Möglichkeit einer zukünftigen Verbesserung der Situation mitberücksichtigt werden. Im Rahmen der Prüfung der Verhältnismässigkeit des Widerrufes von Bedeutung sind zudem die Hintergründe der Sozialhilfeabhängigkeit und insbesondere das Verschulden der betroffenen Person zu beachten.

Am 1. Januar 2019 wurde die Bestimmung ausser Kraft gesetzt, wonach die Niederlassungsbewilligung von Ausländerinnen und Ausländern, die sich seit mehr als 15 Jahren ununterbrochen und ordnungsgemäss in der Schweiz aufhielten, nur bei längerfristigen Freiheitsstrafen, schwerwiegenden Verstössen gegen die öffentliche Sicherheit und Ordnung oder bei Gefährdung der inneren oder äusseren Sicherheit der Schweiz widerrufen werden konnte. Die Aufhebung dieser Bestimmung geht auf eine parlamentarische Initiative zurück, wonach der Widerruf von Niederlassungsbewilligungen jederzeit, das heisst auch bei dauerhafter und erheblicher Sozialhilfeabhängigkeit, möglich sein soll, wenn ein gesetzlicher Widerrufsgrund gegeben und der Widerruf verhältnismässig ist (Parlamentarische Initiative Philipp Müller (08.450), Mehr Handlungsspielraum für die Behörden).

– Ausländerinnen und Ausländer **in rechtsmissbräuchlicher Weise** versucht haben, das **Schweizer Bürgerrecht zu erschleichen oder** ihnen **das Bürgerrecht** gestützt auf Art. 36 BüG **rechtskräftig entzogen** worden ist (Abs. 1 lit. d): Der Widerrufsgrund der Nichtigerklärung der Einbürgerung beziehungsweise des Entzuges der schweizerischen Staatsbürgerschaft gilt damit nicht nur für Kurzaufenthalts- und Aufenthaltsbewilligungen, sondern auch für die Niederlassungsbewilligung (siehe vorne Rz. 710 und Rz. 712 f.). Allerdings müssen im Zusammenhang mit dem Widerruf der Niederlassungsbewilligung strengere Anforderungen an die Verhältnismässigkeitsprüfung gestellt werden.

Liegt ein Widerrufsgrund vor, sind die zuständigen Behörden verpflichtet zu 713
prüfen, ob der Widerruf – und damit verbunden die Wegweisung aus der Schweiz – angesichts der konkreten Umstände des Einzelfalles verhältnismässig ist (Art. 96 Abs. 1 AIG). Wäre der Widerruf begründet, aber nicht angemessen, können die Behörden die betroffenen Ausländerinnen und Ausländer auch lediglich verwarnen (Art. 96 Abs. 2 AIG).

dd) Rückstufung

714 Im Rahmen der auf den 1. Januar 2019 in Kraft getretenen Teilrevision des AIG wurde in Art. 63 Abs. 2 AIG neu die Möglichkeit der Rückstufung, das heisst des Widerrufs der Niederlassungsbewilligung und deren Ersetzung durch eine Aufenthaltsbewilligung, geschaffen. Die Rückstufung geht auf eine parlamentarische Initiative zurück, die den Migrationsbehörden die Möglichkeit geben wollte, gegenüber niedergelassenen Ausländerinnen und Ausländern, die «nicht gravierend straffällig sind und sich partout in der Schweiz nicht integrieren wollen» (Parlamentarische Initiative 08.406 Philippe Müller betreffend Rückstufung eines niedergelassenen integrationsunwilligen Ausländers zum Jahresaufenthalter), situationsgerechter und differenzierter zu handeln.

715 Nach Art. 63 Abs. 2 AIG kann die Niederlassungsbewilligung von Ausländerinnen und Ausländern, die die Integrationskriterien von Art. 58*a* AIG (hinten Rz. 902) nicht (mehr) erfüllen, widerrufen und durch eine Aufenthaltsbewilligung ersetzt werden. Lange war dabei unklar, in welchem Verhältnis die Rückstufung zu den Widerrufsgründen nach Art. 63 Abs. 1 AIG steht. In BGE 148 II 1 hat das Bundesgericht die wichtigsten Fragen geklärt und ausgeführt:

> «2.3.1 Die Ausländerbehörden haben mit der Rückstufung die Möglichkeit erhalten, situationsgerechter und differenzierter zu handeln, wenn nach Erteilung der bedingungslosen und unbefristeten Niederlassungsbewilligung die Integrationskriterien nicht (mehr) gegeben sind (...); dies gilt – mangels einer gesetzlichen Übergangsregelung – grundsätzlich auch für altrechtlich erteilte Niederlassungsbewilligungen (...).
>
> 2.3.3 Der Zweck der Rückstufung besteht nach der parlamentarischen Beratung darin, nicht oder nur mangelhaft integrierte niedergelassene Personen, denen unter dem bisherigen Recht die Niederlassungsbewilligung nicht hätte entzogen werden dürfen, auf eine Aufenthaltsbewilligung zurückstufen zu können, um sie verbindlich an ihre Integrationsverpflichtungen zu erinnern (...).
>
> 2.4 Der Rückstufung kommt dabei eine eigenständige, vom Widerruf der Niederlassungsbewilligung mit Wegweisung unabhängige Bedeutung zu (...). Es soll mit ihr (präventiv) erreicht werden, dass die betroffene Person zukünftig ihr Verhalten ändert und sich besser integriert; es geht jeweils darum, ein ernsthaftes Integrationsdefizit zu beseitigen, wobei den persönlichen Umständen Rechnung zu tragen ist (...).
>
> 2.5 Eine Rückstufung kann nach der bundesgerichtlichen Rechtsprechung nicht als ‹mildere› Massnahme angeordnet werden, wenn die Voraussetzungen für den Widerruf der Niederlassungsbewilligung mit einer Wegweisung (Widerrufsgrund und Verhältnismässigkeit der aufenthaltsbeendenden Massnahme) erfüllt sind. Der Widerruf mit Wegweisung geht in diesem Sinn der Rückstufung vor (...).
>
> 2.6 Die Rückstufung muss schliesslich, wie jedes staatliche Handeln, verhältnismässig sein (Geeignetheit, Erforderlichkeit, Respektierung des Übermassverbots [Zumutbarkeit]), was jeweils im Einzelfall geprüft und begründet werden muss. Die Rückstufung setzt sich aus einem Widerruf der Niederlassungsbewilligung und der Erteilung einer Aufenthaltsbewilligung zusammen; die Rückstufung erfolgt jedoch

als eine Einheit (uno actu), weshalb im kantonalen Verfahren ihre Verhältnismässigkeit jeweils als Ganzes zu beurteilen ist (...). Die Rückstufung kann deshalb auch als eigenständiger Akt mit einer Verwarnung angedroht werden – gegebenenfalls muss sie dies in Anwendung des Verhältnismässigkeitsprinzips auch. Nach der Rückstufung ist ein Widerruf oder eine Nichtverlängerung der Aufenthaltsbewilligung möglich, wenn die mit der Bewilligung verbundenen Bedingungen oder eine Integrationsvereinbarung ohne entschuldbaren Grund nicht eingehalten werden (...). Eine allfällige künftige Nichtverlängerung der Aufenthaltsbewilligung hat dannzumal wiederum als Ganzes verhältnismässig zu sein und insbesondere dem Übermassverbot (Verhältnismässigkeit im engeren Sinn) zu genügen.» (BGE 148 II 1, E. 2.3.1 ff. S. 4 ff.)

Die Verfügung über den Widerruf der Niederlassungsbewilligung und deren Ersetzung durch eine Aufenthaltsbewilligung muss nach Art. 62*a* VZAE entweder mit einer Integrationsvereinbarung oder einer Integrationsempfehlung nach Art. 58*b* AIG verbunden werden beziehungsweise mindestens aufführen, welche Integrationskriterien die betroffene Person nicht erfüllt hat, die Gültigkeitsdauer der Aufenthaltsbewilligung, die Bedingungen, an die der weitere Verbleib in der Schweiz geknüpft wird sowie die Folgen für den Aufenthalt in der Schweiz im Falle der Nichteinhaltung dieser Bedingungen. 716

Eine erneute Erteilung der Niederlassungsbewilligung nach einer Rückstufung ist nach Art. 34 Abs. 6 AIG frühestens nach fünf Jahren möglich, sofern die betreffenden Ausländerinnen und Ausländer die Integrationskriterien nach Art. 58*a* AIG erfüllen und keine Widerrufsgründe nach Art. 62 oder 63 Abs. 2 AIG vorliegen (Art. 61*a* Abs. 2 VZAE). Zudem müssen die betreffenden Personen auch über Sprachkompetenzen auf dem Referenzniveau A2 mündlich und A1 schriftlich nachweisen (Art. 61*a* Abs. 3 VZAE). 717

Siehe zur Rückstufung insbesondere den Beitrag von LARA BENSEGGER, Die Rückstufung im Ausländer- und Integrationsgesetz, in: Jusletter 2. August 2021 sowie ferner CATHERINE REITER, Die Rückstufung im Migrationsrecht, in: AJP 2022, S. 777 ff. 718

c) Zuständigkeit, Verfahren und Rechtsschutz bei Nichtverlängerung und Widerruf von Bewilligungen

Zuständig zur Erteilung und Verlängerung und damit auch die Nichtverlängerung und den Widerruf von ausländerrechtlichen Bewilligungen sind die kantonalen Migrationsbehörden (siehe vorne Rz. 683 ff.). Demgemäss richtet sich das Rechtsmittelverfahren auf kantonaler Ebene nach den kantonalen Verwaltungsverfahrens- und Verwaltungsrechtspflegegesetzen. Entscheide der letzten kantonalen Instanzen können mit Beschwerde in öffentlich-rechtlichen Angelegenheit am Bundesgericht angefochten werden, sofern die Ausländerinnen und Ausländer einen Rechtsanspruch auf die Bewilligung haben. Besteht kein 719 solcher Anspruch, ist die Beschwerde in öffentlich-rechtlichen Angelegenheiten dagegen grundsätzlich ausgeschlossen (Art. 83 lit. c Ziff. 2 BGG, siehe hierzu vorne Rz. 696 ff.). Zulässig ist die Beschwerde in öffentlich-rechtlichen Angelegenheiten nach höchstrichterlicher Rechtsprechung allerdings gegen den Widerruf einer Bewilligung, die noch Rechtswirkungen entfalten würde, wenn sie nicht widerrufen worden wäre (BGer, 2D_11/2008, 11. März 2008, E. 4.1). So besteht grundsätzlich ein Anspruch auf das Fortbestehen einer Niederlassungsbewilligung, da diese unbefristet erteilt werden. Daraus folgt, dass der Widerruf oder die Feststellung des Erlöschens der Niederlassungsbewilligung mit Beschwerde in öffentlich-rechtlichen Angelegenheiten an das Bundesgericht angefochten werden kann (BGE 135 II 1, E. 1.2.1 S. 4). Das gilt auch für die Rückstufung (BGE 148 II 1, nicht publizierte Erwägung 1).

720 Ist die Beschwerde in öffentlich-rechtlichen Angelegenheiten ausgeschlossen, kann allenfalls eine subsidiäre Verfassungsbeschwerde nach Art. 113 ff. BGG ergriffen werden, sofern deren Voraussetzungen erfüllt sind (siehe hierzu vorne Rz. 700).

721 Im Zusammenhang mit dem Widerruf oder der Nichtverlängerung ausländerrechtlicher Bewilligungen kommt zudem der Wiedererwägung eine nicht unerhebliche Bedeutung zu, mit denen auf formell rechtskräftige, ursprünglich *fehlerfreie* Verfügungen der Migrationsbehörden zurückgekommen werden kann, wenn sich die Sach- oder Rechtslage nachträglich verändert hat.

8.2. Entfernungs- und Fernhaltemassnahmen

722 Entfernungs- und Fernhaltemassnahmen werden zwar vielfach zusammen genannt, stellen aber zwei unterschiedliche Arten von Massnahmen dar. Entfernungsmassnahmen sind behördliche Anordnungen, die bezwecken, dass ausländische Personen, die sich ohne Anwesenheitsberechtigung in der Schweiz aufhalten, aus der Schweiz ausreisen. Es handelt sich damit um Massnahmen, mit welchen der durch den Aufenthalt entstandene rechtswidrige Zustand beseitigt und der rechtmässige Zustand wiederhergestellt werden soll. Im Gegensatz dazu stellen Fernhaltemassnahmen behördliche Anordnungen dar, die auf die Verhinderung der Einreise der betroffenen Ausländerinnen und Ausländer zielen. Mit Fernhaltemassnahmen sollen künftige Störungen der öffentlichen Sicherheit und Ordnung präventiv verhindert werden.

723 Das schweizerische Ausländerrecht kennt drei Massnahmen, die unter dem Titel der Entfernungs- und Fernhaltemassnahmen zusammengefasst werden:

- Die **Wegweisung**, die Ausländerinnen und Ausländer zur Ausreise aus der Schweiz verpflichtet (reine Entfernungsmassnahme);

- Das **Einreiseverbot**, das die Einreise von Ausländerinnen und Ausländern in die Schweiz verhindern soll (reine Fernhaltemassnahme) sowie
- die **Ausweisung**, die Ausländerinnen und Ausländer zur Ausreise aus der Schweiz verpflichtet und ihnen gleichzeitig die erneute Einreise verbietet (Kombination von Entfernungs- und Fernhaltemassnahmen).

Die **strafrechtliche Landesverweisung** nach Art. 66*a* und 66*a*^bis StGB (sowie Art. 49*a* und 49*a*^bis MStG) stellt im Gegensatz zu den ausländerrechtlichen Entfernungs- und Fernhaltemassnahmen eine strafrechtliche Massnahme dar. Mit der Landesverweisung werden Ausländerinnen und Ausländer zur Ausreise aus der Schweiz verpflichtet und mit einem Einreiseverbot belegt (Art. 121 Abs. 5 BV). Allenfalls bestehende ausländerrechtliche Bewilligungen erlöschen mit dem Eintritt der Rechtskraft der obligatorischen Landesverweisung (Art. 61 Abs. 1 lit. e AIG, siehe vorne Rz. 706) beziehungsweise – bei der nicht obligatorischen Landesverweisung – mit deren Vollzug (Art. 61 Abs. 1 lit. f AIG, siehe vorne Rz. 706) von Gesetzes wegen. Wurde vom zuständigen Strafgericht eine Landesverweisung ausgesprochen, ist damit nicht mehr notwendig, dass die zuständige Migrationsbehörde die allenfalls bestehende Bewilligung widerruft und Entfernungs- oder Fernhaltemassnahmen anordnet. Es steht ihr im Zusammenhang mit der nicht obligatorischen Landesverweisung aber frei, die Bewilligung bereits vor dem Vollzug der Landesverweisung zu widerrufen, sofern sich dies als verhältnismässig erweist (Art. 63 Abs. 1 lit. e AIG, siehe vorne Rz. 710 und Rz. 712). 724

Vor der Anordnung von Entfernungs- und Fernhaltemassnahmen ist den betroffenen Ausländerinnen und Ausländern das rechtliche Gehör zu den beabsichtigten Massnahmen zu gewähren (Art. 29 BV). Gleichzeitig wird ihnen die Möglichkeit gegeben, sich zu allfälligen Gründen zu äussern, die dem Vollzug der Massnahmen entgegenstehen könnten. Macht eine Person in diesem Zusammenhang eine Verfolgung geltend, müssen ihr Vorbringen als Asylgesuch verstanden und die notwendigen Schritte eingeleitet werden (siehe hinten Rz. 1062 ff.). 725

Gegenüber anerkannten Flüchtlingen dürfen Entfernungsmassnahmen nur dann ausgesprochen werden, wenn sie die innere oder äussere Sicherheit der Schweiz gefährden oder die öffentliche Ordnung in schwerwiegender Weise verletzt haben (Art. 65 AsylG, Art. 32 Ziff. 1 FK). Ist ein solcher Fall gegeben, können die zuständigen kantonalen Behörden die Bewilligung widerrufen oder nicht verlängern und Entfernungsmassnahmen aussprechen, ohne dass das SEM vorgängig das Asyl widerrufen muss. 726

Für den Vollzug der Weg- und Ausweisung, der strafrechtlichen Landesverweisung nach Art. 66*a* oder 66*a*^bis StGB (beziehungsweise den entsprechenden Bestimmungen des MStG) sowie im Bereich der Rückkehr betreibt das SEM ein Informationssystem (System eRetour) (Art. 109*f* ff. AIG). 727

a) Wegweisung

728 Mit der Wegweisung werden Ausländerinnen und Ausländer zur Ausreise aus der Schweiz verpflichtet. Es handelt sich dabei um eine reine Entfernungsmassnahme. Im Regelfall wird die Wegweisung als ordentliche Verfügung erlassen. Allerdings sieht das AIG in bestimmten Fällen Ausnahmen von diesem Formerfordernis vor (formlose Wegweisung). Zudem bestehen spezielle Regelungen für Wegweisungen aufgrund der Dublin-Assoziierungsabkommen und Wegweisungen an Schweizer Flughäfen.

729 Das ordentliche Wegweisungsverfahren wurde mit der Übernahme der Rückführungsrichtlinie zum Regelfall. Vor dieser Übernahme und der damit notwendigen Revision der Bestimmungen über die Wegweisung wurden nur jene Ausländerinnen und Ausländer formell aus der Schweiz weggewiesen, denen – obwohl sie förmlich darum ersucht hatten – keine Bewilligung erteilt worden beziehungsweise deren Bewilligung widerrufen oder nicht verlängert worden war. Die Wegweisung ausländischer Personen, die während eines bewilligungsfreien Aufenthaltes die Einreisevoraussetzungen nicht mehr erfüllten (zum Beispiel nicht mehr über genügend finanzielle Mittel für den Aufenthalt verfügten oder eine Gefahr für die öffentliche Sicherheit und Ordnung oder die internationalen Beziehungen der Schweiz darstellten) beziehungsweise die keine Bewilligung besassen und auch nie förmlich um eine solche nachgesucht hatten, konnte bis dahin formlos erfolgen.

730 Wegweisungen, die als Folge eines negativen Asylentscheides oder eines asylrechtlichen Nichteintretensentscheides ausgesprochen werden, richten sich nicht nach den Bestimmungen des Ausländer- und Integrationsgesetzes, sondern nach Art. 44 ff. AsylG (siehe hinten Rz. 1423 und Rz. 1425 ff.).

731 Die Wegweisung ist in bestimmten Fällen von Gesetzes wegen mit einem Einreiseverbot zu verknüpfen. In den übrigen, spezialgesetzlich nicht geregelten Fällen liegt es im Ermessen der zuständigen Behörde, ob neben der Wegweisung auch ein Einreiseverbot verhängt wird (siehe hinten Rz. 758 ff.).

aa) Ordentliche Wegweisung

732 Eine ordentliche Wegweisung wird nach Art. 64 Abs. 1 AIG verfügt gegenüber:

- Ausländerinnen und Ausländern, die die für ihren Aufenthalt notwendige **Bewilligung** nicht besitzen und auch nie förmlich um diese ersucht haben (lit. a). Unerheblich hierbei ist, ob die Bewilligungspflicht bereits im Zeitpunkt der Einreise bestanden hat oder erst während des Aufenthaltes in der Schweiz entstanden ist (zur Bewilligungspflicht siehe vorne Rz. 477 ff.).
- Ausländerinnen und Ausländer, die die **Einreisevoraussetzungen** nicht oder nicht mehr erfüllen (lit. b, zu den Einreisevoraussetzungen siehe vorne Rz. 406 ff.).

- Ausländerinnen und Ausländern, denen – obwohl sie förmlich darum ersucht haben – **keine Bewilligung erteilt** wurde beziehungsweise deren Bewilligung **widerrufen** oder **nicht verlängert** wurde (lit c).
- Ausländerinnen und Ausländern, die bereits aus einem anderen Schengenstaat weggewiesen wurden, weil sie die Einreisevoraussetzungen nach Art. 6 SGK nicht erfüllen und deren **Wegweisung durch die Schweiz anerkannt** wird (Art. 83*a* VZAE, zu den Einreisevoraussetzungen siehe vorne Rz. 406 ff.). In diesen Fällen müssen die zuständigen Migrationsbehörden prüfen und mittels beschwerdefähiger Verfügung feststellen, ob der Vollzug der durch den anderen Schengenstaat verfügten Wegweisung weiterhin als zulässig, zumutbar und möglich einzustufen ist (Art. 83*a* Abs. 2 VZAE).

Die ordentliche Wegweisungsverfügung wird den betroffenen Ausländerinnen 733
und Ausländern schriftlich eröffnet. Der Inhalt der Verfügung bestimmt sich nach Art. 26*b* VVWAL, wonach neben der Festsetzung der Ausreisepflicht auch der Zeitpunkt festgelegt werden muss, bis zu dem die Betroffenen die Schweiz verlassen haben müssen (**Ausreisefrist**) sowie die Androhung von Zwangsmassnahmen für den Unterlassungsfall. Den betroffenen Ausländerinnen und Ausländern muss klar sein, wie viel Zeit ihnen für die selbständige Ausreise zur Verfügung steht und welche Massnahmen ihnen drohen, wenn sie bis zum Ablauf der angesetzten Frist nicht aus der Schweiz ausgereist sind. Zudem muss die Verfügung begründet und mit einer Rechtsmittelbelehrung versehen sein.

Die zuständigen Migrationsbehörden müssen sicherstellen, dass Wegwei- 734
sungsverfügungen auf Verlangen schriftlich oder mündlich in eine Sprache übersetzt werden, die die betroffenen Ausländerinnen und Ausländern verstehen oder von der davon ausgegangen werden kann, dass sie sie verstehen (Art. 64*f* Abs. 1 AIG).

Richtet sich die Wegweisung gegen Drittstaatsangehörige, die rechtswidrig in 735
die Schweiz eingereist sind, kann die Verfügung mit einem Standardformular eröffnet werden (Art. 64*b* AIG). In diesen Fällen erfolgt keine Übersetzung. Den Betroffenen ist lediglich ein Informationsblatt mit Erläuterungen zur Wegweisungsverfügung abzugeben, welches auf die rechtlichen Grundlagen der Wegweisung, die Rechtsmittel sowie die Folgen der Nichteinhaltung der Ausreisefrist hinweist (Art. 64*f* Abs. 2 AIG i.V.m. Art. 26*e* VVWAL).

Das Standardformular und das Informationsblatt werden vom SEM zur Verfügung gestellt. Das 736
Informationsblatt muss zumindest in den fünf Sprachen vorliegen, die von rechtswidrig eingereisten Ausländerinnen und Ausländern am häufigsten gesprochen oder verstanden werden (Art. 26*d* und 26*e* VVWAL). Zur Zeit ist das Informationsblatt neben den Schweizer Amtssprachen in Englisch, Georgisch, Portugiesisch, Serbokroatisch, Spanisch, Arabisch, Russisch, Türkisch, Thai-

ländisch, Albanisch und Kurdisch verfügbar (zum Standardformular sowie den Informationsblättern siehe www.sem.admin.ch > Publikationen & Service > Weisungen und Kreisschreiben > I. Ausländerbereich > 8 Entfernungs- und Fernhaltemassnahmen > Anhänge zu Ziffer 8.6.1, zuletzt besucht am 15. August 2022). Die kantonalen Migrationsbehörden sind allerdings nicht verpflichtet, das Standardformular und die Informationsblätter des SEM zu verwenden, sondern können eigene Formulare benutzen. So empfiehlt auch das SEM, «die Wegweisungsverfügung wenn immer möglich in einer für die betroffene Person verständlichen Sprache zu eröffnen und diese Eröffnung durch die betroffene Person unterschriftlich bestätigen zu lassen» (Weisungen AIG, Ziff. 8.6.1.3).

bb) Formlose Wegweisung

737 In bestimmten Fällen kann auf den Erlass einer ordentlichen Wegweisungsverfügung verzichtet und die Wegweisung formlos angeordnet werden. Die formlose Wegweisung ergeht in einem vereinfachten Verfahren und wird den Betroffenen ohne schriftliche Verfügung eröffnet. Sie ist nur in den gesetzlich explizit vorgesehenen Fällen möglich gegenüber:

- Ausländerinnen und Ausländern, die sich illegal in der Schweiz aufhalten, jedoch über einen **gültigen Aufenthaltstitel eines anderen Schengenstaates** verfügen. Sie werden gestützt auf Art. 64 Abs. 2 AIG zunächst formlos aufgefordert, unverzüglich in den Staat, in dem sie über einen Aufenthaltstitel verfügen, auszureisen. In der Regel wird ihnen hierfür eine Ausreisefrist von einem Tag angesetzt (Art. 26*c* VVWAL i.V.m. Art. 6 Abs. 2 Rückführungsrichtlinie). Eine längere Frist kann unter besonderen Umständen gewährt werden, namentlich bei gesundheitlichen Problemen oder wegen der familiären Situation der Betroffenen. Kommen sie dieser Ausreiseaufforderung nicht innerhalb der ihnen angesetzten Ausreisefrist nach, ist in einem zweiten Schritt eine ordentliche Wegweisungsverfügung nach Art. 64 Abs. 1 AIG zu erlassen. Auf dieses zweistufige Verfahren wird allerdings verzichtet, wenn eine sofortige Ausreise aus Gründen der öffentlichen Sicherheit und Ordnung oder der inneren oder äusseren Sicherheit notwendig erscheint. In diesem Fall erlässt die zuständige Behörde – ohne vorgängige formlose Wegweisung – direkt eine ordentliche Verfügung (Art. 64 Abs. 2 AIG).
- Ausländerinnen und Ausländern, die aufgrund eines zum Zeitpunkt des Inkrafttretens der Rückführungsrichtlinie geltenden **Rückübernahmeabkommens von einem Schengenstaat** wiederaufgenommen werden (Art. 64*c* Abs. 1 lit. a AIG). Dies gilt für die Rückübernahmeabkommen mit Belgien, Deutschland, Estland, Frankreich, Italien, Lettland, Litauen, Luxemburg, den Niederlanden, Norwegen, Österreich, Polen, Schweden, der Slowakei, Slowenien, Spanien und Ungarn. Auf unverzügliches Ver-

langen der Betroffenen hat die zuständige Migrationsbehörde eine Wegweisungsverfügung mit Standardformular zu erlassen (Art. 64*c* Abs. 2 i.V.m. Art. 64*b* AIG, zum Standardformular siehe vorne Rz. 736).

– Ausländerinnen und Ausländern, denen zuvor die **Einreise nach Art. 14 SGK an einer Schengen-Aussengrenze verweigert** wurde (Art. 64*c* Abs. 1 lit. b AIG). Durch diese Möglichkeit der formlosen Wegweisung können Doppelspurigkeiten vermieden werden, da die Einreisevoraussetzungen in diesen Fällen bereits von einem anderen Schengenstaat geprüft und als nicht erfüllt beurteilt wurden (zu den Einreisevoraussetzungen siehe vorne Rz. 406 ff.). Auf unverzügliches Verlangen der betroffenen Ausländerinnen und Ausländern hat die zuständige Behörde allerdings eine Verfügung mit Standardformular zu erlassen (Art. 64*c* Abs. 2 i.V.m. Art. 64*b* AIG, zum Standardformular siehe vorne Rz. 736).

cc) Wegweisung aufgrund der Dublin-Assoziierungsabkommen

Ergibt sich aus den Dublin-Assoziierungsabkommen, dass ein anderer Dublin-Staat für die Durchführung des Asyl- und Wegweisungsverfahrens von Ausländerinnen und Ausländern, die sich rechtswidrig in der Schweiz aufhalten, zuständig ist, weist das SEM die betreffenden Personen aus der Schweiz weg (Art. 64*a* Abs. 1 AIG, zur Zuständigkeit nach Dublin-III-Verordnung siehe hinten Rz. 1126 ff.). Es handelt sich dabei um eine ordentliche Wegweisungsverfügung. 738

Haben die Ausländerinnen und Ausländer ein Asylgesuch in der Schweiz gestellt, richtet sich die Wegweisung allerdings nicht nach der ausländerrechtlichen Bestimmung von Art. 64*a* AIG, sondern nach dem Asylgesetz (Art. 44 ff. AsylG, siehe hinten Rz. 1423 und Rz. 1425 ff.). Dies ergibt sich aus dem in Art. 14 Abs. 1 AsylG statuierten Grundsatz der Ausschliesslichkeit des Asylverfahrens. Die ausländerrechtliche Wegweisung aufgrund der Dublin-Assoziierungsabkommen kommt damit nur gegenüber Ausländerinnen und Ausländern zur Anwendung, die kein Asylgesuch in der Schweiz gestellt haben. 739

dd) Einreiseverweigerung und Wegweisung am Flughafen

Ausländerinnen und Ausländer, denen die Einreise bei der Grenzkontrolle am Flughafen aufgrund des Nichterfüllens der Einreisevoraussetzungen verweigert wird, werden weggewiesen und haben die Schweiz unverzüglich zu verlassen (Art. 65 Abs. 1 AIG). Die für die Grenzkontrolle zuständige Behörde erlässt im Namen des SEM innerhalb von 48 Stunden eine begründete und beschwerdefähige Verfügung auf dem einheitlichen, im Schengener Grenzkodex (SGK) vorgesehenen Formular (Art. 65 Abs. 2 AIG). 740

741 Weggewiesenen Personen wird zur Vorbereitung ihrer Weiterreise der Aufenthalt im Transitraum für längstens 15 Tage gestattet, sofern nicht die Ausschaffung oder eine ausländerrechtliche Administrativhaft angeordnet wird. Vorbehalten bleiben die Bestimmungen über die vorläufige Aufnahme und die Einreichung eines Asylgesuches (Art. 65 Abs. 3 AIG).

ee) Besonderheiten in Bezug auf unbegleitete Minderjährige

742 Minderjährige Ausländerinnen und Ausländer, die sich ohne Begleitung ihrer Eltern oder einer erwachsenen Person, der die Obhut durch Gesetz oder Gewohnheit obliegt, in der Schweiz aufhalten – sogenannte *mineurs non accompagnés* (MNA) –, haben ein besonderes Schutzbedürfnis. Aus diesem Grund sind die Behörden verpflichtet, in Fällen von MNA eine restriktive Verhältnismässigkeitsprüfung vorzunehmen (Art. 11 BV und 22 KRK, zur vorrangigen Bedeutung des übergeordneten Kindesinteresse vorne Rz. 158 ff.). Als besondere Schutzmassnahme sind die zuständigen Behörden zudem verpflichtet, unbegleiteten Minderjährigen eine Beistands- oder Vormundsperson zur Seite zu stellen. Kann nicht sofort ein Beistand oder Vormund eingesetzt werden, haben die Behörden unverzüglich eine Vertrauensperson zu benennen, die die Interessen der Minderjährigen im Wegweisungsverfahren wahrnimmt (Art. 64 Abs. 4 AIG, Art. 64*a* Abs. 3bis AIG i.V.m. Art. 6 Abs. 2 Dublin-III-Verordnung, Art. 88*a* Abs. 2 VZAE). Die Vertrauensperson – die über Kenntnisse im Ausländerrecht verfügen muss – hat die Minderjährigen zu beraten, sie bei der Nennung und Beschaffung von Beweismitteln zu unterstützen und ihnen insbesondere im Verkehr mit den Behörden und den Einrichtungen des Gesundheitswesens beizustehen (Art. 64 Abs. 4 AIG i.V.m. Art. 88*a* Abs. 3 und 4 VZAE).

ff) Besonderheiten in Bezug auf Ausländerinnen und Ausländer im Strafvollzug

743 Die Bewilligung von Ausländerinnen und Ausländern, die sich im Straf- oder Massnahmenvollzug befinden, bleibt grundsätzlich bis zu ihrer Entlassung gültig (Art. 70 Abs. 1 VZAE). Über das Anwesenheitsverhältnis und damit auch die Wegweisung muss auf den Zeitpunkt der bedingten oder unbedingten Entlassung entschieden werden (Art. 70 Abs. 2 VZAE), sodass klar ist, ob und gegebenenfalls mit welcher Bewilligung die betroffenen Personen nach ihrer Entlassung in der Schweiz verbleiben können. Eine Ausnahme von diesem Grundsatz ist vorgesehen, wenn Ausländerinnen und Ausländer zum Vollzug ihres

Strafurteils in den Heimatstaat überstellt werden können. In diesen Fällen ist sofort über ihr Anwesenheitsverhältnis zu entscheiden (Art. 70 Abs. 2 VZAE).

gg) Ansetzung einer angemessenen Ausreisefrist

Mit der Wegweisungsverfügung ist den betroffenen Ausländerinnen und Ausländern grundsätzlich eine angemessene Ausreisefrist zwischen sieben und 30 Tagen anzusetzen (Art. 64*d* Abs. 1 AIG, Art. 7 Abs. 1 Rückführungsrichtlinie). Innerhalb der Dauer dieser Frist haben sie die Möglichkeit, ihrer Pflicht zur Ausreise selbständig nachzukommen und die Schweiz ohne staatlichen Zwang zu verlassen. 744

Die Ausreisefrist gilt grundsätzlich als angemessen, wenn es den weggewiesenen Ausländerinnen und Ausländern möglich ist, ihren Aufenthalt ordnungsgemäss zu beenden. Hierzu gehören etwa die Kündigung der Arbeitsstelle und der Wohnung, die Erledigung der Ausreiseformalitäten sowie die Organisation der Ausreise und die Vorbereitung der Ankunft im Zielland. Liegen besondere Umstände vor, hat die zuständige Migrationsbehörde die Ausreisefrist – über die Regeldauer von sieben bis 30 Tage – angemessen zu verlängern (Art. 64*d* Abs. 1 AIG, Art. 7 Abs. 2 Rückführungsrichtlinie). Solche besonderen Umstände können sich insbesondere aus der familiären Situation, gesundheitlichen Problemen oder einer langen Aufenthaltsdauer der Betroffenen in der Schweiz ergeben. Eine Verlängerung der Ausreisefrist ist insbesondere angezeigt, wenn schulpflichtige Kinder von der Wegweisung betroffen sind. Ihnen soll es zumindest möglich sein, das angebrochene Schulsemester zu beenden. Als Grundsatz gilt, dass je länger eine Person in der Schweiz gelebt hat, desto länger die Ausreisefrist angelegt sein sollte. Das Bundesgericht hat diesbezüglich festgehalten, dass es darum geht, 745

> «bestehende Arbeits- oder Mietverhältnisse zufriedenstellend auflösen zu können. Dabei aber dient die von Art. 64*d* Abs. 1 AuG vorgesehene Möglichkeit, ausnahmsweise eine Ausreisefrist von über 30 Tagen anzusetzen, nicht dazu, den Ausländer, für den rechtskräftig festgestellt ist, dass er keinen gültigen Anwesenheitstitel (mehr) hat und ausreisen muss, erst auf den Zeitpunkt zur Ausreise zu verpflichten, da er alle hiesigen Angelegenheiten abschliessend geregelt hat und etwa eine allenfalls vielmonatige Kündigungsfrist für die Auflösung eines langjährigen Mietvertrags mit langen Kündigungsfristen einhalten kann (…). Die Erstreckung der Ausreisefrist weit über den gesetzlichen Regelrahmen von sieben bis dreissig Tage hinaus darf nicht dazu dienen, dem weggewiesenen Ausländer faktisch eine Bewilligungsverlängerung zu gewähren. Im Zusammenhang mit der Frage der Angemessenheit der Ausreisefrist ist sodann von Bedeutung, ab wann der Ausländer damit rechnen muss, das Land verlassen zu müssen. Diese Möglichkeit hat er wohl schon ab dem Zeitpunkt des erstinstanzlichen Wegweisungsentscheids in Betracht zu ziehen, wobei von ihm allerdings vor Eintritt der Rechtskraft nicht erwartet werden

muss, dass er auch schon nicht rückgängig zu machende organisatorische Massnahmen trifft. Hingegen ist ihm zuzumuten, dass er ab dem Zeitpunkt der Kenntnisnahme von der Rechtskraft des Wegweisungsentscheids die für die Ausreise notwendigen Vorkehrungen trifft und nicht tatenlos eine Fristansetzung abwarten darf (…).» (BGer, 2D_32/2018, 25. Juni 2018, E. 2).

746 In bestimmten Fällen kann – sofern im Einzelfall verhältnismässig – eine Ausreisefrist von weniger als sieben Tagen oder die sofortige Vollstreckbarkeit angeordnet werden (Art. 64*d* Abs. 2 AIG, Art. 7 Abs. 4 Rückführungsrichtlinie):

– wenn die betroffenen Ausländerinnen und Ausländer eine Gefahr für die **öffentliche Sicherheit und Ordnung** oder die **innere oder äussere Sicherheit** darstellen (Art. 64*d* Abs. 2 lit. a AIG, zum Begriff des Verstosses oder der Gefährdung der öffentlichen Sicherheit und Ordnung siehe vorne Rz. 710). Dabei muss es sich um eine aktuell bestehende Gefahr handeln. Dies kann etwa der Fall sein, wenn die betroffenen Personen bereits mehrfach zu Haftstrafen verurteilt wurden und die Wegweisung direkt nach der Entlassung aus dem Strafvollzug vollzogen wird oder gegen sie bereits ein Einreiseverbot verhängt wurde.

– wenn konkrete Anzeichen dafür bestehen, dass sich die betroffenen Ausländerinnen und Ausländer **der Ausschaffung entziehen** wollen (Art. 64*d* Abs. 2 lit. b AIG): Die Ausreisefrist kann damit verkürzt oder auf eine solche kann allenfalls ganz verzichtet werden, wenn eine Gefahr des Untertauchens vorliegt.

Hinweise für eine solche Gefahr sind nach bundesgerichtlicher Rechtsprechung etwa erkennbar unglaubwürdige oder auch widersprüchliche Angaben, die auf die Erschwerung des Wegweisungsvollzuges abzielen, das klar erkennbare Fehlen des Willens, in das Heimatland zurückzukehren oder die Nichtbefolgung behördlicher Anweisungen wie etwa ein früheres Untertauchen (BGE 130 II 56, E. 3.1 S. 58 f.; BGE 130 II 377, E. 3.3.3 S. 386).

– wenn ein Gesuch um Erteilung einer Bewilligung als **offensichtlich unbegründet oder missbräuchlich** abgelehnt worden ist (Art. 64*d* Abs. 2 lit. c AIG).

– wenn die Betroffenen gestützt auf ein **Rückübernahmeabkommen** von einem Schengenstaat wiederaufgenommen werden (Art. 64*d* Abs. 2 lit. d AIG). Es handelt sich hierbei um jene Fälle, in denen die Wegweisung gestützt auf Art. 64*c* Abs. 1 lit. a AIG formlos ergehen kann (siehe vorne Rz. 737) Durch die Möglichkeit der kurzen Ausreisefrist beziehungsweise des Verzichts auf eine solche soll sichergestellt werden, dass die Rücküberstellung innerhalb der vertraglich vereinbarten Fristen abgewickelt werden kann.

- wenn den Betroffenen zuvor die **Einreise nach Art. 14 SGK verweigert** worden ist (Art. 64*d* Abs. 2 lit. e AIG). Es handelt sich dabei um einen Anwendungsfall der formlosen Wegweisung (Art. 64*c* Abs. 1 lit. b AIG, siehe vorne Rz. 737)
- wenn die Betroffenen gestützt auf das **Dublin-Assoziierungsabkommen** weggewiesen wurden (Art. 64*d* Abs. 2 lit. f AIG, siehe vorne Rz. 738 f.).

Ausländerinnen und Ausländer, die ihrer Ausreisepflicht selbständig nachkommen und die Schweiz innerhalb der ihnen angesetzten Ausreisefrist pflichtgemäss verlassen, haben unter bestimmen Voraussetzungen Anspruch auf Rückkehrhilfe. Es handelt sich hierbei um ein Instrument zur Förderung der freiwilligen beziehungsweise selbständigen und pflichtgemässen Ausreise von Ausländerinnen und Ausländern und zur Verhinderung der kostspieligen und menschenrechtlich heiklen Zwangsausschaffungen. Ursprünglich stellte die Rückkehrhilfe ein asylrechtliches Instrument dar, das allerdings auf einzelne Personengruppen aus dem Ausländerrecht ausgeweitet wurde (Art. 60 AIG, zur Rückkehrhilfe ausführlich hinten Rz. 1088 ff.). Reisen Ausländerinnen und Ausländer dagegen nicht innerhalb der ihnen angesetzten Ausreisefrist aus der Schweiz aus, werden sie von den zuständigen Behörden – nötigenfalls unter Anwendung von staatlichem Zwang – ausgeschafft (siehe hinten Rz. 784 ff.). Wird auf die Ansetzung einer Ausreisefrist verzichtet und die sofortige Vollstreckbarkeit angeordnet, kann die Wegweisung grundsätzlich unmittelbar vollzogen werden. Ein allfälliges Rechtsmittelverfahren muss – sofern dem Rechtsmittel keine aufschiebende Wirkung zukommt – im Ausland abgewartet werden. 747

hh) Zuständigkeit und Rechtsschutz

Zuständig für die Wegweisung sind grundsätzlich die kantonalen Migrationsbehörden. Eine Ausnahme besteht für Wegweisungen aufgrund der Dublin-Assoziierungsabkommen sowie für Wegweisungen am Flughafen, für welche nicht die kantonalen Behörden, sondern das SEM zuständig ist. Je nachdem, ob die Wegweisung von einer kantonalen Migrationsbehörde oder dem SEM verfügt worden ist, unterscheidet sich auch der Rechtschutz. 748

Neben den beiden genannten Fällen ist das SEM auch zuständig für Wegweisungen, die als Folge eines negativen Asylentscheides oder eines asylrechtlichen Nichteintretensentscheides ausgesprochen werden. Diese richten sich allerdings nicht nach den Bestimmungen des Ausländer- und Integrationsgesetzes, sondern nach Art. 44 ff. AsylG (siehe hinten Rz. 1423 und Rz. 1425 ff.). 749

-- *Wegweisungen durch die kantonalen Migrationsbehörden*

750 Wegweisungen werden in der Regel von den zuständigen kantonalen Migrationsbehörden angeordnet. Vor Erlass der Wegweisungsverfügung haben sie zu prüfen, ob der Vollzug der Wegweisung im Sinne von Art. 83 AIG zulässig, zumutbar und möglich ist (hierzu hinten Rz. 856 ff.). Bestehen keine Gründe, die dem Vollzug entgegenstehen, wird die Wegweisung verfügt. Liegen dagegen Vollzugshindernisse vor, hat die kantonale Migrationsbehörde beim SEM die vorläufige Aufnahme der betroffenen Ausländerinnen und Ausländer zu beantragen (zur vorläufigen Aufnahme siehe hinten Rz. 853 ff.).

751 Die Rechtsmittel und das Rechtsmittelverfahren gegen Wegweisungsverfügungen der kantonalen Migrationsbehörden richten sich nach den kantonalen Verwaltungsverfahrens- und Verwaltungsrechtspflegegesetzen. Allerdings bestimmt das AIG für zwei Anwendungsfälle die Rechtsmittelfristen, die auch im Verfahren auf kantonaler Ebene verbindlich sind:

- Wegweisungen von Ausländerinnen und Ausländer, die sich **ohne die erforderliche Bewilligung in der Schweiz aufhalten** (Art. 64 Abs. 1 lit. a AIG): Die Beschwerde muss innerhalb von fünf Arbeitstagen eingereicht werden. Der Beschwerde kommt keine aufschiebende Wirkung zu. Wird eine solche verlangt, muss die Rechtsmittelinstanz innerhalb von zehn Tagen über deren Gewährung entscheiden (Art. 64 Abs. 3 AIG).
- Wegweisung von Ausländerinnen und Ausländern, die die **Einreisevoraussetzungen** nicht oder nicht mehr erfüllen (Art. 64 Abs. 1 lit. b AIG): Die Beschwerdefrist beträgt fünf Arbeitstage. Die Beschwerde hat keine aufschiebende Wirkung. Die Beschwerdeinstanz entscheidet innerhalb von zehn Arbeitstagen über deren Wiederherstellung (Art. 64 Abs. 3 AIG).

752 Formlose Wegweisungen können nicht angefochten werden. Haben die betroffenen Ausländerinnen und Ausländer allerdings von ihrem Recht auf Erlass einer Verfügung mittels Standardformular Gebrauch gemacht, richtet sich das Beschwerdeverfahren nach den Regelungen für ordentliche Wegweisungen. Die Beschwerdefristen bestimmen sich demgemäss entweder nach dem kantonalen Verfahrensrecht oder der spezialgesetzlichen Bestimmung von Art. 64 Abs. 3 AIG.

753 Die Entscheide der letzten kantonalen Instanzen sind grundsätzlich endgültig. Eine Beschwerde in öffentlich-rechtlichen Angelegenheiten ist ausgeschlossen (Art. 83 lit. c Ziff. 4 BGG). Allenfalls kann eine subsidiäre Verfassungsbeschwerde nach Art. 113 ff. BGG ergriffen werden, sofern deren Voraussetzungen erfüllt sind (siehe hierzu auch vorne Rz. 696 ff.). Von Bedeutung ist insbesondere das geforderte rechtlich geschützte Interesse an der Aufhebung oder Änderung des angefochtenen Entscheids (Art. 115 lit. b BGG). Dieses kann

durch kantonales oder eidgenössisches Gesetzesrecht oder unmittelbar durch ein spezielles Grundrecht oder bundesverfassungsrechtliche Verfahrensgarantien begründet sein.

Das Bundesgericht hat etwa in Bezug auf die Ausreisefrist festgehalten: 754

> «Nach Art. 64d Abs. 1 AuG ist mit der Wegweisungsverfügung eine angemessene Ausreisefrist zwischen sieben und dreissig Tagen anzusetzen. Eine längere Ausreisefrist ist anzusetzen oder die Ausreisefrist wird verlängert, wenn besondere Umstände wie die familiäre Situation, gesundheitliche Probleme oder eine lange Aufenthaltsdauer dies erfordern. Art. 64d Abs. 2 AuG bezeichnet die Voraussetzungen, unter denen eine Wegweisungsverfügung sofort vollstreckbar ist oder eine Ausreisefrist von weniger als sieben Tagen angesetzt werden kann. Art. 64d AuG steckt einen Rahmen für die Ausreisefrist ab, die der ausländischen Person zu gewähren ist, und enthält konkrete Kriterien, die eine Abweichung von diesem Rahmen erlauben. Sie dient im wesentlichen den individuellen Interessen der ausländischen Person und nennt genügend klar die Bedingungen, nach deren Massgabe eine Verlängerung oder Verkürzung der gesetzlichen Frist für die Ausreise vorzusehen ist. Folglich vermittelt Art. 64d AuG der ausländischen Person eine hinreichend konkretisierte Rechtsposition, die es ihr erlaubt, sich im Rahmen der subsidiären Verfassungsbeschwerde auf eine willkürliche Anwendung dieser Bestimmung zu berufen. Der Beschwerdeführer verfügt damit über ein rechtlich geschütztes Interesse an der Aufhebung oder Änderung des angefochtenen Entscheides (...).» (BGer, 2C_200/2017, 14. Juli 2017, E. 1.2.4).

-- *Wegweisungen durch das SEM*

Wegweisungen aufgrund der Dublin-Assoziierungsabkommen und Wegwei- 755
sungen am Flughafen werden in Abweichung von der Grundregel nicht durch die kantonalen Migrationsbehörden, sondern durch das SEM verfügt. Vor Erlass der Wegweisungsverfügung muss das SEM prüfen, ob deren Vollzug zulässig, zumutbar und möglich ist (Art. 83 AIG, hinten Rz. 856 ff.). Bestehen keine Gründe, die dem Wegweisungsvollzug entgegenstehen, wird die Wegweisung verfügt und der Vollzug angeordnet. Bestehen dagegen Vollzugshindernisse, ordnet das SEM mit der Wegweisung gleichzeitig die vorläufige Aufnahme der betroffenen Ausländerinnen und Ausländer in der Schweiz an (zur vorläufigen Aufnahme siehe hinten Rz. 853 ff.).

Wegweisungen aufgrund der Dublin-Assoziierungsabkommen ergehen als or- 756
dentliche Verfügung. Gegen diese kann innerhalb von fünf Arbeitstagen Beschwerde an das Bundesverwaltungsgericht erhoben werden (Art. 64*a* Abs. 2 AIG). Mit der Beschwerde kann die Verletzung von Bundesrecht einschliesslich der Überschreitung oder des Missbrauchs des Ermessens, die unrichtige oder unvollständige Feststellung des rechtserheblichen Sachverhaltes und die Unangemessenheit gerügt werden (Art. 49 VwVG). Die Beschwerde hat keine aufschiebende Wirkung. Der Antrag auf Gewährung der aufschiebenden Wir-

kung kann innerhalb der Beschwerdefrist gestellt werden und ist vom Bundesverwaltungsgericht binnen fünf Tagen zu behandeln. Wird die aufschiebende Wirkung innerhalb von fünf Tagen nicht gewährt, kann die Wegweisung vollzogen werden (Art. 64*a* Abs. 2 AIG). Die Entscheide des Bundesverwaltungsgerichts sind endgültig. Die Beschwerde an das Bundesgericht ist sowohl in Form der Beschwerde in öffentlich-rechtlichen Angelegenheiten wie auch als subsidiäre Verfassungsbeschwerde ausgeschlossen (Art. 83 lit. c Ziff. 4 BGG und Art. 113 BGG).

757 Wegweisungen am Flughafen ergehen als Formularverfügung. Eine Beschwerde ist innerhalb von 48 Stunden nach Eröffnung der Verfügung beim Bundesverwaltungsgericht einzureichen (Art. 65 Abs. 2bis AIG). Es können die unrichtige oder unvollständige Feststellung des rechtserheblichen Sachverhaltes, Rechtsverletzungen und die Unangemessenheit der Wegweisung geltend gemacht werden (Art. 49 VwVG). Die Beschwerde hat keine aufschiebende Wirkung. Das Bundesverwaltungsgericht entscheidet innerhalb von 72 Stunden über die Beschwerde (Art. 65 Abs. 2bis AIG), der Entscheid ist endgültig. Die Beschwerde in öffentlich-rechtlichen Angelegenheiten ist nach Art. 83 lit. c Ziff. 4 BGG explizit ausgeschlossen, die subsidiäre Verfassungsbeschwerde gegen Entscheide des Bundesverwaltungsgerichtes ist ebenfalls nicht zulässig (Art. 113 BGG).

b) Einreiseverbot

758 Mit dem Einreiseverbot sollen Ausländerinnen und Ausländer an der Einreise in die Schweiz gehindert werden. In diesem Sinne ist es den Betroffenen während der Dauer des Einreiseverbotes untersagt, das Hoheitsgebiet der Schweiz zu betreten. Einreiseverbote sind reine Fernhaltemassnahmen, die auf die Verhinderung zukünftiger Störungen der öffentlichen Ordnung und Sicherheit abzielen. Dies wurde bereits in der Botschaft zum Ausländergesetz betont, indem vom Bundesrat festgehalten wurde, dass «das Einreiseverbot (…) künftige Störungen der öffentlichen Sicherheit und Ordnung vorbeugen, nicht aber ein bestimmtes Verhalten ahnden [soll]. Es hat damit nicht Straf-, sondern Massnahmencharakter.» (BBl 2002 3709, S. 3813)

759 Zuständig für den Erlass von Einreiseverboten sind das SEM oder das Bundesamt für Polizei (fedpol). Zum Schutz der Wahrung der Interessen der Schweiz oder zur Abwendung von eingetretenen oder unmittelbar drohenden schweren Störungen der öffentlichen Ordnung oder der inneren oder äusseren Sicherheit können Einreiseverbote auch direkt vom Bundesrat erlassen werden (Art. 184 Abs. 3 und Art. 185 Abs. 3 BV). Demgegenüber werden Einreiseverbote nie durch die kantonalen Migrationsbehörden erlassen.

aa) Einreiseverbote durch das SEM

Das SEM verfügt gestützt auf Art. 67 Abs. 1 AIG Einreiseverbote gegenüber Ausländerinnen und Ausländern: 760

- deren Wegweisung wegen der Gefahr für die **öffentliche Sicherheit und Ordnung oder die innere oder äussere Sicherheit** sofort vollstreckbar ist (Art. 67 Abs. 1 lit. a i.V.m. Art. 64*d* Abs. 2 lit. a AIG);
- deren Wegweisung sofort vollstreckbar ist wegen des Bestehens **konkreter Anzeichen, dass sich die Betroffenen der Ausschaffung entziehen** möchten (Art. 67 Abs. 1 lit. a i.V.m. Art. 64*d* Abs. 2 lit. b AIG);
- deren Wegweisung sofort vollstreckbar ist, weil ihr **Gesuch um Erteilung einer Bewilligung als offensichtlich unbegründet oder missbräuchlich** abgelehnt worden ist (Art. 67 Abs. 1 lit. a i.V.m. Art. 64*d* Abs. 2 lit. c AIG);
- die innerhalb der ihnen angesetzten Ausreisefrist **nicht selbständig ausgereist sind** (Art. 67 Abs. 1 lit. b AIG).

Liegt ein Anwendungsfall von Art. 67 Abs. 1 AIG vor, kann nur aus humanitären oder anderen wichtigen Gründen ausnahmsweise auf die Anordnung eines Einreiseverbotes verzichtet werden (Art. 67 Abs. 5 AIG). Solche Gründe können insbesondere aufgrund familiärer Bindungen in der Schweiz gegeben sein. 761

Daneben steht es dem SEM nach Art. 67 Abs. 2 AIG zu, auch in weiteren Fällen Einreiseverbote zu erlassen, sofern sich dies als verhältnismässig erweist. Einreiseverbote können gegenüber Ausländerinnen und Ausländern angeordnet werden, 762

- die gegen die **öffentliche Sicherheit und Ordnung** in der Schweiz oder im Ausland verstossen haben oder diese gefährden (lit. a).

Nach ständiger bundesgerichtlicher Rechtsprechung stellt die die öffentliche Sicherheit und Ordnung den Oberbegriff der polizeilichen Schutzgüter dar und

> «umfasst unter anderem die Unverletzlichkeit der objektiven Rechtsordnung und der Rechtsgüter Einzelner (...). In diesem Sinne liegt nach Art. 80 Abs. 1 VZAE ein Verstoss gegen die öffentliche Sicherheit und Ordnung unter anderem dann vor, wenn gesetzliche Vorschriften oder behördliche Anordnungen missachtet werden. Widerhandlungen gegen Normen des Ausländerrechts fallen ohne weiteres unter diese Begriffsbestimmung und können ein Einreiseverbot nach sich ziehen (...). Die Verhängung eines Einreiseverbots knüpft an das Bestehen eines Risikos einer künftigen Gefährdung an. Gestützt auf sämtliche Umstände des Einzelfalles ist eine Prognose zu stellen. Dabei ist naturgemäss in erster Linie das vergangene Verhalten der betroffenen Person zu berücksichtigen (...).» (BVGer, F-3449/2017, 12. September 2018, E. 4.2)

– die **Sozialhilfekosten** verursacht haben (lit. b).

> «Bezüglich des (…) Fernhaltegrundes von Art. 67 Abs. 2 Bst. b AuG - der Verursachung von Sozialhilfekosten - gilt es festzuhalten, dass dieser entgegen dem Wortlaut erst dann in Betracht fällt, wenn zusätzlich die Gefahr besteht, dass bei einer Wiedereinreise erneut Sozial- und Rückreisekosten anfallen. Voraussetzung für die Annahme einer solchen Gefahr ist eine gewisse Wahrscheinlichkeit dafür, dass die betroffene Person im Bedarfsfall nicht unverzüglich auf finanzielle Hilfe zurückgreifen kann.» (BVGer, F-3449/2017, 12. September 2018, E. 5.3)

– die in **Vorbereitungs-, Ausschaffungs- oder Durchsetzungshaft** genommen worden sind (lit. c, siehe hierzu hinten Rz. 809 ff.).

bb) Einreiseverbote durch das fedpol

763 Dem fedpol steht es zu, zur Wahrung der inneren und äusseren Sicherheit der Schweiz Einreiseverbote auszusprechen (Art. 67 Abs. 4 AIG). Es hört den Nachrichtendienst des Bundes (NDB) vorgängig an. Einreiseverbote zur Wahrung der inneren und äusseren Sicherheit der Schweiz werden etwa in Fällen «von Gefährdung durch Terrorismus, gewalttätigem Extremismus oder verbotenem Nachrichtendienst» ausgesprochen (Bericht in Erfüllung des Postulats 12.3002 Staatspolitische Kommission SR Einreisesperren und ihre Aufhebung vom 22. Mai 2013, S. 5).

cc) Einreiseverbote durch den Bundesrat

764 Der Bundesrat kann Einreiseverbote erlassen, wenn die Wahrung der Interessen der Schweiz dies erfordern (Art. 184 Abs. 3 BV). Es handelt sich hierbei um verfassungsunmittelbare Verfügungen zum Schutz der aussenpolitischen Interessen der Schweiz. Dasselbe gilt bei eingetretenen oder unmittelbar drohenden schweren Störungen der öffentlichen Ordnung oder der inneren oder äusseren Sicherheit (Art. 185 Abs. 3 BV).

765 Bei den durch den Bundesrat ausgesprochenen Einreiseverboten handelt es sich um sogenannte *actes de gouvernement*. Da gegen solche grundsätzlich keine Rechtsmittel zur Verfügung stehen (Art. 189 Abs. 4 BV, siehe hinten Rz. 776), hat der Bundesrat nur in Ausnahmefällen von seiner Verfügungskompetenz Gebrauch zu machen und den Erlass von Einreiseverboten in allen anderen Fällen dem fedpol zu überlassen.

766 **Beispiel:** Der Bundesrat verfügte 2001 ein Einreiseverbot gegen einen aus dem Kosovo stammenden jugoslawischen Staatsangehörigen, der zusammen mit seiner Familie als anerkannter Flüchtling mit Niederlassungsbewilligung in der Schweiz lebte. Das Einreiseverbot wurde damit begründet, dass

er sich während mehreren Jahren mehrheitlich in Albanien und dem Kosovo als LPK-Aktivist aufgehalten habe und in führender Funktion für den Fonds 'Vendlindja Thërret' sowie auch die logistische Aufrüstung der UÇK verantwortlich gewesen sei. Zudem sei er nach zuverlässiger Quelle in das organisierte Verbrechen Albaniens involviert gewesen. Damit lagen nach Ansicht des Bundesrates Aktivitäten vor, die geeignet waren, die Beziehungen der Schweiz zu Mazedonien und zu Drittstaaten zu gefährden, die sich wie die Schweiz für eine friedliche Lösung im Balkan einsetzten und die kriegerischen Aktivitäten der Verfechter eines Grossalbaniens verurteilten. Zur Wahrung der aussenpolitischen Interessen der Schweiz wurde ihm die Einreise auf unbestimmte Zeit verboten. Zudem wurde ihm ein Verbot auferlegt, in der Schweiz Organisationen zu gründen, zu vertreten oder zu unterstützen, die gewaltsam am Konflikt im Kosovo, Südserbien und Mazedonien teilnahmen oder die Konfliktparteien unterstützen (BGE 129 II 193).

dd) Dauer und Geltung von Einreiseverboten

Vom SEM angeordnete Einreiseverbote werden grundsätzlich für eine Dauer von höchstens fünf Jahren verfügt. Stellen die betroffenen Ausländerinnen und Ausländer eine schwerwiegende Gefahr für die öffentliche Sicherheit und Ordnung dar, kann das Einreiseverbot auch für eine längere Dauer angeordnet werden (Art. 67 Abs. 3 AIG). Die durch das SEM ausgesprochenen Einreiseverbote sind allerdings immer zu befristen, unbefristete Verbote sind nicht zulässig. Demgegenüber werden die vom fedpol ausgesprochenen Einreiseverbote für eine Dauer von mehr als fünf Jahren verfügt und können in schwerwiegenden Fällen auch unbefristet verhängt werden (Art. 67 Abs. 4 AIG). Gleiches gilt für Einreiseverbote, die durch den Bundesrat verfügt werden. 767

Die Einreiseverbote sind nach Massgabe der schengenrechtlichen Bestimmungen im Schengener Informationssystem (SIS) auszuschreiben (Art. 21 ff. SIS-II-Verordnung). Die Ausschreibung wird grundsätzlich bei Drittstaatsangehörigen vorgenommen, die eine Gefahr für die öffentliche Sicherheit und Ordnung oder die nationale Sicherheit darstellen oder die nationalen Vorschriften über die Einreise und den Aufenthalt von Ausländerinnen und Ausländer missachtet haben (Art. 24 SIS-II-Verordnung). Allerdings muss vor jeder Ausschreibung geprüft werden, ob die Relevanz und Bedeutung des Falles eine solche rechtfertigen (Art. 21 SIS-II-Verordnung). Im SIS ausgeschriebene Einreiseverbote gelten für den gesamten Schengenraum (zu den Wirkungen von Ausschreibungen im SIS siehe vorne Rz. 433 ff. und Rz. 468). Wird dagegen auf eine Ausschreibung im SIS verzichtet, gelten die betreffenden Einreiseverbote einzig für das Staatsgebiet der Schweiz. 768

ee) Suspendierung und Aufhebung von Einreiseverboten

769 Bestehende Einreiseverbote können auf Gesuch der betroffenen Ausländerinnen und Ausländer vorübergehend suspendiert oder vollständig aufgehoben werden, wenn humanitäre oder andere wichtige Gründe dies erfordern. Dabei hat die zuständige Behörde eine Interessenabwägung vorzunehmen zwischen den Gründen, die zum Einreiseverbot geführt haben, dem Schutz der öffentlichen Sicherheit und Ordnung sowie der Wahrung der inneren und äusseren Sicherheit der Schweiz einerseits und den privaten Interessen der betroffenen Ausländerinnen und Ausländer andererseits (Art. 67 Abs. 5 AIG). Die Suspendierung oder Aufhebung von Einreiseverboten kommt insbesondere in Frage bei gerichtlichen Vorladungen, dem Tod eines in der Schweiz lebenden Familienmitgliedes, wichtigen Familienanlässen oder auch im Rahmen der Begleitung ausländischer Delegationen auf einer diplomatischen Mission in die Schweiz.

770 Nach bundesverwaltungsgerichtlicher Rechtsprechung sind Suspendierung und Aufhebung restriktiv vorzunehmen:

> «Die Wirkung des Einreiseverbots besteht jedoch nicht darin, dass dem Beschwerdeführer während dessen Geltungsdauer Besuchsaufenthalte bei ihm nahe stehenden Personen in der Schweiz schlichtweg untersagt wären. Es steht ihm vielmehr die Möglichkeit offen, aus wichtigen Gründen mittels Gesuch die zeitweilige Suspendierung der angeordneten Fernhaltemassnahme zu beantragen (Art. 67 Abs. 5 AuG). Die Suspendierung wird aber praxisgemäss nur für eine kurze und klar begrenzte Zeit gewährt (…). Im Übrigen kann er den Kontakt zu seiner Familie in der Schweiz auf andere Weise als durch Besuche in der Schweiz pflegen (Briefverkehr, Telefonate, Videotelefonie).» (BVGer, C-1952/2012, 24. Juni 2014, E. 7.8)

771 Einreiseverbote von Ausländerinnen und Ausländern, die in schwerwiegender Weise gegen die öffentliche Sicherheit und Ordnung verstossen haben, können nur dann suspendiert oder aufgehoben werden, wenn sie ihr Wohlverhalten während längerer Zeit im Ausland bewiesen haben (Bericht in Erfüllung des Postulats 12.3002 Staatspolitische Kommission SR Einreisesperren und ihre Aufhebung vom 22. Mai 2013, S. 7).

772 Wird das Einreiseverbot aufgehoben, muss gleichzeitig die Ausschreibung im SIS gelöscht werden. Den Betroffenen ist es in der Folge möglich, in den Schengenraum einzureisen, sofern sie die für ihren Aufenthalt notwendigen Einreisevoraussetzungen erfüllen (siehe vorne Rz. 433 ff. und Rz. 468). Wird das Einreiseverbot dagegen nicht aufgehoben, sondern lediglich suspendiert, bleibt die Ausschreibung im SIS bestehen. Den Betroffenen ist die Einreise und der Aufenthalt im Schengenraum weiterhin verboten. Erfüllen sie die Voraussetzungen für ein nationales Visum, kann ihnen allerdings ein nationales Visum für die Einreise in die Schweiz und den Aufenthalt ausgestellt werden (siehe hierzu vorne Rz. 471 ff.).

ff) Zuständigkeit und Rechtsschutz

Einreiseverbote können vom SEM sowie vom fedpol verfügt werden. Den Kantonen steht es frei, die zuständige Behörde um Erlass eines Einreiseverbotes zu ersuchen (Art. 81 VZAE), die kantonalen Behörden können jedoch keine Verbote in eigener Kompetenz erlassen. Der Rechtsschutz gegen Einreiseverbote unterscheidet sich je nachdem, ob das Verbot vom SEM oder vom fedpol ausgesprochen wurde. 773

Vom SEM verfügte Einreiseverbote können innerhalb von 30 Tagen mit Beschwerde an das Bundesverwaltungsgericht angefochten werden (Art. 31 ff. VGG). Vor dem Bundesverwaltungsgericht können die unrichtige oder unvollständige Feststellung des rechtserheblichen Sachverhaltes, Rechtsverletzungen und die Unangemessenheit des Einreiseverbotes gerügt werden (Art. 49 VwVG). Freizügigkeitsberechtigte Personen (zum FZA siehe hinten Rz. 933 ff.) können die Entscheide des Bundesverwaltungsgerichts gestützt auf Art. 11 FZA und Art. 11 EFTA-Übereinkommen an das Bundesgericht weiterziehen. In den anderen Fällen sind die Entscheide des Bundesverwaltungsgerichts dagegen endgültig. Die Beschwerde in öffentlich-rechtlichen Angelegenheiten sowie auch die subsidiäre Verfassungsbeschwerde sind ausgeschlossen (Art. 83 lit. c Ziff. 1 beziehungsweise Art. 113 BGG). 774

Vom fedpol verfügte Einreiseverbote können demgegenüber nicht beim Bundesverwaltungsgericht angefochten werden, da es sich um eine Massnahme auf dem Gebiet der inneren und äusseren Sicherheit handelt (Art. 32 Abs. 1 lit. a VGG). Als Rechtsmittel steht einzig die Verwaltungsbeschwerde an das Eidgenössische Justiz- und Polizeidepartement (EJPD) zur Verfügung (Art. 47 Abs. 1 lit. d VwVG). Die Entscheide des EJPD können schliesslich beim Bundesrat angefochten werden (Art. 72 lit. a i.V.m. Art. 73 lit. a VwVG). Demgegenüber ist die Beschwerde an das Bundesgericht ausgeschlossen (Art. 83 lit. a und c Ziff. 1 sowie Art. 113 BGG). 775

Vom Bundesrat verfügte Einreiseverbote sind endgültig und können nicht angefochten werden. Es steht weder die Beschwerde an das Bundesgericht noch jene an die Bundesversammlung offen (Art. 189 Abs. 4 BV, Art. 83 lit. c Ziff. 4 und 113 BGG und Art. 79 Abs. 1 VwVG). Dies gilt grundsätzlich auch für Fälle, in denen gestützt auf Art. 13 EMRK ein Anspruch auf wirksame Beschwerde besteht. Das Bundesgericht hat hierzu festgehalten, dass der Bundesrat in diesen Fällen verpflichtet ist, auf die Verfügungskompetenz zu verzichten und den Entscheid dem fedpol zu überlassen (BGE 129 II 193, E. 4.2.2, S. 205 f.). 776

c) Ausweisung

777 Ausweisungen stellen eine Kombination von Entfernungs- und Fernhaltemassnahme dar. Sie verpflichten die betroffenen Ausländerinnen und Ausländer zur Ausreise aus der Schweiz und verbieten ihnen die erneute Einreise.

aa) Ausweisungen durch das fedpol

778 Ausländerinnen und Ausländer können vom fedpol aus der Schweiz ausgewiesen werden, wenn dies zur Wahrung der inneren oder der äusseren Sicherheit der Schweiz erforderlich ist (Art. 68 Abs. 1 AIG). Mit der Ausweisung erlöschen allenfalls bestehende ausländerrechtliche Bewilligungen (Art. 61 Abs. 1 lit. d AIG, siehe vorne Rz. 706). Gleichzeitig werden die betroffenen Ausländerinnen und Ausländer mit einem befristeten oder unbefristeten Einreiseverbot belegt (Art. 68 Abs. 3 AIG). Damit verbindet die Ausweisung eine Entfernungs- und eine Fernhaltemassnahme in einer einzigen Verfügung.

779 Als Gefährdung der inneren oder äusseren Sicherheit der Schweiz gelten insbesondere die Missachtung oder Gefährdung des Vorrangs der staatlichen Gewalt im politischen oder militärischen Bereich. Von solchen wird etwa in Fällen von Terrorismus, gewalttätigem Extremismus, verbotener Nachrichtendiensttätigkeit oder auch organisierter Kriminalität ausgegangen.

bb) Ausweisungen durch den Bundesrat

780 In politisch sehr bedeutenden Fällen kann die Ausweisung direkt vom Bundesrat angeordnet werden (Art. 184 Abs. 3 und Art. 185 Abs. 3 BV). Anwendungsfälle dieser sogenannten *politischen Ausweisung* sind Gefährdungen der Landesinteressen oder der inneren oder äusseren Sicherheit der Schweiz, die eine grosse politische Tragweite aufweisen. Es handelt sich dabei um eine Ausnahmemassnahme der Exekutive. Da gegen solche grundsätzlich keine Rechtsmittel zur Verfügung stehen (Art. 189 Abs. 4 BV, siehe hinten Rz. 783), bedarf es einer restriktiven Anwendung der bundesrätlichen Verfügungskompetenz.

cc) Ansetzung einer angemessenen Ausreisefrist

781 Mit der Ausweisungsverfügung ist – analog der Wegweisung – grundsätzlich eine angemessene Ausreisefrist anzusetzen (Art. 68 Abs. 2 AIG, siehe vorne Rz. 744 ff.). Haben die betroffenen Ausländerinnen und Ausländer erheblich

oder wiederholt gegen die öffentliche Sicherheit und Ordnung verstossen respektive diese oder die innere oder äussere Sicherheit gefährdet, ist auf die Ansetzung einer Ausreisefrist zu verzichten und die Ausweisung für sofort vollstreckbar zu erklären (Art. 68 Abs. 4 AIG).

dd) Zuständigkeit und Rechtsmittel

Die Ausweisung nach Art. 68 AIG wird vom fedpol ausgesprochen. Dieses 782
hört den Nachrichtendienst des Bundes (NDB) vorgängig an (Art. 68 Abs. 1 AIG). Ausweisungen können nicht beim Bundesverwaltungsgericht angefochten werden (Art. 32 Abs. 1 lit. a VGG). Als Rechtsmittel steht einzig die Verwaltungsbeschwerde an das Eidgenössische Justiz- und Polizeidepartement (EJPD) zur Verfügung (Art. 47 Abs. 1 lit. d VwVG). Die Entscheide des EJPD können schliesslich beim Bundesrat angefochten werden (Art. 72 lit. a i.V.m. Art. 73 lit. a VwVG). Der Bundesrat entscheidet abschliessend, eine Beschwerde an das Bundesgericht ist ausgeschlossen (Art. 83 lit. a und c Ziff. 4 sowie Art. 113 BGG, vergleiche BGer, 2C-584/2018, 9. Juli 2018, E. 2.2).

Politische Ausweisungen des Bundesrates sind endgültig und nicht anfechtbar, 783
es stehen keine Rechtsmittel zur Verfügung. Es steht weder die Beschwerde an das Bundesgericht (Art. 189 Abs. 4 BV, Art. 83 lit. c Ziff. 4 BGG sowie Art. 113 BGG) noch jene an die Bundesversammlung offen (Art. 79 Abs. 1 VwVG). Dies gilt auch für Fälle, in denen gestützt auf Art. 13 EMRK ein Anspruch auf wirksame Beschwerde besteht. In diesen Fällen ist der Bundesrat deshalb verpflichtet, auf den Erlass einer Ausweisung zu verzichten und den Entscheid dem fedpol zu überlassen (BGE 129 II 193, E. 4.2.2 S. 205 f.).

8.3. Ausschaffung

Die Ausschaffung stellt die zwangsweise Beendigung der Anwesenheit von 784
Ausländerinnen und Ausländern dar. Sie ist als exekutorische verwaltungsrechtliche Massnahme einzustufen, die das Vorliegen einer rechtskräftigen Entfernungsmassnahme voraussetzt. Aufgrund des Grundsatzes der Verhältnismässigkeit kommt der Ausschaffung subsidiärer Charakter zu. Sie kommt grundsätzlich nur dann zur Anwendung, wenn Ausländerinnen und Ausländer ihrer Ausreisepflicht nicht selbständig nachkommen und sich auch weiterhin nicht rückkehrwillig zeigen. Konkrete Anzeichen hierfür können sein, dass sich die betroffenen Ausländerinnen oder Ausländer der Mitwirkungspflicht entziehen, ihr bisheriges Verhalten darauf schliessen lässt, dass sie sich den behördlichen Anordnungen widersetzen werden oder sie trotz Einreiseverbot das Gebiet der Schweiz betreten (Art. 64*d* Abs. 3 lit. a-c AIG). Dies wird auch aus

Art. 69 Abs. 1 AIG deutlich, wonach die zuständige kantonale Behörde Ausländerinnen und Ausländer ausschafft, wenn:

- sie die ihnen im Rahmen der Entfernungsmassnahme **eingeräumte Ausreisefrist ungenutzt verstreichen** lassen (lit. a): Mit der Ansetzung einer Ausreisefrist wird den Betroffenen eine letzte Möglichkeit zur selbständigen Ausreise gegeben (zur Ausreisefrist siehe vorne Rz. 744 ff.). Nehmen sie diese Möglichkeit wahr, können sie grundsätzlich eigenständig entscheiden, wie und wohin sie reisen. Nur wenn sie die Schweiz bis zum Ablauf der Ausreisefrist nicht verlassen haben, kann der Weg- oder Ausweisungsentscheid zwangsweise durchgesetzt werden.
- deren **Weg- oder Ausweisung sofort vollzogen** werden kann (lit. b): Wird auf die Ansetzung einer Ausreisefrist verzichtet und die Weg- oder Ausweisung für sofort vollstreckbar erklärt (Art. 64*d* Abs. 2 und Art. 68 Abs. 4 AIG, siehe vorne Rz. 744 ff. und Rz. 781), haben die betroffenen Ausländerinnen und Ausländer gerade keinen Anspruch auf eine selbständige Ausreise und die zuständige Behörde kann zur zwangsweisen Durchsetzung der Ausreisepflicht schreiten.
- sie sich in **Ausschaffungshaft** nach Art. 76 oder 77 AIG befinden und ein rechtskräftiger Weg- oder Ausweisungsentscheid oder ein rechtskräftiger Entscheid über die Landesverweisung nach Art. 66*a* oder 66bis StGB (beziehungsweise den entsprechenden Bestimmungen des MStG) vorliegt (lit. c, zur Ausschaffungshaft siehe hinten Rz. 824 ff.).

785 Ausländerinnen und Ausländer können nur in Staaten ausgeschafft werden, in denen sie sich rechtmässig aufhalten können. Der Zielstaat wird grundsätzlich von den zuständigen Behörden bestimmt, wobei es sich in aller Regel um den Heimatstaat der betroffenen Ausländerinnen und Ausländer handelt. Können die Betroffenen aber in zwei oder mehrere Staaten rechtmässig ausreisen, kann ihnen die zuständige Vollzugsbehörde die Wahl des Ziellandes überlassen (Art. 69 Abs. 2 AIG). Sie haben allerdings keinen Anspruch auf eine Ausschaffung in das Land ihrer Wahl.

786 Im Zusammenhang mit der Ausschaffung unbegleiteter Minderjähriger haben die zuständigen Behörden vor der Rückführung sicherzustellen, dass diese im Zielland einem Familienmitglied, einem Vormund oder einer Aufnahmeeinrichtung übergeben werden, die den Schutz des Kindes gewährleisten (Art. 69 Abs. 4 AIG):

> «Sind von einem allfälligen Wegweisungsvollzug Kinder betroffen, so bildet im Rahmen der Prüfung der Zumutbarkeit des Wegweisungsvollzuges das Kindeswohl einen Gesichtspunkt von gewichtiger Bedeutung. Dies ergibt sich nicht zuletzt aus einer völkerrechtskonformen Auslegung von Art. 83 Abs. 4 AuG im Lichte von Art. 3 Abs. 1 der Konvention vom 20. November 1989 über die Rechte des Kindes

(KRK, SR 0.107). In diesem Zusammenhang bleibt festzuhalten, dass unter dem Aspekt des Kindeswohls sämtliche Umstände einzubeziehen und zu würdigen sind, die im Hinblick auf einen Wegweisungsvollzug wesentlich erscheinen (...). In der Praxis ist deshalb nicht nur abzuklären, ob das Kind im Falle der Rückkehr in den Heimat- oder Herkunftsstaat im Sinne von Art. 83 Abs. 4 AuG konkret gefährdet wäre, sondern auch, ob das Kind zu seinen Eltern oder anderen Angehörigen zurückgeführt werden kann und ob diese in der Lage sind, seine (dem Alter, der physischen und psychischen Verfassung, der Herkunft etc. entsprechenden) Bedürfnisse abzudecken. Können die Angehörigen nicht ausfindig gemacht werden oder ergibt sich, dass die Rückkehr zu diesen dem Kindeswohl nicht entspricht, ist weiter abzuklären, ob das Kind in der Heimat allenfalls in einer geeigneten Anstalt oder bei einer Drittperson untergebracht werden kann. Dabei genügt es praxisgemäss nicht, bloss festzustellen, dass im Heimat- oder Herkunftsland Eltern oder andere Angehörige leben beziehungsweise es im betreffenden Land Einrichtungen gebe, die sich um alleinstehende Kinder oder Jugendliche kümmern würden. Es ist vielmehr konkret abzuklären, ob das betreffende Kind tatsächlich in sein familiäres Umfeld zurückgeführt werden kann beziehungsweise ob es – wo das nicht möglich ist oder nicht dem Wohl des Kindes entspricht – anderweitig untergebracht werden kann (...)» (BVGer, D-964/2015, 4. Oktober 2016, E. 5.3.2).

a) Anwendung von polizeilichem Zwang

Die Ausschaffung kann im Einzelfall – je nach Verhalten der betroffenen Aus- 787
länderinnen und Ausländer – die Anwendung von polizeilichem Zwang erforderlich machen. Während das AIG die ausländerrechtlichen Zwangsmassnahmen auch im Hinblick auf die Ausschaffung verankert (Art. 73 ff. AIG, siehe hierzu hinten Rz. 801 ff.), verweist Art. 98*a* AIG in Bezug auf die bei der Zwangsanwendung zu beachtenden Grundsätze auf das Bundesgesetz über die Anwendung polizeilichen Zwangs und polizeilicher Massnahmen im Zuständigkeitsbereich des Bundes (Zwangsanwendungsgesetz, ZAG, SR 364).

Das ZAG regelt die Grundsätze der Anwendung polizeilichen Zwangs und poli- 788
zeilicher Massnahmen im Zuständigkeitsbereich des Bundes (Art. 1 ZAG). Darunter fällt nach expliziter Regelung von Art. 2 Abs. 1 lit. b ZAG insbesondere auch die Anwendung von polizeilichem Zwang und polizeilichen Massnahmen durch die kantonalen Behörden im Bereich der Ausländer- und Asylgesetzgebung. Neben den allgemeinen Grundsätzen der Zwangsanwendung bestimmen das Zwangsanwendungsgesetz und die dazugehörige Verordnung über die Anwendung polizeilichen Zwangs und polizeilicher Massnahmen im Zuständigkeitsbereich des Bundes (Zwangsanwendungsverordnung, ZAV, SR 364.3) insbesondere auch die zulässigen Arten von Zwangs- und Hilfsmitteln.

b) Ausschaffungen auf dem Luftweg

789 Ausschaffungen können auf den Land-, See- oder Luftweg erfolgen. In der Praxis ist insbesondere die Rückführung auf dem Luftweg von Bedeutung, weshalb sie näher beleuchtet wird.

aa) Anwendung von polizeilichem Zwang

790 Für Rückführungen auf dem Luftweg gelten die allgemeinen Grundsätze der Anwendung von polizeilichem Zwang. Polizeiliche Gewalt darf nur unter Wahrung der körperlichen Integrität der Betroffenen und unter strikter Einhaltung des Grundsatzes der Verhältnismässigkeit angewendet werden, der Waffeneinsatz muss das letzte Mittel sein. Art. 27 und 28 ZAG konkretisieren diese allgemeinen Grundsätze für die spezifische Situation der Rückführung auf dem Luftweg:

- Die Ausschaffung von Ausländerinnen und Ausländern auf dem Luftweg ist aufgrund der **konkreten Umstände des Einzelfalles vorzubereiten** (Art. 27 Abs. 1 ZAG): Die Vorbereitung soll es den involvierten Personen ermöglichen, sich mit dem konkreten Einzelfall zu befassen, um das Risiko von Zwischenfällen abschätzen und allenfalls minimieren zu können.
- Die betroffenen Ausländerinnen und Ausländer sind vorgängig zu **orientieren** und **anzuhören** und ihnen ist Gelegenheit zu geben, **dringliche persönliche Angelegenheiten** vor der Rückführung zu erledigen oder durch eine Drittperson erledigen zu lassen, soweit der Vollzug dadurch nicht in Frage gestellt wird (Art. 27 Abs. 2 ZAG): Die Betroffenen sollen sich sofern möglich auf die Ausschaffung vorbereiten können. Dadurch sollen unnötige Stresssituationen vermieden und die Möglichkeit der korrekten Durchführung der Rückführung gewährleistet werden. In diesem Sinne konkretisiert Art. 29 ZAV, dass das Vollzugsorgan einige Tage vor der Rückführung ein Vorbereitungsgespräch mit den rückzuführenden Personen führt. Während diesem Gespräch sind ihr der Ablauf der Rückführung und insbesondere der Einsatz von Zwangsmitteln im Widerstandsfall zu erläutern. Nur in Ausnahmefällen kann auf dieses Gespräch verzichtet werden.
- Die betroffenen Ausländerinnen und Ausländer werden vor dem Beginn des Transportes **ärztlich untersucht**, wenn sie dies selbst verlangen oder wenn Anzeichen für gesundheitliche Probleme bestehen (Art. 27 Abs. 3 ZAG). Durch die ärztliche Untersuchung sollen gesundheitliche Komplikationen während der Rückführung möglichst verhindert werden. Es geht darum, festzustellen, ob Gesundheitsbeeinträchtigungen vorliegen, die der

Rückführung entgegenstehen oder allenfalls Vorsichtsmassnahmen vor oder während der Rückführung getroffen werden müssen.

- Die Rückführung muss durch **besonders ausgebildete Personen begleitet** werden und die betroffenen Ausländerinnen und Ausländer müssen während der gesamten Dauer der kontrollierten Rückführung die Möglichkeit haben, sich an eine Person des gleichen Geschlechts zu wenden (Art. 28 Abs. 1 ZAG). In seiner Botschaft zum Zwangsanwendungsgesetz hat der Bundesrat diesbezüglich ausgeführt, dass die Erfahrungen gezeigt hätten, «dass Rückführungen auf dem Luftweg ohne Zwischenfälle am ehesten mit spezifisch ausgewählten und ausgebildeten Equipen mit starker psychischer Stabilität, hoher Frustrationstoleranz, guten Fremdsprachen- und Rechtskenntnissen sowie mit Erfahrungen beim Bewältigen von aussergewöhnlichen Situationen durchgesetzt werden können.» (BBl 2006 2489, S. 2510)

bb) Vollzugsstufen

Für Rückführungen auf dem Luftweg sind grundsätzlich vier Vollzugsstufen 791
vorgesehen, die sich in ihrer Intensität unterscheiden (Art. 28 Abs. 1 ZAV). Je nach Verhalten, das von der rückzuführenden Person erwartet wird, ist die entsprechende Stufe anzuordnen. Gestützt auf das Verhältnismässigkeitsprinzip muss immer die tiefstmögliche Stufe angeordnet und im Widerstandsfall angemessen angepasst werden.

- **Vollzugsstufe I** (lit. a): Die Vollzugsstufe I wird angeordnet, wenn die betroffenen Ausländerinnen und Ausländer die Ausreisepflicht akzeptiert und einer selbständigen Rückreise zugestimmt haben. Sie werden von der Polizei bis zum Flugzeug begleitet und reisen danach ohne Begleitung aus. Es dürfen auf dieser Vollzugstufe grundsätzlich keine Hilfsmittel angewendet werden.
- **Vollzugsstufe II** (lit. b): Im Gegensatz zur Vollzugsstufe I wird die Vollzugsstufe II angeordnet, wenn die betroffenen Ausländerinnen und Ausländer der eigenständigen Ausreise nicht zugestimmt haben. Personen auf Vollzugsstufe II werden durch zwei Polizistinnen oder Polizisten in Zivil begleitet. Sofern notwendig, können auf dieser Stufe Handfesseln eingesetzt werden.
- **Vollzugsstufe III** (lit. c): Die Vollzugsstufe III wird angeordnet, wenn erwartet wird, dass die rückzuführenden Ausländerinnen und Ausländer körperlichen Widerstand gegen die Rückschaffung leisten werden, der Transport auf einem Linienflug aber als möglich eingestuft wird. Wie auf Voll-

zugsstufe II werden die Betroffenen auf Vollzugsstufe III von je zwei Polizeiangehörigen in Zivil begleitet. Bei der Rückführung können Handfesseln und andere Fesselungsmittel sowie auch körperliche Gewalt eingesetzt werden. Andere Zwangsmittel, insbesondere Feuerwaffen und Taser, dürfen nicht zur Anwendung kommen.

- **Vollzugsstufe IV** (lit. d): Ist zu erwarten, dass die rückzuführende Person starken körperlichen Widerstand leisten wird, aufgrund derer ein Transport mit einem speziell für die Ausschaffung vorgesehenen Flug – dem sogenannten Sonderflug – notwendig ist, wird die Vollzugsstufe IV angeordnet. Auf dieser Stufe wird jede auszuschaffende Person von mindestens zwei Polizistinnen oder Polizisten begleitet. Es dürfen die gleichen Zwangsmittel eingesetzt werden, wie auf Vollzugsstufe III.

cc) Ausländerrechtliches Vollzugsmonitoring

792 Mit der Übernahme der Rückführungsrichtlinie hat sich die Schweiz dazu verpflichtet, Rückführungen auf dem Luftweg durch unabhängige Beobachterinnen und Beobachter im Rahmen eines Vollzugsmonitorings begleiten zu lassen. Ziel des Vollzugsmonitorings ist es, einen menschenwürdigen Vollzug der Weg- und Ausweisungen zu gewährleisten. Gestützt auf Art. 71*a* AIG hat der Bundesrat die Überwachung von Ausschaffungen auf dem Luftweg in Art. 15*f* bis 15*i* VVWAL konkretisiert.

793 Die Überwachung von Rückführungen auf dem Luftweg umfasst nach Art. 15*f* Abs. 1 VVWAL die Zuführung der Betroffenen an den Flughafen, die Flugvorbereitung am Flughafen und der Einstieg ins Flugzeug, der Flug sowie die Ankunft am Zielflughafen und die Übergabe der betroffenen Person an die Behörden des Zielstaates. Ist eine Übergabe der Betroffenen im Zielstaat nicht möglich, umfasst das Monitoring auch den Rückflug in die Schweiz, den Empfang am Flughafen und die Übergabe an die zuständigen kantonalen Behörden (Art. 15*f* Abs. 2 VVWAL).

794 Die Überwachung wird von unabhängigen Dritten wahrgenommen (Art. 15*g* Abs. 1 VVWAL). Ihnen kommt die Aufgabe zu, einzelne oder alle Phasen einer Ausschaffung auf dem Luftweg zu beobachten, dem SEM über jede begleitete Ausschaffung Bericht zu erstatten sowie einen jährlichen Tätigkeits- und Rechenschaftsbericht zuhanden des EJPD und der Konferenz der Kantonalen Justiz- und Polizeidirektoren zu erstellen (Art. 15*h* Abs. 1 VVWAL). Zudem können sie auch an Sitzungen zur Vorbereitung von Ausschaffungen auf dem Luftweg teilnehmen und der zuständigen Equipenleiterin oder dem zuständigen Equipenleiter während der Ausschaffung Bemerkungen oder Beanstandungen mitteilen (Art. 15*h* Abs. 2 VVWAL).

Nach Abschluss der Pilotphase, die der Schweizerische Evangelische Kirchenbund (SEK) übernommen hatte, wurde das Monitoring an die Nationale Kommission zur Verhütung von Folter (NKVF) übergeben. Seit Juli 2012 begleitet die NKVF alle Rückführungen auf dem Luftweg der Vollzugsstufe IV. 795

Die jährlichen Berichte der NKVF zum ausländerrechtlichen Vollzugsmonitoring sind erhältlich unter www.nkvf.admin.ch > Publikationen (besucht am 15. August 2022). 796

c) Undurchführbarkeit und Aufschub der Ausschaffung

Die Ausschaffung kann trotz Erfüllen eines Tatbestandes von Art. 69 Abs. 1 AIG nicht zulässig, nicht zumutbar oder nicht möglich sein. Diesfalls beantragt der zuständige Kanton beim SEM die vorläufige Aufnahme der betroffenen Ausländerinnen und Ausländer (Abs. 83 Abs. 6 AIG, zur vorläufigen Aufnahme siehe hinten Rz. 853 ff.). Handelt es sich allerdings um eine lediglich vorübergehende Undurchführbarkeit, wird keine vorläufige Aufnahme beantragt, sondern der Vollzug bloss um einen angemessenen Zeitraum aufgeschoben (Art. 69 Abs. 3 AIG). Dies kann etwa der Fall sein bei vorübergehenden gesundheitlichen Beeinträchtigungen oder fehlenden Transportmöglichkeiten. Beim Aufschub wird der Termin der Ausschaffung auf absehbare Zeit verschoben, bis keine Vollzugshindernisse mehr bestehen. Diesfalls können bis zur Ausschaffung Zwangsmassnahmen angeordnet werden, sofern sich dies im Einzelfall als verhältnismässig erweist (zu den Zwangsmassnahmen siehe hinten Rz. 801 ff.). Zeigt sich während dem Aufschub, dass der Vollzug auf nicht absehbare Zeit unmöglich, unzulässig oder unzumutbar ist, ist die zuständige Behörde allerdings gehalten, die vorläufige Aufnahme beim SEM zu beantragen. Ein Aufschub auf unbestimmte Zeit ist nicht zulässig. In diesen Fällen dürfen keine Zwangsmassnahmen zur Sicherstellung des Vollzugs der Weg- oder Ausweisung ergriffen werden, da diese ihr Ziel von Vornherein nicht erreichen können und damit unverhältnismässig sind. 797

Im Zuge internationaler Reisebeschränkungen während der Covid-19-Pandemie hat sich in zahlreichen Fällen die Frage der Durchführbarkeit der Wegweisung und Ausschaffung gestellt. Das Bundesgericht hat hierzu ausgeführt: 798

> «Das Bundesgericht hat im Zusammenhang mit dem Vollzug der Ausschaffung bzw. der Landesverweisung im Hinblick auf die Corona-Pandemie entschieden, dass jeder Einzelfall gestützt auf seine konkreten Umstände zu beurteilen sei (...). Dies entspricht der Praxis in der EU: Danach soll aus den vorübergehenden Beschränkungen während der Pandemie nicht automatisch darauf geschlossen werden, dass in allen Fällen keine hinreichende Aussicht auf Abschiebung mehr besteht; die Kommission fordert die Mitgliedstaaten auf, jeden Fall einzeln zu prüfen, um festzustellen, ob noch eine hinreichende Aussicht auf Abschiebung besteht oder

nicht (Mitteilung der Kommission, COVID-19: Hinweise zur Umsetzung der einschlägigen EU-Bestimmungen im Bereich der Asyl- und Rückführungsverfahren und zur Neuansiedlung, ABl. C 126 vom 17. April 2020 S. 12 ff., 26).

3.2 Der Vollzug der Wegweisung lässt sich während der Corona-Pandemie nur dann als innert absehbarer Frist möglich und damit durchführbar bezeichnen, wenn dem Haftrichter hierfür hinreichend konkrete Hinweise – insbesondere seitens des SEM – vorliegen; andernfalls fehlt es an der ernsthaften Aussicht auf den Vollzug der Wegweisung bzw. der Möglichkeit der freiwilligen Ausreise nach der Kooperation des Betroffenen mit den Behörden, auf welche die Durchsetzungshaft ausgerichtet ist (...). Die bloss vage Möglichkeit, dass ein Vollzugshindernis potentiell in absehbarer Zeit entfallen könnte – wie dies etwa bei den Luftangriffen der NATO im früheren Jugoslawien der Fall war –, genügt nicht, um eine Ausschaffungs- bzw. Durchsetzungshaft aufrechtzuerhalten (...).» (BGE 147 II 49, E. 3.1 f. S. 54 f.)

d) Zuständigkeiten und Rechtsschutz

799 Zuständig für die Anordnung sowie den Vollzug der Ausschaffung sind die Kantone (Art. 69 Abs. 1 AIG). Der Bund leistet ihnen nach Art. 71 AIG Unterstützungshilfe. Er wirkt insbesondere bei der Beschaffung von Reisedokumenten mit, organisiert die Reise und stellt die Zusammenarbeit zwischen den betroffenen Kantonen und dem EDA sicher.

800 In Bezug auf Ausschaffungen besteht ein Rechtsschutzdefizit. Die Anordnung der Ausschaffung und deren Vollzug stellen keine Verfügungen, sondern lediglich Realakte dar, gegen die kein Rechtsmittel ergriffen werden kann. Eine Beschwerde gegen die Anordnung oder den Vollzug der Ausschaffung ist aus diesem Grund nicht möglich. Dies kann insbesondere in Fällen problematisch sein, in denen zwischen dem Erlass der Weg- oder Ausweisungsverfügung und der Ausschaffung viel Zeit vergeht und sich die Situation im Zielland oder die persönlichen Umstände der betroffenen Personen in der Zwischenzeit verändert oder verschlechtert haben.

8.4. Zwangsmassnahmen

801 Das AIG sieht ein ganzes Bündel an Zwangsmassnahmen vor, mittels derer den zuständigen Behörden Mittel in die Hand gegeben werden sollen, um den Vollzug von Weg- und Ausweisungen sicherzustellen. Die verschiedenen Zwangsmassnahmen unterscheiden sich in Bezug auf ihre Intensität und reichen von Meldepflichten, Kautionspflicht und Schriftensperre über freiheitsbeschränkende bis hin zu freiheitsentziehenden Massnahmen.

a) Meldepflicht, Kautionspflicht und Schriftensperre

Ausländerinnen und Ausländer, die mit einer Entfernungsmassnahme belegt wurden, können von den zuständigen Behörden gestützt auf Art. 64*e* AIG verpflichtet werden, sich regelmässig zu melden (Meldepflicht), angemessene finanzielle Sicherheiten zu leisten (Kautionspflicht) oder ihre Reisedokumente zu hinterlegen (Schriftensperre). Die Massnahmen dienen allesamt der Vermeidung des Untertauchens der Betroffenen und können – sofern sich dies als verhältnismässig erweist – auch kombiniert werden. Es handelt sich dabei um im Vergleich zu Freiheitsbeschränkungen und Freiheitsentzügen mildere Massnahmen. 802

b) Freiheitsbeschränkende Zwangsmassnahmen

Um den Vollzug der Wegweisung sicherzustellen, können die zuständigen kantonalen Behörden nach Art. 74 AIG Ausländerinnen und Ausländer verpflichten, ein ihnen zugewiesenes Gebiet nicht zu verlassen (**Eingrenzung**) oder ein bestimmtes Gebiet nicht zu betreten (**Ausgrenzung**). Eine Ein- oder Ausgrenzung kann nach Art. 74 Abs. 1 AIG in folgenden Situationen angeordnet werden: 803

– gegenüber Ausländerinnen und Ausländern, die weder über eine Kurzaufenthalts-, Aufenthalts- oder Niederlassungsbewilligung verfügen und die die **öffentliche Sicherheit und Ordnung** stören oder gefährden (lit. a): Diese Massnahme dient nach ausdrücklichem Wortlaut des Gesetzes insbesondere der Bekämpfung des widerrechtlichen Betäubungsmittelhandels.

Nach Bundesgericht ist die Schwelle für die Anordnung einer Ein- oder Ausgrenzung nicht besonders hoch anzusetzen, da es sich bei diesen Massnahmen lediglich um leichte Eingriffe in die persönliche Freiheit der betroffenen Ausländerinnen und Ausländer handelt. Von einer Störung oder Gefährdung der öffentlichen Sicherheit und Ordnung geht das Bundesgericht bereits dann aus, wenn

> «konkrete Anhaltspunkte für den Verdacht der Begehung strafbarer Handlungen – etwa im Drogenmilieu – bestehen, der Ausländer Kontakte zu extremistischen Kreisen unterhält oder (...) er ganz allgemein in grober Weise gegen ungeschriebene Regeln des sozialen Zusammenlebens verstösst. Nicht jede Bagatelle rechtfertigt jedoch eine Ein- oder Ausgrenzung (...). Nach Praxis des Bundesgerichts genügt hingegen der blosse Verdacht auf Begehung strafbarer Handlungen im Drogenmilieu, insbesondere auch schon blosser Drogenkonsum. Wird der Ausländer wiederholt im Drogenmilieu angehalten, vermag dies den ernsthaften Verdacht zu begründen, dass er jeweils nicht lediglich als Zuschauer der Drogenszene ertappt wurde, sondern dass er, sei es als Händler oder als Konsument, aktiv am unerlaubten Drogenumschlag beteiligt war; dies gilt insbesondere, wenn bei ihm auch nur einmal

> eine geringfügige Menge Betäubungsmittel gefunden wird, welche er zum Eigenkonsum gekauft haben will.» (BGer, 2A_347/2003, 24. November 2003, E. 2.2)

- bei Ausländerinnen und Ausländern, gegen die ein rechtskräftiger Weg- oder Ausweisungsentscheid vorliegt und wenn konkrete Anzeichen befürchten lassen, dass sie **nicht innerhalb der Ausreisefrist ausreisen** werden beziehungsweise sie die ihnen **angesetzte Ausreisefrist nicht eingehalten** haben (lit. b).
- gegenüber Ausländerinnen und Ausländern, deren Ausschaffung nach Art. 69 Abs. 3 AIG **aufgeschoben** wurde (lit. c, zum Aufschub siehe vorne Rz. 797).

804 Ein- und Ausgrenzungen müssen sowohl in Bezug auf die Grösse des Rayons als auch die Dauer der Massnahme verhältnismässig sein:

> «Le principe de proportionnalité exige qu'une mesure restrictive soit apte à produire les résultats escomptés (règle de l'aptitude) et que ceux-ci ne puissent être atteints par une mesure moins incisive (règle de la nécessité). En outre, il interdit toute limitation des droits individuels allant au-delà du but visé et exige un rapport raisonnable entre celui-ci et les intérêts publics ou privés compromis (principe de la proportionnalité au sens étroit, impliquant une pesée des intérêts...). Appliqué à la problématique de l'interdiction de pénétrer dans une région déterminée prévue à l'art. 74 LEI, le principe de proportionnalité implique de prendre en compte en particulier la délimitation géographique d'une telle mesure ainsi que sa durée (...). Selon la jurisprudence, l'interdiction de pénétrer dans une région déterminée, à l'instar de l'assignation à un lieu de résidence, ne peut pas être ordonnée pour une durée indéterminée et le périmètre d'interdiction doit être fixé de manière à ce que les contacts sociaux et l'accomplissement d'affaires urgentes de la personne qui en fait l'objet puissent rester possibles (...). Il convient de vérifier, dans chaque cas d'espèce, que l'objectif visé par l'autorité justifie véritablement l'interdiction de périmètre prononcée, c'est-à-dire qu'il existe un rapport raisonnable entre cet objectif et les moyens mis en œuvre pour l'atteindre (...).» (BGer, 2C_793/2018, 13. März 2020, E. 3.3.)

805 Bei der Ein- bzw. Ausgrenzung von (unbegleiteten) Minderjährigen ist eine besonders strenge Verhältnismässigkeitsprüfung vorzunehmen:

> «En effet, malgré le fait que l'intéressé était proche de la majorité, ne collaborait pas de manière satisfaisante avec ses curatrices et avait commis des infractions, son statut de mineur non accompagné exigeait des autorités une prudence accrue, justifiée par son besoin de protection. (…)
>
> (…) même limitée au centre-ville de Genève, l'interdiction de périmètre aurait été disproportionnée. En effet, l'aptitude d'une telle mesure était fort douteuse, l'intimé pouvant commettre des infractions contre le patrimoine ou l'intégrité corporelle aussi en dehors du centre-ville. En ce sens, la présente affaire doit être distinguée des cas dans lesquels le but d'une interdiction de périmètre fondée sur l'art. 74 al. 1 let. a LEI est la lutte contre le trafic de stupéfiants, car, dans cette dernière hypo-

thèse, il est souvent possible d'identifier une "zone à risque", de laquelle la personne concernée doit être éloignée afin d'éviter une récidive (s'agissant notamment du canton de Genève, la jurisprudence mentionne le centre-ville de Genève en tant que "lieu notoire du trafic de stupéfiants", (...)). A ce sujet, il y a encore lieu de relever que, contrairement à l'opinion du (...) [SEM], le raisonnement de la Cour de justice ne revient pas à rendre "systématiquement inefficace" une interdiction de périmètre prononcée pour des raisons autres que la lutte contre le trafic de stupéfiants (...). En effet, lorsqu'un étranger trouble ou menace la sécurité et l'ordre publics par des actes n'ayant pas de lien avec cette problématique, mais qu'il est tout de même possible d'identifier une zone dans laquelle il commet lesdits actes, une interdiction de périmètre limitée à la zone en question se justifie pleinement. Cela n'était toutefois pas le cas de l'intimé, car les deux seules infractions reprochées à celui-ci, commises respectivement dans les quartiers de Plainpalais et de la Jonction, ne suffisaient pas à délimiter une zone à l'intérieur de laquelle l'intéressé était susceptible de déployer son activité délictuelle. Au demeurant, l'intérêt d'une interdiction de périmètre limitée au centre-ville de Genève doit être en l'occurrence fortement nuancé, dès lors que celle-ci, pour tenir compte des besoins particuliers de l'intimé et notamment de son droit de profiter de la curatelle instituée en sa faveur, aurait dû de toute manière être assortie de très nombreuses exceptions - d'ailleurs mentionnées également par le SEM (...) - qui en auraient réduit non seulement l'efficacité, mais également la praticabilité, tant pour les autorités compétentes que pour l'intimé lui-même (...). Dans ces conditions, en considérant que l'intérêt de ce mineur non accompagné à pouvoir continuer d'accéder librement au centre-ville, afin notamment de pouvoir bénéficier de mesures d'encadrement et d'y passer une partie de son temps libre, l'emportait sur celui à l'en exclure pour une durée de six mois, la Cour de justice - qui jouit du reste d'une marge d'appréciation importante en l'espèce (...) - n'a pas violé les art. 36 al. 3 Cst. et 96 LEI. C'est partant à bon droit que l'autorité précédente a annulé intégralement la mesure litigieuse.» (BGer, 2C_793/2018, 13 März 2019, E. 3.4 ff.)

Im Vergleich zu den freiheitsentziehenden Zwangsmassnahmen stellen Ein- und Ausgrenzungen mildere Massnahmen dar. Sie zielen darauf ab, die Bewegungsfreiheit der Betroffenen einzuschränken und sie damit besser überwachen und gegebenenfalls aufgreifen zu können. Ein- und Ausgrenzungen sind als Einschränkung der Bewegungsfreiheit einzustufen, sie stellen grundsätzlich keinen Freiheitsentzug im Sinne von Art. 5 Abs. 1 EMRK dar (vorne Rz. 181 ff). Ausnahmen von diesem Grundsatz können allerdings vorliegen, wenn Ein- oder Ausgrenzungen in einer Weise ausgestaltet werden, dass sie faktisch einem Freiheitsentzug gleichkommen. 806

«Andererseits ist die Ein- und Ausgrenzung – was sich auch aus ihrer systematischen Stellung im Gesetz ergibt – eine Zwangsmassnahme zur Durchsetzung von Fernhaltemassnahmen; sie ist eine mildere Massnahme als die Vorbereitungs-, Ausschaffungs- oder Durchsetzungshaft (...), d.h. sie geht weniger weit als der ausländerrechtlich begründete Freiheitsentzug; sie darf analog diesem aber auch eine gewisse Druckwirkung zur Durchsetzung der Ausreisepflicht entfalten (...) – dem Ausländer bewusst machen, dass er sich hier illegal aufhält und nicht vorbehaltslos von den mit einem Anwesenheitsrecht verbundenen Freiheiten profitieren kann

(...). Diese Funktion der Ein- und Ausgrenzung ist heute in Art. 74 Abs. 1 lit. b AuG ausdrücklich erwähnt (...). Ihre Stellung im kaskadenartigen System der Vollzugsmassnahmen zeigt sich auch darin, dass die Nichtbefolgung der Ein- und Ausgrenzung ein Grund für die Anordnung der Vorbereitungshaft ist (...) und bei Unzulässigkeit oder Unverhältnismässigkeit der Haft immerhin eine Ein- oder Ausgrenzung in Frage kommt (...).» (BGE 142 II 1, E. 2.2 S. 3 f.)

807 Zuständig für die Anordnung von Ein- und Ausgrenzungen sind grundsätzlich die für den Vollzug der Weg- oder Ausweisung zuständigen Kantone (Art. 74 Abs. 2 AIG). Für Ausländerinnen und Ausländer, die sich in einem Zentrum des Bundes aufhalten, ist der Standortkanton zuständig (Art. 74 Abs. 2 AIG). Allerdings kann auch der Kanton, in dem das betreffende Gebiet liegt, eine Ein- oder Ausgrenzung gegenüber Ausländerinnen und Ausländern anordnen, für deren Weg- oder Ausweisungsvollzug ein andere Kanton zuständig ist (Art. 74 Abs. 2 AIG).

808 Gegen die Anordnung einer Ein- oder Ausgrenzung kann nach Art. 74 Abs. 3 AIG bei der zuständigen kantonalen Gerichtsbehörde Beschwerde geführt werden, wobei dieser jedoch keine aufschiebende Wirkung zukommt. Letztinstanzliche kantonale Entscheide können mit Beschwerde in öffentlich-rechtlichen Angelegenheiten beim Bundesgericht angefochten werden.

c) Freiheitsentziehende Zwangsmassnahmen: Ausländerrechtliche Administrativhaft

809 Die kurzfristige Festhaltung und die ausländerrechtliche Administrativhaft sind als freiheitsentziehende Zwangsmassnahme im Hinblick auf die Sicherstellung des Weg- und Ausweisungsvollzuges einzustufen. Es handelt sich hierbei um administrative Massnahmen, die vom strafrechtlichen Strafvollzug zu unterscheiden sind. Aufgrund des im Vergleich zur Untersuchungshaft oder zum Strafvollzug völlig unterschiedlichen Haftzweckes sind spezielle Regelungen für die Administrativhaft vorgesehen. Insbesondere müssen das Regime dem Zweck der Festhaltung oder der Inhaftierung angepasst und Personen in Administrativhaft von Strafgefangenen getrennt untergebracht werden (BGE 146 II 201; zu den Haftbedingungen siehe hinten Rz. 840 ff.). Zudem ist die Inhaftierung von Kindern und Jugendlichen, die das fünfzehnte Altersjahr noch nicht zurückgelegt haben, ausgeschlossen (Art. 80 Abs. 4 AIG).

810 Aufgrund des Haftzweckes unterscheidet das AIG verschiedene Arten der ausländerrechtlichen Festhaltung und Administrativhaft, die sich auch in Bezug auf den Anwendungszeitpunkt im Verfahren, die Haftgründe und die Höchstdauer unterscheiden:

- Eine **kurzfristige Festhaltung** (Art. 73 AIG) wird angeordnet, um eine Verfügung im Zusammenhang mit dem Aufenthaltsstatus zu eröffnen oder die Identität und Staatsangehörigkeit einer Person festzustellen.
- **Vorbereitungshaft** (Art. 75 AIG) wird vor der Eröffnung der Weg- oder Ausweisungsverfügung zur Sicherstellung des Entscheids angeordnet.
- **Ausschaffungshaft** (Art. 76 AIG) wird nach der Eröffnung der Weg- oder Ausweisungsverfügung zur Sicherstellung des Vollzugs der Entfernungsmassnahme angeordnet.
- **Durchsetzungshaft** (Art. 78 AIG) wird nach Ablauf der Ausreisefrist angeordnet und soll Personen, deren Ausschaffung ohne ihr Mitwirken nicht möglich ist, zu einer Verhaltensänderung bewegen.
- **Haft im Dublin-Verfahren** (Art. 76*a* AIG) wird zur Sicherstellung der Wegweisung in den für das Asylverfahren zuständigen Dublin-Staat angeordnet.

Eine Administrativhaft kann grundsätzlich nur angeordnet werden, wenn der Vollzug der Entfernungsmassnahme absehbar ist und Anzeichen bestehen, dass sich die betroffenen Ausländerinnen und Ausländer dem Vollzug entziehen werden. Ist der Weg- oder Ausweisungsvollzug dagegen nicht absehbar, ist die Anordnung von Administrativhaft unzulässig, da der Haftzweck – die Sicherstellung des Wegweisungsverfahrens – nicht erfüllt werden kann. Das Bundesgericht hat hierzu festgehalten: 811

> «Gemäss Art. 5 Ziff. 1 lit. f EMRK (SR 0.101) ist ausländerrechtliche Administrativhaft bei einem Ausländer, der sich bereits im Staatsgebiet aufhält, nur zulässig, wenn er von einem «gegen ihn schwebenden Ausweisungsverfahren» betroffen ist. Nach der Praxis setzt dies voraus, dass sich die Haft auf eine mögliche und zulässige Entfernung des Ausländers richtet. Steht die Unmöglichkeit oder Unzulässigkeit der Entfernung fest, kann der Zweck der Haft nicht erfüllt werden, weshalb sie nicht angeordnet werden darf. Dabei kommt es nicht darauf an, ob das Entfernungsverfahren formell abgeschlossen worden ist bzw. ein Entfernungsentscheid vorliegt; wesentlich ist einzig, dass materiell mit genügender Wahrscheinlichkeit feststeht, ob der Vollzug einer allfälligen Entfernungsmassnahme innert absehbarer Frist durchführbar ist oder nicht.» (BGE 127 II 168, E. 2b, S. 171)

Dieser Grundsatz kann allerdings nicht auf alle Administrativhaftarten angewendet werden, sondern er kennt eine Ausnahme in der Durchsetzungshaft. Diese kann auch dann angeordnet werden, wenn eine Ausschaffung nicht möglich ist, die Betroffenen aber selbständig in ihr Heimat- oder Herkunftsland ausreisen könnten: 812

> «Zweck der Durchsetzungshaft ist es, die ausreisepflichtige Person in jenen Fällen zu einer Verhaltensänderung zu bewegen, in denen nach Ablauf der Ausreisefrist der Vollzug der rechtskräftig gegen sie angeordneten Weg- oder Ausweisung - trotz entsprechender behördlicher Bemühungen - ohne ihre Kooperation nicht (mehr)

möglich erscheint (...). Sie ist auch und gerade dann zulässig, wenn die Ausschaffungshaft nicht zulässig ist, weil die Ausschaffung nicht möglich ist (...). Anders als die Ausschaffungshaft (Art. 80 Abs. 6 lit. a AuG) wird die Durchsetzungshaft erst dann unzulässig, wenn auch eine selbständige und pflichtgemässe Ausreise nicht möglich ist, obwohl die betroffene Person den behördlich vorgegebenen Mitwirkungspflichten nachgekommen ist.» (BGE 2C_287/2017, 13. November 2017, E. 4.3)

813 Die ausländerrechtliche Administrativhaft spielt eine nicht unbedeutende Rolle in der Praxis. 2021 befanden sich rund 3'700 Personen für durchschnittlich 51 Tage in ausländerrechtlicher Administrativhaft. Im Vergleich zu 2019 stellt dies einen deutlichen Rückgang dar, befanden sich doch 2019 rund 5'400 Personen für durchschnittlich 99 Tage in der Administrativhaft (www.bfs.admin.ch > Statistiken finden > Kataloge und Datenbanken > Tabellen > Suche in Titelei > Freiheitsentzug, Insassenbestand am Stichtag, besucht am 15. August 2022). Dieser Rückgang erklärt sich wohl aufgrund des immer noch erschwerten Vollzuges von Wegweisungen wegen der Covid-19-Pandemie. Beizufügen ist, dass die kantonalen Zahlen zur Inhaftierung grosse Unterschiede aufweisen.

814 Da die Inhaftierung einen Freiheitsentzug darstellt, muss dessen Anordnung und Verlängerung mit den Grund- und Menschenrechten der Betroffenen vereinbar sein und insbesondere das Prinzip der Verhältnismässigkeit wahren, wobei den persönlichen Verhältnissen der Betroffenen angemessen Rechnung getragen werden muss.

aa) Die kurzfristige Festhaltung

815 Ausländerinnen und Ausländer ohne Bewilligung können zur Eröffnung einer Verfügung im Zusammenhang mit ihrem Aufenthaltsstatus – etwa eine Weg- oder Ausweisungsverfügung – kurzfristig festgehalten werden. Die kurzfristige Festhaltung ist auch möglich zur Feststellung ihrer Identität und Staatsangehörigkeit, sofern die persönliche Mitwirkung hierfür notwendig ist (Art. 73 Abs. 1 AIG).

816 Die Festhaltung darf nur für die Dauer der erforderlichen Mitwirkung aufrechterhalten werden (Art. 73 Abs. 2 AIG), andernfalls die Betroffenen unverzüglich zu entlassen sind beziehungsweise die Festhaltung in eine andere ausländerrechtliche Administrativhaft überführt werden muss. Die Höchstdauer der kurzfristigen Festhaltung beträgt drei Tage. Dauert sie voraussichtlich länger als 24 Stunden, muss den betroffenen Ausländerinnen und Ausländern zuvor die Gelegenheit gegeben werden, dringliche persönliche Angelegenheiten zu erledigen oder diese erledigen zu lassen (Art. 73 Abs. 2 und 4 AIG).

Ausländerinnen und Ausländer, die kurzfristig festgehalten werden, müssen über den Grund der Festhaltung informiert werden (Art. 73 Abs. 3 lit. a AIG). Dieses Recht fliesst aus Art. 31 Abs. 2 BV und Art. 5 Abs. 2 EMRK, wonach jede festgenommene Person in möglichst kurzer Frist in einer ihr verständlichen Sprache über den Grund ihrer Festnahme informiert werden muss. Den festgehaltenen Ausländerinnen und Ausländern muss es zudem jederzeit möglich sein, mit den sie bewachenden Personen Kontakt aufzunehmen, wenn sie Hilfe benötigen (Art. 73 Abs. 3 lit. b AIG). 817

Wird nach der kurzfristigen Festhaltung eine andere Art ausländerrechtlicher Administrativhaft (Vorbereitungs-, Durchsetzung- oder Ausschaffungshaft) angeordnet, ist die Dauer der kurzfristigen Festhaltung zwar nicht an deren Dauer anzurechnen (Art. 73 Abs. 6 AIG), doch berechnet sich die Frist für die richterliche Haftprüfung vom Moment der ausländerrechtlich motivierten Anhaltung und somit vom Augenblick der Festhaltung an. Damit muss innerhalb von 96 Stunden seit der Festhaltung eine richterliche Behörde über die Rechtsmässigkeit und Angemessenheit der Haft befinden (BGer, 2C_60/2007, 10. April 2007, E. 2.3.1, zur Haftprüfung siehe hinten Rz. 848 ff.). Werden die Ausländerinnen und Ausländer vor Ablauf dieser 96-Stunden-Frist entlassen, ist die Rechtsmässigkeit der Festhaltung auf Gesuch auch nachträglich zu prüfen (Art. 73 Abs. 5 AIG). 818

Die kurzfristige Festhaltung nach Art. 73 AIG stellt einen spezialgesetzlichen Anwendungsfall von Art. 19 ZAG dar. Der kurzfristigen Festhaltung nach Art. 6 lit. a und Art. 19 ZAG kommt im migrationsrechtlichen Kontext nur beschränkte Bedeutung zu. Sie ist insbesondere anwendbar auf die polizeiliche Zuführung bei ausländerrechtlichen Strafverfahren sowie bei unmittelbar bevorstehenden Ausschaffungen. Im Unterschied zur kurzfristigen Festhaltung nach Art. 73 AIG darf die kurzfristige Festhaltung nach Art. 19 ZAG aber die Dauer von 24 Stunden nicht überschreiten (Art. 19 Abs. 2 ZAG). 819

bb) Die Vorbereitungshaft

Vorbereitungshaft nach Art. 75 AIG kann angeordnet werden, um die Durchführung eines Wegweisungsverfahrens oder eines strafrechtlichen Verfahrens, in dem eine Landesverweisung droht, sicherzustellen. Die Vorbereitungshaft wird somit angeordnet, wenn das erstinstanzliche Weg- oder Ausweisungsverfahren noch nicht abgeschlossen ist. 820

Die Vorbereitungshaft kann nur gegenüber Ausländerinnen und Ausländern verfügt werden, die über keine Kurzaufenthalts-, Aufenthalts- oder Niederlassungsbewilligung verfügen. Sie können während der Vorbereitung des Entscheides über die Aufenthaltsbewilligung in Haft genommen werden, sofern einer der in Art. 75 Abs. 1 AIG abschliessend aufgeführten Haftgründe vorliegt: 821

- wenn sich Ausländerinnen und Ausländer im Asylverfahren, im Wegweisungsverfahren oder im strafrechtlichen Verfahren, in dem eine Landesverweisung droht, **weigern, ihre Identität offen zu legen**, unter verschiedenen Identitäten **mehrere Asylgesuche** einreichen, einer **Vorladung wiederholt und ohne ausreichende Gründe keine Folge** leisten oder **andere behördliche Anordnungen im Asylverfahren missachten** (lit. a). Es handelt sich hierbei um Fälle einer groben Verletzung der Mitwirkungspflicht, in denen angenommen werden muss, dass die betroffenen Ausländerinnen und Ausländer auf die Verhinderung oder zumindest Verzögerung des Weg- oder Ausweisungsverfahrens abzielen.
- wenn Ausländerinnen und Ausländer gegen eine gegen sie verfügte **Ein- oder Ausgrenzung verstossen**, indem sie ein ihnen zugewiesenes Gebiet verlassen oder ein ihnen verbotenes Gebiet betreten (lit. b). Die Inhaftierung wird in diesen Fällen in der Regel als notwendig erachtet, da die Betroffenen die mildere Massnahme der Ein- oder Ausgrenzung bereits missachtet haben. Die Vorbereitungshaft kann allerdings nur dann gestützt auf lit. b angeordnet werden, wenn die Ein- oder Ausgrenzungen aufgrund einer Störung oder Gefährdung der öffentlichen Sicherheit und Ordnung (Art. 74 Abs. 1 lit. a AIG) ausgesprochen wurden, da andernfalls bereits ein Weg- oder Ausweisungsentscheid ergangen ist (Art. 74 Abs. 1 lit. b AIG), weshalb die Vorbereitungshaft von Vornherein ausgeschlossen ist.
- wenn Ausländerinnen und Ausländer in **Missachtung eines geltenden Einreiseverbotes** schweizerisches Territorium betreten und sie nicht sofort weggewiesen werden können (lit. c).
- wenn Ausländerinnen und Ausländer ein Asylgesuch einreichen, nachdem ihre ausländerrechtliche Bewilligung wegen Verletzung oder Gefährdung der öffentlichen Sicherheit und Ordnung respektive wegen Gefährdung der inneren oder äusseren Sicherheit nicht verlängert beziehungsweise widerrufen wurde (lit. d). Der Haftgrund nach lit. d betrifft nur jene Fälle, in denen die Nichtverlängerung oder der Widerruf der Bewilligung gestützt auf den Widerrufsgrund von Art. 62 Abs. 1 lit. c beziehungsweise Art. 63 Abs. 1 lit. b AIG ausgesprochen wurde (zu den Widerrufsgründen siehe vorne Rz. 707 ff.). In diesen Fällen gilt die Vermutung, dass das Asylgesuch lediglich zur Verhinderung der Durchführung des Weg- oder Ausweisungsverfahrens und damit missbräuchlich eingereicht wurde.
- wenn Ausländerinnen und Ausländer **nach einer Ausweisung ein Asylgesuch** einreichen (lit. e). Auch in diesen Fällen besteht die Vermutung der rechtsmissbräuchlichen Asylgesuchseinreichung zum Zweck der Verhinderung der Ausschaffung.

- wenn sich Ausländerinnen und Ausländer rechtswidrig in der Schweiz aufhalten und ein **Asylgesuch einreichen, mit dem sie offensichtlich bezwecken, den drohenden Vollzug einer Weg- oder Ausweisung zu verhindern** (lit. f). Ein solcher Zweck ist zu vermuten, wenn eine frühere Einreichung des Asylgesuches möglich und zumutbar gewesen wäre und die Einreichung des Gesuches in einem engen zeitlichen Zusammenhang mit einer Verhaftung, einem Strafverfahren, dem Vollzug einer Strafe oder einer Weg- beziehungsweise Ausweisungsverfügung steht.
- wenn Ausländerinnen und Ausländer wegen einer **ernsthaften Bedrohung von Personen oder der Gefährdung von Personen an Leib und Leben** strafrechtlich verfolgt werden oder verurteilt wurden (lit. g).
- wenn Ausländerinnen und Ausländer wegen eines **Verbrechens verurteilt** worden sind (lit. h).
- wenn Ausländerinnen und Ausländer Erkenntnissen von fedpol oder des NDB zufolge die **innere oder äussere Sicherheit der Schweiz gefährden** (lit. i).

Die Vorbereitungshaft darf nur so lange aufrechterhalten werden, als der 822
Zweck dies erfordert. Zudem darf sie nur angeordnet und aufrechterhalten werden, wenn der Entscheid über die Aufenthaltsbewilligung voraussichtlich negativ ausfällt und keine Vollzugshindernisse bestehen. Erscheint die Ausschaffung bereits vor Erlass der Weg- oder Ausweisungsverfügung als nicht durchführbar, darf dagegen keine Haft angeordnet werden (Art. 5 Abs. 1 lit. f EMRK, siehe vorne Rz. 809 ff. und Rz. 181 ff.). Werden bestehende Vollzugshindernisse erst nach der Inhaftierung ersichtlich, müssen die betroffenen Ausländerinnen und Ausländer unverzüglich aus der Vorbereitungshaft entlassen werden, sofern keine andere Zwangsmassnahme angeordnet wird. Zudem verlangt Art. 5 EMRK, dass die Behörden das Verfahren mit der notwendigen Sorgfalt vorantreiben. Der Entscheid über das Aufenthaltsrecht ist damit prioritär zu fällen.

Die Höchstdauer der Vorbereitungshaft beträgt sechs Monate (Art. 75 Abs. 1 823
AIG), wobei eine Verlängerung in den in Art. 79 Abs. 2 AIG vorgesehenen Fällen möglich ist (siehe hinten Rz. 839). Konnte der Entscheid über die Aufenthaltsberechtigung in der zulässigen Dauer nicht gefällt werden, ist die inhaftierte Person zu entlassen. Eine nochmalige Vorbereitungshaft ist grundsätzlich nur möglich, wenn die betroffene Person nach der Entlassung einen neuen Haftgrund erfüllt und sich die erneute Inhaftierung als verhältnismässig erweist.

cc) *Die Ausschaffungshaft*

824 Ziel der Ausschaffungshaft nach Art. 76 AIG und Art. 15 ff. Rückführungsrichtlinie ist die Sicherstellung des Vollzuges einer erstinstanzlichen Wegweisungs- oder Ausweisungsverfügung oder einer erstinstanzlichen Landesverweisung. Im Unterschied zur Vorbereitungshaft kann Ausschaffungshaft somit nur verfügt werden, wenn die Entfernungsmassnahme erstinstanzlich bereits angeordnet wurde. Vorbereitungshaft und Ausschaffungshaft schliessen sich damit grundsätzlich gegenseitig aus. Unerheblich ist dagegen, ob der erstinstanzliche Entscheid bereits in Rechtskraft erwachsen ist oder nicht:

> «Wurde ein erstinstanzlicher Weg- oder Ausweisungsentscheid eröffnet, kann die zuständige Behörde den betroffenen Ausländer zur Sicherstellung von dessen Vollzug unter anderem in Ausschaffungshaft nehmen, wenn der Wegweisungsentscheid aufgrund von Art. 34 Abs. 2 lit. d des Asylgesetzes vom 26. Juni 1998 (...) oder Art. 64a Abs. 1 AuG (...) im Kanton eröffnet wird und der Vollzug der Wegweisung absehbar ist (Art. 76 Abs. 1 lit. b Ziff. 6 AuG). Der Wegweisungsentscheid muss dabei nicht bereits rechtskräftig sein; es genügt, dass sein Vollzug noch nicht möglich, jedoch absehbar erscheint. Der Vollzug der Weg- oder Ausweisung darf sich nicht aus rechtlichen oder tatsächlichen Gründen als undurchführbar erweisen (...) und muss mit dem nötigen Nachdruck verfolgt werden (...). Die ausländerrechtliche Festhaltung hat zudem als Ganzes verhältnismässig zu sein (...).» (BGE 140 II 74, E. 2.1 S. 76)

825 Hängige Rechtsmittelverfahren – sofern sie den Vollzug aufgrund der Dauer des Verfahrens nicht unabsehbar werden lassen – stehen der Anordnung von Ausschaffungshaft damit grundsätzlich nicht entgegen. Zudem ist nicht vorausgesetzt, dass die Betroffenen zuvor eine angesetzte Ausreisefrist haben verstreichen lassen.

826 Ausschaffungshaft kann nur bei Vorliegen einer der in Art. 76 Abs. 1 lit. a und b AIG (i.V.m. Art. 15 Rückführungsrichtlinie) abschliessend aufgezählten Haftgründe angeordnet werden:

- wenn sich die Ausländerinnen und Ausländer **bereits in Vorbereitungshaft** nach Art. 75 AIG befinden (lit. a). Die Ausschaffungshaft kann damit direkt an die Vorbereitungshaft angeschlossen und ein nahtloser Übergang gewährleistet werden.
- wenn Ausländerinnen und Ausländer ihre **Mitwirkungspflicht** in **schwerwiegender Weise verletzt** haben (lit. b Ziff. 1 i.V.m. Art. 75 Abs. 1 lit. a AIG, siehe hierzu vorne Rz. 821).
- wenn Ausländerinnen und Ausländer gegen eine bestehende **Ein- oder Ausgrenzung verstossen** (lit. b Ziff. 1 i.V.m. Art. 75 Abs. 1 lit. b AIG, siehe hierzu vorne Rz. 821).

- wenn Ausländerinnen und Ausländer in **Missachtung eines Einreiseverbotes** schweizerisches Territorium betreten und sie nicht sofort weggewiesen werden können (lit. b Ziff. 1 i.V.m. Art. 75 Abs. 1 lit. c AIG).
- wenn sich Ausländerinnen und Ausländer **rechtswidrig in der Schweiz aufhalten** und ein **Asylgesuch** einreichen, mit dem sie offensichtlich bezwecken, den drohenden Vollzug einer Weg- oder Ausweisung zu verhindern (lit. b Ziff. 1 i.V.m. Art. 75 Abs. 1 lit. f AIG, siehe vorne Rz. 821).
- wenn Ausländerinnen und Ausländer wegen einer **ernsthaften Bedrohung von Personen oder der Gefährdung von Personen an Leib und Leben** strafrechtlich verfolgt werden oder verurteilt wurden (lit. b Ziff. 1 i.V.m. Art. 75 Abs. 1 lit. g AIG).
- wenn Ausländerinnen und Ausländer wegen eines **Verbrechens** verurteilt worden sind (lit. b Ziff. 1 i.V.m. Art. 75 Abs. 1 lit. h AIG).
- wenn Ausländerinnen und Ausländer Erkenntnissen von fedpol oder des NDB zufolge die innere oder äussere Sicherheit der Schweiz gefährden (lit. b Ziff. 1 i.V.m. Art. 75 Abs. 1 lit. i AIG).
- wenn Ausländerinnen und Ausländer durch konkrete Anzeichen zu erkennen geben, dass sie sich der **Ausschaffung entziehen wollen**, insbesondere indem sie ihrer Mitwirkungspflicht nach Art. 90 AIG respektive Art. 8 AsylG nicht nachkommen (lit. b Ziff. 3). Es handelt sich dabei um Fälle, in denen die Gefahr besteht, dass die Betroffenen untertauchen könnten (siehe vorne Rz. 746). Um die Anordnung von Ausschaffungshaft zu rechtfertigen, müssen konkrete Anzeichen dafür bestehen, dass sich die Betroffenen der Ausschaffung entziehen und untertauchen wollen. Die Haft darf nicht vorsorglich angeordnet werden, nur weil erfahrungsgemäss eine erhebliche Zahl von Personen untertaucht. Dass der Betroffene unrechtmässig in die Schweiz eingereist ist, «genügt zur Annahme einer Untertauchensgefahr für sich allein ebenso wenig wie die Tatsache, dass er keine Papiere besitzt und nur mangelhaft an deren Beschaffung mitwirkt. Die Passivität des Ausländers kann jedoch, gleich wie das Fehlen eines festen Aufenthaltsorts oder die Mittellosigkeit, ein weiterer Hinweis dafür sein, dass er bereit sein könnte, sich der Ausschaffung zu entziehen (…). Die Erklärung, nicht in den Heimatstaat zurückkehren zu wollen, soll dem Betroffenen regelmässig dann nicht zum Nachteil gereichen, wenn noch ein Asylverfahren hängig ist» (BGE 129 I 139, E. 4.2.1 S. 147).
- wenn Ausländerinnen und Ausländer durch ihr bisheriges Verhalten Hinweise geben, dass sie sich **behördlichen Anordnungen widersetzen** werden (lit. b Ziff. 4): Wie im Zusammenhang mit Ziff. 3 geht es auch hier um eine Gefahr des Untertauchens der Betroffenen. In diesem Sinne kann auf das Vorangehende verwiesen werden.

– wenn die Ausländerinnen und Ausländer den **Wegweisungsentscheid in einem Empfangs- und Verfahrenszentrum** oder in einem **besonderen Zentrum** nach Art. 26 Abs. 1bis AsylG eröffnet erhalten haben und der Wegweisungsvollzug absehbar ist (lit. b Ziff. 5).

827 Ausschaffungshaft darf nur angeordnet werden, wenn die Weg- oder Ausweisungsverfügung in absehbarer Zeit vollzogen werden kann. Erweist sich nach Anordnung der Ausschaffungshaft, dass keine hinreichende Aussicht auf Vollzug der Weg- oder Ausweisung gegeben ist, muss die betroffene Person unverzüglich aus der Haft entlassen werden (Art. 5 Abs. 1 lit. f EMRK, siehe vorne Rz. 181 ff.). Die Absehbarkeit des Vollzuges fehlt nach bundesgerichtlicher Rechtsprechung, wenn

> «die Weg- oder Ausweisung trotz der behördlichen Bemühungen nicht in einem dem konkreten Fall angemessenen Zeitraum vollzogen werden kann. Die Festhaltung hat, weil unverhältnismässig, dann als unzulässig zu gelten, wenn triftige Gründe für solche Verzögerungen sprechen oder praktisch feststeht, dass sich der Vollzug kaum innert vernünftiger Frist wird realisieren lassen». (BGer, 2C_749/2012, 28. August 2012, E. 3.1.1)

828 Die Höchstdauer der Ausschaffungshaft richtet sich grundsätzlich nach Art. 79 AIG und beträgt sechs Monate (siehe hinten Rz. 839). Eine spezielle Regelung besteht für die Ausschaffungshaft nach Art. 76 Abs. 1 lit. b Ziff. 5 AIG (Eröffnung des Wegweisungsentscheids in einem Empfangs- und Verfahrenszentrum oder in einem besonderen Zentrum und Absehbarkeit des Wegweisungsvollzugs). In diesen Fällen darf die Ausschaffungshaft die Dauer von 30 Tagen nicht überschreiten (Art. 76 Abs. 2 AIG). Aufgrund des Verhältnismässigkeitsprinzips muss die Haftdauer so kurz wie möglich sein und darf sich nur auf die Dauer der mit der gebotenen Sorgfalt vorangetriebenen Vollzugsvorkehrungen erstrecken (Beschleunigungsgebot). Die für den Vollzug der Entfernungsmassnahme notwendigen Schritte sind umgehend zu treffen (Art. 76 Abs. 4 AIG). Hierzu hat das Bundesgericht festgehalten, dass dieses Beschleunigungsverbot als verletzt gilt,

> «wenn während mehr als zwei Monaten keinerlei Vorkehren mehr im Hinblick auf die Ausschaffung getroffen wurden (Untätigkeit der Behörden), ohne dass die Verzögerung in erster Linie auf das Verhalten ausländischer Behörden oder des Betroffenen selber zurückgeht (…). Die Behörden sind gestützt auf das Beschleunigungsgebot nicht gehalten, in jedem Fall schematisch bestimmte Handlungen vorzunehmen. Umgekehrt müssen die angerufenen Vorkehrungen zielgerichtet sein; sie haben darauf ausgelegt zu sein, die Ausschaffung voranzubringen. Die Frist von zwei Monaten ist nicht als Freibrief dafür zu verstehen, dass nach Anordnung der Ausschaffungshaft nichts getan werden müsste oder auf die erfolgversprechendsten Vorkehrungen verzichtet werden könnte. Das Bundesgericht hat das Beschleunigungsgebot in einem Fall als verletzt erachtet, in dem während dreier Monate mit den Behörden des Landes, aus dem der Betroffene stammen wollte, kein Kontakt

aufgenommen und während rund sechs Wochen überhaupt nichts vorgekehrt worden war (...)» (BGE 139 I 206, E. 2.1 S. 211)

Ein Sonderfall der Ausschaffungshaft stellt die **Ausschaffungshaft wegen fehlender Mitwirkung bei der Papierbeschaffung** dar (sogenannte kleine Ausschaffungshaft nach Art. 77 AIG). Im Gegensatz zur Ausschaffungshaft nach Art. 76 AIG kann die zuständige Behörde die kleine Ausschaffungshaft anordnen, wenn ein vollstreckbarer Entscheid vorliegt – wobei das Weg- oder Ausweisungsverfahren im Zeitpunkt der Haftanordnung rechtskräftig abgeschlossen sein muss –, die betroffene Person die Schweiz innerhalb der angesetzten Ausreisefrist nicht verlassen hat und wenn die zuständige Behörde die Reisedokumente für diese Person beschaffen musste (Art. 77 Abs. 1 AIG). Dieser Sonderfall der Ausschaffungshaft zielt insbesondere auf die Verhinderung des Untertauchens nach erfolgreicher Papierbeschaffung. Die kleine Ausschaffungshaft darf höchstens 60 Tage dauern (Art. 77 Abs. 2 AIG). Die Dauer wird nicht an eine allenfalls vorangehende Ausschaffungshaft nach Art. 76 AIG angerechnet, allerdings darf die Maximalfrist für ausländerrechtliche Administrativhaft nicht überschritten werden (Art. 79 AIG). 829

dd) Haft im Rahmen des Dublin-Verfahrens

Für Ausländerinnen und Ausländer, die sich in einem Dublin-Verfahren befinden, ist eine spezielle Ausschaffungshaft vorgesehen, die sogenannte Dublin-Haft nach Art. 76*a* AIG. 830

Bis Mitte 2015 konnten Ausländerinnen und Ausländer im Dublin-Verfahren (zum Dublin-Verfahren siehe hinten Rz. 1180 ff.) wie alle anderen Personen im Wegweisungsverfahren in Vorbereitungs-, Ausschaffungs- und Durchsetzungshaft genommen werden, wenn die Voraussetzungen der jeweiligen Haftart erfüllt waren. Zusätzlich konnten Vorbereitungs- oder Ausschaffungshaft auch gegenüber Ausländerinnen und Ausländern im Dublin-Verfahren angeordnet werden, deren Fingerabdrücke bereits in einem anderen Dublin-Staat registriert worden waren oder sie gegenüber den zuständigen Behörden vorbrachten, in einem anderen Dublin-Staat bereits ein Asylgesuch gestellt zu haben. Für die Inhaftierung war ausreichend, dass der Nichteintretens- und Wegweisungsentscheid innerhalb absehbarer Frist vollziehbar war. Mit der Umsetzung der Dublin-III-Verordnung wurden die Haftvoraussetzungen auf den 1. Juli 2015 allerdings deutlich verschärft (Art. 76*a* AIG). 831

Ausländerinnen und Ausländer können zur Sicherstellung der Wegweisung in den für das Asylverfahren zuständigen Dublin-Staat in Haft genommen werden, wenn drei **kumulative Voraussetzungen** erfüllt sind: konkrete Anzeichen, dass sich die Betroffenen der Ausschaffung entziehen werden (Art. 76*a* Abs. 1 lit. a AIG), Verhältnismässigkeit der Haft (Art. 76*a* Abs. 1 lit. b AIG) und keine zur Verfügung stehenden wirksamen, jedoch im Vergleich mit der Inhaftierung milderen Massnahmen (Art. 76*a* Abs. 1 lit. c AIG i.V.m. Art. 28 Abs. 2 Dublin-III-VO). Die Voraussetzung der konkreten Anzeichen, dass sich 832 die betroffene Person der Durchführung der Wegweisung entziehen will, «verlangt das Vorliegen einer erheblichen Gefahr des Untertauchens (…). Eine solche Gefahr darf (…) nicht allein aufgrund der Verfahrenszuständigkeit eines anderen Dublin-Staats bejaht werden» (BGE 142 I 135, E.4.2). Vielmehr führt Art. 76*a* Abs. 2 AIG abschliessend aus, was unter solch konkreten Anzeichen zu verstehen ist. Demnach ist die Voraussetzung nach Art. 76*a* Abs. 1 lit. a AIG nur erfüllt, wenn die betroffenen Ausländerinnen und Ausländer:

- im Asyl- oder Wegweisungsverfahren **Anordnungen der Behörden missachten** (lit. a). Darunter fällt nach ausdrücklichem Wortlaut des Gesetzes etwa der Fall, dass sie sich weigern, die Identität offenzulegen und damit ihre Mitwirkungspflicht nach Art. 8 Abs. 1 lit. 1 AsylG (siehe hinten Rz. 1106 ff.) verletzen oder wiederholt einer Vorladung ohne ausreichende Gründe keine Folge leisten.
- sich so verhalten, dass darauf zu schliessen ist, dass sie **sich behördlichen Anordnungen widersetzen** (lit. b).
- **mehrere Asylgesuche** unter verschiedenen Identitäten einreichen (lit. c).
- gegen eine angeordnete **Ein- oder Ausgrenzung verstossen**, indem sie ein ihnen zugewiesenes Gebiet verlassen oder ein ihnen verbotenes Gebiet betreten (lit. d).
- trotz **Einreiseverbot** das Gebiet der Schweiz betreten und nicht sofort weggewiesen werden können (lit. e).
- sich **rechtswidrig in der Schweiz aufhalten und ein Asylgesuch** einreichen, mit dem sie offensichtlich bezwecken, den drohenden Vollzug der Wegweisung zu vermeiden (lit. f).
- Personen **ernsthaft bedrohen oder Personen erheblich an Leib und Leben gefährden** und deswegen strafrechtlich verfolgt werden oder verurteilt worden sind (lit. g).
- wegen eines **Verbrechens** verurteilt worden sind (lit. h).
- gegenüber den zuständigen Behörden verneinen, dass sie in einem **Dublin-Staat einen Aufenthaltstitel beziehungsweise ein Visum** besitzen oder besassen oder ein Asylgesuch eingereicht haben (lit. i). Die Anordnung der Vorbereitungshaft setzt in dieser Situation jedoch voraus, dass der betreffende Dublin-Staat der Überstellung zugestimmt hat beziehungsweise aufgrund eines Eurodac-Treffers ein Übernahmegesuch gestellt worden ist.
- Nach Erkenntnissen von fedpol oder des NDB zufolge die **innere oder äussere Sicherheit der Schweiz gefährden** (lit. j).

Die Höchstdauer der Dublin-Haft unterscheidet sich je nach Verfahrensstand, wobei die maximal zulässige Gesamtdauer nach Art. 76 AIG nicht überschritten werden darf (Art. 76*a* Abs. 5 AIG, siehe hierzu hinten Rz. 839). 833

- Sie beträgt sieben Wochen während der Vorbereitung des Entscheids über die Zuständigkeit für das Asylgesuch (Art. 76*a* Abs. 3 lit. a AIG). Zur Entscheidvorbereitung über die Zuständigkeit gehören auch die Stellung des Übernahmeersuchens an den anderen Dublin-Staat, die Wartefrist bis zur Antwort oder bis zur stillschweigenden Annahme sowie die Abfassung des Entscheids und dessen Eröffnung.
- Wurde das Übernahmegesuch vom ersuchten Staat abgelehnt, vertritt der ersuchende Staat aber die Auffassung, dass die Ablehnung auf einem Irrtum beruht oder kann er sich auf weitere Unterlagen berufen, kann er innerhalb von drei Wochen eine neuerliche Prüfung des Gesuchs verlangen. Der ersuchte Staat muss innerhalb von zwei Wochen eine Antwort erteilen. Während diesem Verfahren beträgt die Höchstdauer der Dublin-Haft fünf Wochen (Art. 76*a* Abs. 3 lit. b AIG i.V.m. Art. 5 Durchführungsverordnung).
- Die Höchstdauer beträgt sechs Wochen, wenn die Haft zur Sicherstellung des Vollzugs zwischen der Eröffnung des Weg- oder Ausweisungsentscheids beziehungsweise nach Beendigung der aufschiebenden Wirkung eines allfällig eingereichten Rechtsmittels gegen einen erstinstanzlich ergangenen Weg- oder Ausweisungsentscheid und der Überstellung der betroffenen Person an den zuständigen Dublin-Staat erfolgt (Art. 76*a* Abs. 3 lit. c AIG).
- Verhindert eine Person durch ihr persönliches Verhalten die Überstellung in den zuständigen Dublin-Staat – etwa indem sie sich weigert, ein Transportmittel zu besteigen –, kann sie zur Sicherstellung der Überstellung in Haft genommen werden. Voraussetzung der Haftanordnung ist in diesen Fällen, dass die Haft nach Art. 76*a* Abs. 3 lit. c AIG aufgrund des Erreichens der Höchstdauer nicht mehr möglich ist und weniger einschneidende Massnahmen nicht wirksam sind (Art. 76*a* Abs. 4 AIG). In diesem Fall darf die Haft nur so lange dauern, bis die erneute Überstellung möglich ist. Die Höchstdauer beträgt sechs Wochen, wobei die Haft mit Zustimmung der richterlichen Behörde bis auf drei Monate verlängert werden kann, wenn die betroffene Person weiterhin nicht bereit ist, ihr Verhalten zu ändern (Art. 76*a* Abs. 4 AIG).

ee) Die Durchsetzungshaft

834 Die Durchsetzungshaft zielt darauf ab, in jenen Situationen eine Verhaltensänderung der ausreisepflichtigen Person zu erzielen, in denen ihre Mitwirkung für den Vollzug der angeordneten Entfernungsmassnahme notwendig ist. Mit der Durchsetzungshaft soll der Pflicht zur Ausreise Nachachtung verschafft werden. Sie kann nur als *ultima ratio* in jenen Situationen angeordnet werden, in denen die Ausreise mit keiner der sonstigen Zwangsmassnahmen erreicht werden kann:

> «Die Durchsetzungshaft findet ihre konventionsrechtliche Rechtfertigung vorab in Art. 5 Ziff. 1 lit. b (Haft zur Erzwingung einer durch das Gesetz vorgeschriebenen Verpflichtung) und nicht wie die Vorbereitungs- und Ausschaffungshaft ausschliesslich in Art. 5 Ziff. 1 lit. f EMRK (Haft zur Sicherung eines schwebenden Ausweisungsverfahrens [...]). Sie bezweckt, die ausreisepflichtige Person in jenen Fällen zu einer Verhaltensänderung zu bewegen, in denen nach Ablauf der Ausreisefrist der Vollzug der rechtskräftig gegen sie angeordneten Weg- oder Ausweisung - trotz der behördlichen Bemühungen - ohne ihre Kooperation nicht möglich ist (...). Die Durchsetzungshaft soll das letzte Mittel darstellen, wenn und soweit keine andere Zwangsmassnahme zum Ziel führt, den illegal anwesenden Ausländer - auch gegen seinen Willen - in seine Heimat verbringen zu können (...). Wie alle staatlichen Massnahmen hat sie dem Verhältnismässigkeitsprinzip zu entsprechen; es ist jeweils im Einzelfall auf Grund der konkreten Umstände zu prüfen, ob sie geeignet bzw. erforderlich ist und nicht gegen das Übermassverbot, d.h. das sachgerechte und zumutbare Verhältnis von Mittel (Haft) und Zweck (...), verstösst (...).» (BGE 133 II 97, E. 2.2 S. 99 f.)

835 Zur Anwendung gelangen kann die Durchsetzungshaft etwa in Fällen, in denen die Ausschaffung nicht möglich ist, weil Rückführungen in das Zielland nur mit Zustimmung der betroffenen Ausländerinnen und Ausländer möglich sind oder in Fällen, in denen die Mitwirkung der betroffenen Person für die Beschaffung der Reisepapiere notwendig ist.

836 Die Durchsetzungshaft kann nach Art. 78 Abs. 1 AIG unter den kumulativen Voraussetzungen angeordnet werden, dass Ausländerinnen und Ausländer nicht binnen der ihnen gesetzten Frist ausgereist sind, die rechtskräftige Entfernungsmassnahme aufgrund ihres persönlichen Verhaltens nicht vollzogen werden kann, die Anordnung der Ausschaffungshaft nicht zulässig ist und mildere Massnahmen nicht zielführend sind. Die Durchsetzungshaft kann somit nur dann angeordnet werden, wenn die Mitwirkungspflicht nach Art. 90 AIG verletzt wurde. Die Durchsetzungshaft

> «knüpft (...) an das *persönliche* bzw. *eigene* Verhalten der betroffenen Person an. Gemeint ist damit, dass die ausländische Person es in der Hand hätte, ihrer Ausreisepflicht – die zwangsweise nicht durchsetzbar ist – freiwillig nachzukommen (...)» (BVGer, F-546/2016, 13. Juni 2017, E. 4.4)

Indem die Durchsetzungshaft angeordnet wird, um das Verhalten der betroffenen Ausländerinnen und Ausländer zu ändern und sie zur Kooperation mit den Behörden zu bewegen, handelt es sich um eine Beugehaft (zur Problematik mit Art. 5 EMRK siehe vorne Rz. 195 f.). Sobald sich die betroffenen Personen zur Kooperation mit den Behörden bereiterklären beziehungsweise ihrer Mitwirkungspflicht nachgekommen sind, muss die Inhaftierung unverzüglich beendet werden. Zudem darf die Haft nur so lange aufrechterhalten werden, als eine minimale Wahrscheinlichkeit besteht, dass ihr Ziel erreicht und die betroffenen Ausländerinnen und Ausländer zur Mitwirkung bewegt werden können: 837

> «Zwar mag es stossend erscheinen, dass der Beschwerdegegner letztlich wegen seines renitenten Verhaltens vor Ablauf der in Art. 79 AuG vorgesehenen Festhaltungsdauer wieder auf freien Fuss gesetzt werden muss; bei den dort genannten 24 Monaten handelt es sich jedoch um eine *Maximal*frist, die nur im Rahmen des konventions- und verfassungsmässig Zulässigen ausgeschöpft werden darf. Dies setzt unter anderem voraus, dass die Festhaltung im konkreten Fall mit einer minimalen Wahrscheinlichkeit nach wie vor geeignet erscheint, ihren Zweck zu erfüllen, und nicht gegen das Übermassverbot verstösst. Dessen war sich der Gesetzgeber bewusst, wurde doch in den Beratungen - auch von den Befürwortern der Verschärfung der Zwangsmassnahmen - zugestanden, «dass nicht in jedem Fall eine Haft über die ganze Dauer ausgesprochen werden kann und wird». Wer «sich weigert, ein Formular auszufüllen», könne nicht monatelang in Haft genommen werden; das sei «klar». Die Haftdauer müsse nach der «Schwere der Mitwirkungsverweigerung» bei der Prüfung der Verhältnismässigkeit durch den Richter berücksichtigt werden (...). Ergänzend kann darauf hingewiesen werden, dass die EU-Rückführungsrichtlinie, welche Teil des Schengen-Besitzstands bildet und von der Schweiz innert einer Übergangsfrist von 24 Monaten umzusetzen sein wird, eine Abschiebehaft von bloss sechs Monaten vorsieht, die maximal bis zu 18 Monaten verlängert werden kann, falls der Betroffene nicht kooperiert oder es zu Verzögerungen bei der Übermittlung der erforderlichen Unterlagen durch Drittstaaten kommt (...)» (BGE 135 II 105, E. 2.3.3 S. 109 f.)

Durchsetzungshaft kann zunächst für einen Monat angeordnet werden, mit Zustimmung der kantonalen richterlichen Behörde aber jeweils um zwei Monate verlängert werden, sofern die betroffenen Personen nicht bereit sind, ihr Verhalten zu ändern und aus der Schweiz auszureisen beziehungsweise ihre Mitwirkungspflichten zu erfüllen (Art. 78 Abs. 2 AIG). Zu beachten bleibt in jedem Fall aber die maximale Haftdauer nach Art. 79 AIG (siehe hinten Rz. 839). 838

gg) *Maximale Haftdauer*

Nach Art. 79 Abs. 1 AIG dürfen Vorbereitungs-, Ausschaffungs- und Durchsetzungshaft sowie die Dublin-Haft zusammengerechnet die maximale Haftdauer von sechs Monaten nicht überschreiten. Die kurzfristige Festhaltung wird an 839 diese Dauer nicht angerechnet (Art. 79 Abs. 1 AIG *e contrario*). Sofern die betroffenen Personen nicht mit den zuständigen Behörden kooperieren oder sich die Übermittlung der für die Ausreise nötigen Unterlagen durch einen Nicht-Schengenstaat verzögert, kann mit Zustimmung der kantonalen richterlichen Behörden die maximale Haftdauer um maximal zwölf Monate, für Minderjährige zwischen 15 und 18 Jahren um höchstens sechs Monate verlängert werden (Art. 79 Abs. 2 AIG i.V.m. Art. 15 Rückführungsrichtlinie). Diese Höchstdauer darf auch bei wiederholter Inhaftierung nicht überschritten werden.

hh) Haftbedingungen

840 Die ausländerrechtliche Administrativhaft dient der Sicherstellung des Weg- und Ausweisungsvollzugs. In diesem Sinne ist sie von der strafrechtlichen Untersuchungshaft und dem Strafvollzug zu unterscheiden. Die unterschiedlichen Haftzwecke führen dazu, dass spezielle Regelungen für die Administrativhaft notwendig sind, die der verwaltungsrechtlichen Natur der Administrativhaft Rechnung tragen. Die Haft soll zwar den Vollzug von Entfernungsmassnahmen sicherstellen und die Untertauchensgefahr bannen, doch sollen keine weitergehenden Beschränkungen mit der Inhaftierung einhergehen.

841 Die Kantone haben etwa sicherzustellen, dass eine von den inhaftierten Ausländerinnen und Ausländern bezeichnete Person in der Schweiz über die Inhaftierung benachrichtigt wird. Zudem müssen die inhaftierten Personen mit ihrer Rechtsvertretung sowie den Familienangehörigen und Konsularbehörden zumindest mündlich und schriftlich verkehren können (Art. 81 Abs. 1 AIG und Art. 16 Abs. 2 Rückführungsrichtlinie). Sofern es die Anstalt zulässt, müssen überdies Besuche genehmigt werden. Diesbezüglich hält das Bundesgericht in ständiger Rechtsprechung fest:

> «In diesem Zusammenhang hat das Bundesgericht wiederholt festgehalten, dass die Ausschaffungshaft in erster Linie dazu dient, den Ausländer bis zum Verlassen des Landes festzuhalten und damit sicherzustellen, dass er sich den Behörden zur Verfügung hält. Anders als bei Untersuchungshäftlingen erfordert der Haftzweck daher regelmässig keine Beschränkungen des Kontaktes mit der Aussenwelt oder mit anderen Personen, die sich ebenfalls in Ausschaffungshaft befinden (...). Einschränkungen, welche über die mit der Haft beabsichtigte Sicherung des Wegweisungsverfahrens hinausgehen, rechtfertigen sich deshalb nur aus Erfordernissen des Anstaltsbetriebs oder bei konkreten Sicherheitsbedenken (...).» (BGer, 2C_37/2001, 1. Februar 2012, E. 3.1)

842 Die Administrativhaft ist in geeigneten Räumlichkeiten zu vollziehen. Personen in Administrativhaft müssen strikt getrennt von Personen in Strafhaft beziehungsweise Untersuchungshaft untergebracht werden (BGE 146 II 201). So-

mit darf die Administrativhaft lediglich in Hafteinrichtungen vollzogen werden, die dem Vollzug der Vorbereitungs-, Ausschaffungs- und Durchsetzungshaft dienen. Ist dies aus Kapazitätsgründen nicht möglich, so sind die inhaftierten Ausländerinnen und Ausländer gesondert von Personen in Untersuchungshaft oder im Strafvollzug unterzubringen (Art. 81 Abs. 2 AIG):

> «Im Grundsatz hat die ausländerrechtliche Festhaltung in einer speziellen Vollzugsanstalt zu erfolgen; solche müssen über genügend Plätze verfügen (...). In *begründeten Ausnahmefällen* kann die Haft in ordentlichen Haftanstalten vollzogen werden, wenn die Trennung von den anderen Häftlingen – etwa durch eine eigenständige Abteilung – sichergestellt bleibt und ein administrativ anderweitig nicht bewältigbarer wichtiger Grund für dieses Vorgehen spricht. Der Grund für die Unterbringung in einer separaten Abteilung eines normalen Gefängnisses und nicht in einer speziellen Einrichtung (...) ist in der Haftverfügung sachgerecht zu begründen, damit der Haftrichter die angegebenen Gründe im Hinblick auf die Zulässigkeit der Haft und der nach Art. 16 der Rückführungsrichtlinie erforderlichen Haftbedingungen überprüfen kann. Die wichtigen Gründe und die konkreten Abklärungen bezüglich der Unterbringung der ausreisepflichtigen Person sind in der Haftverfügung nachvollziehbar darzutun und zu belegen (hier: im Einzelfall kurzfristig organisierte Ausreise als besonderer Grund für eine Ausnahme von einer Unterbringung in einer speziellen Einrichtung). In Notsituationen erlaubt Art. 18 der Rückführungsrichtlinie allgemein von den Regeln über den Festhaltungsvollzug gemäss Art. 16 Abs. 1 Satz 1 abzuweichen.» (BGE 146 II 201, E. 8 S. 216 f.)

Den Bedürfnissen von Schutzbedürftigen, unbegleiteten Minderjährigen und Familien mit Minderjährigen ist bei der Ausgestaltung der Haft Rechnung zu tragen (Art. 81 Abs. 3 AIG). Insbesondere müssen die medizinische Notversorgung und die unbedingt erforderliche Behandlung von Krankheiten gewährleistet sein (Art. 81 Abs. 4 lit. a AIG i.V.m. Art. 16 Abs. 3 Rückführungsrichtlinie). Liegen schwere gesundheitliche Beeinträchtigungen vor, kann die Unterbringung in einer Klinik in geeigneten Räumlichkeiten die Haft ersetzen. Führt die Beeinträchtigung allerdings dazu, dass die betroffene Person über eine längere Zeit nicht reisefähig ist, muss die Administrativhaft aufgehoben werden, weil die Ausschaffung nicht absehbar ist und das Ausweisungsverfahren damit nicht mehr als hängig im Sinne von Art. 5 Abs. 1 lit. f EMRK bezeichnet werden kann. In diesen Fällen ist zu prüfen, ob der Wegweisungsvollzug noch zumutbar ist oder ob eine Ersatzmassnahme beim SEM beantragt werden müsste (zur vorläufigen Aufnahme siehe hinten Rz. 853 ff.). 843

Handelt es sich um Minderjährige, muss das Kindeswohl als vorrangiges Prinzip berücksichtigt werden (Art. 81 Abs. 4 lit. a und c AIG i.V.m. Art. 17 Abs. 5 Rückführungsrichtlinie und Art. 37 KRK, siehe vorne Rz. 156 ff.). Insbesondere ist die Inhaftierung von Kindern und Jugendlichen, die das fünfzehnte Altersjahr noch nicht zurückgelegt haben, im Rahmen der Vorbereitungs-, Ausschaffungs- und Durchsetzungshaft ausgeschlossen (Art. 80 Abs. 4 und Art. 80*a* Abs. 5 AIG). Dies gilt auch für Kinder und Jugendliche, die mit ihren 844

Eltern zusammen sind. Unbegleiteten Minderjährigen und Familien mit Minderjährigen, die diese Altersgrenze überschreiten, dürfen nur im äussersten Fall und für die kürzest mögliche angemessene Dauer inhaftiert werden (Art. 81 Abs. 4 lit. a i.V.m. Art. 17 Abs. 1 Rückführungsrichtlinie). Familien müssen eine gesonderte Unterbringung erhalten, die ein angemessenes Mass an Privatsphäre gewährleistet (Art. 81 Abs. 4 lit. a i.V.m. Art. 17 Abs. 2 Rückführungsrichtlinie). Unbegleitete Minderjährige müssen soweit möglich in Einrichtungen untergebracht werden, die personell und materiell zur Berücksichtigung ihrer altersgemässen Bedürfnisse in der Lage sind (Art. 81 Abs. 4 lit. a AIG i.V.m. Art. 17 Abs. 4 Rückführungsrichtlinie). Wurde für sie eine Vertrauensperson eingesetzt (Art. 64*a* Abs. 3bis AIG, siehe vorne Rz. 742 ff. oder Art. 17 Abs. 3 AsylG, siehe hinten Rz. 1206 ff.), muss diese vorgängig informiert werden (Art. 80*a* Abs. 6 AIG). Den inhaftierten Minderjährigen müssen so weit wie möglich Freizeitbeschäftigungen einschliesslich altersgerechter Spiel- und Erholungsmöglichkeiten und – je nach Dauer ihres Aufenthaltes – Zugang zu Bildung gewährleistet werden (Art. 81 Abs. 4 lit. a i.V.m. Art. 17 Abs. 3 Rückführungsrichtlinie).

845 Im Hinblick auf Minderjährige stellt sich generell die Frage nach der Rechtmässigkeit einer Festhaltung und Inhaftierung. So hat die Geschäftsprüfungskommission des Nationalrates in ihrem Bericht vom 26. Juni 2018 zur Administrativhaft im Asylbereich festgehalten:

> «Aus folgenden Gründen scheint die Inhaftierung minderjähriger Personen problematisch: Das Übereinkommen über die Rechte des Kindes (Kinderrechtskonvention) sieht in Artikel 37 explizit vor, dass ein Freiheitsentzug bei einem Kind nur als letztes Mittel angewandt werden darf. Der Begriff des Kindes wird durch Artikel 1 Kinderrechtskonvention als Person definiert, welche das achtzehnte Lebensjahr noch nicht vollendet hat. Zudem darf ein Freiheitsentzug nur für die kürzeste angemessene Zeit angeordnet werden (Artikel 37 Buchstabe b Kinderrechtskonvention). Diese Vorgaben finden sich auch in den betreffenden Richtlinien der Europäischen Union, welche als Weiterentwicklung des Schengen-Besitzstands auch für die Schweiz gelten. Bei der Inhaftierung von Minderjährigen in Begleitung von Erwachsenen wird oft das Kindeswohl als «Haftgrund» für die minderjährige Person geltend gemacht. Gerade in diesem Zusammenhang gilt es aber strengere Voraussetzungen an die Verhältnismässigkeit der Inhaftierung zu stellen, was sowohl für Minderjährige als auch für die Begleitpersonen gelten muss. Dementsprechend ist eine Haft für diese Gruppe von Personen nur als letztes Mittel in Betracht zu ziehen.
>
> *Empfehlung 4 Inhaftierung von Minderjährigen*
>
> Die GPK-N fordert den Bundesrat auf, die gesetzlichen Vorgaben einzuhalten und dafür zu sorgen, dass Minderjährige unter 15 Jahren nicht in Administrativhaft genommen werden. Für den Vollzug der Wegweisung von Familien sind alternative Möglichkeiten zu prüfen und zu fördern. Bei Minderjährigen über 15 Jahren ist sicherzustellen, dass die Haft lediglich als letztes Mittel und stets zweckmässig eingesetzt wird (…).

Zudem bitten die GPK-N den Bundesrat aufzuzeigen, wie den rechtlichen Vorgaben des Völkerrechts (insbesondere der Kinderrechtskonvention) bei der Inhaftierung von minderjährigen Personen Rechnung getragen wird.

Empfehlung 5 Haftplätze für minderjährige Personen

Die GPK-N fordert den Bundesrat auf, auf die Einrichtung entsprechender, für Minderjährige über 15 Jahren im Sinne der Vorgaben der Kinderrechtskonvention und ihre Begleitpersonen geeigneter Haftplätze hinzuwirken, damit sichergestellt werden kann, dass Minderjährige nur in solchen untergebracht werden.» (Administrativhaft im Asylbereich, Bericht der Geschäftsprüfungskommission des Nationalrates vom 26. Juni 2018, S. 15 f.)

ii) Haftanordnung

Die ausländerrechtliche Administrativhaft wird von den Behörden des Kantons angeordnet, der für den Vollzug der Weg- oder Ausweisung zuständig ist (Art. 80 Abs. 1 AIG). Für Personen, die sich in den Empfangs- und Verfahrenszentren oder in besonderen Zentren nach Art. 26 Abs. 1bis AsylG aufhalten, ist eine spezielle Regelung für die Anordnung der Vorbereitungshaft notwendig, da diese Personen zu diesem Zeitpunkt noch keinem Kanton zugeteilt worden sind und die Regelung, wonach der Standortkanton für den Vollzug der Wegweisung zuständig ist, noch nicht greift, da noch keine Wegweisung ergangen ist. Nach Art. 80 Abs. 1 AIG ist der Standortkanton für die Anordnung der Vorbereitungshaft zuständig. Zudem besteht eine Spezialregelung für die Anordnung von Ausschaffungshaft von Ausländerinnen und Ausländern, denen der Weg- oder Ausweisungsentscheid in einem Zentrum des Bundes eröffnet wurde und bei denen der Wegweisungsvollzug absehbar ist (Art. 76 Abs. 1 lit. b Ziff. 5 AIG, siehe vorne Rz. 826). In diesen Fällen obliegt die Anordnung der Ausschaffungshaft dem Standortkanton (Art. 80 Abs. 1 AIG). Dementsprechend gelten für diese Haft – wie nachfolgend dargestellt – auch spezielle Haftprüfungsverfahren. 846

Besondere Zuständigkeiten bestehen in Bezug auf die Anordnung von Haft im Rahmen des Dublin-Verfahrens nach Art. 76*a* AIG (siehe vorne Rz. 830 ff.). Bei Personen, die sich während des Dublin-Verfahrens in einem Bundeszentrum aufhalten, ist entweder der Standortkanton des Bundeszentrums oder der Kanton, der als für den Wegweisungsvollzug zuständig bezeichnet wurde (Art. 46 Abs. 1bis dritter Satz AsylG) für die Anordnung der Dublin-Haft zuständig (Art. 80*a* Abs. 1 lit. a AIG). Demgegenüber ist für Personen, die einem Kanton zugewiesen wurden oder sich in einem Kanton aufhalten und kein Asylgesuch gestellt haben (Art. 64*a* AIG), der entsprechende Kanton zuständig (Art. 80*a* Abs. 1 lit. b AIG). Je nachdem unterscheidet sich auch das Haftprüfungsverfahren. 847

jj) Haftprüfung und Haftentlassungsgesuch

848 Die Rechtmässigkeit und Angemessenheit der Haftanordnung müssen grundsätzlich spätestens nach 96 Stunden durch eine kantonale richterliche Behörde aufgrund einer mündlichen Verhandlung überprüft werden (Art. 80 Abs. 2 AIG). Im Rahmen der Prüfung berücksichtigt die richterliche Behörde auch die familiären Verhältnisse der inhaftierten Personen und die Umstände des Haftvollzugs (Art. 80 Abs. 4 beziehungsweise Art. 80*a* Abs. 8 AIG).

849 Die richterliche Behörde kann auf eine mündliche Verhandlung verzichten, wenn die Ausschaffung voraussichtlich innerhalb von acht Tagen nach Haftanordnung erfolgen wird und die betroffene Person sich schriftlich mit dem Verzicht einverstanden erklärt hat. Kann die Ausschaffung innerhalb dieser Frist nicht durchgeführt werden, ist eine mündliche Verhandlung spätestens zwölf Tage nach Haftanordnung nachzuholen (Art. 80 Abs. 3 AIG).

Einen Monat nach der richterlichen Haftüberprüfung haben die inhaftierten Ausländerinnen und Ausländer das Recht, ein Haftentlassungsgesuch zu stellen, über das die zuständige richterliche Behörde innerhalb von acht Tagen zu entscheiden hat (Art. 80 Abs. 5 AIG). Erneute Gesuche um Haftentlassung können danach bei Vorbereitungshaft nach einem, bei Ausschaffungshaft nach zwei Monaten gestellt werden (Art. 80 Abs. 5 AIG).

850 Allerdings gelten für einzelne Konstellationen besondere Haftprüfungsregelungen:

- Wurde eine **Ausschaffungshaft** nach Art. 77 AIG wegen fehlender Mitwirkung bei der Reisepapierbeschaffung angeordnet, erfolgt die Haftüberprüfung in einem schriftlichen Verfahren (Art. 80 Abs. 2 AIG).
- Wurde die **Haft im Rahmen des Dublin-Verfahrens** nach Art. 76*a* AIG vom Standortkanton des Zentrums angeordnet, kann die inhaftierte Person jederzeit ein Gesuch um Überprüfung der Rechtmässigkeit und Angemessenheit durch die zuständige kantonale richterliche Behörde stellen. Die Überprüfung wird in einem schriftlichen Verfahren durchgeführt (Art. 80*a* Abs. 3 AIG). In beiden Fällen kann die inhaftierte Person jederzeit ein Haftentlassungsgesuch einreichen. Über dieses hat die zuständige richterliche Behörde innert acht Arbeitstagen in einem schriftlichen Verfahren zu entscheiden (Art. 80*a* Abs. 4 AIG).
- Das Haftentlassungsgesuch bei der **Durchsetzungshaft** kann jederzeit gestellt werden und ist von der zuständigen richterlichen Behörde innerhalb von acht Tagen aufgrund einer mündlichen Verhandlung zu überprüfen (Art. 78 Abs. 4 AIG).

Die Vorbereitungs- und Ausschaffungshaft werden nach Art. 80 Abs. 6 AIG beziehungsweise Art. 80*a* Abs. 7 AIG beendet, wenn: 851

- der Haftgrund entfällt oder sich erweist, dass der Vollzug der Entfernungsmassnahme aus rechtlichen oder tatsächlichen Gründen undurchführbar ist (lit. a);
- einem Haftentlassungsgesuch entsprochen wird (lit. b); oder
- die inhaftierte Person eine freiheitsentziehende Strafe oder Massnahme antritt (lit. c).

Die Durchsetzungshaft wird beendet, wenn (Art. 78 Abs. 6 AIG): 852

- eine selbständige und pflichtgemässe Ausreise nicht möglich ist, obwohl die betroffene Person den behördlich vorgegebenen Mitwirkungspflichten nachgekommen ist (lit. a);
- die Schweiz weisungsgemäss verlassen wird (lit. b);
- Ausschaffungshaft angeordnet wird (lit. c); oder
- einem Haftentlassungsgesuch entsprochen wird (lit. d).

8.5. Vorläufige Aufnahme

Ist der Vollzug einer Wegweisung nicht möglich, nicht zulässig oder nicht zumutbar, sind die betroffenen Ausländerinnen und Ausländer nach Art. 83 Abs. 1 AIG durch das SEM vorläufig aufzunehmen. Bei der vorläufigen Aufnahme handelt es sich um eine Ersatzmassnahme für einen nicht durchführbaren Vollzug der Wegweisung: Sie stellt keinen ausländerrechtlichen Aufenthaltstitel dar, sondern lediglich einen Rechtsstatus für eine Pattsituation: Eigentlich müssten die betroffenen Ausländerinnen und Ausländer ausreisen, da sie rechtskräftig weggewiesen sind, tun es jedoch nicht und die zuständigen Behörden können die Ausreise wegen Vollzugshindernissen nicht erzwingen. In diesem Sinne wird die Anwesenheit der betroffenen Personen in der Schweiz vorläufig geduldet, bis die bestehenden Vollzugshindernisse allenfalls nicht mehr vorhanden sind. 853

Die vorläufige Aufnahme ist politisch umstritten: Das Spektrum der politischen Forderungen und Vorstösse reicht von der Überführung der vorläufigen Aufnahme in ein reguläres Aufenthaltsrecht bis zur einschränkenden und restriktiven Ausgestaltung der entsprechenden gesetzlichen Bestimmungen. Politisch durchzusetzen vermochten sich letztlich jene, die nach Verschärfung und Restriktion rufen. Die Teilrevision des AIG betreffend Einschränkungen für Reisen ins Ausland und Anpassungen des Status der vorläufigen Aufnahme (Botschaft BBl 2020 7457) bestätigt diesen gesetzgeberischen Trend: Während der Bundesrat sich in seinem Bericht «Vorläufige Aufnahme 854 und Schutzbedürftigkeit: Analyse und Handlungsoptionen» (https://www.sem.admin.ch/dam/sem/de/data/aktuell/news/2016/2016-10-14/ber-va-d.pdf.download.pdf/ber-va-d.pdf, besucht am 15. August 2022) 2016 noch für die Ablösung der vorläufigen Aufnahme durch einen neuen Schutzstatus aussprach, votierten die Räte für lediglich punktuelle und restriktive Anpassungen am Status der vorläufigen Aufnahme.

855 Die EU kennt eine der vorläufigen Aufnahme ähnliche Regelung – den subsidiären Schutz (vorne Rz. 348 ff.). Auf diesen haben alle Drittstaatsangehörigen oder Staatenlosen Anspruch, die die Flüchtlingseigenschaft zwar nicht erfüllen, bei denen aber stichhaltige Gründe für die Annahme vorliegen, dass sie bei einer Rückkehr in ihr Heimat- oder Herkunftsland tatsächlich Gefahr laufen, einen ernsthaften Schaden zu erleiden und die den Schutz des Heimat- oder Herkunftslandes nicht in Anspruch nehmen können oder wegen dieser Gefahr nicht in Anspruch nehmen wollen (Art. 2 lit. f Anerkennungsrichtlinie). Im Vergleich mit der vorläufigen Aufnahme ist der Kreis der Personen, die subsidiären Schutz erhalten, enger gefasst. Nicht darunter fallen etwa Personen, deren Wegweisung aufgrund von Unmöglichkeit nicht vollzogen werden kann, die in einer medizinischen Notlage sind oder im Falle der Rückkehr mit schwerwiegenden sozialen Problemen im Heimat- oder Herkunftsstaat konfrontiert wären. Insofern ist der Personenkreis, die vorläufig in der Schweiz aufgenommen werden, weiter gefasst als jener des subsidiären Schutzes. Demgegenüber verleiht der subsidiäre Schutz eine im Vergleich zur vorläufigen Aufnahme bessere Rechtsstellung (siehe zum Ganzen detailliert die Analyse und Handlungsoptionen des Bundesrates betreffend vorläufige Aufnahme und Schutzbedürftigkeit, https://www.sem.admin.ch/dam/data/sem/aktuell/news/2016/2016-10-14/ber-va-d.pdf, zuletzt besucht am 5. Oktober 2018). Zur Rechtsstellung von vorläufig aufgenommenen Ausländerinnen und Ausländern siehe hinten Rz. 1480 ff.

a) Vollzugshindernisse

856 Art. 83 AIG statuiert drei Vollzugshindernisse: Die Unzulässigkeit, die Unzumutbarkeit sowie die Unmöglichkeit des Vollzugs der Wegweisung. Obwohl sich die drei Vollzugshindernisse nach Sinn und Zweck sowie nach den Auswirkungen für die betroffenen Ausländerinnen und Ausländer unterscheiden, kommt das Bundesverwaltungsgericht in ständiger Rechtsprechung zum Schluss, dass sie alternativer Natur seien:

> «Die erwähnten drei Bedingungen für einen Verzicht auf den Vollzug der Wiedererwägung (Unzulässigkeit, Unzumutbarkeit, Unmöglichkeit) sind alternativer Natur: Sobald eine von ihnen erfüllt ist, ist der Vollzug der Wegweisung als undurchführbar zu betrachten und die weitere Anwesenheit in der Schweiz gemäss den Bestimmungen über die vorläufige Aufnahme zu regeln» (BVGE 2009/51, E. 5.4)

aa) Unzulässigkeit der Wegweisung

857 Der Vollzug einer Wegweisung ist nicht zulässig, wenn völkerrechtliche Verpflichtungen der Schweiz einer Weiterreise der Ausländerinnen und Ausländer in den Heimat-, Herkunfts- oder in einen Drittstaat entgegenstehen (Art. 83

Abs. 3 AIG). Das Wegweisungsvollzugshindernis der Unzulässigkeit liegt damit vor, wenn die Ausschaffung aufgrund völkerrechtlicher Bestimmungen verboten ist. Die Unzulässigkeit stellt die stärkste Schranke dar. Im Vordergrund stehen hier die flüchtlings- und menschenrechtlichen Rückschiebungsverbote (siehe vorne Rz. 135 ff. und Rz. 152 ff.).

Beispiel: Der Beschwerdeführer, ein irakischer Staatsangehöriger, wurde von einem irakischen Gericht wegen Entführung verurteilt. Die Verurteilung fand in Abwesenheit des Beschwerdeführers und – wie das Bundesverwaltungsgericht anerkannte – zu Unrecht statt. Da der Beschwerdeführer in Abwesenheit verurteilt worden war, im Falle der Rückkehr keine Möglichkeit auf Beschwerde, Kassation oder Neuaufnahme des Verfahrens hatte und die Verurteilung zu Unrecht ausgesprochen worden war, stellte das Bundesverwaltungsgericht eine offenkundige Verletzung des Rechts auf ein faires Verfahren nach Art. 6 EMRK fest und stufte den Vollzug der Wegweisung als unzulässig ein (BVGer, E-3331/2013, 3. Juli 2014). 858

bb) Unzumutbarkeit der Wegweisung

Der Vollzug einer Wegweisung ist nicht zumutbar, wenn die betroffenen Ausländerinnen und Ausländer im Falle der Ausreise in den Heimat- oder Herkunftsstaat wegen Situationen wie Krieg, Bürgerkrieg, allgemeiner Gewalt oder einer medizinischen Notlage konkret gefährdet wären (Art. 83 Abs. 4 AIG). Im Gegensatz zur Unzulässigkeit betrifft die Unzumutbarkeit Fälle, in denen die Ausschaffung völkerrechtlich zwar nicht verboten ist, der betroffenen Person die Rückreise aber aus humanitären Gründen nicht zugemutet werden kann. 859

Für die Beurteilung der Zumutbarkeit einer Rückkehr in den Heimat- oder Herkunftsstaat ist die Frage entscheidend, ob den betroffenen Ausländerinnen und Ausländern nach der Rückkehr eine Wiedereingliederung möglich ist. Hierzu wird zum einen die allgemeine Situation vor Ort analysiert, zum anderen wird auf die individuellen Umstände abgestellt. Bezüglich der allgemeinen Lage gilt der Grundsatz, dass je kritischer die Lage für die Bevölkerung und je schwächer der staatliche Schutz, desto eher von einer Unzumutbarkeit auszugehen ist. Allerdings reichen rein konjunkturelle oder sozioökonomische Schwierigkeiten – wie etwa eine hohe Arbeitslosigkeit, schlechte Bildungseinrichtungen oder Wohnungsmangel – in einer Region nicht aus, um die Rückkehr als unzumutbar erscheinen zu lassen. Dagegen kann sich die Rückkehr in Situationen von Krieg, Bürgerkrieg und allgemeiner Gewalt generell, das heisst unabhängig von den individuellen Umständen, als unzumutbar erweisen. Den betroffenen Ausländerinnen und Ausländern (sogenannte Gewaltflüchtlinge) kann die Rückkehr in ihr Heimat- oder Herkunftsland auch dann nicht zugemutet werden, wenn sie die Flüchtlingseigenschaft nicht erfüllen, der Vollzug der Entfernungsmassnahme als zulässig eingestuft wurde und auch keine erschweren- 860 den individuellen Faktoren vorliegen. Im Gegensatz zu diesen Staaten beziehungsweise Regionen, in die eine Rückführung allgemein als unzumutbar einzustufen ist, bestimmt der Bundesrat Länder oder Regionen, in die eine Rückkehr als generell zumutbar gilt. Stammen Ausländerinnen und Ausländer aus einem dieser als sicher eingestuften Heimat- oder Herkunftsländer – *safe countries* – oder können sie rechtmässig in ein solches einreisen und sich dort aufhalten, gilt der Vollzug der Entfernungsmassnahme in aller Regel als zumutbar (Art. 83 Abs. 5 AIG).

861 Nach Art. 18 VVWAL berücksichtigt der Bundesrat bei der Erstellung der Liste von Staaten, in die eine Wegweisung prinzipiell zumutbar ist, die politische Stabilität des betreffenden Landes, namentlich das Fehlen von Krieg, Bürgerkrieg oder einer Situation von allgemeiner Gewalt, das Vorhandensein einer medizinischen Grundversorgung sowie weitere landesspezifische Eigenheiten. Die entsprechende Liste, die der Bundesrat periodisch überprüft (Art. 83 Abs. 5bis AIG) findet sich in Anhang 2 zur VVWAL.

862 Gestützt auf die vorherrschende allgemeine Situation im Heimat- oder Herkunftsstaat haben die zuständigen Behörden die individuellen Umstände der betroffenen Ausländerinnen und Ausländer zu berücksichtigen, wobei insbesondere das Geschlecht, das Alter, der Gesundheitszustand, der Bildungsstand, die familiäre Situation, die soziale und ethnische Herkunft, die Wohnverhältnisse oder auch die finanziellen Mittel und die Integration in der Schweiz in die Prüfung einzubeziehen sind. Das Vollzugshindernis der Unzumutbarkeit ermöglicht es demzufolge, einzelfallgerechte humanitäre Lösungen zu finden und damit das Verhältnismässigkeitsprinzip einzuhalten.

863 **Beispiel:** Nach dem Bundesverwaltungsgericht bestand in weiten Teilen Afghanistans eine derart schlechte Sicherheitslage und schwierige humanitäre Bedingungen, dass die Situation als existenzbedrohend im Sinne von Art. 83 Abs. 4 AIG zu qualifizieren war und sich der Wegweisungsvollzug in diese Gebiete als unzumutbar erwies. Auch die Lage in Kabul wurde vom Bundesverwaltungsgericht als grundsätzlich existenzbedrohend beurteilt, wobei eine Rückkehr im Einzelfall aber dennoch zumutbar sein konnte, namentlich in Fällen von jungen, alleinstehenden und gesunden Männern mit einem tragfähigen Beziehungsnetz, einer Möglichkeit zur Sicherung des Existenzminimums und einer gesicherten Wohnsituation in Kabul (BVGer, D-5800/2016, 13. Oktober 2017, E. 7.6 und 8.4). Nach der Machtübernahme der Taliban im Sommer 2021 hat das Bundesverwaltungsgericht seine Rechtsprechung zur Zumutbarkeit einer Rückkehr nach Afghanistan geändert:

> «7.4.2 (…) Der Vollzug der Wegweisung sei daher als unzumutbar im Sinne von Art. 83 Abs. 4 AIG zu qualifizieren, ausser die betroffene Person fände in Herat besonders begünstigende Umstände vor, aufgrund derer ausnahmsweise von der Zumutbarkeit des Vollzugs der Wegweisung ausgegangen werden könne. Dies sei – entsprechend der (damaligen) Praxis zu H. (…) – insbesondere dann der Fall, wenn es sich beim Rückkehrer um einen jungen, gesunden Mann handele, der vor Ort auf ein soziales Netz zurückgreifen könne, das sich im Hinblick auf die Aufnahme und Wiedereingliederung als tragfähig erweise. Dieses müsse dem Rückkehrenden insbesondere eine angemessene Unterkunft, Grundversorgung sowie Hilfe zur sozialen und wirtschaftlichen Reintegration bieten können

7.4.4 Angesichts der nach der Machtübernahme durch die Taliban übereinstimmend prognostizierten Entwicklung der wirtschaftlichen Situation sowie der damit absehbar verbundenen sozioökonomischen Notlage weiter Bevölkerungsteile in Afghanistan kann auch in Anbetracht des persönlichen Hintergrunds des Beschwerdeführers nicht davon ausgegangen werden, dieser finde in der Stadt Herat oder anderswo in Afghanistan besonders begünstigende Umstände vor, aufgrund derer hinlänglich ausgeschlossen werden könnte, dass er im Falle der Rückkehr in eine existenzbedrohende Situation geraten wird. Der Vollzug der Wegweisung nach Afghanistan erweist sich mithin in Bezug auf die Person des Beschwerdeführers als unzumutbar im Sinne von Art. 83 Abs. 4 AIG.» (BVGer, D-417/2018, 12. November 2021)

Eine Unzumutbarkeit aufgrund einer medizinischen Notlage ist nur in den seltenen Fällen gegeben, in denen die betroffenen Ausländerinnen und Ausländer nach ihrer Rückkehr einer konkreten Gefahr ausgesetzt wären, weil sie die absolut notwendige medizinische Versorgung nicht erhalten könnten. Vorausgesetzt werden nach ständiger höchstrichterlicher Rechtsprechung ein schweres körperliches oder psychisches Leiden einerseits und eine nicht existierende oder zumindest unzulängliche Behandlungs- und Betreuungssituation im Heimat- oder Herkunftsland andererseits. Es werden nur Fälle als unzumutbar qualifiziert, die gravierend sind, eine im Vergleich zur Schweiz schlechtere medizinische Versorgung reicht dagegen nicht aus: 864

«Es geht dabei um lebensnotwendige medizinische Hilfe, ohne die eine erhebliche Verschlechterung der Gesundheitslage eintreten würde. Die Behandlung muss zur Gewährleistung einer menschenwürdigen Existenz dringend geboten sein. Es kommt dabei nicht nur auf die objektive Verfügbarkeit der notwendigen Behandlung und Medikamente an. Es ist vielmehr aufgrund des konkreten Einzelfalles zu prüfen, ob diese für die betroffene Person auch effektiv erhältlich sind.» (BVGer, C-1262/2012, 20. Dezember 2012, E. 4.2)

«Es ist dabei zu berücksichtigen, dass für die Zulässigkeit des Vollzugs einer Wegweisung nicht schweizerische Pflege- und Betreuungsverhältnisse erforderlich sind, sondern es im Rahmen von Art. 3 EMRK genügt, dass die weitere lebensnotwendige Grundversorgung - allenfalls auf einem tieferen, aber nicht lebensgefährdenden Niveau - sichergestellt bleibt.» (Urteil BGer 2D_14/2018 vom 13. August 2018, E. 5.2.2)

Beispiel: Bei Vorliegen einer HIV-Infektion muss die Zumutbarkeit des Vollzuges der Weg- oder Ausweisung aufgrund der konkreten Situation der betreffenden Person im Zielland berücksichtigt werden. Zu berücksichtigen sind insbesondere der Zugang zu adäquater medizinischer Versorgung, das soziale Umfeld sowie die allgemeine Sicherheitslage. Ist die Krankheit der betroffenen Person jedoch schon im fortgeschrittenen Stadium (Ausbruch von Aids), wird in der Regel von der Unzumutbarkeit ausgegangen (BVGer, E-2301/2020, 3. Januar 2022, E. 6.1 ff.). 865

Sind Kinder von der Wegweisung betroffen, kommt dem übergeordneten Kindesinteresse im Zusammenhang mit der Zumutbarkeit eine gewichtige Bedeutung zu. Im Rahmen der Beurteilung der Zumutbarkeit einer Rückkehr sind alle relevanten Umstände in die Prüfung miteinzubeziehen, um dem vorrangigen 866

Ziel der Wahrung des Kindesinteresses gerecht zu werden. Zu berücksichtigen sind dabei das Alter, die Reife, das Beziehungsnetzwerk, der Entwicklungsstand und die Entwicklungsprognosen sowie auch der Grad der erfolgten Integration in der Schweiz. Gerade letztem Punkt kommt eine erhebliche Bedeutung zu, da Kinder nicht ohne guten Grund aus ihrem vertrauten Umfeld gerissen werden sollten. So kann eine starke Integration in der Schweiz zu einer Entwurzelung führen, die die Rückkehr ins Heimatland als unzumutbar erscheinen lassen kann (BVGer, D-4726/2017, 3. Mai 2018, E. 5.7).

cc) *Unmöglichkeit der Wegweisung*

867 Der Vollzug einer Entfernungsmassnahme kann sich nach Art. 83 Abs. 2 AIG als nicht möglich erweisen, wenn die Ausländerinnen und Ausländer weder in den Heimat- oder in den Herkunftsstaat noch in einen Drittstaat ausreisen oder dorthin gebracht werden können.

868 Die Unmöglichkeit des Wegweisungsvollzugs bezieht sich dabei lediglich auf technische oder rechtliche Gründe und liegt nur dann vor, wenn die betreffenden Gründe ausserhalb des Einflussbereichs der betroffenen Ausländerinnen und Ausländer liegen. Ist es den zuständigen Vollzugsbehörden zwar nicht möglich, die Wegweisungsverfügung zwangsweise durchzusetzen, können die betroffenen Ausländerinnen und Ausländer aber selbständig zurückreisen, liegt dementsprechend keine Unmöglichkeit im Sinne von Art. 83 Abs. 2 AIG vor (Art. 83 Abs. 7 lit. c AIG, Art. 17 Abs. 2 VVWAL, siehe nachfolgend zum Ausschluss von der vorläufigen Aufnahme Rz. 871 ff.).

> «Der Vollzug einer Weg- oder Ausweisung kann nur dann als unmöglich qualifiziert werden, wenn weder die freiwillige Ausreise noch die zwangsweise Rückführung möglich ist. Die vorläufige Aufnahme kann nur angeordnet werden, wenn die betroffene ausländische Person alles was von ihr verlangt werden kann unternommen hat, um in ihr Heimat- oder Herkunftsland zurückkehren zu können.» (BVGer, C-6436/2010, 23. Dezember 2013, E. 5.2)

869 Die Unmöglichkeit des Vollzugs von Entfernungsmassnahmen kann etwa vorliegen, wenn die heimatlichen Behörden sich weigern, den Betroffenen die nötigen Reisedokumente auszustellen oder keine Transportmöglichkeiten vorhanden sind, weil etwa Flughäfen geschlossen sind.

> «Seine Ausschaffung bzw. die Möglichkeit einer freiwilligen Ausreise scheitert derzeit nicht (allein) an seinem Verhalten, sondern an einer zeitlich (noch) nicht absehbaren, vorübergehenden technischen Unmöglichkeit, nach Mali zurückzukehren. Weder kann der Beschwerdeführer freiwillig in die Heimat reisen, noch können die Behörden ihn zwangsweise dorthin verbringen, weil coronabedingt keine Flüge stattfinden bzw. Ein- oder Ausreisesperren bestehen. Es liegen damit technische Hindernisse vor, welche auch bei einer Kooperation des Beschwerdeführers nicht

> dazu führen würden, dass er in seine Heimat reisen oder dorthin verbracht werden könnte.» (BGE 147 II 49, E. 5.1 S. 57).

Allerdings wird grundsätzlich erst dann von einer Unmöglichkeit ausgegangen, wenn die Ausschaffung voraussichtlich während über einem Jahr nicht möglich sein wird oder sie – trotz Mitwirkung der betroffenen Ausländerinnen und Ausländer –während einem Jahr nicht gelungen und auch weiterhin nicht absehbar ist: 870

> «Die Unmöglichkeit des Vollzugs ist dann festzustellen, wenn sich sowohl eine freiwillige Ausreise als auch ein zwangsweiser Vollzug klarerweise und aller Wahrscheinlichkeit nach für die Dauer von mindestens einem Jahr als undurchführbar erweisen (…). Massgeblich für die Beurteilung des rechtserheblichen Sachverhalts bezüglich des Vollzugs der Wegweisung ist die Situation im Zeitpunkt des Urteils. Im vorliegenden Fall wurde die Unmöglichkeit des Vollzugs der Wegweisung verneint, da eine zwangsweise Rückschaffung in den Iran in nächster Zeit als nicht durchführbar qualifiziert wurde und weil sich der Betroffene weigerte, Reisepapiere zu beschaffen, um in den Iran zurückzukehren.» (BVGer E-1010/2018, 28. Februar 2018, E. 7.2 und E. 8)

b) Ausschluss von der vorläufigen Aufnahme

Art. 83 Abs. 7 und 9 AIG sehen Fälle vor, in denen Ausländerinnen und Ausländer trotz Unzumutbarkeit, Unmöglichkeit oder gar Unzulässigkeit des Vollzuges der Wegweisung nicht vorläufig aufgenommen werden. 871

aa) Art. 83 Abs. 7 AIG

Die vorläufige Aufnahme wegen Unzumutbarkeit oder Unmöglichkeit – nicht jedoch wegen Unzulässigkeit (Art. 83 Abs. 7 AIG *e contrario*) – des Wegweisungsvollzuges wird nach Art. 83 Abs. 7 AIG nicht verfügt, wenn die weggewiesenen Ausländerinnen und Ausländer: 872

- zu einer **längerfristigen Freiheitsstrafe** im In- oder Ausland verurteilt wurden oder wenn gegen sie eine **strafrechtliche Massnahme** im Sinne der Art. 59-61 (stationäre therapeutische Massnahme) oder 64 StGB (Verwahrung) angeordnet wurde (lit. a). Es handelt sich um Fälle, in denen ein Widerruf der Kurzaufenthalts-, Aufenthalts- oder Niederlassungsbewilligung möglich ist (Art. 62 Abs. 1 lit. b beziehungsweise Art. 63 Abs. 1 lit. a i.V.m. Art. 62 Abs. 1 lit. b AIG, siehe vorne Rz. 707 ff.).
- **erheblich oder wiederholt gegen die öffentliche Sicherheit und Ordnung** in der Schweiz oder im Ausland verstossen haben oder diese gefährden oder **die innere oder äussere Sicherheit** gefährden (lit. b). Es handelt

sich um Fälle, in denen Kurzaufenthalts- und Aufenthaltsbewilligungen widerrufen werden können (Art. 62 Abs. 1 lit. c AIG, siehe vorne Rz. 710).

– die **Unmöglichkeit** des Vollzugs der Wegweisung **durch ihr eigenes Verhalten** verursacht haben (lit. c, Art. 17 Abs. 2 VVWAL). Es gilt der Grundsatz, dass Ausländerinnen und Ausländer nicht von einer vorläufigen Aufnahme profitieren können sollen, wenn sie die Unmöglichkeit durch ihr eigenes Verhalten, das heisst eine Verletzung ihrer Mitwirkungspflicht, begründet haben. Es wird von ihnen verlangt, dass sie sämtliche zumutbaren Schritte unternehmen, um im Rahmen des Vollzugs der Entfernungsmassnahme mitzuwirken. Nur wenn die Ausschaffung trotz Erfüllen der Mitwirkungspflicht scheitert und ihnen auch die selbständige Ausreise nicht möglich oder nicht zumutbar ist, kann von einer unverschuldeten Möglichkeit ausgegangen werden.

Beispiel: A., ein kubanischer Staatsangehöriger, machte nach dem Widerruf seiner Aufenthaltsbewilligung und der Wegweisung aus der Schweiz geltend, dass seine Rückkehr nach Kuba nicht möglich sei. Das kantonale Migrationsamt beantragte in der Folge beim SEM die Anordnung einer vorläufigen Aufnahme von A. Das SEM lehnte diesen Antrag – nach Gewährung des rechtlichen Gehörs – ab. In seiner Begründung führte das SEM aus, dass der Wegweisungsvollzug nicht unmöglich sei, weil A. freiwillig nach Kuba zurückreisen könne. Dagegen erhob A. Beschwerde an das Bundesverwaltungsgericht. Er machte geltend, dass er ein Gesuch um definitive Rückreise bei der kubanischen Botschaft gestellt habe, welches abgelehnt worden sei und ihm damit der dauerhafte Aufenthalt in Kuba verwehrt sei. Durch die Gesuchseinreichung habe er seine Mitwirkungspflicht erfüllt. Das Bundesverwaltungsgericht kam zum Schluss, dass Personen nach Kuba zurückkehren könnten, wenn sie ein Gesuch um definitive Rückkehr, aus dem der ausdrückliche Wunsch zur Rückkehr hervorgehe, stellten. Ein solcher Wunsch sei dem Gesuch des Beschwerdeführers aber nicht zu entnehmen. Dieser habe in seinem Gesuch vielmehr vorgebracht, dass er nach Kuba zurückkehren möchte, weil er nicht in der Schweiz bleiben könne. Damit habe er deutlich gemacht, dass die Rückkehr nicht freiwillig beziehungsweise nicht auf ausdrücklichen Wunsch erfolge. Das Gericht kam zum Schluss, dass der freiwilligen Rückkehr nach Kuba keine Hindernisse entgegenstehen würden. Die mangelnde Bereitschaft des Beschwerdeführers zur Rückreise mache deutlich, dass die Rückreise auch aus seiner Sicht freiwillig erfolgen könnte. Der Einwand des Beschwerdeführers, dass er seiner Mitwirkungspflicht genügend nachgekommen sei und nicht von ihm verlangt werden könne, dass er gegenüber den heimatlichen Behörden einen Rückkehrwunsch vortäusche, wies das Gericht ab. Der Beschwerdeführer könne seine Pflicht zur Ausreise nicht dadurch umgehen, indem er sich auf seinen fehlenden Willen zur Rückkehr und einen dadurch für ihn nicht möglichen Wegweisungsvollzug berufe. Einem solchen Verhalten stehe Art. 83 Abs. 7 lit. c AIG entgegen. Damit kam das Gericht zum Schluss, dass der Beschwerdeführer den Wegweisungsvollzug durch sein eigenes Verhalten verunmöglicht habe und damit die vorläufige Aufnahme ausser Betracht falle. (BVGer, F-546/2016, 13. Juni 2017)

873 Liegt ein in Art. 83 Abs. 7 AIG aufgeführter Grund für den Ausschluss von der vorläufigen Aufnahme vor, müssen die zuständigen Behörden aufgrund der völkerrechtlichen Verpflichtungen der Schweiz aber in jedem Fall prüfen, ob der Vollzug der Entfernungsmassnahme auch als zulässig einzustufen und das Verhältnismässigkeitsprinzip gewahrt ist.

bb) Art. 83 Abs. 9 AIG

Die vorläufige Aufnahme wird nach Art. 83 Abs. 9 AIG nicht verfügt bei einer **rechtskräftigen Landesverweisung nach Art. 66*a* oder 66*a*^{bis} StGB** (beziehungsweise den entsprechenden Bestimmungen des MStG) oder einer rechtskräftigen **Ausweisung nach Art. 68 AIG**. Dies gilt nicht nur bei Unmöglichkeit oder Unzumutbarkeit des Wegweisungsvollzuges, sondern auch bei dessen Unzulässigkeit. 874

Der Ausschlussgrund von Art. 83 Abs. 9 AIG, der im Zuge der Umsetzung der Ausschaffungsinitiative ins AIG aufgenommen und im Rahmen der Umsetzung der polizeilichen Massnahmen zur Bekämpfung von Terrorismus ergänzt wurde, hat wegen des Umstandes, dass er auch bei Unzulässigkeit der Wegweisung verfügt werden muss insbesondere für schutzsuchende Personen, die zwar die Flüchtlingseigenschaft erfüllen und somit aufgrund des flüchtlingsrechtlichen Refoulementverbotes nicht weggewiesen werden können, denen jedoch wegen Vorliegen eines Asylausschlussgrundes kein Asyl gewährt worden ist, weitreichende und problematische Folgen. Sie können weder vorläufig aufgenommen noch weggewiesen werden und werden vielmehr zu Sans-Papiers, obwohl sie sich als anerkannte Flüchtlinge auf die Statusrechte der FK berufen können. 875

cc) Rechtsfolgen des Ausschlusses von der vorläufigen Aufnahme

Das Vorliegen von Ausschlussgründen führt dazu, dass das SEM die vorläufige Aufnahme nicht verfügen muss (bei den Ausschlussgründen von Art. 83 Abs. 7 AIG) bzw. nicht verfügen darf (beim Ausschlussgrund der rechtskräftigen Landesverweisung nach Art. 83 Abs. 9 AIG). Beide Konstellationen können zu Statuslosigkeit führen, wenn sich nämlich der Vollzug der Wegweisung letztlich als nicht möglich, nicht zumutbar oder – z.B. im Fall eines Landesverweises gegen vorläufig aufgenommene Flüchtlinge – als nicht zulässig erweist. 876

c) Beendigung der vorläufigen Aufnahme

Das AIG kennt zwei Arten der Beendigung der vorläufigen Aufnahme: Die Aufhebung der vorläufigen Aufnahme durch Verfügung des SEM sowie das Erlöschen der vorläufigen Aufnahme von Gesetzes wegen. 877

aa) Aufhebung der vorläufigen Aufnahme

Das AIG unterscheidet zwei verschiedene Situationen der Aufhebung der vorläufigen Aufnahme: 878

- Nach Art. 84 Abs. 2 AIG hebt das SEM die vorläufige Aufnahme auf und ordnet den Vollzug der Wegweisung an, wenn die **Voraussetzungen für die vorläufige Aufnahme nicht mehr gegeben** sind. Dabei hält Art. 84 Abs. 1 AIG fest, dass das SEM periodisch überprüft, ob die Voraussetzungen für die vorläufige Aufnahme noch vorliegen. Bei der periodischen Überprüfung der Voraussetzungen der vorläufigen Aufnahme ist stets das Verhältnismässigkeitsprinzip einzuhalten, wie das Bundesverwaltungsgericht in einem Grundsatzurteil bestätigt hat (BVGE 2020 VI/9). An die Aufhebung der vorläufigen Aufnahme sind im Rahmen der Verhältnismässigkeitsprüfung höhere Anforderungen zu stellen als bei der erstmaligen Gewährung. Es gilt insbesondere den Grad der Integration der betroffenen Person zu berücksichtigen.

  > «Le Tribunal relève que la situation dans laquelle se trouve la personne admise à titre provisoire entre le moment de l'octroi de cette mesure par le SEM et le moment de sa levée par la même autorité n'est plus la même d'un point de vue juridique. (…)» (BVGE 2020 VI/9, E. 10.2)

- Somit muss bei der Prüfung der Aufhebung der vorläufigen Aufnahmeneben neben der Frage der Zulässigkeit, Zumutbarkeit und Möglichkeit des Vollzuges auch eine umfassende Verhältnismässigkeitsprüfung vorgenommen werden.

In Anwendung dieser Bestimmung überprüfte das SEM die Aufhebung der vorläufigen Aufnahme von rund 3'400 vorläufig aufgenommenen eritreischen Staatsangehörigen. Im Zuge einer am 23. Juni 2016 angekündigten Praxisänderung anerkannte das SEM Personen, die illegal aus Eritrea ausgereist sind, nicht mehr als Flüchtlinge an, wenn sie noch nicht für den Nationaldienst aufgeboten, sie vom Nationaldienst befreit oder bereits aus dem Nationaldienst entlassen wurden. Das Bundesverwaltungsgericht hat diese Praxisänderung gestützt (BVGer, D-7898/2015, 30. Januar 2017), in diesem Urteil jedoch nicht zum Wegweisungsvollzug Stellung genommen. Mit Urteil vom 17. August 2017 (BVGer, D-2311/2016) hat das Bundesverwaltungsgericht die Zulässigkeit und Zumutbarkeit des Wegweisungsvollzuges nach Eritrea bejaht, da die Beschwerdeführerin den Nationaldienst bereits geleistet hatte und eine neuerliche Einberufung in den Nationaldienst unwahrscheinlich war. In einem weiteren Urteil hat das Bundesverwaltungsgericht am 10. Juli 2018 (BVGer, E-5022/2017) die Zulässigkeit und Zumutbarkeit des Wegweisungsvollzuges auch bei drohender Einberufung in den Nationaldienst bestätigt. Schliesslich präzisierte das Bundesverwaltungsgericht in seinem Grundsatzurteil vom 28. Oktober 2020, dass an den Wegweisungsvollzug höhere Anforderungen zu setzen sind (BVGE 2020 VI/9). Am 20. November 2020 waren schliesslich 63 Aufhebungsverfügungen in Kraft getreten. In den übrigen Fällen konnte keine Aufhebung der vorläufigen Aufnahme verfügt werden, da die Rückkehr für die betroffenen Personen nicht zumutbar oder unverhältnismässig gewesen wäre. Da Eritrea keine zwangsweisen Rückführungen akzeptiert, ist der zwangsweise Vollzug der Wegweisung ebenfalls nicht möglich (Bericht des Bundesrates, Eritrea: Überprüfung von vorläufigen Aufnahmen wegen Unzumutbarkeit des Wegweisungsvollzugs durch das Staatssekretariat für Migration SEM https://www.sem.admin.ch/dam/sem/de/data/asyl/eritrea/ber-br-motion-eritrea.pdf, besucht am 15. August 2022).

- Nach Art. 84 Abs. 3 AIG kann das SEM zudem auf Antrag der kantonalen Behörden, des fedpol oder des Nachrichtendienstes des Bundes die wegen Unzumutbarkeit oder Unmöglichkeit des Wegweisungsvollzuges verfügte vorläufige Aufnahme aufheben, wenn **Ausschlussgründe nach Art. 83 Abs. 7 AIG** vorliegen und eine Interessenabwägung ergibt, dass die öffentlichen Interessen an einer Aufhebung die privaten Interessen überwiegen. Dabei kann lediglich die wegen Unzumutbarkeit oder Unmöglichkeit des Wegweisungsvollzuges verfügte vorläufige Aufnahme aufgehoben werden. Eine wegen der Unzulässigkeit des Vollzuges verfügte vorläufige Aufnahme kann auch bei Vorliegen von Ausschlussgründen nicht aufgehoben werden.

In beiden Situationen hat das SEM daher zu prüfen, ob die Aufhebung im kon- 879
kreten Einzelfall verhältnismässig und der Vollzug der Weg- oder Ausweisung zulässig, zumutbar und möglich ist. Im Falle einer Aufhebung der vorläufigen Aufnahme durch das SEM obliegt es dann den kantonalen Behörden, die Weg- oder Ausweisung zu vollziehen. Erweist sich diese in der Zwischenzeit als nicht mehr möglich, nicht mehr zumutbar oder nicht mehr zulässig, können die kantonalen Behörden beim SEM um erneute vorläufige Aufnahme ersuchen. Liegen indes Ausschlussgründe vor, so kann dies im Einzelfall zu Statuslosigkeit führen.

bb) Erlöschen der vorläufigen Aufnahme

Die vorläufige Aufnahme erlischt ohne behördliches Zutun sowohl für vorläu- 880
fig aufgenommene Ausländerinnen und Ausländer als auch für vorläufig aufgenommene Flüchtlinge in den folgenden Situationen:

- Bei einer **rechtskräftigen Landesverweisung** nach Art. 66*a* oder 66*a*^{bis} StGB (beziehungsweise den entsprechenden Bestimmungen des MStG) oder einer Ausweisung nach Art. 68 AIG (Art. 83 Abs. 9 AIG).
- Bei einer **Einreichung eines Asylgesuchs in einem anderen Staat**, sofern die Schweiz nicht aufgrund internationaler Verpflichtungen zur Rückübernahme der betroffenen Person verpflichtet ist (Art. 84 Abs. 4 lit. a AIG).
- Bei Erteilung einer **Aufenthaltsbewilligung in der Schweiz** oder einer **Aufenthaltsberechtigung in einem anderen Staat** (Art. 84 Abs. 4 lit. b AIG). Siehe zum Härtefall für vorläufig aufgenommene Personen nach Art. 84*a* AIG vorne Rz. 552.
- Bei einer **Abmeldung und Ausreise aus der Schweiz** (Art. 84 Abs. 4 lit. e AIG).

881 Für vorläufig aufgenommene Ausländerinnen und Ausländer kann die vorläufige Aufnahme zusätzlich in folgenden Situationen erlöschen (Art. 84 Abs. 5 AIG):

- Bei einer **nicht bewilligten Reise in den Heimat- oder Herkunftsstaat** (Art. 59d AIG), ausser die Person kann glaubhaft machen, dass die Reise unter Zwang erfolgte (Art. 84 Abs. 4 lit. c AIG).
- Bei einem **nicht bewilligten Aufenthalt von mehr als zwei Monaten in einem anderen Staat als der Heimat- oder Herkunftsstaat**, sofern die Schweiz nicht aufgrund internationaler Verpflichtungen zur Rückübernahme der betroffenen Person verpflichtet ist (Art. 84 Abs. 4 lit. d AIG).

882 Der Erlöschensgründe der vorläufigen Aufnahme wurden mit Entscheid der Bundesversammlung vom 17. Dezember 2021 beschlossen (BBl 2021 2999). Das Datum der Inkraftsetzung sowie auch die Verordnungsanpassungen war bis zur Fertigstellung des vorliegenden Manuskriptes allerdings noch nicht festgelegt.

883 Das Erlöschen der vorläufigen Aufnahme hat je nach Erlöschensgrund und Konstellation des Einzelfalles unterschiedliche aufenthaltsrechtliche Rechtsfolgen:

- Erwerb eines neuen aufenthaltsrechtlichen Rechtsstatus in den Fällen des Erlöschens der vorläufigen Aufnahme durch Erwerb eines Aufenthaltstitels in der Schweiz oder im Ausland sowie durch die Einreichung eines Asylgesuches in einem anderen Staat;
- Erneute vorläufige Aufnahme in Anwendung von Art. 83 Abs. 6 AIG, falls sich der Vollzug der Weg- oder Ausweisung im Anschluss an das Erlöschen der vorläufigen Aufnahme als nicht möglich, nicht zulässig oder nicht zumutbar erweist und kein Ausschlussgrund vorliegt;
- Statuslosigkeit, falls sich der Vollzug der Weg- oder Ausweisung im Anschluss an das Erlöschen der vorläufigen Aufnahme als nicht möglich, nicht zulässig oder nicht zumutbar erweist und die erneute vorläufige Aufnahme wegen Vorliegens von Ausschlussgründen nach Art. 83 Abs. 7 oder Art. 83 Abs. 9 AIG ausgeschlossen ist.

d) Rechtsstellung

884 Siehe zur Rechtsstellung vorläufig aufgenommener Ausländerinnen und Ausländer sowie vorläufig aufgenommener Flüchtlinge hinten Rz. 1480 ff. und Rz. 1469 ff. Zum Familiennachzug auch vorne Rz. 670 ff.

e) Zuständigkeit und Rechtsschutz

Zuständig für die Prüfung der Vollzugshindernisse sind die Behörden, die die Entfernungsmassnahme anordnen. Sie sind verpflichtet, von Amtes wegen zu prüfen, ob deren Vollzug zulässig, zumutbar und möglich ist. 885

Wird die Entfernungsmassnahme durch das SEM angeordnet, prüft dieses vorgängig das Vorliegen von Vollzugshindernissen. Liegen Vollzugshindernisse vor, erlässt das SEM eine Wegweisungsverfügung, ordnet aber gleichzeitig die vorläufige Aufnahme der betroffenen Ausländerinnen und Ausländer an. Liegen dagegen keine Vollzugshindernisse vor, verfügt es die Entfernungsmassnahme und ordnet gleichzeitig deren Vollzug an. Gegen die Verfügung des SEM kann Beschwerde an das Bundesverwaltungsgericht erhoben werden (Art. 31 ff. VGG i.V.m. Art. 5 VwVG). Dieses entscheidet endgültig (Art. 83 lit. c Ziff. 3 BGG). 886

Wird die Entfernungsmassnahme durch den Kanton angeordnet, hat dieser vorgängig das Vorliegen von Vollzugshindernissen zu prüfen. Kommt die zuständige kantonale Behörde zum Ergebnis, dass keine Vollzugshindernisse bestehen, verfügt sie die Entfernungsmassnahme und ordnet gleichzeitig deren Vollzug an. Stellt sie dagegen bestehende Vollzugshindernisse fest, muss sie beim SEM einen Antrag um Gewährung der vorläufigen Aufnahme stellen; die Anordnung der vorläufigen Aufnahme fällt in dessen Zuständigkeit (Art. 83 Abs. 6 AIG, Art. 16 VVWAL). Stimmt das SEM diesem Antrag zu, ordnet es die vorläufige Aufnahme der Betroffen an. Beabsichtigt es dagegen die Ablehnung des Gesuchs um Gewährung der vorläufigen Aufnahme, stellt es – unter Einhaltung der Gehörsansprüche der betroffenen Ausländerinnen und Ausländer – eine ablehnende Verfügung in eigenem Namen aus. Diese kann mit Beschwerde an das Bundesverwaltungsgericht angefochten werden (Art. 31 ff. VGG), der Beschwerdeentscheid ist endgültig (Art. 83 lit. c Ziff. 3 BGG). 887

9. Integration

Bei der Integration geht es um die dauerhafte Eingliederung der in der Schweiz lebenden Ausländerinnen und Ausländer in die schweizerische Gesellschaft. Die Integration verfolgt das Ziel eines durch gegenseitige Achtung und Toleranz geprägten Zusammenlebens der einheimischen und ausländischen Wohnbevölkerung (Art. 4 AIG). Längerfristig und rechtmässig anwesenden Ausländerinnen und Ausländern soll es ermöglicht werden, am wirtschaftlichen, sozialen und kulturellen Leben der schweizerischen Gesellschaft teilzuhaben (Art. 4 Abs. 2 AIG). Integration im Sinne eines auf Achtung und Toleranz basierenden Zusammenlebens bezweckt weder die Assimilation, das heisst die 888 totale Aufgabe eigener Traditionen und Werte durch Migrantinnen und Migranten, noch den Multikulturalismus als absolute und uneingeschränkte Toleranz der schweizerischen Mehrheitsgesellschaft gegenüber fremden Traditionen und Werten. Vielmehr soll auf der Grundlage demokratischer und rechtsstaatlicher Prinzipien ein möglichst konfliktfreies Zusammenleben erreicht werden. In diesem Sinne erfordert eine erfolgreiche Integrationspolitik sowohl den Willen der Ausländerinnen und Ausländer zur Eingliederung in die schweizerische Gesellschaft sowie auch die Offenheit der schweizerischen Bevölkerung (Art. 4 Abs. 3 AIG).

889 Bereits bei der Ausgestaltung des AuG stellte die Verbesserung der Rechtsstellung und Integration von rechtmässig und dauerhaft in der Schweiz lebender Ausländerinnen und Ausländern einen zentralen Aspekt dar. Ziel war es, ihnen die Teilhabe am sozialen, wirtschaftlichen und kulturellen Leben in der Schweiz zu erleichtern. Nach dem Inkrafttreten des AuG am 1. Januar 2008 zeigte sich diesbezüglich aber ein weiterbestehender Handlungsbedarf. Aus diesem Grund wurde eine erneute Änderung des AuG in Angriff genommen, um geeignete Massnahmen zu schaffen, mit denen das bestehende Integrationsdefizit ausgeglichen und das gesellschaftliche Zusammenleben der einheimischen und der ausländischen Bevölkerung in der Schweiz auf der Grundlage der Bundesverfassung gestärkt werden sollen (siehe vorne Rz. 388 ff.).

890 Im März 2013 legte der Bundesrat dem Parlament einen Entwurf für eine grundlegende Revision der Integrationsbestimmungen des AuG vor (BBl 2013 2397). Hauptziel der vorgeschlagenen Gesetzesrevision war es, mehr Verbindlichkeit bei der Integration zu schaffen, insbesondere im Zusammenhang mit der Zulassung, der Erteilung und Verlängerung der Aufenthalts- und Niederlassungsbewilligung und dem Familiennachzug. Um die gesellschaftliche Bedeutung der Integration hervorzuheben, schlug der Bundesrat zudem die – mittlerweile vollzogene – Umbenennung des AuG in AIG vor. Im Nachgang zur Annahme der Volksinitiative «Gegen Masseneinwanderung» (BBl 2014 4117) am 9. Februar 2014 beschlossen jedoch beide Räte, die Vorlage an den Bundesrat zurückzuweisen (AB 2014 N 302 ff.; AB 2014 S 385 f.). Grund für die Rückweisung war, dass die vom Bundesrat vorgeschlagenen Gesetzesänderungen weiterhin auf der Unterscheidung zwischen EU/EFTA-Staatsangehörigen einerseits und Drittstaatsangehörigen andererseits beruhten, was durch den neu eingeführten Art. 121*a* BV – der eine generelle Beschränkung der Zuwanderung ohne Unterscheidung zwischen EU/EFTA-Staatsangehörigen und Drittstaatsangehörigen forderte – zumindest in Frage gestellt wurde. In der Folge legte der Bundesrat am 4. März 2016 eine Zusatzbotschaft zur Änderung des Ausländergesetzes (Integration) vor (BBl 2015 2821), mit welcher er die Anliegen der Masseneinwanderungsinitiative aufgriff und Massnahmen vorschlug, die den Bedarf an zusätzlichen Arbeitskräften aus dem Ausland senken sollten.

Mit der Revision wurden insbesondere folgende integrationsrechtlichen Grundsätze in das Ausländergesetz aufgenommen: 891

- Die Integration wurde als zentrales Element der schweizerischen Migrationspolitik dargestellt. Um ihre gesellschaftliche Bedeutung hervorzuheben, wurde das Ausländergesetz in **Bundesgesetz über die Ausländerinnen und Ausländer und über die Integration** (Ausländer- und Integrationsgesetz, AIG) umbenannt.
- Die **Integrationskriterien** wurden vereinheitlicht und mit der Aufnahme in das AIG auf eine formell-gesetzliche Grundlage gestellt.
- Die Integration folgt nunmehr dem **Prinzip des «Förderns und Forderns»**. Dieses basiert auf dem Grundgedanken, dass die Integration ein mehrseitiger, gesamtgesellschaftlicher Prozess darstellt. Die Behörden haben Massnahmen zur Förderung zu ergreifen, um Ausländerinnen und Ausländern eine chancengleiche Möglichkeit zur Teilhabe am gesellschaftlichen Leben in der Schweiz zu gewährleisten. Auf der anderen Seite haben die ausländischen Staatsangehörigen eigenverantwortlich zu einer gelungenen Integration beizutragen. Eine erfolgreiche Integration in die schweizerische Gesellschaft soll es ihnen ermöglichen, ihren ausländerrechtlichen Status zu verbessern. Dagegen soll eine fehlende oder schlechte Integration Sanktionen nach sich ziehen und im Sinne einer *ultima ratio* zum Widerruf oder der Nichtverlängerung von ausländerrechtlichen Bewilligungen führen.

9.1. Integration als rechtlicher Anknüpfungspunkt

Der Begriff der Integration dient dem schweizerischen Ausländerrecht schon lange – und unter dem AuG und dem AIG noch verstärkt – als rechtlicher Anknüpfungspunkt. Die erfolgreiche Integration stellt eine Voraussetzung der Erteilung und Verlängerung ausländerrechtlicher Bewilligungen dar und kann auch die vorzeitige Bewilligungserteilung ermöglichen. Demgegenüber steht eine fehlende oder ungenügende Integration in die schweizerische Gesellschaft der Erteilung oder Verlängerung einer Bewilligung entgegen und kann im Sinne einer *ultima ratio* auch zum Widerruf der Aufenthalts- oder Niederlassungsbewilligung führen. Die Integration wurde damit an verschiedenen Stellen als rechtlicher Anknüpfungspunkt im AIG verankert. 892

So kann etwa die Niederlassungsbewilligung nur an Ausländerinnen und Ausländer erteilt werden, die integriert sind (Art. 34 Abs. 2 lit. c AIG, siehe vorne Rz. 597 ff.). Auch Ehegattinnen und Ehegatten sowie eingetragene Partnerin- 893 nen und Partner von Schweizer Staatsangehörigen erhalten die Niederlassungsbewilligung nur wenn sie die Integrationskriterien erfüllen (Art. 42 Abs. 3 AIG, siehe vorne Rz. 611 ff.). Bei Nichterfüllung der Integrationskriterien kann die Niederlassungsbewilligung zudem widerrufen und durch eine Aufenthaltsbewilligung ersetzt werden (Art. 63 Abs. 2 AIG, siehe vorne Rz. 712).

894 Auch die Erteilung einer Aufenthaltsbewilligung setzt die Integration der betroffenen Ausländerinnen und Ausländer voraus. So müssen nach Art. 23 Abs. 2 AIG «die berufliche Qualifikation, die berufliche und soziale Anpassungsfähigkeit, die Sprachkenntnisse und das Alter eine nachhaltige Integration in den schweizerischen Arbeitsmarkt und das gesellschaftliche Umfeld erwarten lassen». Die Integration der betreffenden Person wird nach Art. 33 Abs. 4 AIG überdies für die Festlegung der Gültigkeitsdauer der ausgestellten Aufenthaltsbewilligung berücksichtigt. Ferner bestimmt Art. 50 Abs. 1 lit. a AIG, dass im Falle der Auflösung der Ehe der in Art. 42 und 43 AIG statuierte Anspruch auf Erteilung und Verlängerung der Aufenthaltsbewilligung weiterbesteht, wenn die Ehe mindestens drei Jahre gedauert hat und die Integrationskriterien erfüllt sind.

895 Die Integration ist schliesslich generell bei der Ausübung des behördlichen Ermessens (Art. 96 Abs. 1 AIG), insbesondere in Bezug auf Weg- und Ausweisungen sowie Einreiseverbote, zu berücksichtigen.

9.2. Integration als ein «Fördern und Fordern»

896 Obwohl auch schon das ANAG und weitere migrationsrechtlich relevante Gesetze wie beispielsweise das BüG seit langer Zeit rechtliche Folgen mit der erfolgreichen oder nicht erfolgreichen Integration verknüpfen, wurden Bemühungen um die Integration von Ausländerinnen und Ausländern lange Zeit von behördlicher Seite nicht gefördert. Eine Integrationspolitik im Sinne der Unterstützung und Förderung der Integration von Ausländerinnen und Ausländern existierte lange nicht, der Fokus lag im Gegenteil auf dem Einfordern von Integrationsleistungen seitens der Ausländerinnen und Ausländer. Erst in jüngerer Zeit hat dies geändert, indem auch von staatlicher Seite Massnahmen zur Förderung der Integration getroffen werden. Somit beruht das Prinzip des «Förderns und Forderns» auf den folgenden zwei Grundgedanken:

- **Staatliche Massnahmen zur Förderung der Integration:** Bund, Kantone und Gemeinden sind verpflichtet, günstige Rahmenbedingungen zu schaffen für die Chancengleichheit und die Möglichkeit zur Teilnahme von Ausländerinnen und Ausländern am gesellschaftlichen Leben (Art. 53 Abs. 2 AIG).

- **Erbringung von Integrationsleistungen durch die Ausländerinnen und Ausländer:** Erfolgreiche Integration beziehungsweise ein durch gegenseitige Achtung und Toleranz geprägtes Zusammenleben von Schweizerinnen und Schweizern sowie Ausländerinnen und Ausländern lässt sich nicht behördlich verordnen, sondern erfordert innere Motivation und entsprechenden Willen. Ausländerinnen und Ausländer müssen einen Beitrag zur Integration leisten. Sie müssen sich mit den gesellschaftlichen Verhältnissen und Lebensbedingungen in der Schweiz auseinandersetzen und insbesondere eine Landessprache erlernen.

a) Behördliche Massnahmen der Integrationsförderung

Die Behörden sind verpflichtet, Massnahmen zur Stärkung des gesellschaftlichen Zusammenhaltes auf der Grundlage der Werte der Bundesverfassung zu ergreifen. Ziel der staatlichen Integrationsmassnahmen muss es sein, die Chancengleichheit zu gewährleisten, die Potentiale der Ausländerinnen und Ausländer zu nutzen und deren Eigenverantwortung einzufordern. In diesem Sinne müssen die staatlichen Massnahmen auf die Förderung der Grundkompetenzen der Ausländerinnen und Ausländer abzielen: Erwerb von Sprachkenntnissen, Stärkung von schulischen und beruflichen Fähigkeiten sowie Ermöglichung der Gesundheitsvorsorge. Zudem sollen Bestrebungen unterstützt werden, die das gegenseitige Verständnis zwischen der schweizerischen und der ausländischen Bevölkerung stärken und das gesellschaftliche Zusammenleben erleichtern (Art. 53 Abs. 3 AIG). In diesem Sinne richten sich die behördlichen Integrationsmassnahmen nicht nur an die in der Schweiz anwesenden Ausländerinnen und Ausländer, sondern auch an die einheimische Bevölkerung (Art. 6 VIntA). 897

Integration ist eine Aufgabe, die Behörden auf allen Stufen des Gemeinwesens verpflichtet. Staatliche Organe aller Stufen sind gehalten, den Prozess der Integration von Ausländerinnen und Ausländern in die schweizerische Gesellschaft und den schweizerischen Staat zu fördern (Art. 53 Abs. 1 AIG). Im Gegensatz zur Zulassungs- und Begrenzungspolitik, die aufgrund der verfassungsrechtlichen Kompetenzverteilung von Artikel 121 BV eindeutig Sache des Bundes ist (siehe hierzu vorne Rz. 394 ff.), handelt es sich bei der Integrationspolitik somit um eine parallele Kompetenz von Bund und Kantonen (Art. 56 AIG). 898

Grundgedanke der behördlichen Integrationsförderung ist der **Regelstrukturansatz**, wonach die Eingliederung in allen gesellschaftlichen Bereichen erfolgt und in der Verantwortung der jeweils zuständigen Akteure liegt. In diesem Sinne sind die Massnahmen in erster Linie in den bestehenden Strukturen anzusetzen; etwa in den Bereichen der vorschulischen, schulischen und ausser- 899 schulischen Betreuungs- und Bildungsangebote, der Berufsbildung und Arbeitswelt, Institutionen der sozialen Sicherheit, dem Gesundheitswesen, der Stadt- und Quartierentwicklung, im Bereich Asyl und Migration, der Einbürgerung, Sport, Medien und Kultur und anderen Bereichen, die für die Integration von Ausländerinnen und Ausländern wichtig sind (Art. 54 AIG i.V.m. Art. 4 VIntA).

900 Die Massnahmen innerhalb der Regelstrukturen werden durch spezifische **Integrationsförderungsmassnahmen** ergänzt (Art. 55 AIG). Mit diesen sollen die Integrationsförderung in den Regelstrukturen durch gezielte Beratung und Begleitung unterstützt und Personen mit besonderem Integrationsbedarf mit möglichst geeigneten Massnahmen in den Integrationsprozess eingebunden werden (Art. 55*a* AIG i.V.m. Art. 8 Abs. 2 VIntA). Dadurch sollen die Ausländerinnen und Ausländer einerseits über die von ihnen geforderte Integration sowie die zur Verfügung stehenden Angebote informiert werden. Insbesondere sollen sie über die grundlegenden Normen und Regeln, die im Interesse einer gleichberechtigten Teilnahme am gesellschaftlichen Leben zu beachten sind, und die Folgen derer Nichteinhaltung, die Bedeutung der Sprachkompetenzen und verfügbare Angebote zu deren Verbesserung sowie die Schule, Ausbildung und Arbeit informiert werden (Art. 8 Abs. 1 VIntA). Andererseits sollen die spezifischen Massnahmen den Zugang zu den bestehenden Integrationsangeboten ermöglichen, indem etwa die dafür notwendigen Sprachkompetenzen vermittelt werden (beispielsweise bei der Vermittlung von stellensuchenden anerkannten Flüchtlingen, Art. 9 VIntA). Seit Anfang 2014 verfolgen dabei das Staatssekretariat für Migration sowie die Kantone aufgrund einer Programmvereinbarung eine gemeinsame Strategie betreffend die Förderbereiche, in denen spezifische Integrationsmassnahmen umgesetzt werden (vergleiche Art. 12 VIntA). Zudem verfügt jeder Kanton seit dem 1. Januar 2014 über ein kantonales Integrationsprogramm. Der Bundesrat hat im Oktober 2020 beschlossen, die kantonalen Integrationsprogramme (KIP) für die Periode von 2021 bis 2023 fortzusetzen, wofür er die entsprechenden Bundesmittel gesprochen hat (Art. 11 ff. VIntA).

b) Integrationsleistungen der Ausländerinnen und Ausländer

901 Die Integration von Ausländerinnen und Ausländern wird durch staatliche Massnahmen gefördert. Erfolgreiche Integration beziehungsweise ein durch gegenseitige Achtung und Toleranz geprägtes Zusammenleben von Schweizerinnen und Schweizern sowie Ausländerinnen und Ausländern kann allerdings nicht allein mittels staatlicher Massnahmen erreicht werden. Vielmehr wird von den Ausländerinnen und Ausländern gefordert, dass sie eigenverantwortlich einen Beitrag zur Integration leisten und sich mit den gesellschaftlichen

Verhältnissen und Lebensbedingungen in der Schweiz auseinandersetzen (Art. 53 Abs. 2 AIG).

Bei der Beurteilung der Integration von Ausländerinnen und Ausländern in die schweizerische Gesellschaft berücksichtigen die zuständigen Behörden verschiedene Kriterien (Art. 58*a* Abs. 1 AIG): 902

- die **Beachtung der öffentlichen Sicherheit und Ordnung** (lit. a): Eine erfolgreiche Integration setzt die Beachtung der öffentlichen Sicherheit und Ordnung der Schweiz voraus. Von den Ausländerinnen und Ausländern wird insbesondere verlangt, dass sie keine erheblichen oder wiederholten Verstösse gegen strafrechtliche Normen begangen haben. Als fehlender Respekt gegenüber der schweizerischen Rechtsordnung werden zudem auch die Missachtung gesetzlicher Pflichten oder behördlicher Anordnungen, die mutwillige Nichterfüllung öffentlicher oder privatrechtlicher Verpflichtungen sowie die öffentliche Billigung von Verbrechen gegen den öffentlichen Frieden, Völkermord, Verbrechen gegen die Menschlichkeit oder Kriegsverbrechen verstanden (Art. 77*a* Abs. 1 VZAE). In diesem Kontext fallen insbesondere Fälle mutwilliger Anhäufung von Schulden oder straffälliges Verhalten in Betracht. Bei einem allfälligen straffälligen Verhalten muss der Schwere des Verstosses als auch dessen Zeitablauf gebührend Rechnung getragen werden. Dagegen fallen Bagatelldelikte – etwa Falschparkieren – nur dann ins Gewicht, wenn sie wiederholt begangen wurden und dadurch auf einen fehlenden Respekt gegenüber der Rechtsordnung schliessen lassen.
- die **Respektierung der Werte der Bundesverfassung** (lit. b): Neben der Beachtung der öffentlichen Sicherheit und Ordnung wird von Ausländerinnen und Ausländern verlangt, dass sie sich an die grundlegenden Werte der schweizerischen Gesellschaftsordnung halten. Darunter fallen nach Art. 77*c* VZAE insbesondere die rechtsstaatlichen Prinzipien und die freiheitlich-demokratische Grundordnung der Schweiz, die Pflicht zum Besuch der obligatorischen Schule und die Grundrechte wie etwa die Gleichberechtigung von Mann und Frau, das Recht auf Leben und persönliche Freiheit sowie die Glaubens- und Gewissensfreiheit. Bei der Respektierung der Werte der Bundesverfassung kommt es «(…) ausschliesslich auf inneren Wertevorstellungen und (religiösen) Ansichten beziehungsweise Überzeugungen [an], welche einerseits von den eigenen Grundrechten des Beschwerdeführers gedeckt sind und andererseits grundsätzlich mit der hiesigen Rechtsordnung vereinbar sind.» (Kantonsgericht BL, 810 21 178, 23. Februar 2022, E. 8.3.5)
- **Sprachkompetenzen** (lit. c): Von Ausländerinnen und Ausländern wird grundsätzlich verlangt, dass sie sich in der am Wohnort gesprochenen Landessprache verständigen können, wobei die Kenntnisse der Amtssprache

und nicht etwa Kenntnisse des lokalen Dialektes gefordert werden. In Bezug auf Ausländerinnen und Ausländer, die in zweisprachigen Kantonen oder entlang einer Sprachgrenze leben, ist im Einzelfall abzuwägen, welche konkreten Sprachkompetenzen von ihnen gefordert werden. Als Grundsatz gilt, dass die Anforderungen an die Sprachkenntnisse je nach Art der Bewilligung abgestuft werden (Stufenmodell). Je mehr Rechte mit einer ausländerrechtlichen Bewilligung verbunden sind, desto höhere Sprachkompetenzen werden für deren Erteilung und Verlängerung vorausgesetzt. Demzufolge sind die Anforderungen bei der Erteilung der Niederlassungsbewilligung höher angesetzt als jene, die für die Erteilung der Aufenthaltsbewilligung gelten.

– Im Zusammenhang mit den geforderten Sprachkompetenzen müssen zudem die persönlichen Umstände der Ausländerinnen und Ausländer berücksichtigt werden (Art. 96 Abs. 1 AIG, Art. 77*f* VZAE). Liegen eine Behinderung, eine Krankheit oder eine andere von den Betroffenen nicht zu verantwortende Einschränkung in Bezug auf den Erwerb von Sprachkompetenzen vor – etwa eine ausgeprägte Lese- oder Schreibschwäche, Erwerbsarmut oder auch Betreuungspflichten –, müssen diese in angemessener Weise berücksichtigt werden (Art. 58*a* Abs. 2 AIG, Art. 77*f* VZAE).

Die VZAE bestimmt für verschiedene Situationen Minimalanforderungen an die **Sprachkompetenzen** in der am Wohnort gesprochenen Landessprache, so zum Beispiel für die Erteilung und Verlängerung der Aufenthaltsbewilligung im Rahmen des Familiennachzuges (Art. 73*a* Abs. 2 VZAE) und für die Erteilung der Niederlassungsbewilligung im Rahmen des Familiennachzuges (Art. 73*b* VZAE), für den Familiennachzug mit Einbezug in die vorläufige Aufnahme (Art. 74*a* Abs. 1 VZAE), für die Verlängerung der Aufenthaltsbewilligung nach Auflösung der Familiengemeinschaft (Art. 77 Abs. 4 VZAE), für die ordentliche Erteilung der Niederlassungsbewilligung (Art. 60 Abs. 2 VZAE), für die vorzeitige Erteilung der Niederlassungsbewilligung (Art. 62 Abs. 2 VZAE), für die erneute Erteilung der Niederlassungsbewilligung nach einem Auslandsaufenthalt (Art. 61 Abs. 2 VZAE) sowie für die erneute Erteilung der Niederlassungsbewilligung nach einer Rückstufung (Art. 61*a* Abs. 3 VZAE). Eine vergleichbare Regelung besteht auch für die Einbürgerung: Art. 6 Abs. 1 BüV statuiert Minimalanforderung an die Sprachkompetenzen in einer Landessprache.

Für die Bestimmung dieser Minimalanforderungen an die Sprachkompetenzen nehmen VZAE und BüV Bezug auf den **Gemeinsamen Europäischen Referenzrahmen für Sprachen (GER)** des Europarates und bestimmen, dass je nach Situation ein bestimmtes Niveau auf diesem Referenzrahmen zu erreichen ist. Damit wird ein objektivierter Massstab festgesetzt, dessen Zweck es ist, «eine willkürfreie und schweizweit (...) einheitliche Praxis sicherzustellen. Es bildet denn auch das ausdrückliche Ziel des Gemeinsamen Europäischen Referenzrahmens, die verschiedenen europäischen Sprachzertifikate untereinander vergleichbar zu machen und einen Massstab für den Erwerb von Sprachkenntnissen zu schaffen» (zur Publikation bestimmtes Urteil BGer, 1D_4/2021, 8. März 2022, E. 5.2).

Dieser **Nachweis über genügende Sprachkompetenzen** gilt nach Art. 77*d* Abs. 1 VZAE als erbracht, wenn die betreffenden Ausländerinnen und Ausländer entweder die Landessprache als Muttersprache sprechen und schreiben (lit. a), während mindestens drei Jahren die obligatorische Schulzeit in dieser Landessprache besucht haben (lit. b), eine Ausbildung auf Sekundarstufe II oder Tertiärstufe in dieser Landessprache besucht haben (lit. c) oder über ein Sprachzertifikat verfügen, das die entsprechenden Sprachkompetenzen bescheinigt (lit. d). Dieses Sprachzertifikat muss sich auf ein Sprachnachweisverfahren stützen, das den allgemein anerkannten Qualitätsstandards für Sprachtests entspricht: «In der Regel handelt es sich dabei um eine Bescheinigung in der Form eines Zertifikats, Diploms oder eines ähnlichen Dokuments, das auf einer erfolgreich abgelegten Prüfung und im Bedarfsfall auf einem vorangegangenen Sprachkurs beruht» (zur Publikation bestimmtes Urteil BGer, 1D_4/2021, 8. März 2022, E. 5.2). Das SEM führt eine Liste der zum Nachweis der Sprachenkompetenz anerkannten Sprachzertifikate (www.sem.admin.ch > Integration & Einbürgerung > Mein Beitrag zur Integration als Zugewanderte > Sprachanforderungen > Liste der anerkannten Sprachzertifikate, besucht am 15. August 2022).

– die **Teilnahme am Wirtschaftsleben oder am Erwerb von Bildung** (lit. d): Von Ausländerinnen und Ausländern wird grundsätzlich verlangt, dass sie für ihre Lebenshaltungskosten und Unterhaltsverpflichtungen durch Einkommen, Vermögen und Leistungen Dritter, auf die ein Anspruch besteht, aufkommen können und nicht auf Sozialhilfe angewiesen sind (Art. 77*e* Abs. 1 VZAE). Unter die Leistungen Dritter fallen die Alters-, Hinterlassenen- und Invalidenvorsorge oder Leistungen der Arbeitslosenversicherung. Am Erwerb von Bildung nehmen Ausländerinnen und Ausländer teil, wenn sie in einer Aus- oder Weiterbildung sind (Art. 77*e* Abs. 2 VZAE). Umstände, die auf die Erfüllung dieses Erfordernisses hindeuten, sind etwa ein ungekündigtes und unbefristetes Arbeitsverhältnis, eine aktuelle Bildungstätigkeit oder auch die Teilnahme an Kursen und Weiterbildungen. Vom Erwerb der Bildung werden grundsätzlich formale Aus- und Weiterbildungen wie die Berufslehre, der Besuch der obligatorischen Schulde, Gymnasium oder Universität erfasst. Brückenangebote zum Einstieg in eine formale Bildung und andere Lernaktivitäten, die die künftige wirtschaftliche Selbsterhaltungsfähigkeit von Ausländerinnen und Ausländern fördern, können auch unter den Erwerb von Bildung fallen (Weisungen AIG, 3.3.1.4.2). Ausnahmeweise kann der Wille zur Teilnahme am Wirtschaftsleben dem Integrationserfordernis genügen, wenn die betroffene Person intensive Bemühungen nachweisen kann, dass sie eine Arbeits- oder Ausbildungsstelle gesucht hat. Dies kann beispielsweise anhand einer Anmeldung beim RAV oder der Bestätigung von Temporär- oder Zwischenverdiensten nachgewiesen werden.

Flüchtlinge und vorläufig aufgenommene Ausländerinnen und Ausländer, die keine oder nur mangelhafte Bestrebungen unternehmen, um sich in den Arbeitsmarkt einzugliedern beziehungsweise sich aus- oder weiterzubilden, können zur Teilnahme an Integrations- oder Beschäftigungsprogrammen verpflichtet werden (Art. 10 VIntA). Bei vorläufig aufgenommenen Ausländerinnen und Ausländern – nicht jedoch vorläufig aufgenommenen Flüchtlingen – kann die Verpflichtung in Form einer Integrationsvereinbarung erfolgen. Kommen die Betroffenen dieser Verpflichtung aus unentschuldbaren Gründen nicht nach, können ihnen die

Sozialhilfeleistungen nach kantonalem Recht oder Art. 83 Abs. 1 AsylG gekürzt werden (Art. 10 VIntA).

- Im Rahmen der Beurteilung der Teilnahme am Wirtschaftsleben oder am Erwerb von Bildung müssen zudem die persönlichen Umstände der Ausländerinnen und Ausländer in angemessener Weise berücksichtigt werden (Art. 96 Abs. 1 AIG). Ausländerinnen und Ausländer, die in unverschuldeter Weise – etwa aufgrund einer Behinderung, Krankheit oder anderen gewichtigen persönlichen Umständen – an der Ausübung einer Erwerbstätigkeit oder am Erwerb von Bildung gehindert werden, kann die Nichterfüllung des Integrationskriteriums nicht vorgeworfen werden (Art. 58*a* Abs. 2 AIG).

9.3. Integrationsvereinbarungen

903 Mittels Integrationsvereinbarungen werden zwischen den betroffenen Ausländerinnen und Ausländern sowie den kantonalen Migrationsbehörden Verpflichtungen bezüglich der individuellen Integration schriftlich festgehalten (Art. 58*b* AIG und Art. 77*g* VZAE). Sie dienen einerseits der verbindlichen Festsetzung der für die betroffene Person geltenden Integrationsanforderungen und sollen den betroffenen Ausländerinnen und Ausländern die Konsequenzen einer fehlenden oder schlechten Integration aufzeigen. Andererseits zielen sie darauf ab, die Betroffenen zur Erbringung von Integrationseigenleistungen zu motivieren und ihnen aufzuzeigen, dass eine erfolgreiche Integration zu einer Verbesserung der Rechtsstellung führen kann (positive Anreize).

904 Das AIG sieht mehrere Fälle vor, in denen Integrationsvereinbarungen abgeschlossen werden können:

- im Rahmen der Erteilung und Verlängerung einer Aufenthaltsbewilligung (Art. 33 Abs. 5 AIG),
- im Rahmen der Erteilung einer Bewilligung im Rahmen des Nachzugs von Familienangehörigen von Ausländerinnen und Ausländern mit Niederlassungs- oder Aufenthaltsbewilligung (Art. 43 Abs. 4 AIG, Art. 44 Abs. 4 AIG) und
- bei vorläufig aufgenommenen Personen (Art. 83 Abs. 10 AIG).

905 Integrationsvereinbarungen werden mit Ausländerinnen und Ausländern abgeschlossen, die einen besonderen Integrationsbedarf aufweisen, das heisst, wenn die zuständige Migrationsbehörde in Bezug auf die Integrationskriterien nach Art. 58*a* Abs. 1 AIG – Beachtung der öffentlichen Sicherheit und Ordnung, Respektierung der Werte der Bundesverfassung, Sprachkompetenzen und Teil-

nahme am Wirtschaftsleben oder am Erwerb von Bildung – einen Nachholbedarf ausfindig macht (Art. 77*g* VZAE). Integrationsvereinbarungen werden damit nicht flächendeckend abgeschlossen. Ein solcher systematischer Abschluss von Integrationsvereinbarungen ist – gerade in Bezug auf Ausländerinnen und Ausländer mit positiver Integrationsprognose – nicht notwendig und würde zu einem erheblichen Aufwand bei den zuständigen kantonalen Behörden führen, da sie mit jeder Person individuelle Integrationsziele vereinbaren und deren Einhaltung überprüfen müssten:

> «Integrationsvereinbarungen sollen dabei nicht systematisch, sondern nur gezielt eingesetzt werden. Der Abschluss von Integrationsvereinbarungen ist dann sinnvoll, wenn aufgrund von aktenkundigen Vorkommnissen im Einzelfall ein ungünstiger Verlauf des Integrationsprozesses zu erwarten ist. In diesem Zusammenhang sind die bereits heute im Ausländergesetz vorgesehenen Meldepflichten weiter zu ergänzen (…). Bei festgestellten Integrationsdefiziten soll möglichst rasch gehandelt werden. Gegen die systematische Anordnung von Integrationsvereinbarungen spricht zudem, dass den Kantonen dadurch ein nicht zu rechtfertigender Mehraufwand entstehen würde.» (BBl 2013 2397, S. 2407)

Inhaltlich hält die Integrationsvereinbarung nach Art. 58*b* Abs. 1 AIG die Ziele, Massnahmen und Fristen einer individuell vereinbarten Integrationsförderung fest. Typische Zielsetzungen sind nach Art. 58*b* Abs. 2 AIG der Erwerb von Sprachkompetenzen, Massnahmen zur schulischen oder beruflichen Integration oder zum Erwerb von Kenntnissen über die Lebensbedingungen, das Wirtschaftssystem und die Rechtsordnung in der Schweiz. Im Vordergrund stehen in der Praxis damit der Besuch von Sprach- oder Integrationskursen. Verlangt die zuständige Behörde den Abschluss einer Integrationsvereinbarung, wird die Aufenthaltsbewilligung erst nach deren Abschluss erteilt oder verlängert (Art. 58*b* Abs. 3 AIG). Bei Nichteinhaltung der Vereinbarung ohne entschuldbaren Grund kann die Aufenthaltsbewilligung zudem nach Art. 62 Abs. 1 lit. g AIG widerrufen werden, sofern sich dies im Einzelfall als verhältnismässig erweist (Art. 77*g* Abs. 5 VZAE, Rz. 710). 906

Hervorzuheben ist, dass die Freizügigkeitsabkommen keine Auflagen oder Bedingungen in Bezug auf die Integration erlauben. Integrationsvereinbarungen sind dementsprechend für EU/EFTA-Bürgerinnen und -Bürger ausgeschlossen. Die zuständigen Behörden können allenfalls Integrationsempfehlungen abgeben (Art. 58*b* Abs. 4 AIG). Hierzu hat der Bundesrat ausgeführt: 907

> «Mit freizügigkeitsberechtigten Ausländerinnen und Ausländern oder mit den im Familiennachzug zu Schweizerinnen und Schweizern eingereisten Ausländern und Ausländerinnen können keine verpflichtenden Integrationsvereinbarungen abgeschlossen werden. Absatz 4 sieht daher vor, dass die zuständigen Behörden diesen Ausländerinnen und Ausländern im Bedarfsfall Integrationsempfehlungen abgeben können. Schlussendlich liegt eine erfolgreiche Integration auch im Eigeninteresse dieser Personen, zumal bei der Erteilung der Niederlassungsbewilligung die Integration generell mit zu berücksichtigen ist.» (BBl 2013 2397, S. 2430)

10. Ausländerstrafrecht

908 Die Strafbestimmungen des AIG sind dem Nebenstrafecht zuzuordnen, das als Strafrecht der Verwaltung eingestuft werden kann. Als solches folgen sie den allgemeinen strafrechtlichen Prinzipien, wobei diese auf die verwaltungsrechtlichen Gegebenheiten angepasst werden müssen.

909 Im Strafrecht wird grundsätzlich keine Unterscheidung zwischen Schweizer Staatsangehörigen und ausländischen Personen gemacht, das Schweizerische Strafgesetzbuch vom 21. Dezember 1937 (StGB, SR 311.0) gilt grundsätzlich für alle sich in der Schweiz aufhaltenden Personen. Dennoch führt das AIG eine Reihe von Straftatbeständen auf, von denen einige nur durch Ausländerinnen und Ausländer verwirklicht werden können. Allerdings zielen diese «nicht auf die ausländische Person und deren «Migrationshintergrund» an sich. Bestraft werden sollen die Handlungen, mit welchen die verwaltungsrechtlichen Regelungen des AuG umgangen bzw. die diesbezüglichen Kontrollen betreffend Einreise, Aufenthalt und Teilnahme am hiesigen Arbeitsmarkt unterlaufen werden. Diese enge Abhängigkeit der Strafbestimmungen von den Zielen und Inhalten des Verwaltungsrechts ist problematisch – es droht die Gefahr, dass vor lauter migrationsrechtlichem Abwehrdenken die wesentlichen Grundsätze des Strafrechts, wie etwa das Schuldprinzip, auf der Strecke bleiben» (SPESCHA/KERLAND/BOLZLI, S. 341). Bei der Anwendung der Strafbestimmungen des AIG muss daher besonderes Augenmerkt auf die Einhaltung der strafrechtlichen Grundsätze, insbesondere des Legalitätsprinzips, des Grundsatzes *in dubio pro reo* sowie auch des Schuldprinzips gelegt werden.

910 Aus dem Völkerrecht ergeben sich grundsätzlich keine spezifisch auf das Ausländerstrafrecht anwendbaren Vorgaben und auch die Rückführungsrichtlinie enthält keine Bestimmungen betreffend strafrechtliche Sanktionen. Es liegt damit im freien Ermessen der Mitgliedstaaten, die rechtswidrige Ein- und Ausreise sowie den rechtswidrigen Aufenthalt auf seinem Hoheitsgebiet unter Strafe zu stellen. Als Grundsatz gilt allerdings, dass die von den Mitgliedstaaten vorgesehenen strafrechtlichen Sanktionen das Rückführungsverfahren nicht beeinträchtigen dürfen. Gestützt auf die Rückführungsrichtlinie kommt dem verwaltungsrechtlichen Ausschaffungsverfahren damit Vorrang vor einem allfälligen Strafverfahren zu. Ein solches darf nur eröffnet und durchgeführt werden, wenn die Rückführung dadurch nicht verhindert beziehungsweise verzögert wird (BGE 143 IV 249, E. 1.5 S. 256).

911 Das schweizerische Ausländergesetz kennt schon seit längerer Zeit Straftatbestände, die die rechtswidrige Einreise- und den rechtwidrigen Aufenthalt unter Strafe stellen. Mit Inkrafttreten des AuG wurden diese zusätzlich ausgeweitet, indem insbesondere die bislang strafrechtlich nicht relevante rechtswidrige Ausreise und die Täuschung der Behörden in den Katalog der Straftatbestände auf-

genommen und die fahrlässige Begehung der Tatbestände von Art. 115 unter Strafe gestellt wurden. Diese Bestimmungen wurden auch ins AIG überführt. Im Nachfolgenden soll ein kurzer Überblick über ausgewählte Straftatbestände gegeben werden, ohne dass ein Anspruch auf Vollständigkeit erhoben wird.

Die Zuständigkeit zur Verhängung ausländerrechtlicher Sanktionen liegt bei den Strafbehörden. Gegen die Strafentscheide kann der kantonale Instanzenzug durchlaufen werden. Letztinstanzliche kantonale Entscheide können mit Beschwerde an das Bundesgericht weitergezogen werden (Art. 80 Abs. 1 BGG). 912

10.1. Rechtswidrige Einreise, rechtswidriger Aufenthalt und rechtswidrige Ausreise

Nach Art. 115 Abs. 1 AIG wird mit Freiheitsstrafe bis zu einem Jahr oder Geldstrafe bestraft, wer die Einreisevoraussetzungen nach Art. 5 AIG verletzt (lit. a), sich rechtswidrig in der Schweiz aufhält (lit. b), eine nicht bewilligte Erwerbstätigkeit ausübt (lit. c) oder nicht über eine vorgeschriebene Grenzübergangsstelle in die Schweiz ein- oder aus der Schweiz ausreist (lit. d). Gleiches gilt, wenn sich Ausländerinnen und Ausländer aus der Schweiz oder aus dem internationalen Transitbereich eines Schweizer Flughafens in einen anderen Staat unter Verletzung der dort geltenden Einreisebestimmungen einreist oder diesbezüglich Vorbereitungen trifft (Art. 115 Abs. 2 AIG). Wird die Tat fahrlässig begangen, so ist die Strafe Busse (Art. 115 Abs. 3 AIG). 913

a) Rechtswidrige Einreise in die Schweiz

Als rechtswidrige Einreise gilt das Passieren des Grenzpostens unter Verletzung der Einreisevoraussetzungen nach Art. 5 AIG (siehe vorne Rz. 406 ff.). Damit machen sich Ausländerinnen und Ausländer etwa strafbar, wenn sie ohne gültiges und anerkanntes Reisepapier, unter Verletzung der Visumspflicht oder mit gefälschten Papieren in die Schweiz einreisen. 914

Allerdings führt nicht jede rechtswidrige Einreise zu einer Strafverfolgung beziehungsweise einer Bestrafung. Flüchtlinge können sich etwa auf den Rechtfertigungsgrund nach Art. 31 der Flüchtlingskonvention berufen. Zudem können auch die allgemeinen Rechtfertigungsgründe – insbesondere der rechtfertigende Notstand nach Art. 17 StGB – dazu führen, dass Ausländerinnen und Ausländer für ihre rechtswidrige Einreise strafrechtlich nicht belangt werden. Zudem kann nach Art. 115 Abs. 4 AIG das Strafverfahren, das wegen einer Straftat nach Art. 115 Abs. 1 lit. a, b oder d eingeleitet wurde, bis zum rechtskräftigen Abschluss des hängigen Weg- oder Ausweisungsverfahrens sistiert 915 werden. Das Strafverfahren wird ebenfalls sistiert, wenn ein Weg- oder Ausweisungsentscheid vorgesehen ist. Ferner hat das Weg- und Ausweisungsverfahren Vorrang, wenn aufgrund einer Straftat nach Art. 115 Abs. 1 lit. a, b oder d AIG eine Strafe vorgesehen ist, oder deren Verhängung oder Vollzug der unmittelbar bevorstehenden Durchführung einer rechtskräftigen Weg- oder Ausweisung entgegensteht (Art. 115 Abs. 5 AIG). Die Vorrangregel von Art. 115 Abs. 4 und 5 AIG gilt nicht, wenn Ausländerinnen und Ausländer unter Missachtung des Einreiseverbots erneut in die Schweiz einreisen oder wenn die Weg- oder Ausweisung wegen ihres Verhaltens nicht vollzogen werden konnte (Art. 115 Abs. 6).

916 «Die Landesverweisung ist von dieser Bestimmung nicht erfasst. Das mögliche Absehen von einer Strafverfolgung, dem Vollzug einer Strafe usw. bezieht sich nur auf das Wegweisungs- oder Ausweisungsverfahren und nur auf die in Artikel 115 Absatz 1 AuG erwähnten Straftatbestände (mit Ausnahme der nicht bewilligten Erwerbstätigkeit). Reist eine Person trotz einer noch bestehenden Landesverweisung ein, könnte man zwar im Rahmen eines allfälligen Wegweisungsverfahrens auf der Grundlage dieser Bestimmung von einem Strafverfahren wegen der Verletzung der Einreisevorschriften usw. absehen, nicht jedoch von einem Strafverfahren auf der Grundlage von Artikel 291 StGB (Verweisungsbruch).» (Botschaft BBl 2018 1753)

b) Rechtswidriger Aufenthalt in der Schweiz

917 Als rechtswidrig gilt der Aufenthalt in der Schweiz insbesondere «nach Ablauf des bewilligungsfreien oder des bewilligten Aufenthalts». Eine Strafbarkeit liegt damit vor, wenn sich Ausländerinnen und Ausländer in der Schweiz aufhalten, ohne die für ihren Aufenthalt notwendigen Einreise- und allenfalls Bewilligungsvoraussetzungen zu erfüllen. Darin eingeschlossen ist der Fall, dass eine ausländische Person während ihrem grundsätzlich bewilligungsfreien Aufenthalt eine Erwerbstätigkeit aufnimmt, ohne über die hierfür erforderliche Bewilligung zu verfügen (zur Bewilligungspflicht des Aufenthalts mit Erwerbstätigkeit siehe vorne Rz. 487 ff.). Allerdings darf die Strafbarkeit nicht bereits bei Fehlen einer ausländerrechtlichen Bewilligung angenommen werden, da der Aufenthalt während eines Bewilligungsverfahrens unter Umständen rechtmässig sein kann (Art. 17 AIG, siehe vorne Rz. 586 ff.).

918 Freizügigkeitsberechtigte Personen haben gestützt auf das FZA einen Anspruch auf Anwesenheit in der Schweiz (siehe hinten Rz. 972 ff.). Da die Erteilung der Bewilligung durch die zuständige Migrationsbehörde in diesen Fällen rein deklaratorischer Natur ist, stellt die Anwesenheit bis zur Erteilung der Bewilligung keinen rechtswidrigen Aufenthalt dar und ist entsprechend auch nicht strafbar.

919 Der Tatbestand des rechtswidrigen Aufenthaltes stellt ein Unterlassungsdelikt dar, indem den Betroffenen vorgeworfen wird, die Schweiz nicht verlassen zu haben. Als solches kommt Art. 115 Abs. 1 lit. b AIG nach allgemeinen strafrechtlichen Prinzipien nur dann zur Anwendung, wenn es den Betroffenen

überhaupt objektiv möglich war, rechtmässig aus der Schweiz aus- und in ein anderes Land einzureisen. War eine solche Möglichkeit von Vornherein nicht gegeben, kann den Betroffenen das rechtswidrige Verhalten aufgrund des geltenden Schuldprinzips nicht vorgeworfen werden:

> «Für die Strafbarkeit des rechtswidrigen Verweilens nach Art. 115 Abs. 1 lit. b AuG muss in jedem Fall vorausgesetzt werden, dass es der betroffenen ausländischen Person (...) objektiv nicht unmöglich ist, legal aus der Schweiz auszureisen bzw. rechtmässig in das Heimatland zurückzukehren. Andernfalls kann ihr der Normverstoss nicht zur Last gelegt werden bzw. darf sie wegen rechtswidrigen Aufenthalts nicht bestraft werden. Das strafrechtliche Schuldprinzip setzt die Freiheit voraus, anders handeln zu können (...)» (BGE 143 IV 249, E. 1.6 S. 256)

Eine objektive Unmöglichkeit die Schweiz zu verlassen bestand beispielsweise während der Covid-19-Pandemie, als der Flugverkehr zeitweise praktisch vollständig eingestellt war. In dieser Zeit war es vielen Ausländerinnen und Ausländern nicht mehr möglich, die Schweiz beziehungsweise den Schengen-Raum vor Ablauf der Gültigkeitsdauer ihres Visums oder ihrer ausländerrechtlichen Bewilligung auf den Luftweg oder einem anderen Rückkehrweg zu verlassen. Ein wegen dieser Umstände überzogener Aufenthalt in der Schweiz wurde nicht als rechtswidrigen Aufenthalt betrachtet. 920

Der Strafrahmen beträgt Freiheitsstrafen bis zu einem Jahr oder Geldstrafen (Art. 115 Abs. 1 AIG). Die fahrlässige Begehung wird mit Busse bestraft (Art. 115 Abs. 4 AIG), wobei die fahrlässige Unkenntnis über die Dauer und den Zweck des rechtmässigen Aufenthalts für die Begründung der Strafbarkeit ausreichen. Da der rechtswidrige Aufenthalt ein sogenanntes Dauerdelikt darstellt, ist eine wiederholte Bestrafung von Ausländerinnen und Ausländern zulässig, sofern sie nach der Bestrafung beziehungsweise der Entlassung aus dem Strafvollzug weiterhin unrechtmässig in der Schweiz verbleiben. Allerdings gilt diesbezüglich, dass die Gesamtdauer aller gestützt auf Art. 115 AIG ausgesprochenen Strafen die in Abs. 1 vorgesehene Höchststrafe von einem Jahr Freiheitsstrafe nicht überschreiten darf: 921

> «Das andauernde und ununterbrochene rechtswidrige Verweilen im Lande gemäss Art. 23 Abs. 1 al. 4 ANAG (...) ist - wie der Tatbestand des Verweisungsbruchs gemäss Art. 291 StGB - ein Dauerdelikt (...). Eine Dauerstraftat liegt vor, wenn die Begründung des rechtswidrigen Zustands mit den Handlungen, die zu seiner Aufrechterhaltung vorgenommen werden, bzw. mit der Unterlassung seiner Aufhebung eine Einheit bildet und das auf Fortführung des deliktischen Erfolgs gerichtete Verhalten vom betreffenden Straftatbestand ausdrücklich oder sinngemäss mitumfasst wird (...). Das Delikt ist mit der Verwirklichung des Tatbestandes somit nicht abgeschlossen, sondern der rechtswidrige Zustand wird durch den fortdauernden Willen des Täters aufrechterhalten und erneuert sich gewissermassen fortlaufend (...).
>
> Die Verurteilung wegen eines Dauerdelikts bewirkt nach der Rechtsprechung dessen Zäsur. Da die Verurteilung nur die Herbeiführung und die Aufrechterhaltung des rechtswidrigen Zustandes bis zum Urteilszeitpunkt erfasst, ist das Aufrechterhalten des Dauerzustands nach dem Urteil als selbständige Tat zu werten. Die Tateinheit wird durch die Verurteilung aufgehoben, und für neue Delikte gilt der

Grundsatz «ne bis in idem» nicht (...). In diesen Fällen ist daher eine neue Verurteilung für die vom ersten Urteil nicht erfassten Tathandlungen (...) möglich (...).

Die Vorbehalte, welche (...) hinsichtlich des Schuldprinzips gegen die Zäsurwirkung beim Dauerdelikt vorbringt, erlangen auch im vorliegend zu beurteilenden Kontext Bedeutung. Denn die Strafverfolgungsbehörden schaffen durch die Eröffnung eines erneuten Strafverfahrens unter Verweis auf die Zäsurwirkung der vorausgegangenen Verurteilung jeweils selbst die Voraussetzung für die Verurteilung wegen einer vermeintlich neuen Tat. In einem solchen Fall bildet letztlich nicht die individuelle Schuld des Täters Anlass der Bestrafung und Grundlage der Strafzumessung, sondern die von Zufälligkeiten abhängige Geschwindigkeit der Strafverfolgung, die zur Konstruktion von Zäsurwirkungen führt (...). Die Problematik manifestiert sich im Besonderen bei der Konstellation, in welcher die infolge der Zäsurwirkung in verschiedenen Strafverfahren ausgesprochenen Strafen die im fraglichen Tatbestand angedrohte Höchststrafe in ihrer Gesamtheit überschreiten. In diesem Fall wird das Schuldprinzip, auf welchem das Strafrecht fusst (...), unterlaufen und kommt der erneuten Bestrafung zunehmend eine Beugewirkung zur Erzwingung der unterlassenen Handlung zu.

Dieser Problematik ist insofern Rechnung zu tragen, als eine neuerliche Verurteilung wegen eines Dauerdelikts und eine Zumessung der Strafe ohne Rücksicht auf die bereits in einem früheren Strafurteil erfasste Dauer der Tatbestandsverwirklichung erfordert, dass der Täter nach dem früheren Schuldspruch einen vom früheren losgelösten, neuen Tatentschluss fasst. Fehlt es an einem solchen, beruht die nach dem vorangegangenen Schuldspruch andauernde Verwirklichung des Dauertatbestandes mithin auf einem fortwirkenden, schon vor der ersten Verurteilung gefassten einheitlichen Tatentschluss, muss der Richter im neuen Urteil bei der Zumessung der Strafe für die noch nicht beurteilte Deliktsdauer mit Blick auf das Schuldprinzip darauf achten, dass die Summe der wegen des Dauerdelikts ausgesprochenen Strafen dem Gesamtverschulden angemessen ist (Art. 47 Abs. 1 StGB) und die im fraglichen Tatbestand angedrohte Höchststrafe nicht überschreitet.» (BGE 135 IV 6, E. 3.2 ff. S. 9 ff.)

10.2. Förderung der rechtswidrigen Ein- und Ausreise sowie des rechtswidrigen Aufenthaltes

922 Nach Art. 116 Abs. 1 AIG wird mit Freiheitsstrafe bis zu einem Jahr oder Geldstrafe bestraft, wer die rechtswidrige Ein- und Ausreise oder den rechtswidrigen Aufenthalt von Ausländerinnen und Ausländern in der Schweiz vorsätzlich erleichtert oder fördert. Die Strafbarkeit nach Art. 116 Abs. 1 AIG liegt nur in Bezug auf im In- und Ausland begangene Unterstützungshandlungen vor, mit denen der Zugriff der zuständigen Migrationsbehörden auf Ausländerinnen und Ausländer in erheblichem Masse erschwert wird. Beispiele hierfür sind etwa die Vermittlung einer Wohnung an rechtswidrig anwesende Personen oder deren Aufnahme im eigenen Haushalt. Demgegenüber vermögen Alltags-

handlungen, mit denen die rechtswidrige Ein- oder Ausreise sowie der rechtswidrige Aufenthalt allenfalls indirekt gefördert werden, den Tatbestand von Art. 116 Abs. 1 AIG nicht zu erfüllen. (BGE 130 IV 77, E. 2.3.2 S. 80)

Es entspricht dem Willen des Gesetzgebers, auch sogenannte «Solidaritätsdelikte», d.h. Unterstützungshandlungen, die aus rein humanitären Gründen erfolgen, unter Strafe zu stellen. Bestrebungen zur Entkriminalisierung solcher «Solidaritätsdelikte» wurden jüngst im Jahr 2019 im Parlament verworfen (Parlamentarische Initiative 18.461 Artikel 116 AuG. Solidarität nicht mehr kriminalisieren). So wies beispielsweise das Bundesgericht die Beschwerde einer Frau ab, die einen im Rahmen des Dublin-Verfahrens nach Italien überstellten Flüchtling mit dem Auto in Domodossola abgeholt und über die Grenze in die Schweiz gefahren hat. Der betroffene Ausländer war suizidgefährdet und litt unter einer posttraumatischen Belastungsstörung. Er wurde – entgegen der in einem psychologischen Gutachten gestellten Forderung, ihn nicht aus seiner in der Schweiz lebenden Familie herauszureissen – nach Italien überstellt. Nach den Ausführungen des Bundesgerichts kann sich die Beschwerdeführerin im vorliegenden Fall nicht auf die Leistung der Notstandshilfe oder der Wahrung berechtigter Interessen berufen. (BGer, 6B_1162/2019, Urteil vom 30. Juni 2020) 923

Handeln die Täterinnen und Täter mit Bereicherungsabsicht oder für eine Gruppe oder Vereinigung, die sich zur fortgesetzten Tatbegehung zusammengefunden hat, liegt ein schwerer Fall vor, der mit Freiheitsstrafe bis zu fünf Jahren bedroht ist (Art. 116 Abs. 3 AIG). Dieser Tatbestand bezieht sich auf das Schlepperwesen und bezweckt dementsprechend die Bekämpfung der organisierten Kriminalität. Leichte Fälle können demgegenüber mit Busse bestraft werden (Art. 116 Abs. 2 AIG). Handelt es sich um den Ehegatten oder die Ehegattin beziehungsweise den eingetragenen Partner oder die eingetragene Partnerin, entfällt die Strafbarkeit zudem von Vornherein, da die Förderungs- und Erleichterungshandlungen durch die ehelichen Beistandspflichten gerechtfertigt werden (BGE 127 IV 27). 924

10.3. Weitere Strafbestimmungen

a) Beschäftigung von Ausländerinnen und Ausländern ohne Bewilligung und Verletzung der Stellenmeldepflicht

Art. 117 und Art. 117*a* AIG zielen auf die Bestrafung von Arbeitgeberinnen und Arbeitgebern, die vorsätzlich ausländische Personen beschäftigen, die in der Schweiz nicht zur Ausübung einer Erwerbstätigkeit zugelassen sind (Art. 117 Abs. 1 AIG) oder die ihre Pflichten bei der Stellenmeldung verletzen (Art. 117*a* i.V.m. Art. 21*a* Abs. 3 und 4AIG). 925

Das AIG geht – analog der Definition der unselbständigen und selbständigen Erwerbstätigkeit – von einem weit gefassten Begriff der Arbeitgeberinnen und Arbeitgeber aus (zum Begriff der Erwerbstätigkeit siehe vorne Rz. 482 ff.). 926

Alle Personen, die Ausländerinnen und Ausländer eine Tätigkeit ausüben lassen, sind dementsprechend verpflichtet, im konkreten Fall zu überprüfen, ob die betreffende Person zur Ausübung dieser Tätigkeit zugelassen ist. Kommen sie dieser Pflicht nicht nach, handeln sie zumindest fahrlässig.

927 Art. 117 und 117*a* AIG beziehen sich lediglich auf die Strafbarkeit der Arbeitgeberinnen und Arbeitgeber. Die betroffenen Ausländerinnen und Ausländer, die eine Erwerbstätigkeit ausüben, ohne über die entsprechende Bewilligung zu verfügen, machen sich demgegenüber nach Art. 115 Abs. 1 lit. c AIG strafbar. Ihnen droht eine Freiheitsstrafe bis zu einem Jahr oder eine Geldstrafe (Art. 115 Abs. 1 AIG).

b) Täuschung der Behörden

928 Wer gegenüber den Migrationsbehörden falsche Angaben macht oder wesentliche Tatsachen verschweigt und dadurch die Erteilung einer Bewilligung für sich oder andere erschleicht oder bewirkt, dass eine Bewilligung nicht entzogen wird, wird mit Freiheitstrafe bis zu drei Jahren oder Geldstrafe bestraft (Art. 118 Abs. 1 AIG, zu den Begriffen der falschen Angaben und des Verschweigens wesentlicher Tatsachen siehe vorne Rz. 710). Handeln die Täterinnen und Täter mit Bereicherungsabsicht oder liegt Bandenmässigkeit vor, droht eine Freiheitsstrafe von bis zu fünf Jahren oder eine Geldstrafe (Art. 118 Abs. 3 AIG).

929 Unter die Täuschungsdelikte nach Art. 118 AIG fallen auch die Schein- beziehungsweise Ausländerrechtsehen (siehe hierzu vorne Rz. 636 ff.). Wurde eine Ehe beziehungsweise eine eingetragene Partnerschaft mit der einzigen Absicht eingegangen, die Bestimmungen über Zulassung und Aufenthalt zu umgehen, droht eine Freiheitsstrafe von bis zu drei Jahren oder Geldstrafe (Art. 118 Abs. 2 AIG). Dies gilt auch für Personen, die eine solche Verbindung vermitteln, fördern oder ermöglichen.

c) Verletzung von Ein- und Ausgrenzungsverfügungen

930 Nach Art. 119 AIG wird die Missachtung einer Ein- oder Ausgrenzung mit Freiheitsstrafe bis zu drei Jahren oder Geldstrafe bestraft (Abs. 1). Von der Strafverfolgung, der Überweisung an das zuständige Gericht oder der Bestrafung kann abgesehen werden, wenn die betroffenen Ausländerinnen und Ausländer sofort ausgeschafft werden können oder wenn sie sich in Vorbereitungs- oder Ausschaffungshaft befinden (Art. 119 Abs. 2 AIG).

Auch in diesem Zusammenhang gilt gestützt auf die Rückführungsrichtlinie der Vorrang des ausländerrechtlichen Rückführungsverfahrens: 931

> «Die Schweiz ist über das Schengen-Abkommen (SR 0.362.31) verpflichtet, die EU-Rückführungsrichtlinie vom 16. Dezember 2008 (RL 2008/115/EU [vormals: EG]) anzuwenden. Diese Richtlinie bezweckt eine minimale Harmonisierung der Verfahren zur Wegweisung und Rückführung von sich illegal aufhaltenden Drittstaatsangehörigen (...). Die Rückführungsrichtlinie ordnet das Rückführungsverfahren verhältnismässig abgestuft mit Vorrang der freiwilligen Ausreise bis zum «letzten Mittel» der Zwangsmassnahmen zur Durchführung der Abschiebung von Widerstand leistenden Drittstaatsangehörigen (...). Die Richtlinie steht der Bestrafung wegen illegalen Aufenthalts nicht entgegen; eine Bestrafung darf aber die effektive Rückführung nicht gefährden (...). Eine Freiheitsstrafe ist daher mit der Richtlinie nur unter der Bedingung vereinbar, dass die Person einer Zwangsmassnahme im Sinne von Art. 8 der Richtlinie unterworfen wurde; darunter ist jede Massnahme zu verstehen, die effektiv und verhältnismässig zur Rückführung der Person nach dem Recht des Mitgliedstaats führt (...).» (BGer, 6B_1365/2019, Urteil vom 11. März 2020, E. 2.3.1)

d) Weitere Widerhandlungen

Das AIG sieht in Art. 120 Abs. 1 eine Reihe von weiteren Widerhandlungen vor, die bei vorsätzlicher oder fahrlässiger Begehung mit Busse bestraft werden: 932

- die Verletzung der **An- oder Abmeldepflichten** (lit. a);
- der unbewilligte Stellenwechsel beziehungsweise der unbewilligte Wechsel von einer unselbständigen zu einer selbständigen Erwerbstätigkeit (lit. b);
- der unbewilligte Kantonswechsel (lit. c);
- die Nichteinhaltung von mit der Bewilligung verbundenen Bedingungen (lit. d);
- die **Verletzung der Mitwirkungspflicht** bei der Beschaffung von Reisepapieren (lit. e);
- die **Verletzung der Meldepflichten** nach Art. 85*a* Abs. 2 bis 3bis AIG oder Nichteinhaltung einer mit der Meldung verbundenen Bedingung (lit. f);
- die Widersetzung oder Verunmöglichung einer Kontrolle durch Kontrollorgane nach Art. 85*a* Abs. 4 AIG (lit. g)
- als asylsuchende, vorläufig aufgenommene oder schutzbedürftige Person nach Art. 59d und 59e AIG **unerlaubt ins Ausland reist** (lit. h).

§ 8 Ausländerrecht nach dem Freizügigkeitsabkommen

Literatur: AMARELLE CESLA/NGUYEN MINH SON (Hrsg.), Code annoté de droit des migrations, Volume III: Accord sur la libre circulation des personnes (ALCP), Bern 2014; BURRI NINA/PRIULI VALERIO, Landesverweisung und FZA, AJP 2017, S. 886 ff.; CARONI MARTINA/PLOZZA MONIKA, Migrationsrechtliche Aspekte von Eheschluss, Trennung und Scheidung, in: Fankhauser Roland (Hrsg.), Kommentar zum Familienrecht – Scheidung, Band II: Anhänge, 4. Auflage, Bern 2022, S. 897 ff.; EPINEY ASTRID, Das Freizügigkeitsabkommen Schweiz – EU, in: Uebersax Peter et al. (Hrsg.), Handbuch für die Anwaltspraxis – Ausländerrecht, 3. Auflage, Basel 2022, S. 189 ff.; EPINEY ASTRID, Strafrechtliche Landesverweisung und FZA, in: Jusletter, 19. August 2019; EPINEY ASTRID/METZ BEATE/MOSTERS ROBERT (Hrsg.), Das Personenfreizügigkeitsabkommen Schweiz-EU, Auslegung und Anwendung in der Praxis, Zürich 2011; EPINEY ASTRID, Zur Diplomanerkennung im Freizügigkeitsabkommen Schweiz – EU, in: Jusletter 15 März 2021; EPINEY ASTRID, Strafrechtliche Landesverweisung und FZA – Anmerkungen zum Urteil des Bundesgerichts 6B_378/2018 vom 22. Mai 2019, in: Jusletter 19. August 2019; JAAG TOBIAS/HÄNNI JULIA, Europarecht – Die europäischen Institutionen aus schweizerischer Sicht, 5. Auflage, Zürich/Basel/Genf 2022; JUNGHANSS CORNELIA, Ausländische Staatsangehörige als Arbeitnehmer, Rechtliche Fragestellungen an der Schnittstelle des Arbeits- und Migrationsrechts, in: Müller Roland et al. (Hrsg.), Recht in privaten und öffentlichen Unternehmen, Band 38, Diss. Basel, Zürich/St. Gallen 2021; KAPSAHILI ALEX/KAUFMANN LUZIUS, Grenzgänger und Selbständigkeit, Arbeitsmarkt Schweiz – EU, Rechtliche Aspekte der grenzüberschreitenden beruflichen Mobilität, in: Errass Christoph et al. (Hrsg.), Schriften zur Grenzüberschreitenden Zusammenarbeit, Band 14, Zürich/St. Gallen 2019, S. 227 ff.; KELLER DAVID, Erörterungen zum Verhältnis zwischen dem Freizügigkeitsabkommen Schweiz – EU und der obligatorischen Landesverweisung nach Art. 66*a* StGB, in: Epiney Astrid et al. (Hrsg.), Schweizerisches Jahrbuch für Europarecht 2019/2020, Zürich 2020, S. 607 ff.; OESCH MATTHIAS, Schweiz – Europäische Union: Grundlagen, Bilaterale Abkommen, Autonomer Nachvollzug, Zürich 2020; PÄRLI KURT (Hrsg.), Entsendegesetz (EntsG), Stämpflis Handkommentar, 2. Auflage, Bern 2021; PROGIN-THEUERKAUF SARAH, Expulsion pénale et ALCP, in: ZSR 139 (2020) I, S. 35 ff.; SPESCHA MARC ET AL., Kommentar Migrationsrecht, 5. Auflage, Zürich 2019; SPRING MICHAEL, Der Bewilligungswiderruf im schweizerischen Ausländerrecht, Diss. Bern 2021, Zürich 2022; ZÜND ANDREAS/HUGI YAR THOMAS, Staatliche Leistungen und Aufenthaltsbeendigung unter dem FZA, in: Epiney Astrid/Gordzielik Teresia (Hrsg.), Personenfreizügigkeit und Zugang zu staatlichen Leistungen, Zürich 2015, S. 157 ff.

Materialien: Botschaft zur Genehmigung der sektoriellen Abkommen zwischen der Schweiz und der EG vom 23. Juni 1999, BBl 1999 6128 ff. (zitiert als Botschaft Bilaterale); Botschaft zur Genehmigung des Protokolls zum Freizügigkeitsabkommen zwischen der Schweiz und der EG vom 1. Oktober 2004, BBl 2004 5891 ff.; Botschaft zur Weiterführung des Freizügigkeitsabkommens sowie zu dessen Ausdehnung auf Bulgarien und Rumänien vom 14. März 2008, BBl 2008 2135 ff.; Bericht des Bundesrates über die Personenfreizügigkeit und die Zuwanderung in die Schweiz vom 4. Juli 2012; Botschaft zur Ausdehnung des Freizügigkeitsabkommens auf Kroatien vom 4. März 2016, BBl 2016 2223 ff.; Botschaft zur Genehmigung und Umsetzung des Abkommens zwischen der Schweizerischen Eidgenossenschaft und dem Vereinigten Königreich von Grossbritannien und Nordirland über die Rechte der Bürgerinnen und Bürger infolge des Austritts des Vereinigten Königreichs aus der Europäischen Union und des Wegfalls des Freizügigkeitsabkommens, BBl 2020 1029; SEM, Weisungen und Erläuterungen zur Verordnung über den freien Personenverkehr (www.sem.admin.ch > Publikationen & Service > Weisungen und Kreisschreiben > II. Freizügigkeitsabkommen, besucht am 14. August 2022).

1. Das Abkommen über die Freizügigkeit im Personenverkehr – Überblick und Grundlagen

933 Nach langen Verhandlungen wurden am 21. Juni 1999 sieben sektorielle Abkommen von der Schweiz, der Europäischen Union und ihren Mitgliedstaaten unterzeichnet, die sogenannten Bilateralen Abkommen I. Eines dieser sektoriellen Abkommen ist das Abkommen über die Freizügigkeit im Personenverkehr (Freizügigkeitsabkommen, FZA, SR 0.142.112.681). Ziel dieses Abkommens ist es, so ausdrücklich die Präambel, die Freizügigkeit der Personen im Hoheitsgebiet der Vertragsparteien «auf der Grundlage der in der Europäischen Gemeinschaft geltenden Bestimmungen zu verwirklichen». Dazu führte der Bundesrat 1999 in seiner Botschaft aus:

> «Im Bereich des Personenverkehrs präsentierte sich die Ausgangslage wie folgt: Es hat sich im Rahmen der Verhandlungen und der folgenden politischen Diskussion um das EWR-Abkommen gezeigt, dass es sich bei der Realisierung des Freien Personenverkehrs um eine innenpolitisch sensible Angelegenheit handelt. Der Bundesrat war daher angesichts der Ausgangslage der bilateralen sektoriellen Verhandlungen – d. h. keine vollumfängliche Teilnahme der Schweiz am Binnenmarkt – bestrebt, auch im Personenverkehr ein Verhandlungsergebnis zu erzielen, das quantitativ und qualitativ unter dem im Rahmen des EWR verhandelten «Acquis communautaire» liegt. Auf Grund des eingangs geschilderten Verhandlungsablaufs wurde der Freie Personenverkehr gleichsam zwingend Thema der bilateralen sektoriellen Verhandlungen. Wichtigstes Ziel des Bundesrates bei der Verhandlungsführung war es jedoch, dass kein automatischer Übergang zum Freien Personenverkehr erfolgt. (…)
>
> Die Ausgangssituation beim Beginn der bilateralen Verhandlungen war entscheidend anders als zu Beginn der Verhandlungen über den EWR. Es ging nicht mehr darum, die Übernahme der vier Freiheiten insgesamt zu verhandeln, um voll und ganz am Binnenmarkt teilzunehmen. In der Optik der Schweiz bestand das Ziel nicht darin, die Freizügigkeit voll und ganz zu realisieren; aus unserer Sicht war allein die partielle Öffnung unserer Ausländerpolitik und unseres Arbeitsmarktes verhandelbar. Das Mass der Öffnung hing einerseits von unseren eigenen spezifischen Interessen in diesem Bereich ab, andererseits von der Frage, in welchem Masse eine solche Öffnung das Fortkommen in den für die Schweiz prioritären Dossiers bedeutete.
>
> Aus wirtschaftlichen Gründen (Reformen/Revitalisierung des schweizerischen Arbeitsmarktes), aus Gründen der Migrations- und der Aussenpolitik (Verhandlungen über die Freizügigkeit als Schlüssel der bilateralen sektoriellen Verhandlungen mit der EG), wie aber auch um die Diskriminierung der Auslandschweizer zu verhindern, hatte die Schweiz ohne Zweifel auch ein unmittelbares eigenes Interesse daran, Verhandlungen mit der EG über die Freizügigkeit aufzunehmen. Gleich verhält es sich bezüglich der gegenseitigen Anerkennung der Diplome und – in gewissem Masse – auch bezüglich der Koordination der Sozialversicherungssysteme.» (Botschaft Bilaterale, S. 6309 f.)

Das Freizügigkeitsabkommen besteht aus dem eigentlichen Abkommen – das mit 25 Artikeln relativ kurz ist – sowie drei Anhängen. Anhang I befasst sich mit der Freizügigkeit, Anhang II mit der Koordinierung der Systeme der sozialen Sicherheit und Anhang III regelt die gegenseitige Anerkennung beruflicher Qualifikationen. Für das Migrationsrecht ist neben dem Abkommen vor allem Anhang I von Bedeutung, statuiert das Abkommen doch in Art. 2 bis 7 lediglich die Grundsätze der Personenfreizügigkeit und verweist im Übrigen auf die entsprechenden Bestimmungen von Anhang I. 934

Das FZA wird durch verschiedene **Zusatzprotokolle** ergänzt, die den Anwendungsbereich des Abkommens auf die seit 1999 der EU beigetretenen Mitgliedstaaten ausdehnt. Ein erstes Zusatzprotokoll wurde am 26. Oktober 2004 nach dem Beitritt von zehn neuen EU-Mitgliedstaaten abgeschlossen und trat auf den 1. April 2006 in Kraft (AS 2006 995). Im Februar 2009 stimmte das Stimmvolk zudem der Ausdehnung der Personenfreizügigkeit auf Rumänien und Bulgarien zu, die beide 2007 der EU beigetreten waren (Protokoll über die Freizügigkeit im Hinblick auf die Aufnahme der Republik Bulgarien und Rumänien als Vertragsparteien, SR 0.142.112.681.1). Nach dem auf den 1. Juli 2013 erfolgten EU-Beitritt Kroatiens wurde zwischen der Schweiz und der EU ein weiteres Protokoll zur Ausdehnung der Personenfreizügigkeit auf Kroatien ausgehandelt. Die Annahme der Volksinitiative «Gegen Masseneinwanderung» am 9. Februar 2014 führte jedoch dazu, dass die Schweiz dieses Protokoll zunächst nicht ratifizieren konnte, da der neue Art. 121*a* BV in Abs. 4 ausdrücklich den Abschluss völkerrechtlicher Verträge, die gegen Art. 121*a* BV verstossen, verbietet. Nach der Einigung über die Umsetzung der Masseneinwanderungsinitiative im Dezember 2016 konnte schliesslich auch dieses Zusatzprotokoll am 16. Dezember 2016 ratifiziert werden und trat auf den 1. Januar 2017 in Kraft (AS 2016 5251). 935

Zeitgleich mit dem FZA zwischen der Schweiz und den Mitgliedstaaten der EU ist am 1. Juni 2002 auch Anhang K zum Übereinkommen zur Errichtung der Europäischen Freihandelsassoziation (SR 0.632.31) in Kraft getreten. Bereits während der Verhandlungen zu den bilateralen Abkommen mit der Europäischen Union hatte der Bundesrat bekräftigt, die mit den Mitgliedstaaten der EU ausgehandelten Erleichterungen im Sinne der Gleichbehandlung auch den EFTA-Staaten zu gewähren. Nach Abschluss der Verhandlungen mit der Europäischen Union einigten sich die Mitgliedstaaten der EFTA am 21. Juni 2001 auf die entsprechenden Anpassungen des EFTA-Übereinkommens. Das Abkommen zur Änderung des EFTA-Übereinkommens basiert im Bereich des Personenverkehrs auf dem FZA zwischen der Schweiz und der EU und führt unter anderem die Freizügigkeit für Erwerbstätige und Nichterwerbstätige ein. Anhang K zum EFTA-Übereinkommen regelt die Details des freien Personenverkehrs zwischen den EFTA-Staaten. 936

1.1. Lediglich eingeschränkte Übernahme von Gemeinschaftsrecht durch die Schweiz

937 Das Ziel des Freizügigkeitsabkommens ist es, im Verhältnis zwischen der Schweiz und den Mitgliedstaaten der EU eine mit der Personenfreizügigkeit innerhalb der EU (hierzu vorne Rz. 270) parallele Rechtslage zu schaffen. Um diese Parallelität zu erreichen, wurden die grundlegenden und am Tag des Vertragsschlusses (21. Juni 1999) geltenden Bestimmungen im Bereich der Personenfreizügigkeit aus dem Gemeinschaftsrecht für das Verhältnis zwischen den Mitgliedstaaten der EU und der Schweiz übernommen (sogenannte *statische* Rechtsübernahme, siehe vorne Rz. 305). Das heisst, die Schweiz übernahm in diesem Bereich den am 21. Juni 1999 bestehenden *acquis communautaire*.

938 Der Begriff *acquis communautaire* beziehungsweise gemeinschaftlicher Besitzstand bezeichnet den Gesamtbestand an Rechten und Pflichten, der für alle Mitgliedstaaten der EU verbindlich ist. Der *acquis communautaire* besteht aus Primär- und Sekundärrecht, Entscheidungen des EuGHs, Erklärungen, Entschliessungen, Rechtsakten der gemeinsamen Aussen- und Sicherheitspolitik sowie Abkommen zwischen der EU und Drittstaaten.

939 Die Übernahme des *acquis communautaire* kam zum einen durch wörtliche Wiederholung des Textes von EU-Rechtsgrundlagen zustande, zum anderen durch den integralen Verweis auf bestimmte Rechtsetzungsakte der EU.

940 Nach Art. 16 Abs. 2 FZA ist die Schweiz bei der Auslegung von Begriffen des Gemeinschaftsrechts an die Rechtsprechung des EuGHs bis zum Zeitpunkt des Vertragsschlusses gebunden. Das FZA verpflichtet die Schweiz hingegen nicht, Weiterentwicklungen des freien Personenverkehrs im Gemeinschaftsrecht (siehe hierzu vorne Rz. 287 ff.) sowie neue einschlägige Urteile des EuGHs zu übernehmen. Beide spielen jedoch in der schweizerischen Praxis eine wichtige Rolle und das Bundesgericht führt in ständiger Praxis aus, nur bei Vorliegen triftiger Gründe von jüngeren EuGH-Urteilen abzuweichen:

> «Gemäss Art. 16 Abs. 2 FZA ist für die Anwendung des Freizügigkeitsabkommens – soweit für die Anwendung des Abkommens Begriffe des Unionsrechts herangezogen werden – die einschlägige Rechtsprechung des EuGHs vor dem Zeitpunkt der Unterzeichnung (21. Juni 1999) massgebend. Da es Ziel des Abkommens ist, die Freizügigkeit auf der Grundlage der in der Europäischen Union geltenden Bestimmungen zu verwirklichen (Präambel), und die Vertragsstaaten übereingekommen sind, in den vom Abkommen erfassten Bereichen alle erforderlichen Massnahmen zu treffen, damit in ihren Beziehungen eine möglichst parallele Rechtslage besteht (Art. 16 Abs. 1 FZA), hat das Bundesgericht in inzwischen ständiger Rechtsprechung entschieden, von der Auslegung abkommensrelevanter unionsrechtlicher Bestimmungen durch den EuGH nach dem Unterzeichnungsdatum nur bei Vorliegen «triftiger» Gründe abzuweichen.» (BGE 142 II 35, E. 3.1 S. 38)

1.2. Die Rechtsquellen des Freizügigkeitsrechtes

Die ausländerrechtlichen Regelungen des Freizügigkeitsrechtes beruhen, ausgehend vom Freizügigkeitsabkommen und seinem Anhang I, auf einer Reihe gemeinschaftsrechtlicher Richtlinien und Verordnungen (die für die Freizügigkeitsregelung innerhalb der EU nicht mehr in Kraft sind, für die Freizügigkeit mit der Schweiz aber aufgrund der statischen Rechtsübernahme des *acquis communautaire* noch gelten), der VFP, dem AIG sowie dem EntsG und der EntsV: 941

- Abkommen zwischen der Schweizerischen Eidgenossenschaft einerseits und der Europäischen Gemeinschaft und ihren Mitgliedstaaten andererseits über die Freizügigkeit vom 21. Juni 1999 (**Freizügigkeitsabkommen, FZA**, SR 0.142.112.681)
- Beispielsweise gilt die nachfolgende Richtlinie weiterhin für die Schweiz aufgrund des acquis communautaire, auch wenn sie für die EU nicht mehr in Kraft ist: Richtlinie 75/34/EWG des Rates vom 17. Dezember 1974 über das Recht der Staatsangehörigen eines Mitgliedstaats, nach Beendigung der Ausübung einer selbständigen Tätigkeit im Hoheitsgebiet eines anderen Mitgliedstaats zu verbleiben (für die EU nicht mehr in Kraft, ersetzt durch Richtlinie 2004/38/EG vom 29. April 2004, Abl. L 158 vom 30. April 2004, S. 77 ff.). Eine Übersicht über die einschlägigen Rechtsakte der EU betreffend Anhang I FZA ist auffindbar unter www.fedlex.admin.ch > Rechtssammlung zu den sektoriellen Abkommen EU > Sektorielle Abkommen EU > 7. Personenverkehr > 7.1. Anhang I: Freizügigkeit (besucht am 14. August 2022).
- Verordnung über den freien Personenverkehr zwischen der Schweiz und der Europäischen Union und deren Mitgliedstaaten, zwischen der Schweiz und dem Vereinigten Königreich sowie unter den Mitgliedstaaten der Europäischen Freihandelsassoziation vom 22. Mai 2002 (**Verordnung über den freien Personenverkehr, VFP**, SR 142.203). Die Verordnung enthält konkretisierende Bestimmungen zur Umsetzung des FZA, insbesondere die Bewilligungen EU/EFTA sowie die Voraussetzungen des Aufenthaltes ohne Erwerbstätigkeit.
- Bundesgesetz vom 16. Dezember 2005 über die **Ausländerinnen und Ausländer und die Integration** (**AIG**, SR 142.20).
- Bundesgesetz vom 8. Oktober 1999 über die flankierenden Massnahmen bei entsandten Arbeitnehmerinnen und Arbeitnehmern und über die Kontrolle der in Normalarbeitsverträgen vorgesehenen Mindestlöhne (**Entsendegesetz, EntsG**, SR 823.20).
- Verordnung vom 21. Mai 2003 über die in die Schweiz entsandten Arbeitnehmerinnen und Arbeitnehmer (**Entsendeverordnung, EntsV**, SR 823.201).

1.3. Der Gemischte Ausschuss

942 Für die «Verwaltung und ordnungsgemässe Anwendung» des Abkommens (Art. 14 Abs. 1 FZA) sowie für die Beilegung von «Streitigkeiten über die Auslegung oder die Anwendung» des Abkommens (Art. 19 Abs. 1 FZA) ist der sogenannte Gemischte Ausschuss zuständig. Er ist das gemeinsame Organ der Schweiz und der EU und trifft sich mindestens einmal jährlich.

943 Der Gemischte Ausschuss ist auch für Änderungen der Anhänge II und III zum FZA zuständig (Art. 18 FZA). Für das Migrationsrecht ist jedoch vor allem die in Art. 16 Abs. 2 letzter Satz FZA enthaltene Kompetenz des Gemischten Ausschusses relevant, wonach er die Auswirkungen der Rechtsprechung des EuGHs für die Auslegung und Anwendung der FZA feststellen kann. Mit Zustimmung der Schweizer Delegation kann der Ausschuss ein Urteil des EuGHs für die Schweiz verbindlich erklären.

1.4. Der Geltungsbereich des FZA

944 Art. 1 FZA umreisst das Ziel und damit verbunden den persönlichen und sachlichen Geltungsbereich des Freizügigkeitsabkommens:

> Ziel dieses Abkommens zu Gunsten der Staatsangehörigen der Mitgliedstaaten der Europäischen Gemeinschaft und der Schweiz ist Folgendes:
>
> a) Einräumung eines Rechts auf Einreise, Aufenthalt, Zugang zu einer unselbständigen Erwerbstätigkeit und Niederlassung als Selbständiger sowie des Rechts auf Verbleib im Hoheitsgebiet der Vertragsparteien;
>
> b) Erleichterung der Erbringung von Dienstleistungen im Hoheitsgebiet der Vertragsparteien, insbesondere Liberalisierung kurzzeitiger Dienstleistungen;
>
> c) Einräumung eines Rechts auf Einreise und Aufenthalt im Hoheitsgebiet der Vertragsparteien für Personen, die im Aufnahmestaat keine Erwerbstätigkeit ausüben;
>
> d) Einräumung der gleichen Lebens-, Beschäftigungs- und Arbeitsbedingungen wie für Inländer.

a) Der räumliche Geltungsbereich

945 Das FZA ist grundsätzlich auf dem Gebiet der EU-Mitgliedstaaten sowie auf dem Staatsgebiet der Schweiz anwendbar. Die Schweiz hatte sich jedoch bei den Verhandlungen sowohl des FZA als auch der Zusatzprotokolle zur Ausdehnung des FZA auf neue Mitgliedstaaten Übergangsfristen ausbedungen. Hierzu hinten Rz. 954 ff.

b) Der persönliche Geltungsbereich

Der persönliche Geltungsbereich des Freizügigkeitsabkommens erfasst in erster Linie die Staatsangehörigen der EU-Mitgliedstaaten sowie der Schweiz. Drittstaatsangehörige können sich als Familienangehörige von EU-Staatsangehörigen oder als entsandte Arbeitnehmende von in Vertragsstaaten niedergelassenen Unternehmen auf das Freizügigkeitsabkommen berufen. 946

Zu berücksichtigen ist jedoch, dass das Abkommen die anspruchsberechtigten Personen in fünf Kategorien einteilt: Arbeitnehmerinnen und Arbeitnehmer, selbständig erwerbstätige Personen, Dienstleistungserbringende, Nichterwerbstätige sowie Familienangehörige der vier erstgenannten Kategorien. Für diese gelten dabei zum Teil unterschiedliche Regelungen. Vom FZA nicht erfasst wird das Niederlassungsrecht juristischer Personen. 947

Für Staatsangehörige der Mitgliedstaaten der EFTA gelten aufgrund des Anhangs K zum Übereinkommen zur Errichtung der Europäischen Freihandelsassoziation weitgehend die gleichen Regelungen wie aufgrund des Freizügigkeitsabkommens für Angehörige von EU-Mitgliedstaaten. 948

c) Der sachliche Geltungsbereich

Der sachliche Geltungsbereich des Freizügigkeitsabkommens erfasst die Einreise, den Aufenthalt, die Erwerbstätigkeit sowie das Recht auf Verbleib nach Aufgabe der Erwerbstätigkeit. Dabei ist zu berücksichtigen, dass für die verschiedenen Kategorien von Anspruchsberechtigten unterschiedliche Regeln gelten können. 949

Die Regelungen des Freizügigkeitsabkommens sind nur auf **grenzüberschreitende Sachverhalte** anwendbar, das heisst auf Situationen, in denen eine Person von ihrem Recht auf Freizügigkeit Gebrauch macht oder gemacht hat. Aus diesem Grund sind die Regelungen des FZA zum Beispiel nicht auf den Nachzug von Familienangehörigen Schweizer Staatsangehöriger, die nie von ihrem Freizügigkeitsrecht Gebrauch gemacht haben, anwendbar: 950

> «Für die Geltendmachung eines Familiennachzugs gestützt auf die gemeinschaftsrechtliche Freizügigkeitsregelung wird vorausgesetzt, dass der Arbeitnehmer, von dem die Familienangehörigen ihre Rechtsstellung ableiten, von seinem Freizügigkeitsrecht Gebrauch gemacht hat, d.h. eine Tätigkeit im Hoheitsgebiet eines anderen Mitgliedstaates ausübt oder ausgeübt hat (Voraussetzung eines Auslandsbezugs). Die Freizügigkeitsvorschriften sind demgegenüber nicht anwendbar auf Sachverhalte, die einen Mitgliedstaat rein intern betreffen. So kann sich ein Inländer, der nie in einem anderen Mitgliedstaat gewohnt oder gearbeitet hat, gegenüber seinem Herkunftsstaat nicht auf die Personenfreizügigkeit berufen, um seine aus

einem Drittstaat stammenden Familienangehörigen nachzuziehen (…). Hat dagegen ein Staatsangehöriger von seinem Recht auf Freizügigkeit Gebrauch gemacht und kehrt er in sein Herkunftsland zurück, so ist es grundsätzlich auch seinem Ehegatten und seinen Kindern erlaubt, unter den gleichen Bedingungen einzureisen und sich dort aufzuhalten, wie dies gemäss Gemeinschaftsrecht im Hoheitsgebiet eines anderen Mitgliedstaates der Fall wäre (…).» (BGE 129 II 249, E. 4.2 S. 259 f.)

951 Demgegenüber bejaht das Bundesgericht die Anwendbarkeit der Bestimmungen des FZA auf Staatsangehörige von Mitgliedstaaten der EU/EFTA, die bereits vor dem Inkrafttreten des FZA in die Schweiz gekommen sind (BGE 130 II 1 sowie BGE 134 II 10) beziehungsweise die bereits in der Schweiz geboren sind (BGer, 2C_308/2017, 21. Februar 2018, E. 5.1). In Bezug auf den Familiennachzug von schweizerisch-ausländischen Doppelbürgerinnen und Doppelbürgern hatte die bundesgerichtliche Rechtsprechung zunächst die Anwendbarkeit der Nachzugsbestimmungen des FZA generell bejaht (BGE 135 II 369, E. 2 S. 371 f.). In einem jüngeren Urteil hat das Bundesgericht seine Praxis jedoch dahingehend präzisiert, dass ein aus dem FZA abgeleitetes Nachzugsrecht für Familienangehörige von schweizerisch-ausländischen Doppelbürgerinnen und Doppelbürgern nur besteht, wenn das Familienleben im Ausland begründet worden ist. Sofern dies nicht der Fall ist, kämen die Nachzugsregelungen des AIG zur Anwendung:

> «3.8.2 Il en découle que, pour pouvoir se prévaloir d'un droit de séjour dérivé découlant de l'ALCP, le ressortissant d'un Etat tiers doit avoir créé une vie de famille avec la personne de référence, ou à tout le moins l'avoir consolidée, dans l'Etat d'accueil, avant le retour de celle-ci dans son Etat d'origine. En revanche, lorsque les liens familiaux en question ont pris naissance ou se sont consolidés seulement après ce retour, on est en présence - du point de vue du regroupement familial - d'une situation purement interne, à laquelle l'Accord ne saurait s'appliquer.
>
> (...)
>
> 3.10.2 Contrairement à la situation retenue dans l'arrêt de la CJUE du 12 mars 2014 précité (...), la belle-fille de la recourante jouit d'une double nationalité (suisse et française). Cependant, du point de vue de la Suisse, Y. est une ressortissante suisse qui, après avoir séjourné dans un Etat partie à l'ALCP, dont elle a par ailleurs la nationalité (la France), s'est installée en Suisse en 1989. Conformément à la jurisprudence de la CJUE exposée ci-dessus, dont il y a lieu de s'inspirer dans l'application de l'ALCP en matière de regroupement familial (...), la recourante ne peut se prévaloir d'un droit de séjour dérivé découlant de l'Accord. En effet, il ressort de l'extrait d'acte de mariage figurant au dossier (...), que Y. s'est mariée avec le fils de la recourante le 16 août 2008, alors qu'elle était en Suisse, pays dont elle est ressortissante, depuis près de 20 ans. Les liens familiaux qu'elle a créés avec sa belle-mère sont donc postérieurs à son entrée en Suisse, de sorte que la situation, s'agissant du droit au regroupement familial, doit être envisagée comme purement interne.» (BGE 143 II 57)

Der sachliche Geltungsbereich des FZA erfasst indes nur jene Personen, die in die Schweiz kommen, um von ihrem Recht auf Personenfreizügigkeit Gebrauch zu machen. Wer etwa mit dem alleinigen Ziel in die Schweiz kommt, der Auslieferung in das Heimatland zu entgehen, kann sich nicht auf das FZA berufen (BGE 134 II 25). 952

1.5. Das Verhältnis des FZA zum AIG

Nach Art. 12 FZA steht das Abkommen «günstigeren innerstaatlichen Bestimmungen, die den Staatsangehörigen der Vertragsparteien beziehungsweise ihren Familienangehörigen eingeräumt werden, nicht entgegen». Daher bestimmt Art. 2 Abs. 2 AIG, dass das AIG lediglich dann zur Anwendung kommt, wenn das FZA entweder keine einschlägigen Regelungen enthält oder das AIG günstigere Bestimmungen vorsieht (vorne Rz. 393). Gleiches gilt gestützt auf Art. 2 Abs. 3 AIG für das Verhältnis zwischen dem EFTA-Übereinkommen und dem AIG. Die Regelung von Art. 12 FZA bezieht sich nicht nur auf das AIG, sondern auf das gesamte nationale Recht, inklusive Völkerrecht. So bestätigte etwa das Bundesverwaltungsgericht in einem Urteil vom 28. August 2007 (BVGer B-2183/2006), dass eine 1937 zwischen der Schweiz und Deutschland abgeschlossene zwischenstaatliche Vereinbarung über die gegenseitige Anerkennung von Lehrabschlusszeugnissen und Meisterprüfungen für die handwerklichen Berufe (BBl 1937 491) den Regeln des Anhang III FZA zur Anerkennung von im Ausland erworbenen Diplomen vorgeht, weil diese eine günstigere Regelung vorsah. 953

1.6. Der schrittweise Übergang zum freien Personenverkehr

a) EU-15/-17 sowie EFTA

Der Begriff EU-15 bezeichnet alle Staaten, die bereits vor dem 1. Mai 2004 Mitglied der EU waren, also vor der Erweiterung um acht Staaten Ost- und Mitteleuropas (EU-8) sowie Malta und Zypern. Da Malta und Zypern den gleichen Übergangsbestimmungen unterlagen wie die EU-15, ist im schweizerischen Zusammenhang teilweise auch von der EU-17 die Rede. 954

Der Übergang zum freien Personenverkehr zwischen der Schweiz und den EU-17 sowie der EFTA erfolgte im Rahmen einer schrittweisen und kontrollierten Öffnung und wurde nach Ablauf einer Übergangsfrist von fünf Jahren provisorisch auf den 1. Juni 2007 eingeführt. Erst nach zwölf Jahren, das heisst auf den 955

1. Juni 2014, wurde der freie Personenverkehr definitiv eingeführt. Die verschiedenen Phasen und Regelungen der schrittweisen Einführung des freien Personenverkehrs umfassten:

- **Inländervorrang, Kontingentierung sowie Kontrolle der Lohn- und Arbeitsbedingungen**: Mit Inkrafttreten des FZA am 1. Juni 2002 Einführung der Inländergleichbehandlung für Staatsangehörige der EU/EFTA in der Schweiz und Schweizer Staatsangehörige in den EU/EFTA-Mitgliedstaaten. Einführung eines Rechtsanspruchs auf Bewilligungserteilung unter den Voraussetzungen der Kontingentierung, des Inländervorranges und der Kontrolle der Lohn- und Arbeitsbedingungen.
- **Kontingentierung**: Aufhebung des Inländervorranges sowie der Kontrolle der Lohn- und Arbeitsbedingungen am 1. Juni 2004. An die Stelle der arbeitsmarktlichen Kontrollen traten die flankierenden Massnahmen, die Lohn- und Sozialdumping verhindern sollen. Geregelt werden diese im Bundesgesetz vom 8. Oktober 1999 über die flankierenden Massnahmen bei entsandten Arbeitnehmerinnen und Arbeitnehmern und über die Kontrolle der in Normalarbeitsverträgen vorgesehenen Mindestlöhne (Entsendegesetz, EntsG, SR 823.20). Die Höchstzahlen blieben hingegen weiterhin bestehen.
- **Volle Freizügigkeit mit Schutzklausel**: Aufhebung der Kontingentierung und erstmalige Einführung des freien Personenverkehrs für die EU-17/EFTA ab dem 1. Juni 2007. Im Rahmen einer besonderen Schutzklausel, der sogenannten Ventilklausel, konnte die Schweiz indes ab dem 1. Juni 2008 einseitig wieder Höchstzahlen einführen, wenn die Einwanderung ein gewisses Mass überstieg (Zuwanderung von Arbeitskräften übersteigt das Mittel der letzten drei Jahre um 10 Prozent; diesfalls konnte für die Dauer von zwei Jahren die Einwanderung auf dem Durchschnitt der letzten drei Jahre plus 5 Prozent beschränkt werden; Art. 10 Abs. 4 FZA; Botschaft Bilaterale, S. 6313). Der Bundesrat rief die Ventilklausel im Jahr 2012 an und führte Kontingente für die EU-17/EFTA und die EU-8 ein. Diese Beschränkungen sind am 30. April 2014 für die EU-8 und am 31. Mai 2014 für die EU-17 ausgelaufen.
- **Volle Freizügigkeit**: Definitive und unbeschränkte Einführung des freien Personenverkehrs am 1. Juni 2014 für die EU-17/EFTA-Staaten; die besondere Schutzklausel kann seither nicht mehr angerufen werden. Möglich bleibt hingegen die Anwendung der konsensuellen Schutzklausel durch den Gemischten Ausschuss, das heisst die Wiedereinführung von Zuwanderungsbeschränkungen, wenn schwerwiegende wirtschaftliche oder soziale Probleme dies erfordern (Art. 14 Abs. 2 FZA).

Das Freizügigkeitsabkommen war für eine anfängliche Dauer von sieben Jahren geschlossen worden, verlängerte sich aber auf unbestimmte Zeit, da weder die Schweiz noch die EU vor dem 31. Mai 2009 die andere Vertragspartei über die Nichtverlängerung informierte (Art. 25 Abs. 2 FZA). Im Falle der Nichtverlängerung wären alle bilateralen Abkommen nach Ablauf einer Frist von sechs Monaten ausser Kraft getreten (sogenannte Guillotine-Klausel, Art. 25 Abs. 4 FZA). 956

Die Bundesversammlung beschloss am 13. Juni 2008, das FZA unbefristet weiterzuführen (BBl 2008 5323). Sie verknüpfte dabei diese Frage mit derjenigen der Ausdehnung des FZA auf Rumänien und Bulgarien in einer einzigen Vorlage. Gegen diesen Beschluss wurde das Referendum ergriffen. In der Volksabstimmung vom 8. Februar 2009 wurde die Weiterführung des FZA und dessen Ausdehnung auf Rumänien und Bulgarien mit knapp 60 Prozent Ja-Anteil angenommen. 957

b) Neue EU-Mitgliedstaaten

Mit dem Zusatzprotokoll zum Freizügigkeitsabkommen, das in der Referendumsabstimmung vom 25. September 2005 angenommen worden ist, wurde die Geltung des Freizügigkeitsabkommens auf die zehn im Jahr 2004 der EU beigetretenen Staaten ausgedehnt. Das am 1. April 2006 in Kraft getretene Zusatzprotokoll beschränkte die Zuwanderung aus acht (**EU-8**) der zehn neuen Mitgliedstaaten (Malta und Zypern unterlagen den gleichen Regelungen wie im FZA für die ursprünglichen EU-Mitgliedstaaten) länger und stärker als gegenüber den bisherigen EU-Mitgliedstaaten und sah bis ins Jahr 2011 Höchstzahlen, Inländervorrang und Kontrollen der Lohn- und Arbeitsbedingungen vor. Seit dem 1. Mai 2011 kamen Staatsangehörige aus den Staaten der EU-8 in den Genuss der vollen Freizügigkeit mit Schutzklausel, von 2012 bis 2014 wurden gestützt auf die Ventilklausel von der Schweiz erneut Kontingente für die EU-8 eingeführt. Seit dem 1. Mai 2011 gilt die volle Freizügigkeit für Staatsangehörige der EU-8 und somit die Gleichstellung mit den Staatsangehörigen aus EU-17/EFTA-Staaten. 958

Auch die Einführung der Personenfreizügigkeit mit **Rumänien** und **Bulgarien** (EU-2) erfolgte schrittweise. Die Schweiz konnte bis sieben Jahre nach Inkrafttreten des Protokolls am 1. Juni 2009 Höchstzahlen, Inländervorrang und Kontrollen der Lohn- und Arbeitsbedingungen vorsehen (die letzten zwei Jahre allerdings nur, wenn sie «ernsthafte Störungen auf dem Arbeitsmarkt» geltend machte). Seit dem 1. Juni 2016 galt für Rumänien und Bulgarien volle Freizügigkeit mit Schutzklausel. Gestützt auf die Ventilklausel hatte der Bundesrat auf den 1. Juni 2017 erneut Kontingente für Staatsangehörige aus den beiden EU-2-Staaten eingeführt und diese bis am 31. Mai 2019 verlängert. Seit dem 1. Juni 2019 gilt für rumänische und bulgarische Staatsangehörige volle Freizügigkeit. 959

960 Das nach dem auf den 1. Juli 2013 erfolgten Beitritt **Kroatiens** zur EU ausgehandelte Protokoll über die Ausdehnung der Personenfreizügigkeit auf kroatische Staatsangehörige konnte wegen der Annahme der Masseneinwanderungsinitiative von der Schweiz nicht ratifiziert werden. Kroatische Staatsangehörige unterstanden daher zunächst weiterhin den Regelungen des AuG, wobei der Bundesrat Ende April 2014 präferentielle Kontingente für kroatische Staatsangehörige geschaffen hatte. Auf den 1. Januar 2017 ist das entsprechende Protokoll in Kraft getreten und bis 31. Dezember 2021 galten für kroatische Staatsangehörige Höchstzahlen, Inländervorrang und Kontrollen der Lohn- und Arbeitsbedingungen. Seit dem 1. Januar 2022 kommen nun auch kroatische Staatsangehörige in den Genuss der vollen Freizügigkeit mit Schutzklausel. Sollte die Zuwanderung von kroatischen Staatsangehörigen einen bestimmten Schwellenwert (siehe Art. 10 Abs. 4*d* FZA) überschreiten, kann die Schweiz zwischen dem 1. Januar 2023 und bis längstens Ende 2026 erneut Kontingente einführen.

1.7. Brexit

961 Mit dem auf den 1. Januar 2021 erfolgten Austritt des Vereinigten Königreichs aus der EU ist das FZA nicht mehr auf britische Staatsangehörige anwendbar. Seit diesem Datum gelten britische Staatsangehörige als Drittstaatsangehörige, womit grundsätzlich das AIG anwendbar ist. Um jedoch die Situation jener britischen und Schweizer Staatsangehörigen, die vor dem Brexit von ihrem Freizügigkeitsrecht Gebrauch gemacht hatten, zu regeln, schlossen die Schweiz und das Vereinigte Königreich das Abkommen zwischen der Schweiz und dem Vereinigten Königreich über die Rechte der Bürgerinnen und Bürger infolge des Austritts des Vereinigten Königreichs aus der Europäischen Union und des Wegfalls des Freizügigkeitsabkommens (Abkommen über die erworbenen Rechte, SR 0.142.113.672) ab. Dieses trat am 1. März 2021 in Kraft und schützt die gestützt auf das FZA erworbenen Ansprüchen der jeweils anderen Staatsangehörigen. Erfasst werden jedoch nur britische Staatsangehörige, die bis zum 31. Dezember 2020 in die Schweiz eingereist sind. Für seit dem 1. Januar 2021 eingereiste Britinnen und Briten gilt das AIG.

962 Das Abkommen über die erworbenen Rechte lehnt sich stark an das FZA an und führt grundsätzlich die gestützt auf das FZA begründeten Rechte und Ansprüche weiter. In einigen – durchaus wichtigen – Punkte, weicht das Abkommen indes von den Bestimmungen des FZA ab und verweist auf innerstaatliche Rechtsvorschriften. So z.B. in Bezug auf den Nachzug von Ehegatten und Ehegattinnen nach dem Stichtag (Art. 10 Abs. 1 lit. e iv) oder die Beschränkung des Aufenthaltsrechts (Art. 16 und 17).

- **Einreise und Aufenthalt:** Im Gegensatz zu den Bestimmungen im FZA wird eine systematische Überprüfung des Strafregisters durchgeführt (Art. 16 Abs. 1 lit. o). Ein strafbares Verhalten kann je nach Schwere eine Einschränkung des Aufenthaltsrechts nach sich ziehen (Art. 17). Straftaten, die vor dem Wegfall des FZA begangen wurden, werden nach den Grundsätzen von Art. 5 Anhang I FZA beurteilt (siehe hinten Rz. 1028 ff.). Für Straftaten, die nach dem 31. Dezember 2020 begangen wurden, kommen die strengeren Bestimmungen des AIG (Art. 62 und 63 AIG) zur Anwendung (siehe vorne Rz. 707 ff.).
- **Daueraufenthaltsstatus:** Da das FZA keine Regelungen über Erteilung oder den Widerruf von Niederlassungsbewilligungen EU/EFTA enthält, kommt das AIG zur Anwendung. Britische Staatsangehörige haben jedoch in Abweichung von Art. 34 Abs. 2 AIG einen Anspruch auf eine vorzeitige Erteilung einer Niederlassungsbewilligung nach fünf statt zehn Jahren (Art. 14); dieser völkerrechtliche Anspruch ist in einer – nicht amtlich publizierten – Gegenrechtserwägung enthalten, die auf dem Freundschafts-, Handels- und Niederlassungsvertrag zwischen der Schweizerischen Eidgenossenschaft und Ihrer Majestät der Königin des Vereinigten Königreichs von Grossbritannien und Irland vom 6. März 1856 (SR 0.142.113.671) beruht (siehe vorne Rz. 75 ff.).
- **Familiennachzug:** Das Abkommen zwischen der Schweiz und dem Vereinigten Königreich über die wohlerworbenen Rechte regelt auch Fragen zu Nachzug und Verbleib. Der Familiennachzug für Familienangehörige in auf- oder absteigender Linie richtet sich weiterhin nach dem FZA sofern das Verwandtschaftsverhältnis bereits vor dem 1. Januar 2021 bestanden hat (Art. 10 lit. e Ziff. ii). Die Ehegattin beziehungsweise der Ehegatte kann bis zum 1. Januar 2026 über die Bestimmungen des Abkommens beziehungsweise des FZA nachgezogen werden (Art. 10 lit. e Ziff. iv).

  Danach erfolgt der Nachzug der Ehegattin beziehungsweise des Ehegatten über die Bestimmungen des AIG. Für minderjährige Kinder und Kinder, die nach dem 31. Dezember 2020 geboren oder adoptiert wurden, sind ebenfalls die Bestimmungen des FZA gültig, solange sich ein Elternteil des Kindes auf das Abkommen über die erworbenen Rechte berufen kann (Art. 10 lit. e Ziff. iii). Zu den migrationsrechtlichen Folgen der Auflösung der Ehe- beziehungsweise Familiengemeinschaft schweigt sich das Abkommen über die wohlerworbenen Rechte aus. Somit richten sich die Bestimmungen zum Verbleib für Personen, welche vor dem 31. Dezember 2020 in die Schweiz eingereist sind nach dem FZA beziehungsweise für ab dem 1. Januar 2021 eingereiste Personen nach dem AIG. Ab dem 1. Januar 2025 wird sich der

Nachzug von Ehegattinnen und Ehegatten ausschliesslich nach den Bestimmungen des AIG beziehungsweise des Vereinigten Königreichs richten (Art. 10 Abs. 1 lit. e Ziff. iv).

Drittstaatsangehörige Familienangehörige von britischen Staatsangehörigen erhalten nur ein abgeleitetes Aufenthaltsrecht. Dies hat zur Folge, dass sie keine weiteren Familienangehörigen unter den Bestimmungen des FZA nachziehen können. Somit erfolgt in diesen Fällen der Familiennachzug nach den ordentlichen Bestimmungen im AIG.

– **Erbringung von Dienstleistungen:** Um eine nahtlose Weiterführung des gegenseitigen freien Marktzugangs für Dienstleistungserbringerinnen und Dienstleistungserbringer von bis zu 90 Tagen innerhalb eines Kalenderjahres zu gewährleisten, hat die Schweiz mit dem Vereinigten Königreich ein Abkommen über die Mobilität von Dienstleistungserbringern (SR 0.946.293.671.2) abgeschlossen. Das auf zwei Jahre befristete Abkommen wird seit dem 1. Januar 2021 vorläufig angewandt. Durch das Abkommen kann weiterhin das Meldeverfahren genutzt werden und die Dienstleistungserbringenden unterstehen keiner vorgängigen arbeitsmarktlichen Prüfung. Das Abkommen gilt ebenfalls für nach dem nach dem 31. Dezember 2020 abgeschlossene oder begonnene Verträge. Die Regelungen zum Abkommen über die Mobilität von Dienstleistungserbringern wird in der VFP genauer ausgeführt (Art. 1 Abs. 3 und Art. 2 Abs. 5 VFP).

2. Das Prinzip der Nichtdiskriminierung – zentraler Pfeiler der Freizügigkeit

963 Art. 2 FZA enthält das für die Personenfreizügigkeit zentrale Gebot der Nichtdiskriminierung.

> Die Staatsangehörigen einer Vertragspartei, die sich rechtmässig im Hoheitsgebiet einer anderen Vertragspartei aufhalten, werden bei der Anwendung dieses Abkommens gemäss den Anhängen I, II und III nicht aufgrund ihrer Staatsangehörigkeit diskriminiert.

964 Im Verlauf der Jahrzehnte hat der EuGH den Grundsatz der Nichtdiskriminierung zu einem Grundsatz der Inländergleichbehandlung ausgeweitet. EU-Staatsangehörige dürfen somit gestützt auf Art. 2 FZA im Vergleich zu Schweizer Staatsangehörigen nicht in Rechten, die im Freizügigkeitsabkommen geregelt sind, benachteiligt werden. Dieses Diskriminierungsverbot ist direkt anwendbar und gibt betroffenen Personen ein individuell durchsetzbares Recht. Es kommt allerdings nur dort zur Anwendung, wo nicht die spezifischeren Diskriminierungsverbote von Art. 9 (für Arbeitnehmende), Art. 15 (für

selbständig erwerbstätige Personen) beziehungsweise Art. 29 (für Dienstleistungserbringende) FZA Anhang I als *lex specialis* zur Anwendung kommen. Art. 2 FZA betrifft also vor allem Nichterwerbstätige (Rentnerinnen und Rentner, Studierende, Stellensuchende etc.).

3. Die Rechte von Arbeitnehmerinnen und Arbeitnehmern

Im Sinne der ursprünglich wirtschaftlichen Stossrichtung der Personenfreizü- 965
gigkeit (vorne Rz. 270) steht die Freiheit der Arbeitnehmerinnen und Arbeitnehmer, auf dem Territorium jeder Vertragspartei eine Arbeit annehmen zu können, im Zentrum des FZA. Art. 4 FZA verweist für die Regelungen betreffend das Recht auf Aufenthalt und Zugang zu einer Erwerbstätigkeit auf die Bestimmungen von Anhang I. Die Rechte der Arbeitnehmerinnen und Arbeitnehmer sind in Art. 6 bis 11 Anhang I FZA niedergelegt.

3.1. Arbeitnehmendenbegriff

Der Begriff der Arbeitnehmerin beziehungsweise des Arbeitnehmers wird vom 966
EuGH weit ausgelegt (vorne Rz. 274 ff.). Massgeblich für die Qualifikation von Angestellten als Arbeitnehmende sind drei Kriterien, die kumulativ erfüllt sein müssen. Die betreffenden Personen müssen

- während einer bestimmten Zeit
- Leistungen für eine andere Person nach deren Weisungen erbringen und
- als Gegenleistung hierfür eine Vergütung erhalten.

Dabei kommt es weder auf den zeitlichen Umfang der Tätigkeit noch auf die 967
Höhe des Lohnes an, das heisst auch Teilzeitarbeitsverhältnisse und Lohnsummen unterhalb des Existenzminimums schliessen das Vorliegen der Eigenschaft als Arbeitnehmerin oder Arbeitnehmer nicht aus (BGer, Urteil 2C_617/2019 vom 6. Februar 2020).

Alle Personen, die von diesem weiten Begriff der Arbeitnehmerin beziehungs- 968
weise des Arbeitnehmers erfasst werden, fallen unter die Bestimmungen von Art. 6 bis 11 Anhang I FZA.

> «Die Auslegung des freizügigkeitsrechtlichen Arbeitnehmerbegriffs und des damit verbundenen Status erfolgt in Übereinstimmung mit der unionsrechtlichen Rechtsprechung, wie sie vor der Unterzeichnung des Freizügigkeitsabkommens (21. Juni 1999) bestand. Neuere Entscheide des EuGHs berücksichtigt das Bundesgericht im

> Interesse einer parallelen Rechtslage, soweit keine triftigen Gründe hiergegen sprechen (...). Der unselbständig erwerbstätige Vertragsausländer muss demgemäss (1) während einer bestimmten Zeit (2) Leistungen für eine andere Person nach deren Weisungen erbringen und (3) als Gegenleistung hierfür eine Vergütung erhalten (...).
>
> 2.2.4 Grundsätzlich kommt es dabei weder auf den zeitlichen Umfang der Aktivität noch auf die Höhe des Lohnes oder die Produktivität der betroffenen Person an (...). Erforderlich ist jedoch quantitativ wie qualitativ eine echte und tatsächliche wirtschaftliche Tätigkeit (...). Die Beurteilung, ob eine solche besteht, muss sich auf objektive Kriterien stützen und - in einer Gesamtbewertung (...) - allen Umständen Rechnung tragen, welche die Art der Tätigkeit und des fraglichen Arbeitsverhältnisses betreffen. Es ist dabei auch zu berücksichtigen, ob die erbrachten Leistungen auf dem allgemeinen Beschäftigungsmarkt als üblich gelten können (...).» (BGE 141 II 1)

969 In Anwendung dieser Grundsätze hat das Bundesgericht beispielsweise die Arbeitnehmereigenschaft einer Person mit zwei Anstellungen auf der Grundlage unbefristeter Verträge und einem Monatseinkommen von total CHF 1'711.70 bei insgesamt 18 Stunden wöchentlicher Arbeitszeit bejaht (BGer, 2C_988/2020 vom 29. April 2021). Zudem hat es ausgeführt, dass «*working poor*» nicht vom Arbeitnehmendenbegriff ausgeschlossen sind (BGer, 2C_556/2020 vom 22. Januar 2021). Liegt hingegen eine völlig untergeordnete oder unwesentliche Tätigkeit mit einem monatlichen Gehalt zwischen CHF 600 und 800 vor, kann nach dem Bundesgericht nicht von einer quantitativ wie qualitativ echten und tatsächlichen wirtschaftlichen Tätigkeit ausgegangen werden (BGer 2C_185/2019 vom 4. März 2021).

3.2. Beschäftigung in der öffentlichen Verwaltung

970 Grundsätzlich erfasst die Personenfreizügigkeit alle Wirtschaftsbereiche. Die einzige Ausnahme ist in Art. 10 Anhang I FZA statuiert:

> Einem Staatsangehörigen einer Vertragspartei, der eine unselbständige Erwerbstätigkeit ausübt, kann das Recht auf eine Beschäftigung in der öffentlichen Verwaltung verweigert werden, sofern diese die Ausübung hoheitlicher Befugnisse umfasst und der Wahrung der allgemeinen Interessen des Staates oder anderer Körperschaften dient.

971 Somit kann die Anstellung in der öffentlichen Verwaltung auf die eigenen Staatsangehörigen beschränkt werden und Staatsangehörige der anderen Vertragsstaaten können vom Zugang zum öffentlichen Dienst ausgeschlossen werden. Allerdings wird der Begriff der öffentlichen Verwaltung vom EuGH restriktiv ausgelegt. Nach seiner Rechtsprechung fallen nur solche Beschäftigungen unter diese Ausnahmeklausel, die der Ausübung hoheitlicher Befugnisse und der Wahrung der allgemeinen Interessen des Staates dienen (vgl. Art. 45 Abs. 4 AEUV). Diese Auslegung wird in Art. 10 Anhang I FZA für die Schweiz übernommen. Die Staatsbürgerschaft als besonderes Verhältnis zwischen dem Staat und seinen Angestellten darf also nur vorausgesetzt werden,

wenn die Art der Aufgaben in einem engen Bezug zur Ausübung der öffentlichen Gewalt steht. So hat es der EuGH zum Beispiel abgelehnt, Lehrpersonen unter die öffentliche Verwaltung zu subsumieren, auch wenn diese öffentlichrechtlich angestellt sind (vgl. Rz. 274). Zur Auslegung des Begriffs der Beschäftigung in der öffentlichen Verwaltung siehe BGE 140 II 112.

3.3. Aufenthalt und Erwerbstätigkeit

Art. 2 Abs. 1 Anhang I FZA gewährleistet Arbeitnehmerinnen und Arbeitnehmern ein **Recht auf Aufenthalt und Zugang zu einer Erwerbstätigkeit**: 972

> Unbeschadet der für die Übergangszeit gemäss Artikel 10 dieses Abkommens und Kapitel VII dieses Anhangs geltenden Bestimmungen haben die Staatsangehörigen einer Vertragspartei das Recht, sich nach Massgabe der Kapitel II bis IV im Hoheitsgebiet der anderen Vertragspartei aufzuhalten und dort eine Erwerbstätigkeit auszuüben. Zum Nachweis dieses Rechts wird eine Aufenthaltserlaubnis erteilt oder eine Sonderbescheinigung für Grenzgänger ausgestellt.

In Bezug auf die von den Vertragsstaaten zu erteilenden Aufenthaltserlaubnis teilt Art. 6 Anhang I FZA Arbeitnehmerinnen und Arbeitnehmer in drei Kategorien ein: 973

- Personen mit einem für mindestens ein Jahr eingegangenen Arbeitsvertrag (inkl. überjähriger oder unbefristeter Dauer) erhalten eine **Aufenthaltsbewilligung** für fünf Jahre (Ausweis B EU/EFTA), die nach Ablauf automatisch um weitere fünf Jahre verlängert wird, sofern ein andauerndes Arbeitsverhältnis besteht (Art. 6 Abs. 1 Anhang I FZA).
- Arbeitnehmerinnen und Arbeitnehmer, die einen Arbeitsvertrag mit einer Dauer von über 90 Tagen und weniger als einem Jahr eingegangen sind, erhalten eine **Kurzaufenthaltsbewilligung** (Ausweis L EU/EFTA), die der Dauer des Arbeitsvertrages entspricht.
- Personen mit einem Arbeitsverhältnis von höchstens 90 Tagen brauchen **keine ausländerrechtliche Bewilligung**. Die Anstellung untersteht jedoch der Meldepflicht durch den Arbeitgeber (hinten Rz. 1010 f.).

Der Wortlaut von Art. 2 Abs. 1 Anhang I FZA verdeutlicht, dass die Kurzaufenthalts- und Aufenthaltsbewilligungen EU/EFTA rein deklaratorische Wirkung haben und lediglich als Nachweis des in Art. 2 Abs. 1 Anhang I FZA verbrieften Rechtes, sich in der Schweiz aufhalten zu dürfen, gelten. Den Behörden kommt somit bei der Erteilung dieser Bewilligungen für Staatsangehörige von EU/EFTA-Staaten kein Ermessen zu, da das Freizügigkeitsabkommen 974

Staatsangehörigen von EU/EFTA-Staaten einen Rechtsanspruch auf die entsprechenden Bewilligungen einräumt. Die Erteilung der Niederlassungsbewilligung EU/EFTA erfolgt gestützt auf Art. 34 AIG (vorne Rz. 597 ff.).

975 Da die Bewilligungen EU/EFTA für die ganze Schweiz gelten, ist die berufliche und geographische Mobilität gewährleistet. Dies bedeutet, dass Arbeitnehmerinnen und Arbeitnehmer die Arbeitsstelle, in die Selbständigkeit und den Arbeits- oder Aufenthaltsort wechseln können (Art. 6 Abs. 4 und Art. 8 Anhang I FZA; Art. 4 Abs. 2 VFP).

976 Lange Zeit war unklar, ob beziehungsweise welche Auswirkungen eine selbst verschuldete beziehungsweise unfreiwillige Arbeitslosigkeit auf den Bestand der Kurzaufenthalts- und Aufenthaltsbewilligung EU/EFTA hat. Nach Art. 23 Abs. 1 VFP können die Kurzaufenthaltsbewilligung EU/EFTA sowie die Aufenthaltsbewilligung EU/EFTA «widerrufen oder nicht verlängert werden, wenn die Voraussetzungen für ihre Erteilung nicht mehr erfüllt sind». Dies ist dann der Fall, wenn die betroffenen Personen ihre Eigenschaft als Arbeitnehmende verlieren.

977 Der Bewilligungswiderruf beziehungsweise die Nichtverlängerung der Bewilligung nach Art. 23 Abs. 1 VFP wegen Entfallens der Anspruchsvoraussetzungen ist vom Widerruf gestützt auf das AIG und somit einer Beschränkung der Freizügigkeit zu unterscheiden. Während bei letzterem die *ordre public*-Klausel von Art. 5 Abs. 1 Anhang I FZA zu berücksichtigen ist (hierzu hinten Rz. 1028 ff.), ist diese beim Widerruf gestützt auf Art. 23 Abs. 1 VFP nicht anwendbar. Bei der Niederlassungsbewilligung EU/EFTA gilt nach Art. 23 Abs. 2 VFP für den Widerruf wegen Entfallens der Anspruchsvoraussetzungen die Regelung von Art. 63 AIG (vorne Rz. 712 f.).

978 Im Zuge einer Teilrevision des AIG hat der Gesetzgeber nun Klarheit geschaffen. Arbeitslosigkeit und somit der Verlust der Eigenschaft als Arbeitnehmerin oder Arbeitnehmer kann zum Erlöschen der Kurzaufenthalts- sowie der Aufenthaltsbewilligung EU/EFTA führen. Entscheidend für die Frage, ob der Verlust der Arbeitsstelle Auswirkungen auf den Bestand der Bewilligung hat ist der Grund der Arbeitslosigkeit:

- Werden Arbeitnehmende wegen **Krankheit, Unfall oder Invalidität** vorübergehend arbeitsunfähig beziehungsweise unfreiwillig arbeitslos, darf die Bewilligung nicht entzogen werden (Art. 6 Abs. 6 Anhang I FZA; Art. 61*a* Abs. 5 AIG); zum Verbleiberecht bei dauernder Arbeitsunfähigkeit hinten Rz. 1012.
- Bei **unfreiwilliger Arbeitslosigkeit** aufgrund einer Entlassung bestimmt sich das Erlöschen der Bewilligung nach Art. 61*a* AIG. Demnach erlöschen Kurzaufenthaltsbewilligungen EU/EFTA bei unfreiwilliger Arbeitslosigkeit sechs Monate nach der Beendigung des Arbeitsverhältnisses beziehungsweise mit dem Ende des Anspruches auf Arbeitslosenentschädigung (Art. 61*a* Abs. 1 Satz 1 i.V.m. Art. 61*a* Abs. 2 AIG). Aufenthaltsbe-

willigungen EU/EFTA erlöschen bei unfreiwilliger Arbeitslosigkeit im ersten Aufenthaltsjahr ebenfalls sechs Monaten nach der Beendigung des Arbeitsverhältnisses beziehungsweise mit dem Ende des Anspruches auf Arbeitslosenentschädigung, wenn dieses vor Ablauf der ersten zwölf Monate des Aufenthalts endet (Art. 61*a* Abs. 1 Satz 2 i.V.m. Art. 61*a* Abs. 2 AIG; zur Vereinbarkeit dieser Regelung mit dem FZA siehe BGE 147 II 1, E. 2). Bei einer unfreiwilligen Arbeitslosigkeit erlischt die Aufenthaltsbewilligung EU/EFTA nach Art. 61*a* Abs. 4 AIG sechs Monate nach Beendigung des Arbeitsverhältnisses beziehungsweise sechs Monate nach Ende des Anspruches auf Arbeitslosenentschädigung, wenn dieser länger als sechs Monate besteht. In beiden Fällen besteht zudem für die Zeit zwischen der Beendigung des Arbeitsverhältnisses und dem Erlöschen des Aufenthaltsrechtes kein Anspruch auf Sozialhilfe (Art. 61*a* Abs. 3 AIG, siehe auch Art. 2 Abs. 1 Anhang I FZA; der Anspruch auf Nothilfe nach Art. 12 BV besteht in diesen Situationen indes freilich weiter, BBl 2016 3007, 3059).

– Eine freiwillige, **selbstverschuldete Arbeitslosigkeit** kann zum sofortigen Verlust der Eigenschaft als Arbeitnehmerin beziehungsweise Arbeitnehmer und gestützt auf Art. 62 Abs. 1 lit. d AIG zum Widerruf der Aufenthalts- oder Kurzaufenthaltsbewilligung EU/EFTA führen. Dies gilt nach bundesgerichtlicher Praxis auch dann, wenn aufgrund des Verhaltens einer unselbständig erwerbstätigen Person feststeht, dass «keinerlei ernsthafte Aussichten (mehr) drauf bestehen, dass sie in absehbarer Zeit eine andere Arbeit finden wird (...) oder (...) ihr Verhalten gesamthaft als rechtsmissbräuchlich bezeichnet werden muss, da sie ihre Bewilligung (etwa) gestützt auf eine fiktive beziehungsweise zeitlich kurze Erwerbstätigkeit einzig zum Zweck erworben hat, von günstigeren Sozialleistungen als im Heimat- oder einem anderen Vertragsstaat zu profitieren» (BGE 141 II 1, E. 2.2.1 S. 4 f.).

Arbeitslosigkeit beziehungsweise der Verlust der Eigenschaft als Arbeitneh- 979
merin oder Arbeitnehmer hat keinen Einfluss auf den Bestand der Niederlassungsbewilligung EU/EFTA, da Niederlassungsbewilligungen bedingungsfeindlich sind (vorne Rz. 597). Ebenso führt eine Sozialhilfeabhängigkeit von Arbeitnehmerinnen und Arbeitnehmern per se noch nicht zum Widerruf der Bewilligung, sofern die Eigenschaft als Arbeitnehmerin beziehungsweise als Arbeitnehmer fortbesteht.

3.4. Inländergleichbehandlung

980 Art. 9 Anhang I FZA konkretisiert das allgemeine Diskriminierungsverbot von Art. 2 FZA für Arbeitnehmerinnen und Arbeitnehmer. Abs. 1 verbietet eine unterschiedliche Behandlung von Schweizer Staatsangehörigen und EU-Staatsangehörigen im gesamten Bereich der Beschäftigungs- und Arbeitsbedingungen. Zudem geniessen Staatsangehörige der EU/EFTA die gleichen steuerlichen und sozialen Vergünstigungen (Abs. 2), die gleichen Rechte auf Berufsschulunterricht und Weiterbildung (Abs. 3) sowie die gleichen Ansprüche auf die Ausübung gewerkschaftlicher Rechte (Abs. 5).

981 Nach der Rechtsprechung des EuGHs sind sowohl direkte wie auch indirekte Diskriminierungen verboten. Der EuGH hat die Bedeutung des Diskriminierungsverbotes in seiner Rechtsprechung zu einem allgemeinen Beschränkungsverbot erweitert. Verboten sind demzufolge alle Bestimmungen, die die innereuropäische Mobilität erschweren oder unattraktiv machen, auch wenn diese nicht diskriminierend sind, sondern auch eigene Staatsangehörige in gleicher Weise betreffen. Im Urteil *Bosman* hatte der EuGH die Transferregeln von UEFA und FIFA zu beurteilen, nach denen Spieler nach Ablauf ihrer Verträge nur dann zu einem neuen Fussballverein wechseln durften, wenn dieser dem bisherigen Verein eine Entschädigung zahlte. Diese Transferregeln galten für Wechsel innerhalb des gleichen Landesverbandes wie auch für Wechsel zu Vereinen eines anderen Landesverbandes.

> «Zum Vorliegen einer Beeinträchtigung der Freizügigkeit der Arbeitnehmer
>
> 92. Sonach ist zu prüfen, ob die Transferregeln eine nach Artikel 48 des Vertrages verbotene Beeinträchtigung der Freizügigkeit der Arbeitnehmer darstellen.
>
> 93. Wie der Gerichtshof wiederholt ausgeführt hat, stellt die Freizügigkeit der Arbeitnehmer einen der fundamentalen Grundsätze der Gemeinschaft dar, und die Bestimmungen des Vertrages, die diese Freiheit garantieren, haben seit dem Ende der Übergangszeit unmittelbare Wirkung. (...)
>
> 100. Die genannten Regeln beeinträchtigen nämlich die Freizügigkeit der Arbeitnehmer, da sie vorsehen, dass ein Berufsfussballspieler seine Tätigkeit nicht bei einem in einem anderen Mitgliedstaat ansässigen neuen Verein ausüben kann, wenn dieser Verein dem bisherigen Verein nicht die Transferentschädigung gezahlt hat, deren Höhe zwischen den beiden Vereinen vereinbart oder gemäss den Vorschriften der Sportverbände bestimmt wurde. (...)
>
> 103. Es genügt nämlich der Hinweis darauf, dass die in den Ausgangsverfahren in Rede stehenden Regeln zwar auch für die Wechsel zwischen Vereinen gelten, die im selben Mitgliedstaat unterschiedlichen nationalen Verbänden angehören, und dass sie denen entsprechen, denen die Wechsel zwischen Vereinen unterliegen, die demselben nationalen Verband angehören; dies ändert aber nichts daran, dass diese Regeln den Zugang der Spieler zum Arbeitsmarkt in den anderen Mitgliedstaaten

> unmittelbar beeinflussen und somit geeignet sind, die Freizügigkeit der Arbeitnehmer zu beeinträchtigen. Sie können daher nicht den Regelungen über die Modalitäten des Verkaufs von Waren gleichgestellt werden, die nach dem Urteil Keck und Mithouard nicht in den Anwendungsbereich von Artikel 30 des Vertrages fallen (...).
>
> 104. Die Transferregeln stellen folglich Beeinträchtigungen der Freizügigkeit der Arbeitnehmer dar, die grundsätzlich nach Artikel 48 des Vertrages verboten sind. Anders wäre es nur dann, wenn diese Regeln einen mit dem Vertrag zu vereinbarenden berechtigten Zweck verfolgen würden und aus zwingenden Gründen des Allgemeininteresses gerechtfertigt wären. In diesem Fall müsste aber ausserdem die Anwendung dieser Regeln geeignet sein, die Verwirklichung des verfolgten Zweckes zu gewährleisten, und dürfte nicht über das hinausgehen, was zur Erreichung dieses Zweckes erforderlich ist (...).» (EuGH, Rs C-415/93 *Union royale belge des sociétés de football association ASBL/Bosman*)

Ob auch die im FZA und dem Anhang I enthaltenen Diskriminierungsverbote ein Beschränkungsverbot enthalten, ist umstritten. Weder der EuGH noch das Bundesgericht haben sich bis jetzt zu dieser Frage geäussert. 982

3.5. Stellensuche

Art. 2 Abs. 1 Anhang I FZA sieht vor, dass sich Staatsangehörige von EU-Staaten für die Dauer von sechs Monaten in der Schweiz aufhalten können, um eine Arbeitsstelle zu suchen. Nach Art. 18 Abs. 1 VFP benötigen EU/EFTA-Angehörige für die Stellensuche während höchstens drei Monaten keine Bewilligung; für länger dauernde Aufenthalte zu diesem Zweck wird ihnen eine Kurzaufenthaltsbewilligung für drei Monate im Kalenderjahr erteilt, sofern sie über die für den Unterhalt notwendigen finanziellen Mittel verfügen (Art. 18 Abs. 2 VFP). Diese kann bis zu einem Jahr verlängert werden, sofern die Betroffenen Suchbemühungen nachweisen und Aussicht auf eine Beschäftigung besteht (Art. 18 Abs. 3 VFP). Während dieser Zeit haben die Stellensuchenden in gleicher Weise wie Schweizer Staatsangehörige Anspruch auf Unterstützung durch die Arbeitsämter; hingegen haben sie nach Art. 29*a* AIG sowie Art. 2 Abs. 1 letzter Satz Anhang I FZA keinen Anspruch auf Sozialhilfe. 983

4. Selbständigerwerbende

Das Recht auf Aufenthalt und Zugang zur Erwerbstätigkeit für selbständig erwerbstätige Personen wird in Art. 12 bis 16 Anhang I FZA geregelt. Das Freizügigkeitsabkommen ermöglicht es Staatsangehörigen aus EU/EFTA-Staaten, in der Schweiz einer selbständigen Erwerbstätigkeit nachzugehen. In gesetzlich reglementierten Berufen müssen sie indes die Anforderungen an berufliche 984

Qualifikationen und Diplome erfüllen. Dazu regelt Anhang III FZA die gegenseitige Anerkennung von Diplomen.

985 Im Anhang III FZA wird unter anderem die Richtlinie 89/48/EWG für das Verhältnis zwischen der Schweiz und EU-Staaten für anwendbar erklärt (Richtlinie 89/48/EWG des Rates vom 21. Dezember 1988 über eine allgemeine Regelung zur Anerkennung der Hochschuldiplome, die eine mindestens dreijährige Berufsausbildung abschließen, ABl. L 19 vom 24. Januar 1989 S. 16 ff., für die EU seit 19. Oktober 2007 nicht mehr in Kraft). Diese Richtlinie bestimmt, dass Diplome, die ein mindestens dreijähriges Hochschulstudium abschliessen, in den anderen Staaten grundsätzlich anerkannt werden. Ausnahmen bestehen für Ausbildungen, in denen von Land zu Land wesentliche Unterschiede bestehen. Für die vollumfängliche Integration von Anwältinnen und Anwälten aus dem EU/EFTA-Raum in der Schweiz ist zum Beispiel nach Art. 30 ff. des Bundesgesetzes über die Freizügigkeit von Anwältinnen und Anwälten (Anwaltsgesetz, BGFA, SR 935.61) neben einem juristischen Diplom eine Eignungsprüfung oder eine dreijährige Tätigkeit als Anwältin oder Anwalt in der Schweiz vorausgesetzt. Nur unter diesen Voraussetzungen können sich ausländische Anwältinnen und Anwälte in ein kantonales Anwaltsregister eintragen lassen und die entsprechenden schweizerischen Berufsbezeichnungen benutzen.

986 Selbständigerwerbenden wird eine Aufenthaltserlaubnis für fünf Jahre erteilt; diese wird automatisch um weitere fünf Jahre verlängert, wenn nachgewiesen werden kann, dass eine selbständige Arbeit ausgeübt wird (Art. 12 Abs. 1 und 2 Anhang I FZA). Ergänzende nationale Verfahrensregelungen bei der Verlängerung der EU/EFTA-Aufenthaltsbewilligungen sind jedoch nicht ausgeschlossen. In diesem Sinne hat das Bundesgericht ausgeführt, die Verpflichtung, für die automatische Verlängerung der Aufenthaltsbewilligung ein Formular auszufüllen, stelle eine zulässige nationale Verfahrensregelung dar:

> «2.2 Entgegen den Ausführungen des Beschwerdeführers schliessen diese Bestimmungen – wie das Rekursgericht zu Recht festgestellt hat – ergänzende nationale Verfahrensregeln im Zusammenhang mit der Verlängerung von EG/EFTA-Aufenthaltsbewilligungen beziehungsweise den entsprechenden Papieren nicht aus (...). Richtig ist, dass nach der Rechtsprechung des Gerichtshofs der Europäischen Gemeinschaft (EuGH) Bewilligungen in der EU keine rechtsbegründende, sondern bloss deklaratorische Bedeutung haben (...). Dies gilt grundsätzlich auch für das FZA (...), was den betroffenen Wanderarbeiter, seine Angehörigen oder – wie hier – den Selbständigerwerbenden und seine Familienmitglieder jedoch nicht davon entbindet, sich bei den Behörden zu melden und das erforderliche Ausweispapier zu beschaffen beziehungsweise die hierfür nötigen Angaben zu machen (...). Dies ergibt sich bereits aus der allgemeinen Bestimmung, wonach sich die Signatarstaaten verpflichten, «die Formalitäten und Verfahren für die Beschaffung dieser Dokumente so weit wie möglich zu vereinfachen». Wären nationale Formalitäten und Verfahren überhaupt unzulässig und bestünde – wie die Beschwerdeführer behaupten – ein Bewilligungsautomatismus, erübrigte sich diese Regelung. Der jeweilige

> Ausweis bestätigt, dass der Betroffene die Voraussetzungen des FZA tatsächlich erfüllt. Er attestiert das Anwesenheitsrecht im konkreten Fall (...). Das Verfahren dient dazu, die «individuelle Situation eines Staatsangehörigen eines anderen Mitgliedsstaats im Hinblick auf die Bestimmungen des Gemeinschaftsrechts festzustellen» (...). Die Bewilligung muss erteilt werden, falls die staatsvertraglichen Voraussetzungen erfüllt sind; durch den fehlenden Ausweis allein wird der Aufenthalt nicht illegal. Das Erneuerungsverfahren bildet regelmässig Anlass, das Fortbestehen der Freizügigkeitsvoraussetzungen zu prüfen und den Aufenthaltstyp zu präzisieren beziehungsweise den Ausweis anzupassen (...). Die Unterzeichnerstaaten sind befugt, das Verfahren über Ordnungsvorschriften sicherzustellen. Diese sollen nicht weiter gehen, als das für den Zweck der Verlängerung notwendig erscheint (...).» (BGE 136 II 329, E. 2 S. 332 f.)

Alle weiteren Regeln für selbständig erwerbstätige Personen entsprechen denjenigen für Arbeitnehmerinnen und Arbeitnehmer: geographische und berufliche Mobilität (Art. 14 Anhang I FZA), Gleichbehandlung (Art. 15 i.V.m. Art. 9 Anhang I FZA) und Entzug der Bewilligung (Art. 12 Abs. 6 Anhang I FZA). 987

Werden selbständig erwerbstätige Personen dauerhaft und umfassend sozialhilfeabhängig, so verlieren sie nach der bundesgerichtlichen Rechtsprechung (siehe zum Beispiel BGer, 2C_430/2020, 13. Juli 2020, E. 5.5) ihre Eigenschaft als selbständig Erwerbstätige und ihre Aufenthaltsbewilligung EU/EFTA kann gestützt auf Art. 23. Abs. 1 VFP widerrufen oder nicht mehr verlängert werden. 988

Im Unterschied zum Gemeinschaftsrecht regelt das Freizügigkeitsabkommen lediglich das Aufenthaltsrecht für natürliche Personen, jedoch nicht die Niederlassungsmöglichkeit für juristische Personen. 989

5. Erbringung von Dienstleistungen

Die Dienstleistungsfreiheit stellt die Freiheit dar, Leistungen gewerblicher, kaufmännischer, handwerklicher oder freiberuflicher Art, die nicht vom freien Waren-, Personen- oder Kapitalverkehr erfasst werden, in anderen Vertragsstaaten zu erbringen (Art. 57 AEUV). Dienstleistungen werden nicht im Rahmen eines Anstellungsverhältnisses erbracht und sind von vorübergehender, nicht dauerhafter Natur. Dienstleistungserbringerinnen und Dienstleistungserbringer können sowohl natürliche als auch juristische Personen sein. Die Dienstleistungsfreiheit umfasst sowohl das Recht der Dienstleistungserbringenden, ihre Tätigkeit vorübergehend in einem anderen Vertragsstaat auszuüben (aktive Dienstleistungsfreiheit) als auch das Recht der Dienstleistungsempfangenden, in einem anderen Vertragsstaat eine Dienstleistung in Anspruch zu nehmen (passive Dienstleistungsfreiheit). Im System der beruflichen 990

Mobilität der EU-Wirtschaft nimmt die Dienstleistungsfreiheit lediglich eine subsidiäre Funktion ein. Nur wenn eine Person weder als Arbeitnehmende noch als selbständig erwerbstätig qualifiziert werden kann, kommt die Dienstleistungsfreiheit zum Zuge. Zur Abgrenzung der Erbringung von Dienstleistungen vom Begriff der Niederlassung, das heisst des Aufenthaltes für selbständig Erwerbstätige, hat der EuGH ausgeführt:

> «Der Begriff der Niederlassung im Sinne des Vertrages ist also ein sehr weiter Begriff, der die Möglichkeit für einen Gemeinschaftsangehörigen impliziert, in stabiler und kontinuierlicher Weise am Wirtschaftsleben eines anderen Mitgliedstaats als seines Herkunftsstaats teilzunehmen und daraus Nutzen zu ziehen, wodurch die wirtschaftliche und soziale Verflechtung innerhalb der Gemeinschaft im Bereich der selbständigen Tätigkeiten gefördert wird (...).
>
> Dagegen sehen die Vorschriften des Kapitels über die Dienstleistungen, insbesondere Artikel 60 Absatz 3 des Vertrages, für den Fall, dass sich der Erbringer einer Dienstleistung in einen anderen Mitgliedstaat begibt, vor, dass dieser seine Tätigkeit dort vorübergehend ausübt.
>
> Wie der Generalanwalt hervorgehoben hat, ist der vorübergehende Charakter der fraglichen Tätigkeiten nicht nur unter Berücksichtigung der Dauer der Leistung, sondern auch ihrer Häufigkeit, regelmässigen Wiederkehr oder Kontinuität zu beurteilen. Der vorübergehende Charakter der Leistung schliesst nicht die Möglichkeit für den Dienstleistungserbringer im Sinne des Vertrages aus, sich im Aufnahmemitgliedstaat mit einer bestimmten Infrastruktur (einschliesslich eines Büros, einer Praxis oder einer Kanzlei) auszustatten, soweit diese Infrastruktur für die Erbringung der fraglichen Leistung erforderlich ist.» (EuGH, Rs C-55/94 *Gebhard/Consiglio dell'Ordine degli Avvocati e Procuratori di Milano*, Slg. 1995, I-4165, Ziff. 25 ff.)

5.1. Eingeschränkte Dienstleistungsfreiheit nach dem FZA

991 Im Verhältnis zwischen der Schweiz und der EU/EFTA gilt im Vergleich zur Dienstleistungsfreiheit im Europarecht (siehe vorne Rz. 279 ff.) lediglich eine beschränkte Dienstleistungsfreiheit.

- Einerseits wurden **nicht alle Dienstleistungsbereiche liberalisiert**: Ausgenommen sind die Arbeitsvermittlung und der Personalverleih sowie Finanzdienstleistungen, sofern für die entsprechende Tätigkeit in der Schweiz vorgängig eine Bewilligung erforderlich ist und die betreffende Person der behördlichen Aufsicht untersteht (Art. 22 Abs. 3 Anhang I FZA).
- Andererseits beschränkt das FZA die Dienstleistungserbringung in **zeitlicher Hinsicht**: Nach Art. 5 FZA sowie Art. 17 lit. a und Art. 21 Anhang I FZA dürfen natürliche und juristische Personen aus dem EU-Raum für die

Dauer von maximal 90 Arbeitstagen pro Kalenderjahr Dienstleistungen in der Schweiz erbringen; sie brauchen während dieser Zeit keine besondere Aufenthaltserlaubnis (Art. 20 Abs. 1 Anhang I FZA). Dienstleistungen, die die Dauer von 90 Arbeitstagen übersteigen, fallen nicht unter das FZA.

- Von der Dienstleistungsfreiheit ausgenommen sind schliesslich auch Tätigkeiten, die die **Ausübung hoheitlicher Befugnisse** beinhalten (Art. 22 Abs. 1 Anhang I FZA).

Zu berücksichtigen ist ferner, dass die Schweiz und die EU im Rahmen des öffentlichen Beschaffungswesens sowie des Luft- und Landverkehrs spezifische Dienstleistungsabkommen abgeschlossen haben, die u.a. vorsehen, dass die Dienstleistungserbringung nicht durch Bestimmungen des Personenverkehrs behindert werden kann. Personen, die in Anwendung dieser Abkommen Dienstleistungen erbringen, gewährt das FZA das Recht auf Einreise und Aufenthalt während der gesamten Dauer der Dienstleistungserbringung (Art. 5 FZA oder Art. 5 Anhang K des EFTA-Übereinkommens i.V.m. Art. 13 VFP). 992

5.2. Aktive Dienstleistungsfreiheit

Nach Art. 5 Abs. 1 FZA haben Dienstleistungserbringer das Recht, im Hoheitsgebiet der anderen Vertragspartei Dienstleistungen zu erbringen, sofern deren Dauer 90 Arbeitstage pro Kalenderjahr nicht überschreiten. Daraus folgt ein Recht auf Einreise und zeitlich beschränkten Aufenthalt sowohl für selbständige Dienstleistungserbringende als auch für entsandte Arbeitnehmende: 993

- **Selbständige Dienstleistungserbringende**: Staatsangehörige eines EU/EFTA-Staates, die auf dem Hoheitsgebiet eines anderen Vertragsstaates selbständig erwerbstätig und dort niedergelassen sind und nunmehr in einem andere Vertragsstaat eine Dienstleistung erbringen.
- **Entsandte Arbeitnehmende:** Von einem Unternehmen mit Sitz in einem EU/EFTA-Staat zur Erbringung einer Dienstleistung in einem anderen Vertragsstaat entsandte natürliche Personen, wobei diese nicht nur Staatsangehörige eines EU/EFTA-Staates, sondern auch Drittstaatsangehörige sein können (Art. 17 lit. a ii) Anhang I FZA).

Der Aufenthalt selbständiger Dienstleistungserbringender und entsandter Arbeitnehmender im Rahmen des FZA ist bewilligungsfrei (Art. 20 Abs. 1 Anhang I FZA; Art. 14 VFP). 994

Dienstleistungserbringungen, die die Dauer von 90 Arbeitstagen übersteigen, fallen nicht unter das FZA. Ein Anspruch auf eine entsprechende Aufenthaltserlaubnis kann sich aber aus einem der spezifischen Dienstleistungsabkommen (vorne Rz. 992) zwischen der Schweiz und der EU ergeben (Abkommen über das öffentliche Beschaffungswesen, Abkommen über den Landverkehr 995 oder das Abkommen über den Luftverkehr). Diesfalls haben die betreffenden Personen einen Rechtsanspruch auf Erteilung einer (Kurz-)Aufenthaltsbewilligung EU/EFTA, wobei die Geltungsdauer der Dauer der Dienstleistung entspricht (Art. 13 VFP). Ist dies nicht der Fall, richtet sich der Aufenthalt nach den allgemeinen Regeln des AIG (Art. 26 AIG, vorne Rz. 477 ff., sowie Art. 15 VFP). Dann unterliegt die Zulassung zum Aufenthalt in der Schweiz der arbeitsmarktlichen Prüfung sowie der Kontingentierung. Die entsprechenden Kontingente finden ihre Grundlage in den Art. 19*a* und 20*a* VZAE. Der Bundesrat bewilligt in langjähriger Praxis 3000 Kontingente für Kurzaufenthaltsbewilligungen und 500 Kontingente für Aufenthaltsbewilligungen, die quartalsweise freigegeben werden.

5.3. Flankierende Massnahmen

996 Um entsandte Arbeitnehmende vor missbräuchlicher Unterschreitung der in der Schweiz geltenden Lohn- und Arbeitsbedingungen zu schützen, bestehen seit dem 1. Juni 2004 arbeitsmarktliche Massnahmen, die sogenannten flankierenden Massnahmen. Diese sollen die Kontrolle der minimalen beziehungsweise üblichen Lohn- und Arbeitsbedingungen am schweizerischen Arbeitsort ermöglichen.

997 Das Bundesgesetz über die flankierenden Massnahmen bei entsandten Arbeitnehmerinnen und Arbeitnehmern und über die Kontrolle der in Normalarbeitsverträgen vorgesehenen Mindestlöhne (Entsendegesetz, EntsG, SR 823.20) verpflichtet ausländische Arbeitgebende mit Sitz im Ausland zur Einhaltung der minimalen schweizerischen Lohn- und Arbeitsbedingungen. Arbeitgebende, die gegen zwingende Vorschriften des EntsG verstossen, werden sanktioniert, wobei die Sanktionen von einer Geldbusse bis zu einer Dienstleistungssperre reichen können.

998 Um Kontrollen zu ermöglichen, sind ausländische Arbeitgebende verpflichtet, vor Beginn des Einsatzes ihrer entsandten Arbeitnehmenden der zuständigen kantonalen Behörde Meldung zu erstatten. Zu melden sind insbesondere die Identität und der Lohn der in die Schweiz entsandten Personen, die in der Schweiz ausgeübte Tätigkeit sowie der Ort, an dem die Arbeit ausgeführt wird (Art. 6 Abs. 1 EntsG). Die Meldung muss grundsätzlich mindestens acht Tage vor Beginn des Arbeitseinsatzes erfolgen (Art. 6 Abs. 3 EntsG). **Meldepflichtig** sind nach der Entsendeverordnung (EntsV, SR 823.201)

- grundsätzlich alle **über acht Arbeitstage** pro Kalenderjahr dauernden Arbeitseinsätze (Art. 6 Abs. 1 EntsV).
- Unabhängig von der Arbeitsdauer, alle Arbeitseinsätze **ab dem ersten Arbeitstag** in den folgenden **Branchen**: Bauhaupt- und Baunebengewerbe, Gastgewerbe, Reinigungsgewerbe in Betrieben und Haushalten, Überwachungs- und Sicherheitsdienst, Reisendengewerbe, Erotikgewerbe sowie Garten- und Landschaftsbau (Art. 6 Abs. 2 EntsV).

Weitere flankierende Massnahmen neben dem Entsendegesetz und der Entsendeverordnung stellen die erleichterte Allgemeinverbindlicherklärung von Gesamtarbeitsverträgen (Art. 1*a* sowie 2 Abs. 3bis des Bundesgesetzes über die Allgemeinverbindlicherklärung von Gesamtarbeitsverträgen, SR 221.215.311) sowie die Einführung von Normalarbeitsverträgen mit zwingenden Mindestlöhnen (Art. 360*a* ff. OR) dar. 999

Zur Verhinderung von Wettbewerbsverzerrungen sowie zur Bekämpfung von Fällen von Scheinselbständigkeit und der damit möglicherweise verbundenen Verletzung arbeitsrechtlicher Schutznormen, müssen selbständige Dienstleistungserbringende auf Verlangen nachweisen, dass sie tatsächlich selbständig erwerbstätig sind. Dabei bestimmt sich der Begriff der selbständigen Erwerbstätigkeit nach schweizerischem Recht (Art. 1*a* Abs. 1 EntsG). 1000

5.4. Passive Dienstleistungsfreiheit

Art. 5 Abs. 3 FZA erweitert den Anwendungsbereich der Dienstleistungsfreiheit auf die passive Dienstleistungsfreiheit, das heisst auf die Möglichkeit für Staatsangehörige eines EU/EFTA-Mitgliedstaates, als Empfängerin oder Empfänger von Dienstleistungen (z.B. für touristische oder medizinische Zwecke, Geschäfts- oder Studienreisen) in die Schweiz einzureisen und sich hier aufzuhalten. Die für die aktive Dienstleistungsfreiheit geltende Einschränkung auf 90 Arbeitstage für bewilligungsfreie Aufenthalte gilt nicht für die passive Dienstleistungsfreiheit. Empfängerinnen und Empfänger von Dienstleistungen können so lange in der Schweiz bleiben, wie sie die Dienstleistung in Anspruch nehmen. Für eine Dauer von weniger als drei Monaten brauchen sie dazu keine Aufenthaltsbewilligung. Dauert der Aufenthalt länger, haben sie Anspruch auf die Erteilung einer Aufenthaltserlaubnis für die Dauer der Dienstleistung (Art. 23 Abs. 1 Anhang I FZA). 1001

6. Nichterwerbstätige

Art. 6 FZA i.V.m. Art. 24 Anhang I FZA regelt die Voraussetzungen, unter denen Staatsangehörige von EU/EFTA-Staaten, die nicht – oder noch nicht – erwerbstätig sind, einen Anspruch auf eine Aufenthaltsbewilligung in der Schweiz haben. Dies betrifft grundsätzlich alle Personen, die nicht aufgrund einer anderen Bestimmung des Abkommens ein Anwesenheitsrecht haben, in der Praxis aber vor allem Studierende, Arbeitssuchende (für bis zu sechs Monaten, Art. 2 Abs. 1 Unterabsatz 2 Anhang I FZA) sowie Rentnerinnen und Rentner. Nichterwerbstätige dürfen grundsätzlich dem aufnehmenden Staat finanziell nicht zur Last fallen. Deshalb müssen sie, damit sie Anspruch auf ein Anwesenheitsrecht haben, über ausreichend finanzielle Mittel für sich und ihre 1002

Familie sowie über einen umfassenden Krankenversicherungsschutz verfügen (Art. 24 Abs. 1 Anhang I FZA). Sind diese Voraussetzungen nicht mehr erfüllt, so entfällt das Aufenthaltsrecht automatisch (Art. 24 Abs. 8 Anhang I FZA) und die Aufenthaltsbewilligung kann unter Beachtung des Grundsatzes der Verhältnismässigkeit widerrufen werden.

1003 Die Voraussetzung ausreichender finanzieller Mittel umschreibt die VFP bezugnehmend auf Art. 24 Abs. 1 Anhang I FZA genauer. Danach genügen die finanziellen Mittel, wenn sie die Fürsorgeleistungen übersteigen, die nach den SKOS-Richtlinien schweizerischen Antragstellenden zugesprochen würden (Art. 16 Abs. 1 VFP). Prämienverbilligungen für Krankenkassen, die versicherten Personen in bescheidenen wirtschaftlichen Verhältnissen zukommt, gelten dabei nicht als Sozialhilfeleistung und schliessen somit das Anwesenheitsrecht nicht aus (BGer, 2C_987/2019 vom 8. Juli 2020, E. 5.2.3). Für Rentnerinnen und Rentner werden die finanziellen Mittel als genügend eingestuft, wenn sie den Betrag übersteigen, der Schweizer Staatsangehörige zur Beantragung von Ergänzungsleistungen berechtigt (Art. 16 Abs. 2 VFP).

1004 Die Herkunft der finanziellen Mittel spielt nach bundesgerichtlicher Rechtsprechung unter Bezugnahme auf die Regelung und Praxis innerhalb der EU keine Rolle. Deshalb ist nicht allein auf die Mittel, über die die Person selber verfügt, abzustellen, sondern es sind auch freiwillige Unterstützungsleistungen von Familienmitgliedern oder anderen Dritten zu berücksichtigen.

> «Gemäss Art. 24 Abs. 1 Anhang I FZA hat eine Person, welche die Staatsangehörigkeit einer Vertragspartei besitzt und keine Erwerbstätigkeit im Aufenthaltsstaat ausübt, ein Anwesenheitsrecht unter der Voraussetzung, dass sie über ausreichende finanzielle Mittel verfügt, so dass sie nicht auf Sozialhilfe angewiesen und sie überdies krankenversichert ist. Diese Regelung ist der Richtlinie 90/364/EWG des Rates vom 28. Juni 1990 über das Aufenthaltsrecht (...) nachgebildet. Anforderungen in Bezug auf die Herkunft der ausreichenden finanziellen Mittel ergeben sich weder aus Art. 24 Abs. 1 Anhang I FZA noch aus Art. 1 Abs. 1 der Richtlinie 90/364/EWG. Der EuGH hat daher entschieden, dass die Bedingung ausreichender finanzieller Mittel nicht dahin ausgelegt werden könne, dass der Betroffene selber über solche Mittel verfügen müsse (...); die finanziellen Mittel könnten auch von Familienangehörigen (...) oder sonstigen Dritten stammen (...). Das Bundesgericht ist dieser Auslegung für die Anwendung von Art. 24 Anhang I FZA beigetreten. Es wäre in der Tat unverhältnismässig, weil nicht erforderlich, dem Kriterium der ausreichenden finanziellen Mittel, ein weiteres nach der Herkunft dieser Mittel hinzuzufügen. Die Regelung über die ökonomischen Aufenthaltsvoraussetzungen hat zum Zweck zu vermeiden, dass die öffentlichen Finanzen des Aufnahmestaates über Gebühr belastet werden, was gewährleistet ist, ohne dass es darauf ankäme, aus welcher Quelle, einer eigenen oder einer fremden, die Existenzmittel des Betroffenen stammen (...).» (BGE 142 II 35, E. 5.1 S. 43 f.)

In Anwendung dieser Grundsätze stellte das Bundesgericht zum Beispiel fest, dass die Unterstützung der deutschen Mutter, die über eine Erwerbsunfähigkeitsrente verfügte, mit finanziellen Mitteln und Naturalien durch die im gleichen Dorf auf einem Bauernhof wohnende Tochter an die finanziellen Mittel der Mutter angerechnet werden müsse (BGE 135 II 265). Gleiches gilt für die Unterstützung unter Ehegatten (BGer, 2C_122/2017 vom 20. Juni 2017). 1005

Sind diese Bedingungen erfüllt, haben Nichterwerbstätige Anspruch auf Erteilung einer Aufenthaltsbewilligung für fünf Jahre (Art. 24 Abs. 1 Anhang I FZA), die automatisch um fünf Jahre verlängert wird (Art. 24 Abs. 5 Anhang I FZA). Eine Ausnahme ist für Studierende vorgesehen. Sie erhalten nach Art. 24 Abs. 4 Anhang I FZA lediglich eine Bewilligung für die Dauer der Ausbildung oder, wenn diese länger als ein Jahr dauert, für ein Jahr. Anspruchsberechtigt sind zudem auch Kleinkinder ohne Erwerbseinkommen; sie können gestützt auf ihr originäres Aufenthaltsrecht ihren sorgeberechtigten Eltern im Rahmen der Familiennachzuges ein abgeleitetes Aufenthaltsrecht vermitteln (BGE 142 II 113; BGE 144 II 35). 1006

Das Freizügigkeitsabkommen enthält kein spezifisches Diskriminierungsverbot für Nichterwerbstätige. Diese können sich allerdings auf das allgemeine Gleichbehandlungsgebot von Art. 2 FZA berufen. Zu beachten ist, dass dieses Gebot nicht vollumfänglich auf Studierende anwendbar ist, da das Abkommen nach Art. 24 Abs. 4 letzter Satz Anhang I FZA «weder den Zugang zur Ausbildung noch die Unterhaltsbeihilfen für die unter diesen Artikel fallenden Studierenden» regelt. 1007

7. Grenzgängerinnen und Grenzgänger

Der Begriff der Grenzgängerinnen und Grenzgänger ist im Freizügigkeitsabkommen weit gefasst. Art. 7 und 13 Anhang I FZA verlangen lediglich, dass Grenzgängerinnen und Grenzgänger Staatsangehörige eines EU/EFTA-Staates sind und mindestens einmal wöchentlich an ihren Wohnort ausserhalb der Schweiz zurückkehren. Sowohl Arbeitnehmende wie auch selbständig Erwerbstätige können Grenzgängerinnen und Grenzgänger sein. Sie geniessen berufliche und geographische Mobilität und benötigen nach Art. 7 Abs. 2 beziehungsweise Art. 13 Abs. 2 Anhang I FZA keine Bewilligung. Die Grenzgängerbewilligung EU/EFTA, die Grenzgängerinnen und Grenzgängern aus EU/EFTA-Staaten erteilt wird, stellt eine deklaratorische Sonderbescheinigung im Sinne von Art. 7 und Art. 13 Anhang I FZA dar. 1008

Für Grenzgängerinnen und Grenzgänger aus EU/EFTA-Staaten gelten keine Grenzzonen mehr. Sie können somit überall in der EU/EFTA wohnen und überall in der Schweiz arbeiten, Bedingung ist lediglich die wöchentliche Rückkehr an den ausländischen Wohnort. Die Bewilligung 1009 für Grenzgängerinnen und Grenzgänger aus der EU/EFTA ist fünf Jahre gültig, sofern ein Arbeitsvertrag vorliegt, der unbeschränkt oder länger als ein Jahr gültig ist. Wurde der Arbeitsvertrag für weniger als ein Jahr, aber länger als drei Monaten abgeschlossen, entspricht die Gültigkeitsdauer der Bewilligung derjenigen des Arbeitsvertrags. Für eine Anstellungsdauer von weniger als drei Monaten gilt ein Online-Meldeverfahren.

8. Gemeinsame Bestimmungen für alle Personenkategorien

8.1. Einreise und Anmeldung

1010 Staatsangehörige von EU/EFTA-Staaten haben ein Recht auf Einreise, das in Art. 3 FZA und Art. 1 Anhang I FZA verankert ist. Für die Einreise in die Schweiz genügt eine gültige Identitätskarte oder ein gültiger Reisepass (Art. 1 Abs. 1 Anhang I FZA). Die Einreise darf nicht von einem Visum abhängig gemacht werden. Diesbezüglich sieht der zweite Abschnitt dieses Absatzes jedoch zwei Ausnahmen vor. Für Familienangehörige aus Drittstaaten, die nach dem FZA ein Aufenthaltsrecht in der Schweiz haben und für Drittstaatsangehörige, die von einem Arbeitgebenden als Dienstleistende in die Schweiz entsandt werden, darf eine Visumspflicht vorgesehen werden. In der Schweiz ist die Visumspflicht für diese Personengruppen in Art. 7 VFP eingeführt worden.

Personen aus EU/EFTA-Staaten müssen sich ebenso wie dem AIG unterstehende Ausländerinnen und Ausländer nach ihrer Einreise in die Schweiz anmelden (Art. 2 Abs. 4 Anhang I FZA i.V.m. Art. 9 Abs. 1 VFP). Die Anmeldung dient jedoch in diesen Fällen nicht der Regelung, sondern lediglich der Anzeige des Aufenthaltes.

1011 Ausnahmen von der Pflicht zur Anmeldung gelten für kurzfristige Erwerbstätigkeiten in der Schweiz. Nach Art. 9 Abs. 1bis VFP gilt für den Stellenantritt bis zu drei Monaten innerhalb eines Kalenderjahres beziehungsweise für die Erbringung einer Dienstleistung von bis zu 90 Tagen pro Kalenderjahr durch selbständige Dienstleistungserbringende lediglich eine Meldepflicht. Die Meldung hat elektronisch zu erfolgen und muss spätestens am Tag vor Aufnahme der Tätigkeit erfolgen. Diese Regelung ist der in Art. 6 EntsG enthaltenen Regelung (vorne Rz. 998) nachempfunden. Im Unterschied zur Meldepflicht bei entsandten Arbeitnehmenden, müssen bei Meldungen von kurzfristigen Tätigkeiten jedoch keine Lohninformationen offengelegt werden (Art. 9 Abs. 1bis Satz 2 VFP).

8.2. Das Verbleiberecht

Ausländische Arbeitnehmerinnen und Arbeitnehmer sowie Selbständigerwerbende aus EU/EFTA-Staaten haben nach Art. 4 Abs. 1 Anhang I FZA das Recht, nach Beendigung ihrer Erwerbstätigkeit in der Schweiz zu bleiben. Konkretisiert wird dieses Recht durch Verordnung (EWG) Nr. 1251/70 und Richtlinie 75/34/EWG (die im Unionsrecht nunmehr durch Richtlinie 2004/38/EG abgelöst wurden, für das FZA aber immer noch gelten), die die Schweiz nach Art. 4 Abs. 2 Anhang I FZA übernommen hat. Gestützt darauf kommt folgenden Personen ein Verbleiberecht zu: 1012

- Personen, die das **Rentenalter** erreicht, während der letzten zwölf Monate in der Schweiz gearbeitet und wenigstens drei Jahre in der Schweiz gewohnt haben.
- Arbeitnehmerinnen und Arbeitnehmern, die wegen **ständiger Arbeitsunfähigkeit** ihre Erwerbstätigkeit aufgeben mussten, wenn sie zuvor während zwei Jahren in der Schweiz gewohnt haben. In BGE 144 II 121 hat das Bundesgericht präzisiert, dass für das Verbleiberecht aufgrund von ständiger Arbeitsunfähigkeit zwei Voraussetzungen erfüllt sein müssen:

  > «Darüber hinaus sieht Art. 4 Abs. 1 Anhang I FZA vor, dass die Staatsangehörigen einer Vertragspartei und ihre Familienangehörigen nach Beendigung ihrer Erwerbstätigkeit ein Recht auf Verbleib im Hoheitsgebiet der anderen Vertragspartei haben. Gemäss Art. 2 Abs. 1 Bst. b Satz 1 der Verordnung Nr. 1251/70, auf welche Art. 4 Abs. 2 Anhang I FZA verweist, besteht ein Verbleiberecht für den «Arbeitnehmer, der infolge dauernder Arbeitsunfähigkeit eine Beschäftigung im Lohn- oder Gehaltsverhältnis aufgibt, wenn er sich seit mindestens zwei Jahren im Hoheitsgebiet dieses Mitgliedstaats ständig aufgehalten hat». Ein Verbleiberecht infolge Arbeitsunfähigkeit setzt somit eine vorgängige Arbeitnehmereigenschaft voraus (...). Zudem ist erforderlich, dass der Arbeitnehmer die Beschäftigung im Lohnoder Gehaltsverhältnis aufgrund der Arbeitsunfähigkeit aufgegeben hat; nur dann rechtfertigt es sich, seine Rechte als Wanderarbeitnehmer über das Dahinfallen des Arbeitnehmerstatus hinaus fortbestehen zu lassen (...). Wer sich auf ein Verbleiberecht berufen kann, behält seine als Arbeitnehmer erworbenen Rechte und hat insbesondere auch Anspruch auf Sozialhilfe (...).» (BGE 144 II 121, E. 3.2 S. 125)

- Arbeitnehmerinnen und Arbeitnehmer, deren ständige Arbeitsunfähigkeit durch einen **Arbeitsunfall** oder eine **Berufskrankheit** bedingt ist, aufgrund derer ein Rentenanspruch entstanden ist, haben unabhängig von ihrer bisherigen Aufenthaltsdauer in der Schweiz und somit **ohne Karenzfrist** ein Verbleiberecht:

  > «EU-/EFTA-Angehörige, die nach zweijährigem ständigem Aufenthalt in der Schweiz dauernd arbeitsunfähig werden bzw. «infolge dauernder Arbeitsunfähigkeit eine Beschäftigung im Lohn- oder Gehaltsverhältnis» aufgeben, verfügen als Wanderarbeitnehmende, welche von der Personenfreizügigkeit Gebrauch gemacht

haben, über ein autonomes Verbleiberecht (...). Die Karenzfrist von zwei Jahren entfällt, falls die Arbeitsunfähigkeit auf einen Arbeitsunfall oder eine Berufskrankheit zurückgeht und ein Anspruch auf eine Rente eines schweizerischen Versicherungsträgers besteht (Art. 4 Anhang I FZA i.V.m. Art. 2 Abs. 1 lit. b der Verordnung [EWG] Nr. 1251/70; ...). Wer sich auf ein Verbleiberecht berufen kann, behält seine als Arbeitnehmer erworbenen Rechte und hat insbesondere auch Anspruch auf Sozialhilfe (vgl. Art. 22 VEP). Nach Art. 4 Abs. 2 der Verordnung (EWG) Nr. 1251/70 gelten die vom zuständigen Arbeitsamt ordnungsgemäss bestätigten Zeiten unfreiwilliger Arbeitslosigkeit und die Abwesenheit infolge Krankheit oder Unfall als anrechenbare Beschäftigungsperioden.» (BGE 141 II 1, E. 4.1 S. 11)

– **Familienangehörigen** dieser Personen; stirbt die berechtigte Person, erhalten sie ein selbständiges Recht, sofern sie nicht ein eigenes Aufenthaltsrecht nach FZA geltend machen können. Verstirbt eine aufenthaltsberechtigte, erwerbstätige oder selbständigerwerbende Person bevor sie das Rentenalter erreicht, erhält die Familie ein Verbleiberecht, wenn sie bei ihrem Tode mindestens zwei Jahre in der Schweiz gewohnt hat. Tritt der Tod in Folge eines Arbeitsunfalls oder einer Berufskrankheit ein, erhält die Familie in jedem Fall ein Verbleiberecht.

8.3. Familiennachzug

1013 Nach Art. 7 lit. d FZA i.V.m. Art. 3 Anhang I FZA besteht ein Rechtsanspruch auf Familiennachzug für Staatsangehörige von EU/EFTA-Staaten, die sich in der Schweiz aufhalten. Ihre nachzugsberechtigten Familienangehörigen verfügen – unabhängig von ihrer Staatsangehörigkeit und ihrem Aufenthaltsort – über ein abgeleitetes Recht auf Einreise und Aufenthalt. Einen solchen Rechtsanspruch haben nach Art. 3 Abs. 2 Anhang I FZA folgende Personen:

Als Familienangehörige gelten ungeachtet ihrer Staatsangehörigkeit:

a) der Ehegatte und die Verwandten in absteigender Linie, die noch nicht 21 Jahre alt sind oder denen Unterhalt gewährt wird;

b) die Verwandten und die Verwandten des Ehegatten in aufsteigender Linie, denen Unterhalt gewährt wird;

c) im Fall von Studierenden der Ehegatte und die unterhaltsberechtigten Kinder.

1014 Der Kreis jener Familienangehörigen, die bei Vorliegen der Voraussetzungen – und unabhängig von der Art der Bewilligung des in der Schweiz lebenden Verwandten – einen Rechtsanspruch auf Einreise und Aufenthalt gestützt auf das FZA haben, entspricht der Umschreibung von Art. 10 Abs. 1 Verordnung (EWG) Nr. 1612/68 (die im Unionsrecht nunmehr durch Richtlinie 2004/38/EG abgelöst wurde, für das FZA aber immer noch gilt; vgl. Rz. 289).

Der Nachzug von Verwandten in aufsteigender Linie sowie, wenn sie über 21 Jahre alt sind, in absteigender Linie, setzt die bereits bestehende Gewährung von Unterhalt voraus. Dabei genügt eine tatsächliche – auch bescheidene – Unterhaltsgewährung durch den Aufenthaltsberechtigten. Unerheblich ist, aus welchen Gründen Unterhalt gewährt wird und ob die betreffenden Personen tatsächlich unterstützungsbedürftig sind; es sollte genügen, wenn fortgesetzte und regelmässige Leistungen erfolgen, die einen nicht völlig zu vernachlässigenden Teil der Lebenshaltungskosten decken. Das Bundesgericht hat in BGE 135 II 369 festgehalten, dass 1015

> «die Eigenschaft eines Familienangehörigen, dem Unterhalt gewährt wird, (...) sich aus einer tatsächlichen Situation [ergibt], die dadurch gekennzeichnet ist, dass der erforderliche Unterhalt des Familienangehörigen vom Aufenthaltsberechtigten materiell sichergestellt wird (...). Es kommt dabei darauf an, ob der nachzuziehende Verwandte in Anbetracht seiner wirtschaftlichen und sozialen Situation in der Lage ist, seine Grundbedürfnisse selbst zu decken, oder ob er auf zusätzliche Mittel angewiesen ist, die vom Aufenthaltsberechtigten aufgebracht werden.» (BGE 135 II 369, E. 3.1 S. 372 f.)

Die Frage, ob die Verwandten des Ehegatten – zum Beispiel Stief- und Adoptivkinder des Ehegatten eines Unionbürgers – in absteigender Linie bewusst nicht zum Kreis der freizügigkeitsberechtigten Familienangehörigen gehören, wurde vom EuGH in *Baumbast* (EuGH, Urteil vom 17. September 2002, Baumbast und R gegen Secretary of State for the Home *Department*, C-413/99, ECLI:EU:C:2002:493) beantwortet. Bezugnehmend auf Art. 10 Abs. 1 VO (EWG) Nr. 1612/68 hat der EuGH präzisiert, dass nicht nur die gemeinsamen Kinder von Unionsbürgerinnen und Unionsbürgern und ihrer Ehepartner, sondern auch die Kinder der Ehepartner und somit die Stiefkinder nachzugsberechtigt sind. Das Bundesgericht liess zunächst die Frage offen, ob das Urteil *Baumbast* für die Auslegung von Art. 3 Abs. 2 lit. a Anhang I FZA relevant sei (BGE 130 II 1, E. 3.5 S. 7). In BGE 136 II 65 hat es dann jedoch bestätigt, dass auch Stiefkinder in den Anwendungsbereich von Art. 3 Anhang I FZA fallen und ausgeführt, 1016

> «(...) es leuchtet nicht ein, weshalb ein Anspruch auf Nachzug der Verwandten des Ehegatten in aufsteigender Linie bestehen soll, nicht aber für dessen Nachkommen. Auch wenn die Beziehung Erwachsener zu den Eltern oder zu weiteren Vorfahren durchaus bedeutsam sein kann, so ist diejenige zu den Kindern beziehungsweise sonstigen Nachkommen meist enger, jedenfalls solange diese minderjährig sind beziehungsweise ihnen Unterhalt gewährt wird. Eine rechtliche Ordnung, die das Zusammenleben mit der Nachkommenschaft ermöglicht oder fördert, erscheint daher gebotener als eine solche, die dasselbe mit den Vorfahren vorsieht». (BGE 136 II 65, E. 4.4 S. 75)

Für alle weiteren Familienangehörigen, die nicht unter die Aufzählung von Art. 3 Abs. 2 Anhang I FZA fallen, sollen die Vertragsparteien des Freizügigkeitsabkommens den Nachzug begünstigen, sofern die berechtigte Person 1017 ihnen Unterhalt gewährt oder mit ihnen im Herkunftsland in einer häuslichen Gemeinschaft lebte. Schliesslich gilt für Studierende, dass lediglich die Ehegatten sowie unterhaltsberechtigte Kinder einen Rechtsanspruch auf Aufenthalt haben (Art. 3 Abs. 2 lit. c Anhang I FZA).

1018 Voraussetzung für das Bestehen des Anspruchs auf Aufenthalt von Familienangehörigen in der Schweiz ist grundsätzlich einzig, dass die Arbeitnehmenden für ihre Familie über eine **angemessene Wohnung** verfügen, die den ortsüblichen Verhältnissen für inländische Staatsangehörige entspricht. Das Bundesgericht hat sich bislang erst selten mit dieser Voraussetzung auseinandergesetzt und jeweils kantonalen Behörden einen grossen Beurteilungsspielraum eingeräumt:

> «Seule est litigieuse en l'espèce la réalisation de la condition du logement convenable ressortant de l'art. 3 Annexe I ALCP.
>
> 2.1. L'art. 3 al. 1 annexe I ALCP prévoit que les membres de la famille d'une personne ressortissant d'une partie contractante ayant un droit de séjour ont le droit de s'installer avec elle. Le travailleur salarié doit disposer d'un logement pour sa famille considéré comme normal pour les travailleurs nationaux salariés dans la région où il est employé sans que cette disposition puisse entraîner de discriminations entre les travailleurs nationaux et les travailleurs en provenance de l'autre partie contractante. Les droits octroyés par les dispositions de l'ALCP ne peuvent être limités que par des mesures justifiées par des raisons d'ordre public, de sécurité publique et de santé publique (…). (…)
>
> La Cour de justice de l'Union européenne a rendu deux arrêts relatifs à la question du logement approprié (…). Dans le premier, elle a précisé que les membres de la famille ne doivent pas nécessairement habiter en permanence avec le travailleur pour être titulaire d'un droit de séjour (…) et, dans le deuxième, elle a décidé que la condition de disposer d'un logement considéré comme normal pour les travailleurs nationaux s'impose comme condition d'accueil mais ne justifie pas le refus de renouveler une autorisation de séjour d'un membre de la famille du travailleur si ce même logement ne peut plus, à la suite d'un événement nouveau, être considéré comme approprié. En effet, le regroupement familial vise à assurer que les travailleurs des autres Etats membres ne renoncent pas à la libre circulation pour des motifs familiaux (…). La Cour de justice ne s'est en revanche jamais exprimée sur l'existence d'un possible standard minimal relatif à la surface ou au nombre de pièces du logement eu égard au nombre de membres de la famille du travailleur.
>
> Dans un arrêt rendu en 2016, le Tribunal fédéral a laissé entendre que la réalisation de la condition du logement approprié était douteuse s'agissant d'un logement de trois pièces destiné à loger un couple, leurs deux filles mineures et le fils aîné du mari, âgé de 20 ans, né d'une précédente union (arrêt 2C_131/2016 du 10 novembre 2016 consid. 4.5).
>
> 2.2. Il résulte du texte même de l'art. 3 al. 1 annexe I ALCP que la notion de «logement considéré comme normal pour les travailleurs nationaux salariés dans la région» ne peut pas, par définition, être tranchée au moyen d'une règle rigide, à

l'instar de celle énoncée dans les Directives précitées du Secrétariat d'Etat aux migrations, valable pour tout le territoire suisse, mais bien région par région au moyen d'un examen global concret: s'agissant du nombre de pièces et de la surface du logement en cause, il y a lieu de tenir compte d'une part, du marché local du logement, et d'autre part, du nombre de personnes de la famille s'y installant, de la composition de la famille (couple, sexe, âge, infirmités ou besoins spécifiques, notamment des enfants en relation avec une éventuelle cohabitation mixte), afin de préserver le développement harmonieux, la personnalité et l'intimité de ses membres, ainsi que des conditions locales du marché du logement, des possibilités d'aide au logement et des moyens financiers exigibles. C'est aux instances cantonales, parce qu'elles connaissent bien les conditions locales du marché du logement et bénéficient donc de la proximité nécessaire à cet examen qu'il revient de constater que le logement occupé par les étrangers répond à ces critères. Dans l'application de la notion légale indéterminée de logement convenable, qui prend en compte des circonstances locales, elles disposent d'une certaine liberté d'appréciation. Du moment que les autorités précédentes tranchent sur la base d'une meilleure connaissance des circonstances particulières locales, le Tribunal fédéral n'examine qu'avec retenue leur décision (...). A cela s'ajoute que la détermination de ces circonstances relève du fait et lie donc le Tribunal fédéral (...), sous réserve d'arbitraire.

2.3. En l'espèce, l'instance précédente a jugé que l'espace de vie offert par le studio à la famille en cause était suffisant, dès lors qu'il n'est pas rare dans le canton de Genève qu'une famille vive dans un espace restreint, en raison de la rareté des logements et du coût du loyer au m^2. Cette constatation de fait n'apparaît pas insoutenable en l'espèce. Il n'y a par conséquent pas lieu de la remettre en cause d'autant moins qu'elle prend dûment en considération non seulement l'état du marché local du logement et le bas âge de l'enfant, mais également l'évolution inéluctable de la situation. A cet égard, il convient de souligner que la Cour de justice a à juste titre averti les parents que son appréciation était principalement motivée par le jeune âge de l'enfant et qu'il leur appartenait d'intensifier leurs recherches, afin de trouver un appartement plus grand, ce qui semble avoir porté ses fruits.» (BGer, 2C_416/2017, 18. Dezember 2017, E. 2)

Ungeklärt ist bislang, ob die Voraussetzung der angemessenen Wohnung vor dem Diskriminierungsverbot von Art. 2 FZA standhalten würde, bestehen doch für Schweizer Staatsangehörige keine entsprechenden Erfordernisse an einen angemessenen Wohnraum. 1019

Hingegen wird – sofern die Berufung auf das formelle Bestehen einer Ehe nicht rechtsmissbräuchlich ist (BGE 139 II 393, E. 2.1 S. 395) – weder ein Zusammenleben der Familienangehörigen (BGE 130 II 113) noch der Nachweis genügender finanzieller Mittel vorausgesetzt. Einzig für Nichterwerbstätige ist nach Art. 24 Abs. 1 lit. a Anhang I FZA sowie nach schweizerischer Praxis auch für selbständig Erwerbstätige der Nachweis genügender finanzieller Mittel nötig. 1020

Das abgeleitete Recht von Familienangehörigen von EU/EFTA-Staatsangehörigen auf Einreise und Verbleib gilt nur während dem Bestand der Ehe- oder Familiengemeinschaft. Weder FZA noch dessen Anhang I enthalten Regelungen zum Verbleiberecht von nachgezogenen Familien- 1021 angehörigen im Falle der **Beendigung der ehelichen beziehungsweise familiären Gemeinschaft durch Trennung oder Scheidung**. Es kommen daher gestützt auf Art. 2 Abs. 2 AIG i.V.m. Art. 2 FZA grundsätzlich die Bestimmungen von Art. 50 AIG zur Anwendung (vorne Rz. 640 ff.). Eine **Ausnahme** gilt einerseits für nachgezogene Familienangehörige, die **Staatsangehörige eines EU/EFTA-Staates** sind. Sie können gestützt auf das FZA allenfalls ein eigenständiges Aufenthaltsrecht geltend machen. Andererseits ist zu berücksichtigen, dass der Nachzug nach FZA kein Zusammenleben voraussetzt und daher nicht vom Umstand eines Getrenntlebens auf das Scheitern einer ehelichen beziehungsweise familiären Gemeinschaft geschlossen werden darf. Das Aufenthaltsrecht der nachgezogenen Familienmitglieder besteht vielmehr solange fort, als die Ehe rechtlich Bestand hat. Erst mit der **rechtlichen Auflösung der Ehe** durch Scheidung erlöschen die Aufenthaltsrechte. Haben sich die Eheleute lediglich getrennt, besteht die Ehe aber formal fort, erlischt das Aufenthaltsrecht der nachgezogenen Familienangehörigen nicht, sofern es sich nicht auf eine nur noch formell bestehende, faktisch inhaltsleer gewordene Ehe stützt.

1022 Bei **Beendigung der ehelichen beziehungsweise familiären Gemeinschaft durch Tod** des anspruchsbegründenden Familienmitgliedes kommt Art. 4 Anhang I FZA zur Anwendung. Danach bestimmt sich das Verbleiberecht gestützt auf Verordnung (EWG) Nr. 1251/7070 und Richtlinie 75/34/EWG (die im Unionsrecht nunmehr durch Verordnung (EG) Nr. 635/2006 und Richtlinie 2004/38/EG abgelöst wurden, für das FZA aber immer noch gelten). In zwei Situationen haben nachgezogene Familienangehörige im Falle des Todes der freizügigkeitsberechtigten Person ein Verbleiberecht. Zum einen, wenn sich die freizügigkeitsberechtigte Person im Zeitpunkt ihres Todes seit mindestens zwei Jahren ständig im Hoheitsgebiet des Aufenthaltsstaats aufgehalten hat und zum anderen, wenn sie infolge eines Arbeitsunfalles oder einer Berufskrankheit verstorben ist:

> «Der abgeleitete Aufenthaltsanspruch der Familienangehörigen nach Art. 3 Abs. 1 und 2 Anhang I FZA besteht einerseits nur, solange die Eigenschaft als Familienangehöriger besteht (...). So gibt es (abgesehen von einem allfälligen Verbleiberecht gemäss Art. 4 Anhang I FZA) keinen Rechtsanspruch drittstaatsangehöriger Ehegatten, im Gastland zu verbleiben, wenn die anspruchsvermittelnde Ehe aufgelöst wurde: Der Ehegatte verliert dadurch seinen Status als Familienangehöriger im Sinne von Art. 3 Anhang I FZA und damit auch sein abgeleitetes Aufenthaltsrecht nach dieser Bestimmung (...). Ebenso besteht die Eigenschaft als Familienangehörige im Sinne des FZA bei den Nachkommen, welche das 21. Lebensjahr vollendet haben, nur solange Unterhalt gewährt wird bzw. die Unterhaltsbedürftigkeit besteht (...). Endet die Unterhaltsbedürftigkeit, endet der Status als Familienangehöriger und erlischt das abgeleitete Aufenthaltsrecht nach Art. 3 Abs. 1 und 2 Anhang I FZA (...). Vorausgesetzt ist zudem, dass die in der Schweiz wohnhaften EU-Angehörigen effektiv wirtschaftlich in der Lage sind, weiterhin den erforderlichen Unterhalt zu gewähren (...).» (BGer, 2C_184/2021, 26. August 2021, E. 3.7).

1023 Die Staatsangehörigkeit der nachzuziehenden Familienmitglieder ist für das Recht auf Familiennachzug unerheblich. Aufgrund einer Änderung der bundesgerichtlichen Rechtsprechung wird für die Anwendung der Nachzugsregelung von Art. 3 Anhang I FZA auch nicht mehr vorausgesetzt, dass sich die nachzuziehenden Drittstaatsangehörigen bereits rechtmässig in einem Vertragsstaat des FZA oder in der Schweiz aufhalten. Bezugnehmend auf das Urteil *Akrich* (EuGH, Urteil vom 23. September 2013, *Secretary of State for the Home Department gegen Hacene Akrich*, C-109/01, ECLI:EU:C:2003:491) hatte das Bundesgericht zunächst entschieden, dass Drittstaatsangehörige gestützt auf Art. 3 Anhang I FZA nur dann nachgezogen werden könnten, wenn sie sich bereits rechtmässig in einem Mitgliedstaat des FZA aufhielten:

> «3.6 Es ist weiter zu prüfen, ob das Freizügigkeitsabkommen auch für den Familiennachzug gilt, wenn sich der nachzuziehende Familienangehörige nicht in einem Mitgliedstaat der EU aufhält, mithin von ausserhalb des Gebiets der Mitgliedstaaten der EU in die Schweiz nachziehen soll. (...) Der Gerichtshof hat vor kurzem entschieden, der mit einem Unionsbürger verheiratete Drittstaatsangehörige müsse sich bereits rechtmässig in einem Mitgliedstaat aufhalten, um in den Genuss der Rechte aus Art. 10 VO (EWG) Nr. 1612/68 kommen zu können. (...)
>
> 3.6.3 Aus dem Wortlaut des Art. 3 Abs. 1 Anhang I FZA ergibt sich die vom Gerichtshof vorgenommene Einschränkung nicht. Das Gleiche gilt aber auch für den – vom Gerichtshof ausgelegten – Art. 10 VO (EWG) Nr. 1612/68. In weiten Teilen der Verwaltungspraxis bis hin zur Kommission der Europäischen Gemeinschaft ist offenbar eher davon ausgegangen worden, Art. 10 VO (EWG) Nr. 1612/68 komme auch Familienangehörigen aus Drittstaaten zugute, die sich noch nicht rechtmässig in einem Mitgliedstaat der Europäischen Gemeinschaft aufhalten. Auch das IMES hat dies betreffend Art. 3 Anhang I FZA bisher wohl angenommen. Die Botschaft zum Freizügigkeitsabkommen behandelt die vorliegende Problematik nicht (...), ebenso wenig die darin mehrmals erwähnte Botschaft zur Genehmigung des Abkommens über den Europäischen Wirtschaftsraum (...).» (BGE 130 II 1, E. 3.6 S. 9 ff.)

1024 Im Urteil *Jia* (EuGH, Urteil vom 9. Januar 2007, *Yunying Jia gegen Migrationsverket*, C-1/05, ECLI:EU:C:2007:1) hat der EuGH von seiner *Akrich*-Rechtsprechung Abstand genommen und entschieden, dass das Gemeinschaftsrecht die Mitgliedstaaten nicht verpflichte, die Gewährung eines Aufenthaltsrechtes an nachzuziehende Drittstaatsangehörige von einem rechtmässigen Aufenthalt in einem anderen Mitgliedstaat abhängig zu machen. Trotzdem lehnte es das Bundesgericht zunächst weiterhin ab, auf seine Rechtsprechung zurückzukommen (BGE 134 II 10). 2008 fällte der EuGH schliesslich sein Urteil im Fall *Metock* (EuGH, Urteil vom 25. Juli 2008, *Blaise Baheten Metock und andere gegen Minister for Justice, Equality and Law Reform*, C-127/08, ECLI:EU:C:2008:449), in dem er seine *Akrich*-Rechtsprechung ausdrücklich aufgab. Der EuGH führte aus, der Genuss des Rechts auf Familiennachzug könne nicht davon abhängen, dass sich der mit einem Unionsbürger verheiratete Drittstaatsangehörige zuvor in einem anderen Mitgliedstaat aufgehalten habe. Daher sei es den Mitgliedstaaten untersagt, für die Einreise von Drittstaatsangehörigen einen bereits bestehenden rechtmässigen Aufenthalt in einem anderen Mitgliedstaat vorauszusetzen. Gestützt auf *Metock* ist das Bundesgericht nunmehr auf seine Rechtsprechung zur Anwendbarkeit von Art. 3 Anhang I FZA auf Drittstaatsangehörige zurückgekommen. Im Einklang mit der gemeinschaftsrechtlichen Regelung, ist ein rechtmässiger Aufenthalt in einem Vertragsstaat nicht mehr vorausgesetzt:

«3.4 Gemäss Art. 16 Abs. 2 FZA ist für die Anwendung des Freizügigkeitsabkommens die einschlägige Rechtsprechung des EuGH vor dem Zeitpunkt der Unterzeichnung (21. Juni 1999) massgebend. Das Bundesgericht kann aber, ohne dazu verpflichtet zu sein, zum Zwecke der Auslegung des Freizügigkeitsabkommens auch seither ergangene Urteile des Gerichtshofs heranziehen (...).

3.6 Das Urteil Metock stützt sich im Unterschied zum Entscheid Akrich überwiegend auf die neue Richtlinie 2004/38/EG des Europäischen Parlaments und des Rates vom 29. April 2004 über das Recht der Unionsbürger und ihrer Familienangehörigen, sich im Hoheitsgebiet der Mitgliedstaaten frei zu bewegen und aufzuhalten (...), welche die Verordnung Nr. 1612/68 abänderte und verschiedene Richtlinien aufhob beziehungsweise ersetzte, worunter die in Art. 5 Abs. 2 des Anhangs I zum FZA genannten Richtlinien 64/221/EWG vom 25. Februar 1964 (...), 72/194/EWG vom 18. Mai 1972 (...) und 75/35/EWG vom 17. Dezember 1974 (...). Es fragt sich, ob damit eine nachträgliche Veränderung der Rechtslage eingetreten ist, die für die Schweiz nicht massgebend ist, oder ob es sich um eine Neuentwicklung der Rechtsprechung handelt, welche das Bundesgericht zur Gewährleistung der parallelen Rechtslage berücksichtigen soll.

(...)

3.6.2 Das Urteil Metock erging nach der Unterzeichnung des Freizügigkeitsabkommens und ist für die Schweiz grundsätzlich nicht verbindlich (...). Das traf indessen bereits auf das Urteil Akrich zu. Das Bundesgericht schloss sich trotz einer gewissen Skepsis vor allem aus Gründen der Rechtsharmonisierung an die Akrich-Rechtsprechung an, obwohl es dazu nicht verpflichtet war. Analoge Überlegungen sprechen für eine Übernahme der angepassten Rechtsprechung. Es sind keine triftigen Gründe erkennbar, weshalb es innerhalb der Europäischen Gemeinschaft und in deren Verhältnis mit der Schweiz zwei unterschiedliche Freizügigkeitsregelungen geben sollte. Das Interesse an einer parallelen Rechtslage und mithin an einem möglichst einheitlichen Freizügigkeitsraum geht vielmehr vor. (....).

3.7 Den Gründen für die Änderung der Rechtsprechung durch den EuGH lässt sich die Überzeugungskraft nicht absprechen. Sie tragen den Bedenken Rechnung, die das Bundesgericht bereits in BGE 130 II 1 unter Bezugnahme auf den Wortlaut und auf das Urteil i.S. MRAX angesprochen hatte. Der EuGH hält auch zu Recht fest, dass die gemeinschaftsrechtliche Regelung der Personenfreizügigkeit im Binnenmarkt gleiche Rechte gewährleisten will, unter denen sich der Freizügigkeitsberechtigte mit seiner Familie im Aufnahmemitgliedstaat niederlassen darf, was nicht zuträfe, wenn es für das Recht, die Familienangehörigen nachzuziehen, zusätzlich darauf ankäme, ob sich diese bereits rechtmässig im Gemeinschaftsgebiet aufhalten. Damit ergibt sich, dass bei der Anwendung des Freizügigkeitsabkommens zur Gewährleistung der parallelen Rechtslage in Angleichung an das Urteil Metock an der Geltung der Rechtsprechung gemäss dem Urteil Akrich nicht festgehalten werden kann. Der Nachzug eines Familienmitglieds mit Drittstaatsangehörigkeit gemäss dem Freizügigkeitsabkommen setzt demnach – in Abänderung der Rechtsprechung gemäss BGE 130 II 1 und BGE 134 II 10 – nicht voraus, dass sich dieser Familienangehörige bereits rechtmässig mit einem nicht nur vorübergehenden Aufenthaltstitel in der Schweiz oder einem anderen Vertragsstaat aufgehalten hat. Mit

Blick auf die spanische Staatsangehörigkeit der Ehefrau können sich die Beschwerdeführer daher auf das Freizügigkeitsabkommen und die darin – insbesondere in Art. 3 Anhang I FZA – enthaltene Regelung des Familiennachzugs berufen.» (BGE 136 II 5, E. 3.4 ff. S. 12 ff.)

Schliesslich besteht gestützt auf Art. 6 FZA und Art. 24 Anhang I FZA ein An- 1025
spruch auf Familiennachzug auch in der Konstellation des sogenannt **umgekehrten Familiennachzuges**. In BGE 144 II 113 hatte das Bundesgericht zu beurteilen, ob eine minderjährige spanische Staatsangehörige ihre Eltern – bolivianische Staatsangehörige – in die Schweiz nachziehen könne. Das Bundesgericht bejahte dies:

«4.1 L'art. 6 ALCP garantit aux personnes n'exerçant pas d'activité économique le droit de séjourner sur le territoire d'une partie contractante, conformément aux dispositions de l'annexe I ALCP relatives aux non-actifs (...).

Selon l'art. 24 par. 1 annexe I ALCP, une personne ressortissant d'une partie contractante n'exerçant pas d'activité économique dans le pays de résidence reçoit un titre de séjour d'une durée de cinq ans au moins, à condition qu'elle prouve aux autorités nationales compétentes qu'elle dispose pour elle-même et les membres de sa famille de moyens financiers suffisants pour ne pas devoir faire appel à l'aide sociale pendant son séjour (let. a) et d'une assurance-maladie couvrant l'ensemble des risques (let. b). L'art. 24 par. 2 annexe I ALCP précise que les moyens financiers nécessaires sont réputés suffisants s'ils dépassent le montant en-dessous duquel les nationaux, eu égard à leur situation personnelle, peuvent prétendre à des prestations d'assistance. (...). Il importe peu, pour apprécier la situation économique du requérant, que ce dernier génère lui-même ses moyens financiers ou que ceux-ci lui soient procurés par un tiers (...).

(...) Le Tribunal fédéral s'est rallié à la jurisprudence Zhu et Chen (...). Selon celle-ci, la législation européenne relative au droit de séjour, et en particulier la Directive 90/364/CEE, confère un droit de séjour de durée indéterminée au ressortissant mineur en bas âge d'un Etat membre qui est couvert par une assurance-maladie appropriée et qui est à la charge d'un parent, lui-même ressortissant d'un Etat tiers, dont les ressources sont suffisantes pour que le premier ne devienne pas une charge pour les finances publiques de l'Etat membre d'accueil (...). Cette pratique permet en outre au parent qui a effectivement la garde de cet enfant de séjourner avec lui dans l'Etat membre d'accueil (...).

4.2 En l'occurrence, contrairement à ce qu'avance le recourant, on ne voit pas pourquoi l'intimée 3 ne pourrait pas se prévaloir d'un droit de séjour originaire conféré par les art. 6 ALCP et 24 annexe I ALCP, pour autant que les conditions posées par ces dispositions soient réunies. Si tel est le cas, et afin d'éviter de priver de tout effet utile le droit de séjour de l'enfant (...), ses parents, intimés 1 et 2, qui ont effectivement la garde de leur enfant, peuvent se prévaloir d'un droit dérivé, à condition qu'ils en réunissent eux aussi les conditions légales. En effet, comme dans la jurisprudence Zhu et Chen, l'intimée 3 est un enfant en bas âge, c'est-à-dire qui n'est pas autonome, ressortissant d'un Etat membre de l'Union européenne. S'il faut reconnaître que, contrairement à la jurisprudence de la CJUE et aux causes déjà traitées par le Tribunal fédéral et citées par le recourant (...), il n'est pas question ici d'un, mais de deux parents ayant la garde de l'enfant, il n'en demeure pas moins que, sans ses deux parents avec elle en Suisse, l'intimée 3 perdrait tout intérêt à obtenir une autorisation de séjour. On ne voit pas où le recourant désire en venir lorsqu'il fait référence au lieu de naissance de l'enfant. La seule chose qui importe en l'espèce est sa nationalité. La façon dont il l'a acquise est sans pertinence, cette problématique relevant uniquement du droit national de l'Etat membre en cause (…).» (BGE 144 II 113, E. 4.1 ff. S. 16 ff.)

1026 Die nachgezogenen Familienangehörigen erhalten eine Aufenthaltsbewilligung mit der gleichen Gültigkeitsdauer wie das anspruchsvermittelnde Familienmitglied (Art. 3 Abs. 4 Anhang I FZA). Sie haben ebenfalls das Recht auf Erwerbstätigkeit und auf volle berufliche und geographische Mobilität (Art. 3 Abs. 5 Anhang I FZA).

1027 Die Erteilung der Aufenthaltsbewilligung durch die kantonalen Behörden untersteht in vier Situationen der Zustimmungspflicht durch das SEM (hierzu auch vorne Rz. 690 ff.). Erstens bei der Erteilung von Aufenthaltsbewilligungen an über 21-jährige Nachkommen von Staatsangehörigen eines EU/EFTA-Staates sowie für über 21-jährige Nachkommen von deren Ehegattinnen beziehungsweise Ehegatten (Art. 6 lit. d ZV-EJPD). Zweitens bei der Erteilung von Aufenthaltsbewilligungen an zwischen 18 und 21 Jahre alte Nachkommen EU/EFTA-Staatsangehörigen sowie deren Ehegattinnen beziehungsweise Ehegatten, sofern die Nachkommen sich vor der Gesuchseinreichung nicht rechtmässig und dauerhaft in einem EU/EFTA-Staat aufgehalten haben (Art. 6 lit. e ZV-EJPD). Drittens bei Aufenthaltsbewilligungen für Familienangehörige in aufsteigender Linie von EU/EFTA-Staatsangehörigen sowie deren Ehegattinnen beziehungsweise Ehegatten (Art. 6 lit. f ZV-EJPD). Eine Zustimmung ist schliesslich auch erforderlich für Aufenthaltsbewilligungen an die Eltern von minderjährigen EU/EFTA-Staatsangehörigen, wenn sie die elterliche Sorge tatsächlich wahrnehmen und nach Art. 24 Abs. 1 Anhang I FZA über ausreichende finanzielle Mittel verfügen (Art. 6 lit. g ZV-EJPD).

9. Einschränkungen der Personenfreizügigkeit aus Gründen der öffentlichen Sicherheit und Ordnung

1028 Die Bestimmungen des Freizügigkeitsabkommens stehen nach Art. 5 Anhang I FZA unter einem *ordre public*-Vorbehalt. Demnach dürfen die Rechte, die aus dem Freizügigkeitsabkommen fliessen, nur aus Gründen der öffentlichen Ordnung, Sicherheit und Gesundheit eingeschränkt werden.

1029 Von der Einschränkung der Personenfreizügigkeit aus Gründen der öffentlichen Sicherheit und Ordnung ist der Widerruf beziehungsweise die Nichtverlängerung von Bewilligungen wegen Entfallens der Anspruchsvoraussetzungen (Art. 23 Abs. 1 VFP) zu unterscheiden (hierzu vorne Rz. 976 ff.).

Diese Einschränkungsmöglichkeit betrifft insbesondere das Recht auf Einreise und Aufenthalt. In diesem Bereich stellt sich namentlich die Frage, unter welchen Voraussetzungen EU/EFTA-Staatsangehörigen die Einreise beziehungsweise der weitere Aufenthalt verweigert werden kann. Zwar enthält das Freizügigkeitsabkommen keine entsprechenden Bestimmungen – es gelten also die entsprechenden Regelungen des AIG zur Beendigung des Aufenthaltes (siehe vorne Rz. 703 ff.) – doch ist bei deren Anwendung nach Art. 5 Abs. 2 Anhang I FZA die Richtlinie 64/221/EWG (die im Unionsrecht nunmehr durch Richtlinie 2004/38/EG abgelöst wurde, für das FZA aber immer noch gilt) zu berücksichtigen. In Art. 3 bestimmt diese Richtlinie, dass «bei Massnahmen der öffentlichen Ordnung oder Sicherheit ausschliesslich das persönliche Verhalten der in Betracht kommenden Einzelperson ausschlaggebend sein» darf. Nicht in Frage kommen deshalb Einschränkungen aus wirtschaftlichen oder generalpräventiven Gründen. Zudem kann eine strafrechtliche Verurteilung für sich allein genommen nicht eine Verweigerung oder Beendigung des Aufenthaltes begründen. Vielmehr muss bei strafrechtlich verurteilten Personen in jedem Einzelfall abgeklärt werden, ob «das persönliche Verhalten (...) eine tatsächliche und hinreichend schwere Gefährdung darstellt, die ein Grundinteresse der Gesellschaft berührt» (EuGH, Urteil vom 19. Januar 1999, *Strafverfahren gegen Donatella Calfa,* C-348/96, , ECLI:EU:C:1999:6, Rn. 25). Automatismen im Sinne eines zwingenden Ausschlusses wegen der Verurteilung wegen bestimmter Delikte sind mit dem FZA nicht vereinbar (hierzu BGE 139 I 16, E. 4.3.3. S. 27). 1030

In BGE 139 II 121 hat das Bundesgericht die Grundsätze für die Einschränkung der Personenfreizügigkeit gestützt auf die AIG-Bestimmungen wegen der Begehung von Straftaten zusammengefasst: 1031

> «Cependant, dès lors qu'une mesure d'interdiction d'entrée en Suisse restreint la libre circulation des personnes, l'interdiction signifiée à un ressortissant communautaire doit, contrairement à ce qui vaut pour les ressortissants d'Etats non-parties à l'ALCP (...), aussi se conformer à l'exigence de l'art. 5 par. 1 annexe I ALCP, selon laquelle le droit de demeurer en Suisse pour y exercer une activité lucrative ne peut être limité que par des mesures d'ordre ou de sécurité publics. (...)
>
> Conformément à la jurisprudence rendue en rapport avec l'art. 5 annexe I ALCP, les limites posées au principe de la libre circulation des personnes doivent s'interpréter de manière restrictive. Ainsi, le recours par une autorité nationale à la notion d'»ordre public» pour restreindre cette liberté suppose, en dehors du trouble de l'ordre social que constitue toute infraction à la loi, l'existence d'une menace réelle et d'une certaine gravité affectant un intérêt fondamental de la société (...). La seule existence d'antécédents pénaux ne permet donc pas de conclure (automatiquement) que l'étranger constitue une menace suffisamment grave pour l'ordre et la sécurité publics. Il faut procéder à une appréciation spécifique du cas, portée sous l'angle des intérêts inhérents à la sauvegarde de l'ordre public, qui ne coïncide pas obligatoirement avec les appréciations à l'origine des condamnations pénales. Autrement

> dit, ces dernières ne sont déterminantes que si les circonstances les entourant laissent apparaître l'existence d'une menace actuelle et réelle et d'une certaine gravité pour l'ordre public (...). Il n'est pas nécessaire d'établir avec certitude que l'étranger commettra d'autres infractions à l'avenir pour prendre une mesure d'éloignement à son encontre; inversement, ce serait aller trop loin que d'exiger que le risque de récidive soit nul pour que l'on renonce à une telle mesure. En réalité, ce risque ne doit pas être admis trop facilement et il faut l'apprécier en fonction de l'ensemble des circonstances du cas, en particulier au regard de la nature et de l'importance du bien juridique menacé, ainsi que de la gravité de l'atteinte qui pourrait y être portée. L'évaluation de ce risque sera d'autant plus rigoureuse que le bien juridique menacé est important (...). A cet égard, le Tribunal fédéral se montre particulièrement rigoureux en présence d'infractions à la législation fédérale sur les stupéfiants (...), étant précisé que la commission d'infractions qui sont en étroite relation avec la toxicomanie du délinquant peuvent, selon les circonstances, atténuer cette position de principe (.).
>
> 5.4 Par conséquent, il faut, pour faire l'objet d'une interdiction d'entrée en application de l'art. 67 al. 2 let. a LEtr, que le ressortissant d'un Etat partie à l'ALCP représente une menace d'une certaine gravité pour l'ordre et la sécurité publics de nature à le priver de son droit de demeurer en Suisse au sens de l'art. 5 annexe I ALCP. En revanche, un étranger ressortissant d'un pays tiers n'a pas besoin d'avoir atteint de manière grave l'ordre et la sécurité publics avant de pouvoir se voir interdire d'entrée en Suisse sur la base du seul art. 67 LEtr.» (BGE 139 II 121, E. 5.3 f. S. 125 f.)

1032 In Anwendung dieser Grundsätze entschied das Bundesgericht etwa, dass der Widerruf der Niederlassungsbewilligung eines in der Schweiz geborenen und seither immer hier wohnhaften spanischen Staatsangehörigen trotz seiner rund dreissig strafrechtlichen Verurteilungen nicht mit Art. 5 Abs. 1 Anhang I FZA sowie mit dem Verhältnismässigkeitsprinzip vereinbar sei:

> «En l'occurrence, le recourant a fait l'objet de trente et une condamnations totalisant environ dix ans et demi de peine privative de liberté, avec ou sans sursis, 540 heures de travail d'intérêt général, 110 jours-amende et 5'182 fr. d'amende, sur une période allant de 1979 à 2015. En trente-six ans, il s'est rarement écoulé une année sans que le recourant ne fasse l'objet d'une nouvelle condamnation, pour les infractions les plus variées. Parmi cette longue liste, le recourant a été reconnu coupable d'infractions contre l'intégrité corporelle (lésions corporelles simples à trois reprises, tentative de lésions corporelles simples à une reprise et voies de fait à quatre reprises) et à réitérées reprises en matière de stupéfiants, y compris pour des délits et crimes contre la LStup.
>
> On constate cependant un changement au fil des années dans le parcours délinquant du recourant. Ainsi, les infractions les plus graves et lui ayant valu les peines privatives de liberté les plus importantes ont été commises entre 1981 et 1995 et remontent donc à plus de vingt ans. Depuis la condamnation du 8 mars 1995 à dix mois de privation de liberté, la gravité des actes du recourant a sensiblement diminué. Nombre des infractions commises depuis cette période relève de la petite délinquance (vol d'usage, injure, contraventions à la LStup par exemple), ce qui est reflété par les sanctions beaucoup plus légères qui ont été prononcées. Le recourant

a certes encore été condamné le 9 février 2004 à six mois d'emprisonnement notamment pour violation grave des règles de la circulation routière et le 6 mars 2015 à cent jours de peine privative de liberté notamment pour lésions corporelles simples. Ces deux condamnations, dont la première peut être qualifiée d'ancienne et partant être relativisée, ne modifient toutefois pas le constat qu'en l'état, les biens juridiques potentiellement encore menacés par le recourant sont de manière générale moins importants qu'avant 1995 et les atteintes qui pourraient y être portées d'une gravité relative.

La fréquence des condamnations est préoccupante. Le risque de récidive doit toutefois être nuancé. Il ressort en effet de l'arrêt entrepris que la consommation d'alcool et de stupéfiants est à l'origine d'une partie des infractions commises; or, il résulte également de l'arrêt attaqué que le recourant, qui est suivi sur le plan psychiatrique, est abstinent aux stupéfiants et maîtrise sa consommation d'alcool depuis quelques années.

En résumé, les infractions les plus graves sont anciennes et il n'apparaît pas que le recourant présente un risque de commettre à nouveau ce type d'actes. Quant aux infractions d'une gravité moindre dont s'est rendu coupable le recourant ces dernières années, elles ne permettent pas d'établir l'existence d'une menace réelle et d'une certaine gravité pour l'ordre public. Le fait que le recourant maîtrise sa consommation d'alcool et soit abstinent aux stupéfiants réduit par ailleurs le caractère actuel de la menace qu'il pourrait représenter pour l'ordre public. (...)

Dans l'appréciation du cas d'espèce, le fait que le recourant est âgé de plus de cinquante ans et a toujours vécu en Suisse joue par ailleurs un rôle important. C'est en Suisse que le recourant a suivi sa scolarité, s'est formé et a, malgré ses nombreux démêlés avec la justice, travaillé. Le recourant maîtrise certes, selon les faits de l'arrêt entrepris, la langue de son pays d'origine, mais n'a jamais habité en Espagne et n'y a pas de liens affectifs. Les difficultés de réintégration seraient considérables compte tenu notamment de son âge.

Il découle de ce qui précède que la mesure ordonnée par le Service cantonal et confirmée par le Tribunal cantonal n'est pas compatible avec l'art. 5 par. 1 annexe I ALCP, à défaut de l'existence d'une menace actuelle et réelle d'une gravité suffisante, et ne peut être considérée comme proportionnée au regard de la situation de fait.» (BGer, 2C_308/2017, 21. Februar 2018, E. 5.3)

In zahlreichen Tessiner Fällen hat sich das Bundesgericht zudem mit dem Recht auf Einreise und Aufenthalt von EU/EFTA-Staatsangehörigen befasst, die in der Vergangenheit strafrechtlich verurteilt worden waren und nunmehr gestützt auf das FZA in die Schweiz kommen wollten; siehe statt vieler BGer, 2C_597/2018, 29. November 2018 sowie BGer, 2C_617/2020, 3. März 2021. 1033

Ungeklärt ist weiterhin das Verhältnis zwischen strafrechtlicher Landesverweisung (Art. 66*a* StGB) und FZA. In BGE 145 IV 55 führte die strafrechtliche Abteilung des Bundesgerichtes aus, dass das FZA keine strafrechtlichen Bestimmungen enthalte und kein strafrechtliches Abkommen sei. Daher sei die Schweiz durch das FZA im Bereich des Strafrechtes nicht gebunden: 1034

«Die Zielsetzung wie die Bestimmungen in den umfangreichen Anhängen des FZA regeln das Recht auf Freizügigkeit der Arbeitnehmer und Arbeitnehmerinnen und Selbständigerwerbenden sowie ihrer Familienangehörigen (...), ferner von Personen, die keine Erwerbstätigkeit ausüben. Mit dem Abschluss des FZA hat die Schweiz Staatsangehörigen der Mitgliedstaaten der EU im Wesentlichen ein weitgehendes und reziprokes Recht auf Erwerbstätigkeit eingeräumt, allerdings unter dem Vorbehalt eines rechtskonformen Verhaltens im Sinne von Art. 5 Abs. 1 Anhang I FZA. Damit wurde der völkerrechtlich unbestrittene Grundsatz in das FZA übernommen, wonach jeder Staat die Einreise und den Aufenthalt von Ausländern auf seinem Territorium grundsätzlich selber bestimmen und damit auch einschränken kann.

Das FZA berechtigt mithin lediglich zu einem doppelt bedingten Aufenthalt in der Schweiz, nämlich einerseits nach Massgabe der spezifischen Vertragsvereinbarungen als Voraussetzung eines rechtmässigen Aufenthalts und andererseits nach Massgabe des rechtskonformen Verhaltens im Sinne von Art. 5 Abs. 1 Anhang I FZA. Der schuldig gesprochene Straftäter hatte sich evidentermassen nicht an diese Konformitätsbedingungen gehalten.

Das FZA enthält keine strafrechtlichen Bestimmungen und ist kein strafrechtliches Abkommen. Mit dem FZA vereinbarte die Schweiz – pointiert formuliert – keine Freizügigkeit für kriminelle Ausländer. Die Schweiz ist in der Legiferierung des Strafrechts auf ihrem Territorium durch das FZA nicht gebunden. Jedoch hat sie die völkervertragsrechtlich vereinbarten Bestimmungen des FZA zu beachten. Eine Vertragspartei kann sich nicht auf ihr innerstaatliches Recht berufen, um die Nichterfüllung eines Vertrags zu rechtfertigen (...). Ein Vertrag ist nach Treu und Glauben in Übereinstimmung mit der gewöhnlichen, seinen Bestimmungen in ihrem Zusammenhang zukommenden Bedeutung und im Lichte seines Zieles und Zweckes auszulegen (...).» (BGE 145 IV 55, E. 3.3. S. 59 f.)

1035 In einem kurze Zeit später ergangenen Entscheid stellte die strafrechtliche Abteilung des Bundesgerichtes zudem der restriktiven «ausländerrechtlichen» Auslegung von Art. 5 Anhang I FZA eine deutlich weitere «strafrechtliche» Auslegung von Art. 5 Anhang I FZA gegenüber:

«Art. 5 Abs. 1 Anhang I FZA ist für die Schweiz strafrechtlich nicht in einer Weise restriktiv auszulegen, welche diese Bestimmung des ihrer gewöhnlichen Bedeutung (Art. 31 Abs. 1 VRK; ...) nach anerkannten Normgehalts entleeren würde. Die Mitgliedstaaten gründeten die EU zur «Verwirklichung einer immer engeren Union der Völker Europas» (...) als Rechtsnachfolgerin der Europäischen Gemeinschaft (EG). Die zitierte restriktive Auslegung von Art. 5 Abs. 1 Anhang I FZA ist auf die primärrechtlich abgestützte integrativ wirkende dynamische Rechtsanwendung des EuGH zurückzuführen, die heute die Harmonisierung und Vertiefung der Union intendiert. Diese Nuance dieser Rechtsprechung (teleologische Reduktion des Normgehalts von Art. 5 Abs. 1 Anhang I FZA) hat die Schweiz nach der aktuellen Rechtslage für das Strafrecht nicht zu berücksichtigen, da die unionsrechtliche Auslegung nicht automatisch zu übernehmen ist (...). Vielmehr ist anzunehmen, dass der Normsinn dem Wortsinn entspricht.» (BGE 145 V 364, E. 3.8. S. 375; siehe ASTRID EPINEY, Strafrechtliche Landesverweisung und FZA, in: Jusletter, 19. August 2019 für eine Kommentierung dieses Urteils)

Siehe zum Verhältnis von FZA und Landesverweisung NINA BURRI/VALERIO PRIULI, Landesverweisung und FZA, AJP 2017, S. 886 ff. sowie DAVID KELLER, Erörterungen zum Verhältnis zwischen dem Freizügigkeitsabkommen Schweiz – EU und der obligatorischen Landesverweisung nach Art. 66*a* StGB, in: Epiney Astrid et al. (Hrsg.), Schweizerisches Jahrbuch für Europarecht 2019/2020, Zürich 2020, S. 607 ff. 1036

§ 9 Flüchtlings- und Asylrecht

Literatur: ACHERMANN ALBERTO/HRUSCHKA CONSTANTIN (Hrsg.), Geschlechtsspezifische Verfolgung – Die schweizerische Praxis vor dem Hintergrund der europäischen und globalen Entwicklungen, Bern 2012; AMARELLE CESLA/NGUYEN MINH SON (Hrsg.), Code annoté de droit des migrations, Volume IV: Loi sur l'asile (LAsi), Bern 2015; BINDER ANDREA, Frauenspezifische Verfolgung vor dem Hintergrund einer menschenrechtlichen Auslegung des Flüchtlingsbegriffes der Genfer Flüchtlingskonvention, Diss. Basel 2001; DE WECK FANNY/MOTZ STEPHANIE, Die Relevanz von Krankheit oder Behinderung für die Flüchtlingseigenschaft und für das Refoulementverbot gemäss Art. 3 EMRK, in: ASYL 3/17, S. 9 ff.; FÉLIX SYLVAIN, La demande d'asile et l'accès à la procédure, in: Achermann Alberto et al. (Hrsg.), Jahrbuch für Migrationsrecht 2016/2017, S. 79 ff.; FÉRAUD MICHEL, Bericht über die Asylgesuche irakischer Staatsangehöriger auf den schweizerischen Vertretungen in Damaskus und Kairo zwischen 2006 und 2008, Bern 2011; FILZWIESER CHRISTIAN/SPRUNG ANDREA, Dublin III-Verordnung, Das Europäische Asylzuständigkeitssystem, Wien/Graz 2014; FREI NULA, Die Schutztheorie bei der Anwendung des Flüchtlingsbegriffs, in: ASYL 2/18, S. 16 ff.; GOODWIN-GILL GUY S./MCADAM JANE, The Refugee in International Law, 4. Auflage, Oxford 2021; GORDZIELIK TERESIA, Sozialhilfe im Asylbereich, Zürich/Basel/Genf 2020; GRAF ANNE-LAURENCE, Le motif de persécution tiré de l'»appartenance à un groupe social déterminé», in: ASYL 2/18, S. 3 ff.; GRASDORF-MEYER TOBIAS/OTT LISA/VETTERLI LUZIA, Geflüchtete Menschen im Schweizer Recht, Bern 2021; HATHAWAY JAMES C./FOSTER MICHELLE, The Law of Refugee Status, 2. Auflage, Cambridge 2021; HATHAWAY JAMES C., The Rights of Refugees under International Law, 2. Auflage, Oxford 2010; HEMMI LÉA/HEFTI ANGELA, Le statut de protection S en Suisse des personnes fuyant la guerre en Ukraine, in: Anwaltsrevue 2022, S. 155 ff.; HRUSCHKA CONSTANTIN, Der Flüchtling als Zielscheibe?, in: ASYL 2/18, S. 24 ff.; HRUSCHKA CONSTANTIN (HRSG.), GFK, Genfer Flüchtlingskonvention, Handkommentar, Baden-Baden/Wien/Bern 2022;HRUSCHKA CONSTANTIN, Dublin-Remonstrationsverfahren: ein Instrument zur Umgehung der Dublin-Fristen?, in: ASYL 1/17, S. 10 ff.; KÄLIN WALTER, Grundriss des Asylverfahrens, Basel/Frankfurt a.M. 1990; KÄLIN WALTER/CARONI MARTINA/HEIM LUKAS, Art. 33, para. 1, in: Zimmermann Andreas (Hrsg.), The 1951 Convention Relating to the Status of Refugees and its 1967 Protocol – A Commentary, Oxford 2011, S. 1327 ff.; KAMMERMANN BARBARA, Flucht vor Krieg, Verfolgung in bewaffneten Konflikten, Zürich 2019; KNEER ANNE, Das Asylverfahren als Spezialfall, Zürich/St.Gallen 2020; LISCHETTI NORA, Unbegleitete Minderjährige im schweizerischen Asylverfahren, in: ASYL 1/12, S. 3 ff.; LUTERBACHER CHRISTA, Die flüchtlingsrechtliche Behandlung von Dienstverweigerung und Desertion, Basel 2004; MAHON PASCAL/MATTHEY FANNY, Les «garanties de procédure» dans le domaine du droit d'asile: quelques réflexions sur leur évolution, in: Achermann Alberto et al. (Hrsg.), Jahrbuch für Migrationsrecht, 2008/2009, S. 55 ff.; MARX REINHARD, Art. 1 E, in: Zimmermann Andreas (Hrsg.), The 1951 Convention Relating to the Status of Refugees and its 1967 Protocol – A Commentary, Oxford 2011, S. 571 ff.; MOTZ STEPHANIE A., The Refugee Status of Persons with Disabilities, Leiden/Boston 2021; MOTZ STEPHANIE, Flüchtlinge mit Behinderungen, in: recht 2018, S. 65 ff.; NUFER SERAINA, Die Abschreibung des Asylgesuchs nach dem neuen Art. 8 Abs. 3bis AsylG, in: ASYL 2/14, S. 3 ff.; SCHÄDLER SIMON, Die Mitwirkungspflicht im Asylverfahren, in: AJP 2021, S. 788 ff.; SCHWEIZERISCHE FLÜCHTLINGSHILFE SFH (Hrsg.), Handbuch zum Asyl- und Wegweisungsverfahren, 3. Auflage, Bern 2021; SEILER STEFANIE, Symbolik im Asylgesetz? Deserteure und politische Aktivität, in: ASYL 1/13, S. 3 ff.; SPESCHA MARC/THÜR HANSPETER/ZÜND ANDREAS/BOLZLI PETER/HRUSCHKA CONSTANTIN, Kommentar Migrationsrecht, 5. Auflage, Zürich 2019; STETTLER ANGELA, Der Einbezug von Familienangehörigen in die Flüchtlingseigenschaft nach Art. 51 AsylG – Aktuelle Entwicklungen, in: ASYL 1/18, S. 3 ff.; STÖCKLI WALTER, § 11 Asyl, in: Uebersax Peter et al., Ausländerrecht, 3. Auflage, Basel 2022, S. 521 ff.; UNHCR, Handbook on Procedures and Criteria for Determining Refugee Status under the 1951 Convention and the 1967 Protocol relating to the Status of Refugees, Genf 2011; ZIMMERMANN ANDREAS/MAHLER CLAUDIA, Art. 1 A, para. 2, in: Zimmermann Andreas (Hrsg.), The 1951 Convention Relating to the Status of Refugees and its 1967 Protocol – A Commentary, Oxford 2011, S. 281 ff.

Materialien: Botschaft zur Änderung des Asylgesetzes vom 26. Mai 2010, BBl 2010 4455; Zusatzbotschaft zur Änderung des Asylgesetzes (Kurzfristige Massnahmen) vom 23. September 2011, BBl 2011 7325; Botschaft zur Änderung des Asylgesetzes (Verlängerung der dringlichen Änderungen des Asylgesetzes) vom 26. Februar 2014, BBl 2014 2103; Botschaft zur Änderung des Asylgesetzes (Neustrukturierung des Asylbereichs) vom 3. September 2014, BBl 2014 7991; Botschaft zur Totalrevision des Asylgesetzes sowie zur Änderung des Bundesgesetzes über Aufenthalt und Niederlassung der Ausländer vom 4. Dezember 1995, BBl 1996 II 1; Kommentar zur Umsetzung der Vorlage zur Beschleunigung der Asylverfahren (Neustrukturierung des Asylbereichs) Änderung der Asylverordnung 1 über Verfahrensfragen (AsylV 1), der Asylverordnung 2 über Finanzierungsfragen (AsylV 2), der Asylverordnung 3 über die Bearbeitung von Personendaten (AsylV 3) und der Verordnung über den Vollzug der Weg- und Ausweisung sowie der Landesverweisung von ausländischen Personen (VVWAL), SEM, Mai 2018 (https://www.sem.admin.ch/dam/data/sem/aktuell/gesetzgebung/aend_asylg_neustruktur/paket-3/erlaeut-paket-3-d.pdf, besucht am 14. August 2022).

1. Rechtsquellen des schweizerischen Flüchtlings- und Asylrechtes

1037 Die bereits bei der Betrachtung des Ausländerrechtes nach AIG festgestellte enge Verzahnung nationaler und internationaler Rechtsquellen ist im Rahmen des Flüchtlings- und Asylrechtes noch viel ausgeprägter. Das Völkerrecht übt einen überragenden Einfluss auf das nationale Asylrecht aus: Das Abkommen über die Rechtsstellung der Flüchtlinge von 1951 (Flüchtlingskonvention, FK, SR 0.142.30) definiert, wer Flüchtling ist und welche Rechte Flüchtlingen zukommen. Das Abkommen zwischen der Schweizerischen Eidgenossenschaft und der Europäischen Gemeinschaft über die Kriterien und Verfahren zur Bestimmung des zuständigen Staates für die Prüfung eines in einem Mitgliedstaat oder in der Schweiz gestellten Asylantrags (Dublin-Assoziierungsabkommen, DAA, SR 0.142.392.68) beziehungsweise die Dublin-III-Verordnung (Verordnung (EU) Nr. 604/2013 des Europäischen Parlaments und des Rates vom 26. Juni 2013 zur Festlegung der Kriterien und Verfahren zur Bestimmung des Mitgliedstaats, der für die Prüfung eines von einem Drittstaatsangehörigen oder Staatenlosen in einem Mitgliedstaat gestellten Antrags auf internationalen Schutz zuständig ist (Neufassung), ABl. L 180 vom 29. Juni 2013) bestimmen, welcher Mitgliedstaat für die Durchführung eines Asylverfahrens zuständig ist sowie je nach Ausgang des Verfahrens die gesuchstellenden Personen aufzunehmen oder in ihr Herkunftsland zurückzuschaffen hat. Schliesslich kommt Menschenrechtsabkommen bei der Auslegung und Anwendung der flüchtlings- und asylrechtlichen Normen eine grosse Bedeutung zu.

1.1. Die Flüchtlingskonvention von 1951 und das Protokoll von 1967

Während und nach dem Ersten Weltkrieg sahen sich die europäischen Staaten mit massiven Fluchtbewegungen konfrontiert. Als Hauptproblem erwies sich dabei, dass die betroffenen Personen durch die Flucht rechtlich oder zumindest faktisch staatenlos geworden waren. In einer Zeit, in der menschenrechtliche Garantien noch nicht existierten und das Individuum noch von seinem Heimatstaat mediatisiert war (fremdenrechtliche Mindeststandards, die vom Heimatstaat mittels diplomatischen Schutzes durchgesetzt werden konnten), waren diese Flüchtlinge faktisch rechtlos: 1038

> «The refugee finds himself deprived of legal protection, mutual support, the access to employment, and the measure of freedom of movement which happier mortals take as a matter of course. In an ordered world this legal protection and mutual support, constituting what may be called social security, is enjoyed by the nationals of a sovereign State. Security is extended to them, not only at home, but when they move about the world in other countries. The refugee, unless special means are taken for his protection, has no such security, but exists in any country on sufferance. His defenselessness lies in his inability to demand the protection of any State. For practical purposes he is outlawed by his country of origin; in his country of refuge, he has a measure of ordinary legal protection in any decently governed State, but he suffers under all sorts of disabilities (…); above all, he has no claim as of right to continued residence, and he is liable to expulsion if his presence for any reason is no longer desired.» (JOHN HOPE SIMPSON, The Refugee Problem, Report of a Survey, London 1939, S. 3)

Zur Lösung dieses Problems wurden im Rahmen des Völkerbundes verschiedene Übereinkommen verabschiedet. Diesen Übereinkommen, Arrangements genannt (zum Beispiel das Arrangement über Identitätsausweise für russische Flüchtlinge aus dem Jahr 1922), gelang es indes nicht, die Probleme von Flüchtlingen umfassend zu lösen und ihnen einen eigentlichen Schutzstatus zu verschaffen. Sie beschränkten sich vielmehr darauf, bestimmten Flüchtlingsgruppen zu Identitätspapieren zu verhelfen, die ihnen den Grenzübertritt zwischen den Staaten ermöglichen sollten. Die Übereinkommen enthielten auch keine umfassende Definition des Flüchtlingsbegriffes, sondern umrissen die Personengruppen, die in den Genuss der eingeräumten Rechte kommen sollten, jeweils aufgrund deren (früherer) Staatsangehörigkeit, ihrer territorialen Herkunft oder ihrer ethnischen Abstammung. Geschützt wurden zudem nur ganze Gruppen von Flüchtlingen, die Übereinkommen verliehen den Flüchtlingen jedoch keine individuellen Rechte. 1039

Die Unzulänglichkeit derartiger Abkommen wurde bereits vor dem Zweiten Weltkrieg erkannt und es setzten Bestrebungen ein, ein allgemeingültiges internationales Übereinkommen zu erarbeiten. Diese Bemühungen trugen al- 1040 lerdings erst nach dem Zweiten Weltkrieg Früchte. Am 28. Juli 1951 konnte nach langen Verhandlungen die Flüchtlingskonvention verabschiedet werden. Am 22. April 1954 trat die Konvention in Kraft, für die Schweiz am 21. April 1955.

1041 Die Flüchtlingskonvention bestimmt,

- wer als **Flüchtling** im Sinne der Konvention gilt sowie
- welche **Rechte** Flüchtlinge haben.

1042 Die Vertragsstaaten der Flüchtlingskonvention sind verpflichtet, Personen, die die Flüchtlingseigenschaft erfüllen, als Flüchtlinge anzuerkennen, sie nicht in Verfolgerstaaten zurückzuschicken (siehe vorne Rz. 152 ff.) und ihnen eine Reihe ziviler, wirtschaftlicher und sozialer Rechte einzuräumen. Die Flüchtlingskonvention enthält hingegen keine Regeln über die Voraussetzungen und das Verfahren der Asylgewährung. Die Vertragsstaaten können weiterhin frei darüber bestimmen, welchen Personen sie Asyl gewähren.

1043 Zwei Einschränkungen des Anwendungsbereiches der Flüchtlingskonvention verdeutlichen, dass sie vor dem Hintergrund der Ereignisse in Europa vor und während des Zweiten Weltkrieges erarbeitet worden ist:

- **Zeitliche Beschränkung auf Ereignisse, die vor dem 1. Januar 1951 eingetreten sind**: Nach Art. 1A Abs. 2 FK können Flüchtlinge im Sinne der Konvention nur Personen sein, die sich aufgrund von Ereignissen, die vor dem 1. Januar 1951 eingetreten sind, ausserhalb ihres Wohnsitzstaates befinden. Da sich aber sehr bald neue Gruppen von Flüchtlingen bildeten, wurde die zeitliche Beschränkung mit dem am 31. Januar 1967 verabschiedeten Protokoll über die Rechtsstellung von Flüchtlingen (SR 0.142.301) aufgehoben.
- **Räumliche Einschränkung**: Art. 1B Abs. 1 FK räumt den Vertragsstaaten die Möglichkeit einer räumlichen Einschränkung auf Flüchtlinge aus Europa ein. Eine solche Einschränkung gilt heute nur noch in der Türkei, im Kongo sowie im Fürstentum Monaco und in Madagaskar.

1.2. Das schweizerische Asylrecht

1044 Das Asylgesetz vom 26. Juni 1998 (AsylG, SR 142.31) definiert – in Anlehnung an die Flüchtlingskonvention – wer in der Schweiz als Flüchtling anerkannt wird, statuiert die Voraussetzungen für die Asylgewährung in der Schweiz, regelt das entsprechende Verfahren, skizziert die Rechtsstellung von Personen aus dem Asylbereich in der Schweiz und befasst sich mit dem vorübergehenden Schutz von Schutzbedürftigen.

Wie das AIG gehört auch das AsylG zu jenen Gesetzen, die sehr häufig teilrevidiert worden sind und wohl auch künftig immer wieder überarbeitet werden. In den vergangenen Jahren sind insbesondere folgende Teilrevisionen des AsylG in Kraft getreten: 1045

- Die vom Parlament für dringlich erklärte Asylgesetzrevision vom 28. September 2012 wurde am 29. September 2012 in Kraft gesetzt und in der Abstimmung vom 9. Juni 2013 vom Stimmvolk nachträglich gutgeheissen. Diese Revision enthielt insbesondere den neuen Art. 3 Abs. 3 AsylG betreffend Wehrdienstverweigerern und Deserteuren, die Abschaffung des Botschaftsverfahrens sowie die gesetzliche Grundlage für die Einführung von Testphasen zur Erprobung neuer Abläufe im Asylverfahren. Die Änderungen waren zunächst befristet und traten schliesslich am 1. März 2019 abschliessend in Kraft.
- Die Asylgesetzrevision vom 14. Dezember 2012, die zum grössten Teil am 1. Februar 2014 in Kraft trat, strich in erster Linie die «unechten» Nichteintretenstatbestände, bei denen auch gewisse materielle Aspekte geprüft wurden. Daneben enthielt sie verschiedene Einzelbestimmungen, zum Beispiel eine neue Bestimmung zu den subjektiven Nachfluchtgründen (Art. 3 Abs. 4 AsylG), eine Einschränkung des Familienasyls (Aufhebung von Art. 51 Abs. 2 AsylG) sowie der Beschwerdegründe (Streichung des Beschwerdegrundes der Unangemessenheit durch Aufhebung von Art. 106 Abs. 1 lit. c AsylG) und eine Neuordnung des Verfahrens betreffend Zweit- und Mehrfachgesuchen (Art. 111*b* und 111*c* AsylG).
- Mit der Asylgesetzrevision vom 16. Dezember 2016, die am 1. Januar 2018 in Kraft trat, wurde die Bewilligungspflicht für Erwerbstätigkeiten von anerkannten Flüchtlingen und vorläufig aufgenommenen Ausländerinnen und Ausländern zugunsten einer Meldepflicht abgeschafft. Gleichzeitig wurden vorläufig Aufgenommene von der Sonderabgabepflicht befreit. Damit wurde die Arbeitsmarktintegration für diese Personengruppen verbessert.
- Die Asylgesetzrevision vom 25. September 2015, die in der Referendumsabstimmung vom 5. Juni 2016 vom Stimmvolk angenommen wurde, führte zu einer kompletten Neuordnung des Asylverfahrens. Die auf den 1. März 2019 in Kraft getretene Neustrukturierung des Asylverfahrens wurde im Rahmen von sogenannten Testphasen seit Januar 2014 erprobt. Seit dem 1. März 2019 wird zwischen drei Verfahrensarten unterschieden (beschleunigtes Verfahren, erweitertes Verfahren sowie Dublin-Verfahren, Art. 26*b*-*d* AsylG). Die Asylverfahren werden dezentral in Regionen durchgeführt. Zudem wurden der Anspruch auf kostenlose Rechtsberatung und Rechtsvertretung für alle Asylsuchenden sowie eine umfassende Rückkehrberatung eingeführt.

- Mit der Asylgesetzrevision vom 14. Dezember 2018, die am 1. Juni 2019 in Kraft trat, wurde insbesondere die gesetzliche Vermutung verankert, dass sich Flüchtlinge, die in ihren Heimat- oder Herkunftsstaat gereist sind, freiwillig wieder unter den Schutz dieses Staates gestellt haben, was ein Verfahren zur Aberkennung der Flüchtlingseigenschaft nach sich zieht (Art. 63 Abs. 1bis AsylG).

1046 Die Bestimmungen des AsylG werden durch verschiedene Verordnungen präzisiert und ergänzt:

- Asylverordnung 1 vom 11. August 1999 über Verfahrensfragen (**AsylV1**, SR 142.311);
- Asylverordnung 2 vom 11. August 1999 über Finanzierungsfragen (**AsylV2**, SR 142.312);
- Asylverordnung 3 vom 11. August 1999 über die Bearbeitung von Personendaten (**AsylV3**, SR 142.314);
- Verordnung des EJPD vom 4. Dezember 2018 über den Betrieb von Zentren des Bundes und Unterkünften an den Flughäfen (SR 142.311.23);
- Verordnung vom 25. Oktober 2017 über das Plangenehmigungsverfahren im Asylbereich (VPGA, SR 142.316);
- Verordnung vom 1. April 2020 über Massnahmen im Asylbereich im Zusammenhang mit dem Coronavirus (Covid-19-Verordnung Asyl, SR 142.318).

1047 Für das erstinstanzliche Asylverfahren und das Beschwerdeverfahren vor Bundesverwaltungsgericht sind die folgenden Erlasse zu beachten:

- Bundesgesetz vom 20. Dezember 1968 über das Verwaltungsverfahren (Verwaltungsverfahrensgesetz, **VwVG**, SR 172.021);
- Bundesgesetz vom 17. Juni 2005 über das Bundesverwaltungsgericht (Verwaltungsgerichtsgesetz, **VGG**, SR 173.32);
- Bundesgesetz vom 17. Juni 2005 über das Bundesgericht (Bundesgerichtsgesetz, **BGG**, SR 173.110).

1.3. Die Dublin-Assoziierung

1048 Das am 1. März 2008 in Kraft getretene **Dublin-Assoziierungsabkommen** regelt die Teilnahme der Schweiz an der Dubliner Asylzusammenarbeit der EU (vorne Rz. 224 f.). Mit dem Ziel, Mehrfachasylgesuche in Dublin-Staaten zu verhindern, definiert die **Dublin-III-Verordnung** Kriterien zur Feststellung der Zuständigkeit eines Staates für die Durchführung des Asylverfahrens (S. 31 ff.).

Damit der Grundgedanke des Dublin-Systems effektiv durchgesetzt werden kann, wird die Dublin-III-Verordnung durch die **Eurodac-Verordnung** (Verordnung (EU) Nr. 603/2013 des Europäischen Parlaments und des Rates vom 26. Juni 2013 über die Einrichtung von Eurodac für den Abgleich von Fingerabdruckdaten zum Zwecke der effektiven Anwendung der Verordnung (EU) Nr. 604/2013 (Neufassung), ABl. L. 180 vom 29. Juni 2013, S. 1 ff.) ergänzt. Das Eurodac-System beruht auf einer zentralen Datenbank, in der die Fingerabdrücke aller Personen gespeichert werden, die in einem Dublin-Staat ein Asylgesuch eingereicht haben oder bei der illegalen Einreise in einen Dublin-Staat aufgegriffen wurden. 1049

Zwar betont Art. 5 Abs. 1 DAA das Ziel einer möglichst einheitlichen Anwendung und Auslegung der von der Schweiz übernommenen Bestimmungen der Dublin-III-Verordnung. Die Schweiz ist jedoch nicht an die Dublin-Urteile des EuGH gebunden. Daher übernimmt das Bundesverwaltungsgericht die Rechtsprechung des EuGH, sofern keine triftigen Gründe bestehen, die ein Abweichen rechtfertigen würden: 1050

> «Die Rechtsprechung des EuGH zur Dublin-III-Verordnung ist für die Schweiz grundsätzlich nicht verbindlich. Nach Art. 5 des Abkommens zwischen der Schweizerischen Eidgenossenschaft und der Europäischen Gemeinschaft vom 26. Oktober 2004 über die Kriterien und Verfahren zur Bestimmung des zuständigen Staates für die Prüfung eines in einem Mitgliedstaat oder in der Schweiz gestellten Asylantrags (...) wird von den Vertragsparteien jedoch eine einheitliche Anwendung und Auslegung der Dublin-Verordnung mit ihren Durchführungsbestimmungen angestrebt (...). Das Bundesverwaltungsgericht hat zu einer einheitlichen Rechtsanwendung beizutragen, indem es die Rechtsprechung des EuGH berücksichtigt (...) und nicht ohne triftige Gründe davon abweicht (...).» (BVGE 2017 VI/9, E. 5.3.1)

2. Asylverfahren

Die Flüchtlingskonvention verpflichtet die Vertragsstaaten, Flüchtlinge zu schützen, sie nicht in Verfolgerstaaten zurückzuschicken und ihnen bestimmte Rechte zu gewähren. Wie dieser Schutz konkret ausgestaltet ist, überlässt die Flüchtlingskonvention ebenso den Vertragsstaaten wie auch das Verfahren, in dem beurteilt wird, ob eine Person die Flüchtlingseigenschaft erfüllt. Im Folgenden ist daher zunächst das Asylverfahren in der Schweiz darzustellen und dessen wichtigste Phasen nachzuzeichnen. 1051

Im Unterschied zum Ausländerbereich verfügt der Bund im Asylbereich neben der Rechtsetzungskompetenz auch über weitreichende Vollzugskompetenzen, 1052 bestimmt doch Art. 6*a* Abs. 1 AsylG, dass das SEM über «Gewährung oder Verweigerung des Asyls sowie über die Wegweisung aus der Schweiz» entscheidet.

1053 Auf den 1. März 2019 ist die Neustrukturierung des Asylbereiches in Kraft getreten. Mit dieser Teilrevision des Asylgesetzes sollen die folgenden Ziele erreicht werden:

> «Asylverfahren sollen rasch und rechtsstaatlich korrekt durchgeführt werden;
> – schutzbedürftigen Personen soll weiterhin der notwendige Schutz gewährt und sie sollen so rasch als möglich in der Schweiz integriert werden;
> – der Anreiz, offensichtlich unbegründete Asylgesuche einzureichen, soll gesenkt und der Missbrauch im Asylbereich bekämpft werden;
> – die Glaubwürdigkeit des Asylbereichs soll nachhaltig gestärkt werden.» (BBl 2014 7991, S. 8010)

1054 Es wird zwischen drei verschiedenen Verfahrensarten unterschieden:

- Im Rahmen des **beschleunigten Verfahrens** erfolgt die Prüfung des Asylgesuches nach einem festgelegten Zeitplan, der binnen **100 Tagen** zu einem rechtskräftigen Entscheid führen soll. Die Asylsuchenden sind grundsätzlich während der gesamten Dauer des Verfahrens in Bundesasylzentren untergebracht.
- Sofern sich aufgrund der Anhörung zu den Asylgründen zeigt, dass der erstinstanzliche Asylentscheid nicht binnen der Frist des beschleunigten Verfahrens gefällt werden kann, weil zum Beispiel weitere Abklärungen nötig sind, werden die betreffenden Asylgesuche im Rahmen des **erweiterten Verfahrens** behandelt. Die Asylsuchenden werden für die Dauer des Verfahrens und des allfälligen Wegweisungsvollzuges einem Kanton zugewiesen. Das erweiterte Verfahren soll binnen **Jahresfrist** abgeschlossen sein.
- Schliesslich werden Asylgesuche, bei denen ein anderer Dublin-Staat für die Durchführung des Asylverfahrens zuständig ist, im Rahmen des **Dublin-Verfahrens** behandelt. Die Asylsuchenden sind während der gesamten Dauer des Verfahrens, das **maximal 140 Tage** dauern soll, in Bundesasylzentren untergebracht.

1055 Die von Bund und Kantonen im Rahmen von zwei Asylkonferenzen in den Jahren 2013 und 2014 beschlossene Neustrukturierung des Asylbereiches betraf neben der Beschleunigung des Asylverfahrens insbesondere auch die Festlegung der Eckwerte für deren Umsetzung. So sind die Kantone seither in sechs Regionen (Art. 1*b* AsylV1) mit je einem Bundesasylzentrum mit Verfahrensfunktion (BAZmV, mindestens 350 Unterbringungsplätze) sowie mindestens je einem Bundesasylzentrum ohne Verfahrensfunktion (BAZoV, mindestens 250 Plätze) eingeteilt:

- Region **Bern:** BE
- Region **Nordwestschweiz:** AG, BL, BS und SO
- Region **Ostschweiz:** AR, AI, GL, GR, SH, SG und TG
- Region **Tessin und Zentralschweiz:** LU, NW, OW, SZ, TI, UR und ZG
- Region **Westschweiz:** FR, GE, JU, NE, VD und VS
- Region **Zürich:** ZH

Die Bundesasylzentren stellen ein zentrales Element der Neustrukturierung des Asylbereiches dar. In Bundesasylzentren mit Verfahrensfunktion, sogenannten Verfahrenszentren, findet das Asylverfahren von der Einreichung des Gesuches bis zum erstinstanzlichen Asylentscheid statt. In ihnen sind alle Akteure des Asylverfahrens – die Asylsuchenden, das SEM, die Rechtsvertretung, die Dolmetschenden etc. – an einem Ort versammelt. Die kurzen Wege und die Präsenz aller Beteiligten sollen das Verfahren straffen und die Dauer verkürzen. Für die Unterbringung von Asylsuchenden im Dublin-Verfahren beziehungsweise von Ausländerinnen und Ausländern, deren Asylgesuch abgelehnt und gegen die eine Wegweisung und deren Vollzug angeordnet wurden, werden die Bundesasylzentren ohne Verfahrensfunktion als Ausreisezentren betrieben. In diesen sind somit vor allem Ausländerinnen und Ausländer untergebracht, die die Schweiz verlassen müssen. 1056

Zu diesen Bundesasylzentren mit und ohne Verfahrensfunktion – in denen im Vollausbau 5'000 Unterbringungsplätze zur Verfügung stehen – kommen besondere Zentren für Asylsuchende hinzu. In diesen werden nach Art. 24*a* AsylG erwachsene Personen untergebracht, die die öffentliche Sicherheit und Ordnung erheblich gefährden oder durch ihr Verhalten den Betrieb und die Sicherheit der Bundeszentren erheblich stören (Art. 15 AsylV1). Mit der Unterbringung in einem besonderen Zentrum geht eine Ein- oder Ausgrenzung (Art. 24*a* Abs. 1 AsylG) und die prioritäre Behandlung des Asylgesuchs sowie des Vollzugs eines allfälligen Wegweisungsentscheids einher (Art. 24*a* Abs. 4 AsylG). Geplant waren schweizweit zwei besondere Zentren mit je 60 Plätzen. Ein besonderes Zentrum wurde in Les Verrières (NE) eröffnet, das zweite ist in der Deutschschweiz geplant, wobei der Standort bislang noch nicht festgelegt wurde. 1057

Die Schaffung von Regionen für die Durchführung des Asylverfahrens führt zur **Dezentralisierung der Asylverfahren**. Die Anhörung zu den Asylgründen sowie die erstinstanzliche Entscheidfällung erfolgen für alle Verfahrensarten in den Bundeszentren mit Verfahrensfunktion in einer der sechs Regionen und nicht mehr wie bis anhin am Sitz des SEM in Bern-Wabern. Verfahrenssprache ist grundsätzlich die offizielle Amtssprache des Wohnsitzes der asylsuchenden Person. 1058

1059 Die Schaffung von Regionen für die Durchführung der Asylverfahren führte dazu, dass der Mechanismus für die Verteilung von Asylsuchenden auf die verschiedenen Regionen beziehungsweise auf die Kantone angepasst werden musste. Es gilt das **Prinzip der bevölkerungsproportionalen Verteilung** (Art. 21 Abs. 2 AsylV1) unter Berücksichtigung von bereits in der Schweiz lebenden Familienangehörigen, der Staatsangehörigkeit und besonders betreuungsintensiven Fällen (Art. 27 Abs. 3 AsylG i.V.m. Art. 22 Abs. 1 AsylV1). In der Praxis wird die Verteilung von Asylsuchenden im erweiterten Verfahren sowie Personen, die im beschleunigten Verfahren ein Bleiberecht erhalten haben, nach den sogenannten ANUM-Kriterien vorgenommen (Anzahl Gesuchstellende, Nationen, Unbegleitete Minderjährige/Familien/Einzelpersonen und Medizinalfälle). Bei der Zuteilung an die Kantone berücksichtigt werden zudem auch die besonderen Leistungen der Standortkantone von Bundesasylzentren sowie von Flughafenkantonen (Art. 27 Abs. 1bis AsylG i.V. mit Art. 21 Abs. 1 AsylV1). Da diese grundsätzlich für den Wegweisungsvollzug für Fälle aus dem Dublin-Verfahren sowie dem beschleunigten Verfahren zuständig sind (Art. 27 Abs. 4 AsylG i.V.m. Art. 46 Abs. 1bis AsylG), werden ihnen weniger Personen im erweiterten Verfahren zugewiesen. Zudem findet bei der Kantonszuweisung im erweiterten Verfahren sowie bei der Verteilung von vorläufig Aufgenommenen und Flüchtlingen aus dem beschleunigten Verfahren ein regelmässiger Ausgleich zwischen den Regionen statt, um eine gleichmässige Verteilung der Personen im erweiterten Verfahren beziehungsweise von Personen mit Bleiberecht zu erreichen.

1060 Die Kantonszuweisung muss in Form einer beschwerdefähigen Verfügung ergehen. Sie kann nur mit der Begründung angefochten werden, sie verletzte den Grundsatz der Einheit der Familie (Art. 27 Abs. 3 AsylG). Als Familie gelten hierbei grundsätzlich die Mitglieder der Kernfamilie, mithin die Ehe- und Konkubinatspartnerinnen und -partner und deren minderjährige Kinder (Art. 1*a* lit. e AsylV1). Gestützt auf Art. 8 EMRK können auch weitere Personen vom Familienbegriff umfasst sein (vorne Rz. 95 f.). Eine allfällige Beschwerde muss an das Bundesverwaltungsgericht gerichtet werden. Die Beschwerdefristen richten sich nach Art. 108 AsylG. Wird die Kantonszuweisung als separate Verfügung erlassen, handelt es sich um eine selbständig anfechtbare Zwischenverfügung, gegen die im beschleunigten Verfahren innerhalb von fünf, im erweiterten Verfahren zehn Tagen Beschwerde erhoben werden kann (Art. 108 Abs. 1 und 2 AsylG). Wird die Kantonszuweisung im beschleunigten Verfahren zusammen mit der Asylgewährung oder der vorläufigen Aufnahme verfügt, beträgt die Beschwerdefrist sieben Arbeitstage (Art. 108 Abs. 1 AsylG). Nach Ablauf der Beschwerdefrist steht der betroffenen Person nur noch ein Gesuch um Kantonswechsel offen.

1061 Im Folgenden wird zunächst auf die Einleitung des Asylverfahrens sowie das Vorbereitungsverfahren eingegangen, da diese beiden Phasen für alle drei Verfahrensarten weitgehend identisch sind. In der Folge werden dann das beschleunigte sowie das erweiterte Verfahren und das Dublin-Verfahren je einzeln dargestellt, bevor abschliessend auf besondere Verfahren eingegangen wird.

2.1. Einleitung des Asylverfahrens

a) Das Asylgesuch

Verwaltungsrechtlich stellt das Asylverfahren ein Verfahren auf Erlass einer mitwirkungsbedürftigen Verfügung dar und untersteht daher der **Dispositionsmaxime** (BVGE 2010/42, E. 11.1.2). Über Einleitung und Beendigung des Verfahrens sowie über den Verfahrensgegenstand entscheiden daher die betroffenen Personen. Für das Asylverfahren bedeutet dies, dass das Verfahren durch die Einreichung eines Asylgesuches eingeleitet wird. Entscheidend ist einzig, dass die betroffenen Personen ihren Willen kundtun, die Schweiz um Schutz vor Verfolgung nachzusuchen: 1062

> «Der Willenserklärung der betroffenen Person kommt somit bei der Frage, ob sie Schutz vor Verfolgung im Sinne des Asylgesetzes sucht, wesentliche Bedeutung zu.» (BVGE 2010/42, E. 11.1.2)

Als Asylgesuch gilt dabei nach Art. 18 AsylG «jede Äusserung, mit der eine Person zu erkennen gibt, dass sie die Schweiz um Schutz vor Verfolgung nachsucht». Wie dieser Wille geäussert wird – schriftlich, mündlich, durch Zeichensprache oder andere Art – ist irrelevant. Asylgesuche sind **formfrei** und an keinerlei Formvorschriften gebunden. 1063

Eine Ausnahme gilt lediglich für **Folge-** beziehungsweise **Mehrfachgesuche**. Als solche gelten Asylgesuche, die binnen fünf Jahren nach Eintritt der Rechtkraft des Asyl- und Wegweisungsentscheides eingereicht werden. Folge- und Mehrfachgesuche sind nach Art. 111*c* AsylG schriftlich und begründet dem SEM einzureichen. 1064

Asylgesuche sind – wie auch der Wortlaut von Art. 18 AsylG verdeutlicht – auf Ersuchen um Schutz vor Verfolgung beschränkt. **Verfolgung** wird dabei in einem **weiten Sinne** verstanden und umfasst neben Verfolgung im Sinne von Art. 1A FK sowie Art. 3 AsylG (hierzu hinten Rz. 1302 ff.) auch die Hindernisse für einen Wegweisungsvollzug (hinten Rz. 1425 ff.). Eingeschränkt wird dieses weite Verständnis von Verfolgung indes dadurch, dass nicht sämtliche Wegweisungsvollzugshindernisse erfasst werden, sondern nur jene erlittenen oder befürchteten Nachteile, die direkt oder indirekt von Menschenhand verursacht worden sind beziehungsweise werden (EMARK 2003/18, E. 5 S. 114): 1065

> «Als Asylgesuch gilt gemäss Art. 18 AsylG jede Äusserung, mit der eine Person zu erkennen gibt, dass sie die Schweiz um Schutz vor Verfolgung nachsucht. Dabei ist der Praxis entsprechend von einem weiten Verfolgungsbegriff auszugehen, der neben den in Art. 3 AsylG genannten Gründen auch Wegweisungshindernisse im Sinn von Art. 44 AsylG i.V.m. Art. 83 Abs. 2-4 AuG (...) umfasst. Allerdings ist der Geltungsbereich des weiten Verfolgungsbegriffs auf erlittene oder befürchtete Benachteiligungen, die direkt oder indirekt von Menschen ausgehen, eingeschränkt. Vom weiten Verfolgungsbegriff ausgenommen sind demnach neben Ereignissen höherer Gewalt, die nicht von Menschenhand verursacht werden, auch

Wegweisungshindernisse, die alleine in der asylsuchenden Person (z.B. Gesundheit, Alter, Geschlecht) oder deren persönlicher Lebenssituation (z.B. Familiennetz, gute Integration im Aufnahmestaat) fussen.» (BVGer, E-1582/2018, 16. Mai 2018, E. 4.2)

1066 Die Geltendmachung von Verfolgung im Sinne dieses weiten Verfolgungsbegriffes ist notwendige Voraussetzung dafür, dass ein Schutzersuchen als Asylgesuch behandelt wird (BVGE 2010/42, E. 11.1.1). Auf Gesuche, die diese Voraussetzung nicht erfüllen, tritt das SEM nach Art. 31*a* Abs. 3 AsylG nicht ein. Erfüllt ein Asylgesuch jedoch diese Voraussetzung, ist das SEM gestützt auf das in Art. 2 Abs. 1 AsylG zum Ausdruck gebrachte Gesetzmässigkeitsprinzip **verpflichtet, das Gesuch an die Hand zu nehmen und zu behandeln**. Art. 2 Abs. 1 AsylG verankert somit «einen Rechtsanspruch auf Durchführung des Asylverfahrens nach den vorgesehenen gesetzlichen Bestimmungen» (KÄLIN, S. 151). «Ist das Asylgesuch einmal gestellt, nimmt das Verfahren seinen Gang bis zur rechtskräftigen Erledigung durch Nichteintreten, Gutheissung, Abweisung oder Abschreibung. Ohne gültigen Rückzug muss das Verfahren ordnungsgemäss zu Ende geführt werden» (FÉRAUD, S. 21).

1067 Die Stellung eines Asylgesuches ist nach ständiger Rechtsprechung ein **relativ höchstpersönliches Recht**. Es handelt sich dabei um Rechte, die die berechtigten Personen – selbst wenn sie nicht mündig sind – selber ausüben müssen, sofern sie urteilsfähig sind. Eine Vertretung ist nur für urteilsunfähige Berechtigte möglich.

«Gemäss langjähriger asylrechtlicher Praxis gilt die Einreichung eines Asylgesuches als sogenannt «relativ höchstpersönliches Recht» (...). Als höchstpersönliches Recht steht es einer Person um ihrer selbst Willen, zum Schutz ihrer Grundrechte zu und kann gemäss Art. 19 Abs. 2 ZGB von einer urteilsfähigen unmündigen Person allein, ohne Zustimmung ihres gesetzlichen Vertreters, ausgeübt werden (...). Die Ausübung eines höchstpersönlichen Rechts setzt somit lediglich die Urteilsfähigkeit, nicht aber die Mündigkeit einer für sich selbst handelnden Person voraus. Als «relativ höchstpersönliches Recht» lässt das Stellen eines Asylgesuches indessen (im Gegensatz zu den sogenannt «absolut höchstpersönlichen Rechten») eine Vertretung insofern zu, als für eine urteilsunfähige Person ein Asylgesuch auch durch ihren gesetzlichen Vertreter eingereicht werden kann (...). Demgegenüber verpflichtet ein höchstpersönliches Recht – sei dieses nun relativer oder absoluter Natur – dessen urteilsfähigen unmündigen Träger grundsätzlich auch, dieses selbständig, also ohne Hilfe eines allfälligen gesetzlichen Vertreters, geltend zu machen (...).» (BVGE 2011/39, E. 4.3.2)

1068 Eine Vertretung bei der Einreichung eines Asylgesuches ist somit nur für Urteilsunfähige möglich. Dies ist insbesondere bei Asylgesuchen von **Minderjährigen** relevant. Bei urteilsunfähigen Minderjährigen wird das Asylgesuch durch die Eltern beziehungsweise – sofern sie unbegleitet sind – durch die von der KESB im Rahmen von Kindesschutzmassnahmen bezeichneten Beistandspersonen eingereicht. Urteilsfähige Minderjährige – unabhängig davon, ob begleitet oder unbegleitet – müssen hingegen das Asylgesuch persönlich einreichen. Fehlt ein persönliches Asylgesuch einer urteilsfähigen Person, so besteht indes die Möglichkeit der **Mangelbehebung**:

> «Angesichts des Gesagten setzt die Initiierung eines Asylverfahrens (...) durch die urteilsfähige (mündige oder unmündige) Person prinzipiell einen persönlichen Antrag derselben voraus (...). Fehlt ein solcher, ist eine Mangelbehebung indes nicht zwangsläufig ausgeschlossen. Eine Heilung kann beispielsweise dadurch erfolgen, dass der Inhalt eines vertretungsweise eingereichten Asylgesuchs anlässlich einer mündlichen Anhörung oder durch Einreichung einer persönlich verfassten oder zumindest unterzeichneten Stellungnahme zum Fragenkatalog des BFM im Falle des Verzichts auf eine Befragung bestätigt wird. So würde es stossend erscheinen, wenn Personen, die sich im Zustand schwerer Krankheit oder Todesgefahr befinden, das Stellen eines Asylgesuchs durch einen Vertreter aufgrund des abstrakten Kriteriums mangelnder Höchstpersönlichkeit verwehrt wäre. Auch in solchen Konstellationen ist aber zwingend eine spätere Heilung des Mangels vor Ergehen eines erstinstanzlichen Asylentscheides nötig, beispielsweise mittels persönlicher «Absegnung» des seitens Dritter eingereichten Asylgesuchs durch den Gesuchsteller vor der Asylbehörde nach dessen Entkommen aus der Todesgefahr.» (BVGE 2011/39, E. 4.3.2)

b) Die örtliche Einreichung des Asylgesuches

Seit der 2012 erfolgten Abschaffung des Botschaftsverfahrens können Asylgesuche nur noch an der Schweizer Grenze oder in der Schweiz eingereicht werden. Da die Einreichung eines Asylgesuches ein relativ höchstpersönliches Recht darstellt, hält Art. 19 Abs. 2 AsylG zutreffend fest, «ein Gesuch kann nur einreichen, wer sich an der Schweizer Grenze oder auf dem Gebiet der Schweiz befindet». 1069

In den Art. 19 und 21 AsylG sowie Art. 8 AsylV1 wird näher ausgeführt, wo ein Asylgesuch gestellt werden kann. Da die formale Gesuchseinreichung grundsätzlich in den Bundeszentren erfolgt, können die verschiedenen Situationen zu einem Grundsatz mit verschiedenen Ausnahmen zusammengefasst werden: 1070

- **Einreichung des Asylgesuches in einem Bundesasylzentrum**: Wer an der Grenze, bei der Anhaltung im grenznahen Raum während einer illegalen Einreise oder anlässlich eines Aufenthaltes in der Schweiz mit oder ohne Anwesenheitsbewilligung ein Asylgesuch einreichen will, wird von den kantonalen oder eidgenössischen Behörden an ein Bundeszentrum mit Verfahrensfunktion überwiesen. Die formale Einreichung des Asylgesuches erfolgt erst im Bundeszentrum. Der von den zuweisenden Behörden ausgestellte Passierschein dient lediglich als zeitlich befristeter und örtlich begrenzter Transportausweis. Er ist bei allfälligen Kontrollen vorzuweisen und dem Personal des Bundeszentrums auszuhändigen.

- **Einreichung des Asylgesuches bei der Grenzkontrolle an den Flughäfen Zürich-Kloten und Genève-Cointrin**: Besondere Regelungen gelten sowohl in Bezug auf die Einreichung des Asylgesuches als auch auf das Verfahren von Personen, die an den Flughäfen Zürich-Kloten oder Genève-Cointrin um Asyl nachsuchen. Asylgesuche können direkt bei der Einreise in die Schweiz bei der Flughafenpolizei eingereicht werden (zum Flughafenverfahren hinten Rz. 1201 ff.). Bei der Einreise über einen anderen schweizerischen Flughafen (zum Beispiel Bern-Belp, Lugano-Agno, Basel-Mulhouse-Freiburg) werden Personen, die ein Asylgesuch in der Schweiz stellen möchten, an ein Bundesasylzentrum mit Verfahrensfunktion verwiesen.
- **Einreichung des Asylgesuches aus der Haft beziehungsweise dem Strafvollzug**: Nach Art. 8 Abs. 3 AsylV1 sind Asylgesuche aus der Haft beziehungsweise dem Strafvollzug bei den zuständigen Behörden des Kantons, der den Freiheitsentzug angeordnet hat, einzureichen.
- **Einreichung des Asylgesuches von Kindern unter 14 Jahren, die ihren Eltern in die Schweiz nachreisen**: Asylgesuche von Kindern unter 14 Jahren, die ihren in der Schweiz lebenden Eltern nachreisen, sind nach Art. 8 Abs. 4 AsylV1 bei den Behörden des Aufenthaltskantons der Eltern einzureichen. Demgegenüber sind Asylgesuche von Kindern zwischen 14 und 18 Jahren in einem Zentrum des Bundes einzureichen, doch werden die betreffenden Kinder dem gleichen Kanton wie ihre Eltern zugewiesen.
- **Folge- beziehungsweise Mehrfachgesuche** sind schriftlich und begründet beim SEM einzureichen (Art. 111*c* AsylG).

1071 Im Anschluss an die Erstregistrierung des Asylgesuches legt das SEM fest, welche Region und somit welches Bundesasylzentrum mit Verfahrensfunktion für die Behandlung des Asylgesuches zuständig ist (zur Kantonszuweisung siehe vorne Rz. 1058 ff.).

c) Das humanitäre Visum

1072 Seit der auf Ende September 2012 erfolgten Abschaffung des Botschaftsverfahrens und somit der Möglichkeit, Asylgesuche bei den schweizerischen Vertretungen im Ausland einzureichen, können Asylgesuche nur noch an der Schweizer Grenze oder auf dem Territorium der Schweiz gestellt werden. Damit sind Personen, die in der Schweiz ein Asylgesuch stellen wollen, gezwungen, die Reise in die Schweiz auf sich zu nehmen. Dies kann insbesondere für verletzliche Personen wie etwa unbegleitete Minderjährige, Mütter mit Kindern, Seniorinnen und Senioren oder Personen mit physischen oder psychischen Beeinträchtigungen mit erheblichen, teilweise unüberwindbaren Schwierigkeiten verbunden sein.

Die Abschaffung des Botschaftsverfahrens hat dazu geführt, dass das Visum aus humanitären Gründen an Bedeutung gewonnen hat und als Ersatz für das Botschaftsverfahren angesehen wurde. Dank eines Schengen-Visums mit räumlicher beschränkter Gültigkeit (siehe hierzu vorne Rz. 446) sollten schutzbedürftige Ausländerinnen und Ausländer die Möglichkeit erhalten, für einen Kurzaufenthalt in die Schweiz einzureisen und ein Asylgesuch zu stellen. Das Visum aus humanitären Gründen konnte bei den schweizerischen Vertretungen im Ausland beantragt werden und wurde ausgestellt, wenn bei einer Person offensichtlich davon auszugehen war, dass sie im Heimat- oder Herkunftsstaat unmittelbar, ernsthaft und konkret an Leib und Leben gefährdet und ein behördliches Eingreifen zwingend erforderlich war, um sie zu schützen. 1073

Eine Ausnahme vom Nachweis der individuellen Gefährdung wurde 2013 für syrische Staatsangehörige gemacht. Aufgrund der prekären Situation in Syrien wurde ihnen ab September 2013 die Möglichkeit gewährt, gestützt auf die allgemeine Gefährdungslage ein humanitäres Visum zu beantragen, sofern sie sich in Syrien aufhielten und über Familienangehörige in der Schweiz mit Aufenthaltsbewilligung verfügten (SEM, Weisung Erleichterte Erteilung von Besucher-Visa für syrische Familienangehörige, vom 4. September 2013, Syrien I). 4'674 Personen reisten gestützt auf diese Weisung in die Schweiz ein. Im November 2013 wurde die Weisung aufgehoben, wodurch syrische Staatsangehörige wieder verpflichtet waren, die persönliche und ernsthafte Gefährdungslage nachzuweisen. Allerdings entschied der Bundesrat am 6. März 2015, 1'000 humanitäre Visa für syrische Staatsangehörige zu gewähren (Syrien II). Die Visa konnten durch Syrerinnen und Syrer mit vorläufiger Aufnahme in der Schweiz beantragt werden, um ihre Ehegatten und Ehegattinnen und minderjährigen Kinder in die Schweiz nachzuziehen, sofern sie durch die Flucht von diesen getrennt worden waren. Den Betroffenen sollte damit ein sicherer und legaler Weg geschaffen werden, um zu ihren Familienangehörigen in die Schweiz zu reisen und hier ein Asylgesuch zu stellen. 1074

Die Erteilung eines humanitären Visums unterlag somit äusserst restriktiven Bedingungen und es wurden daher auch nur relativ wenige solche Visa ausgestellt. Im März 2017 wurde die Erteilung eines Schengen-Visums mit räumlich beschränkter Gültigkeit an Ausländerinnen und Ausländer, die nach ihrer Einreise in den Schengenraum um Schutz vor Verfolgung ersuchen möchten, vom Europäischen Gerichtshof jedoch für unzulässig erklärt. Im Urteil *X und X gegen Belgien* führte die Grosse Kammer des Gerichtshofs aus, 1075

> «dass Art. 1 des Visakodex dahin auszulegen ist, dass für einen Antrag auf ein Visum mit räumlich beschränkter Gültigkeit, der von einem Drittstaatsangehörigen aus humanitären Gründen auf der Grundlage von Art. 25 dieses Kodex bei der Vertretung des Zielmitgliedstaats im Hoheitsgebiet eines Drittstaats in der Absicht gestellt wird, sogleich nach seiner Ankunft in diesem Mitgliedstaat einen Antrag auf internationalen Schutz zu stellen und sich infolgedessen in einem Zeitraum von 180

> Tagen länger als 90 Tage dort aufzuhalten, nicht der Visakodex gilt, sondern beim gegenwärtigen Stand des Unionsrechts allein das nationale Recht.» (EuGH, *X und X gegen Belgien*, C-638/16 PPU, 7. März 2017, Ziff. 51).

1076 Die Rechtsprechung des EuGH ist für die Schweiz zwar nicht verbindlich, sie ist jedoch angehalten, eine möglichst einheitliche Anwendung der gemeinsamen Normen zu gewährleisten. Daher sollte nicht ohne zwingenden Grund von der Rechtsprechung des EuGH abgewichen werden. In diesem Sinne hat das Urteil auch Auswirkungen für die schweizerische Gesetzgebung und Praxis zur Erteilung humanitärer Visa an Schutzsuchende. So hat das Bundesverwaltungsgericht anerkannt, dass sich die Erteilung von humanitären Visa an Asylsuchende nicht mehr nach Schengenrecht richten könne, sondern in der nationalen Kompetenz liege:

> «Au vu de la jurisprudence précitée de la CJUE, il apparaît que la pratique développée par le législateur suisse pour délivrer des visas humanitaires ne peut plus s'appuyer sur la notion retenue à l'art. 2 al. 4 OEV, en ce sens qu'elle renvoie à la notion de visa à validité territoriale limitée telle que définie à l'art. 25 Par. 1 du Code des visas.» (BVGer, F-7298/2016, 19. Juni 2017, E. 4.3)

1077 Gestützt auf diese Feststellung kam das Bundesverwaltungsgericht zum Schluss, dass durch die Auslegung des EuGH eine Lücke entstanden sei, die der Gesetzgeber zu füllen habe. Bis dies geschehen sei, müsse allerdings die bisherige Praxis der Erteilung humanitärer Visa an Asylsuchende weitergeführt werden, wobei aber nicht mehr Schengen-Visa mit räumlich beschränkter Gültigkeit, sondern nationale Visa ausgestellt werden müssten. In einem weiteren Urteil vom Juli 2017 präzisierte das Bundesverwaltungsgericht, dass diese nationalen Visa aus humanitären Gründen auf das Hoheitsgebiet der Schweiz begrenzt werden müssen. Damit schuf es eine neue Visumsart, welche sich vom bestehenden nationalen Visum durch seine territoriale Begrenzung unterscheidet (BVGer, F-3748/2016, 2. Mai 2017, E. 4). Mit der am 15. September 2018 in Kraft getretenen Neufassung von Art. 4 Abs. 2 VEV wurde die Rechtsprechung des Bundesverwaltungsgerichts schliesslich aufgegriffen und die Lücke geschlossen. Die Anwendungsvoraussetzungen des Visums aus humanitären Gründen bleiben dieselben wie unter der bisherigen Praxis (siehe hierzu insbesondere SEM, Weisung Humanitäres Visum gemäss Art. 4 Abs. 2 VEV (Nr. 322.123/2018/00045) vom 6. September 2018). Sind sie erfüllt, erhalten die betroffenen Personen aber nicht mehr ein Schengen-Visum mit räumlich beschränkter Gültigkeit, sondern ein nationales Visum für einen längerfristigen Aufenthalt. Die zu erfüllenden Voraussetzungen sind äusserst streng. Neben der unmittelbaren, konkreten und ernsthaften Gefährdung von Leib und Leben verlangt das Bundesverwaltungsgericht, dass die Gefahr die gesuchstellende Person besonders – das heisst mehr als alle anderen in derselben Situation – betrifft.

d) Folgen und Wirkungen der Einreichung eines Asylgesuches

Die Einreichung eines Asylgesuches hat verschiedene migrationsrechtliche Konsequenzen: 1078

- **Ausstellung des Ausweises N**: Wer ein Asylgesuch in der Schweiz gestellt hat, darf sich nach Art. 42 AsylG bis zum Abschluss des Asylverfahrens in der Schweiz aufhalten. Die betreffende Person erhält von den zuständigen kantonalen Behörden den Ausweis N. Dieser ist auf sechs Monate befristet, verlängerbar (Art. 30 Abs. 1 AsylV1) und gilt bis zum rechtskräftigen Abschluss des Asylverfahrens (Art. 30 Abs. 3 AsylV1). Der Ausweis N gilt zudem gegenüber kantonalen und eidgenössischen Behörden als Ausweispapier, berechtigt aber nicht zum Grenzübertritt (Art. 30 Abs. 1 AsylV1). Zur Frage von Reisedokumenten an schriftenlose Asylsuchende hinten Rz. 1448 und Rz. 1451.
- **Ausschliesslichkeit/Vorrang des Asylverfahrens**: Vom Moment der Einreichung eines Asylgesuches bis zur Ausreise nach einer rechtskräftig angeordneten Wegweisung, bis zum Rückzug des Asylgesuchs oder bis zur Anordnung einer vorläufigen Aufnahme kann kein Gesuch um Erteilung einer ausländerrechtlichen Aufenthaltsbewilligung gestellt werden (Art. 14 Abs. 1 AsylG). Das Asylverfahren geniesst Vorrang beziehungsweise Ausschliesslichkeit vor dem ausländerrechtlichen Verfahren. Ausnahmen bestehen nur in zwei Situationen:
  - bei Bestehen eines Anspruches auf Erteilung einer Aufenthaltsbewilligung, zum Beispiel gestützt auf Art. 42 f. AIG, das FZA oder Art. 8 EMRK (Art. 14 Abs. 1 *in fine* AsylG);
  - bei Erteilung einer asylrechtlichen Härtefallbewilligung nach Art. 14 Abs. 2 AsylG (hierzu vorne Rz. 554).

  Im Zeitpunkt der Gesuchseinreichung hängige ausländerrechtliche Bewilligungsverfahren werden als gegenstandslos abgeschrieben (Art. 14 Abs. 5 AsylG), bereits bestehende Aufenthaltsbewilligungen bleiben hingegen bestehen und können nach den ausländerrechtlichen Bestimmungen verlängert werden (Art. 14 Abs. 6 AsylG).
  Eingehend zur Rechtsstellung von Asylsuchenden während des Verfahrens hinten Rz. 1444 ff.

2.2. Rechtsberatung, Rechtsvertretung und Rückkehrhilfe

1079 Bevor in der Folge die einzelnen Phasen des Asylverfahrens sowie die verschiedenen Verfahrensarten dargestellt werden, ist auf die Rechtsberatung und Rechtsvertretung einerseits und die Rückkehr- beziehungsweise Wiedereingliederungshilfe andererseits einzugehen. Obwohl es sich bei diesen Instrumenten um staatliche Angebote an Personen aus dem Asylbereich handelt, ist deren Stossrichtung unterschiedlich: Während Rechtsberatung und Rechtsvertretung als Ausgleich für die im neustrukturierten Verfahren verkürzten Verfahrens- und Beschwerdefristen eingeführt wurden, möchte das Instrument der Rückkehr- beziehungsweise Wiedereingliederungshilfe Anreize für eine freiwillige Ausreise schaffen und Alternativen zum Asylverfahren aufzeigen.

a) Rechtsberatung und Rechtsvertretung

1080 Das neustrukturierte Asylverfahren charakterisiert sich durch eine Verkürzung der Verfahrens- sowie im Rahmen des beschleunigten Verfahrens auch der Beschwerdefristen. Mit dieser Fristverkürzung unweigerlich verbunden ist eine Einschränkung der Verfahrensrechte der betroffenen asylsuchenden Personen. Um diese Einschränkung auszugleichen und die Fairness des Verfahrens zu gewährleisten, wurde der Zugang zu einer unentgeltlichen Beratung und
1081 Rechtsvertretung geschaffen. In diesem Sinn räumen die Art. 102*f ff.* AsylG allen Asylsuchenden einen Anspruch auf unentgeltliche Beratung und Rechtsvertretung ein.

1082 Die **Rechtsberatung** soll den asylsuchenden Personen allgemeine Informationen zum Asylverfahren sowie über ihre Rechte und Pflichten im Asylverfahren vermitteln (Art. 102*g* Abs. 2 AsylG). Sie steht den Asylsuchenden während der gesamten Aufenthaltsdauer im Bundesasylzentrum, am Flughafen sowie auch in den Kantonen nach Zuweisung in das erweiterte Verfahren zur Verfügung (Art. 102*g* Abs. 1 AsylG, Art. 52*a* Abs. 1 i.V.m. Art. 52*b* Abs. 1 beziehungsweise Art. 52*f* Abs. 2 AsylV1).

1083 Die **Rechtsvertretung** hat die asylsuchenden Personen ab Beginn der Vorbereitungsphase über ihre Prozesschancen aufzuklären (Art. 102*h* Abs. 2 und Art. 102*k* Abs. 1 lit. a AsylG), sie in allen Verfahrensschritten des Vorbereitungsverfahrens sowie der Anhörung zu den Asylgründen zu begleiten und vertreten, zu einem allfälligen negativen Entscheidentwurf im beschleunigten Verfahren Stellung zu nehmen und die Vertretung im Beschwerdeverfahren zu übernehmen (Art. 102*k* Abs. 1 lit. b-d AsylG). Zudem kommt der Rechtsvertretung auch die Funktion einer Vertrauensperson für unbegleitete minderjährige Asylsuchende in den Bundeszentren und am Flughafen zu (Art. 102*k* Abs. 1 lit. e AsylG).

Den asylsuchenden Personen wird für die Erstbefragung in der Vorbereitungs- 1084
phase eine Rechtsvertretung zugewiesen. Die Zuweisung erfolgt ohne Antrag von Amtes wegen, sofern die Asylsuchenden nicht ausdrücklich auf eine Rechtsvertretung verzichten (Art. 102*h* Abs. 1 AsylG). Die Vertretung dauert grundsätzlich bis zum Eintritt der Rechtskraft des Asylentscheides im beschleunigten beziehungsweise im Dublin-Verfahren oder bis zum Entscheid über die Zuweisung in das erweiterte Verfahren (Art. 102*h* Abs. 3 AsylG). Eine Niederlegung des Mandats vor Eintritt der Rechtskraft ist nur zulässig, wenn die Rechtsvertretung eine Beschwerde gegen den Asylentscheid als aussichtslos einstuft. In diesem Fall muss die zugewiesene Rechtsvertretung die asylsuchende Person so rasch als möglich nach Eröffnung des ablehnenden Asylentscheids über die Mandatsniederlegung sowie weitere Möglichkeiten der Beratung und Rechtsvertretung informieren (Art. 102*h* Abs. 4 AsylG; Art. 52*e* AsylV1). Der asylsuchenden Person muss genügend Zeit bleiben, um gegen den Asylentscheid fristgerecht Beschwerde einzureichen oder durch eine neue Rechtsvertretung einreichen zu lassen. Demgegenüber können die Asylsuchenden nicht nur zu Beginn der Vorbereitungsphase auf die Zuweisung einer Rechtsvertretung verzichten, sondern können das Mandatsverhältnis mit der zugewiesenen Rechtsvertretung jederzeit beenden (Art. 102*h* Abs. 1 AsylG). In diesem Fall steht es ihnen frei, eine Rechtsvertretung nach Wahl zu bevollmächtigen, wobei sie die damit verbundenen Kosten grundsätzlich selber zu tragen haben. Handelt es sich um unbegleitete minderjährige Asylsuchende, setzt der Verzicht auf die Zuweisung einer Rechtsvertretung Urteilsfähigkeit voraus. Zudem bleibt die zugewiesene Rechtsvertretung auch in Fällen eines rechtsgültigen Verzichts weiterhin als Vertrauensperson zuständig (Art. 7 Abs. 2ter AsylV1, zur Vertrauensperson hinten Rz. 1210 f.).

Der Anspruch auf unentgeltliche Beratung und Rechtsvertretung gilt auch im 1085
Rahmen des erweiterten Verfahrens. Nach der Zuweisung in einen Kanton können sich die Asylsuchenden für entscheidrelevante Schritte – etwa ergänzende Anhörungen, Stellungnahmen im Rahmen des rechtlichen Gehörs und weitere Eingaben, die massgeblich zur Sachverhaltsfeststellung beitragen (Art. 52*h* AsylV1) – kostenlos an die im Zuweisungskanton zugelassene Rechtsberatungsstelle wenden (Art. 102*l* Abs. 1 AsylG i.V.m. Art. 52*f* Abs. 2 AsylV1). Dieser Anspruch gilt auch dann, wenn sie im Rahmen des beschleunigten Verfahrens auf die zugewiesene Rechtsvertretung verzichtet haben. Der Verzicht auf die Rechtsvertretung gilt damit nicht endgültig (Art. 52*f* Abs. 5 AsylV1).

Sind die asylsuchenden Personen damit einverstanden, findet nach Eröffnung des Zuweisungs- 1086
entscheides eine Vernetzung zwischen der Rechtsvertretung im beschleunigten Verfahren und der Rechtsberatungsstelle im Zuweisungskanton statt, damit Informationen über den Verfahrensstand

weitergegeben werden können (Art. 52*g* Abs. 1 AsylV1). Zudem teilt das SEM der Rechtsberatungsstelle mit dem Einverständnis der asylsuchenden Person die Termine der entscheidrelevanten Schritte im erstinstanzlichen Verfahren und den erstinstanzlichen Asylentscheid schriftlich mit (Art. 52*g* Abs. 1 AsylV1 i.V.m. Art. 12 AsylG). Dieses Vorgehen gewährleistet die lückenlose Beratung und Rechtsvertretung im erweiterten Verfahren und erleichtert den Asylsuchenden die Kontaktaufnahme mit der Rechtsberatungsstelle im Zuweisungskanton.

1087 In Ausnahmefällen kann die im Bundesasylzentrum oder am Flughafen zugewiesene Rechtsvertretung allerdings auch während des erweiterten Verfahrens zuständig bleiben. Dies dann, wenn zwischen den Asylsuchenden und der sie vertretenden Person während des beschleunigten Verfahrens ein besonderes Vertrauensverhältnis aufgebaut wurde und der Leistungserbringer seine Zustimmung erteilt (Art. 102*l* Abs. 1 AsylG i.V.m. Art. 52*f* Abs. 3 AsylV1). Zu denken ist in diesem Zusammenhang insbesondere an Fälle besonders verletzlicher Asylsuchender.

b) Rückkehrhilfe

1088 Eines der wenigen migrationsrechtlichen Instrumente, das praktisch vom gesamten politischen Spektrum unterstützt wird, sind Rückkehrhilfe- beziehungsweise Rückkehrförderungsprogramme. Ziel von solchen Programmen ist es, die Zahl der freiwillig und pflichtgemäss ausreisenden Personen, das heisst von Ausländerinnen und Ausländern, die die Schweiz aus eigenem Antrieb verlassen beziehungsweise die einer Ausreisepflicht unterstehen und ohne Anwendung staatlichen Zwangs ausreisen, zu erhöhen (Art. 62 AsylV2). Dies liegt nicht nur im Interesse der betroffenen Personen, da sie ihre Ausreise zumindest in gewissem Masse mitorganisieren und selbständig antreten können, sondern auch im Interesse der Behörden, die dadurch arbeitsintensive, kostspielige und (menschen)rechtlich umstrittene Ausschaffungen vermeiden können.

1089 Rückkehrhilfe- beziehungsweise Rückkehrförderungsprogramme sind keine Erfindung der letzten Jahre, doch kommt ihnen heute im Unterschied zu ihren Vorläufern aus den 1970er- bis 1990er-Jahren eine neue Bedeutung zu. Im vergangenen Jahrhundert schufen europäische Länder Programme, um die Ausreise bestimmter Gruppen von Ausländerinnen und Ausländern beziehungsweise unerwünschten – weil arbeitslosen – Gastarbeiterinnen und Gastarbeitern zu fördern. Auch in der Schweiz wurden entsprechende punktuelle Programme geschaffen. Die heutigen Rückkehrhilfeprogramme unterscheiden sich von dieser ersten Generation, indem sie die selbständige Ausreise (*voluntary return*) als kostengünstige und menschenrechtlich unproblematische Alternative zur Ausschaffung propagieren.

1090 Die Rückkehrhilfe wurde in der Schweiz 1998 im AsylG und 2008 im AIG verankert. Seither gilt sie als zentrales Instrument der schweizerischen Migrationspolitik. Durch die Gewährung von Rückkehrhilfe soll nicht nur die selbständige Ausreise von Personen gefördert, sondern auch die Anzahl unberechtigter Beschwerden gegen Asylentscheide reduziert werden. Zudem stellt die selbständige Ausreise in Fällen, in denen eine Ausschaffung insbesondere wegen fehlender Kooperation seitens des Herkunftsstaates nicht durchführbar ist, die einzige Ausreisemöglichkeit dar.

aa) Instrumente der Rückkehrhilfe im Asylbereich

Rückkehrhilfe- beziehungsweise Rückkehrförderungsprogramme können nach Art. 93 AsylG verschiedene Massnahmen und Instrumente umfassen: 1091

- **Rückkehrberatung**: Ziel der Rückkehrberatung ist es, über die Möglichkeiten der Rückkehrhilfe zu informieren, alternative Lösungen zum Asylverfahren aufzuzeigen, den interessierten Personen bei der Ausarbeitung einer Rückkehrperspektive individuell behilflich zu sein sowie die verschiedenen Akteure – begünstigte Personen, Gemeinden, kantonale Rechtsberatungsstellen, das SEM etc. – zu vernetzen (Art. 66 AsylV2). Die Rückkehrberatung stellt damit das Schlüsselelement der Rückkehrhilfe dar und setzt nach Eröffnung des Verfahrens in der Vorbereitungsphase ein. Sie erfolgt sowohl in den Bundeszentren mit Verfahrensfunktion als auch in den Kantonen und stellt weder eine Rechtsberatung noch eine Rechtsvertretung dar. Die Rückkehrberatung steht allen Personen aus dem Asylbereich offen, unabhängig von ihrer Nationalität, ihrem Verhalten und ihrem asylrechtlichen Status. Sie erfolgt sowohl in den Zentren des Bundes als auch in den Kantonen (Art. 93*a* Abs. 1 AsylG). In den Bundeszentren sowie an den Flughäfen Zürich und Genf ist das SEM für die Rückkehrberatungsstellen zuständig (Art. 93*a* Abs. 2 AsylG i.V.m. Art. 67 Abs. 3 AsylV2). Es hat die Aufgabe aber an die kantonalen Rückkehrberatungsstellen beziehungsweise an Dritte übertragen: Im Bundesasylzentrum Zürich übernimmt die Rückkehrberatungsstelle des Kantons Zürich die Rückkehrberatung, in den übrigen Bundeszentren mit Verfahrensfunktion die IOM. Auch an den Flughäfen Zürich und Genf obliegt die Rückkehrberatung der IOM. Auf kantonaler Ebene sind die Kantone für die Schaffung von Rückkehrberatungsstellen zuständig, wobei auch sie diese Aufgabe an Dritte delegieren können (Art. 67 Abs. 1 und 2 AsylV2). Während 18 Kantone die Beratung einer kantonalen Verwaltungsbehörde, meist dem kantonalen Migrationsamt, übertragen haben (AG, AI, AR, BL, BS, GR, JU, LU, NE, NW, SH, SO, SG, TG, VD, VS und ZH), wurden in den übrigen Kantonen nichtstaatliche Organisationen wie die Caritas oder das Rote Kreuz mit der Rückkehrberatung mandatiert (Rotes Kreuz in GE, GL, TI, UR; Caritas in OW, SZ, ZG; andere nichtstaatliche Organisationen in BE und FR).
- **Individuelle Rückkehrhilfe**: Die individuelle Rückkehrhilfe stellt eine finanzielle Starthilfe im Zielland dar (hierzu nachfolgend 2.2./b/bb).

- **Inlandprojekte**: Nach Art. 93 Abs. 1 lit. b AsylG kann der Bund «Projekte in der Schweiz zur Erhaltung der Rückkehrfähigkeit» vollständig oder teilweise finanzieren. Inlandprojekte sind beispielsweise spezielle rückkehrorientierte Ausbildungsprogramme (RüPS), in denen die betroffenen Personen spezifische Kenntnisse erwerben und dadurch ihre Perspektiven für ein Leben im Heimat- oder Herkunftsstaat verbessern. Die Bedeutung von Inlandprojekten ist heute gering.
- **Programme im Ausland**: Schliesslich können nach Art. 93 Abs. 1 lit. c AsylG auch Programme in den Zielstaaten zur Erleichterung und Durchführung der Rückkehr, Rückführung und der Reintegration durchgeführt werden. Entsprechende Programme beziehen sich auf bestimmte Herkunftsstaaten asylsuchender Personen und sind zeitlich befristet (Art. 71 Abs. 1 AsylV2). Sie werden auf die allgemeine politische Situation im betroffenen Land sowie die spezifischen Bedürfnisse der Rückkehrenden abgestimmt und dienen dazu, die örtlichen Behörden während der Programmdauer zu entlasten und so deren Rücknahmebereitschaft zu erhöhen. So kann mit Auslandprogrammen insbesondere die Rückkehr vorbereitet, organisiert und begleitet oder auch die schulische, berufliche und soziale Wiedereingliederung der betroffenen Personen unterstützt werden (Art. 71 Abs. 2 AsylV2). Je nach Bedarf kann ein Auslandsprogramm neben individuellen Anreizen zur Förderung der selbstständigen Rückkehr auch Strukturhilfemassnahmen zugunsten der vor Ort verbliebenen Bevölkerung oder der staatlichen Behörden umfassen (Art. 71 Abs. 3 AsylV2). Dazu gehören auch Projekte zur Prävention irregulärer Migration (PiM), durch die das Risiko einer Migration in die Schweiz vermindert werden soll (Art. 93 Abs. 2 AsylG, Art. 71 Abs. 4 AsylV2). Bislang wurden 21 Auslandsprogramme durchgeführt, gegenwärtig laufen keine mehr.

bb) Individuelle Rückkehrhilfe im Asylbereich

1092 Die individuelle Rückkehrhilfe stellt nach Art. 93 Abs. 1 lit. d AsylG eine «finanzielle Unterstützung im Einzelfall zur Erleichterung der Eingliederung oder zur befristeten medizinischen Betreuung im Heimat-, Herkunfts- oder Drittstaat» dar. Es sind drei Arten von finanzieller Rückkehrhilfe zu unterscheiden:

- Die **individuelle Rückkehrhilfe** dient als finanzieller Startbeitrag für die rückkehrenden Personen und wird in der Form eines Pauschalbeitrages von maximal CHF 1'000 ausgerichtet (Art. 74 Abs. 2 AsylV2). Die Höhe des Pauschalbeitrages kann nach Alter, Stand des Asylverfahrens, Aufenthaltsdauer in der Schweiz sowie aus länderspezifischen Gründen abgestuft werden (Art. 74 Abs. 2 AsylV2). In den Bundeszentren ist die individuelle

Rückkehrhilfe unter Berücksichtigung des Verfahrensstandes und der Aufenthaltsdauer degressiv ausgestaltet (Art. 74 Abs. 5 AsylV2). Die individuelle Rückkehrhilfe wird grundsätzlich durch das SEM oder die IOM am Flughafen vor der Ausreise ausgezahlt (Art. 78 AsylV2).

- Die als individuelle Rückkehrhilfe entrichtete Pauschale kann durch eine **materielle Zusatzhilfe** ergänzt werden, mit der individuelle Reintegrationsprojekte in den Bereichen Beruf, Ausbildung und Wohnraum finanziert werden können (Art. 74 Abs. 3 AsylV2). Materielle Zusatzhilfe wird bis höchstens CHF 3'000 pro Person oder Familie gewährt. Im Falle besonderer persönlicher, sozialer oder beruflicher Reintegrationsbedürfnisse im Zielstaat sowie aus länderspezifischen Gründen kann der Betrag auf maximal CHF 5'000 erhöht werden (Art. 74 Abs. 4 AsylV2). In den Bundesasylzentren ist die materielle Zusatzhilfe unter Berücksichtigung des Verfahrensstandes und der Aufenthaltsdauer ebenfalls degressiv ausgestaltet (Art. 74 Abs. 5 AsylV2). Die materielle Zusatzhilfe wird durch die IOM im Bestimmungsland ausbezahlt (Art. 78 AsylV2).
- Schliesslich können durch **medizinische Rückkehrhilfe** Beiträge an unerlässliche medizinische Behandlungen im Ausland geleistet werden (Art. 75 Abs. 1 AsylV2). Diese grundsätzlich auf maximal sechs Monate befristete finanzielle Unterstützung ist zur Deckung der Kosten für Medikamente, medizinische Hilfsmittel oder medizinische Therapien gedacht. Finanzielle Hilfeleistungen auf unbestimmte Zeit sind ausgeschlossen, doch kann die Behandlungsdauer bei medizinisch unerlässlichen Behandlungen über die sechs Monate hinaus verlängert werden, wenn eine endgültige Heilung erreicht werden kann (Art. 75 Abs. 2 AsylV2). Medizinische Rückkehrhilfe wird je nach Bedarf in der Schweiz oder im Bestimmungsland ausbezahlt (Art. 78 AsylV2).

Individuelle Rückkehrhilfe kann nach Art. 73 AsylV2 beanspruchen, «wer nachweislich alle erforderlichen Dispositionen getroffen hat, um die Schweiz zu verlassen». Voraussetzung hierfür ist neben der Beachtung der Mitwirkungspflichten (zum Beispiel bei der Beschaffung von Reisedokumenten) insbesondere die Bereitschaft zur freiwilligen beziehungsweise pflichtgemässen Ausreise (hierzu Art. 62 Abs. 2 AsylV2). Von den verschiedenen Instrumenten der finanziellen Rückkehrhilfe ausgeschlossen sind allerdings Personen, die ein Verbrechen oder wiederholte Vergehen begangen haben, ihre Mitwirkungspflichten im Asylverfahren grob verletzt beziehungsweise sich sonstwie offensichtlich missbräuchlich verhalten haben oder über genügend eigene finanzielle Mittel oder umfangreiche Vermögenswerte verfügen (Art. 64 Abs. 1 AsylV2). Von der finanziellen Rückkehrhilfe ebenfalls grundsätzlich ausgeschlossen sind Ausländerinnen und Ausländer, die in einen visumsbefreiten Staat ausreisen sowie Staatsangehörige visumsbefreiter Staaten (Art. 76a 1093

Abs. 1 AsylV2). Ihnen kann nur in Ausnahmefällen eine individuelle Rückkehrhilfe gewährt werden, wenn besondere persönliche, soziale oder berufliche Reintegrationsbedürfnisse im Zielstaat vorliegen (Art. 76*a* Abs. 2 AsylV2). Dies gilt auch für Dublin-Verfahren. Schliesslich kann das EJPD für bestimmte Staaten aus länderspezifischen Gründen einen befristeten Ausschluss beschliessen (Art. 64 Abs. 5 AsylV2).

1094 Individuelle Rückkehrhilfe ist grundsätzlich für alle Personen aus dem Asylbereich und in allen Verfahrensphasen möglich: für Asylsuchende mit hängigem Verfahren, anerkannte Flüchtlinge mit Asyl oder vorläufiger Aufnahme, Personen mit Nichteintretensentscheid, abgewiesene Asylsuchende mit Wegweisungsentscheid oder vorläufiger Aufnahme sowie Schutzbedürftige. Sie kann auch bei der **Ausreise in einen Drittstaat**, der nicht der Heimat- oder Herkunftsstaat ist, gewährt werden, sofern die Ausländerinnen und Ausländer mindestens ein Jahr zum Verbleib im betreffenden Drittstaat berechtigt sind und es sich bei diesem nicht um einen visumsbefreiten Staat handelt (Art. 76 AsylV2).

1095 Seit 2013 besteht gestützt auf Art. 59*a*^{bis} AsylV2 die Möglichkeit, dass von der Rückkehrhilfe ausgeschlossene Personen aus dem Asylbereich als Anreiz für die Ausreise ein **Ausreisegeld** von maximal CHF 2'000 vom SEM erhalten können. Voraussetzung hierfür ist, dass die betreffenden Personen zur Ausreise bereit sind, bei der Beschaffung der Reisepapiere mitwirken und der antragstellende Kanton nachweist, dass er alle für die Papierbeschaffung notwendigen Schritte rechtzeitig eingeleitet sowie bei Personen in Ausschaffungshaft ein Beratungsgespräch durchgeführt hat.

1096 Vom Ausreisegeld zu unterscheiden ist das in Art. 59*a* AsylV2 verankerte **Reisegeld**. Diese zum Teil auch Zehrgeld genannte Geldsumme soll die Grundbedürfnisse während der Reise in das Heimat- oder Herkunftsland decken. Das Reisegeld beträgt grundsätzlich CHF 100 pro Person und höchstens CHF 500 pro Familie (Art. 59*a* Abs. 1 AsylV2), kann aber aus besonderen Gründen (insbesondere länderspezifischen oder gesundheitlichen Gründen) bis zu einem Betrag von CHF 500 pro volljährige Person und höchstens CHF 1'000 pro Familie erhöht werden, wenn damit die kontrollierte Ausreise gefördert werden kann (Art. 59*a* Abs. 2 AsylV2). Der Betrag kann ebenfalls auf höchstens CHF 500 erhöht werden, wenn Personen in Vorbereitungs-, Ausschaffungs- oder Durchsetzungshaft sich bereit erklären, pflichtgemäss auszureisen (Art. 59*a* Abs. 2bis AsylV2). Das Reisegeld kann nicht mit dem Ausreisegeld kumuliert werden (Art. 59*a*^{bis} Abs. 4 AsylV2).

1097 Finanzielle Rückkehrhilfe wird nur einmal gewährt – wobei auch die in anderen europäischen Staaten gewährten Rückkehrhilfen berücksichtigt werden (Art. 62 Abs. 4 AsylV2) – und ist, sofern die Ausreise nicht erfolgt oder die betreffenden Personen wieder einreisen, zurückzuerstatten (Art. 62 Abs. 5 AsylV2).

cc) Exkurs: Rückkehr- und Wiedereingliederungshilfe im Ausländerbereich

1098 Nach Art. 60 AIG kann auch im Ausländerbereich Rückkehrhilfe gewährt werden, wobei Art. 78 Abs. 2 Verordnung über Zulassung, Aufenthalt und Erwerbstätigkeit (VZAE, SR 142.201) auf die asylrechtlichen Regelungen in der AsylV2 verweist. Im Unterschied zum Asylbereich ist der persönliche Geltungsbereich der Rückkehrhilfe im Ausländerbereich stark eingeschränkt. Hierzu führte der Bundesrat in der Botschaft aus:

> «Demgegenüber hat der Bund im Ausländerbereich bisher keine Möglichkeit, mit einer Rückkehrhilfe Anreize zur selbständigen Ausreise von weggewiesenen Ausländerinnen und Ausländern zu schaffen, wie dies im Asylbereich möglich ist. Das Fehlen dieser Rückkehrhilfe kann zur Folge haben, dass etwa bei künftigen Kriegen oder Situationen von allgemeiner Gewalt (...) Personen aus dem Ausländerbereich Asylgesuche einreichen werden, um in den Genuss dieser Hilfe zu kommen. Zudem ist der zwangsweise Wegweisungsvollzug im Vergleich mit der durch die Rückkehr- und Wiedereingliederungshilfe unterstützten selbständigen Ausreise wesentlich teurer. Der zwangsweise Vollzug führt oft zu hohen Kosten für die Ausschaffungshaft, die Beschaffung von Reisedokumenten sowie für Sonderflüge und polizeiliches Begleitpersonal.» (Botschaft AuG, S. 3806 f.)

Rückkehrhilfeangebote können nur folgende Personengruppen aus dem Ausländerbereich beanspruchen: 1099

- **Vorläufig aufgenommene Gewaltflüchtlinge**: Nach Art. 60 Abs. 2 lit. a AIG können «Personen, die wegen einer schweren allgemeinen Gefährdung, insbesondere durch Krieg, Bürgerkrieg, oder einer Situation allgemeiner Gewalt den Heimat- oder Herkunftsstaat verlassen haben oder während der Dauer der Gefährdung nicht in diesen zurückkehren können» Rückkehrhilfe beanspruchen, «sofern ihr Aufenthalt nach diesem Gesetz geregelt war und sie zur Ausreise verpflichtet wurden»;
- **Opfer und Zeugen von Menschenhandel** (Art. 60 Abs. 1 lit. b i.V.m. Art. 30 Abs. 1 lit. e AIG);
- Personen, die im Zusammenhang mit ihrer Erwerbstätigkeit der Gefahr von Ausbeutung ausgesetzt sind (Art. 60 Abs. 1 lit. b i.V.m. Art. 30 Abs. 1 lit. d AIG);
- **Vorläufig aufgenommene Ausländerinnen und Ausländer**, die die Schweiz freiwillig verlassen oder deren vorläufige Aufnahme aufgehoben wurde, weil die Voraussetzungen nicht mehr erfüllt waren (Art. 60 Abs. 1 lit. c i.V.m. Art. 84 Abs. 2 AIG).

Der Anteil der mit Rückkehrhilfe ausreisenden Personen aus dem Ausländerbereich ist im Vergleich zum Asylbereich sehr klein. Er betrug zwischen 2010 und 2017 nur gerade 1,2 Prozent der Ausreisen mit Rückkehrhilfe und hat sich zwischen 2018 und 2021 leicht gesteigert auf 2,7 Prozent. 1100

2.3. Verfahrensgrundsätze

1101 Wie bereits ausgeführt (2.1./a), stellt das Asylverfahren aus verwaltungsrechtlicher Sicht ein Verfahren auf Erlass einer mitwirkungsbedürftigen Verfügung dar. Für die Frage, wem die Abklärung des Sachverhaltes obliegt, gilt im Asylverfahren – wie grundsätzlich in jedem Verwaltungsverfahren – der Untersuchungsgrundsatz. Gleichzeitig entbindet die Anwendung des Untersuchungsgrundsatzes die Parteien, gerade bei mitwirkungsbedürftigen Verfügungen, nicht davon, zur Feststellung des Sachverhaltes beizutragen.

a) Der Untersuchungsgrundsatz

1102 Nach Art. 6 AsylG richtet sich das Asylverfahren nach dem VwVG, sofern im AsylG keine Ausnahme statuiert wird. Gestützt auf den in Art. 12 VwVG verankerten Untersuchungsgrundsatz stellt das SEM im Asylverfahren als verfügende Behörde von Amtes wegen den rechtserheblichen Sachverhalt fest und nimmt die notwendigen Beweise ab. Das SEM hat die asylsuchenden Personen zu den Asylgründen anzuhören (Art. 29 Abs. 1 AsylG; Art. 30 Abs. 1 VwVG) und die für die Erstellung des Sachverhaltes nötigen Instruktionsmassnahmen zu treffen. So muss das SEM die allgemeine politische und menschenrechtliche Lage im Heimat- oder Herkunftsstaat der asylsuchenden Person einschätzen sowie Abklärungen zur konkreten Gefährdungssituation der asylsuchenden Person vornehmen. Ein besonderes Augenmerk hat das SEM dabei in sämtlichen Verfahrensschritten und -arten auf die Umstände und Bedürfnisse von besonders verletzlichen Asylsuchenden – etwa von Opfern von Folter oder von Menschenhandel, LGBTQI oder auch von Personen mit körperlicher oder psychischer Beeinträchtigung – zu legen. Die erforderlichen Abklärungen können entweder vom SEM selber vorgenommen werden, zum Beispiel im Rahmen einer ergänzenden Anhörung der asylsuchenden Personen, oder an Dritte delegiert werden. In Betracht kommen hier insbesondere Abklärungen durch die schweizerischen Auslandsvertretungen, wissenschaftliche Expertisen oder die Erstellung von medizinischen Gutachten über den Gesundheitszustand der asylsuchenden Person beziehungsweise deren Alter oder auch die Wahrscheinlichkeit geltend gemachter Folter.

1103 Der Bundesrat kann nach Art. 29*a* AsylG mit Drittstaaten oder internationalen Organisationen Vereinbarungen über die Zusammenarbeit bei der Ermittlung des Sachverhaltes abschliessen. Solche Vereinbarungen können dabei insbesondere den gegenseitigen Informationsaustausch zur Abklärung der Fluchtgründe einer asylsuchenden Person im Heimat- oder Herkunftsstaat, ihren Reiseweg oder ihren Aufenthalt in einem Drittstaat betreffen.

Da jedoch nach Art. 7 Abs. 1 AsylG die asylsuchende Person nachweisen oder zumindest glaubhaft machen muss, dass sie die Voraussetzungen der Flüchtlingseigenschaft erfüllt (hinten Rz. 1364 ff.), erfolgt die Erstellung des Sachverhaltes im Asylverfahren *de facto* vom SEM und der asylsuchenden Person gemeinsam (SFH, Handbuch, S. 338). Zudem kennt das Asylgesuch mehrere gesetzliche Vermutungen, die den Untersuchungsgrundsatz einschränken. Von Bedeutung sind in diesem Zusammenhang insbesondere die Bezeichnung von sicheren Drittstaaten durch den Bundesrat (Art. 6*a* Abs. 2 lit. b i.V.m. Art. 36 Abs. 1 und 31*a* Abs. 1 AsylG, hinten Rz. 1415). 1104

Kommt es zu einer Beschwerde gegen einen ablehnenden Asylentscheid oder einen Nichteintretensentscheid, gilt der Untersuchungsgrundsatz auch für die Beschwerdeinstanz. 1105

b) Die Mitwirkungspflicht

Die Untersuchungspflicht des SEM wird nach Art. 8 Abs. 1 AsylG durch die Mitwirkungspflicht der asylsuchenden Personen ergänzt. Die Asylsuchenden sind verpflichtet, an der Feststellung des Sachverhaltes mitzuwirken und zwar insbesondere in Bezug auf Umstände, von denen sie selber bessere Kenntnis haben als das SEM und letzteres diese Umstände ohne die Mitwirkung der Betroffenen nicht erheben könnte beziehungsweise die Erhebung unverhältnismässig aufwändig wäre. Die Mitwirkungspflicht erfasst insbesondere: 1106

- **die Offenlegung der Identität** (Art. 8 Abs. 1 lit. a AsylG): Asylsuchende Personen haben wahrheitsgetreue und vollständige Angaben zu ihrer Identität zu machen (Name und Vorname, Geburtsdatum und Geburtsort, Geschlecht, Staatsangehörigkeiten sowie Ethnie; Art. 1 lit. a AsylV1).
- **die Abgabe von Reisepapieren und Identitätsausweisen** (Art. 8 Abs. 1 lit. b AsylG): Nach Art. 2*a* AsylV1 sind asylsuchende Personen verpflichtet, alle Dokumente abzugeben, die Auskunft über ihre Identität, Herkunft und ihren Reiseweg geben oder Rückschlüsse darauf erlauben (siehe Art. 1 lit. b und c AsylV1 für die Definition von Reisepapier und Identitätsausweis beziehungsweise Identitätspapier). Das Verstecken oder Zerstören von Reisepapieren und Identitätsausweisen gilt als Verletzung der Mitwirkungspflicht. Nach Art. 9 AsylG darf die zuständige Behörde Asylsuchende, die in einem Bundeszentrum oder in einer Privat- oder Kollektivunterkunft untergebracht sind, sowie ihre mitgeführten Sachen auf Reise- und Identitätspapiere durchsuchen. Dabei dürfen Asylsuchende nur von Personen gleichen Geschlechts durchsucht werden.
- **die Darlegung der Asylgründe** (Art. 8 Abs. 1 lit. c AsylG): Die asylsuchenden Personen haben im Rahmen der Anhörung zu den Asylgründen

wahrheitsgetreu und vollständig die Gründe, die sie zur Asylgesuchstellung veranlasst haben, zu schildern. Diese Pflicht erfasst nur die Anhörung zu den Asylgründen nach Art. 29 Abs. 1 AsylG, nicht auch die Erstbefragung nach Art. 26 Abs. 3 AsylG. Verheimlichen oder verschweigen asylsuchende Personen für das Asylverfahren wesentliche Tatsachen, ist die Mitwirkungspflicht verletzt. Ein unentschuldigtes Fernbleiben von der Anhörung stellt eine grobe Verletzung der Mitwirkungspflicht dar.

- **das Beibringen von Beweismitteln** (Art. 8 Abs. 1 lit. d AsylG): Asylsuchende Personen haben Beweismittel – etwa Gerichtsurteile, Marschbefehle, medizinische Berichte etc. – vollständig zu bezeichnen und sie unverzüglich einzureichen beziehungsweise diese soweit zumutbar zu beschaffen und einzureichen. Das Einreichen falscher oder verfälschter Beweismittel stellt eine Verletzung der Mitwirkungspflicht dar.
- **die Mitwirkung bei der Erhebung der biometrischen Daten** im Rahmen der Vorbereitungsphase (Art. 8 Abs. 1 lit. e AsylG i.V.m. Art. 26 Abs. 2 AsylG).
- **die Duldung einer vom SEM angeordneten medizinischen Untersuchung** (Art. 8 Abs. 1 lit. f AsylG): Asylsuchende haben medizinische Beeinträchtigungen, die für das Asyl- oder Wegweisungsverfahren relevant und ihnen selber bekannt sind, unmittelbar nach Einreichung des Asylgesuches beziehungsweise spätestens bei der Anhörung zu den Asylgründen oder der Gewährung des rechtlichen Gehörs bei Nichteintretensentscheiden geltend zu machen (Art. 26*a* Abs. 1 AsylG). Ordnet das SEM aufgrund dieser Vorbringen eine medizinische Untersuchung an, sind die betroffenen Asylsuchenden verpflichtet, sich dieser Untersuchung zu unterziehen. Hierbei steht es dem SEM zu, das für die Untersuchung zuständige medizinische Fachperson zu bezeichnen (Art. 26*a* Abs. 2 AsylG). Gesundheitliche Beeinträchtigungen, die erst nach der Anhörung geltend gemacht beziehungsweise durch andere medizinische Fachpersonen festgestellt werden, können im Verfahren grundsätzlich nur berücksichtigt werden, wenn sie nachgewiesen werden. Die Glaubhaftmachung reicht in diesen Fällen nur dann aus, wenn entschuldbare Gründe für die Verspätung vorliegen oder der Nachweis nicht erbracht werden kann (Art. 26*a* Abs. 3 AsylG, zum Beweismass der Glaubhaftmachung siehe hinten Rz. 1366 ff.).
- **die Aushändigung von elektronischen Datenträgern** (Art. 8 Abs. 1 lit. g und Art. 47 Abs. 2 AsylG): Personen aus dem Asylbereich sind sowohl während dem Asylverfahren als auch im Rahmen des Wegweisungsverfahrens verpflichtet, Mobiltelefone und andere elektronische Datenträger auszuhändigen, sofern ihre Identität, ihre Nationalität oder ihr Reiseweg nicht auf andere Weise festgestellt werden kann.

Die Pflicht zur Aushändigung elektronischer Datenträger wurde mit Entscheid der Bundesversammlung vom 1. Oktober 2021 beschlossen (BBl 2021 2317). Wann die entsprechenden Bestimmungen in Kraft treten werden, wurde vom Bundesrat bis zur Fertigstellung des vorliegenden Manuskriptes noch nicht festgelegt.

- **die Übersetzung von Dokumenten in eine Amtssprache** (Art. 8 Abs. 2 AsylG): Die Pflicht zur Übersetzung von Dokumenten gilt solange die asylsuchende Person über die dafür notwendigen finanziellen Mittel verfügt. Ist dies nicht der Fall, verpflichtet der Untersuchungsgrundsatz das SEM, für die Übersetzung zu sorgen.
- **sich den Behörden zur Verfügung zu halten** (Art. 8 Abs. 3 AsylG): Asylsuchende Personen sind verpflichtet, sich während des Verfahrens den Behörden von Bund und Kantonen zur Verfügung zu halten. Adressänderungen müssen den Behörden umgehend mitgeteilt werden. Eine Verletzung der Mitwirkungspflicht wird insbesondere auch dann angenommen, wenn Asylsuchende während des hängigen Asylverfahrens unerlaubterweise ins Ausland – insbesondere ihren Heimat- oder Herkunftsstaat – reisen und damit gegen das Reiseverbot nach Art. 59d Abs. 1 beziehungsweise Art. 59e Abs. 1 AIG verstossen.
- die **Mitwirkung bei der Beschaffung gültiger Reisepapiere** für den Vollzug der Wegweisung (Art. 47 Abs. 1 AsylG).

  Mit Entscheid vom 1. Oktober 2021 hat die Bundesversammlung beschlossen, die Mitwirkungspflicht bei der Beschaffung gültiger Reisepapiere für den Vollzug der Wegweisung in Art. 47 Abs. 1 AsylG zu verankern und den geltenden Art. 8 Abs. 4 AsylG aufzuheben (BBl 2021 2317). Wann diese Änderung in Kraft treten wird, wurde vom Bundesrat bis zur Fertigstellung des vorliegenden Manuskriptes allerdings noch nicht beschlossen.

Verletzen asylsuchende Personen Mitwirkungspflichten ohne Vorliegen eines triftigen Grundes, wird angenommen, dass sie auf die Weiterführung des Verfahrens verzichten und das Asylgesuch wird formlos abgeschrieben (Art. 8 Abs. 3bis AsylG). Soweit ersichtlich, ist bis heute nicht restlos geklärt, was genau als triftiger Grund für eine Verletzung der Mitwirkungspflicht angesehen wird. Bereits in der parlamentarischen Debatte hatte Nationalrat KURT FLURI darauf hingewiesen, dass der triftige Grund ein unbestimmter Rechtsbegriff sei, der vom Bundesverwaltungsgericht ausgelegt werden müsse: 1107

> «Was ist ein triftiger Grund? Was ist eine relevante Verletzung von Mitwirkungspflichten? Im Ständerat ist ausgeführt worden, ein um eine halbe Stunde verspätetes Erscheinen zu einer Anhörung dürfe noch keine derartige relevante Verletzung einer Mitwirkungspflicht sein. Die Gerichtspraxis wird weisen müssen, wo hier die Grenze liegt, was ein triftiger Grund, was ein unwesentlicher Grund und was eine wesentliche oder relevante Verletzung einer Mitwirkungspflicht ist.
>
> Der Ständerat will auf die Frist von 20 Tagen, die die Mehrheit setzen will, verzichten und einfach den triftigen Grund für die Verletzung der Mitwirkungspflicht

stehenlassen. Wie gesagt, es geht hier um einen unbestimmten Gesetzesbegriff, den die Gerichtspraxis auslegen muss.

Die Mehrheit der SPK-NR setzt den triftigen Grund und die Verletzung der Mitwirkungspflicht in Relation zu einer 20-tägigen Abwesenheit, während welcher der Gesuchsteller, die Gesuchstellerin nicht zur Verfügung steht. Auch mit der Frage wird sich die Gerichtspraxis befassen müssen, wie triftig der Grund für die Verletzung von Mitwirkungspflichten auch im Lichte dieser Abwesenheitsfrist sein muss oder nicht. Die Folgen sind in beiden Fällen dieselben, nämlich die formlose Abschreibung.» (AB 2012 N 1950, 3. Dezember 2012)

1108 Die Praxis orientiert sich weiterhin an den verwandten altrechtlichen Begriffen der Zumutbarkeit und der Möglichkeit der Mitwirkung sowie der Schuldhaftigkeit beziehungsweise der entschuldbaren Gründe (siehe hierzu auch SERAINA NUFER, Die Abschreibung von Asylgesuchen nach dem neuen Art. 8 Abs. 3bis AsylG, in: ASYL 2/14, S. 3 ff.). Unzumutbarkeit ist etwa dann gegeben, wenn die asylsuchenden Personen den Behörden erlittene Folter oder sexuelle Gewalt aufgrund einer Traumatisierung verschweigen. Gleiches gilt, wenn die asylsuchenden Personen ihre Zugehörigkeit zu einer politischen Gruppe aus Angst vor Nachteilen für ihre im Heimat- oder Herkunftsstaat zurückgebliebenen Familienangehörigen gegenüber dem SEM nicht von Anfang an offenlegen. In diesen Fällen liegt keine Verletzung der Mitwirkungspflicht vor. Es wird jedoch von den betroffenen Asylsuchenden zumindest erwartet, dass sie gegenüber den Behörden vorbringen, gewisse Gründe nicht nennen zu können und dass sie erläutern, aus welchen Gründen sie zur Mitwirkung unfähig sind. Tun sie dies nicht, werden ihre Vorbringen als nachgeschoben eingestuft.

1109 Eine formlose Abschreibung kann auch dann erfolgen, wenn eine Person den Asylbehörden während mehr als 20 Tagen beziehungsweise ohne triftigen Grund während mehr als fünf Tagen in einem Bundesasylzentrum nicht zur Verfügung steht (Art. 8 Abs. 3bis AsylG, zur formlosen Abschreibung siehe hinten Rz. 1411 ff.).

1110 Liegt nicht nur eine einfache Verletzung der Mitwirkungspflicht vor, sondern eine schuldhafte und grobe, kann auf die Durchführung einer Anhörung verzichtet und der betreffenden Person lediglich das rechtliche Gehör gewährt werden (Art. 36 Abs. 2 AsylG *e contrario*). Die Frage, in welchen Fällen von einer schuldhaften und groben Verletzung der Mitwirkungspflicht auszugehen ist, wird vom Bundesverwaltungsgericht in ständiger Rechtsprechung wie folgt beantwortet:

«Eine Verletzung der Mitwirkungspflicht ist dann als grob zu bezeichnen, wenn sie sich auf die Verhinderung einer bestimmten, konkret vorgesehenen Verfahrenshandlung bezieht (…). Schuldhaft ist sie, wenn die betreffende Person durch aktives Handeln zur Verletzung beiträgt oder ein Handeln unterlässt, welches ihr in der konkreten Situation vernünftigerweise zugemutet werden kann» (BVGer, D-932/2022, 28. April 2022, E. 4.2.1).

Als Beispiel einer groben Verletzung der Mitwirkungspflicht kann etwa das Nichterscheinen ohne entschuldbaren Grund zu einer Anhörung, zu der die asylsuchende Person ordnungsgemäss eingeladen war (EMARK 2003/22, E. 4a S. 142), genannt werden. 1111

Das Verhältnis zwischen der einfachen Verletzung der Mitwirkungspflicht nach Art. 8 Abs. 3bis AsylG und der schuldhaften und groben Verletzung der Mitwirkungspflicht nach Art. 36 AsylG wurde bislang nicht abschliessend geklärt und hat in der Literatur wiederholt zu Kritik geführt: 1112

> «Während Art. 8 Abs. 3bis AsylG bei einer Verletzung der Mitwirkungspflicht ohne triftigen Grund eine formlose Abschreibung vorsieht, wird gemäss Art. 36 Abs. 1 AsylG das rechtliche Gehör (anstelle einer Anhörung im Sinne von Art. 29 AsylG) gewährt, wenn eine Person die Behörden über ihre Identität täuscht (lit. a), ihr Gesuch massgeblich auf gefälschte oder verfälschte Beweismittel stützt (lit. b) oder ihre Mitwirkungspflicht schuldhaft auf andere Weise grob verletzt (lit. c). Der Wortlaut von Art. 36 Abs. 1 lit. c AsylG legt nahe, dass es sich um einen schwerwiegenderen Verstoss handelt als bei Art. 8 Abs. 3bis AsylG («schuldhafte grobe Verletzung» gegenüber «Verletzung ohne triftigen Grund»). Trotzdem hat der Tatbestand von Art. 36 AsylG zwar eine Einschränkung der Verfahrensgarantien zur Folge – rechtliches Gehör statt Anhörung – jedoch erfolgt danach immer noch ein materieller Asylentscheid (...) Demgegenüber sind die Rechtsfolgen von Art. 8 Abs. 3bis AsylG viel gravierender: Es wird kein rechtliches Gehör gewährt, und es erfolgt eine formlose Abschreibung (also weder ein materieller Asylentscheid noch ein Nichteintretensentscheid). Damit werden nicht einmal die Wegweisungshindernisse geprüft, während bei Art. 36 AsylG sowohl die Flüchtlingseigenschaft als auch die Wegweisungshindernisse geprüft werden. Bei einem leichteren Verstoss gegen die Mitwirkungspflicht werden die Verfahrensgarantien sowie die Gesuchsprüfung also massiv stärker eingeschränkt als bei einem schweren Verstoss. Diese Diskrepanz in der Gesetzessystematik entbehrt jeglicher Logik. Im Vergleich zwischen den beiden Bestimmungen hinsichtlich Tatbestand und Rechtsfolge erweist sich Art. 8 Abs. 3bis AsylG als klar unverhältnismässig. (...) Wenn bereits ein Nichteintretensentscheid als ultima ratio gilt, ist der Erlass einer Abschreibungsverfügung umso weniger haltbar. Auch hier gilt es wieder an die hohen Rechtsgüter zu erinnern, die im Asylverfahren auf dem Spiel stehen. Es fällt auf, dass das Paradox in der Systematik zwischen Art. 8 Abs. 3bis und Art. 36 AsylG weder in den bundesrätlichen Entwürfen noch in der parlamentarischen Diskussion je zur Sprache kam. Daraus muss geschlossen werden, dass der Widerspruch vom Gesetzgeber nicht bewusst gewollt war.» (SERAINA NUFER, Die Abschreibung von Asylgesuchen nach dem neuen Art. 8 Abs. 3bis AsylG, in: ASYL 2/14, S. 6)

Immerhin besteht Klarheit darüber, dass die Frist von drei Jahren, bis ein neues Gesuch eingereicht werden kann, nur in Fällen gilt, in denen nicht um Schutz vor Verfolgung im Sinne der Flüchtlingskonvention ersucht wird: 1113

> «Abschliessend ist noch auf den Einwand des Beschwerdeführers einzugehen, die Vorinstanz hätte im Falle einer formlosen Abschreibung des Asylgesuchs zwingend das rechtliche Gehör zu allfälligen Asylgründen gewähren und die Einhaltung der Flüchtlingskonvention prüfen müssen. Entgegen dem von ihm in diesem Zu-

sammenhang zitierten Urteil (...) ist jedoch bei einer formlosen Abschreibung nach Art. 8 Abs. 3bis AsylG eine Prüfung der Einhaltung der Flüchtlingskonvention - welche eine minimale Sachverhaltsfeststellung bezüglich allfälliger Fluchtgründe bedingen würde - gerade nicht nötig. Dies ergibt sich sowohl aus der historischen Auslegung als auch aus der ratio legis der besagten Gesetzesbestimmung. Gemäss der Entstehungsgeschichte von Art. 8 Abs. 3bis AsylG bezieht sich der letzte Satz «Vorbehalten bleibt die Einhaltung der Flüchtlingskonvention vom 28. Juli 1951» nicht auf die formlose Abschreibung wegen Verletzung der Mitwirkungspflicht oder das nicht zur Verfügung stehen von mehr als 20 respektive 5 Tagen. Vielmehr bezieht sich der Vorbehalt der Flüchtlingskonvention einzig auf die Sperrfrist von drei Jahren für die Einreichung eines neuen Asylgesuchs; das heisst, es kann auch vor Ablauf der drei Jahre ein neues Asylgesuch gestellt werden, wenn eine Verletzung der Flüchtlingskonvention geltend gemacht wird» (BVGer, E-2450/2020, 21. Juli 2020, E. 4.3).

1114 Neben den erwähnten Folgen einer Verletzung der Mitwirkungspflicht – formlose Abschreibung nach Art. 8 Abs. 3bis AsylG und Verzicht auf Anhörung nach Art. 36 Abs. 2 AsylG *e contrario* – wirken sich Mitwirkungspflichtsverletzungen meist negativ auf die Glaubhaftmachung der Flüchtlingseigenschaft aus (siehe hinten Rz. 1366 ff.). Zudem können sie auch nach Abschluss des Asylverfahrens Wirkung haben. Erstens kann eine Verletzung der Mitwirkungspflicht zur Anordnung von Zwangsmassnahmen, insbesondere etwa von Ausschaffungshaft, führen (Art. 76 Abs. 1 lit. b Ziff. 3 AIG, siehe vorne Rz. 801 ff.). Zweitens können falsche Angaben oder das Verschweigen von Tatsachen im Rahmen des Asylverfahrens zum Widerruf des Asyls führen (Art. 63 Abs. 1 lit. a AsylG, siehe hinten Rz. 1386). Und drittens haben unerlaubte Auslandreisen während dem hängigen Asylverfahren folgenschwere Konsequenzen. So sind Personen, deren Asylgesuch aufgrund einer unerlaubten Reise in den Heimat- oder Herkunftsstaat formlos abgeschrieben wurde, im Rahmen eines erneuten Asylverfahrens von der Asylgewährung ausgeschlossen (Art. 53 lit. d AsylG, hinten Rz. 1379). Sie erhalten auch dann kein Asyl, wenn sie die Flüchtlingseigenschaft erfüllen, sondern werden vorläufig in der Schweiz aufgenommen. Zudem kann ihnen während zehn Jahren keine Aufenthaltsbewilligung wegen eines schwerwiegenden persönlichen Härtefalles erteilt werden (Art. 84*a* Abs. 3 AIG, siehe hinten Rz. 1379). Handelte es sich nicht um eine Reise in den Heimat- oder Herkunftsstaat, sondern einen Drittstaat, kann das SEM während drei Jahren nach Wiedereinreise die Ausstellung eines Reisedokumentes oder die Erteilung eines Rückreisevisums verweigern (Art. 122*d* AIG). Schliesslich werden unerlaubte Auslandreisen nach Art. 120 Abs. 1 lit. h AIG mit Busse bestraft.

1115 Das Verbot von Auslandreisen und die damit zusammenhängenden Konsequenzen wurden mit Entscheid der Bundesversammlung vom 17. Dezember 2021 beschlossen (BBl 2021 2999). Das Datum der Inkraftsetzung war bis zur Fertigstellung des vorliegenden Manuskriptes allerdings noch nicht festgelegt.

c) Rechtliches Gehör

Zentraler Aspekt prozeduraler Fairness ist der in Art. 29 Abs. 2 BV verankerte – und in Art. 26 ff. VwVG weiter ausgeführte – Anspruch auf rechtliches Gehör. Das rechtliche Gehör dient zum einen der Sachverhaltsaufklärung und stellt zum anderen ein persönlichkeitsbezogenes Mitwirkungsrecht dar. Es steht somit in enger Verbindung zum Untersuchungsgrundsatz. Das Gehörsrecht statuiert neben den Rechten auf Akteneinsicht, auf Entscheidbegründung und Rechtsbeistand insbesondere auch den Anspruch auf vorgängige Äusserung sowie Mitwirkung am Verfahren. Dieser Teilgehalt des rechtlichen Gehörs stellt sicher, dass vor Erlass einer Verfügung die Sichtweise der an einem Verwaltungs- oder Gerichtsverfahren beteiligten Person einfliessen kann: 1116

> «Die Äusserungs- und Mitwirkungsrechte umfassen das Recht des Betroffenen, sich vor einem Entscheid zur Sache zu äussern, erhebliche Beweise beizubringen, mit erheblichen Beweisanträgen gehört zu werden und an der Erhebung wesentlicher Beweise entweder mitzuwirken oder sich zumindest zum Beweisergebnis zu äussern, wenn dieses geeignet ist, den Entscheid zu beeinflussen (...). Weiter haben die Betroffenen Anspruch darauf, über sämtliche für den Entscheid relevanten Grundlagen und Vorgänge informiert zu werden, insbesondere über alle neu ins Verfahren gekommenen Akten wie Einvernahmeprotokolle, Gutachten oder Vernehmlassungen der Vorinstanz.» (REGINA KIENER/BERNHARD RÜTSCHE/MATHIAS KUHN, Öffentliches Verfahrensrecht, 3. Auflage, Zürich/St.Gallen 2021, Rz. 232)

Dem Anspruch auf rechtliches Gehör kommt im Asylverfahren grosse Bedeutung zu, beinhaltet er doch insbesondere das Recht der Betroffenen, am Beweisverfahren mitzuwirken, erhebliche Beweise beizubringen und sich zu Beweisergebnissen zu äussern. Verletzungen des rechtlichen Gehörs führen grundsätzlich zur Aufhebung der ergangenen Verfügung. In diesem Sinne hat das Bundesverwaltungsgericht in Bezug auf die Verletzung der Verfahrensgarantien bei geschlechtsspezifischer Verfolgung ausgeführt: 1117

> «5.2 Gemäss Art. 17 Abs. 2 AsylG (...) in Verbindung mit Art. 6 der Asylverordnung 1 vom 11. August 1999 (...) wird die asylsuchende Person von einer Person gleichen Geschlechts befragt, wenn konkrete Hinweise auf geschlechtsspezifische Verfolgung vorliegen. Geschlechtsspezifisch ist die Verfolgung dann, wenn sie in der Form sexueller Gewalt stattfindet oder die sexuelle Identität des Opfers treffen soll (...). Das Geschlecht soll nach Möglichkeit auch bei der Auswahl der Personen, die als Dolmetscher eingesetzt werden und das Protokoll führen, berücksichtigt werden. Art. 6AsylV 1 – der bei Frauen und Männern gleichermassen Anwendung findet – ist eine Ausgestaltung des rechtlichen Gehörs, mithin eine Schutzvorschrift, deren Zweck es ist, dass asylsuchende Personen ihre Vorbringen angemessen vortragen, das heisst konkret erlittene Übergriffe möglichst frei und unbeeinträchtigt von Schamgefühlen schildern können. Gleichzeitig dient sie dazu, die Richtigkeit der Sachverhaltsabklärung zu gewährleisten. Da diese Schutzvorschrift nicht bloss ein Recht der asylsuchenden Person beinhaltet, eine solche Befragung zu verlangen, sondern die Behörde dazu verpflichtet, in der vorgesehenen Weise

vorzugehen, sobald entsprechende Hinweise vorliegen, ist sie von Amtes wegen anzuwenden. Ein Verzicht der betroffenen asylsuchenden Person auf die Befragung durch eine Person gleichen Geschlechts könnte nur dann angenommen werden, wenn er ausdrücklich erklärt wird (...).

5.3 Bereits mit der Aussage der Beschwerdeführerin anlässlich der BzP [Befragung zur Person]vom 24. April 2012, die zivilen Polizeibeamten hätten bei den Hausdurchsuchungen respektive Razzien nicht nur sie, sondern auch ihren Sohn belästigt (...), lagen konkrete Hinweise auf eine geschlechtsspezifische Verfolgung (Eingriff in die sexuelle Identität) vor, welche zwingend (...) dazu Anlass hätten geben müssen, die Schutzvorschrift von Art. 6 AsylV 1 anzuwenden und die Beschwerdeführerin in der Folge durch ein reines Frauenteam zu ihren Asylgründen anzuhören. Wie bereits vorstehend (...) erwähnt, ist Zweck der Schutzvorschrift von Art. 6 AsylV 1, dass asylsuchende Personen ihre Vorbringen angemessen vortragen, das heisst, konkret erlittene Übergriffe möglichst frei und unbeeinträchtigt von Schamgefühlen schildern können. Zudem dient sie dazu, die Richtigkeit der Sachverhaltsabklärung zu gewährleisten. Vor diesem Hintergrund kann jedenfalls nicht ausgeschlossen werden, dass die Beschwerdeführerin aus Scham gegenüber den bei der Anhörung vom 19. Juni 2015 anwesenden Männern (Befrager und Dolmetscher) darauf verzichtet hat, ausführlicher über das bei den Hausdurchsuchungen Erlittene zu berichten. Angesichts der Tatsache, dass es der Befrager anlässlich der Anhörung unterlassen hat, die Beschwerdeführerin über ihre diesbezüglichen Rechte aufzuklären, kann ein (impliziter) Verzicht auf eine Anhörung durch ein reines Frauenteam ausgeschlossen werden.

5.4 Damit ergibt sich, dass das Staatssekretariat dadurch, dass es die Beschwerdeführerin trotz klaren Hinweisen auf eine geschlechtsspezifische Verfolgung sowohl bei der BzP als auch bei der Anhörung nicht durch ein reines Frauenteam zu ihren Asylgründen anhören liess, den Anspruch auf rechtliches Gehör verletzt, den rechtserheblichen Sachverhalt unrichtig respektive unvollständig festgestellt und damit Bundesrecht verletzt hat. Angesichts der formellen Natur des Anspruchs auf rechtliches Gehör spielt von vornherein keine Rolle, ob die Missachtung der Verfahrensvorschrift von Art. 6 AsylV 1 auch Einfluss auf das Ergebnis hatte.» (BVGE 2015/42)

2.4. Vorbereitungsphase

1118 Im Anschluss an die Einreichung des Asylgesuches geht das Asylverfahren nahtlos in die Vorbereitungsphase über. Die Vorbereitungsphase dient dem SEM dazu, erste Abklärungen für den weiteren Verlauf des Asylverfahrens vorzunehmen und die weiteren Verfahrensschritte vorzubereiten. Im Unterschied zu den anschliessenden Verfahrensphasen hat der Gesetzgeber darauf verzichtet, die Dauer der einzelnen Schritte der Vorbereitungsphase genau festzulegen. Da diese je nach Komplexität des Einzelfalles mehr oder weniger Zeit in Anspruch nehmen, hält Art. 26 Abs. 1 AsylG lediglich Maximalfristen für die gesamte Vorbereitungsphase fest. Diese betragen:

- **höchstens zehn Tage** für das Dublin-Verfahren sowie
- **höchstens 21 Tage** für die übrigen Verfahren.

Bei den in Art. 26 Abs. 1 AsylG statuierten Fristen handelt es sich um Ordnungsfristen. Es besteht damit kein Rechtsanspruch auf die Einhaltung dieser Fristen und die Nichteinhaltung führt für sich alleine genommen nicht zu einer Verletzung des Rechtsverzögerungsverbotes nach Art. 29 Abs. 1 BV. Aus diesem Grund hatten die im Rahmen der Evaluation PERU festgestellte Überschreitungen der Fristen für die Vorbereitungsphase – zwischen dem 1. März 2019 und dem 31. Dezember 2020 betrug die Dauer der Vorbereitungsphase durchschnittlich 15,7 im Dublin- und 49,6 Tage in den übrigen Verfahren – grundsätzlich keine Folgen für die Rechtmässigkeit der materiellen Entscheide (EGGER, DREHER & PARTNER AG/ECOPLAN AG, Evaluation PERU: Teilprojekt Prozessqualität, Schlussbericht vom 16. August 2021, S. 21 f.). 1119

Während der Vorbereitungsphase erhebt das SEM die Personalien der asylsuchenden Personen und erstellt Fingerabdruckbogen und Fotografien. Zudem können auch weitere biometrische Daten erhoben, Altersgutachten erstellt, eingereichte Reise- und Identitätspapiere sowie weitere Dokumente überprüft und Abklärungen zur Identität und Herkunft der asylsuchenden Personen vorgenommen werden (Art. 26 Abs. 2 AsylG). 1120

Gestützt auf Art. 37*b* AsylG hat das SEM in einer Behandlungsstrategie festgelegt, welche Asylgesuche prioritär behandelt werden sollen. Die Behandlungsstrategie soll insbesondere dann zur Anwendung kommen, wenn aufgrund fehlender Ressourcen nicht gewährleistet werden kann, dass die Asylverfahren innerhalb der vorgesehenen Fristen durchgeführt werden können. Damit soll die Beschleunigung der Asylverfahren möglichst gewährleistet und die Anzahl von voraussichtlich aussichtslosen Gesuchen reduziert werden, was zu einer Reduktion der Gesamtkosten und einer Entlastung des Unterbringungsbereichs führt. Entsprechend hat das SEM beruhend auf den in Art. 37*b* AsylG genannten Kriterien (gesetzliche Behandlungsfristen, Situation im Herkunftsland, offensichtliche Begründetheit oder Unbegründetheit der Gesuche, Verhalten der asylsuchenden Person) festgelegt, dass alle Gesuche priorisiert werden sollen, die in einem Dublin- oder in einem beschleunigten Verfahren behandelt werden können. Zudem sollen jeweils die Gesuche von Personen Priorität haben, die aus Ländern mit tiefer Schutzquote stammen. Damit ergeben sich folgende Behandlungsprioritäten: 1121

- **Erste Priorität:** Dublin-Verfahren;
- **Zweite Priorität:** Beschleunigte Verfahren für Personen aus Ländern mit tiefer Schutzquote;
- **Dritte Priorität:** Beschleunigte Verfahren für Personen aus Ländern mit hoher Schutzquote;
- **Vierte Priorität:** Erweiterte Verfahren für Personen aus Ländern mit tiefer Schutzquote;

- **Fünfte Priorität:** Erweiterte Verfahren für Personen aus Ländern mit hoher Schutzquote.

1122 Als Länder mit tiefer Schutzquote gelten neben den EU/EFTA-Staaten, den für den Schengenraum visumsbefreiten Staaten und den *safe countries* (hinten Rz. 1272 ff.) zurzeit auch Algerien, Gambia, Guinea, Marokko, Nigeria und Tunesien.

a) Erstbefragung

1123 In der Vorbereitungsphase findet zudem auch eine erste kurze Befragung der Asylsuchenden durch das SEM statt, die sogenannte Erstbefragung (Art. 26 Abs. 3 AsylG). Im Rahmen dieser Erstbefragung wird einerseits abgeklärt, ob überhaupt ein Asylgesuch vorliegt, das heisst, ob die betreffenden Personen die Schweiz um Schutz vor Verfolgung nachsuchen wollten. Ist dies nicht der Fall und zieht die asylsuchende Person ihr Asylgesuch zurück, wird dieses formlos abgeschrieben und die Rückreise vorbereitet (Art. 26 Abs. 3 AsylG). Andererseits werden die asylsuchenden Personen zu ihrer Identität, ihrem Reiseweg und summarisch zu den Gründen befragt, aufgrund derer sie ihr Heimat- oder Herkunftsland verlassen haben (Asylgründe). Diese Erstbefragung stellt einen ersten wichtigen Schritt im Asylverfahren dar, werden doch gestützt auf die Erkenntnisse aus der Befragung die weiteren Verfahrensschritte geplant.

1124 Bei der Erstbefragung werden die Asylsuchenden zwar aufgefordert, ihre Asylgründe nur summarisch darzulegen. Gleichzeitig wird jedoch von ihnen erwartet, dass sie alle zentralen Vorbringen, die sie zum Verlassen des Heimat- oder Herkunftsstaates bewogen haben, nennen. Fluchtgründe, die erst in einem späteren Zeitpunkt des Verfahrens vorgebracht werden, gelten grundsätzlich als nachgeschoben, was sich negativ auf die Glaubhaftigkeit der Vorbringen auswirken kann (hierzu hinten Rz. 1366 ff.). Eine Ausnahme von diesem Grundsatz besteht nur in Fällen, in denen es der asylsuchenden Person während der Befragung zur Person nicht zumutbar war, alle zentralen Asylgründe vorzubringen. Als unzumutbar gilt in diesem Zusammenhang etwa die Schilderung einer geschlechtsspezifischen Verfolgung (hinten Rz. 1332 ff.) im Beisein von Personen des anderen Geschlechts. Von der asylsuchenden Person wird allerdings erwartet, dass sie in ihren Aussagen oder durch ihr Verhalten zumindest auf die erlittene Verfolgung hinweist. Die befragende Person ist verpflichtet, solche Hinweise aufzunehmen und die weiteren Verfahrensschritte entsprechend zu planen. So haben betroffene Asylsuchende Anspruch darauf, während der Anhörung von einer Person des gleichen Geschlechts befragt zu werden (Art. 6 AsylV1). Dieser Anspruch gilt analog auch in Bezug auf die protokollführende und die dolmetschende Person sowie die Rechtsvertretung. Ein späteres Vorbringen kann auch in Bezug auf traumatische Erlebnisse gerechtfertigt sein. Die asylsuchende Person muss in diesem Zusammenhang allerdings belegen, dass ihr die Schilderung der Erlebnisse bereits im Rahmen der Erstbefragung nicht zumutbar war, was in der Regel nur durch die Einreichung von entsprechenden Arztberichten erfüllt werden kann.

Auf die Durchführung einer Erstbefragung wird in der Regel verzichtet, wenn bereits zu Beginn der Vorbereitungsphase Hinweise dafür bestehen, dass ein anderer Staat gestützt auf die Dublin-III-Verordnung zur Durchführung des Asyl- und Wegweisungsverfahrens zuständig ist. In diesem Fall wird ein Dublin-Gespräch durchgeführt, während dem die asylsuchende Person zu ihrer Identität, ihrem Reiseweg und ihrer Gesundheit, jedoch nicht ihren Asylgründen befragt wird. Im Rahmen des Dublin-Gesprächs wird der asylsuchenden Person in der Regel auch das rechtliche Gehör zu einer allfälligen Überstellung in den zuständigen Dublin-Staat gewährt, das bereits Teil des erstinstanzlichen Dublin-Verfahrens bildet (siehe hinten Rz. 1181 ff.). 1125

b) Dublin-Zuständigkeitsabklärung

In der Vorbereitungsphase werden auch Abklärungen zur allfälligen Zuständigkeit eines anderen Staates gestützt auf die Dublin-III-Verordnung vorgenommen (Art. 26 Abs. 4 AsylG). Das Dublin-System, an dem die Schweiz seit 2008 teilnimmt, bezweckt, die daran beteiligten Staaten von Mehrfachgesuchen einer einzigen Person zu entlasten. Um dies zu erreichen, legt die Dublin-III-Verordnung Kriterien fest, aufgrund derer der für die Durchführung des Asylverfahrens zuständige Staat bestimmt wird. 1126

Die Dublin-Zuständigkeitsabklärung wird anhand eines Abgleichs der Fingerabdrücke der asylsuchenden Person mit der Eurodac-Datenbank sowie der Befragung zum Reiseweg vorgenommen. Liegt ein Eurodac-Treffer vor oder bestehen aufgrund des von der asylsuchenden Person geschilderten Reiseweges Hinweise darauf, dass nach der Dublin-III-Verordnung ein anderer Staat für die Behandlung des Asylgesuchs zuständig ist, wird den Asylsuchenden noch während der Vorbereitungsphase das rechtliche Gehör zu einer allfälligen Überstellung in den entsprechenden Dublin-Staat gewährt (Art. 20*b* AsylV1) sowie der betreffende Dublin-Staat um Aufnahme beziehungsweise Wiederaufnahme der asylsuchenden Person ersucht (Art. 26 Abs. 4 AsylG). 1127

aa) Zuständigkeitskriterien

Nach Art. 21 Abs. 2 AsylG (beziehungsweise Art. 22 Abs. 1bis AsylG für das Flughafenverfahren, hierzu hinten Rz. 1201 ff.) prüft das SEM «seine Zuständigkeit zur Durchführung des Asylverfahrens unter Berücksichtigung der Bestimmungen des Dublin-Assoziierungsabkommen». Die Kriterien für die Prüfung der Zuständigkeit sind in Art. 8 bis 15 Dublin-III-Verordnung enthalten. Die Prüfung 1128 der Zuständigkeit hat dabei in der Reihenfolge der Kriterien zu erfolgen. Nach dieser Hierarchie der Zuständigkeitskriterien wird ein Kriterium nur angewendet, wenn das vorangehende Kriterium nicht anwendbar ist. Ist ein Zuständigkeitskriterium erfüllt, so ist die Zuständigkeitsprüfung abgeschlossen.

1129 Art. 3 Abs. 2 Sätze 2 und 3 Dublin-III-Verordnung enthalten eine Ausnahme von dieser Regelung für Situationen, in denen das Asylverfahren und die Aufnahmebedingungen für Antragsteller im zuständigen Dublin-Staat «**systemische Schwachstellen** aufweisen, die eine Gefahr einer unmenschlichen oder entwürdigenden Behandlung im Sinne des Artikel 4 der EU-Grundrechtecharta mit sich bringen». In einem solchen Fall besteht ein Überstellungsverbot für den eigentlich zuständigen Dublin-Staat und die Zuständigkeitsprüfung muss fortgesetzt werden, um festzustellen, ob ein anderer Dublin-Staat als zuständig bestimmt werden kann. Ist dies nicht der Fall, dann ist der die Zuständigkeit prüfende Mitgliedstaat zuständig für die Durchführung des Asylverfahrens.

1130 Unter der Geltung der Dublin-II-Verordnung, die den Passus betreffend die systemischen Mängel noch nicht kannte, setzten die Mitgliedstaaten der EU 2011 Überstellungen nach Griechenland wegen der vom EGMR in *M.S.S. gegen Belgien und Griechenland* (Nr. 30696/09, Urteil der Grossen Kammer vom 21. Januar 2011) sowie vom EuGH in *N.S. gegen Secretary of State for the Home Department* (C-411/10 und C-493/10, ECLI:EU:C:2011:865) festgestellten systemischen Mängeln im griechischen Asylsystem aus. Das Bundesverwaltungsgericht schloss sich dieser Einschätzung nicht an. In BVGE 2011/35 lehnte es eine generelle Unzulässigkeit von Dublin-Überstellungen nach Griechenland ab. Zwar stellte es fest, dass die Zugangsbedingungen zu Asylverfahren und deren Ablauf die Gefahr von Verletzungen völkerrechtlicher Verpflichtungen mit sich bringe, weshalb die Vermutung gelte, Griechenland komme seinen völkerrechtlichen Verpflichtungen nicht mehr nach. Diese könne jedoch widerlegt werden, wenn im Einzelfall erstellt sei, dass die betroffene Person im Falle einer Überstellung nicht mit einem konkreten und hohen Risiko einer völkerrechtlich verbotenen Behandlung rechnen müsse.

1131 Auch in Bezug auf andere Dublin-Staaten hat das Bundesverwaltungsgericht festgestellt, dass zwar keine systemischen Schwachstellen bestehen, die Vermutung einer menschenrechtskonformen Behandlung jedoch nicht mehr uneingeschränkt gelte, weshalb das SEM vertiefte Abklärungen im Einzelfall tätigen müsse. Aktuell gilt dies etwa für Malta, Ungarn und Bulgarien.

1132 Massgebender Sachverhalt für die Zuständigkeitsprüfung ist die Situation im Zeitpunkt der Einreichung des ersten Asylgesuches im Dublinraum (Sachverhaltsversteinerungsprinzip, Art. 7 Abs. 2 Dublin-III-Verordnung). Nachträglich eintretende Änderungen des rechtserheblichen Sachverhaltes sind grundsätzlich für die Zuständigkeitsfeststellung nicht relevant.

- **Unbegleitete Minderjährige** (Art. 8 Dublin-III-Verordnung): Das Kindeswohl geniesst – wie auch von der KRK verlangt (vorne Rz. 158 ff.) – Vorrang. Daher führt die Bestimmung für vier verschiedene Situationen mögliche Zuständigkeitsregelungen für Asylgesuche unbegleiteter Minderjähriger auf und hält jeweils fest, dass jene Zuständigkeit zu begründen ist, die dem Wohl der betroffenen Minderjährigen dient (hierzu hinten Rz. 1216).
- **Familienangehörige mit asylrechtlichem Aufenthaltsrecht in einem Dublin-Staat** (Art. 9 Dublin-III-Verordnung): Dieses Kriterium auferlegt

die Zuständigkeit zur Durchführung des Asylverfahrens jenem Dublin-Staat, in dem sich über ein asylrechtliches Aufenthaltsrecht verfügende Familienangehörige der asylsuchenden Personen aufhalten. Als Familienangehörige gelten dabei Ehepartnerinnen und Ehepartner, langjährige Partnerinnen und Partner sowie minderjährige, ledige Kinder der asylsuchenden Personen. Die Zuständigkeit wird in diesen Fällen allerdings nur dann begründet, wenn alle betroffenen Personen – das heisst sowohl die asylsuchenden Personen als auch die Familienangehörigen – einer Familienzusammenführung schriftlich zustimmen.

- **Familienangehörige in hängigem Asylverfahren in einem Dublin-Staat** (Art. 10 Dublin-III-Verordnung): Haben die asylsuchenden Personen keine Familienangehörigen mit einem asylrechtlichen Aufenthaltsrecht in einem Dublin-Staat, wird jener Dublin-Staat zuständig, in dem sich Familienmitglieder in einem hängigen Asylverfahren befinden, jedoch noch keinen rechtsgültigen Asylentscheid erhalten haben. Auch in diesen Fällen ist eine Zustimmung aller Betroffenen für die Zusammenführung erforderlich.
- **Familienverfahren** (Art. 11 Dublin-III-Verordnung): Haben mehrere Angehörige einer Familie zeitnah in verschiedenen Dublin-Staaten ein Asylgesuch gestellt, so ist jener Dublin-Staat zuständig, der nach den Zuständigkeitskriterien für die Aufnahme des grössten Teils der Familie beziehungsweise jener Dublin-Staat, der für die Prüfung des Antrags des ältesten Familienmitgliedes zuständig ist. Dieses Kriterium kommt damit einerseits dann zur Anwendung, wenn Familienmitglieder gleichzeitig in verschiedenen Dublin-Staaten eingereist und dort ein Asylgesuch gestellt haben. Andererseits findet es Anwendung auf Familienmitglieder, die ihr Gesuch im gleichen Mitgliedstaat einreichen, sich jedoch für die einzelnen Personen eine andere Zuständigkeit ergeben würde.
- **Dublin-Staat, der einen Aufenthaltstitel ausgestellt oder der die Einreise bewilligt hat** (Art. 12 Dublin-III-Verordnung): Leben keine Familienangehörigen in einem Dublin-Staat, so ist jener Dublin-Staat für die Durchführung des Asylverfahrens zuständig, der den Asylsuchenden einen gültigen Aufenthaltstitel oder ein gültiges Visum ausgestellt und damit ihre Anwesenheit im Dublin-Raum bewilligt hat.
- **Irreguläre Einreise in den Dublin-Raum** (Art. 13 Abs. 1 Dublin-III-Verordnung): Verfügen die asylsuchenden Personen weder über eine gültige Aufenthaltsbewilligung noch über ein gültiges Visum, kommt das Kriterium zur Anwendung, wonach die Zuständigkeit für die Durchführung des Asylverfahrens bei dem Staat liegt, über dessen Grenze die asylsuchenden Personen irregulär in den Dublin-Raum eingereist ist.

- **Illegaler Aufenthalt im Dublin-Raum** (Art. 13 Abs. 2 Dublin-III-Verordnung): Haben sich asylsuchende Personen mehr als fünf Monate illegal in einem Dublin-Staat aufgehalten, so ist dieser für die Durchführung des Asylverfahrens zuständig.
- **Visafreie Einreise** (Art. 14 Dublin-III-Verordnung): Liegt weder eine irreguläre Einreise vor oder kann der Ort der illegalen Einreise nicht festgestellt werden, ist der Staat für das Asylverfahren zuständig, in den die asylsuchende Person visumsfrei einreisen konnte.
- **Asylgesuche im Transitbereich eines Flughafens** (Art. 15 Dublin-III-Verordnung): Für im Transitbereich eines Flughafens gestellte Asylgesuche ist derjenige Dublin-Staat zuständig, auf dessen Territorium sich der Flughafen befindet.
- **Erstes Asylgesuch (subsidiäre Zuständigkeit)**: Vermag keines der vorangehenden Kriterien die Zuständigkeit eines Dublin-Staates für die Durchführung des Asylverfahrens zu begründen, gilt aufgrund des in Art. 3 Abs. 2 Dublin-III-Verordnung enthaltenen Auffangkriteriums jener Dublin-Staat als zuständig, in dem die Asylsuchenden das erste Asylgesuch gestellt haben und sie als asylsuchende Personen registriert wurden.

1133 Bei der Dublin-Zuständigkeitsprüfung ist das menschenrechtliche Refoulementverbot zu beachten. Ist es nicht möglich, asylsuchende Personen in den eigentlich zuständigen Dublin-Staat zu überstellen, weil es wesentliche Gründe für die Annahme gibt, dass das Asylverfahren und die Aufnahmebedingungen für Asylsuchende im betreffenden Dublin-Staat systemische Schwachstellen aufweisen, die die Gefahr einer unmenschlichen oder entwürdigenden Behandlung mit sich bringen, ist zu prüfen, ob aufgrund der Zuständigkeitskriterien ein anderer Dublin-Staat als zuständig bestimmt werden kann. Ist dies nicht der Fall, wird der die Zuständigkeit prüfende Mitgliedstaat zum zuständigen Mitgliedstaat (Art. 3 Abs. 2 Dublin-III-Verordnung). Zudem ist im Rahmen der Zuständigkeitsprüfung auch der Grundsatz zu beachten, dass voneinander abhängige Familienangehörige in der Regel nicht getrennt beziehungsweise zusammengeführt werden sollen (Art. 16 Dublin-III-Verordnung).

bb) Selbsteintrittsrecht

1134 Selbst wenn aufgrund des Kriterienkatalogs ein anderer Dublin-Staat für das Asylverfahren zuständig ist, kann jeder mit einem Asylgesuch befasste Dublin-Staat den Selbsteintritt erklären (Souveränitätsklausel) und sich somit die Zuständigkeit für die Durchführung des Asylverfahrens einräumen (Art. 17 Abs. 1 Dublin-III-Verordnung). Das Selbsteintrittsrecht ist nach dem Bundesverwaltungsgericht nicht direkt anwendbar. Es kann vielmehr nur in Verbindung mit einer völkerrechtlichen oder innerstaatlichen Norm angerufen werden, die entweder bei einer Überstellung in den zuständigen Dublin-Staat verletzt wäre oder die die Zuständigkeit der Schweiz aus anderen Gründen zu begründen vermag.

> «(...) chaque Etat membre peut examiner une demande d'asile qui lui est présentée par un ressortissant d'un pays tiers, même si cet examen ne lui incombe pas en vertu des critères fixés dans le présent règlement.
>
> Cette disposition, appelée «clause de souveraineté» consacre le droit pour les Etats membres de renoncer au transfert en fonction des obligations de leur droit interne et du droit international public auquel ils sont liés. Elle ne comporte pas les critères matériels de renonciation à un transfert, mais seulement une autorisation aux Etats membres de l'espace Dublin de renoncer à un transfert, lorsque des droits tirés de la Convention du 4 novembre 1950 de sauvegarde des droits de l'homme et des libertés fondamentales (CEDH ...) ou d'autres accords internationaux (directement applicables ou «self-executing») sont violés ou lorsque le droit objectif interne est violé. Par définition, une telle autorisation ne donne aux particuliers aucun droit ni aucune obligation. Elle permet simplement aux autorités suisses d'éviter d'être confrontées dans les cas d'espèce au conflit entre l'application des critères du règlement Dublin II, lesquelles conduiraient à un transfert, et l'application d'une autre norme de droit international ou d'une norme de droit interne qui conduirait à la renonciation à une telle mesure. Elle n'est donc, en tant que telle, pas directement applicable ou «self-executing» (...). Cette interprétation n'empêche pas les particuliers de se prévaloir d'une violation du droit international, en particulier de l'art. 3 CEDH, ou encore d'une violation du droit interne en tant que celui-ci admet l'existence de raisons humanitaires (...) dépassant, dans leur champ d'application, les conditions strictes d'illicéité d'un transfert (...). Ainsi, un requérant d'asile ne peut se prévaloir de cette clause de souveraineté qu'en combinaison avec une autre norme de droit fédéral.» (BVGE 2010/45, E. 5)

Das Sachverhaltsversteinerungsprinzip (vorne Rz. 1132) gilt beim Selbsteintrittsrecht nicht, das heisst, es können auch Aspekte berücksichtigt werden, die erst nach dem ersten Asylgesuch im Dublinraum eingetreten sind. 1135

Es ist zwischen einem Selbsteintritt aufgrund völkerrechtlicher Verpflichtung und einem Selbsteintritt aus humanitären Gründen zu unterscheiden: 1136

- **Selbsteintritt aufgrund völkerrechtlicher Verpflichtung**: Ein Selbsteintritt kann aufgrund völkerrechtlicher Verpflichtung geboten sein. Im Vordergrund stehen hier das Recht auf Achtung des Familienlebens und das Verbot von Folter sowie unmenschlicher oder erniedrigender Behandlung oder Bestrafung. Es besteht diesfalls ein einklagbarer Anspruch auf Ausübung des Selbstbestimmungsrechtes:

  > «Droht hingegen ein Verstoss gegen übergeordnetes Recht, zum Beispiel gegen eine Norm des Völkerrechts, so besteht ein einklagbarer Anspruch auf Ausübung

des Selbsteintrittsrechts (...). In Frage kommen insbesondere das flüchtlingsrechtliche Refoulement-Verbot nach Art. 33 des Abkommens vom 28. Juli 1951 über die Rechtsstellung der Flüchtlinge (...) und menschenrechtliche Garantien der Konvention vom 4. November 1950 zum Schutze der Menschenrechte und Grundfreiheiten (...), des Internationalen Paktes über bürgerliche und politische Rechte (...), des Übereinkommens vom 10. Dezember 1984 gegen Folter und andere grausame, unmenschliche oder erniedrigende Behandlung oder Strafe (...).» (BVGE 2011/9, E. 4.1)

- **Selbsteintritt aus humanitären Gründen**: Art. 29*a* Abs. 3 AsylV1 führt aus, dass das SEM aus humanitären Gründen ein Asylgesuch auch dann behandeln kann, wenn aufgrund der Zuständigkeitsprüfung eigentlich ein anderer Dublin-Staat für das Verfahren zuständig wäre. Es handelt sich bei dieser Bestimmung um eine Kann-Vorschrift, die dem SEM einen Ermessensspielraum (BVGE 2015/9, E. 7.6) belässt. Das SEM muss dieses Ermessen,

«das ihm bei der Anwendung der Souveränitätsklausel aus humanitären Gründen zukommt, gesetzeskonform ausüben. Dazu muss es den Sachverhalt zunächst vollständig ermitteln und jegliche relevanten Umstände abklären. Ferner hat es seinen Entscheid auf zulässige Kriterien abzustützen, welche transparent, objektiv sowie nachvollziehbar sein müssen. Zudem müssen aus der Begründung der Verfügung die hinter dem Entscheid für respektive gegen die Anwendung der Souveränitätsklausel aus humanitären Gründen stehenden, massgebenden Überlegungen, von denen sich das SEM leiten liess, hervorgehen.» (BVGer, E-7896/2015, 23. Juni 2016, E. 5.3)

Der Umstand, dass dem SEM beim Selbsteintritt aus humanitären Gründen ein Ermessensspielraum zukommt, hat Konsequenzen für die Rügegründe im Beschwerdeverfahren. Seit der Streichung des Beschwerdegrundes der Unangemessenheit (ehemals Art. 106 Abs. 1 lit. c AsylG) kann vor Bundesgericht nicht mehr gerügt werden, humanitäre Gründe sprächen gegen eine Überstellung und es liege somit ein Verstoss gegen Art. 29*a* Abs. 3 AsylV1 vor. Das Bundesgericht prüft in einem solchen Fall vielmehr nur noch, ob das SEM sein Ermessen gesetzeskonform ausgeübt hat:

«En présence d'autres motifs, d'ordre humanitaire (liés par exemple à l'état de santé de l'intéressé, à son vécu personnel, à des traumatismes préexistants et/ou aux conditions régnant dans l'Etat de destination), le SEM dispose d'une marge d'appréciation qu'il est tenu d'exercer conformément à la loi. Il doit examiner s'il y a lieu de faire application de l'art. 29a al. 3 OA 1 et motiver sa décision à cet égard. Le Tribunal administratif fédéral, qui ne contrôle plus l'opportunité de la décision, se limite à vérifier si le SEM a exercé son pouvoir et s'il l'a fait conformément à la loi.» (BVGE 2015/9, E. 8.2.2)

Ein Selbsteintritt aus humanitären Gründen kann etwa angezeigt sein, wenn die Überstellung in den eigentlich zuständigen Dublin-Staat für die asylsuchende Person aufgrund ihrer Gesundheit oder ihrer Verwurzelung in der Schweiz unzumutbar wäre.

cc) Aufnahme- beziehungsweise Wiederaufnahmeverfahren

Ergibt sich aufgrund der Dublin-Zuständigkeitsprüfung, dass ein anderer Staat für die Durchführung des Asylverfahrens zuständig ist, wird – freilich vorbehältlich des Selbsteintrittsrechtes (vorne Rz. 1134 ff.) – das von der Dublin-III-Verordnung vorgegebene Verfahren zur Anfrage an den als zuständig erachteten Staat um Übernahme des Asylverfahrens ausgelöst. Dabei ist zwischen dem Aufnahme- und dem Wiederaufnahmeverfahren zu unterscheiden. Handelt es sich beim in der Schweiz gestellten Asylgesuch um das erste Gesuch um internationalen Schutz im Dublin-Raum, kommen die Bestimmungen betreffend das Aufnahmeverfahren zur Anwendung. Bei erneuter Asylgesuchstellung im Dublin-Raum handelt es sich um ein Wiederaufnahmeverfahren. 1137

Der nach diesem Verfahren als zuständig bestimmte Dublin-Staat ist neben der Durchführung des Asylverfahrens auch für den weiteren Verbleib der betroffenen Person zuständig. Im Falle der Ablehnung des Asylgesuchs erlischt die Zuständigkeit erst mit Vollzug der Wegweisung oder wenn die betroffene Person den Schengenraum für mehr als drei Monate verlassen hat (Art. 19 Abs. 2 und 3 Dublin-III-VO). Ist dies der Fall und stellt die betroffene Person in der Folge erneut ein Asylgesuch, gilt dieses als neuer Antrag, der eine neue Zuständigkeitsprüfung auslöst. 1138

- **Aufnahmeverfahren**: Wurde erstmals im Dublin-Raum ein Asylgesuch gestellt und erachtet sich die Schweiz gestützt auf die Zuständigkeitskriterien der Dublin-III-Verordnung für die Gesuchsprüfung unzuständig, muss das SEM innerhalb von drei Monaten ab Gesuchstellung beziehungsweise binnen zwei Monaten seit dem Eurodac-Treffer den als zuständig erachteten Staat um Übernahme des Verfahrens anfragen (Art. 21 Abs. 1 Sätze 1 und 2 Dublin-III-Verordnung). Unterbleibt eine fristgerechte Anfrage, wird die Schweiz für die Durchführung des Asylverfahrens zuständig (Art. 21 Abs. 1 Satz 3 Dublin-III-Verordnung). Der angefragte Dublin-Staat hat zwei Monate Zeit, um gestützt auf die von der Schweiz angegebenen Beweismittel und Indizien (Art. 22 Abs. 2 und 3 Dublin-III-Verordnung) seine Zuständigkeit zu prüfen und auf das Übernahmegesuch zu antworten (Art. 22 Abs. 1 Dublin-III-Verordnung). Bei einer positiven Antwort auf das Übernahmegesuch wird der angefragte Staat für die Durchführung des Asylverfahrens zuständig. Dies gilt auch dann, wenn er nicht binnen der Antwortfrist reagiert: Schweigen wird als implizite Anerkennung der Zuständigkeit betrachtet und der betreffende Staat als zuständig angesehen (Art. 22 Abs. 7 Dublin-III-Verordnung). Bestreitet der angefragte Staat hingegen seine Zuständigkeit, hat er dies zwar zu begründen, doch besteht keine Möglichkeit, ihn selbst bei offensichtlicher Zuständigkeit zur Zustimmung zu zwingen.

  Ist der anfragende Staat überzeugt, dass die Ablehnung fälschlich erfolgt ist, so kann er binnen dreier Wochen nach Erhalt der abschlägigen Antwort ein sogenanntes **Remonstrations-**

verfahren einleiten und um nochmalige Überprüfung bitten (Art. 5 Abs. 2 Durchführungsverordnung (EU) Nr. 118/2015 der Kommission vom 30. Januar 2014 zur Änderung der Verordnung (EG) Nr. 1560/2003 mit Durchführungsbestimmungen zur Verordnung (EG) Nr. 343/2003 des Rates zur Festlegung der Kriterien und Verfahren zur Bestimmung des Mitgliedstaats, der für die Prüfung eines von einem Drittstaatsangehörigen in einem Mitgliedstaat gestellten Asylantrags zuständig ist (DVO)). Der ersuchte Staat sollte innerhalb von zwei Wochen antworten, doch führt hier das Schweigen nicht zum Zuständigkeitsübergang. Das Remonstrationsverfahren hat zudem keine Auswirkungen auf die Überstellungsfristen. Stimmt der ersuchte Staat letztlich doch noch zu, berechnet sich die Überstellungsfrist ab dem Erhalt der ersten, negativen Antwort (Art. 5 Abs. 2 Dublin-DVO). Dies wurde auch vom Bundesverwaltungsgericht bestätigt:

> «9.1 Vorliegend hat das SEM auf die vorläufige Ablehnung der deutschen Behörden am 23. März 2016 mit der Einleitung eines Remonstrationsverfahrens reagiert, worauf die deutschen Behörden – ohne weitere Nachfragen des SEM – erst am 1. Dezember 2016 und somit nahezu achteinhalb Monate nach dem Remonstrationsersuchen ihre Zustimmung erteilt haben. Es stellt sich damit die Frage, welcher Mitgliedstaat nach einer massiv verspäteten Zustimmung in einem Remonstrationsverfahren für die Durchführung des nationalen Asyl- und Wegweisungsverfahrens zuständig ist.
>
> 9.2 Das Remonstrationsverfahren ist nicht in der Dublin-III-Verordnung, sondern in der DVO geregelt. Nach einer Ablehnung der Zuständigkeit kann ein ersuchender Mitgliedstaat, der der Auffassung ist, dass die Ablehnung auf einem Irrtum beruht, oder der sich auf weitere Unterlagen berufen kann, vom ersuchten Mitgliedstaat eine erneute Prüfung verlangen. Das Remonstrationsverfahren kann demnach als eine Art Wiedererwägungsersuchen und somit als «ausserordentliches Verfahren» innerhalb des Dublin-Verfahrens bezeichnet werden (...). Die Remonstrationsanfrage muss innerhalb von drei Wochen nach Erhalt der ablehnenden Antwort erfolgen. Der ersuchte Mitgliedstaat ist gemäss der DVO gehalten, binnen zwei Wochen auf das Ersuchen zu antworten (Art. 5 Abs. 2 DVO). Für die Durchführung von Remonstrationsverfahren ist somit ein Zeitraum von maximal fünf Wochen ab Erhalt der ablehnenden Antwort vorgesehen. Durch das Remonstrationsverfahren ändern (verlängern) sich in keinem Fall die in der Dublin-III-Verordnung vorgesehenen Fristen für die Antwort auf Aufnahme- beziehungsweise Wiederaufnahmeersuchen (...).
>
> Stimmt der ersuchte Mitgliedstaat innerhalb der zweiwöchigen Frist dem Remonstrationsersuchen zu, wird er für die Behandlung des Asylgesuchs respektive die Wiederaufnahme des Asylsuchenden zuständig. Lehnt der ersuchte Mitgliedstaat seine Zuständigkeit innerhalb der zweiwöchigen Frist erneut ab, bleibt der ersuchende Mitgliedstaat für die Behandlung des Asylgesuchs zuständig. Antwortet der ersuchte Mitgliedstaat nicht, verbleibt gemäss Rechtsprechung und Lehre die Zuständigkeit der Behandlung des Asyl- und Wegweisungsverfahrens grundsätzlich beim ersuchenden Mitgliedstaat. Zwar liegt durch die Nichtbeantwortung des Remonstrationsersuchens eine Verletzung von Unionsrecht vor, diese hat jedoch mangels diesbezüglicher Rechtsgrundlage in der Dublin-III-Verordnung grundsätzlich keinen Zuständigkeitsübergang auf den ersuchten Mitgliedsstaat zur Folge (...).
>
> 9.5 (...) Unter Berücksichtigung dieser Rechtsprechung sowie von Sinn und Zweck der Dublin-Verordnung (rasche Bestimmung eines zuständigen Mitgliedstaates und Vermeidung von «refugees in orbit») kann eine explizite Zuständigkeitserklärung

des ersuchten Mitgliedstaats nach Ablauf der Antwortfrist im Remonstrationsverfahren von zwei Wochen höchstens bis Ablauf der Überstellungsfrist ergehen, um die Zuständigkeit auf den ersuchten Staat zu übertragen, respektive muss innert dieser Frist auch die Überstellung selbst noch erfolgen können. Nach Ablauf der Überstellungsfrist ohne erfolgte Überstellung, ist daher der Staat, in welchem sich die Person befindet, zuständig, unabhängig davon, ob der ersuchte Mitgliedstaat bereit wäre, die asylsuchende Person trotz des Ablaufs der Überstellungsfrist aufzunehmen (...). Dies trifft auch auf die Situation einer verspäteten Zustimmung in einem Remonstrationsverfahren zu.

Gestützt auf diese Feststellungen folgt, dass eine verspätete Zustimmung zur Zuständigkeit im Remonstrationsverfahren jedenfalls dann keine Rechtswirkung mehr entfaltet, wenn diese nach der sechsmonatigen Überstellungsfrist erfolgt respektive wenn die asylsuchende Person nicht mehr innerhalb dieser sechs Monate in den ersuchten und nun per Remonstrationsverfahren zustimmenden Mitgliedstaat überstellt werden kann. Nach Ablauf der Überstellungsfrist geht die Zuständigkeit auf die Schweiz über und das SEM hat das nationale Asylverfahren zügig an die Hand zu nehmen.» (BVGE 2018 VI/2, E. 9)

Stimmt der ersuchte Staat seiner Zuständigkeit für die Durchführung des Asylverfahrens und somit der Überstellung der asylsuchenden Personen zu, trifft das SEM einen Nichteintretensentscheid (Art. 31*a* Abs. 1 lit. b AsylG) und verfügt gleichzeitig die Wegweisung. Dieser Entscheid ist innerhalb von drei Arbeitstagen nach der Zustimmung des angefragten Dublin-Staates zu eröffnen (Art. 37 Abs. 1 AsylG) und kann nach Art. 108 Abs. 3 AsylG innerhalb von fünf Arbeitstagen beim Bundesverwaltungsgericht angefochten werden (hierzu auch hinten Rz. 1184 ff.). Da der Beschwerde keine aufschiebende Wirkung zukommt (Art. 107*a* Abs. 1 AsylG), kann die Überstellung grundsätzlich sofort vollzogen werden (siehe aber hinten Rz. 1190 ff.). Die eigentliche Überstellung kann nach Art. 7 Abs. 1 DVO auf eigene Initiative, durch eine kontrollierte Ausreise oder in Begleitung erfolgen, wobei der freiwilligen Ausreise in den zuständigen Staat der Vorzug zu geben ist. Werden Zwangsmassnahmen angewendet – dies ist bei der kontrollierten Ausreise sowie der begleiteten Überstellung der Fall – so hat dies nach Art. 29 Abs. 1 Satz 2 Dublin-III-Verordnung «in humaner Weise und unter uneingeschränkter Wahrung der Grundrechte und der Menschenwürde» zu erfolgen. Die Frist zur Überstellung beträgt sechs Monate (Art. 29 Abs. 1 Satz 1 Dublin-III-Verordnung). Verstreicht diese Frist ungenutzt, ist der zuständige Dublin-Staat nicht mehr zur Aufnahme verpflichtet und die Zuständigkeit zur Durchführung des Asylverfahrens geht auf den ersuchenden Staat über (Art. 29 Abs. 2 Dublin-III-Verordnung).

- **Wiederaufnahme**: Wurde bereits einmal in einem Dublin-Staat ein Asylgesuch gestellt, dann ist dieser Staat für die erneute Durchführung des Asylverfahrens zuständig und eine eigentliche Zuständigkeitsprüfung findet nicht mehr statt. Das SEM hat in einem solchen Fall so bald als möglich und spätestens binnen zweier Monate den zuständigen Staat um Wiederaufnahme der betreffenden Personen anzufragen (Art. 23 Abs. 2 Satz 1 Dublin-III-Verordnung). Unterbleibt eine fristgerechte Anfrage, wird die Schweiz für die Durchführung des Asylverfahrens zuständig (Art. 23 Abs. 3 Dublin-III-Verordnung). Der angefragte Dublin-Staat hat einen Monat Zeit, um auf das Wiederaufnahmegesuch zu antworten (Art. 25 Abs. 1 Satz 1 Dublin-III-Verordnung). Stützt sich der Antrag auf Eurodac-Treffer, verkürzt sich die Antwortfrist auf zwei Wochen (Art. 25 Abs. 1 Satz 2 Dublin-III-Verordnung). Bei einer positiven Antwort auf das Wiederaufnahmegesuch wird der angefragte Staat erneut zuständig. Dies gilt auch dann, wenn er nicht fristgerecht antwortet: Schweigen wird als implizite Anerkennung der Zuständigkeit betrachtet und der betreffende Staat als zuständig angesehen (Art. 25 Abs. 2 Dublin-III-Verordnung). Bestreitet der angefragte Staat hingegen seine Zuständigkeit, hat er dies zwar zu begründen, jedoch besteht keine Möglichkeit, ihn selbst bei offensichtlicher Zuständigkeit zur Zustimmung zu zwingen. Das weitere Verfahren entspricht dem bereits geschilderten Aufnahmeverfahren.

c) Feststellung verfahrensrelevanter medizinischer Beeinträchtigungen

1139 Für das Asyl- und Wegweisungsverfahren relevante und den Betroffenen bekannte medizinische Beeinträchtigungen sind nach Art. 26*a* Abs. 1 AsylG unmittelbar nach der Einreichung des Asylgesuches beziehungsweise spätestens bis zur Anhörung zu den Asylgründen oder der Gewährung des rechtlichen Gehörs bei Nichteintretensentscheiden geltend zu machen. Ziel dieser Regelung ist es, die Zahl der Fälle zu reduzieren, «in denen die Betroffenen medizinische Vorbringen erst in einem sehr späten Zeitpunkt geltend machen, einzig um den Vollzug der Wegweisung zu verhindern oder aufzuschieben» (BBl 2011 7325, S. 7343). Gleichzeitig kommt die frühzeitige Geltendmachung von medizinischen Beeinträchtigungen auch den asylsuchenden Personen zugute, können doch die nachfolgenden Verfahrensschritte sofern notwendig entsprechend angepasst und auf spezifische Bedürfnisse Rücksicht genommen werden.

1140 Im Falle einer verspäteten Geltendmachung medizinischer Beeinträchtigungen werden diese von den zuständigen Behörden nur noch berücksichtigt, wenn sie nachgewiesen werden. Die Glaubhaftmachung (hinten Rz. 1366 ff.) reicht in diesem Fall nur noch, wenn entschuldbare Gründe für die verspätete Geltendmachung vorliegen oder der Nachweis aus medizinischen Gründen im Einzelfall nicht erbracht werden kann (Art. 26*a* Abs. 3 AsylG).

d) Unterbringung während der Vorbereitungsphase

Die asylsuchenden Personen werden grundsätzlich ab Einreichung des Asylgesuches und während der gesamten Vorbereitungsphase in einem Bundeszentrum untergebracht (Art. 24 Abs. 3 AsylG). Eine Ausnahme von der Unterbringung in einem Bundeszentrum besteht lediglich für Asylsuchende, die die öffentliche Sicherheit und Ordnung gefährden oder durch ihr Verhalten den ordentlichen Betrieb der Bundeszentren erheblich stören (Art. 24*a* Abs. 1 AsylG). 1141

Die Dauer des Aufenthaltes in den Zentren des Bundes beträgt grundsätzlich höchstens 140 Tage, danach erfolgt – sofern das Verfahren noch nicht rechtskräftig abgeschlossen ist – eine Zuweisung in einen Kanton (Art. 24 Abs. 4 AsylG). Diese Höchstdauer kann allerdings angemessen verlängert werden, wenn «im Rahmen des beschleunigten Verfahrens oder des Dublin-Verfahrens weitere Abklärungen getätigt werden müssen, die innerhalb kurzer Zeit vorgenommen werden können, oder wenn der Vollzug der Wegweisung absehbar ist» (Art. 24 Abs. 5 i.V.m. Art. 14 Abs. 2 AsylV1). Eine Zuweisung vor Ablauf der Höchstdauer ist bei Asylsuchenden in der Vorbereitungsphase oder während dem beschleunigten Verfahren nur zulässig, wenn besondere Umstände – etwa ein rascher und erheblicher Anstieg der Asylgesuche – vorliegen (Art. 24 Abs. 6 AsylG). 1142

e) Formlose Abschreibung des Asylgesuches

Der einzige Verfahrensbeschluss, der im Rahmen der Vorbereitungsphase getroffen wird, ist die formlose Abschreibung des Asylgesuches nach Art. 26 Abs. 3 AsylG, sofern die asylsuchende Person ihr Asylgesuch nicht hinreichend begründet hat und es zurückzieht. Bei der formlosen Abschreibung (hinten Rz. 1411 ff.) handelt es sich nicht um eine Verfügung im Sinne von Art. 5 VwVG, weshalb kein Rechtsmittel dagegen ergriffen werden kann (BVGE 2015/28 E. 3.3). Nach Beendigung des Asylverfahrens mit einem Abschreibungsbeschluss ist es der betreffenden Person jedoch weiterhin jederzeit möglich, erneut ein Asylgesuch zu stellen. 1143

Der Aufenthalt der betroffenen Personen nach dem formlosen Abschreibungsentscheid richtet sich nach dem Ausländerrecht. Verfügen sie über keine Anwesenheitsberechtigung in der Schweiz, können sie gestützt auf das AIG weggewiesen werden (siehe vorne Rz. 728 ff.). 1144

2.5. Das beschleunigte Verfahren

1145 Auf den Abschluss des Vorbereitungsverfahrens folgt unmittelbar das erstinstanzliche Entscheidverfahren. Sofern sich im Rahmen des Vorbereitungsverfahrens keine Hinweise für ein Dublin-Verfahren ergeben, kommt zunächst das beschleunigte Verfahren zum Zug (Art. 26*c* AsylG). Erst im Anschluss an die Anhörung zu den Asylgründen beziehungsweise an die Gewährung des rechtlichen Gehörs erfolgt die Triage und allenfalls die Zuweisung eines Asylgesuches in das erweiterte Verfahren oder allenfalls auch ins Dublin-Verfahren.

a) Das erstinstanzliche Verfahren

1146 Das erstinstanzliche Verfahren im Rahmen des beschleunigten Verfahrens ist als **Taktverfahren** konzipiert, das heisst die einzelnen Verfahrensschritte sind verbindlich festgelegt und müssen in der vorgegebenen Reihenfolge aufeinanderfolgen. Der Bundesrat hat gestützt auf Art. 26*c* AsylG die folgenden Verfahrensschritte festgelegt (Art. 20*c* AsylV1):

- Die **Vorbereitung der Anhörung** zu den Asylgründen (lit. a);
- Die **Anhörung** zu den Asylgründen beziehungsweise die Gewährung des rechtlichen Gehörs (lit. b);
- Das Einholen allfälliger weiterer **Stellungnahmen** der Rechtsvertretung (lit. c);
- Die **Triage** zwischen der Behandlung des Einzelfalles im beschleunigten Verfahren oder dessen Zuweisung in das erweiterte Verfahren (lit. d);
- Das Verfassen des **Entwurfes** des Asylentscheides (lit. e);
- Das Einholen der **Stellungnahme der Rechtsvertretung** zum Entwurf des ablehnenden Asylentscheides (lit. f);
- Die **Schlussredaktion** des Asylentscheides (lit. g); sowie
- die **Eröffnung** des Asylentscheides (lit. h).

1147 Diese Verfahrensschritte haben grundsätzlich binnen **acht Arbeitstagen** nach Abschluss der Vorbereitungsphase zu erfolgen (Art. 37 Abs. 2 AsylG). Da es sich dabei jedoch nach der bundesrätlichen Botschaft um eine Ordnungsfrist handelt (BBl 2014 7991, S. 8015), kann diese Frist um einige Tage überschritten werden, sofern triftige Gründe vorliegen und absehbar ist, dass der Entscheid zeitnah getroffen werden kann (Art. 37 Abs. 3 AsylG).

Bei den im AsylG statuierten Behandlungsfristen (siehe neben Art. 37 AsylG zum Beispiel auch Art. 109 AsylG) handelt es sich um **Ordnungsfristen**, deren Nichteinhaltung ohne Folge für die Rechtmässigkeit des materiellen Entscheides bleibt. Mit anderen Worten besteht kein Rechtsanspruch auf die Einhaltung von Ordnungsfristen und Fristüberschreitungen führen für sich allein genommen noch nicht zu einer Verletzung des in Art. 29 Abs. 1 BV verankerten Rechtsverzögerungsverbotes. Erst wenn die Fristüberschreitung nicht mehr angemessen erscheint, kann von einer Rechtsverzögerung ausgegangen werden. Ob eine Fristüberschreitung noch angemessen ist oder nicht, bestimmt sich aufgrund der gesamten Umstände des konkreten Einzelfalles. In diesem Sinne hat das Bundesverwaltungsgericht zum Beispiel ausgeführt, dass eine Verfahrensdauer von über zweieinhalb Jahren für das Asylgesuch einer unbegleiteten Minderjährigen angesichts des in Art. 17 Abs. 2bis AsylG enthaltenen Gebotes der prioritären Behandlung entsprechender Gesuche nicht mehr als angemessen betrachtet werden kann: 1148

> «5.2. Von einer Rechtsverzögerung im Sinne des Gesetzes ist nach Lehre und Praxis auszugehen, wenn behördliches Handeln zwar nicht (wie bei einer Rechtsverweigerung) grundsätzlich infrage steht, aber nicht binnen gesetzlicher oder – falls eine solche fehlt – angemessener Frist erfolgt, und für die allzu lange Verfahrensdauer keine objektive Rechtfertigung vorliegt. Die Angemessenheit der Dauer eines Verfahrens ist im Einzelfall unter Berücksichtigung der gesamten Umstände zu beurteilen. In Betracht zu ziehen sind dabei namentlich die Komplexität der Sache, das Verhalten der betroffenen Beteiligten und der Behörden, die Bedeutung des Verfahrens für die betroffene Partei sowie einzelfallspezifische Entscheidungsabläufe (...). Ein Verschulden der Behörde an der Verzögerung wird nicht vorausgesetzt, weshalb sie das Rechtsverzögerungsverbot auch dann verletzt, wenn sie wegen Personalmangels oder Überlastung nicht innert angemessener Frist handelt (...). Spezialgesetzliche Behandlungsfristen sind bei der Beurteilung der Angemessenheit der Verfahrensdauer zu berücksichtigen.
>
> 5.3 Gemäss den einschlägigen gesetzlichen Verfahrensfristen sind Nichteintretensentscheide im Asylverfahren in der Regel innerhalb von fünf Arbeitstagen nach Gesuchsstellung zu treffen; in den übrigen Fällen ist in der Regel innerhalb von zehn Tagen zu entscheiden (Art. 37 Abs. 1 und 2 AsylG). Gemäss bundesrätlicher Botschaft handelt es sich hierbei um Ordnungsfristen, die überschritten werden können, wenn erforderliche Abklärungen mehr Zeit in Anspruch nehmen oder die personellen Ressourcen des SEM nicht ausreichen (...). Allein aus dem Umstand, dass die Vorinstanz die Fristen von Art. 37 AsylG vorliegend deutlich überschritten hat, kann deshalb keine Verletzung des Rechtsverzögerungsverbots abgeleitet werden. Für die Beurteilung des vorliegenden Falles ist damit entscheidend, ob die Verfahrensdauer vorliegend noch als angemessen betrachtet werden kann.» (BVGer, E-7239/2017, 26. Januar 2018)

In den Jahren 2019 und 2020 konnte die Vorgabe von acht Arbeitstagen grundsätzlich eingehalten werden. So betrug die durchschnittliche Dauer der sogenannten Taktenphase gerade einmal 5,8 Arbeitstage (EGGER, DREHER & PARTNER AG/ECOPLAN AG, Evaluation PERU: Teilprojekt Prozessqualität, Schlussbericht vom 16. August 2021, S. 21 f.). 1149

Im Rahmen des erstinstanzlichen beschleunigten Verfahrens steht den Asylsuchenden weiterhin die bereits in der Vorbereitungsphase zugewiesene Rechtsvertretung zur Seite (Art. 102*h* AsylG). Die Rechtsvertretung nimmt in dieser Verfahrensphase insbesondere an der Anhörung zu den Asylgründen teil und 1150 nimmt Stellung zum Entwurf eines ablehnenden Asylentscheides (Art. 102*k* Abs. 1 lit. b und c AsylG). Zudem erläutert sie den asylsuchenden Personen den erstinstanzlichen Asylentscheid und berät sie über die Chancen einer allfälligen Beschwerde an das Bundesverwaltungsgericht.

b) Beschwerdeverfahren

1151 Mit dem Ziel, das Asylverfahren zu beschleunigen, wurden im Zuge der Neustrukturierung des Asylbereiches die Fristen für Beschwerden an das Bundesverwaltungsgericht gegen im beschleunigten Verfahren ergangene negative Asylentscheide sowie Nichteintretensentscheide verkürzt. Diese betragen nunmehr

- **sieben Arbeitstage** bei Beschwerden gegen negative Asylentscheide im Sinne von Art. 31*a* Abs. 4 AsylG (Art. 108 Abs. 1 AsylG) sowie
- **fünf Arbeitstage** bei Beschwerden gegen Nichteintretensentscheide (Art. 108 Abs. 3 AsylG).

1152 Die Beschwerde gegen negative Asylentscheide aus dem beschleunigten Verfahren hat aufschiebende Wirkung (Art. 55 Abs. 1 VwVG). Das Bundesverwaltungsgericht ist gehalten, über Beschwerden gegen negative Asylentscheide binnen 20 Tagen (Art. 109 Abs. 1 AsylG) sowie über Beschwerden gegen Nichteintretensentscheide innerhalb von fünf Arbeitstagen zu entscheiden (Art. 109 Abs. 3 AsylG). Im Unterschied zu den Beschwerdefristen von Art. 108 AsylG, bei denen es sich um gesetzliche Fristen handelt, stellen die Behandlungsfristen Ordnungsfristen dar. Deshalb können diese bei triftigen Gründen um einige Tage überschritten werden (Art. 109 Abs. 4 AsylG).

1153 Im Rahmen der Beschwerde gegen einen ablehnenden Asylentscheid an das Bundesverwaltungsgericht können die Verletzung von Bundesrecht, einschliesslich Missbrauchs und Überschreitung des Ermessens sowie die unrichtige und unvollständige Feststellung des rechtserheblichen Sachverhaltes geltend gemacht werden. Hingegen ist die Geltendmachung der Unangemessenheit im asylrechtlichen Kontext ausgeschlossen (Art. 106 Abs. 1 AsylG).

1154 Mit der Streichung des Beschwerdegrundes der Unangemessenheit im Rahmen der Asylgesetzrevision vom 14. Dezember 2012 war eine Beschränkung der **Kognition** verbunden. Das Bundesverwaltungsgericht geniesst nur noch in jenen Bereichen volle Kognition, bei denen dem SEM kein echtes Ermessen zukommt. Das ist nach der Rechtsprechung des Bundesgerichtes der Fall bei im AIG geregelten Materien wie zum Beispiel bei der Frage, ob die vorläufige Aufnahme anzuordnen ist (BVGE 2014/26, E. 5.6). Gleiches gilt bei Rechtsfragen wie etwa jener, ob die Flüchtlingseigenschaft erfüllt ist oder nicht (BVGE 2015/2, E. 5.3).

Im Rahmen des Beschwerdeverfahrens im beschleunigten Verfahren kann das Bundesverwaltungsgericht Instruktionsmassnahmen, wie zum Beispiel die mündliche Anhörung von Beschwerdeführenden, in den Bundeszentren durchführen, wenn dadurch rascher über die Beschwerde entschieden werden kann (Art. 111*a*bis Abs. 1 AsylG). Zudem kann das Urteil mündlich eröffnet und lediglich summarisch begründet werden (Art. 111*a*bis Abs. 2 AsylG). Zwar können die Parteien binnen fünf Tagen eine vollständige Ausfertigung des Urteils verlangen, doch verhindert dies nicht, dass das Urteil unmittelbar nach der Ausfällung in Rechtskraft erwächst (Art. 111*a*bis Abs. 3 AsylG). 1155

Sofern die bereits in der Vorbereitungsphase zugewiesene Rechtsvertretung das Mandat nicht wegen Aussichtslosigkeit einer Beschwerde niederlegt (Art. 102*h* Abs. 4 AsylG, siehe vorne Rz. 1084), kann sich die asylsuchende Person auch im Verfahren vor Bundesverwaltungsgericht von dieser vertreten lassen (Art. 102*k* Abs. 1 lit. d AsylG). Im Rahmen des Beschwerdeverfahrens kann die zugewiesene Rechtsvertretung die unentgeltliche Prozessführung beantragen, um die Befreiung von den Verfahrenskosten zu erreichen. Die unentgeltliche Prozessführung wird immer dann gewährt, wenn eine Person nicht über die für die Bezahlung der Verfahrenskosten erforderlichen finanziellen Mittel verfügt und ihr Begehren nicht aussichtslos erscheint (Art. 65 Abs. 1 VwVG). Über die amtliche Verbeiständung befindet das Bundesverwaltungsgericht demgegenüber nicht, da die Beschwerdeführung im Leistungsauftrag der zugewiesenen Rechtsvertretung enthalten ist (Art. 102*k* Abs. 1 lit. d AsylG). 1156

Verzichtet die Rechtsvertretung hingegen auf die Erhebung einer Beschwerde und legt das Mandat nieder, haben die betroffenen Personen im erstinstanzlichen Verfahren auf die Rechtsvertretung nach Art. 102*h* AsylG verzichtet oder beenden sie das bestehende Vertretungsmandat trotz Beschwerdeabsicht der Rechtsvertretung, so bestellt das Bundesverwaltungsgericht auf Antrag eine amtliche Verbeiständung, wenn die betroffenen Personen von der Bezahlung der Verfahrenskosten befreit wurden (Art. 102*m* Abs. 4 AsylG). Die amtliche Verbeiständung ist damit mit der unentgeltlichen Prozessführung verbunden, die bei Mittellosigkeit und Nicht-Aussichtslosigkeit gewährt wird (Art. 65 Abs. 1 VwVG). 1157

c) Wegweisungsverfahren

Endet das beschleunigte Verfahren rechtskräftig mit einem negativen Asylentscheid, schliesst dieser – sofern nicht die vorläufige Aufnahme verfügt wird – die Wegweisung der asylsuchenden Person ein (Art. 44 AsylG). Das anschliessende Wegweisungsverfahren ist dem Ausländerrecht zugeordnet, womit sich das Verfahren und die im Rahmen des Wegweisungsvollzugs allfällig anwendbaren Zwangsmassnahmen nach dem AIG richten (siehe vorne Rz. 722 ff.). 1158

Das AsylG enthält allerdings einige Regelungen, die den ausländerrechtlichen Bestimmungen in Bezug auf das Wegweisungsverfahren als *lex specialis* vorgehen.

1159 Die **Ausreisefrist** bei im beschleunigten Verfahren getroffenen Entscheiden beträgt **sieben Tage** (Art. 45 Abs. 2 AsylG), kann jedoch bei besonderen Umständen wie zum Beispiel aufgrund der familiären Situation oder wegen gesundheitlicher Probleme verlängert werden (Art. 45 Abs. 2bis AsylG; Art. 23 AsylV1). Zuständig für den Wegweisungsvollzug im beschleunigten Verfahren ist grundsätzlich der Standortkanton des Bundeszentrums (Art. 46 Abs. 1bis AsylG). Das SEM kann in der Wegweisungsverfügung unter gewissen Umständen jedoch einen anderen Kanton als zuständig bezeichnen (Art. 46 Abs. 1bis AsylG i.V.m. Art. 34 Abs. 2 AsylV1). Zudem können auch die Kantone einer Region abweichende Zuständigkeiten für den Wegweisungsvollzug vereinbaren (Art. 34 Abs. 3 AsylV1).

1160 Der Vollzug der Wegweisungen erfolgt grundsätzlich aus dem Bundesasylzentrum (Art. 24 Abs. 3 lit. a AsylG). Eine Ausnahme hiervon besteht einzig in Fällen, in denen die Person nicht mehr in einem Bundeszentrum untergebracht ist, sondern bereits einem Kanton zugewiesen wurde (hinten Rz. 1162 f.). Die Zuständigkeit zur Anwendung ausländerrechtlicher Zwangsmassnahmen liegt beim Standortkanton. Art. 80 Abs. 1 AIG regelt diesbezüglich ausdrücklich, dass die Vorbereitungshaft (Art. 75 AIG, siehe vorne Rz. 820 ff.) sowie auch die Ausschaffungshaft (Art. 76 Abs. 1 lit. b Ziff. 5 AIG, siehe vorne Rz. 824 ff.) grundsätzlich vom Standortkanton des Bundesasylzentrums anzuordnen sind. Eine Ausnahme besteht einzig in jenen Fällen, in denen ein anderer als der Standortkanton für den Vollzug einer Wegweisung als zuständig bezeichnet wurde. Diesfalls fällt die Zuständigkeit zur Anordnung von Ausschaffungshaft an diesen (Art. 80 Abs. 1bis AIG). Die Voraussetzungen der einzelnen Zwangsmassnahmen richten sich nach dem AIG. Allerdings sieht dieses eine Sonderregelung in Bezug auf die Anordnung von Ausschaffungshaft gegenüber Personen vor, deren Wegeweisungsentscheid in einem Bundeszentrum eröffnet worden ist. Sie können in Ausschaffungshaft genommen werden, wenn der Vollzug der Wegweisung absehbar ist (Art. 76 Abs. 1 lit. b Ziff. 5 AIG, siehe vorne Rz. 824 ff.). In diesen Fällen steht es den inhaftierten Personen freilich jederzeit zu, die Überprüfung der Rechtmässigkeit und Angemessenheit der Haft durch eine richterliche Behörde zu beantragen (Art. 80 Abs. 2bis AIG, siehe vorne Rz. 848 ff.).

1161 Im Rahmen des Wegweisungsverfahrens kommt dem zuständigen Kanton ein gewisser Ermessenspielraum bezüglich der Anwendung ausländerrechtlicher Zwangsmassnahmen zu. Demgegenüber verfügen die Kantone über kein Ermessen in Bezug auf die Frage, ob sie die Wegweisung vollziehen oder nicht. Nach Art. 46 Abs. 1 AsylG sind sie «verpflichtet, die Wegweisungsverfügung zu vollziehen» (siehe hinten Rz. 1427). Verunmöglichen technische Gründe den Vollzug einer Wegweisung, hat der zuständige Kanton die Anordnung einer vorläufigen Aufnahme beim

SEM zu beantragen (Art. 46 Abs. 2 AsylG). Kommen die Kantone ihrer Vollzugspflicht nicht nach, kann dies gestützt auf Art. 89*b* AsylG finanzielle Folgen haben.

d) Unterbringung während des beschleunigten Verfahrens

Asylsuchende, über deren Gesuch im Rahmen des beschleunigten Verfahrens entschieden wird, sind grundsätzlich bis zum rechtskräftigen Entscheid beziehungsweise der Ausreise oder dem Wegweisungsvollzug in Bundesasylzentren untergebracht (Art. 24 Abs. 3 lit. a AsylG). Der Aufenthalt im Bundeszentrum dauert maximal 140 Tage (Art. 24 Abs. 4 AsylG), kann jedoch angemessen verlängert werden, wenn dadurch das Asylverfahren rasch abgeschlossen oder der Vollzug der Wegweisung erfolgen kann (Art. 24 Abs. 5 AsylG). In Art. 14 Abs. 2 AsylV1 präzisiert der Bundesrat, eine angemessene Verlängerung des Aufenthaltes im Bundeszentrum sei insbesondere dann möglich, wenn «weitere Abklärungen getätigt werden müssen, die innerhalb kurzer Zeit vorgenommen werden können, oder wenn der Vollzug der Wegweisung absehbar ist». Ist dies nicht der Fall, so erfolgt nach Ablauf der Höchstdauer die Zuweisung an einen Kanton (Art. 24 Abs. 4 AsylG). Die Zuweisung an den Kanton erfolgt auch dann, wenn der Vollzug der Wegweisung während 60 Tagen nach Rechtskraft des Wegweisungsentscheides nicht absehbar ist (BBl 2014 7991, S. 8017). 1162

Asylsuchende im beschleunigten Verfahren, über deren Gesuch nach Ablauf der Höchstdauer des Aufenthaltes in einem Bundesasylzentrum noch nicht rechtskräftig entschieden worden ist, werden durch das SEM bevölkerungsproportional den Kantonen zugewiesen (Art. 21 Abs. 2 lit. c AsylV1). Ist bereits ein erstinstanzlicher negativer Asyl- und Wegweisungsentscheid ergangen, so wurde in der Wegweisungsverfügung bereits ein Kanton für den Vollzug als zuständig bezeichnet (in der Regel nach Art. 21 Abs. 4 AsylV1 der Standortkanton des Bundeszentrums). Dieser ist nunmehr auch für die Unterbringung in den kantonalen Strukturen im Rahmen der Nothilfe zuständig. Eine Neuzuweisung durch das SEM ist hier ausgeschlossen. 1163

e) Erwerbstätigkeit während des beschleunigten Verfahrens

Solange sich Asylsuchende in einem Bundeszentrum aufhalten – und somit grundsätzlich während des gesamten beschleunigten Verfahrens – unterstehen sie einem Arbeitsverbot und ihnen ist die Ausübung einer Erwerbstätigkeit untersagt (Art. 43 Abs. 1 AsylG). Davon ausgenommen sind Asylsuchende, die nach dem AIG zur Ausübung einer Erwerbstätigkeit berechtigt sind oder die an Beschäftigungsprogrammen teilnehmen (Art. 43 Abs. 4 AsylG). 1164

2.6. Das erweiterte Verfahren

1165 Wird anlässlich der Anhörung zu den Asylgründen beziehungsweise der Gewährung des rechtlichen Gehörs klar, dass der materielle Asylentscheid nicht im Rahmen des beschleunigten Verfahrens getroffen werden kann, so wird die Gesuchsbehandlung dem erweiterten Verfahren zugeteilt. Dies ist insbesondere der Fall, wenn weitere Abklärungen erforderlich sind (Art. 26*d* AsylG). Die Zuteilung in das erweiterte Verfahren erfolgt mit Zwischenverfügung, die gestützt auf Art. 107 Abs. 1 AsylG nur mit Beschwerde gegen die Endverfügung angefochten werden kann. Es besteht kein Anspruch auf Behandlung des Asylgesuches im erweiterten oder beschleunigten Verfahren (BBl 2014 7991, S. 8015). Eine Zuteilung an das erweiterte Verfahren kann darüber hinaus auch aufgrund von Priorisierungen im Rahmen der Behandlungsstrategie des SEM (Art. 37*b* AsylG) sowie bei Abbruch des Dublin-Verfahrens (hinten Rz. 1182) erfolgen.

1166 Mit der Zuteilung eines Asylgesuches in das erweiterte Verfahren erfolgt die Zuweisung der betreffenden Asylsuchenden an einen Kanton (Art. 26*d* AsylG). Die Kantonszuweisung erfolgt bevölkerungsproportional innerhalb der jeweiligen Region (Art. 21 Abs. 2 lit. a AsylV1), unter Berücksichtigung der Kompensationen von Kantonen mit besonderen Leistungen (Art. 21 Abs. 5 AsylV1). Zur Kantonszuweisung siehe vorne Rz. 1059 f.

a) Das erstinstanzliche Verfahren

1167 Im Unterschied zum beschleunigten Verfahren ist das erweiterte Verfahren nicht getaktet und die einzelnen Verfahrensschritte sind auch nicht strikt vorgegeben. Die erstinstanzlichen Entscheide im erweiterten Verfahren sind nach Art. 37 Abs. 4 AsylG innerhalb von **zwei Monaten** nach Abschluss der Vorbereitungsphase zu treffen. Es handelt sich dabei um eine Ordnungsfrist, das heisst, eine angemessene Verlängerung ist zulässig (siehe vorne Rz. 1146 ff.).

1168 Für die Rechtsvertretung gilt im erweiterten Verfahren, dass sich die Asylsuchenden nach der Zuweisung an einen Kanton für entscheidrelevante Schritte kostenlos

- an die im Kanton zugelassene kantonale Rechtsberatungsstelle (Art. 102*l* Abs. 1 AsylG i.V.m. Art. 52*f* Abs. 2 AsylV1) oder
- an die im Bundeszentrum zugewiesene Rechtsvertretung wenden kann, sofern diese ihr Mandat aufgrund eines besonderen Vertrauensverhältnisses und mit Zustimmung des Leistungserbringers auch im erweiterten Verfahren weiterführt (Art. 102*l* Abs. 1 AsylG i.V.m. Art. 52*f* Abs. 3 AsylV1).

Entscheidrelevante Schritte im Sinne von Art. 102*l* Abs. 1 AsylG stellen nach Art. 52*h* AsylV1 zusätzliche Anhörungen zu den Asylgründen, die Gewährung des rechtlichen Gehörs sowie Eingaben, die massgeblich zur Feststellung des Sachverhaltes beitragen, dar. 1169

b) Beschwerdeverfahren

Die Beschwerdefristen im Rahmen des erweiterten Verfahrens betragen 1170

- **dreissig Tage** bei Beschwerden gegen negative Asylentscheide im Sinne von Art. 31*a* Abs. 4 AsylG (Art. 108 Abs. 2 AsylG) sowie
- **fünf Arbeitstage** bei Beschwerden gegen Nichteintretensentscheide (Art. 108 Abs. 3 AsylG).

Die Beschwerde gegen negative Asylentscheide aus dem erweiterten Verfahren hat aufschiebende Wirkung (Art. 55 Abs. 1 VwVG). Das Bundesverwaltungsgericht ist gehalten, über Beschwerden gegen negative Asylentscheide binnen 30 Tagen (Art. 109 Abs. 2 AsylG) sowie über Beschwerden gegen Nichteintretensentscheide innerhalb von fünf Arbeitstagen zu entscheiden (Art. 109 Abs. 3 AsylG). Im Unterschied zu den Beschwerdefristen von Art. 108 AsylG, bei denen es sich um gesetzliche Fristen handelt, stellen die Behandlungsfristen Ordnungsfristen dar. Deshalb können diese bei triftigen Gründen um einige Tage überschritten werden (Art. 37 Abs. 4 AsylG). 1171

Die Beschwerdegründe ergeben sich aus Art. 106 Abs. 1 AsylG und decken sich damit mit jenen, die im Rahmen von Beschwerden gegen ablehnende Asylentscheides aus dem beschleunigten Verfahren geltend gemacht werden können (vorne Rz. 1153). Der Entscheid über die Kantonszuweisung kann schliesslich nur mit der Begründung einer Verletzung des Grundsatzes der Einheit der Familie angefochten werden (Art. 27 Abs. 3 AsylG). Die Rechtsvertretung für das Beschwerdeverfahren im erweiterten Verfahren bestimmt sich nach Art. 102*m* Abs. 1 lit. a AsylG. Danach bestellt das Bundesverwaltungsgericht auf Antrag eine amtliche Verbeiständung, wenn die betroffenen Personen von der Bezahlung der Verfahrenskosten befreit wurden. Die amtliche Verbeiständung ist damit mit der unentgeltlichen Prozessführung verbunden, die bei Mittellosigkeit und Nicht-Aussichtslosigkeit gewährt wird (Art. 65 Abs. 1 VwVG). 1172

c) Wegweisungsverfahren

Die Ausreisefrist bei im erweiterten Verfahren getroffenen Wegweisungsentscheiden beträgt **zwischen sieben und 30 Tagen** (Art. 45 Abs. 2 AsylG), kann 1173 jedoch bei besonderen Umständen, wie zum Beispiel aufgrund der familiären Situation oder wegen gesundheitlicher Probleme, verlängert werden (Art. 45 Abs. 2bis AsylG).

1174 Zuständig für den Wegweisungsvollzug im erweiterten Verfahren ist der Kanton, dem die betroffenen Asylsuchenden zugewiesen worden sind (Art. 46 Abs. 1 AsylG). Der Vollzug erfolgt aus dem Kanton. Das Verfahren und die anwendbaren Zwangsmassnahmen richten sich nach dem AIG (siehe vorne Rz. 801 ff.).

1175 Im Rahmen des Wegweisungsverfahrens kommt dem zuständigen Kanton ein gewisser Ermessenspielraum bezüglich der Anwendung ausländerrechtlicher Zwangsmassnahmen zu. Demgegenüber verfügen die Kantone über kein Ermessen in Bezug auf die Frage, ob sie die Wegweisung vollziehen oder nicht. Nach Art. 46 Abs. 1 AsylG sind sie «verpflichtet, die Wegweisungsverfügung zu vollziehen» (siehe hinten Rz. 1427). Verunmöglichen technische Gründe den Vollzug einer Wegweisung, hat der zuständige Kanton die Anordnung einer vorläufigen Aufnahme beim SEM zu beantragen (Art. 46 Abs. 2 AsylG). Kommen die Kantone ihrer Vollzugspflicht nicht nach, kann dies gestützt auf Art. 89*b* AsylG finanzielle Folgen haben.

d) Unterbringung während des erweiterten Verfahrens

1176 Asylsuchende, über deren Gesuch im Rahmen des erweiterten Verfahrens entschieden wird, werden bis zur Zuteilung ihres Gesuches in das erweiterte Verfahren in Bundeszentren untergebracht (Art. 24 Abs. 3 lit. c AsylG). Nach der Zuteilung zum erweiterten Verfahren werden sie einem Kanton zugewiesen und in den jeweiligen kantonalen Strukturen untergebracht (Art. 26*d* AsylG). Eine Ausnahme hiervon ist für Personen möglich, die eine erhebliche Gefährdung der öffentlichen Sicherheit und Ordnung oder den Betrieb und die Sicherheit der Unterbringungsstrukturen darstellen. Sie können auch nach der Zuweisung in ein erweitertes Verfahren in einem besonderen Zentrum untergebracht werden (Art. 24*a* Abs. 2 AsylG, zu den besonderen Zentren siehe vorne Rz. 1057).

e) Erwerbstätigkeit während des erweiterten Verfahrens

1177 Solange sich Asylsuchende in einem Bundesasylzentrum aufhalten, unterstehen sie einem Arbeitsverbot und die Ausübung einer Erwerbstätigkeit ist ihnen untersagt (Art. 43 Abs. 1 AsylG). Davon ausgenommen sind Asylsuchende, die nach dem AIG zur Ausübung einer Erwerbstätigkeit berechtigt sind oder die an Beschäftigungsprogrammen teilnehmen (Art. 43 Abs. 4 AsylG). Sobald die Zuteilung in das erweiterte Verfahren und die Zuweisung an einen Kanton erfolgt sind, richtet sich die Zulassung zur Erwerbstätigkeit nach dem AIG

(Art. 43 Abs. 1bis AsylG). Asylsuchenden im erweiterten Verfahren kann demnach unter den Voraussetzungen von Art. 30 Abs. 1 lit. l AIG i.V.m. Art. 52 VZAE eine Erwerbstätigkeit bewilligt werden. Zu beachten sind jedoch allfällige Arbeitsverbote, die der Bundesrat gestützt auf Art. 43 Abs. 3bis AsylG für bestimmte Gruppen von Asylsuchenden erlassen hat.

Wird das Asylgesuch rechtskräftig abgelehnt und der Vollzug der Wegweisung angeordnet, erlischt eine allenfalls erteilte Bewilligung zur Erwerbstätigkeit nach Ablauf der angesetzten Ausreisefrist. Dies gilt auch, wenn der Vollzug im Rahmen eines ausserordentlichen Rechtsmittelverfahrens ausgesetzt wurde. Auch bei Einreichung eines Mehrfachgesuches nach Art. 111*c* AsylG (siehe hinten Rz. 1277 ff.) wird keine Erwerbstätigkeit bewilligt. Wird die Ausreisefrist jedoch im Rahmen des ordentlichen Verfahrens verlängert, so kann auch die Bewilligung zur Erwerbstätigkeit verlängert werden (Art. 43 Abs. 2 AsylG). 1178

Liegen besondere Umstände vor, kann das EJPD in Absprache mit dem Eidgenössischen Departement für Wirtschaft, Bildung und Forschung (WBF) die Kantone ermächtigen, die Bewilligung zur Erwerbstätigkeit von bestimmten Personengruppen über den Ablauf der Ausreisefrist hinaus zu verlängern und eine Erwerbstätigkeit während der Behandlung eines Mehrfachgesuches nach Art. 111*c* zu bewilligen (Art. 43 Abs. 3 AsylG). 1179

2.7. Das Dublin-Verfahren

Im Unterschied zu den beiden anderen Verfahrensarten wird das Dublin-Verfahren bereits während der Vorbereitungsphase mit der Anfrage an den zuständigen Dublin-Staat um Aufnahme beziehungsweise Wiederaufnahme der asylsuchenden Person eingeleitet (Art. 26*b* AsylG). Auslöser für die Einleitung des Dublin-Verfahrens sind Hinweise auf die Zuständigkeit eines anderen Dublin-Staates für die Durchführung des Asylverfahrens, die sich etwa aus der Befragung zum Reiseweg oder aus einem Treffer bei der Abgleichung der Fingerabdrücke mit der Eurodac-Datenbank ergeben können. 1180

a) Das erstinstanzliche Verfahren

Im Rahmen des Dublin-Verfahrens erfolgt die Gewährung des rechtlichen Gehörs zur Ausreise in den zuständigen Dublin-Staat im Sinne von Art. 36 Abs. 1 AsylG bereits in der Vorbereitungsphase (Art. 20*b* Abs. 1 AsylV1). Im erstinstanzlichen Verfahren erfolgen dann lediglich noch die Redaktion des Asylentscheides sowie die Entscheideröffnung (Art. 20*b* Abs. 2 AsylV1), sofern der zuständige Staat der Aufnahme beziehungsweise Wiederaufnahme zustimmt. Der erstinstanzliche Entscheid im Dublin-Verfahren ist nach Art. 37 Abs. 1 AsylG binnen **drei Arbeitstagen** nach Erhalt der Zustimmung des zuständigen 1181

Dublin-Staates auszufällen. Da es sich hierbei um eine Ordnungsfrist handelt, kann diese Frist um einige Tage überschritten werden, wenn triftige Gründe vorliegen und absehbar ist, dass der Entscheid zeitnah getroffen werden kann (Art. 37 Abs. 3 AsylG, siehe vorne Rz. 1147).

1182 Eine Anhörung zu den Asylgründen findet allenfalls dann statt, wenn das Dublin-Verfahren beendet und auf das Asylgesuch materiell eingetreten wird, das heisst das Asylgesuch dem beschleunigten oder erweiterten Verfahren zugeteilt wird. Dies kann dann der Fall sein, wenn die Aufnahme beziehungsweise Wiederaufnahme durch den zuständigen Staat abgelehnt wird, die Schweiz den Selbsteintritt beschliesst (siehe vorne Rz. 1134 ff.), die sechsmonatige Dublin-Überstellungsfrist ungenutzt verstrichen ist oder das Übernahmegesuch nicht rechtzeitig gestellt wird.

1183 Im Rahmen des erstinstanzlichen Dublin-Verfahrens steht den Asylsuchenden weiterhin die bereits in der Vorbereitungsphase zugewiesene Rechtsvertretung zur Seite (Art. 102*h* AsylG).

b) Beschwerdeverfahren

1184 Die Beschwerdefrist bei Nichteintretensentscheiden nach Art. 31*a* Abs. 1 lit. b AsylG beträgt nach Art. 108 Abs. 3 AsylG **fünf Arbeitstage**. Die Beschwerde hat keine aufschiebende Wirkung, allerdings kann die beschwerdeführende Person diese innerhalb der Beschwerdefrist beantragen (Art. 107*a* Abs. 1 und 2 AsylG). Das Bundesverwaltungsgericht ist gehalten, innerhalb von fünf Tagen über die Gewährung der aufschiebenden Wirkung (Art. 107*a* Abs. 3 AsylG) sowie innerhalb von fünf Arbeitstagen über die Beschwerde zu entscheiden (Art. 109 Abs. 3 AsylG). Im Unterschied zu den Beschwerdefristen von Art. 108 AsylG, bei denen es sich um gesetzliche Fristen handelt, stellen die Behandlungsfristen Ordnungsfristen dar. Deshalb können diese bei triftigen Gründen um einige Tage überschritten werden (Art. 109 Abs. 4 AsylG).

1185 Im Rahmen der Beschwerde an das Bundesverwaltungsgericht können die Verletzung von Bundesrecht, einschliesslich Missbrauchs und Überschreitung des Ermessens sowie die unrichtige und unvollständige Feststellung des rechtserheblichen Sachverhaltes geltend gemacht werden. Hingegen ist die Geltendmachung der Unangemessenheit im asylrechtlichen Kontext ausgeschlossen (Art. 106 Abs. 1 AsylG). Im Zusammenhang mit den Beschwerdegründen hat das Bundesverwaltungsgericht lange Zeit die Ansicht vertreten, dass Asylsuchende im Dublin-Verfahren nicht rügen könnten, die in der Dublin-III-Verordnung enthaltenen Zuständigkeitskriterien seien falsch angewendet worden. In einem Ende 2017 ergangenen Urteil hat es – da keine triftigen Gründe gegen die Übernahme sprachen – seine Praxis an die jüngere Rechtsprechung des EuGH angepasst, wonach es Asylsuchenden in Beschwerdeverfahren gegen Dublin-Überstellungsentscheide möglich sein muss, die falsche Anwendung sämtlicher zur Zuständigkeit beitragenden Bestimmungen der Dublin-III-Verordnung zu rügen. Seither können sich Asylsuchende im Beschwerdeverfahren auf die richtige Anwendung sämtlicher objektiver Zuständigkeitskriterien der Dublin-III-Verordnung berufen:

> «Asylsuchende [können] sich nunmehr in Beschwerdeverfahren gegen Überstellungsentscheidungen auf die richtige Anwendung sämtlicher objektiver Zuständigkeitskriterien der Dublin-III-Verordnung berufen (...) (namentlich Art. 3 Abs. 2, Art. 7 i.V.m. Art. 8 Abs. 1-4, Art. 9, Art. 10, Art. 11, Art. 16 Abs. 1; insb. aber auch jene Bestimmungen, die einen Zuständigkeitsübergang infolge Fristablaufs vorsehen: Art. 21 Abs. 1, Art. 22 Abs. 1 und 7, Art. 23 Abs. 2, Art. 25 Abs. 1 und 2 sowie Art. 29 Abs. 1 Dublin-III-Verordnung [vgl. hierzu jüngst Urteil des EuGH vom 25. Oktober 2017 C-201/16 Majid Shiri, veröffentlicht in der digitalen Sammlung]). Auch die in BVGE 2010/27 formulierten Vorbehalte des Rechtsmissbrauchs und der Zuständigkeitsübernahme («attraction de compétence») durch einen Drittstaat können Asylsuchenden nicht mehr entgegengehalten werden, zumal der EuGH im Mengesteab-Entscheid nunmehr ausdrücklich die Unbeachtlichkeit einer allfälligen Zustimmung des ersuchten Staats unterstrichen hat (...).» (BVGE 2017 VI/9, E. 5.3.2)

In Bezug auf die Rüge, das SEM müsse den Selbsteintritt erklären und sich für die Durchführung des Asylverfahrens zuständig erachten, ist zwischen dem Selbsteintritt aufgrund völkerrechtlicher Verpflichtungen und jenem aus humanitären Gründen zu unterscheiden: 1186

> «8.2 En résumé et en conclusion, lorsque le requérant invoque des circonstances qui font apparaître son transfert comme problématique en raison de sa situation personnelle et/ou de celle régnant dans le pays de destination du transfert, le SEM doit examiner s'il y a lieu d'appliquer la clause de souveraineté.
>
> 8.2.1 Lorsque le transfert apparaît comme illicite, le SEM est tenu d'entrer en matière sur la demande d'asile et de la traiter lui-même. Sa marge d'appréciation, dans un tel cas, se réduit à néant. En effet, s'il s'avère que l'exécution du transfert heurte la CEDH ou d'autres engagements de droit international auxquels la Suisse est liée, le SEM n'a d'autre choix que se saisir de la demande d'asile. Dans un tel cas, l'exercice de la clause de souveraineté devient obligatoire (...).
>
> 8.2.2 En présence d'autres motifs, d'ordre humanitaire (liés par exemple à l'état de santé de l'intéressé, à son vécu personnel, à des traumatismes préexistants et/ou aux conditions régnant dans l'Etat de destination), le SEM dispose d'une marge d'appréciation qu'il est tenu d'exercer conformément à la loi. Il doit examiner s'il y a lieu de faire application de l'art. 29a al. 3 OA 1 et motiver sa décision à cet égard. Le Tribunal administratif fédéral, qui ne contrôle plus l'opportunité de la décision, se limite à vérifier si le SEM a exercé son pouvoir et s'il l'a fait conformément à la loi.» (BVGE 2015/9)

1187 Im Rahmen des Beschwerdeverfahrens im Dublin-Verfahren kann das Bundesverwaltungsgericht Instruktionsmassnahmen, wie zum Beispiel die mündliche Anhörung von Beschwerdeführenden, in den Bundeszentren durchführen, wenn dadurch rascher über die Beschwerde entschieden werden kann (Art. 111*a*^{bis} Abs. 1 AsylG). Zudem kann das Urteil mündlich eröffnet und lediglich summarisch begründet werden (Art. 111*a*^{bis} Abs. 2 AsylG). Zwar können die Parteien binnen fünf Tagen eine vollständige Ausfertigung des Urteils verlangen, doch verhindert dies nicht, dass das Urteil unmittelbar nach der Ausfällung in Rechtskraft erwächst (Art. 111*a*^{bis} Abs. 3 AsylG).

1188 Sofern die bereits in der Vorbereitungsphase zugewiesene Rechtsvertretung das Mandat nicht wegen Aussichtslosigkeit einer Beschwerde niederlegt (Art. 102*h* Abs. 4 AsylG, siehe vorne Rz. 1084) und die asylsuchende Person auch weiterhin in die Vertretung einwilligt, vertritt sie die asylsuchenden Personen auch im Verfahren vor Bundesverwaltungsgericht und verfasst insbesondere die Beschwerdeschrift (Art. 102*k* Abs. 1 lit. d AsylG). Die Rechtsvertretung endet mit der Rechtskraft des Entscheides im Dublin-Verfahren von Gesetzes wegen (Art. 102*h* Abs. 3 AsylG). Im Rahmen des Beschwerdeverfahrens kann die zugewiesene Rechtsvertretung die unentgeltliche Prozessführung beantragen, um die Befreiung von den Verfahrenskosten zu erreichen. Die unentgeltliche Prozessführung wird immer dann gewährt, wenn eine Person nicht über die für die Bezahlung der Verfahrenskosten erforderlichen finanziellen Mittel verfügt und ihr Begehren nicht aussichtslos erscheint (Art. 65 Abs. 1 VwVG). Über die amtliche Verbeiständung befindet das Bundesverwaltungsgericht demgegenüber nicht, da die Beschwerdeführung im Leistungsauftrag der zugewiesenen Rechtsvertretung enthalten ist (Art. 102*k* Abs. 1 lit. d AsylG).

1189 Verzichtet die Rechtsvertretung hingegen auf die Erhebung einer Beschwerde und legt das Mandat nieder, haben die betroffenen Personen im erstinstanzlichen Verfahren auf die Rechtsvertretung nach Art. 102*h* AsylG verzichtet oder beenden sie das bestehende Vertretungsmandat trotz Beschwerdeabsicht der Rechtsvertretung, so bestellt das Bundesverwaltungsgericht auf Antrag eine amtliche Verbeiständung, wenn die betroffenen Personen von der Bezahlung der Verfahrenskosten befreit wurden (Art. 102*m* Abs. 4 AsylG). Die amtliche Verbeiständung ist damit mit der unentgeltlichen Prozessführung verbunden, die bei Mittellosigkeit und Nicht-Aussichtslosigkeit gewährt wird (Art. 65 Abs. 1 VwVG).

c) Wegweisungsverfahren

1190 Entscheide im Dublin-Verfahren sind **sofort vollstreckbar** oder es kann eine **Ausreisefrist von weniger als sieben Tagen angesetzt** werden (Art. 45 Abs. 3 AsylG). Zuständig für den Wegweisungsvollzug im Dublin-Verfahren ist grundsätzlich der Standortkanton des Bundeszentrums (Art. 46 Abs. 1bis AsylG). Unter gewissen Umständen kann das SEM in der Wegweisungsverfügung jedoch einen anderen Kanton als zuständig bezeichnen (Art. 46 Abs. 1bis AsylG i.V.m. Art. 34 Abs. 2 AsylV1). Zudem können auch die Kantone einer Region abweichende Zuständigkeiten für den Wegweisungsvollzug vereinbaren (Art. 34 Abs. 3 AsylV1).

Der Vollzug der Wegweisungen erfolgt aus dem Bundeszentrum (Art. 24 Abs. 3 lit. b AsylG). Eine Ausnahme hiervon besteht einzig in Fällen, in denen die Person nicht mehr in einem Bundeszentrum untergebracht ist, sondern bereits einem Kanton zugewiesen wurde (siehe hinten Rz. 1196). In Bezug auf die eigentliche Überstellung sieht Art. 7 Abs. 1 DVO lediglich vor, dass diese auf eigene Initiative, durch eine kontrollierte Ausreise oder in Begleitung erfolgen kann, wobei der freiwilligen Ausreise in den zuständigen Staat der Vorzug zu geben ist. Werden Zwangsmassnahmen angewendet – dies ist bei der kontrollierten Ausreise sowie der begleiteten Überstellung der Fall –, so hat dies nach Art. 29 Abs. 1 Satz 2 Dublin-III-Verordnung «in humaner Weise und unter uneingeschränkter Wahrung der Grundrechte und der Menschenwürde» zu erfolgen. Darüber hinaus enthalten weder die Dublin-III-Verordnung noch die DVO konkrete Regelungen in Bezug auf das Verfahren der Überstellung oder die anwendbaren Zwangsmassnahmen. Aus diesem Grund findet auch hier das AIG Anwendung (siehe vorne Rz. 801 ff.), wobei sich die Inhaftierung nach Art. 76*a* AIG richtet. Demnach darf die Haft im Rahmen des Dublin-Verfahrens nur angeordnet werden, wenn im konkreten Einzelfall eine erhebliche Fluchtgefahr besteht und keine weniger einschneidenden Massnahmen zur Verfügung stehen, um die Wegweisung in den für das Asylverfahren zuständigen Dublin-Staat sicherzustellen (Art. 76*a* Abs. 1 AIG i.V.m. Art. 28 Abs. 2 Dublin-III-Verordnung). Zur Haft im Rahmen des Dublin-Verfahrens siehe vorne Rz. 830 ff. 1191

Im Rahmen des Wegweisungsverfahrens kommt dem zuständigen Kanton ein gewisser Ermessenspielraum bezüglich der Anwendung ausländerrechtlicher Zwangsmassnahmen zu. Demgegenüber verfügen die Kantone über kein Ermessen in Bezug auf die Frage, ob sie die Wegweisung vollziehen oder nicht. Nach Art. 46 Abs. 1 AsylG sind sie «verpflichtet, die Wegweisungsverfügung zu vollziehen» (siehe hinten Rz. 1427). Verunmöglichen technische Gründe den Vollzug einer Wegweisung, hat der zuständige Kanton die Anordnung einer vorläufigen Aufnahme beim SEM zu beantragen (Art. 46 Abs. 2 AsylG). Kommen die Kantone ihrer Vollzugspflicht nicht nach, kann dies gestützt auf Art. 89*b* AsylG finanzielle Folgen haben. 1192

Beschwerden gegen Dublin-Nichteintretensentscheide haben keine aufschiebende Wirkung (Art. 107*a* AsylG). Dennoch kann die Überstellung in den zuständigen Dublin-Staat selbst dann, wenn keine Ausreisefrist angesetzt und die Wegweisung als sofort vollstreckbar bezeichnet worden ist, nicht unmittelbar nach der Eröffnung des Entscheids vollzogen werden. Der betroffenen Person 1193 muss nach der Entscheideröffnung gestützt auf das Recht auf wirksame Beschwerde vielmehr die Möglichkeit eingeräumt werden, innerhalb der Rechtsmittelfrist von fünf Arbeitstagen eine Beschwerde einzureichen. So sieht Art. 107*a* Abs. 2 AsylG denn auch vor, dass die asylsuchende Person innerhalb der Beschwerdefrist die Gewährung der aufschiebenden Wirkung beantragen kann. Wird ein entsprechender Antrag gestellt, hat das Bundesverwaltungsgericht innerhalb von fünf Tagen über diesen zu entscheiden. Wird die aufschiebende Wirkung nicht gewährt, kann die Wegweisung vollzogen werden (Art. 107*a* Abs. 3 AsylG). Damit kann die Überstellung in den zuständigen Dublin-Staat trotz der fehlenden Suspensivwirkung der Beschwerde frühestens nach Ablauf der Beschwerdefrist erfolgen (BVGer, E-5841/2009, 2. Februar 2010).

1194 Die Frist zur Überstellung beträgt grundsätzlich sechs Monate und kann nur verlängert werden, wenn sich die asylsuchende Person in Strafhaft befindet oder flüchtig ist (Art. 29 Abs. 1 Satz 1 Dublin-III-Verordnung). Verstreicht diese Frist ungenutzt, ist der zuständige Dublin-Staat nicht mehr zur Aufnahme verpflichtet und die Zuständigkeit zur Durchführung des Asylverfahrens geht auf den ersuchenden Staat über (Art. 29 Abs. 2 Dublin-III-Verordnung). Die Überstellungsfrist läuft ab Zustimmung des angefragten Staates. Legt die betroffene Person ein Rechtsmittel mit aufschiebender Wirkung ein, läuft die Frist ab der Vollziehbarkeit der Entscheidung (Art. 29 Abs. 1 Satz 1 Dublin-III-Verordnung). Gewährt das Bundesverwaltungsgericht einer Beschwerde gegen einen Nichteintretensentscheid nach Art. 31*a* Abs. 1 lit. b AsylG die aufschiebende Wirkung, beginnt die Überstellungsfrist damit erst ab Datum des Beschwerdeentscheides zu laufen. Verweigert das Bundesverwaltungsgericht demgegenüber die Suspensivwirkung oder wird diese nicht beantragt, läuft die Frist ab Zustimmung des angefragten Staates (BVGE 2015/19).

d) Unterbringung während des Dublin-Verfahrens

1195 Asylsuchende, über deren Gesuch im Rahmen des Dublin-Verfahrens entschieden wird, werden bis zur Ausreise in Bundeszentren untergebracht (Art. 24 Abs. 3 lit. b AsylG). Der Aufenthalt im Bundeszentrum dauert grundsätzlich maximal 140 Tage (Art. 24 Abs. 3 AsylG), kann jedoch angemessen verlängert werden, wenn dadurch das Asylverfahren rasch abgeschlossen oder der Vollzug der Wegweisung erfolgen kann (Art. 24 Abs. 4 AsylG). In Art. 14 Abs. 2 AsylV1 präzisiert der Bundesrat, eine angemessene Verlängerung des Aufenthaltes in Bundeszentrum sei insbesondere dann möglich, wenn «weitere Abklärungen getätigt werden müssen, die innerhalb kurzer Zeit vorgenommen werden können, oder wenn der Vollzug der Wegweisung absehbar ist». Ist dies nicht der Fall, so erfolgt nach Ablauf der Höchstdauer die Zuweisung an einen Kanton (Art. 24 Abs. 3 AsylG).

Asylsuchende im Dublin-Verfahren, über deren Gesuch nach Ablauf der Höchstdauer des Aufenthaltes in einem Bundesasylzentrum noch nicht rechtskräftig entschieden worden ist, werden bevölkerungsproportional durch das SEM den Kantonen zugewiesen (Art. 21 Abs. 2 lit. c AsylV1). Ist bereits ein erstinstanzlicher Nichteintretens- und Wegweisungsentscheid ergangen, so wurde in der Wegweisungsverfügung bereits ein Kanton für den Vollzug als zuständig bezeichnet (in der Regel nach Art. 21 Abs. 4 AsylV1 der Standortkanton des Bundeszentrums). Dieser ist nunmehr auch für die Unterbringung in den kantonalen Strukturen im Rahmen der Nothilfe zuständig. Eine Neuzuweisung durch das SEM ist ausgeschlossen. 1196

e) Erwerbstätigkeit während des Dublin-Verfahrens

Solange sich Asylsuchende in einem Bundeszentrum aufhalten – und somit grundsätzlich während des gesamten Dublin-Verfahrens – unterstehen sie einem Arbeitsverbot und ihnen ist die Ausübung einer Erwerbstätigkeit untersagt (Art. 43 Abs. 1 AsylG). Davon ausgenommen sind Asylsuchende, die nach dem AIG zur Ausübung einer Erwerbstätigkeit berechtigt sind oder an Beschäftigungsprogrammen teilnehmen (Art. 43 Abs. 4 AsylG). 1197

1198

Asylverfahren Ablauf

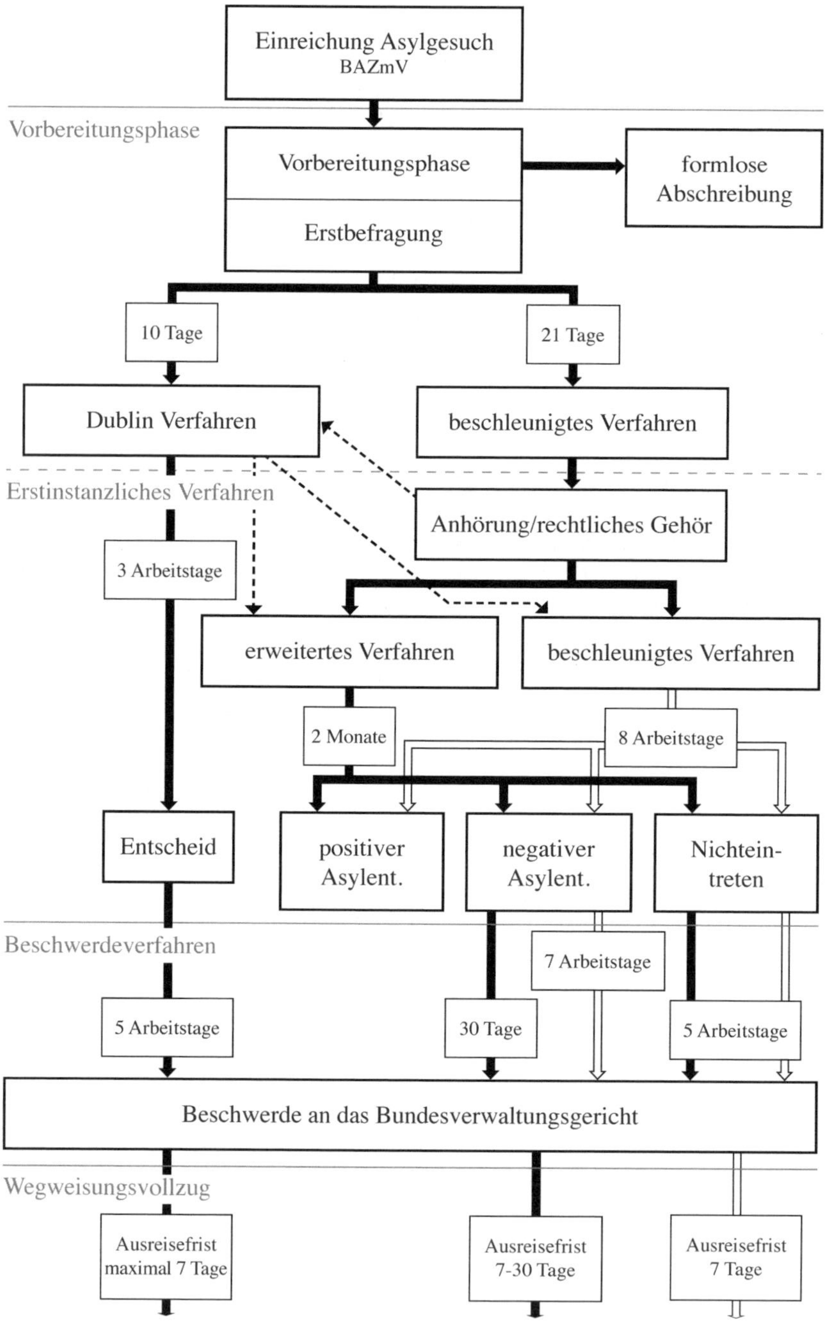

1199

	Beschleunigtes Verfahren	Erweitertes Verfahren	Dublin-Verfahren
Vorbereitungsphase	*Maximal 21 Tage (26/1)* - Vorabklärungen - Aufnahme Personendaten - Abklärung Identität und Herkunft - Erstbefragung (Reiseweg, Person)	- Unterbringung in BAZ - Rechtsberatung, Rechtsvertretung - Rückkehrberatung	*Maximal 10 Tage (26/1)* Zusätzlich: - Dublin Zuständigkeitsabklärung - Rechtliches Gehör - Anfrage Aufnahme/Wiederaufnahme
Erstinstanzliches Verfahren	*8 Arbeitstage, getaktet (37/2)* - Anhörung - Triage: Ev. Zwischenverfügung mit Entscheid betreffend Weiterführung in erweitertem Verfahren (107/1) ⇨ - Asylentscheid - Rechtsberatung, Rechtsvertretung - Unterbringung BAZ	*2 Monate (37/4)* Zuweisungen Kanton (26*d*) - Asylentscheid - Rechtsberatung, Rechtsvertretung - Unterbringung in kantonalen Strukturen	*3 Arbeitstage nach Zustimmung zuständiger Dublinstaat (37/1)* - - Überstellungsentscheid - Rechtsvertretung - Unterbringung BAZ
Beschwerdeverfahren	**Beschwerde BVerwG:** - *7 Arbeitstage bei neg. Asylentscheid (108/1)* - *5 Arbeitstage bei NEE (108/3)* **Entscheid BVerwG binnen:** - *20 Tagen (109/1)* - *5 Arbeitstage bei NEE (109/3)* - Rechtsvertretung - Unterbringung BAZ	**Beschwerde BVerwG:** - *30 Arbeitstage bei neg. Asylentscheid (108/2)* - *5 Arbeitstage bei NEE (108/3)* **Entscheid BVerwG binnen:** - *30 Tagen (109/2)* - *5 Arbeitstage bei NEE (109/3)* - Rechtsvertretung - Unterbringung kantonale Strukturen	**Beschwerde BVerwG:** - *5 Arbeitstage (108/3)* **Entscheid BVerwG binnen:** - *5 Arbeitstagen (109/3)* - Rechtsvertretung - Unterbringung BAZ
Wegweisungsvollzug	*Ausreisefrist 7 Tage (45/2)* Zuständig: Standortkanton BAZ - Vollzug ab BAZ - Vollzug nach AIG - Unterbringung BAZ, Zuweisung an Kanton 60 Tage nach Rechtskraft Wegweisungsentscheid	*Ausreisefrist 7-30 Tage (45/2)* Zuständig: Zuweisungskanton - Vollzug ab Kanton - Vollzug nach AIG - Unterbringung kantonale Strukturen	*Ausreisefrist maximal 7 Tage (45/3)* Zuständig: Standortkanton BAZ - Vollzug ab BAZ - Vollzug nach AIG (Inhaftierung 67*a* AIG) - Unterbringung BAZ, ev. Zuweisung an Kanton bei langer Verfahrensdauer

2.8. Besondere Verfahren

1200 Das schweizerische Asylrecht kennt neben den soeben dargestellten allgemeinen Verfahrensarten und -regelungen eine Reihe von Sonderregelungen für das Verfahren in bestimmten Situationen.

a) Das Flughafenverfahren

1201 Wie bereits ausgeführt, können Asylgesuche grundsätzlich nur an der Schweizer Grenze oder in der Schweiz eingereicht werden (vorne Rz. 1069 f.). Personen, die mit dem Flugzeug in die Schweiz kommen, gelten vor dem Passieren der Grenzkontrolle als noch nicht in die Schweiz eingereist. Daher bestehen sowohl für die Einreichung eines Asylgesuches als auch für das Verfahren bei Asylgesuchen in der Transitzone beziehungsweise an der Grenzkontrolle der **Flughäfen Zürich-Kloten und Genève-Cointrin** besondere Regelungen. Damit soll erreicht werden, dass nur jenen Asylsuchenden die Einreise in die Schweiz bewilligt wird, bei denen die Schweiz für die Durchführung des Asylverfahrens zuständig ist. Zudem müssen die betreffenden Personen entweder im Land, aus dem sie direkt in die Schweiz gelangt sind, aus einem flüchtlingsrechtlichen Grund gefährdet oder von unmenschlicher Behandlung bedroht erscheinen oder sie müssen glaubhaft machen, dass ihnen im Land, aus dem sie direkt in die Schweiz gelangt sind, unter Verletzung des Rückschiebungsverbotes die Ausreise in ein Land droht, in dem sie gefährdet erscheinen (Art. 22 Abs. 1ter AsylG).

1202 Bei Asylgesuchen im Rahmen der Einreise über einen **anderen schweizerischen Flughafen** (zum Beispiel Bern-Belp, Lugano-Agno, Basel-Mulhouse-Freiburg, St.Gallen-Altenrhein) werden die betreffenden Personen von der zuständigen Grenzkontrollbehörde an ein Zentrum des Bundes verwiesen, womit kein Fall des Flughafenverfahrens vorliegt.

1203 Bei Asylgesuchen an den Flughäfen Zürich-Kloten und Genève-Cointrin erfolgt sowohl die Registrierung des Asylgesuches als auch die Erhebung der Personalien und die Erstellung des Fingerabdruckbogens vor der Einreise in der Transitzone des Flughafens durch die Flughafenpolizei (Art. 22 Abs. 1 AsylG). Diese informiert das SEM umgehend über das Asylgesuch und übermittelt ihm die Personendaten, Kopien der Flugscheine sowie das Ergebnis des digitalen Fingerabdruckvergleichs (Art. 12 Abs. 1 AsylV1). Zudem werden die asylsuchenden Personen für die Dauer des Aufenthaltes am Flughafen in einer Unterkunft der Transitzone des Flughafens untergebracht (Art. 22 Abs. 3 AsylG). Die asylsuchenden Personen erhalten wie in den Bundeszentren ab dem Moment der Einreichung des Asylgesuches eine unentgeltliche Rechtsberatung und Rechtsvertretung (Art. 22 Abs. 3bis AsylG, Art. 52*b* AsylV1).

Das SEM prüft in der Folge gestützt auf die von der Flughafenpolizei übermittelten Erhebungen, ob die Einreise zu bewilligen ist. Es kann dabei verschiedene Entscheide treffen: 1204

- **Bewilligung der Einreise**: Das SEM bewilligt die Einreise, sofern die Schweiz gestützt auf die Dublin-III-Verordnung für die Durchführung des Asylverfahrens zuständig ist und
  - die asylsuchenden Personen im Land, aus dem sie direkt in die Schweiz gereist sind, in flüchtlingsrelevanter Weise gefährdet sind oder ihnen dort unmenschliche Behandlung droht (Art. 22 Abs. 1ter lit. a AsylG); oder
  - die asylsuchenden Personen glaubhaft machen, dass ihnen im Land, aus dem sie direkt in die Schweiz gereist sind, eine Abschiebung in Verletzung des Rückschiebungsverbotes droht (Art. 22 Abs. 1ter lit. b AsylG).

  Die Einreise *kann*, um Härtefälle zu vermeiden (Art. 22 Abs. 2bis AsylG), zudem auch in einer Reihe von weiteren Situationen bewilligt werden:

  - wenn die betroffenen Personen enge Beziehungen zu Personen haben, die in der Schweiz leben (Art. 11*a* Abs. 2 lit. a AsylV1);
  - wenn die asylsuchenden Personen bei bestehender Dublinzuständigkeit der Schweiz zwar nicht direkt aus ihrem Heimat- oder Herkunftsstaat in die Schweiz gereist sind, sie aber glaubhaft machen, dass sie diesen aus flüchtlingsrelevanten Gründen verlassen haben und sie ohne Verzug an die Schweizer Grenze gelangt sind (Art. 11*a* Abs. 2 lit. b AsylV1);
  - aus humanitären Gründen, selbst bei fehlender Dublinzuständigkeit der Schweiz (Art. 11*a* Abs. 3 AsylV1).

  Wird die Einreise bewilligt, so werden die asylsuchenden Personen nach der Einreise einem Bundesasylzentrum (für das beschleunigte Verfahren) oder einem Kanton (für das erweiterte Verfahren) zugewiesen und kommen dort in die Vorbereitungsphase (Art. 22 Abs. 5 AsylG).

- **Vorläufige Verweigerung der Einreise**: Kann das SEM gestützt auf die Erhebungen nicht sofort feststellen, ob die Schweiz zur Durchführung des Asylverfahrens zuständig ist beziehungsweise ob bei bestehender Dublinzuständigkeit die Voraussetzungen für die Bewilligung der Einreise (Art. 22 Abs. 1ter AsylG) erfüllt sind, verweigert es nach der Gewährung des rechtlichen Gehörs (Art. 22 Abs. 4 AsylG) vorläufig die Einreise

(Art. 22 Abs. 2 AsylG) und weist den betroffenen Personen für die Dauer des Verfahrens beziehungsweise für maximal 60 Tage (Art. 22 Abs. 5 AsylG) einen Aufenthaltsort am Flughafen zu (Art. 22 Abs. 3 AsylG). Diese Verfügung ist innerhalb von zwei Tagen (48 Stunden) nach der Einreichung des Asylgesuches zu eröffnen (Art. 22 Abs. 4 AsylG). Im Anschluss daran erfolgt in der Flughafen-Transitzone die Erstbefragung sowie die Anhörung zu den Asylgründen. Am Flughafen können nach Art. 23 Abs. 1 AsylG lediglich negative Asylentscheide oder Nichteintretensentscheide gefällt werden. Kommt das SEM gestützt auf die Anhörung zum Schluss, dass voraussichtlich ein positiver Asylentscheid gefällt werden wird, hat es die Einreise zu bewilligen und die betroffenen Personen entweder einem Bundesasylzentrum (für das beschleunigte Verfahren) oder einem Kanton (für das erweiterte Verfahren) zuzuweisen. Können negative Asylentscheide beziehungsweise Nichteintretensentscheide nicht binnen 20 Tagen seit der Gesuchsstellung ergehen, werden die asylsuchenden Personen ebenfalls einem Kanton oder einem Bundeszentrum zugewiesen (Art. 23 Abs. 2 AsylG).

– **Verweigerung der Einreise und Einleitung eines Dublin-Verfahrens**: Kommt das SEM zum Schluss, dass ein anderer Staat für die Durchführung des Asylverfahrens zuständig ist, wird die Einreise verweigert (Art. 22 Abs. 1bis AsylG) und ein Dublin-Verfahren eingeleitet. Den betroffenen Personen wird für die Dauer des Verfahrens ein Aufenthaltsort am Flughafen zugewiesen. Diese Verfügung ist binnen zwei Tagen (48 Stunden) nach der Einreichung des Asylgesuches und nach der Gewährung des rechtlichen Gehörs zu eröffnen (Art. 22 Abs. 4 AsylG). Stimmt der zuständige Dublin-Staat der Aufnahme oder Wiederaufnahme zu, fällt das SEM gestützt auf Art. 31*a* Abs. 2 lit. b AsylG einen Nichteintretensentscheid. Da der Aufenthalt am Flughafen auf 60 Tage beschränkt ist (Art. 22 Abs. 5 AsylG), wird den betroffenen Personen die Einreise in die Schweiz bewilligt und sie werden einem Bundeszentrum zugewiesen, wenn sie nicht innerhalb dieser Zeit in den zuständigen Dublin-Staat überstellt werden können (Art. 22 Abs. 6 AsylG).

1205 Die Beschwerde- und Behandlungsfristen gegen Verfügungen im Flughafenverfahren betragen:

– **(Vorläufige) Einreiseverweigerung**: Die Frist zur Beschwerde an das Bundesverwaltungsgericht gegen die (vorläufige) Einreiseverweigerung läuft bis zum Zeitpunkt der Eröffnung eines Entscheides gestützt auf Art. 23 Abs. 1 AsylG, das heisst bis zu einem negativen Asylentscheid beziehungsweise einem Nichteintretensentscheid im Flughafenverfahren (Art. 108 Abs. 4 AsylG). Das Bundesverwaltungsgericht ist gehalten, entsprechende Beschwerden unverzüglich zu behandeln (Art. 109 Abs. 5 AsylG).

- **Überprüfung der Rechtmässigkeit und Angemessenheit der Zuweisung eines Aufenthaltsortes am Flughafen**: Die Überprüfung der Zuweisung eines Aufenthaltsortes kann jederzeit mittels Beschwerde beantragt werden (Art. 108 Abs. 5 AsylG), wobei eine unverzügliche Behandlung durch das Bundesgericht vorgeschrieben ist (Art. 109 Abs. 5 AsylG).
- **Nichteintretensentscheide und negative Asylentscheide im Flughafenverfahren**: Vorgesehen sind eine Frist von fünf Arbeitstagen für die Beschwerde an das Bundesverwaltungsgericht (Art. 108 Abs. 3 AsylG) sowie eine fünftägige Behandlungsfrist durch das Bundesverwaltungsgericht (Art. 109 Abs. 3 AsylG). Bei der Behandlungsfrist handelt es sich allerdings um eine Ordnungsfrist, die bei Vorliegen triftiger Gründe um einige Tage überschritten werden kann (Art. 109 Abs. 4 AsylG). Die Beschwerde hat aufschiebende Wirkung (Art. 55 Abs. 1 VwVG) und deckt sich in Bezug auf die Beschwerdegründe mit den Beschwerden gegen Entscheide aus dem beschleunigten und erweiterten Verfahren (siehe vorne Rz. 1153).

b) Asylverfahren von unbegleiteten minderjährigen Asylsuchenden (UMA)

Als unbegleitete minderjährige Asylsuchende, kurz UMA, gelten Kinder und Jugendliche, die ohne ihre Eltern oder andere erziehungsberechtigte Personen in die Schweiz einreisen und ein Asylgesuch stellen. UMA befinden sich aufgrund der Trennung von ihren Familien, ihrer fehlenden Lebenserfahrungen, den sprachlichen Schwierigkeiten sowie der fehlenden Vertrautheit mit der schweizerischen Kultur und dem hiesigen Recht in einer besonders verwundbaren Situation. Im Rahmen des Asylverfahrens haben sie daher besondere Schutzbedürfnisse. So ist das Wohl des Kindes im gesamten Asylverfahren vorrangig zu berücksichtigen (vorne Rz. 156 ff.) und die zuständigen Behörden sind verpflichtet, bei jedem Verfahrensschritt der Minderjährigkeit angemessen Rechnung zu tragen. Das Asylverfahren von UMA weist daher im Vergleich zum normalen Asylverfahren gewisse Besonderheiten auf: 1206

aa) Prioritäre Behandlung des Asylgesuches von UMA

Asylgesuche von UMA sind nach Art. 17 Abs. 2bis AsylG prioritär zu behandeln. Die Priorisierung verfolgt zwei Ziele: Zum einen soll verhindert werden, dass die Erinnerungen der UMA verblassen und ihnen dadurch die Darstellung der Fluchtgründe erheblich erschwert oder gar verunmöglicht wird. Zum anderen ist es wichtig, dass UMA möglichst schnell Gewissheit über den Verfahrensausgang erhalten, da dies sowohl Auswirkungen auf ihre psychische Ver- 1207 fassung als auch auf die ihnen zur Verfügung stehenden Aus- und Weiterbildungsmöglichkeiten hat.

1208 Im Urteil E-3559/2021 bezeichnete das Bundesverwaltungsgericht etwa die Dauer einer Abklärung bei der Schweizerischen Botschaft, die das SEM unbegründeterweise erst sechs Monate nach dem Rückweisungsentscheid des Gerichts getätigt hatte, als lange. Da das SEM dem Beschwerdeführer zudem das durchgeführte Altersgutachten erst acht Monate nach dessen Eingang zustellte, stellte das Bundesverwaltungsgericht fest, dass das Verfahren nicht prioritär behandelt worden sei und das SEM dieses ohne triftige Gründe verzögert habe, womit die Rechtsverzögerungsbeschwerde gutzuheissen sei (BVGer, E-3559/2021, 13. Januar 2022, E. 5.3 f.).

1209 Allerdings darf die prioritäre Behandlung nicht zu Nachteilen für die betroffenen Kinder und Jugendlichen führen:

> «7.2.3 (…) Kinder benötigen genügend Zeit, um sich auf Befragungen vorzubereiten und zu reflektieren, um danach über das Erlebte frei berichten zu können. Sie benötigen Zeit um vertraute Beziehungen mit ihrer Vertrauensperson und anderen professionellen Personen zu schaffen, um sich sicher und geschützt zu fühlen und ihre Gründe für die Ausreise frei schildern zu können. Auch in einem Verfahren, welches nach der Vorbereitungsphase allenfalls in ein beschleunigtes Verfahren mündet, muss deshalb die Vertrauensperson ausreichend Zeit für den Vertrauensaufbau haben. Selbst wenn die unbegleitete minderjährige Asylsuchende keine Asylgründe nach Art. 18 AsylG vorzutragen hat, müssen ihre Verfahrensgarantien berücksichtigt werden.
>
> (…)
>
> 7.3.1 (…) Die prioritäre Behandlung der Asylgesuche von unbegleiteten minderjährigen Asylsuchenden gemäss Art. 17 Abs. 2bis AsylG bedeutet jedoch nicht, dass das Verfahren verkürzt durchgeführt werden muss, sondern reduzierte Warteperioden auf jeder Stufe des Asylverfahrens. Gemäss dem Handbuch Asyl und Rückkehr des SEM dient die Erstbefragung dazu, möglichst viele persönliche und familienbezogene Daten des minderjährigen Asylsuchenden zusammenzutragen, um später die Glaubhaftigkeit der angegebenen persönlichen Daten zu beurteilen, allfällige Nachforschungen vor Ort einzuleiten und gegebenenfalls über die Frage der Wegweisung zu entscheiden (…). In der Protokollvorlage der Erstbefragung von unbegleiteten minderjährigen Asylsuchenden ist zudem festgehalten, dass anlässlich dieser Fragen zu den Personalien und der Identität, der Herkunft, sowie der Familienverhältnisse und Lebensumstände behandelt werden (…).
>
> 7.3.2 Die in BVGE 2014/30 (…) genannten Mindestgarantien müssen im Verfahren von minderjährigen Asylsuchenden eingehalten werden. Dabei gilt es insbesondere, eine Schlechterstellung von minderjährigen Asylsuchenden gegenüber erwachsenen Asylsuchenden zu vermeiden. Die Ausnahmeregelungen in Art. 26 Abs. 3 AsylG und Art. 19 Abs. 2 AsylV1 führen zu verkürzten Verfahren, weshalb sie bei unbegleiteten minderjährigen Asylsuchenden aufgrund von deren besonderen Verletzlichkeit nicht angewendet werden sollten. So kann in einem verkürzt durchgeführten Verfahren insbesondere kein Vertrauensverhältnis geschaffen werden, wodurch die Vertrauensperson ihre Aufgaben nicht richtig wahrnehmen kann. Vorliegend entspricht die Anhörung vom 16. Juli 2019 zudem in verschiedener Hinsicht nicht den genannten Anforderungen. In casu wurde (…) die Beschwerde-

führerin zu einer Erstbefragung (...) eingeladen, womit die Rechtsvertretung nicht damit rechnen musste, dass die unbegleitete minderjährige Asylsuchende zu den Asylgründen befragt würde, und diese entsprechend nicht darauf vorbereiten musste. Die Erstbefragung wurde zunächst auch regulär durchgeführt, bevor die Beschwerdeführerin mit weiterführenden Fragen konfrontiert wurde (...). Gemäss den im BVGE 2014/30 formulierten Verfahrensgarantien für die Befragung von minderjährigen Asylsuchenden, soll die Vorinstanz der minderjährigen Person bereits zu Beginn der Befragung deren Ziel erläutern, was vorliegend hinsichtlich einer allfälligen Anhörung nicht erfolgte. Den Verfahrensablauf während der laufenden Befragung anzupassen, ist dem nötigen Klima des Vertrauens nicht förderlich. Dass der Rechtsvertretung nach wiederholter Intervention 15 Minuten Pause gewährt wurde, um sich mit der Beschwerdeführerin zu besprechen und ihr das Vorgehen der Vorinstanz und die daraus folgenden Konsequenzen zu erklären (...), kann nicht als genügende Vorbereitungszeit auf einen derart wichtigen Verfahrensschritt gewertet werden. Für die Vertrauensperson wäre wichtig gewesen, die minderjährige Person und ihre Geschichte kennen zu lernen, um sie an der Anhörung angemessen unterstützen und gegebenenfalls intervenieren oder die Behörde auf bestimmte Umstände aufmerksam machen zu können (...). Im Hinblick auf die zentrale Bedeutung, welcher die Anhörung zu den Asylgründen im Verfahren zukommt, kann sich die Beratung der minderjährigen Person durch die Vertrauensperson jedenfalls nicht darin erschöpfen, ihr unerwartet eine Pause von 15 Minuten zu gewähren, innert welcher die minderjährige Person über die Bedeutung der Anhörung informiert wird und ihrerseits über ihre persönlichen Asylgründe umfassend zu informieren hat. Mangels genügender Vorbereitungszeit ist nicht gewährt, dass die minderjährige Beschwerdeführerin ihre Asylgründe tatsächlich vollständig hat darlegen können. Eine Einwilligung in die Befragung zu den Asylgründen durch die minderjährige Beschwerdeführerin kann zudem nicht determinierend sein, zumal diese die Tragweite ihrer Zustimmung nicht einzuschätzen vermag, insbesondere hinsichtlich des Respekts ihrer Verfahrensgarantien. So darf die Prozessökonomie von der Vorinstanz nicht höher gewichtet werden als die zum Wohle des Kindes erlassenen Verfahrensregeln. (...)

7.4 Gesamthaft betrachtet hat die Vorinstanz die Mindestgarantien an das Verfahren bei minderjährigen Asylsuchenden vorliegend nicht eingehalten. Indem sie unterliess, die Sachverhaltserhebung hinsichtlich der Asylgründe im Rahmen einer separaten Anhörung vorzunehmen, konnte die Vertrauensperson ihre Aufgabe nicht in seriöser Weise wahrnehmen und wurde das neue Verfahren, welches in mehreren Verfahrensschritten - Vorbereitungsphase von maximal 21 Tagen (Art. 26 Abs. 1 AsylG) und einem beschleunigten Verfahren nach Abschluss der Vorbereitungsphase (Art. 20c AsylV1) - vorgesehen ist, nicht eingehalten.» (BVGer, E-3902/2019, 22. Oktober 2019)

bb) Vertrauensperson

Während des Asylverfahrens wird UMA eine Vertrauensperson zur Seite gestellt, die ihre Interessen vertritt. Für die Zeit des Aufenthaltes im Bundeszentrum sowie am Flughafen kommt diese Aufgabe der zugewiesenen Rechtsver- 1210 tretung zu (Art. 17 Abs. 3 lit. a AsylG). Nach der Zuweisung an einen Kanton wird von den zuständigen kantonalen Behörden – in aller Regel die KESB – unverzüglich eine Vertrauensperson bestimmt (Art. 17 Abs. 3 lit. b AsylG), sofern nicht sofort eine Beistands- oder Vormundschaft eingesetzt wird. Vertrauenspersonen müssen über Erfahrung im Umgang mit Kindern verfügen sowie Grundkenntnisse des Asylverfahrens und der Kinderrechte haben, um so die Unerfahrenheit von UMA ausgleichen zu können. Sie begleiten und unterstützen UMA im Verfahren, indem sie sie namentlich vor und während der Befragungen beraten, bei der Nennung und Beschaffung von Beweismitteln unterstützen und ihnen im Verkehr mit Behörden sowie mit Einrichtungen des Gesundheitswesens beistehen (Art. 7 Abs. 3 AsylV1). Hierzu hat das Bundesverwaltungsgericht ausgeführt:

> «Der Zweck der Massnahmen nach Art. 17 Abs. 3 AsylG und Art. 7 AsylV 1 liegt insofern auf der Hand, als minderjährige Personen, die aus ihrer geografischen, sprachlichen, kulturellen und sozialen Umgebung herausgerissen worden sind, sich deshalb in einer schwierigen Situation befinden und gerade wegen ihres jugendlichen Alters besonders verletzlich und meist mit ihrer Lage überfordert sind. Deshalb sollen sie während des Asylverfahrens durch eine Person ihres Vertrauens unterstützt werden, indem altersbedingte Erfahrungsdefizite ausgeglichen und die unbegleiteten minderjährigen Asylsuchenden auf den Stand einer durchschnittlichen erwachsenen asylsuchenden Person gebracht werden (…).» (BVGer, D-6508/2019, 18. Dezember 2019, E. 5.1.2)

1211 Die Ernennung einer Vertrauensperson ist nicht zustimmungsbedürftig. Eine Vertrauensperson wird auch ohne Einverständnis der UMA eingesetzt. Auch im Falle, dass die UMA auf die Zuweisung einer Rechtsvertretung verzichtet haben, bleibt diese als Vertrauensperson für die Vertretung ihrer Interessen zuständig (Art. 7 Abs. 2ter AsylV1, siehe auch vorne Rz. 1084). Das Versäumnis zur rechtzeitigen Ernennung einer Vertrauensperson stellt eine Verletzung des rechtlichen Gehörs nach Art. 12 KRK und Art. 29 Abs. 2 BV dar, die nur dann nicht zur Aufhebung des Entscheides des SEM führt, wenn die oder der betroffene UMA durch die fehlende Unterstützung keinen Nachteil erlitten hat.

cc) Anhörung zu den Asylgründen

1212 Im Rahmen von Anhörungen ist den besonderen Aspekten der Minderjährigkeit Rechnung zu tragen (Art. 7 Abs. 5 AsylV1). In Bezug auf die Ausgestaltung der Anhörung müssen insbesondere das Alter und die Reife der Minderjährigen sowie auch die Komplexität der Vorbringen berücksichtigt werden. Das Bundesverwaltungsgericht hat sich in BVGE 2014/30 ausführlich mit der Ausgestaltung der Anhörung Minderjähriger auseinandergesetzt und insbesondere festgehalten, dass sich die Behörden während der gesamten Anhörung um ein vertrauensvolles Klima bemühen und eine wohlwollende und neutrale Haltung einnehmen müssten:

> «2.3.3.1 Il ressort (…) que l'audition d'un requérant d'asile mineur doit être menée par une personne professionnellement qualifiée, formée spécialement à cet effet et disposant de connaissances relatives au développement psychologique, émotionnel et physique et au comportement des enfants (…). (…)
>
> Il est recommandé de commencer l'audition en clarifiant les buts de l'audition et en expliquant les règles applicables, d'une manière simple et compréhensible. Chacune des personnes assistant à l'audition doivent être présentées au mineur et leurs rôles expliqués. Il est impératif de souligner l'importance de dire la vérité, mais aussi de s'assurer que le mineur comprenne qu'il n'y a pas de réponses correctes ou incorrectes, et qu'il est possible qu'il ne puisse pas répondre à toutes les questions.
>
> L'auditeur est invité à observer le comportement de l'enfant et à noter toute forme de communication non verbale (geste, silence). Il doit faire preuve d'une écoute bienveillante et rester neutre. Le contact visuel est également d'une importance prépondérante: en présence d'un interprète, l'auditeur doit diriger ses questions vers le jeune requérant directement, et se montrer attentif à ses réponses.
>
> Les lignes directrices insistent sur la nécessité de formuler les questions de manière ouverte durant l'audition, pour favoriser le récit libre; ce n'est que dans un second temps qu'il s'agit éventuellement de poser, à titre complémentaire, des questions précises.
>
> Les particularités liées à la culture d'origine de l'enfant (notamment les conceptions de temps et d'espace) ainsi qu'à l'âge doivent être prises en considération. Il est admis que ce n'est qu'à partir de l'âge de douze ans environ qu'un enfant est capable d'envisager des événements indépendants de sa propre vie, de suivre un raisonnement logique, de penser en termes abstraits et de formuler des hypothèses (...).
>
> Si le jeune requérant ne parvient pas à parler de certains événements en raison des émotions qui y sont liées, il est conseillé de changer de sujet et d'y revenir plus tard durant l'audition. Le HCR note que de nombreux requérants d'asile mineurs sont traumatisés par les expériences qu'ils ont vécues: à cet égard, il est indispensable de prendre en compte les émotions ressenties par le mineur (en particulier les sentiments de culpabilité et de peur), ainsi que la possibilité d'un déni de certains événements trop violents.
>
> Enfin, il est recommandé de terminer l'audition sur une discussion portant sur des thèmes plus légers, indépendants du vécu passé, de façon à permettre au mineur de se détendre et de retrouver une sensation de sécurité.
>
> 2.3.3.3 Ces différentes phases d'audition se retrouvent dans la méthode de l'audition non suggestive par étapes progressives, préconisée par la doctrine spécialisée pour l'audition de mineurs. Cette méthode comprend sept étapes: la mise en relation, la discussion sur la vérité, l'introduction du sujet de l'audition, le récit libre, les questions ouvertes, les questions spécifiques et la fin de l'audition (…).

2.3.3.4 S'agissant de l'adaptation des questions posées durant l'audition à l'âge d'un requérant d'asile mineur, certaines autorités nationales compétentes en matière de migration ont émis les recommandations suivantes (...):

- utiliser des phrases courtes et des mots simples,
- éviter l'utilisation de termes juridiques, de métaphores ou d'expressions, ainsi que la forme passive,
- ne poser qu'une seule question à la fois,
- formuler des questions ouvertes,
- laisser cours au récit libre, puis poser des questions plus précises,
- éviter de poser des séries de questions sans aucun lien entre elles et annoncer les changements de thématique,
- bannir les questions commençant par «pourquoi» (spécialement pour les jeunes enfants) et celles appelant des hypothèses ou un raisonnement abstrait,
- éviter les questions subjectives,
- s'abstenir de mettre explicitement en doute les réponses reçues,
- expliquer la répétition de questions portant sur les mêmes thèmes,
- ne pas forcer un mineur à répondre à une question.

Il est également recommandé de demander au mineur interrogé de définir lui-même les termes utilisés afin de vérifier quel sens il a voulu leur donner. L'auditeur doit régulièrement reformuler les réponses pour vérifier qu'il a bien compris les propos du mineur et poser plusieurs fois les questions liées à des faits importants sous différents angles de vue, afin de contrôler les réponses reçues.

En ce qui concerne le rythme de l'audition, les lignes directrices précitées mettent en lumière qu'un enfant aura parfois besoin d'un peu plus de temps qu'un adulte pour formuler une réponse, d'où l'importance de respecter les silences durant l'audition. Une pause est nécessaire au moins toutes les demi-heures.

2.3.4 Il ressort de la doctrine que de nombreux autres éléments sont à prendre en considération lors de l'audition d'un mineur.

Ainsi, des facteurs d'ordre affectif peuvent influencer les déclarations d'un jeune requérant d'asile: par crainte de ne pas être cru, il peut être amené à modifier les faits dans le but de paraître plus crédible ou à censurer, voire oublier certains événements traumatisants (...).

Sur le plan cognitif, plus un enfant est jeune, moins sa mémoire enregistrera des détails et moins il aura les outils cognitifs nécessaires à une reconstruction logique des événements. L'écoulement du temps entre les événements et le moment où il doit les relater doit aussi être pris en compte. D'autre part, des études ont démontré que le récit libre et les questions ouvertes donnaient lieu à des réponses plus longues, plus détaillées et plus exactes que d'autres types de questions, dès lors qu'elles favoriseraient le rappel de l'information enregistrée par la mémoire. L'auditeur doit également s'adapter aux compétences de langage de l'enfant: selon les experts, il est rare qu'un enfant demande à un adulte d'expliciter une question mal comprise, et encore plus rare qu'il fasse remarquer une erreur de compréhension de la part de la personne qui l'interroge. Les mineurs sont enfin très sensibles à la suggestibilité et auront tendance à mentir ou à adapter leur récit en fonction des questions posées, en particulier s'il s'agit de questions fermées et suggestives, pour donner la réponse qui, selon eux, est attendue (....).» (BVGE 2014/30)

dd) Mitwirkungspflicht

Die Mitwirkungspflicht gilt zwar für Minderjährige ebenfalls, allerdings müssen diesbezüglich das Alter und die Reife berücksichtigt werden. Entsprechend sind die Anforderungen an die Mitwirkungspflicht bei Kindern und Jugendlichen tiefer anzusetzen als bei erwachsenen Asylsuchenden: 1213

> «Die behördliche Aufklärungspflicht ist durch die Mitwirkungspflicht der asylsuchenden Person gemäss Art. 8 AsylG begrenzt. Der entsprechende Massstab ist jedoch einzelfallgerecht in Beziehung zum Alter und zur Selbständigkeit des Minderjährigen zu setzen (…). Konkret bedeutet dies, dass einer sehr jungen minderjährigen Person, die nicht in der Lage ist, ihre Vorbringen genügend klar und vollständig darzulegen, grundsätzlich keine Verletzung der Mitwirkungspflicht vorgehalten werden kann.» (BVGer, E-5724/2019, 11. Dezember 2019, E. 5.4.4)

ee) Medizinische Altersgutachten

Vielfach können UMA ihre Minderjährigkeit wegen des Fehlens von Dokumenten nicht belegen. Haben die Behörden Zweifel an der Minderjährigkeit, können sie die Altersangaben durch medizinische Gutachten überprüfen lassen (Art. 17 Abs. 3bis AsylG und Art. 7 Abs. 1 AsylV1). Ein solcher Schritt erfolgt meist während der Vorbereitungsphase. Medizinische Altersgutachten sollen nach der sogenannten Drei-Säulen-Methode erstellt werden, bei der eine körperliche Untersuchung, eine Schlüsselbein- beziehungsweise Skelettanalyse sowie eine zahnärztliche Untersuchung durchgeführt werden. 1214

ff) Unterbringung

UMA müssen alters- und kindgerecht untergebracht werden (Art. 82 Abs. 3bis AsylG). Dies ist nur gewährleistet, wenn sie von erwachsenen Asylsuchenden getrennt werden und eine angemessene Betreuung gewährleistet wird. So muss UMA zum Beispiel durch den Einsatz von Sozialpädagoginnen und Sozialpädagogen eine altersgerechte Tagesstruktur geboten und das verfassungsmässige Recht auf Grundschulunterricht gewährleistet werden. UMA dürfen nicht in einem besonderen Zentrum untergebracht werden (Art. 15 Abs. 1 AsylV1, zu den besonderen Zentren siehe vorne Rz. 1057) und im Falle eines Zentrumsausschlusses muss eine geeignete alternative Unterbringung gewährleistet sein. 1215

gg) Dublin-Zuständigkeitskriterien

1216 Für UMA enthält Art. 8 der Dublin-III-Verordnung besondere Zuständigkeitskriterien, die die Wahrung des Kindeswohls in den Vordergrund rücken. So ist für die Behandlung von Asylgesuchen von UMA primär jener Dublin-Staat zuständig, in dem sich der Vater, die Mutter oder eine andere sorgeberechtigte Person beziehungswiese Geschwister rechtmässig aufhalten, sofern dies dem Wohl des Kindes entspricht. Der aktuelle Aufenthaltsstaat hat diesfalls so bald als möglich alle geeigneten und zumutbaren Schritte zu unternehmen, um die Familienangehörigen von UMA zu ermitteln und die Zusammenführung voranzutreiben. Sind keine Familienmitglieder auffindbar oder steht das Kindswohl einer Zusammenführung entgegen, liegt die Zuständigkeit bei jenem Dublin-Staat, in dem sich andere Verwandte von UMA befinden, sofern dies dem Kindswohl entspricht und die weiteren Verwandten (zum Beispiel Grosseltern, volljährige Onkel und Tanten) für die UMA sorgen können. Ist auch dieses Kriterium nicht erfüllt, so ist der Staat für die Behandlung des Asylgesuchs zuständig, in dem die UMA ihr Asylgesuch gestellt haben. Wurden mehrere Gesuche eingereicht, ist auf das letzte Asylgesuch abzustellen. Das für UMA geltende Auffangkriterium teilt die Zuständigkeit somit nicht wie bei erwachsenen Asylsuchenden dem Erstgesuchsland, sondern vielmehr dem Aufenthaltsstaat zu. Diese Regelung dient dem Schutz des Kindswohls, wird dadurch doch verhindert, dass Minderjährige zur Ausreise aus dem Aufenthaltsstaat und zur Rückkehr in das Erstgesuchsland verpflichtet werden, was zu einem erneuten Beziehungsabbruch führen würde.

hh) Der besondere Schutz beim Vollzug von Wegweisungen

1217 Das Kindeswohl muss auch beim Vollzug von Wegweisungen vorrangig berücksichtigt werden. Im Zentrum steht hier insbesondere die Zumutbarkeit des Wegweisungsvollzugs. Für die Beurteilung der Zumutbarkeit muss das SEM die Situation der Minderjährigen im Falle der Rückkehr in den Heimat- oder Herkunftsstaat abklären und eine umfassende Gesamtwürdigung vornehmen. Dabei müssen ihr Alter und ihre Reife, ihr Entwicklungsstand sowie ihre Ausbildung, ihre Gesundheit, ihre sozialen und familiären Beziehungen, ihre Bezugspersonen im Heimat- oder Herkunftsstaat und deren Unterstützungsbereitschaft beziehungsweise Unterstützungsfähigkeit sowie die Schwierigkeiten einer Reintegration im Heimat- oder Herkunftsstaat berücksichtigt werden. Das SEM muss insbesondere sicherstellen, dass UMA bei ihrer Rückkehr einem Familienmitglied, einem Vormund oder einer geeigneten Aufnahmeeinrichtung übergeben werden können. Daher ist der Vollzug der Wegweisung von UMA grundsätzlich nur zumutbar, wenn sie im Heimat- oder Herkunftsstaat ein tragfähiges Beziehungsnetz und eine gesicherte Wohnsituation haben und über genügend finanzielle Mittel verfügen, um ihren Lebensunterhalt zu sichern. Ist dies nicht der Fall, muss die vorläufige Aufnahme angeordnet werden:

> «Das SEM steht demgemäss in der Pflicht, von Amtes wegen konkret abzuklären, ob der Beschwerdeführer in ein familiäres Umfeld zurückgeführt, beziehungsweise wenn dies nicht möglich ist oder dem Kindeswohl nicht entspricht, anderweitig untergebracht werden kann. Diese konkreten Abklärungen inklusive einer Übernahmezusicherung einer geeigneten ugandischen Institution müssen vor Erlass einer wegweisenden Verfügung vorgenommen beziehungsweise eingeholt werden, damit sie einer gerichtlichen Überprüfung offenstehen können. Solche Sachverhaltselemente sind Voraussetzung und Teil der anfechtbaren Verfügung» (BVGer, E-5724/2019, 11. Dezember 2019, E. 5.4.3).

c) Resettlement (Asyl für Gruppen)

Resettlementprogramme bezwecken die Neuansiedlung besonders schutzbe- 1218
dürftiger Flüchtlinge, die im Zufluchtstaat in prekären Verhältnissen und ohne Chance auf eine sichere Existenz und Zukunft leben und die in absehbarer Zeit auch nicht in ihr Heimat- oder Herkunftsland zurückkehren können. In Zusammenarbeit mit dem UNHCR erklären sich im Rahmen von Resettlementprogrammen Drittstaaten bereit, Gruppen von Flüchtlingen aus einem Zufluchtstaat zu übernehmen und die betreffenden Flüchtlinge dauerhaft aufzunehmen. Resettlementprogramme sollen einerseits die sichere Einreise von Flüchtlingen ermöglichen und sind andererseits ein Akt der internationalen Kooperation, Solidarität und Verantwortung.

Bis in die 1990er-Jahre nahm die Schweiz regelmässig an Resettlementpro- 1219
grammen – damals noch unter der Bezeichnung Kontingentsflüchtlingspolitik – des UNHCR teil. Nach einem Unterbruch von rund 20 Jahren führt die Schweiz seit 2013 wieder Resettlementprogramme durch. Auslöser hierfür war die grosse Zahl von Personen, die im Zuge des Bürgerkrieges und der damit verbundenen humanitären Krise in Syrien insbesondere nach Jordanien und in den Libanon geflüchtet sind.

Die schweizerische Resettlementpolitik findet ihre Grundlage in Art. 56 f. 1220
AsylG. Nach Art. 56 AsylG kann der Bundesrat entscheiden, grösseren Flüchtlingsgruppen Asyl zu gewähren. Für die Asylgewährung an Gruppen bis zirka 100 Personen ist das EJPD zuständig. Die Gewährung von Asyl für Gruppen von Flüchtlingen erfolgt somit nicht aufgrund eines schweizerischen Asylverfahrens, sondern vielmehr aufgrund eines politischen Entscheides gestützt auf eine Vereinbarung zwischen der Schweiz und dem UNHCR. Die Flüchtlingseigenschaft von Personen, die für Resettlementprogramme in Frage kommen, ist vorgängig bereits vom UNHCR im Zufluchtland festgestellt worden. Das SEM prüft lediglich noch die Dossiers der vom UNCHR vorgeschlagenen Per-

sonen und der NDB klärt allfällige Sicherheitsbedenken ab. Flüchtlinge, die im Rahmen von Resettlementprogrammen in die Schweiz kommen, reisen nach ihrer Ankunft in der Schweiz direkt in den zugewiesenen Kanton weiter und erhalten dort die Anerkennung als Flüchtling sowie Asyl.

1221 **Pilotprojekt Resettlement:** Am 4. September 2013 lancierte der Bundesrat ein erstes Resettlementprogramm als Pilotprojekt. Binnen dreier Jahre sollten 500 besonders schutzbedürftige Flüchtlinge, die Opfer des Syrienkriegs waren, aufgenommen werden. Im Rahmen dieses Pilotprojektes sind 503 Personen eingereist (388 aus dem Libanon, 23 aus Jordanien und 141 direkt aus Syrien). Acht Kantone haben die Flüchtlinge aufgenommen: St. Gallen, Genf, Solothurn, Luzern, Wallis, Basel-Landschaft, Schaffhausen und Uri.

1222 **Humanitäre Aktion:** Am 6. März 2015 beschloss der Bundesrat, innerhalb von drei Jahren weitere 3'000 Opfer des Syrienkrieges aufzunehmen, einerseits im Rahmen eines Resettlementprogrammes, andererseits durch die Gewährung humanitärer Visa. Im Rahmen dieses Programmes wurden 999 Personen als Flüchtlinge in der Schweiz aufgenommen und 501 Personen haben ein humanitäres Visum erhalten. Daneben hat die Schweiz 1'500 Asylsuchende im Rahmen des ersten europäischen Relocationprogrammes aus Italien und Griechenland übernommen und diese an das Kontingent von 3'000 Personen angerechnet.

1223 **Resettlement II:** Am 9. Dezember 2016 hat der Bundesrat entschieden, im Laufe von zwei Jahren eine weitere Gruppe von 2000 Opfern des Syrienkonfliktes im Rahmen eines Resettlementprogrammes aufzunehmen. Im Rahmen dieses Progammes, das im Frühling 2019 beendet wurde, reisten insgesamt 1'993 Personen in die Schweiz ein.

1224 **Humanitäre Sofortmassanhme Libyen:** Im Dezember 2017 hat das EJPD zudem auf Ersuchen des UNHCR beschlossen, bis Mitte 2018 eine Gruppe von 80 besonders schutzbedürftigen Flüchtlingen aus Libyen aufzunehmen. Gesamthaft 78 Personen reisten im Frühling und Sommer 2018 in die Schweiz ein und wurden von den Kantonen Aargau, Basel-Land, Basel-Stadt, Bern, Freiburg, Neuenburg, Schaffhausen, Solothurn, Tessin, Waadt und Zug aufgenommen.

1225 **Resettlement III:** Am 30. November 2018 hat der Bundesrat beschlossen, innerhalb eines Jahres bis zu 800 Opfer des Syrienkonflikts und andere besonders schutzbedürftige Flüchtlinge in der Schweiz aufzunehmen. Mit Entscheid vom 16. April 2019 beschloss das EJPD, von diesen 800 Plätzen deren 50 für die Aufnahme von besonders schutzbedürftigen Personen aus Libyen zur Verfügung zu stellen. Gesamthaft reisen im Rahmen dieses Resettlementprogrammes bis Anfang 2020 798 Personen in die Schweiz ein.

1226 **Umsetzungskonzept Resettlement:** Am 29. Mai 2019 verabschiedete der Bundesrat das Umsetzungskonzept Resettlement, wonach alle zwei Jahre 1'5000 bis 2'000 besonders schutzbedürftige Flüchtlinge in der Schweiz aufgenommen werden sollen. Das genaue Aufnahmekontingent wird durch den Bundesrat festgelegt.

1227 **Resettlement 2020/2021:** Unter erstmaliger Anwendung des Umsetzungskonzeptes Resettlement beschloss der Bundesrat, dass in den beiden Jahren 2020 und 2021 bis zu 1'600 Personen in der Schweiz aufgenommen werden sollen. Davon waren mindestens 1'280 Plätze für Personen aus den Krisenregionen im Nahen Osten und entlang der Migrationsroute über das zentrale Mittelmeer und 320 Plätze für kurzfristige humanitäre Notsituationen vorgesehen. Aufgrund der Covid-19-Pandemie konnte das Resettlement-Programm nur mit Verzögerung umgesetzt werden. Bis Ende 2021 reisten gesamthaft 1'161 Flüchtlinge in die Schweiz ein. Daneben wurden dem Kontingent 219 Personen angerechnet, die im August 2021 nach der Machtübernahme der Taliban aus Afghanistan evakuiert worden waren.

Resettlement 2022/2023: Am 19. Mai 20221 hat der Bundesrat das Resettlement-Kontingent für die Jahre 2022 und 2023 auf 1'600 Personen festgesetzt. Zudem hat er entschieden, dass die 220 Plätze, die im Programm 2020/2021 pandemiebedingt nicht ausgeschöpft werden konnten, auf die Jahre 2022 und 2023 übertragen werden sollten. Im Vordergrund stehen wie bereits 2020/2021 besonders schutzbedürftige Personen aus den Konfliktgebieten im Nahen Osten und entlang der Migrationsroute über das zentrale Mittelmeer. 1228

Relocationprogramme dürfen nicht mit Resettlementprogrammen verwechselt werden. Bei Relocationprogrammen handelt es sich um Programme zur Umverteilung von bereits in einem Dublin-Staat registrierten Asylsuchenden in andere Dublin-Staaten zwecks Durchführung eines nationalen Asylverfahrens. Ziel dieser europäischen Programme ist die Entlastung besonders belasteter Dublin-Staaten. Im Rahmen des ersten, im Mai 2015 beschlossenen europäischen Relocationprogrammes sollen 40'000 Asylsuchende aus Italien und Griechenland in andere Dublin-Staaten umverteilt werden. Ein zweites europäisches Relocationprogramm vom September 2015 sieht die Umverteilung von weiteren 120'000 Asylsuchenden aus Italien und Griechenland vor. An diesen beiden Programmen können Asylsuchende teilnehmen, die Gruppen mit einer hohen prognostizierten Anerkennungsquote (mindestens 75 Prozent) angehören. In der Praxis trifft dies auf Staatsangehörige aus Eritrea, Syrien und dem Irak zu. Am 18. September 2015 hat der Bundesrat entschieden, am ersten europäischen Umverteilungsprogram teilzunehmen und 1'500 Asylsuchende – 900 aus Italien und 600 aus Griechenland – zu übernehmen. Diese 1'500 Personen wurden an das Resettlement-Kontingent von 3'000 Personen angerechnet, die der Bundesrat im Rahmen seines Beschlusses vom 6. März 2015 aufgenommen hat. Das Programm ist mit der Übernahme der letzten Personen im Ersten Quartal 2018 aus Italien und Griechenland abgeschlossen worden. Es wurden 921 Personen aus Italien und 579 Personen aus Griechenland übernommen. 1229

d) Die Gewährung vorübergehenden Schutzes

Nach Art. 4 AsylG kann die Schweiz «Schutzbedürftigen für die Dauer einer schweren allgemeinen Gefährdung, insbesondere während eines Krieges oder Bürgerkrieges sowie in Situationen allgemeiner Gewalt, vorübergehenden Schutz gewähren». Das Konzept des vorübergehenden Schutzes wurde als Reaktion auf die zahlreichen Gewaltflüchtlinge aus dem ehemaligen Jugoslawien in den 1990er-Jahren eingeführt. Auf Massenfluchtbewegungen sollte künftig angemessen, rasch und unbürokratisch reagiert werden können, ohne zeitintensive und kostspielige Individualverfahren durchzuführen. So zielt die Gewährung von vorübergehendem Schutz auf sogenannte Gewaltflüchtlinge ab, die die Flüchtlingseigenschaft im Sinne der Flüchtlingskonvention und des Asylgesetzes meist nicht erfüllen, weshalb ihr Asylgesuch abgewiesen, aufgrund der Unzulässigkeit oder Unzumutbarkeit des Wegweisungsvollzugs jedoch häufig die vorläufige Aufnahme verfügt würde (zur vorläufigen Aufnahme siehe vorne Rz. 853 ff.). Dieser voraussehbare, aber aufgrund mangelnder Alternativen nicht zu umgehende Leerlauf sollte durch die Möglichkeit der Gewährung von vorübergehendem Schutz vermieden und damit eine Überlastung 1230 des Asylsystems verhindert werden, indem Schutzbedürftige in einem vereinfachten und raschen Verfahren in der Schweiz aufgenommen werden können (BBl 1996 II 1, S. 18).

1231 Die vorübergehende Schutzgewährung zielt auf Gefährdungssituationen von relativ kurzer Dauer ab. Es steht nicht «der dauernde Aufenthalt Schutzbedürftiger in der Schweiz (…) im Vordergrund, sondern die Rückkehr in ihren Heimat- oder Herkunftsstaat, sobald sich die Möglichkeit dafür bietet» (BBl 1996 II 1, S. 2). Mit anderen Worten ist die Gewährung vorübergehenden Schutzes rückkehrorientiert. Aus diesem Grund sieht Art. 67 AsylG vor, dass die Gewährung von vorübergehendem Schutz soweit wie möglich mit Hilfe im Heimat- oder Herkunftsstaat oder der Herkunftsregion der Schutzbedürftigen ergänzt werden soll, damit die Voraussetzungen für eine sichere Rückkehr geschaffen werden können.

1232 Die Gewährung von vorübergehendem Schutz hat gewisse Ähnlichkeiten mit dem Asyl für Gruppen (Resettlement, siehe vorne Rz. 1218 ff.). So zielen beide Rechtsinstitute auf eine Gruppenaufnahme, die nicht aufgrund eines ordentlichen Asylverfahrens erfolgt, sondern vielmehr aufgrund eines politischen Entscheides. Dennoch dürfen die beiden Institute nicht miteinander verwechselt werden, da sie sich insbesondere in zwei wichtigen Punkten unterscheiden. Erstens zielt das Resettlement auf einen längerfristigen, in der Regel dauerhaften Verbleib der Betroffenen in der Schweiz ab. Der vorübergehende Schutz gilt demgegenüber – wie soeben gesehen – nur für
1233 die Dauer einer Gefährdungssituation und ist rückkehrorientiert. Zweitens richten sich Resettlementprogramme an besonders schutzbedürftige Flüchtlinge. Mit der vorübergehenden Schutzgewährung sollen hingegen gerade Personen aufgenommen werden, die die Flüchtlingseigenschaft meist nicht erfüllen.

1234 Das Asylrecht der EU kennt ein der vorübergehenden Schutzgewährung vergleichbares Instrument, den vorübergehenden Schutz im Fall eines Massenzustroms. Dieser ist in Richtlinie 2001/55 EG des Rates vom 20. Juli 2001 über Mindestnormen für die Gewährung vorübergehenden Schutzes im Falle eines Massenzustroms von Vertriebenen und Massnahmen zur Förderung einer ausgewogenen Verteilung der Belastungen, die mit der Aufnahme dieser Personen und den Folgen dieser Aufnahme verbunden sind, auf die Mitgliedstaaten (ABl. L 212 vom 7. August 2001, S. 12 ff.) niedergelegt. Dieses Instrument, das durch Beschluss des Rates auf Vorschlag der
1235 Kommission aktiviert wird, ist wie auch der vorübergehende Schutz des schweizerischen Asylgesetzes zum ersten Mal im Jahr 2022 im Zusammenhang mit dem Krieg in der Ukraine angewendet worden.

aa) Aktivierung

1236 Aktiviert wird die vorübergehende Schutzgewährung ausschliesslich durch einen **Grundsatzentscheid des Bundesrates**. Dieser kann nach Art. 66 Abs. 1 AsylG beschliessen, «ob und nach welchen Kriterien Gruppen von Schutzbedürftigen (...) vorübergehender Schutz gewährt wird». Vor der Entscheidfällung hat der Bundesrat Vertreterinnen und Vertreter der Kantone, der Hilfswerke und allenfalls weiterer nichtstaatlicher Organisationen sowie des UNHCR zu konsultieren (Art. 66 Abs. 2 AsylG).

> «Dieser Grundsatzentscheid der politischen Behörde bildet die zentrale Vorbedingung für die Schutzgewährung. (...) [E]s [handelt] sich bei der Gewährung vorübergehenden Schutzes nicht bloss um eine Ersatzmassnahme für einen unzumutbaren Wegweisungsvollzug. Vielmehr wird durch den Bundesratsentscheid ein originärer Status für die betreffende Gruppe geschaffen. Die Konsequenzen in innen- und aussenpolitischer wie auch in finanzieller Hinsicht werden daher vom Bundesrat jeweils sorgfältig abzuwägen sein.
>
> Dem Bundesrat wird bei der Festlegung der Kriterien weitgehend freies Ermessen eingeräumt. So kann er etwa bestimmen, dass nur einer genau festgelegten Personengruppe (z.B. Dienstverweigerern) aus einer bestimmten Krisenregion Schutz gewährt werden soll, oder er kann ausschliesslich Personen, die sich bereits in der Schweiz befinden und aus einem Kriegsgebiet stammen, als Schutzbedürftige bezeichnen. Er ist also nicht gezwungen, die schon hier anwesenden und die in Zukunft noch einreisenden Personen aus demselben Gebiet gleich zu behandeln und ihnen den gleichen Status zu verleihen. Immerhin wird bei der Bestimmung der Schutzbedürfigen dem Grundsatz der Einheit der Familie Rechnung zu tragen sein. Der Bundesrat kann aber neben den geographischen auch ethnische, zahlenmässige, zeitliche oder andere Kriterien für die Schutzgewährung aufstellen. Mit dieser Flexibilität kann er bei seinen Entscheiden den unterschiedlichsten Konstellationen im In- und Ausland Rechnung tragen, was schliesslich dazu beiträgt, dass es sich bei der Gewährung vorübergehenden Schutzes um ein taugliches und flexibel anwendbares flüchtlingspolitisches Instrument handelt.» (BBl 1996 II 1, S. 78)

Obwohl der Bundesrat den vorübergehenden Schutz als taugliches und flexibel anwendbares Instrument sowie «Kernstück» der Totalrevision des Asylgesetzes (BBl 1996 II 1, S. 10) angepriesen hat, wurde er erst 2022 und damit 24 Jahre nach seiner Einführung zum ersten Mal angewendet, als sich der Schengenraum einschliesslich der Schweiz nach dem Einmarsch der russischen Truppen in der Ukraine mit einer Massenfluchtbewegung konfrontiert sah (siehe zur Gewährung des vorübergehenden Schutzes an Personen aus der Ukraine hinten Rz. 1263 ff.). Allerdings wurde in der Literatur und Rechtsprechung bereits vor dem Krieg in der Ukraine die Aktivierung des vorübergehenden Schutzes im Zusammenhang mit anderen Konflikten gefordert. So machte etwa das Bundesverwaltungsgericht den Bundesrat im Jahr 2015 deutlich, aber letztlich erfolglos darauf aufmerksam, dass mit dem vorübergehenden Schutz ein rechtliches Instrument zur Verfügung stehen würde, um die hohe Anzahl der Gesuche von Personen zu bewältigen, die vor dem seit 2011 andauernden Bürgerkrieg aus Syrien in die Schweiz geflüchtet waren: 1237

> «5.4.1: Die Unübersichtlichkeit und Volatilität der Lage in Syrien und die damit verbundene Ungewissheit der künftigen Entwicklung führt zu Erschwernissen bei der Behandlung entsprechender Asylverfahren, was für die erstinstanzliche Verfahrensstufe ebenso gilt wie für die Beschwerdeebene. So ist eine Schwierigkeit darin zu sehen, dass jede Beurteilung der Fluchtgründe von Asylsuchenden syrischer

Herkunft, die eine Gefährdung aufgrund von Ereignissen seit dem Ausbruch des derzeitigen Konflikts geltend machen, lediglich auf einer momentanen Faktenlage beruht, deren Gültigkeit bereits innert vergleichsweise kurzer Zeit wieder hinfällig sein kann.

5.4.2 In diesem Zusammenhang ist allerdings darauf hinzuweisen, dass grundsätzlich mit Art. 4 AsylG (betreffend die Gewährung vorübergehenden Schutzes) eine gesetzliche Handlungsoption besteht, mit welcher der soeben erwähnten Problematik begegnet werden könnte. Gemäss dieser Bestimmung kann die Schweiz Schutzbedürftigen für die Dauer einer schweren allgemeinen Gefährdung, insbesondere während eines Krieges oder Bürgerkrieges sowie in Situationen allgemeiner Gewalt, vorübergehenden Schutz gewähren. Als Schutzbedürftige können Personen angesehen werden, die - ohne gezwungenermassen individuell verfolgt zu sein - den Folgen von Krieg, Bürgerkrieg, Situationen allgemeiner Gewalt oder systematischer und schwerer Verletzung fundamentaler Menschenrechte entfliehen wollen. Mit Art. 4 AsylG ist ausserdem der Ansatz verbunden, dass die Frage, ob eine schutzbedürftige Person auch die Flüchtlingseigenschaft erfüllt, während der Dauer des vorübergehenden Schutzes nicht individuell geprüft wird. Mit dieser Konzeption zielt die Bestimmung auch darauf hin, das Asylverfahren entsprechend zu entlasten (…).

5.4.3: In Bezug auf die Regelungsabsicht des Gesetzgebers lässt sich aus den Materialien ausserdem entnehmen, dass mit der Einführung von Art. 4 AsylG und der damit in Verbindung stehenden weiteren Gesetzesbestimmungen (Art. 39 und Art. 66-79a AsylG) - die im Rahmen der Totalrevision des AsylG vom 26. Juni 1998 als "Kernstück der Vorlage" bezeichnet wurde (…) - eine eigenständige Lösung der rechtlichen Probleme der Schutzbedürftigen beziehungsweise sogenannten Gewaltflüchtlinge angestrebt wurde. Begründet wurde dies zum einen mit der Erwartung eines weiteren zahlenmässigen Zuwachses an Schutzbedürftigen aufgrund einer Zunahme der Konfliktherde und eines Wandels der Fluchtursachen (…). Zum anderen wurden die damals geltenden rechtlichen Regelungen als unbefriedigend bezeichnet, da für diese Personenkategorie weder das zeitintensive und kostspielige individuelle Asyl- und Wegweisungsverfahren angebracht sei, noch die Frage nach der künftigen Rückkehr von Schutzbedürftigen angemessen beantwortet werden könne (…). Die mit Art. 4 AsylG eingeführte Bestimmung wurde mithin als Verbesserung sowohl zugunsten der Schutzbedürftigen selbst als auch im Interesse der schweizerischen Asylpolitik begriffen. Die in der bundesrätlichen Botschaft vorgeschlagenen Bestrebungen waren auch in der parlamentarischen Beratung im Wesentlichen unbestritten.

5.4.4 Angesichts der Materialien zu Art. 4 AsylG erscheint die Einschätzung berechtigt, dass die gesetzgeberischen Überlegungen, welche der Einführung der genannten Bestimmung zugrunde liegen, grundsätzlich auch auf die derzeit in Syrien herrschende Konfliktsituation anwendbar wären. Darüber hinaus liesse sich mittels einer Anwendung dieser Norm auf Asylsuchende syrischer Herkunft insbesondere angemessen auf den Umstand der unsicheren Entwicklung der Lage in Syrien reagieren. Allerdings liegt eine Anwendung von Art. 4 AsylG nicht in der Zuständigkeit des Bundesverwaltungsgerichts als Beschwerdeinstanz im Bereich des Asylrechts, sondern die Gewährung eines solchen vorübergehenden Schutzes müsste

> durch den Bundesrat angeordnet (Art. 66 AsylG) beziehungsweise durch das SEM in die Wege geleitet werden.» (BVGer, D-5779/2013, 25. Februar 2015)

Zur Begründung der Zurückhaltung des Bundesrates bei der Aktivierung des vorübergehenden Schutzes im Zusammenhang mit Asylgesuchen von syrischen Staatsangehörigen wurden mehrere Punkte angeführt. Zunächst verwies der Bundesrat auf die relativ tiefen Gesuchszahlen von syrischen Personen. Diese konnten mit den regulären Asylstrukturen bewältigt werden. Daneben führte er auch den längerfristigen Mehraufwand an, den das Konzept der vorübergehenden Schutzgewährung mit sich bringt und wies schliesslich auch auf die Gefahr für die öffentliche Sicherheit der Schweiz hin: 1238

> «Insbesondere mit Blick auf das weiterhin relativ tiefe Niveau der Gesuchszahlen von Asylsuchenden aus Syrien hält der Bundesrat an seiner bisherigen Beurteilung fest (…).
>
> In Ergänzung (…) ist speziell auf die Nachteile einer heutigen Anwendung der Schutzbedürftigenregelung hinzuweisen: Bei der Schutzbedürftigenregelung können allfällige erst- oder zweitinstanzliche Verfahren nicht ausgeschlossen werden, in welchen die betroffenen Personen die Zuerkennung der Flüchtlingseigenschaft und die Gewährung von Asyl beantragen. Selbst wenn die Verfügungen der vorübergehenden Schutzgewährung in Rechtskraft erwachsen, muss auf Antrag hin frühestens fünf Jahre danach das Asylverfahren wieder aufgenommen werden (Art. 69 Abs. 3 und Art. 70 AsylG). Dies zeigt, dass die Schutzbedürftigenregelung zwar ein geeignetes Instrument ist, um in einer akuten Krisensituation in verfahrensrechtlicher Hinsicht rasch handeln zu können, jedoch als allfällige langfristige Folge einen beträchtlichen Mehraufwand im Asylverfahren mit sich bringen könnte. Ferner wäre es im vorliegenden Kontext auch aus Sicherheitsgründen nicht angebracht, auf eine Einzelfallprüfung zu verzichten, denn dies würde die Identifizierung von Personen, die sich möglicherweise Verbrechen des Völkerstrafrechts zuschulden haben kommen lassen oder eine Gefahr für die öffentliche Sicherheit der Schweiz darstellen, erschweren.» (Antwort des Bundesrates auf die Interpellation von Isabelle Moret, Asylgesetz. Gewährung vorübergehenden Schutzes speziell für Menschen aus Syrien? (15.3294), 19. März 2015)

Neben diesen Gründen führten wohl auch die in Art. 71 AsylG verankerten Familiennachzugsbestimmungen dazu, dass die vorübergehende Schutzgewährung bis 2022 nicht aktiviert wurde. So haben Personen, denen vorübergehender Schutz gewährt wird, unter den gleichen Voraussetzungen Anspruch auf Familiennachzug wie Flüchtlinge mit Asylgewährung (Art. 71 Abs. 1 lit. b AsylG, siehe zum Familiennachzug von Schutzbedürftigen und Flüchtlingen mit Asyl hinten Rz. 1506 ff. und 1468). 1239

Auf eine Verschärfung der Regelungen zum Familiennachzug von Schutzbedürftigen zielte die parlamentarische Initiative 16.403 «Familiennachzug. Gleiche Regelung für Schutzbedürftige wie für vorläufig Aufgenommene» von Philipp Müller. Der Ständerat hiess die Vorlage 2020 gut und auch der Bundesrat skizzierte in seinem Bericht «Vorläufige Aufnahme und Schutzbedürftigkeit: Analyse und Handlungsoptionen» die Einschränkung des Familiennachzuges für Schutzbedürftige als eine mögliche Handlungsoption (S. 55). Entgegen des Antrags des Bundesrates folgte 1240 der Nationalrat im Rahmen des Differenzbereinigungsverfahrens der Position des Ständerates aber nicht und entschied am 3. März 2021 abschliessend, nicht auf die Vorlage einzutreten. Damit wurden keine Änderungen an den Familiennachzugsbestimmungen für Personen vorgenommen, denen vorübergehenden Schutz in der Schweiz gewährt wurde.

bb) Verfahren zur Gewährung des vorübergehenden Schutzes

1241 Nach dem Grundsatzentscheid des Bundesrates, die vorübergehende Schutzgewährung zu aktivieren, kann der vorübergehende Schutz sowohl Personen an der Grenze oder im Inland als auch Personen im Ausland gewährt werden.

-- Schutzbedürftige an der Grenze oder im Inland

1242 Das Verfahren zur Gewährung des vorübergehenden Schutzes wird mit der Einreichung eines entsprechenden Gesuches eingeleitet. Auf dieses finden die Bestimmungen zum Asylgesuch und zur Einreise nach Art. 18 bis 23 AsylG sinngemäss Anwendung (Art. 69 Abs.1 AsylG, siehe vorne Rz. 1062 ff.). Gesuche um vorübergehende Schutzgewährung sind damit an keinerlei Formvorschriften gebunden. Gibt eine Person zu erkennen, dass sie die Schweiz um Schutz nachsucht, liegt ein Gesuch um Schutzgewährung vor (Art. 69 Abs. 1 i.V.m. Art. 18 AsylG). Ausnahmen hiervon gelten einzig für Folge- beziehungsweise Mehrfachgesuche, die schriftlich und begründet beim SEM einzureichen sind (Art. 72 i.V.m. Art. 111*c* AsylG). Die formelle Gesuchseinreichung erfolgt analog den Asylgesuchen grundsätzlich in den Bundeszentren, wobei ebenfalls Ausnahmen möglich sind. So kann das Gesuch insbesondere auch bei der Grenzkontrolle an den Flughäfen Zürich-Kloten und Genève-Cointrin eingereicht werden (zur örtlichen Einreichung siehe vorne Rz. 1069 ff.).

1243 Nach der Erstregistrierung des Gesuchs um vorübergehenden Schutz legt das SEM fest, welche Region und somit welches Bundesasylzentrum mit Verfahrensfunktion für die Behandlung des Gesuchs zuständig ist. Danach folgt die Erstbefragung der gesuchstellenden Person (Art. 69 Abs. 2 i.V.m. Art. 26 AsylG, siehe vorne Rz. 1123 ff.). Im Rahmen dieser kurzen Befragung wird das Vorliegen einer offensichtlichen Verfolgung im Sinne von Art. 3 AsylG geprüft. Liegt eine solche vor, führt das SEM ein ordentliches Asylverfahren durch, im Rahmen dessen die betroffene Person als Flüchtling anerkannt und ihr allenfalls Asyl gewährt wird. Aus Art. 69 Abs. 2 AsylG kann allerdings kein Rechtsanspruch auf Durchführung des Asylverfahrens abgeleitet werden. So wird ausdrücklich erwähnt, dass die Gewährung des vorübergehenden Schutzes nicht anfechtbar ist. Liegt demgegenüber keine offensichtliche Verfolgung im Sinne von Art. 3 AsylG vor, wird geprüft, ob die gesuchstellende Person der vom Bundesrat bezeichneten Gruppe Schutzbedürftiger angehört. Gegebenenfalls wird ihr vorübergehender Schutz gewährt (Art. 69 Abs. 2 AsylG). Erfüllt die gesuchstellende Person die Voraussetzungen zur Schutzgewährung nicht oder liegt ein Ausschlussgrund nach Art. 73 AsylG vor, verweigert ihr das SEM die Schutzgewährung und führt das Wegweisungsverfahren durch (Art. 69 Abs. 4 AsylG). Mit der Ablehnung der Schutzgewährung wird damit in aller Regel eine Wegweisung aus der Schweiz verfügt. Hiergegen steht der betroffenen Person die Beschwerde an das Bundesverwaltungsgericht offen.

Eine Besonderheit besteht für Personen, die nicht nur ein Gesuch um vorüber- 1244
gehenden Schutz, sondern ein eigentliches Asylgesuch im Sinne eines Gesuchs um Anerkennung der Flüchtlingseigenschaft stellen beziehungsweise das Asylgesuch bereits vor der Aktivierung der vorübergehenden Schutzgewährung gestellt haben. Wird aufgrund der Befragung oder der Anhörung klar, dass sie die Voraussetzungen zur Schutzgewährung erfüllen, wird ihnen – sofern nicht offensichtlich eine Verfolgung im Sinne von Art. 3 AsylG oder ein Ausschlussgrund nach Art. 73 AsylG vorliegt –ebenfalls der vorübergehende Schutz gewährt (Art. 39 AsylG). Gleichzeitig wird ihr Asylverfahren für die Dauer der Schutzgewährung sistiert (Art. 69 Abs. 3 AsylG). Die Gewährung des vorübergehenden Schutzes und damit auch die Sistierung des Asylverfahrens ist nicht anfechtbar (Art. 69 Abs. 2 AsylG). Die Frage, ob eine solche Regelung mit dem internationalen Recht und insbesondere der FK vereinbar ist, wurde vom Bundesrat mit der Begründung bejaht, dass es sich um eine vorübergehende sowie unbedingt notwendige und gerechtfertigte Beschränkung handle:

> «Gleichzeitig wird ein anfälliges von ihnen eingeleitetes Asylverfahren, soweit es darin um die Abklärung der Flüchtlingseigenschaft geht, für die gesamte Dauer der Schutzgewährung sistiert. Nur so kann das Asylverfahren effektiv entlastet werden. Da grundsätzlich auch Schutzbedürftige das Recht haben, ein allfälliges Asylgesuch umfassend prüfen zu lassen, wird mit der Sistierung des Verfahrens erreicht, dass die Prüfung der Flüchtlingseigenschaft nicht bereits bei der Einreichung der Gesuche, sondern erst bei der Aufhebung des vorübergehenden Schutzes erfolgen kann; zu diesem Zeitpunkt wird der Verfolgungshintergrund wesentlich klarer und leichter abzuklären sein. Auch die persönlichen Interessen der Schutzbedürftigen stehen einer Sistierung nicht entgegen, wird doch ihrem hauptsächlichen Anliegen, der Gewährung des Schutzes durch die Schweiz, nachgekommen.
>
> (…)
>
> Da sich unter den Schutzbedürftigen zweifellos auch Personen befinden können, die an sich die Flüchtlingseigenschaft besitzen und sich somit auf die Rechtsgarantien der Flüchtlingskonvention berufen könnten, stellt sich die Frage nach dem Verhältnis des gewährten Status zur Flüchtlingskonvention. Grundsätzlich kann die Gewährung vorübergehenden Schutzes das Recht eines Flüchtlings, seine Anerkennung als Konventionsflüchtling zu verlangen, nicht beschränken. Durch die Sistierung des Verfahrens und die gleichzeitige Schutzgewährung wird dieses Recht indessen geschmälert. Im Hinblick auf die Praktikabilität und Vereinfachung des gesamten Verfahrens ist diese einstweilige Beschränkung aber unbedingt notwendig und gerechtfertigt. Die Kompatibilität der Gewährung vorübergehenden Schutzes mit der Flüchtlingskonvention muss aber langfristig gewahrt bleiben.

Der Entwurf entspricht dieser Forderung, indem er die Rechtsstellung der Schutzbedürftigen während ihres Aufenthaltes in der Schweiz stufenweise auf das Niveau der Flüchtlingskonvention anhebt. Werden die Schutzbedürftigen bei ihrer Aufnahme noch weitgehend wie Asylsuchende behandelt, so erhalten sie mit der Zeit gewisse Rechte, die ihre Rechtsstellung derjenigen von Flüchtlingen angleichen. So haben die Schutzbedürftigen unter bestimmten Voraussetzungen bereits zu Beginn ihres Aufenthaltes einen Anspruch auf Familienzusammenführung. Der Bundesrat ist zudem frei, die Schutzbedürftigen bei absehbarem längerem Aufenthalt in der Frage der Erwerbstätigkeit bevorzugt zu behandeln. Fünf Jahre nach Gewährung des vorübergehenden Schutzes erhalten sie eine bis zu dessen Aufhebung befristete fremdenpolizeiliche Aufenthaltsbewilligung mit allen daraus fliessenden Rechten. Dauert der Konflikt weiter an, so können sie schliesslich zehn Jahre nach Gewährung des vorübergehenden Schutzes eine Niederlassungsbewilligung erhalten.» (BBl 1996 II 1, S. 18 ff.)

1245 Ein Gesuch um Wiederaufnahme des Asylverfahrens kann frühestens fünf Jahre nach dem Sistierungsentscheid eingereicht werden. Wird das Verfahren wiederaufgenommen, wird der vorübergehende Schutz aufgehoben (Art. 70 AsylG).

1246 Auf das Verfahren um vorübergehende Schutzgewährung finden die Bestimmungen zum Asylverfahren sinngemäss Anwendung (Art. 72 AsylG). Personen, die ein Gesuch um vorübergehende Schutzgewährung stellen, sind Asylsuchenden damit insbesondere in Bezug auf Rechte und Pflichten, die Unterbringung und die Kantonszuweisung sowie auch den Rechtsschutz und das Beschwerdeverfahren gleichgestellt.

-- Schutzbedürftige im Ausland

1247 Nach Art. 68 Abs. 1 AsylG bezeichnet das SEM die Gruppe von Schutzbedürftigen näher und entscheidet unter Berücksichtigung des Grundsatzes der Einheit der Familie, wer vorübergehenden Schutz in der Schweiz erhält. Gestützt auf diese Bestimmung können Personen, die die Voraussetzungen zur Schutzgewährung erfüllen, direkt aus dem Ausland in die Schweiz gebracht und als Schutzbedürftige aufgenommen werden. Grundsätzlich obliegt es dem SEM, allenfalls in Zusammenarbeit mit dem UNHCR, die Personen vor Ort zu bestimmen, denen die Einreise in die Schweiz als Schutzbedürftige bewilligt wird. Bei diesem Entscheid handelt es sich «nicht um eine anfechtbare Verfügung im Sinne des VwVG. Daher ist auch eine Verweigerung des Schutzes – in Form der Verweigerung der Einreise – grundsätzlich nicht anfechtbar» (BBl 1996 II 1, S. 80). Der Entscheid kann einzig mit der Begründung der Verletzung des Grundsatzes der Einheit der Familie angefochten werden (Art. 68 Abs. 2 AsylG).

1248 Ausserhalb der Schutzgewährung nach Art. 68 AsylG können keine individuellen Gesuche um vorübergehenden Schutz im Ausland gestellt werden. Diese

Möglichkeit besteht seit der Abschaffung des Botschaftsverfahrens Ende September 2012 nicht mehr. Seither können Gesuche nur noch an der Schweizer Grenze oder auf dem Territorium der Schweiz gestellt werden (BBl 2010 4455, S. 4499).

cc) Folgen und Wirkungen der Gewährung vorübergehenden Schutzes

Die Gewährung von vorübergehendem Schutz hat verschiedene migrationsrechtliche Konsequenzen: 1249

- **Ausstellung des Ausweises S:** Schutzbedürftige erhalten während den ersten fünf Jahren der Gewährung des vorübergehenden Schutzes von den zuständigen kantonalen Behörden den Ausweis S. Dieser ist auf höchstens ein Jahr befristet und verlängerbar (Art. 45 Abs. 1 AsylV1). Der Ausweis S gilt gegenüber kantonalen und eidgenössischen Behörden als Ausweispapier, berechtigt aber nicht zum Grenzübertritt (Art. 45 Abs. 1 AsylV1). Zur Frage von Reisedokumenten an schriftenlose Schutzbedürftige siehe hinten Rz. 1499.
- **Ausstellung des Ausweises B beziehungsweise C:** Hat der Bundesrat den vorübergehenden Schutz fünf Jahre nach dessen Gewährung noch nicht aufgehoben, erhalten Schutzbedürftige von den zuständigen kantonalen Behörden eine Aufenthaltsbewilligung. Diese ist bis zur Aufhebung des vorübergehenden Schutzes durch den Bundesrat befristet (Art. 74 Abs. 2 AsylG). Ist die vorübergehende Schutzgewährung auch nach zehn Jahren nicht aufgehoben, kann der zuständige Kanton den betroffenen Personen eine Niederlassungsbewilligung erteilen (Art. 74 Abs. 3 AsylG).
- **Sistierung eines allfälligen Asylverfahrens:** Mit der Gewährung des vorübergehenden Schutzes wird ein allfällig hängiges Asylverfahren für die Dauer der Schutzgewährung sistiert (Art. 69 Abs. 3 AsylG). Ein Gesuch um Wiederaufnahme des Verfahrens um Anerkennung als Flüchtling kann frühestens fünf Jahre nach dem Sistierungsentscheid gestellt werden. In diesem Fall wird der vorübergehende Schutz aufgehoben (Art. 70 AsylG).
- **Einbezug und Nachzug von Familienangehörigen von Schutzbedürftigen:** Ehegattinnen und Ehegatten, eingetragenen Partnerinnen und Partnern (Art. 79*a* AsylG) sowie minderjährigen Kindern von Schutzbedürftigen wird vorübergehender Schutz gewährt, wenn sie das Gesuch um vorübergehenden Schutz gemeinsam gestellt haben und keine Ausschlussgründe nach Art. 73 AsylG vorliegen oder sie durch die Ereignisse, die zur Aktivierung des vorübergehenden Schutzes geführt haben, getrennt wurden und keine besonderen Umstände dagegensprechen (Art. 71 Abs. 1 AsylG). Halten sich die anspruchsberechtigten Personen im Ausland auf,

wird ihnen die Einreise bewilligt (Art. 71 Abs. 3 AsylG). Zudem gilt der Einbezug auch für die in der Schweiz geborenen Kinder von Schutzbedürftigen (Art. 71 Abs. 2 AsylG). Weitergehende Ansprüche auf Familienvereinigung in der Schweiz bestehen keine, doch kann der Bundesrat bei seinem Entscheid über die Schutzgewährung festlegen, ob und unter welchen Voraussetzungen weitere nahe Angehörige ebenfalls vorübergehend aufgenommen werden können.

– **Erwerbstätigkeit:** Art. 75 Abs. 1 AsylG statuiert ein Arbeitsverbot für Schutzbedürftige während den ersten drei Monaten nach der Einreise in die Schweiz. Danach richten sich die Voraussetzungen für die Zulassung zu einer Erwerbstätigkeit nach dem AIG (siehe vorne Rz. 487 ff.). Vom Arbeitsverbot ausgenommen sind Schutzbedürftige, die gestützt auf das AIG einen Anspruch auf Erwerbstätigkeit haben oder denen bereits eine Bewilligung ausgestellt wurde (Art. 75 Abs. 3 und 4 AsylG). Zudem kann der Bundesrat nach Art. 75 Abs. 2 AsylG günstigere Bestimmungen für die Erwerbstätigkeit von Schutzbedürftigen zulassen. Dies hat er gemacht und insbesondere das dreimonatige Arbeitsverbot aufgehoben (Art. 53 VZAE, hinten Rz. 1502).

1250 Eingehend zur Rechtsstellung von Schutzbedürftigen hinten Rz. 1494 ff.

dd) Aufhebung des vorübergehenden Schutzes

1251 Sobald sich die Lage im Heimat- oder Herkunftsstaat der Schutzbedürftigen beruhigt hat und eine sichere Rückkehr in diesen möglich ist, hebt der Bundesrat die vorübergehende Schutzgewährung nach Konsultation der Vertretungen der Kantone, der Hilfswerke und allenfalls weiterer nichtstaatlicher Organisationen sowie dem UNHCR auf. Der Aufhebungsentscheid erfolgt in Form einer Allgemeinverfügung (Art. 76 Abs. 1 AsylG).

1252 Die Aufhebung des vorübergehenden Schutzes führt dazu, dass

> «(…) allfällig sistierte Asylverfahren wieder aufgenommen [werden] und die Frage der Flüchtlingseigenschaft geprüft [wird]. Geprüft wird allerdings nicht, ob die ursprünglich angegebene Verfolgung tatsächlich bestand, sondern es wird in erster Linie geprüft, ob die Person bei einer Rückkehr einer konkreten Gefährdung ausgesetzt sein wird.» (BBl 1996 II 1, S. 19)

1253 Personen, die vor der Gewährung des vorübergehenden Schutzes ein Asylgesuch gestellt haben, das aufgrund der Schutzgewährung sistiert wurde, gelten damit wieder als Asylsuchende. Ihr Gesuch wird im erweiterten Verfahren behandelt und eine Anhörung zu den Asylgründen durchgeführt (siehe vorne Rz. 1165 ff.). In analoger Anwendung von Art. 52 AsylV1 kann auf die Anhörung verzichtet werden, wenn eine solche vor Sistierung des Asylverfahrens bereits stattgefunden hat. In diesen Fällen ist der betroffenen Person aber zumindest das rechtliche Gehör zum Widerruf des vorübergehenden Schutzes zu gewähren. Ist offenkundig, dass die Flüchtlingseigenschaft nicht erfüllt ist und keine Gründe gegeben sind, die der Wegweisung entgegenstehen, kann das Gesuch im summarischen Verfahren behandelt werden (Art. 40 AsylG; siehe hinten Rz. 1271 ff.).

Personen, die vor der Schutzgewährung kein Asylgesuch gestellt haben, wird das rechtliche Gehör gewährt (Art. 76 Abs. 2 AsylG). Damit erhalten sie die Gelegenheit, ein Asylgesuch zu stellen und die Prüfung der Flüchtlingseigenschaft sowie von Vollzugshindernissen zu verlangen. Den Betroffenen steht hierfür eine unentgeltliche Beratung und Rechtsvertretung analog jener im erweiterten Verfahren offen (Art. 76 Abs. 5 AsylG). Ergeben sich im Rahmen des rechtlichen Gehörs Hinweise auf eine Verfolgung im Sinne von Art. 3 AsylG, findet eine Anhörung zu den Asylgründen statt (Art. 76 Abs. 3 AsylG). Die betroffenen Personen gelten ebenfalls als Asylsuchende und durchlaufen ein ordentliches Asylverfahren. Ergeben sich im Rahmen des rechtlichen Gehörs demgegenüber keine Hinweise auf eine drohende Verfolgung oder geben die Betroffenen keine Stellungnahme ab, verfügt das SEM gestützt auf die Regelvermutung, dass sich die Lage im Heimat- oder Herkunftsstaat der Schutzbedürftigen derart verbessert hat, dass eine sichere Rückkehr möglich ist, die Wegweisung aus der Schweiz (Art. 76 Abs. 4 AsylG). 1254

Sobald eine sichere Rückkehr in den Heimat- oder Herkunftsstaat der Schutzbedürftigen möglich ist, dürfte die Anzahl Personen, die selbständig in diesen zurückkehren oder in diesen zurückgeführt werden, erheblich sein. Aus diesem Grund sieht Art. 77 AsylG vor, dass der Bund internationale Anstrengungen für die organisierte Rückkehr unterstützt. Damit besteht eine «Grundlage für die Unterstützung konkreter Rückkehrhilfeaktionen durch die Schweiz. Dazu gehören unter anderem auch die internationale Koordination, die technische Vorbereitung und die Durchführung solcher Aktionen.» (BBl 1996 II 1, S. 86). 1255

ee) Widerruf und Erlöschen der vorübergehenden Schutzgewährung

-- Widerruf der Schutzgewährung

Unabhängig von der Aufhebung des vorübergehenden Schutzes durch den Bundesrat kann die vorübergehende Schutzgewährung nach Art. 78 Abs. 1 AsylG in verschiedenen Situationen widerrufen werden: 1256

- **Erschleichen der Schutzgewährung durch falsche Angaben oder Verschweigen wesentlicher Tatsachen (lit. a):** Die von Schutzbedürftigen gemachten Angaben müssen gestützt auf ihre Mitwirkungspflicht nach Art. 8 AsylG (vorne Rz. 1106 ff.) wahr und vollständig sein. Falsche Angaben oder das Verschweigen wesentlicher Tatsachen können zum Widerruf des vorübergehenden Schutzes führen.

- **Verletzung oder Gefährdung der inneren oder äusseren Sicherheit der Schweiz (lit. b):** Das SEM kann den vorübergehenden Schutz widerrufen, wenn die schutzbedürftige Person die innere oder äussere Sicherheit der Schweiz gefährdet oder verletzt hat. Der Tatbestand des Widerrufs wegen Verletzung oder Gefährdung der inneren und äusseren Sicherheit entspricht jenem von Art. 53 lit. b AsylG (hinten Rz. 1379).
- **Begehung verwerflicher strafbarer Handlungen (lit. b):** Der vorübergehende Schutz kann zudem widerrufen werden, wenn die betroffenen Personen verwerfliche strafbare Handlungen begangen haben. Dieser Widerrufsgrund entspricht jenem von Art. 53 lit. a AsylG (siehe hinten Rz. 1379).
- **Bestehen eines ordentlichen Aufenthaltsrechtes in einem sicheren Drittstaat (lit. d):** Das SEM kann den vorübergehenden Schutz schliesslich widerrufen, wenn Schutzbedürftige in einem Drittstaat ein ordentliches Aufenthaltsrecht haben und in diesen zurückkehren können. Auch in diesen Fällen ist davon auszugehen, dass die Betroffenen nicht mehr auf den Schutz der Schweiz angewiesen sind.

1257 Der Widerrufsgrund des wiederholten oder längeren Aufenthaltes im Heimat- oder Herkunftsstaat nach Art. 78 Abs. 1 lit. c i.V.m. Abs. 2 AsylG wurde zugunsten eines Erlöschensgrundes aufgehoben (siehe gleich anschliessend). Diese Änderung wurde von der Bundesversammlung mit Entscheid vom 17. Dezember 2021 beschlossen (BBl 2021 2999). Das Datum der Inkraftsetzung war bis zur Fertigstellung des vorliegenden Manuskriptes allerdings noch nicht festgelegt.

1258 Wird der vorübergehende Schutz widerrufen, muss der betroffenen Person die Möglichkeit gegeben werden, ein Asylgesuch zu stellen beziehungsweise ihr sistiertes Asylgesuch wieder aufnehmen und die Anerkennung als Flüchtling sowie Wegweisungsvollzugshindernisse individuell prüfen zu lassen. Entsprechend regelt Art. 78 Abs. 4 AsylG, dass grundsätzlich eine Anhörung zu den Asylgründen durchzuführen ist, wenn der vorübergehende Schutz widerrufen werden soll. Auf die Anhörung kann verzichtet werden, wenn eine solche vor Sistierung des Asylverfahrens bereits stattgefunden hat. In diesen Fällen ist der betroffenen Person aber zumindest das rechtliche Gehör zum Widerruf des vorübergehenden Schutzes zu gewähren (Art. 52 AsylV1). Grundsätzlich gilt, dass die vom Widerruf betroffenen Personen im Rahmen des an den Widerruf anschliessenden Asylverfahrens Anspruch auf unentgeltliche Rechtsberatung und -vertretung haben (Art. 78 Abs. 4 AsylG).

1259 Aufgrund des Umstandes, dass nach einem Widerruf ein individuelles Asylverfahren durchgeführt werden muss, wurde Art. 79 AsylG als Kann-Bestimmung ausformuliert. Ein Widerruf macht nämlich nur Sinn, wenn die Person aus der Schweiz weggewiesen und diese Wegweisung auch vollzogen werden kann:

«Da es bei einem Widerruf und dem daran anschliessend durchzuführenden Asylverfahren durchaus der Fall sein kann, dass sich die Wegweisung als unzulässig erweist, so dass eine vorläufige Aufnahme anzuordnen wäre, wird hier eine «Kann»-Bestimmung eingefügt; denn ein Widerruf macht nur dann Sinn, wenn die daraus folgende Wegweisung auch tatsächlich vollzogen werden kann.» (BBl 1996 II 1, S. 86).

Ist absehbar, dass der Wegweisungsvollzug nicht zulässig, zumutbar oder möglich ist und damit die vorläufige Aufnahme ausgesprochen werden müsste, wird das SEM auf den Widerruf des vorübergehenden Schutzes verzichten. 1260

Der Widerruf des vorübergehenden Schutzes erstreckt sich nicht auf Ehegattinnen und Ehegatten, eingetragene Partnerinnen und Partner (Art. 79*a* AsylG) sowie minderjährige Kinder der Betroffenen, denen ebenfalls vorübergehender Schutz gewährt wurde. Eine Ausnahme hiervon besteht nur, wenn sich im konkreten Fall erweist, dass diese Personen den Schutz der Schweiz ebenfalls nicht benötigen (Art. 78 Abs. 3 AsylG). 1261

-- Erlöschen der Schutzgewährung

Der vorübergehende Schutz erlischt – ohne behördliches Zutun – nach Art. 79 AsylG in vier verschiedenen Situationen: 1262

- **Verlegung des Lebensmittelpunktes ins Ausland** (lit. a): Verlegen Schutzbedürftige ihren Lebensmittelpunkt ins Ausland, so erlischt die vorübergehende Schutzgewährung.

  Der Erlöschensgrund der Verlegung des Lebensmittelpunktes ins Ausland wurde im Zusammenhang mit der Schutzgewährung für Personen aus der Ukraine (siehe hinten Rz. 1263 ff.) konkretisiert. So wurde festgelegt, dass bei einem Aufenthalt von mehr als zwei Monaten in einem Drittstaat davon ausgegangen werden kann, dass der Lebensmittelpunkt in diesen verlegt wurde (SEM, Medienmitteilung vom 2. Juni 2022, Ukraine: Schutzstatus S kann bei ausgedehnten Heimatreisen widerrufen werden).

- **Freiwilliger Verzicht** auf den vorübergehenden Schutz (lit. b)
- Erteilung einer **Niederlassungsbewilligung** (lit. c)
- **Rechtskräftige Landesverweisung** (lit. d): Rechtskräftige Landesverweisung nach Art. 66*a* StGB oder Art. 66*a*^{bis} StGB (beziehungsweise den entsprechenden Bestimmungen im MStG) sowie auch rechtskräftige Ausweisungen nach Art. 68 AIG führen automatisch zum Erlöschen der vorübergehenden Schutzgewährung. Dies kann problematische Folgen für die Betroffenen haben. Nach Art. 53 lit. c AsylG begründet die Landesverweisung die Asylunwürdigkeit. Den Betroffenen kann entsprechend auch bei Anerkennung der Flüchtlingseigenschaft kein Asyl in der Schweiz gewährt werden (siehe hinten Rz. 1379). Art. 83 Abs. 9 AIG schliesst zudem die vorläufige Aufnahme aus, wenn gegen eine Person eine Landesverweisung

oder eine Ausweisung verfügt wurde. Erlischt die vorübergehende Schutzgewährung, erhalten die Betroffenen damit weder eine Aufenthaltsbewilligung noch eine vorläufige Aufnahme in der Schweiz und werden zu Sans-Papiers. Dies ist insbesondere in Bezug auf jene Personen problematisch, die die Flüchtlingseigenschaft erfüllen und sich auf die Statusrechte der FK berufen können.

- **Unerlaubte Reise in den Heimat- oder Herkunftsstaat** (lit. e): Schliesslich erlischt der vorübergehende Schutz, wenn die betroffene Person unerlaubterweise in ihren Heimatstaat reist und nicht glaubhaft machen kann, dass die Reise aufgrund von Zwang erfolgt ist. Eine erlaubte Reise liegt immer dann vor, wenn diese zur Vorbereitung der selbständigen und definitiven Ausreise unternommen wurde und sie vorgängig durch das SEM bewilligt worden ist (Art. 59*d* Abs. 2 AIG). In diesen Fällen liegt kein Erlöschensgrund vor und der vorübergehende Schutz bleibt trotz der Reise in den Heimat- oder Herkunftsstaat erhalten. Gleiches gilt, wenn die betroffene Person glaubhaft machen kann, dass die Reise aufgrund eines Zwanges erfolgt. «Ein solcher Zwang kann beispielsweise beim Besuch der schwer erkrankten Eltern gegeben sein.» (BBl 2020 7457, S. 7503).

- Ist der vorübergehende Schutz aufgrund einer Reise in den Heimat- oder Herkunftsstaat erloschen, kann der betroffenen Person nach Art. 84*a* Abs. 3 AIG während zehn Jahren keine Aufenthaltsbewilligung wegen eines schwerwiegenden persönlichen Härtefalles erteilt werden. Verfügt die betroffene Person über einen gesetzlichen Anspruch auf eine Aufenthaltsbewilligung – etwa aufgrund der Heirat mit einem Schweizer oder einer Schweizerin (Art. 42 Abs. 1 AIG) –, muss jedoch auch in diesen Fällen eine solche erteilt werden.

  Der Erlöschensgrund der unerlaubten Reisen in den Heimat- oder Herkunftsstaat wurde mit Beschluss der Bundesversammlung vom 17. Dezember 2021 eingeführt (BBl 2021 2999). Er ersetzt den ähnlichen Widerrufsgrund des wiederholten oder längeren Aufenthaltes im Heimat- oder Herkunftsstaat, der in Art. 78 Abs. 1 lit. c AsylG i.V.m. Art. 51 AsylV1 enthalten war. Grund für die Änderung ist die gleichzeitige Einführung des grundsätzlichen Verbotes für asylsuchende, vorläufig aufgenommene und schutzbedürftige Personen für Reisen in den Heimat- oder Herkunftsstaat. Das Datum der Inkraftsetzung der Änderung und damit des Erlöschensgrundes nach Art. 79 lit. e AsylG war bis zur Fertigstellung des vorliegenden Manuskriptes noch nicht festgelegt.

ff) Exkurs: Aktivierung der vorübergehenden Schutzgewährung für Personen aus der Ukraine

1263 Aufgrund des Umstandes, dass nach dem Einmarsch der russischen Truppen in der Ukraine am 24. Februar 2022 innerhalb von zwei Wochen rund zwei Millionen Menschen die Ukraine in Richtung Schengenraum verlassen haben, führte der Bundesrat eine Konsultation zur Einführung des vorübergehenden Schutzes durch. Nachdem die Aktivierung der vorübergehenden Schutzgewährung in der Konsultation von den Kantonen, Gemeinden, Städten, Hilfswerken und dem UNHCR einstimmig begrüsst worden war, entschied der Bundesrat am 11. März 2022, den vorübergehenden Schutz erstmals anzuwenden. Mit diesem Entscheid folgte die Schweiz dem Europäischen Rat, der bereits am 4. März 2022 einstimmig beschlossen hatte, den vorübergehenden Schutz für Vertriebene aus der Ukraine nach Richtlinie 2001/55/EG – einen dem vorübergehenden Schutz nach Art. 4 AsylG ähnlichen Status – in Kraft zu setzen.

Seit dem 12. März 2022 gewährt die Schweiz den folgenden Personengruppen vorübergehenden Schutz: 1264

> «a. Schutzsuchende ukrainische Staatsbürgerinnen und -bürger und ihre Familienangehörige (Partnerinnen und Partner, minderjährige Kinder und andere enge Verwandte, welche zum Zeitpunkt der Flucht ganz oder teilweise unterstützt wurden), welche vor dem 24. Februar 2022 in der Ukraine wohnhaft waren;
>
> b. Schutzsuchende Personen anderer Nationalität und Staatenlose sowie ihre Familienangehörige gemäss Definition in Buchstabe a, welche vor dem 24. Februar 2022 einen internationalen oder nationalen Schutzstatus in der Ukraine hatten;
>
> c. Schutzsuchende anderer Nationalität und Staatenlose sowie ihre Familienangehörige gemäss Definition in Buchstabe a, welche mit einer gültigen Kurzaufenthalts- oder Aufenthaltsbewilligung belegen können, dass sie über eine gültige Aufenthaltsberechtigung in der Ukraine verfügen und nicht in Sicherheit und dauerhaft in ihre Heimatländer zurückkehren können.» (BBl 2022 586)

Um eine möglichst einheitliche Regelung für Geflüchtete aus der Ukraine zu schaffen, hat sich die Schweiz auch in Bezug auf die Bezeichnung der Personen, denen vorübergehend Schutz gewährt werden kann, an den Regelungen der EU orientiert. Voraussetzung für die Schutzgewährung ist nicht die ukrainische Staatsangehörigkeit, sondern vielmehr der Umstand, dass eine Person vor dem 24. Februar 2022 Wohnsitz in der Ukraine hatte. Bei Personen, die nicht über die ukrainische Staatsangehörigkeit verfügen, wird zudem vorausgesetzt, dass sie einen internationalen oder nationalen Schutzstatus in der Ukraine hatten oder sie sich rechtmässig in der Ukraine aufgehalten haben und nicht in ihren Heimatstaat zurückkehren können. Ukrainerinnen und Ukrainer, die ihren Wohnsitz vor dem 24. Februar 2022 nicht in der Ukraine, sondern im Ausland hatten, erhalten keinen vorübergehenden Schutz. 1265

Aufgrund des Umstandes, dass ukrainische Staatsangehörige visumsbefreit in die Schweiz einreisen können und die Schweiz dieses Recht auch auf Personen ohne biometrischen Pass ausgeweitet hat, hat sich die Frage nach einer Aufnahme von Schutzbedürftigen im Ausland nach Art. 68 AsylG soweit ersichtlich nicht gestellt. 1266

Die hohe Anzahl an Gesuchen um vorübergehenden Schutz führte die zuständigen Behörden an ihre Grenzen. Innerhalb einer Woche nach Kriegsbeginn wurden bereits 8'000 Geflüchtete aus der Ukraine registriert. Obwohl das SEM seine Kapazitäten in Bezug auf die Registrierung und Unterbringung stetig aus- 1267 baute und auch die Kantone mit Hochdruck tausende Unterbringungsplätze geschaffen haben, konnten die Situation nur schwer bewältigt und insbesondere Wartezeiten vor der Gesuchsregistrierung nicht verhindert werden. Aus diesem Grund wurden verschiedene Massnahmen ergriffen. So wurde etwa erstmals der 2011 geschaffene Sonderstab Asyl (SONAS) eingesetzt, um die Koordination zwischen den involvierten Stellen und kurze Entscheidungswege sicherzustellen. Daneben wurde die Möglichkeit der Online-Registrierung geschaffen, damit Geflüchtete aus der Ukraine sich einen Registrierungstermin in einem Bundeszentrum buchen konnten, was zu einer besseren Verteilung auf die Zentren und zu einer Reduktion von Wartezeiten vor diesen geführt hat. In Bezug auf die Unterbringung wurde – neben Zurverfügungstellung von Armee- und Zivilschutzunterkünften – insbesondere die Privatunterbringung gefördert, um die kantonalen Strukturen zu entlasten. Personen, die zum Zeitpunkt der Registrierung ihres Gesuchs um vorübergehenden Schutz bei privaten Gastgebern untergebracht waren, wurden dem jeweiligen Wohnkanton zugewiesen. Bei Personen, die noch keine private Unterbringung hatten, konnten die Kantone die Unterstützung durch die SFH in Anspruch nehmen, die die Vermittlung von Gastfamilien übernahm.

1268 Die Berücksichtigung von Privatunterbringungen im Rahmen der Zuweisung hat dazu geführt, das von der bevölkerungsproportionalen Verteilung abgewichen wurde. Diese Abweichung wurde dadurch verstärkt, als dass Gesuchstellerinnen und Gesuchsteller, die über Familienangehörige und Verwandte in der Schweiz verfügten, auch dann dem betreffenden Kanton zugewiesen wurden, wenn eine Unterbringung bei diesen nicht möglich war. Die Folge war, dass einige Kantone überproportional viele Gesuchstellerinnen und Gesuchsteller aufgenommen haben, während anderen weniger Personen zugewiesen wurden, als dies nach dem Verteilschlüssel eigentlich vorgesehen wäre. Aus diesem Grund wurde am 12. April 2022 entschieden, das bestehende Ungleichgewicht zwischen den Kantonen auszugleichen und grundsätzlich wieder zum bevölkerungsproportionalen Verteilschlüssel zurückzukehren.

1269 Schweizweit wurden bis zum 2. August 2022 61'222 Gesuche um vorübergehenden Schutz gestellt. 59'286 Personen wurde der vorübergehende Schutz gewährt.

1270 Die Schutzbedürftigen aus der Ukraine wurden in der Schweizer Bevölkerung mit grosser Solidarität empfangen. Um ihre Situation auch rechtlich zu verbessern, wurden insbesondere in Bezug auf die Reisefreiheit und die Erwerbstätigkeit Erleichterungen vorgesehen:

- **Reisefreiheit:** Personen, denen gestützt auf die Allgemeinverfügung des Bundesrates vom 11. März 2022 vorübergehender Schutz gewährt wurde, können nach Art. 9 Abs. 8 Verordnung über die Ausstellung von Reisedokumenten für ausländische Personen (RDV, SR 143.5) ohne Reisebewilligung ins Ausland reisen und in die Schweiz zurückkehren.

– **Erwerbstätigkeit:** Der Bundesrat hat von seiner Kompetenz nach Art. 75 Abs. 2 AsylG Gebrauch gemacht und günstigere Bedingungen für die Zulassung zur Erwerbstätigkeit von Schutzbedürftigen erlassen. So kann die Bewilligung zur vorübergehenden unselbständigen Erwerbstätigkeit ab dem Zeitpunkt der Schutzgewährung erteilt werden. Auf die dreimonatige Wartefrist wird verzichtet (Art. 53 Abs. 1 VZAE). Eine unselbständige Erwerbstätigkeit kann ebenfalls ab Gewährung des vorübergehenden Schutzes bewilligt werden, sofern die Voraussetzungen nach Art. 19 lit. b und c AIG erfüllt sind (Art. 53 Abs. 2 VZAE). Im Zusammenhang der Erwerbstätigkeit wird damit nicht nur auf die Wartefrist von drei Monaten, sondern auch auf die Prüfung des gesamtwirtschaftlichen Interesses nach Art. 18 lit. a beziehungsweise Art. 19 lit. a AIG verzichtet. Ziel dieser Erleichterungen war es, günstigere Rahmenbedingungen zu schaffen, damit die Schutzbedürftigen möglichst rasche eine Erwerbstätigkeit aufnehmen und finanziell unabhängig werden können.

Für Schutzbedürftige ohne Aufenthaltsbewilligung erhalten die Kantone keine Integrationspauschale vom Bund (Art. 58 Abs. 2 AIG i.V.m. Art. 15 Abs. 1 VIntA *e contrario*). Grund hierfür ist, dass es sich um einen rückkehrorientierten Status handelt, der nicht auf die Integration der Betroffenen in die schweizerische Gesellschaft abzielt. Da der Spracherwerb elementar ist, damit die Betroffenen möglichst rasch eine Erwerbstätigkeit aufnehmen können, hat der Bundesrat beschlossen, den Kantonen zumindest einen finanziellen Beitrag von CHF 3'000 pro schutzbedürftige Person zur Förderung des Spracherwerbs zu gewähren. Diese Massnahme ergänzt die Erleichterung in Bezug auf die Zulassung zu einer Erwerbstätigkeit, wird jedoch von den Kantonen als ungenügend eingestuft (siehe SEM, Medienmitteilung vom 13. April 2022, Ukraine: Zusätzliche Unterstützungsmassnahmen für Personen mit Schutzstatus S, https://www.sem.admin.ch/sem/de/home/sem/medien/mm.msg-id-88005.html, besucht am 15. August 2022).

e) Das summarische Verfahren

Nach Art. 40 Abs. 1 AsylG können Asylgesuche ohne weitere Abklärungen 1271
abgelehnt werden, wenn im Rahmen der Anhörung offenkundig wird, dass die betreffenden Asylsuchenden ihre Flüchtlingseigenschaft weder beweisen noch glaubhaft machen können und ihrer Wegweisung keine Gründe entgegenstehen. Entsprechende Entscheide sind nach Art. 40 Abs. 2 AsylG summarisch zu begründen.

Dieses summarische Verfahren kommt insbesondere bei Asylgesuchen von 1272
Personen aus sicheren Heimat- oder Herkunftsstaaten (*safe countries*) zur Anwendung. Gestützt auf Art. 6*a* Abs. 2 lit. a AsylG bezeichnet der Bundesrat sichere Heimat- und Herkunftsstaaten, das heisst Länder, in denen Sicherheit vor

Verfolgung besteht. Indikatoren für die Verfolgungssicherheit eines Staates sind nach Art. 2 Abs. 1 AsylV1 die politische Stabilität des betreffenden Landes, die Einhaltung der Menschenrechte, die Einschätzung anderer EU/EFTA-Staaten sowie des UNHCR und länderspezifische Eigenheiten. Die vom Bundesrat periodisch überprüfte Liste der sicheren Heimat- und Herkunftsstaaten ist in Anhang 2 zur AsylV1 publiziert.

1273 Gegenwärtig stehen auf der Liste sicherer Heimat- und Herkunftsstaaten neben allen EU/EFTA-Staaten auch Albanien, Benin, Bosnien und Herzegowina, Georgien, Ghana, Indien, Kosovo, Moldova (ohne Transnistrien), die Mongolei, Montenegro, Nordmazedonien, Senegal, Serbien und das Vereinigte Königreich.

1274 Bei sicheren Heimat- und Herkunftsstaaten besteht die Regelvermutung, dass keine asylrelevante staatliche Verfolgung stattfindet und auch der Schutz vor nichtstaatlicher Verfolgung gewährleistet ist. Das Konzept der sicheren Heimat- und Herkunftsstaaten wurde im Zusammenhang mit dem altrechtlichen Nichteintretensgrund von Art. 34 Abs. 1 aAsylG geschaffen. Danach wurde auf Asylgesuche von Personen, die aus sicheren Heimat- oder Herkunftsstaaten kamen, nicht eingetreten. Dieser Nichteintretensgrund ist auf den 1. Februar 2014 aufgehoben worden, womit über Asylgesuche von Personen aus sicheren Heimat- und Herkunftsstaaten nunmehr in einem Verfahren mit Anhörung und materiellem Entscheid zu befinden ist, sofern weder ein Nichteintretensgrund nach Art. 31*a* Abs. 1 noch ein Asylsauschlussgrund nach Art. 53 und 54 AsylG vorliegt (Art. 31*a* Abs. 4 AsylG).

1275 Art. 108 Abs. 3 AsylG verdeutlicht, dass bei Asylgesuchen von Personen aus sicheren Heimat- und Herkunftsstaaten das summarische Verfahren nach Art. 40 AsylG zur Anwendung kommt: «Die Beschwerde gegen (...) Entscheide nach (...) Artikel 40 in Verbindung mit Artikel 6*a* Absatz 2 Buchstabe a ist innerhalb von fünf Arbeitstagen seit Eröffnung der Verfügung einzureichen». Analog zu den Nichteintretensentscheiden – die entstehungsgeschichtlichen Wurzeln des Konzepts der sicheren Heimat- und Drittstaaten werden auch hier deutlich – statuiert Art. 109 Abs. 3 AsylG eine Behandlungsfrist von fünf Arbeitstagen für das Bundesverwaltungsgericht. Demgegenüber deckt sich das Beschwerdeverfahren in Bezug auf die Beschwerdegründe und die Wirkung der Beschwerde mit jenen nach einem beschleunigten sowie einem erweiterten Verfahren (siehe vorne Rz. 1151 ff.).

1276 Siehe zu den sicheren Drittstaaten (*safe third countries*) nach Art. 6*a* Abs. 2 lit. b AsylG hinten Rz. 1415.

f) Das Verfahren bei Mehrfachgesuchen

Mehrfachgesuche sind Folgeasylgesuche, die innert fünf Jahren nach Eintritt der Rechtskraft eines Asyl- und Wegweisungsentscheides eingereicht werden und mit denen eine veränderte Sachlage in Bezug auf die Flüchtlingseigenschaft geltend gemacht wird (Art. 111*c* Abs. 1 AsylG). Gesuche, die nach Ablauf dieser fünfjährigen Frist eingereicht werden, stellen keine Mehrfachgesuche, sondern erneute Asylgesuche dar, die im ordentlichen Asylverfahren zu behandeln sind. 1277

Mehrfachgesuche sind teilweise nur schwer von Wiedererwägungsgesuchen abzugrenzen, mit denen nachträgliche eingetretene Wegweisungsvollzugshindernisse geltend gemacht werden. Zur Abgrenzung zwischen Mehrfachgesuch und Wiedererwägungsgesuch siehe hinten Rz. 1440. 1278

Mehrfachgesuche sind schriftlich und begründet einzureichen (Art. 111*c* Abs. 1 AsylG), wobei die Begründung grundsätzlich so abgefasst sein muss, dass das SEM über das Gesuch entscheiden kann, ohne eine Anhörung zu den Asylgründen durchführen zu müssen (BVGE 2014/39, E. 5.5). Diese erweiterte Mitwirkungspflicht führt aber nicht dazu, dass dem SEM im Rahmen von Mehrfachgesuchen keine Untersuchungspflichten mehr zukämen. Dem SEM obliegt es auch weiterhin, Sachverhaltselemente abzuklären, wenn dies der gesuchstellenden Person nicht oder nur erschwert möglich ist. Zudem hat es der gesuchstellenden Person in analoger Anwendung von Art. 52 Abs. 2 VwVG die Möglichkeit zur Verbesserung einzuräumen, wenn die Begründung des Gesuchs die nötige Klarheit vermissen lässt. 1279

Mehrfachgesuche, die unbegründet erfolgen beziehungsweise wiederholt gleich begründet sind, werden formlos abgeschrieben (Art. 111*c* Abs. 2 AsylG, zur formlosen Abschreibung siehe hinten Rz. 1411 ff.). Nach der Rechtsprechung des Bundesverwaltungsgerichtes muss dieser Grundsatz allerdings dahingehend eingeschränkt werden, als dass die formlose Abschreibung nur in jenen Fällen zur Anwendung gelangt, in denen das Mehrfachgesuch als missbräuchlich eingestuft werden muss, weil es keine neuen Elemente enthält und einzig dazu dient, den Aufenthalt in der Schweiz zu verlängern: 1280

> «4.3.3 Il ressort des considérants qui précèdent que lorsqu'un requérant dépose une demande tombant sous le coup de l'art. 111c al. 2 LAsi autrement dit lorsque la requête ne contient aucun nouvel élément et vise uniquement à prolonger le séjour du requérant en Suisse, le SEM doit considérer qu'il n'y a pas de nouvelle demande d'asile. En conséquence, il n'ouvre pas de nouvelle procédure d'asile; il se limite seulement à classer cette requête, sans décision formelle, et en informe le requérant. (...)
>
> En prévoyant le classement «sans décision formelle» des requêtes manifestement dilatoires visées par l'art. 111c al. 2, le législateur souhaitait donc rappeler et formaliser le principe général selon lequel, lorsque le droit a été dit, il n'a pas à être redit, de sorte que l'autorité se limite à ce constat dans une communication. Le

> classement sans décision formelle au sens de l'art. 111c al. 2 LAsi ne déploie ainsi aucun des effets matériels d'une décision au sens de l'art. 5 PA: il ne modifie en rien la situation juridique du recourant (celui-ci demeure un étranger sans statut de séjour en Suisse, susceptible de renvoi), ne constate aucun droit ou obligation et, en l'absence de nouvelle demande d'asile, ne peut pas être assimilé à un rejet ou à une non-entrée en matière (...). Partant, il est manifeste que le législateur a généralement souhaité exclure, dans les cas de figure spécifiques visés par l'art. 111c al. 2 LAsi, le prononcé d'une décision au sens de l'art. 5 PA ouvrant une voie de recours devant le Tribunal administratif fédéral. Dans son arrêt de principe récent, portant en particulier sur l'art. 111b al. 4 LAsi, le Tribunal administratif fédéral avait d'ailleurs déjà précisé qu'un «classement sans décision formelle» au sens de l'art. 111b al. 4 LAsi n'est pas un acte susceptible de recours devant le Tribunal administratif fédéral» (BVGE 2016/17).

1281 Auf Mehrfachgesuche, die zwar nicht missbräuchlich eingereicht werden, die jedoch die Voraussetzungen nach Art. 111*c* Abs. 1 AsylG nicht erfüllen – weil sie etwa nicht genügend begründet sind –, wird nicht eingetreten:

> «7.1 Zu prüfen bleibt, ob die Vorinstanz das Zweitgesuch des Beschwerdeführers richtigerweise mit einem Nichteintretensentscheid erledigt hat. Aus dem Wortlaut der neuen gesetzlichen Regelung der Folgeasylgesuche in Art. 111c AsylG würde sich zunächst nur ergeben, dass ein Gesuch materiell zu entscheiden ist, sofern kein Nichteintretensgrund gemäss Art. 31a Abs. 1-3 AsylG vorliegt. Darüber hinaus hält Art. 111c Abs. 2 AsylG fest, dass neu die formlose Abschreibung von «unbegründeten oder wiederholt gleich begründeten» Gesuchen (...) erfolgt. Die Rechtsfolge des Nichteintretens ist gemäss Wortlaut nicht vorgesehen, es war gerade auch Zweck der Revision und der Neugestaltung des Verfahrens, Mehrfachgesuche nicht mehr im Nichteintretensverfahren zu behandeln (...). Allerdings steht wie oben in anderem Kontext ausgeführt Art. 111c AsylG nicht alleine, sondern in einem engen sachlichen und systematischen Zusammenhang mit Art. 111b AsylG. Dieser sieht in Abs. 2 Satz 1 ausdrücklich die Möglichkeit von Nichteintretensentscheiden vor, indem er der Behörde für diese Fälle eine eigene kürzere Behandlungsfrist ansetzt.
>
> Das Nichteintreten ist dabei formeller Natur und folgt wie oben ausgeführt direkt den Vorgaben des VwVG, nämlich der Art. 13 Abs. 2 beziehungsweise Art. 52 VwVG. Es gibt keinen Grund für die Annahme, dass für Mehrfachgesuche anderes gelten soll (...). Auch hier ist die Konstellation möglich, dass ein Gesuch offensichtlich unzulässig oder unbegründet ist; die Begründungspflicht ergibt sich hier direkt aus Art. 13 Abs. 2 VwVG (...). Sofern eine asylsuchende Person ihrer Begründungspflicht gegebenenfalls nach Ansetzung einer Nachfrist zur Ergänzung (analog Art. 52 Abs. 2 VwVG) nicht nachkommt, hat die Behörde die Option, auf das Gesuch nicht einzutreten, gemäss Art. 111c Abs. 1 AsylG in Verbindung mit Art. 13 Abs. 2 VwVG. Dies gilt für Verfahren, in denen nicht ohnehin schon die speziellen Voraussetzungen der Art. 31a Abs. 1-3 AsylG vorliegen. Diese Annahme steht schliesslich auch nicht in Widerspruch zu Art. 111c Abs. 2 AsylG, der die formlose Abschreibung für «unbegründete oder wiederholt gleich begründete Mehrfachgesuche» vorsieht.» (BVGE 2014/39)

1282 In Bezug auf die Folgen und Wirkung der Einreichung eines Mehrfachgesuches gelten dieselben Grundsätze wie bei der Einreichung eines Asylgesuches (siehe vorne Rz. 1078). Die gesuchstellenden Personen gelten als Asylsuchende und dürfen sich nach Art. 42 AsylG bis zum Abschluss des Verfahrens in der Schweiz aufhalten. Allerdings sind die betroffenen Personen nach Art. 82 Abs. 2 AsylG von der Sozialhilfe ausgeschlossen und erhalten auf Gesuch hin lediglich Nothilfe. Diese ist vom Kanton auszurichten, der bereits im Rahmen des früheren Asyl- und Wegweisungsverfahren für die Ausrichtung der Sozialhilfe zuständig war und dem auch weiterhin die Zuständigkeit für den Vollzug der Wegweisung zukommt (Art. 46 Abs. 1ter AsylG).

3. Flüchtlingseigenschaft

Im Rahmen des materiellen Asylverfahrens ist zunächst zu klären, ob eine Per- 1283
son, die um Schutz vor Verfolgung ersucht, Flüchtling im Sinne der Flüchtlingskonvention ist, das heisst, ob diese Person die **Flüchtlingseigenschaft** erfüllt. Erfüllen schutzsuchende Personen die Flüchtlingseigenschaft, so haben sie einen völkerrechtlichen Anspruch auf Schutzgewährung und dürfen nicht in einen Verfolgerstaat zurückgeschoben werden. Zudem statuiert die Flüchtlingskonvention auch gewisse Ansprüche auf die Gewährleistung von Rechten, wie zum Beispiel in Bezug auf die Ausübung einer Erwerbstätigkeit, den Bezug von Sozialhilfe oder die Ausstellung von Reise- und Identitätsdokumenten.

Die Vertragsstaaten der Flüchtlingskonvention sind verpflichtet, Personen, die 1284
die Flüchtlingseigenschaft erfüllen, Schutz zu gewähren. Wie sie dieser Verpflichtung auf innerstaatlicher Ebene nachkommen, ist indes weitgehend ihnen überlassen. Sie können Voraussetzungen und Inhalt des Schutzstatus selber umschreiben. Die **Gewährung von Asyl** im Sinne der Rechtsstellung, die Flüchtlingen gewährt wird, ist somit ein landesrechtliches und nicht ein völkerrechtliches Institut:

> «Dem Konzept des Asyls als Recht der Staaten entspricht ein Fehlen subjektiver Ansprüche der Flüchtlinge auf Asyl im Sinne einer privilegierten Rechtsstellung. Entsprechend ist das Recht auf Asyl *nicht als Menschenrecht* anerkannt: Die Allgemeine Menschenrechtserklärung von 1948 garantiert zwar in Art. 14 Abs. 1 das Recht jedes Menschen, «in anderen Ländern vor Verfolgungen Asyl zu suchen und» – einmal erhalten – «zu geniesssen». Wie die Entstehungsgeschichte der Bestimmung zeigt, war dieser – durch die Wortwahl nur dürftig verdeckte – Ausschluss eines menschenrechtlichen Anspruchs auf Asyl gewollt: Anträge, den Begriff «zu geniessen» durch «zu erhalten» zu ersetzen, wurden klar abgelehnt.
>
> Der illusionslosen Feststellung Kimminichs, «Das Recht, Asyl zu suchen, bedeutet nichts anderes als das Recht, sich auf die Flucht zu begeben», entsprechen auch die universellen und regionalen Menschenrechtskonventionen. Teilweise erwähnen sie das Recht auf Asyl überhaupt nicht; z.T. statuieren sie zwar einen Anspruch auf Asyl, unterstellen ihn aber gleichzeitig einem unbegrenzten Gesetzesvorbehalt; mit dieser Ermächtigung an den Gesetzgeber, die Voraussetzungen der Asylgewährung

> frei festzulegen, berauben sie das Asylrecht trotz seiner Formulierung seines überpositiven Menschenrechtsgehalts.» (KÄLIN, Grundriss des Asylverfahrens, S. 3 f.)

3.1. Einschluss- und Ausschlussgründe

1285 Nach Art. 1A Ziff. 2 FK gilt jede Person als Flüchtling, die

> aus der begründeten Furcht vor Verfolgung wegen ihrer Rasse, Religion, Nationalität, Zugehörigkeit zu einer bestimmten sozialen Gruppe oder wegen ihrer politischen Überzeugung sich ausserhalb des Landes befindet, dessen Staatsangehörigkeit sie besitzt, und den Schutz dieses Landes nicht in Anspruch nehmen kann oder wegen dieser Befürchtung nicht in Anspruch nehmen will; oder die sich als Staatenlose infolge solcher Ereignisse ausserhalb des Landes befindet, in welchem sie ihren gewöhnlichen Aufenthalt hatte, und nicht dorthin zurückkehren kann oder wegen der erwähnten Befürchtungen nicht dorthin zurückkehren will.

1286 Neben den Voraussetzungen für den Einschluss in die Flüchtlingseigenschaft statuiert die Flüchtlingskonvention zudem in den Art. 1D-F FK eine Reihe von Gründen, bei deren Vorliegen ein Ausschluss von der Flüchtlingseigenschaft erfolgt:

> D. Dieses Abkommen ist nicht anwendbar auf Personen, die zurzeit durch eine andere Organisation oder Institution der Vereinten Nationen als den Hochkommissär der Vereinten Nationen für Flüchtlinge Schutz oder Hilfe erhalten.
>
> (...)
>
> E. Dieses Abkommen ist nicht anwendbar auf Personen, welche nach Auffassung der zuständigen Behörden des Wohnsitzstaates im Besitze aller Rechte und Pflichten von Staatsangehörigen des Landes stehen.
>
> F. Die Bestimmungen dieses Abkommens sind nicht anwendbar auf Personen, für die ernsthafte Gründe für den Verdacht bestehen:
>
> a) dass sie ein Verbrechen gegen den Frieden, ein Kriegsverbrechen oder ein Verbrechen gegen die Menschlichkeit im Sinne der internationalen Vertragswerke begangen haben, die Bestimmungen zur Verhinderung solcher Verbrechen enthalten;
>
> b) dass sie ein schweres Verbrechen des gemeinen Rechts ausserhalb des Gastlandes begangen haben, bevor sie dort als Flüchtling aufgenommen worden sind;
>
> c) dass sie sich Handlungen zuschulden kommen liessen, die gegen die Ziele und Grundsätze der Vereinten Nationen gerichtet sind.

1287 Schliesslich statuiert Art. 1C FK auch noch sogenannte Beendigungsgründe:

> Eine Person, auf die die Bestimmungen des Abschnittes A zutreffen, fällt nicht mehr unter dieses Abkommen,
>
> 1. wenn sie sich freiwillig wieder unter den Schutz des Landes, dessen Staatsangehörigkeit sie besitzt, gestellt hat; oder

2. wenn sie freiwillig die verlorene Staatsangehörigkeit wieder erworben hat; oder

3. wenn sie eine neue Staatsangehörigkeit erworben hat und den Schutz des neuen Heimatstaates geniesst; oder

4. wenn sie freiwillig in das Land, das sie aus Furcht vor Verfolgung verlassen oder nicht mehr betreten hat, zurückgekehrt ist und sich dort niedergelassen hat; oder

5. wenn sie nach Wegfall der Umstände, auf Grund deren sie als Flüchtling anerkannt worden ist, es nicht mehr ablehnen kann, den Schutz ihres Heimatstaates in Anspruch zu nehmen.

Diese Bestimmungen sind jedoch nicht auf die in Ziffer 1 des Abschnittes A erwähnten Flüchtlinge anwendbar, die den Schutz ihres Heimatstaates aus triftigen Gründen, die auf frühere Verfolgungen zurückgehen, ablehnen.

In der Folge werden zunächst die Elemente der Flüchtlingseigenschaft – die Einschlussgründe – dargestellt und daran anschliessend die Ausschlussgründe skizziert. Die Beendigungsgründe werden im Zusammenhang mit der Beendigung von Asyl behandelt (hinten Rz. 1389 ff.). 1288

3.2. Die Elemente der Flüchtlingseigenschaft

Eine mit Art. 1A Ziff. 2 FK inhaltlich vergleichbare Definition von Flüchtlingen findet sich in Art. 3 Abs. 1 AsylG. Demnach sind Flüchtlinge 1289

> Personen, die in ihrem Heimatstaat oder im Land, in dem sie zuletzt wohnten, wegen ihrer Rasse, Religion, Nationalität, Zugehörigkeit zu einer bestimmten sozialen Gruppe der wegen ihrer politischen Anschauungen ernsthaften Nachteilen ausgesetzt sind oder begründete Furcht haben, solchen Nachteilen ausgesetzt zu werden.

Aus dem Flüchtlingsbegriff der Flüchtlingskonvention sowie des Asylgesetzes lassen sich die Elemente des Flüchtlingsbegriffes ableiten. Damit schutzsuchende Personen die Flüchtlingseigenschaft besitzen, müssen sie kumulativ die folgenden Kriterien erfüllen: 1290

- Aufenthalt ausserhalb des Heimatstaates (Rz. 1291 ff.);
- Fremde Staatsangehörigkeit, das heisst nicht die Staatsangehörigkeit des Staates, in dem um Schutz ersucht wird, oder keine Staatsangehörigkeit besitzen (Rz. 1297 ff.);
- Bruch beziehungsweise Abbruch der Beziehungen zum Heimatstaat (Rz. 1300 f.);
- Begründete Furcht vor Verfolgung aufgrund eines Verfolgungsmotives (Rz. 1302 ff.);
- Kein Vorliegen von Ausschlussgründen (Rz. 1348 ff.).

a) Aufenthalt ausserhalb des Heimat- oder Herkunftslandes

1291 Die Flüchtlingseigenschaft kann nur Personen zukommen, die sich ausserhalb ihres Heimat- oder Herkunftsstaates aufhalten. Nur wer eine internationale Grenze überquert hat, kann die Flüchtlingseigenschaft erfüllen.

1292 Personen, die innerhalb ihres Heimat- oder Herkunftslandes fliehen und keine internationale Grenze überqueren, werden als **intern Vertriebene** oder **Binnenflüchtlinge** bezeichnet, sogenannte *Internally Displaced Persons* (IDPs). Selbst wenn sie in flüchtlingsrelevanter Weise verfolgt werden, ist das Flüchtlingsregime auf sie nicht anwendbar, da sie ihr Heimat- oder Herkunftsland nicht verlassen haben. Lange wehrten sich die Staaten gegen verbindliche völkerrechtliche Regelungen für intern Vertriebene. 1998 wurden im Auftrag der UNO-Menschenrechtskommission die *Guiding Principles on Internal Displacement* publiziert. Sie stellen eine Kompilation und Neuformulierung der existierenden menschenrechtlichen Bestimmungen sowie Regeln des humanitären Völkerrechtes dar, die auf IDPs anwendbar sind. 2009 folgte mit der *Kampala Convention* (*African Union Convention for the Protection and Assistance of Internally Displaced Persons in Africa*) die erste verbindliche völkerrechtliche Verankerung der Rechte von IDPs.

1293 Für die Zuerkennung der Flüchtlingseigenschaft ist irrelevant, ob die betroffenen Personen aus dem Heimat- oder Herkunftsstaat geflüchtet sind oder aus einem anderen Grund, zum Beispiel zu Urlaubs-, Studien- oder Arbeitszwecken, ausgereist sind. Weder Flüchtlingskonvention noch AsylG setzen einen Kausalzusammenhang zwischen der geltend gemachten Verfolgung und der Ausreise voraus. Entscheidend ist vielmehr, dass den schutzsuchenden Personen im Fall einer Rückkehr in den Heimat- oder Herkunftsstaat flüchtlingsrelevante Verfolgung drohen würde.

1294 Ereignisse, die letztlich zur Ausreise aus dem Heimat- oder Herkunftsstaat geführt haben, werden als **Vorfluchtgründe** bezeichnet. **Nachfluchtgründe** liegen demgegenüber dann vor, wenn im Zeitpunkt des Verlassens des Heimat- oder Herkunftsstaates noch keine Gefährdung bestand und diese entweder durch die Ausreise oder erst nach der Ausreise entstanden ist (*réfugiés sur place*). In Bezug auf die Gründe, die zu einer nachträglichen Gefährdung geführt haben, wird zwischen objektiven und subjektiven Nachfluchtgründen unterschieden:

– **Objektive Nachfluchtgründe** liegen vor, wenn äussere Umstände, auf die die asylsuchende Person keinen Einfluss nehmen konnte, zur drohenden Verfolgung im Falle einer Rückkehr führen. Beispiele objektiver Nachfluchtgründe sind Regimewechsel im Heimat- oder Herkunftsstaat oder eine einsetzende Verfolgung von Familienangehörigen.

- **Subjektive Nachfluchtgründe** liegen dann vor, wenn eine asylsuchende Person erst durch die unerlaubte Ausreise aus dem Heimat- oder Herkunftsstaat oder wegen ihres Verhaltens nach der Ausreise im Falle einer Rückkehr Verfolgung zu befürchten hat. Neben der illegalen Ausreise stellen insbesondere exilpolitische Aktivitäten subjektive Nachfluchtgründe dar.

Die Unterscheidung zwischen objektiven und subjektiven Nachfluchtgründen ist zwar nicht für die Flüchtlingseigenschaft, jedoch für die Asylgewährung relevant: Subjektive Nachfluchtgründe führen nach Art. 54 AsylG selbst bei Vorliegen der Flüchtlingseigenschaft zum Asylausschluss (hinten Rz. 1380 ff.). Demgegenüber ist eine Asylgewährung bei Vorfluchtgründen sowie objektiven Nachfluchtgründen möglich, sofern die Flüchtlingseigenschaft erfüllt ist. 1295

Vom Asylausschlussgrund von Art. 54 AsylG ist der Ausschlussgrund von Art. 3 Abs. 4 AsylG zu unterscheiden. Danach sind «Personen, die Gründe geltend machen, die wegen ihres Verhaltens nach der Ausreise entstanden sind und die weder Ausdruck noch Fortsetzung einer bereits im Heimat- oder Herkunftsstaat bestehenden Überzeugung oder Ausrichtung sind», keine Flüchtlinge. Nach dem Willen des Gesetzgebers sollen asylsuchende Personen, die durch Aktivitäten nach der Ausreise ihre Flüchtlingseigenschaft herbeizuführen suchen, nicht als Flüchtlinge anerkannt werden. Eine solche Auslegung von Art. 3 Abs. 4 AsylG ist indes mit den aus der Flüchtlingskonvention fliessenden völkerrechtlichen Verpflichtungen der Schweiz kaum vereinbar. 1296

b) Fremde Staatsangehörigkeit

Die Flüchtlingseigenschaft kann nur Personen zuerkannt werden, die nicht die Staatsangehörigkeit des Staates besitzen, den sie um Schutz ersuchen. Dies entspricht der Logik der Flüchtlingskonvention, wonach die internationale Gemeinschaft nur für jene Personen die Schutzverantwortung übernehmen soll, die vom eigenen Staat keinen Schutz erhalten können. 1297

Von Personen, die über mehr als eine Staatsangehörigkeit verfügen, wird erwartet, dass sie sich im Falle der Verfolgung in einem Heimatstaat grundsätzlich unter den Schutz des anderen Heimatstaates begeben. Art. 1A FK führt hierzu aus: «Wer nicht aus einem stichhaltigen, auf begründeter Furcht beruhenden Grunde den Schutz eines der Staaten, dessen Staatsangehörigkeit er besitzt, ablehnt, gilt nicht als des Schutzes seines Heimatstaates beraubt». 1298

Der Erwerb einer neuen Staatsangehörigkeit führt nach Art. 1C Ziff. 3 FK zur Beendigung der Flüchtlingseigenschaft, denn dadurch kommt die betreffende Person wieder in den Genuss eines Staates, der sie schützt. Eine Einbürgerung im Schutz gewährenden Staat führt somit zur Beendigung der Flüchtlingseigenschaft. Dasselbe gilt, wenn der Schutz des Heimatstaates wieder in Anspruch genommen werden kann und der internationale Schutz damit nicht mehr erforderlich ist (BVGE 2019/VI/2). 1299

c) Bruch der Beziehungen zum Heimat- oder Herkunftsstaat

1300 Die Flüchtlingseigenschaft kann nur jenen Personen zukommen, die den Schutz ihres Heimat- oder Herkunftsstaates nicht in Anspruch nehmen können oder wollen. Indizien für einen vom Heimat- oder Herkunftsstaat ausgehenden Bruch der Beziehungen können der Entzug der Staatsbürgerschaft oder die Verweigerung eines Passes sein. Ein von der betreffenden Person ausgehender Bruch der Beziehungen zum Heimat- oder Herkunftsstaat muss objektiv durch die drohende Verfolgungsgefahr aufgezeigt werden.

1301 In der Praxis kommt der Voraussetzung des Bruchs mit dem Heimat- oder Herkunftsstaat praktisch keine eigenständige Bedeutung zu, denn durch die Einreichung eines Asylgesuches wird zumindest implizit geltend gemacht, dass ein Bruch der Beziehungen zum Heimat- und Herkunftsstaat vorliegt. Ob ein solcher Bruch tatsächlich gegeben ist, ergibt sich dann aus der Prüfung der Begründetheit der Verfolgung.

d) Begründete Furcht vor Verfolgung

1302 Herzstück des Flüchtlingsbegriffes ist das Element der begründeten Furcht vor Verfolgung. Die Staatengemeinschaft schützt Flüchtlinge aus dem einzigen Grund, weil sie in ihrem Heimat- oder Herkunftsland verfolgt werden und ohne internationalen Schutz schutzlos dieser Verfolgung ausgeliefert wären. Trotz – oder vielleicht gerade wegen – dieser zentralen Bedeutung, die dem Begriff der Verfolgung zukommt, wird er von der Flüchtlingskonvention nicht näher umrissen oder definiert. Vielmehr scheint es, dass die Mütter und Väter der Flüchtlingskonvention bewusst einen flexiblen Verfolgungsbegriff verankern wollten, um eine evolutive Auslegung des Verfolgungsbegriffes zu ermöglichen und um damit auch neue Verfolgungssituationen erfassen zu können. Treffend hat dies ATLE GRAHL-MADSEN zusammengefasst:

> «It seems as if the drafters have wanted to introduce a flexible concept which might be applied to circumstances as they might arise; or in other words, that they capitulated before the inventiveness of humanity to think up new ways of persecuting fellow men.» (ATLE GRAHL-MADSEN, The Status of Refugees in International Law, Volume I – Refugee Character, Leiden 1966, S. 193)

1303 Nach der herrschenden Lehre sind der Verfolgungsbegriff sowie auch die anderen Elemente des Flüchtlingsbegriffes auf der Grundlage einer menschenrechtsbasierten Auslegungsmethode (*Human rights based approach*) zu interpretieren (siehe zum Beispiel STEPHANIE A. MOTZ, The Refugee Status of Persons with Disabilities, Boston/Leiden 2020). Ausgangspunkt einer solchen menschenrechtsbasierten Interpretation ist die evolutive Auslegungsmethode, wonach völkerrechtliche Verträge im Lichte der im Auslegungszeitpunkt herrschenden Umstände auszulegen sind. Die menschenrechtsbasierte Auslegung postuliert, dass die «im Auslegungszeitpunkt herrschenden Umstände» unter Bezugnahme auf universell breit abgestützte Menschenrechtsabkommen der UNO bestimmt werden. Insbesondere in der angelsächsischen Rechtsprechung ist diese Auslegungsmethode des Verfolgungs- und Flüchtlingsbegriffes anerkannt. Sie hat ihren Weg aber auch bereits in europäische Dokumente gefunden. So beruht etwa die Definition des Verfolgungsbegriffes in Art. 9 Abs. 1 der Qualifikationsrichtlinie klar auf dem menschenrechtsbasierten Ansatz:

> Um als Verfolgung im Sinne des Artikels 1 Abschnitt A der Genfer Flüchtlingskonvention zu gelten, muss eine Handlung
>
> a) aufgrund ihrer Art oder Wiederholung so gravierend sein, dass sie eine schwerwiegende Verletzung der grundlegenden Menschenrechte darstellt, insbesondere der Rechte, von denen gemäss Artikel 15 Absatz 2 der Europäischen Konvention zum Schutze der Menschenrechte und Grundfreiheiten keine Abweichung zulässig ist, oder
>
> b) in einer Kumulierung unterschiedlicher Massnahmen, einschliesslich einer Verletzung der Menschenrechte, bestehen, die so gravierend ist, dass eine Person davon in ähnlicher wie der unter Buchstabe a beschriebenen Weise betroffen ist.

Das AsylG und die schweizerische Praxis haben die menschenrechtsbasierte Auslegung des Verfolgungsbegriffes bislang nicht aufgegriffen. Statt von Verfolgung spricht Art. 3 Abs. 1 AsylG denn auch von begründeter Furcht vor ernsthaften Nachteilen und Art. 3 Abs. 2 AsylG führt beispielhaft solche Nachteile aus: 1304

> Als ernsthafte Nachteile gelten namentlich die Gefährdung des Leibes, des Lebens oder der Freiheit sowie Massnahmen, die einen unerträglichen psychischen Druck bewirken. Den frauenspezifischen Fluchtgründen ist Rechnung zu tragen.

Statt auf Menschenrechtsverletzungen – wie etwa in Art. 9 Abs. 1 der Qualifikationsrichtlinie – wird für die Umschreibung relevanter Verfolgung auf Individualrechtsgüter wie Leib, Leben und Freiheit abgestellt. Der schweizerische Ansatz ist daher zutreffend auch als Individualrechtsgüterlehre bezeichnet worden (siehe SFH, Handbuch zum Asyl- und Wegweisungsverfahren, 3. Auflage, Bern 2021, S. 189). 1305

Nach dem Bundesverwaltungsgericht ist bei der Prüfung der begründeten Furcht vor Verfolgung auf die folgenden Aspekte einzugehen: 1306

> «Die Flüchtlingseigenschaft gemäss Art. 3 AsylG erfüllt eine asylsuchende Person nach Lehre und Rechtsprechung dann, wenn sie Nachteile von bestimmter Intensität erlitten hat beziehungsweise mit beachtlicher Wahrscheinlichkeit und in absehbarer Zukunft begründeterweise befürchten muss, welche ihr gezielt und aufgrund bestimmter Verfolgungsmotive durch Organe des Heimatstaates oder durch nicht-

> staatliche Akteure zugefügt worden sind beziehungsweise zugefügt zu werden drohen (...). Aufgrund der Subsidiarität des flüchtlingsrechtlichen Schutzes setzt die Zuerkennung der Flüchtlingseigenschaft ausserdem voraus, dass die betroffene Person in ihrem Heimatland keinen adäquaten Schutz finden kann (...). Ausgangspunkt für die Beurteilung der Flüchtlingseigenschaft ist die Frage nach der im Zeitpunkt der Ausreise vorhandenen Verfolgung oder begründeten Furcht vor einer solchen. Die Situation im Zeitpunkt des Asylentscheides ist jedoch im Rahmen der Prüfung nach der Aktualität der Verfolgungsfurcht ebenfalls wesentlich. Veränderungen der objektiven Situation im Heimatstaat zwischen Ausreise und Asylentscheid sind deshalb zugunsten und zulasten der das Asylgesuch stellenden Person zu berücksichtigen.» (BVGE 2011/51, E. 6.1)

1307 Eine begründete Furcht vor ernsthaften Nachteilen – und somit eine begründete Furcht vor Verfolgung im Sinne der Flüchtlingskonvention – liegt nach schweizerischer Praxis vor, wenn kumulativ fünf Voraussetzungen erfüllt sind:

- Ernsthafte Nachteile
- Gezieltheit der Verfolgung
- Fehlender Schutz durch den Heimat- oder Herkunftsstaat
- Vorliegen eines anerkannten Verfolgungsmotives
- Begründetheit der Furcht vor Verfolgung

aa) Ernsthafte Nachteile

1308 Die von der schutzsuchenden Person im Heimat- oder Herkunftsland erlittenen oder befürchteten Nachteile müssen ernsthaft, das heisst genügend intensiv sein, um flüchtlingsrelevant zu sein. Oder in den Worten des Bundesverwaltungsgerichtes:

> «Nachteile sind dann als ernsthaft in diesem Sinne zu bezeichnen, wenn sie sich gegen Leib, Leben oder Freiheit richten oder einen unerträglichen Druck erzeugen und aufgrund ihrer Art und Intensität ein menschenwürdiges Leben im Verfolgerstaat verunmöglichen oder in unzumutbarer Weise erschweren, so dass sich die verfolgte Person dieser Zwangssituation nur noch durch Flucht ins Ausland entziehen kann. Bei der begründeten Furcht gilt es zu berücksichtigen, dass sich die subjektiv befürchtete Verfolgung auch objektiv betrachtet mit einer erheblichen Wahrscheinlichkeit verwirklichen muss; allein die Möglichkeit von ernsthaften Nachteilen genügt dabei nicht.» (BVGE 2011/16, E. 5.1)

1309 Die Beurteilung der Ernsthaftigkeit erlittener oder befürchteter Nachteile beruht auf einem objektiven und einem subjektiven Element, wobei sich die erforderliche Intensität aus dem Zusammenwirken dieser beiden Elemente ergibt.

- **Objektives Element** ist ein ungerechtfertigter Eingriff in ein geschütztes Rechtsgut. Geschützte Rechtsgüter stellen nach Art. 3 Abs. 2 AsylG insbesondere Gefährdungen von Leib, Leben und Freiheit dar. Erfasst werden aber auch Massnahmen, die gegen Art. 3 EMRK verstossen sowie weitere Menschenrechtsverletzungen, die zwar für sich allein genommen weniger schwerwiegende Eingriffe darstellen, aufgrund ihrer Art, Dauer oder Wiederholung indes die Anforderungen der objektiven Intensität ebenfalls erfüllen. In diesem Sinne hat das Bundesverwaltungsgericht in Bezug auf das in Art. 3 Abs. 2 AsylG ebenfalls aufgeführte Element des unerträglichen psychischen Druckes ausgeführt:

  > «A cet égard, il sied de rappeler que les exigences mises par la jurisprudence pour la reconnaissance d'une telle pression psychique insupportable sont élevées. Il y a pression psychique insupportable lorsque certains individus ou une partie de la population sont victimes de mesures systématiques constituant des atteintes graves ou répétées à des libertés et des droits fondamentaux et qu'au regard d'une appréciation objective celles-ci atteignent une intensité et un degré tels qu'elles rendent impossible ou difficilement supportable la poursuite de la vie ou d'une existence conforme à la dignité humaine, de telle sorte que n'importe quelle personne confrontée à une situation analogue aurait été contrainte de fuir le pays (...). Lorsqu'il s'agit de préjudices économiques, il faut que la personne ait perdu tous ses moyens d'existence et ait, objectivement, été empêchée de mener une vie conforme à la dignité humaine (...).» (BVGE 2010/17, E. 3.3.1.1)

- **Subjektives Element** stellt die Unzumutbarkeit des weiteren Verbleibes im Heimat- oder Herkunftsstaat angesichts der erlittenen Verletzung eines geschützten Rechtsgutes dar (beziehungsweise die Unzumutbarkeit der Rückkehr angesichts der drohenden Verletzung eines geschützten Rechtsgutes). Die Beurteilung der Unzumutbarkeit erfolgt aufgrund der Intensität der erlittenen beziehungsweise drohenden Menschenrechtsverletzung, wofür ihre Art, Dauer, Schwere, Häufigkeit sowie Systematik berücksichtigt werden muss. Während bei schweren Nachteilen, beispielsweise durch eine direkte und ernsthafte Todesgefahr, Folter oder jahrelange Einzelhaft, die Intensität ohne weiteres bejaht werden kann, kommt bei weniger schwerwiegenden Menschenrechtsverletzungen die persönliche Empfindlichkeit und Verletzlichkeit der betroffenen Person stärker zum Tragen. Die betreffenden Menschenrechtsverletzungen müssen diesfalls auch aus objektivierter Sicht derart intensiv erscheinen, dass ein weiterer Verbleib im Heimat- oder Herkunftsstaat objektiv nicht mehr zugemutet werden kann:

  > «(...) qu'au regard d'une appréciation objective celles-ci atteignent une intensité et un degré tels qu'elles rendent impossible ou difficilement supportable la poursuite de la vie ou d'une existence conforme à la dignité humaine, de telle sorte que n'importe quelle personne confrontée à une situation analogue aurait été contrainte de fuir le pays.» (BVGE 2010/28, E. 3.3.1.1)

bb) Gezieltheit der Verfolgung

1310 Nach der schweizerischen Rechtsprechung muss die Verfolgung gezielt erfolgen, damit sie flüchlingsrelevant ist. Dieses Kriterium ergibt sich weder aus Art. 1A FK noch aus Art. 3 AsylG und wird nur in der Praxis der Schweiz sowie einiger weniger weiterer Staaten vorausgesetzt.

1311 Das Erfordernis der Gezieltheit der Verfolgung scheint sich als letztes Überbleibsel der im Jahr 2006 aufgegebenen Zurechenbarkeitstheorie (hinten Rz. 1321) weiterhin in der Praxis zu halten (siehe hierzu CONSTANTIN HRUSCHKA, Der Flüchtling als Zielscheibe?, ASYL 2/18, S. 24 ff. sowie NULA FREI, Die Schutztheorie bei der Anwendung des Flüchtlingsbegriffs, ASYL 2/18, S. 16 ff.). Auf internationaler Ebene wurde vom Erfordernis der Gezieltheit der Verfolgung – sofern es überhaupt jemals zur Anwendung kam – Abstand genommen.

1312 Die Gezieltheit der Verfolgung setzt nach schweizerischem Verständnis eine vorsätzliche und gezielte Verfolgung einer Person voraus. Die Verfolgungshandlung muss gezielt gegen eine Person gerichtet sein. Schutzsuchende Personen müssen somit nachweisen, dass sie selber von einer gegen sie gerichteten Verfolgungshandlung betroffen sind beziehungsweise begründete Furcht haben, von einer solchen Verfolgungshandlung getroffen zu werden.

1313 Das Erfordernis der Gezieltheit der Verfolgung bereitet einerseits in Fällen sogenannter Reflexverfolgung und andererseits in Kriegs- und Bürgerkriegssituationen Probleme. Bei der **Reflexverfolgung** werden Angehörige verfolgter Personen Repressalien ausgesetzt, um die Familie für die Aktivitäten der verfolgten Personen zu bestrafen oder um die verfolgten Personen zur Einstellung ihrer Aktivitäten zu zwingen. So hat das Bundesverwaltungsgericht zum Beispiel in Bezug auf die Furcht vor Verfolgung von Familien von Menschenrechtsaktivisten im Kongo (Kinshasa) ausgeführt:

> «Il existe, de même, actuellement un risque de persécution réfléchie contre des membres de la famille d'activistes des droits de l'homme. Les observateurs internationaux mentionnent, en effet, que dans ce climat délétère (…), les défenseurs des droits de l'homme sont harcelés, avec leurs familles, menacés dans leurs biens et leur personne en toute impunité, contraints à l'exil ou réduits au silence (…). On parle ainsi de persécution réfléchie lorsque des proches de personnes persécutées sont exposés à des représailles en vue d'exercer des pressions sur ces personnes ou leur famille (...). En matière de persécution réfléchie, il faut rappeler qu'il y a lieu d'apprécier l'intensité du risque de persécution réfléchie en fonction des circonstances du cas d'espèce. Aussi, il convient de prendre en compte que ces mesures n'ont pas nécessairement pour but l'obtention de renseignements, mais qu'elles peuvent également viser des personnes qui s'engagent ouvertement en faveur de leurs proches ou encore être prises en guise de représailles, pour punir tous les membres d'une même famille pour les agissements de l'un d'entre eux, soit parce qu'ils sont soupçonnés de partager ses opinions et ses buts, soit pour les intimider ou pour tenter de faire taire l'activiste en question (…). Dans l'évaluation des circonstances concrètes et objectives, on tient également compte de la situation générale du pays d'origine en matière de droits humains, des modèles de persécution

> «usuellement» appliqués ainsi que du comportement général des organes étatiques à l'égard de personnes ou groupes de personnes dont la situation est comparable à celle du requérant d'asile.» (BVGE 2010/57, E. 4.1.3)

Betreffend Repressalien gegen Familienangehörige politischer Aktivisten in der Türkei hat das Bundesverwaltungsgericht erörtert: 1314

> «Das Bundesverwaltungsgericht geht – in Anlehnung an die Praxis der vormaligen Schweizerischen Asylrekurskommission (ARK) – davon aus, dass in der Türkei staatliche Repressalien gegen Familienangehörige von politischen Aktivisten existieren, die als sogenannte Reflexverfolgung flüchtlingsrechtlich erheblich im Sinne von Art. 3 AsylG sein können. Die Wahrscheinlichkeit, Opfer einer Reflexverfolgung im dargelegten Sinne zu werden, ist nach vom Gericht weitergeführter Praxis der ARK vor allem gegeben, wenn nach einem flüchtigen Familienmitglied gefahndet wird und die Behörde Anlass zur Vermutung hat, jemand stehe mit dem Gesuchten in engem Kontakt. Das Risiko erhöht sich zusätzlich, wenn ein nicht unbedeutendes politisches Engagement der reflexverfolgten Person für illegale politische Organisationen hinzukommt beziehungsweise ihr seitens der Behörden unterstellt wird (...).» (BVGer, E-6132/2010, 12. April 2012)

Um Familienangehörige von Flüchtlingen vor Reflexverfolgung zu schützen, kennt das schweizerische Asylrecht zudem das Institut des Familienasyls (Art. 51 AsylG). Dieses ermöglicht den Einbezug von Familienangehörigen von Flüchtlingen in die Flüchtlingseigenschaft und gewährt bei vorbestehenden familiären Beziehungen einen Anspruch auf Bewilligung der Einreise zum Zweck der Schutzgewährung und der Familienvereinigung. Zum Familienasyl hinten Rz. 1400 ff. 1315

Im Unterschied zur **originären**, materiellen Flüchtlingseigenschaft, die sich auf die Erfüllung des Flüchtlingsbegriffes von Art. 1A Ziff. 2 FK beziehungsweise Art. 3 Abs. 1 AsylG abstützt, erhalten die Familienangehörigen beim Familienasyl gestützt auf Art. 51 Abs. 1 AsylG eine **derivative** beziehungsweise abgeleitete, formelle Flüchtlingseigenschaft. In der schweizerischen Asylpraxis wird jedoch nur in Bezug auf die Entstehung des Flüchtlingsstatus zwischen originärer und derivativer Flüchtlingseigenschaft unterschieden, hingegen nicht in Bezug auf die Rechtsstellung oder die Aberkennung der Flüchtlingseigenschaft (BVGE 2017 VI/11, E. 4.4). 1316

In **Kriegs- und Bürgerkriegssituationen** führt das Erfordernis einer gezielten Verfolgung zu unbefriedigenden Resultaten. Nach ständiger schweizerischer Praxis erfüllen schutzsuchende Personen, die aus Kriegs- oder Bürgerkriegssituationen flüchten, die Flüchtlingseigenschaft nicht, da keine gezielte Verfolgung vorliegt. Wer als Zivilperson lediglich von den Auswirkungen und Folgen eines Krieges oder Bürgerkrieges betroffen ist und aus diesem Grund das Heimat- oder Herkunftsland verlässt, erfüllt die flüchtlingsrelevante Voraussetzung der gezielten Verfolgung nicht und kann keinen Schutz durch die Flüchtlingskonvention erhalten. Hingegen kann eine gezielte Verfolgung gegeben sein, wenn einzelne Personen in Kriegs- oder Bürgerkriegssituationen aus flüchtlingsrelevanten Gründen gezielt ernsthaften Nachteilen ausgesetzt sind. 1317

> «Was die Frage der Gezieltheit einer befürchteten Verfolgung betrifft, ist vorab festzuhalten, dass sich fraglos auch in Kriegs- oder Bürgerkriegssituationen eine gezielte, asylrechtlich relevante, den Kriterien von Art. 3 AsylG entsprechende Verfolgung ereignen kann. Individuell gezielte, von asylrechtlich relevanter Verfolgungsmotivation getragene Nachteile sind dann anzuerkennen, wenn eine Person nicht lediglich den gleichen Risiken und Einschränkungen wie die gesamte Bevölkerung ihres Heimatstaates ausgesetzt ist, und somit von den Ereignissen nicht lediglich «reflexartig», im Sinne ungezielter «Nebenfolgen» des Krieges oder Bürgerkrieges, betroffen ist, sondern als individuelle Person im klassischen Sinn wegen ihrer politischen Anschauung, ihrer Rasse, Religion, Nationalität oder einem anderen relevanten Grund in asylrechtlich relevanter Intensität belangt wird.» (EMARK 1998, Nr. 17, S. 153 E. 4 c/bb)

1318 Auf das Erfordernis der gezielten Verfolgung wird indes in Fällen einer **Kollektivverfolgung** verzichtet. Eine Kollektivverfolgung «liegt vor, wenn eine relativ grosse Anzahl Personen eines Kollektivs einer flüchtlingsrelevanten Verfolgung ausgesetzt ist» (BVGE 2014/32, E. 7.2). In einem solchen Fall kann «eine asylsuchende Person (...) ausnahmsweise davon befreit werden, im Asylverfahren eine individuelle, gezielt gegen sie gerichtete Verfolgung darzulegen» (BVGE 2014/32, E. 6.1). Diesfalls haben alle Angehörigen des Kollektivs eine begründete Furcht vor Verfolgung und müssen lediglich nachweisen, dass sie der verfolgten Gruppe angehören. Freilich sind die Hürden für die Annahme einer Kollektivverfolgung hoch. In ständiger Praxis führt das Bundesverwaltungsgericht aus:

> «Die Anforderungen an die Feststellung einer Kollektivverfolgung sind gemäss der Rechtsprechung des Bundesverwaltungsgerichtes sehr hoch (...). Eine solche liegt vor, wenn eine relativ grosse Anzahl Personen eines bestimmten Kollektivs einer flüchtlingsrelevanten Verfolgung ausgesetzt ist. Als erstes, unbestrittenes Erfordernis wird der Betroffene die Zugehörigkeit zum entsprechenden Kollektiv nachweisen müssen. Sodann müssen die flüchtlingsrechtlich zu beurteilenden Massnahmen in gezielter Art und Weise gegen das Kollektiv gerichtet sein, eine gewisse Intensität aufweisen und über das hinausgehen, was andere Teile der Bevölkerung an Nachteilen und Übergriffen hinzunehmen haben. Aus der Verfolgung einzelner, zum Kollektiv gehörender Personen kann dabei nicht ohne Weiteres auf die Verfolgung des Kollektivs geschlossen werden. Die gezielten und intensiven Nachteile müssen vielmehr zum Ziel haben, möglichst alle Mitglieder des Kollektivs zu treffen, und sie müssen in Relation zur Grösse des Kollektivs eine bestimmte Dichte aufweisen, sodass der Einzelne aus der erheblichen Wahrscheinlichkeit heraus, selbst verfolgt zu werden, objektiv begründete Furcht hat. Ein unerträglicher psychischer Druck im Sinne von Art. 3 AsylG liegt vor, wenn einzelne Personen oder Teile einer Bevölkerung systematisch schweren oder wiederholten Eingriffen in ihre Menschenrechte durch den Staat ausgesetzt sind und diese Eingriffe eine derartige Intensität erreichen, dass ein menschenwürdiges Leben nicht mehr möglich erscheint.» (BVGE 2014/32, E. 7.2)

1319 In seiner Praxis hat das Bundesverwaltungsgericht nur in Situationen, die zumindest einem Genozid nahekamen, das Vorliegen einer Kollektivverfolgung anerkannt, so etwa in Bezug auf die Yeziden in der irakischen Provinz Ninawa im Jahr 2016 (BVGer, D-4600/2014, 29. November

2016, bestätigt in BVGer, D-3979/2020, 17. September 2021). Verneint wurde eine Kollektivverfolgung zum Beispiel in Bezug auf die Hazara in Pakistan (BVGE 2014/32), die Kurden in der Region Afrin in Syrien (BVGer, E-2011/2018, 12. Juni 2018), nichtarabische Ethnien in Darfur (BVGE 2013/21 sowie mit weiteren Hinweisen BVGer, E-4218/2015, 9. Januar 2018), Christen in Zentralirak (BVGE 2013/12), Yeziden in Syrien (BVGer, E-3650/2018, 12. Juli 2018), afghanische Asylsuchende in der Schweiz nach der Machtübernahme durch die Taliban (BVGer, E-2436/2022, 1. Juli 2022) oder Homosexuelle in Uganda (BVGer, D-5839/2020, 13. Juni 2022).

cc) Fehlender Schutz durch den Heimat- oder Herkunftsstaat

Die Flüchtlingseigenschaft erfüllt nur, wer nicht vom Heimat- oder Herkunftsstaat vor Verfolgung geschützt wird beziehungsweise diesen Schutz nicht in Anspruch nehmen kann oder will. Die Bereitschaft der internationalen Gemeinschaft, Flüchtlingen Schutz zu gewähren, beruht auf dem Gedanken der Subsidiarität. Nur jene Personen sollen Anspruch auf internationalen Schutz haben, die sonst wegen des fehlenden Schutzes durch ihren Heimat- oder Herkunftsstaat schutzlos dastehen würden. Dabei spielt es für die Anerkennung als Flüchtling keine Rolle, ob die Verfolgung vom Staat oder von Privaten ausgeht. Entscheidend ist einzig, ob Personen beim Staat Schutz vor drohender Verfolgung – sei es durch Privatpersonen oder durch den Staat selber – finden können. 1320

Bis zu einem Grundsatzentscheid der Asylrekurskommission im Jahr 2006 (EMARK 2006, Nr. 18) folgte die Schweiz der **Zurechenbarkeitstheorie**. Eine Verfolgung war demnach nur dann flüchtlingsrelevant, wenn sie dem Staat zurechenbar war, das heisst, wenn sie entweder direkt vom Staat ausging oder ihm vorgeworfen werden konnte, er habe die Betroffenen nicht vor privater Verfolgung geschützt. War der Heimat- oder Herkunftsstaat unfähig, Schutz zu gewähren oder war die staatliche Macht zusammengebrochen, konnten Verfolgungshandlungen Privater nicht mehr dem Staat zugerechnet werden und die Betroffenen konnten nicht als Flüchtlinge anerkannt werden. 1321

Heimat- oder herkunftsstaatlicher Schutz ist dann zu bejahen, wenn der betreffende Staat sowohl schutzfähig als auch schutzwillig ist. Staatlicher Schutz muss zudem für die schutzsuchenden Personen zugänglich und zumutbar sein: 1322

> «Das der Schutztheorie zugrunde liegende Verständnis der FK ist indes nicht allein auf die Frage fokussiert, ob im Heimatstaat eine funktionierende und effiziente Schutzinfrastruktur zur Verfügung steht. Sie richtet das Augenmerk darüber hinaus auf die Frage, ob die von Verfolgung betroffene Person die im Heimatstaat bestehende Schutzinfrastruktur auch tatsächlich in Anspruch nehmen kann. Besteht eine Schutzinfrastruktur und ist der Staat gewillt, Schutz zu gewähren, ist deshalb weiter zu prüfen, ob die bestehende Schutzinfrastruktur der von Verfolgung betroffenen Person zugänglich und ihr deren Inanspruchnahme individuell zuzumuten ist (...).» (BVGE 2011/51, E. 8.5.2)

- Ein Staat ist **schutzfähig**, wenn eine funktionierende und effiziente Schutzinfrastruktur im Sinne eines Rechts- und Justizsystems, das den Betroffenen objektiv zugänglich ist, zur Verfügung steht (BVGE 2008/12, E. 6.8).

- Ein Staat ist **schutzwillig**, wenn die funktionierende und effektive Schutzinfrastruktur nicht nur besteht, sondern ihre Inanspruchnahme auch tatsächlich offensteht und zugänglich ist.
- Der staatliche Schutz ist schliesslich **zugänglich**, wenn die Schutzsuchenden sich auf den staatlichen Schutz berufen können und dessen Inanspruchnahme ihnen auch zumutbar ist.

1323 Im Zusammenhang mit der Prüfung des Schutzes durch den Heimat- oder Herkunftsstaat ist auch zu prüfen, ob staatlicher Schutz möglicherweise nur in einem Teil des Staates fehlt und allenfalls eine **innerstaatliche** oder **interne Schutzalternative** beziehungsweise **interner Schutz** besteht. Die Beurteilung, ob eine interne Schutzalternative besteht, erfasst neben den Aspekten der Schutzfähigkeit und Schutzwilligkeit auch die Aspekte der Zugänglichkeit, der Zumutbarkeit und der Dauerhaftigkeit des internen Schutzes:

> «Nicht anders verhält es sich bei der Prüfung der Frage, ob die von Verfolgung betroffene Person deshalb kein internationales Schutzbedürfnis hat, weil ihr eine innerstaatliche Schutzalternative zur Verfügung steht. Das Bestehen einer innerstaatlichen Alternative zum internationalen Schutz kann nur bejaht werden, wenn die Schutzinfrastruktur am Zufluchtsort der im anderen Landesteil von Verfolgung betroffenen Person zugänglich ist. Sie muss diese mithin, ohne sich in unzumutbare Gefahren begeben zu müssen, auf legalem Weg erreichen und sich dort legal aufhalten können (...). Um den am Zufluchtsort erhältlichen Schutz längerfristig tatsächlich in Anspruch nehmen zu können, muss es ihr darüber hinaus zuzumuten sein, sich dort niederzulassen und sich eine neue Existenz aufzubauen. Der Zufluchtsort muss mithin eine realistische und nicht – (...) – eine bloss hypothetische innerstaatliche (Flucht- bzw. Schutz-)Alternative zum internationalen Schutz sein. Bei der Prüfung der Frage, ob es der betroffenen Person zuzumuten ist, sich am Zufluchtsort niederzulassen, um tatsächlich Schutz vor Verfolgung zu finden, können aber die Gegebenheiten vor Ort und die persönlichen Umstände, die es ihr allenfalls verunmöglichen, den am alternativen Ort bestehenden Schutz in Anspruch zu nehmen, nicht ausgeblendet werden. Es sind deshalb die allgemeinen Verhältnisse am Zufluchtsort und die persönlichen Umstände der von Verfolgung betroffenen Person in Augenschein zu nehmen (...) und es ist im Rahmen einer individuellen Einzelfallprüfung unter Berücksichtigung des länderspezifischen Kontextes (...) zu beurteilen, ob der betroffenen Person angesichts der sich für sie am Zufluchtsort konkret abzeichnenden Lebenssituation realistischerweise zugemutet werden kann, sich dort niederzulassen und sich eine neue Existenz aufzubauen.» (BVGE 2011/51, E. 8.5.2)

dd) Verfolgungsmotive

-- Die einzelnen Verfolgungsmotive

1324 Flüchtlingsrelevant ist nur jene Verfolgung, die kausal aus einem der in Art. 1A FK und Art. 3 Abs. 1 AsylG abschliessend aufgeführten Verfolgungsmotiven erfolgt: Rasse, Religion, Nationalität, Zugehörigkeit zu einer bestimmten sozialen Gruppe und politische Anschauungen. Flüchtlingsrelevante Verfolgung zielt dabei immer auf das Sein, nicht das Tun. Dabei ist unerheblich, ob die schutzsuchenden Personen tatsächlich über die ihnen von den Verfolgern zugeschriebenen unveränderbaren Eigenschaften, Gesinnung oder Eigenarten verfügen. Entscheidend ist, dass die Verfolger ihnen diese zuschreiben und sie die verfolgten Personen aus diesem Grund treffen wollen:

> «Verfolgung im Sinne des Asylgesetzes und der Flüchtlingskonvention erfolgt immer wegen des Seins, nicht wegen des Tuns; zwar kann der Verfolger gleichfalls oder sogar vordergründig hauptsächlich auf Handlungsweisen einer Person abzielen; bedeutsam für die Flüchtlingseigenschaft wird der Eingriff des Verfolgers aber nur, wenn dieser die hinter einer Handlungsweise steckende Eigenart und Gesinnung der entsprechenden Person treffen will.» (EMARK 2006, Nr. 32, E. 8.7.1)

Der Zuordnung einer Verfolgung zu einem oder mehreren bestimmten Verfolgungsmotiven kommt in der schweizerischen Praxis kaum grosse Bedeutung zu und häufig unterbleibt die genaue Qualifikation: 1325

> «In der bisherigen schweizerischen Asylpraxis ist darauf verzichtet worden, die asylgesetzlichen beziehungsweise konventionsrechtlichen Verfolgungsmotive näher zu definieren. Davon kann auch an dieser Stelle weiterhin abgesehen werden. Die Erfüllung der Flüchtlingseigenschaft kann nämlich bei einem zeitgemässen Verständnis des Flüchtlingsbegriffs nicht von einer bestimmten Definition eines Verfolgungsmotivs abhängig sein, bestimmt doch letztlich der Verfolger allein, wen er weshalb verfolgt, und damit auch, ob und wie er von ihm verfolgte Nationalität, Rasse oder soziale Gruppen etc. definiert (...). Zudem ist gerade in Fällen häuslicher und ähnlicher Gewalt in der Privatsphäre oft unklar, aus welchem Grund ein Staat keinen wirksamen Schutz gewährt beziehungsweise gewähren kann (...). Ausschlaggebend muss deshalb sein, ob die Verfolgung wegen äusserer oder innerer Merkmale erfolgt ist beziehungsweise künftig droht, die untrennbar mit der Person oder Persönlichkeit des Opfers verbunden sind, wie sie etwa den Merkmalslisten in verfassungsrechtlichen und internationalen Diskriminierungsverboten (...) entnommen werden können. Der Aspekt der Diskriminierung ist im Verfolgungskonzept, das der Flüchtlingskonvention und dem Asylgesetz zugrunde liegt, mit enthalten; der Unterschied zwischen Diskriminierung und flüchtlingsrechtlicher Verfolgung liegt vorab in der Intensität des Eingriffs (...).» (EMARK 2006, Nr. 32, E. 8.7.1)

– **Rasse**: Der juristische, auch in Art. 1A FK sowie Art. 3 Abs. 1 AsylG verwendete Rassebegriff erfasst – wie Art. 1 Abs. 1 des Internationalen Übereinkommens vom 21. Dezember 1965 zur Beseitigung jeder Form von Rassendiskriminierung (SR 0.104) veranschaulicht – neben körperlichen und physiognomischen Merkmalen auch Aspekte der Abstammung, des nationalen Ursprungs und des Volkstums. Für eine flüchtlingsrelevante Verfolgung aufgrund der Rasse ist daher ausschlaggebend, dass die Verfolger eine Person verfolgen, weil sie sie als einer rassisch diversen Gruppe angehörig betrachten. Grundlage des juristischen Rassebegriffes sind somit soziale Unterscheidungen.

- **Religion**: Verfolgungshandlungen aufgrund des Verfolgungsmotives Religion zeichnen sich dadurch aus, dass Personen wegen der Wahrnehmung der ihnen aufgrund der Religionsfreiheit zukommenden Rechte oder wegen ihrer religiösen Überzeugungen verfolgt werden.
- **Nationalität**: Nationalität umfasst nicht nur die Staatsangehörigkeit oder das Fehlen einer Staatsangehörigkeit, sondern auch die Zugehörigkeit zu einer ethnischen, sprachlichen oder kulturellen Gruppe, die sich durch gemeinsame Traditionen, Kultur oder Abstammung auszeichnet. Verfolgung aufgrund der Nationalität lässt sich nicht eindeutig von Verfolgung aufgrund der Rasse abgrenzen.
- **Politische Anschauung**: Das Verfolgungsmotiv der politischen Anschauung ist ebenfalls weit zu verstehen. Erfasst werden sämtliche Meinungen, Haltungen und Überzeugungen, die auf das staatliche, gesellschaftliche oder wirtschaftliche System Bezug nehmen sowie Handlungen, die entsprechende Meinungen, Haltungen und Überzeugungen zum Ausdruck bringen. Das reicht von der offenen Kritik an der Regierung über die illegale Ausreise aus einem Land, das Missachten von Kleidervorschriften, die Auflehnung gegenüber traditionellen patriarchalischen Strukturen bis zum Vertreten einer neutralen Haltung oder die Weigerung, politisch Position zu beziehen. Verfolgung wegen der politischen Anschauungen kann dabei nicht nur vom Staat ausgehen, sondern auch von Privaten.
- **Zugehörigkeit zu einer bestimmten sozialen Gruppe**: Dass die Mütter und Väter der Flüchtlingskonvention bewusst einen flexiblen Verfolgungsbegriff verankern wollten, kann an der Aufnahme des Verfolgungsmotives der Zugehörigkeit zu einer bestimmten sozialen Gruppe erkannt werden. Dieses Verfolgungsmotiv ermöglicht die Berücksichtigung sich wandelnder und weiterentwickelnder Erscheinungsformen von Gruppen in den verschiedenen Gesellschaften und stellt daher nicht, wie früher häufig angenommen, einen Auffangtatbestand dar:

  > «In the past, it had been argued that a clear and comprehensive definition of the 1951 Convention ground «membership of a particular social group» is simply unfeasible and that it should therefore be considered as an all-embracing «safety net», a catch-all-clause open to the intuition of the judge. (…) one major advantage of the social group criterion is seen to lie in its subtle character, which allows types of groups which are presently unknown, or not yet in existence, to be covered. The social group category is, thus, understood to constitute a dynamic category, open to future developments.» (ZIMMERMANN/MAHLER, Rz. 397 f.)

  Die – für die Schweiz zwar nicht verbindliche – Qualifikationsrichtlinie der EU (Rz. 348 ff.) führt in Art. 10 Abs. 1 lit. d aus, eine Gruppe gelte insbesondere dann als bestimmte soziale Gruppe, wenn

> die Mitglieder dieser Gruppe angeborene Merkmale oder einen gemeinsamen Hintergrund, der nicht verändert werden kann, gemein haben oder Merkmale oder eine Glaubensüberzeugung teilen, die so bedeutsam für die Identität oder das Gewissen sind, dass der Betreffende nicht gezwungen werden sollte, auf sie zu verzichten, und
>
> die Gruppe in dem betreffenden Land eine deutlich abgegrenzte Identität hat, da sie von der sie umgebenden Gesellschaft als andersartig betrachtet wird.

Der zweite – auch *social perception approach* genannte – Ansatz, wonach die Gruppe im betreffenden Land als deutlich andersartig erkannt wird, ist problematisch. Sofern die beiden Ansätze als kumulativ angesehen werden, würde dies eine unzulässige Einengung des Verfolgungsmotives der bestimmten sozialen Gruppe bedeuten. Wird von einer alternativen Anwendung der beiden Ansätze ausgegangen, dann birgt der *social perception*-Ansatz die Gefahr subjektiver Urteile, da die Einschätzung der sozialen Wahrnehmungen in einem Land aus der Ferne schwierig ist. Demgegenüber stellt der erste – *protected characteristics approach* genannte – Ansatz darauf ab, ob die Gruppenmitglieder über ein menschenrechtlich geschütztes, unabänderbares oder unverzichtbares Merkmal verfügen.
Das SEM geht von einem kumulativen Ansatz aus und bezeichnet als bestimmte soziale Gruppe «eine Gruppe von Personen», die sich «aufgrund eigenständiger und unveränderlicher Eigenschaften klar von anderen Gruppen unterscheidet und aufgrund dieser Eigenschaften Verfolgungsmassnahmen erleidet oder befürchtet» (SEM, Handbuch Asyl und Rückkehr, D1, Ziff. 2.4.2.5). Das Bundesverwaltungsgericht hat bislang noch keine Definition der bestimmten sozialen Gruppe entwickelt.

-- Abgrenzung zwischen legitimer Strafverfolgung und illegitimer Verfolgung

Rechtsstaatlich legitime Strafverfolgung im Heimat- oder Herkunftsstaat stellt grundsätzlich nicht flüchtlingsrelevante Verfolgung dar. Es ist Staaten unbenommen, strafrechtliche Sanktionen gegen Personen zu verhängen, die Straftaten begangen haben. Solange die ergriffenen Massnahmen durch ein legitimes öffentliches Interesse gerechtfertigt und nicht unverhältnismässig sind, handelt es sich um legitime Strafverfolgung. Wenn hingegen die strafrechtliche Verfolgung eines gemeinrechtlichen Deliktes auf einem Verfolgungsmotiv – meist den politischen Ansichten – beruht, liegt flüchtlingsrelevante illegitime Verfolgung vor. Das Bundesverwaltungsgericht hat seine diesbezügliche Praxis wie folgt zusammengefasst: 1326

> «Die Flucht vor einer rechtsstaatlich legitimen Strafverfolgung im Heimatland bildet grundsätzlich keinen Grund für die Anerkennung der Flüchtlingseigenschaft und für die Asylgewährung. Ausnahmsweise kann aber die Durchführung eines

Strafverfahrens wegen eines gemeinrechtlichen Delikts eine Verfolgung im asylrechtlichen Sinn darstellen. Dies trifft vor allem dann zu, wenn die Strafnorm die Verfolgung einer Bevölkerungsgruppe wegen unverzichtbarer äusserer oder innerer Merkmale geradezu bezweckt, wenn einer Person eine gemeinrechtliche Tat untergeschoben wird, um sie wegen ihrer äusseren oder inneren Merkmale zu verfolgen, oder wenn die Dauer oder Art der Strafe oder die prozessuale Stellung des Täters, der ein gemeinrechtliches Delikt tatsächlich begangen hat, aus einem solchen Motiv in bedeutender Weise erschwert wird. Eine solche Erschwerung der Lage aus einem äusseren oder inneren Merkmal (sog. Politmalus) ist insbesondere in drei Fällen anzunehmen: Erstens wenn das Strafverfahren rechtsstaatlichen Ansprüchen klarerweise nicht zu genügen vermag, zweitens, wenn der asylsuchenden Person in Form der Strafe oder im Rahmen der Strafverbüssung eine Verletzung fundamentaler Menschenrechte, insbesondere Folter oder unmenschlicher Behandlung, droht, oder drittens, wenn die Strafe der betroffenen Person gegenüber anderen Straftätern erhöht wird (Malus im relativen Sinn) beziehungsweise wenn die Strafe im Verhältnis zur Ernsthaftigkeit der konkreten Tat per se unverhältnismässig hoch ausfällt und damit als exzessiv erscheint (Malus im absoluten Sinn). Auch in den letztgenannten Fällen liegt jedoch nur dann eine für die Entstehung der Flüchtlingseigenschaft ausschlaggebende Verfolgung vor, wenn die unverhältnismässige Bestrafung auf einer flüchtlingsrechtlich relevanten Motivation beruht. Bei gewissen Delikten kann die exzessive Bestrafung allerdings ein Indiz dafür darstellen, dass der Verfolger neben der Ahndung der Straftat auch oder besonders die vermutete oppositionelle Einstellung des Täters treffen wollte. (...).» (BVGE 2014/28, E. 8.3.1)

1327 Werden die Dauer oder Art einer Strafe beziehungsweise die prozessuale Stellung von Personen, die tatsächlich ein Strafdelikt begangen haben, aufgrund von äusseren oder inneren Merkmalen bedeutend erschwert, liegt ein sogenannter **Politmalus** vor. Es handelt sich dabei um einen **relativen Malus**, wenn die Strafe der betroffenen Person im Vergleich zu anderen Straftäterinnen und Straftätern erhöht wird. Fällt die Strafe im Verhältnis zur Ernsthaftigkeit des begangenen Deliktes unverhältnismässig hoch aus und erscheint exzessiv, liegt ein **absoluter Malus** vor. Beide Konstellationen sind dann verfolgungsrelevant, wenn die unverhältnismässige Bestrafung auf einer flüchtlingsrechtlich relevanten Motivation beruht.

1328 In diesem Zusammenhang wird häufig die Frage nach der flüchtlingsrechtlichen Bedeutung von **Desertion** und **Wehrdienstverweigerung** aufgeworfen. Unbestritten ist, dass es Staaten gestattet ist, von ihren Staatsangehörigen die Leistung von Militärdienst zu verlangen. Eine Bestrafung für die Missachtung der Dienstpflicht stellt nicht *per se* flüchtlingsrechtlich relevante Verfolgung dar; die flüchtlingsrechtliche Relevanz beginnt dann, wenn die Sanktion malusbehaftet ist, das heisst gestützt auf ein Verfolgungsmotiv höher ausfällt (relativer Malus) oder ganz allgemein unverhältnismässig hoch ist, das heisst vom Strafzweck und der Strafhöhe her nicht mehr rechtsstaatlich legitimen Zwecken dient (absoluter Malus).

2005 hatte die ARK über die Beschwerde eines eritreischen Staatsangehörigen zu befinden, dessen Asylgesuch vom damaligen BFM abgelehnt worden war. Der Beschwerdeführer hatte geltend gemacht, dass er im Falle einer Rückkehr nach Eritrea als Deserteur mit dem Tod bestraft würde, da er im Jahr 2000 während eines Gefechtes zwischen seiner militärischen Einheit und äthiopischen Truppen desertiert und nach Somalia geflüchtet sei. In ihrem Urteil betonte die ARK, jeder Staat habe das Recht, Streitkräfte zu unterhalten und seine Bürger zum Dienst zu verpflichten. Sanktionen für die Missachtung dieser Dienstpflicht seien zulässig und einzig dann flüchtlingsrechtlich relevant, «wenn der Wehrpflichtige wegen seines Verhaltens mit einer Strafe zu rechnen hat, welche entweder aus Gründen nach Art. 3 AsylG diskriminierend höher ausfällt oder an sich unverhältnismässig hoch ist» (EMARK 2006, Nr. 3, E. 4.2). Deserteure und Dienstverweigerer würden in Eritrea unter Missachtung jeglicher justizmässiger Verfahren und Vorschriften von Militärkommandanten nach Gutdünken bestraft. Die entsprechenden Strafmassnahmen zeichneten sich durch ausserordentliche Brutalität aus und stellten Folter im Sinne von Art. 3 EMRK dar. Da gemeinrechtliche Delikte im Gegensatz zu militärrechtlichen Strafen in einem justizmässigen Verfahren ausgefällt würden und auch relativ adäquat seien, schloss die ARK, dass die Strafen für Deserteure und Dienstverweigerer im Sinne eines absoluten Malus in keinem Verhältnis zum geahndeten kriminellen Unrecht stünden und die Bestrafung vielmehr aus politischen Gründen wegen staatsfeindlicher beziehungsweise oppositioneller Haltung erfolge. Daher seien die Sanktionen für Deserteure und Dienstverweigerer grundsätzlich flüchtlingsrechtlich relevant. Eine begründete Furcht vor solcher Bestrafung könne indes nicht jeder eritreische Staatsangehörige im dienstpflichtigen Alter geltend machen, sondern vielmehr nur, wer glaubhaft machen könne, bereits mit den für die Durchsetzung der Dienstpflicht betrauten Organen einen konkreten Kontakt gehabt zu haben. Da der Beschwerdeführer als Deserteur zweifellos einen konkreten Kontakt zum Militär hatte, bestand für ihn die begründete Furcht, im Fall einer Rückkehr einer Verfolgung im Sinne von Art. 3 AsylG ausgesetzt zu sein. Daher anerkannte die ARK die Flüchtlingseigenschaft des Beschwerdeführers und wies das BFM an, ihm Asyl zu erteilen. 1329

Das Urteil hat nicht, wie dies wiederholt vertreten wurde, zur generellen und voraussetzungslosen Anerkennung von eritreischen Deserteuren und Dienstverweigerern als Flüchtlinge geführt. Es statuiert keine Kollektivgewährung von Asyl, sondern verlangt weiterhin, dass im Rahmen der üblichen Prüfung der Glaubwürdigkeit der Vorbringen über die Flüchtlingseigenschaft und die Asylgewährung entschieden wird. Dennoch wurde dieses Urteil zum Anstoss für die Schaffung des im Rahmen der dringlichen Asylgesetzrevision im Jahr 2012 eingeführten Art. 3 Abs. 3 AsylG genommen. Diese Bestimmung führt nunmehr aus, dass «Personen, die wegen Wehrdienstverweigerung oder Desertion ernsthaften Nachteilen ausgesetzt sind oder begründete Furcht haben, solchen Nachteilen ausgesetzt zu werden», keine Flüchtlinge sind. Die Bestimmung ist eine reine Alibibestimmung (hierzu STEFANIE SEILER, Symbolik im Asylgesetz? Deserteure und politische Aktivität, in: ASYL 1/13, S. 3 ff.) und hat an der Rechtslage nichts verändert. Wehrdienstverweigerung oder Desertion vermag weiterhin «nicht alleinig, sondern nur dann die Flüchtlingseigenschaft zu begründen, wenn damit eine Verfolgung im Sinne von Art. 3 Abs. 1 AsylG verbunden ist, mit anderen Worten die betroffene Person aus den in dieser Norm genannten Gründen (Rasse, Religion, Nationalität, Zugehörigkeit zu einer bestimmten sozialen Gruppe oder politische Anschauungen) wegen ihrer Wehrdienstverweigerung oder Desertion eine Behandlung zu gewärtigen hat, die ernsthaften Nachteilen gemäss Art. 3 Abs. 2 AsylG gleichkommt» (BVGer, D-5553/2013, 18. Februar 2015, E. 5.9). In Anwendung dieser Grundsätze hat das Bundesverwaltungsgericht danach das Bestehen flüchtlingsrechtlich relevanter Verfolgung im Falle eines syrischen Deserteurs bejaht: 1330

> «Im vorliegenden Fall ist festzustellen, dass der Beschwerdeführer der kurdischen Ethnie angehört, einer oppositionell aktiven Familie entstammt und bereits in der Vergangenheit die Aufmerksamkeit der staatlichen syrischen Sicherheitskräfte auf sich gezogen hat. Des Weiteren ist zu berücksichtigen, dass er – nachdem er bereits zur militärischen Dienstleistung einberufen worden war, deren Antritt jedoch verschoben hatte – im Zeitraum unmittelbar vor seiner Ausreise von den syrischen Behörden auf seine Militärdienstpflicht hingewiesen wurde und das Land nur wenige Monate vor Ausbruch des Bürgerkriegs verliess. Angesichts dieses persönlichen Hintergrunds und der erwähnten Vorgehensweise des syrischen Regimes ist mit überwiegender Wahrscheinlichkeit davon auszugehen, dass die Dienstverweigerung des Beschwerdeführers durch die syrischen Behörden als Ausdruck der Regimefeindlichkeit aufgefasst wird. Es ist also davon auszugehen, dass die dem Beschwerdeführer drohende Strafe nicht allein der Sicherstellung der Wehrpflicht dienen würde, was nach zu bestätigender Praxis – immer unter der Voraussetzung rechtsstaatlicher und völkerrechtskonformer Rahmenbedingungen (...) – grundsätzlich als legitim zu erachten wäre. Sondern es ist vielmehr damit zu rechnen, dass der Beschwerdeführer aufgrund seiner Dienstverweigerung als politischer Gegner qualifiziert und als solcher unverhältnismässig schwer bestraft würde. Mit anderen Worten hätte er, sollte das staatliche Regime seiner habhaft werden, eine politisch motivierte Bestrafung und eine Behandlung zu erwarten, die einer flüchtlingsrechtlich relevanten Verfolgung im Sinne von Art. 3 AsylG gleichkommen.» (BVGer, D-5553/2013, 18. Februar 2015, E. 6.7.3)

ff) Kausalität

1331 Schliesslich ergibt sich sowohl aus dem Wortlaut von Art. 1A Ziff. 2 FK als auch von Art. 3 Abs. 1 AsylG, dass das Verfolgungsmotiv kausal für die Verfolgung sein muss: «begründete Furcht vor Verfolgung *wegen* (...)» beziehungsweise «*wegen* (...) ernsthaften Nachteilen ausgesetzt sind». Dabei genügt es, wenn mindestens einem der Verfolgungsmotive eine nicht völlig unbedeutende Rolle bei der Verfolgung zukommt. Bei nichtstaatlicher Verfolgung reicht es aus, «wenn entweder die Motivation der Verfolger oder die fehlende Schutzgewährung des Staates durch einen Konventionsgrund bedingt ist» (SFH, Handbuch, S. 212).

gg) Geschlechtsspezifische Verfolgung

1332 In den 1990er-Jahren wurde über «Frauenflüchtlinge» und «frauenspezifische Verfolgung» diskutiert – die Spuren dieser Debatten finden sich noch in Art. 3 Abs. 2 Satz 2 AsylG. Inzwischen ist die Entwicklung weitergegangen und Verfolgungen wegen des Geschlechts werden heute unter dem Stichwort geschlechtsspezifischer Verfolgung behandelt. Dabei bezieht sich der Begriff des Geschlechts nicht auf das biologische Geschlecht (*sex*), sondern im Sinne des englischen *gender* auf die soziale Dimension der Geschlechtszugehörigkeit und die darauf basierenden zugeschriebenen und auferlegten sozialen Rollen. Geschlechtsspezifische Verfolgung erfasst somit «Formen von frauenspezifischer Verfolgung sowie Verfolgung von schwulen, lesbischen und bisexuellen Personen» (ACHERMANN/HRUSCHKA, S. 6). Erfasst wird aber auch – obwohl eigentlich unter *sex* statt *gender* fallend – Verfolgung trans- und intersexueller Personen.

Geschlechtsspezifische Verfolgung kann sich in den unterschiedlichsten Handlungen manifestieren: 1333

> «Bestrafung wegen Verstössen gegen religiöse oder moralische Vorschriften (z.B. «westlicher Lebensstil», Kleidervorschriften, Ausbruch aus traditioneller Rollenverteilung, ausserehelicher Sex), Einschliessung namentlich von Frauen, Beschneidung, Zwangsverheiratung, Ein-Kind-Politik und deren Auswirkungen (u.a. Zwangssterilisation oder «versteckte Mädchen»), häusliche Gewalt, Ehrenmorde, sexuelle Gewalt während Konflikten oder auch nach Konflikten (Rückkehr von Soldaten nach der Demobilisierung), Menschenhandel und Zwangsprostitution und Verbot homosexueller Beziehungen bzw. Diskriminierung von schwulen und lesbischen, bisexuellen, transsexuellen und intersexuellen Personen im Allgemeinen. Einige dieser Kategorien sind erst in den letzten Jahren überhaupt als verfolgungsrelevante Diskriminierung anerkannt worden, während sie vorher häufig als kulturell bedingt und damit «normal» für das betreffende Land eingestuft wurden, mit der Folge, dass in der Diskriminierung schon gar keine potentielle Verfolgungssituation gesehen wurde.» (ACHERMANN/HRUSCHKA, S. 7)

Geschlechtsspezifische Verfolgung, das heisst Verfolgung, die nach dem Bundesverwaltungsgericht vorliegt, «wenn sie in der Form sexueller Gewalt stattfindet oder die sexuelle Identität des Opfers treffen soll» (BVGE 2015/42, E. 5.2), wird in der Praxis meist dem Verfolgungsmotiv der bestimmten sozialen Gruppe zugeordnet. In diesem Sinne anerkennt das SEM im Bereich der geschlechtsspezifischen Verfolgung sieben soziale Gruppen: Opfer weiblicher Genitalverstümmelung, Opfer häuslicher Gewalt, Opfer von Zwangsheirat, Opfer diskriminierender Rechtsvorschriften, Opfer einer Ein-Kind-Politik/Zwangsabtreibung/Zwangssterilisation, Opfer von Ehrenmorden sowie Opfer aus Gründen der sexuellen Orientierung/Geschlechtsidentität (SEM, Handbuch Asyl und Rückkehr, D2.1, Ziff. 2.3.2). 1334

Geschlechtsspezifische Verfolgung kann aber auch Verfolgung wegen der Religion oder der politischen Anschauung darstellen. So hat etwa die ARK zur Frage der Asylrelevanz einer drohenden Genitalverstümmelung ausgeführt: 1335

> «c) In flüchtlingsrechtlich-dogmatischer Hinsicht wird in der vorliegenden Literatur und Praxis insbesondere Bezug auf Fragen der Verfolgungsmotivation genommen; erörtert wird die Problematik, inwieweit eine Genitalverstümmelung als Verfolgungshandlung den betroffenen Mädchen oder Frauen «wegen ihrer Rasse, Religion, Staatszugehörigkeit, Zugehörigkeit zu einer bestimmten sozialen Gruppe oder wegen ihrer politischen Überzeugung» drohe. Diskutiert wird namentlich die

Verfolgungsmotivation der Zugehörigkeit zu einer sozialen Gruppe (...). Diesem Ansatz wird das Postulat gegenübergestellt, bei Frauen, die eine Genitalverstümmelung verweigern, seien ihre politischen Überzeugungen oder religiösen Haltungen als Verfolgungsmotiv anzuerkennen (...).

d) Im Verfahren der Beschwerdeführerin wäre in der Tat ohne weiteres zu bejahen, dass sie mit ihrem Einsatz, ihre Töchter vor einer drohenden Genitalverstümmelung zu bewahren, eine «politische Überzeugung» in jenem Sinne geäussert hat, den das Flüchtlingsrecht in Art. 1A FK beziehungsweise in Art. 3 AsylG als relevante Verfolgungsmotivation nennt. Seit ihrer Einreise in die Schweiz hat die Beschwerdeführerin sich konsequent und mutig mit ihrer Meinung - die den in ihrem Heimatland gesellschaftlich-sozial verankerten Normen zuwiderläuft - exponiert und sich auch öffentlich (namentlich in einer Fernsehsendung [...], SF DRS [...], zur Problematik der Genitalverstümmelung) pointiert und dezidiert geäussert. Im Beschwerdeverfahren zeigt die Beschwerdeführerin glaubhaft auf, dass ihre Aussagen denn auch von ihren in der Schweiz lebenden Landsleuten mit Missbilligung zur Kenntnis genommen und an die Familienangehörigen in Somalia weitergetragen worden sind.» (EMARK 2004, Nr. 14, E. 5c/d)

1336 In Fällen, in denen Verfolgung in diskriminierender Weise an das Merkmal Geschlecht anknüpft und darauf abzielt, Frauen zu unterdrücken, anerkennt das Bundesverwaltungsgericht in Weiterführung der von der ARK begründeten Rechtsprechung ein nicht weiter bezeichnetes flüchtlingsrelevantes Verfolgungsmotiv. So hat es etwa in Bezug auf alleinstehende Frauen und Mädchen in Somalia, die einem Minderheitenclan angehören, ausgeführt:

«6.3 Eine Verfolgung ist flüchtlingsrechtlich relevant, wenn sie aus einem der in Art. 3 Abs. 1 AsylG beziehungsweise Art. 1 A Ziff. 2 des Abkommens vom 28. Juli 1951 über die Rechtsstellung der Flüchtlinge (...) genannten Motive erfolgt. Diese Motive sind, über die sprachlich allenfalls engere Bedeutung ihrer Begrifflichkeit hinaus, so zu verstehen, dass die Verfolgung wegen äusserer oder innerer Merkmale, die untrennbar mit der Person oder Persönlichkeit des Opfers verbunden sind, erfolgt ist beziehungsweise droht (...). Nachdem die Beschwerdeführerin, wie dargelegt, eine Verfolgung insbesondere aufgrund ihrer Zugehörigkeit zu einem Minderheitenclan, zumal als intern vertriebene Frau ohne Schutz eines erwachsenen männlichen Verwandten, befürchten muss, ist das Vorliegen eines flüchtlingsrelevanten Verfolgungsmotivs zu bejahen.

(...)

6.6 Zusammenfassend kommt das Gericht zum Schluss, dass die Beschwerdeführerin zu Recht eine begründete Furcht vor zielgerichteter zukünftiger Verfolgung im Sinne des Art. 3 Abs. 1 AsylG geltend gemacht hat. Als Angehörige eines Minderheitenclans und intern vertriebene Frau ohne Schutz eines erwachsenen männlichen Verwandten ist sie konkret gefährdet, Opfer von (geschlechtsspezifischer) Verfolgung zu werden und ernsthaften Nachteilen ausgesetzt zu sein. Staatlicher Schutz steht der Beschwerdeführerin in Somalia nicht zur Verfügung und es eröffnet sich auch keine interne Schutzalternative in einem anderen Landesteil.» (BVGE 2014/27)

hh) Begründete Furcht

Die Flüchtlingskonvention und das schweizerische AsylG wollen Personen vor künftiger Verfolgung Schutz gewähren. Daher führt das Bundesverwaltungsgericht in ständiger Rechtsprechung aus, «Ausgangspunkt für die Beurteilung der Flüchtlingseigenschaft ist die Frage nach der im Zeitpunkt der Ausreise vorhandenen Verfolgung oder begründeten Furcht vor einer solchen» (BVGE 2014/27, E. 6.4). Verfolgung ist somit nur dann relevant, wenn sie entweder 1337

- im Zeitpunkt der Flucht aus dem Heimat- oder Herkunftsstaat bereits bestand (Vorverfolgung) oder
- begründete Furcht vor künftiger Verfolgung im Fall einer Rückkehr in den Heimat- oder Herkunftsstaat vorliegt.

Diese zwei Spielarten der Verfolgung widerspiegeln sich auch im schweizerischen AsylG. Nach Art. 3 Abs. 1 AsylG sind Flüchtlinge Personen, «die (...) ernsthaften Nachteilen ausgesetzt sind oder begründete Furcht haben, solchen Nachteilen ausgesetzt zu werden». 1338

-- Aktualität der Verfolgung

Flüchtlingsrelevante Verfolgung muss nach schweizerischer Praxis grundsätzlich aktuell sein, das heisst, die schutzsuchende Person muss wegen der Verfolgung aus dem Heimat- oder Herkunftsstaat geflohen sein. Ist das Vorliegen von Vorverfolgung glaubhaft gemacht, wird daraus auf das Bestehen einer begründeten Furcht vor künftiger Verfolgung im Falle einer Rückkehr in den Heimat- oder Herkunftsstaat geschlossen. Grundlage dieser Vermutung ist dabei ein zeitlicher und sachlicher Kausalzusammenhang zwischen der Verfolgungshandlung und der Flucht beziehungsweise dem Schutzbedürfnis: 1339

> «Conformément à une jurisprudence constante, l'asile n'est pas accordé en guise de compensation à des préjudices subis, mais sur la base d'un besoin avéré de protection. La reconnaissance de la qualité de réfugié au sens de l'art. 3 LAsi implique, par conséquent, l'existence d'un besoin de protection actuel, sur la base de la situation prévalant au moment de la décision. Les changements de la situation objective dans le pays d'origine, intervenus entre la fin de la persécution alléguée, respectivement le moment du départ du pays et celui du prononcé de la décision sur la demande d'asile sont pris en considération, que ce soit en faveur du demandeur ou en sa défaveur. En d'autres termes, il faut un lien temporel étroit de causalité entre les préjudices subis et le départ du pays, ainsi qu'un lien matériel étroit de causalité entre les préjudices subis et le besoin de protection.» (BVGE 2011/50, E. 3.1.2)

Der **zeitliche Kausalzusammenhang** ist erfüllt, sofern zwischen der Verfolgungshandlung und der Flucht nicht zu viel Zeit vergangen ist. Sind mehr als sechs bis zwölf Monate zwischen der letzten Verfolgungshandlung und der 1340

Flucht verstrichen, wird der Kausalzusammenhang als unterbrochen angesehen, sofern nicht plausible objektive oder subjektive Gründe die zeitlich verzögerte Flucht zu erklären vermögen:

> «Le lien temporel de causalité entre les préjudices subis et la fuite du pays est rompu lorsqu'un temps relativement long s'est écoulé entre la dernière persécution subie et le départ à l'étranger. Ainsi, celui qui attend, depuis la dernière persécution, plus de six à douze mois avant de quitter son pays, ne peut en principe plus prétendre valablement à la reconnaissance de la qualité de réfugié, sauf si des motifs objectifs plausibles ou des raisons personnelles peuvent expliquer un départ différé.» (BVGE 2011/50, E. 3.1.2.1)

1341 Letztlich ist daher immer aufgrund der konkreten Umstände des Einzelfalles und unter Berücksichtigung aller Sachverhaltselemente zu beurteilen, ob im Zeitpunkt der Flucht die Verfolgung noch aktuell war.

1342 Zwischen Verfolgungshandlung und Schutzbedürfnis muss zudem ebenfalls ein Kausalzusammenhang bestehen. Dieser **sachliche Kausalzusammenhang** ist erfüllt, wenn die Umstände, die zur Verfolgungshandlung geführt haben, auch im Zeitpunkt der Entscheidung über das Asylgesuch noch bestehen:

> «Le lien matériel de causalité entre les préjudices subis et le besoin de protection allégué au moment du prononcé de la décision sur la demande d'asile est considéré comme rompu lorsqu'intervient, dans l'intervalle, un changement objectif de circonstances dans le pays d'origine du demandeur; dans ce cas, on ne peut plus présumer, en cas de retour au pays, un risque sérieux et concret de répétition de la persécution. Toutefois, s'agissant des personnes qui se prévalent exclusivement d'une persécution passée pour obtenir la reconnaissance de leur qualité de réfugiés, le Tribunal administratif fédéral admet, à l'instar de l'ancienne CRA, que par application analogique de l'art. 1 C ch. 5 de la Convention du 28 juillet 1951 relative au statut des réfugiés (…), des raisons impérieuses tenant à des persécutions antérieures puissent exceptionnellement faire échec à la condition liée à l'actualité du besoin de protection.» (BVGE 2011/50, E. 3.1.2.2)

1343 Daher führt das Bundesverwaltungsgericht zur Frage des für die Beurteilung der Flüchtlingseigenschaft relevanten Zeitpunktes in ständiger Rechtsprechung aus, Ausgangspunkt sei zwar der Zeitpunkt der Ausreise, «die Situation im Zeitpunkt des Asylentscheides ist jedoch im Rahmen der Frage nach der Aktualität der Verfolgungsfurcht ebenfalls wesentlich. Veränderungen der objektiven Situation im Heimatstaat zwischen Ausreise und Asylentscheid sind deshalb zugunsten oder zulasten der das Asylgesuch stellenden Person zu berücksichtigen» (BVGE 2014/27, E. 6.4). Ist das Erfordernis des sachlichen Kausalzusammenhanges wegen geänderter Umstände im Heimat- oder Herkunftsstaat nicht mehr erfüllt und besteht aus objektiver Sicht keine künftige Verfolgungsgefahr mehr, kann sich die schutzsuchende Person unter Umständen auf triftige und zwingende, mit der Vorverfolgung zusammenhängende Gründe berufen, um eine Rückkehr abzulehnen. Diesfalls wird Art. 1C Ziff. 5 FK *per analogiam* angewendet:

«5.4 Eine erlittene Vorverfolgung ist ausnahmsweise auch nach Wegfall einer drohenden Verfolgungsgefahr weiterhin als asylrechtlich relevant zu betrachten, nämlich dann, wenn eine Rückkehr in den früheren Verfolgerstaat aus zwingenden, auf diese Verfolgung zurückgehenden Gründen nicht zumutbar ist. Bei dieser Auslegung von Art. 3 AsylG stützt sich das Bundesverwaltungsgericht in Weiterführung langjähriger Praxis (...) auf die entsprechende Formulierung der Ausnahmebestimmung von Art. 1C Ziff. 5 Abs. 2 FK. Als zwingende Gründe in diesem Zusammenhang sind vorab traumatisierende Erlebnisse zu betrachten, die es der betroffenen Person angesichts erlebter schwerwiegender Verfolgungen, insbesondere Folterungen, im Sinne einer Langzeittraumatisierung psychologisch verunmöglichen, ins Heimatland zurückzukehren. Bezüglich einer allfälligen Anwendbarkeit von Art. 1C Ziff. 5 Abs. 2 FK ist auf die Ausführungen in EMARK 1999 Nr. 7 (...) zu verweisen. Danach kann sich auf zwingende Gründe nur berufen, wer im Zeitpunkt der Einreise in die Schweiz sämtliche Voraussetzungen für die Anerkennung der Flüchtlingseigenschaft erfüllt hatte.

5.5 Dies trifft vorliegend zu. Der Beschwerdeführer als soeben geflohener Tanzknabe hätte im Zeitpunkt der Asylgesuchseinreichung mit entsprechenden Sanktionen rechnen müssen, wäre er in sein Heimatland zurückgekehrt, und zwar wegen der Zugehörigkeit zu einer sozialen Gruppe. Ob seine Zugehörigkeit zur sozialen Gruppe der nunmehr klar ehemaligen Tanzknaben eine nach wie vor asylrechtliche ist, wurde obenstehend offengelassen, da seine schwere Langzeittraumatisierung offenkundig ist. Eine Rückkehr erscheint für ihn als psychologisch offensichtlich unmöglich. Es liegen zwingende Gründe, welche auch im jetzigen Zeitpunkt zur Asylgewährung führen, vor.» (BVGer, D-262/2017, 1. Mai 2017)

-- Begründete Furcht vor künftiger Verfolgung

Eine begründete Furcht vor künftiger Verfolgung (ohne bereits eingetretene Vorverfolgung) ist ebenfalls flüchtlingsrelevant. Die Flüchtlingseigenschaft kann also auch erfüllen, wer im Falle einer Rückkehr in den Heimat- oder Herkunftsstaat begründete Furcht vor künftiger Verfolgung hat. Massstab für die Beurteilung, ob eine begründete Furcht vor künftiger Verfolgung besteht, ist die beachtliche Wahrscheinlichkeit, dass sich die Befürchtungen in absehbarer Zeit verwirklichen. Dabei ist zu beachten, dass die begründete Furcht vor künftiger Verfolgung je ein objektives und subjektives Element enthält: 1344

«Begründete Furcht vor Verfolgung im Sinne von Art. 3 Abs. 1 AsylG liegt vor, wenn konkreter Anlass zur Annahme besteht, Letztere hätte sich – aus der Sicht im Zeitpunkt der Ausreise – mit beachtlicher Wahrscheinlichkeit und in absehbarer Zeit verwirklicht beziehungsweise werde sich – auch aus heutiger Sicht – mit ebensolcher Wahrscheinlichkeit in absehbarer Zukunft verwirklichen. Dabei genügt es nicht, dass diese Furcht lediglich mit Vorkommnissen oder Umständen, die sich früher oder später möglicherweise ereignen könnten, begründet wird. Ob in einem bestimmten Fall eine solche Wahrscheinlichkeit besteht, ist aufgrund einer objektivierten Betrachtungsweise zu beurteilen. Es müssen damit hinreichende Anhaltspunkte für eine konkrete Bedrohung vorhanden sein, die bei jedem Menschen in vergleichbarer Lage Furcht vor Verfolgung und damit den Entschluss zur Flucht

> hervorrufen würden. Dennoch ist für die Bestimmung der begründeten Furcht nicht allein massgebend, was ein hypothetischer Durchschnittsmensch in derselben Situation empfinden würde. Diese rein objektive Betrachtungsweise ist zusätzlich durch das von der betroffenen Person bereits Erlebte und das Wissen um Konsequenzen in vergleichbaren Fällen zu ergänzen. Wer bereits staatlichen Verfolgungsmassnahmen ausgesetzt war, hat objektive Gründe für eine ausgeprägtere (subjektive) Furcht. Die subjektive Furcht ist diesfalls bereits dann begründet, wenn sie zwar diejenige eines in der gleichen Situation befindlichen Durchschnittsmenschen übersteigt, aber trotzdem nachvollziehbar bleibt.» (EMARK 2005, Nr. 21, E. 7.1)

1345 Auf der subjektiven Seite ist entscheidend, wie ein vernünftig denkender Mensch in einer vergleichbaren Situation die Furcht vor künftiger Verfolgung einschätzen und empfinden würde. Ergänzt wird diese subjektive Betrachtung durch die objektive Einschätzung aufgrund der konkreten und tatsächlichen Umstände im Heimat- oder Herkunftsstaat.

1346 Zu betonen ist im Kontext der begründeten Furcht vor künftiger Verfolgung, dass von einer Person nicht verlangt werden darf, die drohende Verfolgung durch diskretes Verhalten abzuwenden:

> «7.6.1 Es stellt sich indessen weiter die Frage, ob und inwieweit von einer Person vernünftigerweise erwartet werden kann, die drohende Verfolgung durch das eigene Verhalten abzuwenden. So ist in casu genauer zu beleuchten, ob es dem Beschwerdeführer zugemutet werden kann, sich einer Verfolgungsgefahr durch diskretes Verhalten zu entziehen, indem er seine Apostasie verheimlicht beziehungsweise seine agnostische Meinung in Afghanistan zurückhält und sich entgegen seiner Überzeugung gemäss den islamischen und landesüblichen Sitten und Gebräuchen verhält, oder ob ein solches Verhalten für ihn persönlich zu einem unerträglichen psychischen Druck im Sinne von Art. 3 Abs. 2 AsylG führen würde.
>
> 7.6.2 Die Annahme, das Verheimlichen einer persönlichen Überzeugung beziehungsweise einer mit der Persönlichkeit untrennbar verknüpften Eigenschaft bewirke einen unerträglichen psychischen Druck, setzt voraus, dass die betroffene Person in einem Umfeld zu leben gezwungen ist, in welchem sie Gefahr läuft, dass eben diese Überzeugung oder Eigenschaft entdeckt, denunziert und sanktioniert wird. Je grösser die Gefahr ist, durch eine unbedachte Geste oder Äusserung entdeckt zu werden, und je gravierender die staatliche oder private Sanktionierung im Falle der Entdeckung ausfällt, desto eher ist davon auszugehen, die betroffene Person stehe unter einem psychisch unerträglichen Druck, weil sie gezwungen ist, ihre Persönlichkeit zu verleugnen und ein Doppelleben zu führen, um nicht entdeckt zu werden (...).» (BVGer, D-4952/2014, 23. August 2017)

1347 In Anwendung dieser Grundsätze hat das Bundesverwaltungsgericht in Bezug auf einen agnostischen afghanischen Staatsangehörigen ausgeführt:

> «7.7.1 Wie (...) bereits erwähnt, ist davon auszugehen, dass dem Beschwerdeführer im Falle des Bekanntwerdens seiner agnostischen Überzeugungen respektive seiner Apostasie ernsthafte Nachteile bis hin zum Tod drohen können. So nimmt der Be-

schwerdeführer nicht nur eine kritische Haltung gegen den Islam ein, indem er diesen als das Übel vieler Probleme in Afghanistan beschreibt, sondern widersetzt sich auch ausdrücklich grundsätzlichen islamischen Sitten, Gebräuchen und Glaubensregeln. Aufgrund dieser in Afghanistan nicht geduldeten Weltanschauung besteht daher einerseits die Gefahr des Entzugs von Eigentum und seiner zivilen Rechte, Haft oder gar die Todesstrafe von staatlicher Seite. Gefahr droht aber auch vom direkten privaten Umfeld, in dem sich der Beschwerdeführer bewegen müsste. So kam es in der Vergangenheit auch zu Übergriffe[n] mit Todesfolge von privaten Dritten, vor denen kaum genügend staatlicher Schutz besteht. Damit kann festgesellt werden, dass die drohenden Nachteile bei Bekanntwerden seiner Weltanschauung zweifelsohne die für die Begründung der Flüchtlingseigenschaft erforderliche Intensität erreichen.

7.7.2 Bereits in der Schweiz wird der Beschwerdeführer gemäss seinen Aussagen aufgrund seines kritischen Wesens und seiner extrovertierten Art von der afghanischen Diaspora gemieden. In Afghanistan wäre der Beschwerdeführer jedoch gezwungen, sich tagtäglich den islamischen Riten anzupassen und diese – zum Schutz seines Lebens und seiner Freiheit – ebenfalls zu befolgen. Zwar ist nicht ganz auszuschliessen, dass es dem Beschwerdeführer in der Anonymität einer Grossstadt gelingen könnte, die religiösen Regeln wie das Fasten und das regelmässige Beten einigermassen ungefährdet ausser Acht zu lassen. So gibt es offensichtlich in den Grossstädten von Afghanistan durchaus auch Personen, die sich nicht streng an die religiösen Regeln halten. (...). Ausserdem müsste er sich aber bei jeglichen seiner Äusserungen und Tätigkeiten im Alltag äusserst vorsichtig und bedacht verhalten. Eine unbedachte Äusserung beispielsweise während eines harmlos erscheinenden Gesprächs über die Freizeitgestaltung unter Freunden könnte den Beschwerdeführer bereits in ernsthafte Gefahr bringen. Ein Verheimlichen wird demnach auch dadurch praktisch verunmöglicht, als es für den Beschwerdeführer nur schwer erkennbar sein dürfte, welches Verhalten ihn entlarven würde. Daher würde der Beschwerdeführer zum Führen eines Doppellebens quasi gezwungen werden beziehungsweise müsste er auf soziale Kontakte, ob freundschaftlicher oder beruflicher Art, weitgehend verzichten. Auch bei jeglichem Kontakt mit den Behörden, zum Beispiel bei einer Heirat oder einer Ausstellung einer Tazkira, müsste der Beschwerdeführer darauf achten, seinen Abfall vom islamischen Glauben geheim zu halten (...). Auch in der privaten Sphäre könnte sich der Beschwerdeführer nicht gemäss seiner Überzeugung verhalten, geht doch ein erhebliches Risiko, verraten zu werden, auch vom Familienverband aus.

7.7.3 Damit kommt das Bundesverwaltungsgericht in casu zum Schluss, dass das tagtägliche und riskante Verstecken und Verleugnen seiner inneren Überzeugung im Kontext der konservativ und religiös geprägten Gesellschaft Afghanistans insbesondere in Anbetracht des persönlichen Profils des Beschwerdeführers als unerträglicher psychischer Druck im Sinne von Art. 3 Abs. 2 AsylG zu qualifizieren ist. Da die befürchteten Nachteile sowohl von privaten Dritten als auch von den afghanischen Behörden ausgehen, ist im vorliegenden Fall auch nicht vom Bestehen einer sicheren innerstaatlichen Schutzalternative auszugehen.» (BVGer, D-4952/2014, 23. August 2017)

3.3. Ausschluss von der Flüchtlingseigenschaft

1348 Die Flüchtlingskonvention umreisst in Art. 1A Ziff. 2 nicht nur, wer Flüchtling ist, sondern führt in Art. 1D, 1E und 1F auch aus, wer selbst bei Vorliegen der Elemente der Flüchtlingseigenschaft von der Flüchtlingseigenschaft ausgeschlossen wird – weil die betreffenden Personen den Schutz der FK nicht brauchen beziehungsweise nicht verdienen. Das schweizerische AsylG enthält keine entsprechenden Ausschlussgründe. Daher wenden die schweizerischen Behörden diese direkt gestützt auf die FK an.

1349 Aufgrund des sogenannten «*inclusion before exclusion*»-Prinzips sind die Ausschlussgründe erst im Anschluss an die Prüfung der Einschlussgründe zu betrachten:

> «Gemäss dem Hohen Flüchtlingskommissar der Vereinten Nationen (UNHCR) ist der Einschluss der Flüchtlingseigenschaft in aller Regel vor dem Ausschluss im Sinne von Art. 1F FK zu prüfen (sog. «inclusion before exclusion»-Prinzip). Eine Ausnahme von diesem Grundsatz rechtfertigt sich nur dann, wenn etwa Anklage vor einem internationalen Strafgericht erhoben worden ist oder offensichtliche Beweise dafür vorliegen, dass der Asylsuchende in ein ausserordentlich schweres Verbrechen – insbesondere im Sinne von spektakulären Fällen nach Art. 1F Bst. c FK – verwickelt ist oder wenn im Rechtsmittelverfahren der Ausschluss im Mittelpunkt steht (...). Das Bundesverwaltungsgericht beachtet vorliegend dieses «inclusion before exclusion»-Prinzip, steht doch in casu die Abwägung zwischen Schutzinteresse einerseits sowie Verwerflichkeit der Tat und Schuldfrage andererseits im Vordergrund.» (BVGE 2011/29, E. 6)

1350 Das Vorliegen eines Ausschlussgrundes führt zum Ausschluss von der Flüchtlingseigenschaft und damit zur Ablehnung des Asylgesuches. Die betreffenden Personen werden weggewiesen beziehungsweise als Ausländerinnen und Ausländer vorläufig aufgenommen, wenn der Wegweisungsvollzug nicht möglich, nicht zulässig oder nicht zumutbar ist und Art. 83 Abs. 7 AIG der vorläufigen Aufnahme nicht entgegensteht (hierzu vorne Rz. 853 ff.).

a) Schutz durch die Vereinten Nationen: Art. 1D FK

1351 Nach Art. 1D FK ist die FK nicht anwendbar auf Personen, «die zurzeit durch eine andere Organisation oder Institution der Vereinten Nationen als den Hochkommissär der Vereinten Nationen für Flüchtlinge Schutz und Hilfe erhalten». Satz 2 hält jedoch fest: «Wenn dieser Schutz oder diese Hilfe aus irgendeinem Grund wegfallen, ohne dass die Stellung dieser Personen durch entsprechende Beschlüsse der Generalversammlung der Vereinten Nationen endgültig geregelt worden wäre, geniessen sie alle Rechte dieses Abkommens».

Dieser Ausschlussgrund – dem in der schweizerischen Praxis nur untergeordnete Bedeutung zukommt – schliesst Personen vom Anwendungsbereich der FK aus, die unter das Mandat des Hilfswerks der Vereinten Nationen für Palästina-Flüchtlinge im Nahen Osten (*United Nations Relief and Works Agency for Palestine Refugees in the Near East*, UNRWA) fallen. Entfällt jedoch der Schutz oder die Unterstützung der UNRWA, so werden die betreffenden Personen automatisch vom persönlichen Anwendungsbereich der FK erfasst und geniessen alle Rechte von Flüchtlingen. Diese automatische Anerkennung als Flüchtling im Sinne der FK bei Entfallen des Schutzes durch das UNRWA leitet sich aus dem französischen sowie englischen Wortlaut der FK und der dort verwendeten Formulierung «*de plein droit*» beziehungsweise «*ipso facto*» ab. 1352

b) Gleiche Rechte wie Staatsangehörige: Art. 1E FK

Die Bestimmungen der FK sind nach Art. 1E FK nicht anwendbar auf Personen, die «nach Auffassung der zuständigen Behörden des Wohnsitzstaates im Besitze aller Rechte und Pflichten von Staatsangehörigen des Landes stehen». Wer *de facto* im Aufenthaltsland die gleichen wirtschaftlichen und sozialen Rechte wie die Staatsangehörigen des betreffenden Landes geniesst, ist vom persönlichen Schutzbereich der FK ausgenommen. Die Bestimmung wurde mit Blick auf Volksdeutsche in Deutschland entworfen, in der Folge aber auch auf *Commonwealth*-Angehörige im Vereinigten Königreich oder aus Bulgarien geflüchtete türkischstämmige Personen in der Türkei angewendet (siehe hierzu REINHARD MARX, Rz. 17 ff.). 1353

c) Ausschluss wegen schwerer Verbrechen: Art. 1F FK

Die Bestimmungen der FK sind schliesslich nicht anwendbar auf Personen, die bestimmte, in Art. 1F FK abschliessend aufgezählte schwere Verbrechen begangen haben. Wer solche verabscheuenswürdigen Delikte begangen hat, soll nicht in den Genuss des durch die FK gewährten internationalen Schutzes kommen und das Institut des Asyls missbrauchen können, um sich der strafrechtlichen Verantwortung zu entziehen. Wegen der schwerwiegenden Konsequenzen des Ausschlusses für die Betroffenen sind die Ausschlussgründe von Art. 1F FK restriktiv auszulegen: 1354

> «Giusta l'art. 1F lett. a Conv. rifugiati, le disposizioni della medesima legge, segnatamente l'art. 1A cpv. 2 Conv. rifugiati, il quale definisce le condizioni del riconoscimento della qualità di rifugiato in modo analogo all'art. 3 LAsi (...), non sono applicabili in particolare alle persone nei confronti delle quali vi siano serie ragioni di sospettare la commissione di un crimine contro la pace, un crimine di guerra o un crimine contro l'umanità. Secondo i principi direttori sulla protezione

> internazionale sanciti dall'Alto Commissariato delle Nazioni unite per i rifugiati (...) relativamente alle clausole di esclusione, lo scopo primario di tali disposizioni è quello di privare le persone autrici di atti abominevoli della protezione internazionale accordata ai rifugiati e di assicurare che le persone in questione non abusino dell'istituto dell'asilo con il proposito di evitare di essere considerati giuridicamente responsabili dei propri atti (...). In altri termini, le garanzie offerte dalla Conv. rifugiati sono senza effetto se il richiedente l'asilo non merita la protezione accordata ai rifugiati in ragione delle gravi infrazioni commesse (...). Tuttavia, tenuto conto delle gravi conseguenze che esse hanno per gli interessati, le clausole di esclusione devono essere interpretate restrittivamente.» (BVGE 2013/36, E. 5.2.1)

1355 Da die betreffenden Delikte im Ausland begangen worden sind und häufig keine Strafurteile vorliegen – oder diese nicht verwertbar sind, weil sie nicht in einem rechtsstaatlichen Verfahren ergangen sind –, ist der Nachweis der Begehung dieser Taten schwierig. Dies auch deshalb, weil die Asylbehörden nicht Strafbehörden sind und nur über den Ausschluss von der Flüchtlingseigenschaft befinden, jedoch nicht auch ein Strafurteil fällen können. Art. 1F FK lässt es daher für einen Ausschluss von der Flüchtlingseigenschaft genügen, wenn ernsthafte Gründe für den Verdacht der Tatbegehung vorliegen. Hierfür braucht es substanziell verdichtete Verdachtsmomente. Die zuständigen Behörden müssen dabei die individuelle Verantwortlichkeit für die betreffenden Taten nachweisen, ein Verweis auf die hierarchische Stellung einer Person etwa innerhalb einer Regierung reicht nicht aus. Es muss vielmehr erstellt sein, dass die Betreffenden wissentlich und in substanzieller Weise durch ein Handeln oder Unterlassen an der Begehung des Deliktes mitgewirkt haben, sei es als Täterin oder Täter oder durch Teilnahme beziehungsweise Gehilfenschaft. In BVGE 2013/36 hat das Bundesverwaltungsgericht seine diesbezügliche Praxis wie folgt zusammengefasst:

> «In relazione all'onere della prova e al grado di prova che deve essere ritenuto, va rilevato che i parametri della Conv. rifugiati non coincidono con i concetti abituali del diritto penale e della procedura penale: conformemente al principio della responsabilità individuale, di regola, è sufficiente che il richiedente l'asilo abbia contribuito in maniera sostanziale, per azione o omissione, alla commissione di un crimine condannato dall'art. 1 F Conv. rifugiati, sapendo che il proprio atto o la propria omissione facilitano la commissione del crimine in questione (...) compete alle autorità di asilo, allorquando intendono applicare una clausola di esclusione della qualità di rifugiato, o una clausola di esclusione dell'asilo, portare la prova di atti significativi ai sensi della disposizione in questione. Per quanto attiene al grado della prova, è sufficiente che le autorità competenti in materia di asilo stabiliscano l'esistenza di un «serio motivo» di sospettare che un atto previsto dalle clausole di esclusione sia effettivamente stato perpetrato (...). Per dimostrare l'esistenza di una fattispecie sussumibile all'art. 1F lett. a Conv. rifugiati, è sufficiente un grado di verosimiglianza ridotto rispetto a quello della «probabilità preponderante» necessaria per la qualità di rifugiato dell'art. 7 LAsi. Il «serio motivo» esige, ad ogni modo, un sospetto chiaro ed evidente, fondato su una serie di indizi concreti, ovvero

un'implicazione manifesta e credibile rispetto ad atti passibili di esclusione. Semplici supposizioni non sono sufficienti (…). Inoltre, è necessario che atti reprensibili precisi possano essere imputati alla persona in questione (…). La nozione di responsabilità individuale è dunque più ampia di quella di colpa riconducibile al diritto penale. In particolare, le autorità competenti in materia di asilo non devono provare la commissione di un crimine, come succede all'accusa nel processo penale. Parallelamente, i principi della presunzione di innocenza, rispettivamente del beneficio del dubbio non soccorrono l'interessato. Le autorità del Paese di accoglienza beneficiano quindi di una flessibilità che è riconducibile all'oggetto delle loro decisioni – ad ogni modo prive di pena – ed ai limitati mezzi istruttori di cui dispongono al fine di provare fatti avvenuti in circostanze spesso molto difficili da stabilire. Escludendo una persona dalla qualità di rifugiato, l'autorità amministrativa non pronuncia un verdetto di colpevolezza, ai sensi del diritto penale, di crimine contro la pace, di crimine di guerra o di crimine contro l'umanità. Essa constata semplicemente l'esistenza di una serie di indizi concreti che permettono di dedurre una responsabilità individuale dell'interessato, relativa a uno o più atti passibili di esclusione (…).» (BVGE 2013/36, E. 5.2.2)

aa) Verbrechen gegen den Frieden, Kriegsverbrechen oder Verbrechen gegen die Menschlichkeit

Die drei in Art. 1F lit. a FK genannten Delikte – Verbrechen gegen den Frieden, Kriegsverbrechen und Verbrechen gegen die Menschlichkeit – sind vor dem Hintergrund der entsprechenden völkerrechtlichen Verträge zu bestimmen. 1356

- **Verbrechen gegen den Frieden** entsprechen dem in Art. 8bis Abs. 1 des Römer Statuts des Internationalen Strafgerichtshofes (SR 0.312.1) verankerten Verbrechen der Aggression. Tathandlung des Verbrechens der Aggression ist «die Planung, Vorbereitung, Einleitung oder Ausführung einer Angriffshandlung, die ihrer Art, ihrer Schwere und ihrem Umfang nach eine offenkundige Verletzung der Charta der Vereinten Nationen vom 26. Juni 1945 darstellt, durch eine Person, die tatsächlich in der Lage ist, das politische oder militärische Handeln eines Staates zu kontrollieren oder zu lenken». Art. 8bis Abs. 1 Römer Statut verdeutlicht, dass Verbrechen gegen den Frieden nur von Personen verübt werden können, die in der Machtstruktur des betreffenden Staates eine hohe Stellung innehaben.
- **Kriegsverbrechen** stellen schwere Verletzungen der vier Genfer Konventionen von 1949 (SR 0.518.12, 0.518.23, 0.518.42, 0.518.51) sowie der beiden Zusatzprotokolle von 1977 (SR 0.518.521, 0.518.522) dar. Art. 8 Römer Statut enthält eine Liste von Delikten, die als Kriegsverbrechen gelten und entsprechend geahndet werden. Als Kriegsverbrechen zählen beispielsweise vorsätzliche Angriffe auf die Zivilbevölkerung, Plünderungen von Siedlungen und Städten oder das Aushungern der Zivilbevölkerung.

Kriegsverbrechen können nur während eines bewaffneten Konfliktes begangen werden und je nachdem, ob es sich um einen internationalen oder einen nicht internationalen Konflikt handelt, sind die möglichen Delikte, die Kriegsverbrechen darstellen, unterschiedlich.

– **Verbrechen gegen die Menschlichkeit** stellen schwere Menschenrechtsverletzungen dar, die im Rahmen eines ausgedehnten oder systematischen Angriffs gegen die Zivilbevölkerung und in Kenntnis des Angriffs begangen werden (Art. 7 Römer Statut). Als Verbrechen gegen die Menschlichkeit, begangen im Kontext eines systematischen Angriffs gegen die Zivilbevölkerung, zählen beispielsweise vorsätzliche Tötungen, Versklavung, Vertreibungen, Folter, Vergewaltigungen oder das Verschwindenlassen von Personen. Verbrechen gegen die Menschlichkeit können im Unterschied zu Kriegsverbrechen auch in Friedenszeiten begangen werden.

bb) Schwere gemeinrechtliche Verbrechen ausserhalb des Gastlandes

1357 Nach Art. 1F lit. b FK können Personen, die ausserhalb des Gastlandes und vor ihrer dortigen Aufnahme als Flüchtling ein schweres nichtpolitisches Verbrechen begangen haben, von der Flüchtlingseigenschaft ausgeschlossen werden. Der englische und französische Wortlaut – die beiden authentischen Fassungen – präzisiert, dass nur die Begehung nichtpolitischer Verbrechen zum Ausschluss führen können. Die Begehung politischer Delikte ist nicht von der Ausschlussklausel erfasst. Damit jedoch ein politisches Delikt bejaht werden kann, muss ein enger und direkter Kausalzusammenhang zwischen dem Delikt und dem politischen Zweck der Straftat bestehen.

1358 Politische Delikte können in absolut und relativ politische Delikte unterteilt werden. Absolut politische Delikte sind Straftaten, die sich gegen die politische oder soziale Organisation des Staates richten, zum Beispiel Landesverrat, verbotener Nachrichtendienst oder staatsgefährliche Propaganda. Relativ politische Delikte sind Straftaten, die je nach den Begleitumständen, den Motiven oder dem Zweck einen vorwiegend politischen Charakter aufweisen.

1359 Als schwere Verbrechen des gemeinen Rechtes gelten Kapitalverbrechen wie zum Beispiel Mord, Vergewaltigung, bewaffneter Raub oder terroristische Akte. Für die Qualifikation einer Straftat greift das Bundesverwaltungsgericht auf die Systematik des Schweizerischen Strafgesetzbuches zurück. Damit ein Ausschluss aufgrund eines schweren gemeinrechtlichen Verbrechens erwogen werden kann, muss die betroffene Person individuell für das ihr zur Last gelegte Delikt verantwortlich sein.

> «Als schwere Verbrechen im Sinne von Art. 1F Bst. b FK gelten Kapitalverbrechen oder besonders schwerwiegende Straftaten, namentlich Mord, Vergewaltigung und bewaffneter Raub. Ein solches Kapitalverbrechen fällt jedoch dann nicht in den

Anwendungsbereich von Art. 1F Bst. b FK, wenn es einen vorwiegend politischen Charakter aufweist.

Ein weiteres Tatbestandselement ist die individuelle Verantwortung des Täters für das ihm zur Last gelegte Delikt. Die Anwendung von Art. 1F Bst. b FK schliesst nicht aus, dass auch hohe Führungspersonen in Organisationen, die als Mittel der Zielerreichung terroristische Handlungen begehen und dabei schwere Verbrechen des gemeinen Rechts in Kauf nehmen, die Verantwortung für deren Handlungen zu tragen haben und sich solche Verbrechen anrechnen lassen müssen. In Anbetracht der Tragweite eines Ausschlusses vom Anwendungsbereich der Flüchtlingskonvention ist jedoch von einer pauschalen und undifferenzierten Zurechnung der Verantwortlichkeit Abstand zu nehmen. (...)

Falls die Beurteilung eines Asylgesuches schliesslich ergibt, dass mit der gebotenen Wahrscheinlichkeit ein schweres gemeinrechtliches Delikt begangen wurde, ist die Anwendung der Ausschlussklausel von Art. 1F Bst. b FK auf ihre Verhältnismässigkeit hin zu überprüfen. Im Rahmen dieser Güterabwägung sind die Folgen des Ausschlusses von der Flüchtlingseigenschaft der Schwere der Tat gegenüberzustellen. Lässt sich im Rahmen einer solchen Güterabwägung feststellen, dass das Schutzinteresse des Täters vor der ihm drohenden Verfolgung im Heimatland im Vergleich zur Verwerflichkeit seines Verbrechens und seiner subjektiven Schuld als geringer erscheint, so ist der Asylsuchende vom Anwendungsbereich der Konvention auszuschliessen.» (BVGer, E-5129/2009, 17. Dezember 2012, E. 3.3.2.1)

Zum Ausschluss führen können lediglich Delikte, die nach Art. 10 Abs. 2 StGB Verbrechen darstellen. Personen, die vor der Aufnahme in der Schweiz Vergehen oder Übertretungen begangen haben, können somit nicht gestützt auf Art. 1F lit. b FK von der Flüchtlingseigenschaft ausgeschlossen werden. 1360

Verbrechen, die im Gastland begangen worden sind beziehungsweise Verbrechen, die nach der Aufnahme als Flüchtling begangen wurden, stellen keinen Grund für den Ausschluss von der Flüchtlingseigenschaft dar. Sie stellen vielmehr einen Asylausschlussgrund nach Art. 53 AsylG dar (hinten Rz. 1379). 1361

cc) *Verstoss gegen die Ziele und Grundsätze der Vereinten Nationen*

Die Begehung von Handlungen, die gegen die – in Art. 1 und 2 der Charta der Vereinten Nationen (SR 0.120) verankerten – Ziele und Grundsätze der Vereinten Nationen gerichtet sind, führt nach Art. 1F lit. c FK ebenfalls zum Ausschluss der Flüchtlingseigenschaft. Dieser Ausschlussgrund überschneidet sich mit jenem von Art. 1F lit. a FK. Art. 1F lit. c FK ist lediglich auf Personen anwendbar, die im Machtapparat eines Regimes eine hohe Funktion innehatten und persönlich Verantwortung für die Regierungspolitik getragen haben. Es ist indes auch bei diesen Personen zu prüfen, ob sie individuelle Verantwortlichkeit für die Handlungen tragen und sie eine reelle Möglichkeit hatten, die Politik des Staates tatsächlich zu beeinflussen: 1362

> «Quant à la let. c de l'art. 1F Conv. réfugiés, la notion d'»agissements contraires aux buts et aux principes des Nations Unies» n'est pas expressément définie dans ladite convention. Selon les principes directeurs du HCR, l'art. 1F let. c s'applique seulement dans des circonstances extrêmes, à des activités qui mettent en cause le fondement même de la coexistence de la communauté internationale (...). Il y a lieu de se reporter à l'art. 1 et à l'art. 2 de la Charte des Nations Unies du 26 juin 1945, ainsi qu'à son préambule. Ces dispositions fixent les principes fondamentaux que doivent observer les Etats dans leurs rapports mutuels, ainsi que vis-à-vis de la communauté internationale dans son ensemble. Toutefois, tous les buts et principes de l'ONU ne donnent pas lieu à la responsabilité pénale individuelle en cas de violation, l'alinéa c) couvrant également les violations des droits de l'homme qui ne répondent pas à la définition des crimes contre l'humanité. Sont donc seules en position de porter atteinte à ces principes des personnes ayant participé à l'exercice du pouvoir, ou ayant été investies d'une responsabilité politique de haut niveau, soit essentiellement les membres des gouvernements et les hauts fonctionnaires qui leur sont directement subordonnés, et dont la sphère de compétence inclut des attributions en rapport avec d'éventuelles violations des droits de l'homme. Il faut donc l'engagement d'une (co-)responsabilité personnelle pour une politique gouvernementale déterminée, directement liée à des violations claires des principes fondamentaux de l'ONU (...). Pour que la responsabilité individuelle soit établie, il est également nécessaire que la personne ait commis ou contribué, de manière substantielle, à la commission d'un acte criminel. Le fait qu'une personne ait été, à un certain moment, un membre important d'un gouvernement répressif n'entraîne pas à lui seul sa responsabilité individuelle. Il peut cependant exister une présomption de responsabilité individuelle lorsque la personne est demeurée membre d'un gouvernement clairement engagé dans les activités relevant du champ d'application de l'art. 1F Conv. réfugiés. Dans le cas d'une telle présomption, la prudence est cependant requise et il faut prendre en considération des questions telles que la fonction de la personne, sa place dans la hiérarchie et sa capacité réelle à influencer les activités de l'Etat de manière significative.» (BVGE 2010/44, E. 5.2.3)

3.4. Beendigung der Flüchtlingseigenschaft

1363 Art. 1C FK verankert verschiedene Situationen, in denen die bereits anerkannte Flüchtlingseigenschaft beendet wird. Da die Beendigung der Flüchtlingseigenschaft immer zum Entfallen des allenfalls gewährten Asyls führt, werden die Beendigungsgründe dort dargestellt, siehe hinten Rz. 1390 ff.

3.5. Nachweis und Glaubhaftmachung der Flüchtlingseigenschaft

1364 Nach Art. 7 Abs. 1 AsylG muss, wer um Asyl nachsucht, «die Flüchtlingseigenschaft nachweisen oder zumindest glaubhaft machen». Dabei wird von asylsuchenden Personen erwartet, dass sie die wesentlichen Sachverhaltselemente nachweisen oder glaubhaft machen. Auf der Basis dieser Vorbringen wird dann die eigentliche Rechtsfrage – die Erfüllung der Flüchtlingseigenschaft – durch die zuständigen Behörden festgestellt:

> «Die Frage der Flüchtlingseigenschaft ist eine Frage der Auslegung und Anwendung von Art. 3 AsylG und damit eine Rechtsfrage. Der Asylsuchende muss bloss nachweisen, dass seine Sachverhaltsdarstellung richtig oder glaubhaft ist, soweit sie Elemente betrifft, welche für die Beurteilung der Flüchtlingseigenschaft relevant sind. Der Asylsuchende hat in diesem Sinne beispielsweise nicht nachzuweisen, dass seine Furcht vor künftiger Verfolgung begründet ist, sondern nur, dass die konkreten Anhaltspunkte, welche im Rahmen der rechtlichen Würdigung als furchtbegründend eingestuft werden, sich wirklich ereignet haben; er hat nicht glaubhaft zu machen, dass der Eingriff des Verfolgerstaates politisch motiviert ist, sondern bloss, dass die Indizien, welche auf eine solche Motivation hinweisen, tatsächlich existieren.» (KÄLIN, Grundriss des Asylverfahrens, S. 300)

a) Nachweis der Flüchtlingseigenschaft

Die Flüchtlingseigenschaft ist nachgewiesen, wenn die zuständigen Behörden vom Vorliegen der Flüchtlingseigenschaft ohne jeglichen Zweifel überzeugt sind. Dieser direkte Nachweis der Flüchtlingseigenschaft ist indes nur sehr selten möglich, befinden sich asylsuchende Personen doch häufig in einem Beweisnotstand, da sie über keine Beweismittel für ihre Verfolgung verfügen oder diese nicht aus dem Heimat- oder Herkunftsstaat beschaffen können. 1365

b) Glaubhaftmachung der Flüchtlingseigenschaft

Ist der Nachweis der Flüchtlingseigenschaft nicht möglich, richtet sich die Beurteilung der Fluchtgründe nach dem Beweismassstab der Glaubhaftmachung. Die Flüchtlingseigenschaft ist glaubhaft, wenn die zuständigen Behörden davon ausgehen, dass die Voraussetzungen der Flüchtlingseigenschaft mit überwiegender Wahrscheinlichkeit erfüllt sind. 1366

> «Wer um Asyl nachsucht, muss die Flüchtlingseigenschaft nachweisen oder zumindest glaubhaft machen. Diese ist glaubhaft gemacht, wenn die Behörde ihr Vorhandensein mit überwiegender Wahrscheinlichkeit für gegeben hält. Unglaubhaft sind insbesondere Vorbringen, die in wesentlichen Punkten zu wenig begründet oder in sich widersprüchlich sind, den Tatsachen nicht entsprechen oder massgeblich auf gefälschte oder verfälschte Beweismittel abgestützt werden (Art. 7 AsylG).
>
> Glaubhaft sind die Vorbringen einer asylsuchenden Person grundsätzlich dann, wenn sie genügend substanziiert, in sich schlüssig und plausibel sind. Sie dürfen sich nicht in vagen Schilderungen erschöpfen, in wesentlichen Punkten nicht widersprüchlich sein oder der inneren Logik entbehren und auch nicht den Tatsachen

> oder der allgemeinen Erfahrung widersprechen. Darüber hinaus muss die gesuchstellende Person persönlich glaubwürdig erscheinen, was insbesondere dann nicht der Fall ist, wenn sie ihre Vorbringen auf gefälschte oder verfälschte Beweismittel abstützt, aber auch dann, wenn sie wichtige Tatsachen unterdrückt oder bewusst falsch darstellt, im Laufe des Verfahrens Vorbringen auswechselt, steigert oder unbegründet nachschiebt, mangelndes Interesse am Verfahren zeigt oder die nötige Mitwirkung verweigert. Glaubhaftmachung bedeutet ferner – im Gegensatz zum strikten Beweis – ein reduziertes Beweismass und lässt durchaus Raum für gewisse Einwände und Zweifel an den Vorbringen des Gesuchstellers. Entscheidend ist, ob im Rahmen einer Gesamtwürdigung die Gründe, die für die Richtigkeit der Sachverhaltsdarstellung des Asylsuchenden sprechen, überwiegen oder nicht. Dabei ist auf eine objektivierte Sichtweise abzustellen.» (BVGer, E-1036/2016, 12. September 2018, E. 3.2)

1367 Der Massstab der Glaubhaftmachung belässt Raum für gewisse Zweifel an den Vorbringen der Asylsuchenden. Entscheidend ist für die Glaubhaftmachung, ob die Gründe, die für ihre Richtigkeit sprechen, im Rahmen einer objektiven Betrachtung überwiegen. Beim Beweismass der Glaubhaftmachung geht es somit um eine Gesamtbeurteilung aller Elemente, die für oder gegen die Vorbringen der asylsuchenden Personen sprechen.

- Als glaubhaft gelten Vorbringen, die substantiiert, konkret und im Wesentlichen widerspruchsfrei vorgebracht werden. Je detaillierter und präziser die asylsuchenden Personen ihre Gründe für die Beantragung von internationalem Schutz vorbringen können, desto eher werden diese als glaubhaft eingestuft.
- Dagegen gelten Vorbringen nach Art. 7 Abs. 3 AsylG als unglaubhaft, wenn sie in wesentlichen Punkten widersprüchlich oder zu wenig begründet sind, den Tatsachen nicht entsprechen, nachgeschoben wurden oder sich massgeblich auf gefälschte oder verfälschte Beweismittel stützen.

1368 Die Beurteilung der Glaubhaftigkeit von Vorbringen erfolgt im Rahmen einer Einzelfallbeurteilung, bei der jedoch nicht einzig objektive Massstäbe angewendet werden, sondern auch subjektive Aspekte miteinfliessen:

> «Eine wesentliche Voraussetzung für die Glaubhaftmachung eines Verfolgungsschicksals ist eine die eigenen Erlebnisse betreffende, substanziierte, im Wesentlichen widerspruchsfreie und konkrete Schilderung der dargelegten Vorkommnisse. Die wahrheitsgemässe Schilderung einer tatsächlich erlittenen Verfolgung ist gekennzeichnet durch Korrektheit, Originalität, hinreichende Präzision und innere Übereinstimmung. Unglaubhaft wird eine Schilderung von Erlebnissen insbesondere bei wechselnden, widersprüchlichen, gesteigerten oder nachgeschobenen Vorbringen. Bei der Beurteilung der Glaubhaftmachung geht es um eine Gesamtbeurteilung aller Elemente (Übereinstimmung bezüglich des wesentlichen Sachverhaltes, Substanziiertheit und Plausibilität der Angaben, persönliche Glaubwürdigkeit usw.), die für oder gegen den Gesuchsteller sprechen. Glaubhaft ist eine Sachverhaltsdarstellung,

> wenn die positiven Elemente überwiegen. Für die Glaubhaftmachung reicht es demnach nicht aus, wenn der Inhalt der Vorbringen zwar möglich ist, aber in Würdigung der gesamten Aspekte wesentliche und überwiegende Umstände gegen die vorgebrachte Sachverhaltsdarstellung sprechen.» (BVGE 2015/3, E. 6.5.1)

Ein schematisches Vorgehen, bei dem zum Beispiel von einzelnen Widersprü- 1369
chen in den Vorbringen der Asylsuchenden automatisch auf die Unglaubhaftigkeit ihrer Vorbringen geschlossen würde, würde dem Beweismassstab der Glaubhaftigkeit nicht gerecht werden. Die Behörden müssen vielmehr auch die individuelle Fähigkeit der asylsuchenden Personen, ihre Vorbringen klar und geordnet wiedergeben zu können, einbeziehen und bei der Beurteilung der Glaubhaftigkeit der Vorbringen angemessen berücksichtigen. In diesem Zusammenhang sind etwa das Alter, die intellektuellen Fähigkeiten, der Bildungsstand, der sozio-kulturelle Hintergrund oder die psychische Verfassung zu beachten.

4. Asyl

Die Vertragsstaaten der FK sind verpflichtet, Personen, die die Flüchtlingsei- 1370
genschaft erfüllen, Schutz zu gewähren. Wie sie dieser Verpflichtung auf innerstaatlicher Ebene nachkommen, ist indes weitgehend ihnen überlassen. Sie können Voraussetzungen und Inhalt des Schutzstatus selber umschreiben. Die Gewährung von Asyl im Sinne der Rechtsstellung, die Flüchtlingen zukommen soll (Art. 2 Abs. 2 AsylG), ist somit ein landesrechtliches und nicht ein völkerrechtliches Institut.

4.1. Asylgewährung

Der Umstand, dass die Asylgewährung nicht ein völkerrechtliches Institut dar- 1371
stellt, wird aus Art. 49 ff. AsylG deutlich. Nach Art. 49 AsylG wird Personen, die die Flüchtlingseigenschaft besitzen, Asyl in der Schweiz gewährt, sofern kein Asylausschlussgrund vorliegt. Voraussetzung für die Asylgewährung ist damit die Erfüllung der Flüchtlingseigenschaft.

Obwohl für die Asylgewährung grundsätzlich vorausgesetzt wird, dass die schutzsuchenden Per- 1372
sonen die Flüchtlingseigenschaft erfüllen, wird im Rahmen des sogenannten Familienasyls (zum Familienasyl hinten Rz. 1398 ff.) Asyl auch Personen gewährt, die die Flüchtlingseigenschaft nicht selber erfüllen. So werden nach Art. 51 Abs. 1 AsylG auch Ehegattinnen und Ehegatten, eingetragene Partnerinnen und Partner sowie minderjährige Kinder als Flüchtlinge anerkannt und erhalten Asyl, sofern keine besonderen Umstände dagegensprechen. In diesen Fällen werden die Familienangehörigen in die Flüchtlingseigenschaft der als Flüchtling anerkannten Person einbezogen und erhalten aus diesem Grund Asyl. Im Unterschied zur **originären**, materiellen Flüchtlingseigenschaft, die sich auf die Erfüllung des Flüchtlingsbegriffes von Art. 1A Ziff. 2 FK beziehungsweise Art. 3 Abs. 1 AsylG abstützt, erhalten die Familienangehörigen gestützt auf

Art. 51 Abs. 1 AsylG eine **derivative** beziehungsweise abgeleitete, formelle Flüchtlingseigenschaft. In der schweizerischen Asylpraxis wird nur in Bezug auf die Entstehung des Flüchtlingsstatus zwischen originärer und derivativer Flüchtlingseigenschaft unterschieden, jedoch nicht in Bezug auf die Rechtsstellung oder die Aberkennung der Flüchtlingseigenschaft (BVGE 2017 VI/11, E. 4.4).

1373 Personen, die die Flüchtlingseigenschaft erfüllen, erhalten aber nicht automatisch Asyl. Vielmehr statuiert der schweizerische Gesetzgeber, dass die Gewährung von Asyl davon abhängig gemacht wird, dass keine Asylausschlussgründe vorliegen. Liegen Asylausschlussgründe vor, dann kommt die Schweiz zwar ihren Verpflichtungen aus der FK nach und schützt die betreffenden Flüchtlinge, gewährt ihnen aber kein Asyl, sondern lediglich eine vorläufige Aufnahme, was rechtlich eine deutlich schwächere Position darstellt.

1374 Nach Art. 50 AsylG kann auch Flüchtlingen Asyl gewährt werden, die in einem anderen Staat als Flüchtling aufgenommen worden sind. Voraussetzungen dieses sogenannten **Zweitasyls** ist, dass «sie sich seit mindestens zwei Jahren ordnungsgemäss und ununterbrochen in der Schweiz aufhalten».

> «Das Institut des Zweitasyls stellt sicher, dass ein Staat, der einer in einem anderen Staat als Flüchtling aufgenommenen Person den Aufenthalt auf seinem Territorium bewilligt hat, nach einer Karenzfrist auch die aus der Flüchtlingskonvention fliessende Schutzverpflichtung übernimmt. Dies ist vor allem deshalb von Bedeutung, weil Flüchtlinge in den meisten Ländern nach einer gewissen Dauer ihrer Abwesenheit oder durch die Erlangung einer dauernden Aufenthaltsbewilligung in einem anderen Staat ihren Schutzstatus verlieren (...). Das Institut des Zweitasyls soll verhindern, dass Flüchtlinge aufgrund eines bewilligten Aufenthaltes ausserhalb ihres Aufnahme- und Schutzstaates ihren Schutz verlieren, und sicherstellen, dass sie in der Wahl ihres Aufenthaltsstaates gegenüber anderen («allgemeinen») ausländischen Personen nicht benachteiligt sind. Mit der Einführung des Zweitasyls war in erster Linie die Absicht verbunden, die rechtliche Lage von Flüchtlingen - welche die entsprechenden Kriterien erfüllen - zu verbessern (...). Eine bezüglich der Wahl des Aufenthaltsstaats bevorzugte Behandlung von Flüchtlingen ist hingegen nicht der Zweck des Zweitasyls» (BVGE 2020 VI/2, E. 5.6.1).

1375 Zweitasyl wird jenen Flüchtlingen gewährt, denen im Erstaufnahmeland ein effektiver Schutz vor Rückschiebung und – zumindest faktisch – ein dauerhaftes Aufenthaltsrecht gewährt worden ist (vgl. Art. 36 AsylV1). «Dabei ist weder von Belang, ob die Anerkennung als Flüchtling formell durch den Staat der Erstaufnahme selbst oder durch das UNHCR erfolgt ist, noch ist von Bedeutung, ob mit der Anerkennung der Flüchtlingseigenschaft im Erstaufnahmestaat die Gewährung eines mit dem schweizerischen Recht vergleichbaren Asylstatus verbunden gewesen ist» (BVGE 2019 VI/1, E. 5.4.1 mit Verweis auf BVGE 2014/40). Es wird auch nicht vorausgesetzt, dass der Erstaufnahmestaat seinerseits Vertragspartei der FK ist (BVGE 2019 VI/1, E. 5.5). Schliesslich hat das Bundesverwaltungsgericht in BVGE 2020 VI/2 entschieden, dass eine vorläufige Aufnahme – zumindest wenn bestimmte prozedurale Voraussetzungen erfüllt sind – als ordnungsgemässer Aufenthalt im Sinne von Art. 50 AsylG einzustufen ist.

1376 Die Gewährung von Zweitasyl erfolgt ohne erneute materielle Prüfung der Asylgründe. Aus diesem Grund ist das Zweitasyl ausgeschlossen, wenn die betroffenen Flüchtlinge bereits ein ordentliches Asylverfahren in der Schweiz durchlaufen haben. Es ist nicht möglich, eine rechtskräftige

Asylverweigerung im Rahmen des Zweitasyls nach Art. 50 AsylG umzukehren (BVGE 2020 VI/2, E. 5.6.3).

4.2. Asylausschlussgründe

Das AsylG statuiert drei Gründe für den Ausschluss von der Asylgewährung trotz Anerkennung der Flüchtlingseigenschaft: 1377

- **Asylunwürdigkeit**,
- **subjektive Nachfluchtgründe** sowie
- **Ausnahmesituationen** bei erhöhten Spannungen, bewaffneten Konflikten oder ausserordentlichem Zustrom von Asylsuchenden.

Das Vorliegen eines Asylausschlussgrundes führt zur Ablehnung des Asylgesuches und der damit verbundenen Wegweisung aus der Schweiz. Da die betreffenden Personen jedoch die Flüchtlingseigenschaft erfüllen, gilt für sie das flüchtlingsrechtliche Refoulementverbot (Art. 33 FK und Art. 5 AsylG) und sie werden wegen Unzulässigkeit des Wegweisungsvollzuges (Art. 83 Abs. 3 AIG) als Flüchtlinge vorläufig aufgenommen (Art. 83 Abs. 8 AIG). 1378

a) Asylunwürdigkeit

Flüchtlingen wird nach Art. 53 AsylG trotz Flüchtlingseigenschaft kein Asyl in der Schweiz gewährt, wenn sie asylunwürdig sind. Asylunwürdigkeit liegt vor, wenn ihnen die Begehung verwerflicher Handlungen, die Verletzung oder Gefährdung der inneren oder äusseren Sicherheit der Schweiz vorgeworfen wird, gegen sie eine strafrechtliche Landesverweisung ausgesprochen wurde oder sie unerlaubterweise in ihren Heimat- oder Herkunftsstaat gereist sind. 1379

- **Asylunwürdigkeit wegen der Begehung verwerflicher Handlungen (lit. a)**: Als verwerfliche Handlungen im Sinne von Art. 53 lit. a AsylG gelten Verbrechen nach Art. 10 Abs. 2 StGB, das heisst Straftaten, die mit einer Freiheitsstrafe von mehr als drei Jahren bedroht sind. Ein Ausschluss politischer Delikte wie im Rahmen des Ausschlussgrundes von Art. 1F lit. b FK (schwere Verbrechen des gemeinen Rechtes, vorne Rz. 1357 ff.) besteht nicht. Für den Ausschluss von der Asylgewährung genügt es, wenn bei in der Schweiz begangenen verwerflichen Handlungen ein Geständnis oder eine liquide Beweislage vorliegt, eine Verurteilung ist nicht nötig (BBl 1996 II 1, S. 72). Für verwerfliche Handlungen, die im Ausland begangen wurden, müssen «hinlänglich konkrete Anhaltspunkte dafür vorliegen, dass die betreffende Person für solche Taten individuell verantwortlich ist» (BVGE 2011/10, E. 6). Zudem muss die doppelte Strafbarkeit gegeben sein (BVGE 2014/29, E. 5.3.1 f.). Für die Beurteilung der Asylunwürdigkeit ist darauf abzustellen, ob von der betreffenden Person eine spezifische Gefahr ausgeht. Zudem ist die Verhältnismässigkeit umfassend zu prüfen:

«(...) es muss auf den individuellen Tatbeitrag abgestellt werden. Zu diesem sind nicht nur die Schwere der Tat und der persönliche Anteil am Tatentscheid, sondern auch das Motiv des Täters und allfällige Rechtfertigungs- oder Schuldmilderungsgründe zu zählen. Die Praxis folgt sodann der in der Lehre vertretenen Auffassung, wonach bei der Beurteilung der Asylunwürdigkeit auch der Grundsatz der Verhältnismässigkeit zu beachten ist. Dabei ist vorab in Betracht zu ziehen, wie lange die Tat bereits zurückliegt, wobei auf die Verjährungsbestimmungen des Strafrechts verwiesen wird. Ebenso haben das Alter des Flüchtlings im Zeitpunkt der Tatbegehung sowie eine allfällige Veränderung der Lebensverhältnisse nach der Tat Einfluss auf diese Entscheidfindung.» (BVGE 2011/10, E. 6)

– **Asylunwürdigkeit wegen der Verletzung oder Gefährdung der inneren oder äusseren Sicherheit der Schweiz (lit. b)**: Als Verletzung oder Gefährdung der inneren oder äusseren Sicherheit gelten «die Gefährdung des Vorrangs der staatlichen Gewalt im militärischen oder politischen Bereich (...); zu denken ist an die konkrete Bedrohung durch Terrorismus, den verbotenen Nachrichtendienst, die organisierte Kriminalität sowie Handlungen und Bestrebungen, welche die auswärtigen Beziehungen der Schweiz ernsthaft gefährden oder auf eine gewaltsame Änderung der staatlichen Ordnung abzielen» (BBl 1996 II 1, S. 72). Diesbezüglich konkretisiert das Bundesverwaltungsgericht, dass nicht nur die direkte Ausübung derartiger Handlungen, sondern auch deren Unterstützung oder Förderung sowie auch das Anwerben für solche Tätigkeiten eine Gefährdung der inneren oder äusseren Sicherheit der Schweiz darstellen können (BVGE 2018 VI/5, E. 3.5). Wie bei der Asylunwürdigkeit wegen der Begehung verwerflicher Handlungen ist auch hier keine Verurteilung beziehungsweise kein strikter Nachweis erforderlich. Allerdings spielt der Asylausschluss wegen Verletzung oder Gefährdung der inneren oder äusseren Sicherheit der Schweiz lediglich eine untergeordnete Rolle, da die betreffenden Tatbestände häufig einen Ausschlussgrund von der Flüchtlingseigenschaft nach Art. 1F lit. b FK zu begründen vermögen.
– **Asylunwürdigkeit wegen strafrechtlicher Landesverweisung (lit. c)**: Im Zuge der Umsetzung der Ausschaffungsinitiative wurde Art. 53 AsylG um lit. c ergänzt. Demnach wird Personen, die die Flüchtlingseigenschaft

erfüllen, kein Asyl gewährt, wenn gegen sie eine Landesverweisung gestützt auf Art. 66*a* StGB oder Art. 66*a*bis StGB (beziehungsweise den entsprechenden Bestimmungen im MStG) verfügt worden ist. Dieser Ausschluss von der Asylgewährung hat weitreichende und problematische Folgen: Nach Art. 83 Abs. 9 AIG wird die vorläufige Aufnahme nicht verfügt, wenn eine Landesverweisung rechtskräftig geworden ist. Schutzsuchende Personen, die zwar die Flüchtlingseigenschaft erfüllen und somit aufgrund des flüchtlingsrechtlichen Refoulementverbotes nicht weggewiesen werden können, können nicht vorläufig aufgenommen werden. Sie werden vielmehr zu Sans-Papiers, obwohl sie sich als anerkannte Flüchtlinge auf die Statusrechte der FK berufen können.

Wurde die Landesverweisung erst nach der Asylgewährung ausgesprochen, erlischt das Asyl nach Art. 64 Abs. 1 lit. e AsylG, sobald die Landesverweisung rechtkräftig ist (siehe hinten Rz. 1389).

– **Asylunwürdigkeit wegen unerlaubter Reise in den Heimat- oder Herkunftsstaat (lit. d):** Flüchtlingen wird schliesslich kein Asyl gewährt, wenn sie unerlaubt in ihren Heimat- oder Herkunftsstaat gereist sind. Eine solche Reise während des hängigen Asylverfahrens wird grundsätzlich als Verletzung der Mitwirkungspflicht eingestuft, die zur Abschreibung des Asylgesuches führt (Art. 8 Abs. 3bis AsylG, siehe vorne Rz. 1107). Kehrt die betroffene Person wieder in die Schweiz zurück und stellt sich im Rahmen des anschliessenden Asylverfahrens heraus, dass sie die Flüchtlingseigenschaft erfüllt, wird ihr kein Asyl gewährt, sondern lediglich die vorläufige Aufnahme ausgesprochen. Zudem wird ihr während zehn Jahren keine Aufenthaltsbewilligung wegen eines schwerwiegenden persönlichen Härtefalles erteilt (Art. 84*a* Abs. 3 AIG). Besteht ein gesetzlicher Anspruch auf eine Aufenthaltsbewilligung – etwa aufgrund der Heirat mit einem Schweizer oder einer Schweizerin (Art. 42 Abs. 1 AIG) –, muss demgegenüber auch in diesen Fällen eine solche erteilt werden.

  Der Asylausschlussgrund der unerlaubten Reise in den Heimat- oder Herkunftsstaat und der zehnjährige Ausschluss von der Erteilung einer Aufenthaltsbewilligung wurden mit Entscheid der Bundesversammlung vom 17. Dezember 2021 beschlossen (BBl 2021 2999). Das Datum der Inkraftsetzung sowie auch die Verordnungsanpassungen war bis zur Fertigstellung des vorliegenden Manuskriptes allerdings noch nicht festgelegt.

b) Subjektive Nachfluchtgründe

Von der Asylgewährung ausgeschlossen sind nach Art. 54 AsylG Flüchtlinge, die «erst durch ihre Ausreise aus dem Heimat- oder Herkunftsstaat oder wegen 1380 ihres Verhaltens nach der Ausreise Flüchtlinge im Sinne von Artikel 3 wurden». Subjektive Nachfluchtgründe wurden damit durch das Verhalten der gesuchstellenden Person geschaffen und waren nicht kausal für die Ausreise, sondern wurden erst durch diese beziehungsweise nach dieser begründet. Wie bereits ausgeführt (vorne Rz. 1294), stellen insbesondere die illegale Ausreise, exilpolitische Tätigkeiten oder auch der Religionswechsel subjektive Nachfluchtgründe dar und führen zum Ausschluss von der Asylgewährung trotz bestehender Flüchtlingseigenschaft.

1381 Personen, denen wegen subjektiver Nachfluchtgründe kein Asyl gewährt wurde, können nicht in die Flüchtlingseigenschaft sowie die Asylgewährung von Familienangehörigen einbezogen werden. Der Asylausschluss gilt absolut und bezieht sich nicht nur auf die originäre, sondern auch die abgeleitete Asylgewährung (BVGE 2015/40, E. 3.1 ff., zum Familienasyl siehe hinten Rz. 1398 ff.).

1382 Die Asylgewährung kann nicht durch die Kombination von subjektiven Nachfluchtgründen und für die Anerkennung als Flüchtling unzureichenden Vorfluchtgründen begründet werden. Wird die Flüchtlingseigenschaft erst durch die Kombination von Vor- und subjektiven Nachfluchtgründen erfüllt, besteht ein Asylausschlussgrund. Asyl erhalten demnach nur Personen, die aufgrund von ausreichenden Vorflucht- oder objektiven Nachfluchtgründen (siehe vorne Rz. 1294 f.) als Flüchtling anerkannt werden. In diesem Fall ist es unerheblich, ob die Person zusätzliche subjektive Nachfluchtgründe vorbringt. Gestützt auf die ausreichenden Vorflucht- oder objektiven Nachfluchtgründe wird Flüchtlingen unabhängig vom Bestehen von zusätzlichen subjektiven Nachfluchtgründen Asyl gewährt (EMARK 1995/7).

1383 Vom Asylausschlussgrund von Art. 54 AsylG ist der Ausschlussgrund von Art. 3 Abs. 4 AsylG zu unterscheiden. Danach sind «Personen, die Gründe geltend machen, die wegen ihres Verhaltens nach der Ausreise entstanden sind und die weder Ausdruck noch Fortsetzung einer bereits im Heimat- oder Herkunftsstaat bestehenden Überzeugung oder Ausrichtung sind», keine Flüchtlinge. Nach dem Willen des Gesetzgebers sollen asylsuchende Personen, die durch Aktivitäten nach der Ausreise ihre Flüchtlingseigenschaft herbeizuführen suchen, nicht als Flüchtlinge anerkannt werden. Eine solche Auslegung von Art. 3 Abs. 4 AsylG ist indes mit den aus der Flüchtlingskonvention fliessenden völkerrechtlichen Verpflichtungen der Schweiz kaum vereinbar.

Schliesslich ist darauf hinzuweisen, dass nach Art. 116 lit. c AsylG die öffentliche Ausübung politischer Tätigkeiten durch asylsuchende Personen mit Busse bestraft wird, wenn diese einzig dazu diente, subjektive Nachfluchtgründe zu schaffen. Ebenfalls unter Strafe gestellt sind diesbezügliche Hilfeleistungen wie Planung und Organisation (Art. 116 lit. d AsylG allenfalls i.V.m. Art. 115 lit. d AsylG).

c) Ausnahmesituationen

1384 Art. 55 AsylG verankert schliesslich eine Notstandsklausel für Ausnahmesituationen. Danach kann der Bundesrat «in Zeiten erhöhter Spannungen, bei Ausbruch eines bewaffneten Konfliktes, an dem die Schweiz nicht beteiligt ist, oder bei ausserordentlich grossem Zustrom von Asylsuchenden in Friedenszeiten» beschliessen, Flüchtlingen wegen dieser Ausnahmesituation kein Asyl zu gewähren, die Rechtsstellung der Flüchtlinge einzuschränken oder lediglich temporäres Asyl zu gewähren. Von diesen Massnahmen in Ausnahmesituationen ist indes nur die Asylgewährung betroffen, alle weiteren in der FK verankerten Rechte von Flüchtlingen – wie beispielsweise das Refoulementverbot – bestehen weiter.

4.3. Asylbeendigung

Asyl wird zwar unbefristet gewährt, kann jedoch gestützt auf Art. 63 AsylG 1385
widerrufen werden beziehungsweise nach Art. 64 AsylG erlöschen. Zur Asylbeendigung führt ferner auch die Aberkennung der Flüchtlingseigenschaft.

a) Widerruf von Asyl

Art. 63 AsylG sieht fünf verschiedene Situationen vor, in denen das SEM das 1386
gewährte Asyl widerruft:

- **Erschleichen der Asylgewährung durch falsche Angaben oder Verschweigen wesentlicher Tatsachen**: Die von asylsuchenden Personen im Rahmen des Asylverfahrens gemachten Angaben müssen gestützt auf ihre Mitwirkungspflicht nach Art. 8 AsylG (vorne Rz. 1106 ff.) wahr und vollständig sein. Falsche Angaben oder das Verschweigen wesentlicher Tatsachen führen nach Art. 63 Abs. 1 lit. a AsylG zum Widerruf des Asyls, wenn die betreffenden Informationen für die Asylgewährung relevant waren. Führten die falschen Angaben oder die verschwiegenen Tatsachen zur Anerkennung der Flüchtlingseigenschaft, aberkennt das SEM die Flüchtlingseigenschaft (hinten Rz. 1390 ff.). Vor dem Widerruf des Asyls oder der Aberkennung der Flüchtlingseigenschaft ist eine Verhältnismässigkeitsprüfung vorzunehmen (BVGE 2020 VI/9, E. 9.5.3).
- **Vorliegen eines Grundes nach Art. 1C Ziff. 1-6 FK**: Das Vorliegen eines Beendigungsgrundes der Flüchtlingseigenschaft (hinten Rz. 1390 ff.) führt nach Art. 63 Abs. 1 lit. b AsylG zum Widerruf des gestützt auf die nunmehr aberkannte Flüchtlingseigenschaft gewährten Asyls.
- **Verletzung oder Gefährdung der inneren oder äusseren Sicherheit der Schweiz**: Nach Art. 63 Abs. 3 AsylG widerruft das SEM die Asylgewährung, wenn die Flüchtlinge die innere oder äussere Sicherheit der Schweiz

gefährdet oder verletzt haben. Der Begriff der inneren und äusseren Sicherheit entspricht jenem von Art. 53 lit. c AsylG (BVGE 2018 VI/5, E. 3.2; vorne Rz. 1379).

- **Begehung besonders verwerflicher strafbarer Handlungen**: Das SEM widerruft nach Art. 63 Abs. 2 AsylG das Asyl auch dann, wenn Flüchtlinge besonders verwerfliche strafbare Handlungen begangen haben. Im Unterschied zum Asylausschlussgrund von Art. 53 lit. a AsylG setzt der Widerruf von Asyl wegen strafbarer Handlungen eine qualifizierte Asylunwürdigkeit voraus: Flüchtlinge müssen besonders verwerfliche strafbare Handlungen begangen haben. Ausdruck besonderer Verwerflichkeit ist die erhebliche Strafandrohung des begangenen Deliktes sowie die Intensität der Begehung im konkreten Fall:

> «Selon la jurisprudence constante en la matière, la révocation de l'asile en raison d'actes délictueux «particulièrement répréhensibles», sur la base de l'art. 63 al. 2 LAsi, suppose une indignité «qualifiée». Les actes délictueux «particulièrement répréhensibles» doivent en effet se situer, qualitativement, à un échelon plus élevé («eine Stufe höher») que les actes «répréhensibles» au sens de l'art. 53 LAsi. On se trouve en présence d'un acte délictueux particulièrement répréhensible lorsque celui-ci est, d'une part, susceptible d'entraîner le prononcé d'une peine particulièrement lourde et qu'il atteint, d'autre part, une certaine intensité. Il s'agit donc, au-delà du critère abstrait de la peine maximale dont est passible l'infraction, de s'attacher aux circonstances concrètes de commission de l'acte.» (BVGE 2012/20, E. 5.1)

1387 Der Asylwiderruf wegen besonders verwerflicher strafbarer Handlungen setzt ferner eine rechtskräftige strafrechtliche Verurteilung voraus und muss im konkreten Fall verhältnismässig sein:

> «A cet égard, il est essentiel de rappeler que la révocation de l'asile se limite à la suppression de ce statut et ne comprend pas celle de la reconnaissance de la qualité de réfugié ni, en soi, celle de l'autorisation de séjour ou d'établissement. En tout état de cause, le retrait du statut n'entraîne pas le renvoi de l'intéressé. Dès lors que la qualité de réfugié lui est toujours reconnue, l'étranger qui se voit révoquer l'asile sera, même si son autorisation de séjour ne devait pas être renouvelée, pour le moins mis au bénéfice d'une admission provisoire en Suisse pour illicéité de l'exécution de son renvoi. Dans ces conditions, la pesée des intérêts dans le cadre d'une révocation d'asile s'effectuera différemment de celle à laquelle il y a lieu de procéder en matière de refus d'autorisation de séjour ou encore de levée de l'admission provisoire.

Par ailleurs, l'intérêt public qui guide un refus ou une révocation d'une autorisation de séjour ou encore une levée d'admission provisoire a trait à l'éloignement de la personne, qui ne sera plus autorisée à séjourner en Suisse. Dans le cadre de la révocation de l'asile, l'intérêt public à ne pas accorder un statut privilégié à la personne qui s'en montre indigne est d'une autre nature. C'est le lieu de rappeler que, contrairement à la reconnaissance de la qualité de réfugié, l'octroi de l'asile en application de l'art. 2 LAsi est un acte de souveraineté, qui crée un statut juridique entraînant pour son bénéficiaire, par comparaison à la personne à qui l'on reconnaît la qualité de réfugié sans lui octroyer l'asile, un certain nombre d'avantages (…). Il y a un intérêt public, en quelque sorte d'ordre moral ou de défense de certaines valeurs, à ne pas accorder ce statut à des personnes qui n'en sont pas dignes en raison d'un comportement qui n'est pas compatible avec l'ordre public ou les valeurs morales que l'Etat entend respecter et voir respectées. Partant, on doit admettre que, tout en veillant à se situer à un échelon plus élevé qu'à l'art. 53 LAsi (…), l'autorité compétente peut dans certains cas révoquer l'asile à des conditions moins sévères que celles prévalant en matière de révocation d'une autorisation de séjour ou d'établissement.» (BVGE 2012/20, E. 6.2)

- **Missachtung eines Reiseverbotes nach Art. 59*c* Abs. 1 AIG**: Flüchtlingen ist es untersagt, in ihren Heimat- oder Herkunftsstaat zu reisen. «Besteht der begründete Verdacht, dass dieses Reiseverbot missachtet werden soll, so kann das SEM für alle Flüchtlinge aus dem betreffenden Heimat- oder Herkunftsstaat ein Reiseverbot für weitere Staaten vorsehen, insbesondere für Nachbarstaaten des Heimat- oder Herkunftsstaats» (Art. 59*c* Abs. 1 AIG). Liegen wichtige Gründe vor, kann eine Reise in einen solchen Drittstaat bewilligt werden (Art. 59*c* Abs.2 AIG). Zum Reiseverbot für Flüchtlinge siehe hinten Rz. 1463. Missachten Flüchtlinge ein Reiseverbot, wird ihr Asyl nach Art. 63 Abs. 2 lit. b AsylG widerrufen. Handelte es sich um eine Reise in den Heimat- oder Herkunftsstaat und können die betroffenen Flüchtlinge nicht glaubhaft machen, dass die Reise in den Heimat- oder Herkunftsstaat aufgrund eines Zwangs erfolgt, aberkennt das SEM die Flüchtlingseigenschaft (hinten Rz. 1393).

Der Asylwiderruf oder die Aberkennung der Flüchtlingseigenschaft gelten nur 1388
für die betroffene Person. Ehegattinnen und Ehegatten, eingetragene Partnerinnen und Partner (Art. 79*a* AsylG) sowie die Kinder sind nicht betroffen (Art. 63 Abs. 4 AsylG).

b) Erlöschen von Asyl

Asyl erlischt – ohne behördliches Zutun – nach Art. 64 Abs. 1 AsylG in ver- 1389
schiedenen Situationen:

- **Auslandsabwesenheit von mehr als einem Jahr**: Halten sich Flüchtlinge während mehr als zwölf Monaten im Ausland auf, so erlischt das ihnen gewährte Asyl nach Art. 64 Abs. 1 lit. a AsylG. Das SEM kann diese Frist indes nach Art. 64 Abs. 2 AsylG verlängern, wenn besondere Umstände vorliegen.

- Gewährung von **Asyl oder einer Bewilligung zum dauernden Verbleib** in einem anderen Land (Art. 64 Abs. 1 lit. b AsylG)
- **Freiwilliger Verzicht** auf das Asyl (Art. 64 Abs. 1 lit. c AsylG)
- Vollzug der Weg- oder Ausweisung (Art. 64 Abs. 1 lit. d AsylG)
- **Rechtskräftige Landesverweisung**: Eine rechtskräftige Landesverweisung nach Art. 66*a* StGB oder Art. 66*a*bis StGB (beziehungsweise den entsprechenden Bestimmungen im MStG) führt gestützt auf Art. 64 Abs. 1 lit. e AsylG automatisch zum Erlöschen des Asyls. Wie bereits beim Ausschluss von der Asylgewährung wegen einer Landesverweisung (vorne Rz. 1379), ist auch hier auf die problematischen Folgen des Erlöschens des Asyls für die aufenthaltsrechtliche Stellung der betroffenen Flüchtlinge hinzuweisen. Nach Art. 83 Abs. 9 AIG kann bei einer rechtskräftigen Landesverweisung keine vorläufige Aufnahme verfügt werden. Da Flüchtlinge wegen des flüchtlingsrechtlichen Refoulementverbotes nicht weggewiesen werden können, werden sie zu Sans-Papiers, obwohl sie sich als anerkannte Flüchtlinge auf die Statusrechte der FK berufen können.
- **Erwerb der Schweizer Staatangehörigkeit**: Der Erwerb des Schweizer Bürgerrechtes führt nach Art. 64 Abs. 3 AsylG zum Erlöschen des Asyls *und* der Flüchtlingseigenschaft.

c) Beendigung beziehungsweise Aberkennung der Flüchtlingseigenschaft

1390 Fünf in Art. 1C FK abschliessend aufgeführte – und restriktiv auszulegende – Gründe führen zur Beendigung der Flüchtlingseigenschaft. Sie beziehen sich alle auf Veränderungen hinsichtlich der Schutzbedürftigkeit und wurzeln entweder in von den betroffenen Flüchtlingen selber herbeigeführten Veränderungen oder in geänderten Umständen im Heimat- oder Herkunftsstaat.

> «Gemäss Art. 63 Abs. 1 Bst. b AsylG wird die Flüchtlingseigenschaft aberkannt und das Asyl widerrufen, wenn Gründe nach Art. 1C Ziffern 1–6 FK vorliegen. Art. 1C FK beinhaltet die Beendigungsklauseln betreffend den Flüchtlingsstatus. Die Beendigungsgründe in den Ziffern 1-4 der genannten Bestimmung beruhen im Gegensatz zu jenen in den Ziffern 5 und 6 auf einer Veränderung in der Situation des Flüchtlings, welche dieser selber herbeigeführt hat. Namentlich fällt eine Person unter anderem dann nicht mehr unter die Bestimmungen der FK, wenn sie sich freiwillig wieder unter den Schutz des Landes, dessen Staatsangehörigkeit sie besitzt, gestellt hat (...). Diese Ziffer dient als Grund- und Auffangtatbestand, während die Ziffern 2-4 Unterkategorien der Ziffer 1 darstellen. Solche Verhaltensweisen des Flüchtlings, die im

> Bestreben auf eine Normalisierung der Beziehungen zum Heimatland erfolgen, sind jedoch bloss als Indizien für möglicherweise eingetretene objektive Änderungen zu werten, welche die Asylbehörden nicht von der Prüfung der konkreten Umstände im Heimatland entbinden. Zudem muss in jedem Fall die Verhältnismässigkeit beachtet werden». (BVGer, D-3911/2016, 9. April 2018, E. 3.1)

Die Beendigung der Flüchtlingseigenschaft, die durch eine formelle Verfügung des SEM festgestellt werden muss, führt gleichzeitig zum Widerruf des Asyls (Art. 63 Abs. 1 lit. b AsylG). Folgende Gründe führen zur Beendigung der Flüchtlingseigenschaft: 1391

- **Freiwillige Unterschutzstellung**: Nach Art. 1C Ziff. 1 FK endet die Flüchtlingseigenschaft jener Flüchtlinge, die sich wieder freiwillig unter den Schutz ihres Heimat- oder Herkunftsstaates stellen. Es handelt sich bei diesem Beendigungsgrund um das Gegenstück zum Einschlussgrund des fehlenden staatlichen Schutzes (vorne Rz. 1320 ff.). Dabei gilt freilich nicht jeder Kontakt mit den Behörden des Heimat- oder Herkunftsstaates als freiwillige Unterschutzstellung. Vielmehr ist für die Annahme einer Beendigung der Flüchtlingseigenschaft nötig, dass die Kontaktnahme durch die betreffenden Flüchtlinge freiwillig und mit der Absicht erfolgt, heimatlichen Schutz in Anspruch zu nehmen. Zudem muss der Schutz durch den Heimat- oder Herkunftsstaat tatsächlich gewährt worden sein (BVGE 2017 VI/11, E. 4.4). Eine freiwillige Unterschutzstellung kann insbesondere im Falle von Heimatreisen vorliegen. So sieht Art. 63 Abs. 1bis AsylG denn auch vor, dass die Flüchtlingseigenschaft aberkannt wird, wenn Flüchtlinge in ihren Heimat- oder Herkunftsstaat reisen und nicht glaubhaft machen können, dass die Reise aufgrund von Zwang erfolgt ist. Diesbezüglich hat das Bundesverwaltungsgericht aber festgehalten, dass nicht jede Heimatreise einen Aberkennungsgrund darstellt, sondern die Voraussetzungen der Aberkennung auch in diesen Fällen kumulativ erfüllt sein müssen, wobei die Beweislast trotz der in Art. 63 Abs. 1bis AsylG verankerten gesetzlichen Vermutung der freiwilligen Unterschutzstellung beim SEM liegt:

  > «4.3 (…) Die Anwendung von Art. 1 Bst. C Ziff. 1 FK setzt gemäss Lehre und Rechtsprechung kumulativ voraus, dass der Flüchtling erstens freiwillig in Kontakt mit seinem Heimatstaat getreten ist, er zweitens mit der Absicht gehandelt oder zumindest in Kauf genommen hat, von seinem Heimatstaat Schutz in Anspruch zu nehmen, und er drittens diesen Schutz auch tatsächlich erhalten hat (…).
  >
  > 4.4 Heimatreisen von Flüchtlingen sind restriktiv zu beurteilen. Grundsätzlich stellt der Umstand, dass sich ein anerkannter Flüchtling zurück in den Verfolgerstaat begibt, ein starkes Indiz dafür dar, dass die frühere Verfolgungssituation oder die Furcht vor Verfolgung nicht mehr besteht. Trotzdem stellt nicht jeder Kontakt mit den Heimatbehörden und damit auch nicht jede Heimatreise einen Aberkennungsgrund dar. Trotzdem dürfen eine Aberkennung der Flüchtlingseigenschaft und ein Widerruf des Asyls erst dann ausgesprochen werden, wenn die in E. 4.3 genannten

> drei Voraussetzungen kumulativ erfüllt sind. Entfällt eine dieser drei Voraussetzungen, ist von der Aberkennung der Flüchtlingseigenschaft und vom Widerruf des Asyls abzusehen (…).
>
> 4.5 Das SEM aberkennt die Flüchtlingseigenschaft, wenn Flüchtlinge in ihren Heimat- oder Herkunftsstaat reisen. Die Aberkennung unterbleibt, wenn die ausländische Person glaubhaft macht, dass die Reise in den Heimat- oder Herkunftsstaat aufgrund eines Zwanges erfolgte (Art. 63 Abs. 1bis AsylG).
>
> 4.6 Die Beweislast für die Voraussetzungen einer Aberkennung der Flüchtlingseigenschaft liegt nach den allgemeinen Regeln des Verwaltungsrechts bei den asylrechtlichen Behörden, da diese aus den zu beweisenden Tatsachen Rechtsfolgen ableiten wollen. Dies gilt für alle drei der genannten Voraussetzungen einer Aberkennung der Flüchtlingseigenschaft (…).
>
> Bezüglich des Beweismasses ist festzuhalten, dass die Asylbehörden die relevanten Tatsachen grundsätzlich zu beweisen haben. Soweit sich relevante Tatsachen nur mit unverhältnismässigem Aufwand oder mit den Behörden zur Verfügung stehenden Mitteln gar nicht bewiesen werden können, müssen sie mindestens überwiegend wahrscheinlich gemacht werden (Art. 7 AsylG analog).» (BVGer, D-781-2022, 3. März 2022)

1392 Betreffend die Frage, wann von einer freiwilligen Heimatreise auszugehen beziehungsweise wann eine Heimatreise aufgrund von Zwang erfolgt ist, erkannte das Bundesverwaltungsgericht in Fällen, in denen Personen aufgrund teilweise schwerer Erkrankungen von Familienangehörigen eine Heimatreise unternommen haben, keine Zwangslage (so etwa bei der Krebserkrankung des Bruders, BVGer, E-5282/2019, 19. Dezember 2019). Demgegenüber ging es bei einer Heimatreise aufgrund des sterbenden Vaters und der anschliessenden Teilnahme an dessen Beerdigung von einer Zwangslage aus (BVGer, E-3872/2017, 18. Dezember 2019).

1393 Das Bundesverwaltungsgericht bejaht eine effektive Schutzgewährung durch den Heimat- oder Herkunftsstaat etwa dann, wenn die betroffene Person problemlos in den Heimat- oder Herkunftsstaat einreisen, sich dort für einige Zeit aufhalten und danach wieder problemlos ausreisen kann:

> «Die Beschwerdeführerin bestreitet nicht, sich zum Zweck der Heimatreise auf die eritreische Botschaft begeben, ein Visum erhalten zu haben und mit diesem in ihren Heimatstaat Eritrea gereist zu sein. Ebenso wenig ist bestritten, dass sie legal über den Flughafen Asmara ein- und auch wieder ausgereist ist. Sie stand somit nachweislich in Kontakt mit den heimatlichen Behörden. Dem Umstand, dass bei der Einreise angeblich keine Personen-, sondern nur eine Gepäckkontrolle stattgefunden habe, kommt kein entscheidendes Gewicht zu, zumal sie bereits anlässlich des Ersuchens um Ausstellung eines Visums wusste, dass ihre Personalien überprüft werden würden und auch nicht damit rechnen konnte, bei ihrer legalen Einreise würden gerade ihre Personalien nicht überprüft. Sie musste sodann auch damit rechnen, spätestens bei der Ausreise kontrolliert zu werden. Ihr Einwand, das Risiko auf dem Landweg in eine Kontrolle zu geraten wäre noch grösser gewesen, vermag daran nichts zu ändern. So-

dann schildert sie zwar ausführlich, wie sie vom Flughafen nach K.__ und vier Wochen später wieder zurück gelangt sei. Es gibt keinen Grund, daran oder auch am Umstand, dass sie sich möglichst unauffällig im Haushalt ihrer Mutter aufgehalten habe, zu zweifeln. Dennoch hatte sie sich entschieden, verhältnismässig lange am selben Ort zu verweilen, auch nachdem ihre Mutter längst aus dem Spital wieder hatte entlassen werden können. Gemäss dem zu den Akten gereichten ärztlichen Bestätigung geschah dies sogar mehrere Wochen bevor die Beschwerdeführerin die Reise überhaupt angetreten ist. Schliesslich ist nicht von der Hand zu weisen, dass auch der Entscheid der Beschwerdeführerin, ihren Sohn mit auf die Heimatreise zu nehmen, sich in subjektiver Hinsicht schwierig mit dem Verhalten einer verfolgten Person vereinbaren lässt. Auch vor diesem Hintergrund vermag der Hinweis, sie habe sich vorsichtig verhalten, indem sie K.__ nicht verlassen habe, nichts daran zu ändern, dass sie durch ihr Verhalten eine Unterschutzstellung zumindest in Kauf genommen hat.» (BVGer, E-5953/2019, 7. April 2021, E. 6.2).

– **Freiwilliger Erwerb der verlorenen Staatsangehörigkeit** (Art. 1C Ziff. 2 FK) sowie **freiwilliger Erwerb einer neuen Staatsangehörigkeit** (Art. 1C Ziff. 3 FK): Die Flüchtlingseigenschaft endet mit dem Erwerb der verlorenen beziehungsweise einer neuen Staatsangehörigkeit, sofern damit auch tatsächlich ein Schutz durch den betreffenden Staat verbunden ist. Dass der Erwerb freiwillig war, setzt das Bundesverwaltungsgericht demgegenüber nicht voraus:

«Secondo l'art. 1 sezione C n. 3 Conv. rifugiati, la protezione convenzionale può inoltre essere disconosciuta allorquando l'interessato acquista una nuova cittadinanza e fruisce della protezione dello Stato di cui ha acquistato la cittadinanza. Per quanto attiene alla prima condizione, si pone il quesito di sapere se l'attribuzione di una nuova cittadinanza implichi un atto volontario del rifugiato, come è il caso per i motivi di revoca degli art. 1 sezione C n. 1, 2 e 4 Conv. rifugiati. Tale problematica, già riconosciuta e dibattuta nell'ambito dei lavori preparatori della Convenzione, è stata oggetto di disputa (…) e va intesa nel senso che nel caso particolare di dissoluzione di uno Stato e costituzione di nuove entità statali, l'acquisizione ex lege della cittadinanza di una nuova entità in conformità del diritto internazionale giustifichi di principio l'applicazione del motivo di revoca dell'art. 1 sezione C n. 3 Conv. rifugiati (…). Il secondo presupposto necessario all'applicazione dell'art. 1 sezione C n. 3 Conv. rifugiati è quello del godimento della protezione connessa all'acquisizione di una nuova cittadinanza. In concreto, la persona interessata non deve trovarsi in una situazione tale da non potere o non volere avvalersi della protezione dello Stato. Il non potere avvalersi si ricollega a circostanze indipendenti dalla volontà del soggetto - quali guerra, guerra civile e violenza generalizzata - mentre il non volere avvalersi va interpretato nel senso che la protezione può essere rifiutata a causa di un fondato timore di persecuzioni (...). In altri termini, la persona interessata deve avere la possibilità di recarsi nello Stato di cui ha acquistato la nuova cittadinanza, deve potervi risiedere, deve essere tutelato contro la deportazione, l'espulsione e più in generale poter godere di tutti i diritti e benefici legati alla cittadinanza, come l'emissione di un passaporto (…).» (BVGE 2019 VI/2, E. 6.2)

- **Freiwillige Rückkehr und Niederlassung** in den Heimat- oder Herkunftsstaat (Art. 1C Ziff. 4 FK)
- **Wegfall der fluchtbegründenden Umstände**: Nach Art. 1C Ziff. 5 FK entfällt die Flüchtlingseigenschaft, wenn die betreffende Person «nach Wegfall der Umstände, auf Grund deren sie als Flüchtling anerkannt worden ist, es nicht mehr ablehnen kann, den Schutz ihres Heimatstaates in Anspruch zu nehmen». Dabei ist entscheidend, ob sich aus objektiver Sicht die Situation im Heimat- oder Herkunftsstaat tatsächlich massgeblich und nachhaltig positiv verändert hat (BVGer, E-6265/2010, 18. Oktober 2010, E. 5.2) und daher die fluchtbegründenden Umstände, die zur Anerkennung der Flüchtlingseigenschaft geführt haben, entfallen sind. Bei Flüchtlingen, die aus triftigen, auf frühere Verfolgung zurückgehenden Gründen den Schutz des Heimat- oder Herkunftsstaates ablehnen (Art. 1C Ziff. 5 Satz 2 FK), kann der Wegfall der fluchtbegründenden Umstände nicht zur Beendigung der Flüchtlingseigenschaft herbeigezogen werden:

  > «Nach der Bejahung der Voraussetzungen für die Anwendung von Art. 1C Ziff. 5 FK gilt in einem nächsten Schritt zu prüfen, ob zwingende Gründe gegen eine Beendigung der Flüchtlingseigenschaft sprechen. Eine erlittene Vorverfolgung ist auch nach Wegfall einer zukünftig drohenden Verfolgungsgefahr weiterhin als asylrelevant zu betrachten, wenn eine Rückkehr in den früheren Verfolgungsstaat aus zwingen Gründen nicht zumutbar ist (...). Als zwingende Gründe in diesem Zusammenhang sind vorab traumatisierende Erlebnisse zu betrachten, die es der betroffenen Person angesichts erlebter schwerwiegender Verfolgungen, insbesondere Folterungen, im Sinne einer Langzeittraumatisierung psychologisch verunmöglichen, ins Heimatland zurückzukehren.» (BVGer, E-6265/2010, 18. Oktober 2010, E. 6.1)

1394 Auf solch zwingende Gründe kann sich indes nur berufen, «wer im Zeitpunkt der Einreise in die Schweiz sämtliche Voraussetzungen für die Anerkennung der Flüchtlingseigenschaft erfüllt hatte» (BVGer, D-262/2017, 1. Mai 2017, E. 5.4).

1395 Die Beendigungsgründe gelten sowohl für Personen mit originärer als auch für Personen mit derivativer Flüchtlingseigenschaft (hinten Rz. 1398 ff.). Bei Personen mit abgeleiteter Flüchtlingseigenschaft ist im Rahmen der Beurteilung der effektiven Schutzgewährung aber zu berücksichtigen, dass sie keine persönliche Verfolgung in diesem Staat erlitten haben:

> «Im Hinblick auf die Anwendung von Art. 1 Abschn. C Ziff. 1 FK ist daher im Grundsatz kein Unterschied zwischen Personen mit originär erlangter Flüchtlingseigenschaft und solchen mit derivativ erlangter Flüchtlingseigenschaft zu machen. Auch die derivativ erlangte Flüchtlingseigenschaft kann nur unter den Voraussetzungen von Art. 1 Abschn. C FK aberkannt werden (…). Gleiches gilt mit Blick auf den Widerruf des Asyls (Art. 63 Abs. 1 Bst. b AsylG). Es müssen mithin für die Anwendung von Art. 1 Abschn. C Ziff. 1 FK alle drei von der Rechtsprechung

> vorausgesetzten Kriterien erfüllt sein: Der Beschwerdeführer muss erstens freiwillig in Kontakt mit seinem Heimatland getreten sein, er muss zweitens beabsichtigt oder zumindest in Kauf genommen haben, von seinem Heimatland Schutz in Anspruch zu nehmen, und drittens muss ihm dieser Schutz auch tatsächlich gewährt worden sein (…). Lediglich im Rahmen der Prüfung der letztgenannten Frage der effektiven Schutzgewährung kann dem Umstand Rechnung getragen werden, dass eine Person den Flüchtlingsstatus und das Asyl nicht originär, sondern lediglich derivativ erworben und insofern keine persönliche Verfolgung durch ihren Heimatstaat erlitten hat.» (BVGE 2017 VI/11, E. 4.4)

d) Rechtsfolgen der Beendigung des Asyls und der Aberkennung der Flüchtlingseigenschaft

Im Rahmen des Asylverfahrens wird lediglich über die Anerkennung der Flüchtlingseigenschaft sowie die Gewährung von Asyl entschieden. Die Durchsetzung des mit der Asylgewährung verbundenen Anwesenheitsrechtes – nach Art. 60 Abs. 1 AsylG haben Personen, denen Asyl gewährt worden ist, einen Anspruch auf Erteilung einer Aufenthaltsbewilligung – hat anschliessend in einem ausländerrechtlichen Bewilligungsverfahren vor den kantonalen Migrationsbehörden zu erfolgen. 1396

Diese klare Trennung von Asylverfahren und ausländerrechtlichem Verfahren gilt auch für die Rechtsfolgen der Beendigung des Asyls beziehungsweise der Aberkennung der Flüchtlingseigenschaft. Weder die Aberkennung der Flüchtlingseigenschaft noch das Erlöschen und der Widerruf des Asyls tangieren die ausländerrechtlichen Bewilligungen. Für deren Verlängerung, Widerruf oder Erlöschen sind ausschliesslich die Regelungen des AIG anwendbar. 1397

4.4. Familienasyl

Während die FK keine Bestimmungen zum Familienleben von Flüchtlingen enthält, kennt das schweizerische Asylrecht zwei den Familiennachzug betreffende Bestimmungen: die Regelung des Familienasyls in Art. 51 AsylG sowie Art. 71 AsylG, der die Gewährung vorübergehenden Schutzes an Familien regelt (hierzu hinten Rz. 1506 ff.). Dass keine weiteren Nachzugsbestimmungen im AsylG enthalten sind, ist letztlich konsequent. Im Rahmen des Asylverfahrens wird einzig über die Anerkennung der Flüchtlingseigenschaft sowie die Asylgewährung entschieden; alle weiteren Fragen betreffend die Regelung des Aufenthaltes anerkannter Flüchtlinge werden dem ausländerrechtlichen Verfahren zugewiesen. Dass also das AsylG nur die Frage des Einbezuges von Familienmitgliedern in die Flüchtlingseigenschaft sowie die Einreise in diesen 1398

Situationen regelt und für die übrigen Nachzugskonstellationen die Regelungen des AIG anwendbar sind, macht aus dieser Optik durchaus Sinn.

1399 Nach Art. 5 AsylV1 hat bei «Asylgesuchen von Ehepaaren, eingetragenen Partnerinnen und Partnern oder Familien (…) jede urteilsfähige asylsuchende Person Anspruch auf Prüfung ihrer eigenen Asylvorbringen.» Vor einem Einbezug in die Flüchtlingseigenschaft eines Familienangehörigen muss demnach geprüft werden, ob die einzubeziehenden Personen nicht selber die Flüchtlingseigenschaft erfüllen (Art. 37 AsylV1). Das Familienasyl kommt nur subsidiär zu Anwendung. Dies ist insbesondere deshalb wichtig, da bei originärer Anerkennung der Flüchtlingseigenschaft (das heisst, wenn die betreffende Person selber als Flüchtling anerkannt worden ist) diese Rechtsstellung auch an in der Schweiz geborene Kinder weitergegeben werden kann (Art. 51 Abs. 3 AsylG). Ein lediglich derivativer, das heisst von einem Familienangehörigen abgeleiteter Erwerb der Flüchtlingseigenschaft, berechtigt hingegen nicht zur Übertragung. Ein Einbezug in den Einbezug ist nicht möglich.

a) Einbezug und Nachzug von Familienangehörigen von Flüchtlingen mit Asyl

aa) Einbezug in die Flüchtlingseigenschaft und Asylgewährung

1400 Nach Art. 51 Abs. 1 AsylG werden Ehegattinnen und Ehegatten, eingetragene Partnerinnen und Partner (Art. 79*a* AsylG) sowie minderjährige Kinder von Flüchtlingen als Flüchtlinge anerkannt und erhalten Asyl, sofern keine besonderen Umstände dagegensprechen. Das Familienasyl bezweckt, «Angehörigen der Kernfamilie die gleiche Rechtsstellung und damit auch denselben flüchtlingsrechtlichen Schutz wie der nachziehende anerkannte Flüchtling» innehat, zu gewähren (BVGer, D-4188/2018, 21. November 2019, E. 4.1). Dies erfolgt in erster Linie zum Schutz der Familienangehörigen von Flüchtlingen, da sie im Sinne einer Reflexverfolgung (hierzu vorne Rz. 1313 ff.) selber ernsthaften Nachteilen ausgesetzt sein könnten (BVGE 2017 VI/11, E. 4.4).

1401 Obwohl die ARK festgestellt hatte, dass es für den Einbezug in die Flüchtlingseigenschaft und die Asylgewährung von bereits in der Schweiz anwesenden Familienangehörigen von Flüchtlingen mit Asyl nicht notwendig sei, dass das Familienleben bereits vor der Flucht bestanden habe (EMARK 2000, Nr. 11), war lange Zeit unklar, ob dies weiterhin gelte. In BVGE 2017 VI/4 hat das Bundesverwaltungsgericht Klarheit geschaffen. Im Fall einer in der Schweiz vorläufig aufgenommenen somalischen Staatsangehörigen, die um Einbezug in die Flüchtlingseigenschaft und das Asyl ihres in der Schweiz als anerkannter

Flüchtling mit Asyl lebenden somalischen Ehegatten ersucht hatte, führte das Bundesverwaltungsgericht aus:

> «4.4.1 Zusammenfassend ergibt sich, dass – besondere Umstände vorbehalten – die sich *in der Schweiz aufhaltenden* anspruchsberechtigten Angehörigen des Flüchtlings gestützt auf Art. 51 Abs. 1 AsylG auch dann als Flüchtlinge anerkannt werden und Asyl erhalten, wenn vor deren Einreise in die Schweiz keine Familiengemeinschaft bestanden hat, die durch die Flucht des Flüchtlings getrennt worden ist. Die ratio legis gebietet mit anderen Worten, den Status der Familie des Flüchtlings einheitlich zu regeln, ungeachtet dessen, ob die Familiengemeinschaft vorbestanden hat oder erst in der Schweiz begründet wurde. Ehegatten von Flüchtlingen sind deshalb als Flüchtlinge anzuerkennen und es ist ihnen Asyl zu gewähren, auch wenn die Ehe erst in der Schweiz geschlossen wurde, und auch in der Schweiz geborene Kinder von Flüchtlingen sind als Flüchtlinge anzuerkennen (...).
>
> 4.4.2 Befinden sich die in Art. 51 Abs. 1 AsylG genannten Angehörigen des in der Schweiz anerkannten Flüchtlings hingegen *im Ausland*, so ist ihnen – besondere Umstände vorbehalten – gestützt auf Art. 51 Abs. 4 AsylG die Einreise auf Gesuch hin nur zu bewilligen, wenn eine Familiengemeinschaft bestanden hat, welche durch die Flucht des Flüchtlings getrennt wurde (...).» (BVGE 2017 VI/4)

Für den Einbezug in die Flüchtlingseigenschaft sowie die Asylgewährung an bereits in der Schweiz anwesende anspruchsberechtigte Familienangehörige – Ehegattinnen und Ehegatten, eingetragene Partnerinnen und Partner sowie minderjährige Kinder – ist es somit unerheblich, ob die familiäre Beziehung bereits vor der Flucht bestanden hat oder erst danach begründet worden ist. Entscheidend ist vielmehr, dass die Familienangehörigen bereits in der Schweiz sind. 1402

Der Einbezug in die Flüchtlingseigenschaft sowie die Asylgewährung stehen unter dem Vorbehalt, dass keine besonderen Umstände dagegensprechen. Die Bejahung besonderer Umstände ist restriktiv zu handhaben: 1403

> «Vorab gilt es zu unterstreichen, dass der Einbezug des Kindes in die Flüchtlingseigenschaft seines (originär) als Flüchtling anerkannten Elternteils gemäss gesetzlicher Konzeption von Art. 51 Abs. 1 und, für die in der Schweiz geborenen Kinder, Art. 51 Abs. 3 AsylG dem Regelfall entspricht. Das Bejahen besonderer Umstände, die einem Einbezug entgegenstehen, ist demgegenüber als Ausnahmeklausel zu verstehen, für die sich entsprechend eine restriktive Auslegung rechtfertigt.» (BVGer, E-1683/2012, 21. April 2015, E. 7.1)

Besondere Umstände können etwa vorliegen, wenn «das Familienmitglied Bürger eines anderen Staates als der Flüchtling ist und die Familie in diesem Staat nicht gefährdet ist, wenn der Flüchtling seinen Status derivativ erworben hat oder wenn das Familienleben während einer längeren Zeit nicht gelebt wurde und erkennbar ist, dass die Familienmitglieder nicht den Willen haben, als Familie zusammenzuleben» (BVGE 2012/32, E. 5.1). Daneben hat das Bundesverwaltungsgericht festgehalten, dass auch eine schwere Verletzung der Mitwirkungspflicht einen besonderen Umstand im Sinne von Art. 51 1404

Abs. 1 AsylG darstellen kann, wenn dem SEM dadurch verunmöglicht wird, das Vorliegen von besonderen Umständen zu prüfen:

> «9.10 En résumé, l'empêchement du SEM à vérifier l'existence de la "circonstance particulière" relative à une autre nationalité - dont le fardeau de la preuve lui appartient - devra être considéré également comme une «circonstance particulière» au sens de l'art. 51 al. 1 LAsi, lorsque, procédant à une libre appréciation des preuves, le SEM aboutit à la conclusion au terme de la procédure d'asile familial que le requérant a commis une violation grave de l'obligation de collaborer.» (BVGE 2020 IV/6).

1405 Ein Einbezug in die Flüchtlingseigenschaft sowie die Asylgewährung ist auch für Personen ausgeschlossen, die zwar über die originäre Flüchtlingseigenschaft verfügen, denen aufgrund eines subjektiven Nachfluchtgrundes aber kein Asyl gewährt worden ist (zu den subjektiven Nachfluchtgründen siehe vorne Rz. 1380 ff.). Ein Asylausschluss gilt absolut und bezieht sich nicht nur auf die originäre, sondern auch die abgeleitete Asylgewährung (BVGE 2015/40, E. 3.1 ff.).

bb) Nachzug aus dem Ausland

1406 Nach Art. 51 Abs. 4 AsylG wird Ehegattinnen und Ehegatten, eingetragenen Partnerinnen und Partnern sowie minderjährigen Kindern von Flüchtlingen im Hinblick auf den Einbezug in die Flüchtlingseigenschaft und die Asylgewährung auf Gesuch hin die Einreise bewilligt, wenn die Familie durch die Flucht getrennt wurde. Diese Bestimmung bezweckt, so das Bundesverwaltungsgericht, «die Bewahrung von vorbestandenen Familiengemeinschaften bzw. deren Wiederherstellung, sofern die Gemeinschaft allein aufgrund der Fluchtumstände und somit unfreiwillig getrennt wurde» (BVGE 2012/32, E. 5.4.2). Gestützt auf diese Rechtsprechung muss zwischen vorbestehenden familiären Beziehungen und nach der Flucht begründeten familiären Beziehungen unterschieden werden:

- **Vorbestehende familiäre Beziehungen**: Bei vorbestehendem Familienleben besteht ein Rechtsanspruch auf Bewilligung der Einreise und somit auf Familiennachzug. Geschützt werden allerdings nur tatsächlich gelebte und allein durch die Flucht getrennte familiäre Beziehungen:

> «Der Beschwerdeführer hat die Beziehung zu seiner (zunächst) in Eritrea verbliebenen Ehefrau B.___ wenngleich nicht ausdrücklich, so doch durch das Eingehen der eheähnlichen Lebensgemeinschaft mit G___ und der Gründung einer neuen Familie nach hiesigem Verständnis konkludent beendet. Das BFM hat deshalb zu Recht den Schluss gezogen, dass zwischen dem Beschwerdeführer und seiner Ehefrau B. ___ keine tatsächlich gelebte und alleine durch die Flucht getrennte Beziehung mehr besteht. Das Familienasyl nach Art. 51 Abs. 1 und 4 AsylG dient jedoch weder der Aufnahme von neuen respektive von zuvor noch gar nicht gelebten familiären Beziehungen noch – wie vorliegend beabsichtigt – der Wiederaufnahme von zuvor abgebrochenen Beziehungen.» (BVGE 2012/32, E. 5.4.2)

- **Nach der Flucht begründete familiäre Beziehungen**: Der gestützt auf Art. 51 Abs. 4 AsylG bestehende Rechtsanspruch auf Familiennachzug besteht nur bei vorbestehendem Familienleben, das heisst bei einem Familienleben, das bereits vor der Flucht begründet worden ist. Wurden familiäre Beziehungen erst während oder nach der Flucht begründet, kommen die Familiennachzugsbestimmungen des AIG zur Anwendung. Die anwendbare Regelung bestimmt sich dabei nach der ausländerrechtlichen Bewilligung, über die das in der Schweiz als Flüchtling mit Asyl lebende Familienmitglied verfügt. Besitzt die nachziehende Person eine Aufenthaltsbewilligung, kommt Art. 44 AIG zum Tragen, bei einer Niederlassungsbewilligung Art. 43 AIG (vorne Rz. 605 ff.).

Der Zeitpunkt der Begründung des Familienlebens ist somit für die Frage nach einem Rechtsanspruch auf Familiennachzug entscheidend. Während bei vorbestehendem Familienleben und Trennung der Familienangehörigen durch die Flucht gestützt auf Art. 51 Abs. 1 AsylG ein Rechtsanspruch auf Familiennachzug besteht, gelten für den Nachzug von erst nach der Flucht entstandenen familiären Beziehungen die ausländerrechtlichen Regelungen.

Solange Flüchtlinge noch nicht über eine Niederlassungsbewilligung – und somit nach Art. 43 AIG über einen Rechtanspruch auf Nachzug – verfügen, steht die Bewilligung des Nachzuges nach Art. 44 AIG im Ermessen der zuständigen Behörden. Diese sachlich nicht gerechtfertigte Ungleichbehandlung ist angesichts des Urteils des EGMR in *Hode und Abdi gegen das Vereinigte Königreich* (Nr. 22347/09, Urteil vom 6. November 2012) höchst problematisch. In diesem Urteil hatte der EGMR ausgeführt, dass ungleiche Nachzugsbestimmungen für Flüchtlinge mit vorbestehendem Familienleben und erst nach der Flucht entstandenem Familienleben Art. 14 i.V.m. Art. 8 EMRK verletzten. Beizufügen ist freilich, dass die Flüchtlingen mit Asyl gewährte Aufenthaltsbewilligung ein gefestigtes Anwesenheitsrecht im Sinne der schweizerischen Praxis zur Anrufbarkeit von Art. 8 EMRK darstellt und daher aus Art. 8 EMRK ein Rechtsanspruch abgeleitet werden kann.

Der Nachzug weiterer Familienangehöriger kann nach der Streichung des Art. 51 Abs. 2 AsylG, der den Nachzug für andere nahe Angehörige regelte, nunmehr nur gestützt auf Art. 8 EMRK beantragt werden. Ungeklärt ist ferner, ob im Asylbereich auch ein auf Art. 8 EMRK gestützter umgekehrter Familiennachzug geltend gemacht werden könnte. Soweit ersichtlich, ist bislang noch nicht entschieden worden, ob minderjährige Flüchtlinge mit Asyl ihre Eltern, Grosseltern oder Geschwister nachziehen könnten. Eine Anwendung von Art. 51 Abs. 1 AsylG in solchen Konstellationen hat das Bundesverwaltungsgericht abgelehnt (BVGE 2015/29).

b) Einbezug und Nachzug von Familienangehörigen von vorläufig aufgenommenen Flüchtlingen

aa) Einbezug in die Flüchtlingseigenschaft und vorläufige Aufnahme

1407 Die Frage, ob in der Schweiz anwesende Familienangehörige von vorläufig aufgenommenen Flüchtlingen gestützt auf Art. 51 Abs. 1 AsylG in die Flüchtlingseigenschaft einbezogen und vorläufig aufgenommen werden können, war lange Zeit unklar. Sowohl das Bundesgericht als auch das Bundesverwaltungsgericht haben sich entgegen der herrschenden Lehre und der Praxis des SEM – freilich zum Teil nur in *obiter dicta* – gegenüber einem solchen Vorgehen kritisch gezeigt (BGE 141 I 49, E. 3.6 S. 57; BVGE 2017 VII/8, E. 5.3). In BVGE 2019 VI/8 hat das Bundesverwaltungsgericht Klarheit geschaffen und festgehalten, dass Art. 51 Abs. 1 AsylG auch auf den Einbezug von in der Schweiz anwesenden Familienmitgliedern von vorläufig aufgenommenen Flüchtlingen zur Anwendung kommt:

> «4.1 Gemäss Art. 51 Abs. 1 AsylG (…) werden Ehegatten und minderjährige Kinder eines Flüchtlings, die in eigener Person die Flüchtlingseigenschaft nicht erfüllen, in die Flüchtlingseigenschaft ihres Ehepartners respektive Elternteils einbezogen und erhalten Asyl, wenn keine besonderen Umstände dagegensprechen.
>
> Das Bundesverwaltungsgericht hat im Grundsatzurteil BVGE 2017 VI/4 Art. 51 Abs. 1 AsylG ausgelegt. Es hielt fest, dass gemäss Rechtsprechung der ehemaligen Asylrekurskommission (ARK) zur Vorgängerregelung von Art. 51 Abs. 1 AsylG (…) Art. 3 Abs. 3 aAsylG auf vorläufig aufgenommene Flüchtlinge anwendbar sei, da ein einheitlicher Rechtsstatus für Familien anzustreben sei. Ferner würden sich aufgrund des revidierten Art. 51 AsylG keine Änderungen an der bisherigen Rechtslage gemäss Art. 3 Abs. 3 und Art. 7 aAsylG ergeben (…). Diese Rechtsprechung des Bundesverwaltungsgerichts ist vorliegend zu bestätigen, wonach Art. 51 Abs. 1 AsylG auch beim Einbezug von in der Schweiz anwesenden Familienmitgliedern von vorläufig aufgenommenen Flüchtlingen zur Anwendung kommt (Präzisierung von BVGE 2017 VII/8 E. 5.3).» (BVGE 2019 VI/8)

bb) Nachzug aus dem Ausland

1408 Für den Nachzug von Familienangehörigen von in der Schweiz vorläufig aufgenommenen Flüchtlingen ist Art. 85*c* AIG einschlägig. Siehe hierzu vorne Rz. 670 ff. Es besteht kein Anspruch auf Nachzug der Ehegattinnen und Ehegatten, eingetragenen Partnerinnen und Partnern oder minderjährigen Kindern aus dem Ausland.

1409 Nach einem Urteil des Bundesverwaltungsgerichtes vom 26. Juli 2017 verfügen vorläufig aufgenommene Flüchtlinge über ein gefestigtes Aufenthaltsrecht in der Schweiz und können sich somit auf Art. 8 EMRK berufen (BVGE 2017

VII/4, E. 6.3 ff.). Nach dieser Rechtsprechung könnten sich vorläufig aufgenommene Flüchtlinge für den Nachzug ihrer Familienangehörigen aus dem Ausland auf Art. 8 EMRK berufen (vorne Rz. 677 ff.).

5. Asylentscheide

5.1. Erstinstanzliche Erledigungsformen

Das AsylG kennt drei verschiedene Formen der Verfahrenserledigung: das Nichteintreten, die formlose Abschreibung sowie die materielle Erledigung durch Asylgewährung oder Ablehnung des Asylgesuches. 1410

a) Formlose Abschreibung

Mit der Asylgesetzrevision vom 14. Dezember 2012, die zum grössten Teil am 1. Februar 2014 in Kraft getreten ist, wurde die formlose Abschreibung und somit eine dritte Art der Erledigung eines Asylgesuches geschaffen (BVGE 2015/28, E. 2.1). Damit hat der Gesetzgeber, so das Bundesverwaltungsgericht, «im Dienste der Beschleunigung und der Bekämpfung von Missbrauchsfällen das Institut der formlosen Abschreibung als dritte Erledigungsform eingeführt und den Rechtsschutz eingeschränkt» (BVGE 2015/28, E. 3.3). 1411

Die formlose Abschreibung ist im Asylgesetz für folgende Situationen vorgesehen: 1412

- Verletzung der Mitwirkungspflicht ohne triftige Gründe (Art. 8 Abs. 3bis AsylG), hierzu vorne Rz. 1107 f.
- Rückzug eines nicht hinreichend begründeten Asylgesuches in der Vorbereitungsphase (Art. 26 Abs. 3 AsylG), hierzu vorne Rz. 1143 f.
- Unbegründete oder wiederholt gleich begründete Wiedererwägungsgesuche (Art. 111*b* Abs. 4 AsylG)
- Unbegründete oder wiederholt gleich begründete Mehrfachgesuche (Art. 111*c* Abs. 2 AsylG, hierzu vorne Rz. 1280

Die formlose Abschreibung stellt keine Verfügung im Sinne von Art. 5 VwVG dar. Entsprechend kann gegen eine formlose Abschreibung kein Rechtsmittel ergriffen werden: 1413

> «En prévoyant le classement «sans décision formelle» des requêtes manifestement dilatoires visées par l'art. 111*c* al. 2, le législateur souhaitait donc rappeler et formaliser le principe général selon lequel, lorsque le droit a été dit, il n'a pas à être

redit, de sorte que l'autorité se limite à ce constat dans une communication. Le classement sans décision formelle au sens de l'art. 111*c* al. 2 LAsi ne déploie ainsi aucun des effets matériels d'une décision au sens de l'art. 5 PA: il ne modifie en rien la situation juridique du recourant (celui-ci demeure un étranger sans statut de séjour en Suisse, susceptible de renvoi), ne constate aucun droit ou obligation et, en l'absence de *nouvelle* demande d'asile, ne peut pas être assimilé à un rejet ou à une non-entrée en matière (...). Partant, il est manifeste que le législateur a généralement souhaité exclure, dans les cas de figure spécifiques visés par l'art. 111*c* al. 2 LAsi, le prononcé d'une décision au sens de l'art. 5 PA ouvrant une voie de recours devant le Tribunal administratif fédéral. Dans son arrêt de principe récent, portant en particulier sur l'art. 111*b* al. 4 LAsi, le Tribunal administratif fédéral avait d'ailleurs déjà précisé qu'un «classement sans décision formelle» au sens de l'art. 111*b* al. 4 LAsi n'est pas un acte susceptible de recours devant le Tribunal administratif fédéral» (BVGE 2016/17, E. 4.3.3).

b) Nichteintretensentscheid

1414 Das SEM prüft im Rahmen des erstinstanzlichen Verfahrens zunächst, ob die formellen Voraussetzungen für das Eintreten auf ein Asylgesuch erfüllt sind. Neben den allgemeinen Voraussetzungen des Verwaltungsrechtes – Partei- und Prozessfähigkeit der asylsuchenden Person, Rechtsschutzinteresse, Zuständigkeit der angerufenen Behörde – muss das SEM im Rahmen der asylverfahrensrechtlichen Eintretensprüfung auch die besonderen, in Art. 31*a* Abs. 1 und 3 AsylG verankerten Nichteintretensgründe prüfen. Liegt ein Nichteintretensgrund vor, tritt das SEM auf das Asylgesuch nicht ein und nimmt keine materielle Prüfung der Asylgründe vor. Nichteintretensentscheide lassen keine Rückschlüsse auf das Schutzbedürfnis und die Flüchtlingseigenschaft zu. Sie stellen lediglich fest, dass das Gesuch materiell nicht geprüft wird und die betreffende Person in einem anderen Staat Schutz suchen kann oder muss.

1415 Nach Art. 31*a* AsylG tritt das SEM in der Regel auf Asylgesuche nicht ein, wenn die asylsuchenden Personen

- **in einen sicheren Drittstaat zurückkehren können, in dem sie sich vorher aufgehalten haben** (Art. 31*a* Abs. 1 lit. a AsylG): Nach Art. 6*a* Abs. 2 lit. b AsylG bezeichnet der Bundesrat sichere Drittstaaten, das heisst Staaten, in denen effektiver Schutz vor Rückschiebung im Sinne von Art. 5 AsylG besteht. Für die vom Bundesrat als sichere Drittstaaten (*safe third countries*) bezeichneten Staaten gilt die Vermutung, dass sie Schutz vor der Rückschiebung in einen Verfolgerstaat bieten.

  Als sichere Drittstaaten gelten Staaten, in denen einerseits effektiver Schutz vor Rückschiebung besteht und andererseits keine Hinweise auf Verfolgung durch diesen Staat selber vorliegen. Der Bundesrat berücksichtigt bei seiner Entscheidung, ob der betreffende Staat die EMRK und die

FK oder gleichwertige Verträge ratifiziert hat, politische Stabilität besteht und sowohl die menschenrechtlichen Verpflichtungen als auch die rechtsstaatlichen Prinzipien eingehalten werden (BBl 2002 6845, 6886). Zu den sicheren Staaten siehe vorne Rz. 1272 ff.

Stammen asylsuchende Personen aus einem sicheren Heimat- oder Herkunftsstaat nach Art. 6*a* Abs. 2 lit. a AsylG (*safe countries*), kann demgegenüber kein Nichteintretensentscheid getroffen werden. Sofern keine weiteren Abklärungen notwendig sind, kann in diesen Fällen aber ein summarisches Verfahren durchgeführt werden (Art. 40 Abs. 1 AsylG). Hierzu vorne Rz. 1271 ff. Zudem gilt eine verkürzte Beschwerdefrist von fünf Arbeitstagen (Art. 108 Abs. 2 AsylG).

- **in einen Drittstaat ausreisen können, der für die Durchführung des Asyl- und Wegweisungsverfahrens staatsvertraglich zuständig ist** (Art. 31*a* Abs. 1 lit. b AsylG): Relevant ist diese Bestimmung im Rahmen der Schweizer Dublin-Assoziierung.
- **in einen Drittstaat zurückkehren können, in dem sie sich vorher aufgehalten haben** (Art. 31*a* Abs. 1 lit. c AsylG): Im Gegensatz zu den vom Bundesrat als sichere Drittstaaten bezeichneten Staaten muss bei diesen Drittstaaten in jedem Einzelfall geprüft werden, ob sie effektiven Schutz vor einer Rückschiebung in einen Verfolgerstaat bieten (Art. 31*a* Abs. 2 AsylG). Es besteht keine Regelvermutung, dass dies der Fall ist.
- **in einen Drittstaat weiterreisen können, für den sie ein Visum besitzen und in dem sie um Schutz nachsuchen können** (Art. 31*a* Abs. 1 lit. d AsylG): Ein Nichteintreten ist nur zulässig, wenn im betreffenden Drittstaat effektiver Schutz vor einer Rückschiebung in einen Verfolgerstaat besteht (Art. 31*a* Abs. 2 AsylG).
- **in einen Drittstaat weiterreisen können, in dem nahe Angehörige oder Personen, zu denen sie enge Beziehungen haben, leben** (Art. 31*a* Abs. 1 lit. e AsylG): Diese nahestehenden Personen müssen im Drittstaat über ein gefestigtes Aufenthaltsrecht verfügen. Ein Nichteintreten ist nur zulässig, wenn im betreffenden Drittstaat effektiver Schutz vor einer Rückschiebung in einen Verfolgerstaat besteht (Art. 31*a* Abs. 2 AsylG).
- **nach Art. 31*b* AsylG in ihren Heimat- oder Herkunftsstaat weggewiesen werden können** (Art. 31*a* Abs. 1 lit. f AsylG): Hat ein Dublin-Staat einen ablehnenden Asylentscheid und einen rechtskräftigen Wegweisungsentscheid getroffen, kann die Schweiz die betreffende Person direkt in ihren Heimat- oder Herkunftsstaat wegweisen, wenn der zuständige Dublin-Staat während längerer Zeit keine Wegweisungen in den betreffenden Staat vollzieht und die Wegweisung aus der Schweiz vermutlich rasch vollzogen werden kann.

– **ein Asylgesuch gestellt haben, das die Voraussetzungen von Art. 18 AsylG nicht erfüllt** (Art. 31*a* Abs. 3 AsylG): Nach Art. 18 AsylG gilt jede Äusserung, mit der eine Person zu erkennen gibt, dass sie die Schweiz um Schutz vor Verfolgung nachsucht, als Asylgesuch. Zwar wird Verfolgung in einem weiten Sinne verstanden, doch werden davon – wie auch Satz 2 von Art. 31*a* Abs. 3 unterstreicht – wirtschaftliche oder medizinische Gründe nicht erfasst.

1416 Sofern das SEM auf ein Asylgesuch nicht einzutreten gedenkt, wird der betroffenen Person nach Art. 36 Abs. 1 AsylG das rechtliche Gehör gewährt; eine Anhörung findet nicht statt. Werden im Rahmen der Stellungnahme keine Gründe vorgebracht, dass die Voraussetzungen eines Nichteintretens nicht gegeben wären, erlässt das SEM einen Nichteintretensentscheid. Dieser ist summarisch zu begründen (Art. 37*a* AsylG). Mit dem Nichteintretensentscheid verfügt das SEM in der Regel auch die Wegweisung aus der Schweiz (Art. 44 AsylG). Der Wegweisungsvollzug wird angeordnet, wenn keine Vollzugshindernisse nach Art. 83 AIG vorliegen. Ist der Wegweisungsvollzug nicht zulässig, nicht zumutbar oder nicht möglich, verfügt das SEM die vorläufige Aufnahme (vorne Rz. 853 ff.).

1417 Gegen Nichteintretensentscheide kann nach Art. 108 Abs. 3 AsylG innerhalb von fünf Arbeitstagen seit Eröffnung der Verfügung Beschwerde beim Bundesverwaltungsgericht geführt werden. Das Bundesverwaltungsgericht entscheidet innerhalb von fünf Arbeitstagen (Art. 109 Abs. 3 AsylG), wobei es sich bei dieser Frist um eine Ordnungsfrist handelt, deren Nichteinhaltung ohne Folgen für die Rechtsmässigkeit des materiellen Entscheides bleibt.

c) Materielle Erledigung durch Asylgewährung oder Asylverweigerung

1418 Sofern das SEM auf das Asylgesuch eintritt, lehnt es nach Art. 31*a* Abs. 4 AsylG das Gesuch ab, «wenn die Flüchtlingseigenschaft weder bewiesen noch glaubhaft gemacht worden ist oder ein Asylausschlussgrund nach den Artikeln 53 und 54 vorliegt».

aa) Asylgewährung

1419 Erfüllt eine asylsuchende Person die Flüchtlingseigenschaft und liegen weder Gründe für einen Ausschluss von der Flüchtlingseigenschaft noch Asylausschlussgründe vor, trifft das SEM einen positiven Asylentscheid. Die betreffende Person wird als Flüchtling in der Schweiz anerkannt und erhält gestützt auf Art. 2 AsylG Asyl.

Der Anerkennung als Flüchtling kommt dabei deklaratorische Bedeutung zu: "Refugee status is not a status that is granted by states; it is rather simply recognized by them" (HATHAWAY/FOSTER, S. 1). Oder in den Worten des UNHCR: 1420

> «Sobald eine Person die in dem Abkommen von 1951 genannten Kriterien erfüllt, ist sie ein Flüchtling im Sinne dieses Abkommens. Dieser Zustand ist zwangsläufig schon vor dem Augenblick gegeben, da die Flüchtlingseigenschaft formell anerkannt wird. Nicht aufgrund der Anerkennung wird er ein Flüchtling, sondern die Anerkennung erfolgt, weil er ein Flüchtling ist.» (UNHCR, Handbuch und Richtlinien, Rz. 28)

Flüchtlinge mit Asyl haben ein Recht auf Anwesenheit in der Schweiz (Art. 2 Abs. 2 AsylG) und einen Rechtsanspruch auf Erteilung einer Aufenthaltsbewilligung im Kanton, in dem sie sich rechtmässig aufhalten (Art. 60 Abs. 1 AsylG). Die Gewährung der Aufenthaltsbewilligung obliegt jedoch nicht dem SEM, sondern dem zuständigen Kanton. Es handelt sich hierbei um ein ausländerrechtliches Verfahren. 1421

Zur Rechtsstellung von Flüchtlingen mit Asyl hinten Rz. 1459 ff. 1422

bb) Asylverweigerung und Wegweisung

Erfüllen die asylsuchenden Personen hingegen die Flüchtlingseigenschaft nicht oder liegen Gründe für einen Ausschluss von der Flüchtlingseigenschaft beziehungsweise Asylausschlussgründe vor, lehnt das SEM das Asylgesuch ab und verfügt in der Regel die Wegweisung aus der Schweiz (Art. 44 AsylG). Die betroffenen Personen sind somit grundsätzlich verpflichtet, die Schweiz zu verlassen. 1423

Die Wegweisung aus der Schweiz wird nach Art. 32 AsylV1 nicht verfügt, wenn die abgewiesenen Asylsuchenden im Besitz einer gültigen Aufenthalts- oder Niederlassungsbewilligung sind oder von einer Auslieferungsverfügung, einer Ausweisungsverfügung nach Art. 121 Abs. 2 BV beziehungsweise Art. 68 AIG oder einer rechtskräftigen Landesverweisung nach Art. 66*a* oder 66*a*[bis] StGB betroffen sind. Die Wegweisung wird ferner auch dann nicht verfügt, wenn gestützt auf Art. 8 EMRK ein Anspruch auf Erteilung einer Aufenthaltsbewilligung besteht (BVGE 2013/37). 1424

cc) Wegweisungsvollzug

1425 Das SEM befindet, sofern es ein Asylgesuch ablehnt und die Wegweisung anordnet, im gleichen Verfahren auch über den Wegweisungsvollzug. Erweist sich der Vollzug der Wegweisung als durchführbar und zulässig, wird den Betroffenen eine angemessene Ausreisefrist gesetzt, binnen derer sie die Schweiz zu verlassen haben. Gleichzeitig werden ihnen Zwangsmittel angedroht, sollten sie ihrer Ausreisepflicht nicht innerhalb der angesetzten Frist nachkommen (Art. 45 Abs. 1 AsylG). Die Ausreisefrist beträgt in der Regel zwischen sieben und 30 Tagen (Art. 45 Abs. 2 AsylG), wird jedoch je nach Verfahrensart verkürzt:

- **Beschleunigtes Verfahren**: Im Rahmen von Entscheiden, die im beschleunigten Verfahren getroffen wurden, beträgt die Ausreisefrist sieben Tage (Art. 45 Abs. 2 AsylG).
- **Erweitertes Verfahren**: Bei Entscheiden, die im erweiterten Verfahren getroffen wurden, beträgt die Ausreisefrist sieben bis 30 Tage (Art. 45 Abs. 2 AsylG).
- **Dublin-Verfahren**: Wegweisungen, die im Rahmen eines Dublin-Verfahrens ergangen sind, sind sofort vollstreckbar oder es kann eine Ausreisefrist von weniger als sieben Tagen angesetzt werden (Art. 45 Abs. 3 AsylG).

1426 Nach Art. 45 Abs. 2bis AsylG ist eine Verlängerung der Ausreisefrist über den gesetzlich vorgesehenen Rahmen möglich, «wenn besondere Umstände wie die familiäre Situation, gesundheitliche Probleme oder eine lange Aufenthaltsdauer dies erfordern» (siehe hierzu vorne Rz. 745). Verstreicht die angesetzte Ausreisefrist ungenutzt, erfolgt die zwangsweise Rückschaffung (vorne Rz. 784 ff.). Die Zuständigkeit für den Vollzug der Wegweisung liegt bei den Kantonen. Um diesen sicherzustellen, steht den zuständigen kantonalen Behörden neben den Instrumenten der Rückkehrberatung und Rückkehrhilfe (vorne Rz. 1088 ff.) eine Reihe von Zwangsmassnahmen zur Verfügung, die von der Ein- und Ausgrenzung über die Inhaftierung bis zur zwangsweisen Rückschaffung mittels Sonderflug reichen (vorne Rz. 787 ff.).

1427 Die Zuständigkeit für den Vollzug der Wegweisung nach einem rechtskräftigen negativen Asylentscheid liegt bei den Kantonen. Die zuständigen kantonalen Behörden haben zwar einen gewissen Ermessenspielraum bezüglich der Anwendung ausländerrechtlicher Zwangsmassnahmen. In Bezug auf die Frage, ob sie die Wegweisung vollziehen oder nicht, steht ihnen demgegenüber keinerlei Ermessen zu. Nach Art. 46 Abs. 1 AsylG sind sie «verpflichtet, die Wegweisungsverfügung zu vollziehen». Allerdings kann bei Vorliegen technischer Gründe, die den Wegweisungsvollzug verunmöglichen, eine vorläufige Aufnahme beim SEM beantragt werden (Art. 46 Abs. 2 AsylG). Kommen die Kantone ihrer Vollzugspflicht nicht nach, kann dies gestützt auf Art. 89*b* AsylG finanzielle Folgen haben. Das Bundesverwaltungsgericht hat sich zur Vollzugspflicht der Kantone wie folgt geäussert:

> «7.4 L'art. 46 al. 3 Cst. affirme certes que, s'agissant de la mise en œuvre du droit fédéral, la Confédération doit laisser aux cantons une marge de manœuvre aussi large que possible et tenir compte de leurs particularités et donc ne pas limiter sans nécessité la liberté d'action des cantons et restreindre par là leur souveraineté. Dans ce cadre, la notion de « mise en œuvre du droit fédéral » recouvre l'ensemble de l'activité étatique qu'il s'agisse de la conduite des affaires administratives, de l'adoption de législation, de l'organisation des autorités etc. (...). L'autonomie dont les cantons disposent à cet égard est toutefois limitée par les dispositions constitutionnelles elles-mêmes, les lois fédérales qui en découlent et la jurisprudence qui applique ces dernières. Lorsque les cantons sont chargés de l'exécution de la législation fédérale, celle-ci peut leur imposer des obligations, ou leur dicter quels organes et quelles procédures sont nécessaires à son exécution (...), ce qui est précisément le sens de l'art. 46 al. 1 Cst, selon lequel les cantons mettent en œuvre le droit fédéral conformément à la Cst. et à la loi. Autrement dit, il s'agit du fédéralisme d'exécution (ou de mise en œuvre).
>
> Dans le domaine de l'asile, l'art. 121 al 1 Cst. reconnaît une compétence législative globale et contraignante à la seule Confédération (...). Conformément à l'art. 46 al. 1 Cst., la marge de manœuvre des cantons dans l'exercice de leurs compétences en matière d'asile s'inscrit donc dans les limites définies par le législateur fédéral dans la LAsi.
>
> 7.4.1 Afin de déterminer si la République et canton de Neuchâtel n'a pas rempli – ou n'a rempli que partiellement – ses obligations en matière d'exécution, comme le prévoit l'art. 46 LAsi, en ce qui concerne l'exécution du renvoi de A.________, il convient d'examiner en premier lieu si le législateur fédéral a voulu que les cantons disposent d'une marge de manœuvre dans l'exécution de la tâche qui leur incombait d'exécuter dans le délai de transfert de six mois.
>
> Il ressort d'une lecture du Message du Conseil fédéral du 4 décembre 1995 concernant la révision totale de la loi sur l'asile ainsi que la modification de la loi fédérale sur le séjour et l'établissement des étrangers (...) que l'art. 43 al. 1 du projet de loi (qui correspond à l'actuel art. 46 al. 1 LAsi), contrairement à la disposition similaire de la législation ordinaire sur les séjours des étrangers en vigueur à ce moment-là (...), n'entendait laisser aucun pouvoir d'appréciation aux cantons en matière d'exécution, les cantons devant « se conformer à la réglementation des compétences prévue » et « exécuter la décision de renvoi rendue par [le SEM] – et, le cas échéant, confirmée par [le TAF] » (...). Cela étant, même à supposer que les cantons disposaient d'une certaine marge de manœuvre, celle-ci ne contiendrait pas le droit de rediscuter, hors tout cadre procédural, l'argumentation juridique sous-tendant une décision, voire un jugement, en force.» (BVGer, F-1724/2019, 7. Juni 2022)

Zum Wegweisungsverfahren im Anschluss an das beschleunigte Verfahren, das erweiterte Verfahren sowie das Dublin-Verfahren siehe vorne Rz 1158 ff., 1173 ff. und 1190 ff. 1428

dd) *Vorläufige Aufnahme*

1429 Erweist sich der Vollzug der Wegweisung hingegen wegen Vollzugshindernissen als nicht möglich, nicht zulässig oder nicht zumutbar, werden die Betroffenen vorläufig aufgenommen. Die vorläufige Aufnahme nach Art. 83 ff. AIG stellt eine Ersatzmassnahme für den nicht durchführbaren Vollzug der Wegweisung dar. Es handelt sich dabei nicht um eine Anwesenheitsbewilligung, sondern vielmehr um eine Duldungsmassnahme.

1430 Das Asylgesuch von Flüchtlingen, die einen Asylausschlussgrund erfüllen, wird abgewiesen und es wird die Wegweisung verfügt. Aufgrund der Flüchtlingseigenschaft stellt sich der Vollzug der Wegweisung jedoch als unzulässig dar, weshalb die vorläufige Aufnahme auszusprechen ist (Art. 83 Abs. 8 AIG). Dies gilt auch dann, wenn ein Ausschlussgrund nach Art. 83 Abs. 7 AIG vorliegen würde (Art. 83 Abs. 7 AIG *e contrario*). Von der vorläufigen Aufnahme wird nur dann abgesehen, wenn die betroffene Person gestützt auf Art. 66*a* StGB oder Art. 66*a*bis StGB (beziehungsweise den entsprechenden Bestimmungen im MStG) rechtskräftig des Landes verwiesen wurde (Art. 83 Abs. 9 AIG). In diesem Fall erfüllt sie zwar die Flüchtlingseigenschaft und kann sich auf die Statusrechte nach der FK, insbesondere das flüchtlingsrechtliche Refoulementverbot, berufen, erhält aber kein Anwesenheitsrecht und wird zu einem Sans-Papier.

1431 Siehe zur vorläufigen Aufnahme vorne Rz. 853 ff.

1432 Siehe zur Rechtsstellung vorläufig aufgenommener Flüchtlinge sowie vorläufig aufgenommener Ausländerinnen und Ausländer hinten Rz. 1469 ff. sowie 1480 ff.

5.2. Beschwerdeverfahren

1433 Gegen Verfügungen des SEM kann Beschwerde beim Bundesverwaltungsgericht erhoben werden (Art. 105 AsylG i.V.m. Art. 33 lit. d VGG). Das Bundesverwaltungsgericht entscheidet grundsätzlich endgültig, ein Weiterzug an das Bundesgericht ist nach Art. 84 lit. c und d BGG ausgeschlossen.

1434 Das Verfahren vor dem Bundesverwaltungsgericht richtet sich nach dem VGG und dem VwVG. Allerdings enthält das AsylG gerade in Bezug auf die Beschwerdefristen, die Beschwerdegründe und die Wirkung der Beschwerde von den allgemeinen Grundsätzen abweichende Regelungen, die als *lex specialis* vorgehen (Art. 6 AsylG). Im Rahmen dieser Spezialbestimmungen wird zwischen den verschiedenen Verfahrensarten unterschieden; das Beschwerdeverfahren gegen Entscheide aus dem beschleunigten Verfahren unterscheidet sich etwa von jenem gegen Entscheide, die im erweiterten Verfahren getroffen wurden. Aus diesem Grund wird das Beschwerdeverfahren im Rahmen der verschiedenen Verfahrensarten behandelt.

5.3. Ausserordentliche Rechtsmittel

Mit dem unbenutzten Verstreichen der Beschwerdefrist oder der Abweisung einer Beschwerde durch das Bundesverwaltungsgericht erwachsen asylrechtliche Verfügungen des SEM in Rechtskraft und es stehen keine ordentlichen Rechtsmittel mehr zur Verfügung. In Ausnahmefällen ist indes die Einreichung von ausserordentlichen Rechtsmitteln möglich. 1435

a) Revision

Die Revision richtet sich gegen formell rechtskräftige Verfügungen oder Beschwerdeentscheide und bezweckt, die formelle Rechtskraft zu beseitigen, damit über die Sache neu entschieden werden kann. Nach Art. 45 VGG gelten für die Revision die Bestimmungen des BGG (Art. 121 bis 128 BGG) sinngemäss auch für Revisionen gegen Urteile des Bundesverwaltungsgerichtes. Eine Revision kann in drei Situationen verlangt werden: 1436

- bei einer **Verletzung von Verfahrensvorschriften** (Art. 121 BGG),
- bei einer vom EGMR festgestellten **Verletzung der EMRK** (Art. 122 BGG) sowie
- bei **bisher unentdeckten Tatsachen oder Beweismitteln** (Art. 123 Abs. 2 lit. a BGG), die vor dem rechtskräftigen Entscheid entstanden sind (BVGE 2013/37), aber erst nachträglich entdeckt wurden (sogenannte unechte Noven).

Im asylrechtlichen Kontext kommt dem Revisionsgrund der unentdeckten Tatsachen oder Beweismittel die grösste Bedeutung zu. Revisionsgesuche wegen neu entdeckter Tatsachen müssen dem Bundesverwaltungsgericht nach Art. 124 Abs. 1 lit. d BGG binnen 90 Tagen seit der Entdeckung eingereicht werden. Die Revision hat keine aufschiebende Wirkung. Allerdings kann das Bundesverwaltungsgericht den Vollzug des angefochtenen Entscheides von Amtes wegen oder auf Antrag aufschieben (Art. 126 BG). 1437

Für Gesuche um Revision von Verfügungen des SEM gelten die Regelungen der Wiedererwägung. 1438

b) Wiedererwägung

Mit einem Wiedererwägungsgesuch wird eine Behörde ersucht, auf eine formell rechtskräftige Verfügung zurückzukommen, weil sich die Sach- oder Rechtslage nachträglich geändert hat. Die Wiedererwägung ist nicht gesetzlich 1439 geregelt, das AsylG enthält jedoch einzelne Regelungen zu Wiedererwägungsgesuchen. Nach diesen sind Wiedererwägungsgesuche dem SEM innert 30 Tagen nach Entdeckung des Wiedererwägungsgrundes schriftlich und begründet einzureichen (Art. 111*b* Abs. 1 AsylG). Im Wiedererwägungsverfahren können beim SEM zudem auch Revisionsgründe geltend gemacht werden (SFH, Handbuch, S. 359 f.).

1440 Wiedererwägungsgesuche sind teilweise nur schwer von Mehrfachgesuchen abzugrenzen. Hierzu hat das Bundesverwaltungsgericht ausgeführt:

> «4.5 Die Einordnung, ob ein Folgegesuch im Asylverfahren als Wiedererwägungsgesuch oder als zweites Asylgesuch zu behandeln ist, richtete sich bisher danach, welchen Teil der ursprünglichen Verfügung die begehrte Neubeurteilung betraf. Die Wiedererwägung – in Abgrenzung zum Revisionsgesuch – betrifft Vorbringen, die nach einem ursprünglich fehlerfreien Entscheid des ordentlichen Verfahrens eine Anpassung an nachträglich entstandene Sachverhalte erlaubt, während die Revision die Korrektur eines bereits ursprünglich fehlerhaften Entscheids aufgrund neuer erheblicher Tatsachen oder Beweise ermöglicht (...).
>
> Was die Abgrenzung zwischen Wiedererwägungsgesuch und Folgeasylgesuch betrifft, beschlägt nach gefestigter Praxis die klassische Konstellation der Wiedererwägung die nachträgliche Anpassung einer ursprünglich fehlerfreien Asyl- und Wegweisungsverfügung an nachträglich eingetretene Wegweisungshindernisse. Werden dagegen nachträgliche erhebliche Gründe in Bezug auf die Feststellung der Flüchtlingseigenschaft vorgetragen, stellt dies ein Asylfolgegesuch dar, wobei nach altem Recht eine solche Wiedererwägung ihre spezielle gesetzliche Grundlage in den Regeln betreffend Entgegennahme eines zweiten Asylgesuchs im Sinne von aArt. 32 Abs. 2 Bst. e AsylG fand (...).
>
> Mit Inkrafttreten der neuen Bestimmungen der Art. 111*b* und 111*c* AsylG sind Folgeasylgesuche und Wiedererwägung nicht nur spezialgesetzlich geregelt, sondern auch gesetzestechnisch in den gebührenden systematischen Zusammenhang gesetzt worden. Dies ist insofern konsequent, als das Folgeasylgesuch eine spezielle Variante des klassischen Wiedererwägungsgesuchs darstellt. Das revidierte AsylG grenzt die beiden Formen von Folgegesuchen nicht ab. Auch die in den Bestimmungen genannten Fristen beziehungsweise Zeitspannen sind für die Klärung dieser Frage nicht von Bedeutung, denn sie setzen bereits voraus, dass der Entscheid, ob ein Gesuch nach Art. 111*b* oder 111*c* AsylG zu behandeln ist, zuvor schon nach anderen (materiellen) Kriterien getroffen wurde. Sie müssen daher vielmehr als Beschränkungen formeller Natur verstanden werden, in denen sich der Wille des Gesetzgebers manifestiert, missbräuchlichen Verfahrensverzögerungen einen Riegel zu schieben (...). So wird in Art. 111*c* Abs. 1 AsylG festgelegt, wie lange nach rechtskräftigem Abschluss des früheren Asylverfahrens – nämlich fünf Jahre – ein Gesuch als Zweitgesuch gilt und damit die neu erhöhten Anforderungen der schriftlichen und begründeten Eingabe erfüllen muss. Im Wiedererwägungsverfahren gilt zusätzlich eine zeitliche Einschränkung für die Gesuchstellung, da das Gesuch spätestens 30 Tage nach Entdeckung des Wiedererwägungsgrundes eingereicht werden muss (Art. 111*b* Abs. 1 AsylG). Die Abgrenzung selbst, ob es sich

um ein Wiedererwägungs- oder ein zweites Asylgesuch handelt, orientiert sich auch weiterhin am Prozessgegenstand.

4.6 Für das Gericht besteht daher keine Veranlassung, seine bisherige Rechtsprechung zur Abgrenzung zwischen zweitem Asylgesuch und Wiedererwägungsgesuch zu revidieren.» (BVGE 2014/39)

Zur Abgrenzung von Wiedererwägungsgesuchen und Mehrfachgesuchen im Dublin-Kontext siehe BVGE 2017 VI/5. 1441

Unbegründete und wiederholt gleich begründete Wiederwägungsgesuche werden nach Art. 111*b* Abs. 4 AsylG formlos abgeschrieben. 1442

6. Rechtsstellung von Personen im Asylbereich

Personen, die in der Schweiz ein Asylverfahren durchlaufen oder durchlaufen haben, verfügen je nach Stadium und Ausgang ihres Asylverfahrens über einen unterschiedlichen asyl- oder ausländerrechtlichen Status. Diese Status verleihen den betroffenen Personen eine je unterschiedliche Rechtsstellung in Bezug auf das Anwesenheitsrecht in der Schweiz, die Möglichkeit für Auslandreisen, die Erwerbstätigkeit und Integration, die Fürsorgeleistungen sowie den Familiennachzug. 1443

6.1. Die Rechtsstellung von Asylsuchenden während des Verfahrens

a) Anwesenheitsberechtigung

Nach Art. 42 AsylG darf sich jede Person, die in der Schweiz ein Asylgesuch gestellt hat, bis zum rechtskräftigen Abschluss des Verfahrens in der Schweiz aufhalten. Das Verfahren ist rechtskräftig abgeschlossen, wenn die Verfügung des SEM in Rechtskraft erwächst, weil die Beschwerdefrist unbenutzt abgelaufen ist oder weil die dagegen gerichtete Beschwerde zurückgezogen oder durch das Bundesverwaltungsgericht abgewiesen wurde. Mithin haben Asylsuchende auch während eines Beschwerdeverfahrens ein Recht auf Anwesenheit in der Schweiz. Dies ergibt sich auch daraus, dass Beschwerden nach Art. 55 Abs. 1 VwVG grundsätzlich aufschiebende Wirkung haben. Von diesem Grundsatz gibt es allerdings Ausnahmen. So kommt Beschwerden gegen Nichteintretensentscheide nach Art. 31*a* Abs. 1 lit. b AsylG (Dublin-Verfahren) keine aufschiebende Wirkung zu. Diese kann vom Bundesverwaltungsgericht auf Gesuch hin jedoch gewährt werden (Art. 107*a* AsylG, vorne Rz. 1184). Auch während ausserordentlichen Verfahren (Wiedererwägungs- und Revisionsges- 1444 uchen) besteht grundsätzlich kein Aufenthaltsrecht. Die zuständigen Behörden können jedoch für die Dauer des Verfahrens den Vollzug der Wegweisung aussetzen (Art. 111*b* Abs. 3 AsylG, Art. 56 VwVG und Art. 126 BGG).

1445 Nach der Registrierung des Asylgesuchs erhalten asylsuchende Personen eine Bestätigung, dass sie sich in einem hängigen Asylverfahren befinden (Art. 71*a* Abs. 3 VZAE). Werden sie einem Kanton zugewiesen (vorne Rz. 1166), stellt ihnen die zuständige kantonale Behörde gestützt auf Art. 30 AsylV1 i.V.m. Art. 71*a* Abs. 1 lit. b VZAE sowie Art. 42 AsylG einen auf höchstens sechs Monate befristeten, jedoch verlängerbaren **Ausweis N** aus. Dieser bescheinigt ausschliesslich die Einreichung des Asylgesuches und gilt gegenüber allen eidgenössischen und kantonalen Behörden als Ausweispapier. Der Ausweis N berechtigt jedoch nicht zum Grenzübertritt.

1446 Asylsuchende halten sich im Kanton auf, dem sie zugewiesen wurden. Ein Kantonswechsel kann nach Art. 22 Abs. 2 AsylV1 nur bei Anspruch auf Einheit der Familie, bei einer schwerwiegenden Gefährdung der asylsuchenden Person oder bei Zustimmung beider Kantone bewilligt werden.

b) Auslandreisen

1447 Asylsuchende sind verpflichtet, dem SEM alle Dokumente abzugeben, die Auskunft über ihre Identität, ihre Herkunft und ihren Reiseweg geben (Art. 8 Abs. 1 lit. b AsylG, Rz. 1106).

1448 Asylsuchenden ist es grundsätzlich verboten, ins Ausland zu reisen. Dieses Verbot gilt sowohl für Reisen in ihre Heimat- oder Herkunftsstaaten (Art. 59*d* Abs. 1 AIG) als auch für Reisen in andere Länder (Art. 59*e* Abs. 1 AIG). Ausnahmsweise kann ihnen eine Reise in einen Drittstaat bewilligt werden, wenn diese für die Durchführung ihres Asyl- und Wegweisungsverfahren notwendig ist (Art. 59*e* Abs. 2 AIG). In diesem Fall wird schriftenlosen Asylsuchenden ein Reisedokument ausgestellt (Pass für ausländische Personen, Art. 59 Abs. 4 lit. b AIG). Ein Reisedokument erhalten sie nach Art. 59 Abs. 4 lit. c AIG zudem auch zur Vorbereitung der Ausreise aus der Schweiz oder der definitiven Ausreise in den Heimat- oder Herkunfts- beziehungsweise einen Drittstaat.

1449 Asylsuchenden, die während dem Asylverfahren unerlaubt ins Ausland reisen, begehen eine Mitwirkungspflichtsverletzung, die zur formlosen Abschreibung des Asylgesuches oder zum Verzicht auf eine Anhörung führen kann (Art. 8 Abs. 3bis beziehungsweise Art. 36 Abs. 2 AsylG *e contrario*, vorne Rz. 1107). Zudem kann das SEM ihnen während drei Jahren ab Wiedereinreise in die Schweiz die Ausstellung eines Reisedokumentes oder die Erteilung eines Rückreisevisums verweigern (Art. 122*d* AIG). Eine Reise in den Heimat- oder Herkunftsstaat stellt zudem einen Asylausschlussgrund dar (Art. 53 lit. d

AsylG, vorne Rz. 1379). Die Betroffenen erhalten auch dann kein Asyl in der Schweiz, wenn sie die Flüchtlingseigenschaft erfüllen, sondern werden als Flüchtlinge vorläufig in der Schweiz aufgenommen. Zudem kann ihnen während zehn Jahren keine Aufenthaltsbewilligung wegen eines schwerwiegenden persönlichen Härtefalles erteilt werden (Art. 84*a* Abs. 3 AIG). Schliesslich machen sie sich durch die Auslandreise strafbar und werden gestützt auf Art. 120 Abs. 1 lit. h AIG mit Busse bestraft.

Das Verbot von Auslandreisen und die damit zusammenhängenden Konsequenzen – mit Ausnahme der formlosen Abschreibung und des Verzichtes auf eine Anhörung aufgrund der Mitwirkungspflichtsverletzung – wurden mit Entscheid der Bundesversammlung vom 17. Dezember 2021 beschlossen (BBl 2021 2999). Das Datum der Inkraftsetzung war bis zur Fertigstellung des vorliegenden Manuskriptes allerdings noch nicht festgelegt. 1450

Unabdingbare Voraussetzung für die Ausstellung eines Reisedokumentes an asylsuchende Personen ist die Schriftenlosigkeit. Nach Art. 10 Abs. 1 RDV gelten als schriftenlos jene Ausländerinnen und Ausländer, die entweder keine gültigen Reisedokumente ihres Heimat- oder Herkunftsstaates besitzen und von ihnen nicht verlangt werden kann, dass sie sich bei den zuständigen Behörden des Heimat- oder Herkunftsstaates um die Ausstellung oder Verlängerung eines Reisedokumentes bemühen (lit. a) oder für die die Beschaffung von Reisedokumenten unmöglich ist (lit. b). In ständiger Praxis geht das Bundesverwaltungsgericht davon aus, dass Asylsuchenden nicht zugemutet werden kann, sich bei den zuständigen heimatlichen Behörden um die Ausstellung oder Verlängerung von Reisedokumenten zu bemühen (BVGer, C-5380/2012, 5. Januar 2010, E. 5.3). 1451

c) Erwerbstätigkeit und Integration

Im Zusammenhang mit der Zulassung zu einer Erwerbstätigkeit von Asylsuchenden ist entscheidend, in welchem Verfahren über ihr Asylgesuch entschieden wird. Asylsuchende, die sich in einem Bundesasylzentrum aufhalten – somit grundsätzlich während des gesamten beschleunigten Verfahrens sowie des Dublin-Verfahrens – unterstehen einem Arbeitsverbot; ihnen ist die Ausübung einer Erwerbstätigkeit untersagt (Art. 43 Abs. 1 AsylG). Davon ausgenommen sind Asylsuchende, die nach dem AIG zur Ausübung einer Erwerbstätigkeit berechtigt sind oder die an Beschäftigungsprogrammen teilnehmen (Art. 43 Abs. 4 AsylG). Asylsuchenden im erweiterten Verfahren kann hingegen unter den Voraussetzungen von Art. 30 Abs. 1 lit. l AIG i.V.m. Art. 52 VZAE eine Erwerbstätigkeit bewilligt werden (Art. 43 Abs. 1bis AsylG). 1452

Wird das Asylgesuch rechtskräftig abgelehnt und die betroffene Person unter Ansetzung einer Ausreisefrist aus der Schweiz weggewiesen, erlischt die Bewilligung zur Erwerbstätigkeit mit Ablauf dieser Ausreisefrist. Dies gilt auch dann, wenn der Vollzug im Rahmen eines ausserordentlichen Rechtsmittelverfahrens ausgesetzt wurde oder die betroffene Person ein Mehrfachgesuch eingereicht hat (Art. 43 Abs. 2 AsylG). 1453

1454 Der Bundesrat kann für bestimmte Gruppen von Asylsuchenden ein befristetes Arbeitsverbot erlassen (Art. 43 Abs. 3bis AsylG).

1455 Asylsuchende haben grundsätzlich keinen Anspruch auf Integrationsförderung (Art. 53*a* AIG und Art. 6 VIntA). Den Kantonen steht es jedoch frei, die Integrationspauschalen, die sie vom Bund für alle ihnen zugewiesenen Flüchtlinge und vorläufig aufgenommenen Ausländerinnen und Ausländer erhalten, auch zur Förderung der Integration von Asylsuchenden einzusetzen (Art. 15 Abs. 5 VIntA).

d) Fürsorgeleistungen

1456 Asylsuchende, die ihren Unterhalt nicht aus eigenen Mitteln bestreiten können, erhalten Sozialhilfeleistungen, sofern nicht Drittpersonen gestützt auf gesetzliche oder vertragliche Verpflichtungen für sie aufzukommen haben (Art. 81 Abs. 1 AsylG). Solange sich die Personen in einem Bundesasylzentrum aufhalten, gewährleistet der Bund die Sozialhilfeleistungen (Art. 80 Abs. 1 AsylG). Bei Asylsuchenden, die einem Kanton zugewiesen wurden, gewährleisten die Zuweisungskantone beziehungsweise – sollte noch keine Kantonszuweisung vorgenommen worden sein – die für den Wegweisungsvollzug zuständigen Kantone die Sozialhilfe (Art. 80*a* AsylG). Die Unterstützung ist nach Art. 82 Abs. 3 AsylG nach Möglichkeit in Form von Sachleistungen auszurichten, wobei für Asylsuchende ohne Aufenthaltsbewilligung «der Ansatz für die Unterstützung unter dem Ansatz für die einheimische Bevölkerung» liegt. Zudem sieht Art. 83 AsylG eine Reihe von Gründen vor, die zu einer Einschränkung der Sozialhilfeleistungen führen können.

1457 Mit der rechtskräftigen Abweisung eines Asylgesuchs, im Rahmen dessen die Wegweisung verfügt und eine Ausreisefrist angesetzt wurde, erfolgt der Ausschluss von der Sozialhilfe (Art. 82 Abs. 1 AsylG). Die Betroffenen haben nur noch Anspruch auf Nothilfe. Dies gilt auch während der Dauer eins ausserordentlichen Rechtsmittelverfahrens oder der Behandlung eines Mehrfachgesuches und zwar unabhängig davon, ob der Vollzug der Wegweisung ausgesetzt wurde oder nicht (Art. 82 Abs. 2 AsylG). In Bezug auf die Zuständigkeit gelten dieselben Regelungen wie im Rahmen der Sozialhilfe. Zudem soll auch die Nothilfe soweit möglich in Form von Sachleistungen ausgerichtet werden, wobei sie unter dem Sozialhilfeansatz von Asylsuchenden und Schutzbedürftigen ohne Aufenthaltsbewilligung liegen muss (Art. 82 Abs. 4 AsylG).

e) Familiennachzug

Asylsuchende haben grundsätzlich kein Recht und keine Möglichkeit auf Familiennachzug. Eine Zusammenführung mit Familienmitgliedern, die sich in einem anderen Dublin-Staat aufhalten, kann sich jedoch gestützt auf Zuständigkeitskriterien der Dublin-III-VO ergeben (vorne Rz. 1128 ff.). Ausserhalb des Dublin-Verfahrens besteht für Familienmitglieder von Asylsuchenden nur noch die Möglichkeit, entweder selbständig in die Schweiz nachzureisen oder ein Gesuch für ein humanitäres Visum zu beantragen (vorne Rz. 1072 ff.). 1458

6.2. Die Rechtsstellung von Flüchtlingen mit Asyl

Flüchtlinge, die Asyl erhalten haben, haben eine privilegierte Rechtsstellung. 1459
Sie kommen zunächst in den Genuss der in der Flüchtlingskonvention garantierten Rechte und haben zusätzlich weitere Rechte aufgrund des AsylG (Art. 58 bis 62 AsylG).

a) Anwesenheitsberechtigung

Flüchtlinge mit Asyl unterliegen dem Schutz des Refoulementverbotes nach 1460
Art. 33 FK. Sie haben ein Recht auf Anwesenheit in der Schweiz (Art. 2 Abs. 2 AsylG) und einen Rechtsanspruch auf Erteilung einer **Aufenthaltsbewilligung (Ausweis B)** im Kanton, in dem sie sich rechtmässig aufhalten (Art. 60 Abs. 1 AsylG). Die Erteilung der **Niederlassungsbewilligung (Ausweis C)** richtet sich nach Art. 34 AIG (Art. 60 Abs. 2 AsylG). Es handelt sich hierbei um ausländerrechtliche Verfahren, weshalb die Gewährung der Aufenthalts- beziehungsweise Niederlassungsbewilligung nicht dem SEM, sondern der zuständigen Kantonalen Behörde obliegt.

Die Regelung, wonach Flüchtlinge mit Asyl, die gleichzeitig als Staatenlose im Sinne des Staa- 1461
tenlosen-Übereinkommens anerkannt sind, nach fünf Jahren rechtmässigen Aufenthaltes in der Schweiz Anspruch auf die Erteilung einer Niederlassungsbewilligung hatten (Art. 31 Abs. 3 AIG), wurde auf den 1. Januar 2018 aufgehoben.

Flüchtlingen mit Asyl haben gestützt auf Art. 26 FK unter den gleichen Vo- 1462
raussetzungen Anspruch auf Freizügigkeit wie Personen mit Niederlassungsbewilligung (BVGE 2012/2, E.5). Damit ist ihnen ein Kantonswechsel zu bewilligen, sofern keine Widerrufsgründe im Sinne von Art. 63 AIG vorliegen (Art. 37 Abs. 3 AIG, siehe vorne Rz. 707 ff.).

b) Auslandreisen

1463 Flüchtlinge haben gestützt auf Art. 27 und 28 FK einen Rechtsanspruch auf die Ausstellung von Identitätsausweisen und Reisepapieren, die zu Auslandreisen berechtigen. Die Schweiz kommt diesem Anspruch in Art. 3 RDV i.V.m. Art. 59 Abs. 2 lit. a AIG nach. Danach haben Flüchtlinge einen Anspruch auf einen Reiseausweis für Flüchtlinge (Art. 3 Abs. 1 lit. a RDV i.V.m. Art. 59 Abs. 2 lit. a AIG), der fünf Jahre gültig ist (Art. 13 Abs. 1 lit. a RDV) und während dieser Zeit zur Rückkehr in die Schweiz berechtigt (Art. 12 Abs. 2 RDV). Allerdings gilt für Flüchtlinge ein Verbot für Reisen in ihren Heimat- oder Herkunftsstaat (Art. 59*c* Abs. 1 AIG und Art. 12 Abs. 3 RDV). Besteht der begründete Verdacht, dass dieses Reiseverbot missachtet wird, kann das SEM das Verbot auf weitere Staaten – insbesondere die Nachbarstaaten des Heimat- oder Herkunftsstaates – ausweiten (Art. 59*c* Abs. 1 AIG). In diesen Fällen kann eine Reise in den betroffenen Drittstaat trotz Reiseverbot bewilligt werden, wenn wichtige Gründe hierfür vorliegen (Art. 59*c* Abs. 2 AIG). Als wichtige Gründe gelten nach Art. 9*a* Abs. 1 RDV etwa die schwere Erkrankung oder der Tod eines Familienmitgliedes, wobei die Reise auf den notwendigen Zeitraum zu beschränken ist und höchstens 30 Tage betragen darf (Art. 9*a* Abs. 4 RDV). Missachten Flüchtlinge ein bestehendes Reiseverbot, wird ihr Asyl gestützt auf Art. 63 Abs. 2 lit. b AsylG widerrufen (vorne Rz. 1386 ff.) und sie werden mit Busse bestraft (Art. 120 Abs. 1 lit. h AIG). Handelte es sich um eine Reise in den Heimat- oder Herkunftsstaat, aberkennt das SEM zudem die Flüchtlingseigenschaft, sofern die betroffene Person nicht glaubhaft machen kann, dass die Reise aufgrund eines Zwangs erfolgt ist (Art. 63 Abs. 1bis AsylG, vorne Rz. 1391).

c) Erwerbstätigkeit und Integration

1464 Flüchtlinge, die in der Schweiz Asyl erhalten haben, können nach Art. 61 Abs. 1 AsylG i.V.m. Art. 17 ff. FK in der gesamten Schweiz eine Erwerbstätigkeit ausüben, sofern die orts-, berufs- und branchenüblichen Lohn- und Arbeitsbedingungen eingehalten werden. Es gilt ein Meldeverfahren, das sich nach Art. 85*a* Abs. 2 bis 6 AIG richtet (Art. 61 Abs. 2 AsylG). Demnach haben bei unselbständiger Erwerbstätigkeit die Arbeitgeberinnen und Arbeitgeber die Aufnahme, die Beendigung sowie einen Stellenwechsel vorgängig der zuständigen kantonalen Stelle zu melden und dabei die Identität und den Lohn der erwerbstätigen Person, die ausgeübte Tätigkeit sowie den Arbeitsort mitzuteilen (Art. 85*a* Abs. 2 AIG). Zudem müssen sie erklären, dass sie die orts-, berufs- und branchenüblichen Lohn- und Arbeitsbedingungen kennen und sich verpflichten, diese einzuhalten (Art. 85*a* Abs. 3 AIG i.V.m. Art. 65 Abs. 2

VZAE). Bei selbständiger Erwerbstätigkeit erfolgt die Meldung durch die betreffende Person selber (Art. 65 Abs. 3 VZAE). Die Verletzung der Meldepflicht ist strafbar und wird gestützt auf Art. 120 Abs. 1 lit. h AIG mit Busse bestraft, sofern sie vorsätzlich oder fahrlässig begangen wurde.

Flüchtlinge, die über eine Niederlassungsbewilligung verfügen, sind vom Mel- 1465
deverfahren ausgenommen (Art. 61 Abs. 3 AsylG).

In Bezug auf die Integration von Flüchtlingen gilt Art. 82 Abs. 5 AsylG, der 1466
die Erleichterung der beruflichen, sozialen und kulturellen Integration fordert. Der Bund fördert die Integration der Flüchtlinge mit Integrationspauschalen und der Finanzierung von kantonalen Integrationsprogrammen (Art. 58 Abs. 2 AIG i.V.m. Art. 15 f. VIntA).

d) Fürsorgeleistungen

Flüchtlingen, die ihren Unterhalt nicht aus eigenen Mitteln bestreiten können 1467
(Art. 81 AsylG), gewährt der Aufenthaltskanton Sozialhilfe (Art. 80*a* AsylG). Dabei gilt für Flüchtlinge gestützt auf Art. 23 FK der Grundsatz der Inländergleichbehandlung. Flüchtlinge erhalten demnach gleich viel Sozialhilfe wie die vor Ort ansässige Schweizer Bevölkerung (Art. 3 Abs. 1 AsylV2).

e) Familiennachzug

Gestützt auf Art. 51 Abs. 1 und Abs. 4 AsylG besteht ein Rechtsanspruch auf 1468
Bewilligung des Familiennachzuges für Ehegattinnen und Ehegatten, eingetragene Partnerinnen oder Partner (Art. 79*a* AsylG) sowie minderjährige Kinder, wenn keine besonderen Gründe dagegensprechen (zum Familienasyl siehe vorne Rz. 1398 ff.). Ist die Erteilung einer Einreisebewilligung nach Art. 51 Abs. 4 AsylG nicht möglich (weil die Ehe oder Partnerschaft zum Beispiel erst nach der Flucht geschlossen wurde), ist ein Familiennachzug unter den Voraussetzungen von Art. 43 AIG und Art. 8 EMRK möglich (vgl. BGE 139 I 330, siehe vorne Rz. 605 ff.).

6.3. Die Rechtsstellung von Personen, die als Flüchtlinge vorläufig aufgenommen wurden

Personen, deren Flüchtlingseigenschaft anerkannt wurde, die aber wegen eines 1469
Asylausschlussgrundes kein Asyl erhalten haben, werden als Flüchtlinge vorläufig aufgenommen, weil der Vollzug der Wegweisung in solchen Fällen nicht

zulässig ist. Diese Personen erhalten einerseits ebenso wie Flüchtlinge mit Asyl die in der Flüchtlingskonvention vorgesehenen Rechte. Andererseits erhalten sie gewisse weitere Rechte aus dem AsylG, allerdings nicht im gleichen Umfang wie Flüchtlinge mit Asyl.

a) Anwesenheitsberechtigung

1470 Das Anwesenheitsrecht von als Flüchtlingen vorläufig aufgenommenen Personen richtet sich nach der Flüchtlingskonvention, womit sie durch das Refoulementverbot von Art. 33 FK geschützt sind. Im innerstaatlichen Recht unterliegen sie aufgrund der Verweigerung des Asyls und der Anordnung der vorläufigen Aufnahme nicht mehr dem Asylrecht, sondern dem Ausländerrecht. Nach Art. 83 Abs. 8 AIG werden Flüchtlinge, bei denen ein Asylausschlussgrund vorliegt, vorläufig aufgenommen (was sich bereits aus Art. 83 Abs. 1 und 3 AIG ergibt). Sie erhalten einen auf zwölf Monate befristeten **Ausweis F** (Art. 85 Abs. 1 AIG), der unter Vorbehalt von Art. 84 AIG verlängert wird und der ihre Rechtsstellung festhält (Art. 41 Abs. 2 AIG). Der Ausweis F gilt gegenüber allen eidgenössischen und kantonalen Behörden als Ausweispapier, berechtigt jedoch nicht zum Grenzübertritt.

1471 Vorläufig aufgenommene Flüchtlinge haben keinen Rechtsanspruch auf Erteilung einer Aufenthalts- oder Niederlassungsbewilligung. Nach mehr als fünf Jahren Aufenthalt in der Schweiz haben sie aber einen Anspruch darauf, dass ihr Gesuch um Erteilung einer Aufenthaltsbewilligung vertieft geprüft wird (Art. 84*a* Abs. 1 AIG, zum asylrechtlichen Härtefall vorne Rz. 554). Eine zehnjährige Sperrfrist für die Erteilung der Aufenthaltsbewilligung gilt allerdings für Flüchtlinge, deren Asylgesuch aufgrund einer unerlaubten Reise in den Heimat- oder Herkunftsstaat abgelehnt und in der Folge lediglich die vorläufige Aufnahme ausgesprochen wurde. Vorbehalten ist ausdrücklich die Ausstellung der Aufenthaltsbewilligung gestützt auf einen Rechtsanspruch (Art. 84*a* Abs. 3 AIG).

1472 Eine bessere Stellung in Bezug auf die Anwesenheitsberechtigung in der Schweiz haben Flüchtlinge mit vorläufiger Aufnahme, die gleichzeitig als Staatenlose im Sinne des Staatenlosen-Übereinkommens anerkannt sind. Nach Art. 31 Abs. 1 AIG haben sie einen Anspruch auf Erteilung einer Aufenthaltsbewilligung, sofern sie nicht einen Tatbestand nach Art. 83 Abs. 7 AIG erfüllen (Art. 31 Abs. 2 AIG).

1473 Der Kantonswechsel von vorläufig aufgenommenen Flüchtlingen richtet sich nach Art. 37 Abs. 2 AIG (Art. 85*b* Abs. 5 AIG). Demnach haben sie Anspruch auf einen Kantonswechsel, wenn sie nicht arbeitslos sind und keine Widerrufsgründe nach Art. 62 AIG vorliegen. Entsprechend ist auch die Einschränkung der Rügegründe nach Art. 85 Abs. 4 AIG nicht anwendbar (BVGE 2012/2).

Vorläufig aufgenommene Flüchtlinge sind in Bezug auf den Kantonswechsel schlechter gestellt als Flüchtlinge mit Asyl. Diese Schlechterstellung wurde von der Bundesversammlung mit Entscheid vom 17. Dezember 2021 beschlossen (BBl 2021 2999). Das Datum der Inkraftsetzung von Art. 85*b* AIG war bis zur Fertigstellung des vorliegenden Manuskriptes allerdings noch nicht festgelegt. Mit dieser Verschärfung weicht der Gesetzgeber von der bisherigen Rechtsprechung des Bundesverwaltungsgerichtes ab, dass Flüchtlinge - unabhängig davon, ob mit Asyl oder vorläufiger Aufnahme – in Bezug auf den Kantonswechsel den Personen mit Niederlassungsbewilligung gleichgestellt hat (BVGE 2012/2, E.5). Dies hat das Bundesverwaltungsgericht im Rahmen der Vernehmlassung denn auch vorgebracht (BBl 2020 7457, S.4070). Zur Begründung der Verschärfung des Kantonswechsels von vorläufig aufgenommenen Flüchtlingen und der damit einhergehenden Schlechterstellung gegenüber Flüchtlingen mit Asylgewährung brachte der Bundesrat vor, dass Art.26 FK nicht die Gleichstellung mit Niedergelassenen, sondern mit Ausländerinnen und Ausländern im Allgemeinen fordere. «Die Praxis des BVGer, wonach anerkannte Flüchtlinge (auch vorläufig aufgenommene Flüchtlinge) den Personen mit Niederlassungsbewilligung gleichzustellen sind, überzeugt nicht. Eine vorläufige Aufnahme kann bezüglich der Aufenthaltsdauer und der damit verbundenen Rechte nicht mit der Niederlassungsbewilligung verglichen werden. Eine Gleichstellung mit Personen mit Aufenthaltsbewilligung gemäss Vernehmlassungsentwurf ist eine korrekte Auslegung.» (BBl 2020 7457, S.4070) 1474

b) Auslandreisen

In Bezug auf Auslandreisen werden vorläufig aufgenommene Flüchtlinge den Flüchtlingen mit Asylgewährung gleichgestellt (vorne Rz. 1463). Der einzige Unterschied besteht darin, dass vorläufig aufgenommenen Flüchtlingen im Falle eines Verstosses gegen ein bestehendes Reiseverbot das Asyl nicht widerrufen werden kann (Art. 63 Abs. 2 lit. b AsylG). Ein solches wurde ihnen aufgrund des Vorliegens eines Asylausschlussgrundes ja gar nicht gewährt. 1475

c) Erwerbstätigkeit und Integration

Für Flüchtlinge, die in der Schweiz vorläufig aufgenommen wurden, gelten in Bezug auf die Erwerbstätigkeit und die Integration dieselben Regelungen wie für Flüchtlinge mit Asyl (Art. 85*a* Abs. 1 AIG, siehe vorne Rz 1464 ff.). 1476

d) Fürsorgeleistungen

Vorläufig aufgenommene Flüchtlinge sind in Bezug auf die Fürsorgeleistungen den Flüchtlingen mit Asylgewährung gleichgestellt (Art. 86 Abs. 1 Satz 4 AIG, vorne Rz. 1467). 1477

e) Familiennachzug

1478 Vorläufig aufgenommene Flüchtlinge können Familienangehörige, die sich bereits in der Schweiz befinden, gestützt auf Art. 51 Abs. 1 AsylG in ihre Flüchtlingseigenschaft einbeziehen (vorne Rz. 1468). Demgegenüber haben sie – im Gegensatz zu Flüchtlingen mit Asyl – keinen Anspruch auf Nachzug aus dem Ausland. Ein Familiennachzug ist nur unter den Voraussetzungen von Art. 85*c* Abs. 1 AIG möglich (hierzu vorne Rz. 670 ff.).

1479 Dabei betont Art. 74 Abs. 5 VZAE, dass beim Entscheid über das Familiennachzugsgesuch der besonderen Situation vorläufig aufgenommener Flüchtlinge Rechnung zu tragen ist (siehe zur Frage, ob diese eingeschränkte Möglichkeit des Familiennachzuges mit Art. 8 EMRK vereinbar ist, vorne Rz. 107 ff.).

6.4. Die Rechtsstellung von vorläufig aufgenommenen Ausländerinnen und Ausländern

1480 Die vorläufige Aufnahme ist Ersatzmassnahme für den nicht möglichen, nicht zulässigen oder nicht zumutbaren Vollzug der Wegweisung von Ausländerinnen und Ausländern. Da diese Personen die Flüchtlingseigenschaft nicht besitzen, kommen ihnen die Rechte aus der Flüchtlingskonvention nicht zu. Dies geht mit einer vergleichsweise schwächeren Rechtsstellung einher. Die vorläufige Aufnahme kann aufgehoben werden, sobald die bestehenden Wegweisungsvollzugshindernisse wegfallen und die Wegweisung zulässig, zumutbar und möglich wird oder ein Ausschlussgrund von Art. 83 Abs. 7 AIG erfüllt ist (hierzu vorne Rz. 878).

a) Anwesenheitsberechtigung

1481 Ist ein Vollzug der Wegweisung von Personen, auf deren Asylgesuch nicht eingetreten oder das abgelehnt wurde, nicht möglich, nicht zulässig oder nicht zumutbar, bestimmt Art. 44 AsylG, dass das SEM ihren Aufenthalt nach den Bestimmungen des AIG über die vorläufige Aufnahme regelt. Die entsprechenden Regelungen finden sich in Art. 83 bis 88 AIG. Vorläufig aufgenommene Ausländerinnen und Ausländer erhalten einen für zwölf Monate gültigen Ausweis (**Ausweis F**), der unter Vorbehalt von Art. 84 AIG verlängert wird und der ihre Rechtsstellung festhält (Art. 41 Abs. 2 AIG). Der Ausweis F gilt gegenüber allen eidgenössischen und kantonalen Behörden als Ausweispapier, berechtigt jedoch nicht zum Grenzübertritt.

Vorläufig aufgenommene Ausländerinnen und Ausländer haben keinen Rechtsanspruch auf Erteilung einer Aufenthalts- oder Niederlassungsbewilligung. Nach mehr als fünf Jahren Aufenthalt in der Schweiz haben sie aber einen Anspruch darauf, dass ihr Gesuch um Erteilung einer Aufenthaltsbewilligung vertieft geprüft wird (Art. 84*a* Abs. 1 AIG, zum asylrechtlichen Härtefall siehe vorne Rz. 554). Eine zehnjährige Sperrfrist für die Erteilung einer Aufenthaltsbewilligung gilt allerdings für Personen, der die vorläufige Aufnahme erneut gewährt worden ist, nachdem ihre vormalige vorläufige Aufnahme aufgrund einer unerlaubten Reise in den Heimat- oder Herkunftsstaat erloschen ist. Vorbehalten bleibt die Erteilung einer Aufenthaltsbewilligung gestützt auf einen Rechtsanspruch (Art. 84*a* Abs. 2 AIG). 1482

Eine bessere Stellung in Bezug auf die Anwesenheitsberechtigung in der Schweiz haben vorläufig aufgenommene Ausländerinnen und Ausländer, die gleichzeitig als Staatenlose im Sinne des Staatenlosen-Übereinkommens anerkannt sind. Nach Art. 31 Abs. 1 AIG haben sie einen Anspruch auf Erteilung einer Aufenthaltsbewilligung, sofern sie nicht einen Tatbestand nach Art. 83 Abs. 7 AIG erfüllen (Art. 31 Abs. 2 AIG). 1483

Vorläufig aufgenommenen Ausländerinnen und Ausländern wird ein Kantonswechsel bewilligt, wenn dies zum Schutz der Einheit der Familie oder aufgrund einer schwerwiegenden Gefährdung der Gesundheit der betroffenen oder einer anderen Person erforderlich ist (Art. 85*b* Abs. 2 AIG). Der Kantonswechsel wird zudem bewilligt, wenn die vorläufig aufgenommene Person in einem anderen Kanton eine unbefristete Erwerbstätigkeit ausübt oder Grundbildung absolviert, sie keine Sozialhilfe bezieht, das Arbeitsverhältnis seit mindestens einem Jahr besteht oder ihr der Verbleib im Wohnkanton aufgrund des Arbeitsweges oder der Arbeitszeiten nicht zugemutet werden kann und kein Ausschlussgrund nach Art. 83 Abs. 7 lit. a und b AIG vorliegt (Art. 85*b* Abs. 3 AIG). 1484

Die Regelungen betreffend den Kantonswechsel von vorläufig aufgenommenen Ausländerinnen und Ausländern wurden von der Bundesversammlung mit Entscheid vom 17. Dezember 2021 beschlossen (BBl 2021 2999). Das Datum der Inkraftsetzung war bis zur Fertigstellung des vorliegenden Manuskriptes allerdings noch nicht festgelegt. 1485

b) Auslandreisen

Vorläufig aufgenommenen Ausländerinnen und Ausländern ist es grundsätzlich verboten, ins Ausland zu reisen. Dieses Verbot gilt sowohl für Reisen in ihre Heimat- oder Herkunftsstaaten (Art. 59*d* Abs. 1 AIG) als auch für Reisen in andere Länder (Art. 59*e* Abs. 1 AIG). Eine Reise in den Heimat- oder Herkunftsstaat kann bewilligt werden, wenn dies zur Vorbereitung der selbständigen und definitiven Ausreise notwendig ist (Art. 59*d* Abs. 2 AIG). Eine Reise in einen Drittstaat kann aufgrund besonderer persönlicher Gründe bewilligt werden (Art. 59*e* Abs. 3 AIG). Wurde die Reise bewilligt, kann schriftenlosen 1486

Personen ein Reisedokument beziehungsweise ein Rückreisevisum ausgestellt werden (Art. 59 Abs. 4 und Abs. 5 AIG).

1487 Reisen vorläufige aufgenommene Ausländerinnen und Ausländer unerlaubterweise ins Ausland, erlischt die vorläufige Aufnahme, sofern sie nicht glaubhaft machen können, dass die Reise aufgrund eines Zwanges erfolgte (Art. 84 Abs. 4 AIG). Die vorläufige Aufnahme erlischt ebenfalls, wenn sich die vorläufig aufgenommenen Ausländerinnen und Ausländer für mehr als zwei Monate unerlaubt im Ausland befinden und die Schweiz nicht aufgrund internationaler Verpflichtungen zur Rückübernahme der betroffenen Person verpflichtet ist. Zudem kann das SEM ihnen während drei Jahren ab Wiedereinreise in die Schweiz die Ausstellung eines Reisedokumentes oder die Erteilung eines Rückreisevisums verweigern (Art. 122*d* AIG). Darüber hinaus führt die unerlaubte Auslandreise dazu, dass ihnen während zehn Jahren keine Aufenthaltsbewilligung wegen eines schwerwiegenden persönlichen Härtefalles erteilt werden kann, sofern sie keinen Rechtsanspruch auf eine solche haben (Art. 84*a* Abs. 3 AIG). Schliesslich machen sie sich durch die Auslandreise strafbar und werden gestützt auf Art. 120 Abs. 1 lit. h AIG mit Busse bestraft.

1488 Das Verbot von Auslandreisen und die damit zusammenhängenden Konsequenzen wurden mit Entscheid der Bundesversammlung vom 17. Dezember 2021 beschlossen (BBl 2021 2999). Das Datum der Inkraftsetzung sowie auch die Anpassungen im Verordnungsrecht standen bis zur Fertigstellung des vorliegenden Manuskriptes allerdings noch nicht fest.

1489 Voraussetzung für die Ausstellung eines Reisedokumentes an vorläufig aufgenommene Ausländerinnen und Ausländer ist die Schriftenlosigkeit (siehe hierzu vorne Rz. 1451). In ständiger Praxis geht das Bundesverwaltungsgericht davon aus, vorläufig aufgenommenen Ausländerinnen und Ausländern die Kontaktnahme mit den heimatlichen Behörden nicht zugemutet werden kann, wenn der Wegweisungsvollzug unzulässig ist (BVGer, C-5380/2012, 5. Januar 2010, E. 5.3). Erfolgte die vorläufige Aufnahme hingegen wegen Unzumutbarkeit oder Unmöglichkeit des Wegweisungsvollzuges, wird ihnen die Kontaktaufnahme zugemutet (BVGer, F-6281/2016, 17. Mai 2018, E. 3.1 und 4.1). Sie müssen, um einen Reiseausweis beziehungsweise ein Rückreisevisum zu erhalten, einen heimatlichen Reisepass beschaffen.

c) Erwerbstätigkeit und Integration

1490 Vorläufig aufgenommene Ausländerinnen und Ausländer können nach Art. 85*a* Abs. 1 AIG in der gesamten Schweiz eine Erwerbstätigkeit ausüben, sofern die orts-, berufs- und branchenüblichen Lohn- und Arbeitsbedingungen eingehalten werden. An die Stelle des früheren Bewilligungsverfahrens ist ein Meldeverfahren getreten, das sich nach Art. 85*a* Abs. 2 bis 6 AIG richtet. Demnach haben bei unselbständiger Erwerbstätigkeit die Arbeitgeberinnen und Arbeitgeber die Aufnahme, die Beendigung sowie einen Stellenwechsel vorgängig der zuständigen kantonalen Stelle zu melden und dabei die Identität und den Lohn der erwerbstätigen Person, die ausgeübte Tätigkeit sowie den Arbeitsort mitzuteilen (Art. 85*a* Abs. 2 AIG). Zudem müssen sie erklären, dass sie die orts-, berufs- und branchenüblichen Lohn- und Arbeitsbedingungen kennen und sich verpflichten, diese einzuhalten (Art. 85*a* Abs. 3 AIG i.V.m. Art. 65 Abs. 2 VZAE). Bei selbständiger Erwerbstätigkeit erfolgt die Meldung durch die betreffende Person selber (Art. 65 Abs. 3bis AIG). Die Verletzung der Meldepflicht ist strafbar und wird gestützt auf Art. 120 Abs. 1 lit. h AIG mit Busse bestraft, sofern sie vorsätzlich oder fahrlässig begangen wurde.

Der Bund fördert die Integration der vorläufig aufgenommenen Ausländerinnen und Ausländern mit Integrationspauschalen und der Finanzierung von kantonalen Integrationsprogrammen (Art. 58 Abs. 2 AIG i.V.m. Art. 15 f. VIntA). 1491

d) Fürsorgeleistungen

Vorläufig aufgenommene Ausländerinnen und Ausländer haben nach Art. 86 AIG einen Anspruch auf Sozialhilfeleistungen, wenn sie nicht selbst für sich aufkommen können und keine Drittpersonen für sie aufkommen müssen. Die Festsetzung und Ausrichtung der Sozialhilfe ist Sache der Kantone, wobei die Bestimmungen für Asylsuchende zur Anwendung gelangen. Die Unterstützung soll – wie auch jene für Asylsuchende – grundsätzlich in Form von Sachleistungen erfolgen und der Ansatz muss unter jenem für die Unterstützung der einheimischen Bevölkerung liegen (Art. 86 Abs. 1 AIG). 1492

e) Familiennachzug

Vorläufig aufgenommene Ausländerinnen und Ausländer haben keinen Anspruch auf Familiennachzug. Nach Art. 85*c* Abs. 1 AIG können Ehegattinnen und Ehegatten sowie ledige Kinder unter 18 Jahren von vorläufig aufgenommenen Personen frühestens drei Jahre nach Anordnung der vorläufigen Aufnahme nachgezogen werden. Vorausgesetzt wird, dass die Familie zusammenwohnen wird, eine bedarfsgerechte Wohnung vorhanden ist, die Familie nicht auf Sozialhilfe angewiesen ist und sie sich in der am Wohnort gesprochenen Landessprache verständigen können sowie die nachziehende Person keine bundesrechtlichen Ergänzungsleistungen bezieht oder wegen des Nachzugs beziehen könnte. Beim Nachzug von ledigen Kindern unter 18 Jahren wird allerdings auf das sprachliche Kriterium verzichtet (Art. 85*c* Abs. 2 AIG). Zum Familiennachzug von vorläufig aufgenommenen Ausländerinnen und Ausländern siehe auch vorne Rz. 670 ff. 1493

6.5. Die Rechtsstellung von Schutzbedürftigen

1494 Der vorübergehende Schutz dient dazu, eine bestimmte Personengruppe während einer schweren allgemeinen Gefährdung oder in Situationen allgemeiner Gewalt zu schützen (Art. 4 AsylG). Der Status ist rückkehrorientiert und wird aufgehoben, sobald eine sichere Rückkehr möglich ist. Dies zeigt sich auch bei der Rechtsstellung der Schutzbedürftigen.

a) Anwesenheitsberechtigung

1495 Schutzbedürftige haben ein Aufenthaltsrecht im Kanton, dem sie zugeteilt worden sind (Art. 74 Abs. 1 AsylG). Sie erhalten während den ersten fünf Jahren der Gewährung des vorübergehenden Schutzes einen **Ausweis S**. Dieser gilt gegenüber allen Behörden auf eidgenössischer und kantonaler Ebene als Ausweispapier, berechtigt jedoch nicht zum Grenzübertritt (Art. 45 Abs. 1 AsylV1). Der Ausweis S ist auf höchstens ein Jahr befristet und verlängerbar, wobei aus der Gültigkeitsdauer kein Anwesenheitsrecht abgeleitet werden kann (Art. 45 Abs. 1 und 2 AsylV1). Entsprechend wird der Ausweis eingezogen, wenn die Anwesenheit der betroffenen Person ausländerrechtlich geregelt wird, sie die Schweiz verlässt oder verlassen muss (Art. 45 Abs. 3 AsylV1).

1496 Hat der Bundesrat den vorübergehenden Schutz fünf Jahre nach der Gewährung noch nicht aufgehoben, haben die Schutzbedürftigen Anspruch auf eine bis zur Aufhebung des vorübergehenden Schutzes befristete Aufenthaltsbewilligung (**Ausweis B**) (Art. 74 Abs. 2 AsylG, Art. 46 Abs. 2 AsylV1). Zehn Jahre nach Gewährung des vorübergehenden Schutzes kann ihnen die Niederlassungsbewilligung (**Ausweis C**) erteilt werden (Art. 74 Abs. 3 AsylG). In diesem Fall erlischt der vorübergehende Schutz (Art. 79 lit. c AsylG).

1497 Schutzbedürftige halten sich im Kanton auf, dem sie zugeteilt wurden (Art. 74 Abs. 1 AsylG). Ein Kantonswechsel von Personen mit Ausweis S wird vom SEM nur bewilligt, wenn beide Kantone diesem zustimmen, ein Anspruch auf Einheit der Familie besteht oder eine schwerwiegende Gefährdung der schutzbedürftigen oder einer anderen Person vorliegt (Art. 44 i.V.m. Art. 22 Abs. 2 AsylV1). Nach der Erteilung der Aufenthaltsbewilligung richtet sich der Kantonswechsel nach Art. 37 AIG. Diesfalls besteht ein Anspruch auf Kantonswechsel, wenn die gesuchstellende Person nicht arbeitslos ist und keine Widerrufsgründe vorliegen (Art. 37 Abs. 2 AIG).

b) Auslandreisen

Schutzbedürftigen ist es grundsätzlich weder erlaubt, in ihren Heimat- oder Herkunftsstaat noch einen Drittstaat zu reisen (Art. 59*d* Abs. 1 und Art. 59*e* Abs. 1 AIG). In Ausnahmefällen können Auslandreisen bewilligt werden. Hierfür gelten dieselben Voraussetzungen wie für vorläufig aufgenommene Ausländerinnen und Ausländer ohne Flüchtlingseigenschaft (vorne Rz. 1486 ff.). 1498

Handelt es sich um schriftenlose Schutzbedürftige, kann ihnen – unter denselben Voraussetzungen wie Asylsuchenden und vorläufig aufgenommenen Ausländerinnen und Ausländern – ein Reisedokument für bewilligte Reisen ausgestellt werden. In diesem Zusammenhang werden Schutzsuchende wie Asylsuchende behandelt, als dass ihnen die Kontaktaufnahme mit den heimatlichen Behörden nicht zugemutet werden kann (siehe vorne Rz. 1451). 1499

Reisen Schutzbedürftige ohne Bewilligung in einen Drittstaat, kann das SEM ihnen nach Art. 122*d* AIG während drei Jahren ab Wiedereinreise in die Schweiz die Ausstellung eines Reisedokumentes oder die Erteilung eines Rückreisevisums verweigern. Reisen Schutzbedürftige unerlaubterweise in ihren Heimat- oder Herkunftsstaat, ohne dass hierfür ein Zwang bestanden hat, erlischt der vorübergehende Schutz von Gesetzes wegen (Art. 79 lit. e AsylG). In diesen Fällen darf der betroffenen Person während zehn Jahren nur dann eine Aufenthaltsbewilligung erteilt werden, wenn sie einen Rechtsanspruch auf diese hat (Art. 84*a* Abs. 3 AIG). Zum Erlöschen des vorübergehenden Schutzes siehe vorne Rz. 1256 ff. Schliesslich machen sie sich durch die Auslandreise – unabhängig davon, ob in einen Drittstaat oder den Heimat- oder Herkunftsstaat – strafbar und werden gestützt auf Art. 120 Abs. 1 lit. h AIG mit Busse bestraft. 1500

Das Verbot von Auslandreisen und die damit zusammenhängenden Konsequenzen wurden mit Entscheid der Bundesversammlung vom 17. Dezember 2021 beschlossen (BBl 2021 2999). Das Datum der Inkraftsetzung sowie auch die Anpassungen im Verordnungsrecht waren bis zur Fertigstellung des vorliegenden Manuskriptes allerdings noch nicht festgelegt. 1501

c) Erwerbstätigkeit und Integration

Schutzbedürftige unterstehen während den ersten drei Monaten nach ihrer Einreise in die Schweiz einem Arbeitsverbot. Danach richtet sich die Zulassung zu einer Erwerbstätigkeit nach den Bestimmungen des AIG (Art. 75 Abs. 1 AsylG). Allerdings steht es dem Bundesrat nach Art. 75 Abs. 2 AsylG zu, günstigere Bedingungen für die Erwerbstätigkeit von Schutzbedürftigen zu erlassen. Von dieser Kompetenz hat der Bundesrat im Zusammenhang mit der der Gewährung vorübergehenden Schutzes für Betroffene des Krieges in der 1502

Ukraine Gebrauch gemacht. Mit Entscheid vom 11. März 2022 hat er beschlossen, das dreimonatige Arbeitsverbot aufzuheben. Seither können Schutzbedürftige ab Gewährung des vorübergehenden Schutzes eine unselbständige Erwerbstätigkeit aufnehmen, wenn das Gesuch eines Arbeitgebers vorliegt und die orts-, berufs- und branchenüblichen Lohn- und Arbeitsbedingungen eingehalten werden (Art. 53 Abs. 1 VZAE, AS 2022 167). Unter denselben Voraussetzungen kann ihnen auch ein Stellenwechsel bewilligt werden (Art. 64 Abs. 2 VZAE). Eine selbständige Erwerbstätigkeit kann bewilligt werden, wenn die Voraussetzungen nach Art. 19 lit. b und c AIG erfüllt sind, mithin die für die Tätigkeit notwendigen finanziellen und betrieblichen Voraussetzungen erfüllt sind und eine ausreichende eigenständige Existenzgrundlage vorhanden ist (Art. 53 Abs. 2 VZAE).

1503 Schutzbedürftige ohne Aufenthaltsbewilligung haben grundsätzlich keinen Anspruch auf Integrationsförderung (Art. 53*a* AIG und Art. 6 VIntA). Demgegenüber gelten Schutzbedürftige mit Aufenthaltsbewilligung als langfristig und rechtmässig anwesende ausländische Personen, womit ihre Integration mittels Integrationspauschalen an die Kantone sowie der Finanzierung von kantonalen Integrationsprogrammen gefördert wird (Art. 82 Abs. 5 AsylG und Art. 15 Abs. 1 VIntA).

d) Fürsorgeleistungen

1504 Schutzbedürftigen, die ihren Unterhalt nicht aus eigenen Mitteln bestreiten können, haben Anspruch auf Sozialhilfe (Art. 81 AsylG). Die Zuständigkeit für die Ausrichtung von Sozialhilfe richtet sich nach denselben Regelungen wie für Asylsuchende. Für Schutzbedürftige ohne Aufenthaltsbewilligung deckt sich zudem auch der Umfang der Sozialhilfe mit jenem für Asylsuchende (vorne Rz. 1456). Die Sozialhilfe ist für diese Personengruppe ebenfalls soweit möglich in Form von Sachleistungen auszurichten und der Ansatz muss unter jenem für die einheimische Bevölkerung liegen (Art. 82 Abs. 3 AsylG). Zudem sieht Art. 83 AsylG eine Reihe von Gründen vor, die zu einer Einschränkung der Leistungen führen.

1505 Wird Schutzbedürftigen fünf Jahre nach der Gewährung des vorübergehenden Schutzes eine Aufenthaltsbewilligung erteilt, deckt sich ihr Anspruch auf Sozialhilfe mit jenem von Flüchtlingen (Inländergleichbehandlung, Art. 3 Abs. 1 AsylV2). Mit der Erteilung der Aufenthaltsbewilligung erhöht sich damit nicht nur der Ansatz der Sozialhilfe, sondern es entfällt auch die Forderung nach Sachleistungen (Art. 82 Abs. 3 AsylG *e contrario*).

e) Familiennachzug

Ehegattinnen und Ehegatten, eingetragenen Partnerinnen und Partnern (Art. 79*a* AsylG) sowie minderjährigen Kindern von Schutzbedürftigen wird vorübergehender Schutz gewährt, wenn sie das Gesuch um vorübergehenden Schutz gemeinsam gestellt haben und keine Ausschlussgründe nach Art. 73 AsylG vorliegen oder sie durch die Ereignisse, die zur Aktivierung des vorübergehenden Schutzes geführt haben, getrennt wurden und keine besonderen Umstände dagegensprechen (Art. 71 Abs. 1 AsylG). Halten sich die anspruchsberechtigten Personen im Ausland auf, wird ihnen die Einreise bewilligt (Art. 71 Abs. 3 AsylG). Zudem gilt der Einbezug auch für die in der Schweiz geborenen Kinder von Schutzbedürftigen (Art. 71 Abs. 2 AsylG). Weitergehende Ansprüche auf Familienvereinigung in der Schweiz bestehen keine, doch kann der Bundesrat bei seinem Entscheid über die Schutzgewährung festlegen, ob und unter welchen Voraussetzungen weitere nahe Angehörige ebenfalls vorübergehend aufgenommen werden können. 1506

Der Familiennachzug für Schutzbedürftigen entspricht grundsätzlich jenem für Flüchtlinge. Zur Begründung dieser liberalen Regelung des Familiennachzuges von Schutzbedürftigen hat der Bundesrat angeführt, dass sich diese Personen in einer besonderen Situation befinden: 1507

> «Anders als bei Asylsuchenden oder Flüchtlingen im Sinne der Flüchtlingskonvention, wo es durchaus denkbar ist, dass nur eine einzelne Person aus einer Familie verfolgt wird, ist bei Schutzbedürftigen in der Regel die gesamte Familie von den gewaltsamen Ereignissen betroffen. Aus humanitären Überlegungen ist es daher angebracht, dass der gesamten Familie in der Schweiz vorübergehender Schutz gewährt wird, insbesondere dann, wenn absehbar ist, dass der Konflikt längere Zeit dauern wird.» (BBl 1996 II 1, S. 80 f.).

Auf eine Verschärfung der Regelungen zum Familiennachzug von Schutzbedürftigen zielte die parlamentarische Initiative 16.403 «Familiennachzug. Gleiche Regelung für Schutzbedürftige wie für vorläufig Aufgenommene» von Philipp Müller. Der Ständerat hiess die Vorlage 2020 gut und auch der Bundesrat skizzierte in seinem Bericht «Vorläufige Aufnahme und Schutzbedürftigkeit: Analyse und Handlungsoptionen» die Einschränkung des Familiennachzuges für Schutzbedürftige als eine mögliche Handlungsoption (S. 55). Entgegen des Antrags des Bundesrates folgte der Nationalrat im Rahmen des Differenzbereinigungsverfahrens der Position des Ständerates aber nicht und entschied am 3. März 2021 abschliessend, nicht auf die Vorlage einzutreten. Damit wurden keine Änderungen an den Familiennachzugsbestimmungen für Personen vorgenommen, denen vorübergehender Schutz in der Schweiz gewährt wurde. 1508

Des Weiteren steht es dem Bundesrat zu, im Rahmen seines Entscheides über die Schutzgewährung festzulegen, ob und unter welchen Voraussetzungen zusätzliche günstigere Bestimmungen zum Familiennachzug erlassen werden sollen. 1509

1510

	Asylsuchende	Flüchtlinge mit Asyl	Vorläufig aufgenommene Flüchtlinge	Vorläufig aufgenommene Ausländerinnen/Ausländer	Schutzbedürftige
Rechtsgrundlagen	AsylG	FK / AsylG / AIG	FK / AsylG / AIG	AIG	AsylG / AIG
Anwesenheitsberechtigung	**Ausweis N** Recht auf Aufenthalt (42 AsylG). Ausnahmen möglich (z.B. 107*a* AsylG). Kantonswechsel in Ausnahmefällen (22/2 AsylV1)	**Ausweis B** Refoulementverbot (33 FK). Anspruch auf Aufenthaltsbewilligung (60/1 AsylG). Anspruch auf Kantonswechsel, sofern keine Widerrufsgründe (37 AIG).	**Ausweis F** Refoulementverbot (33 FK). Vorläufige Aufnahme (83/8 AIG). Anspruch auf Kantonswechsel, sofern bedürftig und keine Widerrufsgründe (85*b*/5 AIG i.V.m. 37 AIG).	**Ausweis F** Vorläufige Aufnahme (44 AsylG, 83 AIG). Kein Anspruch auf Kantonswechsel, Voraussetzungen nach 85*b* AIG.	**Ausweis S** Recht auf Aufenthalt (74/1 AsylG). Kantonswechsel in Ausnahmefällen (44 i.V.m. 22/2 AsylV1). Anspruch auf Aufenthaltsbewilligung nach fünf Jahren (74/2 AsylG).
Auslandreisen	Generelles Reiseverbot (59*d*/1 und 59*e*/1 AIG). Restriktive Ausnahmen (59*e*/2 AIG). Reisedokument für Schriftenlose (59/4 AIG).	Reiseausweis für Flüchtlinge (3 RDV; 27 f. FK). Reisen in Drittländer möglich, keine Reisen in Heimatstaat, ev. Reiseverbot für weitere Staaten (59*c* AIG).	Reiseausweis für Flüchtlinge (3 RDV; 27 f. FK). Reisen in Drittländer möglich, keine Reisen in Heimatstaat, ev. Reiseverbot für weitere Staaten (59*c* AIG).	Generelles Reiseverbot (59*d*/1 und 59*e*/1 AIG). Restriktive Ausnahmen (59*e*/2 AIG). Reisedokument für Schriftenlose (59/4 AIG).	Generelles Reiseverbot (59*d*/1 und 59*e*/1 AIG). Restriktive Ausnahmen (59*e*/2 AIG). Reisedokument für Schriftenlose (59/4 AIG).
Erwerbstätigkeit und Integration	Arbeitsverbot während Aufenthalt BAZ, danach Bewilligung gestützt auf AIG möglich (43 AsylG). Kein Anspruch auf Integrationsförderung.	Anspruch auf Erwerbstätigkeit (17 ff. FK; 61/1 AsylG). Meldeverfahren (61/2 AsylG i.V.m. 85*a* AIG). Integrationsförderung vorgesehen.	Anspruch auf Erwerbstätigkeit (17 ff. FK; 61/1 AsylG). Meldeverfahren (61/2 AsylG i.V.m. 85*a* AIG). Integrationsförderung vorgesehen.	Anspruch auf Erwerbstätigkeit (85*a*/1 AIG). Meldeverfahren (85*a* AIG). Integrationsförderung vorgesehen.	Arbeitsverbot während drei Monaten und danach Bewilligung oder Ausnahme (75 AsylG). Kein Anspruch auf Integrationsförderung.
Fürsorgeleistungen	Sozialhilfe durch Bund während Aufenthalt BAZ, danach durch Kanton. Reduzierter Ansatz, soweit möglich Sachleistungen (80 ff. AsylG).	Sozialhilfe, Inländergleichbehandlung (23 FK und 3/1 AsylV2).	Sozialhilfe, Inländergleichbehandlung (23 FK und 3/1 AsylV2).	Sozialhilfe durch Kanton. Reduzierter Ansatz, soweit möglich Sachleistungen (86/1 AIG).	Sozialhilfe durch Kanton. Reduzierter Ansatz, soweit möglich Sachleistungen (82/3 AsylG).
Familiennachzug	Kein Anspruch auf Familiennachzug.	Familienasyl, sofern durch Flucht getrennt (51 AsylG). Ansonsten Nachzug nach AIG (44 AIG und 8 EMRK).	Anspruch auf Einbezug (51 AsylG). Kein Anspruch auf Nachzug. Voraussetzungen nach 85*c*/1 AIG.	Kein Anspruch auf Familiennachzug. Voraussetzungen nach 85*c* AIG.	Anspruch auf Nachzug, sofern durch Flucht getrennt und keine besonderen Umstände (71/1 AsylG).

§ 10 Sans-Papiers

Literatur*:* ALBRECHT PETER, Die strafbare Förderung des rechtswidrigen Aufenthalts ausländischer Personen in der Schweiz gemäss Art. 116 AuG, in: AJP 2012, S. 791 ff.; BREITENBÜCHER DANIELLE/SCHUPPLI ROMAN/KIENER REGINA, Schutz von Sans-Papiers als Opfer und Zeugen von Straftaten, Sicherheit & Recht 2021, S. 146 ff.; B,S,S. VOLKSWIRTSCHAFTLICHE BERATUNG (Hrsg.), Sans-Papiers in der Schweiz 2015, Schlussbericht zuhanden des Staatssekretariats für Migration, Basel 2015; CARONI MARTINA, Die rechtliche Stellung der Sans-Papiers verbessern, in: Rochel Johan/Abbt Christine (Hrsg.), Migrationsland Schweiz – 15 Vorschläge für die Zukunft, Baden 2016, S. 103 ff.; CARONI MARTINA/SCHÄDLER SIMON, Lex Brunner und EMRK, in: ASYL 4/11, S. 23 ff.; DIETHELM RAHEL, La régularisation des sans-papiers à l'aune de l'art. 30 al. 1 let. b LEtr, in: Sauthier/Nguyen (Hrsg.), Actualité du droit des étrangers, volume I du 1er janvier au 30 juin 2016, Jurisprudence et analyses 2016, Bern 2016, S. 1 ff.; EFIONAYI-MÄDER DENISE/SCHÖNENBERGER SILVIA/STEINER ILKA, Leben als Sans-Papiers in der Schweiz, Entwicklungen 2000-2010, Eidgenössische Kommission für Migrationsfragen EKM, Bern 2010; EIDGENÖSSISCHE KOMMISSION FÜR MIGRATIONSFRAGEN EKM, Sans-Papiers in der Schweiz, Empfehlungen der Eidgenössischen Kommission für Migrationsfragen EKM, Bern 2011; EIDGENÖSSISCHE KOMMISSION FÜR MIGRATIONSFRAGEN EKM, Personen, die aus dem Asylverfahren ausscheiden: Profile, (Aus-)Wege, Perspektiven, Bern 2019; GRASDORF-MEYER TOBIAS/OTT LISA/VETTERLI LUZIA, Geflüchtete Menschen im Schweizer Recht, Kapitel VII, Bern 2021; KEMPE SEBASTIAN, Die Scheinehe im ausländer- und zivilstandsrechtlichen Verwaltungsverfahren, Zürich 2020; KIENER REGINA/BREITENBÜCHER DANIELLE, Das Recht von Sans-Papiers auf Justizzugang, in ZBl 120/2019, S. 356 ff.; KIENER REGINA/BREITENBÜCHER DANIELLE, Einführung einer Züri City Card (ZCC), Rechtsgutachten zuhanden der Stadt Zürich/Stab Stadtpräsidentin, Zürich 2020; KIENER REGINA/MEDICI GABRIELA, Die Arbeitssituation von Sans-Papiers in der Schweiz, Grundrechtliche und menschenrechtliche Aspekte, in: ZSR 2014/1, S. 133 FF.; LONGCHAMP CLAUDE et al., Sans Papiers in der Schweiz: Arbeitsmarkt, nicht Asylpolitik ist entscheidend, Schlussbericht im Auftrag des Bundesamtes für Migration, Bern 2005, S. 58 ff.; MEIER PHILIPPE/CARANDO LAURA, «Pas de mariage en cas de séjour irrégulier en Suisse»? L'art. 98 al. 4 nCC à la lumière de la jurisprudence récente de la Cour européenne des droits de l'homme, in: Jusletter 14. Februar 2011; MÜLLER JÖRG PAUL, Bekämpfung von Scheinehen im Konflikt mit der Ehefreiheit. Zur Umsetzung der parlamentarischen Initiative Toni Brunner, in: ASYL 4/09, S. 14 ff.; MÜLLER LUCIEN, Kommentar zu Art. 12 BV, in: Ehrenzeller/Schindler/Schweizer/Vallender (Hrsg.), Die schweizerische Bundesverfassung, St. Galler Kommentar, 3. Auflage, Zürich 2014; PETRY ROSWITHA, La situation juridique des migrants sans statut légal, Genf/Zürich/Basel 2013; PETRY ROSWITHA, Die rechtliche Bewältigung irregulärer Migration: Die Situation der «Sans-Papiers», in: Achermann Alberto et al. (Hrsg.), Jahrbuch für Migrationsrecht 2014/2015, Bern 2015, S. 1 ff.; SPESCHA MARC/BOLZLI PETER/DE WECK FANNY/PRIULI VALERIO, Handbuch zum Migrationsrecht, 4. Auflage, Zürich 2020; SPESCHA MARC/ZÜND ANDREAS/BOLZLI PETER/HRUSCHKA CONSTANTIN/DE WECK FANNY/PRIULI VALERIO; Kommentar Migrationsrecht, 5. Auflage, Zürich 2019; PETER UEBERSAX/BEAT RUDIN/THOMAS HUGI YAR/LUZIA VETTERLI (Hrsg.), Handbuch für die Anwaltspraxis, Ausländerrecht, 3. Auflage, Basel 2022; WEIBEL ROSEMARIE, Sozialversicherungen und Migrationsrecht: Anspruchsverluste ausländischer Personen, in: Plädoyer 03/2016, S. 34 ff.

Materialien*:* Bundesrat, Gesamthafte Prüfung der Problematik der Sans-Papiers, Bericht des Bundesrats in Erfüllung des Postulats der Staatspolitischen Kommission des Nationalrats vom 12. April 2018 (18.3381), Dezember 2020 (https://www.parlament.ch/centers/eparl/curia/2018/20183381/Bericht%20BR%20D.pdf, besucht am 14. August 2022); Stadt Zürich, Züri City-Card, Umsetzung des Positionspapiers des Stadtrats zum Thema Sans-Papiers, Möglichkeiten und Grenzen einer Züri City-Card, Einführung einer Züri City-Card, 29. Oktober 2020 (https://www.stadt-zuerich.ch/content/dam/stzh/prd/Deutsch/Stadtentwicklung/Publikationen_und_Broschueren/Integrationsfoerderung/themen_a-z/

Sans%20Papiers/Bericht_ZueriCityCard.pdf, besucht am 14. August 2022); Amt für Wirtschaft und Arbeit des Kantons Zürich/Migrationsamt des Kantons Zürich, Sans-Papiers im Kanton Zürich, Anzahl, Profile und Situation, 11. März 2020 (https://www.zh.ch/content/dam/zhweb/bilder-dokumente/footer/news/2020/03/Bericht_Sans-Papiers_Kanton_Zuerich.pdf, besucht am 14. August 2022); Staatssekretariat für Wirtschaft, Revision Bundesgesetz über Massnahmen zur Bekämpfung der Schwarzarbeit (BGSA), Erläuternder Bericht, März 2015 (https://www.newsd.admin.ch/newsd/message/attachments/38907.pdf, besucht am 14. August 2022)

1. Einleitung

1.1. Irreguläre Migration

1511 Wie aus den vorangehenden Kapiteln ersichtlich wird, verfolgt die Schweiz insbesondere in Bezug auf Drittstaatsangehörige eine restriktive Zulassungspolitik. Für gewisse Ausländerinnen und Ausländer ist es schwierig, teilweise gar unmöglich, eine Einreise- und Aufenthaltserlaubnis für die Schweiz zu erhalten. Dies gilt sowohl bezüglich der ausländerrechtlichen Visums- und Bewilligungsverfahren als auch in Bezug auf das Asylverfahren. Auch Visa für Kurzaufenthalte von weniger als 90 Tagen werden nur unter restriktiven Bedingungen erteilt, sofern insbesondere die Wiederausreise der betroffenen Personen in genügender Weise gesichert erscheint. Diese restriktive Zulassungspolitik vermag indes nicht zu verhindern, dass sich auch Ausländerinnen und Ausländer für die Einreise und den Aufenthalt beziehungsweise den Verbleib in der Schweiz entscheiden, die dafür keine Berechtigung haben. Die Gründe hierfür sind vielfältig und können sämtliche der bereits dargestellten Push- und Pullfaktoren umfassen, wobei auch Kombinationen der verschiedenen Faktoren denkbar sind (siehe zu den Push- und Pullfaktoren vorne Rz. 15 ff.).

1512 Die Anwesenheit von Sans-Papiers ist keine Besonderheit der Schweiz, sondern betrifft alle Staaten. Die hohe Anzahl von Sans-Papiers in gewissen Ländern lässt sich jedoch vermutungsweise mit dem bestehenden Wohlstandsgefälle zwischen Nord und Süd sowie West und Ost begründen. Dieses kann insbesondere dazu führen, dass Ausländerinnen und Ausländer sich aufgrund der im Vergleich zum Heimat- oder Herkunftsstaat besseren Verdienstmöglichkeiten auch dann für eine Einreise und einen Aufenthalt in einem anderen Staat entscheiden, obwohl sie dazu nicht berechtigt sind. Darin zeigt sich der Konflikt zwischen den in vielen Staaten äusserst restriktiven migrationsrechtlichen Bestimmungen auf der einen und den Bedürfnissen des Arbeitsmarktes auf der anderen Seite. So schliessen viele Staaten wenig qualifizierte Arbeitskräfte von der Zuwanderung aus. Einzelne Wirtschaftssegemente sind aber auf genau diese Arbeitskräfte angewiesen und rekrutieren sie entsprechend.

Die Bezeichnung Sans-Papiers stammt ursprünglich aus Frankreich und wurde in den 1970er-Jahren von den betroffenen Personen geprägt, um die negativ konnotierten Begriffe der «Illegalen» oder «*Clandestins*» zu vermeiden. Als Synonym wird teilweise auch der Begriff der Papierlosen verwendet. Im Englischen spricht man von *undocumented* oder *irregular migrants*. Die Terminologie und die Definitionen der Papierlosigkeit unterscheiden sich jedoch von Land zu Land, was aufgrund der Uneinheitlichkeit der Begrifflichkeiten zu grossem Verwechslungspotential führt. 1513

In der Schweiz werden Ausländerinnen und Ausländer, die sich ohne Anwesenheitsberechtigung und damit unrechtmässig in der Schweiz aufhalten, als Sans-Papiers bezeichnet. Die Rechtswidrigkeit kann bereits zum Zeitpunkt der Einreise bestanden haben oder aber erst nach Ablauf des rechtmässigen Aufenthaltes oder durch den Entzug einer Bewilligung entstanden sein. Entscheidend ist einzig das Fehlen einer Anwesenheitsberechtigung. Sans-Papiers verfügen nicht selten sehr wohl über Ausweispapiere. Allerdings vermag der Umstand, dass eine ausländische Person über Identitäts- oder Reisepapiere ihres Heimat- oder Herkunftsstaates verfügt, nichts an ihrem Status als Sans-Papiers zu ändern, sofern die Papiere nicht zur Anwesenheit in der Schweiz berechtigen oder einen Rechtsanspruch auf Erteilung einer Bewilligung begründen. Unerheblich für die Definition als Sans-Papiers ist im Übrigen auch die Dauer des rechtswidrigen Aufenthaltes. 1514

Der Umstand, dass sich Sans-Papiers rechtswidrig in der Schweiz aufhalten, hat zur Folge, dass sie den Kontakt mit den Behörden soweit als möglich vermeiden, um nicht die Gefahr zu laufen, von Entfernungsmassnahmen betroffen zu werden. Oftmals sind sie dadurch in keiner offiziellen Datenbank registriert, womit keine verlässlichen Daten bezüglich der Anzahl der in der Schweiz lebenden Sans-Papiers vorhanden sind. In diesem Zusammenhang können nur Vermutungen angestellt werden, die teilweise erheblich voneinander abweichen. Die letzte schweizweite Schätzung wurde 2015 durch das Beratungsbüro B,S,S. Volkswirtschaftliche Beratung in Kooperation mit dem Swiss Forum for Migration and Population Studies und der Universität Genf im Auftrag des Staatssekretariats für Migration vorgenommen. In ihrer Studie gehen die Autorinnen und Autoren von 58'000 bis 105'000 Sans-Papiers in der Schweiz aus, wobei sie nur Sans-Papiers aus Drittstaaten (das heisst unter Ausnahme der Staatsangehörigen der EU-/EFTA-Staaten) berücksichtigt haben. In Bezug auf die territoriale Verteilung nehmen die Autorinnen und Autoren an, dass sich die anwesenden Sans-Papiers insbesondere auf bevölkerungsreiche Kantone verteilen. So leben schätzungsweise 18'000 Sans-Papiers im Kanton Zürich, rund 13'000 im Kanton Genf, gefolgt von etwa 12'000 im Kanton Waadt sowie 4'000 in Basel-Stadt und 3'000 im Kanton Bern. Es wird angenommen, dass die meisten von ihnen aus Zentral- und Südamerika, Osteuropa und dem Balkan sowie eine Minderheit aus Afrika und Asien stammen. EU-/EFTA-Staatsangehörige dürften dabei aufgrund 1515 ihrer ausländerrechtlichen Stellung als Freizügigkeitsberechtigte (siehe vorne Rz. 946 ff.) nur selten zu Sans-Papiers werden.

1516 Rund ein Drittel der Sans-Papiers sind alleinstehend oder halten sich ohne ihre Familie in der Schweiz auf, rund zwölf Prozent von ihnen sind minderjährig. Die Anwesenheit als papierlose Person kann sich also auch auf Kinder auswirken. Diese gelten ebenfalls als Sans-Papiers, sofern sie nicht über den Aufenthaltsstatus eines Elternteils ein Anwesenheitsrecht in der Schweiz erwerben können.

1517 Die 2015 vorgenommene Schätzung zur Anzahl in der Schweiz lebenden Sans-Papiers liegt in etwa im Rahmen der Annahmen der zehn Jahre davor von der Schweizerischen Gesellschaft für praktische Sozialforschung im Auftrag des Bundesamtes für Migration publizierten Studie. Darin enthaltene Schätzungen gingen damals bereits von 80'000 bis 100'000 Sans-Papiers aus. Damit liegt der Schluss nahe, dass veränderte Umstände wie etwa Verschärfungen des Ausländergesetzes oder der Schengenabkommen, Verschlechterungen der wirtschaftlichen Lage durch Finanzkrisen oder auch Veränderungen in den Flüchtlingsbewegungen die Anzahl Sans-Papiers nicht nennenswert beeinflussen.

1.2. Primäre und sekundäre Sans-Papiers

1518 Grundsätzlich werden bei der irregulären Migration papierloser Personen zwei Kategorien unterschieden. Als primäre Sans-Papiers werden Ausländerinnen und Ausländer bezeichnet, die nie Kontakt mit den zuständigen Migrationsbehörden hatten und auch nie um die Erteilung einer ausländerrechtlichen Bewilligung oder die Gewährung von Asyl ersucht haben. Primäre Sans-Papiers sind damit – mit Ausnahme der Kriminalstatistik in Bezug auf den illegalen Aufenthalt – in keiner offiziellen Statistik erfasst, die sie spezifisch als Sans-Papiers ausweisen würde. Zu den primären Sans-Papiers gehören einerseits jene Ausländerinnen und Ausländer, die bereits rechtswidrig in die Schweiz eingereist sind und damit von Anfang an keinen geregelten Aufenthalt hatten. Andererseits sind auch jene Personen zu den primären Sans-Papiers zu zählen, die rechtmässig für einen Kurzaufenthalt in die Schweiz einreisen konnten – namentlich, weil sie aus visumsbefreiten Ländern stammen oder ursprünglich über ein Schengen-Visum verfügten – und nach Ablauf ihres Aufenthaltsrechtes in der Schweiz verblieben sind (sogenannte *overstayers*).

1519 Der Begriff der sekundären Sans-Papiers bezeichnet dagegen alle Ausländerinnen und Ausländer, die sich rechtswidrig in der Schweiz aufhalten, im Gegensatz zu den primären Sans-Papiers aber behördlich registriert sind. Zu den sekundären Sans-Papiers gehören etwa Personen, deren Asylgesuch abgelehnt oder deren ausländerrechtliche Bewilligung widerrufen oder nicht verlängert wurde und die zur Ausreise aus der Schweiz verpflichtet wurden, dieser Pflicht aber nicht nachgekommen sind. Viele sekundäre Sans-Papiers sind untergetaucht und haben den Kontakt zu den Behörden abgebrochen, was allerdings nicht zwingend der Fall sein muss.

Die Studie des Beratungsbüros B,S,S. Volkswirtschaftliche Beratung geht davon aus, dass rund zwei Drittel der in der Schweiz anwesenden Sans-Papiers zu den primären Sans-Papiers zu zählen sind, die unter Verletzung der Visumspflicht oder mit einem Touristenvisum eingereist und nach dessen Ablauf rechtswidrig in der Schweiz verblieben sind. Ein Drittel ist zu den sekundären Sans-Papiers zu zählen, die entweder einen Asylantrag gestellt haben, der abgelehnt wurde, oder die nach dem Entzug ihrer Kurzaufenthalts-, Aufenthalts- oder Niederlassungsbewilligung oder der Nichterneuerung ihrer Kurzaufenthalts- oder Aufenthaltsbewilligung in der Schweiz verblieben sind. 1520

1.3. Leben als Sans-Papiers in der Schweiz

Die Anwesenheit von Sans-Papiers stellt eine Realität dar, die es eigentlich gar nicht geben dürfte. Sie sind politisch unerwünscht, ihr Aufenthalt in der Schweiz ist rechtlich gesehen illegal. In starkem Kontrast dazu steht die ökonomische Bedeutung der Sans-Papiers. Vor allem seit Inkrafttreten des AuG (heute AIG) sind einzelne Wirtschaftszweige auf Arbeitskräfte – insbesondere nicht spezialisierte – angewiesen, die legal nicht rekrutiert werden können. In wirtschaftlicher Hinsicht geht die B,S,S.-Studie davon aus, dass 88 Prozent der Sans-Papiers in der Schweiz volljährig und im erwerbsfähigen Alter sind. Rund neun von zehn erwachsenen Sans-Papiers (86 Prozent) arbeiten, davon rund die Hälfte (53 Prozent) in Privathaushalten, 18 Prozent im Bau-, 16 Prozent im Gastgewerbe und 5 Prozent in der Landwirtschaft, ein weiterer Arbeitszweig ist das Sexgewerbe. Aufgrund ihres papierlosen Status und der fehlenden Arbeitsbewilligung ist es Sans-Papiers von Vornherein verwehrt, legal einer Arbeitstätigkeit nachzugehen, womit sie gezwungen sind, schwarz zu arbeiten. Dadurch entgehen dem Staat Sozialversicherungsbeiträge und Steuern, und Sans-Papiers sehen sich aufgrund der fehlenden Kontrolle der Gefahr der Ausbeutung ihrer Arbeitskraft ausgesetzt. Gewisse Sans-Papiers leisten sogenannte Grauarbeit, indem sie die obligatorischen Sozialversicherungsbeiträge entrichten und unter Umständen auch Steuern bezahlen. Dies setzt jedoch voraus, dass die betreffenden Personen bei der Beantragung ihrer AHV-Nummer oder der Überweisung der Steuern von Seiten der abgabeerhebenden Behörden keine Meldung an die zuständigen Migrationsbehörden befürchten müssen. Die Praxis ist dabei von Kanton zu Kanton unterschiedlich. Insbesondere in der Westschweiz verfügen viele Sans-Papiers über eine AHV-Nummer. 1521

1522 In gewissen Kantonen wird hingegen die Durchsetzung der ausländerrechtlichen Bestimmungen in sämtlichen Rechtsbereichen, die Sans-Papiers betreffen, höher gewichtet. Daher meiden papierlos anwesende Personen den Kontakt mit Behörden weitestgehend und bemühen sich um eine möglichst unauffällige Lebensweise. Andernfalls droht ihnen die Aufdeckung ihres fehlenden Anwesenheitstitels. Die ständige Angst vor der Entdeckung und der Druck, die Anonymität zu wahren, kann zu einer erheblichen psychologischen Belastung führen. Eine einfache polizeiliche Personenkontrolle kann die Aufdeckung der fehlenden Anwesenheitsberechtigung bedeuten. Hier knüpfen Bestrebungen zur Einführung einer *City Card* in Zürich, Bern und Biel an, mit der ein offizieller Ausweis für alle Stadtbewohnerinnen und -bewohner – unabhängig von Herkunft und Aufenthaltsstatus – eingeführt werden soll. Dieser soll einerseits eine Teilnahme am öffentlichen Leben ermöglichen, indem der Ausweis beispielsweise als Bibliothekskarte oder Freibad-Abo verwendet werden kann. Gleichzeitig soll die *City Card* auf dem Stadtgebiet auch als Ausweis gegenüber städtischen Behörden und der Stadtpolizei dienen. Am weitesten fortgeschritten ist das Zürcher Projekt. Die Stadtzürcher Bevölkerung hat am 15. Mai 2022 einem Projektierungskredit zur Ausarbeitung der *City Card* zugestimmt. Der Bundesrat geht in seinem 2020 erschienenen Bericht zur Erfüllung des Postulats 18.3381 davon aus, dass die Einführung solcher Karten als Identitätsausweis und zur Vermeidung von Kontrollen gegen Bundesrecht verstösst und der Umgehung der Bestimmungen über die Zulassung und den Aufenthalt von Ausländerinnen und Ausländern dient.

1523 Bezüglich der rechtlichen und lebenspraktischen Probleme, mit denen Sans-Papiers in ihrem Alltag konfrontiert sind, bieten in mehreren Städten und Kantonen Kontakt- und Beratungsstellen Hilfe zu Fragen wie der Anwesenheitsberechtigung, der allfälligen Legalisierung des Aufenthalts, aber auch im Umgang mit Behörden oder etwa bei gesundheitlichen Anliegen. Unabhängig davon, ob die Beratung von Privatpersonen, Vereinen oder kirchlichen Institutionen ausgeht, muss Art. 116 Abs. 1 lit. a AIG beachtet werden. Danach wird unter dem Tatbestand der Aufenthaltserleichterung mit Freiheitsstrafe bis zu einem Jahr oder Geldstrafe sanktioniert, wer «im In- oder Ausland einer Ausländerin oder einem Ausländer die rechtswidrige Ein- oder Ausreise oder den rechtswidrigen Aufenthalt in der Schweiz erleichtert oder vorbereiten hilft». Strafbar sind nach bundesgerichtlicher Rechtsprechung Handlungen, die geeignet sind, den behördlichen Zugriff auf Ausländerinnen und Ausländer oder den Vollzug von Verfügungen zu erschweren (vgl. BGer, 6S.459/2003, E. 2.2; BGer, 6S.615/1998, E. 2a). Als straflose Handlungen eingestuft werden sollten die Beherbergung oder das Überlassen von Wohnraum für eine beschränkte Zeit von nur wenigen Tagen oder die Erteilung von Ratschlägen, die nicht das Untertauchen betreffen. Ebenfalls straflos bleiben müssen Hilfeleistungen bei Handlungen, die durch verfassungsmässige Rechte der papierlosen Personen geschützt sind (vgl. BGer, 6B_1162/2019, E. 2.2.8 und 2.2.9), also etwa die Inanspruchnahme der Beratung durch eine Anwältin oder einen Anwalt nach Art. 29 Abs. 3 BV, die Einschulung von Kindern aufgrund des Anspruchs auf unentgeltlichen Grundschulunterricht nach Art. 19 BV oder die Vermittlung von medizinischen Dienstleistungen und die Abgabe von Nahrungsmitteln, die beide vom Recht auf Hilfe in Notlagen nach Art. 12 BV erfasst sind.

2. Rechtliche Stellung

Die rechtliche Situation von Sans-Papiers ist sehr komplex. Das Schweizer 1524 Recht sieht für Sans-Papiers keine Spezialregelung mit speziell auf diese Personengruppe zugeschnittenen Bestimmungen vor, womit die schweizerische Rechtsordnung im Allgemeinen zum Tragen kommt. Im Speziellen stehen Menschen- und Grundrechte sämtlichen sich in der Schweiz aufhaltenden Personen unabhängig von ihrer Staatsangehörigkeit und ihrem Anwesenheitsstatus zu. Gleichzeitig verstossen Sans-Papiers mit ihrer blossen Anwesenheit gegen Schweizer Recht und machen sich in ausländerrechtlicher Hinsicht strafbar. Aus diesem Grund scheuen sich Sans-Papiers oft, ihre Rechte bei den zuständigen Behörden oder Gerichten einzufordern, da sie befürchten, dass ihre illegale Anwesenheit behördenbekannt wird und ihnen die Ausschaffung droht. Sans-Papiers stehen damit im Zentrum des Spannungsfeldes zwischen dem Interesse des Staates an der Durchsetzung der Ausländergesetzgebung auf der einen und seinen menschenrechtlichen Schutz- und Gewährleistungspflichten auf der anderen Seite. Im Folgenden werden diejenigen Rechtsgebiete dargelegt, die für Sans-Papiers von besonderer Relevanz sind.

2.1. Erwerbstätigkeit

a) Schwarzarbeit

Sans-Papiers sehen sich aufgrund ihrer illegalen Anwesenheit gezwungen, 1525 schwarz zu arbeiten. Eine allgemein anerkannte juristische Definition von Schwarzarbeit fehlt bis heute. Generell werden unter den Begriff der Schwarzarbeit Erwerbstätigkeiten gefasst, bei denen gegen arbeits-, steuer- oder ausländerrechtliche Rahmenvorschriften verstossen wird. Somit wird Schwarzarbeit nicht – wie gemeinhin angenommen – ausschliesslich von Personen ohne Anwesenheitsbewilligung verrichtet. Auch Schweizer Staatsangehörige oder Personen mit gültigem Anwesenheitsrecht arbeiten per Definition bei Nicht-Entrichtung der gesetzlichen Steuern und Abgaben demnach schwarz und schädigen damit Sozialversicherungseinrichtungen wie die AHV/IV oder die Unfallversicherung sowie den Fiskus. Die Arbeitnehmerinnen und Arbeitnehmer wiederum geniessen keinen Versicherungsschutz und sind der Willkür ihrer Arbeitgebenden ausgeliefert, da sie ihre Rechte oft nicht kennen und durchsetzen.

1526 Um diesen rechtlich und volkswirtschaftlich unerwünschten Folgen der Schwarzarbeit entgegenzutreten, wurde das am 1. Januar 2008 in Kraft getretene Bundesgesetz über Massnahmen zur Bekämpfung der Schwarzarbeit (Bundesgesetz über die Schwarzarbeit, BGSA, SR 822.41) erlassen. Es bezweckt die Vermeidung und Sanktionierung verschiedener Formen der sozialrechtlich nicht deklarierten, missbräuchlichen und rechtswidrigen Erwerbstätigkeit und sieht unter anderem ein vereinfachtes Verfahren zur Abrechnung der Sozialversicherungsbeiträge und Steuern (Art. 2 f. BGSA) sowie Betriebskontrollen durch eine vom Kanton zu bestimmende Behörde vor (Art. 4 bis 9 BGSA).

1527 Darüber hinaus enthält das AIG Strafbestimmungen bezüglich Schwarzarbeit. So setzt das Recht, einer Erwerbstätigkeit nachzugehen, einen legalen Aufenthaltsstatus voraus; der Schutzbereich der Wirtschaftsfreiheit von Art. 27 BV erstreckt sich laut bundesgerichtlicher Rechtsprechung nicht auf unrechtmässig Anwesende. Schwarzarbeitende Ausländerinnen und Ausländer, die einer nicht bewilligten Erwerbstätigkeit nachgehen, machen sich nach Art. 115 Abs. 1 lit. c AIG strafbar. Hinzu kommt in solchen Fällen überdies zumeist die Strafbarkeit aufgrund des illegalen Aufenthalts sowie allenfalls aufgrund der illegalen Einreise. Auch Arbeitgeberinnen und Arbeitgebern, die vorsätzlich Sans-Papiers anstellen, droht nach Art. 117 AIG eine Freiheits- oder Geldstrafe. Ähnliche Strafbestimmungen enthält das Sozialversicherungsrecht (z.B. Art. 87 ff. AHVG).

b) Arbeitsvertrag und Arbeitsbedingungen

1528 Trotz der strafrechtlichen Konsequenzen der Schwarzarbeit sind Arbeitsverträge bei fehlender Aufenthalts- und Arbeitsbewilligung nach der konstanten Rechtsprechung des Bundesgerichts zivilrechtlich nicht nichtig im Sinne von Art. 20 Abs. 1 OR. Obwohl keine Bewilligung vorliegt, ist ein Arbeitsvertrag mit ausländischen Arbeitnehmerinnen und Arbeitnehmern gültig. Laut Leitentscheid des Bundesgerichts (BGE 137 IV 305, E. 3.3 S. 308 f.) können sich auch schwarzarbeitende Ausländerinnen und Ausländer auf die Schutzbestimmung von Art. 320 Abs. 3 OR berufen, da ein sogenanntes faktisches Arbeitsverhältnis vorliegt. Im Interesse des sozialen Schutzes der arbeitnehmenden Person wird demnach ein – zunächst gültiger – Arbeitsvertrag begründet, was insbesondere zur Lohnzahlungspflicht der Arbeitgeberin respektive des Arbeitgebers führt (vgl. Art. 320 Abs. 3 OR). Selbst bei Annahme der Ungültigkeit eines Arbeitsvertrags treten die Rechtsfolgen der Ungültigkeit erst *ex nunc* ein.

Dies bedeutet, dass bereits geleistete Arbeit zu entlöhnen ist. Die Arbeitgeberin oder der Arbeitgeber können sich damit nicht unter Berufung auf die Ungültigkeit des Arbeitsvertrags der Lohnzahlungspflicht entziehen. Der durch illegale Schwarzarbeit erzielte Lohn darf im Übrigen strafrechtlich nicht eingezogen werden, da es sich um aus einem objektiv legalen Rechtsgeschäft stammendes Entgelt handelt (BGE 137 IV 305, E. 3.3 S. 308 f.). Dass die Arbeitsverträge mit schwarzarbeitenden Arbeitnehmerinnen und Arbeitnehmern in der Regel mündlich vereinbart werden und das Entgelt bar ausbezahlt wird, ändert nichts an der Gültigkeit des Vertrags. Nach Art. 320 Abs. 1 OR bedarf der Arbeitsvertrag in der Regel keiner besonderen Form und kann somit auch mündlich gültig abgeschlossen werden.

Aus der Gültigkeit des Arbeitsvertrags ergeben sich für beide Vertragsparteien 1529
entsprechende Rechte und Pflichten. Dazu gehört namentlich das Anrecht auf einen orts- und branchenüblichen Lohn, bezahlte Ferien und Lohnfortzahlungen bei Krankheit und Unfall. Insbesondere gelten die Schutzpflichten der Arbeitgeberin und des Arbeitgebers unabhängig vom ausländerrechtlichen Aufenthaltsstatus. Auf die wirksame Durchsetzung dieser Rechte haben Sans-Papiers aufgrund der Verfahrensgarantien einen grundrechtlichen Anspruch, über den die Behörden die betroffenen Personen im Rahmen eines Aus- oder Wegweisungsverfahren informieren müssen (Art. 14 BGSA). Der Geltendmachung dieser Rechte stehen faktisch jedoch Hindernisse entgegen, da das Anheben einer Klage mit der Offenlegung der Identität und des Aufenthaltsstatus einhergeht. Sans-Papiers sind daher besonders verletzlich in Bezug auf die Ausbeutung ihrer Arbeitsleistung in Tiefstlohnsektoren.

2.2. Steuerrecht

Natürliche Personen sind nach Art. 3 Abs. 1 des Bundesgesetzes über die di- 1530
rekte Bundessteuer (DBG, SR 642.11) steuerpflichtig, wenn sie ihren steuerrechtlichen Wohnsitz oder Aufenthalt in der Schweiz haben. Von einem steuerrechtlich relevanten Aufenthalt wird nach Art. 3 Abs. 3 DBG bei Personen ausgegangen, die sich während mindestens 30 Tagen in der Schweiz aufhalten und eine Erwerbstätigkeit ausüben oder bei Personen, die sich – ohne eine Erwerbstätigkeit auszuüben – länger als 90 Tage in der Schweiz aufhalten. Für die Pflicht, direkte Bundessteuern zu entrichten, ist der Aufenthaltsstatus demnach nicht relevant. Entsprechend unterliegen auch Sans-Papiers als Steuersubjekte der direkten Bundessteuer. So werden ausländische Arbeitnehmerinnen und Arbeitnehmer, die über keine Niederlassungsbewilligung verfügen, in der Schweiz jedoch Wohnsitz oder Aufenthalt haben, für ihr Einkommen aus unselbständiger Erwerbstätigkeit einer Quellensteuer unterworfen (Art. 83 DBG). Aus Angst vor der Entdeckung des widerrechtlichen Aufenthaltsstatus und des

Schwarzarbeitsverhältnisses durch die Behörden werden häufig jedoch keine Steuern entrichtet.

2.3. Sozialversicherungsrecht

a) Alters- und Invalidenversicherung

1531 Ähnlich wie bei der direkten Bundessteuer ist auch bei der Alters- und Hinterlassenenversicherung, die nach Art. 112 Abs. 2 lit. a BV obligatorisch ist, nicht das Vorhandensein eines Aufenthaltstitels, sondern die Anwesenheit in der Schweiz und die Erwerbstätigkeit ausschlaggebend für die Abgabepflicht. Art. 1*a* AHVG (Bundesgesetz über die Alters- und Hinterlassenenversicherung, SR 831.10) und Art. 1*b* IVG (Bundesgesetz über die Invalidenversicherung, SR 831.20) statuieren die Versicherungspflicht von Personen, die in der Schweiz ihren Wohnsitz haben oder in der Schweiz erwerbstätig sind. Nach Art. 23 f. ZGB erfüllen hier lebende Sans-Papiers das Kriterium der Wohnsitzpflicht, wenn sie sich mit der Absicht des dauernden Verbleibes hier aufhalten und damit ihren Lebensmittelpunkt in der Schweiz haben. Sans-Papiers sind zudem mehrheitlich erwerbstätig und unterstehen auch aus diesem Grund der Versicherungspflicht der AHV und IV. In ihrer Studie von 2015 ging das B,S,S. davon aus, dass etwa 18 Prozent der erwerbstätigen Sans-Papiers in die Sozialversicherungen einzahlen. Die Anmeldung bei den Sozialwerken ist bei unselbstständig Erwerbenden Pflicht der Arbeitgeberin oder des Arbeitgebers.

1532 Wird der Versicherungspflicht nachgekommen, entsteht bei Erfüllung der Voraussetzungen – etwa bezüglich der erforderlichen Anzahl minimaler Beitragsjahre – ein Anspruch auf die entsprechenden Versicherungsleistungen. Ausschlaggebend für das Entstehen des Anspruchs ist einzig die Versicherungspflicht und nicht die tatsächliche Bezahlung der Beiträge, die grundsätzlich notfalls noch nachträglich zu bezahlen sind. Der Leistungsbezug gestaltet sich jedoch schwierig, da gemäss Antwort des Bundesrates auf die Interpellation Ruedi Lustenberger (10.3615, «Sans-Papiers mit AHV-Ausweis (2)») dafür ein legaler Aufenthaltsstatus nötig sei, ansonsten keine Leistungen der Sozialversicherung ausbezahlt werden könnten. Eine statuslose Person müsste demnach in der Konsequenz das Land verlassen, um Leistungen zu beziehen. Allerdings werden AHV- und IV-Renten nur dann ins Ausland überwiesen, wenn dies in einem entsprechenden Sozialversicherungsabkommen vorgesehen ist.

1533 Die Anmeldung bei der AHV-Ausgleichskasse und das Ausstellen einer AHV-Nummer ist wiederum nötig für den Abschluss einer Krankenversicherung oder den Bezug von Familienzulagen, auf die auch Sans-Papiers einen Anspruch haben. Gemäss Schätzungen der B,S,S.-Studie von 2015 verfügen gesamtschweizerisch rund ein Viertel der Sans-Papiers über eine AHV-Nummer, in der lateinischen Schweiz sogar jede zweite papierlose Person. Aus Angst vor der Weiterleitung von Informationen durch die AHV-Ausgleichskassen an die Migrationsbehörden dürften dennoch viele Sans-Papiers und deren Arbeitgeberinnen und Arbeitgeber auf eine Anmeldung verzichten.

b) Kranken- und Unfallversicherung

An die Wohnsitznahme in der Schweiz ist nicht nur die Versicherungspflicht 1534
der Alters- und Hinterlassenenversicherung geknüpft, sondern auch die Krankenversicherungspflicht. Mit Art. 3 des Bundesgesetzes über die Krankenversicherung (KVG, SR 832.10) wurde 1996 für alle in der Schweiz wohnhaften Personen ein Krankenversicherungsobligatorium eingeführt. Diesem unterstehen unabhängig von ihrem Anwesenheitsrecht auch Personen, die sich illegal in der Schweiz aufhalten.

Viele Sans-Papiers sind dennoch nicht krankenpflegeversichert. Einerseits er- 1535
scheint ihnen der Abschluss einer Krankenpflegeversicherung als zu riskant. Andererseits nehmen Krankenkassen oft nur sehr widerwillig Sans-Papiers auf. Diesbezüglich hielt das Bundesgericht bereits 1999 in BGE 125 V 76, E. 2a S. 78 fest, dass alle Personen, die ihren Wohnsitz in der Schweiz haben und sich mit der Absicht dauernden Verbleibens hier aufhalten, der Versicherungspflicht unterstehen (bestätigt in BGE 129 V 77). Nicht massgebend sei insbesondere, ob die Person über eine fremdenpolizeiliche Niederlassungs- oder Aufenthaltsbewilligung verfüge. Das Bundesamt für Gesundheit hält in seinen Informationen zur Krankenversicherungspflicht ausdrücklich fest, dass die Versicherer nicht berechtigt sind, Personen anzuzeigen, die sich ohne gültige Aufenthaltsbewilligung in der Schweiz aufhalten (vgl. Art. 33 des Bundesgesetzes über den Allgemeinen Teil des Sozialversicherungsrechts, ATSG, SR 830.1; Art. 84 ff. KVG). Neben der bloss widerwilligen Aufnahme von Sans-Papiers seitens der Krankenversicherer erweist sich ohnehin die Höhe der Krankenkassenprämien für die meisten Sans-Papiers als zu grosse Hürde. Von der Möglichkeit der Beantragung der Prämienverbilligung, auf die auch Sans-Papiers einen Anspruch haben, da Art. 65 KVG allein an das Kriterium der bescheidenen wirtschaftlichen Verhältnisse anknüpft, machen Sans-Papiers zumeist keinen Gebrauch, da ihnen die Gesuchseinreichung und der damit verbundene Behördenkontakt als zu riskant erscheinen.

Nach Art. 1*a* des Bundesgesetzes über die Unfallversicherung (UVG, 1536
SR 832.29) sind alle erwerbstätigen Personen obligatorisch gegen Berufsunfall und -krankheit versichert. Sind Sans-Papiers erwerbstätig, unterstehen sie damit unabhängig von ihrem Aufenthaltsstatus der Versicherungspflicht und haben im Versicherungsfall Anrecht auf entsprechende Leistungen.

1537 Die finanziellen Folgen, die bei Unfall oder Krankheit entstehen, stellen Sans-Papiers aufgrund des zumeist fehlenden Abschlusses einer Krankenpflegeversicherung vor grosse Schwierigkeiten. Um diese abzufedern, können sich papierlose Personen an Kontakt- und Beratungsstellen wenden, die versuchen, sie an – zumeist privat finanzierte – Institutionen zu verweisen, die auch Personen ohne Krankenversicherung behandeln. In Genf etwa versorgt mit der *Consultation ambulatoire mobile de soins communautaires (CAMSCO)* eine staatlich finanzierte Organisation Menschen in prekären finanziellen Umständen auch ohne Krankenversicherung medizinisch.

c) Arbeitslosenversicherung

1538 Unselbstständig erwerbstätige Personen unterstehen nach Art. 2 des Bundesgesetzes über die obligatorische Arbeitslosenversicherung und Insolvenzentschädigung (AVIG, SR 837.0) unabhängig von ihrem Anwesenheitsstatus der Versicherungspflicht. Dieses Obligatorium würde folglich grundsätzlich auch für unselbständig erwerbstätige Sans-Papiers gelten. Da papierlose Personen über keine Arbeitsbewilligung verfügen, sind sie allerdings nicht vermittlungsfähig im Sinne von Art. 8 Abs. 1 lit. f i.V.m. Art. 15 Abs. 1 AVIG, womit ihnen keine Arbeitslosenentschädigung zusteht. Sans-Papiers können sich deshalb nicht gegen das Risiko der Arbeitslosigkeit versichern.

2.4. Sozial- und Nothilfe

1539 Die Schweizer Bundesverfassung garantiert durch die Sozialziele und die sozialen Grundrechte die soziale Sicherheit in der Schweiz. Personen, die in Not geraten und nicht in der Lage sind, für sich selbst zu sorgen, haben unter gegebenen Voraussetzungen Anspruch auf staatliche Leistungen, die in der Schweiz durch die Sozial- und Nothilfe abgedeckt werden. Die Sozialhilfe dient der Existenzsicherung, darüber hinaus sollen aber auch die wirtschaftliche und persönliche Selbstständigkeit der Bezügerinnen und Bezüger sowie deren soziale und berufliche Integration gefördert werden. Demgegenüber beinhaltet die Nothilfe ausschliesslich Leistungen zur Existenzsicherung und ist damit weniger umfassend als die Sozialhilfe. Die Kantone können bei der Ausgestaltung der Sozial- und Nothilfeleistungen Unterscheidungen nach dem Aufenthaltsstatus treffen. Insbesondere ist es zulässig, dass die Leistungen bei Personen ohne Aufenthaltsrecht, bei denen von Vornherein keine Integration angestrebt wird und bei denen Anreize zum Verbleib vermieden werden sollen, tiefer ausfallen (vgl. BGE 131 I 166, E. 8.2 S. 181 ff.).

Sans-Papiers haben aufgrund ihrer fehlenden Anwesenheitsbewilligung keinen Anspruch auf Sozialhilfe, weil sie keinen sogenannten Unterstützungswohnsitz nach Art. 20 des Bundesgesetzes über die Zuständigkeit für die Unterstützung Bedürftiger (ZUG, SR 851.1) begründen können, da dafür bei Ausländerinnen und Ausländern die Ausstellung einer Anwesenheitsbewilligung vorausgesetzt wird (vgl. Art. 4 Abs. 2 ZUG). 1540

Die Nothilfe dagegen stützt sich auf Art. 12 BV und ist in der Praxis für diejenigen Personen relevant, die keinen Anspruch auf Sozialhilfe haben. Sie stellt ein leistungsrechtliches Auffangrundrecht dar, wonach, wer in Not gerät und nicht in der Lage ist, für sich zu sorgen, Anspruch auf Hilfe und Betreuung und auf die Mittel hat, die für ein menschenwürdiges Dasein unerlässlich sind. Das Recht auf Hilfe in Notlagen gilt wegen seines menschenrechtlichen Gehalts nicht nur für schweizerische Staatsangehörige, sondern auch für Ausländerinnen und Ausländer. Irrelevant ist deren aufenthaltsrechtlicher Status, auch illegal Anwesende können sich darauf berufen (BGE 131 I 166, E. 3.1 S. 172). So ist die Nothilfe insbesondere für Asylbewerberinnen und -bewerber mit rechtskräftigem Nichteintretens- oder Wegweisungsentscheid von Bedeutung (siehe vorne Rz. 1457) und steht auch Sans-Papiers zu. Nothilfe beantragen in aller Regel allerdings nur papierlose Personen, die als Asylsuchende in die Schweiz eingereist und deshalb den Behörden bereits bekannt sind. Für sie gilt der Ausschluss von der Sozialhilfe gemäss Art. 82 Abs. 1 AsylG, sie erhalten auf Ersuchen hin Nothilfe. Bei den anderen Sans-Papiers ist die Angst zu gross, bei der Beantragung von Nothilfe ihre Anonymität aufzugeben. Dies hat insbesondere während der ersten Infektionswellen der Covid-19-Pandemie, in der viele Sans-Papiers ihre Stellen verloren haben, in mehreren Städten zu grossem Andrang bei Lebensmittelverteilungen durch Hilfsorganisationen oder Privatpersonen geführt. 1541

Materiell ist die Nothilfe weit weniger umfangreich als die Sozialhilfe, indem von staatlicher Seite nur die grundlegendsten menschlichen Bedürfnisse zur Existenzsicherung gedeckt werden müssen. Dazu gehören eine Schlafstelle sowie lebensnotwendige Naturalien wie Essen, Kleidung oder Hygieneprodukte. Die Ausgestaltung der Nothilfe obliegt den Kantonen, wobei sie je nach Kanton stark variiert (siehe vorne Rz 1457). Denkbar sind etwa Schlafplätze in Notschlafstellen oder Gutscheine, die bei einer bestimmten Lebensmittelgeschäftskette eingelöst werden können. Der Wert der Gutscheine oder der finanziellen Unterstützung bewegt sich je nach Kanton etwa zwischen CHF 8 bis 10 pro Person und Tag. 1542

2.5. Eheschliessung

a) Nachweis des rechtmässigen Aufenthaltes

1543 Personen ohne Anwesenheitsrecht in der Schweiz, die Schweizer Staatsangehörige oder legal in der Schweiz anwesende Ausländerinnen oder Ausländer heiraten, sehen sich dem Verdacht ausgesetzt, die Ehe nur einzugehen, um ihren Aufenthalt in der Schweiz zu legalisieren. Die parlamentarische Initiative 05.463 «Scheinehen unterbinden» von Toni Brunner griff diese Bedenken auf und zielte auf eine umfassende Verhinderung von Umgehungs- oder Scheinehen. In der Folge wurde auf diesen Anstoss mit der sogenannten «Lex Brunner» das ZGB revidiert. Seit der am 1. Januar 2011 in Kraft getretenen Änderung des ZGB müssen alle heiratswilligen ausländischen Staatsangehörigen nach Art. 98 Abs. 4 ZGB (AS 2010 3057) während der Dauer des Ehevorbereitungsverfahrens ihren rechtmässigen Aufenthalt in der Schweiz nachweisen. Bereits zuvor verfügten Zivilstandsbeamtinnen und Zivilstandsbeamte über die Kompetenz, nach Art. 97*a* ZGB nicht auf Gesuche um Durchführung des Vorbereitungsverfahrens einzutreten, «wenn die Braut oder der Bräutigam offensichtlich keine Lebensgemeinschaft begründen, sondern die Bestimmungen über Zulassung und Aufenthalt von Ausländerinnen und Ausländern umgehen will» (vgl. auch die analoge Regelung im aufgehobenen Art. 6 Abs. 2 PartG für die per 1. Juli 2022 nicht mehr mögliche Neueintragung der gleichgeschlechtlichen Partnerschaft). Die Lex Brunner führte insoweit zu einer Verschärfung, indem ausländische Verlobte zusätzlich während des Vorbereitungsverfahrens ihren rechtmässigen Aufenthalt in der Schweiz nachweisen müssen. Dadurch können Personen ohne gültigen Aufenthaltsstatus grundsätzlich nicht in der Schweiz heiraten.

1544 In Präzisierung dieser Bestimmungen enthält die Zivilstandsverordnung (ZStV, SR 211.112.2) Vorgaben zum Vorgehen bei Vorliegen eines Verdachts auf eine Scheinehe. Die Zivilstandsbeamtin oder der Zivilstandsbeamte hört die Verlobten nach Art. 74*a* Abs. 2 und 3 ZStV grundsätzlich einzeln an, wenn Anhaltspunkte für eine beabsichtigte Umgehung der Bestimmungen über die Zulassung und Aufenthalt bestehen, und fordert die Akten der zuständigen Ausländerbehörden an. Hegt das Zivilstandsamt den Verdacht, dass die Tatsachen auf eine Scheinehe hindeuten, hat es dies dem zuständigen Migrationsamt zu melden. So statuiert Art. 99 Abs. 4 ZGB (vgl. auch den per 1. Juli 2022 aufgehobenen Art. 6 Abs. 4 PartG) eine Pflicht des Zivilstandsamtes, den zuständigen Migrationsbehörden die Identität von Verlobten, die ihren rechtmässigen Aufenthalt in der Schweiz nicht nachgewiesen haben, mitzuteilen (vgl. Art. 74*a* Abs. 7 ZStV sowie Art. 82*a* VZAE).

b) Recht auf Ehe

Diese im Zuge der Lex Brunner eingeführten Bestimmungen tangieren das Recht auf Ehe (Art. 14 BV, Art. 12 EMRK), das Recht auf eheliches Zusammenleben und das Familienleben (Art. 13 Abs. 1 BV, Art. 8 EMRK). Als Grundrechtseingriff müssen gestützt darauf getroffene Entscheide daher die entsprechenden Eingriffsvoraussetzungen erfüllen und insbesondere verhältnismässig sein. Die Entscheide der Zivilstandsbehörden müssen gestützt auf eine Einzelfallprüfung gefällt werden, die das verfassungsmässig garantierte Recht auf Ehe und Familienleben sowie auf Schutz der Privatsphäre miteinbeziehen. Insbesondere dürfen die Bestimmungen nicht zu unüberwindbaren Hindernissen für die Eheschliessung führen (vgl. BBl 2008 2481, S. 2483). Zu beachten sind zudem die durch die Rechtsprechung des EGMR gemachten Vorgaben (EGMR, *O'Donoghue et al. gegen das Vereinigte Königreich*, Nr. 34848/01, Urteil vom 14. Dezember 2010, Ziff. 88, 91 f.). Demnach sind Staaten berechtigt, Massnahmen gegen das Eingehen von Scheinehen zu treffen, die die Umgehung von ausländerrechtlichen Bestimmungen bezwecken. Diese Massnahmen dürfen es einzelnen Personen oder einer Bevölkerungsgruppe jedoch nicht verunmöglichen, eine Ehe einzugehen, wenn dies zu einem faktischen Heiratsverbot führen würde. Die Behörden müssen daher in jedem Einzelfall prüfen, ob ein aufrichtiger Heiratswille vorliegt. Insbesondere genügt damit eine Beschränkung auf die Prüfung des Vorhandenseins eines gültigen Aufenthaltstitels ohne Einbezug der weiteren Gründe für die Eheschliessung nicht. 1545

Mit BGE 137 I 351 (bestätigt in BGE 138 I 41 und BGE 139 I 37) anerkannte das Bundesgericht, dass die Lex Brunner unter Umständen einen Eingriff in das Recht auf Eheschliessung darstellen könne. So befand es im Fall zweier ehewilliger kamerunischer Staatsangehöriger, dass die Behörden trotz des Status des Verlobten als abgewiesener Asylbewerber auf das Gesuch um Durchführung des Ehevorbereitungsverfahrens einzutreten hätten. Im Hinblick auf die Heirat sei die Migrationsbehörde gehalten, dem Verlobten einen provisorischen Aufenthaltstitel auszustellen, sofern keine Anzeichen für einen Rechtsmissbrauch vorliegen und klar erscheine, dass der Betroffene – einmal verheiratet – die Zulassungsvoraussetzungen für einen rechtmässigen Aufenthalt in der Schweiz erfüllen werde. Die Ausstellung eines provisorischen Aufenthaltstitels erlaubt den Betroffenen, der Voraussetzung des Nachweises des rechtmässigen Aufenthalts nach Art. 98 Abs. 4 ZGB nachkommen zu können. Die Voraussetzungen für die Erteilung eines provisorischen Aufenthaltstitels sind jedoch streng, insbesondere dürfen keine Hinweise auf Rechtsmissbrauch vorliegen und die Heiratsabsichten müssen ehrlich und echt sein. 1546

2.6. Rechtsdurchsetzung

1547 Individuelle Rechte bleiben wirkungslos, wenn sie nur auf dem Papier bestehen, rechtlich aber nicht durchgesetzt werden können. Der rechtsgleiche Zugang zur Justiz ist deshalb ein zentrales Element in einem Rechtsstaat (vgl. Art. 29 und 29*a* BV). Zwar stellen weder die Schweizerische Zivilprozessordnung (ZPO, SR 272) noch die Strafprozessordnung (StPO, SR 312.0) oder die Verwaltungsrechtspflegegesetze der Kantone und des Bundes Hürden für den Gerichtszugang für Personen mit ungeregeltem Aufenthaltsstatus auf. Allerdings bestehen zumindest mittelbare Einschränkungen des Rechts auf Justizzugang, wenn Sans-Papiers fürchten müssen, bei der Geltendmachung ihrer Rechte und der Offenlegung ihrer Anwesenheit und Identität eine Weg- oder Ausweisung zu riskieren. Wenn damit gerechnet werden muss, dass eine angerufene Behörde Daten ans Migrationsamt weiterleitet, wird eine papierlose Person darauf verzichten, beispielsweise um Prämienverbilligungen zu ersuchen. Zur Wahrung des Rechts von Sans-Papiers auf Justizzugang sollte daher der Aufenthaltsstatus in Verfahren mit Beteiligten ohne Anwesenheitsberechtigung nicht offengelegt werden müssen. Werden jedoch Daten über den Aufenthaltsstatus erhoben, bearbeitet oder gar an andere Behörden weitergegeben, ist hierfür eine genügende formellgesetzliche Grundlage nötig. Die Schweizer Rechtsordnung sieht namentlich ausländerrechtliche Melde- oder strafrechtliche Anzeigepflichten vor.

1548 Eine gesetzliche Grundlage ist bezüglich der Bekämpfung von Schwarzarbeit in Art. 11 f. BGSA enthalten. Diese verpflichtet gewisse in Art. 11 Abs. 1 BGSA genannte Behörden – jene in Sachen Arbeitsinspektion, Arbeitsmarkt und Arbeitslosenversicherung, Beschäftigung, Sozialhilfe, Polizei, Flüchtlingswesen, Ausländerpolizei, Einwohnerkontrolle, Zivilstand und Steuerwesen sowie das Grenzwachtkorps – zur Information der kantonalen Kontrollorgane zur Bekämpfung von Schwarzarbeit, wenn sie Anhaltspunkte für das Vorliegen von Schwarzarbeit haben (Art. 11 Abs. 2 BGSA). Sie können darüber hinaus auch die Asyl- und Ausländerbehörden informieren, wenn Anhaltspunkte dafür vorliegen, dass bei der Ausübung einer Erwerbstätigkeit das Sozialversicherungs-, Ausländer- oder Quellensteuerrecht missachtet wurde beziehungsweise wird (Art. 12 Abs. 3 i.V.m. Art. 11 BGSA und Art. 12 Abs. 4 lit. e BGSA). Nach Art. 12 Abs. 2 BGSA haben schliesslich die für die Arbeitslosenversicherung sowie die für den Vollzug der Sozialversicherungsgesetzgebung zuständigen Behörden die Ergebnisse ihrer Kontrollen den Asyl- und Ausländerbehörden bekanntzugeben, wenn sie feststellen, dass Sozialversicherungsbeiträge nicht entrichtet wurden und sich nicht sogleich ergibt, dass der Aufenthalt der betroffenen Person mit den geltenden Bestimmungen übereinstimmt.

Eine sehr umfassende gesetzliche Grundlage, die breiter formuliert ist als das auf den Themenbereich der Schwarzarbeit beschränkte BGSA, enthält Art. 97 AIG. Die Bestimmung wird ergänzt durch Art. 82 Abs. 1 und 2 VZAE. Demnach sind die Polizei- und Gerichtsbehörden sowie Strafuntersuchungsbehörden verpflichtet, der kantonalen Migrationsbehörde unaufgefordert die Anhebung und Einstellung von Strafuntersuchungen, Verhaftungen und Entlassungen sowie zivil- und strafrechtliche Urteile mitzuteilen, soweit Ausländerinnen und Ausländer davon betroffen sind. Ebenfalls unaufgefordert sind der kantonalen Ausländerbehörde nach Art. 82*a* VZAE Eheschliessungen, Verweigerungen der Eheschliessung, Ungültigerklärungen sowie Trennungen und Scheidungen von Ausländerinnen und Ausländern zu melden. In Art. 82*b* ff. VZAE werden weitere Meldepflichten statuiert. Die Befolgung dieser Meldepflichten steht potenziell in Konflikt mit der Durchsetzung von Grundrechten der betroffenen Sans-Papiers. Mit der sehr weit gefassten Formulierung von Art. 97 AIG und Art. 82 VZAE kann bei Kontakten mit Behörden und Gerichten nicht ausgeschlossen werden, dass Informationen an die zuständigen Migrationsämter weitergegeben werden. Es ist deshalb zu fordern, dass vor der Weitergabe von persönlichen Daten im Einzelfall im Rahmen der Verhältnismässigkeitsprüfung eine Interessenabwägung stattfindet, anhand derer abgewogen wird, ob die Meldung der Personendaten an die Migrationsbehörden mit den sich daraus ergebenden Konsequenzen für die betroffene papierlose Person und deren Anwesenheit in der Schweiz gerechtfertigt ist. Entsprechend hält Art. 82*e* Abs. 2 VZAE zur Wahrung der Rechte unter Art. 19 BV denn auch fest, dass die Meldepflicht über den definitiven Schulausschluss von ausländischen Schülerinnen und Schülern sich nicht auf Kinder ohne rechtmässigen Aufenthalt in der Schweiz erstreckt. 1549

3. Papierlose Kinder und Jugendliche

3.1. Zivilstandsrechtliche Fragen

Papierlose Kinder und Jugendliche stellen die schweizerische Rechtsordnung vor eine Reihe besonderer Probleme. Delikat sind etwa Fragen des Sorgerechts oder Unterhalts, da bei der Anrufung von Behörden oder Gerichten bedacht werden muss, dass die Anonymität aufgegeben wird. Auch die Eintragung der Geburt eines Kindes in das Zivilstandsregister nach Art. 39 Abs. 2 ZGB stellt Sans-Papiers vor praktische Hürden, wenn sie keine Identitätspapiere vorweisen können. Dies wiederum hat direkte Auswirkungen auf die rechtliche Stellung des betroffenen Kindes, da der Registereintrag und eine Geburtsurkunde Anknüpfungspunkt oder Voraussetzung ist für die rechtliche Handlungsfähigkeit oder allfällige Ehehindernisse. Als Ausfluss des Rechtes auf Privatleben (Art. 8 EMRK, Art. 17 UNO-Pakt II) und auf eigene Identität sowie auf Aner- 1550 kennung der Rechtsfähigkeit stellt der Geburtsregistereintrag einen grundrechtlich geschützten Anspruch dar. Ähnliche Fragen stellen sich bei der Eintragung einer Vaterschaftsanerkennung, wenn der Vater sich als papierlose Person nicht oder nur ungenügend ausweisen kann. Die grundrechtliche Wichtigkeit von Zivilregistereinträgen gebietet eine kostengünstige, effektive und unbürokratische Registrierung zivilstandsrechtlicher Ereignisse (vgl. Art. 7 KRK), weshalb eine Eintragung in Ausnahmefällen auch mit unvollständigen Personenstandsdaten erfolgen können muss, wenn diese nicht oder nur mit unverhältnismässigem Aufwand zu beschaffen sind (vgl. diesbezüglich Art. 15*a* Abs. 4 ZStV).

3.2. Ausbildung

a) Recht auf Grundschulunterricht

1551 Nach Art. 19 BV haben Kinder in der Schweiz Anspruch auf ausreichenden und unentgeltlichen Grundschulunterricht. Dieser Anspruch besteht unabhängig vom Aufenthaltsstatus der betroffenen Kinder. Entsprechende Garantien enthalten mit dem Recht auf Bildung auch Art. 13 UNO-Pakt I sowie Art. 28 KRK, wonach neben dem Grundschulunterricht weiterführende Schulen allgemein- und berufsbildender Art und – entsprechend den jeweiligen Fähigkeiten – Hochschulen allen Kindern diskriminierungsfrei verfügbar und zugänglich zu machen sind. Die Schweizerische Erziehungsdirektorenkonferenz hält die Schulbehörden an, Kinder unabhängig von ihrem Aufenthaltsstatus einzuschulen. Im Rahmen der obligatorischen Schulpflicht sind Eltern im Übrigen verpflichtet, ihre Kinder einschulen zu lassen. Von Seiten papierloser Personen bestehen aufgrund der Angst der Aufdeckung ihres illegalen Aufenthaltsstatus dennoch gewisse Bedenken. Immerhin kam die Eidgenössische Kommission für Migrationsfragen in ihrer Studie zum Leben als Sans-Papiers in der Schweiz im Jahr 2010 zum Schluss, dass der Zugang zur obligatorischen Schule mittlerweile grundsätzlich in der ganzen Schweiz gewährleistet ist, wobei sich die Ausgestaltung der administrativen Prozesse zur Einschulung von Kanton zu Kanton unterscheidet. Der Anspruch auf Grundschulunterricht, der unabhängig vom ausländerrechtlichen Status des schulpflichtigen Kindes ist, scheint somit in der Schweiz grundsätzlich unumstritten (trotz bisweiliger gegenteiliger Tendenzen wie sie in der letztlich zurückgezogenen Motion 18.3005 mit dem Titel «Für eine kohärente Gesetzgebung zu Sans-Papiers" erkennbar wurden, in der mitunter ein erleichterter Datenaustausch zwischen staatlichen Stellen, insbesondere auch beim Schulbesuch, gefordert wurde). Auch der Besuch eines Gymnasiums steht jugendlichen Sans-Papiers in der Schweiz grundsätzlich offen, obwohl dieser als post-obligatorisches Ausbildungsangebot nicht mehr vom Schutzbereich von Art. 19 BV erfasst ist.

b) Berufslehre

Nach der obligatorischen Schulzeit, die in der Schweiz mittlerweile grundsätzlich allen Kindern unabhängig von deren Aufenthaltsstatus offensteht, bleibt jugendlichen Sans-Papiers nach Beendigung des Grundschulunterrichts oder nach allfällig absolvierten weiterführenden Schulen oft nur der Antritt einer Arbeitsstelle ohne Arbeitsbewilligung, mit anderen Worten die Schwarzarbeit. Auch eine Immatrikulation an einer Universität ist ohne das Vorweisen einer nötigen Aufenthaltsbewilligung nicht immer oder nur nach Bewältigung von administrativen Schwierigkeiten möglich. Immerhin unterliegen der Besuch eines Gymnasiums oder einer Hochschule respektive einer Universität keiner Bewilligung, da damit keine Arbeitstätigkeit verbunden ist. 1552

Anders sieht dies bei einer Berufslehre aus: Für den Abschluss eines Lehrvertrags ist eine Arbeits- und damit eine Aufenthaltsbewilligung nötig. Um jugendlichen Sans-Papiers, die keine universitäre Ausbildung anstreben, dennoch eine Perspektive zu bieten, trat 2013 – auf Anstoss durch die Motion 08.3616 «Jugendlichen ohne gesetzlichen Status eine Berufslehre ermöglichen» – Art. 30*a* VZAE in Kraft. Die Bestimmung bezweckt, jugendlichen Sans-Papiers ohne gültigen Anwesenheitstitel nach Absolvieren ihrer Grundschulbildung in der Schweiz den Zugang zu einer Berufslehre zu eröffnen, um der Diskriminierung von Lehrlingen gegenüber Mittelschülerinnen und Mittelschülern zu begegnen. Demnach können Sans-Papiers eine befristete Aufenthaltsbewilligung beantragen, um eine Berufslehre zu absolvieren. Vorausgesetzt wird dabei nach Art. 30*a* Abs. 1 VZAE: 1553

- ein ununterbrochener, mindestens fünfjähriger Besuch einer obligatorischen Schule in der Schweiz, wobei das Gesuch höchstens zwölf Monate nach Schulabschluss eingereicht werden kann (lit. a);
- ein Gesuch der zukünftigen Arbeitgeberin oder des zukünftigen Arbeitgebers nach Art. 18 lit. b AIG um Bewilligung der unselbstständigen Erwerbstätigkeit (lit. b);
- die Einhaltung der orts-, berufs- und branchenüblichen Lohn- und Arbeitsbedingungen nach Art. 22 AIG (lit. c);
- die Erfüllung der Integrationskriterien nach Art. 58*a* Abs. 1 AIG (lit. d);
- sowie die Offenlegung der Identität der gesuchstellenden Jugendlichen (lit. f).

Die Eltern und Geschwister der gesuchstellenden Person können nach Art. 30*a* Abs. 3 VZAE ebenfalls eine Aufenthaltsbewilligung beantragen, wenn sie die Bedingungen der Härtefallklausel nach Art. 31 VZAE (siehe vorne Rz. 544 ff.) 1554 erfüllen (zur differenzierten Beurteilung von Härtefallgesuchen mehrerer Familienmitglieder, unter anderem gestützt auf Art. 30*a* VZAE, siehe BVGE 2020 VII/4; BVGer, F-6330/2019, 28. April 2021).

1555 Zwischen dem Inkrafttreten von Art. 30*a* VZAE im Februar 2013 bis 2020 sind nach Angaben des Bundesrates lediglich 61 Gesuche beim SEM eingegangen, obwohl die EKM davon ausgeht, dass jährlich rund 200 bis 400 jugendliche Sans-Papiers eine Lehre antreten könnten. Die tiefe Zahl der tatsächlich eingereichten Gesuche liegt möglicherweise darin begründet, dass die Behörden aufgrund der Kann-Formulierung nicht verpflichtet sind, bei Erfüllen der Voraussetzungen eine Bewilligung zu erteilen; dasselbe gilt für die Familienangehörigen der Gesuchstellerinnen und Gesuchsteller. Die Bestimmung räumt den zuständigen Behörden einen erheblichen Ermessensspielraum ein. Auch das Erfordernis der Offenlegung der Identität kann ein zu grosses Hindernis bedeuten. Schliesslich kann auch die Notwendigkeit, dass eine Arbeitgeberin oder ein Arbeitgeber ein Gesuch um Bewilligung der unselbstständigen Erwerbstätigkeit stellen muss, wegen des Zusatzaufwands für den Lehrbetrieb eine zu grosse Hemmschwelle für die Anstellung von jugendlichen Sans-Papiers darstellen.

1556 Im Juni 2022 hat der Nationalrat trotz ablehnender Haltung des Bundesrates die Motion 22.3392 «Erweiterte Härtefallregelung zum Zugang zu beruflichen Ausbildungen» angenommen, die einen erleichterten Zugang zur beruflichen Ausbildung für abgewiesene Asylsuchende und Sans-Papiers fordert. So soll die Option geprüft werden, den Zugang zur Berufslehre auch jungen Menschen zu ermöglichen, die die obligatorische Schule in der Schweiz weniger als zwei Jahre oder gar nicht besucht haben. Auch soll die Einreichung von anonymisierten Gesuchen in Betracht gezogen werden. Der Nationalrat strebt mit der vorgeschlagenen offeneren Regelung nicht nur eine Verbesserung der Situation der betroffenen Jugendlichen an, sondern verfolgt damit auch wirtschaftliche Interessen, weil die Nachfrage nach Lehrlingen gross sei.

4. Regularisierung des Aufenthaltes

1557 Sans-Papiers verstossen gegen die ausländerrechtlichen Vorschriften und halten sich illegal in der Schweiz auf. Damit stellen sie den Rechtsstaat bei Gesuchen um Legalisierung oder Regularisierung ihres Aufenthalts vor ein Dilemma, da der Staat grundsätzlich dafür zu sorgen hat, das Ausländer- und Asylrecht durchzusetzen. Demgegenüber stehen grund- und menschenrechtliche Garantien oder andere humanitäre Gründe, die wie etwa bei der Härtefallregelung für eine Regularisierung sprechen, da die Durchsetzung des Ausländer- und Asylrechts zu einer übertriebenen, unverhältnismässigen Härte führen würde. Die Rechtsprechung des EGMR leitet aus Art. 8 EMRK denn auch eine positive Pflicht der Mitgliedstaaten ab, effektive und zugängliche Verfahren vorzusehen, die einer ausländischen Person erlauben, ihren Status im besagten Land zu klären (EGMR, *Sudita Keita gegen Ungarn*, Nr. 42321/15, Urteil vom 12.5.2020, Ziff. 32). Die Schweizer Rechtsordnung sieht gewisse Möglichkeiten zur Regularisierung des Aufenthaltsstatus vor, die papierlosen Personen zu einem Aufenthaltstitel verhelfen können. Dabei steht die sogenannte Härtefallregelung im Vordergrund. Kollektive Regularisierungen für Sans-Papiers im Sinne von eigentlichen Amnestien sind hingegen nicht vorgesehen.

a) Härtefallregelung

Zur Legalisierung des Aufenthaltsstatus von papierlosen Personen auf Basis 1558
eines Härtefallgesuches kommen verschiedene Härtefallregelungen infrage. Es ist dies einerseits **Art. 30 Abs. 1 lit. b AIG**, wonach bei Vorliegen eines schwerwiegenden persönlichen Härtefalles von den Zulassungsvoraussetzungen zu einem Aufenthalt in der Schweiz abgewichen werden kann (siehe dazu die Ausführungen zur Härtefallpraxis vorne Rz. 542 ff.).

Härtefallgesuche von Personen mit einer vorläufigen Aufnahme, die sich seit 1559
mehr als fünf Jahren in der Schweiz aufhalten, werden nach **Art. 84*a* Abs. 1 AIG** (vormals Art. 85 Abs. 5 AIG, Änderung von der Bundesversammlung am 17. Dezember 2021 beschlossen, BBl 2021 2999, Datum der Inkraftsetzung bis zur Abgabe dieses Manuskriptes noch nicht bekannt) unter Berücksichtigung der Integration, der familiären Verhältnisse und der Zumutbarkeit einer Rückkehr in den Herkunftsstaat geprüft (siehe vorne Rz. 552).

Schliesslich enthält auch das Asylgesetz mit Art. 14 Abs. 2 eine Härtefallrege- 1560
lung. **Art. 14 Abs. 2 AsylG** ist für diejenigen Personen einschlägig, die ein Asylgesuch gestellt haben und zwar unabhängig vom Stand des Asylverfahrens auch für papierlose Personen, deren Asylgesuche rechtskräftig abgelehnt wurden oder deren Ausreisefrist abgelaufen ist (siehe vorne Rz. 554). Demnach kann ein Kanton mit Zustimmung des SEM eine Aufenthaltsbewilligung erteilen, wenn

- die betroffene Person sich seit Einreichung des Asylgesuches mindestens fünf Jahre in der Schweiz aufhält (lit. a);
- der Aufenthaltsort der betroffenen Person den Behörden immer bekannt war (lit. b);
- wegen der fortgeschrittenen Integration ein schwerwiegender persönlicher Härtefall vorliegt (lit. c);
- und keine Widerrufsgründe nach Art. 62 Abs. 1 AIG vorliegen (lit. d).

1561 Die VZAE enthält in Art. 31 die Kriterien, die für die Beurteilung massgebend sind, ob ein schwerwiegender persönlicher Härtefall vorliegt. Zu beachten sind demnach insbesondere die Integration, die Respektierung der Rechtsordnung, die Familienverhältnisse, die Teilnahme am Wirtschaftsleben, die Dauer der Anwesenheit in der Schweiz, der Gesundheitszustand und die Möglichkeiten für eine Wiedereingliederung im Herkunftsstaat (siehe vorne Rz. 544 ff.).

1562 Zu erwähnen ist schliesslich, dass laut bundesgerichtlicher Rechtsprechung unter ausserordentlichen Umständen, namentlich bei besonders intensiven, über eine normale Integration hinausgehenden privaten Bindungen gesellschaftlicher oder beruflicher Natur eine Legalisierung des Aufenthaltes auch direkt gestützt auf Art. 8 EMRK (Schutz des Privat- und Familienlebens) infrage kommt (vgl. BGE 144 I 266, E. 3.4 S. 273; siehe auch BGE 147 I 268, E. 1.2.4 und 1.2.5. S. 271 f.). Die Voraussetzungen zur Annahme einer solchen besonders intensiven Integration sind jedoch sehr hoch angesetzt. Eine lange Anwesenheit und die damit verbundene gewöhnliche Integration reichen nicht aus. Erschwerend hinzu kommt, dass der Dauer des illegalen Aufenthaltes nach der ständigen Praxis des Bundesgerichts kein besonderes Gewicht beigemessen wird. Diese wird damit nicht oder nur sehr beschränkt in die Interessenabwägung miteinbezogen (vgl. BGE 137 II 1, E. 4.3 S. 8 f.; BGer, 2C_1051/2021, 11. März 2022, E. 6.2.). Für Sans-Papiers gestalten sich Bemühungen zu der verlangten ausserordentlichen Integration und dem damit verbundenen Aufbau von entsprechenden privaten Bindungen gesellschaftlicher oder beruflicher Natur aufgrund ihres irregulären, unsicheren Aufenthaltsstatus besonders schwierig.

1563 Sowohl bei Härtefallgesuchen nach AIG als auch nach AsylG prüft zuerst der Wohnsitzkanton die Dossiers der betroffenen Personen. Ist er der Ansicht, dass die Kriterien zur Annahme eines Härtefalles erfüllt sind, leitet er das Gesuch zur Prüfung an das SEM weiter, das seine Zustimmung erteilen muss (Art. 99 AIG i.V.m. Art. 85 VZAE und Art. 5 lit. d Verordnung des EJPD vom 13. August 2015 über die dem Zustimmungsverfahren unterliegenden ausländerrechtlichen Bewilligungen und Vorentscheide, SR 142.201.1). Der Entscheid des SEM, nicht aber derjenige des Kantons, kann beim Bundesverwaltungsgericht angefochten werden. Eine Beschwerde ans Bundesgericht ist aufgrund der Ausnahmebestimmung von Art. 83 lit. c Ziff. 3 BGG ausgeschlossen.

1564 Härtefallgesuche zur Legalisierung sind somit immer Einzelfallentscheide, in denen – zunächst auf Kantonsebene – die Prüfung der konkreten Umstände der Gesuchstellerin oder des Gesuchstellers ausschlaggebend sind. Die Voraussetzungen zur Annahme eines persönlichen Härtefalles sind streng, durch das Stellen eines Gesuches aufgrund der Härtefallklausel geben die Gesuchstellerin oder der Gesuchsteller zudem ihre Anonymität auf. Die grössten Chancen auf Erfolg haben Familien, die schon lange in der Schweiz leben und die Kinder haben, die in der Schweiz die öffentliche Schule besuchen. Die Kantone verfügen über einen erheblichen Ermessensspielraum in der Entscheidung, ob sie die Gesuche weiterleiten oder nicht, was zu problematischen Unterschieden in der Beurteilung führen kann. Ansatzpunkte, die soeben beschriebene restriktive Zuwanderungspolitik gegenüber Sans-Papiers zu flexibilisieren, liegen vor allem beim Ermessen der Behörden, indem etwa die Bewilligungspraxis bei den Härtefallgesuchen oder bei der Legalisierung von Sans-Papiers gestützt auf Art. 8 EMRK grosszügiger gehandhabt werden könnte, im Speziellen auch bei der Berücksichtigung der Anwesenheitsdauer. Denkbar ist auch eine Neuinterpretation der in Art. 23 Abs. 1 AIG enthaltenen Regelung, wonach Bewilligungen zur Ausübung einer Erwerbstätigkeit bei Drittstaatsangehörigen nur an qualifizierte Arbeitskräfte erteilt werden. Der Begriff der qualifizierten Arbeitskräfte liesse sich durchaus dahingehend interpretieren, dass auch Qualifikationen im Bereich der Hausarbeit, der Pflege oder der Bautätigkeit darunterfallen.

Die kantonalen Praxen sind sehr unterschiedlich, was sich auch in den Zahlen 1565 der Ausländerstatistik des SEM über die jährlich genehmigten Härtefallgesuche niederschlägt. So ist bei den Härtefallgesuchen nach Art. 30 Abs. 1 lit. b AIG seit 2010 ein Anstieg der Gesuchseingänge zu verzeichnen, wofür hauptsächlich die beiden Westschweizer Kantone Genf und Waadt verantwortlich sind, die im Vergleich zu den anderen Kantonen überdurchschnittlich viele Gesuche weiterleiten.

Im Jahr 2021 wurden insgesamt 1'708 Härtefallgesuche nach Art. 30 Abs. 1 1566 lit. b AIG gutgeheissen und 15 abgelehnt. Der Kanton Genf ist dabei Spitzenreiter mit 1'582 an das SEM weitergeleiteten Gesuchen, Waadt hat deren 90, andere Kantone haben zwischen keinem bis maximal zehn Gesuchen weitergeleitet. Hinzu kamen insgesamt 17 gutgeheissene Gesuche für Bewilligungen an Personen zur beruflichen Grundbildung nach Art. 30*a* VZAE. Ähnlich sah es 2020 mit total 1'366 gutgeheissenen und zehn abgelehnten Gesuchen aus. Auch hier schwingt Genf mit 1'258 Gesuchen obenauf, Waadt folgte mit 78 weitergeleiteten Gesuchen.

An vorläufig aufgenommene Personen wurden 2021 insgesamt 4'376 Bewilli- 1567 gungen nach Art. 84 Abs. 5 AIG erteilt, während sechs abgewiesen wurden. Der Kanton Zürich hatte dem SEM 920 Gesuche weitergeleitet, Bern 775 und Aargau 443. Im Jahr 2020 belief sich die Gesamtzahl von genehmigten Gesuchen an vorläufig Aufgenommene auf 2'835. Acht Gesuche wurden abgelehnt. Die meisten genehmigten Gesuche stammten aus dem Kanton Zürich (632), gefolgt von 419 Gesuchen aus Bern und 383 aus dem Kanton Aargau.

Die Zahlen für die Härtefallgesuche nach Art. 14 Abs. 2 AsylG sind deutlich 1568 tiefer. So wurden im Jahr 2021 total 159 Gesuche gutgeheissen, während 24 abgelehnt wurden. Aus dem Kanton Zürich stammten 36 weitergeleitete Gesuche, Bern leitete 28 weiter, gefolgt vom Kanton Aargau mit 19 Gesuchen. Im

Jahr 2020 wurden insgesamt 151 Gesuche gutgeheissen und 26 abgelehnt. Die meisten Gesuche leiteten die Kantone Zürich (65) und St. Gallen (25) weiter.

b) Kollektive Regularisierung

1569 Der einzelfallbezogenen Prüfung auf kantonaler Ebene und Bundesebene stehen kollektive Regularisierungen entgegen. Solche wurden beispielsweise von den europäischen Ländern Spanien, Italien, Frankreich, Griechenland, Polen und Ungarn und auch anderen Staaten wie den USA, Neuseeland, Argentinien und Brasilien ergriffen. Bei kollektiven Regularisierungsaktionen wird der Aufenthaltsstatus von papierlosen Personen legalisiert, welche die von dem durchführenden Staat verlangten Kriterien wie etwa die wirtschaftliche Selbsterhaltungsfähigkeit oder die soziale Integration erfüllen.

1570 Bestrebungen für kollektive Regularisierungen gab und gibt es auch in der Schweiz. Auf Bundesebene ist die letztlich abgeschriebene Interpellation 15.3738 «Status der 100'000 Sans-Papiers verbessern und ihr Potenzial besser nutzen» zu erwähnen, worin die Prüfung einer generellen Überführung von Sans-Papiers in einen «geregelten Arbeits- und Aufenthaltsstatus» gefordert wurde. Der Bundesrat steht der Forderung nach einer kollektiven Regularisierung oder Amnestie damals wie heute, wie er zuletzt in seinem Bericht von 2020 zum Postulat 18.3381 darlegt, ablehnend gegenüber. Auf kantonaler Ebene sorgte insbesondere das Anfang 2005 von der Genfer Regierung an das damalige Bundesamt für Migration überwiesene Gesuch für Aufsehen, 5'000 Hausangestellten eine Aufenthaltsbewilligung erteilen zu dürfen. Das Gesuch wurde abgelehnt. Statt einer kollektiven Regularisierung erfolgte eine Härtefallprüfung jedes einzelnen Gesuches.

1571 Einen neuen Anlauf startete der Kanton Genf im Februar 2017 mit der sogenannten *Opération Papyrus*. Diese basiert auf geltendem Recht und stellt insofern keine Massnahme einer kollektiven Regularisierung dar; sämtliche Gesuche müssen einzeln geprüft und zur Genehmigung an das SEM weitergeleitet werden. Dennoch ist das Genfer Vorgehen präzedenzlos, da der Kanton potenzielle Gesuchstellerinnen und Gesuchsteller sehr offensiv informiert, zur Gesuchstellung ermuntert und gleich mehrere hundert Härtefallgesuche pro Jahr weiterleitet. Mit der *Opération Papyrus* gehen zudem flankierende Massnahmen wie Kontrollen in der Hausarbeitsbranche und Integrationsprogramme einher. Damit sollen Schwarzarbeit bekämpft und Leistung von Steuern und Beiträgen an die Sozialwerke gefördert werden. Die Aktion wurde nur bis Ende 2018 weitergeführt, wirkt sich aber immer noch aus, da das SEM auch in den Jahren 2020 und 2021 Gesuche beurteilt hat, die im Rahmen von *Papyrus* eingereicht worden waren. Die nach Abschluss des Projekts in Genf eingereichten und ans SEM weitergeleiteten Gesuche sind zudem weiterhin hoch.

§ 11 Bürgerrecht

Literatur: ACHERMANN ALBERTO, Kurzgutachten zum Entzug des Bürgerrechts nach Artikel 48 BüG, zuhanden des Staatsekretariates für Migration, Bern 2015; ACHERMANN ALBERTO, VIII. Teil Bereichsverfassungen, 5 Migrationsverfassung, in: Diggelmann Oliver/Hertig Randall Maya/Schindler Benjamin (Hrsg.), Verfassungsrecht der Schweiz, Band III, Zürich 2020, S. 2183 ff.; ACHERMANN ALBERTO/VON RÜTTE BARBARA, Kommentar zu Art. 38 BV, in: Waldmann/Belser/Epiney (Hrsg.), Bundesverfassung, Basler Kommentar, Basel 2015; AMARELLE CESLA/NGUYEN MINH SON (Hrsg.), Code annoté de droit des migrations, Volume V: Loi sur la nationalité, Bern 2014; BIANCHI DORIS, Paradigmenwechsel im Einbürgerungsrecht – Vom politischen Einbürgerungsentscheid zum Verwaltungsakt, in: ZBl 105/2004, S. 401 ff.; BOILLET VÉRONIQUE/CLÉMENCE DEMAY, Access to Political Rights in Switzerland, Critique of the Naturalisation Process as a Source of Exclusion, in: sui generis 2021, S. 229 ff.; CHAIX FRANÇOIS, Quelques réflexions sur l'acquisition de la nationalité suisse, in: Bovey Grégory/Chappuis Benoît/Hirsch Laurent (Hrsg.), Mélanges à la mémoire de Bernard Corboz, Genf 2019, S. 436 ff.; DIGGELMANN OLIVER/VOGLER ANNINA, «... geeignet und würdig ...», Der Zugriff des Bundes auf Staatsbürgerschaft und Einbürgerung, in: ZSR 132/2013, S. 355 ff.; EIDGENÖSSISCHE MIGRATIONSKOMMISSION (EKM), Zugang zur erleichterten Einbürgerung von Personen der dritten Generation, Bilanz nach drei Umsetzungsjahren (2018-2020), Bern 2022; GLASER ANDREAS, Bundesgericht, I. öffentlich-rechtliche Abteilung, 28. März 2019, 1C_299/2018, in: ZBl 121/2020 S. 111 ff.; GUTZWILLER CÉLINE, La condition de résidence sous l'angle de la révision totale de la loi sur la nationalité, in: ASYL 4/13, S. 3 ff.; GUTZWILLER CÉLINE, La loi fédérale sur la nationalité du 20 juin 2014: les conditions de naturalisation, in: Dang Martine/Diethelm Rahel/Nguyen Minh Son (Hrsg.), Actualité du droit des étrangers: Jurisprudence et analyses – Volume I: du 1er janvier au 30 juin 2015, Bern 2015; GUTZWILLER CÉLINE, Droit de nationalité suisse: acquisition, perte et perspectives; Genf 2016; GUTZWILLER CÉLINE, Kommentar zu Art. 38 BV, in: Martenet/Dubey (Hrsg.), Constitution fédérale, Commentaire romand, Basel 2021; HÄFELIN ULRICH/HALLER WALTER/KELLER HELEN/THURNHERR DANIELA, Schweizerisches Bundesstaatsrecht, 10. Auflage, Zürich/Basel/Genf 2020; KEMPE SEBASTIAN, Die Scheinehe im ausländer- und zivilstandsrechtlichen Verwaltungsverfahren, Zürich 2020; PEDRETTI RAMONA/SCHEIBER NICOLE, Willkürrüge vor Bundesgericht – nur in Einbürgerungsangelegenheiten, in: Jusletter 4. Februar 2013; PLOZZA MONIKA, Verletzung des Willkürverbots im Entscheid über die ordentliche Einbürgerung, Kommentar zum Urteil des Bundesgerichts 1D_1/2019 vom 18. Dezember 2019, in: sui generis 2020, S. 242 ff.; RASELLI NICCOLÒ, Die Einbürgerung zwischen Politik und Justiz – unter Berücksichtigung der Rechtsprechung des Bundesgerichtes, in: ZBl 112/2011, S. 577 ff.; SCHEIBER NICOLE, Mutmasslicher Wille zur Einbürgerung als entscheidendes Kriterium der ordentlichen Einbürgerung von Personen mit geistiger Behinderung, in: Jusletter 14. April 2014; TIEFENTHAL JÜRG MARCEL, Ausbürgerung terroristischer Kämpfer, in: AJP 2017, S. 73 ff.; THÜRER DANIEL/FREI MICHAEL, Einbürgerung im Spannungsfeld zwischen direkter Demokratie und Rechtsstaatlichkeit – Zu zwei «historischen» Entscheiden des Schweizerischen Bundesgerichts, in: ZSR 1/2004, S. 205 ff.; UEBERSAX PETER, Das Bundesgericht und das Bürgerrechtsgesetz, mit einem Blick auf das neue Recht, in: BJM 2016, S. 169 ff.; SPESCHA MARC/BOLZLI PETER/DE WECK FANNY/PRIULI VALERIO, Handbuch zum Migrationsrecht, 4. Auflage, Zürich 2020; SPESCHA MARC/ZÜND ANDREAS/BOLZLI PETER/HRUSCHKA CONSTANTIN/DE WECK FANNY/PRIULI VALERIO; Kommentar Migrationsrecht, 5. Auflage, Zürich 2019; PETER UEBERSAX/BEAT RUDIN/THOMAS HUGI YAR/LUZIA VETTERLI (Hrsg.), Handbuch für die Anwaltspraxis, Ausländerrecht, 3. Auflage, Basel 2022; VON RÜTTE BARBARA, Das neue Bürgerrechtsgesetz, in: Anwaltsrevue 2017, S. 202 ff.; VON RÜTTE BARBARA, Die erleichterte Einbürgerung für Jugendliche der dritten Generation, in: Jusletter 20. März 2017; VON RÜTTE BARBARA, Das neue Bürgerrechtsgesetz und dessen Umsetzung in den Kantonen, in: Achermann Alberto et al. (Hrsg.), Jahrbuch für Migrationsrecht 2017/2018, Bern 2018, S. 67 ff.; VON RÜTTE BARBARA, Integration und Einbürgerung von geflüchteten Personen, in: Asyl 3/21, S. 17 ff.

Materialien: Botschaft des Bundesrates zur Totalrevision des Bundesgesetzes über das Schweizer Bürgerrecht (Bürgerrechtsgesetz, BüG) vom 4. März 2011, BBl 2011 2825 ff.; Parlamentarische Initiative, Die Schweiz muss ihre Kinder anerkennen, Bericht der Staatspolitischen Kommission des Nationalrates vom 30. Oktober 2014, BBl 2015 769 ff.; Staatssekretariat für Migration, Handbuch Bürgerrecht für Gesuche ab 1. Januar 2018 (www.sem.admin.ch > Publikationen & Service > Weisungen und Kreisschreiben > V. Bürgerrecht, besucht am 14. August 2022); Staatssekretariat für Migration, Handbuch Bürgerrecht für Gesuche bis 31. Dezember 2017 (www.sem.admin.ch > Publikationen & Service > Weisungen und Kreisschreiben > V. Bürgerrecht, besucht am 14. August 2022)

1. Einleitung

1572 Die föderalistische Struktur des Schweizer Bundesstaates spiegelt sich im Bürgerrecht wider. Dieses hat einen dreifachen Charakter und besteht aus dem Bürgerrecht einer Gemeinde, dem Bürgerrecht des entsprechenden Kantons sowie demjenigen des Bundes (Art. 37 Abs. 1 BV). Diese drei Bürgerrechte sind untrennbar miteinander verbunden, weshalb es nicht möglich ist, lediglich das Bürgerrecht eines oder zwei der genannten Gemeinwesen zu besitzen. Einzige Ausnahme bildet das Ehrenbürgerrecht, das nach Art. 19 BüG durch einen Kanton oder eine Gemeinde erteilt werden kann. Dieses führt jedoch nicht zum Erwerb des eidgenössischen Bürgerrechtes und hat damit nicht die Wirkung einer Einbürgerung.

1573 Das Schweizer Bürgerrecht verleiht den Inhaberinnen und Inhabern die Möglichkeit, sich an der politischen Willensbildung zu beteiligen und ihre politischen Rechte auf den drei Staatsebenen von Gemeinde, Kanton und Bund wahrzunehmen. Schweizer Bürgerinnen und Bürger sind zudem Träger der Niederlassungsfreiheit nach Art. 24 BV und gestützt auf Art. 25 BV gegen Ausweisung, Auslieferung und Ausschaffung geschützt.

1574 Die rechtlichen Grundlagen zum Bürgerrecht finden sich im Bundesgesetz über das Schweizer Bürgerrecht (Bürgerrechtsgesetz, BüG) vom 20. Juni 2014 (SR 141.0), das am 1. Januar 2018 in Kraft trat (AS 2016 2561). Es ersetzt als Totalrevision das gleichnamige Bürgerrechtsgesetz aus dem Jahr 1952 (AS 1952 1087, im Folgenden aBüG), das nach mehrfachen Revisionen zunehmend Mängel in Bezug auf seine Verständlichkeit und Systematik aufwies. Das totalrevidierte Bürgerrechtsgesetz gilt ausschliesslich für Fälle, in denen der Erwerb oder der Verlust des Bürgerrechtes ab dem 1. Januar 2018 erfolgt ist (Art. 50 Abs. 1 BüG). Vor dem 31. Dezember 2017 eingereichte Gesuche werden nach dem aBüG beurteilt; in diesen Fällen ist entscheidend, ob die Einbürgerungsvoraussetzungen im Zeitpunkt der Gesuchseinreichung nach aBüG erfüllt waren.

1575 Das totalrevidierte Bürgerrechtsgesetz hat zu einer Vereinfachung der Gesetzessystematik, zur Angleichung der im BüG verwendeten Integrationsbegriffe an diejenigen des Ausländerrechtes sowie zu einer Harmonisierung des Einbürgerungsverfahrens geführt. Daneben wurden aber auch grundlegende Neuerungen ins Gesetz aufgenommen wie namentlich das Erfordernis der Niederlassungsbewilligung für die ordentliche Einbürgerung, die Verkürzung der notwendigen Wohnsitzdauer bei der ordentlichen Einbürgerung auf zehn Jahre sowie die Harmonisierung der kantonalen und kommunalen Wohnsitzfristen.

Im Folgenden werden die Bestimmungen des BüG – ergänzt durch die Bestim- 1576
mungen der Bürgerrechtsverordnung (BüV, SR 141.01) sowie punktuell kantonalen Bestimmungen – zum Erwerb und Verlust des schweizerischen Bürgerrechtes dargestellt, gefolgt von Ausführungen zum Rechtsweg und Rechtsschutz.

2. Erwerb des Bürgerrechtes

Das Schweizer Bürgerrecht kann entweder von Gesetzes wegen oder durch be- 1577
hördlichen Beschluss erworben werden.

2.1. Erwerb von Gesetzes wegen

Nach Art. 38 Abs. 1 BV regelt der Bund den Erwerb des Bürgerrechtes von 1578
Gesetzes wegen, das heisst durch Abstammung und Adoption. Der Bürgerrechtserwerb von Gesetzes wegen basiert – mit Ausnahme der speziellen Situation von Findelkindern – auf dem Prinzip des *ius sanguinis*, das heisst das Bürgerrecht von Kindern leitet sich von der Staatsangehörigkeit der Eltern ab. In diesem Zusammenhang wird auch von einem originären Bürgerrechtserwerb gesprochen.

a) Abstammung

Nach Art. 1 Abs. 1 BüG erwerben Kinder das schweizerische Bürgerrecht mit 1579
der Geburt, sofern

- ihre Eltern verheiratet sind und (mindestens) einer der beiden Elternteile über die schweizerische Staatsangehörigkeit verfügt (lit. a) oder
- bei unverheirateten Eltern die Mutter Schweizer Bürgerin ist (lit. b).

Sind die Eltern unverheiratet und ist der Vater, nicht aber die Mutter, Schweizer 1580
Bürger, erwirbt das minderjährige Kind das Schweizer Bürgerrecht durch die Begründung des Kindesverhältnisses zum Vater, wie wenn der Erwerb mit der Geburt erfolgt wäre (Art. 1 Abs. 2 BüG). Damit wird die Gleichberechtigung

von Mann und Frau in Bezug auf die Weitergabe des Bürgerrechtes hergestellt, indem rechtlich nicht ein rückwirkender Bürgerrechtserwerb erfolgt, sondern das Kind so behandelt wird, wie wenn der Erwerb mit der Geburt eingetreten wäre. Hat das minderjährige Kind, das nach Art. 1 Abs. 2 BüG das schweizerische Bürgerrecht erwirbt, eigene Kinder, erwerben diese das Schweizer Bürgerrecht ebenfalls (Art. 1 Abs. 3 BüG).

1581 Mit dem Schweizer Bürgerrecht erwirbt das Kind das Kantons- und Gemeindebürgerrecht des schweizerischen Elternteiles. Sind beide Elternteile Schweizer Bürger, erwirbt es das Kantons- und Gemeindebürgerrecht des Elternteiles, dessen Namen es trägt (Art. 2 BüG).

b) Findelkinder

1582 Kinder, die ausgesetzt werden, bezeichnet das Gesetz als Findelkinder. Damit sind zum Beispiel jene Säuglinge gemeint, die von ihren Eltern in Babyklappen gelegt werden. Ein in der Schweiz gefundenes Kind, dessen Abstammung nicht bekannt ist, erhält nach Art. 3 Abs. 1 BüG das Bürgerrecht des Kantons, in dem es aufgefunden wurde und wird somit Schweizerin oder Schweizer. Damit gilt für Findelkinder ausnahmsweise der Erwerb des Bürgerrechtes aufgrund des *ius soli*. Gegenüber dem aBüG ist im heute geltenden BüG nach Art. 3 Abs. 1 nunmehr der Auffindungs- und nicht der Aussetzungsort das ausschlaggebende Kriterium für die Erteilung des Kantonsbürgerrechtes, da letzterer im Gegensatz zu ersterem nicht immer sofort bestimmbar ist, was in der Praxis zuweilen zu Schwierigkeiten geführt hatte.

1583 Der Kanton bestimmt, welches Gemeindebürgerrecht das Findelkind erhält (Art. 3 Abs. 2 BüG). Die kantonalen Ausführungsgesetze zum BüG sehen in der Regel vor, dass Findelkinder das Bürgerrecht jener Gemeinde erhalten, in der sie gefunden wurden (siehe beispielsweise § 7 Bürgerrechtsgesetz Kanton LU, SRL Nr. 2; Art. 5 Gesetz über das Kantons- und Gemeindebürgerrecht Kanton BE; BSG Nr. 121.1; § 2 Bürgerrechtsgesetz Kanton BS, SG Nr. 121.100).

1584 Kann die wahre Abstammung des Kindes nachträglich festgestellt werden, so erlischt das Bürgerrecht, sofern das Kind noch minderjährig ist und durch das Erlöschen nicht staatenlos wird (Art. 3 Abs. 3 BüG).

c) Adoption

1585 Adoptiert eine Person mit Schweizer Bürgerrecht ein minderjähriges ausländisches Kind, erwirbt dieses das Kantons- und Gemeindebürgerrecht der adoptierenden Person und dadurch auch das Schweizer Bürgerrecht (Art. 4 BüG).

Die Adoption volljähriger ausländischer Personen durch Schweizerinnen und Schweizer hat indes keine Auswirkungen auf deren Bürgerrecht (siehe dazu auch BVGer, C-4905/2013, 2. Mai 2014, E. 4.6; BGer, 2C_386/2018, 15. Juni 2018, E. 3.4).

2.2. Erwerb durch behördlichen Beschluss

Beim Erwerb des Schweizer Bürgerrechtes durch behördlichen Beschluss beziehungsweise durch Verwaltungsakt muss zwischen der ordentlichen Einbürgerung, der erleichterten Einbürgerung sowie der Wiedereinbürgerung unterschieden werden. Diese drei Einbürgerungsvarianten weichen in Bezug auf die Regelungskompetenz, das Verfahren sowie die Voraussetzungen voneinander ab. Im Normalfall kommt das Verfahren der ordentlichen Einbürgerung zum Zug, während die erleichterte Einbürgerung und die Wiedereinbürgerung nur in bestimmten Situationen zur Anwendung gelangen. 1586

a) Ordentliche Einbürgerung

Nach Art. 38 Abs. 2 BV sind die Kantone für die Einbürgerung von ausländischen Personen zuständig. Der Bund erlässt jedoch die Grundsätze der ordentlichen Einbürgerung und erteilt die Einbürgerungsbewilligung. Durch diese Kompetenz des Bundes soll eine gewisse Gleichbehandlung der einbürgerungswilligen Ausländerinnen und Ausländer in den verschiedenen Kantonen gewährleistet werden. Dementsprechend regeln die Art. 9 bis 18 BüG die Grundsätze des ordentlichen Einbürgerungsverfahrens. 1587

Bevor eine Ausländerin oder ein Ausländer durch den Kanton beziehungsweise die Gemeinde eingebürgert werden kann, muss das Staatssekretariat für Migration eine Einbürgerungsbewilligung erteilen (Art. 13 Abs. 3 BüG). Die Bewilligung wird erteilt, wenn die Gesuchstellerinnen und Gesuchsteller bestimmte im BüG enthaltene Voraussetzungen in formeller und materieller Hinsicht erfüllen. 1588

aa) Formelle Voraussetzungen der Erteilung der Einbürgerungsbewilligung durch das Staatssekretariat für Migration

Art. 9 BüG regelt die formellen Voraussetzungen der ordentlichen Einbürgerung. Danach erteilt der Bund die Einbürgerungsbewilligung, sofern 1589

- die Gesuchstellerinnen und Gesuchsteller eine Niederlassungsbewilligung in der Schweiz besitzen (lit. a) und
- sie sich im Zeitpunkt der Gesuchseinreichung seit mindestens zehn Jahren in der Schweiz aufhalten, wovon drei in den letzten fünf Jahren vor Einreichung des Gesuches (lit. b).

1590 Ein kurzfristiges Verlassen der Schweiz mit der Absicht auf Rückkehr unterbricht den Aufenthalt nicht (Art. 33 Abs. 2 BüG). Für die Berechnung der Aufenthaltsdauer in der Schweiz wird die Zeit zwischen dem vollendeten achten und 18. Lebensjahr doppelt gerechnet. Der tatsächliche Aufenthalt muss jedoch mindestens sechs Jahre betragen (Art. 9 Abs. 2 BüG).

1591 Die formellen Voraussetzungen der Einbürgerungsbewilligung haben im Vergleich zum bis Ende 2017 geltenden aBüG mehrere Verschärfungen erfahren:

- **Erfordernis der Niederlassungsbewilligung:** Seit 2018 wird für die ordentliche Einbürgerung vorausgesetzt, dass die Gesuchstellerinnen und Gesuchsteller über eine Niederlassungsbewilligung verfügen. Bis Ende 2017 war es allen Personen mit einem rechtmässigen, minimal stabilen Aufenthalt in der Schweiz möglich, sich ordentlich einbürgern zu lassen. Eine Aufenthalts-, Niederlassungs- oder Kurzaufenthaltsbewilligung und unter gewissen Voraussetzungen auch eine vorläufige Aufnahme genügten damit für eine Einbürgerung, sofern die Wohnsitzfristen und die materiellen Einbürgerungsvoraussetzungen erfüllt wurden. Einige Kantone (z.B. Bern, Graubünden oder Schwyz) verlangten jedoch bereits vor Inkrafttreten des totalrevidierten BüG eine Niederlassungsbewilligung; das Bundesgericht bestätigte die Vereinbarkeit dieser Regelung mit dem Bundesrecht (BGer, 1D_1/2014, 1. Oktober 2014, E. 3.4 ff. und BGer, 1D_3/2014, 11. März 2015, E. 2.4). Das Erfordernis der Niederlassungsbewilligung hat weitreichende Konsequenzen, insbesondere für Personen mit prekären Anwesenheitstiteln. Selbst bei mehrjähriger Anwesenheit und guter Integration ist den betroffenen Personen eine Einbürgerung verwehrt. Sie hängt von der im Ermessen der kantonalen Behörden stehenden und nur restriktiv gewährten Erteilung einer Aufenthalts- und danach der Niederlassungsbewilligung ab. Zur Begründung dieser Verschärfung der Einbürgerungsvoraussetzungen führte der Bundesrat an:

  > «Mit Blick auf die Herstellung einer weitgehenden Kohärenz zwischen Bürger- und Ausländerrecht sind auch die formellen Voraussetzungen zum Bürgerrechtsverfahren neu zu regeln. Auszugehen ist dabei vom Grundsatz, dass das Bürgerrecht als letzter Integrationsschritt die höchsten Anforderungen an die Integration stellen darf. Folgerichtig wird daher für die ordentliche Einbürgerung der stabilste ausländerrechtliche Status, das heisst die Niederlassungsbewilligung (C-Ausweis), vorausgesetzt. Damit bleiben namentlich Asylsuchende (N-Bewilligung) oder vorläu-

fig aufgenommene Personen (F-Bewilligung) vom Einbürgerungsverfahren ausgeschlossen, da ihrem Aufenthaltsrecht nicht die erforderliche Dauerhaftigkeit und Stabilität zukommt. Dies betrifft ebenfalls Personen mit einer Legitimationskarte des Eidgenössischen Departements für auswärtige Angelegenheiten sowie deren Familienangehörige. Doch auch Personen mit einer Aufenthaltsbewilligung (B-Ausweis) wird zugemutet, vor der Einreichung eines Bürgerrechtsgesuchs für die Erteilung einer Niederlassungsbewilligung sorgen zu müssen.» (BBl 2011 2825, S. 2836)

- **Verkürzung der Wohnsitzpflicht:** Die Wohnsitzpflicht wurde von zwölf auf zehn Jahre verkürzt. Damit wurde der im Ausländerrecht enthaltene Anreiz zur raschen Integration (vorne Rz. 888 ff.) auch für das Bürgerrecht übernommen. Unter Berücksichtigung des Umstandes, dass die Niederlassungsbewilligung gestützt auf Art. 34 AIG in der Regel erst nach einer Aufenthaltsdauer von zehn Jahren erteilt wird, erweist sich diese Verkürzung allerdings als eigentliche Verschärfung. Dies umso mehr, als nur noch Anwesenheiten mit einer Aufenthalts- oder Niederlassungsbewilligung voll angerechnet werden (vgl. Art. 33 Abs. 1 BüG), die Anwesenheit mit dem Status der vorläufigen Aufnahme nur hälftig zählt (Art. 33 Abs. 1 lit. b BüG) und Anwesenheiten mit einer Kurzaufenthaltsbewilligung oder als asylsuchende Person gar nicht mehr berücksichtigt werden (vgl. BBl 2011 2825, S. 2836). Das Bundesgericht qualifizierte die Unterscheidung zwischen verschiedenen Formen des Aufenthaltes und die damit verbundenen Auswirkungen auf die Anrechenbarkeit der Anwesenheitsdauer als mit dem Rechtsgleichheitsgebot und Willkürverbot sowie der Verpflichtung der Flüchtlingskonvention, die Einbürgerung von Flüchtlingen soweit wie möglich zu erleichtern, vereinbar (BGer, 1D_3/2014, 11. März 2014, E. 5.3; bestätigt in BGer, 1D_7/2019, 18. Dezember 2019, E. 3.5).
- Aufhebung der Erleichterung bei gleichzeitiger Einbürgerung von verheirateten oder in eingetragener Partnerschaft lebender Ausländerinnen und Ausländern: Das aBüG sah bei ausländischen Ehegattinnen und Ehegatten, die das Einbürgerungsgesuch gemeinsam stellten, in Bezug auf die Wohnsitzpflicht besondere Bestimmungen vor. Lebten die Ehegatten seit mindestens drei Jahren in ehelicher Gemeinschaft und erfüllte einer der beiden die formellen Voraussetzungen nach Art. 15 Abs. 1 oder Abs. 2 aBüG, so genügte es, wenn der andere während fünf Jahren – davon ein Jahr unmittelbar vor Gesuchseinreichung – in der Schweiz wohnhaft war (Art. 15 Abs. 3 aBüG). Diese Regelung galt nach Art. 15 Abs. 6 aBüG sinngemäss auch für eingetragene Partnerschaften zwischen ausländischen Staatsangehörigen. Aufgrund der Verkürzung der allgemeinen Wohnsitzpflicht auf zehn Jahre ist heute keine Erleichterung im Falle der gleichzeitigen Einbürgerung von ausländischen Ehegatten oder Ausländerinnen und Ausländern in eingetragener Partnerschaft mehr vorgesehen; jede und jeder von ihnen muss die Wohnsitzerfordernisse seit 2018 individuell erfüllen.

bb) Materielle Voraussetzungen der Erteilung der Einbürgerungsbewilligung durch das Staatssekretariat für Migration

1592 Die Einbürgerungsbewilligung des Bundes kann nur erteilt werden, wenn die Ausländerinnen und Ausländer die materiellen Voraussetzungen von Art. 11 BüG erfüllen. Das Staatssekretariat für Migration prüft vor Erteilung der Einbürgerungsbewilligung, ob die Bewerberinnen und Bewerber

- erfolgreich integriert sind (lit. a),
- mit den Schweizer Lebensverhältnissen vertraut sind (lit. b), und
- keine Gefährdung der inneren und äusseren Sicherheit der Schweiz darstellen (lit. c).

1593 Die in Art. 11 lit. a BüG geforderte Integration wird in Art. 12 BüG präzisiert und in der Eidgenössischen Bürgerrechtsverordnung (BüV, SR 141.01) näher ausgeführt. In Art. 2 bis 9 BüV wird in Ausführung von Art. 11 f. BüG dargelegt, unter welchen Bedingungen von einer gelungenen Integration ausgegangen werden kann und welche Voraussetzungen die Gesuchstellerinnen und Gesuchsteller diesbezüglich in materieller Hinsicht zu erfüllen haben. Danach zeigt sich die erfolgreiche Integration insbesondere durch

- **die Beachtung der öffentlichen Sicherheit und Ordnung (Art. 12 Abs. 1 lit. a BüG)**: Nach der Botschaft des Bundesrates schliesst der Begriff der öffentlichen Ordnung neben der objektiven Rechtsordnung «die Gesamtheit der ungeschriebenen Ordnungsvorstellungen, deren Befolgung nach der herrschenden sozialen und ethischen Anschauung als unerlässliche Voraussetzung eines geordneten menschlichen Zusammenlebens anzusehen ist» (BBl 2011 2825, S. 2833), mit ein. Zur Erfüllung dieses Kriteriums müssen nach Art. 4 BüV die gesetzlichen Vorschriften und behördlichen Verfügungen eingehalten und wichtige öffentlich- oder privatrechtliche Verpflichtungen erfüllt werden, wozu insbesondere auch ein einwandfreier finanzieller Leumund (siehe hierzu BGer, 1C_299/2018, 28. März 2019) und grundsätzlich ein eintragsfreier Strafregisterauszug gehören. Zudem dürfen keine Verbrechen oder Vergehen gegen den öffentlichen Frieden, Völkermord, Verbrechen gegen die Menschlichkeit oder Kriegsverbrechen öffentlich gebilligt oder beworben worden sein. Als Beispiel für die fehlende Respektierung der Werte der Bundesverfassung gelten nach der Botschaft auch extremistische Ansichten, die die Werte einer freiheitlichen Demokratie und des Rechtsstaates ablehnen.
- **das Respektieren der Werte der Bundesverfassung (Art. 12 Abs. 1 lit. b BüG)**: Zu den Werten der Bundesverfassung gehören nach Art. 5 BüV die rechtsstaatlichen Prinzipien sowie die freiheitlich demokratische

Grundordnung der Schweiz (lit. a), die Grundrechte wie die Gleichberechtigung von Frau und Mann, das Recht auf Leben und persönliche Freiheit, die Glaubens- und Gewissensfreiheit sowie die Meinungsfreiheit (lit. b) und schliesslich die Pflicht zum Militär- oder zivilen Ersatzdienst und zum Schulbesuch (lit. c).

- **die Fähigkeit, sich im Alltag in Wort und Schrift in einer Landessprache zu verständigen (Art. 12 Abs. 1 lit. c BüG):** Mündlich muss nach Art. 6 Abs. 1 BüV mindestens das Referenzniveau B1 und schriftlich mindestens A2 erreicht werden (siehe vorne Rz. 902). Der Nachweis der Sprachkompetenzen wird in gewissen Fällen vermutet, so etwa bei Personen, die während mindestens fünf Jahren die obligatorische Schule in einer Landessprache besucht oder eine Ausbildung auf Sekundarstufe II oder Tertiärstufe in einer Landessprache abgeschlossen haben (Art. 6 Abs. 2 lit. b und c BüV). Die Kantone können weitergehende Sprachanforderungen vorsehen, beispielsweise Kenntnisse der am Wohnort gesprochenen Landessprache oder ein höheres Referenzniveau. Sehr strenge Voraussetzungen sehen diesbezüglich die Kantone Thurgau und Nidwalden vor, die mündlich mindestens das Referenzniveau B2 und schriftlich mindestens B1 verlangen (§ 6 Abs. 2 Gesetz über das Kantons- und Gemeindebürgerrecht Kanton TG, RB Nr. 141.1; § 3 Vollzugsverordnung zum kantonalen Bürgerrechtsgesetz Kanton NW, NG 121.11). Anerkannt werden auch Sprachnachweise, die sich auf ein Nachweisverfahren abstützen, das den allgemein anerkannten Qualitätsstandards für Sprachtests entspricht (Art. 6 Abs. 2 lit. d BüV).

Beispiel: In seinem Urteil 1D_4/2021 vom 8. März 2022 (zur Publikation vorgesehen) beschäftigte sich das Bundesgericht mit der Frage des Erfordernisses von Kenntnissen der lokalen Sprache der Einbürgerungsgemeinde. Hintergrund war die Ablehnung eines Einbürgerungsgesuches durch die Gemeinde Thun, die die Französischkenntnisse der jungen kamerunischen Gesuchstellerin französischer Muttersprache – auch im zweisprachigen Kanton Bern – nicht gelten liess. Das Bundesgericht kam zum Schluss, dass dies gemäss der Berner Kantonsverfassung zulässig sei. Es hiess die Beschwerde allerdings insoweit gut, als dass die Gemeinde Thun und der Kanton Bern die im Maturazeugnis der Beschwerdeführerin bescheinigte Note 4 für Deutsch nicht als genügenden Nachweis ihrer Deutschkenntnisse anerkannt hatte. Dies sei dem Gesetzeszweck klar zuwiderlaufend, innerhalb der Rechtsordnung widersprüchlich, unsachlich und stossend.

- **die Teilnahme am Wirtschaftsleben oder den Erwerb von Bildung (Art. 12 Abs. 1 lit. d BüG):** Von der Erfüllung dieses Kriteriums ist auszugehen, wenn die Bewerberinnen und Bewerber die Lebenshaltungskosten und Unterhaltsverpflichtungen durch Einkommen, Vermögen oder Leistungen Dritter, auf die ein Rechtsanspruch besteht, decken können (Art. 7 Abs. 1 BüV) oder in Aus- oder Weiterbildung sind (Art. 7 Abs. 2 BüV). Ausländerinnen und Ausländer, die in den drei Jahren vor Gesuchseinreichung oder während des Einbürgerungsverfahrens Sozialhilfe bezogen haben oder beziehen, erfüllen nach Art. 7 Abs. 3 BüV die Voraussetzungen der Teilnahme am Wirtschaftsleben oder des Erwerbs der Bildung nicht und können entsprechend nicht eingebürgert werden. Eine Ausnahme hiervon besteht in den Fällen, in denen sie die bezogene Sozialhilfe vollständig zurückerstattet haben (Art. 7 Abs. 3 BüV). Laut Bundesgericht dürfen die Kantone auch eine längere und damit strengere Referenzperiode als die erwähnten drei Jahre vorsehen (BGer, 1D_4/2016, 4. Mai 2017, E. 4.4.; in diesem Sinne auch BGer, 1D_6/2018, 3. Mai 2019, E. 3.3.). Der Kanton Bern etwa verlangt, dass zehn Jahre vor der Gesuchseinreichung und während des Einbürgerungsverfahrens keine Leistungen der Sozialhilfe bezogen wurden, ausser die bezogenen Leistungen wurden vollständig zurückbezahlt (Art. 12 Abs. 1 lit. c Gesetz über das Kantons- und Gemeindebürgerrecht Kanton BE, BSG Nr. 121.1).

– die Förderung und Unterstützung der Integration der Ehefrau oder des Ehemannes, der eingetragenen Partnerin oder des eingetragenen Partners oder der minderjährigen Kinder, über welche die elterliche Sorge ausgeübt wird (Art. 12 Abs. 1 lit. e BüG): Verlangt wird nach Art. 8 BüV, dass die Gesuchstellerinnen und Gesuchsteller den Erwerb von Sprachkompetenzen in einer Landessprache, die Teilnahme am wirtschaftlichen, sozialen und kulturellen Leben in der Schweiz, den Erwerb von Bildung oder die Beteiligung an anderen integrationsfördernden Aktivitäten unterstützt.

1594 Der zuständigen Behörde kommt im Rahmen der Beurteilung dieser materiellen Kriterien ein Ermessen zu, welches sie pflichtgemäss auszuüben hat. Zu würdigen sind die konkreten Umstände des Einzelfalles, wobei in diesem Zusammenhang insbesondere das Verhältnismässigkeitsprinzip von Bedeutung ist. So ist beispielsweise der Tatsache Rechnung zu tragen, dass Personen mit einer körperlichen, geistigen oder psychischen Behinderung, einer chronischen Krankheit, Lernschwächen oder anderen intellektuellen Einschränkungen die materiellen Einbürgerungsvoraussetzungen nicht oder nur unter erschwerten Bedingungen zu erfüllen vermögen. Dieser Grundsatz galt bereits unter dem alten Recht, wird jedoch seit der Totalrevision in Art. 12 Abs. 2 BüG explizit festgehalten. Für sie müssen die Kriterien in Bezug auf die Fähigkeit, sich im Alltag in Wort und Schrift in einer Landessprache verständigen zu können (lit. c) sowie der Teilnahme am Wirtschaftsleben oder dem Erwerb von Bildung (lit. d) in angemessener Weise gesenkt werden. Die diesbezüglich zu beachtenden Grundsätze hielt das Bundesgericht bereits in BGE 135 I 49, E 6.1 und 6.3 S. 58 ff. fest. Der Fall betraf die Ablehnung der Einbürgerung einer geistig behinderten angolanischen Staatsangehörigen. Die Gesuchstellerin hatte den grössten Teil ihres Lebens in der Schweiz verbracht. Aufgrund ihrer Behinderung hatte sie einen geschützten Arbeitsplatz inne und war auf Sozialhilfeleistungen angewiesen. Das Bundesgericht anerkannte, dass sie das Einbürgerungskriterium der Teilnahme am Wirtschaftsleben und der wirtschaftlichen Selbsterhaltungsfähigkeit in spezifischer Weise treffe. Indem ihr die Gemeinde die Einbürgerung mit dem Argument des Bezugs von Fürsorgeleistungen verweigert habe, sei sie wegen ihrer Behinderung und der dadurch verminderten Fähigkeit bezüglich der Selbsterhaltungsfähigkeit indirekt diskriminiert worden. Dies sei durch die finanziellen Interessen der Gemeinde nicht zu rechtfertigen, weshalb die Gesuchstellerin einzubürgern sei (siehe auch BGE 139 I 169, E. 7.2.4 S. 175; vgl. auch die Ausführungen zum Diskriminierungsverbot 2.2/a/ff). Ebenfalls Rechnung zu tragen ist der speziellen Situation von Flüchtlingen, die grundsätzlich auf Dauer nicht in ihren Heimatstaat zurückkehren können. Ihnen ist daher die Einbürgerung im Sinne von Art. 34 FK soweit als möglich zu erleichtern, indem die Einbürgerungsvoraussetzungen tendenziell weniger streng zu handhaben sind als üblicherweise (siehe BGer, 1D_7/2017, 13. Juli 2018, E. 4 und 6.7; BGer, 1D_7/2019, 18. Dezember 2019, E. 3.5.2.).

cc) Weitere kantonale Voraussetzungen

Bei den vorangehend dargestellten materiellen und formellen Voraussetzungen für die Erteilung der Einbürgerungsbewilligung durch das Staatssekretariat für Migration handelt es sich um bundesrechtliche Mindestvorschriften (Art. 38 Abs. 2 BV). Die Kantone und – im Rahmen ihrer Autonomie nach Art. 50 BV – auch die Gemeinden können zusätzliche Kriterien vorsehen. Dies hält das totalrevidierte BüG in Art. 12 Abs. 3 nun ausdrücklich fest. Bei der Festlegung solcher zusätzlichen Eignungskriterien haben sie die verfassungsrechtlichen Schranken sowie Ziel und Zweck der bundesrechtlichen Bürgerrechtsgesetzgebung zu respektieren (Art. 46 und 49 BV; BGE 138 I 242, E. 5.3 S. 245 f.). Als zusätzliche Kriterien können etwa genügende Kenntnisse der Ortssprache (siehe BGer, 1D_4/2021, 8. März 2022, E. 4.3., zur Publikation vorgesehen) und der spezifischen örtlichen Lebensverhältnisse vorgesehen werden. Die gestellten Anforderungen müssen verhältnismässig sein. Mit Blick auf die Integration in die örtlichen Lebensverhältnisse dürfen beispielsweise keine Vereinstätigkeit gefordert, jedoch minimale gesellschaftliche Aktivitäten oder Interaktionen verlangt werden: 1595

> «Massgeblich ist dabei immerhin jede Art der aktiven Beteiligung am gesellschaftlichen Leben in der Gemeinde bzw. in der Region. Die soziale Verankerung kann entsprechend nicht nur durch Mitgliedschaft bei örtlichen Vereinen und anderen Organisationen zum Ausdruck kommen, sondern auch durch informelle Freiwilligenarbeit oder aktive Teilnahme an lokalen oder regionalen Veranstaltungen. Im öffentlichen Leben der Gemeinde ist etwa an Institutionen in den Bereichen Politik, Bildung, Sport oder Kultur zu denken, soweit diese den Betroffenen offenstehen. Durch so verstandene Teilhabe bekundet die ausländische Person ihren Willen, auf

die Einheimischen zuzugehen und sich mit den sozialen und kulturellen Lebensbedingungen an ihrem Wohnort auseinanderzusetzen (...).» (BGE 141 I 60, E. 3.5 S. 65; siehe auch BGE 146 I 49, E. 2.5 S. 54 und E. 4.3 S. 57)

1596 In Bezug auf die Wohnsitzpflicht verpflichtet Art. 18 Abs. 1 BüG die Kantone, eine Mindestaufenthaltsdauer von zwei bis fünf Jahren vorzusehen. Mit dieser Regelung soll den Kantonen und Gemeinden die Möglichkeit gegeben werden, die Integrationsbestrebungen einer Person über einen längeren Zeitraum zu beobachten. Art. 18 Abs. 2 BüG regelt ausserdem, dass der Kanton und die Gemeinde, in denen ein Einbürgerungsgesuch anhängig gemacht wurde, auch nach einem Wohnsitzwechsel der Gesuchstellerin oder des Gesuchstellers in eine andere Gemeinde oder einen anderen Kanton zuständig bleiben. Diese Lösung ist angesichts der zunehmenden Mobilität in der Gesellschaft zu begrüssen, da die Einbürgerung somit durch einen nach der Gesuchstellung erfolgten Umzug nicht mehr verunmöglicht wird.

dd) Verfahren der ordentlichen Einbürgerung

1597 Das Verfahren der ordentlichen Einbürgerung fällt – unter Vorbehalt der Einbürgerungsbewilligung – in den Zuständigkeitsbereich der Kantone. Nach Art. 15 Abs. 1 BüG wird das Verfahren im Kanton und in der Gemeinde durch das kantonale Recht geregelt. Die zuständigen Behörden auf kantonaler oder kommunaler Ebene nehmen dabei staatliche Aufgaben wahr und sind nach Art. 35 Abs. 2 BV an die Grundrechte, insbesondere den Anspruch auf Begründung, das Diskriminierungsverbot sowie den Schutz der Privatsphäre, gebunden.

1598 Durch die ordentliche Einbürgerung wird das Schweizer Bürgerrecht mit der Einbürgerung in einem Kanton und einer Gemeinde erworben. Hierzu ist bei einer durch den Kanton zu bezeichnenden Behörde ein Einbürgerungsgesuch einzureichen (Art. 13 Abs. 1 BüG). Können der Kanton und, falls das kantonale Recht dies vorsieht, die Gemeinde die Einbürgerung zusichern, hat die zuständige Behörde das Gesuch nach der erfolgten kantonalen Prüfung an das Staatssekretariat für Migration weiterzuleiten (Art. 13 Abs. 2 BüG). Sind alle formellen und materiellen Einbürgerungsvoraussetzungen erfüllt, erteilt das SEM die Einbürgerungsbewilligung (Art. 13 Abs. 3 BüG). Erst mit der Erteilung dieser Einbürgerungsbewilligung ist die Einbürgerung durch die Gemeinde und den Kanton gültig.

1599 Kommt die zuständige kantonale Behörde dagegen zum Schluss, dass die Einbürgerungsvoraussetzungen nicht erfüllt sind, lehnt sie das Gesuch um ordentliche Einbürgerung in eigener Kompetenz ab, ohne dass die Gesuchsunterlagen an das Staatssekretariat für Migration weitergeleitet werden.

ee) Anspruch auf Begründung

Der aus Verfahrensgarantien fliessende Anspruch auf Begründung eines Einbürgerungsentscheides (Art. 16 BüG) wurde vom Bundesgericht erst im Jahr 2003 statuiert. In zwei Leitentscheiden qualifizierte das Gericht Einbürgerungsentscheide entgegen seiner bisherigen Rechtsprechung nicht mehr als politische Entscheide, die im freien Ermessen der zuständigen Behörde liegen, sondern als begründungspflichtige Rechtsanwendungsakte und folgerte daraus, dass Einbürgerungsentscheide an der Urne unzulässig sind. 1600

-- Unzulässigkeit von Einbürgerungsentscheiden an der Urne

In BGE 129 I 232 hatte das Bundesgericht die Gültigkeit der kantonalen Initiative der Schweizerischen Volkspartei (SVP) «Einbürgerungen vors Volk!» zu beurteilen. Diese sah vor, dass die Stimmberechtigten der Stadt Zürich künftig an der Urne über Einbürgerungsgesuche entscheiden sollten. Das Bundesgericht stellte fest, dass Einbürgerungsentscheide in der Vergangenheit überwiegend als politische Entscheide qualifiziert wurden, da zum einen kein Rechtsanspruch auf Einbürgerung bestehe und die Behörden zum anderen einen weiten Ermessensspielraum hätten. Im Einklang mit der vorherrschenden Lehre befand es jedoch, dass der Einbürgerungsentscheid als individueller Hoheitsakt unmittelbar die Rechtstellung des Einzelnen betreffe. Beim Einbürgerungsentscheid handle es sich um eine individuell-konkrete Anordnung, die die Merkmale einer Verfügung aufweise. Die für die Einbürgerung kompetente Behörde müsse sich folglich – trotz des weiten Ermessensspielraumes – an die Verfahrensbestimmungen insbesondere betreffend Datenschutz, Schutz der Persönlichkeitsrechte sowie das Willkür- und Diskriminierungsverbot halten. Der Anspruch auf rechtliches Gehör bedinge ausserdem, dass die Gesuchstellenden bei einem ablehnenden Entscheid Anrecht auf eine Begründung hätten. Da der für den Einbürgerungsentscheid zuständigen Behörde ein weiter Ermessenspielraum eingeräumt werde, seien an die Begründung zudem hohe Anforderungen zu stellen. In Anwendung dieser Grundsätze stellte das Bundesgericht fest, dass eine Begründung bei Urnenabstimmungen systembedingt nicht möglich sei. Damit vermöchten Einbürgerungsentscheide per Urnenabstimmung durch das Volk der Begründungspflicht nicht zu genügen und seien mit der Verfassung nicht vereinbar. In diesem Sinne erklärt das Bundesgericht die Initiative für ungültig. Dabei liess es offen, ob Einbürgerungen durch Gemeinde- oder Bürgerversammlungen der Begründungspflicht zu genügen vermögen (BGE 129 I 232, E. 3 S. 234 ff.). Zum selben Schluss gelangte das Bundesgericht auch im zweiten Leitentscheid, in dem es Nichteinbürgerungsentscheide der Gemeinde Emmen an der Urne aus dem Jahr 2000 für verfassungswidrig erklärte (BGE 129 I 217, E. 3 S. 230 f.). 1601

-- *Einbürgerungsentscheide an Gemeindeversammlungen*

1602 In der Folge hatte das Bundesgericht wiederholt Gelegenheit, sich zu durch Gemeindeversammlungen getroffenen Einbürgerungsentscheiden zu äussern. In BGE 130 I 140 hielt es fest, dass der Begründungspflicht in genügender Weise nachgekommen wird, wenn im Rahmen der Diskussion unmittelbar vor der Abstimmung konkrete Einwände gegen die Einbürgerung genannt würden. Bei Ablehnung des Gesuches könne davon ausgegangen werden, dass die genannten Argumente von der Mehrheit der Stimmenden mitgetragen würden und Grund für den ablehnenden Entscheid seien (BGE 130 I 140, E. 5.3.6 S. 154 f.). Eine nachträgliche Präzisierung der Gründe ist dabei nach bundesgerichtlicher Rechtsprechung nicht prinzipiell ausgeschlossen, unzulässig ist hingegen das Nachschieben völlig neuer Gründe (BGer, 1P.786/2006, 22. März 2007, E. 5; BGE 138 I 305, E. 2.3 S. 314 f.; 1D_7/2017, 13. Juli 2018, E. 5.2).

1603 In der Folge hat das Bundesgericht seine Rechtsprechung zum Einbürgerungsverfahren weiter verfeinert. In einem Entscheid von Anfang 2007 zeigte es detailliert auf, wie der Begründungspflicht in formaler Hinsicht – je nach prozessualer Ausgangslage – nachgekommen werden kann:

> «1) Bestätigt die Gemeindeversammlung einen ablehnenden Antrag des Gemeinderates, kann in der Regel und vorbehältlich abweichender Voten davon ausgegangen werden, dass die Gemeindeversammlung dem Antrag und seiner Begründung zustimmt und damit eine hinreichende Begründung des negativen Entscheides vorliegt (…).
>
> 2) Bestätigt ein kommunales oder kantonales Parlament einen ablehnenden Antrag seiner Kommission nach eingehender Diskussion, ist gleichermassen auf Antrag und Voten abzustellen (…).
>
> 3) Bei Urnenabstimmungen, mit denen Anträge der Exekutive auf Verweigerung der Einbürgerung bestätigt werden, kann gleichermassen davon ausgegangen werden, dass die Stimmberechtigten sich die Begründung der Exekutive zu Eigen machen und somit eine Begründung tatsächlich vorliegt.
>
> 4) Verweigert eine Gemeinde- oder Bürgerversammlung die Einbürgerung entgegen dem Antrag des Gemeinderates, wird sich die Begründung in erster Linie aus den Wortmeldungen ergeben müssen. Werden derart Gründe für die Ablehnung einer Einbürgerung genannt und über das Gesuch unmittelbar im Anschluss an die Diskussion abgestimmt, ist davon auszugehen, dass die ablehnenden Gründe von der Mehrheit der Abstimmenden mitgetragen werden; damit wird formal, d.h. unter dem Gesichtswinkel der Begründungspflicht, eine hinreichende Begründung vorliegen (…). Gleich dürfte es sich grundsätzlich verhalten, wenn formell über die Begründung des negativen Einbürgerungsentscheides abgestimmt wird. Findet demgegenüber keinerlei Diskussion statt, so fehlt grundsätzlich die erforderliche Begründung (…).

> 5) Werden Einbürgerungsgesuche entgegen den Anträgen in geheimer Urnenabstimmung verworfen, fehlt es systembedingt an einer Begründung.» (BGer, 1P.787/2006, 22. März 2007, E. 4.2)

In einem späteren Urteil stützte das Bundesgericht einen Entscheid des Einwohnerrates (Parlament) der Gemeinde Littau, bei dem keine explizite Begründung nachgereicht worden war. Der Fall betraf eine junge Frau aus Serbien und Montenegro, die sich im Kanton Luzern einbürgern lassen wollte. Das Gesuch wurde vom Einwohnerrat abgelehnt und der Entscheid unter Hinweis auf die geheime Abstimmung nicht begründet. Vor der Abstimmung hatte zudem keine Diskussion stattgefunden. In der Bürgerrechtskommission des Einwohnerrates, vor der die Gesuchstellerin vorgängig hatte vorsprechen müssen, war es hingegen zu einer Diskussion gekommen. Im Anschluss an diese lehnte die Kommission die beantragte Einbürgerung ab. Zur Rüge der Gesuchstellerin, dass die Gründe für den negativen Antrag nicht tatsächlich festgehalten worden waren und der Einwohnerrat dem Antrag der Kommission somit blind gefolgt sei, führte das Bundesgericht aus, dass die Mitglieder des Einwohnerrates während des Verfahrens Zugriff auf die einzelnen Einbürgerungsdossiers gehabt hätten und die einzelnen Fälle in den Fraktionen diskutiert worden waren: 1604

> «Aufgrund der in der einwohnerrätlichen Bürgerrechtskommission geführten Diskussion kann ohne weiteres angenommen werden, dass die Einbürgerungsgesuche in den Fraktionen vorbereitet und die Gründe für einen negativen Ausgang besprochen worden sind. Diese Information reicht weit über eine Einsicht in die nur spärlichen Akten mit wenig Gehalt hinaus, weshalb es ohne Belang ist, ob und in welchem Ausmass vom Akteneinsichtsrecht der Einwohnerräte tatsächlich Gebrauch gemacht worden ist. Es kann somit davon ausgegangen werden, dass der Einwohnerrat in Kenntnis der Sachlage und der Motive der vorbereitenden Kommission über das Einbürgerungsgesuch der Beschwerdeführerin entschieden hat. In dieser Hinsicht beruht somit der Entscheid des Einwohnerrates auf der von der Kommission erwogenen Begründung, welche für sich genommen den Anforderungen an das Begründungsgebot gemäss Art. 29 Abs. 2 BV zu genügen vermöchte.» (BGer, 1D_6/2007, 25. Januar 2008, E. 3.5)

Aus der bundesgerichtlichen Rechtsprechung wird deutlich, dass Entscheide über die ordentliche Einbürgerung durch eine Gemeinde- oder Bürgerversammlung unter Umständen dem Anspruch auf Begründung zu genügen vermögen. Dieser Grundsatz wurde in Art. 15*a* Abs. 2 aBüG verankert und mit Art. 15 Abs. 2 BüG in das totalrevidierte Bürgerrechtsgesetz übernommen. Es ist demnach ausdrücklich erlaubt, dass die Kantone Entscheide über die ordentliche Einbürgerung den Stimmberechtigten einer Gemeindeversammlung zum Entscheid vorlegen können. Art. 16 Abs. 2 BüG hält diesbezüglich allerdings fest, dass die Stimmberechtigten Einbürgerungsgesuche nur ablehnen können, wenn ein entsprechender Antrag gestellt und begründet wurde. Um dem Anspruch auf Begründung zu genügen, muss die Begründung so ausgestaltet sein, dass die Betroffenen Kenntnis über die Gründe der Ablehnung ihres Einbürgerungsgesuches erhalten und den 1605

Entscheid sachgemäss anfechten können. Eine angemessene Überprüfung von Ermessensentscheiden ist nämlich nur möglich, wenn die Gründe für den Entscheid durch die zuständige Instanz dargelegt werden. Dies hat zur Folge, dass die massgebenden Gründe für die Ablehnung des Einbürgerungsgesuches an der Gemeindeversammlung selber genannt werden müssen, eine erst nachträgliche Begründung stellt ein unzulässiges Nachschieben von Gründen dar (vgl. zum Ganzen zuletzt BGer, 1D_7/2017, 13. Juli 2018, E. 5.2., 5.3., 6.6. und 6.7.).

ff) Diskriminierungsverbot

1606 Die kantonalen und kommunalen Behörden sind beim Entscheid über ein Einbürgerungsgesuch an die Grundrechte gebunden und verpflichtet, zu deren Verwirklichung beizutragen (Art. 35 Abs. 2 BV). Von grosser Bedeutung ist in diesem Zusammenhang das Diskriminierungsverbot nach Art. 8 Abs. 2 BV, das bei Einbürgerungsentscheiden zu respektieren ist.

1607 **Beispiel:** Das Gesuch um ordentliche Einbürgerung einer Frau mit geistiger Behinderung wurde von der Gemeindeversammlung Amriswil (TG) mit der Begründung abgelehnt, dass sie aufgrund ihrer Behinderung keinen eigenen Einbürgerungswillen habe. Das Bundesgericht beurteilte diese behördliche Praxis als diskriminierend. Es stellte fest, dass die Einbürgerung damit für eine ganze Untergruppe von Menschen mit geistiger Behinderung verunmöglicht würde. Darum sei nicht auf den tatsächlichen, sondern vielmehr auf den mutmasslichen Willen zur Einbürgerung abzustellen. Das Bundesgericht kam zum Schluss, dass die Gesuchstellerin einen solchen mutmasslichen Willen habe und auch die anderen Einbürgerungsvoraussetzungen erfülle und hob den kantonalen Entscheid aus diesem Grund auf (BGE 139 I 169).

1608 **Beispiel:** Der Einwohnerrat von Buchs (AG) lehnte das Gesuch einer jungen Türkin um ordentliche Einbürgerung ab, obwohl der Gemeinderat vorgängig festgestellt hatte, dass diese gut integriert sei. Zur Begründung wurde angeführt, dass die Gesuchstellerin ein Kopftuch trage, was eine fundamentalistische Glaubensrichtung bezeuge. Das Kopftuch sei Ausdruck der Unterwerfung der Frau und widerspreche somit den hiesigen Wertvorstellungen. Das Bundesgericht beurteilte diese Begründung als diskriminierend im Sinne von Art. 8 Abs. 2 BV, da sie ausschliesslich an das Tragen des Kopftuches als religiöses Bekenntnis und damit ein verpöntes Merkmal anknüpfte und mit keinen qualifizierten Gründen gerechtfertigt werden konnte. Aus diesem Grund hob es den negativen Einbürgerungsentscheid auf (BGE 134 I 49).

1609 **Beispiel:** Die Einwohnergemeindeversammlung von Birr (AG) lehnte die Einbürgerungsgesuche eines bosnischen Ehepaares ab. Aus der schriftlichen Begründung des Gemeinderates ging hervor, die Ablehnung stütze sich auf die Tatsache, dass die Ehefrau ein Kopftuch trage. Das Kopftuch weise Frauen eine geschlechtlich und sozial unterlegene Rolle zu, was dem Prinzip der Gleichstellung von Mann und Frau widerspreche. Damit weise das Tragen eines Kopftuches auf mangelnde Integration hin. Zudem spreche die Ehefrau nur mässig Deutsch und habe Fragen zur Verfassungsordnung der Schweiz nur teilweise beantworten können. Das Bundesgericht hielt fest, dass die Gesuche von Ehepaaren gesondert zu prüfen seien. Bezüglich des Gesuches der Frau hielt das Gericht fest, knappe Deutschkenntnisse und mangelnde Kenntnisse der schweizerischen Verfassungsordnung dürften als Zeichen mangelnder Integration angesehen werden, womit der ablehnende Entscheid genügend begründet worden war. Auf die Begründung bezüglich des Kopftuches ging das Bundesgericht beim

Entscheid über das Gesuch der Frau nicht weiter ein. Hingegen stellte es in Bezug auf das Einbürgerungsgesuch des Mannes fest, dass die Abweisung des Entscheides nur mit dem Kopftuch seiner Frau begründet worden sei, was eine Diskriminierung i.S.v. Art. 8 Abs. 2 BV darstelle (BGE 134 I 56).

Beispiel: Keinen Verstoss gegen das Diskriminierungsverbot stellte das Bundesgericht hingegen in einem Berner Fall fest, der eine alleinerziehende slowakische Mutter betraf, die Sozialhilfe erhalten hatte, die Bezüge über die Jahre jedoch kontinuierlich reduzieren konnte. Ihr Einbürgerungsgesuch wurde dennoch aufgrund des fortgesetzten Sozialhilfebezuges abgelehnt. Das Berner Verwaltungsgericht hatte geprüft, ob eine Diskriminierung bezüglich der sozialen Stellung, des Geschlechts und der Eigenschaft als alleinerziehende Person vorliege. Das Bundesgericht stützte den Schluss, dass die Gesuchstellerin nur vorübergehend in ihrer wirtschaftlichen Leistungsfähigkeit eingeschränkt sei und ihre Sozialhilfeabhängigkeit kein wesentliches Merkmal ihrer Persönlichkeit darstelle. Die Ablehnung ihrer Einbürgerung aufgrund der Sozialhilfeabhängigkeit habe deshalb nicht an ein verpöntes Merkmal angeknüpft und halte vor dem Diskriminierungsverbot stand (BGer, 1D_6/2018, 3. Mai 2019). 1610

gg) Willkürverbot

Die Behörden verfügen beim Einbürgerungsentscheid über ein gewisses Ermessen. Dabei ist neben dem Diskriminierungsverbot auch das Willkürverbot zu beachten. Demnach steht es den Behörden trotz Beurteilungsspielräumen nicht frei, eine Person, die alle auf eidgenössischer und kantonaler Ebene statuierten gesetzlichen Einbürgerungsvoraussetzungen erfüllt und folglich integriert ist, trotzdem nicht einzubürgern. Insofern nähert sich die Rechtslage einer Anspruchssituation an (BGE 146 I 49, E. 2.7. S. 54 f.). 1611

Beispiel: Der italienische Gesuchsteller wohnt mit seiner Ehefrau seit bald 30 Jahren in Arth im Kanton Schwyz, wo er seit 2001 einen Handwerksbetrieb führt. Die Gemeinde Arth wies 2017 sein Einbürgerungsgesuch ab, weil er nur genügende geografische und kulturelle Kenntnisse aufweise. So habe er nicht gewusst, dass im Tierpark Goldau Bären und Wölfe im gleichen Gehege lebten oder der Begriff «Ländler» habe ihm nichts gesagt, ausserdem habe er das Alphorn als «Schwyzerhorn» bezeichnet und den Gnipen nicht gekannt. Das Bundesgericht bezeichnete die verweigerte Einbürgerung in aussergewöhnlich deutlichen Worten als willkürlich. Es befand, der Beschwerdeführer erfülle alle Einbürgerungsvoraussetzungen mit lediglich einem gewissen Vorbehalt bei der geografischen und kulturellen Eingliederung. Dieses höchstens geringe Manko werde durch die übrigen Kriterien mehr als aufgewogen. Die Abweisung seines Einbürgerungsgesuches habe auf einem klaren Missverhältnis bei der Abwägung sämtlicher materieller Einbürgerungsvoraussetzungen beruht (BGE 146 I 49, E. 4.6 S. 60). 1612

hh) Schutz der Privatsphäre

Die Kantone haben nach Art. 17 Abs. 1 BüG dafür zu sorgen, dass bei der Einbürgerung im Kanton und in der Gemeinde die Privatsphäre beachtet wird. Allerdings belässt der Gesetzgeber den Behörden einen weiten Ermessensspielraum, indem er festlegt, dass nicht nur die Nationalität und die Wohnsitzdauer, sondern auch jene Informationen den Stimmberechtigten bekanntzugeben sind, 1613 die erforderlich sind für die Beurteilung der Einbürgerungsvoraussetzungen, insbesondere der erfolgreichen Integration in die schweizerischen Verhältnisse (Art. 17 Abs. 2 BüG). Zulässig sind – unter Wahrung des Anspruchs auf rechtliches Gehör – beispielsweise Erkundigungen bei den Nachbarn oder sonstigen Einwohnern über die Integration der einbürgerungswilligen Person und die Beziehungen zu ihr, wenn die Behörden entsprechende Angaben des Gesuchstellers oder der Gesuchstellerin als unglaubhaft erachten (vgl. BGE 141 I 60, E. 5.2 S. 68 f.).

b) Erleichterte Einbürgerung

1614 Während bei der ordentlichen Einbürgerung das Staatssekretariat für Migration lediglich die Einbürgerungsbewilligung erteilt, die eigentliche Einbürgerung aber durch die kantonalen und kommunalen Behörden erfolgt, wird der Entscheid über die erleichterte Einbürgerung vom Staatssekretariat für Migration selber getroffen (Art. 25 BüG). Das Staatssekretariat hört den betroffenen Kanton zwar an (Art. 25 Abs. 1 BüG), doch haben weder die Kantone noch die betroffenen Gemeinden ein Mitspracherecht beim Einbürgerungsentscheid. Art. 25 Abs. 1 BüG sieht seit der Totalrevision vor, dass das SEM aus Gründen der Prozessökonomie den Kanton nur vor einer Gutheissung anhört.

1615 Das Staatssekretariat für Migration beauftragt im Verfahren der erleichterten Einbürgerung die kantonalen Behörden mit den Erhebungen, die für die Beurteilung der Einbürgerungsvoraussetzungen nötig sind (Art. 34 Abs. 2 BüG). Als Folge der unterschiedlichen Qualität der kantonalen Erhebungen zum Vorliegen der Einbürgerungsvoraussetzungen sieht Art. 34 Abs. 3 BüG seit der Totalrevision vor, dass der Bundesrat einheitliche Richtlinien für die Erstellung der Erhebungsberichte erlassen kann. Die entsprechenden Ausführungsbestimmungen finden sich in Art. 17 ff. BüV.

1616 Die erleichterte Einbürgerung stellt die Ausnahme dar und ist nur in fünf Konstellationen möglich:

- für Ehegattinnen und Ehegatten von Schweizer Bürgerinnen und Bürgern (Art. 21 BüG),
- im Falle eines irrtümlich angenommenen Schweizer Bürgerrechtes (Art. 22 BüG),
- für staatenlose Kinder (Art. 23 BüG),
- für Kinder eines eingebürgerten Elternteils, das nicht in die Einbürgerung einbezogen wurde (Art. 24 BüG),
- sowie für Personen der dritten Ausländergeneration (Art. 24*a* BüG).

Im Gegensatz zu ausländischen Ehepartnerinnen und -partnern von Schweizer Staatsangehörigen, auf die das Verfahren der erleichterten Einbürgerung anwendbar ist, unterliegen Ausländerinnen und Ausländer in bestehenden eingetragenen Partnerschaften mit Schweizerinnen und Schweizern der ordentlichen Einbürgerung (hierzu vorne Rz. 1587 ff.). Sofern sie seit drei Jahren in der eingetragenen Partnerschaft mit der Schweizer Bürgerin oder mit dem Schweizer Bürger leben, genügt nach Art. 10 Abs. 1 lit. a BüG jedoch eine verkürzte Aufenthaltsdauer von insgesamt fünf Jahren, wovon ein Jahr unmittelbar vor der Gesuchstellung in der Schweiz verbracht worden sein muss. Seit dem 1. Juli 2022 können keine eingetragenen Partnerschaften mehr eingegangen werden. Auf seither geschlossene Ehen zwischen gleichgeschlechtlichen Partnerinnen und Partnern sowie auf gleichgeschlechtliche Partnerschaften, die nunmehr in eine Ehe umgewandelt worden sind, finden die Bestimmungen der erleichterten Einbürgerung Anwendung. 1617

Damit eine Person erleichtert eingebürgert werden kann, muss sie die allgemeinen Voraussetzungen nach Art. 20 BüG sowie zusätzlich auch die für ihre Konstellation spezifischen Voraussetzungen nach Art. 21 ff. BüG erfüllen. 1618

aa) Allgemeine Voraussetzungen der erleichterten Einbürgerung

Art. 20 BüG setzt voraus, dass die Gesuchstellerinnen und Gesuchsteller 1619

- die Integrationskriterien nach Art. 12 Abs. 1 und 2 BüG erfüllen (Abs. 1; zu den einzelnen Kriterien siehe vorne Rz. 1593) und
- keine Gefahr für die innere und äussere Sicherheit der Schweiz darstellen (Abs. 2).

Diese Kriterien sind auch bei Bewerberinnen und Bewerbern, die nicht in der Schweiz wohnhaft sind, sinngemäss anzuwenden (Art. 20 Abs. 3 BüG). Mit dem Verweis auf die Integrationskriterien von Art. 12 BüG gleicht das BüG den Integrationsgrad, der für die erleichterte Einbürgerung verlangt wird, demjenigen für eine ordentliche Einbürgerung an. Laut der Botschaft des Bundesrates zum totalrevidierten Bürgerrechtsgesetz kann «weitestgehend» auf die für die ordentliche Einbürgerung verlangten Integrationskriterien abgestellt werden. Der Grad der Integration ist jedoch immer im Verhältnis zur Anwesenheitsdauer in der Schweiz zu betrachten: Bei der Beurteilung der Integration im Verfahren der erleichterten Einbürgerung soll berücksichtigt werden, dass in der Regel eine kürzere Aufenthaltsdauer als bei der ordentlichen Einbürgerung verlangt wird, was faktisch einen Einfluss auf den Integrationsgrad zeitigt (BBl 2011 2855). 1620

bb) Ehegattinnen und Ehegatten von Schweizer Staatsangehörigen

1621 Der häufigste Fall der erleichterten Einbürgerung stellt jener von ausländischen Ehegattinnen und Ehegatten von Schweizerinnen und Schweizern dar. Dabei muss unterschieden werden, ob die einbürgerungswillige Ehegattin oder der einbürgerungswillige Ehegatte in der Schweiz oder im Ausland leben.

1622 Bei Ausländerinnen und Ausländern, die in der Schweiz leben und mit einer Schweizerin oder einem Schweizer verheiratet sind, wird vermutet, dass sie aufgrund ihrer Ehe eine enge Beziehung zur Schweiz aufweisen. Voraussetzung der erleichterten Einbürgerung nach Art. 21 Abs. 1 BüG ist, dass die gesuchstellende Person:

- seit drei Jahren mit einer Schweizer Bürgerin oder einem Schweizer Bürger in ehelicher Gemeinschaft lebt (lit. a);

  Die eheliche Gemeinschaft beginnt ab dem Zeitpunkt, an dem die Ehe gültig auf einem in- oder ausländischen Zivilstandsamt geschlossen wurde. Bei einer eingetragenen Partnerschaft nach schweizerischem Recht, die nach dem 1. Juli 2022 in eine Ehe umgewandelt wurde, wird die Dauer der vorangegangenen eingetragenen Partnerschaft an die zur erleichterten Einbürgerung massgebliche Zeitdauer angerechnet (vgl. Art. 35*a* Abs. 2 PartG). Wenn eingetragene Partnerinnen und Partner sich hingegen dazu entschliessen, ihre Partnerschaft nicht in eine Ehe umwandeln zu lassen, sondern zu heiraten, wird die Dauer der vorangegangenen eingetragenen Partnerschaft nicht an die Ehedauer angerechnet.

- sich insgesamt fünf Jahre in der Schweiz aufgehalten hat und vor der Einreichung des Gesuches seit einem Jahr in der Schweiz wohnhaft ist (lit. b).

1623 Die eheliche Lebensgemeinschaft muss nach Art. 10 BüV sowohl bei der Gesuchseinreichung als auch zum Zeitpunkt der Einbürgerung tatsächlich bestehen und stabil sein. Der Ehewille muss damit intakt sein und es dürfen keine Trennungs- oder Scheidungsabsichten bestehen. Zudem muss das Ehepaar in einem gemeinsamen Haushalt leben. Auf das Erfordernis des Zusammenwohnens kann einzig dann abgewichen werden, wenn wichtige Gründe für die getrennten Wohnorte geltend gemacht werden.

1624 Ehegattinnen und Ehegatten von Schweizer Staatsangehörigen, die ihren Wohnsitz zum Zeitpunkt der Gesuchseinreichung oder der Einbürgerung nicht in der Schweiz haben, können nach Art. 21 Abs. 2 BüG ein Gesuch um erleichterte Einbürgerung stellen, wenn sie

- seit sechs Jahren in ehelicher Gemeinschaft mit dem Ehemann oder der Ehefrau leben (lit. a); und

- eine enge Verbindung zur Schweiz haben (lit. b).

In welchen Fällen eine genügend enge Verbindung zur Schweiz besteht, wird in Art. 11 Abs. 1 BüV konkretisiert. Danach ist die gesuchstellende Person dann eng mit der Schweiz verbunden, wenn sie 1625

- sich innerhalb der letzten sechs Jahre vor der Gesuchstellung mindestens dreimal für je mindestens fünf Tage in der Schweiz aufgehalten hat (lit. a);
- sich im Alltag mündlich in einer Landessprache verständigen kann (lit. b);
- über Grundkenntnisse der geografischen, historischen, politischen und gesellschaftlichen Verhältnisse in der Schweiz verfügt (lit. c); und
- Kontakte zu Schweizerinnen oder Schweizern pflegt (lit. d).

Die auf diese Weise eingebürgerten Personen erhalten das Kantons- und Gemeindebürgerrecht ihres Schweizer Ehepartners beziehungsweise ihrer Schweizer Ehepartnerin (Art. 21 Abs. 4 BüG). 1626

Das Gesuch um erleichterte Einbürgerung kann eine Person mit ausländischer Staatsangehörigkeit auch dann stellen, wenn die Ehefrau oder der Ehemann das Schweizer Bürgerrecht nach der Heirat durch eine Wiedereinbürgerung oder durch eine erleichterte Einbürgerung aufgrund der Abstammung von einem schweizerischen Elternteil erworben hat (Art. 21 Abs. 3 BüG). Mit anderen Worten ist eine erleichterte Einbürgerung durch Heirat mit einer Schweizerin oder einem Schweizer möglich, wenn der Schweizer Ehegatte das Bürgerrecht schon vor der Heirat besessen hat oder nach der Heirat durch Wiedereinbürgerung oder erleichterte Einbürgerung aufgrund der Abstammung erwirbt. 1627

cc) Kinder

Nach Art. 30 BüG werden minderjährige Kinder in der Regel in die Einbürgerung eines Elternteils einbezogen, namentlich wenn sie zusammenleben. Wurde ein Kind nicht in die Einbürgerung des Elternteiles einbezogen, kann es nach Art. 24 Abs. 1 BüG die erleichterte Einbürgerung beantragen. Diese Konstellation ist insbesondere dann von Belang, wenn das Kind zum Zeitpunkt der Gesuchstellung seines Elternteils im Ausland lebte. Voraussetzung der erleichterten Einbürgerung ist, dass das Kind 1628

- das 22. Altersjahr noch nicht vollendet hat;
- im Zeitpunkt der Einreichung des Einbürgerungsgesuches des Elternteiles minderjährig war;
- sich insgesamt fünf Jahre in der Schweiz aufgehalten hat; und
- unmittelbar vor der Einreichung des Gesuches drei Jahre Wohnsitz in der Schweiz hatte.

1629 Das Kind erwirbt das Kantons- und Gemeindebürgerrecht des schweizerischen Elternteiles (Art. 24 Abs. 2 BüG).

1630 Die Möglichkeit der erleichterten Einbürgerung von Kindern, deren Mutter oder Vater das Schweizer Bürgerrecht vor ihrer Geburt verloren haben, ist seit der Totalrevision des BüG nicht mehr möglich.

1631 Schliesslich können auch staatenlose minderjährige Kinder ein Gesuch um erleichterte Einbürgerung stellen, wenn sie im Jahr vor Einreichung des Gesuches und insgesamt fünf Jahre in der Schweiz gelebt haben (Art. 23 Abs. 1 BüG). Dabei wird jeder Aufenthalt in der Schweiz angerechnet, der mit den ausländerrechtlichen Vorschriften übereinstimmt (Art. 23 Abs. 2 BüG). Das Kind erwirbt das Bürgerrecht der Wohngemeinde und des Wohnkantons (Art. 23 Abs. 3 BüG). Vorausgesetzt wird, dass die Staatsangehörigkeit nicht freiwillig aufgegeben oder ohne triftigen Grund abgelehnt wurde, die Staatenlosigkeit mithin ohne Dazutun der betroffenen Person verursacht wurde (sogenannte Staatenlosigkeit *de iure*, siehe hierzu vorne Rz. 576 ff; BGer, 2C_661/2015, 12. November 2015, E. 3.1; vgl. auch BGE 147 II 421, E. 5.1 S. 423 f.). Die Bestimmung zur Einbürgerung staatenloser Kinder hat in der Praxis kaum Bedeutung erlangt. Laut Antwort des Bundesrates auf die Interpellation 16.3126 «Staatenlose Kinder. Wo steht die Schweiz?» wurden im Zeitraum zwischen 2006 und 2016 lediglich zehn Kinder gestützt auf die besagte Bestimmung eingebürgert. Für staatenlose volljährige Personen gelten die Bestimmungen über die ordentliche Einbürgerung.

dd) Irrtümlich angenommenes Schweizer Bürgerrecht

1632 Nach Art. 22 Abs. 1 BüG können auch jene Ausländerinnen und Ausländer erleichtert eingebürgert werden, die seit mindestens fünf Jahren gutgläubig annahmen, das Schweizer Bürgerrecht zu besitzen. Vorausgesetzt wird jedoch, dass die betreffenden Personen in dieser Zeit auch von den kantonalen und kommunalen Behörden als Schweizer Staatsangehörige behandelt wurden, etwa indem auf ihren Namen irrtümlich eine Schweizer Identitätskarte ausgestellt wurde. Die betroffene Person gilt nicht als gutgläubig, wenn mit der nach den Umständen gebotenen Aufmerksamkeit der Irrtum hätte erkannt werden müssen. Nicht urteilsfähige Kinder müssen sich dabei die Bösgläubigkeit – also beispielsweise das Wissen um die irrtümliche Ausstellung eines Schweizer Passes – ihrer gesetzlichen Vertreterin oder ihres gesetzlichen Vertreters anrechnen lassen (BGer, 1C_454/2017, 16. Mai 2018, E. 3).

1633 **Beispiel:** Während der Ehe zwischen einem Schweizer Bürger und einer Ivorerin wird ein ausserehelicher Sohn geboren. Der Schweizer Ehemann ficht die Vaterschaft erfolgreich an. Dennoch wird das Kind fälschlicherweise als Nachkomme des Schweizers ins Familienbüchlein eingetragen. Der daraufhin ausgestellte Schweizer Pass des Kindes wird mehrmals verlängert. Die Mutter weiss, dass die Ausstellung des Passes auf einem Irrtum der Behörden bezüglich der Vaterschaft des Kindes beruht. Diese Bösgläubigkeit der Mutter muss sich ihr urteilsunfähiger Sohn anrechnen lassen. Soweit der Sohn bei Erlangen seiner Urteilsfähigkeit jedoch keinen Anlass hat, sein Schweizer Bürgerrecht infrage zu stellen und insgesamt selbst fünf Jahre gutgläubig davon ausgeht, tatsächlich Schweizer zu sein, ist Art. 22 Abs. 1 BüG auf ihn anwendbar (BGer, 1C_454/2017, 16. Mai 2018).

Personen, die gestützt auf Art. 22 Abs. 1 BüG eingebürgert werden, erhalten 1634 das Bürgerrecht des für den Irrtum verantwortlichen Kantons. Dieser bestimmt, welches Gemeindebürgerrecht die Personen erhalten (Art. 22 Abs. 2 BüG).

ee) Personen der dritten Ausländergeneration

Ausländerinnen und Ausländer, die in der zweiten oder dritten Generation in 1635 der Schweiz leben, identifizieren sich oft mehr mit der Schweiz als mit dem Heimatland ihrer Eltern und Grosseltern. Anders als in anderen Ländern sah das Bürgerrechtsgesetz des Bundes trotzdem lange keine auf diese Personengruppe zugeschnittene Bestimmungen wie etwa einen automatischen oder erleichterten Bürgerrechtserwerb vor. So lehnte das Schweizer Stimmvolk am 26. September 2004 eine Vorlage zur Einführung der erleichterten Einbürgerung für in der Schweiz aufgewachsene Ausländerinnen und Ausländer ab. Ebenso wurde die Vorlage zum automatischen Erhalt des Bürgerrechtes für Ausländerinnen und Ausländer der dritten Generation, die in der Schweiz geboren wurden, abgelehnt. Nach zwei eidgenössischen Volksabstimmungen in den Jahren 1983 und 1994 war dies bereits der dritte erfolglose Anlauf. Auf die 2008 eingereichte parlamentarische Initiative 08.432 wurde eine Vorlage zur erleichterten Einbürgerung von Ausländerinnen und Ausländern der dritten Generation erarbeitet. Das Schweizer Stimmvolk konnte schliesslich am 12. Februar 2017 über die entsprechende Verfassungsänderung abstimmen. Die Vorlage wurde mit einer Mehrheit von 60,4 Prozent angenommen und Art. 38 Abs. 3 BV um einen Passus zur erleichterten Einbürgerung von Personen der dritten Ausländergeneration ergänzt. Mit Art. 24*a* BüG traten am 15. Februar 2018 die gesetzliche Grundlage (AS 2018 531) und mit Art. 15*a* f. BüV die revidierten Verordnungsbestimmungen (AS 2018 533) in Kraft.

Nach Art. 24*a* Abs. 1 BüG kann ein Kind ausländischer Eltern auf Gesuch hin 1636 erleichtert eingebürgert werden, wenn neben den Integrationskriterien von Art. 12 Abs. 1 und 2 i.V.m. Art. 20 Abs. 1 BüG die folgenden Voraussetzungen erfüllt sind:

- mindestens ein Grosselternteil ist in der Schweiz geboren worden oder es wird glaubhaft gemacht, dass dieser ein Aufenthaltsrecht erworben hat (lit. a), wobei ein bloss vorübergehender kurzer Aufenthalt nicht genügt;

- mindestens ein Elternteil hat eine Niederlassungsbewilligung erworben, hat sich mindestens zehn Jahre in der Schweiz aufgehalten und mindestens fünf Jahre die obligatorische Schule in der Schweiz besucht (lit. b);
- das gesuchstellende Kind wurde in der Schweiz geboren (lit. c), besitzt eine Niederlassungsbewilligung und hat mindestens fünf Jahre die obligatorische Schule – Kindergarten miteingeschlossen – in der Schweiz besucht (lit. d).

1637 In formeller Hinsicht ist zu beachten, dass das Gesuch um erleichterte Einbürgerung nur bis zum vollendeten 25. Altersjahr eingereicht werden kann (Art. 24*a* Abs. 2 BüG). Im Rahmen der Übergangsregelung von Art. 51*a* BüG kann, wer am 15. Februar 2018 zwischen 26 und 35 Jahre alt ist, innerhalb von fünf Jahren seit Inkrafttreten der gesetzlichen Bestimmung ebenfalls ein Gesuch stellen. Das eingebürgerte Kind erwirbt das Bürgerrecht seiner Wohngemeinde und seines Wohnkantons (Art. 24*a* Abs. 3 BüG).

1638 Die durch Art. 24*a* BüG angesprochenen Kinder und Jugendlichen der dritten Ausländergeneration erfüllen wohl mehrheitlich auch die Voraussetzungen für die ordentliche Einbürgerung. Von 25'000 jungen Personen, die laut Schätzungen die Voraussetzungen für eine erleichterte Einbürgerung erfüllten, hatten ein Jahr nach der Einführung von Art. 24*a* BüG denn auch lediglich 1'000 ein Gesuch gestützt auf Art. 24*a* BüG gestellt (siehe die Interpellation 20.3707). Die Möglichkeit der erleichterten Einbürgerung führt immerhin zu einer gewissen Vereinfachung des Verfahrens, indem direkt das Staatssekretariat für Migration für den Entscheid zuständig ist. Dadurch entfällt das dreistufige Verfahren der ordentlichen Einbürgerung.

c) Wiedereinbürgerung

1639 Wer das Schweizer Bürgerrecht verloren hat, kann innerhalb von zehn Jahren ein Gesuch um Wiedereinbürgerung stellen (Art. 27 Abs. 1 BüG). Die Wiedereinbürgerung ist, der Intitulierung von Art. 27 BüG folgend, in Fällen der Verwirkung, der Entlassung und des Verlustes des Schweizer Bürgerrechtes möglich. Wurde das Bürgerrecht entzogen (Art. 42 BüG, siehe hinten Rz. 1651 ff.) oder die Einbürgerung nichtig erklärt (Art. 36 BüG, siehe hinten Rz. 1656 ff.), ist eine Wiedereinbürgerung hingegen nicht möglich, ebenso wenig bei Verlust des Bürgerrechtes eines Kindes anlässlich einer Adoption durch einen ausländischen Elternteil oder wenn das Kindesverhältnis zum schweizerischen Elternteil aufgehoben wurde.

1640 Gab es vor der Totalrevision des BüG noch drei verschiedene Arten und Verfahren der Wiedereinbürgerung – je nachdem, ob das Bürgerrecht durch Verwirkung, Entlassung oder durch Heirat mit einem Ausländer nach dem bis Ende

1991 geltenden Recht verloren ging –, gilt mit Art. 26 bis 29 BüG nunmehr eine einheitliche Regelung für alle denkbaren Konstellationen der Wiedereinbürgerung.

Die materiellen Voraussetzungen für eine Wiedereinbürgerung werden in Art. 26 BüG präzisiert. Demnach können Ausländerinnen und Ausländer wiedereingebürgert werden, sofern sie: 1641

- erfolgreich integriert sind, falls sie sich in der Schweiz aufhalten (lit. a);

  Bezüglich der erfolgreichen Integration kann auf die entsprechenden Ausführungen bei der ordentlichen Einbürgerung verwiesen werden (siehe vorne Rz. 1553).

- eine enge Verbundenheit mit der Schweiz aufweisen, wenn sie im Ausland leben (lit. b);

  Zum Kriterium der Verbundenheit mit der Schweiz sei auf die Ausführungen der erleichterten Einbürgerung von ausländischen Ehepartnerinnen und Ehepartnern von Auslandschweizerinnen und Auslandschweizern verwiesen (siehe vorne Rz. 1625).

- die öffentliche Sicherheit und Ordnung beachten (lit. c);
- die Werte der Bundesverfassung respektieren (lit. d); und
- keine Gefahr für die innere und äussere Sicherheit der Schweiz darstellen (lit. e).

Art. 27 BüG sieht dabei in formeller Hinsicht eine zehnjährige Frist vor, innerhalb derer nach Verlust des Schweizer Bürgerrechtes ein Gesuch um Wiedereinbürgerung gestellt werden kann. Diese Frist gilt sowohl für Personen mit Aufenthalt in der Schweiz als auch im Ausland. Nach Ablauf dieser Frist kann die Wiedereinbürgerung zwar weiterhin, aber nur noch von Personen beantragt werden, die seit drei Jahren in der Schweiz wohnen. 1642

Durch die Wiedereinbürgerung wird das Kantons- und Gemeindebürgerrecht erworben, das die Betroffenen zuletzt besassen (Art. 28 BüG). 1643

Die Zuständigkeit für die Wiedereinbürgerung liegt beim Staatssekretariat für Migration. Sind die formellen Voraussetzungen erfüllt, beauftragt das SEM die kantonale Einbürgerungsbehörde mit den Erhebungen, die für die Beurteilung der materiellen Voraussetzungen einer Wiedereinbürgerung erforderlich sind (vgl. Art. 18 BüV). Im Sinne der Prozessökonomie sieht Art. 29 Abs. 1 BüG vor, dass der Kanton nur vor einer Gutheissung angehört wird. 1644

Beispiel: Die 1971 geborene dominikanische Beschwerdeführerin wurde 1986 in Santo Domingo adoptiert. Ihr Vater ist Schweizer, ihre Mutter wurde nach der Heirat ebenfalls Schweizer Bürgerin. Da die Adoption den Schweizer Behörden – konkret dem Zivilstandsamt – erst 2017 gemeldet wurde, hatte das Adoptivkind das Schweizer Bürgerrecht verwirkt. Sie verfügt in der Schweiz über eine Niederlassungsbewilligung und ersuchte um Wiedereinbürgerung. Das SEM wies das Gesuch jedoch ab, weil Verlustscheine gegen sie vorliegen. Das Bundesverwaltungsgericht bestätigte diesen 1645

Entscheid auf Beschwerde hin (BVGer, F-495/2020, 17. März 2022). Die Beschwerde der Betroffenen ans Bundesgericht war zum Zeitpunkt der Fertigstellung des Manuskripts noch hängig.

3. Verlust des Bürgerrechtes

1646 In gleicher Weise wie das Schweizer Bürgerrecht von Gesetzes wegen oder durch behördlichen Beschluss erworben werden kann, kann es auch von Gesetzes wegen oder durch behördlichen Beschluss verloren werden. Unabhängig von Art und Grund des Verlustes ist ein solcher nur dann möglich, wenn die betreffende Person in der Folge nicht staatenlos wird.

3.1. Verlust von Gesetzes wegen

1647 Das Schweizer Bürgerrecht geht in drei verschiedenen Situationen von Gesetzes wegen verloren:

- Durch **Aufhebung des Kindesverhältnisses** zu jenem Elternteil, durch den ein Kind das Schweizer Bürgerrecht erhalten hat, sofern das Kind dadurch nicht staatenlos wird (Art. 5 BüG).
- Durch **Adoption eines unmündigen Schweizer Kindes durch ausländische Staatsangehörige** und dem damit verbundenen Erwerb der Staatsangehörigkeit der Adoptiveltern (Art. 6 BüG). Dies entspricht dem Grundsatz, dass das Kindesverhältnis zu den ursprünglichen Eltern mit der Adoption aufgehoben und durch das neue Kindesverhältnis zu den Adoptiveltern ersetzt wird. Besitzt einer der beiden Adoptiveltern die schweizerische Staatsangehörigkeit, bleibt auch das Schweizer Bürgerrecht des Kindes erhalten.
- Durch **Verwirkung** bei Kindern von Schweizer Staatsangehörigen, die im Ausland geboren sind und nicht vor Vollendung des 25. Lebensjahres einer schweizerischen Behörde (im Ausland oder Inland) gemeldet worden sind respektive sich selbst gemeldet oder die Beibehaltung des Schweizer Bürgerrechtes erklärt haben (Art. 7 Abs. 1 BüG). Die Verwirkung gilt freilich nur, sofern das Kind noch eine andere Staatsbürgerschaft besitzt. Verwirkt das Kind das Schweizer Bürgerrecht, verwirken es auch seine Kinder (Art. 7 Abs. 2 BüG).

3.2. Verlust durch behördlichen Beschluss

Der Verlust durch behördlichen Beschluss ist in Art. 37 bis 42 BüG geregelt. Es wird unterschieden zwischen Entlassung aus dem Bürgerrecht und dem Entzug des Bürgerrechtes sowie dessen Nichtigerklärung. 1648

a) Entlassung aus dem Bürgerrecht

Nach Art. 37 BüG kann eine Schweizerin oder ein Schweizer verlangen, aus dem Bürgerrecht entlassen zu werden. Die Entlassung aus dem Bürgerrecht ist insbesondere dann von Relevanz, wenn die Gesuchstellerinnen und Gesuchsteller das Bürgerrecht eines Staates erwerben möchten, der die doppelte Staatszugehörigkeit nicht zulässt. Einem solchen Begehren kann unter der Voraussetzung stattgegeben werden, dass die betreffenden Personen ihren Wohnsitz nicht in der Schweiz haben und eine andere Staatsangehörigkeit besitzen oder zumindest eine andere Staatsangehörigkeit in Aussicht gestellt erhalten haben (Art. 37 Abs. 1 BüG). Über die Entlassung entscheidet der Heimatkanton (Art. 37 Abs. 2 BüG). 1649

Wird eine Person aus dem Schweizer Bürgerrecht entlassen, so gilt dieser Beschluss auch für die unter ihrer elterlichen Sorge stehenden minderjährigen Kinder, die in der Schweiz keinen Aufenthalt haben und eine andere Staatsangehörigkeit zumindest zugesichert bekommen haben (Art. 38 Abs. 1 BüG). Kinder, die das 16. Lebensjahr überschritten haben, werden nur in die Entlassung einbezogen, wenn sie dieser schriftlich zustimmen (Art. 38 Abs. 2 BüG). 1650

b) Entzug des Bürgerrechtes

Nach Art. 42 BüG kann das Staatssekretariat für Migration Doppelbürgerinnen und Doppelbürgern das Schweizer Bürgerrecht entziehen, wenn ihr Verhalten den Interessen oder dem Ansehen der Schweiz erhebliche Nachteile bringt. Der Entzug stellt eine verwaltungsrechtliche Massnahme dar, die nur als *ultima ratio* ausgesprochen werden darf. Die Bestimmung, die zu Kriegszeiten insbesondere mit Blick auf möglichen Landesverrat sowie auf Doppelbürgerinnen und Doppelbürger, die sich nationalsozialistisch betätigten, konzipiert wurde, setzt die Anwendungsschwelle sehr hoch und erlangte in der Praxis kaum Bedeutung. Trotzdem wurde sie bei der Totalrevision des BüG beibehalten. Sie soll heute insbesondere auf Schweizerinnen und Schweizer Anwendung finden, die terroristische Anschläge verübt oder geplant haben oder in dschihadistische Aktivitäten involviert sind. 1651

1652 Mit Inkrafttreten der revidierten Bürgerrechtsverordnung am 1. Januar 2018 hat der Bundesrat erstmals Kriterien für den Entzug des Bürgerrechtes definiert. Grundsätzlich wird nach Art. 30 Abs. 2 BüV eine rechtskräftige Verurteilung für Straftaten, die die Interessen oder das Ansehen der Schweiz in erheblicher Weise beeinträchtigen, vorausgesetzt. Nach Art. 30 Abs. 1 BüV rechtfertigen vier Tatbestände den Entzug des Bürgerrechtes:

- Verbrechen oder Vergehen gegen den Staat wie Angriffe auf die Unabhängigkeit der Eidgenossenschaft oder den Nachrichtendienst (lit. a);
- schwere Verbrechen im Rahmen von terroristischen Aktivitäten, gewalttätigem Extremismus oder der organisierten Kriminalität (lit. b);
- Völkermord, Verbrechen gegen die Menschlichkeit und Kriegsverbrechen (lit. c);
- dauerhafte Gefährdung der guten Beziehungen der Schweiz zu einem fremden Staat (lit. d).

1653 Beim Entzug des Bürgerrechtes ist nicht von Belang, ob die betreffenden Personen mit Doppelbürgerrecht ihr Schweizer Bürgerrecht von Gesetzes wegen – etwa durch Abstammung – erlangt haben oder ob es ihnen durch Beschluss – also durch eine Einbürgerung – erteilt worden ist. Forderungen, wonach der Entzug des Bürgerrechtes bei gewissen Delikten zwingend erfolgen muss oder nur gegenüber von *eingebürgerten* Schweizerinnen und Schweizern möglich sein soll, drangen bisher nicht durch (siehe die parlamentarischen Vorstösse 08.409, 14.450, 14.3705 oder 19.3305). Ersteres wäre in Anbetracht der drohenden Staatenlosigkeit unzulässig, letzteres würde der schweizerischen Rechtsordnung widersprechen, wonach alle Schweizerinnen und Schweizer, unabhängig von der Art des Erwerbs ihres Bürgerrechtes, die gleichen Rechte und Pflichten haben.

1654 **Beispiel:** Im Jahr 2020 wurde zum ersten Mal seit dem Zweiten Weltkrieg ein Entzug des Schweizer Bürgerrechtes rechtskräftig. Es betraf eine damals 30-jährige, in Genf geborene Frau, die neben dem Schweizer Bürgerrecht auch die französische Staatsbürgerschaft besass und die 2016 ohne Wissen der beiden Väter mit ihren zwei Töchtern nach Syrien ins IS-Gebiet gereist war. Dort heiratete sie einen IS-Anhänger. Die Verfügung des SEM über den Entzug des Bürgerrechtes erwuchs unangefochten in Rechtskraft, da die Betroffene ihn nicht beim Bundesverwaltungsgericht angefochten hat.

1655 **Beispiel:** Im Jahr 2021 respektive 2022 hatten das Bundesverwaltungsgericht und das Bundesgericht Gelegenheit, sich zum Entzug des Bürgerrechtes eines Dschihad-Reisenden zu äussern. Der Fall betraf einen 1989 geborenen, in Arbon aufgewachsenen türkischstämmigen Mann, der 2007 eingebürgert worden war. 2014 ist er nach Syrien gereist und hat sich dort der Nusra-Front (Al-Quaïda) angeschlossen. Es ist ungeklärt, was er genau in Syrien gemacht hat. Als seine schwangere deutsche Ehefrau ihm 2014 nach Syrien nachreiste und ihn zur Rückkehr bewegen wollte, hielt er sie gegen ihren Willen zurück. Sie brachte 2015 im Kriegsgebiet ihr Kind zur Welt. Der Arboner wurde schliesslich 2016 in der Türkei verhaftet. Das Bundesstrafgericht verurteilte ihn 2017 gestützt auf das Bundesgesetz über das Verbot der Gruppierungen «Al-Quaïda» und «Islamischer Staat» sowie verwandter Organisationen (SR 122) zu einer Haftstrafe von zweieinhalb Jahren wegen der Unterstützung und Propaganda für eine Terrororganisation. So hatte er propagandistische und proselytistische Aktionen organisiert und den Zugang von zwei ausländischen Kämpfern ins syrisch-irakische Kriegsgebiet gefördert. Gestützt darauf verfügte das SEM 2019 den Entzug des Bürgerrechtes, was das Bundesverwaltungsgericht und das Bundesgericht auf Beschwerde hin stützten. Die beiden Gerichte strichen den diesbezüglich grossen Ermessenspielraum hervor und erachteten den Entzug des Bürgerrechtes vorliegend als gerechtfertigt, da der Beschwerdeführer eine Terrorgruppe unterstützt hatte, die eine Bedrohung für die Sicherheit der Schweiz und der internationalen Gemeinschaft darstellt (BGer, 1C_457/2021, 15. März 2022; BVGer, F-5427/2019, 31. Mai 2021).

c) Nichtigerklärung der Einbürgerung

Nach Art. 36 BüG kann die Einbürgerung durch das Staatssekretariat für Migration oder durch die kantonale Behörde für nichtig erklärt werden, wenn sie durch falsche Angaben oder Verheimlichung erheblicher Tatsachen erschlichen worden ist. Das Verfahren richtet sich gegen alle eingebürgerten oder wiedereingebürgerten Personen, bei denen der zuständigen Behörde genügend Verdachtsmomente zur Kenntnis gelangen. 1656

Das Staatssekretariat für Migration ist zuständig für alle Verfahren zur Nichtigerklärung der erleichterten Einbürgerung oder der Wiedereinbürgerung. In den Zuständigkeitsbereich der kantonalen Behörden fällt demgegenüber nach Art. 36 Abs. 3 BüG die Nichtigerklärung von ordentlichen Einbürgerungen. Erfolgt die Nichtigerklärung der Einbürgerung durch das Staatssekretariat für Migration, wird seit Inkrafttreten des revidierten BüG am 1. Januar 2018 keine Zustimmung der kantonalen Behörden mehr verlangt (Art. 36 Abs. 1 BüG). 1657

Formell kann die Einbürgerung innerhalb von zwei Jahren, nachdem das Staatssekretariat, respektive die kantonale Behörde, von der Erschleichung Kenntnis erhalten hat, spätestens aber binnen acht Jahren nach dem rechtskräftigen Erwerb des Bürgerrechtes nichtig erklärt werden (Art. 36 Abs. 2 BüG). Nach jeder Untersuchungshandlung, die der eingebürgerten Person mitgeteilt wird, beginnt dabei eine neue zweijährige Verjährungsfrist zu laufen. 1658

Materiell setzt die Nichtigerklärung der Einbürgerung voraus, dass die Einbürgerung zu Unrecht gewährt wurde, das heisst, dass die gesuchstellende Person ihr Gesuch zur Erlangung des Schweizer Bürgerrechtes mit falschen Angaben belegt oder erhebliche Tatsachen verheimlicht hat, die zur Täuschung der zuständigen Behörden geführt hat. Das Erschleichen setzt ein unlauteres oder täuschendes Verhalten im Rahmen des Einbürgerungsverfahrens voraus. Falsche Angaben macht, wer Informationen oder Unterlagen einreicht, die nicht der Wahrheit entsprechen oder die tatsächliche Situation falsch wiedergeben. Ein Verheimlichen erheblicher Tatsachen besteht insbesondere im absichtlichen 1659

Unterlassen präziser und vollständiger Angaben zu den massgebenden Verhältnissen. Dabei genügt es, die Behörde bewusst in einem falschen Glauben zu lassen. Ändern sich die Verhältnisse nach der Gesuchseinreichung, hat die gesuchstellende Person die Behörden aufgrund ihrer verfahrensrechtlichen Mitwirkungspflichten (vgl. Art. 21 BüV) unaufgefordert zu informieren, wenn sie weiss oder wissen muss, dass die neuen Tatsachen einer Einbürgerung entgegenstehen (BGE 140 II 65, E. 2.2 S. 67 f.). Zu beachten ist dabei die Rechtsprechung des EGMR, wonach gestützt auf Art. 8 EMRK der Verlust des Bürgerrechtes auf behördlichen Beschluss nicht willkürlich erfolgen darf und im Hinblick auf die Folgen der verlorenen Staatsbürgerschaft gerechtfertigt und verhältnismässig sein muss (vgl. EGMR, *Usmanov gegen Russland*, Nr. 43936/18, Urteil vom 22. Dezember 2020, Ziff. 52 ff.).

1660 **Beispiel:** Nach der Einbürgerung stellt sich heraus, dass die Ehe, aufgrund derer die betroffene Person erleichtert eingebürgert wurde, bereits vor beziehungsweise während des Einbürgerungsverfahrens nicht mehr tatsächlich gelebt wurde. Zweifel bezüglich des Ehewillens sind unter anderem angebracht, wenn kurze Zeit nach der erleichterten Einbürgerung die Trennung erfolgt oder die Scheidung eingeleitet wird oder eine aussereheliche Beziehung gepflegt wird (siehe zum Beispiel BGer, 1C_161/2021, 7. Juni 2021, E. 3). Die Nichtigerklärung im Anschluss an die erleichterte Einbürgerung des Ehegatten einer Schweizerin oder eines Schweizers nach Art. 21 BüG stellt den häufigsten Fall von Nichtigerklärungen dar.

1661 **Beispiel:** Eine Person verschweigt im Einbürgerungsgesuch begangene Straftaten. Dies stellt auch dann eine Täuschung dar und ermöglicht somit eine Nichtigerklärung des Bürgerrechtes, wenn die Straftaten zu diesem Zeitpunkt den Behörden noch nicht bekannt sind und das Strafverfahren erst zu einem späteren Zeitpunkt eingeleitet wurde (BGE 140 II 65, E. 3.3.2. S. 69; BGer, 1C_264/2015, 27. August 2015, E. 3; BGer, 1C_578/2021, 30. Dezember 2021, E. 4.4.).

1662 Die Nichtigerklärung schliesst Kinder mit ein, deren Schweizer Bürgerrecht auf der nichtig erklärten Einbürgerung beruht. Ausgenommen sind Kinder, die das 16. Altersjahr vollendet haben sowie die Wohnsitzerfordernisse und Eignungsvoraussetzungen der ordentlichen Einbürgerung erfüllen (Art. 36 Abs. 4 lit. a BüG). Zudem ist der Einbezug der Kinder ausgeschlossen, wenn diese durch die Nichtigerklärung staatenlos würden (Art. 36 Abs. 4 lit. b BüG). Das BüG kodifiziert damit die bereits vor der Totalrevision geltende bundesgerichtliche Rechtsprechung bezüglich der Kriterien, nach denen zu beurteilen ist, in welchen Fällen von der Nichtigkeit der Einbürgerung der Familienmitglieder abzusehen ist (siehe BGE 135 II 161, E. 5.3 S. 170 f.).

1663 Mit der Nichtigerklärung der Einbürgerung wird die davon betroffene Person in die gleiche ausländerrechtliche Rechtsstellung wie vor der Einbürgerung zurückversetzt (BGE 135 II 1, E. 3 S. 5 ff.). Damit verfügt sie wieder über jene Bewilligung, die sie hatte, bevor sie eingebürgert wurde. Die ausländerrechtliche Bewilligung erlischt somit nicht automatisch. Sie fällt nur dahin, wenn in der Zwischenzeit entsprechende Erlöschens- oder Widerrufsgründe eingetreten sind (siehe dazu vorne Rz. 704 ff.). Die Nichtigerklärung des Schweizer Bürgerrechtes wirkt *ex nunc*. Mit anderen Worten ist die betreffende Person bis zur Nichtigerklärung Schweizer Bürgerin oder Schweizer Bürger mit allen damit verbundenen Rechten und Pflichten. Erst ab diesem Zeitpunkt sind wieder die ausländerrechtlichen Bestimmungen anwendbar (BGer, 2C_482/2017, 24. Mai 2018, E. 2.3 und 2.4; BGer, 2C_857/2017, 21. Januar 2019, E. 2.1.). Insbesondere hat bis dahin das Verlassen des Schweizer Staatsgebietes damit keine nachteiligen Konsequenzen, da kein Aufenthaltsstatus entzogen werden kann, solange das Schweizer Bürgerrecht besteht.

Nach einer Nichtigerklärung sieht die neue Gesetzesbestimmung grundsätzlich 1664
eine zweijährige Wartefrist für das Einreichen eines neuen Einbürgerungsgesuches vor (Art. 36 Abs. 5 BüG). Die Wartefrist gilt jedoch nicht für Kinder, die in die Nichtigerklärung einbezogen wurden (Art. 36 Abs. 6 BüG).

4. Rechtsschutz

4.1. Rechtsweggarantie

Ursprünglich wurde die Einbürgerung als Entscheid politischer Natur betrach- 1665
tet und die Rechtsmittel waren begrenzt. Aus der am 1. Januar 2007 in Kraft getretenen Rechtsweggarantie (Art. 29*a* BV) fliesst jedoch der Anspruch von Ausländerinnen und Ausländern, ablehnende Einbürgerungsentscheide von einer richterlichen Behörde beurteilen zu lassen. Dies bestätigt Art. 46 BüG ausdrücklich. Die Kognition der Rechtsmittelinstanz bleibt wegen des weiten Ermessens der zur Einbürgerung ermächtigten Behörden aber beschränkt. Nach Art. 47 BüG richten sich Beschwerden gegen letztinstanzliche Verfügungen der Kantone und gegen Entscheide der Verwaltungsbehörden des Bundes nach den allgemeinen Bestimmungen über die Bundesrechtspflege.

4.2. Einbürgerungsentscheide auf kantonaler Ebene

Bei Einbürgerungsentscheiden auf kantonaler Ebene – namentlich bei der or- 1666
dentlichen Einbürgerung (Art. 9 ff. BüG) oder der Entlassung aus dem Bürgerrecht (Art. 37 ff. BüG) – ist auf kantonaler Ebene nach Art. 15 Abs. 1 BüG das jeweilige Verfahrensrecht des betreffenden Kantons massgeblich. Insbesondere können die Kantone entscheiden, ob die Gemeinden selbst über die Erteilung des Gemeindebürgerrechtes entscheiden und wie viel Autonomie den Gemeinden dabei zustehen soll. Die Kantone sind aufgrund der bundesrechtlichen Vorgabe von Art. 46 BüG jedoch verpflichtet, Gerichtsbehörden einzusetzen,

die als letzte kantonale Instanzen Beschwerden gegen ablehnende Entscheide über die ordentliche Einbürgerung beurteilen.

1667 Letztinstanzliche kantonale Entscheide können mit Beschwerde in öffentlich-rechtlichen Angelegenheiten (Art. 82 ff. BGG) beim Bundesgericht angefochten werden. Aufgrund der Ausnahmeklausel von Art. 83 lit. b BGG steht diese jedoch gegen Entscheide über die ordentliche Einbürgerung nicht offen. *E contrario* bedeutet dies, dass eine Beschwerde in öffentlich-rechtlichen Angelegenheiten gegen kantonale Entscheide über die Entlassung aus dem Bürgerrecht oder die Nichtigerklärung einer ordentlichen Einbürgerung zulässig ist. Gegen kantonale Entscheide über die ordentliche Einbürgerung steht hingegen nur die subsidiäre Verfassungsbeschwerde nach Art. 113 ff. BGG zur Verfügung, sofern die entsprechenden Voraussetzungen erfüllt sind. Insbesondere sind nach Art. 116 BGG die Verletzung eines verfassungsmässigen Rechts und nach Art. 115 lit. b BGG ein rechtlich geschütztes Interesse erforderlich. Ein rechtlich geschütztes Interesse ist gegeben, wenn die Person die Verletzung eines verfassungsmässigen Rechtes, etwa des Diskriminierungsverbotes, geltend machen kann. Entgegen seiner bisherigen Rechtsprechung zum Erfordernis des rechtlich geschützten Interesses präzisierte das Bundesgericht in BGE 138 I 305, dass die Verletzung des Willkürverbotes nach Art. 9 BV und des Rechtsgleichheitsgebotes nach Art. 8 Abs. 1 BV in Einbürgerungsangelegenheiten mit subsidiärer Verfassungsbeschwerde vor Bundesgericht gerügt werden können:

> «Art. 14 BüG verschafft einbürgerungswilligen Personen vor dem Hintergrund der per 1. Januar 2009 auf Gesetzesebene eingeführten Begründungspflicht (Art. 15b [a]BüG [entspricht heute Art. 16 BüG]) eine hinreichend klar umschriebene Rechtsposition, um im Verfahren vor Bundesgericht die Willkürrüge erheben und einen Verstoss gegen das Rechtsgleichheitsgebot geltend machen zu können. Nur auf diese Weise kann die vom Gesetzgeber in Aussicht gestellte Garantie willkürfreier und rechtsgleicher Einbürgerungsentscheide auch gewährleistet werden. Damit ist die bisherige bundesgerichtliche Rechtsprechung zum Willkürverbot und zum Rechtsgleichheitsgebot in Einbürgerungsangelegenheiten in dem Sinn zu präzisieren, dass eine Person, deren Einbürgerungsgesuch abgewiesen wurde, sich im Verfahren der subsidiären Verfassungsbeschwerde auch auf Art. 9 BV und auf Art. 8 Abs. 1 BV berufen und geltend machen kann, sämtliche bundes- und kantonalrechtlichen Einbürgerungsvoraussetzungen seien offensichtlich erfüllt, weshalb sich ihre Nichteinbürgerung als klarerweise unhaltbar und rechtsungleich erweise.» (BGE 138 I 305, E. 1.4.6 S. 313).

4.3. Einbürgerungsentscheide durch Bundesbehörden

1668 Die Frage nach den Rechtsmitteln gegen Entscheide der Bundesbehörden stellt sich vor allem bei abgelehnten Gesuchen um erleichterte Einbürgerung und bei der Nichtigerklärung von erleichterten Einbürgerungen. Das Verfahren vor den

Bundesbehörden richtet sich nach dem Bundesgesetz über das Verwaltungsverfahren (VwVG, SR 172.021). Gegen Verfügungen des Staatssekretariats für Migration steht zunächst die Beschwerde an das Bundesverwaltungsgericht offen (Art. 31 VGG i.V.m. Art. 5 VwVG), welches über volle Kognition verfügt. Anschliessend kann mit Beschwerde in öffentlich-rechtlichen Angelegenheiten nach Art. 82 ff. BGG an das Bundesgericht gelangt werden. Ausgeschlossen ist hingegen die subsidiäre Verfassungsbeschwerde. Diese steht nach Art. 113 BGG nur gegen Entscheide letzter kantonaler Instanzen offen.

Stichwortverzeichnis

W

Z